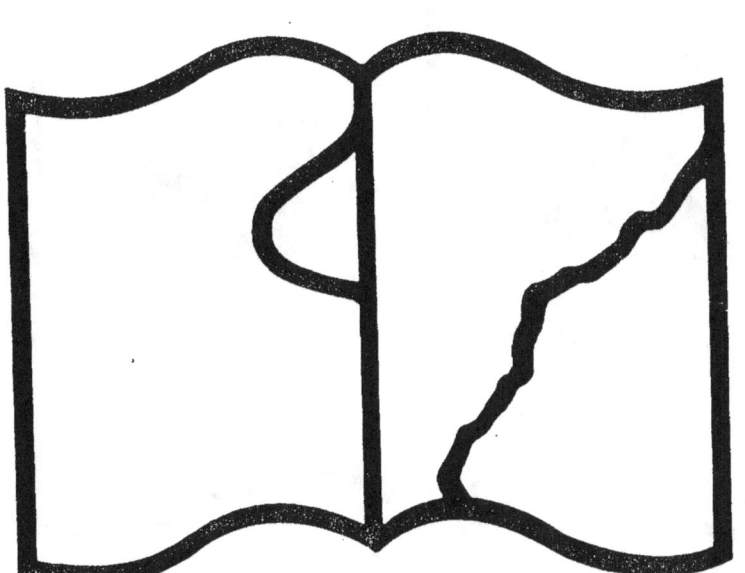

Texte détérioré — reliure défectueuse
NF Z 43-120-11

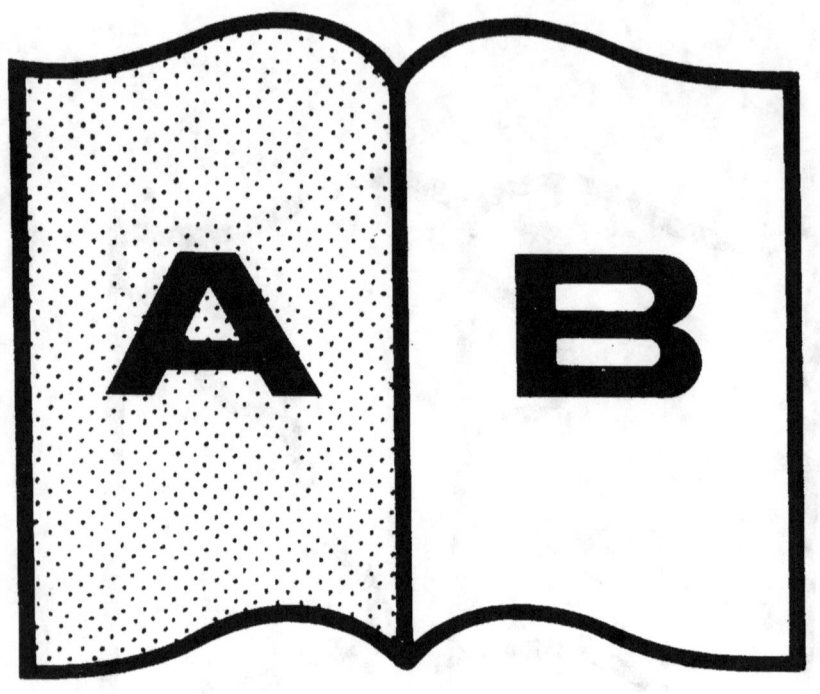

Contraste insuffisant

NF Z 43-120-14

Reliure serrée

LES DIX CENTIMES ILLUSTRÉS

LA
VILLE FANTOME
Par LOUIS NOIR

NOUVEL ET DERNIER ÉPISODE
DU
ROI DES CHEMINS

A. DEGORCE-CADOT, ÉDITEUR, 9, RUE DE VERNEUIL. — PARIS.

ANGES ET DÉMONS

Sous ce titre général, mais en Romans absolument distincts, aux personnages et aux épisodes tout autres, l'auteur a fait l'histoire dramatisée de tous les vices qui déshonorent l'humanité aux prises avec les vertus qui en sont l'ornement et la sauvegarde. Histoire vraie de ce que nous voyons, souffrons et aimons tous les jours ; épopées populaires de la bourgeoisie et du grand monde où le crime, la terreur, l'abjection, le ridicule coudoient les plus nobles et les plus chevaleresques sentiments.

Cette œuvre colossale, tout entière en nos mains, jusqu'au dernier feuillet, est le labeur des années d'exil et le résultat du travail approfondi de

JULES BOULABERT

Cet auteur d'une si grande imagination, qui a fait la fortune et le succès des plu importants journaux populaires illustrés.

APRÈS LES

DEUX ROUTES

VIENNENT SANS INTERRUPTION

RICHE A TOUT PRIX

PIERRE-LA-TEMPÊTE, SAINT-EVE ET Cⁱᴱ.

Et à la suite cinq autres Romans des plus émouvants sur la

LUXURE, L'ENVIE, LA COLÈRE, L'ORGUEIL, ETC.

Deux Livraisons à **10** cent. par semaine.— Une Série à **50** cent. tous les 15 jours.

EN VENTE PARTOUT

LA VILLE FANTOME

CHAPITRE PREMIER

LA ZAOUA

La dernière insurrection qui a éclaté en Algérie a eu pour fauteurs les Kabyles ; aussi l'on a pu voir quelle ténacité, quelle énergie il a fallu déployer pour la dompter.

Nous sommes arrivés précisément au point où notre drame commencé sous ce titre « *Le Roi des Chemins* » et continué sous celui de « *Le Trou de l'Enfer* » se déroule en pleine Kabylie ; une armée française est aux prises avec les montagnards, et nos héros se trouvent rattachés tous à cette expédition.

Nous sommes heureux que le cadre de notre œuvre nous permette d'étudier à fond ces mœurs et cette organisation de la plus curieuse peuplade qui soit au monde ; nous pourrons ainsi faire connaître à nos lecteurs la partie la plus intéressante de notre conquête algérienne.

Reprenons le cours de notre récit.

Nos aventuriers, admirablement reçus par le père de Samoül, s'installèrent chez lui.

Ils firent honneur au repas préparé pour eux, et le couscoussou d'agneau, les fruits, les galettes, reçurent particulièrement de Lalouette un accueil mérité ; au café, l'on causa.

Il eût été impossible, sans froisser les usages et les bienséances, d'écarter le père de Samoül ; celui-ci, d'autre part, ne pouvait être mis dans la confidence des chasseurs. Pourtant il fallait causer et dresser un plan d'action contre Si-Lalou.

Les chasseurs d'autruches et les indigènes, en pareil cas, adoptent un langage imagé qui voile l'objet principal de la conversation et permet d'en deviser sans que l'on sache au juste de quoi il s'agit.

Samoül prit la parole le premier.

— Frères, dit-il, nous devons chasser un gibier... très-dangereux.

— Hum ! fit Lalouette qui n'était pas bien au courant de ce langage symbolique, il est certain que ce diable de nègre...

Il reçut un coup de coude de Samoül, qui reprit, pour dérouter son père :

— Oui, ce nègre nous avait menti ; mais maintenant nous savons où est le lion.

— Et, dit Martinet, il faut lui arracher les gazelles qu'il a emportées dans son antre.

— Mon avis, dit Samoül, serait de nous munir d'une bonne protection contre le regard et la colère du lion ; ce grand saïd (chasseur) peut nous surprendre dans sa grotte et nous dévorer.

— Et tu crois que, nous y trouvant, il se pourrait que quelque chose l'arrêtât ?

— Un *anaga* de marabout.

Comme les Kabyles sont superstitieux, Martinet et Lassalle se regardèrent.

S'agissait-il de demander à un marabout quelques amulettes impuissantes semblables à nos scapulaires, ou bien Samoül voulait-il parler d'un chef puissant que redouterait Lalou lui-même ?

— J'ai peu de confiance dans les talismans, dit Martinet ; et toi, Lassalle ?

— Moi, je suis comme toi.

— Aôh ! fit Samoül, il ne s'agit pas de ce que vous croyez : il faut obtenir du marabout de notre zaoua un de ses bâtons blancs garnis d'un sachet.

— Un anaga sérieux, alors ?

— Oui.

— Et tu penses que notre lion n'oserait nous dévorer si nous étions munis de ce bâton ?

— J'en suis sûr. Toute la montagne se lèverait comme un seul homme contre l'homme ou l'animal, quel qu'il fût, qui ne respecterait pas l'anaga du célèbre marabout Bel-Cassel.

— Et il nous donnera ce bâton ?

— Si nous promettions une part de la dépouille de notre lion.

— Il faut promettre, dit Martinet.

— D'autant plus, ajouta Lassalle, que quoi qu'il arrive, même nous morts, cela assure aux gazelles le secours de toute la tribu.

— J'y ai pensé.

— Allons trouver le marabout.

— Allons ! dit Samoül.

Et ils se dirigèrent vers la mosquée.

Disons, d'après le général Daumas, ce que c'est que l'anaga.

Nous avons expliqué ce qu'étaient les amins et les djemmâas ; il nous faut dire ce que c'est que l'anaga.

Dans tous les bulletins d'insurrection venus d'Algérie, il est question de tribus demandant l'*aman* et l'*anaga*.

L'aman est particulièrement kabyle; l'aman peut être considéré sous deux rapports, comme pardon accordé et comme sauf-conduit.

Un Arabe a revêtu la robe d'un chef, il a quitté sa tribu; il n'y rentrera que s'il a obtenu l'aman.

Un autre s'est mis en état de rébellion, il a fomenté des troubles, puis il a pris la fuite; des pourparlers s'établissent entre le caïd et le rebelle; l'un et l'autre en arrivent à un rapprochement, et pour y parvenir plus facilement, se voient et se parlent.

L'Arabe coupable ne se présentera au rendez-vous que muni de l'aman du chef auquel il va rendre compte de sa conduite.

L'aman implique donc, de la part de celui qui le donne, un état de supériorité vis-à-vis de celui qui le reçoit.

L'anaga tient du passe-port et du sauf-conduit tout à la fois, avec cette différence que ceux-ci dérivent d'une autorité légale, d'un pouvoir constitué, tandis que tout Kabyle peut donner l'anaga, avec cette différence encore qu'autant l'appui moral l'emporte sur la surveillance de toute espèce de police, autant la sécurité dévolue par ceux qui possèdent l'anaga dépasse celle dont un citoyen peut jouir sous la tutelle des lois.

Non-seulement l'étranger qui voyage sous la protection de l'anaga défie toute violence instantanée, mais encore il brave temporairement la vengeance de ses ennemis ou la pénalité due à ses actes antérieurs.

Les abus que pourrait entraîner une extension si généreuse du principe de protection sont limités dans la pratique par l'extrême réserve du Kabyle à en faire l'application.

Loin de prodiguer l'anaga, ils le restreignent à leurs seuls amis; ils ne l'accordent qu'une fois au fugitif; ils le regardent comme illusoire s'il a été vendu; enfin ils punissent de mort l'allégation frauduleuse de l'anaga qui n'aurait pas été réellement accordé.

Pour rendre impossible cette dernière fraude, et en même temps pour prévenir toute infraction volontaire, l'anaga se manifeste en général par un signe ostensible, comme un fusil ou un sabre.

Souvent lui-même escorte son protégé s'il a des motifs particuliers de craindre.

L'anaga jouit naturellement d'une considération plus ou moins grande, et il étend ses effets plus ou moins loin, selon la qualité du personnage qui l'a accordé.

Venant d'un Kabyle obscur, il sera respecté dans son village et dans ses environs; de la part d'un homme en crédit chez les tribus voisines, il sera immédiatement substitué au premier, et ainsi de proche en proche.

Accordé par un marabout, l'anaga ne connaît pas de limites, tandis que le chef arabe ne peut guère étendre le bienfait de sa protection au delà du cercle de son gouvernement.

Le sauf-conduit du marabout kabyle se prolonge même sur les lieux où son nom serait inconnu. Quiconque en est porteur peut traverser la Kabylie dans toute sa longueur, quel que soit le nombre de ses années.

Un Kabyle n'a rien de plus à cœur que l'inviolabilité de son anaga; non-seulement il y attache son point d'honneur individuel, mais ses parents, ses amis, son village, sa tribu tout entière en répondent moralement.

Quel homme ne trouverait pas un second pour la vengeance d'une injure personnelle qui soulèvera tous ses compatriotes, s'il justifie d'un son anaga méconnu?

De pareils cas doivent se présenter rarement, à cause de la forme même du préjugé; néanmoins la tradition donne l'exemple suivant d'un anaga violé :

L'ami d'un Zouawa se présente à sa dunara pour lui demander son anaga; vu l'absence du maître, sa femme, assez embarrassée, donne au fugitif une chienne très-connue dans le pays; celui-ci part avec le gage de salut; mais bientôt la chienne revient seule et couverte de sang.

Les gens du village se rassemblent, on part sur les traces de l'animal, et l'on découvre le cadavre du voyageur.

La guerre est déclarée à la tribu sur le territoire de laquelle le crime a été commis. Beaucoup de sang est versé, et le village compromis dans cette guerre porte encore aujourd'hui le nom de Dechens-el-Kelbe (le village de la Chienne).

L'anaga se rattache mieux à un ordre d'idées plus général.

Un individu faible ou persécuté, ou sous le coup d'un danger pressant, invoque la protection du premier Kabyle venu; il ne le connaît pas, il n'en est pas connu, il l'a rencontré par hasard : n'importe! sa prière sera rarement repoussée. Le montagnard, glorieux d'assurer son patronage, accorde volontiers cet acte d'anaga occidental.

Investie du même prestige, la femme, naturellement compatissante, ne refuse presque jamais d'en faire usage.

On cite l'exemple de celle qui voyait égorger par ses frères le meurtrier de son mari. Celui-ci, frappé déjà de plusieurs coups, et se débattant à terre, parvient à lui saisir le pied en s'écriant :

— J'invoque ton anaga !

La femme jette sur lui son voile : le Kabyle est sauvé.

Il serait facile de multiplier les exemples, mais prouveraient-ils mieux la puissance qu'exerce l'anaga sur le Kabyle?

Si l'on veut se rendre compte du motif qui a donné naissance à l'anaga, il faut le chercher dans la constitution de ces populations. Chez un peuple très-moral, très-peu gouverné, fier et toujours en armes, où doivent abonder par conséquent les discussions intestines, il était nécessaire que les mœurs suppléassent à l'insuffisance de la police pour rendre à l'industrie et au commerce la sécurité du travail. Si l'on veut se rendre compte de sa puissance, il faut en demander le mot à la solidarité qui, chez ces montagnards-là, réunit l'individualité à la famille, la famille au village, le village à la tribu, la tribu aux autres tribus, et fait enfin un tout de la Kabylie.

Venger une offense est un devoir pour le Kabyle, un devoir sacré.

Venger un meurtre est une nécessité qui s'impose à tous les parents, les amis, les compatriotes d'un Kabyle. Aussi, en sollicitant l'anaga d'un puissant marabout, les chasseurs s'assuraient l'impunité.

A ce sujet, le général Daumas dit :

« On a pu remarquer que le droit coutumier des Kabyles ne prononce pas la peine contre les meurtriers. La loi se tait à cet égard; elle laisse aux parents de la victime le soin de tirer vengeance du criminel. Mais cette vengeance, tôt ou tard, atteindra l'assassin, quel que soit le pays où il s'est retiré.

« L'autorité n'intervient que pour séquestrer les biens du criminel, les vendre et en répartir le montant entre les différents villages de la tribu. Si la victime laisse un fils en âge de porter les armes, il ne peut reparaître dans la tribu que teint du sang du meurtrier de son père.

« Le fils est-il trop jeune, le premier nom qu'il apprend de la bouche de sa mère est celui de l'assassin qu'il doit un jour frapper.

« Si la veuve n'a qu'une fille, elle publie qu'elle ne veut pas de dot pour elle, mais qu'elle la donnera à celui qui tuera le meurtrier de son mari. »

L'analogie est frappante entre ces mœurs et celles de la Corse, mais se dessine bien plus encore dans les traits suivants :

Si le vrai coupable échappe à la vendetta, celle-ci devient transversable; elle tombe sur le fils de l'assassin ou sur l'un de ses plus proches parents. Nouvelles représailles à exercer, et par conséquent haine héréditaire des familles. De part et d'autre, des amis, des voisins l'épousent, il en sort des factions, il peut en résulter de véritables guerres. Chose étrange! c'est dans les pays de montagnes que la vendetta semble être plus particulièrement passée dans les mœurs des peuples.

C'est là que l'on retrouve, avec toutes ses fureurs, cette conformité de mœurs. Est-elle l'effet du hasard? nous ne saurions le croire; il serait beaucoup plus logique d'en rechercher les motifs dans la similitude de contre l'énergie de l'homme chargé de venger la victime, et qui, désintéressé dans la question, ne saurait apporter à la répression la même activité, la même persévérance, qu'un des membres de sa famille.

On conçoit quel prix devaient attacher les chasseurs d'autruches à l'anaga d'un homme tel que Bel-Cassel, dont la tribu était fanatique.

On laissa Lalouette chez le père de Samoûl, et les trois aventuriers se dirigèrent vers la zaoua, sorte de couvent musulman semblable à ceux du moyen âge en France et en Espagne.

Les chasseurs se présentèrent à la porte de cet établissement religieux, qui contenait une mosquée pour la prière, une école pour les enfants, une école supérieure pour les *talbas* (savants), un asile pour les voyageurs, sorte de caravansérail où l'on héberge indistinctement tout le monde gratis pendant quatre jours. Mendiants ou riches sont bien venus là; donne qui veut donner.

Bel-Cassel était le chef des marabouts nombreux réunis dans cette espèce de collège; il avait autour de lui plus de cent disciples.

L'enseignement est surtout oral. Il se donne comme celui du Christ à ses apôtres.

Bel-Cassel était une sorte d'abbé mitré, un chef religieux de toute la montagne, le saint Bernard de la Kabylie du Djurjura; il avait les allures simples qui convenaient à sa position.

Un Kabyle a toujours un tel orgueil, que le grand marabout, le saint le plus renommé, le personnage le plus élevé, ne saurait se permettre, envers le plus pauvre montagnard, la moindre impertinence qui ne fût punie de mort.

Au sujet de l'intraitable orgueil des Kabyles, le général Daumas dit que le caractère saillant des Kabyles pris isolément, c'est la fierté : si sa tribu est l'égale des autres tribus, il est lui-même l'égal de ses frères. Cette pensée, un montagnard l'exprimait dans quelques paroles en répondant à un ami qui voulait abuser de son autorité :

— *Euta cheik, ana cheik* (textuellement : Toi chef, moi chef).

Ainsi, voyez quelle différence sur ce point entre l'Arabe et lui : l'Arabe, habitué à être dominé depuis des siècles, est vaniteux, humble et arrogant tour à tour; le Kabyle demeure toujours drapé dans son orgueil.

Les chasseurs firent cinq lieues, car la grande zaoua, vers laquelle ils se dirigeaient, se trouvait à cette distance.

Ils furent reçus par un taled préposé aux portes qui les questionna.

Samoûl, selon l'usage, déclara :

— Nous sommes des enfants d'Allah, et nous venons demander place dans la maison d'Allah.

Puis présentant ses amis :

— Ceux-ci, dit-il, sont des pèlerins qui viennent se placer sous la protection de Bel-Cassel.

Le taled toisa les nouveaux venus.

Les chasseurs, sous leurs déguisements, ne payaient pas de mine; il les crut médiocrement riches.

— Mes fils, dit-il, je vais vous donner le sceau de la mosquée; il vous protégera.

— Aôh! mon père, fit Samoûl, tu nous offres un sceau respectable, j'en conviens; mais nous voulons mieux encore.

— Et quoi donc?

— Le bâton blanc du marabout.

Le taled leva les bras au ciel.

— Êtes-vous donc des amis de Bel-Cassel? fit-il ; l'anaga ne se donne pas ainsi.

Lassalle intervint.

— Mon père, dit-il, permets-moi d'abord de te prier, avant tout, de nous conduire à la mosquée, pour y prier sur la kouba (tombeau) du saint Ben-Alloutcha; je désirerais lui offrir un pieux hommage.

Le taled commença à se douter qu'il n'avait pas affaire aux premiers venus.

— Venez, mes fils, dit-il.

Il emmena les prétendus Arabes sur la kouba vénérable, et les chasseurs y firent les prosternations habituelles, en s'inclinant le front dans la poussière et en marmottant des versets du Coran. Ça se passe ainsi dans la religion catholique.

Quand les simagrées furent terminées, Lassalle se releva et dit au taled :

— Voici une perle précieuse que je te prie, en hommage à Si-Ben-Alloutcha, de déposer dans le trésor de la mosquée pour servir aux besoins des marabouts et des pauvres, si le cas se présente toutefois.

— Bien! dit le taled.

Et il reçut la perle.

Un rapide coup d'œil, sournoisement donné, lui apprit la valeur du présent.

— Aôh! pensa-t-il, voilà de bien riches marchands. « Ménageons de pareils clients. »

Et il dit :

— Puisque vous voulez le bâton de Bel-Cassel, venez le lui demander vous-mêmes.

Lassalle échangea un regard avec Martinet et suivit le guide empressé, qui les précéda.

En passant dans un couloir, le taled décrocha des burnous et les jeta sur les épaules des pèlerins.

— Ce sont, leur dit-il, des burnous d'honneur! il faut que vous soyez bien vêtus.

On arriva à la maison que dans la zaoua, vaste amas de constructions, habitait Bel-Cassel.

C'était une admirable petite bonbonnière mauresque du meilleur goût.

Elle était parée de mosaïques à l'intérieur, ornée d'arabesques et entourée de galeries découpées avec un art exquis; elle imitait la Maison de Marbre de Tunis, qui est un chef-d'œuvre de l'art musulman, comme la Maison-Carrée de Nîmes un chef-d'œuvre de l'art grec, le plus pur qui soit en France.

La maison était partagée en trois parties, comme toutes les maisons musulmanes.

D'abord une espèce de salon avec divan, avec ses dépendances ; c'est là que le maître reçoit les visiteurs; on y trouve toujours des coussins, des pipes et du café. Mais chez les marabouts, point de tabac, partant point de chibouques : fumer est une impureté!

Ensuite on trouve les logements du maître et de tous les serviteurs mâles.

Enfin le harem.

Mais les marabouts musulmans n'ont pas l'ineptie de croire à la vertu du célibat.

Ils croient que l'homme doit procréer son semblable, et ils ont un sérail.

Les grandes familles se disputent l'honneur de leur envoyer leurs filles.

Avoir un enfant d'un marabout, être femme de marabout, c'est le rêve des musulmanes.

Rien ne refroidit leur zèle.

Que le marabout soit laid, vieux, cela importe peu; les jeunes filles sont tellement fanatisées, qu'elles passent par-dessus tout et adorent un vieux barbon de mari, pourvu qu'il soit un saint en renom.

Bel-Cassel avait la sagesse de se contenter de quatre femmes ; c'était la loi.

Il n'adjoignait aucune esclave à ses légitimes épouses; mais celles-ci étaient d'admirables types.

Pour un homme de cinquante-sept ans, quatre très-belles femmes, cela suffit, n'est-ce pas?

Il avait une Mauresque, fille d'un agha de cavalerie, gendre d'Hussein-Bey.

C'était une merveilleuse blonde, qui avait, par sa mère, du sang chrétien dans les veines.

Il avait une Circassienne.

C'était une veuve du bey de Tripoli qui, richissime à la mort de son mari, était venue offrir sa main au célèbre marabout, en femme dévote qu'elle était.

Il venait d'épouser un bijou d'enfant, une petite Kabyle de treize ans, admirable fille d'un simple berger, ce qui lui avait valu de la popularité plus que jamais.

Il avait cédé à un caprice.

On crut qu'il voulait honorer les pauvres.

Enfin il avait une première épouse, âgée de trente-cinq ans, qui avait les droits de maîtresse femme, dirigeait tout, commandait dans le harem et avait la part d'Allah dans le cœur du vieux marabout, trop respectueux de la loi pour ne pas donner à cette matrone cette part de Dieu, qui est bien le revenant le plus précieux des femmes qui ne peuvent plus séduire leur mari par leurs charmes.

Ces messieurs, de par ordre du Coran, doivent, tous les vendredis, jour saint des musulmans, se montrer galants et empressés auprès de l'épouse qu'ils ont épousée la première.

Il y a des maris qui ne veulent pas s'exécuter, et rien de comique comme les réclamations des femmes.

Elles en appellent au cadi.

Le mari, piteux, la femme, indignée, comparaissent devant ce magistrat, qui condamne le délinquant à recevoir des coups de bâton jusqu'à ce que la femme se déclare satisfaite.

Si la part de Dieu est toujours agréable à recevoir, elle ne l'est pas également à donner.

Mais passons.

Donc Bel-Cassel s'exécutait gracieusement avec la plus âgée de ses épouses.

A cela, point de grand mérite.

A trente-cinq ans, madame Bel-Cassel avait encore un port de reine et des restes de beauté splendides, qu'elle cultivait avec toutes les pâtes et les parfums possibles.

Le marabout vivait heureux au milieu de l'abondance de tous les biens.

Mais il avait un ennui.

Il était dévoré d'un chagrin profond.

Ce marabout était un Kabyle, et, comme tout Kabyle, à tout au monde il préférait son village.

C'était précisément celui de Samoül.

Or ce village n'avait pas de mosquée, et ceux qui en possédaient une se moquaient de cette pauvre duhara qui priait Dieu, l'hiver, en plein air.

Le marabout, s'il l'eût osé, eût détourné les fonds de la zaoua pour construire une mosquée à ce pauvre village qu'il chérissait tant.

Mais c'était risquer gros jeu.

Un marabout passe facilement de la plus grande popularité au délaissement complet.

Si jamais les Kabyles des autres villages avaient soupçonné que leurs dons étaient consacrés à bâtir une mosquée à un hameau qui n'en avait pas, on n'aurait entendu qu'un cri de rage dans la montagne.

Bel-Cassel n'osait.

Il fallait qu'il prît bien des précautions, même pour faire du bien à ses compatriotes.

La jalousie, ou plutôt l'amour de l'égalité absolue, est le fond du caractère kabyle.

Aussi Bel-Cassel n'eût-il pas osé traiter mieux un mendiant de sa duhara que celui d'une autre.

Il disait souvent :

— J'ai une épine dans le coussin sur lequel je repose ma tête ; je ne dors pas, il faut que j'élève une mosquée dans ma duhara.

Et il se demandait :

— Ne viendra-t-il donc pas quelque jour un puissant personnage ayant besoin de moi, auquel j'imposerai d'édifier une mosquée pour mon pauvre petit village?

Et il n'était pas seul à penser cela.

Tout Kabyle dont la duhara est inférieure à une autre voudrait la tirer de cet état d'infériorité.

Le marabout rêvait précisément à ce que coûterait une mosquée et calculait les prix.

— Il faut, pensait-il, vingt mille piastres.

Et il se disait :

— Certes, j'ai cette somme. Personnellement, je suis riche, mais je me ruinerais... et pourtant!

En ce moment, le taled entra.

— Mon père, dit-il en s'inclinant, je t'amène des pèlerins étrangers.

— On me dérange toujours! dit avec humeur le marabout. Pas un instant pour penser à Dieu!

— Mon père, ces hommes, malgré l'apparence, sont de très-grands personnages.

— Ah! ah! fit Bel-Cassel.

Et son œil s'illumina.

Le taled montra la perle.

— Regarde, sidna (monseigneur), dit-il, c'est le petit cadeau d'arrivée.

Le marabout prit la perle et s'extasia.

— Quelle générosité! Cela vaut au moins mille douros, mon fils.

— Au moins, oui, mon père.

« Ils attendent.

— Fais entrer.

— Mon père, je dois te prévenir qu'ils veulent ton bâton blanc, ton anaga.

— Oh! oh!

Et l'œil du marabout étincela cette fois de façon à allumer son visage.

— Je vais, se dit-il, les sonder et leur dire qu'il me faut une mosquée de vingt mille piastres.

Puis au taled :

— Introduis les pèlerins, mon fils.

Les aventuriers examinèrent le marabout.

C'était un homme vert encore, malgré son âge, qui avait une mine rusée et spirituelle, une tête de renard, gaie, à laquelle le front donnait de l'affabilité et de la dignité. Il variait du reste avec beaucoup d'art l'aspect de sa physionomie, tantôt sévère, tantôt riante.

Excellent homme au fond.

Mais, dame! il fallait cracher au bassinet, comme disait le sergent Badau du 3e régiment de zouaves, lequel a connu Bel-Cassel et fut sauvé par lui.

Lassalle jugea son homme.

Il salua jusqu'à terre, baisa le pan du burnous, se montra humble et convaincu.

Martinet fut superbe de vénération.
Le marabout se dit :
— Voilà des fidèles ; j'en ferai ce que je voudrai.
Et il débuta ainsi :
— Mes fils, c'est très-bien d'être généreux comme vous, quand on est riche comme vous.
Et il se tourna vers Samoül, qu'il frappa sur l'épaule en disant d'un air paternel :
— Ah! mon chasseur de lièvres, te voilà donc revenu!
« Comment va-t-on dans ma duhara?
— Très-bien, mon père, dit Samoül.
Le marabout s'informa de chacun avec intérêt, s'enquérant du maréchal-ferrant, du meunier de farine, du meunier d'huile, du barbier, etc.
Le brave homme était enchanté de causer avec un de ses compatriotes de minaret (de clocher, si l'on veut)
Quand il eut fini, il revint aux pèlerins.
— Vous avez donné, leur dit-il, une bien belle perle à la mosquée.
— C'est ce qui nous reste de plus précieux, dit Lassalle, car nous ne sommes pas riches comme tu le crois, vénérable marabout; nous le serons, par exemple, si tu le veux.
— Oh! fit le marabout. Mes fils, que dites-vous là! Je tiens votre fortune entre mes mains?
— Oui, sidi.
— Vous me surprenez.
— Mon père, veux-tu que nous parlions franchement?
— Oui, certes. Allah recommande de mettre son cœur à nu ; ne me cachez rien.
— Eh bien! je vais tout te dire.
Et portant un coup de massue :
— Il s'agit de dix millions de francs et peut-être de plus que cela.
Le marabout regarda Samoül.
Il semblait lui dire :
— Est-ce vrai?
Et Samoül souriant :
— Sur ma part du paradis de Mahomet, dit-il, je te jure avoir vu au moins cela, oui, au moins deux millions de douros d'Espagne.
Le marabout tressaillit.
— Quelle somme effrayante! dit-il.
Puis il demanda :
— En quoi puis-je vous aider?
— Je vais vous le dire, dit Lassalle.
Et il commença par regarder autour de lui, si bien que le marabout comprit que le secret devait être sévèrement gardé et qu'il fit signe à Lassalle de se taire.
Il emmena ses hôtes dans une espèce d'oratoire où il était sûr qu'on n'écouterait point.
Là, faisant un geste d'invitation générale, il dit aux aventuriers :
— Prenez des coussins, et causons bas.
Puis à Samoül :
— Tu disais donc, mon fils...
— Que j'avais vu... fit Samoül.
— Des millions?
— Des millions!...
Il y eut un instant de silence.
— Eux aussi? demanda Bel-Cassel.
— Oui! dit Samoül.
— Et ces millions... on peut les prendre?
— Oui.
— Quand?
— Dans cinq ou six heures d'ici.
— Aôh! fit-il.
« Vous m'éblouissez. »
En vain il essayait de se dominer, l'émotion le terrassait, le dominait.

Samoül voulait parler.
Le marabout était un fin joueur.
Causer, discuter dans la fièvre, faire marché en proie à cette agitation, c'était maladroit; il le sentait, et il fit signe au Kabyle de se taire.
Au bout d'un instant, il demanda :
— Mais prendre... c'est voler?
— Non, mon père! dit Lassalle.
— C'est donc un trésor enfoui?
— A peu près.
— Sans maître?
— Non.
— Ah! il y a un propriétaire?
Et aussitôt, avec une logique serrée et une déduction rigoureuse, le vieillard dit :
— J'y suis.
« Si le trésor a un maître, et qu'on puisse le prendre sans le voler, c'est que ce maître est un voleur lui-même; mon fils, je vous vois venir.
« Or, un voleur ayant des millions, je n'en connais qu'un, c'est mon ami Lalou.
« Voilà votre secret.
« Le trésor est dans la grotte. »
Sur ce, le vieillard se frotta les mains.
Lassalle admira cette sagacité.
Martinet était terrifié.
Samoül était effrayé.
Lassalle, bien supérieur à ses amis, dit en souriant au vieillard :
— Mon père, tu as le secret.
— Aôh! je le sais bien, fit Bel-Cassel.
Mais Lassalle lui enfonça ce coup au cœur :
— As-tu l'or?
Ceci arrêta net l'expansion du marabout.
— Non, dit-il, non, je n'ai pas l'or, mais vous ne l'aurez pas non plus.
— Nous l'aurons.
— Je puis prévenir le nègre.
— J'en doute, il est en expédition.
— Mais il a des gardes au Trou-du-Diable.
— Marabout, tu ignores les mystères du lac; tu ne sais comment appeler ceux qui viennent là ; marabout, tu ne nous les pas et nous ne sommes pas à ta discrétion.
Puis examinant :
— Veux-tu, mon père, jouer franc jeu?
Le vieillard, qui avait regardé Lassalle et l'avait étudié, lui dit tout à coup :
— Par Allah! tu es Français, toi! tu ne crois ni au Prophète ni à ses marabouts!
Lassalle se mit à rire.
— Tu dis vrai, fit-il.
Et le vieillard reprit :
— Tu es un de ces damnés soldats qui sont si fins, et tu es venu pour me tromper.
Puis à Samoül :
— Pourquoi, Kabyle, m'as-tu menti?
Lassalle s'interposa.
— Un instant! fit-il.
Et il expliqua :
— Je suis un officier déserteur; j'ai dû fuir après avoir tué celui qui m'avait insulté.
— Tu es un aventurier?
— Qu'importe!
Malgré lui, la fièvre reprenait le saint homme, et avec elle l'irritation.
Il sentait qu'il jouait une forte partie.
Lassalle reprit toute sa supériorité.
— Tu as voulu, dit-il, être très-adroit; tu nous as pénétrés, du reste, avec sagacité.

« Mais, mon père, pourquoi ne pas m'avoir laissé parler?
« Je venais tout te dire. »
Le marabout restait défiant et crispé; jamais on ne lui avait parlé si librement.
Lassalle, lui, savait le pouvoir magique des millions, le prestige de l'or.
Il faisait ses conditions.
— Bel-Cassel, reprit-il, tu as devant toi un homme d'une bonne trempe.
Le vieillard, dépité, murmura:
— Tu as dû être, en effet, plongé dès ta naissance au lac maudit des djenouns.
— C'est possible.
— Tu es l'arrogance même.
— Moi je suis la déférence même, au contraire. Tu m'as vu donnant ma dernière perle pour te voir; la donnant généreusement, sans arrière-pensée.
« Tu m'as entendu te proposer un marché, et avant que j'aie exposé les conditions, tu as voulu dominer la situation pour avoir part de lion.
« Bref, j'ai été convenable, poli, humble même, devant toi, dont je reconnais la supériorité; toi, tu as été très-dur pour moi.
« A quoi bon? »
Le marabout se sentait étranglé par cette logique serrée d'un esprit ferme et souple.
— Allons! fit-il, loué soit Allah! oublions notre querelle et causons.
Puis avec un sourire charmant :
— Vois-tu, mon fils, avant d'être marabout, j'étais Kabyle, et le marabout n'a pas tué suffisamment en moi le Kabyle que j'étais.
« Je le sais :
« Un Kabyle, homme des montagnes, est âpre au gain, irascible, avide.
« Tu me parles de millions, brusquement, sans me prévenir, et le montagnard s'est réveillé.
« C'est lui qui a parlé, non le marabout.
« Tu vas voir maintenant comment Bel-Cassel, le chef d'une zaoua, sait accueillir une offre loyale, comment il va au-devant de cette offre. »
Et le vieillard reprit :
— Tu veux jouer franc jeu, mon petit Français; je joue de même.
« Je suis aussi riche, aussi heureux, aussi puissant qu'un homme puisse l'être.
« Mes fils me succéderont dans cette zaoua, l'aîné comme chef, les autres comme taleds.
« Je n'ai rien à désirer pour mes enfants. »
Et avec un regard limpide :
— Tu vois, chrétien, que ma parole sonne comme de l'or pur; ma pensée est un cristal.
« Je puis avoir eu tout à l'heure un mouvement avide ; je le repousse, je le répudie, je le chasse de mon cœur, car ma tête me dit que des millions ne me donneraient pas plus que je n'ai.
« La zaoua est riche et je suis l'usufruitier de ses revenus, donnant aux pauvres ce qui dépasse mes besoins, et, malgré ces dons, le trésor va s'augmentant.
« Mais il est une chose que je veux faire et ne puis faire. »
Il regarda Samoül.
— C'est, dit-il, un rêve caressé par tous mes compatriotes depuis que notre pauvre duhara existe.
Samoül se recueillit.
— La mosquée? dit-il.
— Oui, dit le marabout dont les yeux s'allumèrent. Oui, la mosquée!
Et à Lassalle :
— Samoül te dira que je puis donner à un chérif un million sur le trésor de la zaoua pour fomenter la guerre contre les Français.
« J'ai fait remettre deux mille moutons et cent chameaux à des tribus ruinées par la guerre sainte, et j'ai rétabli les douars brûlés.
« J'ai fait riches de pauvres cheurfas (descendants du Prophète) ruinés par la guerre.
« Avec un bon prétexte, je pourrais te donner beaucoup d'argent à toi. »
Puis avec un soupir :
— Mais une chose m'est interdite par la jalousie des Kabyles, par leur haine contre tout ce qui ressemble à une prédilection injuste.
« Je ne puis doter ma duhara d'une mosquée, et c'est mon vœu le plus cher. »
Samoül voulut parler.
Le marabout l'arrêta.
— Chrétien, dit-il, nous acceptons, nous, les dons de tous, et surtout des coupables.
« Lalou a beaucoup donné à la zaoua.
« Mais Lalou a fait cela par politique, non par esprit de parti, de religion ou de bienfaisance; très-sincèrement, je me soucie fort peu de lui.
« Donc je donnerai mon anaga.
« Voici mon prix. »
Lassalle écouta.
— Je veux que vous me bâtissiez une mosquée de belle apparence et solide.
« Je veux qu'elle coûte cent mille francs de France. »
En ce moment, Samoül se jeta impétueusement devant le marabout et dit indigné :
— Comment, cent mille francs !
Tout son être se révoltait.
Le marabout crut que le montagnard trouvait le chiffre exorbitant, et il s'indigna du peu de générosité de son compatriote, aussi s'écria-t-il furieux :
— C'est ainsi !... alors, deux cent mille francs ou pas l'anaga de Bel-Cassel.
Mais Samoül s'écria :
— Quelle mosquée aurait-on pour cette somme? Une mosquée qui sera grande comme une synagogue de juifs à Alger, une pauvre mosquée!
On se souvient que le pauvre et naïf Samoül, en s'associant à Lassalle, avait eu surtout en vue de doter son pays d'une mosquée monstre.
Il dit avec éclat :
— Vois-tu, marabout, j'aurai, pour ma part, au moins trois millions de francs.
« Ah! voilà un homme!
« J'aurai une mosquée comme celle d'Alger, avec une zaoua auprès.
« Je prendrai le vieux marabout de notre village qui n'est pas aussi saint que toi, mais qui obtient de Dieu des enfants pour les femmes stériles.
« Je le mettrai dans ma zaoua.
« Son fils cadet sera son taled, et il lui succédera, et sera chef comme son aîné.
« Ah! nous aurons une belle zaoua, car il y a beaucoup de vieillards qui se marient avec des jeunes femmes et qui auront besoin des conseils de notre marabout.
« Il donnera son secret à son fils en mourant. »
Bel-Cassel sourit.
Bel-Cassel savait, nous l'avons conté au début de ce roman, comment son confrère obtenait de merveilleux résultats prolifiques en envoyant les vieux maris loin de leurs femmes, en pèlerinage, et en conseillant à celles-ci de passer ce temps dans la famille de leur père.
Là, peu surveillées, elles trouvaient quelque cousin jeune et alerte, capable de faire office de bon mari à la place du barbon.

Le plus jeune d'entre eux tenait la calotte pleine de bulletins. (Page 14.)

Samoül, enthousiaste, reprit :

— Ma part, toute ma part, sera consacrée à cette œuvre grandiose.

« Notre mosquée dominera toute la montagne; du fort l'Empereur à Alger, on la verra, blanche sous le soleil, avec les tubes dans lesquels les Français regardent les objets lointains. »

Bel-Cassel nageait dans la joie.

Il ouvrit ses deux bras.

— Viens, dit-il, mon fils, viens que je t'embrasse; tu as un vrai cœur kabyle.

Puis paternellement :

— Mais il faudra garder le quart de ta fortune pour toi, mon fils.

— Non, dit Samoül, c'est inutile; je suis chasseur et ne vis heureux que chasseur.

« Quand je serai vieux, je prendrai place dans la zaoua, l'on m'y traitera comme on le doit, avec les égards dus au fondateur.

« La mosquée portera mon nom. »

Regardant le vieillard :

— Tu es un homme instruit, tu es un poète, tu t'es fait bâtir une bien jolie maison; j'ai confiance en toi tu seras l'architecte.

« Mais j'ai voyagé.

« J'ai vu les maisons de France et je sais que les architectes de ce pays sont très-habiles, et qu'ils savent employer le fer au lieu du bois, et aussi beaucoup de choses.

« Je ferai venir un de ces hommes-là.

« Enfin, marabout, tu verras... »

Bel-Cassel était ravi.

— Trois millions! fit-il.

— Plus, Bel-Cassel! dit Lassalle.

Et il exposa à son tour toute la situation.

— Tu comprends, dit-il, que nos femmes étant dans le lac, à tout prix nous voulons les délivrer.

« Peut-être Lalou ne respectera-t-il pas ton anaga et nous serons massacrés.

« Alors sauve nos femmes.

« Amène à la grotte des gens du village de Samoül; nous t'avons dit comment on en sortait; tu cerneras les brigands quand ils iront en expédition, et tu seras maître du trésor.

« Tu imposeras aux guerriers du village, qui ne demanderont pas mieux, de consacrer la moitié du trésor que tu leur livreras à la construction de la mosquée.

« Ton but sera atteint, même nous morts de la main de Si-Lalou.

« D'autre part, si nous survivons, en échange de la promesse de délivrer nos femmes, dans le cas où nous serions tués, nous te donnerons en propre un million à trois que nous sommes : Martinet, moi et un ami absent.

« Est-ce conclu? »

« Songe qu'avec ce million tu seras maître de te passer le caprice de quelque minaret ou de quelque mosquée. »

Bel-Cassel tendit ses deux mains à Lassalle et lui dit avec effusion :

— Tu parles d'or.

Puis il étendit la main :

— Je fais serment de sauver vos femmes et de vous venger si vous mourez.

Samoûl et ses amis firent à leur tour la solennelle promesse d'exécuter fidèlement leur engagement. Après quoi, on parla des détails de l'entreprise.

— Comment transporterez-vous le trésor? demanda le marabout aux chasseurs.

— Nous entrons dans le lac, dit Lassalle.

— Nous sauvons d'abord nos femmes, dit Martinet.

— Par le lac?

— Oui.

— Voulez-vous que je fasse attendre leur délivrance par des hommes sûrs aux mains desquels vous remettrez les deux femmes?

— Oui, dit Lassalle.

— Ensuite, que ferez-vous?

— Nous amènerons sac par sac les douros, les sequins et les pierres à l'entrée de la grotte, dit Lassalle, en une nuit nous ferons cette besogne.

— Et je vous attendrai à la sortie?

— Oui.

— Qui est bien à l'endroit que vous m'avez indiqué?

— Pas d'erreur possible.

— Tout est entendu?

— Oui.

— Et vous partez?...

— De suite.

Le marabout, très ému, prit son bâton blanc dans son oratoire et le donna aux jeunes gens, après avoir écrit sur sa main sur le parchemin muni de son sceau une menace terrible de châtiment pour qui ne respecterait pas son amaga.

Il embrassa Samoûl avec tendresse et donna aux deux aventuriers des poignées de main à l'européenne, leur réitérant l'assurance de sa protection en tout et partout.

En le quittant, les chasseurs achetèrent autour de la zaoua quelques ustensiles dont ils avaient besoin, tels que sacs de cuir imperméables pour leur poudre et peaux de bouc destinées à enfermer le trésor, avec des paniers d'osier garnis de liège pour les pierres précieuses, la partie la plus importante des richesses de Si-Lalou.

Cela fait et la nuit venue, ils se dirigèrent vers le Trou-du-Diable.

Depuis le matin, les jeunes femmes avaient quitté la grotte sans encombre, sans rencontre; les chasseurs, rejoints par Lalouette, arrivèrent sur les bords du lac; ils s'arrêtèrent là pendant quelques minutes, cachés derrière un rocher, et firent leurs derniers préparatifs.

Ils croyaient avoir à tuer des sentinelles.

Samoûl réclama l'honneur d'entrer le premier, prétextant qu'il avait déjà expédié tant d'ennemis d'une main ferme qu'il était plus sûr de sa besogne que tout autre.

On convint qu'il avait raison.

Après lui, Lassalle.

Après Lassalle, Martinet.

Enfin Lalouette.

La lune éclairait les eaux profondes du lac et l'heure était solennelle.

La nuit commençait.

De toutes parts des voix étranges et mystérieuses, apportées par la brise, venaient mourir au sommet de l'Atlas : cris plaintifs de gazelles et d'antilopes, bêlements de troupeaux regagnant l'étable kabyle, rauquements des fauves quittant leur repaire au scintillement des étoiles.

XXXI

LE RETOUR A LA GROTTE.

Des chants de pâtres traversaient l'espace, purs, mais affaiblis et pareils à des souffles. Les insectes bruissaient sous les herbes et les grenouilles jetaient dans les joncs leurs notes de cristal si singulièrement timbrées.

Chaque coup d'aile du vent du sud luttant contre les courants froids de la Méditerranée amenait du fond du Sahara l'écho de ces hymnes sauvages et pleins d'un charme saisissant qui se dégagent de cet océan de sables semé d'oasis joyeuses.

Autour du lion, les hyènes et les chacals rôdaient déjà, aboyant et hurlant, pendant qu'au fond d'un ravin une panthère rugissait par intervalles; sa menace passait, laissant derrière elle comme de longs frissonnements de terreur, et pendant quelque temps le silence se faisait sous cette impression de mort planant dans les airs.

Les chasseurs, familiarisés pourtant avec les scènes de la grande nature algérienne, se sentaient envahis par une crainte superstitieuse.

Samoûl frémissait.

— Ce soir, dit-il, va peser lourdement sur nos destinées, compagnons!

— Notre vie est tout entière dans l'heure qui suivra celle-ci! dit Lassalle.

— Sortirons-nous jamais de là? murmura Martinet en regardant les eaux brillantes de reflets d'acier poli.

Lalouette, seul, résistait aux impressions qui s'emparaient de ses compagnons.

— Ah çà! dit-il, oui ou non, êtes-vous des hommes? pourquoi parler ainsi? les destins, les soins qui pèsent sur la vie... Un tas de blagues... je ne crois pas aux pressentiments. Allons-y gaiement!

Cette gaie fanfare du courage émouvant du soldat gaulois chassa les nuages sombres qui semblaient peser sur les aventuriers.

— En avant! dit Lassalle; saute, Kabyle! et vive l'or! nos femmes sont là! il nous les faut avec des millions pour nous consoler; Si-Lalou s'est conduit en nègre.

Samoûl, redevenu religieux dans cette grande crise, s'accroupit vers l'orient et récita un verset du Coran avec ferveur.

La prière faite, il plongea.

Lalouette suivit du regard, au clair de la lune, la tache noire et mate que le corps traçait dans l'eau limpide, et il dit à Martinet :

— Je vois où est l'entrée.

Déjà Lassalle avait plongé.

Martinet, les dents serrées et peu confiant, disparut à son tour. Quant à Lalouette, qui ne se possédait pas de joie, et qui croyait au succès, il s'était contenu jusqu'alors à cause de la présence de ses amis; mais il se sentait d'une gaieté folle et débordante.

Il touchait au but et s'exaltait.

Cet enthousiasme, Lalouette ne put s'empêcher de le manifester.

Il fit la nique vers le désert où devait être Lalou et s'écria :

— Enfoncé le nègre!

C'était exhilarant au milieu de ce paysage sévère, et sans respect pour la majesté de l'heure et du site il se livra pendant quelques secondes à un cancan effréné, et, par une gambade insensée, il se jeta dans le lac.

En ce moment, un cavalier accourait, bride abattue, et voyait cette danse étrange.

Il poussa son cheval pour arriver plus vite, et se convainquit que c'était bien un être vivant et non une trompeuse apparence qu'il avait entrevue dansant sur les rocs ; l'eau s'étendait encore en cercles excentriques, accusant un grand déplacement.

Cet homme, aussitôt, assembla des branches d'arbres mortes et des herbes; il y mit le feu.

Cueillant ensuite des fenouils, il en fit deux petits aisceaux qu'il alluma et qu'il leva à plusieurs reprises au-dessus de sa tête.

Cela fait, il cacha sa jument dans un bouquet d'arbustes.

Il attendait.

Qui ?

Nous allons le dire.

Trois jours auparavant s'était passé dans la troupe de Si-Lalou un fait dramatique qui avait changé du tout au tout l'itinéraire d'Élaï Lascri à la recherche du chef par lequel il croyait avoir été insulté.

Il arriva dans une oasis, quelque temps après la révolte d'Ibrahim. Dans cette oasis, il aperçut un Touareg et le fit mander près de lui.

Il avait reconnu à son tatouage un homme de la tribu même du chef qu'il voulait massacrer, et il voulut questionner adroitement ce Touareg.

Grand et généreux toujours, il fit donner une pièce d'or à ce guerrier et il lui demanda d'un air d'intérêt des nouvelles de sa tribu.

— Oh! fit le Touareg, tout est malheur pour nous; notre cheik est mort.

Et le Touareg ajouta :

— C'était un grand guerrier, d'un bras puissant, d'une tête intelligente et d'un cœur généreux. En le perdant, nous avons beaucoup perdu.

— Depuis quand est-il mort? demanda Lalou très-surpris de la nouvelle.

— Depuis trois mois, dit ce Touareg.

Le nègre bondit.

— Comment, dit-il, tu ne mens pas ? ton cheik est mort depuis aussi longtemps?

— Oui, sidi.

Lalou se souvint parfaitement de la lettre d'outrages. Elle était bien postérieure à cette mort, et il comprit qu'on l'avait joué.

Alors il appela Mahmoud.

Il voulait des éclaircissements.

Mais il cria vainement de furieuses injonctions au petit kodja de venir à lui.

Mahmoud, qui avait les yeux pour le moins aussi bons que ceux de Lalou, et qui avait un flair et une sagacité hors ligne, Mahmoud avait reconnu, lui aussi, le tatouage du Touareg.

Aussitôt il s'était glissé dans la tente de Lalou, et il avait dit à son maître.

— Donne-moi donc ta bourse, sidi ; il y a là un mendiant.

Et Si-Lalou, qui fumait, avait indiqué sa bourse avec la confiance et la négligence d'un homme archi-millionnaire.

— Donne un douro! dit-il; que ce pauvre bénisse le nom d'Élaï Lascri, ce qui fera jaunir la face des aghas qui sont très kadds (chiens, ladres).

C'était du reste l'usage de ce bandit grand seigneur d'affecter un noble abandon de son argent de poche, dans lequel puisaient ses familiers.

Mahmoud sortit nanti de la bourse, avisa un pauvre hère et lui donna le douro.

Puis le jeune homme se hissa sur le meilleur mahari qu'il put trouver.

— Où vas-tu? demanda le khalifat de Si-Lalou au petit kadja.

— Je prends les devants.

Puis il ajouta :

— J'ai des raisons.

Comme Lalou se servait souvent du jeune homme comme d'un chouaf (espion), le kalifat ne prit pas garde à ce départ.

Mahmoud s'enfonça dans les palmiers de l'oasis, et il s'arrêta à cent mètres du camp, après en avoir fait le tour adroitement.

Là il attendit, observant.

Il voyait.

On ne le voyait pas.

Il aperçut le Touareg entrant chez Si-Lalou, qui, sa pipe fumée, venait de sortir et avait remarqué l'homme, comme nous l'avons dit, et l'avait appelé.

Alors Mahmoud s'était mis à détaler bon train, si bien que si court qu'eût été l'entretien entre Élaï Lascri et le Touareg, le kodja était hors d'atteinte lorsque Lalou hurla qu'il fallait l'arrêter.

Et le nègre dut renoncer à s'emparer de l'enfant qui l'avait joué.

Dès ce moment, il n'eut plus qu'une pensée : retourner à la grotte avec la rapidité de l'éclair.

Il craignait pour les prisonnières.

Il craignait pour le trésor.

Il craignait pour le repaire lui-même.

Il sentit qu'un danger planait sur lui et il indiqua l'ordre du retour.

— Crevons les mahara, cria-t-il aux siens, et arrivons au lac !

« Ibrahim et Mahmoud, d'autres encore, veulent enlever notre butin. »

La troupe poussa un furieux hourra, sauta sur les chameaux et détala.

Déjà, on s'en souvient, le matin même, Élaï Lascri avait expédié un courrier pour inviter les eunuques à faire bonne garde.

Ce courrier fit bonne diligence.

Mais, plusieurs fois, il entendit derrière lui, à quelques heures de course, la troupe qui se hâtait de revenir.

Et lui se pressait aussi.

Il conjecturait qu'il était important qu'il arrivât et qu'il y avait quelque péril grave, pour que Lalou ramenât ainsi son monde.

Quand cet homme fut en vue du lac, il entrevit, comme nous l'avons dit, maître Lalouette gigottant son cancan sur le rocher.

Le brigand conjectura que d'autres avaient déjà disparu dans les eaux.

Il ne voulut point se hasarder à pénétrer dans la grotte, et après avoir donné à Lalou le signal d'alarme, toujours vu de fort loin.

A peine une heure s'était-elle écoulée que la troupe arrivait en partie.

A la tête de ce détachement était Lalou.

Il était effrayant à voir, l'écume aux lèvres, les cheveux flottant au vent comme une crinière et le front plissé d'un froncement léonin; il sauta à bas de son cheval et courut au-devant du courrier qui débusquait de sa cachette.

— Que se passe-t-il? demanda d'une voix sourde le nègre au brigand.

— Maître, dit celui-ci, en arrivant, j'ai vu un homme qui se jetait dans le lac, et ce n'était pas un des nôtres; j'en suis sûr.

— Les chacals sont dans le terrier, dit le nègre ; la

trésor n'est pas pris encore; nous allons nous payer un plaisir de sultan.

Il éprouvait une joie féroce.

— Maître, dit le courrier, il faut se défier de l'autre issue.

— Mon khalifat s'y trouve, dit Lalou, avec le reste de la troupe; je l'y ai envoyé.

Puis, sans hésiter, chef et premier des siens, toujours en tête à l'heure du danger, il se jeta dans le lac; il fut suivi successivement par tous ses hommes.

En même temps, le khalifat arrivait devant la sortie, et il la bloquait en bas des rocs sur lesquels elle donnait.

Point de fuite possible pour les chasseurs.

XXXII

RENARDS PRIS AU PIÈGE.

Lalouette, à peine avait-il pénétré dans le couloir souterrain dont il avait découvert l'entrée, fut relevé du fond de l'eau par Lassalle.

Déjà les chasseurs avaient rencontré le corps de la sentinelle, et ils prévoyaient qu'un drame sanglant avait dû se passer. Lalouette, lui, crut que le corps de l'eunuque était pour le moins tiède encore; il attribua la mort de cette sentinelle à Samoûl.

C'est fait! dit-il tout bas.

— Oui! fit Lassalle, mais par d'autres que par nous, mon cher.

— Ah bah!

— C'est singulier!

Puis vivement :

— Mets tes armes en état. Dépêche.

Lalouette tira de sa peau de bouc imperméable sa poire à poudre.

Tout en renouvelant les charges mouillées de son fusil et de son pistolet, il demanda :

— Où sont les autres?

— Déjà en quête de ce qui se passe, ils fouillent la grotte : Samoûl guide Martinet.

— Et toi, tu me guideras?

— Oui; mais hâtons-nous.

Les préparatifs de Lalouette étant terminés, les deux aventuriers se mirent à ramper.

L'obscurité était profonde.

Peu à peu, pourtant, ils aperçurent de vagues lueurs qui devenaient plus distinctes.

— Il y a du feu, dit Lalouette.

— Je le vois bien; silence!

Et Lassalle se pressa.

Il craignait pour ses compagnons.

C'était bien à tort.

Ce feu était la dernière lueur d'un fagot mourant, laissé allumé par les jeunes femmes.

Tout à coup une voix cria :

— Lassalle, viens sans crainte!

C'était Samoûl qui appelait.

En même temps, des torches, trouvées par le Kabyle et allumées par lui étincelèrent.

Lassalle accourut.

Il demanda étonné :

— Qu'y a-t-il?

Samoûl lui montra deux cadavres étendus et dit avec une grande sérénité :

— La grotte est vide.

— Je comprends, fit Lassalle.

— Les gardiens de vos femmes, reprit Samoûl, se sont battus pour les enlever.

— Oh! je n'en doute plus.

— Les vainqueurs ont fui avec elles.

— Avec le trésor! dit Lassalle.

— Hein! s'écria Lalouette, que dit-on? plus de trésor! Ça ne peut pas se passer comme cela!

Lassalle, calme, dominant avec une énergie surhumaine son émotion, demanda :

— Où est donc Martinet?

— Il s'acharne à chercher sa femme.

Lalouette se lamentait.

Lassalle, résigné en apparence, dit à Lalouette :

— Si tu ne te tais pas, mon garçon, je te fais sauter le crâne sur-le-champ.

— Mais...

— Encore une fois, silence! c'est ma dernière sommation. Après avoir perdu nos femmes, le trésor, probablement, il ne nous manquerait plus que de perdre la vie par ta faute. Les saracqs (bandits) peuvent revenir.

En ce moment, Martinet appela.

On courut de son côté.

Le chasseur était devant le trésor, dont les jeunes femmes n'avaient pas distrait plus d'un million en pierreries, comme nous l'avons dit.

Martinet montra les tas d'or qui restaient entiers et des tas de pierres encore en assez grand nombre.

— C'est singulier, n'est-ce pas? fit-il. Le trésor est resté.

On sait que Martinet n'avait jamais pénétré dans la grotte.

— Erreur! dit Lassalle, je vois bien qu'une partie des pierres a été prise.

— Crois-tu?

— J'en suis sûr.

— Il y a si longtemps que tu n'as visité le trésor que peut-être...

— Mon cher, on n'oublie jamais ce que nous avons vu, Samoûl et moi.

Le Kabyle, baissé, dit tout à coup :

— On a emporté précipitamment des perles et des brillants; vois!

Il montrait un diamant...

— On a laissé tomber celui-là.

Martinet, convaincu, demanda haletant :

— Que conclus-tu?

— Que les gardes se sont entre-tués pour vos femmes, qui ont fui seules.

Puis il ajouta :

— J'ai remarqué que deux cadavres n'avaient plus de burnous.

— Ce qui semble prouver, dit Lassalle joyeux, qu'elles se sont déguisées.

Martinet frissonnait d'espoir.

Mais il objecta :

— Comment seraient-elles sorties seules? elles ne savent pas nager.

Samoûl, qui avait visité la petite chambre des jeunes femmes, se frappa le front.

— Le liége, dit-il.

— Quel liége?

— Ces débris de liége, découpés au couteau, ce qui prouve un travail prémédité, et que j'ai vus dans la chambre des deux prisonnières, viennent d'un chapelet de soutien qu'elles se sont fabriqué. Je reconnais là le génie de ta femme, Martinet; elle a tout préparé.

— Et elles sont libres?

— Je l'espère.

— Au trésor, maintenant!

Lassalle, en ce moment, entendit un bruit d'or qui tintait; il regarda d'où cela provenait et s'aperçut que Lalouette, d'une main fiévreuse, égarée, folle, entassait les sequins et les piastres dans un sac.

— Ah! l'animal! dit-il.

Et il lui allongea un coup de pied.

Lalouette, à la vue de tout cet or, était d'abord resté hébété; puis il s'était jeté sur le trésor avec une avidité sauvage.

Il était si peu capable d'une distraction, que rien ne pouvait détourner son attention; le coup de pied le renversa sur l'or.

Il ne sentit pas la douleur.

Il ne fit aucun raisonnement.

Il se redressa stupidement, machinalement, sur ses genoux, et se remit à empiler.

— Il est devenu fou, dit Martinet.

— C'est le plus sage de nous, déclara Samoûl; vite à l'œuvre, frères! nous ne devons pas perdre une minute.

En route, ils avaient arrêté leur plan.

Trois d'entre eux devaient transporter le trésor et un sortir de la grotte pour prévenir les autres.

On sait que des hommes appartenant au marabout Bel-Cassel devaient se trouver au bas de l'issue de sortie pour recevoir les sacs que leur descendraient les chasseurs à l'aide de cordes.

— Je vois, dit Samoûl, que je ferai bien de monter moi-même la faction dehors.

— En effet, dit Lassalle; avec toi, la sécurité sera beaucoup plus grande.

— Si Lalou survient, j'accours vous prévenir, et nous descendrons par la sortie en nous glissant le long des cordes.

— C'est dit.

— Y êtes-vous?

Les chasseurs, Lalouette surtout qui travaillait comme une brute, n'avaient pas besoin d'encouragement; ils se mirent à l'œuvre.

Cependant Samoûl avait couru vers l'entrée de la grotte et il s'était remis à l'eau; il avait gagné la surface et s'était glissé sur un rocher sans faire le moindre bruit.

Il arriva juste pour entendre le galop encore lointain de la troupe de Lalou qui accourait.

Il écouta, analysa les sons avec sa merveilleuse sagacité, et descendit précipitamment.

— Les pierres précieuses, compagnons! se mit-il à crier; rien que les pierres! Les voilà!

Il tomba sur le trésor comme un lion.

Ce mot : Les voilà! avait vibré comme un chant d'alarme dans l'âme des aventuriers.

Heureusement, Martinet et Lassalle, laissant Lalouette s'acharner à remplir des sacs avec de l'or, avaient préféré placer les pierreries dans des peaux de bouc; ils en avaient environ une valeur de trois millions bien serrée et facile à transporter.

— Fuyons! dirent-ils.

Et ils se dirigèrent vers l'issue.

Mais ils entendirent là un grand bruit de chevaux et des voix menaçantes.

Au bas des rocs, la lune éclairait le détachement commandé par le khalifat.

Samoûl reconnut les saracqs (voleurs) à n'en pas douter, et il murmura :

— Nous sommes pris.

Que faire!

Sauter au bas des pentes?

Impossible!

On eût été massacré.

Revenir sur ses pas?...

Mais les bandits arrivaient.

Lassalle, heureusement, était l'homme des décisions promptes et énergiques.

— Venez! dit-il.

On courut derrière lui.

Il avait remarqué à quelque distance de l'entrée de la grotte que le couloir se rétrécissait singulièrement, ainsi que nous l'avons expliqué au début de ce drame :

on n'avait place que pour un homme, encore fallait-il se baisser pour avancer. En passant près de la forte provision de bois que les bandits entretenaient soigneusement, le jeune homme se chargea d'un tronc d'arbre énorme.

— Faites comme moi! dit-il.

On lui obéit.

Lalouette était comme un automate; il ne savait pas s'il vivait réellement, s'il était mort, s'il rêvait; il était trop atterré.

Lassalle cependant arriva au point qu'il avait choisi et posa son tronc d'arbre; ses camarades comprirent son intention et ils l'imitèrent.

— Nous faisons une embuscade, paraît-il? dit avec sang-froid Samoûl.

— Tu le vois bien, fit Lassalle; et comme il faut passer un à un, nous tuerons un à un tous les gens de cette troupe avant qu'elle n'arrive à nous. Je reste ici; coupez chacun d'autres troncs d'arbres.

Les explications en pareil cas ne sont jamais bien longues; les chasseurs se hâtèrent; ils purent faire deux voyages de l'embuscade au tas de bois avant que les bandits ne fussent arrivés.

Alors Lassalle se mit à rire.

— Voilà une drôle de situation! dit-il; nos femmes dehors et nous dedans.

Lalouette, qui était revenu à lui-même, poussa un beuglement de colère.

— Tu ris, toi! fit-il. Pour un rien, je te tuerais: c'est infâme de rire ainsi.

— Idiot! fit simplement Lassalle.

— Nous allons être tués.

— Mais non pas.

— Ils nous bloqueront.

« La grotte est pleine de farine, de viande sèche, et on renouvelle l'eau par les rocs qui suintent. Nous pouvons tenir longtemps.

— Mais il faudra toujours se rendre!

— Jamais.

— Les vivres auront une fin.

— Et Bel-Cassel!

Lalouette commença à espérer.

— C'est vrai, murmura-t-il, Bel-Cassel viendra nous délivrer.

— Mets-toi près de moi; tu défendras cette barricade, mon camarade. Et tâche de ne plus être aussi bête tantôt tu danses, tantôt tu pleures.

« Il faut avoir le caractère plus égal. »

Puis le jeune homme dit à Samoûl:

— Toi et Martinet, allez tous deux construire une autre barricade devant la sortie de la grotte, que ces gaillards-là pourraient escalader.

Les deux chasseurs s'en allèrent chercher un endroit propice, assez facile à trouver du reste.

Pendant qu'ils travaillaient de leur côté, Lassalle disait à Lalouette :

— Tiens-toi prêt! Silence! j'entends du bruit!

Si-Lalou, en effet, le premier, souple comme une panthère, s'avançait dans la grotte.

Il comptait surprendre les voleurs.

Il appelait ainsi ceux qui en voulaient à son trésor: un bandit s'imagine que ce qu'il a pris est bien légitimement à lui.

Tout à coup un coup de feu retentit.

Lalouette avait vu une masse plus noire que l'ombre dans laquelle elle se mouvait; il avait tiré, et Lalou tomba blessé en rugissant.

Toutefois il se replia en rampant.

— Maladroit! dit Lassalle.

— Hein? fit Lalouette.

— Tu as tiré trop tôt.

— Il est blessé.

— Il fallait le laisser arriver à bout portant et le tuer raide.

Cependant Lalou faisait retentir la grotte de ses imprécations : il avait une jambe fracturée.

— C'est Élaï Lascri lui-même, dit joyeusement Lassalle.

— Bonne affaire! fit Lalouette.

« Je vais lui dire un mot.

Et il interpella :

— Ohé! Lalou! qu'as-tu de moins? un bras et une jambe?

Le nègre, outré, répondit :

— Dans deux minutes, misérable, ta tête tombera... j'en jure le Prophète!

— Pour cela, il faudrait me tenir! dit en raillant le jeune homme.

— On te tiendra!

— Impossible! Essayez!

Lalou dit à ses hommes :

— Vous entendez? ces gens nous bravent! En avant! faites comme moi! Avancez donc!

Mais les bandits hésitaient.

Ils étaient effrayés.

La peur de l'inconnu est la plus puissante.

Qu'y avait-il dans le couloir ? On ne savait.

Avancer au hasard dans la nuit, c'est chose terrifiante quand on prévoit l'embûche.

La mort a surtout un prestige quand les ténèbres lui font cortège.

Les brigands qui étaient en tête se mirent à tirailler sur place.

Ils étaient cinq de front.

Lassalle ne daigna pas répondre.

Lalou, qui perdait beaucoup de sang, qui ne pouvait marcher, accablait ses hommes de reproches.

Enfin ils se décidèrent.

Un khalifat qui commandait à treize bandits eut plus de courage que les autres.

— J'y vais! dit-il.

Il s'avança à plat ventre.

Lassalle entendit bien que l'autre faisait tous ses efforts pour qu'aucun bruit ne le trahît.

Le chasseur posa sa main sur le bras de son compagnon et lui dit à l'oreille :

— Lalouette, ne tire pas; je vais lui faire faire une belle pirouette.

Il laissa le saracq (brigand) s'approcher jusqu'à deux pas, et, le voyant très-distinctement alors, il lui envoya un coup de feu; malgré les ténèbres, il avait parfaitement visé : le malheureux fit un bond, roula sur lui-même, puis ne bougea plus.

Il était mort.

— Et d'un! dit Lassalle.

Lalouette protesta.

— Deux! fit-il.

— Non, un! dit Lassalle.

— Et Lalou?

— Il n'est que blessé; nous ne comptons que les morts, nous autres.

Puis il ajouta cet axiome :

— Un blessé est souvent plus dangereux qu'un homme qui n'a rien. Lalou est exaspéré et va nous jeter quelque tour.

Le jeune homme ne se trompait pas; Lalou rageait.

Quand il entendit le coup de feu, suivi d'un silence profond, il comprit que son khalifat était tombé pour ne plus se relever; il demanda des volontaires.

Ce fut en vain.

Il s'y attendait.

Alors, écrasant sa troupe de son mépris, il l'accabla d'injures; puis il ordonna le tirage au sort, auquel les Arabes ont parfois recours.

— Puisque personne, dit-il, n'a plus de sang dans les veines parmi nous, on va mettre tous vos noms dans une *chicha* (calotte rouge), et les dix premiers qui sortiront seront ceux qui devront se dévouer pour les autres.

Personne n'avait rien à objecter à cette décision.

Le trésor était là, menacé, compromis, perdu peut-être.

Toute la bande frémissait d'impatience; il fallait que l'on se décidât.

Le sort allait parler.

Tombe qui tombe !

Et, à la lueur des torches, toujours déposées à l'entrée de la grotte et rallumées par les bandits, on écrivit les noms sur les tablettes de Si-Lalou et on les plia.

Une chicha les reçut.

C'était une scène étrange.

Les bandits, silencieux, farouches, inquiets, étaient rangés en file; les plus rapprochés de la barricade se tenaient courbés.

Le plus jeune d'entre eux tenait la calotte pleine de bulletins écrits par le kodja qui avait succédé à Mahmoud.

Le plus vieux s'apprêtait à mettre la main dans l'urne improvisée.

Tous palpitaient.

La vie était l'enjeu.

Le vieillard tira un billet et lut.

Un homme désigné poussa un cri de colère et sortit des rangs en vomissant des imprécations.

— Silence! lui dirent les khalifats sur un geste de Lalou.

L'homme ne se tut pas.

Alors Lalou dit :

— Faites sauter la cervelle à ce chien qui aboie; il nous gêne.

Et l'un des chefs exécuta l'ordre d'Élaï Lascri.

Le calme se fit prodigieusement lourd et sinistre.

On tira un second nom, et celui qui le portait sortit des rangs sans mot dire.

On s'arrêta au dixième nom tiré ; cela faisait neuf hommes vivants et un mort; le groupe de ceux qui étaient voués à l'attaque si dangereuse de la barricade s'était instinctivement resserré.

Les victimes de cette loterie de la vie jetaient des regards menaçants sur la troupe, et semblaient peu disposées à marcher.

Lalou le devina.

Tout couché qu'il fût, il cria :

— Défiez-vous! Couchez en joue ceux qui doivent faire l'attaque !

Et il fut obéi avec ensemble, car, de leur côté, les neuf condamnés, après s'être consultés du regard, avaient fait un mouvement de révolte très-caractéristique : une rixe était imminente.

Mais l'issue n'en eût pas été douteuse; la troupe se montrait très-décidée à forcer les condamnés à s'exécuter.

Ceux-ci baissèrent leurs armes et se contentèrent de murmurer.

— On a triché, disaient-ils.

Mais leur mauvaise foi était évidente.

Lalou, de son coin, cria :

— Qu'on surveille ces chiens, et qu'on m'écoute!

C'était un rude chef, et bien fait pour se faire obéir, que Si-Lalou.

Le silence fut si grand que l'on entendait tomber les gouttes d'eau suintant en pleurs le long des voûtes du souterrain.

— Compagnons, dit Si-Lalou, nous sommes des hommes, il faut le montrer.

« Pas de pitié !

« Ceux qui sont condamnés par le sort le sont loyalement; qu'ils attaquent ! »

La troupe s'écria :

— Oui ! oui !

Lalou reprit :

— Vous avez vu que moi, votre chef, je n'ai pas hésité.

Les bandits s'écrièrent :

— C'est vrai ! que les autres attaquent.

Lalou continua :

— On va, par ordre de sortie des numéros, placer les condamnés, et ils avanceront menacés par les fusils du reste de la troupe. On leur donnera, pour avoir forcé le passage, le temps de compter jusqu'à cent; le kodja comptera tout haut.

« A cent, la troupe fera feu

« Tant pis pour ceux qui n'auront pas forcé le passage! ils seront entre deux fusillades et n'en échapperont pas.

« Je leur conseille de donner tête basse dans le couloir et d'agir vite; c'est la seule chance de salut qu'ils aient. »

Et les khalifats prirent leurs dispositions.

En ce moment, la voix railleuse de Lalouette se fit entendre avec la permission de Lassalle; il blaguait les brigands.

— Ah çà ! leur cria-t-il, que faites-vous donc là-bas? vous ne venez donc pas chercher le cadavre de votre camarade?

Et il interpellait Lalou :

— Eh ! Élaï Lascri, l'enleveur de femmes ! au lieu de gazelles au nid, voilà que tu retrouves des lions !

Lalouette parlait en arabe. Il était facile toutefois de reconnaître qu'il était Français.

Lalou avait écouté.

— C'est un colon ! dit-il, ou bien c'est un soldat français.

Un khalifat dit :

— Ce doit être un chasseur d'autruches.

Lalouette entendit cette discussion.

— Je suis Lalouette, fit-il; c'est moi qui ai vendu les coffres pour les jeunes femmes; je viens rechercher ma marchandise.

Puis gouailleur :

— Lalou, monseigneur Lalou, parle, rugis, qu'on t'entende un peu! il doit t'en coûter de te taire, mon pauvre noiraud ! Je voudrais bien voir la figure que tu fais.

Lalou n'y tint pas.

— Vile canaille, dit-il, tu feras dans dix minutes une figure plus drôle que la mienne! tu auras cent balles dans la peau.

— Un pari ?

— Ah ! gredin, tu ne parieras pas, tout à l'heure

— Je le peux encore maintenant, mon doux Lalou, et j'en profite. Je gage le trésor que nous tenons contre une pommade pour blanchir ta peau que dans huit jours tu n'auras pas avancé d'un pas !

Lalou, exaspéré, cria aux siens : .

— Marchez !

Les khalifats avaient tout préparé; le petit peloton d'attaque était en ligne; on lui cria : En avant ! et, pour appuyer l'ordre, les fusils s'armèrent et s'abattirent.

Il n'y avait pas à hésiter.

Celui qui, étant en tête, se trouvant le plus exposé, dit aux autres :

— Camarades, il faut agir avec ensemble; nous nous retrouverons peut-être. Avançons d'abord en rampant, puis au premier coup de feu courons sus, quitte à nous passer sur le dos les uns aux autres.

— C'est dit ! firent les autres d'un air sombre.

Ils s'engagèrent dans le couloir.

A peine y étaient-ils qu'un rire sonore retentit à leurs oreilles.

C'était Lalouette qui s'amusait.

Il cria :

— Petits ! petits !

Et il imitait le bruit que l'on fait avec les lèvres dans les douars arabes pour appeler les poules quand on leur donne la pâtée.

Les bandits se sentirent froid dans le dos: ils trouvaient ces plaisanteries singulièrement sinistres; ils frissonnaient.

Tout à coup il leur sembla qu'une lueur brillait devant eux; ils s'arrêtèrent.

On a toujours peur de l'inconnu, de l'inattendu.

Cette lumière les effrayait et ils avaient raison de la craindre.

Lassalle avait songé qu'il ferait bien, si on continuait les attaques, d'éclairer le couloir; il avait dit à Lalouette:

— Prends une torche et tiens-toi prêt à y mettre le feu.

Et Lalouette, qui avait compris, avait cherché un fenouil trempé dans l'essence, puis il en avait garni le bout de poudre.

En brûlant une amorce, il allumait; ce qu'il fit sur l'ordre de Lassalle.

Par un créneau de la barricade, il lança la torche sur l'ennemi.

Aussitôt Lassalle tira.

Un homme fut foudroyé.

Les bandits s'élancèrent.

Lalouette leur envoya une balle et un saracq tomba raide.

Déjà Lassalle avait saisi un second fusil et l'avait déchargé ; aussi Lalouette.

A chaque coup un mort.

Les bandits s'enfuirent.

Mais le kodja avait compté jusqu'à cent, et un feu de file s'abattait sur les survivants, qui tombèrent sous les balles mêmes de leurs camarades, fidèles aux ordres de leur chef.

Au bout de dix minutes de ce feu bien vif, Si-Lalou le fit cesser.

On écouta:

Rien.

Les saracqs s'entre-regardèrent en chuchotant, et ils se demandèrent à quel obstacle avaient pu se heurter leurs compagnons.

Évidemment ceux-ci étaient morts.

Tout à coup Lalouette insolent cria :

— A qui le tour? La quille à Mayeux! On les abat par douzaines et par demi-douzaines !

Puis il interpella Lalou.

— Eh ! Élaï Lascri, fit-il, en voilà des morts ! Qu'en dis-tu?

« Lalou, cria-t-il encore, veux-tu nous faire le plaisir de recommencer l'attaque? ça nous amusera.

« Nous voulons battre le fer tant qu'il est chaud. »

Lalou vit que les siens éprouvaient un profond découragement.

Un khalifat vint à lui.

— Sidi, dit-il, sache que ces gredins ont fait une barricade très-solide.

— Ah ! ah ! fit Lalou.

— Et que l'on aura toutes les peines du monde à la forcer.

— Nous verrons bien ! dit Élaï Lascri.

Puis il ordonna en souriant :

— Va trouver l'autre détachement, qui est à la sortie de la grotte.
— Bon! dit le Kabyle.
— Tu diras à mon lieutenant de faire escalader cette issue par ses hommes et de pénétrer par là dans notre repaire. Qu'il fabrique des échelles avec des arbres et qu'il entaille la roche au besoin.
— Bon! dit le khalifat.
Il partit.
Dans la troupe, on se demandait :
— Que faire?
Lalou, qui entendait ses hommes deviser et se poser cette question, répondit :
— Rien.
Puis avec mépris :
— Puisque vous ne voulez pas forcer le passage, au moins gardez-le.
On plaça des sentinelles, et les bandits se mirent à fureter à leur gré.
Ils avaient faim :
Rien à manger.
Ils avaient froid :
Point de feu.
Ils demandèrent à aller chercher ce dont ils avaient besoin sur terre.
Lalou refusa.
— Ne bougez pas d'ici, chiens! cria Lalou à ses brigands; allez-vous donc m'abandonner?
Et il commanda à un khalifat :
— Va-t'en dehors avec cinq hommes, trouve des vivres et rapportes-en.
Le khalifat obéit.
Il se fit un instant de calme.
Avec la résignation fataliste des Orientaux, les bandits s'accroupirent ici et là, attendant le résultat de l'attaque tentée par le côté opposé.

XXXIII
TOUT EST PERDU.

Là le Faucon, à la tête de la moitié des saraqs (voleurs), faisait bonne garde.

Quand il reçut de Lalou le commandement d'attaquer, il prit rapidement ses dispositions.
Il expliqua aux siens ce dont il s'agissait.
— Cinq ou six larrons, leur dit-il, se sont emparés de notre grotte; il faut les en chasser, ou le trésor est perdu pour nous.
A cette idée, les bandits, pleins d'ardeur, se mirent aussitôt à l'œuvre.
Abattant des arbres, ils les transformèrent en échelles et s'en servirent pour gravir les pentes d'un roc à l'autre; ils parvinrent à l'ouverture de la grotte et se massèrent sur le plateau qui s'étendait devant elle.
Au dedans, Martinet et Samoûl avaient eu tout le temps de préparer une barricade; quoiqu'ils eussent à défendre un plus large espace que leurs amis, ils n'en étaient pas moins dans une situation excellente.
L'obstacle qu'ils avaient créé était des plus solides et des plus résistants.
Qu'on s'imagine un amas de troncs d'arbres recouverts de paquets de vêtements qui amortissaient les balles et faisaient résistance.
C'était une barricade matelassée.
Samoûl l'avait placée à un endroit d'où il apercevait la sortie de la grotte et aussi le plateau.
Il distinguait donc parfaitement les bandits massés dehors.
— Attention! dit-il à Martinet, nous allons en abattre une demi-douzaine. As-tu tes fusils bien prêts sous la main?
— Oui, dit Martinet.
— Tirons, alors.
Ils firent feu.
Ils déchargèrent leurs fusils à deux coups, puis leur carabine.
Les six balles firent quatre blessés et trois morts; un projectile avait fait un coup double.
Les bandits se couchèrent à plat ventre, puis battirent en retraite.
Faucon eut beau faire.
Le premier mouvement de l'Arabe, quand il est à découvert, est de fuir.
Abrités derrière les roches, les bandits tinrent conseil entre eux.
Faucon n'était que khalifat.
Loin de l'œil de Si-Lalou, les brigands obéissaient mal.
— Faucon, dirent-ils, tu nous trompes! ils sont très-nombreux là-dedans.
Et ils refusaient d'avancer.
Le khalifat tenta en vain de leur redonner du cœur; tout fut inutile.
Dès lors il envoya un de ses fidèles pour prévenir le maître.
Si-Lalou vit avec dépit l'insuccès de son khalifat.
Il se désespérait d'être blessé.
Toutefois il avait rêvé un moyen de forcer l'embuscade, et il l'avait trouvé.
Il ordonna à dix de ses hommes d'aller ramasser du bois dehors et de lui apporter surtout un gros olivier.
Les bandits comprirent l'idée de leur chef, et ils mirent un grand empressement à l'exécuter; ils coupèrent dehors des oliviers sauvages et les apportèrent en plongeant à trois ou quatre fois.
Ce fut une assez longue opération.
Si-Lalou expliqua son idée à ses hommes; il s'agissait de construire une sorte de barricade portative assez solide pour résister aux balles et couvrir un homme.
Les bandits taillèrent un gros tronc d'olivier, de façon à ce que l'un d'entre eux n'eût qu'à le rouler devant lui, et, couché à plat ventre, fût couvert par cette masse de bois.
De la sorte, un bandit pouvait donc s'approcher sans grand danger.
C'était un point important.
D'autres bandits, avec des branchages très-serrés, devaient fabriquer des fagots emmaillottés de plusieurs épaisseurs de burnous.
De la sorte, ils avaient aussi un pare-à-balles qu'ils poussaient devant eux.
L'homme au tronc d'arbre — on trouva un volontaire pour demi-part de trésor en plus — s'avança poussant son billot devant lui.
Lalouette et Lassalle lancèrent leur torche et virent ce qui se passait.
— Diable! dit le dernier, voilà qui va mal; cet homme est couvert par son arbre.
— Ils vont faire, dit Lalouette, une barricade en face de la nôtre.
C'était en effet le plan de Si-Lalou.
Lassalle essaya inutilement de tirer deux coups de fusil.
La poudre fut perdue.
Alors il dit à Lalouette :
— Je vois que les chances tournent mal; nous allons peut-être nous trouver forcés de fuir.
— Tu crois?

— Il est impossible que, poussés par Lalou d'une part, de l'autre par l'appât de l'or, et ayant la protection de

A leur tour ils se succédèrent dans cet étrange voyage. (Page 21.)

leur barricade, les bandits ne viennent pas à bout de nous.
— Que faire?
— Une fois déjà, j'ai été sauvé d'une drôle de façon... je t'ai conté cela.
— Pouah! fit Lalouette.
— Il ne s'agit pas du même endroit, sois tranquille; je me souviens du bain que j'y ai pris, et je crois que je préférerais mourir que de recommencer.
— Eh bien! alors, que proposes-tu?
— La sentine n'est pas le seul trou, le seul précipice qui s'ouvre dans l'intérieur de la grotte sur le fond du volcan.
— Il est vrai. J'ai cru voir, en parcourant les galeries, qu'il y avait de nombreuses ouvertures donnant sur des abîmes.
— Prends une fourche, sonde les précipices et vois celui qui nous serait accessible à l'aide des cordes dont nous nous sommes munis pour descendre les sacs d'or que nous devions enlever.
— Bon! fit Lalouette.
Et il se hâta.
Le temps pressait.
Déjà l'arbre formait obstacle, déjà les fagots s'entassaient par dessous.
Bientôt les bandits furent bien couverts, et Si-Lalou averti, dit aux siens :
— Le feu sera notre auxiliaire; il faut jeter au pied de leur barricade, par-dessus la nôtre, des fagots de branchettes d'olivier, bois très-inflammable qui prendra flamme, surtout s'il est bien arrosé de poudre.
« On allumera ce bûcher, qui rongera l'embuscade ennemie.
— Et la nôtre? firent les bandits.
— Le feu ira dans l'intérieur de la grotte, dit Lalou; c'est toujours ainsi : il y a un tirage d'air continuel vers les gouffres intérieurs; je l'ai remarqué.
Les bandits, joyeux, obéirent.
Mais déjà Lalouette était revenu.
— J'ai trouvé, dit-il. C'est une espèce de couloir qui descend en cascade de rochers vers des profondeurs sans fin qui m'ont donné froid à regarder; j'ai eu peur.
— Bien, dit Lassalle. Reste ici à ton tour, tiens bon et fais feu.
— Je ne vois pas de saracqs.
— N'importe! il faut qu'on sache qu'il y a quelqu'un ici.
— Et tu vas?...
— Organiser tout.
Lassalle courut vers l'autre embuscade.
— Aôh! fit Samoïl. Ça va bien ici; les chiens n'osent plus montrer leur museau.

— Là-bas, dit Lassalle, tout est perdu. Nous n'avons qu'une ressource.
— Laquelle ?
— Nous réfugier dans les précipices.
— Et si l'on nous poursuit ?
— Je doute que l'on nous trouve. En tout cas, nous n'avons pas le choix.
— Et descendre ? fit Martinet.
— Nous ferons des parachutes, comme les saraqs, à l'aide de nos burnous placés sur nos fusils mis en croix ; ça vous retient très-bien.
— Ton idée vaut mieux que la mienne, Samoûl, dit Lassalle ; je l'adopte.
— As-tu choisi le précipice ?
— Oui.
— Alors, mieux vaut fuir tôt que tard.
— Un instant ! Fais d'abord une seconde et très-épaisse barricade derrière celle-ci.
— Ça les retardera, tu as raison.
— Moi, je vais en construire une aussi derrière la nôtre ; puis nous prendrons les pierreries, des vivres pour le plus longtemps possible et de l'eau.
— Le marabout viendra nous sauver.
— Je l'espère.

Lassalle revint près de Lalouette ; ils se mirent à fabriquer la seconde barricade, qui fut rapidement exécutée.

Il était temps.

Les saracqs poussaient des hurlements de joie après avoir mis le feu à la première embuscade ; ils croyaient avoir partie gagnée.

Mais au bout d'une demi-heure, quand ils avancèrent sur les cendres brûlantes, ils s'aperçurent que c'était à recommencer. Pendant ce temps, les aventuriers avaient pris leurs dispositions ; se sachant de l'avance, ils firent des lots de pierres précieuses et les placèrent dans des sachets qu'ils s'attachèrent aux flancs.

Puis ils prirent dans la grotte des tas de galettes et de viande séchée ou salée, qui étaient les réserves des bandits ; le tout fut emporté dans des sacs avec des cordes que les chasseurs fixèrent sur leurs épaules, de façon à avoir des espèces de havre-sacs ; ils se munirent aussi de torches et prirent chacun une des hachettes, pioches arabes qu'ils trouvèrent gisant dans la grotte.

Ils lièrent ensuite leurs fusils en croix, chacun en avait deux, puis ils ficelèrent leur burnous de façon à former un parachute en forme de cerf-volant.

Alors ils se dirigèrent vers le gouffre.

XXXIV

VOYAGE DANS LES ABIMES.

Les chasseurs, en arrivant au bord de la galerie qui avait servi de couloir conducteur à la cave, éprouvèrent un sentiment d'horreur instinctive en en sondant les profondeurs inouïes.

Le feu avait creusé de bas en haut une espèce d'entonnoir qui se perdait dans les entrailles de la terre ; çà et là des rocs débordaient, formant plates-formes ; les gradins semblaient se succéder sans fin au milieu des ténèbres.

Du fond du gouffre montaient des bruits étranges, murmures sourds et mystérieux.

— Ouf ! fit Lalouette. Mon poil se hérisse à l'idée de descendre au fond de ça.
— Mon cher, dit Lassalle, il n'y a pas à tergiverser, je donne l'exemple.

Et il se cramponna à son parachute, puis, d'un élan, se lança.

Il descendit et il parvint à une plate-forme où il s'arrêta un instant.

Il était à une profondeur de trente mètres environ, mais il ne s'arrêta pas là.

— Venez donc ! cria-t-il.

Et il gagna une seconde plate-forme.

Tour à tour les chasseurs l'imitèrent, après avoir eu soin d'étendre leur tente et de la jeter dans le puits.

Ils s'arrêtèrent tous à la troisième plate-forme, à cent cinquante mètres de profondeur environ ; là ils attendirent.

Bientôt les bandits firent irruption...

Ils poussaient des cris de joie féroce et croyaient tenir leurs adversaires.

Mais... rien.

En vain parcouraient-ils la grotte ; ils trouvèrent le trésor en partie volé ; mais de savoir où étaient les voleurs, c'est ce qui leur fut impossible.

Lalou se fit transporter et constata avec rage la disparition de Margot et celle de ses plus belles pierreries ; il manquait plusieurs millions au trésor de la bande.

Après les plus minutieuses recherches, Élaï Lascri se dit que les les chasseurs devaient avoir disparu dans un gouffre.

Il appela son khalifat.

— Faucon, lui dit-il, ces misérables se sont réfugiés dans les abimes ; ils sont perdus, car s'ils ont pu descendre, ils ne remonteront jamais.
— Que faire, maître ?
— Les laisser crever là !

Mais Si-Lalou était dans des transes mortelles pour le trésor.

— Fait-il jour ou nuit ? demanda-t-il.
— Il fait nuit.
— Alors nous partons.
— Pour quelle destination ?
— Dans le désert.

Si-Lalou se disait que lui, sa bande, ses richesses étaient trop menacés.

Il assembla sa bande.

— Camarades, dit-il, notre secret est maintenant connu de trop de gens ; voilà Ibrahim, voilà Mahmoud, voilà des chasseurs qui savent qu'ici est notre or et notre repaire ; il faut trouver ailleurs quelque refuge sûr et y abriter nos richesses.

C'était un avis trop sensé pour qu'on le repoussât.

Les bandits l'accueillirent avec joie.

— Seulement, dit Lalou, en quittant la grotte, il faut l'anéantir.
— Oui, dirent les bandits ; écrasons avec ses débris ceux qui l'ont envahie.
— Qu'ils puissent ou non remonter du fond des gouffres, dit Lalou, il faut qu'ils soient enfermés ici à jamais.

Et au Faucon :

— Prépare les mines avec notre provision de poudre, ami.
— Nous avons six barils.
— Fais-en six fourneaux ; places-en un à la sortie, l'autre à l'entrée.

Faucon fit appel aux Sahariens qui se trouvaient dans la troupe.

Ceux-ci sont experts dans l'art de creuser des puits, et ils sapent aussi bien que des ouvriers européens.

Le khalifat les mit à l'œuvre.

Pendant ce temps, le reste des bandits s'occupait à charger le trésor dans des sacs, à descendre ceux-ci et à les placer sur des mahara.

L'opération se fit rapidement, car toute la troupe se mit à l'œuvre.

Bientôt tout l'or fut dehors.

Alors Élaï Lascri sortit à son tour, descendit par des cordes, et, comme les mines étaient terminées, Élaï Lascri, tenant tout son monde autour de lui et son trésor sur ses mahara, envoya l'ordre à Faucon d'allumer les mèches.

La troupe partit à fond de train.

Elle fit deux lieues en dix minutes, et, sur l'ordre de Si-Lalou, elle s'arrêta.

A peine chacun s'était-il retourné que les mines éclatèrent.

Ce fut un bouleversement immense, et le sol trembla à cinq lieues à la ronde; on eût dit que le volcan se rallumait.

Des gerbes de flammes montèrent vers le ciel, sillonnées de quartiers de rocs énormes; l'Atlas fut illuminé et projeta sur le Sahara une lueur sinistre, puis tout s'éteignit.

Il se fit un silence profond.

Tout ce qui avait vie tremblait d'effroi; le lion lui-même s'était tu.

Les bandits, muets et frappés par la splendeur de la scène qu'ils avaient eue sous les yeux, restaient cloués sur le sol.

Mais bientôt la voix glapissante du chacal vibra dans les airs, la hyène répondit par ses aboiements lugubres, et les notes magistrales des rugissements du lion passèrent formidables dans l'espace ; l'hymne des nuits algériennes fut repris par des milliers de créatures, chantant sous le ciel bleu leurs joies, leurs souffrances et leurs amours.

XXXV
LIBRES!

Dans la grotte, voici ce qui s'était passé et ce qui fut constaté depuis.

Les mines, en éclatant, firent sauter toute la voûte du souterrain.

La force de projection fut telle que des rocs vinrent retomber à une lieue de là sur des villages, et que le lac, oscillant, déversa une partie de ses eaux sur les pentes de l'Atlas.

Le couloir par lequel on entrait dans la grotte fut entièrement comblé.

Les débris des voûtes naturelles, en retombant, formèrent partout d'inextricables amas de pierres; impossible de soulever ces masses de granit.

Les chasseurs, mis à l'abri de l'explosion par leur position au fond d'un abîme, couverts, du reste, par des anfractuosités sous lesquelles ils pouvaient s'abriter, ne s'en trouvèrent pas moins enfermés à jamais au fond du précipice.

Lorsque la détonation eut lieu, ils furent brutalement renversés.

Par bonheur, l'espèce de terrasse qu'ils occupaient était large : ils ne furent point précipités, quoique Lassalle eût roulé l'espace de cinq ou six pas.

Il se retint à une aspérité.

Il se releva pourtant le premier.

Un rideau de flamme éclaira les profondeurs du volcan, et pendant plus de trente secondes on vit toutes les horreurs du gouffre.

Lassalle comprit ce qui se passait.

— Vite! dit-il à ses amis, serrons-nous contre les parois des rocs.

Et il donna l'exemple.

Ils se tinrent au-dessous d'un entablement qui surplombait. Un instant après, on entendit des quartiers de pierre redescendre en sifflant; mais du fond de l'abîme remontait un bruit d'eau mise en mouvement par ces chutes.

Lassalle en fut frappé.

Il lui avait du reste semblé entrevoir comme un fleuve coulant sur du sable, au bas de l'entonnoir sur le versant duquel ils se trouvaient.

Mais une distance prodigieuse, deux mille mètres environ, les séparait de ce cours d'eau souterrain.

Lalouette, qui était, comme toujours, fort en gueule et ne savait se taire, Lalouette fit le premier claquer son fouet, c'est-à-dire sa langue.

Moitié terrifié, moitié riant, il s'écria :

— En voilà une salée ! j'ai cru que le volcan se mettait à souffler.

Martinet dit avec calme :

— Non, ce n'est pas une éruption volcanique; la flamme vient d'en haut.

— Eh! fit Lassalle, c'est une mine qui saute, il n'y a pas à en douter.

Samoül, qui se retrouvait religieux et fidèle mahométan dans les grandes crises, était demeuré à genoux, récitant les versets du Coran.

Mais il entendit parler de mine.

— Aôh! fit-il replaçant dédaigneusement dans sa ceinture des amulettes qu'il en avait tirées, ce n'est qu'une mine qui éclate?

— Pas plus ! dit Lassalle; mais c'est déjà quelque chose, cadour (cher).

Mais je craignais que les djenouns (génies) de la montagne, protecteurs du trésor, n'eussent fait quelque enchantement terrible.

— Le djenoun, c'est Lalou; l'enchantement, c'est la poudre qui flambe.

— Aôh ! j'aime mieux ça.

— Mais nous sommes perdus.

— Le marabout viendra nous sauver.

— J'en doute ; après une pareille explosion, il nous croira tous ensevelis.

— Mais il voudra parcourir la grotte.

— Elle n'existe plus ; j'ai compté les détonations, et Lalou avait préparé ses mines pour opérer une destruction complète.

Puis, montrant le sommet du souterrain, Lassalle dit à ses compagnons :

— Des blocs de cent mille livres nous ferment le chemin en haut.

— Sans compter, dit Lalouette, que nous n'avons aucun moyen de remonter.

— Pourquoi, dit Samoûl, Lalou, qui n'est pas bête, s'est-il enseveli avec nous dans son repaire?

— Eh ! sot ! qui te dit qu'Elaï Lascri soit resté ici? Il a fait charger son or sur ses mahara et il s'est enfui.

— En effet, dit Martinet, son secret une fois connu, il eût été stupide à lui de rester ici exposé aux vols et aux attaques.

— Mais, s'exclama Lalouette joyeux, nous avons ici une belle part du trésor !

— A quoi bon? dit Samoûl.

— Nous nous sauverons peut-être.

Lassalle réfléchissait.

— Que penses-tu? demandèrent ses compagnons.

— A nous sauver.

Puis il reprit :

— Nous avons des vivres pour un mois; j'ai un espoir, mais il est bien vague.

Il fit rallumer la torche qui s'était éteinte; on battit le briquet.

Quand le fenouil flamba, Lassalle dit :

— Il m'a semblé voir, dans le fond du gouffre, un grand fleuve.

— Tiens! fit Lalouette, c'est drôle; j'ai cru aussi apercevoir de l'eau.

— Si cela était, dit Lassalle, j'aurais une espérance de nous tirer d'ici.

— Parce que?

— Parce que le Trou-du-Diable, vous le savez, n'a pas d'issue connue.

— C'est vrai.

— Son niveau est toujours le même.

— Encore vrai.
— Il faut donc que le trop-plein du lac s'échappe par quelques fissures.
— Eh! eh! fit Martinet.
— Ces fissures amènent l'eau du lac à la base du volcan et forment le fleuve que nous croyons avoir distingué en bas de cette descente.
Lalouette protesta.
— Dis-nous donc tout de suite ce que tu espères; nous mourons d'impatience.
— Taisez-vous donc, sidi toqué! fit Martinet; tu vois bien que tu troubles Lassalle dans ses calculs; attends la fin de son raisonnement, que diable!
— La fin, dit Lassalle, c'est que le fleuve, à son tour, sort de la montagne.
— J'y suis, dit Martinet.
Et il ajouta :
— Voilà d'où vient que l'Oued-Sebdou, sans que l'on sache pourquoi, mince filet d'eau avant d'arriver en face de cette montagne, se gonfle et passe à l'état d'oued (rivière) très-respectable sans recevoir aucun affluent apparent.
Samoûl battit des mains.
— Voyez donc les Français! dit-il; ils expliquent tout sans l'intervention des djenouns; on disait que l'esprit protecteur de la plaine gonflait l'Oued-Sebdou pour que ses eaux puissent fertiliser les prairies de cette vallée.
— Et ce fait est tout naturel, dit Lassalle; pour être un homme, Samoûl, envoie promener tous les préjugés des croyances absurdes et ridicules.
— Ah! c'est difficile, mais j'y parviendrai.
Lalouette, toujours impatient, s'écria :
— Je ne vous comprends pas; vous blaguez, vous blaguez!... agissons, morbleu!
— Quelle bête! fit Lassalle; tiens! tu ne seras jamais un chasseur.
— Il faut plus de calme, observa Martinet.
— Je propose, dit Samoûl, de soumettre notre compagnon à la loi de la quarantaine.
— Qu'est-ce que cette loi?
— Mon vieux, elle soumet au silence absolu et à la privation de tabac, pendant quarante jours, le chasseur trop pétulant qui gêne ses camarades par des observations saugrenues ou un zèle intempestif.
— Jamais! je...
— Prends garde, camarade!
— L'on va te mettre en effet en quarantaine : on lui inflige, au choix, cinq coups de bâton sous la plante des pieds ou un jeûne absolu de quarante-huit heures. On t'appliquera ces peines disciplinaires.
— C'est odieux!

— Il faut bien former les novices comme toi, mon pauvre Lalouette.
Et avec autorité :
— Assez causé; agissons.
Montrant le fond du précipice :
— Rien à espérer en haut, dit-il; en bas seulement une lueur d'espérance.
— Descendons, dit Samoûl.
— Je vous précède.
Et Lassalle se suspendit à son parachute pour gagner une plate-forme très-éloignée, cette fois, qu'on apercevait à trois cents mètres plus bas au moins.
Dans la crainte d'être obligé de lâcher les fusils sur lesquels le burnous était attaché en forme de cerf-volant, Lassalle se passa sous les aisselles une corde qui ut rattachée à l'entre-croisement des deux armes.
Après avoir assuré son équilibre, le jeune homme se lança dans l'espace.
Ses amis suivirent anxieusement sa descente jusqu'au moment où la torche n'éclaira plus suffisamment pour voir.
Enfin un cri arriva :
— Ohé!
Cri d'appel joyeux.
— Tu y es? demandèrent les chasseurs.
— Oui.
— Peut-on descendre?
— Oui, sans crainte.
A leur tour ils se succédèrent dans cet étrange voyage.
Déjà Lassalle avait tiré un fenouil du paquet qu'il portait suspendu comme un carquois, et il l'avait allumé.
On regarda.
— Hourra! fit Lassalle.
Il montrait à ses camarades qu'à partir de cette terrasse la pente, si roide qu'elle fût, était désormais praticable.
On entendait distinctement un bruit de cascades; l'eau, par diverses fissures, tombait dans le fleuve.
On fit une halte.
Lassalle semblait tout joyeux.
— Sacrebleu! dit Martinet, tu sembles enchanté, ravi, comme si nous étions sains et saufs.
— C'est que, répondit le jeune homme, l'espoir grandit à mesure que nous descendons.
— J'entends bien le fleuve, les chutes d'eau, mais est-ce une preuve que nous sortirons d'ici? Y a-t-il communication avec le dehors?
— Eh! mon cher, il faut bien que cette eau sorte par quelque conduit!
— Souterrain?
— Sans doute.
— Comment traverserons-nous ce canal, s'il est long et s'il n'y a pas d'air?
— Pas d'air! voilà où était la question? Or il y a de l'air.
— Qu'en sais-tu?
— Respire.
— Eh bien! c'est fait; j'ai respiré.
— Ne trouves-tu pas que l'air, à mesure que nous descendons, semble plus frais, plus vif que là-haut, plus chargé d'oxygène?
— Nos torches brûlent mieux; elles éclairent bien; la flamme est moins rouge.
— Preuve que l'air est plus pur.
— C'est vrai.
— Cependant, s'il n'y avait pas communication d'air par la base de la montagne, à mesure que nous nous enfonçons dans le souterrain, nous devrions éprouver des difficultés pour respirer. Ce n'est pas l'orifice de la grotte qui renouvellerait l'atmosphère de ces souterrains à une pareille profondeur.
— Tu as mille fois raison.
— D'où je conclus, mon cher ami, que nous trouverons une ou plusieurs percées dans le flanc de l'Atlas, percées qui font ventilateurs et qui établissent ce courant d'air au milieu duquel nous nous trouvons.
— Décidément, j'espère.
— Peut-on parler? fit Lalouette.
— Si ce n'est pas pour dire des bêtises, tu peux causer, camarade.
— Si c'est pour dire une niaiserie, ajouta Martinet, tu peux te taire.
Lalouette fit ce que rarement il faisait, il pesa ce qu'il allait dire, trouva une idée juste et l'émit hardiment.
— Je vois, dit-il, que nous avons un moyen rapide de trouver les issues.
— Voyons le moyen?
— Nos torches...
— Le vent agitera la flamme; voilà ce que tu veux dire?

— Oui.
— Ce n'est pas trop bête
Lalouette se rengorgea.
Un court triomphe.
Lassalle reprit.
— Nous aurons mieux que cela.
— Et quoi donc?
— Le nez de Samoûl.
Le Kabyle, silencieux, sourit.
— Samoûl, dit Lassalle, a l'odorat si subtil qu'il sent dans le vent la moindre trace d'humidité, et annonce la pluie deux jours à l'avance ; vingt fois nous en avons fait l'expérience. Il nous guidera vers les orifices en suivant le courant avec la sûreté d'un chien de chasse.
— Est-ce possible?
— Il a souvent annoncé, rien qu'au flair, que l'on se trouvait sur une piste de lion.
— Vous plaisantez.
— Es-tu niais! à quoi bon blaguer, mon pauvre Lalouette?

Le vieux soldat, convaincu, contempla le Kabyle avec admiration.
Chaque jour lui révélait, chez le tueur de lièvres, une supériorité.
Lassalle avait allumé une pipe et ses amis l'imitèrent.
On fuma tranquillement.
Ces hommes étaient vraiment intrépides.
A leur place, combien, ardents, impatients, auraient voulu de suite savoir, approfondir les chances de salut ; eux, calmes, tranquilles, discutaient ces chances sans se presser.
Et là était leur force.
Inébranlables dans leur confiance comme dans leur résignation, ils acceptaient la mort ou la vie avec le même flegme.
Aussi, toujours libres d'esprit, se possédant admirablement, ils ne laissaient passer aucune occasion favorable, si rapide ou si ténue qu'elle fût.
C'était une scène extraordinaire et faite pour frapper l'esprit que celle de ces aventuriers égarés dans les précipices mystérieux d'un cratère, au milieu d'un prodigieux entassement de rocs, et fumant impassibles à la clarté fantastique d'une torche.
Lalouette lui-même avait fini par dompter sa pétulance ; il causait avec un grand sang-froid, escomptant le salut.
— Si nous en sortons, dit-il, — et nous en sortirons, — je veux mener une vie de prince.
— Que feras-tu, Lalouette?
— J'irai à Alger.
— Et puis?
— Je me payerai un sérail.
— Tiens, ce Lalouette!
— J'adore les femmes.
— Voyez-vous cela?
— Et puis je ferai venir de France des caisses de champagne, un assortiment.
— Et tu te griseras?
— Du matin au soir.
— Et du soir au matin?...
— Je serai aimable avec les esclaves de mon harem...
— Mais, mon vieux, tu n'en auras pas pour longtemps, avec ce système-là.
— D'argent?
— Non, d'existence!
— Au bout le bout.
— A ton aise!
— Moi, dit Lassalle, je m'en vais tranquillement dans les Indes, au milieu d'un site pittoresque ; j'y bâtis une villa charmante, et je vis tranquille et heureux avec Marie.

— Moi, dit Martinet, je veux savoir...
— Quoi?
— ... Si Margot a eu à se plaindre d'Élaï Lascri.
— Et que ferais-tu?
— Il me faudrait la peau d'Élaï Lascri et le reste du trésor.
— Voilà qui est parlé, dit Samoûl.
— Tu veux aussi le reste du trésor, toi?
— Oui, j'ai la mosquée à bâtir.
— Eh bien! dit Martinet, je m'engage à poursuivre avec toi l'aventure jusqu'au bout.
— Il est certain, dit Lassalle, que si Marie a été violentée, ce dont je doute, je poursuivrai partout Si-Lalou.
— Ma foi! fit Lalouette, si vous vous mettez tous à la chasse du nègre, j'en serai aussi ; je ne veux pas vous abandonner.
— A la bonne heure!
On se mit à descendre.
La torche éclairait le chemin ou plutôt la glissade, car les chasseurs se laissaient aller le long de ces pentes polies comme sur une glace ; ils sentaient l'escarpement devenir de moins en moins prononcé, à mesure qu'ils avançaient.
Bientôt ils atteignirent un terrain plat couvert de sable fin.
— Nous y voici, dit Lassalle.
Il prit la torche des mains de Samoûl et se dirigea vers le cours d'eau.
Celui-ci, large, profond et limpide, coulait assez rapidement vers le nord.
Lassalle avait pris sa boussole et l'avait consultée ; les chasseurs européens se munissent tous d'une boussole pour traverser le Désert ou les forêts du Sahel.
— Je crois, dit Samoûl, que je sais où nous sommes. Vous rappelez-vous les Rochers-Bleus?
— Oui.
— Ils forment une espèce de falaise le long du Sahara.
— Une barrière inabordable qui domine et borde la rive gauche du fleuve.
— C'est cela.
— Eh bien! c'est sans doute par dessous ces falaises que cette eau va rejoindre le Sahara ; c'est là que le volume des eaux augmente subitement d'une façon inexplicable.
— Tu dois avoir raison.
Le Kabyle se mit à humer l'air à pleins poumons.
— Aôh! fit-il, nous sommes trop bas ; le courant d'air est plus haut.
— Allumons plusieurs torches, fit Martinet.
— C'est cela, fit Lalouette.
Mais Lassalle n'était pas de cet avis.
— Éteignons tout, dit-il.
— Pourquoi?
— Parce que, s'il y a un ou plusieurs orifices, nous verrons le jour du dehors.
— Au fait, c'est vrai.
On souffla la torche.
La nuit se fit.
Bientôt les yeux des chasseurs s'habituèrent aux ténèbres.
Samoûl entrevit le premier une faible clarté à cent pieds au-dessus de sa tête.
— Là haut! fit-il. Voyez!
— Bon! dit Lalouette, ça y est. Nous voilà sauvés, mes camarades.
— Pas encore! dit Lassalle.
Cette fois, on s'orienta vers la lumière du dehors, puis on ralluma des torches.
On ne voyait plus le jour, à cause de l'éclat des fenouils qui flambaient, mais on n'eut qu'à suivre Sa-

moûl, qui s'était tourné droit vers l'orifice et qui marcha dessus.

On remonta les rocs assez péniblement, autant que ce fut possible.

Il fallut s'arrêter.

Une énorme masse de granit surplombait et empêchait l'escalade.

— Sommes-nous près de l'ouverture? Là est la question, dit Lassalle.

— On doit en être rapproché, dit Samoûl qui souffla encore les lumières.

On revit une faible clarté au-dessus du roc; le salut était là.

Lassalle n'hésita pas.

— Nous avons des hachettes, dit-il; nous avons de la poudre en abondance; faisons sauter ce roc et nous aurons libre passage.

— C'est entendu.

— A l'œuvre! proposa Lalouette.

— Non pas! dit Lassalle. Au dîner. Je meurs de faim, moi.

— Moi aussi, dit chaque chasseur.

Et ils rallumèrent leurs fenouils pour se préparer au repas. Selon l'habitude, maître Lalouette s'en fut, avec les gourdes, chercher de l'eau; c'était sa corvée ordinaire.

Il était fort amateur de curiosités, ce bon Lalouette.

Il s'amusa à regarder l'eau couler et à sonder les profondeurs.

Tout à coup, il entrevit une forme allongée qui passait dans le courant.

Il fut effrayé.

La forme allait et venait, si bien que Lalouette reconnut un poisson.

— Eh! cria-t-il à ses amis, il y a du poisson dans le fleuve.

Samoûl se leva et vint.

Lalouette lui montra quatre ou cinq gros barbeaux (c'est l'espèce la plus commune des rivières algériennes) qui se promenaient.

Ces poissons, au milieu de cette solitude profonde, n'étaient point farouches; accoutumés au bruit des cascades, ils ne s'effaraient pas en entendant parler ou marcher.

Samoûl mit burnous bas.

— Que vas-tu faire? demanda Lalouette.

— Pêcher, dit Samoûl.

— Avec quoi?

— Avec mes mains.

Et le Kabyle, qui nageait comme un brochet, piqua une tête.

Il rapporta un énorme barbeau.

Mais Lalouette dit avec dédain :

— Qu'allons-nous en faire?

— Le manger! fit Samoûl.

— Cru?

— Cuit.

— Et du bois?

— Viens! fit Samoûl.

Il rapporta la bête, qui fut des mieux accueillies par les chasseurs.

On l'écailla.

Le sens revenait à Lalouette.

— Tiens! fit-il, i. est aveugle.

— Qui cela?

— Le poisson.

— Parbleu! fit Lassalle.

— Tu trouves donc ça naturel?

— Certainement. Dans toutes les grottes, notamment dans celles qui avoisinent les cataractes du Niagara, on trouve des poissons sans yeux.

— C'est drôle !

— C'est logique. Un organe qui ne s'exerce pas s'atrophie à la longue; ces poissons, qui ne voient jamais clair, deviennent aveugles.

— Ce Lassalle sait tout!

— J'ai beaucoup lu.

— Et comment allons-nous faire cuire ça? car Samoûl prétend que nous allons fricoter ce barbeau.

— Pour faire cuire un poisson, il faut trois choses, maître Lalouette?

— Oui.

— De l'eau.

— En voilà.

— Un vase.

— Voilà. Mais le feu?

Lassalle montra les torches en riant.

— Et ça? dit-il.

— C'est vrai.

On agença des quartiers de rocs, on plaça dessus une de ces gamelles que les chasseurs emportent toujours avec eux, et sous la gamelle on mit le feu.

Quand le poisson fut cuit, on remplaça la marmite par la bouilloire au café, qui se prépara doucement.

Pendant qu'il s'infusait, les chasseurs prirent gaiement leur repas.

Ils regardaient leur salut comme assuré et ne s'inquiétaient plus de l'avenir; leurs femmes étaient sauvées, du moins ils avaient de fortes raisons pour le supposer. Ils étaient donc tranquilles au fond du gouffre.

Jamais hommes ne s'étaient trouvés dans une situation pareille.

Après le repas, ils allumèrent leurs pipes et firent leur sieste en prenant le café.

Ils causèrent paisiblement pendant une demi-heure parlant de leurs projets.

Enfin ils se levèrent.

— Martinet, dit Lassalle, tu es le plus fort de nous tous, creuse le fourneau de mine; voici nos hachettes.

Le chasseur examina son terrain; éclairé par ses camarades, il trouva une fissure sous la grosse roche au-dessus de laquelle était la petite ouverture qui laissait pénétrer l'air.

— Je crois, dit-il, qu'en mettant dans cette fente deux livres de poudre — nous en avons trois fois autant — il se produira un résultat très-remarquable; tout au moins la roche sera fortement ébranlée.

— Va! dit Lassalle.

Martinet fit son office.

Il plaça sa poudre, fit une mèche avec un pan de chemise, la posa de façon à ce qu'elle sortît hors du fourneau; il boucha la fissure avec des pierres fortement chassées à l'aide des hachettes; il cimenta le tout avec du sable mouillé légèrement, qu'on prit au bord du fleuve.

Quand tout fut prêt, il dit à ses amis qui l'entouraient :

— Je crois la mine bien conditionnée; il va y avoir un éboulement énorme; tâchez de vous garer de votre mieux.

Les aventuriers cherchèrent des abris et, de l'œil, Martinet se choisit une retraite.

— Êtes-vous prêts? demanda-t-il.

— Oui, crièrent ses compagnons.

Il alluma la mèche.

En quelques bonds, il fut blotti sous un rocher et bientôt l'explosion eut lieu.

Un instant, les chasseurs se crurent perdus, tant la commotion fut puissante; le fleuve ondula sous la pression de l'air; les échos du cratère retentirent comme si cent canons tonnaient à la fois.

La flamme aveugla les aventuriers, puis la fumée les suffoqua.

Mais un flot d'air vif et de lumière entra dans l'ex-

cratère; on vit au dehors la ligne bleue de l'horizon lointain...
Le passage était ouvert.
Les chasseurs se précipitèrent dehors....

XXXVI
OÙ L'ON VOIT QU'IL EST AVEC LES HUSSARDS DES ACCOMMODEMENTS.

Pendant que Lassalle et ses compagnons travaillaient à leur délivrance, l'armée française continuait ses opérations. L'expédition qu'elle tentait avait pour but de forcer tout un massif de l'Atlas à payer l'impôt que ses habitants avaient toujours refusé jusqu'alors, aux Turcs d'abord, puis à nous.

Elle était hardiment menée.

Le général qui la conduisait, et que nous ne pouvons nommer, car il vit encore et nous ne voulons pas exciter sa susceptibilité, ce général, disons-nous, conduisait hardiment les opérations. Son plan était de tenir la vallée de l'Oued-Sebaou, où il bravait toutes les forces kabyles; les montagnards ne pouvaient se risquer en plaine contre une armée régulière.

Dans cette vallée, qui contournait le pâté de montagnes à soumettre, il préparait des surprises audacieuses comme celle que nous avons déjà décrite et qui avait réussi : il menaçait en apparence un point, amenait là le gros des Kabyles; puis il laissait deux bataillons retranchés dans le camp, faisait une marche de nuit et attaquait les montagnards sur un point faible et dégarni.

Il incendiait leurs villages, puis il redescendait dans la plaine.

Là, il défiait toute poursuite.

Cent mille indigènes seraient impuissants contre dix mille Français dans une bataille rangée en rase campagne.

Telle était la situation.

Un premier coup avait été porté, et le général avait laissé à toute la montagne le temps de s'assembler vers les villages que les Français avaient emportés d'assaut, ruinés, puis évacués dans la même journée.

On avait sommé les Kabyles de se soumettre, en les menaçant de revenir et, cette fois, de ruiner le pays de fond en comble.

Ils avaient fait répondre :

— Une fois, les Français sont montés; mais tous nos contingents sont réunis : que ces chiens reviennent à l'attaque, et les lions kabyles les massacreront.

Pauvres Kabyles!

Ils attendaient un second assaut au même endroit, voyant le camp dressé au bas des pentes; mais on leur préparait une autre surprise.

Le général, cette nuit même, devait transporter une grosse colonne à sept lieues du point qu'il avait enlevé quelque temps auparavant; mais il avait imaginé une fausse attaque, droit devant lui, pour attirer là le plus de Kabyles possible et dégarnir les crêtes qu'il pensait à aborder le lendemain.

En conséquence, il imaginait de livrer bataille à l'ennemi vers midi, de rendre intenable, sous le canon, toute une première ligne de villages placés à la base de la montagne et assez faciles à enlever, puis de s'y retrancher formidablement.

Il y avait sept villages.

Une fois solidement mis en défense, ces petits bourgs kabyles pouvaient être gardés par un millier d'hommes et défier tout assaut.

Les montagnards ne savent pas emporter un retranchement.

Le général, d'autre part, laissait un millier de fantassins à la garde de son camp avec un régiment de cavalerie, et il partait, dès que la nuit était tombée, vers les positions qu'il méditait d'enlever par surprise à l'aube.

Or, au moment où la mine sautait, il était neuf heures du soir.

Le mouvement était commencé.

Les troupes, laissant les villages à la garde de quelques compagnies, se repliaient sans bruit et redescendaient dans la vallée pour, de là, contourner l'Atlas et arriver à destination.

Le coup de mine faillit tout faire manquer : on l'entendit du camp et de la colonne.

Le général envoya des cavaliers observer ce qui se passait.

Ils rapportèrent que l'on apercevait de la fumée, comme à la suite d'une explosion, dans les falaises bordant le Sebaou, mais qu'on ne voyait pas d'ennemi.

Le général en conclut que les Kabyles, voulant, de ce côté, avoir sécurité absolue, avaient fait sauter des roches pour barrer quelque sentier praticable.

Il renvoya les cavaliers en observation, avec ordre de surveiller la rive à tout hasard et de le prévenir s'il se passait quelque chose de suspect avant l'aube.

l ordonna, si l'on faisait quelque prisonnier, de le mener au camp pour être interrogé.

Lorsque des cavaliers, en Algérie, reçoivent ordre de se placer en vedette, ils prennent toutes les précautions imaginables pour ne pas tomber dans une embuscade et ne pas se laisser surprendre.

Le général avait confié à vingt hussards le poste d'observation. Un officier commandait.

Les hussards se cachèrent au milieu de bouquets d'arbres qui, la nuit aidant, les dissimulaient à tous les yeux.

Dix hommes formaient un cordon de surveillance; les dix autres étaient en réserve.

Telle était la situation lorsque les chasseurs, la mine ayant sauté, vinrent se placer au bord de la large ouverture pratiquée par la brèche.

Ils regardèrent et écoutèrent, ne voyant rien, n'entendant rien.

Le Sebaou était gonflé par une pluie des jours précédents et par le déversement du Trou-du-Diable, à la suite des coups de mine qu'avait fait partir Si-Lalou; le fleuve roulait ses eaux avec bruit.

Les hussards, se glissant de bouquets d'oliviers en touffes de lentisques, avaient pu gagner les buissons de lauriers-roses.

Ils étaient là bien couverts.

— Il faut, dit Lassalle, nous mettre à la nage : je ne vois rien de suspect.

— Et puis, fit Martinet, que pourrions-nous avoir à craindre ? Presque rien.

— En effet, dit Lalouette, nous ne sommes ennemis qu'avec Si-Lalou.

— Et du diable s'il nous croit là !

— Mais, dit Samoûl, il y a les Français; vous savez bien qu'une guerre est commencée!

— Nous ne sommes pas mal avec les Français; j'ai même des amis dans l'armée.

— Toi, oui, Martinet; Lassalle, lui, est condamné à mort.

Lassalle sourit.

— Je suis, dit-il, le juif Lévy, ou Jacob, ou Judas, peu importe. Nul ne reconnaîtra en moi le déserteur Lassalle.

— Et, dit Martinet, qui prouve que nous allons rencontrer des troupes?

— C'est un danger possible.

Samoûl, en disant cela, hochait la tête.

— Moi, reprit-il, je suis montaguard, et je crains les lascars (soldats).

— En effet, il pourrait t'arriver du désagrément; convenons d'une chose : si nous rencontrons des Français, tu fuiras.

— Cela me met à l'aise.

— Nous, au contraire, dit Lalouette, nous réclamerons hardiment la protection de nos compatriotes, et nous serons en sûreté.

— On se retrouvera à Alger, dit Samoûl.

— Entendu.

Les conventions ainsi faites, les chasseurs se préparèrent à passer le fleuve.

Ils agencèrent leurs armes et leur bagage sur des fenouils croissant dans les anfractuosités des rocs, et qui furent mis en bottes, puis assemblés pour fabriquer un petit radeau.

Ils portèrent ce radeau à la rive, le mirent à l'eau avec ce qu'il contenait, et, entrant dans le Sebaou, ils nagèrent vers l'autre rive.

Cependant, au clair de lune, les hussards observaient; l'officier était prévenu; il envoya un homme à pied donner l'ordre à chaque vedette de ne pas bouger et de laisser ceux qui passaient l'eau arriver jusqu'à bord.

Avec ses dix hommes de réserve, le lieutenant se chargeait de les capturer.

En effet, il donna aux chasseurs le temps d'aborder, puis tout à coup il les entoura.

— Rendez-vous, cria-t-il en arabe, ou vous êtes morts! je fais mettre en joue.

— Ne tirez pas! cria Martinet; nous sommes Français, camarades; nous sommes des colons.

A la pureté de l'accent, l'officier se convainquit qu'on disait la vérité; il fit avancer ses hommes; mais Samoûl, rampant sur le sol, disparut derrière le radeau et se laissa aller au fil de l'eau.

Il sembla bien au lieutenant entrevoir une masse que le courant emportait.

— Qu'est-ce que cela? demanda-t-il aux chasseurs d'un air défiant.

— L'un de nos paquets qui est tombé et qui est traîné par l'eau, fit Lalouette.

— Et qui êtes-vous?

— Des chasseurs d'autruches.

Le lieutenant doutait un peu.

Martinet lui dit:

— Ah ça! mais je crois que c'est vous, Marion! vous êtes bien du 4º hussards!

— Vous me connaissez?

— Avez-vous donc oublié le capitaine Martinet, mon cher camarade?

— Ah! sacrebleu!

Et l'officier embrassa le chasseur.

La reconnaissance était faite.

Martinet présenta Lalouette, puis Lassalle sous le nom de Lévy.

Et le lieutenant Marion ne reconnut point ce dernier sous son costume.

— Mon cher, se hâta-t-il de dire à Martinet, tu arrives très à propos.

— Pourquoi donc?

— Ne savez-vous rien?

— Rien... sur quoi?

— Sur votre femme.

Martinet très-inquiet s'écria :

— Est-elle en danger?

— Oui et non.

— Morbleu! expliquez-vous, mon cher.

— Mon cher ami, votre femme et une petite juive, son amie, ont été arrêtées par nos soldats en plein pays ennemi; on les a conduites au camp, où les bureaux arabes, sur l'instigation du colonel de Lancenales, ont réclamé les prisonnières.

— Sacrebleu! de Lancenales, notre... je veux dire mon ennemi mortel!

Lassalle, en proie à une mortelle inquiétude, demanda au lieutenant, en grasseyant comme un juif algérien qui parle mal le français :

— Sous quel prétexte peut-on retenir des jeunes femmes inoffensives?

— Les bureaux arabes, vous le savez, sont souverains absolus sur territoire militaire, et plus encore sur territoire insurgé; ils forment une espèce de camarilla, de société de soutien et d'administration mutuelle dont tous les membres sont solidaires et se protègent.

« Ils ont couvert l'Algérie d'affiliés; ils la tiennent par tous les bouts.

« Ils ont des obligés partout, partout ils ont la main haute.

« Ils font des grands chefs arabes et, faut-il le dire, des généraux français, leurs complices. Tel petit lieutenant du bureau arabe sait des secrets à compromettre soit le gouverneur général, soit quelqu'un de son entourage, gendre ou fils.

« Tenez, voici notre général.

C'est un officier de grand mérite, mais il a fait son ennemi par les bureaux arabes.

« Eh bien! ce général si habile, qui frappe de si terribles coups sur l'ennemi, est à la discrétion du bureau arabe de Tizi-Ouzou, notre base d'opérations.

— Pourquoi?

— C'est bien simple.

« Le général veut empocher le butin, et il a besoin, pour ces détournements, de l'aide du bureau arabe, qui fait tous les tripotages.

« On va imposer cent mille francs de contributions de guerre à l'ennemi.

« Soyez sûr qu'on en tirera trois cent mille par des extorsions de toutes sortes.

« Le général mettra cent mille livres dans les fourgons, le bureau arabe se partagera le reste, et la France sera volée. »

L'officier disait cela tout haut, devant des hussards qui en riaient.

Il reprit:

— Ce qu'il y a de plus désolant, c'est que toute l'armée sait cela.

« Les troupes enlèvent deux mille chameaux, cent mille moutons, des chevaux, des mulets.

« Ce butin est attribué aux corps qui l'ont enlevé dans la razzia.

« Il revient à chaque homme plus de deux ou trois cents francs.

« Combien chaque soldat aura-t-il ?

« Cent sous!

« De mémoire de zouave, l'on n'a jamais ou plus de vingt francs.

« Qui empoche?

« Le général.

« Qui encore?

« Le bureau arabe.

« Aussi qu'arrive-t-il? — C'est là surtout ce qui me paraît navrant, — le soldat perd la notion du juste et de l'injuste.

« Toujours volé, il vole.

« Qui l'en empêchera?

« Les voleurs de plus haut rang.

« Impossible.

« Ils se sentent coupables et sont sans fermeté contre la maraude.

« Nous sommes forcés de fermer les yeux sur les rapines odieuses, impolitiques, qui enlèvent aux tribus toute estime, toute affection pour cette armée rapace et brutale par laquelle elles sont ravagées.

« La discipline va se perdant.

« Tout régiment qui a passé par cette terre d'Afrique est un régiment perdu.

Vous ne lui diriez pas cela en face. (Page 30.)

« Il emporte en France des vices qui tuent les armées permanentes : officiers et sous-officiers se livrent à l'absinthe et au bitter.

« Ils ne peuvent plus obtenir le respect de leurs hommes.

« A chaque instant vous entendez un soldat dire tout haut de son capitaine :

« — Le père un tel, hier, à l'inspection, ne tenait pas sur son cheval; il embaumait l'absinthe à quinze pas. »

« Le soldat devient maraudeur, raisonneur, insolent, ivrogne, tapageur.

« Je passe certains vices secrets.

« Et croyez que tout cela vient des bureaux arabes, qui sont une cause d'énervement.

« Nous, officiers de troupes, on nous dédaigne et l'on nous met de côté.

« Et l'armée française s'en va! C'est l'armée d'Afrique qui la tue.

— Je sais ça aussi bien que vous, dit Martinet; mais vous ne me renseignez pas.

« Que veut-on faire de ma femme?

— Faut-il parler net?

— Oui, sacrebleu !

— Eh bien ! mon cher, M. de Lancenales, d'accord avec le bureau arabe, vient d'abord de dépouiller votre femme de ses perles, de tous les bijoux qu'elle porte.

— La canaille ! gronda Martinet.

— Ensuite il veut... que sais-je, moi?... Elle est bien jolie... votre femme !

— Je vais lui passer mon couteau au travers du corps, dit Martinet.

— Je ne vous conseillerai ni oui, ni non, dit le lieutenant d'un air triste. En tout cas, méfiez-vous. Tout ce qui est puissant sera contre vous.

— Mais le général...

— N'est-il pas dans la main de M. de Lancenales et des bureaux arabes?

« Suivez-moi bien, cher ami :

« Le général veut être nommé gouverneur de province, et le ministre seul peut lui donner ce poste si lucratif et si important.

« Or, mon cher, le ministre est mené par une femme que mène M. de Lancenales.

« Si M. de Lancenales écrit un mot à cette petite femme, celle-ci dira deux mots au ministre, qui nommera le général gouverneur à Oran.

« Et vous, si vous faites le méchant, on vous prendra sans forme de procès, on vous fourrera dans un silo, et vous y crèverez en un mois par des fièvres qui vous tueront, vous le savez, inévitablement.

« A qui réclamer ?

« Tenez, en apprenant que votre femme était tenue

captive par notre colonel, ce pauvre père la Bourrasque est allé la réclamer au général.

« Ah ouitche!

« Le père la Bourrasque n'a obtenu que quinze jours d'arrêts pour impertinence.

« De qui se réclamer?

« Du gouverneur de l'Algérie?...

« Il ne voit que par les bureaux arabes.

« Ils lui écriront que notre colonel... Que dis-je? on a déjà écrit que notre colonel s'était épris d'une aventurière, d'une coureuse, mêlée aux intrigues kabyles avec une juive, espionnes toutes deux, dont les maris sont espions; que l'on instruit l'affaire, qui est très-grave, et que toute une bande cherche à se jeter en travers des recherches que l'on fait.

« Et le gouverneur croira cela.

« Et le ministre y croira plus que le gouverneur.

« Restent les journaux.

« Mais vous serez morts quand ils s'occuperont de vous! »

Le lieutenant se tut.

Martinet et Lassalle, profondément impressionnés, ne disaient mot et pensaient.

— Ah çà! mais, dit Martinet, je crois bien que nous nous fourrons dans la gueule du loup.

— En plein! dit l'officier.

— Diable! dit Martinet.

— Écoutez, dit le lieutenant; moi j'en ai assez de l'état militaire, je me retire.

« J'ai fait un joli trait de courage en tuant de ma main trois Kabyles et en enlevant un drapeau : c'est le brosseur du lieutenant-colonel qui a été décoré à ma place; il n'était même pas à l'affaire.

« Je suis riche.

« Je voulais la croix, on me la vole, je m'en vais; je me ferai diplomate et j'aurai toutes les décorations que je voudrai. Profitez du peu de zèle que je mets à ma besogne, mes chers camarades.

« Filez!

— C'est une idée! dit Martinet.

— Auparavant, ce dont je ne doute pas, jure-moi, Martinet, que tu ne trames rien contre l'armée; puis explique-moi le coup de mine.

— Mon cher, dit Martinet, sur l'honneur, je ne me suis jamais mêlé, ni ces messieurs du reste, aux affaires kabyles, qui ne nous regardent pas.

« Quant à la mine, nous voulions passer et éviter certains dangers, si nous venions à rencontrer certaines gens avec qui nous sommes au plus mal.

— Bon! des officiers de chasseurs. La suite de ces histoires de bijoux de chasseurs qu'ont vos femmes...

— Précisément. Eh bien! nous avons fait sauter un quartier de roc pour passer.

— Et il n'y a pas de Kabyles sous roche dans le Sebaou? fit le lieutenant.

— Rien à craindre pour l'armée de ce côté.

— Avez-vous quelques louis?

— Non, mais des pierreries.

— Donnez quelque chose aux hussards pour qu'ils se taisent et vous laissent fuir; moi je m'écarte : arrangez-vous avec ces gaillards-là.

Et le lieutenant cria à un maréchal des logis:

— Antoine, prenez quatre hommes et battez un peu le pays aux alentours.

Puis à un autre maréchal des logis:

— Ces gens-là n'ont pas l'air bien méchants, je crois qu'on pourrait les laisser partir; mais nous verrons cela au retour de la battue que nous allons faire; veillez sur eux.

Il examina son piquet.

Lassalle n'y alla pas par quatre chemins et dit hardiment aux hussards.

— Camarades, je profite de l'absence de votre lieutenant pour vous avouer tout.

Et, ôtant son turban noir de juif, il montra sa tête à nu.

— Voyez, dit-il, je suis un de vos anciens officiers, et je me nomme Lassalle.

Il y eut un moment de stupeur.

Les hussards chuchotèrent.

Lassalle, en agissant carrément, audacieusement, servait sa cause au mieux.

Le maréchal des logis lui dit :

— Mille tonnerres! lieutenant, je vous reconnais bien; mais pourquoi nous avoir dit cela? On saura la chose et l'on vous fusillera, c'est certain.

— Mon ami, dit Lassalle, je crois parler à de braves soldats, aussi ai-je bon espoir. Quand vous saurez tout, vous me lâcherez.

Et il leur dit ce qui pouvait les toucher le plus :

— Les Kabyles ont vu que la guerre commençait.

« Ils ont voulu me nommer Amin-el-Oumena, chef de toute la montagne; j'ai refusé.

— Ah! bravo!

— Mais j'ai dû fuir : c'est pour cela que nous avons dû choisir un chemin impossible et qu'il nous a fallu faire sauter une roche.

— Et maintenant vous voilà pris, dit le sous-officier, et l'on vous fusillera!

— A moins que vous ne réfléchissiez à ceci, que huit jours de punition ce n'est pas une très-grande affaire pour un troupier.

— Et nous vous laisserions fuir...

— Mon Dieu! oui.

Martinet intervint.

— D'autant plus, dit-il, que nous vous donnerons comme fiche de consolation à chacun une perle que vous vendrez une centaine de francs au moins : il y a beaucoup de litres de chraps (vin) dans cent francs.

Et il tira de son sac quelques perles qu'il choisit, petites au toucher.

— Tenez! dit-il.

Les hussards ne se firent pas prier.

— Ça vous va-t-il, demanda le sous-officier, que nous tâtions du clou pour sauver le sous-lieutenant Lassalle qui était si bon zigue?

— Oui! dirent les hussards.

Le maréchal des logis serra la main des trois chasseurs après avoir vu les perles, et dit :

— Au revoir et bon voyage; ne vous faites plus pincer. D'autres ne seraient pas aussi bons enfants.

Les trois aventuriers ne se firent pas prier et disparurent.

Les hussards déchargèrent leurs mousquetons en l'air.

Le lieutenant accourut.

— Eh bien? demanda-t-il.

— Mon lieutenant, comme vous nous avez dit que ces gens-là n'étaient point dangereux, fit le sous-officier, nous ne veillions pas très-bien. Les gaillards en ont profité pour filer.

— Diable! fit le lieutenant.

Puis il reprit :

— Mauvaise affaire!

Les hussards pensaient tout le contraire, et songeaient aux belles noces qu'ils feraient quand la colonne rentrerait à Alger.

Toutefois ils voyaient poindre un nuage noir à l'horizon : des huit ou quinze jours de garde du camp.

Punition très-agréable!

L'homme puni de garde du camp est conduit à l'avancée, et il y passe la nuit, forcé de faire sentinelle et risquant sa peau; car, depuis le crépuscule jusqu'à l'aurore, les Arabes ne cessent d'attaquer sournoisement les bivacs.

Le maréchal des logis ruminait un plan pour éviter cette punition.

— Mon lieutenant, dit-il, vous allez avoir des ennuis à cause de cette affaire?
— Pardieu! fit l'officier avec un sourire, je sais bien qu'on me mettra aux arrêts!
— Peut-être... Si vous voulez...
— Parbleu! si tu as un moyen d'arranger les choses, tu as bien tort de ne pas le dire.
— Eh bien! lieutenant, à votre place, je ne ferais pas mention des prisonniers dans mon rapport. Qui est-ce qui en parlerait?
— Pas vous autres, c'est vrai.
— Mon idée vous va?
— Ma foi, oui!
— Je vais dire aux hommes de taire leur bec; dans huit jours, il y aura eu trois combats et il aura coulé tant d'eau sous le pont et tant de sang dans la montagne, que l'on ne pensera plus à toutes ces affaires-là.
— Retournons à notre poste d'observation, ordonna le lieutenant, et sur tout cela silence!
Et les hussards reprirent leur faction.

XXXVII

QUELQUES RÉFLEXIONS SUR L'ALGÉRIE.

Pendant que leurs maris s'aventuraient dans la grotte d'Élaï Lascri, Marie et Margot couraient de grands dangers.

Dangers de déshonneur.

C'est triste à dire, mais deux femmes étaient plus exposées au milieu des soldats français que dans le repaire d'un bandit qui s'était montré sensible à certaines attentions, tout nègre, tout brigand qu'il fût.

C'est que déjà le germe fatal qui devait faire dégénérer notre armée se développait dans ses légions, surtout dans les corps d'Afrique.

Nous avons vu précédemment tout ce que pensait un officier sur les bureaux arabes.

Ce qu'il en disait n'était pas le quart de la froide et sombre réalité.

Jusqu'au jour où un assassinat, ordonné par un officier français sur un chef indigène, vint mettre en pleine lumière la démoralisation des bureaux arabes, ceux-ci furent assez puissants pour mettre la lumière sous le boisseau.

Aucune révélation ne passait la mer.

Nous savons les faits.

Un chef des environs d'Aïn-Termouchart avait prêté à l'un de nos officiers une somme d'argent considérable, et la lui réclamait.

L'officier nia cette dette d'honneur.

L'agha voulut partir pour réclamer auprès du gouverneur général lui-même.

L'officier promit de payer sous trois mois.

Il paya... avec une balle.

Voici comment.

Il fit fomenter une agitation dans les tribus voisines et adressa sur ces commencements d'insurrection rapport sur rapport à l'autorité supérieure.

Il affirmait que le véritable auteur du mouvement était son protégé.

Il le dépeignait comme affectant une apparente fidélité à la France et la trahissant.

Un jour il lui envoya de la poudre.

Quinze jours plus tard, il prétendit que le malheureux cachait des munitions dans sa tribu, et il demandait l'autorisation de faire des perquisitions.

On lui enjoignit d'agir.

Il vint tomber sur le douar de l'agha, fouilla les tentes, trouva sans peine cette poudre qu'il avait lui-même envoyée.

Tenant la preuve, il fit brûler la cervelle à l'agha,

qu'on présenta comme étant tombé sous les coups de nos spahis, au moment où il essayait de résister à l'autorité.

Et l'officier eut de l'avancement.

Et l'on s'étonne des révoltes incessantes d'un peuple maltraité de la sorte.

Nous savons pis que cela.

On se souvient du siège de Zaatcha.

Il coûta à la France plus de trois mille hommes et compromit notre prestige.

Or, pour le public, pour le monde officiel, la cause de la révolte de Zaatcha fut le fanatisme d'un marabout des oasis du Zebou le fameux Bou-Zian.

Point.

Il faut connaître le dessous des cartes.

Un misérable officier insulte à la fontaine la fille de Bou-Zian; il veut lever son voile.

L'enfant crie, les Arabes accourent, on chasse à coups de pierre l'insolent.

Bou-Zian est le plus vénérable de tous les marabouts du désert; on le respecte comme un grand guerrier, comme un savant illustre, comme un sage; il a été kalifat (lieutenant) d'Abd-el-Kader; mais ce chef pris et la question vidée par la victoire en faveur des Français, Bou-Zian avait baissé la tête sous l'arrêt du destin comme tout bon musulman, et il avait reconnu loyalement notre autorité.

Mais Bou-Zian, indigné par l'insulte faite à sa fille, fit appel aux tribus, et le siège de Zaatcha commença.

Il dura des semaines et des semaines; le choléra nous tua des milliers d'hommes et les balles des chasseurs d'autruches des ksours nous abattirent des milliers de soldats; nous éprouvâmes d'énormes pertes.

Enfin le ksour fut emporté; on y égorgea tout, hommes, femmes et enfants.

Bou-Zian fut troué de coups de baïonnette par un zouave féroce.

Celui-ci lui coupa la tête.

On reculerait devant certains détails, s'il n'était pas un devoir : dire vrai.

Eh bien! ce zouave qui coupa cette tête de martyr, cette tête d'un père défendant l'honneur de sa fille, ce zouave se servit pour cela d'une cuiller dont le manche était aiguisé en forme de couteau.

Beaucoup de soldats se font ainsi un ustensile de combat de la cuiller de fer.

Du reste, je me souviens qu'en 1856, au combat des Beni-Cauffé, une malheureuse vieille qui n'avait pu fuir reçut dix-sept coups de baïonnette pendant l'assaut des villages de cette tribu.

Mais nous n'en finirions pas sur les bureaux arabes; nous allons raconter des scènes tellement odieuses, pourtant, que nous tenons à étayer leur vraisemblance sur les pièces authentiques du procès Doineau.

On se rappelle cette affaire.

Un chef indigène gênait Doineau, qui le fit tuer.

Celui-ci, capitaine du bureau arabe de Tlemcen, vivait en pacha, en sultan de la province.

Il avait une façon de semer l'argent que sa fortune ne pouvait justifier.

On trouva chez lui des registres brûlés et de l'or dont il ne put expliquer la provenance.

On sut que les Arabes étaient indignement rançonnés, pillés, massacrés, sans recours possible à la justice, à la vengeance; on vit clair dans cet abîme de vols et d'extorsions que cachaient les bureaux arabes.

Et on les laissa subsister!

Et Doineau, condamné, eut en sous-main sa grâce!

Et aujourd'hui encore, malgré de timides réformes, les bureaux arabes sont tout-puissants.

Doineau occupait comme chouaf (espion) un bandit de profession!

Lorsqu'un Arabe cachait des grains dans un silo non déclaré au fisc,

On appelait cette cachette un silo sauvage,

On payait des délateurs pour découvrir ces fraudes faites par les indigènes, et l'on s'emparait des grains ainsi dérobés; le produit se partageait entre le dénonciateur — petite part, — le chef de la tribu et le chef du bureau arabe.

Et Doineau, interrogé à ce sujet, dit négligemment :
— Mais cela s'est toujours fait!

Plus tard, on reconnaissait qu'un chef de bureau arabe avait un chaouch (exécuteur des hautes œuvres) qui terrifiait la contrée et commettait des exactions énormes.

Enfin chacun se souvient de plusieurs autres affaires de cette sorte.

Malgré tout, les bureaux arabes sont toujours debout : plaie de l'Algérie, chancre rongeur au flanc de cette colonie, où nous ne faisons rien parce que l'armée, dirigée par les bureaux arabes, y est l'ennemie de toute colonisation.

Coloniser!

Mais alors on augmenterait peu à peu les territoires civils aux dépens des territoires militaires!

Mais on finirait par absorber ces derniers, et il n'y aurait plus de bureaux arabes !

Et ceux-ci luttent efficacement.

Et quand il le faut, ce n'est pas long : vite une bonne insurrection pour effrayer les colons.

Il faut tout dire.

Le lecteur qui trouverait que nous n'avons pas cité assez de faits pourrait demander des renseignements au premier zouave venu.

Il en saurait long.

Or Marie et Margot étaient entre les mains de M. de Lancenales, qui avait la haute main sur les bureaux arabes.

C'est-à-dire que les jeunes femmes étaient perdues.

XXXVIII

MORT OU DÉSHONNEUR.

Nous avons laissé Margot et Marie dans une maison kabyle, sous la garde d'un planton.

Au retour de son combat contre les Kabyles, combat qu'il eût si bien voulu éviter, M. de Lancenales se rendit auprès du général.

Il avait son idée.

Lorsqu'une colonne opère sur le territoire d'un cercle de bureau arabe, le chef de ce cercle accompagne les troupes, et c'est lui qui, vu sa connaissance du terrain et des tribus, donne les renseignements pour l'attaque et la conduite de la campagne.

De plus, il est chargé des négociations et de la police des populations.

Le prévôt n'a de pouvoir que sur l'armée.

Le chef de bureau arabe statue sur les prisonniers qu'on lui fait, instruit toutes les affaires concernant les colons et les indigènes; toujours il agit sommairement.

Sa connaissance de la langue lui donne des facilités d'action qui manquent souvent au général :

M. de Lancenales, sachant qu'une fois aux mains du capitaine du bureau arabe, les jeunes femmes n'en seraient pas facilement arrachées, dit au général.

— A propos, mon général, nos chasseurs ont arrêté deux femmes ce matin même.

— Ah! ah! fit le général :

— L'une est juive.

— Une indigène, alors ?

— Oui, général. L'autre est une aventurière, femme d'un officier chassé de l'armée qui s'est fait on ne sait quoi, chasseur de bêtes féroces, coureur des bois...

— Un aventurier.

— Oui, général. Ces femmes sont très-suspectes, et l'on croit que leurs maris dirigent les Kabyles.

— Tiens! tiens! c'est grave, cela.

— Voulez-vous qu'on remette ces prisonnières au bureau arabe, qui instruira leur affaire?

— Parfaitement.

— Veuillez m'écrire un ordre, mon général.

Et le colonel obtint son ordre.

Avec cela, il était maître de la situation.

Il s'en fut trouver l'officier du bureau arabe, qui lui était dévoué.

L'officier du bureau arabe était un de ces petits scribes comme on en trouvait trop dans l'armée française, drôles qui font leur avancement par la plume, sont adjoints-fourriers, fourriers, sergents-trésoriers, officiers d'habillement, puis sous-intendants et membres du bureau arabe.

Il avait la lèvre mince, l'œil faux, l'attitude basse et vile : c'était un vilain monsieur.

— Capitaine, lui dit le colonel, vous allez avoir bientôt vos deux ans de grade?

— Oui, colonel, dit l'autre.

— Dans combien de temps espérez-vous passer chef d'escadron, mon cher ami?

— Dans deux ans, peut-être.

— Eh bien ! si je vous jurais de vous faire donner la grosse épaulette aussitôt les deux années réglementaires révolues, c'est-à-dire dans quelques semaines?

— Colonel, je serais excessivement reconnaissant.

— Me rendriez-vous un service?

— Tout ce que vous voudrez.

— Écoutez-moi.

« J'ai fait ce matin deux prisonnières : l'une d'elles est l'ancienne femme de chambre de ma sœur qui a été enlevée et qui a disparu.

« Il m'importe de savoir où est ma sœur, et pour cela je ne vois qu'un moyen.

— Lequel?

— Devenir le confident, c'est-à-dire l'amant de cette petite femme.

— Bon moyen !

— Mais elle est mariée et doit adorer son mari : de là, au début, des difficultés.

— Si elle a bien peur...

— Nous lui ferons donc peur?

— Ce ne sera pas difficile.

— Et l'autre prisonnière ?

— Une fort belle juive, autant que l'on peut en juger par le peu de visage que sa coiffe laisse voir; mais celle-là, je ne crois pas à sa résistance.

— Il est de fait qu'une juive...

— Elle se trouvera très-honorée si, un soir ou l'autre, je lui dis que je l'aime.

— Commencez par elle alors.

— Vous avez raison.

Le capitaine lut l'ordre du général :

« Interrogez deux prisonnières soupçonnées de connivence avec l'ennemi, et statuez sur leur compte. »

Il sourit.

— On peut mener les gens loin avec une accusation pareille, dit-il.

— Mon cher, dit le colonel, tâchez que votre instruction sur ces deux femmes soit solidement faite, car nous aurons des ennemis.

— Qui donc?

— Le colonel des hussards. Cette petite est mariée à un ancien officier de son régiment qu'il aimait beaucoup et qu'il défendra.

— Il aimait qui? La petite, le régiment ou le mari?

demanda cyniquement le capitaine.
— Tous les trois, dit non moins cyniquement le colonel; toujours est-il qu'il fera du bruit.
— Nous l'arrêterons. D'abord, il y aura un commencement d'instruction.
Et avec un méchant sourire :
— Lorsqu'un coupable est aux mains de la justice, c'est fini, colonel. Il faut ou une ordonnance de non-lieu, ou un jugement.
— En sorte que maintenant le général lui-même ne pourrait délivrer ces femmes?
— Ce serait beaucoup s'avancer que dire non; cependant, à tout prendre, on pourrait résister.
— Bravo!
— Et le général... ma foi... le général... il n'est pas sans reproche... s'il est sans peur.
— Vous le tenez?
— Oui, colonel.
— Où ça? Personne ne vous échappe donc, à vous autres?
« Peste! le général lui-même!...
— Plus que personne.
Puis à voix basse :
— Il est joueur.
— Et malheureux.
— Une déveine continuelle.
— Je comprends.
— Je n'aime pas beaucoup ce colonel de hussards qui fait ses embarras, déclame contre les bureaux arabes et se pose en Caton.
— Si on pouvait lui jouer un tour?...
— Ça viendra. En tout cas, mon cher colonel, je vous réponds que le général ne reviendra pas sur son ordre relativement aux prisonnières.
— Tout est bien alors. Au revoir, capitaine!
Et ces deux drôles échangèrent une cordiale poignée de mains.
Croit-on que M. de Lancenales, ce colonel des dos verts si connu en Algérie, soit un type de fantaisie?
Que l'on questionne les soldats d'Afrique.
Ils diront le vrai nom de ce noble colonel, parvenu par ses maîtresses, par sa femme, par ses complaisances ignobles, malgré son ineptie notoire.
Non, M. de Lancenales n'est pas une invention de romancier : il vit, cet homme.
Il était en chair et en os à Sedan.
Il est de ceux qui ont fui.

XXXIX
LES CHAOUCHS.

Cependant le petit capitaine de bureau arabe, Blondel, agissait sans perdre de temps.
Il commença par donner l'ordre que les prisonnières lui fussent amenées sur-le-champ.
Il s'installa dans une maison kabyle, poussa les chaouchs à la porte et attendit.
Le chaouch, nous devons en dire deux mots.
Lorsque nous fîmes la conquête de l'Algérie, après avoir bien étudié l'organisation de cette terre étrange, nous vîmes que tout y marchait par le chaouch.
En ce pays, tout a pour base la force, dont le chaouch est le représentant.
Les fonctions du chaouch sont multiples; mais il est avant tout et surtout bourreau.
C'est lui qui tranche les têtes.
C'est lui qui fait mourir sous le bâton.
C'est lui qui donne la question.
Il est aussi l'agent de police, le mouchard, le gendarme, le domestique de son maître.

Il est la pierre angulaire de l'édifice oriental, l'assise de la société arabe, la clef de voûte du système musulman. Supprimez le chaouch, vous n'avez plus rien; toute autorité croule sur-le-champ.
Et nous crûmes devoir adopter le chaouch, et toute la conquête reposa sur lui.
Au lieu de recourir à la justice, à la loi, nous eûmes le tort immense de continuer les errements des janissaires turcs et de nous appuyer sur l'arbitraire, sur la force brutale, sur le chaouch.
On créa les bureaux arabes et on embrigada à leur service les anciens chaouchs.
Qu'on juge du personnel.
Ces gens-là étaient chargés de crimes.
Il advint ceci :
Interprètes, agents de bureaux et hommes de main c'est-à-dire exécuteurs, les chaouchs furent plus puissants, plus redoutables, plus despotes que jamais.
Les officiers avaient en eux des instruments souples dociles et terribles.
Mais aussi les chaouchs voulaient indulgence pour leurs sanglants méfaits.
Et le pacte fut conclu.

XXXIX
LE CHAOUCH (suite).

Un officier voulait-il une belle fille ou un beau cheval dans une tribu?
Le chaouch lui procurait l'objet de sa convoitise.
Mais, en revanche, jamais l'officier n'écoutait une plainte contre ce fidèle serviteur.
Et l'Algérie vécut ainsi sous la dure, l'impitoyable, la sauvage domination des chaouchs.
Plus de soldats français.
Plus de sentinelles pouvant voir, entendre quelque chose et le répéter.
Des indigènes seulement.
Des hommes habitués au sang, au meurtre, à tous les caprices des tyrans arabes.
La nuit était venue, avec elle ses ombres, le sommeil et le silence profond.
Par les rues du village, attardés, on voyait quelques soldats chercher leur cantonnement.
Au dehors, les grand'gardes veillaient dans la nuit; quelques patrouilles passaient, obligeant les militaires isolés ou avinés chez les cantiniers à rentrer dans leurs quartiers, emmenant les plus mutins à la garde du camp.
Le capitaine du bureau arabe attendait les captives, seul dans sa chambre.
Pas même un kodja (secrétaire) pour écrire les réponses des accusées.
Les jeunes femmes, par ordre, avaient été revêtues de leurs burnous arabes.
Ceux qui les virent passer les prirent pour des guerriers capturés le matin même.
Elles entrèrent.
En chemin, Margot avait recommandé à Marie :
— Surtout, n'oublie pas que tu es muette; plus que jamais tu es juive.
Toutes deux avaient une grande peur que le colonel de Lancenales ne reconnût sa sœur; elles voyaient le couvent se dresser au loin.
Quand elles furent en présence du capitaine, Margot se crut sauvée.
— Allons! pensa-t-elle, ce n'est plus ce terrible colonel; tout va bien.
Et bravement elle dit :
— Capitaine, on nous a arrêtées...
Mais l'officier, d'un geste froid, lui imposa silence, et dit d'un air sec et pédant :
— Silence. Vous répondrez à mes questions.
Margot, intimidée, se tut.

Le capitaine Blondel examina des paperasses écrites en arabe; puis il dit :
— Vous m'êtes signalées par mes espions comme des femmes dangereuses.

Margot voulut parler.
— Taisez-vous! dit le capitaine.

Il reprit imperturbable :
— Vous êtes mariées à des hommes qui font un triste métier contre nous.

Et il eut un geste pour empêcher Margot, toujours pétulante, de protester.

Il reprit :
— Ne cherchez pas à mentir, vous êtes devant la justice.

« Comment vous appelez-vous? »

Ce monsieur s'appelait : la justice.

Margot dit son nom et son prénom.

Le capitaine demanda :
— Pourquoi étiez-vous chez l'ennemi ?
— Parce que, dit Margot, tout Blidah le sait, nous avons été victimes d'un rapt.

Le capitaine eut un sourire insolent :
— Vous êtes des coureuses! dit-il.
— Qu'avez-vous dit?
— Que vous vous êtes laissé endoctriner par un certain Si-Lalou.
— Vous nous insultez, monsieur!
— La belle affaire!

Margot devint fort pâle.
— Prenez garde! dit-elle, mon mari me vengera; il vous tuera.
— Ou nous le ferons fusiller comme espion; votre mari se une drôle.
— Vous ne lui diriez pas cela en face.
— Il n'oserait pas se présenter devant moi ; c'est un ex-officier, indigne de porter l'épaulette, qui s'est fait aventurier de profession.
— Monsieur, on douterait, à vous entendre, que vous êtes un Français, un officier.

Blondel haussa les épaules.
— A vous, dit-il à Marie.

Mais Margot intervint.
— Mon amie est muette, dit-elle. C'est une jeune fille qui ne comprend rien à tout ce qui arrive, et vous devriez avoir pitié d'elle.

Le capitaine parut surpris.
— Comment se nomme-t-elle? demanda-t-il.

Margot était très-fine.
— Je ne sais pas, dit-elle, son nom de jeune fille; son mari est un juif d'Oran qui s'appelle Jacoub-Ben-Leng.
— Et que fait-il ?
— Il était marchand à Blidah , venu pour trafiquer sur les plumes d'autruches.
— Ou sur les secrets de l'armée qu'il est allé livrer aux Kabyles.
— C'est absurde, ce que vous dites là !

Le capitaine fronça le sourcil.
— Ma petite dame, dit-il, voulez-vous être fouettée par nos chaouchs?
— Moi! s'écria Margot.
— Vous! et ce ne sera pas long.
— Vous oseriez!
— Parfaitement.

Ceci fut dit si durement, si sèchement, que Margot comprit tout le danger.

Elle devina derrière ce masque sous lequel le capitaine dissimulait, un parti pris de machination; elle comprit que cet homme était la créature du colonel de Lancenales, et elle prit une décision virile.

Elle remarqua que la maison avait une autre issue que celle par laquelle elle venait d'entrer, et elle supposa cette porte non gardée.

Elle calcula que sa seule chance de salut était de prévenir le colonel du 4ᵉ hussards, et avant d'agir elle étudia bien la situation.

Au moment où le capitaine allait de nouveau lui adresser la parole, elle bondit sur la bougie qui éclairait la salle et la souffla.

Depuis près d'un an, Margot avait passé par des crises trop terribles pour avoir peur de rien; elle fit l'obscurité complète et s'enfuit.

Elle avait bien observé la porte et elle en avait trouvé facilement le loquet.

Dehors elle courut à travers le village, aperçut ce qu'elle cherchait, une maison pleine de hussards, entra délibérément et dit aux soldats stupéfiés :
— Courez prévenir votre colonel que la femme de votre ancien capitaine Martinet est aux mains du capitaine du bureau arabe Blondel; dites bien que l'on veut me faire violence.

Les hussards n'en revenaient pas.

Tout à coup les chaouchs, qui s'étaient précipités, entrèrent dans la maison, s'emparèrent de la jeune femme et l'entraînèrent à la maison de commandement (on nomme ainsi le lieu que choisit un chef de bureau arabe pour résidence).

Les hussards, ahuris, ne revenaient pas de leur surprise.

Bientôt ils perdirent de vue la pauvre Margot avant qu'un seul songeât à la défendre ; ce fut comme un coup de théâtre. Mais quand elle eut disparu, un brigadier dit aux autres soldats :
— Sacrebleu! je comprends ce qui se passe, moi, et je cours chez le colonel.

En deux bonds, il y fut.

Il le mit au courant.

Le père la Bourrasque, qui allait se coucher, content de sa journée, sauta sur son sabre, se mit en tenue et courut chez le général, qu'il trouva en conférence avec M. de Lancenales.

Le général reçut le colonel avec mauvaise humeur.
— Qu'est-ce encore? fit-il.

Mais le père la Bourrasque n'était pas homme à se démonter pour si peu.
— Mon général, dit-il, je viens vous prévenir qu'il se passe ici des infamies.
— Vous dites? fit le général.

Le colonel répéta :
— J'affirme qu'il se passe ici, dans le camp, au milieu d'une armée française, des infamies : on violente une jeune femme!
— Ah! fit le général. Cette petite drôlesse; la femme de ce drôle de Martinet?
— Pardon, général, M. Martinet n'est pas un drôle, je le connais.
— Vous prenez un ton, colonel...
— Vous insultez un homme d'honneur
— Un espion.
— C'est faux.
— Un démenti, colonel!
— Le plus formel.

Puis, tout à coup, le père la Bourrasque avisant M. de Lancenales, fondit sur lui, le saisit au collet, et le secouant brutalement :
— C'est toi, dit-il, misérable, qui as fait toutes ces dénonciations calomniatrices; c'est toi qui m'en répondras. Tu es le plus vil gredin de l'armée.

Il le souffleta.

Le général s'interposa.
— Colonel, ordonna-t-il, rendez-vous sur-le-champ aux arrêts de rigueur.
— Bon! peu importe : il faut que ce bandit se batte maintenant.

— Et moi je lui défends de vous demander raison de cette violence, colonel. En expédition, en face de l'ennemi, je ne tolère pas le duel.
— Baste ! l'expédition finira.
Et le colonel ajouta :
— Sachez bien, général, qu'on ne supprimera pas madame Martinet comme un Bédouin qu'on fait assassiner par un spahi parce qu'il gêne, ou comme un soldat qu'on fait massacrer par un chaouch qui se déguise en coupeur de route pour faire le coup.
« Je veille.
« Je vais écrire un article pour un journal qui l'insérera, j'en suis sûr.
« Je m'adresserai au roi.
« Je passionnerai l'opinion. »
Et sur ce le colonel sortit.
Le général était sur les épines.
— Mon cher, dit-il au colonel, voici une affaire qui s'annonce très-mal.
— C'est vrai, dit M. de Lancenales.
— Que faire?
— Céder, général, c'est s'avouer vaincu ; nous ne pouvons pas le faire.
— Mais... agir...
Le colonel réfléchit.
— Je m'en vais, dit-il, prendre conseil du capitaine Blondel. Vous le permettez?
— Oui, dit le général.
Et il ajouta :
— Tâchez d'arranger cela.
Le colonel arriva au bureau arabe juste à temps pour trouver sa sœur évanouie.
Il entra comme on lui versait de l'eau sur le visage pour la ranimer.
Le voile de la jeune femme était ouvert; rien ne cachait plus son visage.
Son frère la reconnut.
— Marie! dit-il.
Et il se sentit une joie immense au cœur; la fugitive était enfin retrouvée.
Il fit un signe au capitaine.
Tout le monde sortit.
Marie était revenue à elle.
Se sentant reconnue, elle dit à M. de Lancenales avec un suprême dédain :
— Oui, monsieur, c'est vrai. Me voilà retombée en votre pouvoir; vous allez me renvoyer à mon père.
— Oh! certainement, dit le colonel; il n'est pas bon qu'une de Lancenales coure ainsi par les chemins, on vous enfermera.
— Je me résigne, dit-elle.
— Capitaine, dit le colonel, faites reconduire mademoiselle en lieu sûr.
Le capitaine changeant de manières offrit son bras à Marie, qui le repoussa.
— Monsieur, dit-elle, je n'accepte le bras que d'un galant homme.
Le capitaine se pinça les lèvres.
Il appela les chaouchs.
— Accompagnez avec tous les égards, dit-il, cette jeune fille à la maison où vous l'avez trouvée et gardez-la ; mais avec toute la politesse imaginable, et procurez-lui tout le confortable possible.
— Et l'autre? demanda le colonel, quand sa sœur se fut éloignée.
— La petite? fit le capitaine.
— Oui, Margot.
— Colonel, je dois vous dire... Il y a près d'un million sous roche.
— Hein? fit de Lancenales.
— Je dis que nos prisonnières avaient sur elles un million de valeurs.

— Vous me surprenez.
Le capitaine se mit à rire.
— J'avoue franchement, dit-il, qu'il y a de quoi : un million est une jolie somme.
— Mais, s'écria le colonel, où diable ces deux péronnelles ont-elles pu trouver cette somme?
— Voilà le mystère!
— Vous n'avez pas l'idée de la provenance de ce trésor, car c'est un trésor?
— Je suppose que ces dames ont volé Si-Lalou en s'enfuyant de chez lui.
— Eh! eh!
— Ce Si-Lalou est un des plus riches marchands du Sahara, il a d'inépuisables richesses.
— Et ces dames auraient puisé à même?
— Mon Dieu, oui.
— Où est le million?
— Ici.
Le capitaine montrait deux gargoulettes kabyles. Il renversa le contenu de l'une sur un tapis, et perles, rubis, diamants s'étalèrent en rutilant.
Le colonel était en extase.
— Dieu, que c'est beau! s'écria-t-il.
— Et... c'est à nous... si vous voulez.
— Comment... à nous!
— Certainement.
Devant un million, plus de scrupules, plus l'ombre d'un sentiment de pudeur.
Le cynisme franc.
— Oui, colonel; oui, à vous, si vous êtes hardi et si vous n'avez pas de préjugés.
— Des préjugés! Vous voulez rire.
— Bon! nous allons nous entendre.
« Ces pierres précieuses ont été volées par qui
« Par deux femmes dont l'une est votre sœur, dont l'autre était naguère encore la servante de votre sœur; on peut donc la regarder comme étant une espèce de domestique, et elle n'est pas en ligne de compte.
« Or, si ces pierres précieuses sont à votre sœur, qui est mineure, elles sont à votre père, qui en a la libre disposition ; n'est-ce pas vrai?
« Un mineur ne peut acquérir.
« Donc, à tout prendre, ce bien est... à votre famille.
« Mais il faudrait du scandale, des procès, des affaires du diable.
« Ne serait-il pas plus simple d'envoyer votre sœur dans un bon petit couvent?
— Tudieu! c'est mon avis.
— D'offrir à certaine dame que vous connaissez une perle splendide?
« On lui expliquerait le fond de la chose et elle nous défendrait, si l'on nous attaquait.
— Et puis?
— Votre sœur, du reste, ne sait pas au juste ce qu'elle a de pierreries.
« Elle a enlevé ça au hasard.
— En effet, il n'y a pas eu d'inventaire; on ne peut pas prouver qu'il y avait plus ou moins.
— J'ai calculé là-dessus.
« On laissera de côté, au greffe, le plus de petites pierres possible sans grande valeur ; je vais faire acheter, chez les bijoutiers des villages kabyles, beaucoup de verroteries indigènes sans valeur qu'on mêlera aux menus diamants, et nous prétendrons que c'est là ce qu'on a saisi sur votre sœur et sur cette petite coureuse.
« Nous garderons le reste.
« A vous la moitié.
« A moi l'autre.
— C'est dit! fit le colonel.
Mais il demanda :
— Comment donc s'est-on aperçu que ces petites femmes portaient tant de pierreries?

— C'est l'évanouissement de votre sœur qui nous a fait entrevoir un sac.

« Nous avons vérifié le contenu.

« A propos, vous connaissez-vous en joaillerie?

— Oui.

— Faisons le partage, alors.

Et ces deux voleurs se mirent à faire deux tas, discutant, pesant, appréciant en connaisseurs émérites.

— A propos, dit le colonel, et la petite Margot, qu'allez-vous donc faire d'elle?

— Je la tiendrai prisonnière pendant quelque temps, puis je la laisserai aller où elle voudra.

— Elle criera.

— Du tout, je lui rendrai ses pierreries.

— Les fausses?

— Parbleu!

— Tout s'arrange admirablement.

Et, prenant une perle splendide :

— Voici la part de la comtesse.

— Oui; c'est fort joli; cela vaut soixante à quatre-vingt mille francs.

Le colonel mit sa gargoulette sous son manteau et tendit la main au capitaine.

Celui-ci, étonné, lui demanda :

— Mais... mademoiselle de Lancenales?

— Ah! c'est vrai!

— Qu'en faire?

— Gardez-la. J'aviserai demain. Je suis fou de joie et je vais admirer mes perles. Au revoir!

Il sortit.

Le capitaine donna des ordres pour que les jeunes femmes fussent entourées de soins.

XL

LE RETOUR AU COUVENT.

Le lendemain matin, le colonel apprenait qu'un convoi était renvoyé à Dellys, ville du littoral, pour y prendre des vivres et y mener des prisonniers.

Il pensa que l'occasion était favorable.

Il alla trouver le général.

— Mon cher général, lui dit-il, un convoi part, ma sœur est ici : vous l'avez appris hier?

— Avec un vif étonnement! dit le général.

— Il faut donc que je renvoie mademoiselle de Lancenales à Alger; je voudrais profiter du convoi.

— Rien de plus facile.

— Moins facile que vous le pensez, car à qui la confier et comment la transporter?

— Pour le transport, un palanquin.

— Et pour accompagner?

— Mon cher, deux sœurs de charité et un prêtre, l'aumônier de la division, qui nous rendra ce service.

— Il y a donc des sœurs ici?

— Oui, quatre. Elles sont arrivées pour l'ambulance.

« Le ministère tient à ce que la religion reprenne ses droits dans l'armée, et il n'a pas tort. »

Le colonel sourit.

— Ah! fit le général, vous riez, vous! mais la moralité est intéressée à ce que l'on voie des robes parmi les uniformes. Nos troupiers sont très-maraudeurs, très-corrompus; les vieilles mœurs s'en vont, les traditions se perdent, l'honneur s'en va chaque jour de nos rangs.

« Pour mademoiselle votre sœur, ajouta-t-il, on va la mettre dans un palanquin ; puis quatre bons gendarmes surveilleront ce palanquin, et les bonnes sœurs eront, elles aussi, de très-bonnes gardiennes, y compris l'aumônier.

— Et à Alger, il y a un couvent?

— Deux, trois.

— Les gendarmes escorteront le palanquin jusqu'au couvent même, vous me le promettez?

— Certainement.

Le colonel était enchanté.

Le général donna ses ordres, et, deux heures plus tard, mademoiselle de Lancenales était emmenée sous bonne escorte et très-recommandée à tous ses geôliers.

LXI

INTERROGATOIRE

Grâce au courage de Margot, grâce à son énergie, un bruit s'était répandu dans le camp : On a injustement arrêté deux femmes.

Or, il faut le dire à l'éternel honneur de l'armée française et de ses officiers, l'immense majorité était fidèle à ces traditions de chevalerie et d'honneur qui ont rendu si célèbres nos armées républicaines de 92.

La masse, troupes et chefs, y était vaillante et sentait vivement les atteintes à l'honneur; on s'y battait bien et l'injustice révoltait.

On y supportait difficilement les parvenus de la trempe de M. de Lancenales.

Il se fit donc dans les bivacs une sorte de protestation.

On causait des arrêts du colonel des hussards et de son altercation.

Dans les petites tentes, les soldats avaient des sarcasmes indignés.

Mais il advint ceci d'heureux pour Margot que M. de Lancenales s'alarma et aussi le capitaine du bureau arabe; ils se virent et se communiquèrent leurs inquiétudes réciproques.

Le capitaine était plus habitué que le colonel à tout braver; il dit à M. de Lancenales, qui l'était venu voir un peu déconcerté :

— Eh bien! on clabaude.

— Oui! dit celui-ci.

— Des bruits courent dans le camp.

— C'était inévitable ; mais je n'aurais pas cru qu'on y mettrait autant d'acharnement.

— Nous avons des ennemis.

— Je ne le vois que trop. Que comptez-vous faire, mon ami?

— Déjà j'ai agi.

— Tant mieux.

— J'ai reconstitué les lots de pierreries.

— Bon!

— Nous allons rendre ces pierres et la liberté à cette petite madame Martinet.

— Mais elle jasera dans le camp.

— Elle ne sera pas dans le camp; je la ferai filer sur Dellys promptement.

— Bon! mais, capitaine, elle va crier à Dellys, à Alger, partout.

— Mon cher, peu importe! Nous allons rester en colonne pendant quelque temps. Tant que nous serons en marche, au diable les réclamations.

— Et après?

— Vous prendrez un congé.

— Et vous?

— Moi... j'ai des amis; il arrivera bien peu de choses aux oreilles du gouverneur.

Et sûr de ses dires :

— En somme, qu'adviendra-t-il?

« Raisonnons.

Jamais Lassalle n'avait vu aussi gracieuse fille. (Page 44.)

« Cette petite a été arrêtée; malgré les charges qui planaient sur elle, on l'a relâchée; qu'a-t-elle donc tant à se plaindre?
« Ce sera notre réponse.
— Mais... les pierreries?
— Elle les aura.
— Elle dira qu'on lui a rendu des verroteries.
— Pas du tout. Sait-elle ce qu'elle a? Puis, si elle le sait ou le soupçonne, d'où cela venait-il à cette dame, je vous prie?
— D'un vol.
— On rirait d'une telle réclamation.
— Vous me rassurez.
— A la bonne heure!
Et le capitaine dit au colonel:
— Je vais faire mieux; je vais vous couvrir tout à fait; cette petite vous sera reconnaissante.
— Comment cela?
— Je vais la faire venir, et vous me demanderez sa liberté avec instance.
— Ah! la bonne idée!
— Vous allez la voir enthousiaste de vous.
— Espérons-le.
Le capitaine ordonna de faire amener Margot, cachée sous un burnous.
Dans les dispositions où étaient les soldats, il ne voulait point qu'on vît la jeune femme entre des chaouchs, dans la crainte d'une sédition militaire; on avait déjà eu des exemples de révoltes faites par les soldats que des vols de solde poussaient à bout.
Donc Margot vint, mais emburnoussée.
La pauvre petite était toujours aussi résolue, aussi vaillante.
Elle se présenta intrépide.
A la vue du colonel, elle eut dans les yeux un éclair d'indignation qui n'échappa pas à celui-ci.
Le colonel lui dit :
— Margot, je sais enfin que c'est vous qui êtes prisonnière, je viens engager le capitaine à vous rendre la liberté de suite.
Margot se défia.
— Ah! dit-elle, vous vous intéressez à moi, monsieur de Lancenales; et depuis quand?
— Depuis que je te sais aux mains de la justice, ma pauvre Margot.
— Vous plairait-il, colonel, de ne pas me tutoyer? je vous en saurais gré.
— Comme tu es susceptible!
— Pardon. Je ne suis plus la femme de chambre de votre sœur, monsieur.
— Est-ce une raison?
— Je suis mariée, et légitimement mariée

— Margot, ma fille, tu es orpheline et l'on peut te rendre à ton administration.
— J'attendrai ma majorité.
— Patiemment?
— Patiemment. Du reste, monsieur, M. Martinet est connu comme honnête homme; il me réclamera et il finira par obtenir ma liberté.
— Ton mariage est nul.
— C'est possible, mais il ne faut que quelques formalités pour le régulariser.
— Enfin, Margot, il ne s'agit pas de tout cela, mais de vous délivrer.
— Baste, monsieur, délivrez-moi!
Le capitaine intervint.
— Madame, dit-il, vous étiez sous le coup d'une grave accusation.
— Portée par qui?
Cette demande sèche de Margot fit sentir au capitaine que cette petite femme était un rude adversaire.
Il reprit :
— On vous accusait d'espionnage.
— Mais qui m'accusait?
— Tout, madame.
— Ou rien, n'est-ce pas?
— On vous a trouvée en pays kabyle.
— Craintive et fuyante.
— Enfin, madame, la justice a besoin de s'éclairer; le témoignage du colonel et son intervention tendent à me prouver votre innocence.
— Ah! tant mieux!
— Je vais vous rendre vos bijoux, quoique leur origine me paraisse suspecte.
Margot sourit.
— Vous me signerez un reçu et vous partirez pour Dellys, escortée par des gendarmes.
— Je serai encore prisonnière?
— Non, madame.
— Pourquoi les gendarmes?
— Pour vous protéger.
— Ne pourrais-je donc me placer sous la protection du colonel du 4e hussards?
— Non, madame.
— Parce que?
— Cela n'est pas convenable.
— Les convenances, j'en juge, moi, monsieur, plus souverainement que vous.
— Bref, madame, vous êtes femme de colon; je ne veux pas que vous restiez au camp; j'ai encore défiance de vous et de votre mari, madame.
— Alors, gardez-moi prisonnière.
Le colonel intervint.
— Margot, dit-il, vous avez tort. Ne vous entêtez pas de la sorte.
— Monsieur, je subis le traitement qu'on veut m'imposer, je suis la plus faible.
— Vous acceptez d'aller à Dellys?
— On m'y oblige.
— Enfin, vous vous soumettez?
— Je suis passive en cette affaire.
Le capitaine reprit la parole.
— Madame, dit-il, vous partez de suite; veuillez signer le reçu de vos bijoux.
Margot demanda :
— Où sont ces bijoux?
On lui montra la verroterie.
Elle en reconnut pas les pierreries et elle eut un sentiment de la vérité.
— Monsieur, dit-elle très-finement au capitaine, vous avez paru tout à l'heure attribuer à ces bijoux une origine suspecte.
— Pouvez-vous expliquer d'où ils viennent?
— Ils me viennent de M. Martinet, et c'est lui-même qui vous les réclamera.

Le capitaine fut embarrassé.
— Madame, dit-il, que ces perles, ces diamants viennent de n'importe où, je ne m'en soucie pas et je vous les rends pour ce qu'ils sont
— Je les refuse.
— Vous n'en avez pas le droit.
— Permettez. La justice (vous êtes la justice) s'empare d'un trésor; ce trésor lui paraît peu loyalement acquis; son devoir est d'éclaircir les choses.
— Éclaircissez-les.
— Je ne puis; mon mari vous donnera, lui, des explications merveilleuses de clarté.
Le capitaine vit qu'il ne gagnerait rien.
— C'est bien! dit-il. Ces pierres seront déposées au greffe et nous attendrons.
— Bien, monsieur.
Le capitaine appela.
Un chaouch parut.
— Un palanquin, lui dit-il, et qu'on fasse prévenir quatre gendarmes maures et deux français qu'il faut escorter le palanquin jusqu'à Dellys.
Puis à Margot :
— Madame, vous nous rendrez cette justice que nous ne nous sommes pas fait tirer l'oreille pour réparer l'erreur du premier moment.
Margot garda le silence.
Le capitaine se pinça les lèvres.
Le colonel intervint.
— Ma chère enfant, dit-il, vous pourriez avoir un mot de remerciement.
— Pardon, dit Margot, je suis une femme ignorante et faible; j'ignore le fond de cette affaire et ne puis en juger sainement; mon mari, qui est un homme capable de savoir à quoi s'en tenir, donnera à qui de droit toutes les marques de sa reconnaissance.
Le capitaine rompit l'entretien.
— Madame, demanda-t-il, avez-vous besoin de quelque chose pour ce voyage?
Margot répondit :
— Non, monsieur.
— Mais... de l'argent. Vous allez être dénuée en arrivant à Dellys.
— Où j'irai, monsieur, il me suffira de dire que je suis la femme de M. Martinet, ex-officier de l'armée, forcé de la quitter après mille injustices, aujourd'hui chasseur d'autruches; quand on saura qui je suis, des mains indigènes et françaises me viendront en aide.
— A votre aise, madame.
Le colonel crut devoir dire :
— Vous savez, Margot, que ma bourse est à votre disposition pour y puiser.
— Colonel, votre père est pauvre; vous n'avez que votre solde et des goûts dispendieux : ou vous êtes trop pauvre, ou vous n'êtes à l'aise que par de tristes moyens. Dans les deux cas, il m'est impossible d'accepter vos offres.
On vint annoncer que le palanquin était prêt.
— Au revoir, messieurs! dit-elle ironiquement.
Et elle sortit.
Le capitaine écrasa une plume avec rage sur la table de chêne qui lui servait de bureau puis il brisa son porte-plume avec dépit.
M. de Lancenales lui dit :
— Ah ça! vous ne connaissez donc pas les femmes, mon cher capitaine, que vous vous attendiez à en tromper une! Ne nourrissez jamais pareil espoir. Je pratique les femmes depuis longtemps et je les vois manœuvrer; à moins que la passion n'en fasse vos esclaves dévouées, il est impossible de ruser avec elles.
— Si j'avais su! s'écria le capitaine.
— Qu'eussiez-vous fait?
Le capitaine eut un regard sombre.
— Ne me le demandez pas, dit-il.

Et il tendit silencieusement la main au colonel.
— Mon cher, dit-il, ceci est une affaire grave. En jouant serré, en nous tenant, nous sommes sûrs de vaincre, mais il faut avoir l'œil au guet.
Puis tout à coup il fit une observation :
— Cette femme est très-forte! dit-il; avez-vous remarqué qu'elle n'a pas dit un mot de votre sœur?
— C'est vrai! dit le colonel.
— Elle est restée inébranlable sur son terrain, en défiance, et ne faisant que se défendre. Croyez-moi, défions-nous aussi.
Ils se séparèrent sur ce mot.
Déjà Margot était en palanquin.
Elle avait bien un peu peur des gendarmes mauresques aux mines rébarbatives, mais la vue des bonnes et loyales têtes de deux gendarmes français la rassura pleinement; elle se dit à bon droit qu'avec deux vrais militaires comme ceux-là elle n'avait rien à redouter.

XLII

OU SAMOUL SE RETROUVE CHEZ SES COMPATRIOTES.

Nous avons dit comment Samoül put fuir par le Sebaou et échapper aux bureaux arabes.
Heureux homme!
En ce temps-là, ces messieurs des bureaux arabes avaient bientôt fait.
On leur amenait un homme couvert d'un burnous et on leur disait :
« C'est un espion. »
Ah! ce n'était pas long.
Le capitaine, négligemment, faisait un signe de la main, les chaouchs comprenaient.
Pas de frais de poudre.
La tête du malheureux tombait sous le yatagan du bourreau indigène.
Samoül donc était descendu le long du Sebaou aussi loin que cela avait été nécessaire pour dépasser les falaises bordant la rive du côté des Kabyles, puis il avait abordé tranquillement.
Une fois à terre, il s'était dirigé vers les montagnes pour rentrer dans son village.
En route, il rencontra un poste de quinze Kabyles accroupis autour d'un petit feu de broussailles.
On l'arrêta.
Il se fit connaître de ses compatriotes; mais ceux-ci, tout en appartenant à la grande fédération des Beni-Raten, n'étaient point de la tribu du tueur de lièvres, et, comme les Français envoyaient beaucoup d'espions, les gens du poste dirent à Samoül :
— Nous allons te garder jusqu'à demain matin; au jour où l'enverra vers les tiens.
Samoül n'avait rien à objecter.
— Frères, dit-il, c'est bien. Vous avez raison de vous défier des Français.
Puis il demanda à se chauffer.
On le questionna.
— Et pourquoi, dit-on, n'es-tu pas venu plus tôt, frère, au secours des tiens?
— Parce que, dit-il, j'étais, avec l'approbation d'un marabout dont voici l'anaga, engagé dans une affaire très-grosse qui devait donner une mosquée à mon village.
Il montra le fameux bâton du marabout.
Les Kabyles s'inclinèrent.
— Ah! fit l'un d'eux, voilà qui change les choses : du moment où tu as cet anaga, nous devons avoir confiance en toi. Que n'as-tu montré ce bâton plus tôt? nous ne t'aurions pas retenu.
— Le marabout, dit Samoül, m'a donné son signe contre Élaï Lascri.

— Ah! c'est contre ce nègre que tu marchais?
— Oui. Vous concevez qu'on ne doit pas abuser d'un anaga, et je ne voulais me réclamer du nom de notre marabout que devant Élaï Lascri.
« Je ne vous montre le bâton que comme preuve de ma véracité.
— Bon! dirent les Kabyles; tu es scrupuleux, nous avons confiance en toi, Samoül.
— Merci! fit-il. Permettez-moi de me sécher à votre feu : le voulez-vous?
— Avec plaisir!
Un Kabyle même se leva, tira de son bissac un morceau de mouton cuit et dit :
— J'offre cette viande à mon frère, le tueur de lièvres; puisse-t-il bien dîner!
— Allah te le rende! dit Samoül.
Un autre Kabyle offrit un morceau de galette; un troisième apporta des figues.
Samoül remercia courtoisement tous ces braves gens et leur dit en souriant :
— Frères, si vous voulez, je vais reconnaître votre bonne hospitalité en vous contant mon aventure?
— Avec Élaï Lascri?
— Avec lui.
Les Kabyles étaient enchantés.
— Parle, ami, dirent-ils.
Ils firent cercle.
Samoül commença son récit.
Jamais peuple ne fut plus naïf que celui-là, plus ami du merveilleux et du pittoresque.
Samoül avait, comme tout indigène, son grain de poésie dans la tête.
Il conta merveilleusement.
Les Kabyles étaient enthousiasmés.
— Frère, lui demandèrent-ils, tu nous parles de ces pierres précieuses que tu as enlevées.
« Les as-tu donc sur toi ?
— Oui, dit Samoül.
— Veux-tu nous les faire voir?
— Certainement.
Il étala ses bijoux.
Les Kabyles sont d'habiles ouvriers en beaucoup de métiers; mais ils sont surtout des ciseleurs et des sertisseurs très-remarquables : ils montent admirablement les pierres fines sur les poignées de sabres et sur les selles; les joailliers sont assez nombreux chez eux. Il y avait là précisément, parmi les guerriers, un fabricant de flissas (sabres droits.)
Il examina les pierres.
— C'est beau! fit-il. Quelle belle prise! Samoül, mon fils, tu es un heureux.
— Évalue donc mon butin, dit Samoül.
Le joaillier fit des lots, étudia chaque tas, établit ses calculs et finit par dire :
— De tout cela je donnerais volontiers cinquante mille douros d'Espagne.
Samoül rayonnait.
Cela faisait deux cent cinquante mille francs de monnaie de France.
— Frère, dit-il, on pourra s'entendre.
Nous nous souvenions personnellement qu'en Afrique, pendant la fameuse campagne de 1857, nous avions des Arabes qui devaient, avec leurs mulets, porter nos sacs sur la montagne, la veille du 24 mai, jour de la grande bataille qui décida de la conquête du Djurjura; que nous faisions surveiller ces muletiers, et qu'on ne leur confiait les sacs qu'avec répugnance, après un minitieux inventaire certifié par les deux parties.
Avec les Kabyles, on montrait une insouciance absolue de toutes choses.
On les laissait aller et venir.

Ils entraient dans les tentes, touchaient à tout, regardaient tout curieusement.

Jamais rien ne vous manquait.

Bien mieux :

On leur fit des commandes d'armes, de sabres, de bijoux orientaux.

Comme c'est l'habitude, on les paya d'avance en donnant son adresse.

Le bijou terminé, le fabricant le confiait à un colporteur allant dans notre création.

Le colporteur le passait à un autre; ainsi de suite, jusqu'à ce que l'un des colporteurs kabyles qui parcourent en tous sens l'Algérie vous eût trouvé à travers les pérégrinations de votre régiment.

Et ces braves gens s'informaient, avec une intelligence remarquable, de nous et de la façon dont ils pourraient nous rencontrer à travers les trois provinces.

Pauvres colporteurs kabyles!

Ils vont tous les ans gagner leur vie, lourdement chargés de bibelots de toutes sortes, faisant des commissions d'un douar à l'autre, économisant leurs gros sous et leurs boudjous pour arriver à posséder un jour un fusil, une femme, une maison et un petit champ dans leurs montagnes.

Ils échangent de l'un à l'autre leurs commissions; le dernier qui remet l'objet reçoit la récompense.

Vit-on jamais mœurs plus simples, plus polies, plus patriarcales?

Et dire qu'à côté de ce peuple des montagnes, les Arabes de la plaine sont des chuapans!

Bref, Samoül se sentait sec.

Il ramassa ses perles.

Mais, généreux, il laissa à chaque Kabyle un tout petit brillant de la valeur d'un douro environ, ce qui fut l'objet de remerciements affectueux.

Il allait partir.

Tout à coup, au loin, on entendit un dialogue entre la sentinelle et des voyageurs.

— Aôh! avait crié une voix.

— Halte! avait dit la sentinelle.

LIII
OU SAMOUL RETROUVE UN AMI.

Et elle avait demandé :

— Qui êtes-vous?

— Des hôtes de Dieu.

— Que voulez-vous?

— L'amitié des Kabyles.

— Qu'un de vous seul avance!

Un homme se détacha.

Le Kabyle embusqué derrière un petit mur de jardin, car tout est jardin ou verger dans la montagne, laissa arriver celui qui s'avançait.

Quand il fut à dix pas, il lui dit :

— Prends à ma gauche, écarte-toi de cinquante pas, et va vers le feu que tu vois.

Le Kabyle prenait là les précautions habituelles en pareil cas.

A cinquante pas la nuit, on ne voit pas un homme couché sur le sol.

Celui qui avait parlé semblait bien connaître les mœurs de la montagne.

Il ne fit aucune observation, et il s'en alla droit vers le feu.

A vingt pas, il s'arrêta et cria :

— Aôh! gens du Djurjura!

On lui demanda :

— Que veux-tu?

— L'hospitalité.

— Même en guerre, dit le chef de poste, le Kabyle ne repousse pas le voyageur.

Et il dit :

— Avance; mais si tu n'as pas le cœur pur, des intentions honnêtes, malheur à toi!

— Frère, questionnez-moi.

— Approche, alors!

En ce moment Samoül, qui s'était séché et qui avait hâte de gagner son village, s'éloignait rapidement et s'enfonçait dans la montagne.

Il était peu curieux.

Un Kabyle demanda au nouveau venu :

— Qui es-tu, toi?

Le voyageur répondit :

— Un coureur de bois.

— Ton nom?

— Lassalle.

Les Kabyles se regardèrent.

Le chef redemanda :

— As-tu un ami chez nous autres?

— Oui.

— Il se nomme?...

— Samoül.

Les Kabyles sourirent.

— Il sort d'ici fit le chef.

Et il héla Samoül.

Mais Lassalle, c'était lui, dit :

— Permets!

Et il lança dans l'air trois fois l'aboiement strident du chacal, qui était un signal.

Samoül entendit et répondit.

Un instant après, il revint.

Et à la vue de son ami Lassalle il poussa un cri de joie en disant :

— Tu quittes les Français! tu fais bien! J'étais très-inquiet sur ton compte.

— Mais, dit Lassalle, nos amis me suivent.

— Eux ne sont pas déserteurs pourtant.

— Mais il y a du nouveau.

— Quoi donc?

— Nos femmes sont au camp.

— Raison de plus pour y aller.

— Non. Elles sont arrêtées.

— Par Allah! je n'y comprends rien.

— C'est ainsi.

Et Lassalle raconta ce que l'officier avait dit. Celui-ci, du reste, n'en savait pas très-long.

La conversation avait lieu en kabyle.

Samoül se retourna vers les montagnards :

— Frères, dit-il, je réponds de celui-ci et de ses compagnons; avez-vous foi en moi?

Le chef consulta ses hommes.

— Samoül, dit-il, les coureurs de bois, les chasseurs d'autruches, sont tous des honnêtes gens. Nous avons confiance, mais tes amis feront le serment de ne pas nous nuire.

— Ils le feront.

Un Kabyle se détacha aussitôt et fut chercher Martinet et maître Lalouette.

Celui-ci grelottait.

Il avait fallu repasser le Sebaou.

On accueillit tous les chasseurs.

Du reste, Samoül avait conté des choses qui le grandissaient aux yeux des Kabyles.

Ceux-ci ne se lassaient point d'admirer des hommes revenant d'aussi loin sous terre que ces hardis compagnons.

En ce moment, on vit descendre de la montagne un groupe de jeunes gens.

C'étaient des guerriers kabyles qui venaient des villages voisins.

— Ah! dit le Kabyle, voici nos buissons vivants qui vont chez les Français!

Ceci donna une idée à Lassalle.

— Je voudrais bien avoir de nos femmes des nouvelles sûres et détaillées, dit-il. Un buisson vivant ne pourrait-il, adroitement, questionner un chaouch des bureaux arabes, dans le bivac de la colonne?

— C'est possible, dit-on.

Mais Samoül intervint :

— Ami, dit-il, je sais le métier de buisson vivant comme personne et je réussirai, moi, mieux qu'un autre. Je sais surtout ce qu'il faut demander aux chaouchs.

— Mais... tes pierreries?

— Tu les porteras à mon père.

Entre amis, comme l'étaient les chasseurs, on ne marchande jamais le dévouement.

On ne le refuse jamais non plus.

Lassalle accepta l'offre du Kabyle.

Mais qu'est-ce qu'un buisson vivant?

Nous allons le voir.

XLIV

LES BUISSONS VIVANTS.

Les Français ont un singulier travers de caractère : c'est d'aller chercher bien loin ce qu'ils ont sous la main, d'admirer ce qui n'est pas la France et de dédaigner leur pays au point de vue pittoresque.

Nous avons le Rhône.

Nous avions le Rhin.

Nous avons les Vosges, les Cévennes, les Pyrénées; nous allons vers les Alpes et les Apennins.

Nous avons les Alpes depuis quelques années : elles n'ont plus de charmes pour nous.

Nous avons enfin, à quarante-huit heures de Marseille, cette merveilleuse terre de l'Algérie, plus étrange, plus pittoresque, plus étonnante qu'aucune autre, et personne ne va la visiter.

Rares sont les voyageurs.

Car nous sommes un drôle de peuple.

Nous lisons sur les Peaux-Rouges de l'Amérique des récits qui nous passionnent.

Qui n'a désiré faire un tour d'Amérique et faire connaissance avec les Nez-Percés?

Il y a en Algérie des peuplades barbares bien autrement intéressantes, vivaces et bizarres que ces Indiens d'Amérique destinés à disparaître.

On a un cliché tout fait pour ces tribus de Sioux, d'Iroquois et de Hurons.

On dit :

« Ce sont les plus habiles voleurs du monde, les plus habiles guerriers, les plus adroits chasseurs. »

Je proteste et m'inscris en faux.

Les Arabes sont certainement des cavaliers sans rivaux au monde.

Les Kabyles sont les plus adroits tireurs de l'univers entier.

Un jeune homme n'épouse une fille, dans l'Atlas, qu'après avoir cassé, d'une balle, un œuf suspendu à la distance où le frère de la fiancée a pu lancer une pierre.

Et jamais les Peaux-Rouges ne seraient, pour le vol et l'espionnage, de la force des buissons vivants que nous allons voir à l'œuvre.

Quel malheur pour la France de n'avoir pas eu un Fenimore Cooper!

Il aurait décrit l'Algérie.

Et l'on se serait passionné pour cette colonie admirable que l'on délaisse.

Dans la mesure de mes forces, je fais ce que je peux pour en décrire les mœurs, les types, les sites et les coutumes : puissé-je réussir!

Nous recommandons aux amateurs d'émotions fortes de suivre une colonne et de passer une nuit en sentinelle, aux avancées, avec de vieux soldats.

Si le hasard amène, ce qui n'est pas rare, ces buissons vivants, on n'aura pas perdu sa faction : jamais chasseur ne sera plus remué que par cet affût.

Les buissons vivants sont de jeunes hommes audacieux qui vont, en plein camp français, voler des chevaux et des fusils et tuer des hommes.

Or rien de mieux gardé qu'un camp en Afrique : là, chaque factionnaire joue sa tête.

Surpris, il est impitoyablement tué.

Le général, qui dort sous sa tente, sait qu'il n'est pas à l'abri du couteau de l'ennemi, et il fait veiller ses soldats avec un soin extrême.

Voici comment la garde est organisée :

Tout d'abord chaque bataillon, à six cents mètres en avant de son front de bandière — le bivac formant toujours un carré, — chaque bataillon, disons-nous, détache une compagnie qui établit un grand poste au centre, deux petits postes sur chaque aile.

Ces postes s'entourent d'un mur en pierres sèches, et ils envoient en avant une ligne de factionnaires qui sont deux par deux.

Ces factionnaires se cachent, à la tombée de la nuit, dans les touffes d'arbres, dans des trous, sous les palmiers nains, où ils peuvent enfin.

Ces sentinelles sont à vingt pas au plus les unes des autres, et n'ont par conséquent que dix pas à surveiller pour empêcher l'ennemi de passer.

Certes, voilà de solides précautions.

De plus, il faut dire que les factionnaires se laissent rarement aller au sommeil.

On peut poser cet axiome :

« En Algérie, tout factionnaire qui s'endort a le cou coupé dans la nuit. »

Ce n'est pas assez de cette première ligne.

Chaque compagnie, sur son front de bandière, place une sentinelle qui garde les faisceaux et l'entrée du camp avec soin. Les fronts de compagnie n'ont pas plus de quarante mètres de développement.

Les tentes se touchent.

Il faut que le voleur qui a passé la première ligne force celle-là.

Les faisceaux sont très-serrés et on les réunit par des fusils placés en travers.

Or souvent la sentinelle tombe assassinée, et sept ou huit fusils disparaissent!

Mais les buissons vivants arrivent jusqu'au cœur même du camp.

Là sont réunis les chevaux d'état-major, bêtes de prix très-convoitées.

Les généraux, les colonels ne manquent jamais de faire garder ces chevaux par des sentinelles.

On choisit des soldats d'élite.

Et souvent, le lendemain matin, on constate qu'un cheval a été volé par un buisson vivant.

Nous allons voir à l'œuvre ces hardis patriotes.

Lassalle, nous l'avons dit, accepta le dévouement de son ami Samoül.

— Frère, dit-il, à toi le danger aujourd'hui, à moi demain ; va dans le camp.

Ils se serrèrent silencieusement la main.

— Je ne veux pas, reprit Lassalle, entreprendre rien contre mon pays.

— Ni moi! dit Martinet.

— Ni moi! dit Lalouette.

Les Kabyles approuvèrent.

— C'est juste! firent-ils.

— Nous accompagnerons les buissons vivants jusqu'aux avant-postes seulement.

— Bon! dit Lalouette.

Il n'avait jamais vu faire la toilette des buissons vivants, et il était curieux.

Les jeunes gens cependant s'impatientaient.
— Partons-nous? fit l'un d'eux.
— Il est temps! dit un autre; il faut arriver vers deux heures du matin, l'heure propice.
— Pourquoi? demanda Lalouette.
— Parce que, dit le Kabyle, les sentinelles, à ce moment, sont très-fatiguées.

En effet, nous nous souvenons personnellement, pour l'avoir expérimenté, qu'à partir de deux heures du matin le sommeil commence à devenir implacable.

Il faut une volonté de fer pour résister à l'envie de dormir qui vous saisit.

Puis, à force de regarder devant soi attentivement, l'œil se lasse.

Il se produit alors un phénomène singulier. On commence à voir défiler les objets devant soi, de droite à gauche, et décrire de grands arcs de cercles; tout s'anime, tout semble danser une immense sarabande : pierres, arbres, buissons, se précipitent à la file.

C'est à peu près la même impression que l'on éprouve en chemin de fer, dans un train lancé à toute vitesse, lorsqu'on regarde par la portière.

Il faut alors fermer les yeux pour échapper à cette espèce d'hallucination, et les rouvrir un instant pour les refermer encore; ainsi jusqu'au jour.

Souvent les soldats se passent de l'eau-de-vie sur les yeux et s'en injectent sous la paupière.

Ils ont recours à mille petits moyens.

Le buisson vivant, lui, sait tout cela, et il en tire habilement son profit.

Lalouette, jusqu'alors soldat, avait été victime plusieurs fois des buissons vivants : il était très-curieux de les voir s'apprêter à agir.

En conséquence, il n'hésita pas à les accompagner, quoiqu'il fallût retraverser le Sebaou.

Sauf deux qui devaient jouer le rôle de chaouchs (espions) le lendemain matin, et qui par conséquent devaient garder leurs habits, les jeunes gens se mirent nus.

— Fais comme eux, dit Lassalle à Lalouette.
Et il se déshabilla.
Lalouette était l'homme aux pourquoi.
Il demanda :
— Pourquoi me déshabiller?
— Parce que, dit Lassalle, les Kabyles feront sécher nos vêtements que nous retrouverons chauds au retour, et qu'il est inutile d'avoir des vêtements mouillés sur le dos pendant l'expédition que nous allons tenter.

Lalouette demanda encore :
— Mais les buissons vivants vont donc être nus comme cela toute la nuit ?
— Oui. Les vêtements les gêneraient et pourraient causer leur perte dans une lutte.

« Qu'une sentinelle tire sur un buisson vivant, il y a des chances pour qu'elle manque; le buisson fuit alors, mais il risque de tomber au milieu d'un poste, d'une embuscade qu'il n'a pas vue.

« S'il est manqué, on le saisit difficilement.
— Bon! fit Lalouette, mais que font-ils maintenant?
— Ils s'enduisent le corps d'huile.
— Pourquoi?
— Parce que l'huile rend les membres glissants sous la main qui veut les saisir, et aussi parce qu'elle empêche le froid de cingler la peau.

« Aussi tu vas te graisser le corps, quoique nous n'ayons pas à pénétrer au camp. »

Lalouette ne se le fit pas dire deux fois, car le pauvre diable grelottait.

— Diable! dit-il quand il fut couvert d'huile des pieds à la tête, voilà une bonne idée; on dirait que je suis habillé, tant la chaleur revient.

— Sans compter, dit Lassalle, que l'eau du Sebaou n'aura pas prise sur toi.

Et comme les préparatifs étaient terminés, on descendit vers le fleuve.

Les jeunes gens n'avaient point d'armes, sauf un long couteau kabylien.

Ceci surprit maître Lalouette.
— Pourquoi pas de fusil? demanda-t-il.
— Parce qu'il les gênerait plus qu'il ne leur servirait, dit Lassalle.

« Tu vas en juger tout à l'heure, quand l'on procédera à leur toilette. »

Les Kabyles, arrivés sur l'Oued-Sebaou, le passèrent à la nage vigoureusement.

Lalouette reconnut qu'un homme bien huilé nageait plus vite, et que l'humidité avait peu de prise sur sa peau.

La rivière franchie, les Kabyles se mirent en quête de branches d'arbres qui leur convinssent et en firent chacun un choix.

Ceci fait, ils se mirent deux par deux et se rendirent tour à tour le service de se transformer en buisson : dans une corde passée à la ceinture, ils s'ajustaient réciproquement des branches d'arbustes et les agençaient pour tromper l'œil.

En même temps ils prenaient garde de se laisser la liberté de la marche.

Dans ce but, au lieu de garnir leurs jambes de tiges raides, ils avaient enfilé des feuilles de palmiers nains en éventail dans des ficelles serrées autour des jarrets et des genoux.

Au bout de dix minutes, maître Lalouette remarqua, à sa grande surprise, que les Kabyles dont la toilette était finie et qui ne bougeaient pas, se confondaient si bien avec les broussailles et les touffes dont le sol était couvert, qu'il était à peu près impossible de distinguer les buissons vivants des autres.

— Pardieu! pensa-t-il, je ne m'étonne pas que ces gaillards-là nous aient tant de fois surpris et trompés! Comme c'est imité!

On se remit en marche.
Le temps était clair.
Lalouette voyait le camp se dresser avec ses tentes blanches à l'horizon; il se dit que les buissons seraient découverts par le mouvement.

Il s'approcha de Samoûl.
Celui-ci avait une splendide toilette qui figurait un brûle-capote dont les branches étaient entrelacées de lianes épineuses.

— Ne m'approche pas tant! dit le Kabyle; tu te piquerais, cadour.
L'on s'avançait.
Vite maître Lalouette s'empressa de demander à son ami :
— Comment allez-vous faire? Les soldats vous verront bouger, mon cher.
Samoûl lui dit simplement :
— Au lieu de questionner, regarde.

Tous les Kabyles, sauf Samoûl, avaient étudié le terrain à fond dans la journée en l'examinant de leurs yeux pénétrants, du haut des montagnes.

Ils se séparèrent à mille pas environ des vedettes, et chacun s'en fut de son côté.

Lalouette vit alors chacun d'eux commencer une marche prudente et singulière.

Au lieu d'avancer franchement, chaque buisson vivant piétinait doucement, mettant un pied devant l'autre, mais ne dépassant celui qui reposait que de quelques pouces; seulement ils renouvelaient le mouvement très-rapidement.

Ils faisaient du chemin, mais sans déplacement brusque, et le petit balancement des branches, comme quelques légers bruits, devaient être mis sur le compte du vent.

Lalouette était très-ému.

— Sacrebleu! dit-il tout bas, quelle fichue position! nous voilà forcés de faire des vœux pour les Kabyles et nous sommes des Français.

— Que veux-tu? dit Martinet en soupirant; ce sont les bureaux arabes qui nous en réduisent là! Du reste, nous ne nous mêlons de rien.

Et ils attendirent.

Les buissons vivants mirent une heure environ pour atteindre la ligne des sentinelles.

Les pauvres diables de soldats, fatigués de combats et de marches, attendaient, couchés sur leurs armes; mais, nous l'avons dit, tout dansait devant eux.

Celui-ci, qui ne connaissait pas le terrain, s'était placé derrière un jeune homme.

Il suivait ses mouvements.

Il avait choisi ce guide, parce que ce goum avait déclaré en vouloir aux chevaux; or le voleur de chevaux est le plus exposé de tous et aussi le plus adroit.

Samoûl, sans encombre, arriva à dix pas de deux sentinelles qui étaient droit devant lui ; il s'agissait de les contourner et de passer à cinq ou six pas d'elles : c'est le moment d'avancer insensiblement.

En vain les soldats ont compté les broussailles qui étaient devant eux : il arrive un moment où tout se brouille, où l'on ne sait pas.

A partir du moment où ils sentirent les sentinelles en face d'eux, les deux buissons ne firent pas vingt mètres de chemin en un quart d'heure; leur déplacement était réellement insensible. Qu'on juge de leur audace:

Ils manœuvraient presque à portée de baïonnette; mais au craquement du fusil, annonçant chez le factionnaire l'intention de tirer, les deux buissons se tenaient prêts à couper d'un coup de poignard la ficelle tenant les branchages et à bondir dans l'ombre pour fuir la balle.

Puis armer, épauler, viser et tirer demande un certain temps (trois secondes).

C'est énorme pour qui s'enfuit la nuit.

Les buissons vivants passèrent...

Les sentinelles, dans leur lutte avec le sommeil, crurent que ces bouquets d'arbustes étaient naturels; et, dans le trouble de cette veille peuplée d'hallucinations que nous avons décrites, les soldats ne virent rien de suspect pour avoir trop suspecté toutes choses.

Après avoir vingt fois, cent fois, surveillé un buisson immobile qu'il croit avoir vu bouger, le factionnaire finit par se dire que le buisson vivant n'en est pas un.

Le premier cercle de sentinelles passé, les Kabyles se dirigèrent de façon à filer entre deux postes; puis ils arrivèrent sur le front de bandière.

Là, le buisson vivant change de tactique : il se transforme en fagot gisant sur le sol, et voici pourquoi il opère cette transfiguration.

Aux abords des fronts de bandière, il y a des entassements de branches coupées.

C'est le bois destiné à la cuisine.

Il y a sur un front de cinquante mètres dix fourneaux d'escouade.

On juge de l'encombrement.

Il s'agit de passer entre deux tentes sans être vu par la sentinelle des faisceaux.

Celle-ci, protégée par les grand'gardes, se promène de long en large un peu insoucieusement.

Elle est relevée d'heure en heure.

Le Kabyle, qui s'est approché le plus possible des tas de bois, se couche et rampe; puis il sait les heures de relevée et il a calculé sa marche pour ne pas attendre trop longtemps le moment où l'échange des sentinelles aura lieu.

Cet échange ne se fait pas sans un ralentissement de surveillance.

Le factionnaire appelle son camarade endormi qui fait la sourde oreille.

Le premier s'impatiente.

Le second est de mauvaise humeur.

Le factionnaire pose son fusil contre la tente et d'une main énergique secoue le dormeur; parfois il se trompe et éveille un homme dont ce n'est pas le tour et qui se fâche furieusement.

Pendant cette querelle, le buisson vivant a belle chance pour passer.

Il gagne entre deux tentes, et le voilà dans le bivac.

Si la querelle n'a pas duré, il profite du moment où le nouveau factionnaire voit trouble encore et se frotte les yeux pour bien s'éveiller.

En fin de compte, il passe.

Ceux qui veulent prendre des armes restent cachés à portée de la sentinelle, entre deux tentes, et ressemblent à un fagot placé là par le cuisinier du lendemain pour préparer le café. Les cuisiniers font de ces réserves de bois parce que, dans les nuits fraîches, les sentinelles brûlent souvent trop de branches pour se chauffer et se distraire, et il n'en reste plus au matin.

Le buisson vivant attend que la sentinelle ait passé et repassé ; il coupe sans bruit les ficelles qui retiennent les broussailles à sa ceinture et à ses jarrets : il est nu.

Quand le soldat est à sa portée, offrant son dos, il se dresse, lui coupe le cou d'un revers de lame, avec une dextérité inouïe, le soutient pour qu'il ne tombe pas lourdement, l'assied et le couche, prend son arme, sa capote et son képi.

Puis il jette sur ce cadavre quelques fagots épars, le couvre bien et fait son choix de fusils dans les faisceaux; il en met plusieurs en bandoulière, et il s'en va en rampant.

La sortie est facile :

Il prend tous ceux qui veillent à dos.

Arrivé à l'embuscade par laquelle il est entré, il ajuste successivement, presque à bout portant, les deux sentinelles qu'il surprend regardant devant elles, et les tue presque toujours. Après avoir déchargé deux de ses fusils sur elles, il prend sa course...

Il revient triomphant au village.

Là il fait transformer ses fusils conquis ainsi en fusils à pierre, et il les vend à la mise à prix de cinquante francs.

On se les dispute.

Les voleurs de chevaux procèdent autrement; nous allons en voir un à l'œuvre.

Samoûl et son guide, ayant franchi la ligne des tentes, se trouvèrent en plein camp.

Samoûl, lui, n'avait plus rien à craindre.

Il ôta ses broussailles et, comme il avait gardé ses vêtements, il se trouva en burnous kabyle au milieu du bivac; il s'étendit sur le sol, prit une pierre pour oreiller et attendit le jour.

Il avait eu soin d'attacher à son chéchia une petite branche verte.

Comment pouvait-il, sans risque, se montrer ainsi à découvert? La chose est simple.

Dans une colonne on est obligé, pour mille menus soins, de recourir à des auxiliaires indigènes; ils sont domestiques, colporteurs; souvent ils vous donnent l'efficace concours de leurs fusils contre une tribu voisine et détestée.

Aussi, une fois qu'un indigène est dans le camp, est-il difficile de savoir si c'est un ami ou un ennemi ; le tout est d'entrer.

Aux grand'gardes, les sorties et les entrées, jour et nuit, sont surveillées avec soin.

Mais une fois dans le bivac on est réputé Kabyle ou Arabe d'un goum allié.

Aussi Samoül fut-il très-tranquille sur son sort une fois qu'il y eut pénétré.

Pour son camarade commençait le vrai danger ; ce qu'il avait fait jusque-là n'était rien.

Il s'agissait maintenant de reconnaître entre toutes la tente du général.

Quand on risque sa vie, comme un buisson vivant, autant que possible on s'attaque à une bête de prix, et, comme les chefs sont les mieux montés, le saracq-el-daouda (voleur de chevaux) s'adresse de préférence aux buveurs d'air d'un officier supérieur.

Le buveur d'air est une bête de prix qui a sa généalogie (vingt quartiers de noblesse chevaline au moins) ; il coûte de 20,000 à 100,000 francs.

Entre les sept ou huit chevaux qui sont attachés près du quartier général, le saracq doit reconnaître le meilleur et ne pas prendre le carcan d'une ordonnance qui, outre son infériorité de prix, l'exposerait à être tué. Nous verrons pourquoi.

Le buisson vivant, laissant derrière lui Samoül, s'avança à travers le camp.

Tout fagot qu'il fût d'apparence, il allait très-vite en certains endroits.

Ces Kabyles ont une merveilleuse sagacité et un coup d'œil surprenant. Quand le saracq voyait un espace un peu couvert ou encombré, il filait, s'aidant des mains et des pieds avec une agilité de serpent qui rampe sous l'herbe.

Il arriva près des chevaux.

La sentinelle était là, se promenant, secouant de temps en temps la rosée de sa moustache et humant à petits coups l'eau-de-vie de son bidon, accompagnant sa dégustation du clappement de langue cher aux buveurs.

Le saracq remarqua que, selon la très-mauvaise habitude française, le troupier était devant les chevaux et faisait face à l'ennemi, au lieu d'être derrière les objets à garder, si bien que le Kabyle se glissa de façon à aborder les chevaux par le côté opposé au troupier, ce qui lui donnait double avantage. Il eut bientôt, reconnu la meilleure bête, et la tranquillisant en la flattant, il coupa les entraves puis il attacha une corde au pied du buveur d'air.

Cela fait, il se retira à bonne distance, déroulant sa corde, puis il s'arrêta.

Alors peu à peu il tira sur sa corde, et le cheval, sollicité, fit, petit à petit, des reculades, puis se retourna et s'en alla lentement, lentement, vers le saracq, faisant un pas à chaque tension de la corde.

Le soldat ne vit rien d'abord ; mais, au bout d'un certain temps, au moment où il roulait une cigarette et l'allumait, il s'aperçut qu'un cheval s'écartait. Il jeta allumette et cigarette pour courir à l'animal, qu'il supposait seulement désentravé.

Ce brusque mouvement fit peur à tous les chevaux, dont les liens étaient coupés ; ils se cabrèrent, se sentirent libres et s'enfuirent.

Ce fut comme un tourbillon.

Hennissements, ruades, morsures, gambades et disparition finale de toute l'écurie, voilà ce que le soldat vit en une minute.

Où courir ?

Il appela.

Le poste de police se leva, accourut ici, là, partout ; les chevaux filaient.

Le saracq-el-daouda avait profité du brouhaha pour se débarrasser de ses branchages ; il avait halé vigoureusement la corde et avait ainsi atteint le cheval, courant sur lui et l'attirant en même temps.

D'un coup de couteau il avait débarrassé la bête de sa dernière entrave, puis il avait bondi sur elle, lui jetant une ficelle pour bride et la poussant au triple galop hors du camp.

Couché sur le buveur d'air, il était à peine visible, et l'on crut qu'il s'agissait d'un cheval échappé courant librement.

Quelques soldats, sur ce coursier emporté, crurent voir une forme humaine.

Ils tirèrent à tout hasard.

Poudre perdue.

Le Kabyle, un quart d'heure après, traversait le Sebaou et regagnait le poste qu'il avait quitté vers onze heures du soir.

Là il retrouvait Lalouette et ses amis.

Le vieux zéphyr, à la vue de ce beau cheval si vaillamment conquis, ne pouvait retenir ses exclamations, et il s'ébahissait.

— Ah ! les mâtins ! disait-il ; sont-ils adroits ! quel truc et quelles ficelles !

Lassalle s'enquit de Samoül.

— Il est au camp, dit le saracq-el-daouda ; je l'ai laissé s'endormant.

Dès lors, les deux maris furent plus tranquilles, certains d'avoir des nouvelles de leurs femmes.

XLV

BONNES NOUVELLES !

Le lendemain, vers midi, Martinet et ses amis, assis devant un plat de couscoussou chez le père de Samoül, virent entrer leur camarade qui revenait du camp sain et sauf.

— Salem, dit-il en souriant, me voici.

Et après avoir embrassé son père, serré la main de tous, il s'assit.

Il avait faim.

— Le couscoussou, dit-il d'un air joyeux, est agréable quand on a bon appétit.

Et il se servit largement.

Lalouette, selon sa coutume, grillait d'impatience et voulait savoir tout de suite ce qui s'était passé ; mais Samoül ne parlait pas, suivant en cela les coutumes de sa race et de sa profession de chasseur, dans laquelle on aurait honte de paraître se presser pour donner ou recevoir une nouvelle.

Après s'être rassasié consciencieusement, le Kabyle bourra sa pipe, l'alluma, but une gorgée de café, et lorgnant Lalouette lui dit :

— Tes yeux brillent comme ceux d'une panthère à l'embuscade qui attend sa proie.

Lalouette, ainsi interpellé, dit :

— J'avoue que tu me fais crever de rage avec tes lenteurs ; ne peux-tu dire tout de suite ce que tu as appris au bivac sur ces dames ?

— J'avais faim.

— Tu aurais dû nous dire quelques mots d'abord.

— A quoi bon ! Rien ne presse absolument, pour ce que j'ai à faire, et vous autres aussi ; il faut d'abord manger et boire ; j'ai bu et j'ai mangé, maintenant je vais parler. Apprends à ne faire, comme moi, qu'une chose à la fois et toute chose en son temps, sinon jamais tu ne seras un bon chasseur d'autruches.

Martinet et Lassalle, qui se doutaient bien que les nouvelles étaient bonnes, se mirent à rire de la piteuse mine de Lalouette.

Samoül commença son récit.

— Donc, dit-il, j'étais parvenu dans le camp, et j'étais sauvé par conséquent.

Il sut peindre le Sahara, les chasses, les migrations en vers admirables.

« Au jour je me levai et j'allai rôder du côté des chaouchs du bureau arabe; je vis l'un d'eux porteur de la figure qui me convenait, je l'abordai avec l'air d'un Kabyle de l'Ouarensèris tout dépaysé, et je lui dis que j'avais quelque chose de grave à lui demander.

« Je lui donnai une petite pièce de monnaie d'argent il me rassura, m'encourageant.

« Je lui dis que j'avais vu les Français, les turcos, les spahis boire du vin, liqueur défendue, — que je voudrais bien boire aussi; que je n'osais en boire seul, e sachant combien il fallait en avaler pour être raisonnablement ivre, et que tâter de l'ivresse française tait le plus cher de mes rêves.

« Pour la fin, je lui offris de le mener à la cantine où il ferait grand honneur de m'accompagner.

« Il y consentit avec un plaisir extrême.

« Quand nous fûmes attablés, je fis des façons, je bus très-peu, j'avais l'air d'avoir peur.

« Lui vidait des bouteilles.

« Quand il fut rouge de teint et que ses yeux s'allumèrent, je le questionnai adroitement, et alors il me conta tout ce qui s'était passé.

« Madame Margot a été ennuyée par le capitaine de bureau arabe et s'est sauvée dans le camp, ce qui a causé du scandale; le vieux colonel, votre ami à tous les deux, s'est disputé avec le général.

« Madame Margot a été envoyée libre à Dellys; elle est en route à cette heure.

« Madame Marie est conduite à Alger dans un couvent; elle est en route aussi.

« On a volé à vos femmes les pierreries qu'elles avaient emportées de la grotte.

« Le chaouch croit qu'on les a remplacées par de la verroterie sans valeur.

« Voilà.

— Tout est au mieux ! dit Lassalle.

— Aôh! je ne le pense pas ! protesta Samoül. Il n'est pas au mieux que les pierreries soient volées et que madame Marie soit détenue.

— On délivrera ma femme.

— Et les diamants ?

— Nous nous rattraperons sur le reste du trésor d'Élaï Lascri.

« Aôh! je me suis mis dans la tête que tout le trésor serait à nous; nous l'aurons tout entier, c'est moi qui te le promets, qui te le jure! »

Puis à Martinet :

— Mon fils, tu vas avec Lalouette aller chercher ta femme à Dellys

— Bon, dit Martinet.

— Moi, je vais voir le marabout avec Lassalle pour organiser quelque chose.

Et se moquant de Lalouette:

— Vois! lui dit-il, comme c'est bien de faire chaque chose en son temps; tu as le ventre plein, tu sais tout, tu peux partir tout de suite.

Déjà Martinet était à ses préparatifs; ce ne fut pas long : rouler ses bagages dans la petite tente et se passer le tout en sautoir, prendre ses armes, dire au revoir et filer du pas rapide des marcheurs du Sahara.

Mais Lalouette avait quelque chose sur le cœur; il s'en allait à regret.

— Tu traînes, lui dit Samoül. Tu sembles accompagner Martinet sans ardeur.

— Mon frère, dit Lalouette, c'est bête, mais je dois t'avouer franchement : je suis dévoré de l'envie de savoir ce que vous allez faire ici.

— Nous allons être très-audacieux : la renommée t'apprendra quel coup je vais tenter; tu sauras ça quand j'aurai réussi, Lalouette.

— Tiens, je te donne n'importe quoi si tu veux me le dire auparavant.

Samoül haussa les épaules.

— Va, dit-il, tu ne seras jamais qu'un demi-chasseur; il y a trop de la vieille femme en toi.

Et il le congédia sur cette déclaration.

Lalouette s'en alla tête basse.

Quant à Samoül, il dit en riant à Lassalle, qui n'avait jamais vu le tueur de lièvres si gai:

— Ce vieux soldat est très-amusant, je m'y attache tous les jours. Dans le principe, j'aurais voulu le corriger de ses défauts, mais il me divertit comme il est, et j'ai plaisir à lui donner du dépit. Si tu veux, nous lui laisserons ses manies.

— A ton aise! dit Lassalle. Allons au marabout.

Et il prit les devants.

Il se garda bien de demander à Samoül son secret.

Celui-ci, du reste, aurait été bien surpris s'il avait été questionné par Lassalle à ce sujet.

Un chasseur d'autruches n'est pas inutilement loquace; or, comme Samoül allait raconter son plan au marabout, il jugeait inutile de le dire deux fois.

Les deux chasseurs arrivèrent à la zaoua.

Ils demandèrent le marabout.

On les introduisit sur-le-champ.

Le pauvre chérif (on appelle chérif un grand chef religieux) était dans la consternation.

— Ah! dit-il en voyant Lassalle, le ciel t'envoie, mon cher fils!

Et il embrassa le jeune homme et aussi Samoül.

— Comme te voilà ému, mon père, dit Lassalle; qu'as-tu donc?

— J'ai, dit le vieillard, que les Français sont des djenouns (diables).

— Qu'ont-ils fait?

— Mon ami, à cent lieues d'ici, ce matin même, ils ont emporté d'assaut les montagnes du Sebpt des Beni-Jaya; ils avaient, cette nuit, quitté les villages emportés hier, et ils s'étaient portés vers le Sebpt, qui était mal défendu.

— Parce que?...

— Parce que tous les hommes valides étaient accourus ici pour nous prêter leur secours.

« On croyait que la colonne continuerait ce matin son attaque d'hier.

— Ce n'était qu'une feinte! dit Lassalle.

— Un jour, reprit le marabout tristement, de surprise en surprise, de ruse en ruse, ils emporteront tout, et l'on détruira ma pauvre zaoua.

Lassalle secoua la tête.

— Cela, fit-il, est certain.

— Hélas!

— La tactique et la stratégie vous manquent, à vous autres Kabyles.

— Nous ne sommes que braves; mais si des lions comme nous étaient bien commandés, on remporterait la victoire; tu serais un très-bon général.

— Je le crois.

— Sois le nôtre.

— Impossible.

— Tu refuses?

— Eh! marabout, à ma place, que ferais-tu?

— Mais tu es un déserteur!

— Je ne pouvais rester dans les rangs français; l'on m'y aurait fusillé.

— Fusille ces gens-là.

— Mais, père, la patrie est la patrie; on n'a pas le droit de se venger d'elle.

Le marabout eut l'air désolé.

— Écoute, dit Lassalle, je vais te donner un bon conseil, mon père.

— Parle, ami.

— Les tribus doivent être découragées; au lieu de leur prêcher la guerre, prêche la paix.

— Ce serait une honte.

— Quand on n'est pas les plus forts, après s'être bien battus, il faut traiter.

— Nous soumettre?

— Marabout, c'est nécessaire. Aujourd'hui, tu peux obtenir des conditions excellentes; demain, quand les Français auront remporté une nouvelle victoire, le traité sera plus désavantageux.

— Encore si c'était avec des Turcs, musulmans comme nous, il n'y aurait que demi-mal.

Lassalle vit bien où le bât blessait le vieillard, qui craignait pour ses privilèges.

— Mon père, dit-il, laisse-moi t'éclairer; crois que les Français, qui sont de religions différentes, respectent la liberté des cultes.

— On le dit.

— Ils te laisseront ta zaoua.

— Tu crois?

— Ils te reconnaîtront chérif.

— Me l'affirmes-tu?

— J'en jurerais.

— Cela arrange un peu les choses.

— Si, au contraire, tu combats à outrance, les Français se fâcheront, ils demanderont, avant tout, que tu sois exilé au Sahara.

— Et, en proposant la paix, ils ne m'en voudraient plus autant de mon zèle pour la liberté?

— Ils seraient enchantés; on te donnerait la croix d'honneur, qui est si recherchée.

Le marabout se laissait tenter.

La croix est l'ambition de tout Arabe influent, et elle rehausse son prestige. Lassalle était trop bon Français pour ne pas pousser les choses.

XLV

BONNES NOUVELLES (suite).

— On obtiendra, dit-il, des garanties, on s'engagera à dépenser les impôts en chemins, en fontaines, en travaux publics; on vous laissera nommer les amins comme par le passé; on ne vous demandera que le talent.

— Eh bien! dit le marabout, j'y réfléchirai.

Mais ce n'était pas le compte de Samoül.

— Mon père, dit-il, je suis de l'avis de Lassalle, sauf en un point.

« Comme lui, je crois que la victoire sera, en fin de compte, aux Français; comme lui, je crois qu'il faudra faire la paix; mais je voudrais, auparavant, exécuter un plan qui te sourira.

« D'abord, si nous remportions un succès par un coup d'audace, notre position serait beaucoup meilleure, les conditions seraient moins pénibles.

« Ensuite le succès avancerait nos affaires.

« Tu as sans doute appris — car les choses se savent vite dans la montagne — comment nous sommes sortis de la grotte d'Élaï Lascri.

— Oui, dit le marabout ; il paraît que tu as déjà une jolie part de prise ?

— Oui, mon père, mais le plus gros des pierreries a été enlevé par d'autres.

— Par des femmes, m'a-t-on dit, les épouses de vos amis. Vous avez conté votre aventure.

— Mon père, le malheur est que le frère de madame Lassalle, le colonel de Lancenales, a fait arrêter les deux dames et les a volées indignement.

— C'est un bandit.

« Nous voulons rentrer dans nos bijoux.

— Et comment ?

— Délivrer la femme de Lassalle.

— Mais comment donc ? Tu as un flegme, Samoül, qui m'irrite et qui m'impatiente.

Le bouillant marabout faisait claquer ses doigts avec colère et frappait du pied.

Lassalle souriait. Samoül s'amusait.

— Voilà, dit-il, ce que c'est que de ne pas être chasseur ; tu aurais appris la patience à notre école et tu ne ressemblerais pas à notre ami Lalouette.

Le marabout était irritable. Il leva son bâton.

— Mon fils, dit-il, n'abuse pas de ma patience, je suis très-colère ; on ne m'appelle pas Bou-Matraque pour rien. J'ai envie de te battre.

— Du calme ! Mon moyen, je vais te le dire : il s'agit de s'emparer du colonel français et du capitaine de bureau arabe qui est cause de tout ; j'ai le moyen de les captiver.

« Tu sauras que les Français ont corrompu les chaouchs, qui boivent du vin maintenant sans se soucier de Mahomet et du Coran.

« C'est un des chaouchs qui a bu, ils jasent ; c'est un chaouch qui m'a tout conté sur les prisonnières : je l'avais grisé en buvant avec lui.

— Quoi ! mon fils, tu as bu aussi ?

— Il le fallait, mon père.

Le marabout réfléchit, puis il murmura :

— Après tout, c'est pour le bon motif, la gloire d'Allah et le salut du pays.

Samoül, réconforté par cette approbation, continua :

— Vois-tu, mon père, on enverra les chouafs (espions) dans le camp ennemi ; ils feront parler les chaouchs et nous saurons quand la colonne doit quitter le camp pour se porter à quelque assaut, comme elle a coutume de le faire presque chaque nuit.

« Nous préparerons une grande attaque du camp français et nous le prendrons.

« Je me charge, moi, avec quelques hommes dévoués de mon village, d'enlever les deux officiers.

— Et après ?

— Nous cacherons les prisonniers dans la zaoua pour qu'on ne les massacre pas, et nous leur imposerons comme prix de rançon, d'abord la liberté de mademoiselle de Lancenales, puis la restitution des pierreries.

— C'est très-bien, cela.

— Mais il faut m'aider.

— Volontiers.

— Il faut que tu demandes des volontaires et qu'on les place sous mes ordres.

— Ce sera fait.

— Il faut envoyer les chouafs (espions).

— Je me charge de tout.

— On pourrait, mon père, prévenir les gens de mon village qu'au bout de tout cela il pourrait bien y avoir une mosquée pour eux.

« Cela me donnerait quarante ou cinquante fusils qui me seraient particulièrement dévoués.

— Bon ! c'est entendu. Mes enfants, vous êtes de braves garçons et je vous aime fort.

Il leur donna sa bénédiction à la manière orientale et les renvoya enchantés.

A la sortie, Lassalle demanda à Samoül :

— Que vais-je faire, moi ?

— Rien, dit Samoül, mais il y a une piste à suivre, celle d'Élaï Lascri.

— Et ma femme ?

— Puisque je m'occupe d'elle.

— C'est vrai ; je ne doute pas de la capture de ce colonel (que le diable l'emporte !) ; je suis sûr que ma femme sera délivrée.

« Mais qu'en feras-tu, quand on l'aura rendue à la liberté ?

— Je la confierai au marabout. Mériem (Marie) sera très-heureuse avec les femmes du chérif.

— Et puis elle aura cette enragée de Margot pour se distraire.

— Elle est bien drôle, Makarita (Marguerite) ; quelle femme bizarre ! Vous autres Français, vous avez des filles bien étranges.

— Ça ne te donne pas envie de te marier avec une Européenne ?

— Non, protesta Samoül. Ami de vos femmes, un Kabyle peut l'être ; mari, jamais.

Ils revinrent à la maison du père de Samoül, et Lassalle fit ses préparatifs.

Il prit peu de vivres. Samoül le remarqua.

— Pourquoi, demanda-t-il, te munis-tu si peu, cadour ?

— Parce que, dit Lassalle, je vais à petites journées, sans me presser ; je m'arrêterai d'étape en étape ; je trouverai vivre et bon toit.

— Tu ne suis donc pas la piste ?

— A quoi bon ! Élaï Lascri ne tardera pas à faire parler de lui.

— C'est vrai.

— Je saurai où il est, et aussi où est ce trésor ; ce me sera facile.

— Hum !

— Pourquoi ce doute ?

— Chacal pris au piége se défie.

— Suis-je donc un chasseur maladroit, et crois-tu que je ne lui tendrai pas un piége auquel il viendra se faire pincer ? Tu verras.

Et ils se quittèrent.

XLVI

LES COUPS DE CANIF DE LASSALLE.

Trois jours s'étaient écoulés.

Lassalle était arrivé dans un ksour du Sahara et il se promenait dans un bazar.

Il flânait en fumant.

Il regardait les bibelots étalés, lorgnait les femmes voilées qui faisaient leurs emplettes, et se comportait enfin en homme qui n'a rien à faire.

Le bazar, en Algérie et dans tout l'Orient, est un lieu aimé des paresseux, des amoureux et des femmes ; celles-ci y vont en liberté comme aux bains ; on n'exige d'elles que de rester voilées.

Et c'est là que se nouent les intrigues.

Des intrigues, il y en a partout et toujours, même en pays musulman.

Elles sont moins fréquentes qu'à Paris, cela se conçoit, mais pour peu que l'on soit joli garçon, brave, intelligent, on peut espérer des bonnes fortunes.

Il faut, il est vrai, prendre mille précautions; mais on s'en tire, malgré les ulémas qui veillent sur les mosquées, malgré les noirs jaloux, malgré les lois, malgré tout.

Lassalle était, certes, très-amoureux de Marie ; mais il était de ceux qui, sans vouloir chercher à tromper leur femme, ne regardent pas comme une infidélité grave une rencontre agréable en voyage.

Très-beau garçon, superbe en costume de chasseur d'autruches, notre Gascon avait vu plus d'un voile s'entr'ouvrir.

Déjà il se disait à part lui :

— Je n'ai rien à faire, je suis loin de Marie ; une distraction n'est pas un crime, et toutes ces petites Sahariennes sont, ma foi ! très-agaçantes.

Il envoya ici et là des œillades incendiaires, mais, tout à coup, il fut abordé par une almée, voilée, il est vrai, mais reconnaissable pour une danseuse.

L'almée lui dit :

— Salut, beau chasseur !
— Salut, jolie femme ! dit-il.
— N'es-tu pas Lassalle ?
— Je le suis.
— Je m'en doutais.

Et l'almée, sur le ton de qui commande, dit au jeune homme :

— Suis-moi.

En même temps, elle écarta son voile.

Jamais Lassalle n'avait vu aussi gracieuse fille, et il ne se fit pas prier.

Bien des conséquences devaient découler de cette rencontre.

XLVII

L'ASSEMBLÉE DE GUERRE.

Cependant il se passait dans la montagne des faits graves dont Samoûl était l'auteur.

Un jour, de village en village, comme jadis cela se pratiquait dans les Gaules, les voix des pasteurs de troupeaux convoquaient tous les Kabyles du Djurjura devant la zaoua du chérif.

De tous côtés, les Kabyles accoururent ; il ne resta que les postes indispensables pour garder les défilés et veiller sur le camp français.

Plus de trente mille guerriers en armes accoururent de tous les points de la montagne et se rassemblèrent par ordre de tribus.

C'était une étrange armée.

Chaque amin ou maire, avec les membres de la djemmaâ (conseil municipal) pour aides, commandait les hommes valides de son village.

Autant de villages, autant de compagnies.

Les amins des amins, nommés par le suffrage universel, commandaient chaque tribu fournissant un bataillon plus ou moins nombreux.

Aussi cette colonne n'était-elle pas sans ordre ; elle évoluait d'après certains principes, et elle formait un grand cercle.

Le chérif parut.

Tout en Kabylie se passe, comme autrefois à Rome, en plein air. On discute, on pérore, on se querelle, et, après avoir entendu les orateurs, l'assemblée se décide à suivre ses résolutions.

Les marabouts, ordinairement gens très-éloquents, exercent un grand prestige dans ces champs de mai ; ils sont très-écoutés.

C'était chose étrange que de voir ces braves Kabyles, têtes dures, cœurs généreux, honnêtes gens, rassemblés pour délibérer sur le salut de la patrie, et écoutant les avis de leurs chefs.

Beaucoup, pauvres comme Job, étaient pieds et tête nus ; ils se drapaient fièrement dans leurs burnous déchirés, et ne cédaient pas un pouce de leurs droits à plus riches qu'eux.

Il y avait des malheureux que les Kabyles appellent les groupés du fusil (nous tâchons de traduire textuellement) : ce sont ceux qui, trop pauvres pour acheter une carabine, se cotisent à trois, quatre, quelquefois cinq, pour se procurer quelque arme de rebut valant un douro ou deux.

Souvent ces pauvres diables ont un fusil dans un tel état, que, faute d'un chien ou d'une gâchette, l'un des possesseurs met en joue derrière son affût en pierres sèches et l'autre met le feu avec une mèche ; et la balle arrive quelquefois à son adresse.

En tous cas, celui qui a mis le plus de boudjous pour l'achat est le maître de la fusil ; c'est lui qui tire jusqu'à blessure reçue, grave ou légère.

Quand une famille n'est pas assez à l'aise pour avoir plusieurs naukalas, les fils se rangent à côté de leurs pères.

Tout le monde ne se bat pas, mais tout le monde veut être au feu.

Tout Kabyle, dans les assemblées, a droit à la parole et parle sans crainte.

Il est bien peu de ces rudes montagnards qui ne soient pas éloquents.

L'assemblée, ce matin-là, était sombre ; plusieurs défaites successives avaient abattu les Kabyles ; ils se sentaient moins forts que les Français.

Lorsque toutes les tribus de la confédération furent arrivées, les guerriers de chaque village rompirent les rangs pour former des colonnes profondes, inégales, c'est vrai, irrégulières, mais telles que chaque chef avait ses hommes autour de lui.

La foule se pressa compacte, épaisse, autour du minaret de la mosquée.

Le marabout parut sur la plate-forme de cette espèce de tour qui était comme sa tribune aux harangues, et il fit signe qu'il allait parler.

Il y eut grand silence.

C'était une très-grande scène, digne de quelque peintre de talent, que celle de ce pasteur des peuples, parlant à ce troupeau d'hommes ; il était là, sous le ciel bleu, seul, en pleine lumière, dominant tout.

Les femmes, les enfants étaient venus, inquiets, se presser derrière les guerriers.

On eût jeté des pièces d'argent sur toutes ces têtes, elles ne seraient pas tombées à terre.

Le marabout prit la parole.

Sa voix lente, solennelle, admirablement timbrée, passait limpide dans les airs ; elle psalmodiait les phrases.

— Frères, dit le marabout, par village, par famille, que chacun regarde chacun, les yeux dans les yeux ; s'il y a un traître connu, qu'on l'exécute sur-le-champ ; s'il y a un homme soupçonné, qu'on le renvoie loin de nous, il reprendra ensuite sa place au combat et se lavera des accusations. Soyez sévères ; je vais vous révéler un plan qui doit réussir ; mais il ne faut point que les Français le connaissent.

A cet appel, on entendit quelques cris, quelques courtes discussions.

On vit des hommes s'écarter et s'en aller sous escorte loin du minaret.

On vit aussi d'autres hommes traîner des cadavres ; c'étaient des chouafs (espions).

C'est dans les assemblées solennelles que l'on démasque les traîtres ; les montagnards réservent pour ce jour-là leurs accusations. On discute devant le peuple, et le village entier prononce sur la culpabilité.

L'ancien exécute la sentence.

De cette façon, l'on évite la vendetta, et les parents des morts n'ont pas le droit de se venger. Il y a dans cet usage quelque chose de terrible.

Le jugement se fait par main levée, au milieu d'un calme menaçant, et le condamné tombe sous le sabre du chef sans pouvoir faire un geste, car des bras vigoureux paralysent tous ses mouvements.

Quand les exécutions furent terminées, le marabout exposa à ses compatriotes la situation avec une clarté, une netteté et un laconisme qui firent passer la conviction dans toutes les poitrines ; on sentait la désolation, le désespoir planer sur les multitudes mornes.

Mais le marabout montra la possibilité de sauver les plus chères libertés, de ne rendre qu'un hommage affirmé par un tribut.

Il fit espérer un succès et développa le plan de Samoûl.

Alors il y eut un enthousiasme indescriptible, qui alla, de murmures sourds comme les bruits des vagues, jusqu'à l'explosion de cent mille cris lançant le hourra indigène jusqu'aux cieux.

Lorsque la joie se fut un peu apaisée, le marabout, la main étendue, calma l'agitation et il demanda, pour l'œuvre de délivrance, des volontaires.

Aussitôt, les talbas (lettrés), disciples du chérif, parurent devant la mosquée.

Ils portaient un immense registre parcheminé sur lequel sept hommes pouvaient écrire à la fois et qui était le livre-témoin.

On l'appelle ainsi, parce qu'il témoigne de la valeur des volontaires.

Il porte en tête la déclaration suivante :

« Louanges à Dieu !

« Tout croyant qui inscrit son nom ici l'inscrit pour le paradis du Prophète ; il s'engage à ne pas reculer dans l'entreprise qu'il va tenter et à mourir plutôt que de céder d'un pas.

« La main de Dieu soit sur les fidèles qui vont affronter la mort pour le Coran. »

Dans les circonstances solennelles, on inscrit la date du jour où l'on est, et sous cette date, ceux qui savent écrire et qui se présentent pour l'expédition projetée tracent leurs signatures.

Les talbas mettent les noms des ignorants, qui apposent leur sceau, s'ils en ont un. Ainsi fut fait.

Pendant sept heures, on se pressa pour être au livre-témoin.

Après quoi, le marabout déclara qu'il avait assez de monde, et la liste fut close, au grand désespoir de ceux qui attendaient leur tour.

Quatre mille hommes environ étaient unis par le même serment.

Le marabout les groupa et il leur présenta Samoûl, le tueur de lièvres.

— Voici, dit-il, l'auteur du plan ; il se propose comme chef, et fait valoir pour ses droits qu'il est hardi chasseur, qu'il sait la guerre, qu'il a appris au contact des Français beaucoup de leurs secrets.

« Nommez qui vous voudrez, selon la loi ; vous êtes libres ; mais je crois que le Prophète, en envoyant à Samoûl l'idée d'attaquer le camp, a, par cela même, désigné ce brave guerrier à vos suffrages. »

Samoûl fut acclamé.

Dès lors, il régla tout pour l'attaque, envoya les choufs, prit ses dispositions.

Rien de plus étrange que la transformation qui s'opère en certains hommes simples, modestes, sans ambition, très-modérés, quand tout à coup ils sont appelés à jouer un certain rôle.

Tout à coup on les voit agir avec énergie, autorité, décision et intelligence.

Et tout obéit.

Il en fut ainsi de Cathelineau, le chef vendéen ; ainsi de Samoûl, le tueur de lièvres.

Il divisa sa troupe en quatre groupes de mille hommes qui reçurent leur chef particulier ; puis chaque groupe se subdivisa en fractions de cent hommes, et Samoûl voulut que ces compagnies eussent un capitaine, un lieutenant, deux sous-lieutenants, comme les compagnies de turcos.

Puis, sans perdre une minute, il fit manœuvrer tout ce monde, improvisant ce qu'il ne savait pas, simplifiant ce qu'il savait.

Et les Kabyles, émerveillés, sentirent qu'ils avaient un général ; on parla de nommer Samoûl chef de toute la montagne ; il refusa.

Il passa toute la nuit à faire marcher sa troupe ; il fit la répétition de l'opération de la prise d'un camp.

Tout alla mal d'abord, mieux ensuite. Au jour naissant, les Kabyles avaient pris onze fois un village représentant le camp français ; les trois dernières fois, tout s'était passé avec précision.

Samoûl était sûr du succès.

Le marabout, qui assistait à tous ces essais, se dit que Samoûl irait très-loin, et que, bon gré mal gré, il prendrait une immense influence.

Les choufs revinrent, après deux jours d'attente, annoncer le départ pour le soir même.

Samoûl fit ses derniers préparatifs.

Hélas ! c'était M. de Lancenales qui commandait toujours le camp.

Avec lui, pas de rondes, pas de patrouilles ; avec lui, pas de discipline.

Comme il se sentait méprisé, il n'osait montrer de la fermeté, et il laissait chacun faire à sa guise ; aussi tout s'en ressentait-il.

Une enquête, faite sur cette triste affaire, prouva qu'un poste important n'avait pas été occupé, parce que celui qui avait été envoyé pour le tenir avait été mal renseigné par le colonel.

Une compagnie de grand'garde se trouva installée dans un ravin, au lieu d'être sur une crête ; des pelotons de piquet qui devaient dormir ceinturon au flanc et fusil sous le sac, prêts à donner, n'étaient pas prêts ; le reste de la garnison du camp, contrairement au règlement, était déshabillé et déchaussé ; beaucoup d'hommes étaient ivres ; les cantines n'avaient pas été fermées à l'appel.

Aussi, dans cette nuit funeste, le bivac fut-il surpris par deux côtés à la fois, forcé, envahi par un flot d'assaillants.

Il y eut une lutte affreuse.

Nos soldats se battirent en désespérés, et, par bonheur, un canonnier sauta sur un canon tout chargé à mitraille et put le pointer sur un gros de Kabyles et tirer ; il fit une sanglante trouée.

On rechargea, et une autre pièce se mit de la partie ; ce fut le salut, mais que de pertes !

Les Kabyles partirent en retraite, emportant plus de six cents têtes coupées, un millier de fusils, des chevaux, des tentes, des caisses de munitions, un canon, qu'ils durent abandonner à mi-chemin.

Ils avaient fait deux prisonniers, le colonel de Lancenales et le capitaine Blondel.

D'autre part, la colonne qui devait donner l'assaut aux montagnes entendit le canon dans sa marche de nuit et revint sur ses pas.

Son attaque fut manquée.

Le général trouva le bivac baigné dans le sang, et il éprouva un accès d'indicible rage contre le colonel de Lancenales, prisonnier à cette heure.

— C'est à cet homme que nous devons cet échec ! s'écria-t-il devant le conseil de guerre qu'il avait assemblé.

Son colonel d'état-major prit la parole et fit observer

qu'il fallait réparer l'échec.

Le général se raccrocha à cette idée, réclama le concours de tous et médita un plan hardi : laisser ses feux allumés, lever de suite le camp, évacuer les blessés sur Dellys, disparaître pendant deux jours et revenir sur l'ennemi quand il croirait être débarrassé de notre colonne.

On travailla en hâte.

Deux heures plus tard, un peu avant l'aube, la colonne se retirait et semblait abandonner la partie.

Au jour, les Kabyles s'aperçurent de la disparition des Français et ils allumèrent, du pied de l'Atlas aux crêtes, des feux de joie qui couvrirent la montagne de flammes.

Les tribus croyaient avoir cause gagnée et être débarrassées des Français.

Tout à coup les voix des bergers crièrent la convocation générale autour de la zaoua.

On accourut, on s'assembla comme la veille, mais il ne resta aucun poste en place.

Là était l'infériorité des Kabyles.

Pendant la guerre, peu de discipline; le danger passé en apparence, chacun refusait le service.

Toutefois, comme on pensait que les Français avaient envoyé des propositions de paix, tout le monde voulut être à la djemmâa.

Lorsque celle-ci fut complète, au lieu du marabout, on vit paraître Samoül sur le minaret, et la foule qui lui devait une victoire l'acclama.

Samoül demanda le silence par le geste ordinaire, l'obtint et dit aux Kabyles :

— Frères! la guerre n'est pas finie; malheur à qui se laisse tromper!

« Je suis chasseur...

« Quand je vois les lapins fuir dans leur terrier, je fais mine de me retirer, et je reviens à pas de chacal, puis je me cache dans une broussaille et je tue à coup sûr; frères, vous savez cela.

« Ne soyons pas imprudents et défions-nous de ces maudits Fraoussen (Français); ils ont fait mine de se retirer, mais je suis certain qu'ils reviendront.

« Deux chouafs (espions) habiles les suivent, et déjà l'un d'eux est venu m'avertir que, hors de vue des montagnes, l'armée avait pris la direction de la vallée des Trembles, où elle va camper.

« Elle reviendra sur nous.

« Pour quelques centaines d'hommes morts et un petit coup dû à la surprise, les Français ne se découragent pas; ils voudront une revanche.

« Malheur sur les têtes folles qui ne savent pas prévoir les perfidies!

« Ne ressemblons pas aux autruches qui se reposent dès qu'un creux leur dissimule le chasseur. »

Samoül vit qu'il avait produit de l'effet sur les tribus et se tut un instant.

On délibérait.

Au bout de dix minutes, des milliers de voix criaient à l'orateur :

— Parle-nous, tueur de lièvres! dis-nous ce qu'il faut faire; sois notre conseil!

Et Samoül, avec la sûreté et le calme d'un bon général et d'un fier politique, dit :

— Si je me trompe, mes frères en décideront. — Chacun retournera à son poste, puis chaque village laissera son amin et sa djemmâa; l'on tiendra un conseil, et ce qu'il y décidera sera la loi tant que la paix ne sera pas signée; si c'est l'avis de mes frères, qu'ils le disent!

Toutes les voix crièrent :

— Oui!

Puis tous les fusils, en signe d'approbation, furent tirés en l'air.

Samoül descendit du minaret.

Une heure plus tard, il présidait le conseil des anciens et il exposait ses idées.

— Je crois, dit-il, qu'à cause des canons, à cause de la science des Français, nous ne les empêcherons pas d'emporter d'assaut les montagnes.

« D'autre part, cependant, nous pouvons leur faire payer cher leurs victoires.

« Il ne faut plus nous masser en face de leurs camps, mais il faut diviser nos forces et les placer de distance en distance derrière de bons retranchements, étagés et permettant une résistance longue, acharnée.

« Les détachements voisins de celui qui est attaqué descendront sur le flanc des Français, quand ils seront à mi-côte, et les couvriront de balles : cela les arrêtera et les forcera à répondre à nos feux.

« Quand ils arriveront sur les crêtes, au lieu de les combattre sur les hauteurs et de chercher à leur reprendre les villages, on descendra dans la plaine sur leurs bagages, laissés au bas, et on les enlèvera; ils redescendront, soyez-en sûrs, et nous ferons alors la proposition de traiter.

« Ils pourront dire qu'ils ont réparé l'échec de cette nuit, mais, au fond, ils seront heureux d'en finir. »

La proposition de Samoül fut adoptée et on le nomma Basck-el-Oumena (tête des amins).

Il était chef suprême.

Aussitôt il monta son très-gros âne (historique) et commença le tour des crêtes.

Partout, avec une remarquable intelligence, il organisa la défense, faisant faire des abatis d'arbres, ouvrir des tranchées, creuser des embuscades.

Mais il défendit qu'on allumât des feux.

On redoubla de surveillance.

Une trentaine d'espions furent pendus et brûlés ensuite sur des bûchers.

Tous les rôdeurs envoyés par les Français prirent peur et n'osèrent pénétrer dans les massifs de l'Atlas; ils ne voulurent point l'avouer et firent au général de faux rapports, annonçant que, selon la coutume, les Kabyles s'étaient dispersés.

On ne voyait la nuit aucun feu.

Le général, après quatre jours d'attente, crut l'heure de la revanche arrivée; il fit une marche rapide vers l'ouest, à l'aube, son avant-garde s'engagea.

Mais elle fut reçue avec vigueur.

Le vin était tiré, il fallait le boire.

On donna l'assaut.

Jamais combat ne fut plus meurtrier.

Nos malheureux soldats, accueillis par un feu roulant et bien dirigé, voyaient de solides retranchements; il fallait emporter tout de vive force.

Les Kabyles se repliaient avec méthode.

On accusa Lassalle d'avoir organisé cette résistance; il était à cinquante lieues de là, en plein Sahara, occupé de la rencontre qu'il venait de faire d'une almée; il avait, au contraire, poussé à sa perte.

Lorsque la colonne fut à mi-côte, un gros de Kabyles tomba sur son flanc droit; on fit face péniblement à cette attaque.

Le flanc gauche fut assailli.

Il fallut faire charger les zouaves à fond, et ces intrépides soldats perdirent trois cents hommes en emportant les crêtes, pendant qu'on soutenait le choc des flancs.

En haut de la montagne avec les canons; au bas des pentes, assailli par dix mille Kabyles.

Les chasseurs d'Afrique et les hussards, se dévouant, firent de larges trouées dans cette masse; mais les pertes d'hommes et de chevaux furent grandes et les Kabyles mirent le feu à une partie des bagages, qui flambèrent; des caissons de munitions firent explosion et la confusion fut affreuse.

Le général se hâta de brûler les villages conquis, de couper quelques arbres et de se replier, avant la nuit ; mais la retraite fut laborieuse.

On avait vaincu, mais si peu !

Nombre de braves gens avaient péri, et cette expédition si bien commencée finissait par une fausse victoire que l'on pouvait qualifier de désastre.

Mais l'honneur était sauf.

Et si le général X... trébuchait ainsi à la fin d'une si glorieuse campagne, s'il manquait le but, qui était une soumission complète de ce pâté de montagnes, c'est parce qu'il avait fait du favoritisme.

M. de Lancenales, incapable, avait laissé prendre un bivac.

De là l'enchaînement de l'insuccès.

Le lendemain matin, des parlementaires furent envoyés par les Kabyles.

Ils offraient la paix.

On convint de s'aboucher avec les amins de toutes les tribus, qui vinrent au camp.

A leur tête était Samoûl.

On ne doutait pas que M. de Lancenales et le capitaine du bureau arabe ne fussent morts.

Le général demanda s'il serait possible d'avoir les corps de ces officiers ; on lui répondit que les chacals devaient avoir dévoré ces restes, mais qu'on ferait des recherches, et que si l'on retrouvait des ossements on les renverrait.

Ce point entendu, Samoûl prit la parole, et, sans forfanterie, dit au général :

— Nous t'offrons la paix, nous savons les Français très-forts.

« Nous paierons le tribut de guerre et celui de paix ; nos routes seront libres à vos colons, non à vos soldats.

« Nous nommerons nos amins et nous accepterons des caïds et des aghas ; mais ils n'auront pas droit sur les deniers de nos municipes et sur la justice.

« Ils ne seront que collecteurs du tribut.

« Si vous voulez aggraver ces conditions, nous continuerons à nous battre, et vous paierez chaque victoire de tant de sang que vous regretterez cette guerre ! »

Et un général français fut obligé de subir ce fier langage et de signer ce traité.

Huit jours auparavant, la montagne était prête à se rendre à merci...

Voilà les conséquences du favoritisme !

Cette affaire fit grand bruit.

Hélas ! cela ne servit à rien, puisque peu à peu l'on en arriva au désastre de 1854 avec Randon, au désolant pillage du palais d'été en Chine, aux sinistres affaires du Mexique et à la catastrophe finale de Sedan.

La paix fut signée.

XLVIII

A TROMPEUR, TROMPEUR ET DEMI.

A peine le sceau était-il apposé, la cérémonie terminée, que maître Samoûl renonçait à son commandement avec autant de simplicité qu'il l'avait accepté.

Tous les chefs présents vinrent lui serrer la main, et lui, sans vouloir demeurer une minute de plus au camp, enfourcha son grand âne et s'en alla.

L'on dit aux soldats que cet homme qui partait en si modeste équipage était le général ennemi.

Ils lui envoyèrent des quolibets.

Samoûl ne s'en émut guère. Passant devant un groupe d'officiers qui souriaient, il leur dit :

— Je vous ai fait assez de morts à pleurer pour que vous ne riiez pas de moi vivant (historique.)

Et il passa.

C'est un officier présent, aujourd'hui colonel, qui nous a envoyé ce détail, en nous priant de ne pas l'omettre ; en effet, il est typique.

Samoûl cependant revint à la zaoua et il y trouva le marabout joyeux.

Tout était pour le mieux.

La zaoua n'avait souffert en rien de la guerre, le crédit du chérif était augmenté ; Samoûl devenait un homme influent et qui servait les vues de son protecteur. Enfin le colonel et le capitaine semblaient en proie à une de ces terreurs qui poussent un homme à tout sacrifier pour sauver sa tête.

En conséquence, les diamants seraient rendus.

Samoûl, en arrivant, dit au chérif :

— Aôh ! sidi marabout, nous avons fait les affaires des tribus, faisons les nôtres.

— Mon fils, elles sont en bonne voie, dit le marabout ; vos prisonniers ont très-peur.

— Allons les voir.

Le marabout conduisit Samoûl dans une des chambres de la zaoua où étaient détenus les deux captifs. Samoûl ne dit rien, ressortit et emmena le chérif.

— Mon père, dit-il, tu as fait une faute.

— Laquelle ?

— Il fallait séparer ces hommes.

— Pourquoi ?

— Un homme lâche est bien plus lâche seul que doublé d'un autre lâche.

— Ceci est vrai.

— Mais il faut tout prévoir ; peut-être vont-ils chercher à nous mentir.

— C'est encore vrai.

— Nous les contrôlerons l'un par l'autre.

— Mon fils, tu as beaucoup gagné en fréquentant ce Français subtil nommé Lassalle.

— Mon père, il est homme de bon conseil, en effet, mais la bonne graine ne germe qu'en bonne terre.

— Nous allons séparer ces hommes.

— S'il te plaît.

— Et tu les interrogeras.

— Très-bien.

Le marabout eut soin de séparer les deux prisonniers et Samoûl revint à chacun d'eux en particulier.

Il s'adressa d'abord au capitaine du bureau arabe, qui était le plus madré.

Celui-ci, avec sa connaissance exacte des mœurs kabyles, devait être plus dur à endormir.

Samoûl ne comptait en rien sur sa bonne foi.

Il se présenta flanqué d'un fils du marabout jouant le rôle de kodja (secrétaire) ; Samoûl lui-même s'intitula cadi (juge).

La comédie commença.

En arrière, les fils cadets du marabout jouaient le rôle de chaouchs.

Samoûl s'accroupit majestueusement sur des coussins qu'on lui avait apportés, il alluma un chibouque et commença gravement l'interrogatoire.

Selon l'usage, il rendit louanges à Dieu et à son Prophète, puis il demanda :

— Qui es-tu, sidi capitaine ?

L'officier se savait détesté.

Comme chef de bureau, il avait la haine de tous les indigènes ; il essaya de mentir.

— Je me nomme Martin, dit-il. Je suis officier d'état-major du général.

Samoûl dit gravement :

— Je te préviens, sidi capitaine, que tu n'es pas un prisonnier ordinaire ; nous voulons de toi une certaine réparation d'un certain délit.

« Tu pourras payer ta rançon.

« Mais si tu mens, tu seras battu ; mes chaouchs sont prêts. »

Et au kodja :
— N'écris pas. J'annule demande et réponse et je recommence.
Puis au capitaine :
— Qui es-tu ?
— Je suis capitaine du bureau arabe.
Il balbutiait.
Désormais Samoûl avait barre sur lui.
— Tu avais déguisé la vérité ; cela ne m'étonne pas, fit le Kabyle.
« Vous autres, gens du roseau (le roseau taillé est la plume de l'Arabe), vous êtes en France très-madrés et très-retors.
« Je t'assure que tu recevras une bonne volée de coups de matraque si tu continues à mentir effrontément comme tu viens de faire. »
Et au kodja :
— Écris ceci :
« L'accusé avoue être le capitaine Blondel, chef du bureau arabe de Tigi-Azan ; il s'avoue aussi coupable de vol de diamants. »
Samoûl s'arrêta.
— Tu reconnais, n'est-ce pas, fit-il, avoir dérobé les bijoux de deux jeunes femmes qui, retenues ici dans notre zaoua, se sont enfuies pendant une bataille en emportant notre trésor ?
Le capitaine était dévoyé.
Il crut qu'en effet les jeunes femmes avaient enlevé le dépôt de la mosquée.
— J'ignorais, dit-il, que ces captives avaient pillé votre zaoua.
— Bon ! je le crois.
— Elles avaient des bijoux, nous nous défions d'elles ; on a séquestré personnes et biens.
— Et ces pierreries, où sont-elles ?
— Entre les mains du greffier du bureau arabe, qui les a sauvées sans doute.
Samoûl sourit.
Il fit signe à un chaouch.
— Un coup de bâton sur les fesses au capitaine qui vient de mentir ! fit-il.
Et malgré les récriminations de Blondel, le chaouch le fit coucher à plat ventre et lui appliqua le coup avec vigueur.
Samoûl dit tranquillement :
— Ne crie pas, sidi capitaine. Souviens-toi que tu as tant de fois fait battre injustement les autres, que tu peux bien souffrir en silence d'être justement battu à ton tour.
Pauvre Blondel !
Il était humilié, et il se sentit envahi par toutes les rages de l'impuissance.
Samoûl reprit :
— Voilà ta faute payée ; continuons :
« Ces bijoux ne sont pas aux mains du greffier, parce que c'est de la verroterie, que tu as fait acheter dans les villages kabyles des pays soumis, qui a été substituée par toi aux vrais diamants. »
Blondel était stupéfait.
Samoûl lui dit :
— Tu vois que la police des cadis de la montagne est bien faite !
Puis il demanda :
— Vas-tu être franc ? vas-tu avouer loyalement où tu as caché ces pierreries ?
Le capitaine sentait bien qu'on allait lui proposer la vie en échange d'une restitution, et il résolut de jouer désormais cartes sur table.
Samoûl vit bien que Blondel avait pris une résolution ; l'officier parla sec, net, bref, en homme qui détient plus d'un million.
Il eut une petite revanche.

— Je te connais ! dit-il. Tu es Samoûl, le tueur de lièvres, non un cadi.
« Tu jouais une comédie ! »
Samoûl se sentit deviné.
Blondel reprit :
— Si vraiment les pierreries viennent de la mosquée, je veux voir le chérif.
Samoûl se remit d'un léger trouble.
— Chrétien, dit-il, la vérité est difficile à trouver avec vous autres ; on doit se déguiser avec les fourbes ; mais nous avons des cœurs loyaux.
« Tu vas voir le marabout. »
On fit mander le chérif.
Il vint.
Samoûl le mit au fait.
Alors Blondel, qui connaissait ce personnage vénéré, lui dit très-carrément :
— J'offre ceci :
« 1° Je restituerai les pierreries qui me sont échues en partage, car il y a eu partage ; j'écrirai à l'homme de confiance qui les a portées à Dellys, car je ne voulais pas les laisser exposées aux hasards de la guerre.
« 2° Le colonel de Lancenales rendra les siennes, qui sont aux mains du même individu que les miennes, mais il sera accordé que la perle qui manque et que nous avons envoyée sur-le-champ en France ne sera pas rendue ; cela nous serait impossible.
« 3° Le marabout donnera son anaga pour garantir la bonne foi du traité.
« 4° Nous serons rendus à la liberté aussitôt les pierreries reçues, comptées et vérifiées d'après l'état qui constate dans les archives de la mosquée la réception des dons, ou d'après la déclaration du marabout qu'il juge que tout est rendu, sauf la perle.
« 5° Il me sera donné quittance du tout.
« Est-ce que ces conditions vous conviennent ?
— Cela me va, dit le marabout, sauf la perle que tu as envoyée en France.
— Ceci, dit Blondel, est un malheur irréparable : nous voulions nous concilier les bonnes grâces d'une femme influente, et nous lui avons fait ce cadeau pour la bien disposer en notre faveur.
Samoûl fronçait le sourcil.
— On pourrait, reprit le capitaine, vous payer la valeur de cette perle.
— Soit ! dit le marabout.
Samoûl intervint.
— Reste un point, dit-il : je veux que l'on me livre les deux femmes.

XLVIII

BONNES NOUVELLES (suite).

— Impossible ! dit le capitaine, pour l'une du moins, la femme du chasseur.
— Pourquoi ?
— Elle est en liberté.
— Et l'autre ?
— Elle est dans une zaoua (couvent) français.
— On peut l'en tirer.
— Oui. Mais que voulez-vous faire ?
Samoûl savait que M. de Lancenales aurait donné beaucoup pour que sa sœur fût morte et qu'il en fût débarrassé à jamais ; il imagina que le colonel rendrait volontiers Marie à des gens déterminés à la faire mourir en expiation d'un crime.
En conséquence, il répondit :
— Nous avions fait l'accueil des hôtes à ces voleuses, elles ont violé l'hospitalité, elles doivent mourir.
Le capitaine réfléchit et dit :

Cette fois, elle réussit.

— Voulez-vous me laisser parler au colonel de Lancenales? Je le déciderai.

Samoül échangea un regard avec le marabout, et tous deux consentirent à cette entrevue.

En conséquence, on mit en présence les deux prisonniers, et le résultat de leur délibération fut que le colonel donna un ordre écrit de confier au porteur, avec toute autorité, la personne de sa sœur.

En même temps, on envoyait un autre ordre à l'homme de confiance du capitaine pour restituer les bijoux.

Samoül était ravi.

Trois jours plus tard, Marie était en sûreté dans la zaoua avec Martinet, Margot et Lalouette.

Samoül avait reçu les pierreries, dont il fut fait quatre parts égales.

SIXIÈME PARTIE

I

LA VILLE-FANTOME

Le désert!

Qui connaît, en France, le vaste océan de sables aux vagues fauves?

Qui sait quels drames émouvants s'y déroulent; quelles scènes bizarres les ksour et les rajahs y offrent aux hardis voyageurs aventurés dans les profondeurs de ces solitudes?

Dans les premiers volumes de ce drame, nous avons essayé de peindre les sites, les mœurs, les types de la Kabylie.

Nous avons tenté de mettre en lumière le rôle de l'armée et des bureaux arabes, de décrire des scènes de guerre dans l'Atlas.

Nous allons entrer en plein Sahara.

Là notre drame devient plus serré, plus palpitant, plus bizarre.

Nous espérons que nos lecteurs nous suivront jusqu'à Ouargla, l'oasis où fermentent les insurrections du Sud; jusqu'à Tombouctou, la ville nègre courbée sous le joug des Touaregs.

Elaï Lascri, sentant son secret découvert, avait fui l'Atlas; il s'était enfoncé dans le Sahara avec toute sa bande, emportant les restes de son trésor, c'est-à-dire des millions.

Somme toute, il n'était ébréché que d'un tiers environ.

Quelques bons coups de main devaient suffire à combler les vides.

Le premier soin de Si-Lalou fut de gagner un ksour ami; ayant fait alliance avec des Beni-Mzabites, il trouva un de leurs villages à sa convenance.

C'était une petite oasis, très-fortement établie sur une dune.

La place devait à cette position d'être à peu près imprenable, non pour des Français, bien entendu, à cause du canon qui a raison des remparts les mieux faits, mais pour les Arabes.

La dune était très-escarpée, couverte de palmiers, coupée de murs de soutènement et de clôtures faits de briques, entourant les jardins; ceux-ci formaient un labyrinthe inextricable.

La ville comptait au plus quinze cents habitants; là-dessus, il y avait quatre cents combattants.

C'était peu.

Dominée, mais à longue distance, par une montagne de sable, hors portée de fusil, l'oasis de Zétana recevait de la hauteur voisine, par des canaux souterrains, de l'eau en abondance, et les sources jaillissaient au centre même de la cité, ressource précieuse.

Aussi ce petit bourg était-il très-riche, car il comptait plus de dix mille pieds de palmiers, sans compter les autres récoltes.

Dans l'histoire du Sahara, Zétana est célèbre malgré ou peu d'importance.

Jamais un conquérant ne l'a soumise.

La ville a su se défendre même contre les rois de Tlemcen.

Ceux-ci l'ont en vain assiégée avec des forces énormes; ils n'ont pu l'entamer; les femmes ont toujours rivalisé de courage avec les hommes; deux fois elles sauvèrent la cité assaillie.

Zétana est gouvernée par une assemblée municipale et n'a pas de maîtres.

Si-Lalou, par des présents à la mosquée, par des largesses aux habitants influents, disposa favorablement l'oasis pour lui.

Lorsqu'il courait avec sa bande dans le désert, il trouvait là bon accueil.

Aussi se réfugia-t-il dans le ksour avec sa troupe et son or.

Mais Si-Lalou était roué.

Il se garda bien, quelque confiance qu'il eût dans les Zétanais, de leur faire savoir qu'il arrivait avec ses richesses; il eut soin de déguiser ses sacs d'or sous la forme de sacs d'orge.

Il pensait ne pas rester très-longtemps dans ce ksour et trouver une retraite dans le genre du Trou-du-Diable à force de battre le Sahara.

Donc il s'établit provisoirement à Zétana, d'où Si-Lalou donna des instructions à Fancion, son khalifat.

Celui-ci partit avec une dizaine d'hommes et se mit à explorer le désert.

Si-Lalou, jaloux de garder son or, demeura dans la ville, objet de tous les hommages et entouré de toutes sortes de prévenances.

Il était très-aimé.

A plusieurs reprises, il avait secouru les Zétanais, et chaque fois qu'il avait trouvé un de leurs trafiquants dans les caravanes qu'il avait attaquées, non-seulement il avait épargné cet allié, mais il l'avait admirablement traité.

Néanmoins Si-Lalou s'ennuyait.

Ibrahim lui manquait.

Ibrahim était un taled (savant), un kodja (secrétaire) parfait.

Ibrahim était poète.

Ibrahim chantait.

Or Si-Lalou, taled, **poète et musicien**, avait une **brute pour secrétaire**.

Pour écrire, le successeur d'Ibrahim écrivait, mais si mal !

Il n'y avait pas de conversation possible avec lui, et Si-Lalou cherchait un homme sans le trouver.

Un soir, une caravane passa.

Lalou, comme qui s'ennuie, s'amusa à voir entrer, défiler et s'arrêter la caravane, qui s'installa dans le caravansérail du ksour.

C'est toujours une scène attrayante que celle-là. Rien de patriarcal, de biblique comme l'aspect d'une caravane dans un ksour, au milieu des splendeurs lumineuses d'un soleil couchant.

Lorsque les feux flambèrent, Lalou questionna les marchands, causa, mangea, but le café, fuma avec eux et passa une soirée agréable.

Mais à la nuit, un jeune homme, très-beau garçon, de tête mâle et fière, à l'œil vif, au front intelligent, au teint blanc comme les Maures, prit sa guitare indigène et se mit à chanter.

Il improvisait.

Il charma Lalou.

— Jauley, est-ce que les vers que tu viens de dire sont de toi? lui demanda-t-il à une pose.

— Seigneur, dit le jeune homme, la poésie vient d'Allah et retourne à lui; je suis simplement l'instrument qui vibre au souffle d'en haut.

— Très-bien! dit Lalou. Tu es de grand style, ami; continue, je te prie.

Mais Lalou s'informa.

— Quel est ce jeune homme? demanda-t-il à un riche marchand de poudre d'or.

Celui-ci fit le geste familier aux Arabes qui ignorent une chose.

— Je ne sais! fit-il.

— Mais il est avec vous?

— Depuis trois jours.

— Et il venait?

— Du désert.

— C'est singulier.

— Oui. Cet enfant est bizarre.

— Il va vous suivre?

— Non. Il va récolter assez d'or pour acheter un chameau et le charger d'eau, de vivres et de poudre; puis il s'enfoncera encore dans le Sahara.

— Pourquoi?

— Il est un peu fou.

Le négociant était un homme positif, et il n'admettait pas certains enthousiasmes.

Il regardait le poète comme ayant le cerveau un peu dérangé.

— Maboul! faisait-il.

Ce n'était pas le compte de Lalou.

Il s'adressa à un autre voisin.

Comme celui-là était juif, conséquemment toujours rudoyé, il devait être très-reconnaissant à qui lui parlerait gracieusement.

— Ami, lui dit Lalou poliment, tu me parais plus intelligent que ce stupide marchand d'or; veux-tu répondre à mes questions ?

Le juif dit, enchanté :

— Sidi, tout ce que je saurai, je te le dirai; demande et tu verras.

— Je voudrais être renseigné sur ce chanteur.

Le juif sourit.

— Je crois, dit-il, que sans t'en révéler long, j'en sais assez pour piquer ta curiosité.

Et, ravi d'avoir pour auditeur empressé un homme de l'apparence de Lalou, il lui dit d'un air enchanté :

— Ce petit bonhomme est un être singulier, très-fuyant.

« Il ne répond pas à tout le monde; il a été élevé par quelque lionne au fond d'un bois; il vit en plein désert, tant qu'il peut.

« Il paraît qu'il a trouvé des ruines d'une ville so..sable, quelques pans de murailles; il dit que c'est u cité fantôme, qu'il l'aime comme une maîtresse, qu'il e est épris.

« Il y serait né.

« Bref, sidi, il gagne des piécettes d'or et d'argent à chanter dans les caravanes et s'enfuit dans cette cité morte qui n'existe que dans son imagination, car je parierais bien qu'à part quelques pans de mur de quelques vieux ksours ruinés ce jeune homme n'a rien vu et que sa folie fait le reste.

— Tu dois avoir raison, dit Lalou rêveur.

Le jeune homme fit sa quête.

Lorsqu'il passa devant lui, le nègre ôta de son doigt une bague splendide et la passa à celui du jeune homme, qui reçut le don avec étonnement.

— Salem (salut) à toi, kerim (généreux)! dit-il.

« Tu aimes les poètes et tu les veux heureux; merci. »

Il passa.

Toutefois il avait compris que Lalou n'était pas un homme ordinaire, un grossier marchand; il devina en lui un admirateur du beau, de l'art.

Il se remit à chanter.

Il sut peindre le Sahara, les chasses, les migrations de tribus en vers admirables; il avait un tel sentiment du rhythme, qu'il improvisait sans hésitation avec une richesse d'expression inouïe.

Au lieu de nasiller la mélopée arabe, il l'avait prise comme base de sa phrase musicale, mais il brodait sur ce thème des variations brillantes, colorées, qui partaient en fusées de trilles mélodieux d'une originalité puissante.

Il chantait comme chantent les fauvettes et les rossignols.

C'était le jet primesautier d'une nature artistique procédant par explosions soudaines.

Il y avait entre Ibrahim et lui la différence qui existe entre un homme devant tout à l'éducation et un autre ne devant rien qu'à l'inspiration.

— Il faut, pensa Lalou, que je m'attache ce petit musicien farouche.

Quand l'enfant se tut, Lalou lui demanda en souriant :

— Veux-tu, poëte, confier à un ami inconnu ta guitare saharienne?

Le jeune homme se sépara de son instrument avec une répugnance visible.

— Seigneur, dit-il, de même qu'un cavalier habile aime les coursiers actifs et les assouplit à son gré, un bon musicien se sert d'un instrument barbare, rebelle à tous, qu'il sait maîtriser, et dont il tire les plus grands effets.

« N'aie pas trop de dédain pour ma pauvre guitare, je te prie.

« C'est une de ces femmes qui se transforment et deviennent belles d'expression en présence de l'amant, restant laides pour tout autre. »

Lalou, un maître poète, aussi sauvage, aussi original que le jeune homme, se contenta de préluder sans répondre à ce bohème du Sahara.

Le buveur de soleil, — on nomme ainsi ces petits aventuriers épris de l'espace, de la lumière, de la liberté des grandes solitudes, — le buveur de soleil parut très-surpris d'entendre sa guitare frémir harmonieuse dans la main de ce nègre.

Lalou chanta cette légende adorable de la rencontre de Soliman (Salomon) avec la reine de Saba, légende traduite du conte arabe avec un si rare bonheur d'expressions par Gérard de Nerval. Le nègre, qui savait la Bible et l'avait méditée, avait composé une ballade saharienne sur ce riche sujet.

Sa grande voix léonine, dominant les bruits du Sahara, remplit le ksour de ses éclats sonores, et la foule accourut pour entendre le sympathique chanteur.

Jamais le buveur de soleil n'avait ouï rien d'aussi parfait.

Lalou mettait la science la plus raffinée au service de ses élans; il berçait, caressait, surexcitait, enthousiasmait tour à tour son auditoire, qu'il tint subjugé.

Le buveur de soleil était sous le charme.

Lorsque l'adieu de Salomon à la reine baskir eut retenti, quand les dernières notes tombèrent des lèvres du chanteur, il imita avec un brio, une justesse, une perfection incroyables la marche de la caravane qui s'éloigne.

L'adieu de Salomon revenait de plus en plus lointain, et la cadence des mahara s'enfonçant dans les sables s'affaiblissait peu à peu.

Le chant s'éteignit comme un souffle.

Le petit buveur d'air se leva au milieu de l'émotion de tous, il vint s'agenouiller devant Lalou et lui dit en baisant le bas de son burnous :

— Maître, reçois l'hommage d'un disciple.

Lalou s'attendait à ce dénouement.

Comme Orphée, il avait dompté cette nature sauvage par la musique.

Élaï Lascri avait hâte de questionner le jeune homme.

— Viens! lui dit-il. Puisque j'ai l'heureuse chance d'avoir un disciple tel que toi, je veux que cette nuit soit une fête. Suis-moi.

Et il l'emmena dans sa maison.

Là il ordonna à ses serviteurs de préparer une collation et de servir des vins.

Lalou n'était pas de ces musulmans niais qui suivent le Coran en aveugles.

Il avait une philosophie qui le mettait au-dessus des codes religieux.

Il ne dédaignait pas le vin, tant s'en faut; il avait des caisses toujours garnies de champagne, qu'il transportait avec lui, même en expédition.

Du reste, il ressemblait en cela à beaucoup de musulmans intelligents.

Le buveur d'air n'avait jamais été traité par un grand seigneur.

Du luxe, il ne savait rien.

Quand il vit les esclaves noirs de Si-Lalou étaler les tapis de peau de tigre, avec des escarboucles en guise d'yeux pour la tête, avec des griffes enchâssées dans les gaines d'or; quand il fut en présence d'un service de plats d'argent niellé et de hanaps ciselés représentant des scènes de combats entre des animaux féroces, et burinés avec toute la fantaisie; quand ce pauvre diable respira à pleins poumons la fortune et la splendeur des arts, quand il s'étendit sur les longs poils soyeux des fourrures et qu'un esclave eut rafraîchi l'air en l'éventant, sa tête de poète s'exalta et il oublia le Sahara.

Lalou, du reste, le fascinait.

Il reconnaissait en lui comme un frère aîné, comme un guide.

— Allons, poëte, dit Lalou, goûte ces sorbets et dis-moi ton nom.

— Je suis sans père, je n'ai pas de nom; j'ignore qui m'a élevé.

— Mais tu t'es donné un surnom?

— Je n'y ai jamais songé.

— Enfin il faut te désigner d'une façon quelconque; veux-tu que je te dénomme?

— Oui, maître.

— Eh bien! ami, tu ressembles à la description que la légende fait du prophète Daniel. Veux-tu ce grand génie pour patron?

— Seigneur, je serai Mikaël, si tu veux.
— Tu es un bon compagnon et tu sembles peu contrariant, cadour !
— Je suis tout étourdi.
— Éveille-toi. Tiens, prends cette coupe ; je vais te verser de l'or en fusion.

Le jeune homme tendit un verre de cristal de Bohême, et Lalou fit sauter le bouchon d'une bouteille de champagne qui s'épandit en mousse.

Le buveur de soleil, émerveillé, s'écria avec une joie d'enfant :

— Quelle jolie liqueur ! Qu'est-ce donc que ce flot qui pétille ? On dirait de l'eau puisée à la source des djenouns (génies), et renfermant des myriades d'esprits follets s'échappant en bulles d'air en chantant leur délivrance par de gais murmures.

— C'est tout simplement du vin de France, mon cher Mikaël.

Le jeune homme passa son verre.

Il était interdit.

— Tu ne veux pas y goûter ? demanda Lalou ; tu refuses l'ivresse ?

— Le Coran dit que c'est un crime de boire du vin, objecta le jeune homme.

Lalou se mit à rire.

— Tu crois donc aux sornettes, aux bêtises, aux niaiseries des religions, toi ?

— J'ai lu le Coran, je trouve ce livre sublime comme la Bible, et si Mahomet a défendu le vin, cet esprit ingénieux doit avoir eu raison.

— Pauvre petit !

« Écoute bien ce que je vais te dire :

« Les prophètes, les grands génies ont tous une intuition de la divinité, intuition imparfaite, souvent sublime, toujours incomplète.

« David, Salomon, Jésus, Mahomet ont donc eu leur raison.

« Ils l'ont racontée ou écrite.

« Crois-tu qu'en narrant les splendeurs de leurs rêves ils ont voulu fonder un culte, prescrire ceci, approuver cela ?

— Non.

— Quand le poète s'est doublé d'un ambitieux, — c'est le cas de Mahomet, — il a fait servir son intelligence et son mysticisme pour fonder sa puissance, et il a élaboré des lois.

« Mais ces lois, dues non plus au prophète, à l'homme divin, mais bien à l'être vulgaire qui double toujours les puissantes intelligences, ces lois, cher, sont faites pour les imbéciles, les sots, la masse du troupeau humain.

« A nous le champ libre, les espaces, toutes les ivresses sans frein, sans obstacle, sans scrupule ; nous sommes les rois de la pensée. Sais-tu pourquoi Mahomet a proscrit le vin à ses fidèles ?

« On donne deux explications.

« Un jour, disent les marabouts, et avec eux tous les ignorants, Mahomet fut insulté par des gens qui avaient bu outre mesure.

« De là rancune du Prophète contre le vin et les ivrognes.

« Crois-tu à cette petitesse ?

« Admets-tu cette explication ?

« Non, n'est-ce pas, mon fils ?

« Je crois, et tu croiras avec moi que toute ivresse mal comprise, mal amenée, agissant sur une brute, au lieu de produire la magique transformation de l'âme et de donner à l'esprit un rayonnement surhumain, surexcite les côtés vils et amène l'exaltation des bas instincts.

« Le Prophète n'a pas voulu que l'ivresse fût ainsi profanée.

« Il a écrit sa prohibition.

« Mais il savait bien que les poètes enfreindraient la défense.

« Allons, ami, buvons !

« Je t'ouvre l'horizon.

« L'ivresse du vin est celle de l'action ; tu vas te sentir dans les veines des frissons de fièvre, ton esprit s'élancera dans une activité qui te donnera la verve.

« Ah ! que tu vas bien conter !

« Puis nous fumerons.

« Le tabac blond éteindra peu à peu cette ardeur et préparera la douce surprise favorable au hatchich, nous tomberons alors dans l'ivresse des songes.

« Tu te perdras dans l'océan des pensées bizarres et voluptueuses.

« Va, Mikaël, tu tiens dans ce morceau de cristal de roche, taillé par un grand artiste et venu de Paris, tu tiens des trésors d'éloquence.

« Bois, mon fils !

« Tu me diras après tes amours pour la ville perdue sous les sables. »

Mikaël vida sa coupe.

Aussitôt sa tête s'anima. L'effet du vin est foudroyant sur les Sahariens.

— Quel délicieux breuvage ! dit-il. Cent voix chantent dans mon gosier ; ma poitrine est en feu ; Si-Lalou, je veux parler.

« Oui, j'ai vu la ville mystérieuse.

« Tu sauras tout, toi.

« Je ne voulais pas, n'est-ce pas, laisser mon secret à des chameliers ?

« N'as-tu pas pudeur, comme moi, de laisser une vierge admirable à un Bédouin brutal ? C'est commettre un crime.

« Ma ville... c'est la princesse du conte persan qui s'est endormie en attendant son fiancé.

« Et moi, je suis le djenoun, l'enfant qui doit guider l'élu.

« Si-Lalou, tu seras l'élu.

« C'est toi qui aimeras d'amour viril la cité des sables et c'est toi qui la feras surgir du sol.

— Mon cher Mikaël, dit Lalou d'un air de doute, tu es plein d'imagination.

Le jeune homme eut un geste douloureux.

Lalou le caressa du regard.

— Ne te froisse pas, je veux seulement me mettre en garde contre la tendance des jeunes gens à prendre l'apparence pour la réalité.

« Cette ville, l'as-tu vue ?

« Maître, je l'ai vue, touchée ; je vis au milieu de ses palais.

— Mais elle est sous le sable.

— C'est vrai. J'ai l'air de mentir ; avec un bon mahari pourtant, dans cinq heures de course tu pourrais, de tes yeux, constater que jamais le sol du Magreb (Occident, Algérie) n'a porté ville pareille ; sa création remonte, du reste, bien loin dans les âges passés. Rien d'alors n'y ressemble à rien d'aujourd'hui.

— Et comment as-tu découvert cette merveille ?

— Seigneur, je suis un enfant perdu. Je fus élevé je ne sais par qui ; je suis né d'un rayon d'amour ; je n'ai jamais vu ma mère.

« Aussi loin que je me souvienne, je vivais dans un luxe inouï.

« Un jour, il y eut une grande catastrophe, et un vieil homme, un juif, je crois, me sauva en se sauvant lui-même.

« Je vécus comme ce vieillard muet, d'aumônes recueillies dans les caravanes.

« Mon sauveur, quand nous avions des vivres et de l'argent, achetait un âne, et nous allions passer l'hiver dans une daya verdoyante où l'eau était abondante ; nous étions là en plein Sahara.

« Nous chassions.

« Le muet se livrait pourtant à un travail persévérant dans les sables.

« Que faisait-il ?

« Je l'ignorai longtemps.

« Enfin, un jour, il mit à découvert une terrasse, puis, par cette terrasse, il descendit avec moi, ravi, dans une des maisons de la ville souterraine.

« Il me sembla que je retrouvais là le luxe de mes premières années.

— Tu aurais donc vécu dans cette ville ?

— Je le crois ; mais comment expliquer cela ?

« Je m'y perds.

« Lorsque mon protecteur fut descendu un peu avant dans la palais que nous avions trouvé ou retrouvé, je le vis chanceler.

« Cet homme avait fini sa tâche, son heure était venue il mourut.

« Mais en s'éteignant il me montra qu'il fallait pénétrer plus avant.

« La ville perdue était retrouvée.

« J'avais huit ans alors.

— Tu étais bien jeune, ami !

— Mais j'étais fort, énergique et j'aimais le Sahara ; j'aimais la ville des djenouns, la cité fantôme ; j'eus du courage.

« Je me mis à mendier dans les caravanes ; puis, plus tard, inspiré par le désert, je chantai les ballades que tu as entendues.

« Je voulus savoir lire les étranges contes qu'on appelle les *Mille et une Nuits* ; en trois mois, je fus un petit taled.

« Depuis, j'ai consacré beaucoup d'argent à acheter des parchemins ; j'ai étudié la Bible, le Coran...

— Parle-moi de la ville.

— Je laissai le sable recouvrir, sous le simoun, la terrasse découverte ; mais je travaillai à visiter les palais.

« C'était une tâche difficile.

« Il faut te dire qu'on ne pénètre pas dans cette cité morte. »

Mikaël continua :

— J'ai dû, après bien des tentatives, bien des peines, adopter le système suivant : je perce un puits au-dessus de chaque terrasse ; je mets l'habitation en communication avec l'air ; alors je puis m'aventurer, mais pas bien loin.

« Le vent rebouche les puits et je fais un travail incessant.

— Celui de Pénélope.

— Tu dis ?...

Lalou sourit.

— Je parle de la femme d'Ulysse, qui recommençait sa tâche sans cesse ; mais tu ne connais pas la poésie grecque, et c'est tout un horizon à t'ouvrir.

— Tu m'apprendras tout cela ?

— Et beaucoup d'autres choses.

« Allons, mon petit buveur de soleil, imitons les Français.

« Ils boivent toujours à quelque chose ; buvons à la ville des djenouns. »

Mikaël vida sa coupe.

— Comme ma tête est troublée ! dit-il. Me voilà tout bouleversé.

— L'ivresse commence.

— Que faut-il faire ?

— Dormir.

L'enfant se roula dans un tapis et s'endormit profondément.

Lalou se leva en souriant et dit à mi-voix d'un air joyeux :

— Allons consulter les archives de la zaoua du ksour ; peut-être y trouverons-nous des renseignements sur cette cité bizarre.

Les zaouas, monastères musulmans où sont réunis les tolbas (savants) les plus distingués, conservent précieusement les monceaux de paperasses, de parchemins, de tablettes de marbre sur lesquels sont écrites des légendes, des histoires précieuses.

De plus, les ulémas, les marabouts, sont très-instruits eux-mêmes ; ils conservent les souvenirs du passé et savent une foule de choses défigurées ou ignorées par le vulgaire.

Si-Lalou, fils d'une lignée de marabouts, très-versé dans toutes les sciences, était toujours bien accueilli dans les zaouas.

Il savait, du reste, mieux que personne, déchiffrer l'hébreu, le syriaque et toutes les vieilles langues qui se parlent en Orient.

La zaoua du ksour était tout particulièrement célèbre. Cette oasis saharienne était habitée par des Mozabites.

Or ces Mozabites ne sont pas autre chose qu'une migration de ces Moabites qui firent aux Hébreux une guerre acharnée, et qui plus tard furent forcés d'émigrer en partie.

Ces Moabites ou Mozabites algériens forment une confédération dans le Sahara ; ils n'ont rien de commun avec les autres peuplades, si ce n'est le culte musulman ; encore appartiennent-ils à une secte particulière.

Le trait particulier de ce peuple, c'est sa constitution républicaine, ayant pour base la religion et les marabouts.

La mosquée est la maison communale, le siège d'administration.

La pénalité est la mort par lapidation, l'exil ou l'amende.

Commerçants avant tout, les Mozabites ressemblent plus aux Israélites qu'aux Arabes ; ils ont en quelque sorte les traits de la race juive, mais singulièrement grossis.

Chez eux, rien de chevaleresque, rien d'élevé, de généreux.

Rien non plus de vil, de bas.

Ils sont terre à terre, honnêtes, fins aux affaires, mais loyaux.

Ils portent un burnous singulièrement rayé de noir, de blanc et de brun.

Ils viennent souvent à Alger.

Là ils ont la spécialité des bains maures et du massage.

Ce sont, en somme, de très-braves et très-bonnes gens.

Ils n'ont pas l'esprit belliqueux, ils fuient les querelles.

Les Arabes les gouaillent.

Et pourtant ils meurent sous les ruines de leurs villes plutôt que de les rendre à l'ennemi vainqueur.

N'est-il pas étrange de retrouver si loin de l'Asie, leur berceau, cette tribu moabite égarée dans le Sahara ?

Lalou savait que les marabouts de cette peuplade avaient conservé des traditions du temps des mages.

Il savait que, notamment, sur le ksour, on avait une histoire très-détaillée des révolutions du Sahara, et qu'elle remontait, ou du moins avait la prétention de remonter au temps de Soliman (Salomon).

Il ne doutait pas que si une ville puissante avait existé, l'on en aurait laissé trace dans les parchemins.

Et Lalou avait un plan.

Si la cité existait, il pouvait peut-être en tirer grand parti.

Donc il se rendit à la mosquée.

Comme à chaque heure de la nuit les ulémas appellent les croyants au salut, Lalou ne pouvait manquer d'en trouver un debout, veillant et méditant.

Il savait qu'il trouverait un homme disposé à causer du passé.

Celui-ci ouvrit.

Lalou monta sur la terrasse de la mosquée, et comme le ksour était sur une colline d'où on domine une immense étendue, le désert fauve se déroulait mystérieux et voilé sous l'azur du ciel étoilé; la brise apportait dans ses larges coups d'ailes tièdes senteurs des dogas parfumées.

L'uléma reçut Si-Lalou avec les salems les plus amicaux.

Lalou, très-gentilhomme à la façon arabe, ne fut pas en reste.

Après l'échange obligé des politesses ordinaires, Lalou dit :

— Tu étais, marabout, en contemplation comme Sidi-Soliman (Salomon), le grand roi hébreu, devant l'œuvre d'Allah!

« Aujourd'hui, moi aussi, je suis porté à admirer la création.

« Je suis venu pour causer du désert avec un lettré.

« Tu en parles, taled, comme un livre ouvert et bien fait, à ce que l'on dit dans les ksours mozabites. »

L'uléma rougit du compliment et dit en souriant :

— Je suis heureux, Si-Lalou, qu'un homme de ta valeur apprécie un humble uléma tel que moi.

« Je n'ai qu'un mérite peut-être, c'est d'avoir appris les langues mortes que peu d'entre nous autres connaissent.

— De quelles langues parles-tu?

— De celle des Romains, ces vainqueurs du monde qui nous ont précédés, nous autres musulmans, dans la conquête du globe. Je sais aussi le grec, cette admirable langue du peuple d'Athènes.

Lalou était fort étonné.

— J'ignorais, fit-il, que tu fusses aussi instruit, taled.

— Ah! Si-Lalou, on dit que toi aussi tu as cultivé les muses latines et attiques; tu me dépasses de beaucoup en érudition.

— Je t'avoue que j'ai été séduit par une fable d'Ésope citée par un de nos auteurs, le grand Sidi-Sadacq; j'ai voulu, du reste, lire l'Odyssée et l'Iliade dans le texte.

« Mais moi, sidi, je suis un poëte qui est condamné à de longues heures de retraite, et qu'une invincible vocation pousse vers la littérature des Occidentaux de la grande race de Japhet. Je t'avoue encore que, parmi mes soldats, j'avais un Français, déserteur très-instruit et très-original, qui fut mon initiateur et me révéla le rhythme des Grecs et les beautés mâles des langues latines.

« Il fut mon professeur.

« Mais toi, sidi, par quel caprice singulier en es-tu venu à sonder les mystères de la mythologie païenne? Vénus n'a rien de commun avec Fatma, la fille de notre Prophète.

— Tu sais, fit le marabout, que nous avons ici une admirable collection de parchemins historiques; elle a été commencée environ 500 ans avant Jésus, par un savant Moabite qui habitait ce ksour et y professait encore le magisme.

— Une religion supérieure au Coran, dit hardiment Si-Lalou.

« Comment les hommes supérieurs ont-ils pu permettre que cette loi brutale de Mahomet primât celle des mages?

— Chut! fit le marabout.

« Si l'on t'entendait! »

Lalou baissa la voix.

— Avoue, taled, dit-il, que le Coran, pour un esprit d'élite, ne vaut pas le diable.

— Aôh! fit le marabout.

« Il y a Coran et Coran.

« Mahomet, lui, avait affaire à un peuple de poëtes, conteurs et guerriers.

« Quels beaux contes il lui a fait et quelle guerre il a prêchée!

« Oui, Si-Lalou, méprisons, si tu veux, les cultes et leurs petits côtés, les religions et leurs petites croyances, mais sachons bien que les fondateurs de ces cultes, de ces religions avaient une âme haute et intelligente, qu'il leur a fallu se mettre à portée des foules.

— Par Baskir, la reine des Sabiens, tu es un vaillant taled et dégagé des préjugés de ta caste, ô ami! s'écria Lalou.

— Chut! je ne voudrais pas redire à un autre ce que je confie à toi.

— Bon, je me tais. Mais, cher marabout, dis-moi donc pourquoi tu as cru devoir étudier les langues grecque et latine.

— J'avais commencé l'explication; je te disais que nous avions des manuscrits.

— Ah! c'est vrai.

— Que ces manuscrits ont été rassemblés, pour ce qui regarde le passé, par un vénérable savant de notre ksour.

« Le père de l'histoire du Sahara a tout fait pour posséder les plus vieux documents sur les révolutions accomplies dans le désert.

« Or il a entassé dans notre mosquée, qui était alors un temple, des monnaies, des bas-reliefs, des palimpsestes, des papyrus.

— Ah! je sais.

« Beaucoup de ces précieux documents étaient écrits en latin et en grec.

— Tu sais sans doute, Si-Lalou, que les Romains avaient établi jusque dans les sables leur solide domination.

— Constantine fut une de leurs villes, et j'ai ouï parler d'Aurélia, fondée en plein Sahara par l'empereur Aurélien.

« Il y avait aussi Césaréa, rivale d'Aqua-Septima, qui doit être Laghouat.

« Sur toutes ces villes et leur histoire, nous avions des renseignements nombreux, volumineux, mais écrits en latin et en grec.

« Nous avions ensuite, écrite en chaldéen par le mage qui commença l'œuvre, puis par des musulmans jusqu'à l'invasion arabe, toute l'histoire du désert.

« Puis notre langue moabite se transforma, et dans notre dialecte nous avons l'histoire des ksours jusqu'à nos jours.

« Mais toute la période romaine nous échappait.

« Alors je m'en fus à Oran; il y avait là des Espagnols.

« Je vécus près d'eux, et d'un prêtre espagnol, je reçus les rudiments des grammaires gréco-latines que j'approfondis seul ensuite.

« J'ai soixante-sept ans, mon fils; voilà vingt-six ans que je traduis les papyrus. »

Lalou était ravi.

Tout le servait à souhait.

Il accabla le marabout de compliments et le gorgea de louanges.

Ils parlèrent la langue d'Homère et celle de Cicéron.

C'eût été un spectacle étrange et une scène inattendue pour un académicien en voyage au Sahara : deux Arabes devisant en latin sur le sommet d'une mosquée mozabite.

Peu à peu Lalou amena adroitement la conversation sur la ville fantôme.

— Ami, dit-il, imagine que j'ai aujourd'hui même

rencontré un jeune buveur de soleil qui prétend qu'à plusieurs journées de marche d'ici il a trouvé une ville cachée.
— Ah! fit le marabout.
« Ce doit être Aurélia.
— Tu penses?
— Si la ville existe réellement, si elle dort sous le sable, c'est Aurélia.
— Pourquoi supposes-tu cela?
— Parce que, mon fils, nos papyrus latins racontent une catastrophe de ce genre.
« Aurélia, bâtie dans une plaine, sous un lac situé sur une montagne salée, fut un jour engloutie sous l'écroulement du lac et de la montagne; il n'y eut plus trace de la cité.
— Cela se passait?...
— Au quatorzième siècle après Jésus, je crois; mais nous vérifierons la date.
— Et depuis?
— Aurélia, qui était la Rome du désert, dort sous son manteau de sable.
— N'as-tu jamais entendu parler de tentatives faites pour la restaurer?
— Il y en a eu une.
— Ah! ah!
— Cela t'intéresse donc?
— Énormément.
— Cette tentative fut faite par un juif, je crois, qui emmena avec lui mystérieusement une bande de travailleurs, laquelle déblaya, colonisa la ville, mais la déblaya en dessous, laissant la croûte supérieure former une voûte portative.
— C'est étrange !
— Je ne te dis pas que ceci soit absolument vrai, mais il y a du vrai.
— Continue, dit Lalou au marabout.
— Ce juif, on ne saurait dire à quelle époque, passait pour un être surnaturel ; il fit des merveilles dans l'Aurélia toujours souterraine.
« Un peuple y vivait.
« Une société juive.
« Le juif aurait vécu six cents ans; c'est absurde, il a dû avoir des successeurs.
« Ils cherchèrent dans cette famille le rêve de la solution de la pierre philosophale.
« Enfin il m'est revenu qu'il y a quatorze ou quinze ans il serait arrivé une catastrophe dans Aurélia, catastrophe nouvelle et terrible. »
Lalou tressaillit.
— Comme tu sembles prendre un vif intérêt à cette légende! fit le taled.
« Au fond, tout cela est confus.
« Sur des bruits, des contes, des récits, des suppositions contradictoires, j'ai bâti ma donnée et te la donne pour ce qu'elle vaut.
— Je la prends comme telle, dit Lalou.
Puis il parla sur les villes perdues, égara la conversation, discourut longtemps et prit congé du marabout, qui oublia l'heure de l'appel au salut, au grand scandale de ses confrères.

II

LE BUVEUR D'AIR.

Lalou, une fois dehors, murmura entre ses dents :
— Plus je vais, plus je me convaincs que ce juif Jacob a réellement existé.
« Mon père le marabout m'en a parlé souvent avec étonnement.
« Quant à Aurélia, la cité fantôme, plus de doute sur elle. »
Et il hâta le pas.
Il trouva chez lui le petit buveur de soleil endormi profondément.

Il le fit lever.
L'enfant bâilla à l'aurore et s'étira paresseusement.
— Petit, dit Lalou, debout!
— Maître, je suis brisé.
— Viens au bain.
« Je n'ai pas dormi, moi, et toi tu es rompu par l'ivresse.
« Un bon massage nous rendra nos forces et nous partirons.
— Où cela, maître?
— A ta ville.
L'enfant bondit de joie.
En chemin, Lalou dit à Mikaël :
— Je sais l'histoire d'Aurélia.
— Vraiment, maître?
Lalou conta sa nuit au jeune homme.
— Oh! s'écria celui-ci, moi aussi, j'apprendrai les langues mortes.
Lalou fit seller deux mahara de choix, un pour lui, un pour Mikaël.
Il ordonna à deux esclaves de se tenir prêts à l'accompagner.
Ces deux hommes n'étaient point des saracqs, mais des serviteurs personnels de Si-Lalou; ils n'avaient point de part au trésor et Lalou les payait ce qu'il voulait.
Ils l'aimaient.
Ils le craignaient.
Pour eux, c'était comme un dieu.
Mécontent, il cassait la tête à son meilleur serviteur.
Il est vrai qu'il était juste.
Satisfait, il comblait ses gens de bienfaits et d'amitiés.
Jamais le petit buveur de soleil n'avait commandé à qui que ce fût; il fut ravi quand Lalou, lui montrant un nègre, lui dit :
— Tiens, Mikaël, je te fais un riche cadeau. Je te donne Larouch.
Et au nègre :
— Larouch, tu es à Mikaël.
Le nègre ne dit mot.
Lalou remarqua même qu'il faisait une très-piteuse mine.
— Aôh! fit-il en riant, maître Larouch n'est pas content.
— Pourquoi? demanda Mikaël.
— Parce que tu es mal vêtu et qu'il ne tient pas à servir un pauvre.
Puis à Larouch :
— Qu'on voie à acheter dans le ksour ce qu'il y a de plus beau pour vêtir mon cher Mikaël; allons, entre!
Et, dix minutes après, le buveur de soleil resplendissait.
On sauta en selle; les mahara, qui avaient plié les genoux, se relevèrent, et l'on partit rapidement, bien muni de vivres.
Lalou avait eu soin de faire prendre des outils à ses noirs.
On allait donc enfin voir la ville-fantôme, Aurélia la souterraine.

III

OÙ LASSALLE PERD UNE MAITRESSE ET TROUVE UN ALLIÉ.

Nous avons laissé Lassalle se pavanant un peu plus qu'il ne convenait dans le ksour de Laghouat, devant les bazars.
Il avait fait la rencontre d'une fille, almée de profession, charmante du reste, malgré son voile, qui lui avait fait signe de la suivre.
Et, malgré son adoration pour Marie, il avait obéi à l'almée.

C'est que...

Mais, au fait, pourquoi plaider les circonstances atténuantes?

Pas une femme n'admettra qu'il ne soit infidèle.

Il est peu d'hommes, au contraire, qui n'absolvent Lassalle.

A quoi bon un plaidoyer?

Donc Lassalle (je concède aux lectrices que c'était un monstre) retroussait sa moustache, s'assurait du jeu de son couteau à sa ceinture, et de celui de ses pistolets de chasse.

Il s'agissait d'une intrigue.

En Algérie, dès qu'il s'agit de femme, il faut prendre garde.

L'almée marcha rapidement, s'engagea dans un dédale de petites rues voûtées et étroites, puis elle entra dans une maison

Lassalle ne savait pas s'il devait entrer, lui aussi ; il resta.

Il ôta son manteau et parut faire des dispositions comme un homme qui se propose de faire la sieste sous une voûte, ainsi que cela se pratique en Afrique.

On n'y fait pas de cérémonie.

On a la tête lourde.

Un pan de mur, une voûte, l'arbre d'une promenade est là.

On se couche.

Les Kabyles mêmes qui viennent comme ouvriers à Alger ne logent jamais qu'à la belle étoile, sous le ciel bleu, enveloppés de leurs burnous.

Point de rhumatismes.

Les bains maures sont un remède souverain pour les fraîcheurs.

Donc Lassalle allait s'étendre sur son manteau, certain que l'almée lui ferait savoir ce qu'il avait à faire.

Celle-ci parut à une fenêtre et fit un petit appel des lèvres et du doigt.

Le chasseur reprit son manteau et vint heurter à la porte.

Elle s'ouvrit.

A peine était-il entré dans la maison qu'une voix joyeuse lui cria en français :

— Aôh! sidi Lassalle, êtes-vous fou? Pourquoi vous défiez-vous?

Il fut plus qu'étonné.

C'était l'almée qui l'interpellait.

Elle était sur le balcon intérieur qui entoure les cours des maisons musulmanes.

On sait comment celles-ci sont construites.

Au dehors, point d'apparence.

De vieux murs blanchis à vif, de petites meurtrières à barreaux comme fenêtres.

Quelque chose d'une prison.

Au dedans, le luxe, le confortable, la lumière et l'air.

D'ordinaire, la maison est faite de façon à dessiner intérieurement une cour carrée à ciel ouvert, pavée de mosaïque.

Au centre, un jet d'eau.

Tout autour, des galeries couvertes.

C'est charmant.

Lassalle vit sa ravissante almée penchée au balcon et lui souriant.

— Ah! chère! lui dit-il, qui êtes-vous donc pour parler le français ainsi?

— Vous ne me reconnaissez pas?

— Non, ma foi ! si je vous avais vue une fois, jamais je ne vous aurais oubliée.

— Halte-là! vous êtes marié; vous avez une adorable femme.

— Quoi! vous savez?...

— Tout.

Lassalle était consterné.

L'almée avait un petit air railleur qui donnait beaucoup à penser.

— Oh! fit-elle, vous vous lancez dans la galanterie en vrai hussard!

— Est-ce défendu?

— Oui, en raison des circonstances toutes particulières de votre mariage! Mariage, je m'entends, et surtout en raison du coup mortel que vous porteriez à votre femme si elle venait à vous savoir infidèle.

« A propos...

« Est-elle arrivée saine et sauve hors de cette maudite grotte ? »

De plus en plus, Lassalle s'étonnait que l'almée en sût tant.

— Vous êtes donc un démon, un djenoun, un lutin! s'écria-t-il.

— Ah! dit l'almée, je suis avant tout de très-bon conseil.

— Ah! ah!

— Et comme je vous porte intérêt..

— Vraiment?

— ... A cause de votre femme.

— Ah çà! décidément, vous connaissez Marie, vous portez de l'amitié?

— Beaucoup.

— Et où l'avez-vous vue?

— Un peu partout. Ici et là.

— Soyez franche, dites-moi tout.

— Un instant. Je tiens d'abord à vous dire qu'il faut conserver votre tête.

— Est-elle menacée?

— Allah! je le crois bien!

— Par...

— Par Si-Lalou!

« Comment! vous avez pris une partie de son trésor, et vous vous imaginez que le nègre est homme à vous pardonner, sans compter que vous êtes près de Marie un rival préféré!

— Mais s'il m'attaque, je me défendrai.

— Les voilà bien, ces chasseurs d'autruches; ça ne doute de rien.

« Lalou vous fera tuer d'une balle par quelque misérable à sa solde.

— Que faire?

— Vous cacher.

— Je n'irai pas me faire voir à lui.

— Savez-vous seulement où il est?

— On le saura.

— Il pourrait être ici.

— On en aurait entendu parler.

— Comme vous le connaissez peu! Il est partout et nulle part, cet homme. Du reste, il a des intelligences sur tous les points du Sahara; vous êtes ici depuis quelques jours, il doit savoir votre présence à cette heure et prend ses mesures.

— Vous connaissez aussi Lalou?

— A merveille.

— Qui êtes-vous, enfin?

— Je suis son ancien kodja.

Et Mahmoud, c'était lui, se mit à rire de la tête de Lassalle.

— Oui, dit le jeune homme, je me suis déguisé en almée, mon cher.

« J'ai peur de Lalou, moi!

« Si vous voulez me croire, vous m'imiterez. »

Puis il ajouta :

— Je vous vois si interloqué qu'il faut que je vous conte mon histoire.

Et il fit à Lassalle le récit de ce qui s'était passé dans la grotte.

Lassalle comprit qu'il avait en Mahmoud un allié et il se fia à lui.

Partout des corps vêtus et admirablement conservés étaient étendus dans les poses les plus variées.

Quand il sut tout ce qui s'était passé, il dit à Mahmoud :
— Tu as un but maintenant?
— Certainement.
— Veux-tu me dire lequel?
— Le même que le tien.
— Tu crois?
— Par Allah! il ne faut pas être fin pour deviner que tu es à la recherche de Si-Lalou et que tu en veux à son trésor.
— Et tu me parais, toi aussi, nourrir des projets sur l'or du nègre.
— Si tu veux, nous ferons campagne avec tes amis; je vous aiderai beaucoup.
— Mon petit Mahmoud, j'accepte.
— Alors, dit le jeune homme, je te réitère mon conseil : déguise-toi.
— En femme?
— Non.
— En quoi?
— En vieux mendiant.
— Bonne idée !
— Nous allons procéder à ta toilette.
— Tu es donc chez toi, ici?
— Je suis un peu chez moi partout, mon cher monsieur Lassalle.
— Mais enfin, où sommes-nous?

— Chez une veuve qui me porte un immense intérêt, ami.
— Elle t'aime?
— Avec ma tête, la question me paraît superflue camarade.
— Petit fat!
— Oh! pas si fat. J'énonce un fait. Je suis très-beau
— C'est ma foi vrai !
— Les femmes raffolent de moi.
— Je n'en doute pas.
— Je suis venu à Laghouat et me suis mis en quête de savoir qui me mettrait à l'abri des griffes d'Elaï Lascri
« A ce bazar, je me suis fait remarquer par une belle veuve...
— Et tu l'as séduite ?
— Et ça n'a été ni long ni difficile. J'ai pris rendez-vous avec elle.
— Et tu étais déguisé en femme?
— Certainement. Cela facilite beaucoup les amourettes.
« On s'approche d'une femme, on lui parle, on la questionne, on juge de sa situation et l'on se risque à avouer son sexe.
— Tu as là une idée excellente, mais je ne puis la mettre en pratique.
— Parce que...
— Mes moustaches !
— Et le voile !

Le Roi des Chemins. XLVII.

— Je cache tout; mais j'ai peur qu'à la vue de ma barbe une femme ne s'effraie, et crie, et ne me fasse arrêter.

— Es-tu naïf!

« Comment! une femme qui a rarement une bonne occasion te ferait un mauvais parti parce que tu es galant!

« Ah! cadour, si tu savais l'effet d'un beau garçon sur une musulmane!

« C'est instantané. »

Et Mahmoud de rire.

Puis il ajouta :

— Tu n'imagines pas combien elles sont rusées, les femmes.

« Ma veuve me fait passer pour l'une de ses propres parentes, ça ne fait pas de difficultés; c'est simple.

— Mais quand il y a un mari!

— Ah! mon ami!

« Il faut voir ça!

« J'ai eu des aventures à faire frémir ; rien n'égale l'adresse, le sang-froid, l'audace d'une femme coupable d'adultère.

— Et tu crois qu'une femme mariée pourrait m'introduire dans un harem?

— Mais oui.

— J'ai l'air d'un homme, pourtant.

— Est-ce que la robe arabe ne te cachera pas à tous les yeux.

« Est-ce que sous les larges pantalons, sous l'amas des voiles, on devine un corps?

« Tu as des yeux très-grands et très-beaux, c'est tout ce qu'on verra.

« Je vais te présenter à ma veuve, qui est prévenue, du reste.

« On te trouvera... quelque chose.

— Vraiment?

— Eh oui!

— Mais les maris ?...

— Ah, mon cher Lassalle, sache bien que les femmes ont su imaginer un préjugé qui leur permet bien des choses.

— Lequel?

— Qu'il s'agisse d'une tente ou d'une maison, il y a un harem.

« Dans une maison, c'est une suite de chambres qui se tiennent.

« Dans une tente, c'est un compartiment séparé par une tenture.

« Jamais un homme n'entre au harem ; il fait appeler sa femme.

« Un amant dans un harem est en toute sûreté.

— Quel prétexte les femmes ont-elles donné à cet usage?

— Qu'elles se rendent souvent visite l'une à l'autre; elles entrent chez leurs amies et se montrent alors sans voile.

« Un mari pénétrant dans le sérail pourrait donc voir la femme d'un autre.

« Mais viens. »

Et Mahmoud entraîna son nouveau compagnon vers le harem.

— Pour toi, dit-il, pas de barrière.

La veuve, curieuse comme toute femme, attendait le chasseur.

Celui-ci salua la jeune femme, qui était fort jolie. Elle se montra très-affable.

Une vieille négresse dévouée, le seul serviteur de la maison, apporta une riche collation et l'on causa.

— Namouna, dit Mahmoud, je t'ai confié mon grand secret.

— Et je te jure de le bien garder, mon petit djenoun, dit la jeune femme.

— Eh bien, voici un brave chasseur qui en veut aussi à Elaï Lascri : nous nous allions.

— Dieu l'aide! fit-elle.

— Seulement, reprit le jeune homme, il est très-ennuyé.

— Ah!

— Eh mais! il dépérit d'amour!

— Parce que?

— Namouna, il voudrait comme moi être aimé par une jolie femme.

La jeune veuve sourit.

— Et tu veux, fit Namouna, que je trouve une amie qui consente à adorer ce beau garçon-là?

— Ah! si tu fais cela, cadoura (chère), je te bénirai.

« Vois quelles agréables soirées nous passerons ; à quatre, on s'amuse beaucoup.

— C'est mon avis.

Et au chasseur elle demanda .

— Voyons, choisissez...

— Vous dites? demanda Lassalle.

— Je vous offre le choix entre plusieurs de mes jeunes amies.

— Mais... voudront-elles?

— Oh! que oui!

— Voyons, laquelle préférez-vous?

« D'abord je connais une très-grande et très-belle Saharienne, noire un peu de peau, avec des yeux hardis, un front superbe.

« C'est une cavale indomptée.

« Mais il y a la gracieuse petite mulâtresse que tu as vue, Mahmoud.

« C'est comme une jolie fleur modeste et sauvage.

« Enfin il y a une Mauresque qui est la langueur même. »

Mahmoud intervint.

— Lassalle, je m'y connais, dit-il; demandez la petite mulâtresse.

— Bon! va pour elle!

« Je suis impatient.

« Quand la verrai-je?

— De suite.

— Comment, elle viendra?

— Je l'enverrai chercher par ma négresse, et je réponds qu'elle accourra.

« Nous autres, veuves, nous devons aider et favoriser les femmes mariées qui sont sous la surveillance jalouse des hommes.

« Tenez, cette femme mulâtresse, elle est sous le joug d'un vieux mari qui est borgne et qui boite.

« Croyez-vous que la fidélité soit possible dans ces conditions?

— Non, ma foi! mais j'admire la finesse des femmes.

« Partout c'est la même chose. »

Namouna envoyait déjà sa négresse à la jolie mulâtresse.

Une heure à peine s'était passée que la jeune femme accourait.

Elle entra timide.

Namouna vint à elle.

— Seigneur, dit-elle, voici mon amie Ruth qui vient me rendre visite; elle est musulmane et elle est sage; elle demande à conserver son voile devant vous.

C'était le premier pas de la mulâtresse dans la voie de l'adultère.

Elle tremblait.

— Folle, lui dit tout bas Namouna, que peux-tu craindre?

— Tout! dit-elle.

— Tu es chez moi. Qui violerait ma maison, qui entrerait dans mon harem?

— Mais j'ai peur!

— De qui?

— De cet homme.

Namouna sourit.

— Seigneur, dit-elle, mon amie a très-peur de vous ; donc à vous de la rassurer. Elle s'imagine sans doute que vous êtes de la trempe de son mari.

Lassalle prit galamment la main de la jeune femme et la fit asseoir sur un divan ; il se plaça sur un coussin non loin d'elle et demanda d'une voix caressante :

— Vous n'êtes donc pas heureuse ?

Elle regarda longtemps le chasseur à travers son voile qui cachait jusqu'à ses yeux ; puis elle se décida à répondre d'une voix tremblante :

— Sidi chasseur, je suis la plus désolée des épouses.

— Par Allah ! cher ange, il faut vous consoler, et si l'amour d'un jeune homme qui sait chasser l'autruche, le lion et l'homme, ne vous déplaît pas, il ne tiendra qu'à vous d'être vengée de ce drôle qui vous apprécie mal.

« Vous battait-il ?

— Très-souvent.

— Voilà un gaillard que je voudrais bien tenir un de ces matins au bout de ma carabine dans un combat ; je vous en débarrasserais.

— Ah ! sidi (seigneur), je ne veux pas sa mort ; une bonne leçon le corrigerait peut-être.

— Et de quel genre, cette leçon ?

— Je suppose, une bonne volée de coups de bâton sous la plante des pieds.

Elle dit cela d'un ton féroce.

— Et pourquoi, fit le chasseur, ne divorcez-vous pas d'avec ce moustre ?

— Parce que je suis pauvre, parce que je ne pourrais vivre seule.

— Pauvre petite !

— Je n'ai pas de famille. Où aller quand le cadi nous aurait séparés ?

Lassalle tira sa bourse, et de sa bourse un beau brillant.

— Mignonne, dit-il, nous allons confier ce diamant à Namouna.

— Allah ! qu'il est beau !

— Namouna le vendra.

— Et puis ?

— Et puis elle vous en remettra le prix ; vous vivrez toutes deux ensemble.

— Après le divorce ?

— Oui.

— Quel bonheur !

Elle se leva précipitamment.

— Que faites-vous ? demanda Lassalle étonné de la voir arranger ses voiles.

— Je pars.

— Vous ai-je offensée ?

— Du tout ; tu me donnes le rêve des rêves, le paradis

— Pourquoi me quitter alors ?

— Pour aller divorcer.

— Tout de suite comme ça, sans même me donner un baiser ?

Elle leva hardiment son voile et lui tendit son front.

— Cent baisers, si tu veux, mon beau chasseur, dit-elle.

Puis elle ajouta :

— J'ai encore le temps, avant la nuit, de porter ma plainte.

— Mais c'est folie !

Namouna intervint.

— Laisse faire, sidi Lassalle, dit-elle ; Ruth a raison ; il vaut mieux agir. Comme elle n'a pas de parents, sitôt la demande en séparation faite, elle est libre de se retirer chez ses parents ; n'en ayant pas, elle vient chez moi.

— Dès ce soir ?

— Oui.

— Alors, dit le chasseur, bravo ! j'accepte cette combinaison.

Ruth brûla Lassalle d'un regard ardent et sortit en lui envoyant un baiser.

Pendant cette scène, Mahmoud avait réfléchi ; il dit à Namouna :

— Tout est bien ; pourtant les ulémas qui veillent peuvent avoir vu entrer notre ami ; il faut qu'on le voie ressortir.

— C'est vrai.

— L'on pourrait même s'étonner d'une longue visite d'un Européen.

— Mahmoud, tu es la sagesse même.

— Nous allons donc nous en aller ; tu diras, si l'on te questionne par hasard, que tu voulais acheter des plumes d'autruche et des dépouilles de léopard à mon ami, qui est chasseur.

— Tu penses à tout.

— Chère, nous jouons nos têtes !

— Hélas ! il est vrai. Dire que toute libre que je suis, je ne puis cependant avoir un amant trop ouvertement, et que le danger redouble en recevant chez moi ton ami qui est infidèle !

Lassalle jugea qu'il ne pouvait mieux faire que de calmer la terreur de cette aimable petite veuve. Il lui donna le pendant du brillant offert à Ruth ; Namouna l'accepta avec reconnaissance.

Et c'était du reste un cadeau princier.

— A quelle heure revenir ? demanda-t-il à la jeune femme.

— A la nuit serrée.

— Et je trouverai la porte ouverte ?

— Et moi pour te recevoir, dit Mahmoud ; je vais t'accompagner.

« Il s'agit de te trouver un déguisement qui enlève tout soupçon. »

Ils s'en furent tous deux.

On s'étonnera qu'une almée pût aller, venir, accompagner un homme.

Au contraire, une veuve, quoique libre, ne saurait en faire autant.

Il y a une raison à ceci.

L'almée est censée appartenir à une race, à une classe à part.

Tout est réglé par castes dans la société orientale ; tout est prévu, classé, réglementé d'une façon loyale, officielle.

L'almée est un peu la femme du demi-monde algérien.

Elle est faite pour l'amour, le plaisir, la joie, la danse

Elle est libre.

Elle peut prendre vingt amants.

En revanche, elle ne saurait entrer dans la mosquée sans être méprisée : elle n'est pas considérée comme une dame.

On peut la recevoir chez soi pourtant quand on est veuve, mais cela n'est pas très-bien.

En choisissant son déguisement, Mahmoud avait fait un coup de maître.

L'almée est aimée.

On la tient, comme l'hirondelle, pour un porte-bonheur ; on dit qu'elle tient la joie et le plaisir dans les plis de son voile.

On n'insulte jamais une de ces filles.

On n'ose même pas leur faire l'offre brutale de son cœur

Elle distingue un beau garçon, l'encourage, et il fait déclaration.

Il y a des conventions.

L'almée qui ramène son voile dit par ce seul geste :

— Assez! vous me déplaisez. Je ne veux pas vous entendre plus longtemps.

Dénouer sa ceinture, c'est dire :
— Je t'aime.
La donner, c'est dire :
— Je suis à toi, tu me la rapporteras.

Libre et protégé sous le costume d'une almée, un jeune homme est donc parfaitement libre d'agir; et, en intelligent garçon qu'il était, Mahmoud n'avait pas hésité à le faire.

Le pauvre petit, tout beau qu'il fût, avait peur de Sidi-Lalou.

Il creusa sa petite cervelle en chemin pour trouver le déguisement de Lassalle.

Enfin, comme Archimède, il dit *eurêka*; seulement il le dit en arabe.

— Tu vas te vêtir en négresse et tu seras censée mon esclave, dit-il.

— Je serai affreux! observa Lassalle.

— Dans la maison on te débarrassera de tes oripaux; tu redeviendras un homme.

— A cette condition j'accepte.

Et tous deux s'en furent dans une boutique du bazar acheter ce dont ils avaient besoin; puis ils demandèrent contre un douro, à un juif, sa case pour y opérer la transformation du chasseur, et ils ressortirent.

IV

LA MULATRESSE ET LE BOSSU.

Une demi-heure après, un esclave arrivait tout essoufflé chez Ben-Laoudin, le mari de Ruth; il venait faire à son maître un rapport fidèle.

Celui-ci, lorsque tout d'abord sa femme était sortie, l'avait fait suivre.

Il était jaloux.

Un homme fort laid, borgne et boiteux, ne pouvait manquer de craindre l'humeur volage de sa femme. Laoudin se rendait justice.

Il se regardait comme prédestiné à être trompé par sa moitié.

Il attendait le retour de son espion, et au lieu de lui sa femme entra.

Elle était radieuse.

— Laoudin, dit-elle, je viens chercher mes robes et mes bijoux de douaire.

— Comment! que dis-tu? s'écria le mari bouleversé; tu veux partir?

— Oui.

— Ah! chienne! hyène! laie des forêts! tu me trompais! je m'en doutais.

Ruth était sûre de son fait; elle avait pour elle le droit.

— J'ai vu le cadi, dit-elle, en passant; la séance de justice se terminait, je lui ai fait, ma déclaration de divorce.

— Un instant... On ne divorce pas comme ça. Je ne veux pas divorcer, moi.

— Et moi... je veux!

Elle avait été brutalisée, meurtrie, tyrannisée par ce vieux barbare qui abusait indignement de la toute-puissance que le Coran donne au mari.

L'heure de la vengeance avait sonné.

Elle vit Laoudin sauter sur son bâton; mais elle lui dit énergiquement :

— Tu n'as plus pouvoir.

— Nous allons voir! s'écria-t-il.

Il brandissait son bâton.

Elle bondit sur lui avec la vigueur d'une petite panthère et lui enleva son rotin dont elle lui administra une volée consciencieuse.

Il poussa des hurlements.

Mais son esclave n'était pas là.

Quand elle eut rendu en une fois ce qu'elle en avait reçu en cent, quand elle l'eut moulu, elle jeta le bâton et lui dit :

— Nous sommes quittes.

Mais les vieillards sont étranges dans leurs passions et leurs caprices.

Il semblerait qu'un homme ainsi battu aurait dû être enchanté d'être débarrassé de sa femme; mais point du tout.

Laoudin se prit à adorer ce maître bras, à trouver superbe sa lionne.

On a remarqué que certains hommes aiment les femmes qui les rossent.

Le bonhomme, après avoir crié grâce, demanda pardon à sa femme.

— Tu as ton compte maintenant, dit celle-ci; faisons le mien.

Et elle empila ses robes pour en faire des paquets et partir.

Mais Laoudin ne l'entendait pas ainsi; il dit d'une voix mourante :

— Ruth, je t'en supplie, ne me quitte pas; j'ai eu des torts envers toi...

— Ah! ah!

— Je les réparerai.

— Il est bien temps!

— Tu auras des haïques de soie.

— Je m'en moque.

— Tu auras des bijoux.

— Je n'y tiens pas.

— Je te donnerai deux négresses.

— Je n'en veux pas.

— Et que veux-tu donc?

— Un beau garçon, généreux, qui ne ressemble pas à un vieux dromadaire comme toi.

— Ma fille, ne m'accable pas.

— Je voudrais te faire mourir de désespoir; tu m'en as trop fait.

— Ruth!...

— Ta Ruth va se remarier avec un très-bel homme, et tu mourras de rage en la voyant passer fière, heureuse, et mère.

Puis, vindicative jusqu'au raffinement, elle se para devant lui.

— Regarde, disait-elle.

« Trouveras-tu pareils yeux?

— Hélas! non.

— Et ce col de gazelle onduleux et souple que la brise caresse comme une tige de palmier! As-tu jamais vu mieux?

— Jamais, tu es parfaite!

Il se rapprochait.

Elle le repoussa.

— Et ce pied? dit-elle; et cette main? Et cette grâce que le prophète m'a donnée?

— Ruth, pour tout cela, si tu veux, je te reconnais ma fortune en douaire.

— Tu me donnerais tout l'or du Soudan que je refuserais.

Puis avec un geste de reine :

— Allons! ouvrez cette porte, au nom du Coran et de la loi! je pars.

Et il fallait obéir...

Mais en ce moment l'esclave arrivait, et il rencontra sa maîtresse qui rentra.

Laoudin crut à un retour.

— Tu reviens? s'écria-t-il.

— Oui, dit-elle.

Et d'un air hypocrite :

— J'ai oublié quelque chose.

Elle fit signe à l'esclave de la suivre et l'emmena dans une salle avec Laoudin.

Elle en referma la porte.

Laoudin la vit prendre un bâton et se mettre devant cette porte.

Il trembla pour ses côtes.

Ruth, l'œil étincelant, dit à l'esclave :

— Voilà trois ans que tu te fais l'instrument de ma torture.

— Maîtresse, j'obéissais.

— Avec un zèle...

— Apparent, maîtresse, apparent.

— Eh bien ! je vais te donner, moi, une récompense apparente aussi.

Et elle battit l'esclave à outrance, comme elle avait battu Laoudin.

Celui-ci, simple spectateur, s'extasiait et trouvait sa femme magnifique.

Il fit encore une tentative.

Elle lui répondit en lui jetant le bâton entre les jambes ; la porte ouverte par elle se referma sur elle, et le vieillard tomba tristement sur un coussin en murmurant :

— Désolation !

L'esclave se releva furieux.

Il secoua son maître et lui dit :

— Ah ! la coquine ! il faut nous venger.

— Que faire, Allah ! elle est dans son droit.

— En divorçant, oui ; mais était-elle dans son droit en te trompant ?

— Quoi ! elle...

— Mais certainement !

Le sang arabe se réveilla chez le vieillard ; il se leva virilement.

— Parle, dit-il.

— J'avais bien raison de te signaler la maison de Namouna comme suspecte.

— Cette veuve ne passait pas pour une femme déshonnête.

— Peuh ! elle recevait une almée !

« Bref, elle reçoit un chasseur d'autruches, qui plus est un Européen !

— Aôh !

— Et ce chasseur est ressorti, déguisé en négresse, puis est revenu.

— Chez la veuve ?

— Il y est.

— Ah ! le scélérat !

— Et ta femme, qui n'a pas de parents, se retire chez Namouna.

— Elle aime le chasseur ?

— Probablement.

— Le bandit !

— Tu peux le surprendre.

— C'est ce que je vais faire.

— On le tuera ?

— Deux fois plutôt qu'une.

— Et avec lui ta femme ?

— Ah ! non.

— Comment, non ?

— La loi me la restitue en pareil cas pour en faire une esclave.

— On la pendrait...

— Oui, pour la torturer.

L'esclave haussa les épaules.

Il comprenait que son maître était faible pour cette maîtresse femme qui venait de se révéler ; mais il avait son plan.

— Je la frapperai, moi ! pensait-il.

Et il dit à Laoudin :

— Assemble tes amis, puis viens me rejoindre ; je vais faire le guet.

Puis il ajouta :

— Envoie aussi prévenir le cadi pour que nous soyons en règle.

V

LA VENGEANCE D'UN MARI... CONVAINCU.

Pendant que cette scène se passait entre le maître et l'esclave, Ruth courait chez Namouna.

Elle y trouvait Lassalle.

Elle était comme toutes les femmes, imprudente et folle.

Elle éprouvait des sensations et ne raisonnait point ; elle était capable d'un pressentiment, non d'une prévoyance.

Toute à la joie d'être aimée par le beau chasseur, elle ne prévit pas ce que la colère de son mari pouvait lui réserver.

Cependant un orage s'amoncelait contre Lassalle dans le ksour.

Les Arabes sont terribles quand il s'agit de leurs femmes.

Un homme trompé, au lieu de recueillir là-bas les rires de la foule, trouve pour le venger autant de bras qu'il y a de maris dans la ville ; tous se sentent solidaires de l'injure faite à l'un d'eux.

La reconnaissance entre Ruth et Lassalle fut burlesque.

La jeune femme entra joyeuse, et trouvant Namouna avec Mahmoud et une vieille négresse ridée, elle demanda où était le chasseur.

— Le voilà ! dit Mahmoud en riant.

Ruth refusait de le reconnaître.

— Quelle horreur ! fit-elle ; me plaisanter ainsi ! que veut cette vieille ?

— Chère, dit Lassalle, je me suis déguisé ! Suis-je donc si laid ?

— Affreux ! fit elle.

Et prestement elle lui enleva sa fausse perruque crépue et blanche, faite d'une toison d'agneau ; elle saisit un voile, qu'elle déchira, et avec de l'huile qu'elle exigea de Namouna, elle fit disparaître la teinte de bistre dont s'était badigeonné Lassalle.

Alors elle le contempla ravie.

— Ah ! mon saïd (tigre), mon sbah (lion), dit-elle, que tu es beau maintenant !

Elle lui baisa les mains humblement.

La tendresse respectueuse, le besoin de soumission est le fond de l'amour chez la femme arabe : elle n'aime que qui la domine.

Vraiment cette petite était adorable : elle se traînait, avec des ondulations de chatte, aux pieds du jeune homme, l'enlaçant de regards enivrés, le buvant des yeux, selon la belle expression du peuple.

Tout à coup l'on entendit du bruit dans la rue, un bruit menaçant.

L'esclave de Namouna accourut et cria aux amoureux :

— Garde à vous ! Le malheur arrive sur le toit de cette maison !

Mahmoud, d'un bond, fut aux meurtrières qui servaient extérieurement de fenêtres.

Il vit la foule houleuse se précipiter à la suite d'un homme qui gesticulait. Comme l'homme était boiteux, le jeune homme se dit que ce devait être le mari de Ruth.

Il redescendit.

— Lassalle, dit-il, nous sommes perdus ; la foule va nous massacrer !

Namouna et Ruth s'effrayèrent, pleurèrent, perdirent la tête.

Lassalle, avec l'admirable sang-froid qui n'abandonne jamais un chasseur d'autruches habitué à tout braver,

Lassalle, qui en avait vu d'autres, dit tranquillement à son petit compagnon :
— Tu es brave, Mahmoud?
— Oui, dit celui-ci.

VI
L'INCENDIE.

— Tu ne recules devant rien?
— Je ferai tout ce que tu commanderas.
— Aux meurtrières, alors!

Et le Gascon entraîna Mahmoud après lui avoir fait signe de prendre son fusil à deux coups, pendant qu'il s'armait de sa longue carabine, car Lassalle ne s'était pas dessaisi de ses armes.

Il avait eu soin de les empaqueter et de les apporter comme un fardeau.

Le chasseur connaissait l'Algérie.

Il savait qu'au fond de toute histoire d'amour il y a quelques mauvais coups à donner ou à recevoir, et il s'était précautionné.

— Nous avons, dit-il, un sac à balles très-bien garni; ma poire à poudre est pleine, je n'ai peur de rien.

Et il demanda à Mahmoud :
— Tires-tu bien?

Le jeune homme sourit.
— Ami, dit-il, aussi loin que la balle porte, je touche un œuf.
— Voilà qui est fort beau pour un Arabe! Il est vrai que tu étais saracq!
— Et que Lalou m'a lui-même appris les bons principes.
— Prends cette meurtrière, dit Lassalle ; juche-toi sur un coussin.

Le jeune homme s'installa.
— Es-tu commodément? demanda Lassalle.
— Oui, fit Mahmoud.
— Ils sont beaucoup.
— Peuh! des gens des ksours! ces gaillards-là ne sont pas redoutables.

Et Lassalle examina la masse houleuse et hurlante qui s'avançait.
— Attention! dit Lassalle; tu feras feu quand je te le commanderai.
— Bien.
— Tu viseras cet esclave qui excite le mari de Ruth.
— Je le vois.
— Cet homme me paraît devoir être le premier abattu. Vois comme il pousse le boiteux.
— Je ne m'étonnerais pas, fit Mahmoud, que le drôle, qui est beau et fort, n'ait aimé Ruth et ne soit furieux d'avoir été repoussé.
— Je pense que tu es dans le vrai.

En ce moment, la foule arrivait au pied même de la maison.

Comme toujours, au moment d'agir, la multitude hésita un instant.

A qui de commencer?

L'esclave poussait le vieillard, et il criait à tue-tête:
— Enfoncez les portes!

Personne n'osait.

C'est qu'un mot avait été prononcé, un mot capable d'en imposer aux plus braves : on avait dit que l'amant était un chasseur, un buveur de sable, un coureur de bois.

Or les chasseurs de profession se soutiennent tous entre eux, se vengent, se défendent; toute tribu qui touche à un chasseur s'attire la haine de toutes les autres, elle est châtiée dans l'année. Une dizaine de ces aventuriers se rassemblent, et un beau jour la tribu s'éveille et trouve tous ses bœufs, tous ses moutons, tous ses chameaux morts empoisonnés et égorgés.

D'autres fois, le feu prend dans toutes les tribus en même temps.

Les chasseurs s'embusquent aussi et font deux ou trois décharges sur les tentes.

Ils fuient ensuite dans la nuit, qui les enveloppe de ses ombres.

De là le grand prestige qu'ils exercent dans les populations.

On les redoute plus que les pachas, les caïds et les aghas.

Donc on avait dit :
— Il paraît que c'est un chasseur qui est l'amant de Ruth!

Et tous de craindre la balle d'un pareil homme et la vengeance de ses amis.

Lassalle savait quel prestige entourait sa corporation.

Il profita du moment d'hésitation et cria à la foule :
— Gens de ce ksour, sachez que celui qui vous parle est Sidi-Lassalle!

Déjà le bruit s'était répandu qu'un certain Lassalle, avec un certain Martinet et un autre chasseur nommé Samoûl, avaient enlevé presque tout le trésor de Si-Lalou, trésor immense.

En Algérie, pays des caravanes, des migrations, des voyages rapides, les nouvelles vont vite : celle-là s'était répandue sur les pas de Si-Lalou.

Les hommes de la troupe avaient parlé, et l'on savait que le terrible Élaï Lascri fuyait, vaincu, sans repaire.

Le nom de Lassalle produisit une impression de terreur.

On vit des mouvements divers accuser les impressions des Arabes.

L'esclave s'acharna.

Il brandit son énorme matraque contre la porte de la maison.

— Feu! dit Lassalle.

L'homme tomba raide mort sous la balle de Mahmoud.
— Et d'un! dit le jeune homme.

Et il rechargea son arme.

La foule demeura profondément impressionnée par cet acte de vigueur.

Lassalle cria par la meurtrière :
— Pourquoi m'attaquez-vous sans m'entendre?

« J'ai le droit de mon côté. »

Il se fit un grand silence.
— Je n'ai pas commis d'adultère, dit-il ; cette femme ne m'était rien avant de divorcer ; le divorce lui donne la liberté.
— Tu mens! cria le mari.

Lassalle lui dit :
— Toi, tu es un vieux scélérat, tu battais sans cesse ta femme.

Quelques voix dans la foule dirent :
— C'est vrai! c'est vrai!

Et les uns criaient :
— A mort, le chasseur!

C'étaient les plus éloignés.

Les autres, plus rapprochés, criaient :
— Il a raison!

Les choses prenaient une tournure favorable, quand, par malheur parut un marabout, sorte de fakir illuminé qui vivait en ascète dans le Sahara et qui de temps à autre venait au ksour.

Ce fanatique était très-redouté, car il passait pour jeter des maléfices ; il avait l'énorme influence que possèdent les santons dans les pays musulmans et qui ne peut se comparer qu'à celle des moines du moyen âge.

Il vint se jeter dans la bagarre.
— Croyants, hurlait-il avec des gestes bizarres et en brandissant son chapelet arabe, vous n'êtes plus des

hommes, mais des choses! Vous laissez des crimes impunis parce que vous avez peur.

« La colère de Dieu est sur vous. »

Et il lançait le peuple ameuté contre la maison de Namouna.

— Ami, dit Mahmoud, voilà un gros orage qui gronde là-bas.

— Soulevé par ce fou de marabout... dit Lassalle.

— Le tuons-nous?

— Il le faut bien.

— Le peuple sera exaspéré!

— Il le sera bien autrement si cette vieille canaille continue à vivre.

— Feu, alors ?

— Oui... feu !

Mahmoud visait si admirablement que le santon tomba, la tête fracassée par une balle, et la cervelle jaillit sur les épaules du mort.

La multitude idiote poussa un long rugissement et se rua.

Il y avait bien un millier d'hommes armés de pierres, de bâtons, qui cherchaient à ébranler la porte de Namouna, se poussant avec la fureur insensée des masses irritées et se gênant par des élans qui se contrariaient.

Toutefois il était évident que le faible obstacle qui arrêtait le flot allait être abattu, quand Lassalle se décida à tirer à outrance.

Il abattit deux hommes au pied de la meurtrière; puis se servant d'un pistolet avec une merveilleuse prestesse, le chargeant, le rechargeant avec dextérité, il amoncela les cadavres devant la porte, aidé par Mahmoud qui, avec l'autre pistolet, faisait de son mieux et n'y allait pas de main morte.

En trois minutes, plus de vingt corps humains furent amoncelés devant la porte.

En ce moment, Namouna et Ruth parurent tremblantes et sentant que la crise suprême approchait.

La foule, à laquelle ce massacre avait fait l'effet d'une saignée, reculait; mais elle était trop irritée, trop exaltée pour renoncer à la partie.

Les jeunes femmes, du haut de la terrasse où elles s'étaient d'abord réfugiées, avaient vu un certain nombre d'individus tourner l'îlot de maisons dont celle de Namouna faisait partie.

Elles revenaient annoncer à Lassalle ce danger nouveau.

— Nous sommes perdues! dit Ruth; ils vont appliquer des échelles au mur de derrière la maison, et ils viendront par la terrasse.

Lassalle, profitant du moment de répit que l'attaque de face lui laissait, dit aux deux jeunes femmes avec fermeté :

— Au lieu d'être des gazelles, vous devriez vous montrer lionnes; vous êtes indignes d'hommes tels que nous, vous êtes bien lâches !

Et à Ruth :

— Sache bien que je t'abandonne après la délivrance, si tu ne te conduis pas plus bravement; car, crois-le, femme, je te sauverai.

Et Mahmoud dit à Namouna :

— Tu as pour amant le plus joli garçon du Sahara; tu le perdras, ma chère, si tu ne viens pas lui prêter un concours vaillant.

Les femmes sont sujettes à des revirements subits et complets.

— Place-toi là, Ruth, ordonna Lassalle ; tire dans ce tas d'imbéciles.

Et il lui mit un pistolet en mains.

La jeune femme ferma les yeux et appuya sur la gâchette.

— Bravo! dit le chasseur; très-bien, ma fille! voilà un homme à terre.

C'était faux.

Lassalle voulait encourager la jolie mulâtresse, la griser de poudre.

— Ma petite, dit-il, voici comment on charge une arme.

« Regarde. »

Il lui montrait ce qu'il fallait faire, et il lui recommanda de bien appuyer le canon du long pistolet sur la meurtrière et d'ajuster avec soin, ce qu'elle fit.

Cette fois, elle réussit.

Elle eut un mot cruel.

— Aôh ! fit-elle, c'est amusant !

Et Lassalle pensa :

— Voilà les instincts féroces de ma mulâtresse éveillés; elle va tourner à la panthère.

Il ne se trompait pas.

Ruth s'emporta, jeta des injures à la multitude, et Lassalle fut obligé de la contenir.

Il lui indiqua une pierre sur le sol, et il lui dit :

— Ne fais feu que sur ceux qui dépasseront ce gros caillou.

— Bien, dit-elle.

Cependant Namouna, sur les exhortations de Mahmoud, se mettait de la partie; elle était moins hardie que son amie, mais celle-ci lui souffla rapidement sa rage.

Lassalle, voyant les deux jeunes femmes très-animées, leur recommanda une dernière fois de ménager la poudre et il emmena son compagnon sur la terrasse.

Il était temps d'y arriver.

Une centaine d'individus se pressaient au bas d'une échelle de palmiers.

Lassalle avait longé en rampant le mur dont la terrasse était bordée, mur haut de deux pieds à peine; Mahmoud l'avait suivi : on ne les voyait pas d'en bas.

Du reste, les maisons voisines étaient heureusement plus basses que celle de Namouna, veuve fort riche qui possédait une des plus confortables demeures du ksour.

— Nous sommes en bonne situation, dit Lassalle; tu vas voir.

Et il se pencha légèrement dehors.

L'échelle pliait sous le poids des assaillants qui se pressaient. Au fond de tous ces massacres, il y a le pillage qui suit le meurtre; les premiers arrivés ont la meilleure part.

Lassalle laissa encore d'autres gaillards avides se heurter au pied de l'énorme échelle de palmier souple et solide, puis, quand le premier assaillant montra sa tête, le chasseur l'assomma d'un coup de crosse de pistolet, et, aidé de Mahmoud, il renversa l'échelle.

Ce fut une chute terrible et comique.

Ceux qui tombaient poussaient des cris de terreur, ceux sur qui l'échelle s'écroulait fuyaient avec un effarement qui amena des bousculades, des rixes, des torgnoles inévitables en pareil cas.

Les morts restèrent sur le carreau et les éclopés se sauvèrent en traînant la jambe; toute la bande recula.

Alors Lassalle se tourna vers Mahmoud et lui dit en souriant :

— Petit, ce serait drôle, n'est-ce pas, de se tirer d'ici ?

— Si tu faisais cela, dit l'enfant, Lalou ne serait rien près de toi.

— Eh bien ! j'ai une idée. Les Gascons, mon cher, sont capables de tout.

Il examina la situation.

— Tu vas, lui dit-il, appeler la vieille négresse servante de Namouna.

— Elle est cachée, probablement.

— Découvre-la.

Le jeune homme partit en courant, fureta lestement partout et finit par trouver la vieille esclave sous des fagots.

Nous disons fagots.

Il y a des lecteurs qui s'imaginent peut-être qu'il ne pousse que des palmiers au désert; nous tenons à les détromper.

Les lentisques, les grenadiers, les figuiers viennent hauts et drus.

Donc, comme dans une maison de village de France, il y avait des fagots dans la petite cour de la maison. La négresse était dessous.

Mahmoud l'en tira et l'amena à Lassalle, non sans avoir jeté en passant un encouragement au deux femmes très-crânement occupées à tirer de temps à autre sur les plus audacieux.

Quand Lassalle vit l'esclave, il la secoua rudement par le bras et lui dit de sa voix la plus dure :

— Tu vas me trouver une longue corde sur-le-champ, sinon je te jette du haut en bas de cette terrasse. Va.

Et il la lança, en quelque sorte, dans les escaliers.

C'était brutal, mais nécessaire.

Il voyait cette malheureuse abrutie par la peur, et il savait par expérience qu'en pareil cas il faut réagir contre cette peur en en causant une autre.

La vieille revint bientôt avec un paquet de solide cordonnet en poil de chameau.

— Bon, dit Lassalle, mets cela près de moi et file. Tu me remonteras des fagots et des jarres d'huile. Dépêche, ou gare à ta carcasse!

La pauvre vieille se précipita.

Pendant ce temps, l'attaque continuait; on envahissait les maisons voisines.

Par bonheur, celles-ci étaient plus basses que celle de Namouna.

On ne pouvait par conséquent tirer que de bas en haut sur la terrasse, et le feu, moyennant quelques précautions, n'était point dangereux.

Lassalle préparait ses fagots et les arrosait abondamment d'huile.

— Aide-moi, dit-il au jeune homme, nous allons faire de bonne besogne.

— Tu veux donc incendier le ksour? demanda Mahmoud.

— Et ce sera une belle flambée, garçon.

— Nous fuirons au milieu de la bagarre.

— Avec des déguisements, mon camarade.

— Et comment te les procureras-tu?

— Tu le verras tout à l'heure.

Il fit flamber un des fagots qu'il venait de donna une falourde allumée à Mahmoud et lui dit :

— Mets le feu à chacun de ces petits brûlots; moi, je les lancerai.

Et Lassalle, avisant une terrasse déserte sous et contre la sienne, y jeta successivement une dizaine de fagots qui en quelques minutes produisirent la plus jolie flambée qu'un incendiaire pût rêver.

La vieille amoncelait toujours les fagots.

Lassalle activait le feu.

De l'autre côté de la terrasse, il fit de même. Là il eut à essuyer des coups de feu et l'on tâcha d'enlever les fagots.

— Pends ton fusil, dit Lassalle à Mahmoud, et que tout ce qui osera paraître sur ce toit tombe mort. Vise bien et prends ton temps.

Bientôt les ksouriens renoncèrent à s'opposer aux progrès de l'incendie.

Faits de matières très-inflammables, les bâtiments, dans les villes du Sahara, présentent aux flammes des éléments très-combustibles ; aussi, en dix minutes, le feu prit-il des proportions énormes : il dévorait déjà cinq maisons.

Celle de Namouna résistait.

Au lieu d'être bâtie en bois, elle était construite en briques.

La flamme y mordait difficilement.

Lassalle contempla un instant son œuvre, debout, farouche, dominant le ksour embrasé et déjà plein d'agitation, de clameur et d'effroi.

Il sourit, joyeux, comme Néron enthousiasmé de l'incendie de Rome.

— Vois, dit-il à Mahmoud, vois ce que peuvent faire deux hommes résolus; nous noyons une ville dans une mer de flammes, et au milieu de ce grand naufrage d'un ksour nous nous échappons, ayant laissé un souvenir éternel de notre passage.

— Dans mille ans dit, Mahmoud, les légendes sahariennes parleront encore de nous.

— Viens! dit Lassalle.

Il était temps.

Ruth et Namouna étaient effrayées de voir et d'entendre l'incendie crépiter dans la rue en projetant des lueurs sombres.

Partout la population se dispersait pour chercher des jarres et de l'eau.

La pompe est inconnue.

Aussi le feu est-il un fléau de l'Algérie non soumise.

On entendait des milliers de gens crier comme des enragés.

— Sidi Mahomet, aid il ma!

(Seigneur Mahomet, donne de l'eau!)

Mahomet était sourd.

Les cataractes du ciel ne s'ouvraient pas; le ciel était complice.

—Allons-nous mourir brûlées? demanda Ruth inquiète.

— Non, chère petite, dit Lassalle; nous allons nous sauver.

Et par la meurtrière il lança sa corde armée d'un nœud coulant.

Manœuvré adroitement, le lazzo ramena le corps d'un mort ; il fut hissé avec précaution; mais les plus enragés, qui guettaient toujours, malgré l'incendie, tiraient à outrance sur ce cadavre, le prenant de loin pour quelqu'un de la maison descendant au lieu de monter.

Il fit passer le corps par la meurtrière, et Mahmoud, qui comprenait, le débarrassa de ses vêtements et de ses armes.

Lassalle dit à son ami :

— Rase-lui la barbe.

Mahmoud comprit encore.

Il tira son couteau fin et coupant comme un rasoir et opéra.

Bientôt un autre cadavre fut amené près du premier. Ainsi cinq en tout.

Mahmoud se faisait aider par les femmes.

Il avait bien saisi l'idée de Lassalle; aussi ordonna-t-il à Namouna de chercher du fil et une de ces pommades gluantes avec lesquelles les femmes arabes se fixent sur la peau de faux signes qui leur donnent du piquant.

Il engagea Ruth à rassembler les barbes des morts pour en préparer des postiches ce qui fut fait en un tour de main.

Le jeune homme fit alors endosser aux jeunes femmes et à la négresse, toujours idiote de peur, des vêtements d'homme, ceux qui leur allaient le mieux, et il fut habiller les morts avec les vêtements des femmes.

Puis, à l'aide de la pommade, il appliqua de splendides barbes aux trois femmes, ce qui leur donna un air rébarbatif.

Comme toutes celles de sa race, la négresse était très-mobile d'impressions.

Lorsqu'elle vit sa maîtresse si bizarrement accoutrée, elle se mit à rire.

C'était une chance heureuse.

La peur de cette femme aurait pu faire manquer le plan de Lassalle.

Le hardi garçon se déguisa, lui aussi, en Arabe, et

Les bandits se moquèrent d'eux.

Mahmoud mit la dernière main à une transformation radicale.

Quant aux cadavres, rasés de leurs barbes, défigurés à coups de pistolet, mutilés, méconnaissables, ils furent vêtus à leur tour avec la défroque des femmes et des chasseurs.

On les agença pittoresquement dans des poses bien étudiées pour l'effet ; on les mit la face contre terre.

Cela fait, Lassalle emmena son monde sur la terrasse.

De là on voyait l'incendie, qui avait gagné deux quartiers, planer sur tout le ksour et le couvrir de flammes, de cendres et de fumée.

La panique était à son comble.

La maison de Namouna commençait à craquer de toutes parts et par tous les interstices le feu pénétrait.

Lassalle ordonna à ses compagnons de se montrer tous à la fois et de crier comme lui : Victoire!

Il s'adressa aux gens de la rue qui assaillaient la porte, mollement du reste et à distance respectueuse.

— Amis, cria-t-il, ne tirez pas ! A nous la maison. Nous descendons vous ouvrir. Allah akbar! (Dieu est grand!)

On lui répondit par des hourras joyeux et des vociférations enthousiastes.

On crut qu'il était à la tête d'une bande ayant pénétré par la terrasse, en escaladant les murs derrière la maison.

Il redescendit.

Il ordonna aux siens de piller, ce qu'ils firent.

Il ouvrit.

La foule se précipita bêtement et férocement, comme toujours.

Elle se hâta d'autant plus qu'elle vit les jeunes femmes déguisées et Mahmoud et la négresse qui faisaient rapidement des paquets et enlevaient tout ce qui avait une certaine valeur.

On dédaigna les cadavres.

Personne ne vérifia leur identité; il s'agissait de faire main basse sur tout.

Ce fut une cohue, une presse, une bousculade indescriptible.

Et pendant ce temps, les assiégés gagnaient la rue et fuyaient...

Et Lassalle, à une lieue du ksour, arrêtait son monde et s'amusant à contempler ironiquement le ksour embrasé :

— Ruth! dit-il, je t'avais promis de te sauver; te voilà libre.

— Esclave à jamais de toi ! dit-elle en lui sautant au cou.

Le génie audacieux du chasseur l'avait fascinée, elle était à lui corps et âme.

Lassalle rendit à la jolie fille son baiser, puis il dit à Mahmoud :

— Nous allons gagner une tribu campée à une lieue d'ici.

« Nous y achèterons des mahara et nous serons le jour bien loin du ksour.

— Et nous songerons à Elaï Lascri, je suppose ! fit Mahmoud.

— Mon frère, il nous faut le trésor et nous l'aurons, ou nous périrons à la tâche.

Ils se remirent en route.

Ils trouvèrent la tribu endormie.

Il y avait encore quelque danger à éveiller les gens de ce village.

Mahmoud en fit l'observation.

— Ami, dit-il, ne penses-tu pas que si nous appelons ces gens-là ils vont nous faire des questions indiscrètes ?

— Ce sont des alliés du ksour ?

— Oui.

— Ils se défieront, alors.

— Si je volais les mahara ?

— Réussiras-tu ?

— Je le crois. Vous allez m'y aider.

Les chiens, qui avaient déjà entendu du bruit, faisaient rage au douar.

Mais les hurlements des cerbères ne comptent pas dans les douars.

Le chien hurle pour un scarabée qui vole comme pour un lion qui rugit. Comme on ne sait au juste à quoi s'en tenir sur les causes de leurs hurlements, on ne se lève que quand ils engagent un combat avec quelque intrus, bête ou homme, voleur ou hyène.

Mahmoud engagea ses amis à s'approcher à cent mètres de l'entourage d'épines que les Arabes assemblent devant leurs tentes et dont ils font une enceinte haute et épaisse.

— Vous ferez du bruit, dit-il à ses compagnons, assez pour les chiens, pas trop pourtant.

« Cassez de petites branches et remuez de petites pierres. »

On lui obéit.

Il se dépouilla de ses vêtements, se mit nu, fit le tour du campement et arriva du côté opposé à l'endroit où Lassalle occupait les chiens.

Ceux-ci s'étaient, selon leur coutume, portés tous vers l'endroit d'où on les agaçait ; l'enceinte en était dégarnie partout ailleurs. Mahmoud attendit que la rage des cerbères fût au comble, qu'ils fussent bien tous hurlant et déchaînés contre Lassalle ; alors il s'avança.

Glissant comme un lézard sur le sol, il parvint à l'entourage de broussailles.

Petit et mince, il chercha et trouva une coulée de kelbs, c'est-à-dire une de ces trouées par lesquelles les chiens entrent et sortent du douar.

C'était pour lui un chemin suffisant ; il passa en laissant quelques lambeaux de chair aux épines ; mais peu lui importait.

Une fois dans le village, il fila le long des tentes et il gagna le parc aux bestiaux ; pour ne pas effaroucher les animaux endormis, il rampa doucement parmi eux, flattant les bœufs qui levaient sur lui leurs gros yeux alourdis et caressant les moutons qui tournaient la tête de son côté ; il parvint aux mahara.

Les calmer par certaines façons de les flatter du regard et de la main, les désentraver, en lier cinq l'un à l'autre par leurs propres entraves, ce fut l'affaire de deux minutes.

Alors Mahmoud ouvrit tout doucement la porte du parc vers la campagne.

Ce mot *porte* mérite explication.

Le mur de broussailles s'ouvre et se clôt, en dedans, par des épines, des jujubiers surtout, liées et agencées très-étroitement à l'aide de quelques bâtons ; on rend cette barrière immobile en retirant ces pieux du dedans ; on peut sans efforts la rejeter sur les côtés.

Mahmoud, après s'être ouvert ce passage, sauta sur le mahara en tête et il le dirigea doucement ; les autres suivirent.

Tout cela sans bruit.

La lune, brillante, éclairait cet audacieux larcin, imposé par les circonstances.

Les chiens, toujours stupidement assemblés à l'autre extrémité du village, continuaient à pousser leurs aboiements inutiles. Mahmoud, par un détour, amena les montures à ses amis.

Un instant après, les cinq fugitifs fuyaient à toute vitesse.

Le lendemain, à l'aube, le cheik du village fut éveillé par les jurons, les cris de fureur des hommes, les imprécations des pâtres, les pleurs des enfants et les lamentations des femmes.

Il s'enquit de la cause de cette désolation et il apprit le vol.

Il fit monter une dizaine de ses meilleurs guerriers sur les mahara qui restaient, et il fit le serment de ne rentrer qu'avec les troupeaux, les têtes des voleurs ou autant de bêtes qu'on lui en avait pris.

Il était bien résolu à faire à un autre ce qu'on lui avait fait.

Telle est la justice arabe.

On me vole, je vole.

En quittant le douar, le cheik vit s'élever à l'horizon une grande flamme, et il se demanda ce que cela pouvait bien être.

— C'est le ksour qui brûle ! dit un de ses hommes doué d'une vue perçante.

Et bientôt des voyageurs qui avaient quitté le bourg en flammes affirmèrent le fait.

— C'est le fameux Lassalle, dirent-ils, le vainqueur d'Élaï Lascri, qui a été attaqué par un mari trompé ; il a résisté longtemps à toute la ville, mais enfin il est mort au milieu de l'incendie qu'il avait allumé.

Le cheik secoua la tête.

— Amis, dit-il, vous vous trompez ; c'est par lui que j'ai été volé cette nuit.

— Pourquoi supposes-tu cela ?

— J'ai relevé les traces des voleurs et j'ai vu d'abord qu'elles venaient du ksour.

— C'est un indice.

— Puis j'ai constaté qu'il y avait trois femmes et deux hommes.

— Ce n'est pas une certitude.

— Enfin j'ai reconnu, à la façon dont le pied d'un des hommes pesait sur le sol, que c'était un Français : le talon marquait fortement.

— Cependant l'on a vu les cadavres.

— Je maintiens mon dire.

Le cheik piqua son mahari et entraîna son monde à la poursuite.

Vers le milieu du jour, il vit un chamelier qui lui ramenait ses mahara.

On juge de sa surprise.

Le chamelier lui remit un joli fusil et un billet de Lassalle.

Celui-ci écrivait au cheik :

« Le Coran dit qu'il ne faut pas inutilement troubler le sommeil du juste ; ainsi en ai-je usé avec toi, respectable cheik.

« Cette nuit, au lieu de te réveiller, je t'ai emprunté tes chameaux.

« Je te les renvoie avec mes remercîments et un cadeau d'ami à ami.

« Louange à Dieu ! son salut soit avec toi. »

Le cheik, enchanté, communiqua le message à ses hommes, reprit les mahara, récompensa le chamelier et retourna vers son village.

Il retrouva les marchands sur son chemin.
— Dieu est grand, dit-il, Mahomet est son prophète; mais Sidi-Lassalle est béni par Allah.
Et il conta ce qui lui arrivait.
La caravane proclama qu'il était prodigieux que le chasseur se fût sauvé.
Dès ce jour, sa légende commença à se former, et il prit un grand prestige.

VII

OU LE BOSSU L'ÉCHAPPE BELLE.

Lorsque aujourd'hui on passe dans le ksour rebâti que **Lassalle** a brûlé, l'on est surpris d'entendre les habitants parler de ce hardi chasseur avec admiration ; ils le portent aux nues.

C'est que les hommes sont d'étranges êtres, qui aiment les mains qui les frappent.

Et, parmi les hommes, les plus étranges sous ce rapport sont les Arabes.

C'est une race qui adore saint Matraque (le bâton) et qui ne se mène qu'à coups de trique.

Du temps des janissaires d'Alger, qui avaient soumis toute la Régence, les Arabes étaient régulièrement pillés, tués, brûlés tous les trois ans.

Ils n'essayaient point de secouer le joug brutal du dey. et de ses beys.

Nous sommes venus substituer notre régime, relativement doux et humain, à celui de ces oppresseurs: les Arabes prennent notre bonté pour de la faiblesse, et ils se révoltent tous les cinq ans.

Il ne faut donc pas s'étonner si Lalouette, Martinet et Samoûl, entrant dans le ksour encore fumant, entendirent répéter par les incendiés le nom de Lassalle avec des soupirs de désespoir pour la perte subie et d'admiration pour qui l'avait infligée.

Les trois chasseurs venaient rejoindre leur ami après avoir mis en sûreté ce qu'ils avaient de plus cher : Marie, Margot et le trésor conquis.

Lors de leur entrée, ils remarquèrent d'abord qu'on s'écartait d'eux avec crainte.

Les gens du ksour se disaient que ces trois chasseurs étaient sans doute un détachement d'une bande déjà rassemblée pour châtier la mort de leur ami.

Il ne faut pas oublier que les Sahariens croyaient Lassalle enseveli dans les ruines de la maison en feu de la veuve Namouna.

Lalouette, qui avait toujours la langue devant les dents et qui était l'incarnation de la curiosité, ne put s'empêcher de questionner un habitant.

— Eh! l'ami ! fit-il, que se passe-t-il donc?
« Qui a mis le feu? »

Le Saharien baissa la tête et se détourna sans oser répondre.

Les chasseurs, étonnés, se dirent qu'il était arrivé quelque chose de grave.

— Eh! cria Samoûl à un juif qui fuyait avec des objets précieux sur son dos.
« Arrête ! »

Mais le juif détala de plus belle.

— Sacrebleu! dit Martinet, voilà qui dépasse la permission.

Déjà Samoûl préparait ses pistolets.

Le premier individu qui parut fut mis en joue par le Kabyle.

— Halte! dit Samoûl, ou je tire!

Le Saharien ajusté tomba à genoux et demanda grâce en criant :
— Ce n'est pas moi!... je n'en étais pas et je suis ruiné!...
— Tu n'étais pas... de quoi?
— De l'attaque.

— Contre qui ?

Le Saharien vit que les chasseurs ne savaient rien; mais il en avait trop dit.

— Seigneurs, reprit-il humblement, un crime odieux vient de se commettre; aussi, voyez, je quitte ce ksour, qui est maudit.

« Je fuis au désert.

« Tous les chasseurs d'autruches et d'antilopes vont fondre sur cette malheureuse ville et l'anéantir; mais j'espère qu'on distinguera les amis des ennemis; moi, je l'ai toujours respectée, votre corporation.

— On a donc tué un chasseur? demanda Samoûl d'une voix menaçante.

— Hélas! il s'est enfermé dans une maison et s'y est brûlé lui-même.

— Il se nommait?
— Lassalle.

Lalouette allait s'exclamer.
D'un regard, il l'arrêta.
Puis il dit au saharien.
— Comment cela est-il arrivé ?

— Seigneur, Lassalle était un si bel homme que les femmes en raffolaient.

— Pour être vrai, c'est vrai ! murmura Lalouette; un Apollon du Belvédère.

— Et, continua le Saharien, l'épouse d'un homme que nous appelons le Borgne, — parce qu'il lui manque un œil, — aima Sidi-Lassalle.

« Elle déclara le divorce et se réfugia chez une amie qui la reçut avec Lassalle.

« Le divorce n'étant pas encore prononcé, le mari cria à l'adultère, ameuta la ville, et des fous firent le siège de la maison.

« Ah! sidi, quelle idée fatale nos compatriotes ont eue là : il leur en a cuit!

« Devant la porte de la maison, les cadavres sont amoncelés, et derrière la terrasse ils sont entassés; la ville brûle; nous sommes perdus.

— Et Lassalle ?
— Lassalle, ce héros, est carbonisé à l'heure qu'il est.
— Conduis-nous à la maison du meurtre.

Le Saharien prit les devants sans oser répliquer aux chasseurs.

Partout ceux-ci rencontrèrent des villages consternés, des faces blêmes.

Cette ville tremblait devant ces trois hommes; elle se disait que si un seul de ces aventuriers avait brûlé le ksour, ces trois-là seraient capables de faire table rase de la ville et de ses habitants.

Dès avant l'arrivée des Français, les troupes de chasseurs du désert passaient pour être composées de terribles hommes qui ne reculaient ni devant rien; mais depuis que l'élément européen s'y était mêlé, cette corporation avait conquis un prestige inouï.

Les chasseurs, en débouchant devant la maison de Namouna, virent une masse de gens qui enlevaient les morts en poussant des gémissements.

Ils écartèrent la foule et entrèrent dans la maison: les murs seuls étaient restés debout; au milieu de la vaste cour inférieure, les chasseurs virent cinq corps étendus sur le sol; quelques étincelles avaient çà et là brûlé les vêtements qui couvraient les cadavres. Un homme, le Borgne, se tenait mélancoliquement accroupi près du corps qui portait le voile de Ruth, facilement reconnaissable ; ce mari trompé pleurait la jolie mulâtresse.

— Qu'ai-je fait? murmurait-il stupidement de temps à autre ; je suis la cause de sa mort; j'avais un trésor et n'ai pas su le garder...

Alors le désespoir le prenait et il se livrait à des sorties incohérentes.

Samoûl le touchant du doigt :

— Tu es le borgne? fit-il.
— Oui, sidi.
— Tu es le mari de Ruth?
— Oui, sidi.
— Ta femme t'avait déclaré le divorce?
— Déclaré, oui.
— Et tu as voulu la faire tuer parce qu'au lieu de te tromper elle se séparait de toi?
— C'est mon esclave qui m'a poussé.
— Où est cet esclave?
— Mort!
— Et tu vas, toi... Attends.
Samoül se tourna vers Lalouette.
— A pendre! dit-il.
Il désignait le Borgne.
Lalouette ne se le fit pas dire deux fois; la vue du corps qui portait les vêtements de Lassalle souillés de sang lui avait inspiré une furieuse colère.
Nous avons dit que tous ces cadavres avaient été retournés face à terre par le rusé Gascon; personne ne les avait examinés jusqu'alors.
On avait pillé, puis on avait fui le théâtre du combat; seul le Borgne était demeuré pleurant sa femme, mais n'osant toucher son corps.
Samoül et Martinet étaient dans un état d'exaspération contenue qui les rendait impitoyables.
Lalouette était outré.
— Ah! vieux brigand! dit-il, tu vas nous le payer! Quel vilain pendu tu feras!
Et il lui passa au cou une corde de campement, puis il se mit à traîner le condamné, qui n'opposait aucune résistance et se laissait bêtement faire.
Au moment où Lalouette, ayant jeté sa pierre par-dessus une galerie de pierre, hissait le pendu, Samoül lui cria tout à coup :
— Décroche-le.
Il avait retourné tous les cadavres et n'avait pas reconnu Lassalle. Il soupçonna quelque chose.
On amena le mari, dont le cou portait la marque des caresses du chanvre.
Martinet lui demanda :
— Où est ta femme?
Très-troublé, le Borgne indiqua le corps enveloppé du voile de Ruth.
— La voilà, dit-il.
Puis il s'écria :
— Allah! Comme elle est changée!
Samoül fit quelque vérification et s'écria tout à coup à son tour :
— Mais c'est un homme, cela!
Le Borgne s'écria idiotement :
— Comme elle est changée!
Il ne savait que répéter cette stupidité, ce qui, dans cette circonstance, était d'un effet si comique, que les chasseurs ne purent s'empêcher de rire.
Un espoir leur venait.
Le corps recouvert des vêtements de Lassalle était celui d'un Arabe.
— Il a fui! dit Martinet.
— Quel chacal! observa Samoül.
Lalouette tenait toujours la corde au bout de laquelle le nœud coulant entourait le col du pauvre mari trompé qui faisait triste figure.
— Si nous lâchions cette vieille bête-là! dit Lalouette. Il me semble que du moment où Lassalle n'est pas mort on peut faire grâce.
— Donne-lui du pied au derrière, dit Martinet, et qu'il file.
Lalouette s'acquitta consciencieusement de la commission, mais le Borgne ne s'en allant point, il tomba éploré sur le cadavre au voile de femme, et il se reprit à gémir en disant :

— Ma Ruth! ma pauvre Ruth, comme elle est changée!
Les chasseurs quittèrent cet imbécile en riant et sortirent de la maison.
Ils arrivèrent sur une place au moment où le caïd de la tribu alliée au ksour venait annoncer aux gens de la ville que Lassalle s'était échappé. Les chasseurs le trouvèrent entouré d'une foule à laquelle il expliquait son aventure.
Et les Sahariens de s'exclamer.
— Allons, dit Martinet, tout va bien; il paraît que Lassalle est en sûreté.
Et s'avançant vers le caïd :
— Chef, dit-il, peux-tu nous dire d'où venait le chamelier qui te ramenait les mahara que notre ami t'avait empruntés?
Le caïd, après un respectueux salut à Martinet, lui dit :
— Seigneur, ton illustre compagnon s'est dirigé vers le ksour de Gatoum.
— Je te remercie, dit le chasseur.
Puis se tournant vers les indigènes :
— Gens de cette ville, dit-il, rendez grâce à Allah de ce que notre ami est sorti vivant et vainqueur de vos murs; sans quoi, c'était fait de vous; à l'avenir, réfléchissez avant de toucher à l'un de nous
Puis, royalement, il puisa dans sa bourse quelques poignées de monnaie de cuivre, d'or et d'argent prises au hasard.
Les Arabes se jetèrent sur les pièces en se bousculant et en criant :
— Honneur au kerim (généreux)!
Les chasseurs partirent, escortés des bénédictions de la foule.
— Quelle canaille que cette population arabe! dit Martinet.
Et Lalouette de renchérir :
— Je me dérangerais plutôt pour ne pas écraser une fourmilière que pour ne pas jeter un Arabe sous les sabots de mon cheval.
Mais Samoül, qui était un philosophe, reprit ses amis en leur disant :
— Ne parlez pas ainsi. Un homme est un homme. Allah est le père du plus pauvre nègre comme du plus beau Kabyle de l'Atlas.
Il va sans dire que, pour le tueur de lièvres, un Kabyle, c'est ce qu'il y avait de mieux dans la création.
Martinet sourit et Lalouette se moqua du montagnard, qui coupa court aux plaisanteries en disant à ses compagnons :
— Il nous faut rejoindre Lassalle le plus tôt possible.
— Allons à Gatoum.
— A pied? fit Lalouette.
— On peut louer les mahara que notre ami avait volés.
— J'aime mieux cela.
Et les chasseurs se dirigèrent vers la tribu où Mahmoud avait enlevé si habilement les chameaux pendant la nuit précédente.
Les chasseurs firent marché avec les indigènes, et ils filèrent sur Gatoum.
Ils arrivèrent promptement.
Nous devons rappeler ici au lecteur qu'un bon mahari fait ses six lieues à l'heure; c'est presque l'allure d'un train omnibus.
Donc les chasseurs arrivèrent à Gatoum.
Ils s'informèrent.
On leur apprit que des voyageurs, parmi lesquels Sidi-Lassalle, avaient loué une maison vide et s'y étaient installés depuis un quart d'heure.

Les chasseurs se rendirent à cette maison. Lassalle fut très-surpris et un peu décontenancé en apercevant ses camarades.

— Ah! fit-il, vous voilà!

Et il prodigua, bien entendu, les poignées de main; mais il était gêné.

— Eh! mon gaillard, dit Martinet, tu fais des tiennes! c'est très-drôle.

— Bon! l'on m'a calomnié. Je suis sûr que ces imbéciles du ksour...

— Nous ont tout dit.

— Ne croyez rien.

— Ainsi, tu n'as pas séduit une jeune femme?

— Mais pas du tout!

— Cette Ruth...

— C'était l'intime amie d'une veuve nommée Namouna, maîtresse d'un ami à moi que je vous présenterai. Cette Ruth, je ne l'avais même pas vue; je ne suis pas entré dans le harem, je...

— Bref, tu l'as défendue uniquement par dévouement; et l'on t'a calomnié en disant qu'elle ne divorçait qu'à cause de toi.

— Je vous assure...

— Très-bien, parfait! voilà qui me va. Présente-moi à cette dame, que je lui fasse un doigt de cour; elle me plaira, cette petite.

— Mon cher...

— Ou tu meus, ou, cette petite n'étant pas ta maîtresse, tu ne dois pas voir d'un mauvais œil un ami lui parler d'amour.

— Et Margot?

— Et Marie?

Sur ce, les deux chasseurs se mirent à rire comme deux augures.

Mais Samoül n'était pas content.

— Voilà les Français! dit-il. « Une femme, une seule... Plusieurs épouses, c'est immoral. » Et puis ils se conduisent comme des pourceaux et volent les femmes et les filles des autres.

Puis il murmura :

— Mais j'aurais une bonne petite créature à moi, bien à moi, toute dévouée, et belle, et intelligente, et capable de tout souffrir et de tout oser; oui, moi, Samoül, j'aurais une femme comme madame Margot ou madame Marie, jamais je ne la tromperais.

Ce brave Kabyle était indigné.

— Tu ris, toi, Martinet, dit-il; tu es un grand sans cœur; du reste, si ta femme était là, elle te prendra comme ça.

(Il montrait son nez et le pinçait).

Il reprit :

— Elle le mènerait où elle voudrait

Lassalle était penaud.

Samoül reprit :

— Des femmes, des coureuses, des rien du tout! qu'est-ce que nous allons faire de ça, Lassalle? Il faut les planter là.

— Mais...

— Suis-je patron, oui ou non? Est-ce moi qui t'ai élevé au métier? J'ai le droit de te donner des conseils et d'exiger que tu les suives.

« En selle, et promptement! »

En ce moment, Mahmoud parut.

Il comprit ce dont il s'agissait.

— Je suis de l'avis du Kabyle, dit-il. Ces femmes vont nous attirer un embarras.

— Bien parlé, jeune homme! dit Samoül. Je ne te connais pas, mais je t'estime.

— Tu es fatigué de ta maîtresse, mais moi... je n'ai même pas embrassé la mienne.

— Bah! dit Mahmoud, une femme ou une autre, qu'importe! celle-ci aujourd'hui, celle-là demain, et vive l'espace!

— Que vont-elles faire?

— Laissons-leur de l'argent et elles nous attendront si bon leur semble. Profitons de ce qu'elles sont au bain pour filer et éviter les explications.

Lassalle donna une bourse pleine à la vieille négresse qui était accourue, puis, sur les instances de Samoül, on partit sur-le-champ.

Lassalle n'était pas content

VIII

LES SPLENDEURS D'AURÉLIA

Pendant que Lassalle avait l'imprudence de nouer une intrigue avec une femme arabe, intrigue qui devait avoir de singulières conséquences, Si-Lalou et son kodja Mikaël filaient sur Aurélia, la ville perdue.

Ils s'enfonçaient dans le Sahara avec une vitesse vertigineuse, car Si-Lalou avait toujours des mahara du plus pur sang. Si-Lalou, séduit par les récits de Mikaël, par les révélations de l'ulèma sur la ville-fantôme, selon l'expression arabe, Si-Lalou, épris des grandes choses et des merveilles, rêvait déjà de ressusciter la morte.

Il s'informait près de Mikaël.

— Ami, dit-il, comment pourrait-on vivre dans Aurélia? y a-t-il de l'eau?

— Maître, dit Mikaël, l'emplacement de la cité est au milieu d'une daïa.

— Tout va bien, alors, dit Lalou.

Et il médita ses plans.

Pour expliquer ce que c'est qu'une daïa, il nous suffira de citer le général Margueritte, qui a si bien expliqué dans son beau livre ce qu'est le désert, qu'on se représente trop comme un lieu aride et absolument dépourvu de toute végétation.

Il faut que le lecteur connaisse cette splendide région qui s'étend au sud de Laghouat et des ksours des Mozabites; notre drame va se dérouler là.

Dans cette immense contrée, presque sans bornes, l'horizon est très-vaste, et n'a pour limite, pour ainsi dire, que la faiblesse de la vue humaine.

De nombreuses daïas croissent dans les dépressions de terrain; elles sont boisées de beaux térébinthes comparables aux grands chênes de nos forêts du Nord et de buissons de jujubiers sauvages.

Dans ces vertes daïas qui émaillent ce vaste plateau du Sud comme les noires mouchetures tachent une peau de panthère, se trouvent en quantité des gazelles, des outardes, des lièvres, des perdrix, et bien d'autres espèces encore, aussi chères aux naturalistes qu'aux chasseurs.

Le reste du sol est couvert d'arbustes, et de plantes qui composent en partie les pâturages des troupeaux et du gibier du Sud; elles leur donnent cette chair succulente et parfumée si estimée des gourmets.

Il n'y a ni cours d'eau dans ce territoire; les orages, les rares pluies d'hiver alimentent seuls des réservoirs naturels qui se forment dans les daïas et le thalweg des vallées.

Ces réservoirs, appelés *s'dirs* (trahir) par les indigènes, en raison de leur peu de durée et des déceptions nombreuses qu'ils ont causées aux gens altérés, ne conservent leur eau que pendant quelques semaines dans la saison froide.

Ils la conservent bien moins longtemps encore en été; d'où la nécessité pour les nomades, à l'époque de la sécheresse, d'abandonner malgré eux ces bien-aimées terres de parcours, et de remonter vers le nord dans la région des eaux vives.

C'est alors que le plateau devient désert, comme je l'ai déjà dit, depuis le mois de mai jusqu'au mois d'octobre; il n'est plus traversé, à cette époque, que par de rares caravanes qui se rendent à Tuggurt et au M'zad.

C'est ainsi, dans cette saison, que les autruches, chassées des régions plus méridionales par l'ardeur du soleil, envahissent cette partie du Sahara pour y chercher l'ombre et la pâture.

Près d'Aurélia, Si-Lalou devait rencontrer une daïa pleine d'arbres, dont quelques-uns séculaires, force gibier, une source d'eau vive et des moyens de se cacher à tous les yeux, étant donnée son adresse à dépister tous les regards.

Les voyageurs, après une longue course, arrivèrent au milieu d'un site charmant qui, masqué par un amphithéâtre de collines de sable, se démasquait tout à coup, et dont la végétation luxuriante dépassait tout ce qu'Élaï Lascri espérait.

— Ami, dit-il à Mikaël, ceci est un paradis, un coin du ciel, une terre bénie; je vois que nous y serons heureux et charmés.

— Ah! dit Mikaël, que diras-tu quand tu verras la cité elle-même?

Et le jeune homme montrait un enthousiasme qui tenait du délire; il brandissait son fusil, dansait sur son mahari, se livrait enfin à toutes les exagérations d'une fantasia échevelée.

Lalou mit pied à terre et ses esclaves vinrent à lui.

Mikaël sauta à bas de son dromadaire et cria à Élaï Lascri :

— Par ici! Voici l'entrée d'une maison; qu'on déblaie cet endroit, et tu arriveras au toit d'un édifice qui devait être un temple.

Les esclaves, très-étonnés de ces paroles, mais se gardant bien de rien montrer de leur stupéfaction, se mirent à l'œuvre.

Mikaël les guidait.

— Ah! dit-il, quel bonheur d'être riche et fort, Si-Lalou! comme tout alors marche à souhait! avant une heure, les nègres auront fini; il m'aurait fallu deux jours au moins pour enlever tout ce sable qui obstrue la terrasse.

Et le jeune homme, qui avait eu soin de marquer les différents points par où il avait déjà pénétré dans la ville, laissa les noirs à l'œuvre et emmena Lalou aux différentes places où il s'orientait et se renseignait.

— Ici, lui disait-il, tu es au-dessus d'une belle rue que j'ai entrevue, se prolongeant au loin, bordée de palais, pavée de marbre.

« Plus loin se trouve un vaste cercle bordé de gradins.

— Un cirque? dit Lalou.

— Je ne sais.

— C'est un théâtre où l'on donnait des spectacles en plein air.

Bientôt les esclaves appelèrent leurs maîtres; les outils avaient rencontré de la maçonnerie.

Mikaël accourut.

— Nous sommes, dit le jeune homme, sur la terrasse du temple.

Lalou voulut descendre.

— Un instant, dit Mikaël. Tu ne connais pas comme moi le danger de s'aventurer aussi loin dans la ville; laissons l'air pénétrer.

— Et nous attendrons?

— Cinq ou six heures.

Lalou était dévoré d'impatience.

— Petit, dit-il, je suis trop nerveux pour avoir tant de patience.

Il ordonna aux esclaves :

— Allez, vous autres. Creusez d'autres traces; je veux de l'air à flots.

Les noirs se mirent à l'œuvre.

Pendant qu'ils travaillaient, Lalou dit à son kodja d'allumer une torche.

Le jeune homme obéit.

— Je vois, dit-il, que tu es une nature enthousiaste, digne de ma cité endormie; je ne regrette pas de l'avoir découverte.

— Ami, fit Lalou, je suis ému comme à la veille de mon premier rendez-vous d'amour.

Et de ses propres mains il s'amusait à vider les outres d'eau.

— Pourquoi jettes-tu cette eau? demanda le kodja assez surpris.

— Parce que, lui dit Élaï Lascri, nous avons des sources ici.

— A quoi bon te donner de la peine?

— Mon cher enfant, je veux remplacer l'eau par de l'air.

Et Lalou, après avoir vidé les outres, les laissa se gonfler d'air, puis il les ferma hermétiquement; alors il en donna plusieurs au jeune homme, prit les autres, et, la torche à la main, il s'aventura dans le trou, descendant les marches de l'escalier.

L'air était lourd à mesure qu'on avançait, et la torche donnait une lumière rougeâtre; mais Élaï Lascri, quoiqu'il respirât difficilement, était poussé par une curiosité trop ardente pour reculer.

Le temple devait ressembler beaucoup à celui de Nîmes, connu sous le nom de Maison-Carrée, et aussi à notre Madeleine de Paris.

Seulement il avait un cachet particulier, et on avait modifié certaines lignes architecturales pour mettre l'édifice en harmonie avec le climat, les mœurs et le goût du pays; le toit notamment était fait en terrasse.

Lalou trouva, après une longue descente, une porte fermée devant lui.

— Maître, dit Mikaël, laisse-moi passer devant toi; je sais ouvrir cette porte; elle est d'airain et résisterait aux plus vigoureux.

— Fais vite, dit Lalou; je meurs d'envie de voir l'intérieur du temple.

Dans les bizarres sculptures qui décoraient la porte, Mikaël chercha et trouva l'œil d'un scorpion énorme, et il fit une pesée.

La porte roula sur ses gonds.

Tout d'abord Lalou sentit une bouffée d'air méphitique lui arriver au visage; il faillit suffoquer, et la torche parut sur le point de s'éteindre.

Élaï Lascri déboucha une outre et respira l'air pur qui s'échappa de ce réservoir; il reprit ainsi rapidement ses forces.

Il était temps.

Ses tempes battaient avec force, et il avait eu un étourdissement.

Mikaël avait imité le maître.

«Peu à peu l'air extérieur s'était engouffré dans l'escalier et avait envahi le temple; la torche jetait une flamme plus vive.

— Entrons! dit Lalou.

Il pénétra dans le sanctuaire, et de sa poitrine de lion s'échappa un long rugissement d'admiration.

Une scène splendide se déroulait à ses yeux, pleine de grandeur et de majesté.

Lors du cataclysme que nous expliquerons plus tard, une grande masse de peuple s'était réfugiée dans ce temple pour supplier les dieux.

Magistrats et foule, prêtres et profanes, soldats et citoyens, femmes et enfants entassés pêle-mêle et dans les attitudes les plus diverses; la mort les avait surpris priant.

Il y avait là cinq mille personnes.

Et toutes semblaient encore vivre.

Les unes joignaient les mains, appuyées aux colonnes; d'autres, affaissées sur les dalles, frappaient la poussière de leur front courbé; d'autres semblaient se tordre dans les affres du désespoir.

Les enfants gisaient près des mères, et çà et là les chiens, animaux immondes toujours chassés des sanctuaires, avaient envahi celui-là dans le tumulte de la catastrophe, et presque tous étaient couchés sur un corps qu'ils avaient léché jusqu'à la dernière seconde.

Il n'y avait pas trace de corruption; ces cadavres devaient être pétrifiés.

Dire l'effet produit par ce spectacle extraordinaire est impossible. Toute une ville, tout un peuple, endormi depuis des siècles, apparaissaient tout à coup tels qu'ils avaient été surpris par un épouvantable cataclysme.

Lalou revoyait une colonie romaine égarée dans le Sahara, y vivant au milieu des Numides et y ayant prospéré au point de rendre Rome et Byzance jalouses de ses splendeurs.

Les vêtements de ces morts étaient d'une richesse fabuleuse; les simples ouvriers, reconnaissables à la coupe de leur tunique, étaient somptueusement habillés; toutes les femmes portaient de merveilleux bijoux.

Le temple ruisselait d'or et d'argent ciselés avec un art original.

Les pierreries étincelaient de toutes parts; les statues se dressaient rutilantes, taillées en pleins blocs d'argent sur des piédestaux d'onyx; elles représentaient les dieux et les déesses de Rome mêlés aux idoles du Sahara.

Des sphinx gigantesques, des éléphants de bronze, des girafes fantastiques formaient une ornementation étrange et un contraste saisissant avec les Vénus et les Jupiter d'un style pur, châtié et imposant de simplicité.

L'art grec et l'art barbare s'alliaient pour donner à ce sanctuaire un caractère bizarre, extraordinaire et grandiose.

Lalou croyait rêver.

— Ah çà! fit-il, ai-je fumé de l'opium, suis-je ivre de hatchich?

Mais Mikaël était là, suivant du regard, avec joie, les étonnements du maître.

— C'est beau et grand, n'est-ce pas? fit-il.

« C'est digne du regard d'un poëte.

— Jamais, dit Élaï Laseri, mon esprit n'avait conçu quoi que ce fût d'approchant ceci; pourtant mon âme est ouverte aux larges horizons.

Il était resté cloué par la stupeur à l'entrée de la porte; il s'avançait peu à peu sous l'empire d'une curiosité ardente.

— Évidemment, murmurait-il, c'est bien là cette Aurélia qui fut la reine du désert, la ville aux cent portes, comme Thèbes.

— Quoi! fit Mikaël, tu sais le nom de cette cité morte!

— J'ai lu, chez les Mozabites, les vieilles légendes, les récits anciens; leurs descriptions me prouvent que ce temple est bien celui d'Aurélia : c'était un panthéon où les dieux disséminés dans ces régions étaient respectés et adorés.

« Cette cité, mon cher Mikaël, a servi, pendant plusieurs siècles, d'entrepôt aux caravanes qui allaient et venaient entre le littoral, le Tell, le Sahel, l'Atlas et les pays nègres d'au delà du Sahara, terres mystérieuses des esclaves, de l'ivoire et de la poudre d'or récoltée à pleines mannes.

« Pendant le règne de Rome et de Byzance sur la Numidie, Aurélia fut la ville la plus opulente de la terre.

« On y entassait l'or, l'argent et les chameaux, comme ailleurs le cuivre et l'étain; dans les grandes fêtes, les rues étaient tendues de pourpre et le sol couvert de fourrures de panthères, de lions et de léopards.

« Aurélia enlevait à l'Italie et à la Grèce ses poëtes et ses artistes; chaque maison fut un palais, et les plus humbles artisans couchaient sur des lits de plumes d'autruches.

« Les esclaves eux-mêmes étaient vêtus d'une façon éclatante.

« Puis, un jour, il y eut un grand cataclysme qui ensevelit la ville.

« Elle périt par l'eau. »

Mikaël se frappa le front.

— Enfin, dit-il, je comprends.

— Et que comprends-tu?

— Maître, je ne m'expliquais pas une foule de secrets.

— Et tu les as saisis?

— Je le crois.

Il emmena Lalou.

— Touche un de ces cadavres, dit-il.

Élaï Laseri essaya de déranger une étoffe sur le corps d'une femme; il la trouva raide sous sa main et comme à demi pétrifiée.

Il vit la chair sous la robe.

Elle était jaunâtre et comme rancie.

— Vois-tu, dit Mikaël, je vois ce qui s'est passé; je le vois clairement.

« La ville est dans un creux.

— En effet, une ceinture de collines assez haute l'environne.

— Tout le sol de ces collines est imprégné de sel; dans le désert, tu le sais, les montagnes de sel presque pur sont nombreuses.

— Après?

— Il y a une immense excavation au sommet d'une des collines, et j'ai reconnu des traces de conduites d'eau qui vont très-loin, dans toutes les directions, chercher de l'eau.

— Les Romains étaient grands constructeurs d'aqueducs.

— Tu ne m'étonnes pas.

— Maître, toute l'eau des oasis et des daïas, à trente lieues à la ronde, arrivait à Aurélia.

« Il y avait notamment une immense galerie qui amenait la rivière de Cañadi, aujourd'hui très-peu considérable et perdue dans le sable, mais qu'on m'a dit très-considérable jadis.

— Tu ne te trompes pas.

— Et vois-tu, maître, la grande excavation devait être un réservoir énorme.

— Tu dis vrai. Les chroniques de la mosquée mozabite appellent Aurélia la *Cité des eaux*; elles disent que dans les montagnes de sel on avait pratiqué des fouilles auxquelles dix mille esclaves avaient travaillé pendant de longues années, et qu'on avait établi une ceinture de bassins autour de cette cité.

« Il paraîtrait qu'en une nuit, des filtrations ayant miné le sol, les bassins s'ouvrirent, et qu'en peu d'instants Aurélia fut inondée.

« L'eau tombait de toutes parts en cataractes terribles.

— Mais, mon cher Mikaël, je doutais de cela; je croyais plutôt à un tremblement de terre.

« Les maisons sont debout.

« Je crois, moi, fit le jeune homme avec conviction, que la ville a été noyée, asphyxiée sous l'eau, et que pendant longtemps la vallée, le creux dans lequel elle est construite, fut un lac.

« Les aqueducs continuèrent à verser pendant longtemps leurs eaux dans ce lac.

— Et après?

— Maître, après, les conduits se sont obstrués, l'eau

n'est plus venue.

« Et le soleil a pompé le lac, laissant la ville cristallisée dans un bloc de sel, car tout le sel des montagnes descendait avec les eaux qui le dissolvaient peu à peu.

— Ce doit être cela, fit Lalou. Je reverrai les textes ; j'y ai lu quelques phrases embrouillées qui deviennent claires maintenant pour moi.

« Mais tu parles de rues qu'on peut parcourir...

« Elles ne sont donc pas obstruées ?

— Non.

— Comment cela se fait-il ?

— Maître, pendant les grands vents du sud, le simoun pousse partout ses tourbillons de sable et de poussière de toutes sortes ; le bloc de sel qui couvre la ville a été peu à peu enseveli sous des couches de diverses natures ; mais je te montrerai que les premières, les plus proches du sol, étaient de cette espèce de terre argileuse qui forme la brique du désert ; sa poussière a été apportée la première.

« Cette poussière s'est cimentée au contact de l'eau, et cela a formé une croûte solide, une voûte qui pèse sur la ville.

« D'autre part, à chaque saison d'hiver, les pluies ont filtré et ont refondu le sel, l'entraînant dans les sous-sols et faisant le vide entre la voûte et le terrain sur lequel les maisons sont construites.

— Aôh ! petit, voilà qui est vraiment très-ingénieux comme explication ; je te crois, cela s'est passé probablement ainsi.

« Tu es perspicace.

— J'ai tant songé, maître !

— Avançons ! dit Lalou.

L'air était revenu et remplissait tout le temple.

Longtemps Élaï Lascri étudia cette architecture admirable ; puis le désir lui vint de voir une rue d'Aurélia.

— Ami, dit-il, peut-on ouvrir le temple et sortir sous le portique ?

— Oui, maître ; j'ai beaucoup travaillé pour arriver à mon but ; ces portes sont lourdes ; le fer était rongé...

— Et tout seul tu es parvenu à les faire rouler sur leurs gonds ?

— Tu vas voir !

Le jeune homme conduisit Lalou devant deux battants de cèdre recouverts d'un métal dont le secret était perdu.

Sur l'un des battants, le soleil était ciselé, et ses rayons se composaient de baguettes d'or incrustées de rubis et de topazes.

Sur l'autre, la lune était représentée avec des rayons d'argent dans lesquels s'enchâssaient des brillants et des roses.

L'effet était prodigieux.

Mikaël poussa un verrou, fit tourner une clef, et la porte s'ouvrit.

Là encore l'air non respirable envahit l'espace que remplissait l'air pur, puis le courant s'établit peu à peu.

Mais ce fut long.

Lalou et son kodja durent recourir à leurs outres.

Quand la lumière de la torche redevint brillante, les deux aventuriers s'engagèrent sur les marches du portique.

Lalou vit au loin s'étendre une place bordée d'édifices et percée de rues qui allaient se perdre dans les ténèbres.

Partout des corps vêtus et admirablement conservés par le sel étaient étendus dans les poses les plus variées.

Un char antique, avec son attelage et ses voyageurs, obstruait un coin de la place, et il semblait qu'un accident récent venait d'arriver là.

Près du char, une panthère était retournée, les pattes en l'air, et on eût dit qu'elle se débattait en folâtrant ; Lalou reconnut un animal apprivoisé.

— Mais, dit-il, la bête porte un collier ; elle appartenait sans doute à cette courtisane que je vois dans le char et qui fuyait demi-nue.

Et il abaissa sa torche.

— Une inscription ? fit-il.

— Oui, dit Mikaël, mais je ne puis en lire la bizarre écriture.

— C'est du grec, dit Élaï Lascri.

Et il traduisit les vers suivants :

> J'appartiens à Phryné,
> Plus belle que celle qui porte ce nom,
> Et qui a duisit l'aréopage.
> Je caresse ceux qu'elle aime,
> Je mords et déchire ceux qu'elle hait.
> Si tu veux ouvrir le cœur de ma maîtresse,
> Sers-toi d'une clef d'or.

— C'était une courtisane ? dit Mikaël.

— Mon fils, après ce que je viens de lire sur le collier de la panthère, il n'y a pas à en douter.

— Maître...

— Qu'as-tu ?

— Ne trouves-tu pas qu'on étouffe ?

— Par ma foi ! si.

— Il serait prudent de remonter.

— S'arracher d'ici est difficile ; cependant l'air manque à nos poumons.

— Il serait imprudent de demeurer ; un jour j'ai failli mourir.

« Je ne pouvais quitter une maison qui m'offrait mille curiosités.

« Je prolongeai mon séjour ; peu à peu une torpeur insensible me saisit, et je n'eus que le temps de courir à la sortie.

— Tu m'effraies ! je suis déjà tout étourdi ; rentrons au temple, cadour.

Il était temps.

La large poitrine de Lalou se gonflait, et son sang gonflait ses veines.

A mesure qu'ils revinrent, cette indisposition se calma rapidement.

Lalou fit encore le tour du temple, dont l'atmosphère était respirable ; puis, une dernière fois, il voulut revoir la ville.

Du haut du péristyle, il l'embrassa d'un long regard et dit solennellement :

— Cité morte, Aurélia, reine endormie, je veux te ressusciter !

« Tu reverras le soleil !

« Tu reverras tes fêtes !

« Un peuple innombrable repeuplera tes rues et le monde entier célébrera tes merveilles. »

Puis, faisant un effort, il s'arracha à la fascination.

Ils remontèrent au jour.

Les esclaves avaient disparu.

Lalou ne savait que penser.

Bientôt un nègre reparut, et à sa suite les autres, tremblants et poltrons.

— Maître, dit le premier, bats-nous, mais pardonne-nous !

Lalou était de bonne humeur.

— Pourquoi, dit-il en prenant le noir par l'oreille, pourquoi avez-vous fui ?

— Nous avons eu peur.

— De quoi ?

— Des djenouns.

Les autres tremblants :

— Maître, nous avons pensé que vous descendiez dans

Il souleva chacun d'eux avec une force herculéenne.

quelque puits enchanté, plein de djenouns (génies) malfaisants.
— Imbéciles! fit Lalou.
Et il se mit à rire.
Les nègres lui baisèrent les mains; ils avaient craint de payer cher leur incartade. Lalou était rarement aussi clément.
Les esclaves retournaient au travail.
— Laissez-nous, dit Lalou.
Et à Mikaël :
— Inutile de creuser ailleurs; nous allons attendre que la bande arrive.
— On va s'installer dans la ville ?
— Oui, petit.
— Quel bonheur !
— Mon monde va travailler puissamment et activement à établir des conduites d'eau.
— Et si l'on sait que tu es là ?
Lalou sourit.
— Mon pauvre Mikaël, dit-il, quand on saura que nous sommes dans cette région, l'on s'éloignera; on craint trop Élaï Lascri.
« J'avais une autre demeure, bien étrange; on n'en approchait guère.
« Il a fallu l'audace de quelques Français pour pénétrer dans mon lac.

DIX CENTIMES ILLUSTRÉS. 140º.

— On dit que ces hommes ne sont pas morts.
— Ils mourront.
Lalou avait l'air si sombre, si terrible, que Mikaël n'osa rien dire.
Élaï Lascri siffla un esclave qui accourut humblement.
— Monte sur un mahari, lui dit le nègre, cours au ksour et sois rapide.
— Que ferai-je ?
— Tu diras à mon khalifat de se munir de tout ce qu'il faut pour camper ici, et surtout d'outils de toutes sortes pour creuser ces souterrains.
L'esclave partit.
Il s'agissait de pourvoir au coucher et au dîner, car la nuit était proche.
Lalou était grand chasseur.
— Mon fusil ! demanda-t-il à un esclave qui lui apporta une carabine anglaise à longue portée et un deux-coups à plomb.
Mikaël regarda ces armes.
Les capsules l'étonnaient beaucoup; il n'avait jamais vu ce système.
— Qu'est-ce que cela ? fit-il.
— Une invention européenne, répondit Lalou qui expliqua les avantages de ce perfectionnement et la supériorité de nos fabriques.

Le Roi des Chemins. L.

Le pauvre Mikaël ouvrit de grands yeux étonnés. Lalou lui dit :
— Tu comprends, mon petit Mikaël, que j'ai saisi de suite l'avantage de ces carabines, et comme je suis ce que les Français appellent un homme de progrès, je me suis empressé de me faire envoyer ces lancastres par la voie du Maroc.

« Tu vas voir ce qu'on en peut faire. »

Il emmena son kodja vers les collines, et il se plaça avec lui en embuscade derrière un buisson épais qui dominait un petit défilé formé par deux dunes de sable.

— Avant une demi-heure, dit-il, tu vas voir arriver le gros gibier.

Les antilopes, les gazelles, les autruches même viennent à la daïa pour y boire et s'en retournent ensuite.

— Comment sais-tu que c'est par ce défilé qu'elles passent ? Il n'y a aucune trace sur le sable, qui perd promptement toute empreinte.

— Mon cher, le chasseur doit se mettre toujours à la place du gibier, dit Lalou, et se dire : Si j'étais autruche ou gazelle, que ferais-je ?

Mikaël se mit à rire.

— Maître, dit-il, te comparer à une bête, mettre ta puissante cervelle dans le crâne d'une autruche, c'est bien drôle !

— Tu vas voir que cela sert. Du reste, les animaux, qui procèdent par sensations, sont infiniment supérieurs en beaucoup de points aux hommes, qui procèdent par le raisonnement.

« Tout d'abord, ce sera de se fier à leurs sens et de les exercer ; ces animaux se perfectionnent extraordinairement et arrivent à posséder des facultés merveilleuses que l'homme pourrait se donner.

— Tu crois ?

— J'en suis certain. J'ai vu des chasseurs qui sentaient les pistes comme des chiens, et, en général, les sauvages ont un flair merveilleux.

« Nous avons tout autant de flair que n'importe quel animal.

« Nous laissons nos meilleures qualités corporelles s'oblitérer.

« Je reviens aux moineaux.

« Ce qu'on appelle chez eux l'instinct n'est pas autre chose que leur sensibilité extraordinaire aux impressions extérieures ; ils n'en sont distraits par rien, ils suivent les plus légères impulsions venues de la nature.

« C'est ainsi que s'expliquent les migrations d'oiseaux et beaucoup d'autres phénomènes qui nous étonnent tant.

« Les premiers indices du froid ont une action plus puissante sur les hirondelles que sur nous ; elles sentent la glace aux pôles, le soleil à l'équateur, et elles montent vers le soleil.

« Et quand les hommes, à l'état barbare, émigrent, ils vont vers l'équateur.

« Voilà pour les grands faits.

« Pour les petits, le gibier monte et descend selon les mois, cherchant l'herbe plus au sud dans l'hiver, plus au nord l'été. Or les antilopes, les gazelles, les autruches ont coutume de coucher hors de la daïa, dans les sables solitaires ; leur sauvagerie les y pousse ; mais chaque jour la soif les amène à la daïa la plus proche.

« Eh bien ! dans la saison d'hiver, l'instinct fait que chaque soir, après avoir bu, l'animal s'enfonce dans la direction où tend la migration générale.

« En ce moment, tout le gibier gîte au sud de la daïa qu'il a choisie comme station, et il en sera ainsi pour toutes les daïas qu'il rencontrera d'ici au moment qu'il descendra, jusqu'au moment où il remontera ; alors il gîtera au nord.

« Tiens, voilà une antilope ! »

En effet, un mâle d'antilope s'avançait, éclairant un troupeau de vingt têtes.

— Tu vois ? dit Lalou ; ces animaux se conduisent comme une troupe de cavaliers qui vont en razzia et observent les principes de la guerre.

« Vois-les.

« Un éclaireur précède la bande et sonde le terrain avec inquiétude ; s'il y a un défilé dangereux, le troupeau s'arrête jusqu'à ce que le mâle l'ait exploré. Tu vois qu'entre une troupe d'hommes et un troupeau il y a pas grande différence. »

Et Lalou se mit à rire.

— Prends garde ! dit le jeune homme ; l'antilope entend et s'arrête.

— Oh ! fit Lalou, la bête est morte.

— Comment ?

— Elle est à trois cents mètres et je la tiens sous ma carabine.

Il arma.

— Regarde, dit-il.

Il coucha l'antilope en joue, et le mâle tomba foudroyé.

Le troupeau s'enfuit.

Au coup de feu, les esclaves accoururent, et ils allèrent ramasser le gibier ; la bête était magnifique et les défenses splendides.

Lalou revint au camp.

Déjà l'on avait monté les tentes, les feux flambaient joyeusement.

Les esclaves avaient trouvé des œufs d'autruches, quelques beaux lézards du Sud ; ils avaient fendu des palmiers nains et pris dans les racines des vers blancs dans le genre des hannetons ; les jujubiers et les autres arbres creux avaient fourni des baies ; les coffres étaient bourrés de provisions.

Le dîner se préparait.

Lalou, qui était trop artiste en tout pour ne pas être un gourmet, donna des conseils à ses gens, et le repas fut exquis.

Les lézards furent fricassés, et comme nous en avons mangé souvent, nous pouvons dire aux lecteurs qu'ils ont à peu près la chair de la grenouille, aussi délicate, mais plus ferme, avec un léger arome, une arrière-senteur de musc qui est fort agréable.

Les vers blancs sont enveloppés dans deux ou trois feuilles de palmiers nains et cuits sous la cendre chaude : c'est exquis, on dirait manger des croquelettes.

Quant à l'antilope au piment, c'est un manger hors ligne.

Lalou but l'eau de la daïa, comme il avait coutume ; il prétendait qu'un vrai gourmand ne buvait pas de vin en mangeant des viandes, le parfum de celles-ci nuisant au bouquet de celui-là, et réciproquement.

Au dessert, il fit déboucher le champagne et grisa légèrement son kodja.

Puis on prit le café, on bourra les pipes, et, après la première rêverie, Élaï Lascri dit à Mikaël :

— Improvise, mon ami, des vers libres sur les futures splendeurs de notre ville.

Le jeune homme préluda sur sa mandoline arabe.

La brise du soir passait pleine de bruit et de parfums sur le désert silencieux ; l'horizon se teintait de pourpre ; la nuit tombait sur l'océan de sables.

C'était une heure solennelle.

Et Mikaël, inspiré, chanta la cité morte.

Les nègres écoutèrent en extase.

Élaï Lascri laissa errer sa pensée dans des rêves sans fin...

VIII

Pendant que Lalou pénétrait dans la cité, ses ennemis se concertaient.

De tous, le plus à craindre était Mahmoud.

Le jeune homme connaissait tous les secrets de Si-Lalou et pouvait donner en toutes circonstances des indications précieuses.

Mahmoud fut particulièrement apprécié par Samoül, ravi de voir un jeune homme si détaché des choses de l'amour et capable de tant de philosophie à l'égard des femmes; le Kabyle donna son estime au petit Maure.

On avait piqué droit hors du ksour.

Quand on en fut à une douzaine de lieues, on s'arrêta près d'un puits.

Lassalle était toujours de fort mauvaise humeur, et il ruminait dans sa tête un plan pour retourner à l'oasis.

— Je prendrai toujours bien quelques heures, se disait-il, pour retrouver Ruth.

Mais Samoül vint à lui quand on eut mis pied à terre près du puits.

— Cadour, dit-il, je te préviens d'une chose : je ne te quitte pas que nous ne soyons hors portée de ces deux drôlesses.

« Si tu fais la moindre tentative pour les rejoindre, l'association sera rompue.

« Je n'admets pas que toi, notre chef, tu donnes l'exemple de la mollesse. »

Lassalle se sentit dominé; il se décida à faire contre fortune bon cœur.

— Est-ce que je pense seulement à cela ? dit-il d'un air indifférent.

« Nous avons d'autres chiens à fouetter.

— A la bonne heure !

— Il s'agit de Lalou et du trésor ; prenons le café, fumons et tenons conseil.

Cependant une longue discussion s'engageait entre Lalouette et Mahmoud.

Le vieux zéphyr avait vu avec plaisir l'arrivée de ce tout jeune homme.

En ceci, il avait son idée.

IX

EN CHASSE (suite).

— Bon, s'était-il dit, voici un novice : ce gamin-là fera la cuisine et je serai débarrassé de ce soin fastidieux.

Lalouette, vaniteux comme tout bon Français, avait horreur de ces positions qui sentaient la domesticité, et de temps à autre il murmurait :

— Avoir des brillants de quoi remplir un képi, et éplucher des oignons !

Donc, en arrivant au puits, il dit à Mahmoud d'un ton de commandement :

— Petit, à l'eau !

Le jeune homme regarda d'une certaine façon maître Lalouette ; toutefois il s'en fut au puits et rapporta les bidons pleins.

Le zéphyr avait allumé le feu.

Il se mit à rouler une cigarette et d'un air important dit à Mahmoud :

— Je vais te dresser, petit; quand tu sauras ton affaire, tu me remplaceras tout à fait.

Mahmoud avait flairé son homme et se doutait bien que Lalouette n'était pas un vieux chasseur ; or la loi des associations comporte que c'est le plus jeune dans le métier qui est chargé des fonctions culinaires.

— Père Lalouette, dit Mahmoud, vous êtes bien novice pour avoir la prétention de me céder le couteau de cuisine.

Le zéphyr regarda ce gamin avec indignation et lui dit d'un air rogue :

— Aurais-tu la prétention d'être plus considéré qu'un homme qui a pénétré dans la grotte de Si-Lalou, sous le Trou-du-Diable ?

Il ferait bon qu'un moutard se croisât les bras, pendant qu'un vieux comme moi ferait la soupe ; ce serait le monde renversé.

— Et ce sera pourtant. Nous allons examiner nos titres réciproques.

— Examinons ! fit Lalouette. Je voudrais bien savoir combien tu as fait d'années de campagne et puis te voir comparer cela à mes états de services !

— Vous avez été soldat, fit Mahmoud dédaigneusement, un mouton dans un troupeau !

— Tu dis...

— Que soldat ou rien, au point de vue de notre métier, c'est la même chose.

« Mais une question :

« Combien de lions avez-vous tués ?

— Peuh ! fit Lalouette embarrassé, je n'ai pas eu grande occasion.

— Ah ! ah !

— Mais toi ?

— J'en suis à mon cinquième.

Lalouette se mit à rire.

Mahmoud se leva indigné.

— Vieux porc des forêts (alouf-el-rabaa), dit-il avec colère, je te défends de douter de ma parole ou je te tue.

— Mon garçon, fit le zéphyr, je vais te tirer les oreilles.

Mahmoud n'en attendit pas davantage ; d'un bond de panthère, il tombait sur Lalouette qui n'eut pas le temps de se mettre en garde...

Le pauvre zéphyr fut atteint, culbuté, terrassé, le temps d'en parler.

Et Mahmoud, d'une main nerveuse, le tenait par le cou, étranglé à moitié ; de l'autre, il le menaçait de la pointe de son poignard.

Heureusement Samoül saisit Mahmoud et l'enleva vigoureusement.

Lalouette se releva dans une colère bleue ; il voulait exterminer Mahmoud.

Mais Martinet, qui riait aux larmes, dit au vieux zéphyr :

— Voilà qui est bien fait. Tu es puni de ta sotte manie; cela t'apprendra à ne plus être aussi vain qu'un dindon.

Et Samoül impérativement :

— Lalouette, à tes fourneaux ! ordonna-t-il ; que cette affaire soit oubliée.

Le zéphyr n'osa répliquer ; il avait du Kabyle une peur bleue.

Il se remit à sa besogne.

Alors Mahmoud, qui était bon garçon, sourit de l'air piteux du vieux troupier, et il vint gentiment lui aider à préparer le sucre dans la gamelle et à piler le café dans le mortier.

Puis, comme Lalouette grognait encore, le petit Maure lui dit :

— Vois-tu, mon vieux soldat, il ne faut pas être vaniteux ; on est ce qu'on est. Tu commences et tu finiras. Tu t'y es pris un peu tard. Chacun a son aptitude ; moi, je suis poëte : tu verras les beaux contes que je te dirai pendant les veillées.

— A la bonne heure ! fit Lalouette qui était sans rancune; tu es un bon petit matin. Mais tu as eu de la chance, car j'allais te tuer raide.

Le bout de l'oreille du Français, plein d'amour-propre, reparaissait. Mahmoud en rit.

— Lalouette, fit-il, sache donc apprécier la valeur des autres.

Le jeune homme alla chercher ses pistolets au faisceau d'armes.

Lalouette était inquiet.

Qu'allait faire ce garçon ?

Mahmoud revint, arma son pistolet, fixa un douro d'Espagne, le visa et tira ; il fut ensuite chercher la pièce.

Lalouette vit que la balle avait écorné le douro.

— Eh ! eh ! fit Lassalle, voilà un maître coup ! je ne le

ferais pas.

Puis à Lalouette :

— Ce gamin est notre maître en adresse, mon pauvre vieux.

« Te voilà condamné pour longtemps à nous écumer la soupe. »

Le zéphyr était humilié.

— Le café est prêt, dit-il pour détourner les railleries : je vais le servir.

On s'assit en cercle.

Quand on eut allumé les pipes, on commença à discuter. Ce fut Samoül qui posa la question.

— Qu'allons-nous faire? dit-il.

Mahmoud dit :

— D'abord je propose de nous déguiser tous ; sans cela, rien.

« Déjà Lalou doit s'occuper de nous.

« Déjà des chaouchs (espions) doivent nous chercher par tout le Sahara.

« Il faut les dépister.

— C'est mon avis, dit Lassalle.

« Quel accoutrement prendrons-nous

— Celui d'almée est usé, dit Mahmoud ; je crois qu'i faut trouver mieux.

— Une idée! dit Martinet. Si nous nous faisions assaouïas (faiseurs de tours) ?

— Tiens! dit Lassalle, c'est un moyen.

Lalouette s'étonnait.

— J'en ai vu, dit-il, des assaouïas ; c'est très-étonnant, ce qu'ils font ; est-ce que vous pourriez, comme eux, manger du verre pilé, du feu, du fer, vous poignarder et faire les acrobates?

— Moi, dit Lassalle, en Gascogne, j'ai appris étant jeune des exercices très-forts sur les échasses, et je pourrais jouer de bons rôles.

— Moi, dit Martinet, je fais des tours de passe-passe très-remarquables ; j'ai eu fantaisie au collége d'acheter une de ces boîtes de prestidigitation que l'on vend aux jeunes gens.

« Il y a des procédés bien simples pour produire de très-grands effets.

— Je sais apprivoiser les serpents et les faire danser! dit Mahmoud.

— Alors, fit Martinet, tout va bien.

Et regardant Lalouette :

— Il n'est pas trop tard de te faire au métier, lui dit-il.

— Quel métier?

— Celui d'assaouïa. C'est toi qui vas manger le verre pilé et avaler du feu.

Le vieux zéphyr regimba.

— Ah ça! dit-il, vous êtes fous! Est-ce que vous croyez que je vais faire de ces blagues-là?

— Il faut pourtant que quelqu'un fasse de ces tours-là.

— Après ça, dit Lassalle, si tu préfères t'enfoncer une épée dans le ventre, tu n'as qu'à le dire.

— En voilà un métier!

— Plus facile que tu ne le crois. Je perce la peau de façon à y faire deux trous, dans lesquels on maintient deux petits bâtons enduits d'un certain baume ; la plaie se cicatrise et les deux ouvertures restent béantes ; en retenant sa respiration d'une certaine façon, l'estomac se contracte et fait le vide ; on introduit l'épée, qui entre par un trou et sort par l'autre. Inutile de te dire que ces deux trous sont dissimulés, pour la représentation, sous des pâtes qui simulent la chair : voilà, mon cher, comment s'y prennent les assaouïas.

— Eh bien! fera cela qui voudra moi, je m'y refuse

— Alors, dit Samoül, ce sera mon lot.

— Nous ferons donc manger du fer rouge à Lalouette, puisqu'il ne reste plus que cela pour lui.

— Mais...

— Imbécile, c'est sans danger : avec un peu d'alun pour les mains, un gargarisme pour la gorge, tu braves le feu.

— N'importe! ce n'est pas amusant ; j'aimerais mieux autre chose. Il n'y a donc pas de paillasse, de pitre, de farceur dans les assaouïas! Voilà qui ferait mieux mon affaire.

— Mon pauvre ami, les Arabes ne sont pas très-facétieux ; il y a pourtant une fonction qui te séduirait peut-être.

— Laquelle?

— Celle du nègre qui se tue de coups de pistolets dans le crâne. Il ne s'agit que de savoir escamoter la balle ; mais si on rate son coup, si le projectile n'est pas adroitement soustrait, l'intrépide artiste est forcé par la foule de s'exécuter, et l'on... meurt.

— Ouf! je ne veux pas de ça.

— Alors nous revenons à la barre de fer rouge.

Lalouette espérait que ses camarades plaisantaient ; mais ils parlaient très-sérieusement.

— Il faut, dit Samoül, que l'un de nous aille dans quelque ksour acheter tout ce qui nous est nécessaire : vêtements, ingrédients, outils, etc.

— Je m'en charge, si l'on veut, dit Lassalle.

— Non pas, protesta le Kabyle ; tu voudrais revoir Ruth.

— J'irai, moi, dit Mahmoud.

— Soit! fit-on.

Et le jeune homme partit sur-le-champ, promettant de revenir promptement.

Les chasseurs demeurèrent dans leur campement. Le lendemain soir, le petit Mahmoud arrivait brisé de fatigue, mais toutes ses commissions faites.

Et, quoi qu'il en eût, Lalouette dut apprendre le métier d'assaouïa.

Les autres aventuriers se perfectionnèrent dans ce qu'ils savaient. Au bout de quelque temps, ils furent assez forts pour se présenter hardiment dans un ksour et y donner une représentation qui eut beaucoup de succès.

Dès lors ils ne doutèrent plus de réussir, et ils s'apprêtèrent à commencer la lutte de ruse et d'audace qu'ils devaient entreprendre contre Élaï Lascri.

Un mois s'était écoulé.

Lalou avait installé sa bande dans Aurélia, rendue à l'air sinon à la lumière.

A l'aide de trouées nombreuses, on avait remplacé l'atmosphère fétide qui régnait dans les rues de la ville souterraine ; on y respirait à l'aise, et les brigands, éclairés par des torches, vivaient magnifiquement au milieu des splendeurs de cette cité.

On y avait trouvé d'étranges choses.

Ceux de nos lecteurs qui voudraient savoir quels drames s'étaient passés dans cette ville, ensevelie quatorze années avant que Lalou y pénétrât, pourront lire le *Corsaire aux cheveux d'or* ; ils comprendront que Mikaël était le fils de cet intrépide jeune homme qui eut de si mystérieuses aventures au désert avant la conquête d'Alger.

Lalou vit avec un étonnement profond les créations presque surnaturelles du fameux juif qui s'était emparé d'Aurélia, l'avait fait revivre sous terre, et, devançant toutes les découvertes récentes, y avait rêvé à la solution du grand problème, cherchant cette pierre philosophale qui fut le but de tant d'esprits d'élite.

Les alambics immenses destinés à des fabrications inconnues, des machines à produire l'oxygène, des creusets gigantesques, et le luxe inouï du palais qu'habitait ce vieux maître ès sciences secrètes et magiques, la lecture de certains manuscrits, tout, enfin, frappait Lalou de stupeur et d'admiration.

Il ne doutait pas que Mikaël ne fût l'enfant d'un des hôtes de ce séjour.

La vérité se découvrit un certain soir.

Lalou trouva dans une chambre un médaillon d'un travail exquis, abandonné sur un lit de femme ; il l'ouvrit et vit deux miniatures adorables :

L'une représentant un marin, le corsaire aux cheveux d'or.

L'autre était un portrait de femme, une créature charmante, un rêve, une vision.

C'étaient le mari et l'épouse, tout au moins la maîtresse et l'amant.

Lalou fit mander Mikaël.

La ressemblance du jeune homme avec le corsaire était frappante.

Élaï Lascri présenta le médaillon à l'enfant et lui dit :

— Tiens, voici ton père. Tu es d'une grande race et tu peux être fier : jamais héros plus grand que cet homme (il montrait le pirate) n'a écumé la Méditerranée sur les tartanes du dey.

Mikaël resta longtemps en contemplation devant ces deux êtres auxquels il devait le jour et dont l'histoire lui était inconnue.

Lalou conta ce qu'il en savait.

Toute la vie du corsaire aux cheveux d'or était connue d'Élaï Lascri ; mais ses relations avec le roi bizarre de la cité morte n'avaient été racontées qu'à de rares personnages qui avaient enseveli ses révélations dans un silence profond.

Ceux de nos lecteurs qui auront lu le *Corsaire aux cheveux d'or* sauront donc qu'un enfant était né de cet homme singulier, et que cet enfant avait fait l'heureuse rencontre d'Élaï Lascri.

Celui-ci, en s'installant dans la ville-fantôme, avait pris une précaution.

Ne voulant pas que quelque hasard révélât à un indiscret l'existence d'Aurélia, Lalou avait installé un camp.

La troupe, pour qui que ce fût aventuré dans ces régions perdues, occupait ce bivac, et Lalou y laissait toujours une garde.

Les conduites d'eau pouvaient être facilement bouchées en peu d'instants : nul n'aurait soupçonné qu'il foulait sous ses pieds la reine du Sahara, la grande capitale du désert mauritanien.

Lalou, du reste, ne craignait guère les Arabes ; il avait un tel prestige, que ceux-ci s'écartaient de l'endroit que l'on supposait occupé par lui ; toutes les caravanes payaient rançon.

Mais Lalou avait appris à redouter les hardis compagnons qui l'avaient pillé.

Un jour, il convoqua Mikaël, ses khalifats (lieutenants) et ses chaouchs (espions).

— Amis, dit-il, j'ai une épine dans l'oreille, une pierre dans le cœur.

« Ma vie se trouve gênée.

« Nous avons été dupés, volés, vaincus par quelques individus que je croyais morts.

« Ces gens, qui avaient pénétré dans la grotte, n'y ont pas été engloutis ; ils en sont sortis, et c'est un prodige surprenant.

« Je me défie de mes ennemis, quand je les vois heureux, favorisés du sort, se sauvant contre tout espoir et contre toute probabilité.

« Lassalle et ses compagnons sont vivants, ils font parler d'eux.

« Ce Lassalle a incendié un ksour à lui tout seul.

— Ce n'est pas un homme à dédaigner, observa Mikaël.

— Tant s'en faut ! dit Lalou.

— Je suis sûr qu'un certain Mahmoud, celui qui te précédait, Mikaël, est avec mes ennemis ; s'il ne s'est pas allié à eux, il le fera demain.

« Il faut en finir.

« Les chouafs vont partir dans toutes les directions ; ils fouilleront les ksours ; il faut qu'on me trouve ces chasseurs et que nous nous en emparions.

« J'ai aussi besoin de savoir où sont ces deux femmes que j'avais enlevées.

« Ce sont des lionnes à ma taille, Mikaël ; elles ont montré une audace incroyable.

« D'ici un mois elles seront ici en ma puissance ; et comme on ne saurait jamais avoir rancune contre des femmes, toi et moi, Mikaël, ferons bon accueil à ces deux Françaises qui sont admirables.

« Les chouafs partiront deux à deux selon l'habitude, et les kalifats se tiendront prêts à s'emparer de nos ennemis quand ils seront signalés.

« La moitié de la troupe se divisera en détachements qui suivront les espions à une journée de marche, pour n'éveiller aucun soupçon.

« Qu'on soit adroit !

« Mort à qui ne fera pas bien son devoir ! »

Et, sur ce, Lalou fit un signe.

Le conseil fut levé.

Une heure après, les groupes se dispersaient dans toutes les directions à la recherche de Lassalle et des siens.

X

LES ASSAOUÏAS.

Les chasseurs étaient de trop fins limiers pour ne pas être promptement sur la voie.

Ils se rendirent au ksour que la troupe de Lalou avait quitté depuis peu.

Là ils donnèrent des représentations.

C'était merveille de voir comme le vieux Lalouette, présenté comme un Maure, avalait les étoupes brûlantes et se passait des fers rouges sur la langue.

Le vieux diable avait pris goût au métier, et il faisait la joie des spectateurs.

Samoül se perçait le ventre avec la gravité et le sérieux voulu.

Martinet faisait des tours de passe-passe merveilleux qui obtenaient un grand succès.

Mahmoud avait pris des vipères noires, leur avait retiré leurs crochets, et les ayant rendues inoffensives, jouait avec elles et les faisait frétiller au son du fifre ; il leur donnait devant le public des crapauds à dévorer et jouait des scènes de fascination.

Quant à Lassalle, il était un gymnasiarque hors ligne et il jonglait très-bien.

Tout se passait fort convenablement.

L'on avait donné Martinet et Lassalle pour des musulmans de Damas.

Ainsi s'expliquait leur accent étranger.

Lalouette, lui, passait, nous l'avons dit, pour un Maure et il bégayait très-fort pour dissimuler son origine française.

Le deuxième jour de leur arrivée au ksour, les saltimbanques savaient déjà bien des choses ; ils tinrent conseil et se communiquèrent leurs impressions.

Lassalle dit à ses compagnons :

— Pour moi, il est certain que maître Lalou est parti au désert dans quelque refuge extraordinaire pouvant remplacer le Trou du Diable.

— Un brigand, dit Samoül, a commis une indiscrétion ; à une femme qui est devenue ma maîtresse moyennant un joli cadeau il a annoncé que toute la bande allait se réfugier dans un repaire bâti par les génies souterrains, sous le sable du désert.

— Et, dit Martinet, l'esclave de Lalou qui est venu

apporter des ordres à la bande a raconté que son maître avait eu une entrevue avec un marabout mozabite de la mosquée, lequel lui avait révélé d'étranges secrets.

— Tu es sûr de cela? fit Lassalle.
— Oui! dit Martinet.
— Alors il faut voir le marabout.
— Tu espères en tirer quelque chose ?
— Je n'en doute pas.

Et montrant sa bourse :
— N'ai-je pas là deux fois ce qu'il faut pour délier la langue d'un uléma (prêtre)?

Il fit un signe à Mahmoud.

Tous deux se rendirent à la mosquée, et là ils firent pieusement leurs prières; ensuite Lassalle, s'adressant à un employé inférieur, lui glissa une pièce de monnaie dans la main et le questionna sur différentes choses fort indifférentes : sur les reliques de la mosquée, sur sa fondation, sur les marabouts qui la desservaient.

Par une transition habile il en vint à dire d'un air fort insouciant :
— On prétend que Si-Lalou, le fameux saracq Élaï Lascri, protége cette mosquée.
— C'est vrai! dit le derviche.
— C'est assez singulier... Ce voleur est donc un homme pieux?
— C'est un ami du marabout.
— Allons donc!
— On le dit.
— Tu veux rire, babak (mon père)!
— Je t'assure que nos marabouts ont été très-édifiés de sa science.
— Il a donc fréquenté nos ulémas?
— Oui; l'un d'eux surtout a eu avec lui un long entretien dont il est sorti émerveillé ; ce Lalou sait des choses vraiment inouïes.
— Mais l'uléma, pour apprécier Élaï Lascri, doit alors être un très-remarquable savant?
— Oui, certes.
— Puis-je le voir?
— Aôh! déranger pour toi un homme plongé dans la vie du passé!
— Tu lui diras qu'un assaouïa, qui lui-même a étudié les vieilles histoires, serait heureux de causer avec lui un moment et de discuter ses idées avec un grand docteur.

Le derviche, assez surpris, fit la commission, et il revint pour introduire sur la terrasse du marabout Lassalle et son jeune compagnon.

On échangea les salamalecs d'usage, et Lassalle, accablant de flatteries et de politesses le marabout que nous connaissons déjà, le sonda habilement.

Il fut étonné de la variété des connaissances de cet Arabe.

Peu à peu l'uléma se dévoila comme il avait fait devant Lalou.

Lassalle se donna comme possédé du désir, de la soif des sciences modernes et antiques, des langues mortes; il s'aperçut qu'il savait mieux le grec que ce Mozabite du Sahara.

On conçoit qu'il ne lui fut pas difficile de parler de Si-Lalou.

Lassalle amena la conversation sur lui, et l'uléma finit par causer d'Aurélia.

On juge de la façon dont cette ouverture fut accueillie par Lassalle.

Il tenait enfin la piste.

Mahmoud écoutait tout, profitant de tout, ne perdant pas un mot.

Pendant de longues heures, Lassalle se fit renseigner sur la cité morte; le marabout en ignorait l'emplacement.

Mais Lassalle apprit des particularités capables de le guider dans ses recherches.

Il partit, laissant au marabout un cadeau fort riche, et lui ayant donné de lui-même une haute estime.

En revenant auprès de ses amis, il leur dit d'un air souriant :
— Je crois que nous tenons Élaï Lascri ; demain nous nous mettrons en route.

Et il expliqua ce qu'il savait. Les aventuriers se préparèrent à rechercher Aurélia.

XI

OU LALOUETTE EST DE PLUS EN PLUS ÉTONNÉ.

Les quatre aventuriers se mirent en marche avant l'aube, toujours déguisés en saltimbanques.

Lassalle savait, par le marabout, qu'il fallait chercher Aurélia dans le sud-ouest; on prit cette direction, mais n louvoyant beaucoup.

Le plan des chasseurs était de trouver quelque piste laissée par le passage d'une troupe de saracqs en quête de quelque caravane.

— Il est impossible, dit Lassalle, que la bande n'ait pas au moins ses pourvoyeurs; ceux-ci doivent venir au ksour.

« Le sol gardera des indices de leur passage que nous trouverons en décrivant des zigzags; nous mettrons plus de temps, mais ce sera plus sûr comme résultat définitif. »

Le premier jour, on trouva des fientes de chameaux. Martinet, qui avait fait cette découverte importante, appela ses amis.

Samoül observa les laissées.

— Ceci, dit-il, provient d'un mahari très-fin coureur, monté par un seul homme.

Comme sous ce rapport le Kabyle était un oracle, son dire ne fut pas discuté, et Lassalle en tira une conséquence.

— Aucune caravane, dit-il, ne suit ce chemin qui ne mène à rien ; évidemment, ce chamelier isolé est un envoyé de Lalou.

— La fiente est vieille, dit Samoül; elle est enterrée aux trois quarts sous le sable.

— Alors ce doit être l'homme qui, au dire des gens du ksour, est venu apporter l'ordre de départ à la troupe.

Les chasseurs joyeux se remirent en route au pas des chevaux, portant leurs bagages.

Ils firent deux journées de marche sans rien rencontrer de suspect.

Mais le soir du douzième jour, en chassant pour dîner, ils aperçurent les restes d'un brasier allumé pour un bivac.

Samoül, avec sa sagacité ordinaire, étudia les marques du terrain.

— Une troupe nombreuse, dit-il, a couché là il n'y a pas longtemps.

Et, se collant le nez à terre, il flaira à la façon des chiens de chasse.

— Aôh! fit-il, les chameaux ont laissé leur senteur âcre et pénétrante imprégnée dans le sol, et il y avait au moins deux cents mahara; toute la bande a passé ici.

Lalouette sourit d'un air sceptique, et Samoül s'en aperçut.

— Pourquoi doutes-tu de ce que je dis? demanda Samoül d'un air irrité; suis-je un menteur, suis-je vantard comme un Français?

Étant donnée la grande irascibilité des Kabyles, il est fort imprudent de les blesser dans leur fierté. Lalouette le savait.

— Mon cher, dit-il, je n'ai pas voulu te froisser; mais est tellement étonnant de flairer à quinze jours de stance, peut-être un mois, l'odeur d'une place où s chameaux ont passé, que cela me paraît extraordinaire.

Lassalle intervint.

— Lalouette, dit-il, tu seras toujours aussi étourdi! te plains.

« Jamais tu ne feras un bon chasseur.

— Cependant... c'est si étrange...

— As-tu senti des trous à fumier?

— Oui.

— Un an après avoir été vidés, ces trous empoisonnent encore.

— C'est vrai.

— Or les chameaux infectent les bivacs de leur urine nauséabonde, et tu voudrais qu'un homme dont le air est si merveilleusement développé ne puisse affirmer qu'ici tout un troupeau de mahara a passé !

Pendant ce temps, Samoül avait tiré de sa ceinture une petite boîte, faite d'un os de lion creux et fermée ix deux bouts par de l'écorce de liège.

Le Kabyle présenta la boîte à Lalouette et lui dit en riant:

— Prends une prise de cette poudre, et tu verras comme ton nez deviendra sensible aux odeurs, et comme toi-même tu flaireras les pistes.

Lalouette ne se fit pas prier.

Il prisa.

Alors Samoül s'assit et regarda en riant le vieux zéphyr. Celui-ci sentit d'abord un agréable chatouillement qui caresser les narines; puis ce fut un picotement qui détermina un éternument, lequel augmenta en intensité, au point d'effrayer les compagnons du vieux zéphyr.

Le visage de celui-ci passa du rouge au violet, puis au bleu : c'était à croire qu'à force d'éternuer il allait avoir un transport au cerveau.

Samoül riait toujours.

Jamais un rhume de cerveau ne produisit de pareils effets.

Lalouette finit par en perdre l'équilibre et tomber étourdi.

Ses compagnons voulurent lui porter secours, mais Samoül s'y opposa.

— Laissez donc ! le vieux chacal souffrira un peu pour le punir; il en a comme cela pour deux heures à éternuer; ça lui apprendra à douter d'un chasseur comme moi.

— Mais, fit Lassalle, il en crèvera !

— Malheureusement non, dit Samoül; nous n'aurons pas cette chance-là.

— Que lui as-tu donc donné ?

— Une prise d'une certaine plante dont je garde le secret pour moi et qui me permet de me passer de chien. Nous ne sommes pas cent mille dans la régence à connaître cette poudre, et je me réserve de l'apprendre un jour à celui que j'adopterai pour mon élève et à qui je donnerai mes armes de chasse quand je serai vieux.

— Mais moi, dit Lassalle, ne suis-je pas ton disciple, ton apprenti?

Aôh! fit Samoül avec un fin sourire, tu es passé maître en bien de choses pour que je ne conserve pas quelques supériorités sur toi; je ne veux pas te faire connaître tous mes secrets.

Puis il se leva, prit de l'eau dans son bidon, fit lever le vieux zéphyr par les pieds pour qu'il eût la tête en bas, et lui introduisit de l'eau dans les narines.

Après un redoublement d'éternuements, la crise s'apaisa.

Le pauvre vieux diable était furieux et montrait le poing à Samoül.

— Eh! vieux fou, dit celui-ci, ne me menace pas et profite de la leçon ; colle-toi le nez à terre, tu verras si je t'ai menti.

Machinalement, Lalouette obéit.

— Eh! sacrebleu ! s'écria-t-il, c'est renversant, ça pue le chameau.

— Quand je te le disais!

Le vieux zéphyr était tellement surpris de toutes les émanations, de tous les parfums qui se révélaient à lui, qu'il oublia sa légitime rancune contre Samoül et ne songea qu'à jouir de l'étrange faculté que la poudre blanche lui avait donnée.

On eût dit d'un maniaque.

Il flairait tout.

Les chasseurs lui laissèrent fourrer son nez où bon lui sembla et ne se préoccupèrent que de leur repas, qui fut des plus confortables.

Le lendemain, on reprit la piste.

Cette fois, la journée ne se passa pas sans rencontre désagréable.

Tout d'abord les aventuriers aperçurent au loin un nuage de sable.

— Une troupe! dit Samoül.

— Celle de Si-Lalou ! dit Mahmoud.

Et le jeune homme songea que si bien grimé qu'il fût on le reconnaîtrait.

Il se mit à creuser le sable après s'être muni d'un tuyau de chibouque.

Samoül aidait au jeune homme.

— Que font-ils ? demanda Lalouette.

— Ils creusent la tombe de Mahmoud, lui répondit Lassalle; l'enfant a peur de Lalou.

— Et il va s'enterrer?

— N'est-ce pas ce qu'il peut faire de mieux?

— Mais je risquerais le coup, moi !

« Et puis, c'est une mort atroce.

— Qui parle de mourir?

— Toi.

— Pas du tout.

— Puisqu'il s'agit d'un enterrement?

— Mon pauvre vieux, tu as l'esprit peu perspicace. Tu ne comprends donc pas que couché de son long dans le sable, recouvert par lui, Mahmoud tiendra sur ses yeux un bandeau pour ne pas être aveuglé, et dans sa bouche un tuyau de pipe qui communiquera au dehors et lui permettra de respirer?

— Voilà qui est ingénieux.

— C'est vieux comme le désert.

— Et si Lalou se doute du stratagème ?

— Il faudrait remuer beaucoup de terre pour trouver la tombe de Mahmoud.

— Comment celui-ci saura-t-il que tout danger est passé? dit Lalouette.

— Mon cher, on perçoit les moindres bruits sous le sol qui est conducteur du son.

— Alors, quand les pas de la troupe de Lalou seront éloignés, l'enfant se lèvera ?

— Et il nous rejoindra.

— Quel truc!

Lalouette cependant réfléchit qu'en ce moment ce truc, comme il disait, pouvait servir, parce que l'un pouvait enterrer l'autre.

Mais il songea que si Mahmoud avait été seul c'eût été chose assez difficile pour lui que de s'enterrer lui-même.

Le zéphyr questionna Lassalle à ce sujet, et le jeune homme lui répondit :

— Mon pauvre ami, tu es doué d'une imagination peu ouverte.

« As-tu remarqué que, dès que tu t'assois au désert, le vent, qui souffle tantôt chaud du midi, tantôt froid du nord, te couvre de sable au point qu'en quelques

minutes tes vêtements en sont imprégnés ?
— C'est vrai fit Lalouette.
— Tu sais que dans dix ou vingt minutes un fusil couché à plat disparaît dans la poussière.
— Bon ! fit Lalouette. C'est ainsi pour le corps d'un homme, je saisis.
— Il y a quelques précautions à prendre ; on étale son burnous et on le couvre soi-même de sable, puis on se glisse doucement dessous.
« Le vent fait le reste de la besogne que l'on a commencée. »
Pendant ce temps, la tombe avait été fermée, comme disent les chasseurs, par Samoûl, qui avait eu soin d'arracher une petite touffe d'alfa et de la disposer autour du tuyau de pipe qui sortait du sol et qui donnait de l'air au jeune homme.
— Brou ! faisait Lalouette, ça donne froid de penser qu'il est sous terre.
— En route, vieux masque ! dit Martinet ; filons bon train. Tu vas porter ce bissac et ces pistolets.
« Nous nous partageons le fardeau de cet enfant.
« Surtout bégaie bien devant ces bandits, et tâche de ne rien dire de compromettant.
— On y veillera, dit Lalouette.
La petite troupe se mit en marche.
Bientôt elle vit deux cavaliers se détacher de la bande qui était en vue.
— Voilà des animaux, dit Martinet, que l'on jetterait bas volontiers.
— Pas de folie ! commanda Lassalle.
— N'allons pas nous mettre sur les bras tout un peloton de chameliers ; il y a bien une dizaine d'hommes derrière ceux-ci, fit maître Lalouette.
— Tu crois donc, dit Lassalle, que ce serait cette poignée de gens qui nous ferait peur ?
— Eh ! eh ! douze ou quinze bons gaillards contre trois que vous voilà !...
— Si, au lieu de vouloir découvrir la retraite de Lalou, dit Lassalle, nous ne pensions qu'à lui tuer du monde, on lui coucherait bas tous ces gens-là.
— Et l'on a fait plus difficile ! ajouta Martinet.
Les chameliers envoyés en éclaireurs arrivaient.
C'étaient bien des saracqs.
— Là ! firent-ils, qu'on s'arrête !
Tous les chasseurs affectèrent la peur.
— Qui êtes-vous ? demanda un saracq.
— Des assaouïas ! dit humblement Samoûl. Nous faisons des prodiges et sommes pacifiques.
— Seigneur, ajouta Martinet, veuillez être doux pour de pauvres gens.
— Nous vous donnerons gratis une représentation ajouta Lalouette en bégayant.
Cette proposition fit rire les saracqs.
— On en sait plus que toi, vieille chouette bleue, des tours ! dit un saracq.
Et l'autre ajouta :
— Celui que vous vouliez nous jouer était bon, mais on le connaît, les amis.
Samoûl crut comprendre.
— Seigneurs des grands chemins, dit-il humblement, rois des espaces libres, que voulez-vous de nous ? Quel tour pensez-vous que nous vous ayons fait ?
— Coquins, vous avons vus enterrer quelque chose : votre trésor sans doute !
— Seigneur, vous vous trompez.
— Drôle, tu mens !
Et l'un des saracqs, montrant une lorgnette marine, dont Lalou avait pourvu chacun de ses khalifats, dit avec emphase au Kabyle :
— Vois-tu cela, chien dont la langue immonde distille le mensonge ?
— Je vois dit Samoûl.

— Eh bien ! c'est l'œil du prophète ; c'est un instrument magique que votre seigneur et maître Élaï Lascri tient des sorciers francs.
Samoûl savait ce que c'était qu'une lunette d'approche, et il comprit que toute dénégation était superflue.
Il se jeta à genoux.
— Grâce ! fit-il.
Et les autres chasseurs firent comme lui.
Les bandits se moquèrent d'eux.
Tout à coup les deux chameaux s'abattirent, et les hommes tombèrent.
D'un mot, Martinet et Lassalle s'étaient compris : ils avaient rampé sur leurs genoux en suppliants, s'étaient mis à portée des jambes des deux animaux et leur avaient coupé les jarrets du revers de leurs couteaux.
Les hommes furent poignardés avant qu'ils eussent le temps de se servir de leurs armes.
— Vite ! dit alors Samoûl, le rempart de chair !
Les chasseurs se mirent aux chameaux et les disposèrent pieds en dedans, l'un en face de l'autre, de telle sorte que les corps formaient comme deux flancs d'une redoute microscopique ; les cadavres des deux hommes, placés aux deux autres flancs, formèrent le carré sur lequel, avec une prestesse inouïe, les chasseurs jetèrent du sable mêlé à leurs objets de campement ; si bien qu'en dix minutes ils étaient couverts, à la condition de se jeter à plat ventre.
Ce fut ce qu'ils firent.
Lalouette, muet, mais actif, s'était mis à la besogne vigoureusement.
Les chasseurs avaient si bien employé leur temps que Samoûl en souriait d'aise.
— Ces chiens, dit-il, vont tous mourir !
Lassalle montrait à Lalouette ce qu'il fallait faire et comment il fallait s'y prendre.
Il lui portait ses bagages bien entassés devant la bête, en lui recommandant d'abriter celle-ci.
Puis il lui fit placer ses pistolets à portée de sa main droite.
— Tu ne tireras, dit-il, que quand nous tirerons.
« En face, le canon bien appuyé, l'on ne peut manquer son homme.
« Les cavaliers avanceront toujours après les deux premières décharges.
« On les reçoit à coups de pistolets.
« Il est rare qu'ils ne fuient pas.
« On recharge promptement le fusil à deux coups et on en descend encore.
« Pour ce qui reste, la longue carabine avec sa portée énorme est là.
« L'essentiel, c'est que pas un homme ne puisse s'échapper pour prévenir Lalou. »
Lalouette avait été un trop brave soldat pour avoir peur dans un combat.
Très-capable de craindre un lion ou une autre bête de ce genre, il se fût battu seul contre dix hommes ou contre cent.
Passé un certain nombre, l'on n'a plus besoin de compter, et ce soldat n'avait pas tort, qui disait que braver une escouade ou une armée, c'était la même chose, parce qu'on laissait sa peau dans les deux cas.
Cependant les saracqs, très en arrière de leurs éclaireurs, arrivaient enfin.
Comme pas un coup de feu n'avait été tiré, les bandits avaient supposé, de si loin, que leurs compagnons mettaient pied à terre.
Au bout d'un certain temps, ils soupçonnèrent quelque désastre ; ils accoururent !
Quinze en tout.
A deux cents mètres, ils s'arrêtèrent.
Les chasseurs avaient posé des embûches toutes préparées devant eux.

Prenant le porteur d'eau par la main, elle le fit asseoir sur son trône. (Page 93.)

Les saracqs, un peu étonnés de l'aspect que présentait le retranchement, discutaient entre eux; mais ils voyaient bien que peu de monde pouvait être derrière une si petite embuscade.
Ils chargèrent avec des hourras.
A cent pas, Samoül tira; après lui, Lalouette et Lassalle.
Deux hommes tombèrent; un troisième blessé était allotté sur son mahari.
A cinquante pas, nouveau feu.
Cette fois, quatre hommes furent jetés bas, et Lassalle dit à Lalouette :
— Très-bien ! à la bonne heure !
Les saracqs s'arrêtèrent et tournèrent bride : ils avaient peur.
— Bon! dit Samoül. Cela tourne très-bien.
— Mais ils vont tirailler, fit Lalouette.
— Qu'importe! nous sommes couverts.
En effet, les saracqs se mirent à faire feu de loin, se approchèrent ensuite.
— Lalouette, fit Lassalle, tire beaucoup d'abord, peu ensuite, puis point du tout; il faut que, d'ici à un quart d'heure, ces imbéciles nous croient morts et nous chargent à nouveau.
Il fut fait ainsi.
Le feu des chasseurs fut gradué de façon à faire réussir leur ruse.

DIX CENTIMES ILLUSTRÉS. 141°.

Les saracqs arrivèrent à cent pas en tiraillant, ne perdant qu'un seul homme.
Là, plus de fusillade.
Nouveau hourra des bandits.
Nouvel élan.
Cette fois, coup sur coup, ils reçurent huit balles meurtrières; puis, comme il ne restait que quatre hommes sur les mahara, Samoül dit :
— A vos carabines!
En vain les survivants fuyaient-ils; on les coucha sur le sol.
Lalouette ne manqua pas sa belle.
Toute la troupe avait péri.
Les mahara couraient au hasard, ahuris, éperdus et quelques-uns blessés.
Les chasseurs les laissèrent se calmer, sûrs de les rattraper ensuite.
Mahmoud en ce moment rejoignit ses camarades, désolé que le combat se fût livré sans lui; il avait entendu les coups de fusil et s'était levé; comprenant ce qui s'était passé, il s'était hâté de venir au secours des siens.
Mais il ne put prendre part à la lutte.
— Ah! ah! jeune homme, lui dit Lalouette tout fier, nous sommes vainqueurs!
— C'est vrai! fit Mahmoud; mais tu n'as placé qu'un

Le Roi des Chemins. LI.

beau coup de feu.
— Allons donc!
— Les amis sont trop adroits pour avoir blessé des mahara ; c'est toi qui as atteint ces animaux : demande plutôt à Samoûl.
— L'enfant ne ment pas! fit le Kabyle ; pourtant Lalouette s'est bien conduit.
Et il lui tendit la main.
C'était la première fois.
Lalouette en fut plus fier qu'un dindon : cela valait la croix pour lui.
Le combat fini, les mahara pris et entravés, l'on discuta un plan.
— Je propose, dit Lassalle, une chose hardie : l'un de nous déguisé en marabout, en colporteur, en chanteur, va retourner au ksour ; il dira qu'il s'était égaré et qu'il a assisté à une lutte entre les saracqs et des coureurs de bois qui, affirmera-t-il, s'en allaient vers Laghouat.
« Cela viendra aux oreilles de Lalou.
« Élaï Lascri poursuivra les prétendus chasseurs avec acharnement, et nous trouverons sa retraite à peu près vide de monde. Nous y pénétrerons après l'avoir découverte, ce qui sera facile, vu les traces qu'il laissera: nous savons la direction.
— Qui jouera ce rôle?
— Moi! dit Samoûl.
On ne fit aucune observation.
— Et les autres, demanda Lalouette, que feront-ils pendant ce temps?
— Ils vivront dans une daïa, bien cachés, et attendront les avis de Samoûl.
Ce fut chose convenue.
Samoûl emmena les mahara au ksour et se prépara à y jouer son rôle.
Les chasseurs cherchèrent une daïa et s'y installèrent.
Samoûl était à peine au ksour depuis une demi-heure, que toute la population savait ce qui s'était passé dans le désert.
On s'empressait autour du Kabyle.
Celui-ci, habile homme, s'était entièrement rendu méconnaissable : il s'était teint les cheveux de façon à les rendre grisonnants ; dans ce but, il lui avait suffi d'avoir des sucs de certaines plantes. Puis il avait préparé du sainbois d'une certaine façon, et s'était appliqué sur la face une espèce de pommade dont l'écorce de cet arbre formait la base ; il en était résulté une éruption de petites rougeurs qui défigurait le montagnard.
De plus, il s'était tondu le crâne, chose qui n'était pas dans ses habitudes, et il avait fourré dans une de ses narines une boulette assez grosse faite de cire et très-adhérente.
On ne s'imagine pas combien le gonflement d'une narine change l'expression d'une physionomie.
Ainsi grimé, Samoûl s'était transporté chez le caïd du ksour ; il va sans dire qu'il poussait devant lui ses mahara.
La foule le suivait.
Il est rare qu'un seul chamelier ait tant de dromadaires à conduire.
Et puis ces animaux étaient couverts de sang et quelques-uns blessés.
Samoûl reçut de suite audience.
Le magistrat vint au-devant de lui, et lui demanda ce qu'il voulait.
— Caïd, dit le montagnard, selon les principes de l'honnêteté toujours respectés par nous autres, pauvres colporteurs du Djerdjera, je viens à la recherche du maître et ramener son bien.
— Dieu soit loué! fit le caïd. Tu veux sans doute parler de ces mahara?

— Oui, caïd.
— Où les as-tu trouvés ?
— Dans le désert.
Et Samoûl raconta le combat comme s'il n'y avait pas pris part.
— J'allais, dit-il, vers Mansourah, quand je me suis égaré. Tout à coup, dans le lointain, j'entrevis une troupe et me dirigeai vers elle, espérant qu'elle me remettrait en bon chemin. Voilà que cette troupe reçut des coups de feu, tirés par des hommes au nombre de cinq, embusqués derrière deux chameaux morts, deux cadavres d'hommes et de petites dunes de sable.
« Les quinze ou seize guerriers composant la troupe s'élancèrent, mais ils ne purent débusquer ceux qu'ils attaquaient.
« Tous périrent. »
La foule fit entendre un murmure d'étonnement et d'admiration.
— Comment! disait-on, cinq hommes à pied ont massacré trois fois plus de chameliers?
Et on demandait les noms de ces vaillants, de ces héros qu'on se disposait à admirer, à acclamer, à fêter même, si jamais on les voyait.
Samoûl dit tranquillement, comme si la chose lui était indifférente :
— Vous voulez les noms des combattants : sachez que les vaincus, les morts, étaient d'un goum d'Élaï Lascri.
Il y eut un frisson de surprise.
Samoûl reprit :
— Et les voyageurs étaient des saltimbanques assaouïas que vous avez vus ici.
— C'est impossible, criait-on. Tu as mal vu, Kabyle ; tu t'es trompé.
— Chouia (attendez) ! fit-il.
« Ces hommes eux-mêmes m'ont parlé, m'ont raconté qui ils étaient.
« Leur véritable profession, c'est d'être chasseurs d'autruches ; leur chef est Sidi-Lassalle. »
Un long murmure accueillit cette déclaration, et les gens du ksour firent à voix basse leurs réflexions sur cette aventure.
— Ce Lassalle, disait-on, est donc un maître du fusil de la poudre, et un fils de la gloire. Il a déjà vaincu Élaï Lascri, paraît-il ; il a brûlé un ksour ; voilà que cet homme extermine un gros détachement, lui, cinquième!
Et les Mozabites étaient dans l'admiration.
Mais un dialogue s'était engagé entre Samoûl et le caïd.
— Les chasseurs, dit Samoûl, m'ont permis de prendre les mahara.
— C'est du bien volé, fit le caïd.
— Aussi, seigneur, suis-je venu à toi pour les consigner.
— Voilà qui est bien.
— J'ai pensé qu'Élaï Lascri saurait la vérité.
— Je la lui ferai connaître.
— N'oublie pas le nom du pauvre Kabyle Abdallah, qui serait heureux d'être payé de la peine qu'il a prise pour conduire le troupeau.
— Tu auras des almées.
Samoûl, on le sait, ne détestait pas les almées, et il penchait pour le dernier offrant, quand un homme lui dit tout bas à l'oreille :
— Laisse là tous ces gens ; je suis le représentant d'Élaï Lascri ; suis-moi, tu ne t'en repentiras pas, homme du Djerdjera.
Samoûl tendit la main.
— Je réclame, dit-il, de la politesse des gens du ksour qu'ils ne m'obsèdent pas. J'ai le choix de mon hôte, je prends celui-ci.

Puis, comme il était beau diseur et bon enfant, il eut pitié du désappointement de la foule et résolut de ne pas perdre l'occasion de placer une dissertation et de consolider la réputation d'éloquence des Kabyles.

— Amis, dit-il, je vous promets de venir ce soir sur la place publique, après la prière, vous raconter le combat en détail et en vers de poésie mesurés au rhythme des montagnes !

Et la foule cria :

— Kabyle, tu auras des tambours et des flûtes pour accompagner tes chants.

Sur ce, l'on se sépara bons amis, et Samoül suivit celui qui lui avait glissé à l'oreille son invitation.

Le lendemain, Samoül fut éveillé par son hôte qui vint le chercher lui-même.

— Debout! lui dit-il, cadour (cher) : voici que Si-Lalou lui-même est venu.

En effet Lalou, furieux, exaspéré de la nouvelle qu'il recevait, avait sauté sur un mahari, et il accourait pour interroger le Kabyle.

Samoül s'apprêta à jouer serré.

Il y allait de sa tête.

Il ne manqua pas de se munir d'un éventaire regarni des marchandises tirées de son ballot : c'était par ce trait surtout qu'il repoussait les soupçons.

Si-Baratcha était sombre.

— Ami, dit-il à Samoül, je veux te donner un bon conseil.

— Parle.

— Lalou est furieux.

— Cela doit être.

— Il est souvent féroce.

— Je le sais.

— Il pourrait te tuer.

— Que dis-tu là ?

— La vérité, hélas !

— Mais je ne tiens pas à voir cet homme, moi ; et puis, je me défendrais, vois-tu : un Kabyle ne se laisse ni insulter ni égorger sans riposter.

— C'est précisément ton caractère que je redoute. Je te prie, si tu veux gagner beaucoup de douros, de tenir ta langue, d'être adroit, de ne pas irriter Si-Lalou, de ne pas t'emporter s'il l'appelle imbécile.

Samoül fit signe de bouder.

— Il m'appellerait imbécile, ce brigand ! fit-il d'un air outré; qu'il ne s'en avise pas; c'est moi qui le tuerais comme un chien !

Baratcha était sur les épines.

Il avait quitté Lalou, le laissant dans un état de rage folle et hurlant :

— Qu'on m'amène cette canaille immonde, ce Kabyle infect, qui prétend avoir vu mes saracqs tomber sous les balles de cinq hommes que je tuerais d'une chiquenaude de mes doigts !

Et Baratcha se disait que le colporteur ne subirait pas tant d'outrages

— Mon ami, dit-il au Kabyle, tout se paye en ce monde avec de l'argent.

— Excepté l'offense.

— Oh ! en y mettant le prix...

— Non vraiment, fit Samoül ; j'aime mieux ne pas voir Lalou.

Et il fit semblant de partir.

A force de prières, de promesses, Baratcha le retint; en apparence, ce ne fut pas sans peine.

On arriva chez l'hôte.

Lalou était entouré d'esclaves qui lui jetaient de l'eau sur les tempes. Il sortait d'un de ces accès de rage épileptique qui lui étaient familiers et qui étaient suivis par des heures d'abattement.

Samoül se présenta.

— Si-Lalou, dit-il, je te salue et te fais observer trois choses :

1° Je suis venu honnêtement te ramener des mahara que je pouvais garder ou abandonner dans le désert; donc je suis bien disposé pour toi, d'autant plus que tu ne pilles jamais les colporteurs kabyles qui sont dans les caravanes;

2° Je suis un montaguard très-fier et incapable de me laisser maltraiter;

3° Je viens pour te rendre un service, et j'ai droit à tes égards.

— Pourquoi supposes-tu que je me conduirais impoliment ? demanda Lalou; suis-je donc un Bédouin grossier ?

— On te dit cruel et insolent quand la colère te fait perdre le sang-froid.

Lalou sourit.

— Ami, dit-il, tes paroles franches me plaisent; prends place sur ce coussin, conte ce qui s'est passé; ne crains rien de moi.

Samoül s'assit.

On lui apporta une pipe, on lui servit du café, et il fit son récit.

Lalou écouta froidement.

Quand Samoül eut terminé, il le questionna.

— Que penses-tu de ces chasseurs ? dit-il.

— Je crois que ce sont des vaillants, fit Samoül.

— Hésiterais-tu à me servir contre eux ?

— Non, mais à deux conditions.

— Lesquelles ?

— La première est d'être bien payé.

— Tu fixeras ton salaire.

— La seconde, c'est que tu feras grâce à un certain Samoül, qui est surnommé le Tueur de lièvres, et qui se trouve être un Kabyle de ma tribu.

Lalou réfléchit un instant.

Il se décida à accepter.

— Ce Samoül, dit-il, n'est pas mon véritable ennemi; c'est Lassalle qui est l'âme de tout, c'est lui que je veux châtier. Je te promets la liberté pour ce tueur de lièvres.

— Alors je te sers.

Si Lalou s'était douté que ce Samoül était devant lui, on en aurait vu de belles.

— Quels services te rendrai-je ? demanda le Kabyle; je suis prêt.

— Il faudrait venir avec moi; nous chercherions les traces de ces hommes.

— J'y consens.

— Tu sais la direction par eux suivie ?

— Oui. Ils allaient vers l'ouest.

— Mais ils peuvent faire des crochets !...

— Sans doute. On tâchera de démêler leur piste; je ne suis pas maladroit.

— Du reste, je te demanderai de les faire tomber dans quelque embuscade.

— S'il n'y a point trahison, j'accepte.

— On s'arrangera pour ménager tes scrupules.

— Alors, c'est marché fait.

Et Samoül se mit tout à la disposition de Lalou, qui l'emmena vers Aurélia, suivi de son escorte nombreuse.

Samoül était persuadé qu'il finirait tôt ou tard par entrer dans Aurélia.

Dans ce but, il s'arrangea de façon à capter la confiance de Si-Lalou.

Comme tous les hommes supérieurs épris de leur supériorité, accoutumé à produire grand effet, Si-Lalou était jaloux de son pouvoir; il n'aimait pas que qui que ce fût échappât à la fascination qu'il exerçait.

Samoül sentait cela.

Aussi se dit-il qu'en faisant une certaine résistance habile à Élaï Lascri, en lui montrant les dents de temps a autre, il en résulterait chez celui-ci un besoin de soumettre le Kabyle à ses volontés.

Ce besoin devait se traduire par le désir de l'embaucher dans ses troupes.

En cédant à propos, Samoûl comptait flatter l'amour-propre du nègre.

Il mena fort bien son plan.

Tout d'abord, il conduisit la troupe de Si-Lalou au lieu du combat.

Là on discuta.

Samoûl fut d'un avis diamétralement opposé à celui du chef, et il lui soutint fermement que ce qu'il prenait pour une piste était une fausse trace.

Et quoique Lalou s'emportât, il maintint son dire; l'événement lui donna raison.

Élaï Lascri s'entêta à suivre la piste que Lassalle avait fait tracer par Martinet, piste qui s'en allait fort bien et disparaissait tout à coup; Martinet avait même planté en terre une branche de tuya au bout de laquelle était fixé un petit billet avec ce mot :

« Stupide qui aura suivi mes pas! »

Lalou fut exaspéré.

Samoûl lui dit froidement :

— Je t'avais prévenu.

Élaï Lascri fit un violent effort pour se contenir.

Samoûl lui dit :

— Vois-tu, Si-Lalou, tu es un grand capitaine, à l'esprit vaste.

« Mais les petites choses ne sont pas ton fait. Moi, pauvre diable de colporteur, accoutumé à suivre toutes ces routes, j'observe avec ma petite sagacité, ma petite intelligence, les petits détails.

« Je dois en savoir plus long que toi sur les pistes.

— Qu'as-tu donc remarqué sur celle-ci?

— D'abord l'homme qui marchait était seul, quoique de temps à autre on vit paraître d'autres traces; mais il les faisait avec une chaussure emmanchée tout au bout d'un bâton; il se servait de cela comme de canne, et ça marquait sur le sable.

— Que ne m'as-tu prévenu?...

— Eh! seigneur, j'ai voulu discuter, tu m'as imposé silence.

Lalou était dans son tort.

— Voyons, fit-il, puisque tu es si fort, tu vas bien nous dire ce que cet homme est devenu?

— Impossible!

— Parce que...

— Parce qu'il n'a laissé aucune trace. Il savait, ce chasseur, qu'il arriverait à cette bande de terrain où nous sommes et qui est composée de cailloux; à chaque instant, dans le désert, se trouve cette différence du sol; il a suivi longtemps ce chemin, où ses pieds ne peuvent marquer que de loin en loin.

— Mais, dit Lalou, ne peut-on fouiller cette région caillouteuse?

— C'est le seul moyen. Lance des cavaliers en tous sens; qu'ils décrivent des cercles : peut-être arriveront-ils à voir sur quel point l'homme est rentré dans les sables mouvants.

Lalou donna ses ordres.

Les cavaliers partirent.

Lalou, Mikaël et deux esclaves demeurèrent seuls, et l'on bivaqua.

Lalou causa avec son kodja (secrétaire), pendant que les esclaves préparaient le repas.

Samoûl fit mine d'écouter avec admiration ce que disaient les deux poètes.

Car on peut donner ce titre à Lalou et à Mikaël; chaque fois que dans la vie d'aventures et de lutte il se faisait une trêve, ils occupaient leurs loisirs à des distractions artistiques ou littéraires.

Ils se mirent à causer d'Aurélia.

Mikaël était très-préoccupé d'une peinture murale dont il ne comprenait pas le sens; Lalou le lui expliquait avec force fioritures, arabesques, digressions et fantaisies sur les colonies romaines.

Et Samoûl, qui n'y comprenait rien du reste, prêtait l'oreille appuyé sur son fusil, charmé par le rhythme puissant et large de la diction de Lalou et par la grâce, la fraîcheur de langage de Mikaël.

Lalou s'aperçut de l'effet produit sur le Kabyle et lui dit :

— Eh! montaguard, que fais-tu là bouche béante, immobile, accoudé au canon de ta carabine?

— Ne fais pas attention à moi, dit Samoûl, parle; tu me charmes avec tes mots bizarres qui font une musique et tes phrases qui sonnent des fanfares.

— Tu sais ce dont il s'agit?

— Non! peu m'importe! Qu'un chanteur de n'importe quelle nation dise des vers sur une guitare, je ne saisis pas le sens; mais la musique m'est agréable. Ainsi de vous.

Lalou sourit.

Samoûl reprit :

— Je ne m'étonne pas que tu sois maître de tes bandits; tu les enchantes; voilà que je me sens de l'affection pour toi.

— Alors sois des nôtres! fit Lalou.

Samoûl secoua la tête.

— Avant tout, ma liberté! dit-il; je suis Kabyle, tu es despote.

— Pas autant que tu le crois; demande à Mikaël comment j'agis avec ceux que j'aime et qui méritent mon estime.

— M'estimerais-tu?

— Mais oui; tu es un homme, toi!

— Alors je réfléchirai.

Puis, allumant sa pipe, il s'assit près du chef, sans façon, et dit naïvement :

— Continuez; je vais fermer les yeux et me laisser bercer par votre conversation.

Lalou trouvait très-flatteuse cette attitude du Kabyle.

Il fit signe à Mikaël.

Celui-ci fit apporter sa guitare arabe et préluda. Samoûl fut régalé d'une admirable improvisation sur les colporteurs.

Il comprit qu'on voulait le gagner.

A la fin du morceau, il simula une émotion profonde, sauta au cou de Mikaël et déclara qu'il se dévouait corps et âme à lui et à Lalou.

— Bien! fit le chef charmé. Tu seras mon chercheur de piste et tu auras rang de khalifat.

Lalou était joué.

XII

LE NOUVEAU SARACQ.

Samoûl en était arrivé au point où il voulait; il se sentait maître de la situation.

Les cavaliers revinrent. Point de traces.

Lalou consulta son oracle.

Samoûl dit à Élaï Lascri :

— Chercher un chasseur d'autruches dans le Sahara, c'est chercher une aiguille dans une prairie couverte d'alfa; tu n'imagines pas quelles ruses ces hommes emploient pour cacher leurs pas. Souvent j'ai marché avec eux, car nous autres, pauvres Kabyles colporteurs, nous cherchons des protections contre les voleurs et les gens de rapine.

« Eh bien! j'ai vu des choses étonnantes.

« Imagine-toi que ces hommes s'entourent les pieds

de chiffons et se fabriquent des espèces de balais de palmier qui sont retenus à la ceinture et reposent sur le sol.

« Chaque chasseur en marchant a donc derrière lui un chasse-poussière; tu comprends que par ce procédé leurs empreintes, à peine indiquées déjà à raison des chiffons, disparaissent entièrement.

— Mais, fit Lalou, il faut donc, selon toi, renoncer à la poursuite de ces gens?

— Actuellement, oui.

— Je n'abandonne jamais une vengeance.

— L'avenir n'est-il pas à toi?

— Tu espères que je retrouverai ces gens-là plus tard?

— Est-ce qu'un homme comme Lassalle ne fera point parler de lui?

— Tu as raison.

— J'aurais l'air d'oublier.

— Ce serait peut-être le mieux.

« Quand ces aventuriers feraient quelques coups d'audace, tu en serais averti.

— Mes chouafs (espions), répandus partout, ne manqueront pas de me prévenir.

— Alors tu es sûr, un jour ou l'autre, de t'emparer de tous ces drôles.

Élaï Lascri se laissa convaincre.

Il appela un khalifat.

— Envoie, dit-il, ordre à tous les détachements de revenir à la ville.

Et à l'escorte :

— Nous autres, en route!

On prit le chemin d'Aurélia.

Samoül était dévoré de curiosité.

Après une longue course, on arriva enfin à destination, et le Kabyle éprouva une immense joie en se sentant si près de la cité.

Pendant tout le voyage, Lalou et son kodja n'avaient point cessé de parler de cette ville et de ses splendeurs; le montagnard, lui, n'avait pas discontinué de questionner son nouveau chef.

Lalou n'était pas homme à laisser entrer dans la ville le premier venu.

Il prenait des précautions.

— Ami, dit-il à Samoül, je vais te livrer nos secrets, c'est grave.

— Je saurai les garder! dit Samoül.

— Et moi je saurai aussi te garder. Avant de pénétrer dans Aurélia, il faut que tu me jures de ne jamais révéler à personne l'endroit où elle se trouve; il faut jurer sur ton village.

C'est le serment le plus grave qu'un Kabyle puisse faire; il y avait de quoi hésiter.

— Si je ne voulais pas faire de serment, dit Samoül, pourrais-je m'en aller?

— Tu es trop engagé avec nous, dit Élaï Lascri, pour reculer.

— Pourtant je suis très-ému à l'idée de mettre mon village en cause; nous autres, Kabyles, nous ne faisons ce serment que pour le passé, jamais pour l'avenir, dont Dieu seul est maître.

— Mon cher, dit Lalou, je me soucie de Dieu, de toi, de ton village comme d'une cartouche brûlée ; donc, mon ami, jure, jure vite, ou je te brûle la cervelle.

Samoül jura.

— Bon! dit Lalou.

Et il s'apaisa aussitôt.

— Que de mal, dit-il, pour faire ton bonheur! car tu vas être riche et heureux; tu entres en participation du trésor, tu es chef, tu auras toutes les jouissances.

— Je te rends grâce, dit Samoül.

— Seulement, continua Lalou, je te prie, mon cher ami, d'observer ceci : c'est que tu auras deux esclaves, gens solides et dévoués à moi.

— Ah! fit Samoül, deux gardiens alors?

— A peu près ; mais ils t'obéiront en tout, sauf si tu leur commandes de s'éloigner.

— Et ces gens seront toujours sur mes talons?

— Toujours.

— C'est gênant.

— Notre sûreté l'exige.

— Seigneur, si j'avais su...

— Il faut bien acheter la fortune par quelques sacrifices, mon cher.

Et Lalou montrait à Samoül un tracé ouvert par lequel il fallait passer.

Le Kabyle s'y engagea.

Un quart d'heure après, il était étourdi du luxe et des splendeurs d'Aurélia.

La ville, en partie éclairée par de grands feux allumés dans les rues, était merveilleuse et bien faite pour frapper l'esprit de Samoül.

— Vois-tu, lui dit Lalou, nous ne nous occupons plus des caravanes aujourd'hui; nous fouillons les palais et recueillons leurs richesses.

« Quand nous aurons réuni tout ce que contient Aurélia de précieux, on fera le partage, et ensuite je donnerai suite à mes rêves. »

Samoül était étourdi.

Le premier trésor n'était rien comparé à celui-là.

Lalou, après qu'il l'eut grisé de tant de merveilles, le fit installer dans un palais et le laissa à lui-même.

XIII

LES RUSES DE SAMOUL.

Samoül se trouvait fort gêné par les deux esclaves que lui avait donnés Si-Lalou; comme deux dogues, les deux nègres ne le quittaient point.

Samoül eût bien voulu correspondre avec ses amis, auxquels il avait conseillé de se rendre tous les huit jours en une certaine daïa qui devait lui servir de bureau de poste; voici comment!

Dans cette daïa se trouvait un beau chêne-liége un peu creux.

Les chasseurs avaient coutume, en parcourant le désert, de déposer secrètement dans ce chêne les lettres qu'ils voulaient envoyer.

Ceux de leurs amis qui passaient ne manquaient jamais de consulter le creux de l'arbre et d'y prendre les lettres dont ils pouvaient se charger d'après leur propre destination.

On appelait cet arbre la boîte aux lettres des cent branches.

Ce n'était pas du reste le seul bureau de poste de ce genre qui existât; il est dans la coutume des chasseurs d'avoir, de distance en distance, des dépôts qui contiennent pour leurs camarades dans l'embarras des provisions, des armes, de la poudre.

Samoül eût bien voulu être libre et aller déposer un mot dans le chêne.

Impossible.

Il rongea son frein.

Le pauvre Kabyle se mit à admirer Aurélia, ne pouvant faire mieux.

Il parcourut le quartier aéré par Si-Lalou, s'aventurant jusqu'à ce que la respiration lui manquât, mais toujours suivi de ses argus.

Il essaya de tout pour les amadouer; rien n'y fit.

Donnait-il un ordre?

Vite les nègres s'empressaient, mais à la condition de ne pas s'éloigner.

Cela dura dix jours.

Lalou, qui voulait explorer tout Aurélia, avait fait venir beaucoup de poudre afin de faire sauter des mines.

Très-intelligent, Élaï Lascri, au lieu de suivre des procédés routiniers, employait la poudre avec beaucoup d'ingéniosité.

Voulait-il ouvrir un conduit d'air? il préparait un fourneau de mine, étudié de façon à produire un entonnoir formant galerie.

Et beaucoup de temps, de peines, de sueurs, étaient économisés. Il advint ainsi que, pour avoir de la poudre en quantité, il fut obligé d'envoyer des convois des ksours.

Bientôt on eut empli une chambre basse d'un vaste bâtiment placé au centre des parties que la bande occupait, groupée autour de son chef.

Or un jour Samoül, qui était la prudence même, se promenant par la ville, s'aperçut que les hommes qui transportaient la poudre fumaient avec toute l'insouciance arabe.

Le Kabyle courut à Si-Lalou.

— Chef, dit-il, je viens te prévenir qu'un grand danger plane sur toi.

— Lequel? fit Lalou ému par l'air dont Samoül lui dit cela.

— Nous pouvons sauter à tout instant par le fait de ces hommes.

— Que font-ils donc?

— Ils fument au-dessus des outres de poudre : juge de ce que produirait l'explosion d'une seule outre; elle pourrait amener celle de la grande poudrière et la ruine de la ville.

Lalou prit un long couteau à une panoplie et se leva sans mot dire.

Il fit signe à Samoül de le conduire.

Celui-ci obéit.

A la vue du maître, les chibouques furent éteintes ou dissimulés.

Lalou prit deux hommes.

L'un était le chef de ce groupe de bandits, l'autre le plus vieux. Il souleva chacun d'eux avec une force herculéenne, les lança contre un mur avec violence et les égorgea, de sa main, froidement.

La légende arabe relate ce fait en quatre vers qui donnent le frisson; jamais l'horreur d'une action cruelle ne fut plus énergiquement exprimée, et notre langue ne saurait comporter une traduction exacte de e quatrain féroce.

Les bandits restèrent muets et terrifiés, comme toujours quand Lalou faisait une exécution; il leur dit d'une voix très-calme :

— Tout homme qui fumera près des poudres sera traité de la sorte.

Puis, montrant Samoül :

— Voilà, dit-il, celui que je nomme le maître de la baroukh (poudre).

Et au Kabyle :

— Te voilà chef, après moi, de toutes les mines et des minerais.

« Tu es responsable. »

On le voit, Lalou avait des procédés expéditifs de gouvernement.

Samoül n'était pas fâché de son nouvel emploi; il y avait à cela deux motifs :

Le premier, c'est que l'homme qui tient les clefs de la poudrière est maître de la faire sauter, et ceci peut être utile.

Ensuite Samoül avait l'espoir que ses deux argus le surveilleraient moins.

En ceci, il se trompait.

Les deux nègres le gardèrent comme par le passé; on eût dit deux ombres pour le même homme; c'était même par instants fort gênant.

Samoül creusa sa cervelle pour trouver un moyen de s'évader; il crut, après quinze jours, l'avoir imaginé.

Il s'en fut chez Lalou.

— Seigneur, lui dit-il, laisse-moi te faire part d'une réflexion qui m'est venue et qui te fera peut-être partager mon avis.

— Parle-moi, fit le chef; tu es presque toujours un homme de bon conseil.

— J'ai songé que les convois de poudre étaient en danger.

— Justement, je faisais la même réflexion à Mikaël qui partage mon sentiment.

— Ces convois laissent de fortes traces.

— C'est un inconvénient.

— Le secret de ta retraite peut être découvert, et cela pour l'instant serait fâcheux.

— Tu parles d'or.

« Ami, je sens bien que si tous les ksours venaient à connaître l'emplacement d'Aurélia, grâce à d'inévitables indiscrétions qui ont révélé l'existence des trésors enfouis dans cette ville, nous aurions une levée de boucliers; sans compter que ces damnés chasseurs se mettraient à la tête du mouvement contre nous.

— Maître, dit Samoül, il faut faire notre poudre nous-mêmes, et ce sera facile.

— Tu crois?

— Oui, car nous avons du salpêtre ici-même, dans les caves de la ville.

— Et le soufre?

— Je crois qu'acheter du soufre seulement et en apporter, outre que ça diminue les convois d'un tiers, cela offre en outre l'avantage de moins éveiller l'attention

« Aussi, à ta place, enverrais-je une bonne fois faire une provision de soufre, et ce serait fini; plus de visites aux ksours.

— Voilà une bonne idée.

— Je choisirais dans la daïa le bois le plus propre a faire du charbon.

— Parfait!

— Ici on laverait les terres pour extraire le salpêtre; ce n'est pas difficile.

— Tu es donc habile poudrier?

— Nous autres, Kabyles, nous sommes accoutumés à la fabrication des armes et munitions de guerre.

— Va, mon cher, tu es le bras droit de Lalou, qui t'aime, dit Élaï Lascri; le jour où je t'ai rencontré fut un jour heureux.

Samoül se retira ravi.

XIV
SOUPÇONS

Samoül se mit en devoir d'organiser les recherches de bois propres à fabriquer du charbon.

Il ne doutait pas qu'il ne se ménageât le moyen de tromper la surveillance de ses nègres; mais il allait être surveillé plus que jamais.

Lorsqu'il quitta Lalou, celui-ci eut un entretien avec Mikaël.

— Décidément, dit-il au jeune homme, je suis tout à fait de l'avis du Kabyle, il nous faut veiller à notre secret.

— Maître, dit Mikaël, je pense comme toi; il faudrait qu'à un moment donné nul de ceux qui peuvent parler ne sortit d'ici.

— Je ferai rentrer tout le monde.

— Et tu agiras prudemment.

— Je vais déjà expédier des ordres pour que tous les courriers et vedettes abandonnent leur poste; l'affaire des caravanes devient peu de chose, depuis que nous avons cette ville et ses trésors.

— Et le convoi de salpêtre?

— Je le composerai d'hommes sûrs. Puis, pour plus de sûreté, je le diviserai en six groupes qui feront les achats dans diverses localités : cela ne donnera pas l'éveil.

— Voilà des mesures sages, maître ; je ne serai tranquille que quand elle seront exécutées, et encore...

— Tu crains autre chose ?

— Oui ; mais je n'ai que des soupçons.

— Sur qui ?

— Sur ce Kabyle.

— Ce pauvre Abdallah il est tout dévoué, incapable de nous trahir.

— Du moment où tu le crois, c'est bien ; je n'ai plus rien à dire.

— Parle toujours.

— A quoi bon ?

— Ami, la défiance est mère de la sûreté ; on s'endort souvent dans une sécurité trompeuse ; tu as l'œil fin : peut-être as-tu su quelque chose ?

— J'ai comme un pressentiment que ce montagnard te trompera quelque jour.

— Mais, cher, cet homme m'a pourtant, de lui-même, averti d'un danger.

— Celui dont nous menaçait l'imprudence de ceux qui fumaient dans la poudrière ?

— Était-ce donc une perspective que de sauter, mon cher Mikaël ? appelles-tu cela un mince péril, une crainte chimérique ?

— Non ; mais songe, Lalou, que le Kabyle aurait péri avec nous, ce qui diminue de beaucoup cette pensée de dévouement... intéressé.

— Eh ! eh ! l'enfant pourrait avoir raison ! Mon petit, tu es perspicace.

Mikaël, encouragé, reprit :

— Qui le connaît, ce Kabyle ?

— Personne, c'est vrai.

— Tu t'es engoué de lui, Si-Lalou ! tu as trouvé chez cet homme une certaine résistance à tes idées, et tu as tenu à faire sa conquête.

— Ceci est vrai ; je le reconnais pour un garçon de première force.

— Eh bien ! j'ai beaucoup songé à l'attitude de ce montagnard ; je ne m'étonnerais pas, mon cher maître, que cet homme eût joué une comédie.

— Tu me troubles. Comment, ce naïf Kabyle serait assez rusé pour cela ?

— Ton caractère est connu ; si cet homme est un espion et un envoyé de tes ennemis, il se peut, mon cher maître, qu'il ait fait à tes colères juste l'opposition qu'il fallait pour t'agacer et te donner une envie extrême de le dompter.

Et Mikaël fit à Lalou plusieurs remarques très-fines qui le frappèrent.

Enfin Mikaël porta le dernier coup à la confiance de son maître en lui disant :

— Le cerveau de cet homme a dû beaucoup travailler pour trouver la combinaison des poudres, car c'est une combinaison ; il veut sortir d'ici à tout prix et a imaginé ce prétexte.

— J'en suis presque sûr maintenant.

— Et il doit être un ami de Samoûl, le célèbre chasseur.

— Peut-être Samoûl lui-même...

— C'est à voir !

— J'ai envie de le tuer sur-le-champ.

— Garde-t'en bien.

— Pourquoi ?

— Il peut être utile. S'il communique des renseignements à ses compagnons, ou s'il cherche à s'évader, on n'aura plus de doutes ; on le torturera, et il avouera tout. Nous tendrons une embuscade aux chasseurs.

— C'est une fort bonne idée. Ami, j'y penserai.

Et Lalou se mit à creuser son plan, qui fut formidablement dangereux pour Samoûl.

XV

MIKAEL ET SAMOUL.

Lorsque Samoûl réfléchit à la façon dont il devait s'y prendre pour écrire son message, il vit se dresser devant lui de grandes difficultés.

Tout d'abord il s'agissait d'avoir un roseau pour s'en faire une plume à la mode arabe. (Faire d'un roseau une plume est une image forcée, nous le savons bien, mais cette image rend notre pensée.)

Puis il fallut de l'encre.

Puis encore du parchemin.

Samoûl fit vigoureusement travailler son esprit, mais il ne trouvait rien.

C'était fort difficile.

Comment ensuite tromper la surveillance des nègres qui ne cessaient d'observer leur prisonnier avec un soin méticuleux, sans trêve ni répit ?

Un jour, maître Samoûl fit une sottise.

Lui, si fin quand il s'agissait de certaines choses, ne savait que faire quand il s'agissait de certaines autres, et il commettait des maladresses.

Il vint à Mikaël.

— Ami, lui dit-il, je suis dans l'admiration de ton talent ; je viens humblement à toi, te prier d'être mon maître ; je te serai reconnaissant.

— Tu veux être poète ?

— Ça ne s'apprend pas, je sais cela ; on est poète de naissance ; moi, je suis un orateur.

Il avait un orgueil naïf depuis ses succès du minaret.

Il reprit :

— Il s'agit de ton état.

— Tu voudrais être kodja ?

— Je voudrais bien écrire ; je souffre de tracer des caractères irréguliers ; on me prend pour un Bédouin ignorant, qui écrit l'alif (a) comme le ouxou (diphtongue oux).

Mikaël se prit à rire.

— Pauvre ami ! dit-il, je vois que tu es épris des sciences et des lettres. Je ferai tout ce qu'il faudra pour te rendre aussi savant qu'un taleb de la mosquée d'Oran.

Et Mikaël prit un parchemin et se mit à tracer dessus l'alphabet arabe.

Il le montra à Samoûl.

— Tiens, lui dit-il, voilà.

Le Kabyle s'extasia.

Il était franc du reste dans son admiration, car Mikaël écrivait adorablement.

— Il me faudra bien longtemps, dit-il, pour arriver à ce degré de perfection.

— Avec du goût, tu réussiras vite.

— Tu devrais me donner plusieurs chalumeaux (plumes) taillés et plusieurs parchemins ; j'en gâcherai beaucoup avant d'être aussi habile que toi.

— Voici tout un paquet.

— Merci.

Et pressant les mains de Mikaël :

— Petit, dit-il, je te montrerai ma reconnaissance de mon mieux.

— Tu es bon, Abdallah, je le sais ; si j'ai besoin d'un service, c'est à toi que je le demanderai, mon cher ami.

Et ils se quittèrent.

Samoûl murmura :

— Je ferai épargner ce petit. Il est vraiment charmant et dévoué.

Mikaël courait chez son maître.
— Sidi, lui dit-il, une nouvelle.
— Ah! ah! maître Samoül...
— ... Sort de chez moi.
— Il t'a proposé de me trahir?
— Oh! quel piége grossier! cet homme est un peu plus faux que tu ne crois.
— Et que voulait-il?
— Il m'a proposé d'être son professeur.
— Il veut t'endoctriner?
— Point du tout : il veut tout simplement un roseau, de l'encre, des parchemins.
— Pour écrire aux siens?
— Oui, sans doute.
— Voilà un homme perdu.
— Pour moi, il est jugé.
— Si on l'exécutait de suite?
— Toujours tes idées!
— Mon cher, j'aurais du plaisir à égorger ce misérable, à tuer tous ses amis avec lui.
« Ce serait une volupté féroce qui aurait pour moi un prix inestimable.
— Rien de plus facile que de faire tomber ces hommes dans une bonne embuscade.
— Mikaël, tes lèvres distillent un baume; tu es l'espérance en chair vivante.
— Mais que me conseilles-tu ?
— Laisse ce Kabyle écrire ce message; il le cachera sur lui pour tâcher de l'envoyer.
— C'est probable.
— Nous le ferons endormir par quelque drogue mêlée à son repas du soir.
— Oh! quelle idée !
— On le visitera.
Il placera probablement son avis dans le creux de son oreille ou entre le pouce et le second doigt du pied.
— Ou ailleurs...
— Enfin, on cherchera pendant qu'il dormira, et on trouvera ce message.
« D'après ce qu'il contiendra, on en fera un autre pour attirer ses compagnons dans un piége.
— Mais il s'apercevra de la substitution...
— Pas du tout. En s'éveillant, ne trouvera-t-il pas ce message au même endroit qu'il l'aura placé? Et crois que, roulé comme il le sera, après le mal qu'il se sera donné pour dissimuler ses préparatifs à ses surveillants, il se contentera de s'assurer que le parchemin roulé en boule est toujours à sa place.
— Et il le déposera quelque part, dans quelque creux d'arbre ou de pierre.
— Selon les habitudes des chasseurs.
— Mikaël, tu es un fils d'adoption pour moi; je te jure éternelle protection.
— Merci, seigneur.
Et l'enfant s'en alla tout joyeux, ravi d'avoir été si roué.

XVI

L'EXPLOSION.

Tout se passa comme Mikaël l'avait prévu; Samoül, endormi avec de l'opium qu'il prit dans son repas du soir, fut visité avec soin; on trouva le message qu'il envoyait à ses amis; Mikaël le remplaça par un rendez-vous donné aux chasseurs.
Samoül était censé annoncer à ses amis que, à une heure qu'il fixait, dans une daïa qu'il indiquait, ils trouveraient un détachement de bandits qu'il avait gagnés à la révolte contre Lalou et qui ne demandaient pas mieux que de s'unir aux chasseurs pour s'emparer d'Aurélia et se débarrasser de leur chef dont le joug leur pesait.

Le faux message indiquait des signes de ralliement et donnait toutes les garanties désirables.
Lalou avait comparé avec soin les deux écritures, celle de la vraie lettre, celle de la fausse, et il n'avait pu constater entre elles aucune différence.
Samoül s'en fut, avec un détachement, chercher ses bois sans se douter de rien.
Les esclaves lui laissèrent quelque liberté, et il put glisser ce qu'il croyait être son avis dans la poste aux lettres du désert
Pauvre Samoül!
Il préparait la perte de ses compagnons.
Dans l'intervalle, Lalou avait tenu la main à ce que tous ceux qui connaissaient les secrets d'Aurélia et son emplacement y entrassent.
Les convois de salpêtre n'étaient pas partis; toute la bande était assemblée, sauf un détachement qui guettait les chasseurs dans l'embuscade tendue.
Un soir, Samoül travaillait dans la poudrière avec ses deux gardiens.
Un signal retentit.
Les deux nègres bondirent sur le Kabyle.
Celui-ci fut terrassé un instant; mais, doué d'une vigueur herculéenne, il se releva et put poignarder un de ses agresseurs; l'autre s'enfuit.
Samoül comprit que tout était perdu et que l'on avait tout découvert.
Il se lança au milieu des barils de poudre, et il en défonça un.
Des bandits envahissaient la poudrière, criant à Samoül de se rendre, que ses compagnons étaient pris, que Lalou, selon sa promesse faite d'épargner le kabyle Samoül, et voulant tenir son serment juré, faisait grâce au montagnard. Samoül se hâtait, lui, de battre froidement son silex et d'enflammer de l'amadou; il ne croyait pas au pardon de Lalou.
Quand l'amadou fut allumé, il se dressa tout à coup et dit :
— J'aurai une mort splendide.
Et comme les bandits fuyaient, il jeta l'amadou sur la poudre.
Une épouvantable explosion eut lieu qui bouleversa la surface du désert; la ville entière fut renversée, anéantie.
Avec elle, tous les êtres vivants qu'elle renfermait.
Ainsi se termina ce drame que nous avons essayé de raconter en traduisant les récits arabes qui nous ont été faits.
Nous pouvons dire pourtant que le doute est permis quant au dénouement définitif.
Une chose assez étrange se passa.
On n'entendit plus jamais parler d'Élaï Lascri, ni d'aucun des siens, ni des chasseurs.
Mais un jour Marie et madame Martinet quittèrent l'oasis où elles s'étaient réfugiées pour attendre leurs maris, et l'on remarqua que ce fut sur un message à propos duquel elles gardèrent le secret.
Ceci se passait six mois après le départ des chasseurs pour les sables.

Quatre hommes masqués la saisirent.

ÉPILOGUE

I

DE L'OASIS.

Ainsi Marie et Margot étaient depuis des mois dans l'oasis d'El-Ara, quand elles reçurent un mystérieux message.

Or ce message contenait trois mots :
« Debout ! — sauvés ! — fortune ! »
Seulement il n'était signé que de Martinet.

Les deux jeunes femmes avaient pour les servir deux Kabyles et un Arabe.

Samoül avait envoyé les Kabyles avant de tenter son expédition fatale d'Aurélia.

L'Arabe avait été choisi par eux.

Obéissant à Samoül, auquel ils étaient liés par un serment de reconnaissance, les deux Kabyles s'étaient jusqu'à la mort dévoués aux blanches (mouchères), comme ils disaient.

Marie leur communiqua la dépêche.

Il faut dire que les deux jeunes femmes avaient confiance dans ces fils de la montagne.

C'était deux hommes de trente ans l'un, de trente-cinq l'autre.

Le premier s'appelait Rustem.
Le second Ahmed.

Rustem, quoique le plus jeune, était de beaucoup plus rusé qu'Ahmed et tireur hors ligne.

Il eût fait certes un chasseur.

Ahmed, lui, était le meilleur marcheur de la tribu.

Il pouvait dire qu'il avait traversé le désert plus vite qu'une caravane qu'il éclairait déguisé en mendiant juif.

Et Ahmed ne mentait jamais : il était Kabyle.

Sûres de leurs protecteurs, les jeunes femmes les laissèrent un moment ensemble, et ceux-ci lurent trois fois le billet, puis ils pensèrent.

Rustem parla le premier.

— Ahmed, dit-il, ce billet a été tracé tranquillement, vec les yeux de la force.

— Et sur du bon parchemin, fit celui-ci.

— Appelons l'homme qui l'a porté.

C'était un Arabe d'une tribu errante.

— Allah soit avec toi! lui dit Ahmed ; tu devrais ajouter quelque chose à cette lettre.

Le Roi des Chemins. LII.

— Interrogez, Kabyle! fit l'homme du désert; je ne sais pas lire. Que dit le papier?

Rustem lut.

— Bien! fit simplement l'Arabe; parlez.
— Qui t'a remis cela, ami?
— L'uléma d'Ismaïl.
— T'a-t-il indiqué une route?
— Il m'a montré le sud du désert.
— Lui as-tu demandé s'il y avait loin?
— Douze journées.
— Il n'a rien ajouté?
— Non.
— Connais-tu une oasis vers ce point, Ahmed?
— J'ai suivi le désert plus haut.
— Et toi, ami? demanda Rustem à l'Arabe.
— Il n'y a que le sable.

Les deux montagnards se regardèrent.

— Entre amis, fit l'homme de tribu, je puis vous dire une chose.
— Un secret?
— Non, une légende.
— Quelque oasis qui fuit le voyageur?
— Non; à ce point était une ville, et il y a une montagne aujourd'hui.
— Bien, fit simplement Rustem; nous irons à la montagne, comme le prophète.

Et à ces derniers mots les trois hommes s'inclinèrent.

— Où retournes-tu, compagnon? demanda Ahmed à l'Arabe.
— Je ne sais; mais je trouverai ma tribu..
— Veux-tu être des nôtres?
— Oui.
— Alors je te prends et nous irons à la montagne. Tu seras payé largement.

L'Arabe acquiesça d'un geste.

Les deux Kabyles rejoignirent alors Marie et Margot. Celles-ci étaient inquiètes; elles prévoyaient quelque chose de nouveau.

Leurs compagnons les abordèrent respectueusement.

— Eh bien? demanda Marie.
— Où trouver Martinet? fit Margot.
— L'Arabe nous a donné une trace, répondit Rustem.
— Et nous partons? s'écria Marie.
— Je fais lever les chameaux, dit Ahmed.
— Comprenez-vous pourquoi Martinet écrit seul? demanda Margot à Rustem?
— Non, répondit le Kabyle; seulement, qui manque au rendez-vous?
— Son compagnon de chasse.
— Il n'est pas en danger, dit Rustem; celui qui écrivit ceci était calme comme la nuit du désert.
— Mais s'il écrivait pour nous préparer à quelque coup terrible?
— Allah seul est grand! fit le Kabyle. Quand partirons-nous?
— De suite! s'écrièrent les deux femmes.

Rustem se rendit aussitôt auprès d'Ahmed.

La façon d'agir des Kabyles avec Marie et Margot n'était ni l'humilité du serviteur ni la politesse banale d'un froid compagnon de route, ni même quelque chose qui pût dénoter ou la passion ou l'espoir.

Non: c'était une sorte de délicatesse de race, un je ne sais quoi que les fils des grandes montagnes, vivant sans cesse dans l'immense, le fier et le beau, ont en naissant au fond du cœur.

Et comme dans tout ce roman nous ne nous sommes appuyé que sur des preuves irréfutables, que nous avons étudié avec le soin le plus minutieux les mœurs, les habitudes, les caractères de la Kabylie, du désert, nous devons ici donner un exemple traduit textuellement de l'Arabe, et qui montre bien la façon délicate dont un Kabyle use envers la femme.

C'était sous le sultan Saladin.

Il était père d'une fille qui eût été sans contredit la perle de l'Orient, si la fille de son vizir ne lui eût disputé cet avantage.

On ne parlait, du Maroc au Soudan, que des beautés exquises des deux princesses.

L'une: Rosier-d'Amour.

L'autre: Tourment-des-Rois.

Or beaucoup de ceux-ci s'étaient laissé enflammer au seul récit des voyageurs.

Et ils étaient beaucoup qui songeaient à deux mariages.

Toutefois le plus vieux de leurs plus vieux chefs d'eunuques eût été en peine de décider laquelle de ces deux beautés était la plus accomplie.

Seulement la fatalité avait déployé ses ailes noires.

Et des choses terribles se préparaient.

Soit prévention, soit que la fille du vizir, moins fière et plus humaine que sa rivale, eût gagné les cœurs de la multitude, tous les suffrages étaient pour elle.

Et la voix du peuple est la voix du Prophète.

La fille du roi conçut un chagrin si violent de se voir préférer Ghulnaz (c'était la fille du vizir), qu'elle tomba dans une langueur mortelle.

Son père alarmé fit venir tous ses médecins et ses derviches.

Or ceux-ci furent unanimes.

— Roi des rois, dit le plus ancien, le mal de ta fille vient de quelque déplaisir secret.

Le sultan pressa son enfant de lui ouvrir son cœur.

Pour l'y déterminer, il s'engagea par un serment solennel à lui accorder tout ce qu'elle lui demanderait.

— Par Allah! avait-il dit, je ferai ta volonté, dût-il m'en coûter la moitié de mon royaume.

La fille de Saladin, loin de découvrir la basse jalousie dont elle était animée, aurait voulu se la dissimuler à elle-même.

Cependant, touchée des marques de tendresse que lui donnait son père et de la profonde douleur qu'il lui témoignait, elle ne put résister davantage.

Ghulnaz! Ghulnaz! était la cause de son mal, qui ne cesserait que par l'éloignement de cette rivale odieuse.

Saladin tâcha de consoler son enfant.

— Ma fille, j'ai juré, lui dit-il, et dans peu tu n'entendras plus parler de celle qui cause tes peines.

Et effet, il manda son premier ministre:

— Vizir, lui dit-il, c'est à regret que je vous ordonne de vendre votre fille: je sais combien il en coûtera à votre cœur de père.

« Mais le malheur veut ceci.

« La vie de mon enfant est intéressée à ce que Ghulnaz disparaisse.

« Vizir, c'est vous en dire assez... et j'attends ce sacrifice du zèle que vous m'avez témoigné sans cesse. »

Le vizir, consterné, balança quelque temps entre l'amour paternel et l'ambition.

Mais cette passion implacable l'emporta enfin!

Elle étouffa la nature sous la raison.

Seulement un reste de honte empêcha le vizir d'exposer sa fille aux regards du public.

Car Saladin avait voulu qu'il la vendît.

Donc, pour éviter cette ignominie, il inventa ceci:

Il la fit mettre dans un coffre.

Alors il ordonna qu'on lui conduisît le crieur:

— Tu vendras, lui dit-il, ce coffre quarante mille aspres. Mais j'y mets cette condition: toi et l'acheteur serez empalés si tu ne vends et s'il ne prend le coffre autrement qu'en ne voyant pas ce qu'il renferme.

« Que ce soit vendu avant la nuit! »

Le crieur voulut en vain exécuter les ordres du vizir ; la condition qu'il avait mise au marché éloignait tout les acheteurs.

Un jeune pasteur pourtant se présenta à la fin de la journée.

Il soupçonnait quelque mystère et s'offrit à en courir les risques.

C'était d'ailleurs un montagnard de la Kabylie.

Il emprunta donc sur lui-même d'un négociant de ses amis la somme fixée.

Mais, habile avant tout, il discuta avec le crieur.

Celui-ci, pour sauver sa vie, abandonna deux mille aspres.

Le Kabyle compta fièrement le reste au crieur.

Tous étaient dans l'étonnement ; ils voulaient voir et eussent arraché le coffre au jeune homme.

Mais celui-ci jura par son père de tuer celui qui toucherait à son bien.

Il emporta le coffre chez lui.

Rien ne put égaler sa surprise que sa joie, lorsqu'en ouvrant le coffre il vit dedans une jeune fille d'une beauté ravissante.

Or Ghulnaz lui était inconnue.

— Charmante houri, lui dit-il, car vous êtes sans doute une des célestes aimées destinées au plaisir des élus dans l'autre monde, par quelle aventure étrange êtes-vous renfermée ici ?

La fille du vizir, qui ne voulait pas se faire connaître, lui répondit :

— Vous voyez une infortunée que le malheur poursuit.

« Le sort m'a faite votre esclave ; je n'en murmure point, et vous trouverez en moi toute la soumission et toute la fidélité que je vous dois. »

L'aimable Ghulnaz avait trop de charmes pour que son patron ne ressentît pas le pouvoir.

Elle était esclave, et il pouvait disposer d'elle à son gré ; mais il avait dans ses amours une délicatesse de sentiment bien au-dessus de sa condition.

Son bonheur, s'il eût été une suite de contrainte, lui eût paru imparfait, et il voulait le devoir tout entier à l'amour.

Il prit donc la résolution de rendre à Ghulnaz la liberté et de s'unir ensuite avec elle par un véritable mariage.

Toutefois, avant d'exécuter son dessein, il voulut éprouver si elle était digne du sort qu'il lui destinait.

Il la conduisit chez sa mère.

Celle-ci demeurait dans une petite ville éloignée d'une journée de chemin.

— Ma mère, dit-il alors qu'il fut seul avec elle, cette jeune esclave me plaît.

« Je veux en faire votre fille ; donc je la confie à vos soins ; éclairez sa conduite, examinez si sa sagesse égale sa beauté. »

Alors il prit congé de sa mère et de Ghulnaz.

Toutes deux avaient sa promesse qu'il ne tarderait pas à les revoir.

La belle esclave gagna bientôt le cœur de la mère comme elle avait gagné celui du fils.

La bonne femme fut enchantée de la douceur, des complaisances de la nouvelle venue.

En peu de temps Ghulnaz lui devint aussi chère que si elle eût été sa propre fille.

Cette montagnarde, aux mœurs sobres de sa tribu, était dans une extrême pauvreté.

Mais elle l'avait toujours supportée avec patience.

Seulement, depuis qu'elle était avec Ghulnaz, elle souffrait de lui voir partager sa misère.

Elle désirait des richesses pour lui faire un sort plus digne de toutes ses qualités.

Cette aimable enfant, de son côté, touchée du triste état de celle qui lui témoignait tant de bontés, chercha à la soulager.

Elle lui remit un diamant.

Cette pierre avait été cachée par elle lorsque son misérable père l'avait enfermée dans le coffre.

Ghulnaz pria la vieille d'aller la vendre aussitôt.

— Il vaut plus de deux mille sequins, ajouta-t-elle.

Comme le diamant était d'une grande beauté, la mère du porteur d'eau trouva bientôt un acheteur.

Elle revint toute joyeuse auprès de celle qu'elle appelait sa chère fille.

Ghulnaz loua alors pour elle et sa compagne une maison plus commode et plus spacieuse.

Elle la meubla modestement.

Elle commençait à se consoler de ses malheurs et à se conformer à la condition dans laquelle elle se trouvait, lorsque de nouvelles disgrâces la rendirent plus à plaindre que jamais.

Il faut dire qu'elle menait une vie fort retirée, qu'elle ne sortait que très-rarement et toujours voilée.

Mais voici l'événement.

Le bruit de la beauté de Ghulnaz se répandit dans la petite ville où elle était.

Un jeune homme devint éperdument amoureux d'elle.

Enfin il osa lui déclarer sa passion.

Mais il fut reçu piteusement, comme un pauvre amoureux.

Son amour se changea en haine.

Dès lors il n'eut que ce but :

Se venger de celle qui avait méprisé son amour.

Or pour cela il partit pour la capitale.

Il chercha le porteur d'eau.

Enfin, dès qu'il l'eut rencontré, tout doucement et d'un air bien triste, il lui tint ce petit discours :

— Que je vous plains, mon pauvre Kabyle, d'élever avec tant de soin une ingrate !

Et notre porteur d'eau de se récrier.

— Par le Prophète ! lui dit le jeune homme, tu veux une preuve, et la voilà !

— Une preuve, dis-tu ?

— Certes ; tandis que tu végètes ici et meurs sous tes fardeaux, qui donne à cette femme tant d'or qu'elle dépense ?

— Qui ? s'écria le Kabyle.

— Je le sais, moi. Écoute donc.

— Dis-moi vite, donc ! tu me ronges le cœur.

— Ses amants, Kabyle, ses amants !...

Et le jeune homme disparut.

Or le porteur d'eau, fils des aventures, ne s'occupa de rien autre chose, lui aussi, que de se venger.

Pourquoi calculer, chercher ce que le conteur fatal pouvait dire de vrai ?

Donc il partit pour la petite ville.

Or il demande la demeure de sa mère ; on lui montre la maison nouvelle.

La beauté, la richesse des meubles, à son avis, tout le persuade de ce fait :

Il est trahi !

Il entre donc chez les femmes.

Ghulnaz ne se défiait de rien ; elle court au-vant de lui.

Mais il ne lui en donne pas le temps ; il se précipite sur elle, tire un poignard caché sous sa robe et le lui plonge dans la poitrine.

Ghulnaz tombe pas au premier coup.

Il allait frapper encore.

Elle fuit éperdue, l'évite, et se précipite par la fenêtre.

Un juif passait dans la rue.
Il voit une jeune fille baignée dans son sang.
Il la relève, il la conduit chez lui.
Cependant la mère du porteur d'eau, qui était dans une chambre voisine, était accourue au cri qu'avait jeté Ghulnaz.
Elle voit son fils la fureur peinte dans les yeux, un poignard sanglant à la main.
— A qui en voulez-vous, mon fils? lui cria-t-elle. « Qu'est devenue Ghulnaz?
— Morte! répond le malheureux; je viens de me venger d'une misérable qui m'a trahie!
— Par le Prophète! quelle erreur horrible! et que de larmes à verser, malheureux!
— Moi?
— Vous! car c'est un crime qu'Allah ne pardonne pas; car elle était la plus reconnaissante et la plus vertueuse des femmes.
Alors elle raconte de quelle manière la généreuse Ghulnaz l'avait tirée de la misère.
Le porteur d'eau, à ce récit, s'abandonna à la plus vive douleur. Il descendit dans la rue, croyant y trouver sa chère Ghulnaz.
Mais elle était disparue.
Il parcourut toute la ville sans pouvoir découvrir ses traces.
Cependant le juif envoya chercher un chirurgien.
Celui-ci visita la plaie de la fille du visir.
Il déclara qu'elle n'était pas mortelle.
Il ne se trompait point, et elle ne tarda pas à recouvrer avec la santé tous ses attraits.
Le juif, lui, ne put longtemps alors la contempler d'un œil indifférent.
Il lui déclara sa passion.
Mais, hélas! c'était, cette fois, un amant qui voulait être obéi.
Ghulnaz frémit du danger qui la menaçait.
Observée de trop près pour prendre la fuite, elle prit la résolution de se jeter dans la mer.
La mer baignait les murs de la maison du juif.
Ghulnaz comptait pour rien la perte de sa vie, pourvu qu'elle pût sauver son honneur.
Mais pour exécuter ce dessein il fallait écarter son amant.
Elle feignit de consentir à ce qu'il exigeait de sa complaisance; seulement elle voulut qu'il allât auparavant au bain.
Le juif partit.
Ghulnaz ouvre la fenêtre et se jette avec intrépidité dans la mer.
Trois frères qui pêchaient aux environs l'aperçurent qui se débattait dans les flots.
Ils étaient habiles nageurs; ils s'élancèrent.
Bientôt elle fut dans leur bateau.
Ils vont aborder à une prairie, d'un autre côté de la ville.
La fille du visir fut alors rappelée à la vie par leurs soins; mais elle se vit exposée à un danger encore plus terrible que celui auquel elle venait d'échapper.
Son extrême beauté fit une impression fatale sur les trois frères.
Une querelle violente s'éleva entre eux, et chacun prétendait avoir en sa possession Ghulnaz épouvantée.
Ils furent vite près d'en venir aux mains.
Mais le hasard conduisit auprès d'eux un jeune janissaire.
Ils le prirent pour leur arbitre.
— Le sort, leur dit celui-ci, peut terminer ce différend. Je vais tirer trois flèches de trois côtés opposés. Celui de vous qui aura le plus vite atteint l'une d'elles sera le possesseur de cette femme.

La proposition parut si raisonnable aux pêcheurs qu'ils l'acceptèrent sans balancer.
Le cavalier bande aussitôt son arc.
Il tire successivement trois flèches vers trois points différents.
Les trois frères partent avec rapidité, chacun d'eux dans l'espérance d'atteindre le but le premier.
Mais le janissaire, les voyant s'éloigner, saute de cheval.
Il met Ghulnaz en croupe.
Il remonte sur son buveur de sable et au grand galop s'éloigne des pêcheurs.
C'est ainsi qu'il gagne un village de l'intérieur des terres.
Mais il était de la destinée de Ghulnaz d'embraser tous ceux qui la voyaient.
A peine le cavalier eut mis pied à terre qu'il lui déclara la violence de sa passion.
Ghulnaz, voyant qu'elle ne pouvait éviter cette nouvelle attaque que par la ruse, écouta sans courroux cet aveu qu'il lui fit.
Elle feignit même d'y être sensible; elle le conjura seulement de différer son bonheur jusqu'à la nuit.
— Il me vient, lui dit-elle, une idée qui, toute bizarre qu'elle est, peut contribuer à votre tranquillité et à la mienne.
« Personne n'est prévenu ici de mon arrivée, n'est-ce pas?
— Personne!
— Alors prêtez-moi un de vos habits; vous me ferez passer pour un de vos parents qui revient des pays étrangers, si quelqu'un nous reconnaît par hasard. Et qui soupçonnera mon sexe sous ce costume? Dès lors, pour vous plus de rivaux, ajouta-t-elle avec un sourire enivrant.
Le janissaire enchanté lui donna un habillement. Quand elle s'en fut revêtue:
— Je veux vous prouver, lui dit-elle, que je ne démens pas le sexe sous lequel je parais à vos yeux, et que peu d'hommes égalent mon adresse à manier un cheval.
Elle dit, et en même temps saute avec légèreté sur celui du soldat.
Elle fait faire à la bête quelques voltes brillantes.
Or, tandis que le maître admirait sa bonne grâce, elle s'éloigne insensiblement en pressant avec l'éperon les flancs du cheval, et elle lui fait prendre le galop.
Comme un éclair, elle disparaît aux yeux du janissaire éperdu.
La crainte d'être poursuivie lui fit courir tout le reste du jour et toute la nuit, sans suivre de route assurée.
Les premiers rayons du soleil qui frappèrent l'horizon lui firent découvrir une grande ville.
Incertaine, elle tourne ses pas de ce côté.
Quel fut son étonnement, lorsqu'elle vit les habitants venir à sa rencontre!
— Notre roi est mort cette nuit, lui dirent-ils.
« Comme il n'a pas laissé d'héritier au trône et qu'il craignait une guerre civile, il a ordonné par son testament d'y placer celui qui s'y trouverait le premier à l'ouverture des portes de la cité. »
Ghulnaz reçut d'un air majestueux et affable tout à la fois les hommages de ses nouveaux sujets, qui étaient bien éloignés de soupçonner son véritable sexe.
Elle traversa les rues aux acclamations du peuple et alla prendre possession du palais, séjour ordinaire des souverains de cette contrée.
Dès qu'elle fut sur le trône, elle s'appliqua tout entière au gouvernement de l'État.

La belle Ghulnaz régnait depuis quelque temps, lorsqu'elle fit élever une fontaine magnifique aux portes de la ville.

Quand cet édifice fut achevé, elle fit faire sa statue, mais sans expliquer les raisons particulières, on le comprend, qu'elle avait de vouloir être représentée sous un habillement de reine.

La statue fut placée sur le haut de la fontaine.

Des espions qu'elle posta aux environs eurent ordre de lui amener tous ceux qui, en considérant ce portrait, pousseraient quelques soupirs, ou témoigneraient quelque sentiment de douleur.

Cependant le porteur d'eau était inconsolable de la mort de sa chère esclave.

Il parcourait toutes les villes dans l'espoir de découvrir ses traces.

Or il vint à cette fontaine.

A peine eut-il aperçu les traits de cet objet chéri, qui étaient toujours présents à son esprit, qu'il poussa un profond soupir.

Les soldats le saisirent aussitôt et le traînèrent devant Ghulnaz.

Certes, il n'eut garde de la reconnaître sous le déguisement où elle était.

Elle lui ordonna, d'un ton irrité, de lui apprendre le motif de ses larmes à la vue du portrait placé sur la fontaine.

Le Kabyle raconta tristement ses malheurs.

Ghulnaz le fit mettre en prison.

Le hasard conduisit à quelques jours de là les trois frères pêcheurs à la même fontaine.

Ils reconnurent dans le portrait qui en faisait l'ornement celle qu'ils avaient sauvée du naufrage.

La flamme mal éteinte se ralluma à cette vue.

Ils ne purent s'empêcher de soupirer.

Ils furent alors menés devant Ghulnaz, qui, après leur avoir fait les mêmes questions qu'au porteur d'eau, les renvoya aussi en prison.

Le cavalier et le juif vinrent aussi à la même fontaine, et ayant témoigné la même sensibilité ils eurent le même sort.

Quand ils furent tous réunis, la fille du vizir les fit comparaître devant elle.

— Si la personne qui est l'objet de vos regrets, leur dit-elle d'un air ému, paraissait ici à vos yeux, la reconnaîtriez-vous ?

A peine eut-elle entendu leur réponse, que, détachant son manteau royal, elle se fit voir sous les habits de son véritable sexe.

Tous les six tombèrent à ses genoux et lui demandèrent pardon des excès auxquels un amour trop violent les avaient portés.

La fille du vizir les releva avec bonté, et, prenant le porteur d'eau par la main, elle le fit asseoir sur son trône.

Alors on le revêtit d'habits royaux.

Assemblant ensuite les grands de l'État, elle leur raconta son histoire et les pria de reconnaître son ancien maître pour leur roi.

Elle l'épousa peu de jours après, et les noces furent célébrées avec une magnificence royale.

Le juif, les trois frères pêcheurs et le janissaire furent renvoyés dans leur pays, comblés de richesses.

Mais toutes considérables qu'elles étaient, elles ne valaient pas le trésor du Kabyle, car il avait Ghulnaz.

Mais revenons à notre premier récit.

La petite caravane des deux femmes des chasseurs suivait rapidement la route des sables.

Elle gagnait du terrain et était à moitié route d'Ismaïl.

Les deux Kabyles étaient de plus en plus sombres.

Marie remarqua cela.

— Amis, leur dit-elle, ne désespérez-vous pas ?

— Non, dit Ahmed, mais le chasseur qui a écrit devrait être ici déjà sur nos traces.

Soudain le messager arabe poussa un cri guttural.

Cela voulait dire : Attention !

Au loin se levaient de petits nuages de poussière.

— Des cavaliers! dit Rustem.

— Ils sont deux ! remarqua Ahmed.

Deux mahara, en effet, arpentaient au triple galop les sables dans la direction de Marie et de Margot.

Les Kabyles coururent au-devant d'eux.

Ils se rejoignirent.

Marie et Margot purent voir alors les fusils sauter en l'air en signe de joie.

Martinet, un instant après, serrait Margot sur sa large poitrine.

Il y eut un double cri, car le compagnon du chasseur était Lalouette.

Marie attendait aussi son mari.

Martinet devinait tout.

— Écoutez, dit-il aux jeunes femmes.

Le soleil tombait à l'horizon ; on fit la halte.

Marie, Margot et Martinet restèrent en tête-à-tête.

Lalouette se chargea d'occuper les Kabyles.

— Soit ! parlons de Lassalle, avait dit à Marie Martinet dont le front bruni se plissa.

Il y avait sur le groupe des deux jeunes femmes et du chasseur quelque chose de funèbre.

II

LASSALLE.

Or voici ce que raconta Martinet :

— Samoûl, parti le premier en avant, préparait les vivres.

« Lui parti, nous tînmes le dernier conseil.

« Et nous résolûmes ceci :

« Lassalle marchait le premier sur un mot de lui, nous ensuite.

« Lassalle entra en campagne le même jour. Chasseurs, nous nous étions fiés à nous seuls ; mais deux Touaregs dont nous étions sûrs pouvaient servir d'auxiliaires.

« Voilà ces trois hommes partis.

« Nous attendîmes un jour après les heures convenues le signal que devait donner Lassalle.

« Avec nos boussoles, nous avions déterminé un point du désert.

« A ce point, un Touareg faisait des traces prévues ; nous parcourûmes en vain les sables.

« Rien !

« Je jugeai qu'il fallait gagner au plus vite un village.

« Nous y connaissions quelqu'un.

« Ce village était Ismaël ;

« Notre ami, son uléma.

« Au cas extrême, Lassalle était sûr de lui envoyer un signe.

« Nous gagnâmes donc l'oasis.

« L'uléma ne devait pas être vu par nous.

« Or les tentes furent dressées à une lieue des cases.

« La nuit vint.

« Les chiens faisaient leur vie infernale ; quelque chose était en vue.

« Un homme peut-être !

« Un chacal !

« Un lion !

« Lalouette se leva et partit à plat ventre.

« Il gagna le terrain découvert.

« Partout la nuit et le silence.

« Tout à coup une ombre lui apparut ; il arma sa carabine, se leva à demi.

« Faisant cela, si c'était un ennemi, l'ennemi le voyait, mais était perdu, car il le tenait en joue.

« Si c'était un ami, celui-là ferait un signe, et nous allions l'écouter.

« L'ombre était celle d'un Arabe envoyé de l'uléma. Et il nous dit ceci :

« — Le chasseur votre compagnon est aux montagnes de sel.

« L'uléma vous appelle; suivez-moi, chasseurs. »

« Nous gagnâmes un taillis profond.

« Un vieillard y était couché.

« — Allah soit avec vous, père !

« — Le Prophète vous protége ! nous dit-il.

« On posa Lalouette et l'Arabe en sentinelles, et nous parlâmes.

« Le vieillard commença :

« — Votre ami, me dit-il, a gagné Aurélia.

« — Aurélia ! lui dis-je.

« — Oui, la ville morte, là-bas, au fond du désert. »

« Je m'inclinai.

« — Des choses terribles se sont passées, chasseurs.

« — Lassalle vit-il ?

« — Écoutez.

« — J'espère, lui dis-je.

« — Le chasseur a failli tomber dans un piége qui devait vous prendre avec lui ; ses Touaregs ont péri ; il est resté seul maintenant. Comment a-t-il gagné Aurélia au milieu des espions d'Élaï ? je ne sais : la main de Dieu était sur lui.

« Or les sables se sont soulevés sous un ouragan de feu ; la ville a été presque entière engloutie.

« — Mais lui ?

« — Écoute, chasseur : Samoül est mort et vous sauvés ; car avec lui tout mourait, excepté ton frère et quelques hommes.

« Maintenant ton frère m'a fait dire : J'attends les chasseurs et au plus tôt.

« — Je pars, mon père.

« — Non pas ! il a ordonné ceci :

« Deux femmes doivent accompagner le chef de mes « compagnons. »

« — Nos femmes ?

« — Va les chercher, donc !

« — Mais la route d'Aurélia ?

« — Tu ne la sauras qu'en amenant ici les femmes

« Oh ! ne crois pas à une ruse de moi ; je le jure par la barbe du Prophète !

« — Alors ?

« — Alors, chasseur, j'ai reçu des diamants pour agir, et le messager m'a dit : « Tout est remis à ta prudence ; ordonne et conduis. »

« — Vous ordonnez, père...

« — J'ordonne de chercher ces femmes, car ton ami est un chasseur habile que je veux protéger.

« — Le nègre est donc bien mort ?

« — Oui ; d'ailleurs je n'aimais pas cet homme ; il a mal vécu selon Dieu. Va !

« Je quittai l'uléma et vous envoyai l'Arabe.

« Vous êtes parties de suite : c'était bien.

« Que pensez-vous de ces deux Kabyles ?

— Ils sont sûrs, donnés qu'ils sont par Samoül.

Martinet appela les Kabyles.

— Fils de la montagne, leur dit-il, l'uléma d'Ismaël nous conduit.

Ceux-là s'inclinèrent.

— Vous avez un serment avec Samoül.

— Oui, par Allah !

— Samoül est mort ; cela vous dégage-t-il ?

— Non ! nous devons alors le venger.

— Alors vous nous suivez, puisque cette vengeance est aussi la nôtre.

— Nous te suivons, chasseur.

Les deux Kabyles s'étaient ensuite levés. Ils se touchèrent la main.

— Tu le vois, dirent-ils à Martinet, nous ne sommes plus de ce monde ; nous quittons les vivants.

— C'est le serment de mort ?

— Oui, chasseur.

— Alors, en route pour Ismaël.

— Tu nous diras vite où sont les ennemis de Samoül ?

— Avant la nuit prochaine.

— Allah nous garde ! ces hommes doivent mourir.

La caravane se remit en marche.

Marie disait à Martinet :

— Lassalle n'est donc pas mort ?

— Non, madame.

— Il est entièrement sauvé ?

— D'après ce que je sais, tout danger est passé du côté des hommes.

— Je le reverrai ?

— Oui.

— Oh ! vite alors, ami, vite ! voyons cet uléma, et qu'il nous ouvre la route.

Mais Margot interrompit.

— Le vieux derviche ne vous tend-il pas un piége au profit du nègre ? dit-elle à son mari.

— Mon enfant, fit Martinet gravement, il a juré par Allah, et je crois à cet homme, car je sais de lui son histoire, histoire merveilleuse que je vous dirai à la prochaine halte de nuit.

Maintenant il nous faut savoir ce que fit vraiment Lassalle.

La lutte contre Si-Lalou ;

Les scènes épouvantables ;

La suite de la mort sublime de Samoül.

Nous voici donc auprès d'Aurélia.

C'est avant l'explosion.

Lassalle, arrivé aux environs des monts de sel, chercha l'oasis où il trouverait le dépêche de Samoül.

Il la trouva, mais les arbres étaient vides.

Trois jours il se cacha avec ses Touaregs.

Enfin un d'eux, envoyé en éclaireur, revint avec le parchemin fatal qui devait tout perdre.

Lassalle partit confiant.

Mais au moment de toucher le but trois choses l'étonnèrent :

1° L'absence de sentinelles ;

2° Les buissons autour de lui ;

3° Des traces mal effacées.

L'absence de sentinelles devait avoir un but.

Ce ne pouvait être qu'un piége.

Les buissons n'étaient pas à leur place là ; il les étudia.

C'étaient des buissons vivants.

Les traces disaient que des hommes étaient derrière Lassalle et les siens, et, à l'enfoncement des pas, les hommes étaient sans vivres, sans fardeau.

Donc ils n'allaient qu'à une embuscade.

Lassalle voulut battre en retraite.

Mais les deux Touaregs étaient en avant et à découvert.

Ils étaient perdus.

Notre chasseur regagna un point qui lui donnait une retraite sûre.

Il gravit une montagne, entra dans une grotte, s'y blottit.

Il était à huit cents mètres d'Aurélia.

Mais vivre !

Heureusement il avait avec lui quelques cordelettes, et la nuit du premier jour, comme il mourait de faim, il descendit jusqu'à Aurélia même.

Des hommes habilement dissimulés avec leurs chevaux dans un pli de terrain dormaient là.

Lassalle leur vola un cheval.

Il l'abattit dans sa grotte même.
Le sel était à profusion sous sa main.
Des lentisques et des caroubiers croissaient là-bas.
Il eut bientôt fait rôtir un peu de viande.
Mais l'eau !
Partout elle était nécessairement impossible à boire.
Il gagna les plus hauts sommets et trouva un rocher de granit.
Ce rocher avait formé dans son sein même un petit bassin.
L'eau de pluie y abondait.
Lassalle but.
Il était sauvé.
En ce moment il regarda machinalement la plaine.
Des sommets du mont, on pouvait apercevoir tout l'ancien emplacement d'Aurélia.
Surtout lorsqu'on savait que là était bien la ville.
Or le spectacle était admirable vraiment : les croûtes siliceuses et sablonneuses posées par atomes avaient gardé quelque chose de la forme des surfaces qu'elles avaient recouvertes.
Les petits angles, les petites courbes s'étaient perdues nécessairement ; mais les lignes principales demeuraient.
Or on apercevait des points culminants rangés de loin en loin, et l'imagination s'ouvrait libre carrière.
Ici, une grande rue et des palais.
Là, des temples.
Les murailles de la ville et ses tours formaient un rectangle entièrement appréciable.
Peu à peu la ville sortait des limbes et se formait dans la rêverie.
Lassalle l'avait ainsi reconstruite.
Mais tout à coup la terre trembla.
Au loin, la fumée en tourbillons, les quartiers de strates traversant la fumée, formèrent des nuages.
D'autres nuages noirs les dominèrent bientôt.
Ils avaient pour base une flamme immense.
On eût dit le cratère gigantesque d'un volcan.
Une détonation effroyable suivit ce cataclysme.
Aurélia sautait.
Lassalle fut renversé presque,
S'il était resté dans sa grotte, il était mort.
Un quartier de roc y était tombé, broyant l'ouverture et entraînant la croûte.
Le chasseur distingua des cadavres, des points noirs plutôt.
Il s'était embusqué.
Patient, il attendit.
Partout la mort et le silence.
Mais le soleil, obscurci un instant, dardait ses rayons plus clairs après les ombres.
Et un spectacle magique s'offrait à l'œil ébloui.
La croûte qui faisait dôme à la ville ensevelie était presque partout enlevée.
Elle recouvrait les plus grands espaces libres. Les décompositions de l'air avaient donc été les plus puissantes.
Quelques murs à peine s'étaient écroulés.
Aurélia apparaissait vivante.
Presque un jour et une nuit s'écoulèrent avant que le chasseur descendît vers la cité.
Enfin il se décida.
C'était au matin : l'œil au guet, la carabine armée, il entra dans la première rue.
Il gagna une place.
Des gémissements l'arrêtèrent.
Il y courut.
Six hommes, à genoux, le supplièrent. Il reconnut des bandits de Si-Lalou.
Ceux-ci avaient par miracle échappé à la mort.
Il leur ordonna de sortir et leur parla.

Les bandits étaient ses esclaves.
D'ailleurs il leur ordonna de le précéder.
On gagna ainsi le lieu principal des fouilles.
Ce n'était plus qu'un trou gigantesque : autour de lui un quart de la ville avait disparu.
Mais tout à coup Lassalle, étouffant à peine un cri, vit au bord du gouffre creusé par la poudre une trace merveilleuse ; il ordonna aux bandits de l'attendre là.
Ceux-ci s'assirent tremblants encore, car ils savaient quel était l'homme qui les commandait :
Le chasseur Lassalle !
Ils avaient cru qu'il avait été le premier englouti dans le volcan allumé par Samoûl.
Déjà ce chasseur avait une renommée surnaturelle.
Et ceci était le dernier coup.
Ils l'avaient vu descendre presque de la montagne où s'étaient abattus des ouragans de débris.
Cet homme donc était invincible, invulnérable !
Pour eux, c'était quelque djenoum.
Un d'eux le supplia de les prendre sous sa protection et qu'ils étaient non ses serviteurs, mais ses esclaves.
Lassalle avait plongé son œil clair, froid comme l'acier, dans le pauvre regard du bandit.
— Dis à ces chiens, lui répondit-il, que je les tue s'ils désobéissent une seule fois ; je veux être leur maître.
Quand l'ancien homme de Lalou annonça cela aux siens, ce fut un cri de joie.
Lassalle leur laissait la vie.
Mais revenons aux traces que le chasseur avait suivies.
C'étaient celles de pas pesants.
Elles allaient loin.
Lassalle les suivit.
Il gagna un temple aux murailles d'airain ; la commotion ne les avait pas ouvertes.
Seulement il acquit cette preuve par quelques études des lieux :
Le trésor de Lalou était là, intact.
Trois sentinelles gisaient asphyxiées.
D'après ce qu'il vit, c'étaient des fidèles du Géant de la montagne.
Alors il revint vers son air le plus insouciant.
Du plus loin qu'ils le virent, les six Arabes se levèrent en courbant la tête.
Il avança au milieu d'eux.
Ceux-ci se jetèrent à genoux.
— Vos noms ? leur dit-il.
Deux d'entre eux osèrent parler seulement.
— Asaph, dit le chasseur, viens prendre un ordre ; je te prends pour mon chaouch.
« Toi, Feridoun, tu seras mon lieutenant auprès de ces hommes.
« Vous autres quatre, voici ma loi : je tue qui désobéit, je récompenserai en roi qui obéira.
« J'ai dit. »
Lassalle se retira sur ces mots.
Asaph suivit le maître.
Celui-ci lui donna deux ordres après lui avoir fait trois questions :
La première : Qui restait aux environs des hommes de Lalou ?
La deuxième : Où étaient Samoûl et les Touaregs lors de l'explosion ?
La troisième : Où était Lalou lui-même ?
Asaph était de la garde même du géant, et il jura par son père :
Qu'il restait cinq hommes aux alentours, et que s'il les retrouvait il les renverrait au maître.
Ce seraient d'excellents serviteurs.
Que pour Samoûl il était avec les Touaregs, près des poudres, et était mort.

Quant à Sidi-Lalou, il dormait près des poudres elles-mêmes et, s'il n'était pas djenoun, devait être mort le premier.

Les ordres de Lassalle furent alors ceux-ci :
Rallier les dix cavaliers et les lui envoyer; ensuite gagner Ismaël et porter un parchemin à l'uléma.

Asaph n'avait qu'un but : obéir jusqu'à la mort. Il partit.

Avant la nuit, Lassalle avait autour de lui dix compagnons nouveaux.

Il les réunit aux cinq autres, leur montra son lieutenant.

Alors il les fit sortir et camper à mi-chemin de la montagne.

Il y monta, et de là il dominait le campement.

Mais il n'avait rien à craindre des bandits.

Ceux-ci n'espéraient qu'en lui et s'étaient jetés une fois encore à ses pieds pour lui demander de les conduire.

Lassalle attendait impatiemment Martinet, Lalouette, Marie et Margot.

III

L'ULÉMA D'ISMAEL.

Martinet, les femmes et toute la caravane gagnèrent Ismaël lorsque le soleil tombait derrière les sables.

Ils campèrent et attendirent l'uléma.

Martinet, toujours bon et quelque peu naïf, avait sur le cœur l'histoire du vieux prêtre de Mahomet.

Dix fois il en avait parlé sur la route.

Or on n'avait qu'à attendre celui-ci, et pour tromper l'attente, comme personne ne voulait dormir, Martinet inventa cela : conter l'histoire du bon homme.

On accepta.

Il appela Lalouette. Celui-ci s'y prit de son mieux, tandis que Martinet jurait sur la lenteur que l'uléma mettait à se rendre au rendez-vous.

Il faut que le lecteur sache que l'histoire est textuellement le récit arabe traduit tout naïvement.

Pas un mot d'ajouté, pas un de retranché.

Avec le mérite de la vérité, cette histoire est au moins aussi merveilleuse qu'un conte des *Mille et une Nuits.*

Ensuite c'est une étude excellente de mœurs.

Mais laissons parler Lalouette.

Le brave zéphyr est plus fier qu'un archevêque devant un auditoire de cour.

Il cherche des mots choisis.

Heureusement pour lui que l'histoire est l'intérêt même.

Sans cela !...

D'ailleurs nous avons coupé les longueurs.

— Sous le règne du calife père du sultan détrôné par la conquête vivait à Oran un riche négociant nommé Djaber.

« Il n'avait qu'un fils.

« Cet enfant fut l'objet des plus tendres soins d'un bon père, et quand il lui eut donné dans ses premières années une éducation convenable, il désira le rendre heureux pour le reste de sa vie en lui associant une compagne digne d'être aimée.

« Djaber était riche, comme je vous l'ai dit.

« Il prodigua l'or pour trouver une beauté, la perle d'un sérail, qui, plus jeune que son fils, pût s'embellir encore sous ses yeux et mériter la tendresse du maître dont elle devait devenir l'épouse.

« Une Circassienne fut choisie.

« Elle fut choisie entre beaucoup d'autres pour jouir de cet heureux sort.

« Cette enfant s'appelait Zeineb.

« Or Zeineb se trouva digne du choix d'un habile chef d'eunuques et d'un père.

« La Circassienne, à une figure ravissante, joignait des mœurs douces et plus d'esprit que n'en ont ordinairement ces femmes renfermées dans un harem et dont les idées, l'être tout entier sont continuellement paralysés par l'esclavage et par la crainte.

« Zeineb, née pour plaire, enchanta bientôt le jeune Numan (c'était le nom du fils de Djaber).

« L'éducation de ces deux amants se continuait sous les yeux du père.

« Elle se perfectionnait par leur tendresse mutuelle.

« Les mêmes maîtres les initièrent dans tous les arts agréables, et leurs progrès étaient d'autant plus rapides qu'ils avaient tous deux le motif de se plaire davantage.

« Les années enfin perfectionnèrent leur caractère, et leur beauté.

« Djaber résolut de les unir.

« Ils touchaient à ce moment désiré lorsqu'un jour s'entretenant sous le kiosque qui était à l'extrémité du jardin de Djaber, Zeineb prit un luth pour accompagner sa voix.

« Elle improvisait un récitatif charmant sur les grâces de son amant et le bonheur dont elle allait jouir.

« Hadjadj, général des armées du khalife, passait sous les murs du jardin.

« Il entendit une voix qui le força de s'arrêter, et comme il en admirait les sons, il se figura que la chanteuse ne pouvait être que très-séduisante.

« Or ce général voulait faire un présent à son maître ;

« Il crut que, si l'inconnue répondait à ce que lui peignait son imagination, il ne pouvait rien donner au khalife qui lui fût plus agréable.

« Hadjadj s'informa quel était le maître du jardin et surtout quelle était cette jeune fille qu'il avait entendue avec tant de plaisir.

« On lui dit qu'il ne s'était pas trompé en la croyant si belle ;

« Que Zeineb était en effet une merveille de la nature, et l'objet des plus tendres soins d'un amant riche qui allait en faire son épouse, et du père de cet amant qui avait employé une somme considérable pour l'acheter et pour lui donner une éducation digne de son fils.

« Les obstacles que le général prévoyait l'affligèrent sans le rebuter.

« Mais la maison du négociant était remplie d'un grand nombre d'esclaves.

« D'ailleurs il craignait d'employer la violence dont on n'aurait pas manqué de se plaindre.

« Le khalife, à qui il voulait plaire, l'aurait certes sévèrement puni.

« Une ruse le mit en possession de celle qu'il n'osait enlever.

« Il y a à Oran, comme ailleurs, de ces vils instruments du vice qui, après avoir usé leur honneur avec leur jeunesse, trafiquent de celui des nouvelles venues qui ont tout à gagner en perdant tout.

« Une de ces horribles vieilles était spécialement employée par les libertins.

« Elle était très en renom et faisait payer cher ses services.

« Ce fut à elle qu'Hadjadj s'adressa.

« La profession de dévote qu'elle exerçait en public, et qui couvrait toujours l'autre profession à laquelle elle était plus attachée, lui ouvrit le harem de Numan.

« Elle parut devant Zeineb, le visage voilé, tenant d'une main un des plus gros chapelets qu'ait jamais

Une trombe de sable les ensevelit.

fabriqués l'hypocrisie et s'appuyant avec l'autre sur un bâton, comme si elle eût plié sous le faix des années.

« La jeune esclave, aussi dévote que tendre, avait eu dès son enfance une grande vénération pour celles qui montraient de la vertu.

« Trompée donc par l'air hypocrite de la vieille, elle la reçut avec toute sorte de respect.

« Son air doux et mortifié, l'étoffe grossière dont elle est vêtue, ses yeux tantôt levés vers le ciel, tantôt baissés vers la terre, ses soupirs fréquents, tout persuade Zeineb qu'elle a le bonheur de posséder dans son palais une favorite du grand Prophète.

« L'adresse de cette horrible papelarde subjugua bientôt l'amante de Numan.

« Elle crut ne pouvoir plus s'en passer.

« Quand cette hypocrite se fut aperçue de l'ascendant qu'elle avait acquis, elle parla de quitter sa nouvelle prosélyte.

« — Que vous êtes cruelle, ma bonne mère, lui dit Zeineb, de vouloir nous abandonner!

« Quel motif pressant vous oblige à nous priver sitôt de la douceur de votre conversation?

« — Si je ne consultais que mon amitié pour vous, lui répondit la vieille, je ne balancerais pas à vous faire le sacrifice de tout mon temps; mais il y a des devoirs d'une certaine nature qui l'emportent sur toutes les considérations humaines.

« Il y a ici dans le voisinage plusieurs dames que la piété a réunies sous le même toit.

« Elles pratiquent dans la retraite toutes les vertus musulmanes.

« Elles jeûnent non-seulement les jours de précepte, mais souvent encore pour se mortifier.

« Enfin tout leur temps est consacré à la prière, à la lecture de l'Alcoran et aux autres bonnes œuvres prescrites par la loi.

« Leur vie exemplaire soutient mes mœurs et les purifie.

« Ces bonnes dames, quoique plus avancées que moi dans le chemin de la vie spirituelle, daignent quelquefois avoir recours à mes faibles lumières.

« Ce matin même, elles m'ont fait prier de me rendre auprès d'elles pour me consulter sur un point de la loi qui les embarrasse.

« Puis-je me refuser à leur pieux empressement et ne pas retourner vers des amies qui me sont si précieuses? »

« L'ardeur de connaître de telles saintes enflamma bientôt le cœur de l'imprudente Zeineb.

« Elle pressa la dévote de lui faire lier une connaissance qui lui serait si honorable et si utile.

« Le Tartufe femelle résista.

« Elle voulait animer de plus en plus le désir de sa néophyte.

« Enfin elle parut céder à son empressement.

« — Je consens, lui dit-elle, à vous conduire dans cette retraite des saintes. »

« Arrivées dans la maison, qui n'était pas éloignée du logis de Djaber, la vieille quitta sa jeune amie pour aller, disait-elle, prévenir les pieuses dames.

« Il n'y avait que peu de temps que Zeineb était seule, dans le vestibule, lorsque quatre hommes masqués la saisirent.

« Ils posèrent un mouchoir sur sa bouche pour étouffer ses cris.

« C'est ainsi qu'ils l'entraînèrent dans une litière qui prit le chemin d'Alger.

« On concevra aisément l'état de cette infortunée.

« Zeineb se plaignait au ciel de la méchanceté des hommes.

« Hélas! le ciel n'en viendrait jamais à bout s'il s'occupait de cela.

« Elle pleurait amèrement son amant, son beau-père, le sort heureux qu'elle perdait.

« L'horreur de l'avenir mêlait ses craintes à ses regrets.

« Les soins qu'on prenait d'elle ne faisaient que lui rendre la vie plus insupportable et plus amère.

« Après plusieurs jours d'une marche pénible, elle arriva à Alger.

« On présenta au khalife la jeune affligée de la part de son ravisseur.

« Malgré la douleur de Zeineb, ses grâces n'en paraissaient que plus touchantes.

« A tous les chagrins qui la tourmentaient déjà se joignit alors celui de plaire malgré elle.

« Le khalife, qui fut ravi de sa beauté, espéra qu'il éclaircirait ces nuages.

« Presque toutes ses sultanes avaient d'abord paru ainsi tristes à ses yeux.

« Le chagrin, il l'imputa toujours aux horreurs de l'esclavage, au regret d'avoir quitté une mère bien-aimée.

« Infamie des hommes! ces douleurs lui avaient toujours rendu ses femmes plus intéressantes, sans qu'il craignît de n'en pouvoir pas triompher.

« Le faste du harem, les respects d'un monde d'esclaves, qui s'adressaient toujours à celle que le prince préférait, l'empressement même du khalife ne purent calmer une douleur qui semblait s'accroître avec le temps.

« Le khalife, tout présomptueux qu'il était, commençait à craindre son insuccès.

« Il confia à la princesse sa sœur son amour et les obstacles qui l'arrêtaient.

« Ab.. a (c'était le nom de la princesse) voulut connaî.. ette fière déesse qui résistait à son maître.

« première entrevue, elle ne put se refuser à un intérêt sensible pour cette jeune affligée dont la figure annonçait tant de douceur et d'ingénuité.

« La princesse était compatissante; elle s'aperçut bientôt que le cœur de Zeineb n'était pas libre.

« Or elle lui sut gré d'être fidèle au point de préférer un amant obscur à un grand prince devenu son maître.

« Ces deux beautés devinrent bientôt amies.

« Seulement ce ne le fut jamais assez pour que Zeineb laissât échapper son secret.

« Abaza cependant entrevoyait la vérité.

« Elle conseilla à son frère d'écarter toute espèce de violence.

« Elle lui dit ceci :

« — Le temps est l'unique remède au mal qui tourmente Zeineb. »

« Quelque malheureuse que fût la pauvre enfant, son amant séparé d'elle, et ignorant le sort de celle qu'il aimait plus que sa vie, n'était pas moins à plaindre.

« Le jour fatal de leur séparation, étonné de l'absence de Zeineb, il l'avait attendue avec la plus vive impatience.

« Mais il se vit réduit à ne plus espérer de la revoir.

« Alors il désira de cesser de vivre.

« Un désespoir violent se convertit après bien des jours, en une langueur habituelle.

« La douleur de Numan était peinte sur son visage.

« Chaque jour elle y faisait des progrès.

« Son père était aussi affligé que lui.

« Il craignait surtout de le perdre.

« Du seul bénéfice du temps, il attendit des soulagements.

« Mais il les attendait en vain.

« Il prévoyait avec effroi que la douleur et l'épuisement lui arracheraient son unique.

« Soudain le bruit se répandit dans la ville qu'un célèbre médecin y était arrivé.

« Cet homme possédait l'astrologie, la géomancie et tous les secrets de la Kabale.

« Mais nous verrons qu'il connaissait bien les hommes et qu'il savait les tromper pour leur intérêt et pour le sien.

« L'habile médecin fut mandé par le père de Numan.

« Il étudia sans prononcer une parole.

« Il ne fut pas longtemps à découvrir la vérité.

« Il connut que la langueur de son malade ne pouvait avoir qu'une cause morale.

« Alors, comme il était aussi adroit que savant, il tira bientôt de lui le secret de son cœur.

« Mais il n'était pas facile d'apprendre le sort d'une jeune fille perdue sur la surface de la terre.

« Ses ravisseurs devaient avoir un intérêt assez grand pour le cacher.

« L'adresse du médecin et un heureux hasard le mirent au courant de tout ce qui s'était passé.

« Il ne manqua pas toutefois d'attribuer sa découverte à la force des sciences occultes.

« Il y avait alors à Oran une juive qu'un commerce de bijoux avait fait voyager du Maroc à Alexandrie.

« Elle avait été, à Alger, admise plusieurs fois à la cour d'Abaza.

« Elle avait été chargée par elle et même par le khalife d'offrir à Zeineb plusieurs bijoux de prix.

« Celle-ci les avait toujours reçus avec indifférence.

« Les traces de douleur empreintes sur le visage de l'adorable enfant n'avaient pas échappé aux yeux pénétrants de la juive.

« La fréquentation de cette femme dans le harem l'avait mise à portée de découvrir l'amour du calife.

« Les dédains de la belle esclave, elle les comprit.

« Elle soupçonna même, ainsi que la princesse Abaza, la cause de ces dédains.

« Zeineb n'avait pas changé de nom.

« La juive, qui avait des relations avec le médecin arabe, lui avait parlé de Zeineb, de la passion du khalife, de l'indifférence de celle-ci et de l'amour secret dont on la croyait dévorée.

« Il ne faut pas s'étonner que ce prétendu philosophe et une courtière eussent des relations; ces deux professions ont ensemble plus de rapport qu'on ne croit.

« Notre chiromancien et notre vieille juive vivaient

tous deux de l'art de tromper son prochain et s'accordaient souvent pour y réussir.

« Le philosophe, certain que son jeune malade mourait d'amour pour une esclave appelée Zeineb, et que cette Zeineb était à Alger, afficha tout l'appareil de la géomancie.

« Il traça un globe du monde, il y marqua bien des points et, après avoir consulté le soleil, la lune et les étoiles, articulé bien des mots barbares, il prononça gravement ceci :

« — Numan ne guérira que lorsqu'il aura fait un voyage à Alger.

« Dans cette ville est le terme de ses maux. »

« L'officieux médecin s'offrit de l'y conduire, jurant par la barbe de Mahomet qu'il aurait besoin de ses conseils et de son secours.

« Le père, qui connaissait pas de malheur pareil à celui de perdre son fils, consentit à tout.

« Il espérait lui sauver la vie.

« Il fit partir le jeune malade avec son esculape.

« Il leur donna tout l'or que sa richesse et l'amour paternel lui inspiraient de prodiguer.

« Arrivé à Alger, le médecin, moins ignorant et plus hardi que ses confrères, eut bientôt plus de vogue qu'eux tous.

« Il loua une boutique (car en Orient les médecins exercent en même temps la pharmacie).

« Il garnit son officine de beaucoup de médicaments fort utiles pour lui et qui ne pouvaient pas nuire à ceux qui s'en serviraient, s'ils ne les guérissaient pas.

« Numan passa pour son disciple.

« Il distribuait les remèdes.

« Or la beauté ravissante du jeune élève ne laissait pas que d'achalander la pharmacie.

« La réputation du docteur s'étendit bientôt jusqu'au sérail.

« Le khalife avait essayé tous les médecins de la ville pour dissiper la langueur de sa belle esclave, et pour tâcher de guérir des maux qui n'étaient pas de leur ressort.

« L'amoureux prince voulut consulter encore cet homme qu'on disait si habile.

« Il lui dépêcha la kahermané ou surintendante des femmes du sérail, appelée Razié.

« Celle-ci vint faire au docteur, de la part du souverain, de longs détails sur l'état de la favorite.

« L'Arab avait en effet auprès de lui la seule personne qui pût guérir Zeineb.

« Il ordonna au jeune Numan d'aller chercher une bouteille.

« Il lui fit écrire de sa main, sur un papier attaché au vase par un cordon et un cachet de cire, quelle était la manière d'employer le remède qu'il contenait.

« On peut juger que les caractères de Numan étaient connus de la tendre Zeineb et il serait difficile d'exprimer le trouble qu'elle sentit à leur vue.

« Il augmenta lorsqu'elle eut appris que cette écriture était celle d'un jeune homme d'Oran d'une beauté ravissante et qui paraissait dévoré par un chagrin secret.

« A ces détails, Zeineb s'évanouit.

« Quand elle fut revenue à elle-même par le secours de Razié, elle fut encore par la vertu de la divine liqueur, les larmes de cette amante, ses questions précipitées, la joie qui éclatait malgré elle, trahirent bientôt son secret.

« La compatissante kahermané résolut de sauver Zeineb.

« Elle l'avait vue toujours si malheureuse !

« Son intérêt pour elle était le plus vif, car le sort de la pauvre enfant était d'être toujours aimée.

« Razié retourne à la boutique de l'habile pharmacien et, ayant parlé longtemps de sa jeune malade, du soulagement que ce médicament lui avait procuré, de sa beauté, de sa tristesse, des grâces qui la distinguaient de toutes ses compagnes et de l'amour du khalife dont ce prince n'avait jamais reçu le prix, Numan, qui dévorait ce qu'il entendait dire, finit par s'évanouir à son tour.

« Razié, qui avait voulu lire dans le cœur du jeune homme, fut très-contente de le trouver si aimant.

« Après avoir aidé le médecin à lui donner du secours, elle lui fit connaître qu'elle l'avait pénétré.

« Pour soulager sa douleur, elle lui promit une protection que le jeune homme aurait voulu payer de tout son sang et qu'il offrit de payer de toute sa fortune.

« Le premier de tous les bienfaits devait être d'introduire Numan aux pieds de celle qu'il appelait son épouse.

« Razié y consentit.

« La chose devint aisée :

« Il suffit d'un déguisement.

« Numan fut habillé en fille.

« Malgré la régularité de ses traits, son visage formé ne pouvait plus être pris pour celui d'une femme.

« Le voile qui devait le couvrir favorisait seul cette imposture.

« Arrivés à la porte du sérail, la surintendante aplanit les difficultés que les eunuques faisaient pour admettre dans l'intérieur une femme étrangère.

« Celle-ci passa pour l'épouse du médecin.

« Elles montèrent alors l'une et l'autre vers une longue galerie.

« Razié, qui, par discrétion, ne voulait pas être témoin de la première entrevue de ces deux jeunes amants, indiqua à la prétendue femme du médecin l'appartement de Zeineb.

« Il était voisin de celui de la princesse Abaza.

« Numan, tout troublé, prit une porte pour l'autre.

« Étant entré dans une enfilade de pièces toutes plus magnifiques les unes que les autres, il aperçut dans la dernière une femme superbement vêtue.

« Celle-ci lui demanda avec hauteur qui la rendait si hardie d'entrer ainsi chez elle sans être appelée.

« Numan, pénétré d'effroi, voulut prononcer quelques mots.

« Sa voix le trahit encore.

« La princesse, qui soupçonna que ce voile cachait un homme, l'arracha.

« Elle se convainquit de la vérité !...

« Alors sa colère n'eut point de bornes.

« Mais, comme elle était prête à faire périr le téméraire, il se précipita à ses genoux.

« Il demanda à mourir aux pieds de Zeineb, qui était la véritable cause de son crime.

« Se croyant perdu sans ressource, il raconta son histoire en peu de mots avec autant de naïveté que de douleur, et sans quitter les genoux de la princesse qu'il tenait toujours embrassés.

« Abaza, naturellement bonne, écouta avec intérêt le récit de ses malheurs et se sut gré d'avoir deviné la cause de la langueur de Zeineb.

« Elle fit venir à l'instant cette jeune amante, et lui présenta celui qui lui avait fait verser tant de larmes.

« Je ne dirai point, fit Lalouette heureux de produire un petit effet, la surprise, la joie, les transports des deux jeunes amants.

« Quand ils eurent passé ensemble quelques heures délicieuses, la princesse, devenue leur protectrice, voulut leur donner une petite fête exécutée par tous les esclaves qui la servaient.

« Numan, toujours voilé, passa pour une étrangère que la princesse avait appelée pour jouer de la guzla (luth arabe), qu'en effet il touchait à ravir.

« Après un souper délicat, la princesse fit chanter à Zeineb des airs tendres.

« La mélancolie de la pauvre enfant les lui avait fait répéter plusieurs fois, tandis qu'elle regrettait son cher Numan.

« Celui-ci accompagnait avec son luth la voix de sa maîtresse.

« Ce concert, exécuté par des acteurs qui savaient si bien s'accorder, semblait délicieux à celles mêmes qui ne savaient pas combien les musiciens ressentaient de plaisir en unissant ainsi leurs talents.

« La voix touchante de Zeineb se fit entendre au delà de l'appartement de la princesse.

« Le khalife, qui passait au bas de ses fenêtres, fut fixé par des sons qui avaient toujours trouvé le chemin de son cœur.

« Il entra et fit agréablement la guerre à sa sœur de ce qu'elle goûtait dans son appartement des plaisirs auxquels elle ne voulait pas l'admettre.

« La bienfaisante Abaza saisit l'occasion de faire deux heureux et de guérir le prince d'une passion qui ne pouvait lui être que funeste.

« Elle reçut le khalife avec tous les respects qu'elle devait à son souverain, toute la tendresse qu'elle avait vouée à son frère.

« Elle lui versa elle-même des liqueurs délicieuses et fit exécuter devant lui, par ses femmes, des danses légères et brillantes pour amuser ses yeux et égayer son humeur.

« Puis, lui demandant la permission de varier les plaisirs, elle fit conter plusieurs histoires par celles de ses femmes qui s'en acquittaient avec le plus de grâce.

« Comme le prince prenait plaisir à ces contes ingénieux, Abaza se mit à raconter à son tour.

« — Seigneur, lui dit-elle, je vais rapporter à Votre Majesté une histoire dont la catastrophe fait frémir également l'amour et l'humanité.

« Un riche marchand d'Agra avait un fils qu'il voulait rendre heureux; il lui choisit une épouse. »

« Enfin elle lui raconta les aventures de Zeineb et de Numan.

« Mais elle finit ainsi:

« — Zeineb et Numan s'étaient réunis dans le sérail du prince.

« Or le jaloux sultan les surprit tous deux.

« Sa puissance, son amour méprisés, l'enflammèrent de la plus violente colère.

« Il ne voulut pas écouter leur justification. Dans les deux époux, il ne vit qu'une esclave infidèle et un téméraire qui avait violé les lois du harem.

« Il tira son poignard et il les sacrifia à sa vengeance.

« J'avoue que le malheur de ces deux victimes innocentes m'a toujours fait frémir et je ne pense pas que la puissance d'un sultan soit supérieure à celle de l'amour et de l'hyménée. »

« Le prince écoutait presque attendri; il rêvait à Zeineb, et il répondit à sa sœur:

« — Je pense comme vous, princesse; nous n'avons pas de pouvoir légitime sur deux cœurs qui s'aiment et qui sont unis par des liens sacrés.

« Une femme est à son mari avant d'être à personne.

« (Les sultans ne doutent de rien.)

« Quelle que soit la passion d'un sultan, elle doit céder à ce qui est la loi du Prophète.

« — Commandeur des croyants, s'écria la princesse, vous avez prononcé une sentence digne de votre sagesse et de votre bonté.

« Voilà l'épouse et l'époux dont je viens de vous parler, et vous êtes le prince bienfaisant qui réparez tout le tort qu'on voulait leur faire.

« Cette esclave à laquelle vous n'avez pu plaire est la femme légitime de celui que vous voyez sous les habits de la joueuse de luth.

« L'amour et la douleur lui ont fait violer des lois sacrées; vous lui pardonnerez d'avoir été fidèle et affolé d'amour, de vous avoir cru plus généreux que tous les princes de l'Orient. »

« Numan et Zeineb, éperdus, tombèrent aux genoux du calife, qui, échauffé par les éloges prématurés de sa sœur, ne songea qu'à les mériter en couronnant la fidélité, le courage, la vertu, de ceux que les lois orientales condamnaient à la mort.

« Il les renvoya comblés de biens, ne leur imposant d'autre loi que de s'aimer toujours, loi à laquelle ils obéirent toute leur vie.

« Ce que je m'explique fort bien, conclut Lalouette.

« L'habile docteur, ajouta-t-il, celui qui avait si bien su trouver le remède à leurs maux, passa dans toute l'Algérie jusqu'en Égypte et au désert pour le médecin des âmes autant et plus que pour celui des corps.

« Mais fatigué par l'âge, lassé des hommes et de la vie pour d'autres motifs secrets, il résolut de quitter le monde bien après ces aventures.

« Entouré de la vénération de tous, il disparut dans le désert et se voua à la prière.

« Enfin, supplié, il revint parmi les Arabes, mais ne voulut jamais dépasser cette limite.

« L'oasis d'Ismaël... il en est l'uléma. »

La halte était finie après ce récit; on se remit en marche.

On gagna Ismaël.

Dès que le village fut en vue, on dressa les tentes.

La nuit vint.

L'uléma, avec les précautions ordinaires, s'annonça à Martinet.

Sans que nul ne le vit, il se glissa au petit campement de la caravane.

IV

AURÉLIA.

Martinet salua l'ulémah.

— Allah est avec toi, pè

— Dieu te garde, mon fils, dit le vieillard.

— Je viens te demander, répondit le chasseur, la route pour rejoindre mon compagnon.

— Tu as avec toi quatre hommes et les femmes?

— Oui!...

— Cela est bien, lève-toi.

Martinet se leva.

— Écoute, dit gravement le vieil Arabe

« Vois-tu là-bas à l'horizon les trois nuages blancs?

— Oui, père.

— Oriente-toi sur eux et marche ainsi pendant quatre journées.

— Alors?...

— Alors tu attendras la nuit et en ces temps tu verras ainsi les étoiles : le Chariot à ta gauche, la polaire au-dessus du point où est ton ami.

— Y a-t-il une oasis?

— Non, toujours le sable.

— Eh bien! que faire, mon point trouvé?

— Tu remarqueras deux journées et verras les montagnes de sel.

— Il m'y attend.

— Tu l'as dit.

— Mais où dans les montagnes?

— On te guidera.

— Alors nous partons.

— Mahomet vous garde! et l'ulémah allait se retirer.

Mais son regard avait fouillé machinalement l'horizon.
— Mon fils, dit-il à Martinet, je te prédis cette chose.
« Vois si tu dois partir.
— Que prédis-tu, père?
— Le simoun au milieu du deuxième jour.
— Bien, nous le préviendrons, je choisirai des maharis de rechange.
— Tu es intrépide chasseur?
— Non, mais je veux le revoir, père.
— Va!
Et le vieillard fit un geste d'adieu à Martinet, puis disparut dans la nuit.
Martinet courut alors aux Kabyles.
L'aurore se montrait.
Les trois hommes gagnèrent Ismaïl.
Ils en revinrent avec trois chameaux frais et des vivres en abondance.
Marie et Margot chargèrent l'ami Martinet de mille questions.
Mais lui, impassible, se contenta de leur répondre :
— Nous le verrons avant huit jours.
Les deux Kabyles avaient approuvé ces paroles d'un petit mouvement de tête.
La caravane donc s'enfonça bravement dans le désert.
Le deuxième jour arriva vite.
Martinet fouillait l'horizon.
— Le gueux de simoun tarde bien, pensait-il ; peut-être que le vieux a eu la berlue aussi.
En effet, rien ne pouvait faire prévoir la tempête.
Le ciel était bleu, sans un nuage.
— Voici que l'air devient bien lourd, pensa Martinet.
Un cri lui fit tourner la tête.
Les deux Kabyles avaient bondi à terre.
— Vite aux maharis, vite!...
Et chacun en descendit.
Les pauvres bêtes levaient leur longue tête pelée et aspiraient lourdement.
On les fit se coucher.
Elles obéirent en pliant leur cou.
Les deux femmes furent placées derrière un double rang de chameaux.
— Couchez-vous à plat ventre! leur cria Martinet.
— Mais qu'est-ce donc? répétait Marie anxieuse.
— Le simoun!
On recouvrit Marie et Margot d'une toile légère.
Les Kabyles et les Arabes s'étaient couchés, enterrés presque dans le sable, derrière les chameaux.
Martinet, comme le capitaine sur le banc de quart avait voulu veiller à tout.
— Tout allait bien!
Alors il se coucha à son tour.
Or, il n'était que temps.
L'horizon s'était au lointain raccourci tout à coup ; on eût dit d'une montagne grisâtre qui s'y était élevée.
La montagne grandissait avec une vitesse vertigineuse.
Elle couvrait le soleil, elle était sur la caravane.
Un roulement de tonnerre la suivait.
Soudain elle s'abattit sur les vivants.
Une trombe de sable les ensevelit.
Ce sable brûlait comme s'il avait été rougi au feu!...
Aucun obstacle ne pouvait arrêter la masse que l'ouragan emportait.
Il n'y avait qu'un moyen de lutte, se coucher.
Mais cette convulsion horrible du désert ne dura que le temps de la décrire.
La montagne s'éloigna, disparut dans l'horizon.
La plaine était nivelée.

Plus de traces de la caravane.
Tout à coup on vit cinq points noirs sortir de terre, puis les longs cous des chameaux.
Un homme sortit du sable à son tour, c'était Martinet.
Une minute ne s'était pas écoulée qu'il était entouré des Kabyles et des Arabes.
On dégagea Marie et Margot.
Les chameaux, aidés, se relevèrent.
— Le vieux ne radotait pas, marmotta le chasseur.
— Eh bien, dit-il à Marie, que dites-vous de cette danse? et toi, Margot?
Les jeunes femmes tremblaient encore.
— En route, et à bientôt Lassalle et les trésors! s'écria le chasseur.
On se remit à dévorer l'espace.
Martinet arriva au quatrième jour, à la nuit.
On fit halte ; il s'orienta.
Les Arabes le regardaient fort intrigués.
— Lui vérifiait sa boussole.
Quand on reprit la marche, il la dirigea sur la droite.
On marcha un jour ainsi.
Un Kabyle accourut alors que la nuit tombait ; il fit un geste à Martinet.
— Là-bas la montagne, Sidi!
— Quels yeux de lynx, tu as, l'ami! fit gaiement le chasseur.
Vers le milieu du deuxième jour, les monts se dessinèrent en effet sur le ciel bleu, qu'ils découpaient en mille crêtes.
Deux cavaliers semblèrent au loin saillir de dessous terre.
— Attention! dit Martinet aux siens.
On prépara les armes.
Rustens, le Kabyle, courut en éclaireur.
A cinq cents mètres de la caravane il s'arrêta.
Les cavaliers approchaient toujours ventre à terre.
Un peloton s'était levé derrière eux.
Pourtant, ils firent halte à portée de fusil de Rustens.
On échangea les gestes et les paroles de paix.
Un cavalier suivit le Kabyle devant Martinet.
— Allah soit avec toi! dit-il en mettant humblement pied à terre. Je viens au nom du maître de ces monts.
— De Lassalle, quoi, assez de façons! dit Martinet.
— Il nous charge de te mener à lui, toi et les tiens, et vous envoie ce signe.
C'étaient deux mots de Lassalle.
Tout simplement ceci :
— Allons donc!... j'ai le magot.
On se mit joyeusement en route ; toutefois les Kabyles se mirent à éclairer le convoi.
Mais à mesure qu'on approchait une chose inquiétait Martinet.
— Où diable est leur satanée ville? se disait-il.
Lalouette regardait de tous ses yeux.
— A moins qu'elle ne soit sous terre! fit-il, la ville est une farce du vieux santon.
Soudain un cri sortit de toutes les poitrines.
En effet, après une ondulation, on s'était mis à franchir des débris accumulés, noircis, les uns énormes, les autres dispersés en mille éclats, puis une sorte de rue s'offrit presque alignée.
— On dirait des vieux dessins de musée, remarqua Martinet.
— Voilà une véritable route, dit Lalouette.
C'était la voie romaine, la voie principale.
Les murs, blancs des deux côtés, se dressaient avec leurs petites ouvertures.
On voyait le seuil de l'une avec un chien enchaîné dessiné grossièrement et la sentence proverbiale :

— Prenez garde au chien!

On arriva à des colonnades, à un temple.

Il n'avait plus sa toiture.

Les statues renversées gisaient à terre.

Mais, quelque chose de vivant planait encore sur cette ruine.

Toutefois, la caravane regardait peu, elle marchait vite.

Seulement, devant un temple aux portes dorées Martinet n'y tint plus.

Il asséna un coup de poing terrible à Lalouette.

— Eh! dors-tu? cria-t-il au zéphyr.

— Sacrebleu! vous m'assommez, dit celui-là.

— Alors je suis éveillé, conclut Martinet.

« Eh bien! en voilà une bonne. »

— Le fait est que ça me dépasse, accentua le vieux troupier.

Les Kabyles admiraient, mais pensaient aux Djenoums.

— Ils anéantiront tout cela dans une seconde, disait Rustens.

Les Arabes, eux, prièrent tout bas le prophète.

On atteignit ainsi le forum.

Lassalle avait voulu leur préparer une réception triomphale.

Ses gens étaient rangés à intervalles autour de lui.

Il avait tiré, des ruines, des escabeaux et des lits dorés.

On avait étalé des vivres sur les longues tables antiques.

Mais le chasseur n'y tint pas; il courut au-devant des siens.

— Le voilà! cria Martinet de sa voix de tonnerre.

Lassalle était déjà auprès de Marie.

On s'embrassa, on pleura, on se serra les mains à les briser.

Toutes les joies du retour faisaient oublier les choses merveilleuses dont on était entouré.

— Ami, disait Marie, tu ne me quittes plus, n'est-ce pas? car, vois-tu, je mourrais cette fois si tu repartais pour ces effrayantes aventures.

Lassalle lui souriait.

— J'ai la fortune aujourd'hui, Marie, nous nous sommes rejoints; je possède le monde.

Martinet et Margot parlaient peu, mais agissaient plus.

Ils s'embrassaient, riaient, s'embrassaient.

Martinet, le premier, parla à tout le monde.

— Dis-moi donc, fit-il, en se tournant vers Lassalle, as-tu fouillé toutes ces drôles de baraques?

— C'est plein d'or, répondit le chasseur.

— Nous sommes alors plus riches que le soudan.

— Sans compter le trésor du nègre!

— Il est donc mort, ce gredin-là?

— Oui, avec le pauvre Samoul.

— Pauvre Samoul! dit Lalouette.

— Si vous le voulez, dit Lassalle, nous allons nous rafraîchir et puis tenir conseil.

— En voilà des chaises et des tables, remarquait Martinet; les gaillards qui les ont achetées avaient la bourse bien fournie.

— Il y a des bonshommes bigrement nus, observa Lalouette.

Comme dans toutes les colonies romaines, Aurélia avait copié les usages, la distribution intérieure de la mère-patrie.

Son forum, surtout, était celui de la métropole.

Nous avons dit que c'était là où tous nos compagnons se réunirent.

C'était la place pavée de la ville.

La place avait eu trois divisions.

Les parvis des temples et les colonnades (en latin *areœ*).

Des places vides garnies de gazon, où le peuple délibérait, où les jeunes gens s'exerçaient aux manœuvres militaires, où les cérémonies publiques s'accomplissaient, où se faisaient les funérailles. (Cette portion se nommait campi).

Enfin, venaient les (*fora*), forum proprement dit, place pavée, qui servait aux assemblées populaires.

Là s'accomplissaient plusieurs cérémonies civiles;

La vente des marchandises et denrées.

Et aux jours de fête, c'était, en les dégarnissant des vendeurs, un ornement pour la cité.

Le temple qui était en face du forum était celui d'Apollon.

C'était une chose merveilleuse.

On l'avait construit en marbre blanc, il formait un carré entouré d'une double rangée de colonnes de l'ordre corinthien.

Des lamelles d'or le tapissaient intérieurement et des insignes sacrés, faits avec les métaux les plus précieux, pendaient aux murailles.

Des statues renversées, quelques-unes debout, étaient merveilleuses toutes de dessin et de choix de marbre.

Un gigantesque Apollon en bronze fermait au fond le temple où régnait une obscurité mystérieuse.

Le pavé était d'une mosaïque admirable, représentant des scènes de l'Olympe, un peu naïvement à tous les points de vue, mais avec une vérité de couleur et de dessins qui faisait comprendre mille choses et en deviner plus encore, sur le compte des déesses et des dieux.

Derrière le forum, un temple d'une architecture égyptienne s'élevait bas, trapu, mais étrange.

Il était consacré à Isis.

Sa richesse intérieure égalait celle du temple d'Apollon.

Des sphinx gardaient gravement l'entrée, on les eût dits sortant du ciseau du sculpteur.

Les dieux debout, à droite et à gauche, semblaient un conseil immobile de géants qui, de leurs seuls regards, dominaient et écrasaient les hommes si petits à leurs pieds.

Il se dégageait de cet ensemble quelque chose qui devait étonner les plus sceptiques, il y avait là un reflet de grandeur divine.

Reflet matériel, disons-le, mais qui suffisait à ces temps de force et de jouissance et d'idées brutales.

Deux portiques étaient encore debout. Ils étaient admirablement ciselés, fouillés, couverts de mille figures.

Ici, un triomphe avec son quadrige précède des dépouilles, suivi des chefs vaincus qui étaient enchaînés et portant le triomphateur drapé dans la pourpre.

Là un combat: une légion contre les barbares d'Éthiopie.

Les éléphants écrasant les guerriers; ceux-ci les perçant de leurs lances.

Plus loin, la ville assiégée et les lourdes et hautes machines lui lançant une pluie de rochers, — les béliers balancés par mille bras pliant l'airain des portes.

Un obélisque était debout encore devant le temple égyptien, un autre gisait à terre, broyé.

Mais nulle part on ne voyait d'habitants; quelques rares cadavres étaient au fond des temples dans des réduits secrets.

On ne les trouva pas.

En effet, devant l'invasion terrible qui ensevelissait Aurélia, tous se sauvèrent, car, et ce fait l'indique, il faisait jour en ce moment fatal.

Or presque tous purent gagner le désert, et si une foule assez nombreuse resta dans la cité, ce fut par une fatalité implacable: un double courant l'avait coupée.

Ces malheureux étaient ensevelis tous au point où la ville sauta, là où les premières fouilles furent faites.

L'explosion entraîna les cadavres et enjoncha le désert.

Le simoun les avait recouverts déjà, il avait respecté la ville qui était abritée de lui par les monts et un pli de terrain rocailleux.

Ces choses et mille autres plus merveilleuses furent admirées par Martinet et Margot, que suivaient Marie et Lassalle.

Lalouette s'était rallié aux Kabyles qu'il étonnait par la multiplicité de ses cris d'admiration.

Les jeunes femmes entrèrent dans des logis particuliers.

On reconnut la chambre d'une aurélienne.

Elles remuèrent les mille riens de sa toilette.

Les épingles, les agrafes aux formes si multiples et si coquettes.

L'or y abondait finement ciselé.

Et chacun en prenait à son aise.

Lassalle avait dit aux siens, aux deux Kabyles et aux Arabes :

Prenez ce qu'il vous plaira.

Les anciens hommes de Lalou attendaient leur part.

D'ailleurs ils avaient eu la promesse formelle de pouvoir se partager les trésors de deux temples à leur choix.

Chacun des visiteurs arriva alors aux bains.

Certes ils ne comprirent point les savantes distributions des Thermes.

Leurs sept parties principales ne leur parurent pas assez distinctes.

Toutefois ils remarquèrent les points où l'on distribuait la chaleur (l'hypocaustum) et la salle des parfums (l'onctuarium).

Quand on fut sous les portiques des bains chauds, les anciennes (schola), Martinet fit cette remarque à Lassalle :

— Tout ça est bel et bien, mais nous n'allons pas rester à perpétuité ici.

— Parbleu !

— Alors il faudra emporter le plus possible ; mais vrai, où vendre tout cela ?

— Ah ça ! lui dit Lassalle, et le trésor de Lalou en beaux deniers et en diamants.

— Tu l'as ?

— A peu près.

— Comment ?

— Je sais où il est et tu vas voir cela. Organisons les femmes pour le repos. Plaçons nos Kabyles et les Arabes nouveaux venus à leur aise.

— Ne crains rien, j'ai autant envie que toi de voir, de compter.

— Vite, alors, s'écria Martinet.

— Et d'emporter, n'est-ce pas ? Nous laisserons donc ces gaillards en paix et se partageant les dépouilles.

Quand on eut pris les précautions exigées par Lassalle, celui-ci appela Lalouette.

Le zéphyr avait tourné au complet ahurissement.

— Suis-nous, lui dit Lassalle.

— Où cela ? interrogea le vieux soldat.

— Au trésor de Lalou, mon vieux.

Lalouette ouvrit une bouche immense :

— Vous allez me rendre fou, cria-t-il en suivant péniblement les deux chasseurs.

V

LES PORTES D'AIRAIN

Lalouette suivait à distance Martinet et Lassalle.

Lassalle, en homme sûr de son fait, gagnait une rue, puis une autre.

On arriva ainsi à un point où la croûte solide n'étant pas enlevée par l'explosion, les ténèbres s'étendaient profondes et muettes.

Mais Lassalle avait tout prévu.

Des torches brillèrent ; on s'engagea dans la cité, maintenant souterraine.

— Sacré tonnerre ! grognait le zéphyr, nous allons décidément au diable.

Lassalle se retourna gravement.

— Ma foi, à peu près, lui dit-il.

— Voyons le diable, dit Martinet avec son gros sourire.

Suivant des traces nouvelles que Lassalle avait faites à la place des anciennes, les trois hommes arrivèrent après quelques minutes de marche devant un temple.

— Voilà, dit Lassalle tout simplement.

— Le magot est là ? interrogea Martinet.

— Je le suppose.

— Comment cela ?

— Voici.

— Le magot ! pensait Lalouette.

— Vois-tu, dit Lassalle à Martinet, j'ai étudié ces ruines depuis quelques jours ; après l'explosion le hasard m'a mené au bord du précipice qu'elle avait creusé.

« Une route s'y trouvait, interrompue.

« Par instinct je la gagnai, pourquoi ? je ne puis pas le dire.

« Alors j'aperçus des pas lourds dans le sable et des traces de tonneaux qu'on y aurait roulés.

— Parbleu ! la poudre.

— Écoute donc. On sait ce que pèse un tonneau de poudre.

— Parbleu !

— Ce qu'il peut donner d'écrasement dès lors.

— Eh bien ?

— Eh bien les tonneaux roulés là étaient, par les empreintes, aussi lourds que le fer.

— C'était peut-être des balles.

— J'ai trouvé sur la route qu'on leur a fait faire, ceci, dit Lassalle.

Il montra une poignée de sable enveloppée dans un parchemin.

— Il y a de la poudre d'or là-dedans, dit Lalouette.

— Comme tu le dis, mon vieux !

— Alors les tonneaux renferment à ton avis de la poudre d'or, fit Martinet.

— Comme de juste.

— Eh bien, allons prendre les tonneaux.

— Mon cher, voilà où s'arrêtent les traces, et le chasseur montra le temple.

— Tu n'es pas entré ?

— Il y a un joli motif : vois les portes.

Martinet alla les examiner il y frappa un coup terrible avec la crosse d'un pistolet.

Nous disons terrible, car l'airain de l'huis rendit un son vibrant qui alla en grandissant se perdre derrière lui dans l'inconnu et dans le vide.

Le chasseur revint tout soucieux.

— Sapristi ! dit-il à Lassalle, c'est solide ces entrées-là : tout le monde suffira à peine à les démolir.

— Essayons à nous trois.

— Bon, maintenant !...

— Et surtout, pas de bruit.

— Cependant, il n'y a que la poudre.

— Allons donc ! et Lassalle haussa les épaules.

— Commence, puisque tu veux.

— Écoute : fit Lassalle, raisonnons. Avec un peu de calcul on passe à travers une montagne, et ce n'en est pas une que ces deux portes, je suppose.

— Nous écoutons.

— Le nègre était intelligent, vois-tu, il a découvert ce temple et les portes devaient en être fermées ; il a cherché alors à les ouvrir ; nous pouvons faire ce qu'a fait le nègre : première hypothèse.
— Très-bien, dit Martinet.
— Seconde hypothèse : il a trouvé les portes ouvertes, est entré, mais les a refermées, en se gardant un moyen de les ouvrir. Donc, rien de changé :
— Comme de juste.
Alors cherchons.
— Où y a-t-il traces de serrures, dit Lalouette.
Chacun tâta, palpa ; pas un clou n'échappa à leurs regards.
Mais cela n'avait lieu qu'à hauteur d'homme ; alors Martinet prit Lalouette sur ses épaules, celui-ci touchait à la moitié des portes, ainsi juché.
— Rien, mille noms !... rien groguait-il ; c'est égal, le nègre est une fichue canaille !.
Lassalle essaya la même manœuvre et redescendit.
— Il faut voir plus haut, dit-il.
— C'est que c'est dur à escalader... pas un clou... plat comme la main, objecta le zéphyr.
— Prenons les ruines de colonnes et de pierres d'alentour, dit Lassalle.
— Et puis ?
— Faisons-en un tas à la hauteur voulue.
« S'il nous faut un jour pour cela, nous y passerons un jour.
On se mit à l'œuvre.
Or la pyramide était à mi-chemin quand Lassalle dit à ses compagnons
— Alerte ! rentrons au campement.
— Qu'y a-t-il ? fit Martinet.
— Rien, si ce n'est que notre absence doit-être mesurée.
— Allons !
Ils eurent vite rejoint et Marie et Margot.
— Je prendrai des cordes et des clous, dit Martinet à part lui.

Marie et Margot regardaient quand leurs maris entrèrent les dessins exquis de quelques coupes en or émaillé et tous les mille riens qu'elles avaient trouvé dans les cabinets de toilette de dix Auréliennes.
— Eh bien ! dit Marie à Lassalle, es-tu content ?
— Quand partirons nous ? fit Margot avec son air le plus calin.
— Comment, répondit Lassalle, vous vous ennuyez ici ?
— C'est plus froid qu'un couvent.
— Plus triste qu'une prison.
— Je m'y ennuie à la mort enfin.
— Eh bien, nous vous demandons huit jours, dit le mari de Margot ; cela suffira sans doute.
— Huit jours au plus, affirma Lassalle.
— Huit jours, dirent les deux jeunes femmes ; un siècle enfin !..
— Il le faut, je vous jure.
Lassalle alla se faire voir à tous ses gens ; il les harangua et distribua des postes.
Les Arabes et les bandits se gardaient mutuellement.
Ensuite il était arrivé ceci.
Un bandit avait menacé un arabe à qui il avait volé des dattes.
Lassalle fit appeler le bandit.
Celui-ci avança, tremblant.
— Voilà une leçon, dit Lassalle, pour qui volera ou menacera désormais, et à la façon de Si-Lalou, il arma un pistolet.
Le bandit se mit à genoux, pleurant, tremblant.
Tous reculèrent terrifiés.
Mais Lassalle releva le canon de son arme.
— Je te fais grâce, dit-il ; seulement, celui qui sera pris maintenant payera pour les deux.

Martinet et Lalouette rejoignirent Lassalle qui était en avant d'eux devant sa troupe comme s'il eût été le chef des chasseurs.
On reprit le chemin du temple.
La pyramide arriva à hauteur.
Lassalle, Lalouette, Martinet y montèrent ; mais ce fut en vain.
Martinet fit alors cette observation :
— Nous ne voyons ici qu'un côté des portes, et la pyramide est longue à déplacer.
En parlant ainsi il eut un malin sourire.
Lassalle regarda.
— C'est vrai cela, dit-il.
— J'ai des cordes, remarqua Martinet, et de plus un petit plan.
— Ah !
— Et nous allons rire.
Alors il jeta une corde pardessus la corniche droite de la porte.
La corde se déroula il y avait attaché un plomb ; elle glissa jusqu'au parvis.
— Il opéra de même à gauche.
La corde de gauche était la plus longue.
Il redescendit au seuil des portes d'airain.
Tout ceci étant fait :
— Voilà les bases d'un va-et-vient, dit-il à Lassalle.
En effet il tira un côté de la corde à lui et à une grande hauteur, presque à celle de la corniche y assura une corde nouvelle.
Il prit le bout de celle-ci entre ses dents et remonta sur la pyramide.
Celle-ci touchait presque le milieu de la porte.
Quand il fut en haut il lança un lazzo, une cordelette à boules de plomb enfin, et attrapa le bout pendant à gauche. Ayant établi, en remontant le côté droit, le point où il avait attaché la seconde corde à la hauteur voulue, il fixa cette seconde corde par son autre bout à un point en face de celui du côté droit.
Pour la deuxième fois il redescendit ; alors il attacha aux piliers les bouts de la corde principale, la fixa en un mot à la cordelette horizontale, où en pendait une à nœuds passée en double et munie à chaque bout d'un bâton.
Martinet s'assit sur ce bâton, à cheval, se donna un élan, il était dans l'espace.
Alors glissant à droite, à gauche, en haut, en bas, il inspecta.
Tout à coup il poussa un cri :
— Je le tiens !
Et on vit une ouverture se faire au sommet du battant de gauche.
Un homme à peine y pouvait passer.
Martinet se laissa glisser en bas.
— Que faire ? dit-il à Lassalle. Qu'y a-t-il derrière ces portes.
— Le nègre y a tendu certainement des piéges, fit le chasseur.
— Et alors ?
— Donne-moi une torche, je monte.
— Tu entres ?
— Non, mais je vais étudier.
Lassalle se hissa.
Arrivé à la hauteur voulue, il introduisit la torche dans l'ouverture et l'y précipita. Celle-ci tomba.
Un instant il y eut une lueur rougeâtre, mais la torche se rallumait. L'huile et la résine avaient résisté aux étouffements de l'air dans la chute.
Alors Lassalle compta et regarda.
— Le vieux gredin ! jura-t-il.
— Tu vois le magot.
— Non, mais deux piéges.
— Ah ! ah !

On leur introduisit quelques gouttes de rhum dans la bouche. (Page 111.)

— Des cordelettes communiquant à un demi cercle de sils.
— Et puis ?
— Des lames tranchantes auxquelles d'autres cordelettes donneront un mouvement de faux.
— Peut-on passer entre les cordes, dit Martinet.
— Non.
— Diable !

Ce mot du cœur, « diable ! » fut dit par l'ex-capitaine ec une expression de profond découragement.
— Ah ça, lui dit Lassalle, est-ce que tu crois que ce gre va nous rouler à perpétuité, dis-moi.
— Hélas !
— Tu vas voir ça.

Et Lassalle disparut dans le temple.
Il y eut un double cri :
De Lalouette et de Martinet.
Mais Lassalle s'était laissé lentement glisser à la rde à nœuds qu'il avait assujettie fortement au va-etent.
Il y voyait grâce à la torche, mais il avait oublié ceci :
Le temps que cette torche brûlerait.
Elle s'éteignit.
Il était dans l'ombre épaisse, sinistre, toute de dangers.
Mais plus rapide que l'ombre envahissante, Lassalle rallumait une sorte de rat qu'il avait emporté à tout hasard.

Seulement alors il entra dans la broussaille de cordelettes ; une à une il les coupa.
Seulement il avait prévu ce cas :
Les cordes pouvaient avoir double effet. Les unes d'agir, par pression, poussées par un corps, les autres d'agir en se détendant au cas où on les aurait coupées.
Il s'était cramponné à la corde de descente, enleva le bâton qui le soutenait, y fixa son poignard avec une lanière et se mit à faucher de loin l'écheveau mortel.
Les lames firent en grinçant un cercle sinistre où il aurait été déchiqueté.
Le nègre était battu.
Lassalle avait bien hésité pourtant.
— Si les fusils partaient, se dit-il.
Mais il le fallait !
Or, le hasard le servit.
Le double jeu de cordes n'était fait que pour les faux.
Les fusils étaient devenus sans danger.
Lassalle descendit jusqu'à terre.
Sa voix vibra, elle monta par l'ouverture et redescendit jusqu'à ses compagnons.
Ceux-ci avaient entendu le jeu des lames.
Ils étaient terrifiés.
Ce fut une joie immense

Mais Lassalle remonta, il les appela.

Quelques minutes s'écoulèrent, et les trois hommes étaient dans le temple.

— Voilà comme on enfonce les portes sans poudre, dit en riant Lassalle à Martinet.

On ralluma alors des torches.

Le temple apparut, ainsi éclairé, fantastique et immense.

Il était entièrement nu, carré, immense de vide.

Les dalles blanches et noires en mille dessins.

Les murs noirs.

Au fond, un grand triangle blanc, devant lui, une statue noire, gigantesque, se détachait horrible.

Un Jupiter assis.

Visage affreux, stature de dix grandeurs d'hommes

Devant le Jupiter, un trépied.

Des vases de bronze, des thuriféraires, une dalle carrée, creusée au milieu, traversée d'une entaille.

C'était l'autel.

Le creux et l'entaille faisaient écouler le sang.

Mais nos chasseurs regardèrent rapidement tout cela.

Ils firent le tour du temple.

Partout la nudité ; rien, pas une trace.

— Ah ça, dit Lassalle, me serais-je trompé ?

— Mais les piéges ? fit Martinet.

— C'est peut-être une fausse piste ?

— Pourtant on ne pouvait en revenir.

— Oui, ce doit être ici. Pourquoi eût-il gardé si bien une fausse piste ?

— Mais, dit Martinet, c'est un temple ici, n'est-ce pas ?

— Oui.

— Ça suppose des prêtres, et il me souvient d'avoir lu qu'il y en avait une bande pour chaque dieu.

— Parfait !

— Or ces prêtres, tu vois que je me mets à raisonner à ta façon, demeuraient chez leur dieu même.

— Je le crois.

— Et ces messieurs devaient avoir un perchoir autre que ces dalles très-nues ; de plus, ce qu'il faut pour manger.

— Alors ?

— Cherchons le perchoir des prêtres.

— Derrière le dieu, il y a une ouverture.

— En effet, dit Lassale, qui s'était hissé sur le Jupiter et lui était passé derrière le dos.

— Tu vois, dit triomphalement Martinet.

— Elle est bouchée ; je ne vois que des traces.

— Ici, dit Lassalle, il faut faire parler la poudre, mais habilement.

Avec ses poignards, Lalouette fut chargé de percer un petit boyau de cinquante centimètres dans le mur, il fit cela avec méthode, ayant souvenance des conseils d'un vieux sergent du génie des compagnies de discipline.

On introduisit une charge de poudre dans ce boyau. Il fut bouché à trente centimètres ; la mèche étant faite d'une traînée de poudre dans un parchemin.

Lassalle mit le feu et se réfugia dans la barbe de Jupiter.

L'explosion se fit sourde.

Le dieu attrapa dans le dos une grêle de projectiles, mais ne broncha pas.

Alors Lassale alla vérifier les effets de la mine.

Un boyau s'ouvrait derrière l'ouverture débarrassée.

— En voilà assez pour cette fois, j'espère, dit Martinet. Souviens-toi de l'heure.

On reprit la route du grand air.

— Le gueux de nègre n'a sans doute pas oublié de mettre là aussi quelque malice de sa façon, disait Lalouette.

— Bon ! ne suis-je pas là, dit Lassalle, et puis Martinet, et puis toi.

— C'est vrai.

— Et le nègre n'était que lui seul.

Marie et Margot reçurent froidement les chasseurs.

— Nous mourrons ici, disaient-elles, car nous vous savons en danger.

— Bon, dit Lassalle en riant, c'est Jupiter qui nous a protégés ce matin, et d'une crâne façon, je vous jure.

— Jupiter !

— Oui, le grand dieu qui a reçu dans le dos une pluie de pierres lancées par de la poudre à canon.

Or, les femmes des chasseurs voulaient savoir où allaient leurs maris.

Elles avaient fait ce plan.

Il devait réussir.

Elles obtinrent donc des demi-confidences, mais on leur affirma que tout danger avait disparu.

Les deux Kabyles rejoignirent en ce moment le groupe.

Lalouette se chargea de les dévoyer.

On voulait garder le secret.

En ce moment, le lieutenant de Lassalle, près des bandits, vint lui faire son rapport.

— Tout est en paix, Sidi, dit-il, et je n'ai fait en ton nom sauter la tête à personne.

— Je le regrette, dit gravement Lassalle.

Le bandit s'inclina et sortit en trouvant cela fort naturel.

Lassalle, Martinet et Lalouette revinrent au plus vite à l'ouverture secrète que cachait le dos de Jupiter.

Cette fois encore Lassalle essaya d'éclairer la route.

Muni d'une torche, de cordes solides, et de poudre, il pénétra dans le souterrain.

A chaque pas il sondait le sol.

— Cinquante mètres furent ainsi parcourus.

A ce point une route s'offrit à lui.

Il la prit et soudain poussa une exclamation. Alors il revint rapidement sur ses pas.

— J'ai trouvé, dit-il à ses compagnons, en route !

— Ceux-ci le suivirent.

Il leur avait dit :

— J'ai découvert les refuges des prêtres.

En effet ils pénétrèrent d'abord dans une salle qu'avaient dû éclairer des lucarnes placées très-haut.

Comme si la veille encore les sacrifices avaient été accomplis, on voyait des linges sanglants pendus à des patères d'airain.

Sur une table de marbre étaient les couteaux sacrés.

Voilà la sacristie, remarqua Lassalle.

— Ce gueux de Lalou laisse les chemins bien libres remarqua Martinet

— Attends ! le piége est peut-être sous nos pas

— J'ai une autre idée.

— Laquelle ?

— C'est que cette fois nous sommes dépistés véritablement.

— Parce que ?

— Parce que rien ne nous arrête.

— La mariée est trop belle, ajouta le zéphyr.

— Allons toujours, répondit simplement Lassalle.

— Allons, dirent philosophiquement les deux chasseurs.

Alors ils entrèrent dans les appartements sacrés.

Les prêtres avaient dû fuir en toute hâte, des vases d'or encombraient une table.

Les trois compagnons les regardèrent à peine.

Sur un trépied d'argent, sorte de guéridon magnifique, une chose étrange les arrêta pourtant.

Ce trépied portait une amphore, deux pains, de la viande.

Ces choses avaient leur couleur primitive.

— Ma foi, dit Lassalle voilà peut-être un piége de salon.

— Comment cela ?

— Si ce sont des victuailles de son temps elle peuvent être empoisonnées.
Lalouette avait été toucher.
— Tout cela, c'est dur comme du marbre, dit-il.
— Eh bien, dit Lassalle en riant, tout ceci prouve une chose, à savoir que Lalou est joué et bien joué
— Hein! disait Lalouette à Martinet, voilà du pain qui a plus d'une semaine.
— Et plus de mille ans, dit Lassalle.
L'amphore avait dû renfermer du vin.
On y voyait une mousse brunâtre, solide
— Ce doit être du vin, dit Martinet
— Oui, et la même époque.
— Le doyen des vieux vins, fit Lalouette, seulement pas facile à déguster.
Mais les trois hommes gagnaient des réduits inhabités.
Enfin ils ne trouvèrent plus que la muraille.
— Sommes-nous assez roulés! dit Martinet piteusement.
— Étudions les murs, dit Lassalle avec la ténacité d'un gascon fieffé.
— Il faudra demander un nouveau congé aux femmes.
Mais Lalouette poussa un petit sifflement qui lui était particulier et chez lui signifiait la joie.
Les chasseurs accoururent.
Le zéphir avait enfoncé son poignard dans la muraille.
Cela avait suffi pour mettre en branle un bloc de granit.
On en distinguait la forme extérieure par les contours qu'il avait dessinés en bougeant.
— Tout le guignon du monde est avec nous dit Lassalle; allons tâchons d'amener le morceau.
Les efforts se réunirent, les poignards grincèrent sur le marbre.
Alors la pierre tourna lentement comme sur un pivot percé à son centre.
Derrière elle s'ouvrit la tête d'un chemin ; cela pouvait avoir soixante centimètres d'entrée. Lassalle y passa son bras armé d'une torche.
Il regarda longuement.
Avec cette sûreté, cette fixité de regard que les chasseurs possèdent à un si haut point, il sonda chaque aspect des parois, chaque pli du terrain.
— C'est la bonne route, dit-il à ses compagnons.
On s'y glissa.
Le chemin allait en s'élargissant ; bientôt on ne dut plus marcher à quatre pattes.
Enfin le souterrain permit de se tenir debout et fort à l'aise.
Mais une chose terrible arriva.
A droite, à gauche, des embranchements se multipliaient.
On arriva à un carrefour.
Les trois chasseurs en firent le tour, examinèrent.
— Quelle route prenons-nous? dit Lassalle un peu déconcerté.
— Mais d'abord, remarquons celle par où nous sommes entrés, dit Martinet.
— Ce n'est que juste.
— Oui, dit Lalouette, car je ne sais plus laquelle au juste nous a menés ici, des six qui nous entourent.
Lassalle regarda autour de lui; il pâlit.
— Martinet, dit-il, par où sommes-nous entrés?
— Mais tu le sais, par ici, derrière moi...
— Es-tu sûr?
— Sûr!... c'est pourtant vrai; tous ces boyaux se ressemblent.
En effet, le carrefour formait un cercle parfait où six routes aboutissaient avec une entrée taillée identiquement à pans coupés dans le granit.

— Tonnerre! dit Lassalle, voilà le plus terrible piège de Lalou; nous sommes égarés.
— Voyons, dit Martinet, si tu ne trouveras pas de traces.
— Cherchons.
Ils se mirent à étudier le sol, pénétrant dans chaque allée, en ressortant.
Mais le marbre sans un grain de poussière dallait le sol.
— Rien! rugit Lassalle dont le front perlait de sueur.
Lalouette le rejoignit.
— As-tu trouvé? lui cria-t-il dès qu'il l'aperçut.
— Non, dit le zéphyr.
Martinet tardait.
Il était attendu au carrefour avec la plus poignante inquiétude.
Dix minutes s'écoulèrent.
Il ne revenait pas.
— Je crois que la fatalité nous tient, dit Lassalle. Martinet devrait être depuis longtemps ici.
— Il a peut être trouvé la piste, remarqua le zéphyr.
— Non, il serait revenu.
— Tu es sorti de là, toi.
Et Lassalle montra une route au zéphyr.
— Oui, dit celui-ci; j'y ai fait une marque.
— Moi, j'ai pris à ta droite, car nous sommes rentrés ensemble dans deux nouveaux chemins en cherchant.
— Avons-nous vu Martinet une fois?
— Je ne l'ai plus vu, dit le zéphyr.
— Je ne me souviens pas de l'avoir vu non plus.
Le silence se fit alors sinistre, sous ces voûtes sombres.
Les deux chasseurs attendirent encore.
Une heure s'était écoulée, et rien!
Le désespoir venait, silencieux et de son pas sûr, dans le cœur des deux hommes.
Mais dans le corps de bronze de Lassalle il y avait une âme de fer.
— En avant! dit-il au zéphyr; nous avons un guide et je le prends.
— Quel guide? demanda le vieux soldat.
— Le hasard! mon compagnon.
« Tirons la route au sort.
« Combien de douros dans ma main?
— Six, dit Lalouette.
— Quelle route prends-tu?
— Celle d'en face.
— Tu as perdu, il y avait deux douros, et à nous reste cinq routes.
« Choisis-en une autre et moi une; je prends celle qui est derrière moi.
— Moi aussi.
— Combien de douros?
— Un.
— Tu as deviné juste; prenons par ton chemin.
— Et le capitaine? interrogea Lalouette.
— Il fait comme nous, le hasard le conduit.
Le vieux soldat baissa la tête et suivit Lassalle.
Inutile de dire, n'est-ce pas, que pendant l'heure d'attente, les échos du labyrinthe, car c'en était un, retentirent des appels de Lassalle et de Lalouette.
Avant de quitter le carrefour, le lieutenant marqua d'un 1 la route qu'il prenait, et cela profondément, avec son poignard.
— Vois-tu, dit-il à Lalouette, nous devons sortir d'ici; calcule bien.
— Je calcule.
Cela fut dit tristement, par forme de politesse.
— Combien peux-tu rester de temps sans manger, zéphyr?
— Deux jours, si je ne dors pas.
— Comme moi... Combien de temps peux-tu marcher

sans te reposer ?
— Un jour, en mangeant.
— Nous prendrons une nuit de sommeil, et ça nous fera deux jours de marche.
— Ma gourde est pleine, fit le vieux soldat.
— La mienne et celle de Martinet aussi. Dès lors, écoute-moi.

« En deux jours, allant et venant, nous aurons parcouru tous les chemins de ce souterrain d'enfer.
« Alors nous aurons l'entrée.
— Oui ! fit machinalement le zéphyr.
— Je prends tout au pis et laisse le hasard de côté, car nous pouvons trouver du premier coup.
— Si c'était vrai, seulement !
— Et puis, écoute, nous marquerons à ma façon chaque route parcourue, regarde : un numéro par route et deux signes ; une flèche dit comment nous avons pris la route, je la mets à gauche du chiffre ; une croix dit qu'en remontant on revient à ce carrefour, la croix est à droite du chiffre ; c'est simple, n'est-ce pas ?
— Oui !
— Tu comprends ?
— Oui !
— Tu pourrais te retrouver facilement sans moi au besoin ?
— Oui.

Lalouette si loquace d'habitude se sentait sur la langue tout le sable du Sahara.

— Eh bien ! en marche, et au pas accéléré comme quand nous poursuivions les mahara de St-Lalou ou les pistes d'autruches !

Les deux compagnons s'élancèrent.

A chaque croisement de chemin, Lassalle faisait ses signes.

Ils allèrent cinq heures ainsi. Vingt fois ils s'étaient heurtés à la muraille de marbre d'un cul-de-sac.

Le front de Lassalle s'assombrissait.

— Si je dis la vérité à Lalouette, pensait-il, je lui coupe les jambes ; pourtant il le faut bien.

— Zéphyr, fit-il tout haut, faisons halte ; nous voilà au carrefour, nous avons exploré deux routes.

— C'est le tiers, dit Lalouette, ma foi ! je commence à espérer.

— Rafraîchissons-nous, fit Lassalle.

Les deux hommes burent une larme d'eau-de-vie, en vrais chasseurs, dont la force principale est de savoir vivre de peu.

— Zéphyr, dit Lassalle d'un ton fort gai, Martinet, je pense, est plus près de sortir que nous.

— Vous croyez ?

— Parbleu ! je lui ai mis aux points principaux et ici à l'entrée ces bouts de parchemins qui lui disent nos signes et lui apprennent que deux routes sont mauvaises. Il en aura vu une, lui ; donc il en aura une d'avance sur nous.

— C'est fort juste, dit Lalouette.

— Seulement, fit négligemment Lassalle, il y a la question des torches.

— Tonnerre !...

Et le zéphyr se leva, bondit plutôt...

— Si nous allions ne plus voir clair, dit-il.

— Justement, tu vois bien le danger ; mais j'ai calculé cela et fait une remarque qui nous sauve.

— Et c'est ?...

— Chaque bout de souterrains a deux cents pas ou cinquante pas ; il n'y a pas deux longueurs, j'ai expérimenté sur vingt d'entre eux.

— Alors ?

— Alors nous marchons sans lumière cinquante pas, et écoutons le bruit de la marche.

— On entend, il est vrai, fort bien quand on arrive à un croisement.

— Un coup de briquet et l'on y voit clair, on fait ses petits dessins, et en route !

— Comme cela alors...

— Comme cela, nous aurions deux heures de lumière, nous en avons vingt, comprends-tu ?

— A ravir.

— Alors, en route !

Tout alla d'abord parfaitement.

Dix fois on reconnut les chemins de cent pas, vingt fois ceux de cinquante.

Les deux hommes marchaient retenant leur haleine, ne se parlant pas.

L'écho sous la voûte confondait le bruit des deux pas pour eux.

Au détour d'une route de cent pas, Lassalle s'arrêta, il appela Lalouette.

Rien ! le silence.

— Eh ! Lalouette, où es-tu, traînard ?

Rien !...

Et Lalouette avait les torches ; par une inconcevable maladresse, Lassalle n'en avait pas gardé une seule en réserve pour lui.

Il cria pourtant, appela ; mais partout la nuit et le silence !

Le labyrinthe lui renvoyait sa voix en mille échos.

Lassalle s'assit sur le marbre, il attendit, répéta ses appels.

Une heure se passa.

Cette fois, le désespoir envahissait bien son âme. Il était perdu, bien perdu, dans les souterrains maudits ; deux coups terribles avaient frappé Martinet et Lalouette.

Marie, pourtant, était à huit cents mètres de là ; elle attendait sous le beau ciel bleu Lassalle qui, à côté d'elle, était vivant dans la tombe.

Un instant le chasseur perdit toute sa puissance.

Certes, c'était trop pour l'homme le plus fort que des revers aussi irrémédiables ; donc, c'en était fait !

Maintenant voici ce qui était arrivé à Lalouette.

Les deux hommes, lorsqu'ils étaient ensemble, suivaient, c'était convenu, chacun une des parois du bout de leur poignard.

Lalouette n'avait pas dévié de cette ligne.

Or le souterrain formait une bifurcation, la première de ce genre avant que les cinquante premiers mètres fussent atteints.

Cette bifurcation était un Y dont la queue était la route première suivie par nos compagnons.

En suivant chacun la paroi, ils s'engouffrèrent, l'un à droite, l'autre à gauche, dans une des branches supérieures.

Ensuite, à vingt mètres d'intervalle, cette feinte était trois fois répétée.

Or ceux qui y tombaient étaient bien à jamais enserrés dans les mailles du filet de granit.

Cent mètres pourtant furent franchis par Lalouette, il s'arrêta et alluma la torche.

Lassalle n'était plus là.

A son tour il attendit, il cria, il appela ; mais en vain.

Le zéphyr était foudroyé.

Il tira ses pistolets et fit feu.

Le souterrain répondit sourdement.

Était-ce raffinement ou effet du hasard ? différentes voies du labyrinthe ne se renvoyaient pas distinctement les sons.

Tout s'y confondait en coups sourds qui semblaient venir de la voûte, au-dessus de vous.

Lalouette, terrassé par le désespoir, voyait lentement brûler la torche qui éclairait d'une longue lueur rougeâtre le souterrain devant lui, à sa gauche et à sa

droite.
Tout à coup il se lança en avant comme un fou.
Dans la nuit, en effet, on eût dit que brillait une étoile.
Il courut à elle, l'étoile grandissait.
Puis ce fut un double cri.
— Le capitaine!...
— Lalouette!...
Martinet ensuite n'eut que cette parole.
— Lassalle?
— Perdu! murmura le zéphyr.
— Perdu?...
— Oui! et par fatalité il n'a pas avec lui une seule torche.
— A tout prix, trouvons-le, calculons; comment l'as-tu perdu?
— Il y a déjà deux heures.
— Par Dieu! s'écria Martinet, s'il faut mourir, ayons au moins ce bonheur de mourir tous ensemble.

VI

MARIE ET MARGOT.

Marie et Margot, seules dans la plus vaste chambre d'une maison romaine, sur laquelle les Kabyles avaient placé en guise de toiture des couvertes et les toiles des tentes, devisaient presque gaiement.
Les paroles de Lassalle leur avaient rendu l'espoir.
Margot, toujours rieuse, faisait mille plans insensés.
— Ainsi, disait-elle, nous partons pour les Indes, a déclaré Martinet.
— C'est un pays charmant.
— On s'y égorge un peu, je crois, mais baste! quand on a vu Si-Lalou et le désert!
— Mon mari m'a donné une idée des trésors qu'il a découverts.
— Oui, des millions! je me ferai bâtir un palais comme dans les *Mille et une Nuits*, avec des marbres de toutes les couleurs, du cristal et des statues.
— J'aurai des nègres et un palanquin en soie rouge.
Et puis c'étaient mille folies de l'espiègle Margot.
Mais le temps s'écoulait ainsi; la nuit vint.
Lassalle et ses amis étaient en retard d'une heure.
La nuit entière s'écoula...
Marie et Margot ne s'étaient pas séparées...
Or un jour succéda à cette nuit, et les chasseurs étaient absents encore...
— Il leur est arrivé malheur, disait Marie.
— Ils sont peut-être à préparer tout pour le départ et se hâtent, répondit Margot.
— Ne cherche pas à t'illusionner, va; vois-tu, j'avais un pressentiment hier, j'ai eu des rêves affreux... si nous avions au moins Lalouette.
— Pourquoi?
— Pour guider les Kabyles.
— Nous les guiderons, nous; ils sont dévoués, n'est-ce pas?
Or Rustem entrait sur ces entrefaites.
— Ami Kabyle, lui dit Marie, nous ne savons où sont nos maris.
— Ah! fit le Kabyle de l'air de quelqu'un qui voudrait parler.
— Et nous sommes très-inquiètes, ajouta Margot.
— Oui, fit l'Arabe.
— Ami, nous partons à leur recherche, veux-tu?
— Je veux tout pour les chasseurs; nous les retrouverons ou succomberons à la tâche.
— Alors, appelle ton compagnon.
Rustem obéit.

— Je vous demanderai trois choses, dit-il aux deux femmes, dès qu'Ahmed l'eut rejoint.
— Parlez.
— Pouvez-vous me répondre : Où allait-on, que voulaient les chasseurs, et quand devaient-ils revenir?
— Ils allaient pour une fouille secrète, voulaient un trésor et ne devaient jamais être absents plus d'un jour.
— Ah! fit le Kabyle.
Cette fois il semblait dire : Ceci est très-grave et fort embarrassant.
— Que pensez-vous? lui demanda Marie
— Que la partie tentée par les chasseurs est pleine de dangers et leur absence m'effraie. Il faut les chercher.
— Prendrez-vous les Arabes?
— Non.
— Nous vous suivrons.
— Non, par Allah!...
— Pourquoi, ami Kabyle?
— Parce qu'il n'y a plus ici à craindre un combat auquel vous pourriez au besoin assister; mais qu'il faut lutter par la ruse et vous ne pourriez nous suivre par ces chemins-là...
— Qui te fait parler ainsi?...
— Je sais, dit le Kabyle, que le trésor était à Lalou. Or celui-ci est mort; mais il a semé d'embûches la route qui conduit à ses richesses.
— Et nos maris?
— Sont ou en danger ou perdus.
— Allez alors; Dieu vous conduise.
Les deux Kabyles sortirent.
Dix minutes après, on voyait deux hideux gredins passer dans Aurélia.
Ils ressemblaient tant aux bandits de Lalou que nul n'y prit garde.
Or, ces gaillards avaient fait ce calcul : les chasseurs prenaient tout droit d'habitude jusqu'au grand trou de l'explosion.
Ils arrivèrent là.
Ahmed se mit à étudier les pistes.
C'était un des plus savants lecteurs des sables et des buissons que ce Kabyle.
Il trouva le chemin que Lassalle avait suivi.
Les deux hommes s'y engagèrent.
Ils étaient lourdement chargés.
Des torches, des cordelettes, des vivres étaient le lot de Rustem.
Ahmed était porteur d'un paquet énorme de broussailles.
Nos Kabyles avaient pensé que les chasseurs pouvaient être égarés.
De là, les vivres qu'ils portaient.
Qu'il y aurait des endroits périlleux.
De là les cordes.
Que la nuit les environnerait.
De là les torches.
Qu'il faudrait se cacher.
De là les broussailles.
Bravement, ils enfilèrent la rue sombre; leurs torches éclairaient leur marche.
D'ailleurs ils allaient lentement.
Tout à coup leur route fut coupée.
Le temple de Jupiter se dressait devant eux.
— Ah! dit Rustem ils sont ici!
— Oui! fit Ahmed.
— Voilà des cordes là-haut, des pierres fraîchement remuées.
— Montes-tu, Rustem?
Les Kabyles se hissèrent par la route que Lassalle avait suivie.

Ils aperçurent l'ouverture au sommet de la porte d'airain.

Ils entrèrent dans le temple.

D'abord cette immensité les étonna, les effraya presque.

Ensuite la nuit, le silence les firent reculer.

— Par Allah! dit Rustem, on dirait que nous avons peur.

— Mais c'est comme l'antre des djenouns, ici, murmura Ahmed.

— Tu crois?...

Cependant ils avancèrent un peu.

Jupiter sortait de l'ombre, éclairé qu'il était par les torches.

Les deux Kabyles le virent et reculèrent horripilés...

Ils invoquèrent le Prophète.

Ces hommes n'étaient pas lâches, mais l'inconnu dans l'ombre peut épouvanter le plus courageux.

Les Kabyles donc reculèrent, mais ils ne fuirent pas...

Peu à peu ils s'enhardirent.

— Ceci est une mosquée antique, disait Ahmed.

« C'est le dieu des païens que nous avons vu là.

— Peut-être!

Sois-en sûr... le Prophète est avec nous...

Les Kabyles invoquèrent alors Mahomet par la formule sacramentelle.

Or, le premier étonnement étant passé, ils purent approcher, osèrent regarder Jupiter perdant son prestige.

Peu à peu, ils revinrent au but de leur entrée dans le temple.

Chacun se mit à chercher.

Puis ils se réunirent.

Ahmed avait découvert une corde derrière la statue.

Les deux Kabyles s'assurèrent de sa solidité.

— Tout ceci, dit Rustem, est fait de la main des chasseurs, ils sont là.

Nos Arabes furent bientôt devant l'ouverture, fatale à Lassalle et à ses compagnons.

Mais ils hésitèrent.

— Il ne faut pas tenter Dieu dit Ahmed, n'entrons pas là.

— Je le veux, dit Rustem; tu parles sagement.

— Toutefois nous servirons les chasseurs.

— Comment?

— Par le silence et l'attente.

— Ceci est bien encore.

— Vois-tu, ils ne sont pas loin d'ici.

— soit !

— Ils sortiront de quelque part, ou nous entendrons quelque chose.

— Alors, cachons-nous.

La cachette fut bientôt trouvée.

Des mousses, des broussailles, croissaient le long du mur, surtout aux angles.

Les Kabyles augmentèrent tout cela de leurs broussailles à eux.

A deux pas, c'était à s'y méprendre. Ils se blottirent là-dedans.

Ils étaient invisibles!

Alors un silence absolu régna dans le temple. Avec cette sagacité, cette patience, cette finesse de l'Arabe guettant quelque proie, Rustem et Ahmed étaient à la piste du moindre bruit.

Ils avaient cette faculté étrange des chasseurs et des hommes d'embuscade.

Respirer sans bruit, à peine, et cela aussi longuement qu'ils le voulaient.

Mais nous, redescendons dans le labyrinthe. Martinet et Lalouette, brisés de fatigue, désespérés, s'étaient assis silencieusement à un carrefour.

Machinalement, ils écoutaient.

Mais ils étaient bien sans espoir séparés de Lassalle.

Lassalle, lui, avait lentement repris le sentiment de la situation.

Le courage lui était revenu; mais où était l'espoir?

Autour de lui, la nuit, rien pour éclairer ces ombres mortelles.

Il calculait, il mettait à la torture son génie de chasseur.

Mais une chose arrêtait tout : l'impossibilité de voir.

Cela n'eût rien été dans le désert, peut-être, mais dans ces corridors de marbre où la torche n'avait pas fait découvrir d'issue, rien ne restait pour l'homme le plus habile.

C'était bien la mort !

Lassalle cependant se redressa, il marcha jusqu'au premier carrefour.

Cette marche lui donna un courage nouveau.

Il se sentit comme revivre.

— Allons! allons! dit-il, on revient de bien loin parfois, et je crois que je sortirai d'ici... Combinons! je vais multiplier les appels à temps égal, sans quitter les deux carrefours; pourquoi marcher plus loin? je n'ai d'espoir qu'en Martinet ou en Lalouette.

Il appela donc.

— Martinet !...

Tout à coup il lui échappa un cri...

— Voyons, dit-il, je suis fou; où ai-je pêché cette idée, cependant !...

Et il recommença son appel.

— Lalouette !...

— Je n'ai pas tort peut-être, dit-il alors...

Or Lassalle avait entrevu ceci comme dans un éclair.

Sa voix, au carrefour où il était, ne portait plus sourdement à droite et à gauche ; elle montait et des ondulations sonores la suivaient, on eût dit qu'elle allait se perdre dans une cloche immense.

Lassalle calcula donc cela!

Dix fois il essaya l'expérience.

— C'est bien quelque chose de haut et de vaste en bronze, se dit-il.

Et cette idée vint frapper son cerveau :

— Si j'étais sous la statue!

« Mais comment voir?... »

Alors il tendit son esprit appela à lui toutes ses ressources.

Il eut un cri!

Des feuilles de parchemin étaient dans une de ses poches.

Il les tira, les palpa, compta... de chacune, lentement, avec soin, il fit des petits flambeaux qui devaient durer une minute.

A son briquet était adjointe une sorte de mèche moitié soufre moitié phosphore.

Elle donnait instantanément la lumière.

— Je verrai, dit Lassalle.

Alors il se prépara à ses investigations.

Il alluma un débris du parchemin.

Son regard fut ébloui... il ne vit plus la voûte pourtant.

Après avoir brûlé un second morceau de parchemin, puis un autre, il reconnut une masse de bronze·

Il pensa, calcula... bientôt il eut la preuve irréfutable.

Il était bien sous Jupiter...

— Allons! se dit-il, voilà un point de trouvé, je puis mourir avec cela d'heureux que je sais où je suis tombé... car pour grimper vingt mètres à pic sur ce bronze, il ne faut pas y penser...

« Quel espoir me reste-t-il?.

« Eh diable! quelle idée!...

« Voilà, selon les lois de l'acoustique, un terrible moyen de me faire entendre fort loin de Martinet et de

Lalouette...
« Faisons des feux de peloton dans Jupiter. »
Lassalle arma ses pistolets.
Il fit feu !...
Ce fut un bruit terrible, l'airain vibra, la spirale sonore monta, se heurta aux sommets, redescendit par les souterrains.
Les Kabyles étaient sortis en bondissant de leurs broussailles.
— Par Allah ! dit Rustem, c'est le tonnerre dans l'idole...
— Ils sont en bas...
Un coup nouveau monta jusqu'aux Arabes.
— Sais-tu ce que je pense ? dit Ahmed.
— Tu penses quoi ?
— Ils sont en danger et tirent pour appeler du secours.
— En danger, où ?
— Sous terre...
Rustem avait gravi Jupiter, il s'approchait de l'ouverture, mais il se retourna assourdi, c'était un troisième coup de feu.
Il vit alors que la statue avait une blessure profonde.
L'explosion de l'entrée du souterrain avait ouvert le dos du maître de l'Olympe deux fois plus qu'il ne fallait pour y introduire un homme.
— Par la barbe du Prophète, cria le Kabyle, ils sont bien ici...
Et il passa sa tête par l'ouverture.
Lassalle, en ce moment, écoutait si nul ne lui répondait, de Martinet ou de Lalouette.
Tout à coup il entendit un sifflement, un appel de chasseur qui lui venait d'en haut.
Il y répondit :
Alors une voix cria...
— Est-ce vous, chasseurs ?
Lassalle faillit s'évanouir...
Mais il se redressa.
— A nous ! à nous ! cria-t-il d'une voix rugissante.
« Jetez des torches, nous sommes en danger. »
Deux minutes s'écoulèrent, Lassalle entendit les torches tomber autour de lui.
Il bondit, rampa à terre en trouva une l'alluma... Il ne regarda rien, il courut ramasser les autres torches...
Alors il cria en haut :
— Vite, lancez un peu de pain.
Le pain tombait déjà...
Il mangea à peine.
— C'est vous, les Kabyles ? cria-t-il.
— Oui, maître.
— Préparez des cordes.
— Combien ?
— Trente brassées... les avez-vous ?
— Nous les avons.
Mais Lassalle put à peine étouffer un cri de surprise.
A un mètre du sol commençait un escalier, une échelle de fer.
Elle montait dans l'intérieur de la statue. Il s'y élança, rapide comme une flèche. Il arriva ainsi à la tête du colosse, les yeux, la bouche y étaient percés à jour.
C'est de là qu'on rendait l'oracle.
Éternelle balourdise humaine !...
En un instant, il fut près des Kabyles.
— Allons, leur dit-il dès qu'il se fut un peu restauré, en bas ! Des vivres, des torches, des cordes, et cherchons les deux autres chasseurs.
— Ils sont égarés ?
— Morts de faim peut-être !
On descendit... on se chargea de tout ce que demandait le chasseur.
— Allah est grand ! dit Rustem ; maître, vous avez un instant été loin de la vie !
— Allah, c'est toi, dit Lassalle en souriant.
— Non ! maître, Allah est Allah, seulement votre heure n'était pas venue.
Lassalle pensait tout bas.
— Marie me croit mort, peut-être ! et je la reverrai !
« Pauvre Margot ! » dit-il ensuite avec un soupir.

VII

JUPITER.

Il fallait à tout prix sauver Martinet et Lalouette.
Lassalle expliqua au Kabyle les lignes aux coins des voies souterraines.
Ceux-ci intelligents, fins, presque chasseurs, du reste, comprirent.
Chacun ensuite se mit en marche.
De deux pas en deux pas, on faisait un signe sur le mur.
Lassalle faisait une ligne.
Rustem, deux.
Ahmed, trois.
Une flèche indiquait le point où était Jupiter.
Au premier carrefour, Rustem s'engagea à droite.
Il avait des torches et des vivres.
Au second, ce fut le tour d'Ahmed.
Lassalle allait droit devant lui.
Il marcha ainsi une heure.
— Le grand carrefour ! s'écria-t-il soudain.
Il était en effet au point fatal où ils avaient perdu toute piste certaine.
Tout à coup il vit au loin une lueur.
Il bondit, il courut.
C'était une torche fixée au sol, il n'y avait personne près d'elle.
Seulement, Lassalle vit une ligne écrite sur la muraille.
« Tout droit ! nous mourons de faim. »
Il redoubla de vitesse.
Une autre lueur apparut dans l'ombre du labyrinthe.
Cette fois, une masse sombre était couchée auprès de la torche.
Lassalle eut ce cri :
— Martinet !... Lalouette !...
Ceux-ci râlaient ; ils ne le virent même pas.
En ce moment, une lueur parut au loin.
Lassalle appela.
Un Kabyle accourut.
Chacun prit son homme.
Il fallut avec le poignard leur desserrer les dents.
On leur introduisit quelques gouttes de rhum dans la bouche.
On leur mouilla les tempes avec de l'eau glacée.
Martinet ouvrit le premier les yeux.
— Sacrebleu, toi ! mon vieux ! s'écria-t-il.
Il ne put en dire plus, d'abord.
Peu après il ajouta :
— Allons, je ne demande que ça. Donne-moi la main et mourons ensemble. C'est égal... c'est dur... Margot...
— Ah çà ! lui dit Lassalle, tu radotes ! Bois donc, nous sommes sauvés.
Martinet n'écoutait rien...
— Nous sommes sauvés, te dis-je !
Le capitaine regarda son compagnon.
— Bien vrai ? lui dit-il. Eh bien ! nous revenons de loin, ma parole !
Pour Lalouette, il ne bougeait pas encore.
Enfin on le sortit à son tour du chemin de l'autre monde.
Le vieux zéphyr avala presque un bidon d'eau-de-vie.
On donna un peu de pain à chaque affamé.
Ceux-ci se remirent sur leurs jambes.
Ils flageolaient un peu.

Mais Lassalle leur cria :
— Allons, vite, au grand air !
Et l'on se remit en marche.
Lentement, on reprit les traces, on gagna le grand carrefour.
En une heure on fut sous Jupiter.
Lassalle, là, fit faire halte.
— Amis Kabyles, dit-il, allez rassurer les femmes et attendez-nous. Nous reviendrons dans un jour.
Les Kabyles se hissèrent dans la statue.
Alors Lassalle, ses compagnons assis, étala les vivres.
On mangea, on but, on dormit.
Au bout de trois heures de sommeil, Lassalle se réveilla.
Il laissa dormir encore ses compagnons.
Alors il ralluma une torche et s'orienta.
— Le gueux de nègre, pensait-il, a bien caché son trésor... mais ce point est important, sous la statue, c'est un signe de reconnaissance magnifique. Le trésor doit être ici...

« Voyons de plus haut les alentours. »
Il monta à mi-chemin de la statue.
Une chose l'étonna.
Les escaliers de fer portaient à cet endroit l'empreinte des coups de hache ou de cisaille.
On y avait pratiqué deux entailles profondes.
Lassalle regarda en face des entailles.
— Parbleu ! dit-il, cette statue est étrangement coulée.

« Si la forme intérieure est celle-ci, le ventre de Jupiter pèse à lui seul dix mille quintaux, ce qui n'est pas.

« Donc là est la cachette du nègre.

« Eh parbleu ! il y a là aussi des entailles. Je vois cela.

« Deux poutres dont la place est ici ; et là, une planche pour soutenir la marche d'un homme roulant les petits tonneaux de poudre d'or, et le tour est fait.

« Il me faut deux poutres et une planche. »
Lassalle redescendit et éveilla ses compagnons.

Il leur dit ce qu'il avait vu.
On sortit de Jupiter.
Martinet se chargea de mesurer l'espace de l'esca à l'autre point.
Il le fit avec un plomb attaché au bout de la cor lette.
Ainsi muni, chacun se mit en quête.
On trouva des débris de bois, on les mit de l gueur.
Tout cela fut hissé dans le temple.
On se prépara à opérer.
A la tête du colosse un câble fut mis, il prenait u poutre au milieu.
Celle-ci fut hissée à hauteur des entailles. Une co était attachée au bout de la poutre du côté de l'escal
Ainsi la poutre fut mise dans l'entaille et tenue dr parallèlement au sol.
On la mit devant l'autre entaille ; là on laissa reto ber la pièce de bois.
— Et d'une ! cria Lassalle.
Lalouette se hissa sur la poutre, il gagna le ver du colosse.
La deuxième opération réussit mieux que la premi grâce au zéphyr.
La planche fut vite placée.
Alors, au bout opposé à l'échelle, on vit une ouv ture dans le colosse.
Lassalle s'y fit descendre.
— Nous tenons le magot de Si-Lalou ! cria-t-il.
« Des cordes. J'ai les tonneaux !... »
On hissa un à un les tonneaux dans le temple, et temple, sur la place qui était devant lui
Le trésor de Lalou fut ainsi à la merci des ch seurs.

Deux jours s'écoulèrent ; au soleil levant, une ca vane lourdement chargée prenait la route des sab
Elle se dirigeait vers Tunis. Deux femmes, trois c seurs et deux Kabyles la composaient.
Cette caravane portait des millions.

LOUIS NOIR.

FIN DU ROI DES CHEMINS

Saint-Ouen (Seine). — Imprimerie Jules BOYER (Société générale d'imprimerie).

DIX CENTIMES ILLUSTRÉS

LE ROI DES CHEMINS

GRAND ROMAN INÉDIT PAR

LOUIS NOIR

Livraisons à **10** centimes   Séries à **50** centimes

A. DEGORCE-CADOT, ÉDITEUR, 9, RUE DE VERNEUIL, PARIS
ET
Chez tous les Libraires et Marchands de Journaux

LE ROI DES CHEMINS

Grand roman historique inédit,

Par LOUIS NOIR

PROLOGUE
LA VIE D'UN NÈGRE

UN MOT AU LECTEUR.

Nous aimons passionnément l'Algérie.
Nous y avons vécu nos meilleurs jours et espérons y retourner et y mourir.

Faire connaître cette terre, qui, peuplée, donnerait à la France la plus riche colonie du monde, apprendre à nos compatriotes ce que vaut cette région merveilleuse, appeler sur elle l'attention, raconter les drames de la conquête, décrire les mœurs pittoresques des populations qui y vivent, dépeindre les sites admirables qui s'offrent aux regards du voyageur dans les gorges de l'Atlas, dans les plaines verdoyantes du Tell, sur les cimes neigeuses du Djerjera, au milieu des solitudes sans fin du désert, enfin enflammer nos compatriotes de la passion ardente que nous éprouvons nous-même ; tel est notre but en écrivant nos romans algériens.

Celui-ci résume, en quelque sorte, toute l'Algérie.

Nous la montrons, dans ce prologue, ce qu'elle était avant la conquête ; dans la première partie, nous racontons les grandes scènes de la lutte entre la civilisation et la barbarie ; dans la troisième partie, nous mettons en relief les types de colons qui ont joué un rôle important dans ce drame réel.

Et, comme une ombre noire, menaçante et sinistre, la figure du fameux bandit nègre Élaï Lascri plane et domine au-dessus de tant de scènes émouvantes, faisant ressortir étincelants les types lumineux de ce panorama immense.

L'esclavage, qui existe encore au Maroc, à Tunis, à Tripoli, surtout le territoire des États barbaresques, l'esclavage identifié dans Élaï Lascri, enfant ; puis la révolte brutale, l'émancipation sanglante incarnée dans ce célèbre brigand devenu un homme ; enfin la tyrannie perpétuée, la force s'imposant par le meurtre, la force odieuse personnifiée dans le chef de bande devenu prince et le plus cruel des petits souverains de la frontière marocaine ; telles sont les phases de cette vie d'un esclave que nous allons développer.

Et c'est dans cette étude que nous prouverons la radicale impuissance des pays musulmans à progresser, l'immuabilité de cette société islamite, qui couvre le monde de trois cent millions d'êtres voués à l'immobilité et au despotisme, parce que deux principes faux forment la base de l'édifice élevé par Mahomet :

L'intolérance religieuse ;

L'esclavage.

Tout État, tout peuple qui admet ces deux principes meurt lentement et périt dans les catastrophes d'une décadence rapide.

Rome est tombée pour avoir imposé ses dieux et l'esclavage aux vaincus.

Aujourd'hui l'Espagne agonise parce qu'elle n'en a pas fini avec l'esclavage et l'intolérance.

Les trois cent millions de musulmans qui forment une masse si imposante d'hommes belliqueux n'en sont pas moins voués à la conquête, et ils seront un jour soumis par les armes de l'Europe.

Cette vérité éclatera dans le récit des faits historiques qui donnent à notre œuvre un caractère de réalité saisissante.

Nous espérons que l'intérêt si poignant de cette intrigue vaste et mouvementée sera doublé par l'attrait puissant des enseignements contenus dans ce livre.

Tout Français qui nous aura lu comprendra que les États musulmans sont voués à une chute inévitable ; que, malgré les fautes de nos bureaux arabes, c'est l'égalité, l'émancipation que nos soldats ont apportées aux races et aux castes opprimées de l'Algérie ; que, tôt ou tard, toute l'autre rive de la Méditerranée sera colonisée par les races latines, et la Grèce, l'Italie, la France, l'Espagne reconstitueront au delà de la mer une vaste fédération de colonies latines qui ouvrira pour le nord de l'Afrique une voie nouvelle vers un avenir de prospérité féconde.

Notre prologue est esquissé à grands traits.

Nous avons voulu, avant de commencer le récit du drame, poser sur son piédestal de cadavres, de boue et de sang, cette grande statue, coulée en bronze pour l'éternité, ce type immortel du bandit algérien : Élaï Lascri, qui semble étreindre sur sa poitrine colossale tous les personnages de cette histoire.

I

ESCLAVE ET MAITRE.

Nous sommes en Algérie.

La France vient de prendre Alger.

Le drapeau tricolore flotte sur les murs de la vieille casbah d'Al-Djezaïr (Alger) la Belliqueuse, la Superbe, l'Indomptable !

La grande nouvelle est apportée dans les tribus par les messagers de guerre.

Le Turc était maître à Alger.

Le Français y domine aujourd'hui.

Le Turc était exécré comme tyran de l'Arabe ; mais il était musulman et les tribus restaient soumises.

Le Français sera plus doux, plus juste, moins avide ; mais il est chrétien.

Les tribus s'insurgent.

L'agitation est grande.

Les sociétés secrètes, francs-maçonneries religieuses de l'Orient, confréries des sectaires de l'Islam, ont donné partout le mystérieux signal.

Alger sera reconquise ; ou, par d'incessantes attaques, les tribus obligeront la France à s'emparer de l'Algérie toute entière.

Telle est la situation lorsque notre drame commence. Et à l'heure où l'appel à la guerre sainte retentissait des cimes des Traras aux crêtes rocheuses de Constantine, du fond du Sahara aux plages de la mer, à cette heure où tout un peuple barbare allait se lever contre nous, une scène de cruauté infâme justifiait la conquête et prouvait qu'elle était nécessaire.

LE ROI DES CHEMINS

Car cette scène se reproduisait chaque jour, sous mille formes, sur tous les points du territoire.

Il était tard.

Le crépuscule tombait.

La tribu des Angades était campée dans la vaste plaine qui s'étend de l'Atlas à la mer, du pied des monts Traras aux montagnes Beni-Snassen.

La ville de Nedromah s'étendait blanche et charmante sous son manteau de verdure, et les fumées de ses toits montaient lentement vers le ciel pur et bleu.

Les eaux limpides de l'Aïn-Kebira (la Grande-Fontaine), descendaient en murmurant vers la rivière qui serpente dans la vallée.

La brise soufflait de mer et apportait les parfums de la vague et la fraicheur des flots, épanouissant les fleurs et s'imprégnant de leurs effluves odorantes.

Le site était charmant en ses détails, grandiose en son ensemble, borné qu'il était au loin par les grands monts et la mer immense.

L'heure était délicieuse.

Les tentes de la tribu se dressent devant les feux clairs ; les troupeaux rentrent bêlant et les cavales arrachent aux coursiers des hennissements joyeux.

On dirait d'une peuplade de patriarches au milieu d'un éden.

Mais une note claire, stridente, sinistre, a retenti.

C'est le premier hurlement de l'hyène, qui monte dans l'air chargé de fièvre, de colère et de menace.

Des plaintes lugubres, des glapissements qui déchirent l'âme plus encore que l'oreille, des rauquements terribles éclatent à ce signal.

C'est le concert de chaque nuit qui commence, la furieuse protestation des fauves contre l'implacable faim.

C'est le chacal qui aboie, la panthère qui mugle, le léopard qui râle. Puis tout se tait.

Une voix foudroyante passe comme un tonnerre.

C'est le lion qui a jeté sa note au vent.

Elle s'étend royale et sonore, terrible et prolongée à travers l'espace ; un long silence se fait ensuite, puis l'hyène lance de nouveau son appel et l'infernale symphonie recommence.

Et à mesure qu'au crépuscule succède la nuit, les fauves vont se rapprochant de la tribu, à la suite des troupeaux.

Les pâtres se sont hâtés.

L'un d'eux, pourtant, est en retard et la tribu s'inquiète.

Pas de lui.

Du troupeau.

Le troupeau, c'est de la laine, du lait, de la chair. C'est la fortune, c'est la richesse, c'est l'or.

Le pâtre n'est qu'un nègre, un négrillon, un esclave.

Il a peu de valeur.

Qui s'intéresserait à lui ?

Ce n'est point le fils d'un des hommes de la tribu.

Sa mère, femme d'un chef des peuples noirs du côté de Tombouctou, fut réduite en esclavage et mise en vente.

Le chef Embareck, scheik des Angades, trouva la négresse jolie et l'acheta au marché.

L'enfant avait six ans.

Le chef dut le prendre avec la mère, car le marchand d'esclaves ne voulait pas garder le négrillon seul.

Tant que vécut la mère, l'enfant fut quelque peu protégé et nourri.

La négresse mourut :

La vie du négrillon devint une vie de martyre.

Le scheik était un homme dur, sordidement avare, avide comme un chien famélique, orgueilleux de sa noblesse ; il était de haute race, impitoyable, accoutumé à courber toutes les volontés sous la sienne, à répandre le sang, à ordonner le bâton au poing.

Grand, maigre, la peau plaquée sur les os et les os trouant la peau, riche mais jeûnant, sordidement vêtu, l'air implacable, une main longue et décharnée, un pied de singe nu dans les sandales, une tête de vieil aigle, rugueuse, plissée, sur un cou décharné, un regard fixe, féroce et perçant, voilé, à intervalles inégaux, par un mouvement convulsif des paupières, quelques poils rares autour du nez, comme en ont à la naissance du bec les grands oiseaux de proie, tel était le scheik Embarek.

Sale sous son vieux burnous, il apparaissait néanmoins redoutable, presque imposant. Il était droit, haut, ferme ; il avait le silence redoutable au repos, le geste tragique dans l'action, la voix mâle dans les injonctions; on sentait en lui l'autorité, la force.

Sous lui, la tribu tremblait.

A cette heure, il grondait, interrogeant l'horizon.

Et la tribu écoutait les sourdes menaces du vieux scheik.

Il était étrange à voir, appuyé sur son matraque (bâton), l'œil perdu vers la montagne, immobile, mais la bouche proférant des malédictions.

— Le chien, fils de chienne lépreuse et de chien galeux ! grondait-il.

« Je lui ai dit de revenir avant la nuit, à cause du lion.

« Et le voilà en retard. »

Puis interrogeant le ciel :

— Il est dans quelque ravin.

« Il se sera endormi.

« Et le lion va rencontrer mes moutons ; il me mangera une brebis. »

A cette idée, le scheik brandit son bâton, poussa un cri rauque et cria d'une voix qui secoua les tentes :

— A cheval !

« Qu'on trouve le troupeau !

« Qu'on l'escorte ! »

Les guerriers sortirent ; d'autres qui étaient dehors se rapprochèrent ; tous demandaient au scheik :

— Où aller ?

Et lui :

— Par l'enfer d'Allah, allez partout, cherchez, trouvez, ou je vous casse à tous un bâton sur les reins !

« A cheval, fils de tortue !

« A cheval, ou des coups ! »

Et il levait son matraque.

Et il frappait.

— A toi, Zeddin, à toi, singe mal tourné ; monte, où je t'assomme.

« Tu as peur du lion ?..

« Le lion ne te mangera peut-être pas et je t'assomme, moi. »

Et Zeddin hurlant sous le bâton sautait en selle et partait en plaine au galop.

Et le scheik criait :

— A toi, Kameni, à toi, cochon de forêt (alouf-el-raba).

« Toi aussi, tu as peur.

« Voici un coup qui te donnera du courage. »

Et il frappait.

Et Kameni partait à toute bride ; et les autres étaient déjà lancés ou se hâtaient.

Et tous fuyaient le terrible matraque du scheik.

Et ils s'en allaient chacun droit vers quelque défilé, malgré l'obscurité qui devenait plus épaisse et le lion qui rugissait toujours.

Si noire que fût la nuit, ils craignaient l'œil du maître, un œil de faucon le jour, de chouette le soir, un œil qui voyait tout...

Le chef écouta le bruit des chevaux, il s'assura que tous galopaient à toute haleine, et tout à coup il se tourna vers les femmes qui semblaient vouloir accompagner frères, pères, fils et maris du regard.

Car la recherche était périlleuse.

Il y avait dans leur attitude quelque chose comme un reproche à l'adresse du vieux scheik.

Il la sentit; il s'arrêta.

— Sous la tente, les femmes! cria-t-il en lançant au hasard son bâton sur un groupe qui s'éparpilla en piaillant.

Et le bâton lancé, le scheik ramassa des pierres et les lança sur toutes celles qu'il vit dehors.

Et il criait :

— A vos feux, guenons!

« A vos fuseaux, bêtes de somme!

« Pourquoi sortez-vous de vos trous, vipères!

« Vous ai-je appelées? »

Et le vide se fit en un clin d'œil autour du terrible vieillard.

Alors il revint en tête du douar, s'appuya sur son bâton qu'il avait ramassé et attendit...

Un cavalier revint.

— Maître! dit-il, le troupeau est retrouvé et l'enfant revenait.

« Mais... »

Le cavalier s'arrêta.

Embareck frissonna.

— Parle donc, enfant de corbeau, oiseau de malheur! dit-il.

« Parle, porteur de mauvaises nouvelles, parle vite! « J'étouffe.

« Il est arrivé un malheur?

— Oui, maître.

— Le lion a dévoré un agneau?

— Une brebis, maître.

— Par Allah, une brebis!

— Une brebis pleine.

— Pleine!...

Le bâton tomba des mains du vieux scheik.

Il demeura consterné, éperdu, sans voix.

Enfin il joignit les mains, montra le poing dans la direction d'où venait le cavalier, se baissa, saisit son bâton et courut contre le guerrier pour le rosser à outrance.

L'Arabe fit volter son cheval et s'enfuit.

Il reçut l'inévitable matraque dans les reins.

Et le chef lui cria :

— Tu étais maudit dans le ventre de ta mère!

« Tu es venu au galop, bandit, m'apporter avec joie la nouvelle de ma ruine; tu mourras de ma main. »

Puis, tremblant d'émotion, d'une voix chevrotante :

— Pleine!... une brebis pleine!... plus de trois douros!...

Il avait les traits allongés, l'œil humide, mais sanguinolent.

Il était comme écrasé.

Mais la réaction se fit violente et subite.

Il frappa le sol du pied et s'écria :

— A mort! A mort, le négrillon maudit! Il faut que ma brebis soit vengée.

Et Sidi Embareck se mit à méditer.

A le voir, calme, impassible, rêveur, l'on aurait pu penser qu'il songeait paisiblement.

Cependant le coin de la lèvre relevé en un rictus pareil à celui du fauve qui guette sa proie en réprimant un rugissement, l'éclat extraordinaire de la prunelle, une agitation fébrile de la main, dénotaient l'émotion intérieure.

Cet homme étudiait une manière cruelle de punir un malheureux enfant; il souriait aux projets les plus sanguinaires; il s'exaltait dans une âpre joie aux plaisirs prochains de la vengeance.

Le troupeau parut.

Il était escorté par les cavaliers, et le jeune pâtro poussait les bêtes devant lui.

C'était un enfant de douze ans, mais il avait taille d'adolescent.

Laid, peut-être, mais d'une laideur énergique, fière, puissante, il avait imprimé sur le front le cachet de l'intelligence et de l'audace; dans l'œil étincelaient des qualités rares, rapidité des décisions, pénétration, assurance.

Le nez camard avait une mobilité de narines qui rappelait celle des naseaux d'un cheval fougueux!

Mais les instincts brutaux, les appétits bestiaux, une violence inouïe de lasciveté s'accusaient en même temps sur cette figure dont le type se gravait dans la mémoire la plus rebelle.

L'enfant du reste promettait d'être un jour un colosse.

Il se planta droit devant Embareck, le scheik, et le regardant les yeux dans les yeux :

— Me voilà! dit-il.

Et il attendit.

Les cavaliers, les femmes sorties des tentes, toute la tribu admira entièrement cette témérité de l'enfant.

Mais toute la tribu s'attendait aussi à voir le bâton d'Embareck s'abattre sur le crâne de cet audacieux et le fracasser.

Le matraque, un instant, s'agita dans la main du chef, mais celui-ci ne frappa point.

Cette retenue sembla plus terrible qu'un coup; tous pensèrent :

— Le nègre est mort!

Embareck cependant ne montra ni haine ni colère.

— Je t'avais ordonné, dit-il, de rentrer avant le coucher du soleil et tu reviens à la nuit noire.

— Je l'ai voulu! dit froidement l'enfant.

Embareck fut secoué par l'étonnement, comme si une bourrasque subite passait sur lui.

Il y eut un long murmure dans les groupes.

Le nègre n'était donc pas coupable d'une simple négligence; il avait voulu sciemment braver la volonté du chef.

La scène devenait plus émouvante encore... et chacun retint son souffle.

Embareck reprit, mais d'une voix altérée et avec une nuance d'impatience dans l'exécution de la vengeance caressée :

— Tu as laissé manger une de mes brebis pleines?

« Le lion l'a dévorée?

— Non! dit résolument le nègre.

« J'ai tué la brebis, j'ai mangé ses reins grillés au feu et j'ai brûlé le reste de sa chair. »

Embareck, incapable de se contenir, sentit un flot de bile lui monter du cœur aux lèvres.

Il brandit son matraque, le fit tournoyer trois fois au-dessus de sa tête, mais la massue s'abaissa sans toucher au front du coupable.

Le négrillon n'avait pas fléchi.

Il restait provoquant avec une impassibilité de statue.

Embareck fit un effort inouï de volonté pour se dompter, y parvint et demanda avec une précipitation qui annonçait une sorte d'angoisse :

— Pourquoi, maudit, as-tu fait cela?

— Je voulais, dit l'enfant, faire un bon repas avant de mourir.

— Et tu voulais mourir?

— Oui.

— Pourquoi cela? Pourquoi, chien? dis-le... sa rage m'étrangle... je veux savoir le fond noir de ta pensée.

Et Embareck imprimait ses doigts secs et osseux sur le bois du matraque et l'écume frangeait sa lèvre.

Le nègre haussa les épaules.

— J'ai assez vécu! dit-il.

« Je suis chef, fils de chefs, et né pour commander.

« Ici, je suis réduit à obéir. »

Puis, superbe, à tous ceux qui l'entouraient :

— Je vaux mieux que tous ceux de mon âge et de cinq ans plus vieux que moi qui sont dans la tribu.

« Je suis un lionceau enchaîné, et vous êtes des hyènes lâches et féroces qui avez des hyènes pour enfants.

« Je veux mourir. »

Il montra le désert par delà les monts et dit :

— J'ai fait appel aux génies de nos tribus.

« Ils viendront me venger.

« Mon père était un sorcier de Saba, il avait le secret terrible.

« Je sais, moi, qu'il me suffit de chercher la mort, d'offrir mon sang aux génies du meurtre, pour qu'ils viennent à travers l'espace frapper la tribu. »

Et superbe de foi et d'espoir :

— Vous mourrez tous... les troupeaux eux-mêmes seront frappés.

Puis avec un soupir, la seule faiblesse qu'il montra :

— Trois fois je me suis enfui; mais tous les Arabes des tribus se liguent contre l'esclave qui quitte son maître.

« Trois fois repris, trois fois frappé, je trouve la vie amère, la vengeance douce; je sais que le chef me fera mourir, que les génies terribles mettront la mort sur vos tentes...

« Je m'en vais joyeux près de mes pères. »

A Embareck :

— J'aurais pu te frapper.

« Tu serais mort seul.

« Ce n'était pas assez, chef, non, pas assez pour ma soif de sang.

« Je veux que la tribu souffre longtemps, que les malheurs s'abattent sur elle un à un et qu'elle se sente dépérir.

« Maintenant, chef, je suis en tes mains et tu vas être, toi-même, en me tuant, l'auteur de la ruine des tiens et des calamités que je sens déjà suspendues dans l'air.

« J'ai fait la conjuration.

« Je vois les génies.

« Je vois la peste, je vois la razzia, je vois la famine, je vois la soif, les sauterelles, le simoun, tous les fléaux qui s'avancent et vous enveloppent.

« C'est une joie grande pour moi que d'être assez brave pour vous léguer la mort en me laissant frapper. »

L'effet produit par cette prophétie, faite de bonne foi, avec un accent inspiré, fut immense sur la tribu.

Malgré le chef, on chuchota.

Le scheik lui-même semblait redouter cet avenir prédit.

Et l'enfant lui dit :

— Scheik Embareck, tu es un vieux lion dégénéré, lâche, couard, qui cache sa tête chauve de crinière dans son antre et qui n'ose plus braver le péril.

« Moi, je suis un lionceau, nain du Soudan, je le brave, toi, vieux lion de l'Atlas, et tu recules. »

Le vieillard poussa un rugissement, s'élança sur le négrillon comme sur une proie, l'emporta dans ses bras comme il l'eût fait d'un fétu et cria :

— Tous! Je vous veux tous! La tribu entière, suivez-moi!

« Mort à qui restera! »

Puis encore :

— Cavaliers, des cordes d'entraves !

Et il marcha d'un pas rapide, emportant l'enfant dans la nuit.

Il allait comme un fantôme sombre, accomplissant, dans les ténèbres, un rapt mystérieux.

Et derrière lui, en silence, les burnous noirs sur le dos, quelques-uns en tuniques blanches et drapées comme des suaires, les guerriers suivaient, épouvantés.

Puis, portant les enfants, en traînant d'autres, soutenant les vieillards, les femmes suivaient, le front baissé.

Le scheik avait menacé qui resterait ; nul ne resta.

Il allait toujours...

A mille pas de la dernière tente, il s'arrêta devant un arbre mort qui étendait en croix deux grandes branches sèches semblables à deux bras gigantesques implorant le ciel.

Il jeta son fardeau au pied de l'arbre.

Puis il demanda :

— Les cordes !

Le nègre se releva et, de lui-même, se plaça contre le tronc.

Tant d'assurance chez l'enfant donnait à ses prédictions un grand caractère de probabilité aux yeux des Arabes, qui sont le peuple le plus superstitieux du monde entier et qui croient aux génies.

Les nègres venus du Soudan, amenés comme esclaves, ont la réputation de pratiquer la sorcellerie, et d'avoir une puissance occulte sur les esprits des ténèbres, du ciel, de la terre et des eaux.

Le scheik Embareck lui-même croyait au danger.

Mais il pensait l'avoir conjuré et il se mit à garrotter l'enfant.

Victime et bourreau gardèrent un silence solennel.

Lorsque le jeune nègre fut solidement attaché, le vieil Arabe se prit à soupirer.

— Élaï Lascri, dit-il, tu vas mourir, mais non de ma main.

« Mon fer ne touchera pas ta peau, ni mon matraque non plus.

« Je vais te laisser ici, et dans une heure tu seras déchiqueté par les hyènes.

« J'entendrai tes cris. »

L'enfant ne répondit pas.

Le scheik dit alors à la tribu qui sembla rassurée :

— Pour que les génies frappent, il faut que le sang ait été répandu.

« En avons-nous fait couler une goutte des veines de ce misérable, venu sous nos tentes pour notre malédiction?

« Non.

« J'en prends à témoins vous tous et le Prophète. »

Puis revenant :

— Tu vois que tes prédictions sont vaines paroles.

« Tes mots sont des cris de corneille bavarde.

« Élaï, dans une heure, la chaude et puante haleine des hyènes fera courir des frissons sur ta peau.

« Ma brebis sera vengée. »

Le jeune homme ne répondit pas un seul mot.

La tête inclinée sur la poitrine, il semblait atterré.

Le scheik triomphait.

Il regarda une dernière fois sa victime, et fit un geste, signal du retour ; la tribu se retira lentement.

Pas un homme, pas une femme, pas un vieillard ne protesta.

La pitié n'existe pas dans un cœur arabe.

Le scheik restait seul en arrière, tournant souvent la tête.

La solitude se fit autour du condamné.

Cependant l'impression ressentie par tous était telle que nul ne parlait, même à voix basse.

C'était un sombre défilé.

La terre rendait sourdement le bruit des pas.

Tout à coup une voix claire perça l'air humide de rosée, portant au loin la menace.

Elle criait distinctement :
— Que la mort vienne du chaouck (bourreau), les génies vengeurs ne frappent pas l'homme du glaive.

« Ils touchent au front le chef qui a ordonné le crime et c'est lui qui s'évanouit en poussière.

« Scheik Embareck, toi et les tiens, vous serez exterminés...

« Je vois les ailes noires de la mort qui vous enveloppent. »

La voix se tut.

Tous s'étaient arrêtés...
Le scheik lui-même hésita.
Mais l'orgueil, l'âpre désir de se venger, l'emportèrent.
Il leva son bâton, montrant les tentes, et dit :
— Rentrons !
« Allah est juste...
« La vie de ce maudit esclave ne vaut pas celle d'une brebis pleine.
« Si la colère du Prophète doit frapper quelqu'un, c'est l'enfant qui veut lutter contre le sort fatal.
« L'esclave qui fuit son maître est impie et il est dans le Coran un verset qui le menace du châtiment. »
Ceci était vrai.
Le Coran consacre l'esclavage.

Quelques instants plus tard, le vieux scheik était entré dans la couba (tombeau) du marabout que vénérait la tribu et qui en était l'ancêtre et le patron.

Là, sur les dalles, à genoux, tourné vers La Mecque, cet assassin évoquait le nom du saint musulman, le nom du Prophète et celui d'Allah !

Il récitait, sur un chapelet presque semblable à celui des chrétiens, les prières saintes, et il pensait avoir bien agi.

L'esclave n'est pas un homme.
Le maître est le maître.
Il fallait punir...
Et nul, du reste, n'aurait blâmé cette action odieuse.
Si quelqu'un avait éprouvé quelque scrupule, c'eût été par crainte des sorcelleries et des prédictions du nègre.

Aussi le vieil Arabe se mettait-il, et mettait-il sa tribu sous la garde du saint marabout, contre les génies malfaisants.

Étrange hypocrisie !
Croyances insensées !
Cet homme répétait chaque soir le *Credo* musulman !

— *Il n'y a de Dieu que Dieu !*
« Allah y Allah. »
Et pourtant il avait la tête remplie de stupides superstitions.

Déjà les fauves rôdaient autour de la victime.

II

LES HYÈNES.

L'hyène est la bête fauve la moins connue des naturalistes.

Elle est lâche, cruelle, vorace, capable de dévorer le cadavre d'un homme, mais incapable d'attaquer un vivant.

Avec une mâchoire plus forte que celle du loup, une vigueur de muscles inouïe, elle n'ose se jeter sur un enfant muni d'un bâton, et libre de ses mouvements.

Le loup, du reste, a beaucoup de ressemblance avec elle.

On sait qu'il suit un voyageur, le nez presque sur les talons de cette victime convoitée.

Mais tant que l'homme marche, le loup isolé n'ose l'assaillir.

En bande, il s'enhardit.

Toutefois, que l'homme tombe, il se jette sur lui furieusement.

Ainsi de l'hyène.

Elle est étrange dans ses allures.

L'Européen ne se les explique point tout d'abord.

Cet animal qui n'attaque point l'homme ne le craint point.

Il ne le fuit point.

Attaqué, il se défend.

Il entre dans les camps, dans les villes arabes, il rôde près des tentes.

Si les douars arabes n'étaient pas entourés de remparts d'épines, ils seraient visités chaque nuit par les hyènes.

Ceci vient de ce que jamais les Arabes n'enterrent les animaux morts et les immondices ; ils jettent les cadavres, les os, les chiens morts dans les rues, à leurs portes.

La nuit, l'hyène accourt.

Elle dévore tout.

Au jour, tout a disparu, excepté les débris d'os qui blanchissent au soleil.

On rencontre chaque nuit, au village nègre, près d'Oran, des hyènes faisant leur office ; on passe à côté.

Nous nous souvenons qu'un soir une hyène fut tuée à Oran même, sur la promenade, au moment où l'on jouait la musique militaire, sous le Château-Neuf.

Un vieil officier expliqua que, vingt ans auparavant, chaque nuit, ces bêtes entraient par troupes en ville.

Jamais on ne les dérangeait.

Jamais elles n'attaquaient personne : elles ne faisaient la chasse qu'aux chiens morts et aux poules égarées.

Mais personne ne s'avisait de les vouloir chasser.

L'hyène regimbe alors.

Une nuit, au camp d'Aïn-Taferfra, un de nos camarades, montant la garde, voulut chasser du bivac une hyène et il lui lance un coup de baïonnette que la bête évita par un bond.

Elle saisit le fusil, brisa le bois, faussa la baguette, et laissa l'empreinte de ses dents sur le fer du canon.

Que cette bête fauve singulière rencontre un homme ivre, couché sur un chemin, après bien des hésitations, elle le flairera, et lui donnera un coup de dent.

Si l'homme crie, elle s'éloigne.

S'il se rendort, elle revient.

S'il se débat, elle se retire encore, pour revenir s'il reprend son immobilité.

Qu'un être quelconque soit attaché, réduit à l'impuissance, elle finira par le dévorer : nous en savons maints exemples.

Elaï Lascri était lié à son arbre, et autour de lui une dizaine de hyènes glapissaient...

Un drame affreux allait commencer.

III

LA SAGA.

Le jeune nègre devait être d'une bravoure incomparable.

Seul dans la nuit, voué à un supplice affreux et

lent, il ne faiblissait point; pourtant nul n'était témoin de son héroïsme.

C'était une de ces âmes vigoureuses que rien n'abat.
Il savait cependant quel sort l'attendait avant peu.
Il connaissait l'hyène.
Il savait que tout être attaché devient sa proie.

Un taureau entravé avait été laissé aux portes de Tlemcen par des marchands qui voulaient éviter de payer l'impôt du marché.

Attardés, ils ne purent sortir à la fermeture de la ville.

Le lendemain la bête n'était plus qu'un squelette.
Il en avait vu les os.

Et déjà les fauves approchaient!

Élaï Lascri sentit bientôt dans l'air les émanations fétides des hyènes, nourries le plus souvent de charognes et répandant une odeur puante dont celle du renard ne donnerait qu'une faible idée.

La bande famélique, hurlante, dont les yeux brillaient dans l'ombre, s'avançait peu à peu.

La nuit s'illuminait de points rouges, pareils à des charbons ardents.

Élaï Lascri regarda ces prunelles flamboyantes.

Qui l'eût vu eût remarqué que ses yeux étincelaient aussi, pareils à ceux des fauves.

C'était un enfant d'une race cruelle, sauvage et bien nommée au Soudan.

Sa tribu était celle des *Fils de la Panthère-Noire*.

Son père en avait été l'un des chefs les plus braves.

Quand il eut fixé le péril bien en face, avec une fermeté stoïque, l'enfant, dans une langue inconnue en Algérie, chanta un chant de mort.

C'était un hymne barbare, mais dont les notes avaient un grand caractère de défi et un rythme étrange.

Les hyènes s'arrêtèrent.

La voix humaine les rendait prudentes; elles formèrent un cercle, selon la tactique des loups.

Celles qui étaient en face d'Élaï Lascri ne bougèrent pas.

Les autres se rapprochèrent peu à peu par derrière.

L'enfant entendait le bruit sourd de leurs pas sur le sol.

Le malheureux sentit bientôt leur souffle infect sur son dos.

Il ne cessa point de chanter.

Et, triomphe de la volonté, quand les dents acérées de la plus hardie entrèrent froides comme des pointes d'acier dans sa chair, sa voix resta sonore.

Pas le plus léger frisson, pas un indice ne décela sa douleur.

Le sang coulait...

Alors, comme si ce coup de gueule de la plus forte des bêtes fauves n'eût été que l'essai de la résistance que pouvait opposer cette proie, toutes les autres hyènes poussèrent un grand hurlement qui retentit comme un ouragan de voix affamées tout à coup démuselées; la bande se précipita comme une trombe sur l'enfant.

C'en était fait.

Mais presque aussitôt une troupe d'hommes, entièrement nus, tombaient sur les hyènes à coups de crosse de fusil.

Ils frappaient et assommaient...
La bande s'enfuit...

L'enfant savait ce que pouvaient être les hommes nus.

En Algérie tous les voleurs vont sans vêtements dans la nuit.

Le corps graissé d'huile, pour échapper aux doigts qui voudraient les saisir, les saracqs (bandits) se répandent autour des douars en quête de coups à tenter.

Leurs troupes s'appellent des *sagas*, ce qui signifie brouillard.

Le mot peint bien leurs précautions infinies et leur marche circonspecte.

Élaï Lascri était déjà déchiqueté, ruisselant de sang.
Ses liens tombèrent.
Il resta debout.
Il eut un mot sublime.

Pas un remerciement, pas d'élan joyeux, rien qu'une grave parole :

— Saracqs, voulez-vous tuer Embareck et voler ses troupeaux?

Il ne pensait ni à la douleur ni à la délivrance.

Il était tout entier à la vengeance : ce cœur haïssait puissamment...

Cependant les saracqs, qui n'étaient que onze hommes, dirent à l'enfant :

— Peux-tu marcher?

Élaï Lascri fit dix pas pour prouver qu'il marcherait.

Puis il demanda »

— Voulez-vous que j'aille devant préparer les voies?
« Je sais les entrées du douar... »

Il y avait cent quarante cavaliers dans le douar!

Il ne doutait pas que onze hommes n'en vinssent à bout.

Mais les bandits pensèrent tout différemment.

Le chef mit sa main sur l'épaule de l'enfant et lui dit :

— Plus tard, tu te vengeras.
« Aujourd'hui, suis-nous.

— Mais Embareck est riche, et vous auriez grand butin! dit Élaï.

— Tu es fou, petit!
« Nous serions exterminés.
« Embareck est un vieux corbeau, *dur à bouillir*.
« Marchons. »

Et la bande se mit en route.

A distance, les brigands retrouvèrent leurs vêtements.

Ils endossèrent leurs burnous.

Après quoi, l'on marcha longtemps.

Élaï Lascri réfléchissait.

S'adressant à celui qui était le chef, il lui dit enfin :
— Tu m'as sauvé.
« On doit être autre que les Arabes, avoir de la gratitude.
« Chef, merci »

Le brigand se mit à rire.

— Petit, dit-il, qu'étais-tu avant de manquer périr?
— Esclave! dit Élaï.
— Tant mieux.
« Si tu avais été libre, le métier t'eût semblé trop dur.

— Quel métier? demanda l'enfant.
— Celui d'esclave.
— Je vais donc l'être encore?
— Oui.
— Chef, tu ne me vendrais pas cher sur un marché.
« Garde-moi.
« Je serai un bon voleur.
— Je veux te garder aussi, mais non comme voleur.
« Point de part au butin.
« Tu seras notre serviteur. »

A partir de ce moment Élaï Lascri ne prononça plus une parole.

Il marcha.

Il semblait résigné.

Mais comme on passait près d'un précipice, il regarda l'abime.

Depuis deux heures il se taisait; le précipice lui donna l'envie de parler aux bandits ses maîtres.

— Saracqs, dit-il, nous voilà loin, bien loin du douar.

« Je ne connais pas ce ravin immense.

« Comment se nomme-t-il?

— C'est le trou du Djenoux (du Diable), dit un saracq.

— Profond? demanda Élaï.

— Six cents pieds de haut!

Le nègre se pencha au-dessus de l'abîme béant.

— Prends garde! lui dit le chef.

« Il y a des *voix perdues* qui vous appellent dans ces fonds. »

Cette locution exprime les effets du vertige.

— Saracqs, dit Élaï Lascri, j'entends en effet des voix.

— Par Allah, ne te penche pas!

Le nègre se mit à rire.

Ce rire au-dessus du gouffre sonna singulièrement lugubre dans les ténèbres noires, et les échos le renvoyèrent cent fois multiplié.

— Chef, dit Élaï, quand tu m'as trouvé attaché, tu ne m'as pas demandé mon histoire.

— A quoi bon? dit le saracq.

— C'est qu'elle est intéressante.

— Une histoire de nègre!...

— Une histoire d'homme.

« Si elle ne t'intéresse pas, fais-moi donner ensuite cent coups de bâton.

— Marché fait.

— Arrêtons-nous.

— Si tu veux!

« Voilà longtemps qu'on marche. »

La bande s'assit sur des quartiers de roc adossés au côté du chemin qui touchait la rampe de la montagne.

Élaï resta debout sur le bord qui longeait l'abime.

Ces voleurs de nuit, ce précipice et cet enfant disant son martyre, les vents qui murmuraient leurs plaintes à la base et au sommet des monts, les cris des fauves et les bruits extraordinaires et vagues montant du fond du trou du Diable, tout contribuait à donner un caractère fantastique à ce tableau.

Élaï Lascri raconta son aventure.

Quand il eut terminé, il dit au chef des saracqs :

— Embareck sera tué, après avoir vu périr tous les siens ; mais toi aussi tu mourras, à moins que tu ne consentes à me donner la liberté.

« Si tu me le refuses, tu es sûr de mal finir ta vie.

« Je me tuerai en évoquant les génies contre toi.

— Cent coups de bâton, fils de guenon noire! dit le chef.

Et il brandit la crosse de son fusil, tant il était indigné...

Alors l'enfant cria :

« Sur toi le malheur, et sur tes compagnons aussi.

« A vous la nuit des tombes! »

Et il fit un bond dans le gouffre.

IV
LE FEU, L'EAU ET L'AIR.

Les brigands étaient restés consternés de ce qui venait de se passer.

Dans tous les pays du monde, le bandit est superstitieux.

Pourquoi?

D'abord il est presque toujours doué d'un tempérament ardent, d'une imagination vive ; presque toujours c'est un ignorant, d'intelligence puissante, mais non cultivée.

Ces cerveaux sont pleins de germes qui ne demandent qu'à se développer et, comme dans les terres incultes, ce sont les plus mauvais qui grandissent le mieux.

Parmi ceux-là se trouve la superstition.

Tout pousse à l'enraciner et à la faire croître.

La vie nocturne, l'agitation continuelle, l'exaltation nerveuse produite par une perpétuelle tension de l'esprit, et les alarmes et les attaques, l'absence de tout sentiment religieux et de tout principe philosophique, tout tend à implanter les croyances folles du mysime vulgaire et des plus sottes crédulités dans les troupes de brigands.

Ceux d'Algérie sont étonnants sous ce rapport.

Une expédition est remise parce que l'on aura entendu le cri d'un corbeau ou parce que la chouette aura volé dans la nuit près de la bande en marche.

De même que la menace d'Élaï Lascri avait produit un effet très-grand sur les Arabes, de même elle terrifia les brigands.

— Nous voilà *sous l'œil!* dit l'un avec mauvaise humeur.

— Et nous avons la mauvaise chance dans chaque pli de nos burnous! dit un autre avec découragement.

— Sans compter le *kébir* qui sera furieux! dit un troisième.

Le kébir (grand) désignait le capitaine de la bande dont cette *saga* n'était qu'une escouade.

— Oh! le kébir, dit un autre, est un grand magicien.

« Il est sorcier.

« Les balles ne peuvent rien sur sa peau.

« Il a le talisman.

« J'ai idée qu'il fera une conjuration pour nous tirer des mauvais sorts où nous voilà. »

Les bandits croyaient fermement ce qu'ils disaient.

Pour eux, leur kébir était invulnérable et invincible.

Nos lecteurs voudront bien se rappeler que la plupart des grands agitateurs algériens furent des imposteurs.

Habiles prestidigitateurs, ils se prétendaient à l'abri du plomb.

Bou-Maza et Ben-Bagla se faisaient tirer sur les marchés, par des compères, des coups de feu après que des balles avaient été escamotées ; les Arabes crédules leur obéissaient, croyant à des miracles.

Il n'y avait pourtant rien de prodigieux que la crédulité phénoménale de ces populations ignorantes.

La saga rejoignit le gros de la bande et rendit compte de son expédition au kébir, vieux routier, rusé comme un chacal, fin comme une femme, roué comme un eunuque, brave comme une lame de yatagan.

La troupe était campée à deux lieues environ du trou du Diable.

Le kébir écouta gravement l'histoire du nègre Élaï Lascri.

Quand il vit ses bandits sombres et frappés de l'idée qu'ils étaient *sous l'œil*, il prit la résolution de les convaincre qu'il les débarrasserait du mauvais sort.

Pour cela, il joua une comédie.

Il trancha les quatre têtes. (Page 15.)

— Mes fils, dit-il, la chose est grave et vraiment elle vaut la peine que je m'en occupe ; car, sans moi, vous seriez morts.

« Mais allez me chercher le cadavre de cet enfant.

« Nous l'enterrerons d'après le rite de Soliman (Salomon), selon les prescriptions magiques qui lui furent enseignées par la reine de Saba.

« Les génies seront apaisés.

« Seulement vous devez enterrer avec le corps de l'enfant une brebis noire et blanche, deux pierres bleues du mont d'Aïn-Kébir et un talisman que je ferai.

« Allez ! »

Une heure plus tard les bandits revenaient joyeux.

Ils rapportaient Élaï Lascri vivant encore, quoique mutilé.

L'enfant était tombé sur des ronces qui, souples et pliantes, avaient cédé sous son poids, déchiré ses chairs, mais amorti sa chute.

Le vieux chef avait un nom assez singulier.

On l'appelait : *La Promesse !*

Il promettait toujours, et éludait sans cesse ses engagements.

Il bernait son monde adroitement et avait toujours pour lui l'apparence du bon droit et de la justice.

Le père *La Promesse* regarda Élaï Lascri longtemps, tâta certaines bosses du cerveau et chercha des signes dans la main de l'enfant : il fit cela sérieusement.

Le vieux bandit était phrénologue et chiromancien :

— Ouaou ! s'écria-t-il après avoir terminé son examen.

« Voilà une jolie nature.

« C'est un mélange de tigre et de lion, un lion noir.

« C'est généreux, féroce, implacable.

« Une bonne recrue. »

Puis au taubib (médecin) de la bande il ordonna :

— Prends soin de l'enfant. Guéris-le, embaume ses plaies.

« Je prends ce petit comme mon serviteur particulier. »

Le taubib se mit à l'œuvre.

Il sauva Élaï Lascri, ou plutôt celui-ci se tira d'affaire par l'excellence de sa puissante constitution.

Mais il était esclave.

Toujours esclave.

Cette fois pourtant il se résigna provisoirement.

Bel-Cassel, le poëte arabe de la charmante ville de Nédromah, a chanté en vers l'histoire d'Élaï Lascri.

Il raconte ainsi comment le vieux chef de bande fit vivre ce jeune homme résolu à mourir, comment il se servit de l'espoir de la liberté pour le conserver en esclavage.

« Lorsque Élaï Lascri fut debout et capable de monter à cheval, dit Bel-Cassel, le kébir dit à l'enfant :

« — Mon fils, tu mériterais la liberté.

« — Mon père me la donnera-t-il ? » demanda l'enfant.

« Le vieux kébir, secouant sa tête blanche, répondit :

« — Peut-être !

« Tu dois, dit-il à l'enfant, pour être libre avoir quinze ans.

« Ensuite il te faudra remplir l'épreuve du feu, celle

de l'eau et celle de l'air ; moyennant quoi, non-seulement tu seras libre, mais tu seras riche.

« Tu emporteras de moi, en cadeau, la charge en or que peut porter un coursier de race avec son cavalier.

« Rien ne t'empêchera de retourner au Soudan et d'y reconquérir le trône de ton père contre ceux qui l'ont pris. »

« Car c'était le rêve de l'enfant. »

Nous citons textuellement le chant de Bel-Cassel qui nous affirmait au camp des Caroubiers, près de Nédromah, en 1858, que, de ses oreilles, il avait entendu raconter par Élaï Lascri lui-même cet incident.

Le vieux capitaine maure qui commandait à la bande, avait admirablement jugé Élaï Lascri et le parti qu'il en pouvait tirer.

De plus, en faisant étinceler l'espérance de la richesse et de la liberté aux yeux de l'enfant, il le rendait souple et résigné.

— Apprends bien ton métier de brigand, disait souvent, le vieillard.

« C'est l'école de la guerre et de la royauté ; un bon brigand fait toujours un excellent capitaine et un sultan remarquable. »

Et Élaï Lascri montrait un zèle incomparable et une audace inouïe.

Enfant, il servait d'espion à la bande avec une sagacité admirable.

Adolescent, il se glissait toujours le premier, la nuit, à la tête d'une saga, dans les douars à piller et il accomplissait toujours la plus périlleuse mission.

Élaï Lascri atteignit ainsi ses quinze ans et il vint alors trouver le kébir pour le sommer de réaliser ses promesses.

C'était alors un garçon merveilleusement fait, agile, brave, intelligent et beau dans son originale laideur.

— Maître, dit-il un matin au vieux chef en lui montrant le soleil levant, maître, voilà le premier soleil de la seizième année de ton serviteur.

« J'ai quinze ans révolus.

— Je le savais et je t'attendais ! dit le vieux chef.

— Je demande à subir les trois épreuves par lesquelles tu prétends me faire acheter ma liberté.

— Mon fils, prends garde d'être téméraire !

Puis souriant, affable, plein de caresses dans la voix et le regard :

Reste avec moi.

« Je suis vieux.

« Je mourrai bientôt.

« Tu seras, capitaine (kébir) à ma place, je te jure que je ne me sens plus pour six mois de vie au corps.

— Maître, tu as dit qu'à quinze ans je subirais les épreuves.

« J'ai quinze ans.

« Tiens ta parole. »

Le vieillard savait qu'il ne fallait jouer avec son lion noir (il appelait ainsi Élaï Lascri,) qu'avec des précautions infinies.

Aussi lui dit-il :

— Ma parole sera tenue.

« Mais auparavant, viens. »

En entrant dans sa tente avec le jeune homme, le vieillard fouilla dans un coffret de cèdre et en tira un manuscrit.

Il le montra à Élaï Lascri.

— Je t'ai, lui dit-il, appris à lire et à écrire, lis donc.

« Ce livre est celui des mystères.

« J'ai lu ton destin.

« Je sais ton avenir.

« Tu crois que c'est par ma volonté, ou par mon caprice, que des épreuves te sont imposées ; tu te trompes.

« Tu es marqué au signe des prédestinés et tu dois entrer dans le lieu sacré des mystères, inconnu des profanes.

« Voici un livre qui t'apprendra bien des choses étranges.

« Fils de sorcier, d'adepte, de maçon du temple de Soliman (Salomon), tu dois subir les trois épreuves.

« Lis et tu verras... »

Le manuscrit était ce singulier recueil du savant arabe Abdul-Allah, qui a écrit sur la franc-maçonnerie antique, sur les mystères d'Isis et d'Éleusis, sur les Druses et sur le magisme, de si curieuses pages.

Élaï Lascri dévora ce volume.

Il contenait d'effrayantes peintures.

Si hardi qu'il connût Élaï Lascri, le vieux chef espérait que celui-ci reculerait devant une mort imminente et des impossibilités en apparence absolues.

Mais Élaï Lascri était capable de tout pour être libre.

Ce que nous allons raconter est absolument vrai, connu de tous en Algérie.

Élaï ne recula pas.

— Maître, dit-il après avoir lu le livre en une nuit, je suis prêt.

— Malheureux ! fit le vieillard.

« Tu périras.

« Tu es trop jeune.

« Attends deux années.

— Je n'attendrai pas une heure.

Le kébir se détermina à composer une épreuve du feu qui fût telle qu'Élaï Lascri y renoncerait.

— Mon fils, lui dit-il, le vieux marabout Ben-Tabou, chef des mages, adeptes et affiliés de cette région.

« A lui de décider.

« Il t'imposera l'épreuve. »

Élaï Lascri sauta à cheval et courut chez le marabout.

Celui-ci était prévenu par le kébir de ce qu'il fallait faire et dire.

— Mon enfant, dit le vieillard, que le kébir avait payé cher pour qu'il rendît l'oracle suivant, mon enfant, le chef fera fabriquer une grille de fer forgé dont les intervalles te permettront, mais d'une part absolument exacte, de poser ton pied à terre.

« On fera chauffer cette grille à blanc et tu iras d'un bout à l'autre de sa longueur qui sera de quinze pas.

— J'accepte ! dit Élaï Lascri résolument.

Le kébir fit fabriquer la grille en conscience.

Pendant qu'on la construisait, Élaï Lascri se retira dans la montagne, où il était censé jeûner selon les prescriptions.

L'épreuve qu'il allait subir était celle que l'on imposait aux initiés d'Isis et d'Éleusis dans la grande pyramide.

Or, au lieu de jeûner, Élaï Lascri était parti pour Oran.

Là il s'était fait indiquer un chirurgien militaire.

Les Arabes s'imaginent tous que nos médecins européens savent à peu près tout et peuvent tirer un homme des plus mauvais pas.

Élaï Lascri avait volé une jument admirable dans un douar des environs de Tlemcen ; il l'avait amenée à lui.

Il pria le chirurgien qu'on lui désigna comme meilleur de venir voir la bête, dont le docteur s'enthousiasma.

— Elle est à toi, lui dit Élaï Lascri, si tu me donnes le moyen de marcher nu-pieds sur une grille de fer rougie à blanc.

Le docteur sourit, composa une dissolution d'alun et expliqua à Élaï Lascri la manière de s'en servir.

Tout le monde sait comment les saltimbanques emploient ce moyen pour tenir en main une barre de fer rouge.

Élaï Lascri voulut essayer sur-le-champ l'effet de dissolution.

— Quelles paroles dois-je prononcer? demanda-t-il au docteur.

— Aucune! dit celui-ci.

Le nègre fut très-étonné.

— Tu n'es donc pas sorcier? demanda-t-il au chirurgien.

— Pas le moins du monde! dit celui-ci en riant.

Élaï Lascri n'avait plus qu'une confiance très-limitée. Toutefois il tenta une épreuve qui réussit à merveille.

Il revint voir le docteur et lui dit joyeusement :

— La jument est à toi.

Mais il eut avec lui une longue conversation.

L'homme de science ruina la croyance aux esprits et aux sortilèges dans l'âme du jeune homme.

Élaï Lascri sortit d'Oran libre-penseur et il vit quel jou le kébir jouait avec lui.

Cependant, au jour fixé, l'épreuve eut lieu en grande cérémonie.

La grille chauffée à blanc, toute la bande présente, un grand nombre d'Arabes étant accourus, Élaï Lascri se présenta souriant et railleur.

On avait publié *l'amân*, c'est-à-dire une sorte de trêve.

Les marabouts en garantissaient la sécurité.

Aussi plus de six mille Arabes étaient-ils là, spectateurs haletants, dans l'attente de ce prodige.

Le kébir pensait qu'Élaï allait se brûler effroyablement...

Le jeune homme traversa la grille en mettant les pieds dans les intervalles des mailles.

Le peuple jeta des cris d'enthousiasme à cette vue. Mais Élaï Lascri repassa ensuite en courant sur les barreaux mêmes et le délire de la multitude fut sans frein.

On acclama Élaï Lascri *homme d'avenir*, futur prophète.

La poudre d'une splendide fantasia parla en son honneur.

Ce fut un des grands jours de sa vie féconde en évènements singuliers.

Étrange peuple!

Le bandit, en ce pays, est loin d'être méprisé par les tribus.

De douar à douar, le vol est honoré, la guerre est perpétuelle.

Entre le guerrier des tribus qui pille les tribus voisines, et le bandit qui pille tout le monde, il n'y a de différence qu'en faveur du bandit.

On regarde celui-ci comme plus hardi, partant plus estimable que l'autre.

Et, chose incroyable, qu'un chef de bande soit pris dans une expédition, il est décapité, cela va sans dire. Mais qu'il se présente sur un marché, il est fêté!

Il est là au même titre que le scheik de n'importe quel douar.

Ces mœurs expliqueront aux lecteurs ce qu'il y a d'anormal dans les faits que nous venons de raconter.

Après la fantasia, le kébir, très-inquiet, s'entretint avec Élaï Lascri.

Le vieux bandit était stupéfait de la miraculeuse réussite de son élève.

Le père La Promesse, patriarche maure, croyait un peu à la science occulte.

Il savait certains secrets.

Il supposa qu'Élaï Lascri avait acheté une recette de quelque marabout.

— Mon fils, dit-il en tête-à-tête, tu as réussi pour la première épreuve.

« Je te félicite.

« Celui qui t'a vendu le talisman sacré est un savant homme. »

Élaï Lascri vit bien où son maître voulait en venir.

Il rusa.

— Quel talisman? dit-il.

« De qui parles-tu?

« Je n'ai pas de talisman.

« En songe, sur la montagne, j'ai vu un ange d'Allah.

« Il m'a touché au front et sa voix m'a dit de marcher avec confiance.

« Le Prophète guidera mes pas.

« Dieu a écrit sur moi, au livre du Destin, que je subirais victorieusement les trois épreuves.

« A demain celle de l'eau.

— Demain? fit le kébir.

— Oui, maître, demain.

— Je veux y réfléchir tout un mois.

— A ton aise.

« Seulement, kébir, garde à toi!

« Autant de jours de retard, autant de jours retranchés de ta vie. »

Et, gravement, Élaï Lascri sortit, n'ayant plus l'air d'être pressé.

Cette attitude produisit sur le kébir une profonde impression.

Il prit presque peur.

— On ne sait pas, pensait-il.

« Il y a des choses surnaturelles. »

Le lendemain matin il commandait le départ.

— Maître, où allons nous?

Telle fut la question des kalifes (lieutenants du chef). Mais le vieillard ne répondit pas.

On marcha pendant dix-sept nuits; et l'on vola beaucoup en route.

Le vieux chacal était songeur; mais il n'oubliait jamais un bon coup à tenter, une bonne razzia à exécuter.

On marchait vers l'est; l'on était en pleine Kabylie.

On gravit l'Atlas.

Un matin, l'on campa sur l'une des plus hautes crêtes du Djerjera.

Là, d'un plateau assez vaste, l'on voyait se dérouler un immense panorama de sites formant des oppositions saisissantes.

Vers le sud s'étendait le désert sans fin avec ses vertes oasis.

Vers le nord, l'Atlas s'abaissait en pentes étagées et de sa base courait vers la mer une plaine verdoyante dont l'œil d'aigle des Arabes pouvait seul mesurer l'étendue.

De l'ouest à l'est, le Djerjera courait dentelé de pics aigus, hérissé de rocs gigantesques.

Au centre de ce plateau était un lac : *le Miroir d'argent!*

On en disait d'étranges choses.

Nul n'osait en approcher.

Par un effet de mirage, étudié depuis, les sites les plus éloignés des paysages que nous avons décrits se reflétaient au fond de ses eaux étincelantes.

On y voyait passer au loin les caravanes...

L'imagination des tribus voisines peuplait ce lac de mystères.

On le prétendait habité par des génies.

Il est certain qu'il était d'une profondeur incalculable.

Des pierres énormes placées au bout de gros câbles

avaient été descendues à mille pieds de profondeur sans qu'on touchât le fond!

. . . .

Plus tard nos savants expliquèrent ces faits très-simplement.

Ce lac, comme tant d'autres, occupait un cratère de volcan éteint.

Le kébir dit à Élaï Lascri en lui montrant le *Miroir d'argent* :

— Voici le lieu sacré où s'accomplit l'épreuve de l'eau.

« Il faut que tu entres dans le *Miroir d'argent*.

— J'y entrerai! dit Élaï.

— Mais, ajouta le kébir, il faut que tu trouves le passage secret.

— Quel passage?

— Tu iras voir le marabout des Kabyles qui t'expliquera ce dont il s'agit.

Et Élaï Lascri s'en fut voir un certain marabout qui le reçut avec un singulier sourire et lui dit :

— Mon fils, un jour nos chasseurs poursuivaient une gazelle.

« C'était un beau mâle.

« Il était blessé d'une balle qui lui avait coupé une corne.

« Nos chiens le suivaient.

« La bête sauta dans le lac et derrière elle nos chiens.

« La gazelle plongea.

« Notre meute aussi.

« Nos chasseurs, arrêtés, craintifs, sur les bords du lac, ne virent revenir sur l'eau ni gibier ni chiens.

« Une heure après, on entendit des aboiements furieux dans un ravin.

« On y courut.

« La meute était dans le ravin, dévorant la gazelle.

« Il y a donc une sortie, une issue sous les eaux du lac.

— Et vos guerriers n'ont point tenté de la trouver? demanda Élaï Lascri.

— Nos guerriers ont peur des sorciers.

— Moi, je n'ai peur de rien.

« Je chercherai et je trouverai.

« Je m'en vais jeûner dans la montagne, évoquer l'ange, recevoir de lui la parole divine et, s'il plaît à Dieu, je triompherai. »

Huit jours plus tard, trente mille Kabyles et la bande entouraient le *Miroir d'argent*. Le lac était situé dans un entonnoir.

De la sorte les tribus s'étageaient et pouvaient voir la scène.

Élaï Lascri, nu, confiant et souriant, plongea dans le lac.

Il disparut...

Trente mille regards fouillèrent les flots derrière son corps...

Une heure après, Élaï Lascri, à cheval, revenait surprendre la foule par derrière et il rapportait du fond des eaux, disait-il, un témoignage précieux.

C'était une sorte de médaille représentant un homme nu, armé d'une massue.

La médaille était tout simplement une pièce de monnaie tyrienne à l'effigie d'Hercule; elle produisit une grande sensation.

Ce fut un nouveau triomphe pour Élaï Lascri.

Et, pour le kébir, ce fut une cause de profond dépit.

Le nom d'Élaï ne fut plus prononcé qu'avec une crainte superstitieuse.

Comment le jeune homme avait-il pu trouver le passage.

Et y avait-il un passage?

Nous nous en expliquerons plus tard.

Toutefois le miracle était fait.

— Maître, dit Élaï Lascri au kébir, le génie des eaux m'a chargé de te prévenir que tu devais songer à la mort, si tu tardais trop à m'imposer la troisième épreuve.

— Dussé-je en mourir, s'écria le vieillard, je méditerai

Il était exaspéré.

Avare au delà de toute expression, il frémissait de colère d'être obligé de donner, outre la liberté, un sac d'or à Élaï Lascri; car il avait promis de charger d'or le cheval du jeune homme.

C'est pourquoi celui-ci, qui aurait si facilement fui ne l'avait point fait : il voulait emporter cette fortune

Le vieillard ne médita pas plus d'une semaine.

La crainte de la mort le talonnait.

Mais il crut enfin avoir trouvé quelque chose d'impossible.

Il assembla la bande.

— Mon fils, dit-il à Élaï Lascri, si tu peux construire dans l'air, au milieu des nuages, une mosquée qui apparaîtra à nos yeux et du haut de laquelle chantera un muezzin, tu seras libre et l'or t'appartiendra sans conteste.

— Bien! dit Élaï Lascri.

— Comment! tu espères réussir? s'écria le vieillard.

— Puisque les génies sont pour moi, dit Élaï Lascri

Et il partit encore.

— Je reviendrai dans deux mois! dit-il. Peut-être dans trois.

— Il ne reviendra jamais! pensa le vieillard tout joyeux.

« Je le perds; mais je garde mon or et c'est plus qu'il ne vaut. »

On entendit parler en ces temps d'un vol audacieux

Un riche collier de perles fut enlevé à la femme favorite du bey Akmet de Constantine.

Le coup fut accompli par un jeune nègre avec une adresse dont on fut émerveillé.

Quelque temps après, Élaï Lascri venait retrouver chirurgien français qui lui avait donné de si bons conseils.

— Sidi docteur, lui demanda-t-il, es-tu toujours content de ta jument?

— J'en suis enchanté, dit le docteur.

— Si je t'offrais un étalon digne d'elle, me donnerais-tu encore quelque moyen de me tirer d'un pas difficile?

— Cela dépendrait.

« De quoi s'agit-il?

— Je suis esclave! dit Élaï Lascri.

Et il conta toute son histoire.

Seulement il cacha qu'il était brigand.

Il se dit au service d'un grand chef du Sahara.

— Ma foi! dit le docteur, je ne vois pas de mal à faire réussir.

— Et c'est possible?

— Oui.

J'ai à donner au lecteur une explication sommaire.

Il y a deux sortes d'aérostats.

Les uns — les ballons — sont faits de soie et remplis de gaz.

Les autres — les montgolfières — sont fabriqués avec du coton, ce qui est beaucoup moins coûteux.

En outre, on se contente de chauffer, avec un feu à l'esprit-de-vin, l'air intérieur qui se dilate, devient plus léger et tend à faire monter l'appareil.

Deux mois s'étaient écoulés...

La bande était assemblée.

Un message d'Élaï Lascri avait annoncé que, dans la journée, la mosquée apparaîtrait et que le muezzin chanterait.

Cinq mille Arabes, prévenus par des courriers, s'étaient assemblés dans une grande vallée, près de l'Ouëd-baou.

On se demandait avec inquiétude, vers midi, si le miracle se ferait.

Tout à coup l'on vit, d'une montagne, s'élever une mosquée.

Elle avait un joli minaret.

Sur le minaret une apparence de muezzin en burnous blanc.

Plus tard on s'aperçut qu'il portait un turban vert.

Et la mosquée passa...

Et une voix chanta le credo musulman de façon à être entendue au loin :

Allah y Allah.
Sidi Mahomet resaul Allah.
Aïa el Salat.

Ce qui veut dire :

Il n'y a de Dieu que Dieu.
Le seigneur Mahomet est son prophète.
Venez au salut.

Puis il tomba de la mosquée une multitude de petits papiers sur lesquels étaient imprimés des versets du Coran.

Un grand nombre portaient ceci :

« Malheur au parjure.

« L'homme qui a donné sa parole et qui ne la tient point est voué à la honte éternelle et aux malédictions.

« Le peuple qui voit les signes de la volonté d'Allah et qui ne la fait pas accomplir est condamné aux sauterelles et à la peste. »

La foule était prosternée.

La terreur était en elle.

Tout à coup, la mosquée étant près d'une autre colline, on vit s'en détacher un homme soutenu dans l'air par une sorte d'oiseau énorme.

En même temps l'on s'aperçut que la mosquée brûlait...

Puis l'oiseau lui-même brûla aussi après avoir déposé son fardeau sur une crête du mamelon.

Enfin Élaï Lascri vint bientôt se présenter à la multitude.

Il avait accompli les trois épreuves...

Ce fut au milieu du respect profond de tous qu'il somma le kébir de tenir la promesse faite.

Le chef, cette fois, avait réellement peur ; aussi n'eut-il garde de manquer de parole.

Trois jours plus tard, Élaï Lascri, avec un sac d'or énorme sur un grand et fort cheval, quittait la bande.

— Kébir, dit-il à son ancien maître, d'aujourd'hui tu t'appelleras le *père de la promesse tenue.*

Ainsi fut fait.

X

VOLEUR VOLÉ.

Depuis sept jours, Élaï Lascri cheminait avec son sac d'or.

Lui, bandit, il ne craignait point les voleurs.

C'était un tort.

Il était arrivé sur les confins du Grand-Désert.

Là se trouve la grande tribu des Chambaas.

Ce sont des chameliers, gens de guerre et de commerce.

Leurs tribus fournissent les caravanes et leurs escortes.

Elles fournissent aussi de nombreux brigands qui détroussent les voyageurs.

Élaï Lascri arriva le soir à l'entrée d'un ravin.

Il s'y engagea.

Il n'avait pas fait cent pas dans la gorge que par derrière une voix le héla puissamment.

— Eh! voyageur, à bas ton sac ou tu es mort.

Le chemin était barré derrière Élaï par des hommes à cheval.

En avant, d'autres cavaliers.

Il était pris.

Brave comme il l'était, la peur n'avait point de prise sur lui.

— Je suis, dit-il, Élaï Lascri

Une voix répondit :

— Alors c'est toi qui voyages avec le sac d'or de ton kébir? « Nous voulons cet or.

— Malheur sur vous, de par les génies!

— Nous nous moquons des génies!

Élaï Lascri comprit qu'il y avait par le monde d'autres esprits forts que lui.

Il était tombé sur une bande commandée par un renégat, ex-corsaire d'Alger, sacripant italien qui ne croyait ni à Dieu ni à diable.

Élaï Lascri chargea. Son cheval fut tué, il fut blessé, volé, laissé pour mort.

Il perdit tant de sang qu'il s'évanouit et que, comme au premier jour de cette histoire, il fut livré sans défense aux hyènes hurlant déjà la faim par les sentiers des monts. . . . .

VI

LES MARCHANDS D'ESCLAVES.

Élaï Lascri eût été dévoré si une caravane ne fût survenue.

Elle traversait la gorge à la nuit, pour éviter l'étouffante chaleur du jour.

C'était un grand convoi d'esclaves amenés du Soudan.

Le commerce d'esclaves se pratique encore aujourd'hui.

Là où notre domination n'est établie que nominativement, on trafique encore des nègres et des négresses.

Le livre de M. Duveyrier le constate.

Et, à côté de nous, le Maroc et Tunis font un grand commerce d'esclaves.

Les caravanes s'enfoncent à travers le désert du Sahara, allant d'oasis en oasis jusqu'à Tombouctou, sur la lisière du Soudan.

Les nègres, parqués par troupeaux, sont vendus en masse, rassemblés en colonnes, et la caravane repasse le Sahara, faisant des marches interminables dans les sables, sans eau, sans bois, aux prises avec la soif et la faim.

Il meurt en route soixante esclaves sur cent!

Les routes sont pavées de squelettes humains, parmi lesquels ceux des enfants attristent l'âme plus particulièrement.

Les bandes de nègres sont menées à coups de matraques.

Des ânes, aux mains brutales des âniers espagnols, sont moins maltraités.

Un détail!

Quand un nègre a été frappé, il se forme une plaie sous le nœud qui termine le bâton du conducteur.

Et c'est toujours sur cette plaie qu'il recommence à frapper.
La douleur est plus vive.

Une de ces caravanes défilait donc dans la gorge.
Élaï Lascri, nu, dépouillé de tout, blessé, fut heurté du pied par un marchand d'esclaves qui cria :
— Encore un de ces chiens de nègres qui se couche pour ne pas marcher!
Et il lui asséna un coup de matraque sur le dos.
Élaï Lascri bondit.
Tout sanglant encore, il s'écria :
— Je suis Élaï Lascri.
Le marchand d'esclaves redoubla.
Élaï chancela.
Il essaya de ramasser toutes ses forces pour bondir, mais il comprit qu'il ne serait pas le plus fort.
— Je ne suis pas à toi! dit-il au marchand d'esclaves.
« Je suis libre.
« Je...
— En rang et marche! dit l'autre frappant pour la troisième fois.
« Si tu tombes, je t'assomme, j'en jure le nom du Prophète! je te brise le crâne. »
Élaï Lascri prit la file.
Il voulut parler.
— Chaque mot, chaque coup! dit encore le marchand.
Et il frappa.
Il fallait se taire.
Élaï Lascri comprit qu'il était à la merci du marchand.
Jamais cet homme n'admettrait qu'un noir trouvé au milieu de la caravane ne fût pas un esclave du troupeau humain dirigé sur les grands marchés de la frontière du Sahara.
Un marchand sait à peine, en achetant en bloc, combien il a de têtes.
En route, il y a des contestations fréquentes ; les bandes se mêlent.
On fait des cotes mal taillées.
Le marchand d'esclaves supposa de *très-bonne* foi, en ce sens qu'il ne pensait pas avoir affaire à un nègre libre, de *très-mauvaise* foi en cet autre sens qu'il volait un confrère, le marchand, disons-nous, supposa qu'Élaï Lascri appartenait à une troupe voisine et il l'incorpora dans la sienne.
Et il veilla à lui imposer le silence.
Le désert était traversé et les esclaves, dès lors, prenaient du prix.
Le déchet n'était plus à craindre.
Un bon nègre vaut dans les trois ou quatre cents francs.
Élaï Lascri connaissait toutes ces particularités et il se dit :
« Je m'évaderai. »
Il trouvait cela plus simple que de discuter inutilement.
Il se résigna donc en apparence.
On campa.
L'eau et la galette noire furent distribuées aux nègres.
Le lendemain, Élaï Lascri fut reconnu hors d'état de pouvoir marcher.
Il valait cinq ou six cents francs et le maître n'avait plus qu'une étape à faire pour gagner Laghouat, un grand marché, but de la caravane.
Le nègre fut hissé sur un chameau.

On arriva dans Laghouat.
Les esclaves furent mis en vente.
Élaï Lascri, soigné pendant huit jours, presque rétabli, fut amené sur le marché et un acheteur se présenta.

Il n'offrait que cent douros.
— Le nègre est nerveux, fort, il sera peut-être excellent, dit l'acheteur.
« Mais il est blessé.
« Je cours des risques. »
Et le marchand allait céder.
Élaï Lascri s'indigna.
— Tu vends pour cent douros, dit-il, un homme d'un prix immense.
« Fais battre la derbouka (tambour) et qu'on annonce qu'un de tes esclaves va montrer plus de force et d'adresse qu'aucun chaouck de l'agha de Laghouat.
« Je les défie tous... »
Le marchand étonné, mais plein d'espoir, fit faire l'annonce.

Grand émoi au marché.
A la casbah, grande émotion.
Les chaoucks (bourreaux) de l'agha s'indignaient de l'audace de l'esclave qui osait les défier publiquement.

L'agha donna l'ordre que le marchand et l'esclave fussent amenés.
Le peuple en foule accourut.
Les deux chaoucks de l'agha, le yatagan au poing, attendaient.
Élaï Lascri se présenta.
— Sidna (monseigneur), dit-il à l'agha, ordonne à tes chaoucks de faire ce qu'ils savent de plus difficile et je ferai mieux qu'eux.
— Louange à Dieu! dit l'agha.
« Si tu m'as dérangé en vain, tu mourras de la main de mes chaoucks.
— Qu'il en soit ainsi! dit Élaï en souriant.
L'agha fit un signe à ses cavaliers qui ramenèrent six misérables que la politique des chefs arabes tenait enfermés dans les silos avant notre conquête.
— Voilà, dit l'agha, pour chacun de vous, deux condamnés.
« Montrez ce que vous savez faire. »
Ce qui distingue la race arabe entre toutes, c'est sa résignation à la fatalité ; son impassibilité devant la mort.

Les condamnés étaient debout, les mains libres, les pieds sans chaînes ; ils attendaient sans un mot, sans un geste, sans un regard, le coup mortel.
Le premier chaouck était un vieillard, un Turc, homme d'aspect patriarcal, à barbe blanche bien peignée ; il représentait la tradition en fait d'exécutions ; il expédiait sûrement, proprement, avec une rectitude admirable dans les formes consacrées.
Il plaça l'un des condamnés à genoux, lui dit avec un certain intérêt :
— Remercie le Prophète, mon fils.
« Tu es en bonnes mains.
« Tu ne souffriras pas. »
La lame brandit, étincela comme un éclair et la tête roula juste aux bords du tapis sur lequel l'agha assis fumant et buvant le café à petits coups, assistait à la scène.
La foule fit entendre un murmure approbatif, car la tête était à une palme du tapis seulement, assez loin pour ne pas le tacher, assez près pour que l'agha pût voir les yeux roulant égarés et les lèvres frémissant contractées.
Il sourit.
— Ceci est bien! dit-il.
Le chaouck encouragé laissa debout le second condamné.
Mais il le plaça à dix pas du tapis, la figure tournée vers l'agha.

— Tiens-toi, mon enfant, dit paternellement le chaouck.
« Le coup est difficile.
« Si tu bouges, tu souffriras.
— Frappe! dit le condamné.
L'air siffla sous la lame comme sous un coup de verge et le condamné, les bras étendus, décapité, fit trois pas en avant et tomba aux pieds de l'agha, au bord du tapis; le cou se rapprocha à quelques centimètres de la tête qui avait été projetée à une distance calculée par un coup adroit de revers.
La foule était dans l'admiration...
L'agha fit un geste d'approbation à son chaouck.

L'autre passait pour plus adroit encore que son camarade.
C'était un jeune couloughi (fils de Turc et de femme arabe.)
Il était charmant.
Il avait l'œil doux, la moustache soyeuse, la main blanche, fine et bien soignée; on eût dit d'une fille espiègle.
C'était un langoureux joueur de mandoline arabe, il était adoré des femmes; les veuves de Laghouat, libres de leurs actes, se le disputaient; on en citait qui s'étaient ruinées pour lui.
Il donna le fil à son yatagan avec des gestes gracieux et lents, puis il regarda l'un des condamnés.
— Tu as une très-laide tête, lui dit-il; mais je le présenterai cependant à monseigneur comme un objet curieux, car ton nez est incommensurable.
Puis il pirouetta sur lui-même avec une légèreté inouïe, sa lame trancha le cou, reçut la tête sur le revers et passa devant l'agha rapidement.
La tête tomba hors du tapis, sans qu'une goutte de sang eût taché celui-ci.
Et la foule de pousser des yous yous joyeux.
Ce sont les bravos des Arabes.
Puis se tournant vers l'agha :
— S'il plaît à monseigneur, dit-il, je ferai un coup nouveau que j'ai étudié depuis peu de temps.
L'agha leva le doigt pour montrer qu'il acceptait.
Le jeune chaouck fit planter une lance en terre.
Lance de guerrier touareg à fer pointu comme une aiguille.
Il fit placer le second condamné auprès de la lance, le décapita et fit voler la tête en l'air.
Elle alla retomber sur le fer de la lance...
La multitude trépigna de joie.
L'agha jeta une poignée de douros dans le burnous du jeune homme et fit remettre une bague au vieux chaouck.
Puis, il dit à Élaï Lascri :
— A ton tour.

Élaï posa ses deux condamnés côte à côte, et prit le yatagan du jeune chaouck qui le lui céda avec la meilleure grâce du monde.
Le nègre, d'un coup terrible, fit tomber les deux têtes; ce qui passa pour extrêmement difficile.
Et il y eut dans la foule des murmures d'étonnement.
— C'est un maître de la lame! disait-on. C'est le père du sabre.
On reconnut à cette première épreuve qu'Élaï Lascri devait être sans rivaux.
L'agha manifesta sa surprise par une exclamation.
Élaï Lascri, dédaigneux, dit :
— Que l'on m'amène des condamnés et l'on verra d'autres coups.
L'agha fit un geste.
On vida les silos.

Il y avait encore quatre misérables, et Élaï Lascri dit :
— C'est peu!
Il fit mettre un de ces hommes debout, l'autre assis sur une selle de chameau, le troisième à genoux, et le dernier sur son séant.
Puis brandissant son yatagan et le promenant d'un seul coup de scie sur cette gamme de cous descendante, il trancha les quatre têtes.
Et la foule resta muette.
Et l'agha se leva.
— Ceci, dit-il, est mieux que tout ce que j'ai entendu raconter.
Mais Élaï Lascri dit froidement :
— Que l'on me donne d'autres condamnés, je ferai mieux.
Les silos étaient vides.
L'agha ordonna :
— Que l'on amène des Juifs!
Des Juifs!
C'est-à-dire de malheureux parias, voués à tous les opprobres, des victimes de la tyrannie de la multitude, des caprices des chefs.
Des Juifs, qui sont moins que des chiens pour les Arabes.
Et la chasse commença dans la foule et une trentaine de Juifs furent conduits devant l'agha qui dit à Élaï:

— Choisis.
Et le nègre en prit deux.
L'un, debout, fut tranché par le yatagan de la tête aux jambes et il tomba fendu en deux parts.
Et l'autre fut coupé par le milieu du corps en travers.
Et Élaï Lascri demanda:
— A-t-on vu mon égal?
— Comme force, non! dit l'agha.
— Reste l'adresse! dit Élaï.
« Tu vas voir, agha; tu jugeras ensuite. »
Il se plaça à dix pas d'un Juif, et dit :
— Laissez-le fuir.
Le misérable se sauva.
Le yatagan d'Élaï Lascri vola dans l'air et vint trancher le cou du malheureux qui tomba...
Tout était dit.
Nul ne pouvait contester la victoire d'Élaï Lascri.
Son triomphe fut éclatant.
— Tu seras mon chaouck! lui dit l'agha; et voici mon anneau.
Il lui passa lui-même au doigt une bague précieuse.

Mais le marchand d'esclaves se présenta, et dit à l'agha :
— Monseigneur, ce nègre est à moi.
— Veux-tu le vendre? demanda l'agha.
— Contre six cents douros, oui, monseigneur.
L'agha hocha la tête, et fronça le sourcil; la somme était forte.
Élaï Lascri intervint.
Il prit par le cou le marchand d'esclaves, l'étrangla et le jeta loin de là sur la foule.
— Cet homme, dit-il, m'a trouvé libre, blessé, mourant sur une route.
« Il m'a volé ma liberté.
« Je le tue.
— Et c'est justice! dit l'agha.

Le même soir, la fille de l'agha dit à sa négresse :
— Ce nègre est un homme.
« Il ressemble à un lion noir. »
Et elle regarda longtemps Élaï Lascri, qui racontait à l'agha ses aventures sur les remparts de la casbah.

VII
FILLE DE L'AGHA.

La fille de l'agha était une enfant de quatorze ans, ce qui en Algérie peut être considéré comme l'équivalent de dix-sept ans en France.

On marie les femmes depuis douze ans : Nadèje était comme beaucoup d'autres.

Elle trouvait que, riche, belle, elle ne devait pas attendre.

Et elle attendait...

Pourquoi ?

Son père était un magnifique seigneur, généreux par vanité et toujours endetté.

D'autre part, les usages musulmans sont qu'un prétendant doit payer sa future femme, et les prétentions de l'agha étaient exorbitantes.

Nadèje en souffrait.

Or l'enfant soupirait.

Et cœur qui soupire inspire des folies à la tête.

Nadèje en avait fait.

Graves, non.

Mais elle s'était quelque peu compromise par des légèretés.

En Algérie, une fille ou une femme qui dénoue sa ceinture devant un cavalier lui dit par là : Je t'aime !

On prétendait que Nadèje avait commis la faute de dénouer sa ceinture.

Un soir, en allant aux bains, il y aurait eu commencement d'intrigue.

Le père, prévenu, avait établi une sévère surveillance.

Et Nadèje avait été gardée avec un soin jaloux.

La réclusion exalte le désir.

Refusez de marier une fille, enfermez-la, elle deviendra hystérique.

On sait qu'il est d'aphorisme qu'un jardinier est un homme pour des religieuses cloîtrées, tandis qu'au contraire un perruquier n'est pas un homme pour une grande dame.

Ceci dit, l'on comprendra que l'imagination de Nadèje était prompte à se monter et que le sens du goût était un peu obscurci en elle par la captivité.

Plus d'une fois, en regardant les eunuques, elle se dit :

— Si seulement c'étaient des hommes !

Aussi Élaï Lascri, laid au point de vue de la plastique, noir de peau, mais beau comme expression d'énergie et de mâlesse, Élaï Lascri, admirable cavalier, fit-il une vive impression sur Nadèje.

Elle le vit, l'admira et l'aima.

Libre, elle l'eût trouvé peut-être affreux et de basse condition.

L'agha, comme tous les Arabes, était prompt à s'engouer.

Il fit son favori d'Élaï.

Celui-ci songeait à faire sa fortune à Laghouat.

Il regrettait son cheval chargé d'or et ses plans d'ambition auxquels manquait le levier qui soulève tout.

Et Nadèje songeait, elle, à faire savoir à ce nègre qu'elle aurait voulu l'épouser.

Comme toujours, l'intrigue s'entama par l'intermédiaire d'une négresse.

Ces vieilles esclaves sont des matrones expertes en messages d'amour.

Un jour, Élaï Lascri fut abordé par la nourrice de Nadèje.

— Fils du Soudan, dit la vieille femme, je salue en toi un enfant de ma race qui fait honneur aux hommes de couleur sombre.

« Réjouis-toi.

« Tu es aimé !

— Quelle femme a jeté ses yeux sur moi ? demanda Élaï.

« Je te préviens que je n'ai pas de temps à perdre à l'amour.

« Il faut que celle de la part de qui tu viens soit jeune, riche et belle.

« Je ne saurais diviser (gaspiller, en arabe) mes jours et mes nuits en rendez-vous avec des veuves sur le retour.

— Celle qui m'envoie, dit la négresse, est belle comme la lune se levant à l'orient dans un ciel pur et bleu.

« Elle est riche, et de très-grande famille de djouads (nobles).

— Parle !

« J'écoute.

— Mon fils est-il discret ?

— Comme l'abime insondable.

— Mon fils est courageux ?

— Je ne crains pas le lion.

— Celle qui t'aime est Nadèje.

— La fille de l'agha ?

— Elle-même !

Élaï Lascri sourit.

Cette passion favorisait son rêve.

— Je verrai Nadèje ! dit-il.

— Il te faudra prendre un déguisement de vieille femme.

— Jamais ! dit Élaï Lascri.

— Cependant...

— Vieille, le lion est toujours lion, même sous une peau de chameau.

« L'on me reconnaîtrait.

— Que feras-tu ?

— Tu le sauras.

« Dis seulement à Nadèje que je l'invite à ne pas goûter ce soir aux sorbets glacés, et toi, gardes-en ta bouche.

— Bien ! mon fils.

« Allah te garde.

— Je te ferai riche un jour.

— Je te rends grâce, monseigneur.

Il était minuit !

Tout dormait dans la casbah.

Non pas de ce sommeil léger qui clôt à peine les paupières dans les chaudes nuits d'été, mais d'un sommeil étrange et lourd.

Les sentinelles étaient couchées sur les remparts de brique.

Les grands lévriers, la tête allongée sur leurs pattes, semblaient morts.

L'agha avait oublié, dans une torpeur subite, de jeter le mouchoir à l'une de ses femmes.

Ainsi devait être le château de la *Belle-au-Bois-Dormant*.

Trois personnes veillaient seules.

La négresse.

Nadèje.

Élaï Lascri !

Il vint.

Elle l'attendait frémissante, dans le harem, et se jeta dans ses bras...

L'amour, en ces climats, a d'irrésistibles élans ; une femme n'y discute jamais avec le désir : pour elle, point de devoirs.

Et Mahomet, fondant sa religion, la basait sur les mœurs.

Lorsque Nadège et Laseri rappelèrent la négresse. (Page 17.)

Ce ne fut pas lui qui inventa la réclusion du harem; il la régularisa.
La femme est captive.
Elle vit dans la haine de la sujétion et dans la crainte du maître.
Tromper, pour elle, c'est se venger.
Une fille ne connaît pas l'honneur.
Son père est un tyran.
Survienne l'occasion, elle la saisit.
Aussi marie-t-on les femmes de bonne heure.
Lorsque Nadèje et Élaï Laseri rappelèrent la négresse écartée, il était deux heures du matin et il s'agissait de tenir conseil.
Une vieille négresse rouée n'est jamais inutile en ce cas.
La question fut posée :
Comment décider l'agha à donner sa fille à Élaï Laseri ?
— Mon fils, dit la négresse, tu aurais la charge d'un chameau en sable d'or, je te dirais : L'enfant est à toi.
« Le père de Nadèje a ses coffres vides et l'impôt est payé. »
Élaï Laseri songeait :
— Je veux de l'or et l'on m'en demande.
Mais il pensa qu'il est un autre moyen de puissance que l'or : le fer!
L'agha avait des cavaliers nombreux.
Avec cent yatagans, Élaï Laseri se sentait capable d'accomplir des prodiges.
Il baisa Nadèje au front galamment et lui dit en souriant :
— Au revoir, sultane!
Et il s'en fut méditer en attendant qu'on s'éveillât au palais.

Lorsque l'agha s'éveilla, il trouva Élaï Laseri près de lui.
— Seigneur, dit le nègre, salut sur toi et que ton jour soit heureux.
— Allah te protège, Élaï!
« Que me veux-tu, mon fils? »
— Te parler d'or.
Le jeu de mot existe en arabe, comme en français.
— Comment l'entends-tu, mon enfant? demanda l'agha.

« Aurais-tu trouvé le moyen de remplir mes coffres?
— Peut-être...
L'agha tressaillit.
Élaï Laseri reprit :
— Tu ignores que je suis fils de roi et de très-grand roi.
Et il raconta toute son histoire.
Quand il eut fini, le chef demanda :
— Est-ce que tu saurais trouver le moyen de me donner quelque trésor par la sorcellerie et les conjurations magiques?
— Non, dit Élaï Laseri.
« Allah ne permet pas qu'un homme puisse faire de l'or.
« Il serait trop puissant.
— Que me proposes-tu donc?
— Si tu me donnes cent cavaliers, je te rapporterai le poids d'une charge de chameau en sable d'or.
— Toi, mon fils?
— Moi, seigneur.
— Et qu'auras-tu pour ta part?

— J'épouserai ta fille Nadèje, et je serai ton gendre.
L'agha fronça les sourcils.
Élaï Lascri tourna les talons.
Entre eux, il ne fut plus question de rien pendant un mois.
Mais un jour l'agha fit entendre des doléances à Élaï.
— Il y a, dit-il, grande fantasia à Tlemcen dans vingt jours.
— C'est vrai dit Élaï.
— Et je n'irai pas.
— Pourquoi, sidna (seigneur)?
— Je n'ai pas un bandjau.
« Je suis le plus pauvre de Laghouat et j'en ai honte. »
Élaï Lascri tourna les talons et l'agha fripa sa barbe.
Il trouvait Élaï impertinent.
Il méditait de le faire bâtonner.
Un instant après, il vit Élaï Lascri filer ventre à terre sur la jument favorite que lui, agha, avait payée plus de deux mille francs de notre monnaie de France.
Il se dit :
— Le bandit me vole.
Et il en conçut un amer ressentiment.

Onze jours plus tard, un cavalier frappait à l'aube à la porte de la casbah, qui s'ouvrait devant lui.
C'était Élaï.
Il revenait avec la jument et une peau de bouc pleine.
— Éveillez l'agha! ordonna-t-il d'un ton de maître.
Et l'agha accourut, ravi de ce que le nègre ramenât la jument.
Mais il se disait qu'il ferait payer cher à Élaï cette fugue.
Il pensait que son chaouck avait eu la fantaisie de bouder.
Élaï Lascri s'inclina.
— Seigneur, dit-il, j'ai prié que l'on t'éveillât.
« Je te demande de t'asseoir sur ton divan d'honneur.
— Pourquoi ?
— Pour recevoir un envoyé.
— De qui ?
— De la mort heureuse (en arabe, la mort qui fait des dons).
— Où est cet envoyé ?
— C'est moi.
— Et tu apportes ?...
— Ceci.
Élaï montra la peau de bouc.
L'agha pressentit qu'il allait se passer quelque chose d'extraordinaire.
Il s'assit sur le divan d'honneur de sa chambre de réception.
Et Élaï Lascri apporta la peau de bouc, tellement lourde, que nul n'avait pu la soulever et que la jument en était surchargée.
— J'ai rencontré la mort, dit Élaï, et j'ai fait un pacte avec elle.
« Je lui ai promis d'être son serviteur et de tuer beaucoup.
« Elle m'a promis de me faire recueillir beaucoup d'or en ton intention; mais elle y met une condition :
« J'épouserai ta fille!
« C'est la mort qui le veut. »
En même temps, Élaï Lascri laissait lourdement tomber la peau de bouc.
Des douros s'échappaient, tintant joyeusement sur les dalles de marbre de la salle, et l'agha regardait avec joie rouler les pièces.
Et Élaï Lascri disait :
— Ceci est la première récompense de la mort que j'ai déjà bien servie.

« Tu pourras aller à Tlemcen.
— Tu m'y suivras, mon fils !
— Alors, en selle.
« Il n'y a pas de temps à perdre : la ville est éloignée.
— En selle et à Tlemcen! ordonna l'agha tout joyeux.
« Nous partons dans deux heures. »

La troupe se mit en route, l'agha en tête, vêtu splendidement.
Ses cavaliers flambaient.
Il leur avait donné des douros, et ils avaient acheté des burnous et des chichias, des ceintures et des sabattes.
Tout le monde exultait.
A sept lieues de Laghouat, on aperçut quelque chose de loin.
On continua d'avancer.
On reconnut bientôt que treize cadavres jonchaient le sol.
C'étaient des corps de marchands, formant une petite caravane.
Ils appartenaient à une tribu de Chamboas, ennemis des Laghouatais.
— Voilà des chiens morts! dit l'agha, et je les vois étendus avec plaisir.
Élaï Lascri ne dit rien.
Un peu plus loin, bas, à l'oreille du chef, il murmura ces mots :
— Ils étaient armés, et les Chamboas sont des braves.
« Seul, j'ai tué ces hommes
« Qui ferait cela? »
L'agha se tut.
Il pensait aux propositions d'Élaï Lascri, et il se disait que cet homme serait capable de ramener le chameau chargé d'or.
L'agha fut un des plus brillants seigneurs qui parurent à la fête de Tlemcen; il y dépensa tout l'argent rapporté par Élaï Lascri.
On vanta sa générosité; mais il revint à Laghouat sans un bandjau.
Et il s'en plaignit.
Et Élaï se mit à rire.
— Tu peux avoir un sac d'or, dit le nègre, et tu gémis?
— Mais... ce mariage...
— Je suis fils de roi.
— Si tu pouvais le prouver...
— Je le puis.
— On ne te croira pas.
— Le peuple me croira.
— Essaie donc.

Élaï Lascri disparut pendant quelques jours et revint ensuite.
Il annonçait qu'un lion était pris par lui dans une fosse.
Il invitait le peuple à venir voir l'animal capturé.
On sait quelle prestigieuse fascination le lion exerce sur les Arabes.
Pour eux, c'est l'animal redoutable par excellence.
Un tueur de lions est respecté par eux à l'égal d'un marabout.

Donc une grande foule courut à la fosse, située à trois lieues environ de Laghouat, et l'on vit Élaï debout montrant l'animal à la multitude.
— Qui donc, demandait-il, qui d'entre vous se sent dans les veines du sang de héros, du sang noble?
« Que celui-là, armé d'un yatagan, descende dans la fosse.

Qu'il tue le lion. »
Il défiait les plus intrépides.
tous reculaient.
Lors le nègre se mit nu et ne garda que son sabre
lurbé.
Puis il cria :
Si je me prétends fils de roi, croira-t-on que j'ai
lavé ma race en allant tuer ce lion?
Oui, oui! cria la foule.
Tu l'auras dit et vraiment dit, Élaï Lascri, Élaï le
vaillant!
Fais cela, et nul ne contredira la noble naissance. »
Et ce fut une grande émotion parmi tant d'hommes
assemblés.
Élaï Lascri se préparait à sauter dans la fosse, quand
un terrible rugissement du lion retentit.
Il passa sur le peuple qui frémit, et l'on entendit des
vieux répéter ce qu'avaient dit les plus rapprochés de
la fosse, ceux qui voyaient le terrible animal :
— C'est un grand lion fauve, à crinière grise, un seigneur à la grosse tête!

Élaï Lascri sauta dans le piége et un rugissement
plus terrible que le premier s'éleva et se prolongea,
coupé, tout à coup, par un râle sourd et suivi du silence.
Chacun retenait son souffle.
Enfin ceux qui voyaient se mirent à crier de toutes
leurs forces :
— Il est mort!
On crut que c'était d'Élaï Lascri qu'ils parlaient ainsi.
Mais le nègre reparut et montra au peuple la tête
coupée du lion.
Et il demanda :
— Me croit-on fils de roi?
Et le peuple cria :
— Gloire à Élaï Lascri, fils de djouad, fils de reiso
(bi).
(Ici nous traduisons textuellement la légende arabe
du poète.)
Ce fut un grand cri que les femmes restées dans
Laghouat entendirent.
Et Nadèje pensa :
— Il est vainqueur!

Cependant Élaï Lascri déposait la tête aux pieds de
l'agha.
Il lui dit :
— Regarde.
« Pas une blessure!
« Ne penses-tu pas que la main d'Allah est sur moi?
— Je le pense, dit l'agha.
— Et que décides-tu?
— Je ne sais...
« J'y réfléchirai.
Mais Élaï Lascri était impatient.
— Agha, dit-il, il faut pencher à droite ou à gauche,
reculer ou avancer.
« Les chemins obliques sont mauvais.
« Tu dois dire non ou oui. »
Et le peuple entendait.
Il se demandait ce que signifiaient ces paroles d'Élaï
Lascri.
Celui-ci enfla son gosier (traduction littérale) et dit
dans un grand éclat de voix :
« Mais je ne reste qu'avec promesse de devenir ton
gendre, et si je ramène une chamelle chargée de son
poids d'or.
« Et de la promesse que tu feras, j'aurai pour témoignages les oreilles et les yeux de ton peuple qui va t'entendre. »

La multitude cria :
— Qu'il épouse Nadèje.
« Il naîtra d'eux des lionceaux bruns qui seront l'honneur et la force de Laghouat. »
L'agha dit alors
— J'accepte.
— Et tu jures?
— Je jure.
Il étendit la main.

Le peuple fit chanter sa joie dans des chants prolongés.
Et Élaï Lascri rentra dans Laghouat en triomphe près
de l'agha.

Comme il arrivait devant la casbah, Nadèje parut
sur les remparts.
Elle dénoua sa ceinture.
— Je suis, dit-elle, fiancée d'Élaï Lascri, le vaillant, le
brave!
On remarqua que l'agha pâlissait.
Cet homme de haute race ne cédait pas sa fille à un
nègre sans répugnance.
Mais l'or le tentait.
Il donna cent cavaliers des plus braves à Élaï Lascri
qui partit.

VIII

L'ABSENCE.

Un chameau porte un poids de trois cents livres, en
moyenne.
L'or en poudre vaut environ 1,000 francs la livre de 500
grammes.
C'était 300,000 francs qu'Élaï Lascri devait donner à
son beau-père.
Payer pareille dot, c'était se montrer plus généreux
que les plus riches.
Trouver, à la tête de cent cavaliers, trois cent mille
francs et faire la part de sa troupe en plus, c'était difficile.
Les caravanes riches vont nombreuses, bien armées
et courageusement défendues.
Les ksours, villages sahariens, sont entourés de forts
remparts.
Élaï Lascri avait entrepris une rude tâche.
On savait que le terrible nègre était en campagne, et
les caravanes se tenaient en garde et s'associaient.
D'Élaï Lascri, pendant six mois, pas de nouvelles
dans Laghouat.
Mais il advint que l'on se prit à dire d'étranges
choses.
On affirmait qu'Élaï Lascri avait disparu avec ses
hommes.
On disait aussi que jamais il ne reviendrait, car il
avait entrepris l'impossible.
Enfin on prétendait qu'avec ses cent cavaliers il
avait pillé des caravanes et qu'il avait emmené sa troupe
et son butin dans le Soudan.
Là il aurait conquis un royaume.
Et ces choses étaient répétées à Nadèje, qui y croyait.

Depuis qu'elle devait se marier, qu'elle avait un fiancé,
qu'elle était, comme disent les Arabes, gardée contre la
chair par l'amour, son père la laissait libre.
Elle allait voilée, comme les autres femmes, dans les
bazars et au bain.
Sa nourrice seule l'accompagnait.
Nadèje écoutait les bruits.
Les hommes disaient :
— Élaï Lascri est laid!

Les femmes disaient :
— Quoi ! épouser un nègre !
« Quelle honte ! »
Et Nadèje se sentait confuse
Les peuples sont changeants
Mais nul ne passe aussi vite que l'Arabe de l'enthousiasme à la désillusion.
Les Laghouatais avaient beaucoup vanté Élaï Lascri et ses cent cavaliers.
Aux gens des caravanes qui passaient, on disait d'un air narquois :
— Dieu vous garde !
« Jamais sa protection n'aura été plus précieuse pour les voyageurs.
« Un lion rôde dans le désert avec cent autres lions qu'il commande ! »
Et les chameliers avaient peur.
Les gens de Laghouat faisaient si bien, que, quand une caravane se sentait faible, elle en attendait une autre pour faire route avec elle.
Mais au bout de quelques mois, ce furent les chameliers qui se moquèrent des Laghouatais et d'Élaï Lascri.
— Nous n'avons pas vu le lion, disaient-ils, il dort dans son repaire.
« Nous aurions voulu apercevoir le bout de sa queue.
« Il ne montre même pas un poil de son oreille ou de sa crinière. »
Les Laghouatais souffraient dans leur cœur ; mais ils disaient :
— Chouia ! chouia !
(Patience ! patience !)
Cependant ils désespéraient.
Et les mauvais propos coururent alors et furent redits à Nadèje.
L'agha était sombre.
Il avait juré et il en était très-fâché, car il se repentait.
Un nègre !
Son sang noble se révoltait.
En ce sixième mois, l'impôt était rentré très-abondant.
Les dattiers avaient rapporté beaucoup de dattes.
Les coffres du chef étaient pleins.
Il n'était pas avare et ne désirait d'or que quand il n'en avait plus.
Il rougissait de mésallier sa fille à un nègre.

Survint une aventure.
Le fils du bey de Tlemcen était un très-joli garçon, affable, charmant et grand guerrier déjà, quoique jeune.
Il voyageait souvent, allant ici et là par les villes.
Il vint à Laghouat.
On lui fit fête.
Il vit Nadèje.
Il l'aima.
Il l'aima, d'abord parce qu'elle était belle et mutine d'allures ; ensuite parce qu'elle ne pouvait être à lui.
Il se déguisa, courut les bazars et y vit plusieurs fois Nadèje.
Il lui parla.
Nadèje était désolée d'être promise à Élaï Lascri qui ne revenait pas.
Puis elle trouvait le prince Soliman beaucoup plus beau que le nègre.
C'était un cavalier élégant, souple, gracieux, qui disait des vers agréablement et chantait bien sur la guitare arabe.
Il savait trouver un compliment flatteur et sourire avec tendresse.
Un jour Nadèje promit un rendez-vous pour la nuit prochaine...
Elle y vint...
Élaï Lascri fut oublié.

Soliman avait été souvent et beaucoup aimé déjà.
Il eût volontiers délaissé Nadèje au bout de quelque temps !
Mais il s'irritait parce que la promesse de l'agha l'empêchait d'épouser cette jeune fille, et l'obstacle donne du prix au but à atteindre : le prince voulut Nadèje à tout prix.
Il sonda l'agha :
— Quoi ! dit-il, donner une perle à un alouf-al-rabe (sanglier) !
« J'en suis triste pour toi, agha, et triste pour vous tous, djoueds. »
Et l'agha de soupirer.
Soliman lui dit :
— Tu es délié du serment.
« Il ne revient pas. »
Et il fit si bien, que l'agha finit par désirer trouver un moyen de ne pas marier sa fille à Élaï Lascri.
Il consulta les docteurs de la loi.
Ceux-ci, qui avaient peur des vengeances d'Élaï Lascri auraient cependant voulu décider que l'agha était délié du serment ; mais ils n'osèrent.
L'un d'eux, en grand secret, proposa un plan qui fut accepté.
— Que Soliman, dit-il, enlève Nadèje, et qu'il l'épouse après.
« Tu auras l'air d'avoir tenu ta parole, et Élaï Lascri ne pourra te reprocher d'avoir donné Nadèje de ton gré.
Les coffres de l'agha étant pleins, il ne tenait pas à l'argent.
On ne parla point de dot.
Nadèje fut enlevée.
Elle épousa Soliman.
Ce fut une grande joie dans Laghouat et on fut content
Tous ceux qui avaient crié :
— Nadèje à Élaï !
Tous ceux-là disaient :
— Ce maudit nègre ne l'aura pas.
Et deux mois encore s'écoulèrent. Mais une nouvelle arriva.

Nouvelle étrange, incroyable.
« Élaï Lascri, disait-on, avait été vu avec ses cent cavaliers.
« Il revenait.
« Il avait une chamelle portant des sacs remplis d'or.
Grande agitation.
Revirement complet dans l'opinion.
Le peuple se mit à blâmer l'agha et à mépriser Nadèje :
— Ils ont manqué à leur serment ; ils ont profané leur parole.
« Honte sur eux ! »
Et l'on attendait Élaï.

Des voyageurs arrivaient, confirmant les premiers bruits.
Ils avaient vu Élaï Lascri, ils lui avaient parlé.
Il avait l'or !
Enfin le nègre, qui avait hâté sa marche, arrivait en hâte.

En ce moment l'agha avait tout dépensé de l'impôt
Plus d'argent.....
Et il était triste.
Que faire ?
Que dire à Élaï ?
Et comment avoir l'or ?
Et si le nègre se vengeait ?
L'agha prit une résolution.

Les cent cavaliers d'Élaï Lascri virent, une nuit, arriver un émissaire qui leur parla de trahison.

— Massacrez Élaï Lascri, disait-il, et emparez-vous de l'or.

La voix fut écoutée.

Les cavaliers coururent à la tente du nègre qui se défendit, mais qui tomba, blessé d'une balle, après avoir tué plus de dix hommes.

Les guerriers pillèrent l'or.

Mais, cernés tout à coup par l'agha, ils furent tous massacrés et ils périrent.

L'agha prit tout l'or, rentra dans Laghouat et dit :
— Je courais au secours d'Élaï Lascri, sachant qu'il était menacé.

« Je suis arrivé trop tard, mais je l'ai vengé. »

Et le peuple trouva le tour très-ingénieux et admira son agha.

Personne ne douta que celui-ci n'eût imaginé cette belle intrigue.

Élaï Lascri, abandonné pendant le combat, laissé pour mort, avait disparu.

Deux mois plus tard, l'agha mourut frappé d'une balle, dans une chasse.

Six mois ensuite, Soliman était tué par des brigands. Et Nadèje était trouvée, avant la fin de l'année, étranglée sur un tapis.

Élaï Lascri s'était fait reconnaître à ces coups de griffes. Mais il avait perdu son or et son temps.

IX
APRÈS L'AMOUR, L'AMITIÉ.

Élaï Lascri venait d'éprouver l'amour des femmes ; il lui restait à expérimenter l'amitié des hommes et leur reconnaissance.

Laissé pour mort sur le terrain du combat, pendant le pillage, il avait compris ce qui se passait et jugé qu'il était perdu s'il ne fuyait.

Il se mit à ramper, se dirigea vers un mahari (chameau coureur) qu'il aperçut errant autour du camp et effaré par le bruit des détonations.

Il s'en approcha, le calma, lui sauta aux naseaux, le maîtrisa.

Puis, lui touchant les genoux, il le fit se plier sur les jambes, sauta sur la bosse et partit.

Un mahari fait soixante lieues en un jour sans difficulté.

Après cinq heures de course, Élaï pouvait se considérer comme en sûreté.

Mais il mourait de soif.

Pas une goutte d'eau...

Il marcha longtemps encore et il rencontra une troupe de dix pèlerins.

C'étaient de saints personnages qui revenaient de La Mecque.

Ils allaient protégés par le prestige qui s'attache à ceux qui reviennent de la Terre-Sainte, du sacré tombeau et de la pierre divine.

Élaï Lascri arrêta son mahari et demanda aux dévots voyageurs :
— Par Allah, par le Prophète, par sa fille Fathma, je vous demande, mes pères, un peu d'eau pour ma soif et ma blessure.

Les pèlerins se regardèrent entre eux en gens fort étonnés.

— Demander de l'eau... dans le désert... à des voyageurs... quelle ironie!

Personne ne donne son eau dans le Sahara.

— Mon fils, dit l'un des pèlerins, tu devrais savoir que ce n'est pas à un homme monté sur un bon mahari de réclamer de l'eau à de pauvres pèlerins qui vont à pied.

— Mon père, je sors d'une fournaise où les balles m'arrivaient chaudes dans le corps ; je suis blessé et j'ai la fièvre.

« J'ai dû fuir et je n'ai pu prendre de l'eau avec moi.

— C'est malheureux, mon fils, très-malheureux. Notre provision est presque épuisée.

« Dieu te garde! »

Et il passa, rejoignant les autres pèlerins qui avaient hâté le pas.

— Est-ce que tu me laisseras périr sans secours, fils de chien, faux dévot, marmotteur de paroles sur le chapelet de Mahomet?

Le pèlerin prépara hypocritement son pistolet pour châtier ces injures.

Mais Élaï Lascri vit le mouvement.

Il lança son coursier sur le voyageur, foula celui-ci, et lui fit rendre le dernier soupir sous le poids du sabot de sa monture.

Le pèlerin criait et râlait.

Les autres voyageurs hâtaient toujours le pas, sourds aux appels de leur camarade.

Et en marchant ils justifiaient leur égoïsme en bons pèlerins qu'ils étaient.

— Sélim, disait l'un, a eu tort de prendre la parole en notre nom.

« Je ne pensais pas comme lui.

« Ce voyageur m'aurait demandé de l'eau, je lui en aurais donné.

« Dieu ordonne la pitié.

— Sélim n'était pas charitable! fit un autre. Le voyageur le châtie.

— Et il le tuera.

— Et ce sera bien fait!

« Vit-on jamais cœur plus dur?

— Il est le plus riche de nous, et il nous a refusé le moindre service.

Un cousin qui héritait dit :
— Allah! Allah!

« Courons à son secours.

« Je crois que le nègre le tue. »

Il savait que personne ne bougerait, et, homme avisé, il se donnait l'honneur d'un bon mouvement.

— Es-tu fou? lui dit-on.

« C'est aller contre la volonté de Dieu que d'empêcher le châtiment d'un coupable.

« Refuser de l'eau à un voyageur!

« Lui ! un pèlerin! »

Et l'on marchait toujours.

Et les râles ne s'entendaient plus.

Le cousin dit le soir :
— Je crois qu'il est bien mort.

— C'est à supposer, dit-on à la ronde.

— Attendons demain.

On attendit.

Et le lendemain, l'homme n'ayant pas paru, les pèlerins dirent :
— Partageons les bagages du mort.

— Un instant (chouïa), dit le cousin.

« Je suis le plus proche parent, j'hérite ; tout est à moi.

— Tu es un infâme! lui répondit-on.

« Tu as laissé égorger ton cousin. »

Et on l'accabla d'injures.

Il se fâcha.

On en vint aux coups et on le tua dans la rixe qui suivit la querelle.

Bons pèlerins d'Afrique !
Le partage du butin fait, l'heure de la prière marquée au ciel par le soleil, tous se mirent à genoux, face à La Mecque.
Tous récitèrent le *credo* musulman.
Tous demandèrent la rémission des fautes.
Et tous, en se relevant, l'ablution de sable faite à défaut d'eau, se crurent blancs comme la neige du Djerjera.
Bons, délicieux pèlerins !
Le lendemain, un pauvre diable, plus mal partagé que les autres, parce qu'il était moins bien armé, eut l'imprudence de se plaindre.
On entra en défiance de lui.
— David (David, cheval) nous trahira, se dirent les pèlerins.
« Il faut s'en débarrasser.
« Cet homme est un homme de rien, pauvre et sans ressources.
« C'est un pou sur le dos de la caravane et il a vécu d'aumônes.
« Il manque de reconnaissance et il doit périr pour notre salut.
— Qui se charge de nous en débarrasser? demandait-on en hésitant.
— Moi ! dit un des moins riches, si vous me donnez la part de butin qu'on lui avait attribuée.
— C'est dit.
Et l'homme tua David (David, cheval en arabe et en hébreu).
Mais voilà que tous les autres furent inquiets, car on approchait du but du voyage.
Il faudrait rendre compte des morts.
On se consulta, et, en grand secret, on décida que l'homme qui avait tué David serait accusé des autres morts par tous les pèlerins.
Cependant l'assassin se défiait.
Il épia, écouta, saisit des indices, se convainquit et fut saisi de crainte.
Il fit un plan.
— Je les tuerai tous ! se dit-il.
Et une nuit il les égorgea.
Puis, maître de tout le butin, il s'éloigna. Mais il était dans son destin de mourir, car il fut rencontré et reconnu par Élaï Lascri.
Élaï avait bu l'eau qu'il avait trouvée sur le mort.
Il avait pansé sa blessure et il avait mangé les provisions du pèlerin.
Réconforté, il s'était reposé, puis il avait gagné un puits.
Là il s'était soigné.
Muni des armes du mort, il se sentait fort et capable de refaire sa fortune.
La première victime qui s'offrit à lui fut le dernier survivant des pèlerins.
Élaï Lascri, armé cette fois, tua le pèlerin et s'empara de tout le butin.
C'était un commencement.
Un mois plus tard, Élaï Lascri avait beaucoup tué et volé.
Il était maître de ses vengeances.
Nous avons vu comment il les accomplit.

Deux années s'écoulèrent.
Élaï Lascri, à la tête de quelques bandits, exploitait les frontières du Maroc.
Il était campé aux bords de la Tafna.
On le craignait beaucoup.
Son nom jetait l'effroi.
Voilà qu'un homme, jeune encore, d'assez jolie figure, vint à passer.
Il allait chancelant.

Un brigand vint à lui sur l'ordre d'Élaï et l'amena près du chef.
— Pourquoi, demanda celui-ci, oses-tu passer si près de nous ?
« Sais-tu mon nom ?
— Tu es Élaï Lascri ! dit le jeune homme d'une voix faible.
— Et tu ne me crains pas ?
— N'ayant rien, qu'ai-je à redouter ?
— La mort ! dit Élaï.
— J'en suis si près, dit le jeune homme, que je ne ferais pas un pas pour l'éviter.
« Je meurs de faim. »
Et il s'affaissa.
— Qu'on lui donne à manger ! dit Élaï.
On servit au jeune homme un quartier de gazelle qu'il dévora.
— Qu'on le laisse dormir ! ordonna Élaï.

Le lendemain, le jeune homme, s'éveillant, vit la bande faire ses préparatifs.
Il se leva.
La bande partit.
Il suivit.
— Où vas-tu ? demanda Élaï.
— Je suis un djouad.
« J'ai été élevé par une femme et je ne sais ni travailler ni me battre.
« Je ne veux pas mendier.
« J'écris et je chante. »
Élaï ne dit rien.
Le jeune homme suivit toujours.
On arriva au campement que le chef voulait atteindre ce jour-là.
Le repas du soir préparé, le jeune homme en eut sa part.
Lorsque le café fuma dans les tasses, quand les chibouks furent pendus à toutes les lèvres, le jeune homme prit sa mandoline et chanta.
Élaï Lascri l'écouta, et, ravi, lui donna de l'or et son amitié.
Ce jeune homme s'appelait Abdon

Il fut comblé par Élaï.
Le chef lui donnait large part au butin et les plus belles femmes.
Le nègre était heureux d'avoir trouvé un véritable ami.
A ce jeune homme, il disait tout.
Élaï Lascri comptait d'autant plus sur l'affection de son compagnon, que celui-ci lui avait dû la vie à plusieurs reprises.
Un soir, la troupe, qui se composait de trente-sept hommes, fut enveloppée par les Turcs de la garnison de Tlemcen.
Elle était entourée par trois cents hommes.
Le bey de Tlemcen tenait à venger la mort de son fils tué par Élaï, comme nous l'avons dit au précédent chapitre.
Mais le lion cerné par la battue se dégage toujours.
C'est un mauvais moyen de combat contre lui que l'envelopper.
Il fait sa trouée en ouvrant bien des poitrines.
Et Élaï Lascri était un lion.
Il rassembla dans sa main, selon l'énergique expression des Arabes, toute sa bande et il la lança sur un point du cercle, qui fut brisé.
On passa...
Cinquante Turcs étaient morts.
Mais Élaï Lascri avait perdu huit des siens, et parmi eux, Abdon.
Le bey fut fort aise quand on lui amena ce jeune homme prisonnier.

Il ordonna que, le jour du marché, il serait décapité vant le peuple.

Le marché se tenait aux portes de la ville, sous ses mparts.

On conçoit que le bey n'était pas assez imprudent ur laisser des foules entrer dans Tlemcen et y tenir es foires.

La multitude arabe est trop prompte aux effervesnces et aux tumultes pour qu'on ne prenne pas contre le des précautions.

En conséquence, c'était sous les canons de la place, a dehors, que le marché s'assemblait

Grande foule pour voir l'exécution.

On était joyeux.

D'abord l'Arabe adore voir couler le sang humain; il me ce spectacle.

Plus on va vers le soleil, plus on descend vers le idi, plus l'homme est féroce.

A Paris, le duel.

A Madrid, les combats de taureaux.

A Naples, les coups de couteau.

A Rome, les gladiateurs.

Au Maroc, les chaoucks et les fêtes du sabre!

Sous l'équateur, les grands massacres du roi nègre le Dahomey.

En Abyssinie, les cruautés du négus Théodoros.

Ce que nous ne comprenons pas et ce que recherchent es peuples du Midi, c'est une âpre volupté dans la vue du sang qui jaillit rose de la plaie.

De plus, les populations étaient joyeuses de la défaite d'Élaï Lascri.

Elles se vengeaient de ses méfaits sur son ami, le chanteur Abdon.

A midi, toutes les transactions cessèrent.

Le condamné parut sur une plate-forme élevée.

Le grand ulemah (kébir), du haut du minaret, jeta l'appel au salut.

La garnison de Tlemcen, en armes, était rangée par pelotons sur le terrain d'exécution.

La scène était imposante.

La multitude et les soldats, à genoux, répétèrent la prière sainte.

Le condamné, lui-même, fit son *credo* :
Allah y Allah!
Mahomet resoul Allah!

Mais, comme on se relevait, sept coups de canon retentirent tout à coup.

Les cris joyeux de ceux qui voyaient le signal de l'exécution se mêlèrent aux cris de douleur de ceux qui recevaient de la mitraille en plein ventre et se tordaient agonisants.

Une seconde salve, puis une troisième balayèrent tout le marché.

Ce fut une fuite folle et précipitée de la foule et des soldats.

Tous criaient :
— Trahison! trahison!

Élaï Lascri, avec une dizaine d'hommes déterminés, munis de cordes et bien armés, s'était glissé dans Tlemcen et approché des remparts.

Au moment de la prière, il s'était jeté sur les artilleurs, les avait massacrés.

Et alors lui et les siens avaient fait feu sur le marché.

A l'aide de cordes, le chef et ses bandits avaient gagné les fossés.

Le reste de la bande accourait du dehors à cheval, présentait au chef et aux autres brigands des coursiers; on délivrait le condamné, on allumait l'incendie, on pillait et l'on fuyait emportant de l'or et la gloire d'un grand coup d'audace.

Ce soir-là, Abdon improvisa un hymne de reconnaissance.

Ce fut très-bien chanté, très-bien dit, et les bandits applaudirent.

On dit qu'une larme d'attendrissement roula sur la joue noire d'Élaï.

Une autre fois, la bande était poursuivie par cinq cents cavaliers arabes.

Elle croyait arriver sur la Tafna, la traverser, défendre facilement ensuite le gué et arrêter la poursuite.

Mais, sur le bord de la rivière, on s'aperçut qu'elle était grossie et furieuse par suite de grandes pluies tombées dans les montagnes.

Ces rivières d'Afrique débordées sont torrentueuses, et rien n'est plus périlleux que de chercher à les franchir.

Elles roulent alors d'énormes blocs de rochers et elles sont douées d'une telle puissance qu'elles se creusent souvent, en une nuit, un lit profond à distance de celui dans lequel elles coulaient précédemment.

La Tafna roulait donc ses flots en rugissant, et les cavaliers d'Élaï Lascri hésitaient entre le péril de mort qui était devant eux et les yatagans des Angades qui les menaçaient par derrière.

Mais Élaï Lascri, donnant l'exemple, lança son cheval dans le courant.

Il passa.

Derrière lui, la bande se jeta dans la rivière, et le plus grand nombre des brigands toucha le bord.

Cependant une partie d'entre eux fut emportée par les eaux.

Parmi ceux-là, Abdon.

Élaï Lascri entendit la voix du jeune homme l'appeler.

Déjà le malheureux chanteur était loin.

Élaï Lascri lança le long de la rivière son cheval au galop, il redescendit dans le fleuve sous les balles des Angades qui venaient d'arriver et qui tiraient à outrance, il sauva Abdon une seconde fois.

Et, comme la première fois, le jeune homme improvisa le soir un chant qui fut admirable d'expansion, de grâce et de reconnaissance.

Si jamais homme fut en droit de compter sur la reconnaissance d'un autre homme, ce fut Élaï Lascri sur celle d'Abdon.

Et il y comptait.

Mais il se passa un fait qui aurait dû donner à songer au chef.

Abdon recevait beaucoup du kébir (commandant), et il ne dépensait rien.

Dans la troupe, on souriait de cette avarice d'un très-jeune homme.

Personne n'en soufflait mot au chef; il aimait trop son chanteur.

Cependant, plus tard, on se souvint que ce joli poëte était sordidement économe.

Les brigands projetaient-ils une partie de plaisir dans une ville où ils allaient follement semer leur or?

Abdon en était.

Mais, au moment de payer sa quote-part, il saisissait sa mandoline, chantait, dansait, récitait des vers.

On ne lui demandait pas son écot.

Un matin, Abdon disparut.

Avec lui, la jument favorite d'Élaï Lascri et une ceinture pleine de rubis et de diamants qu'il portait sur lui d'ordinaire.

Abdon l'avait volée pendant le sommeil du chef.

Le jeune homme avait laissé sa mandoline.

C'était une ironie.

Élaï poussa des rugissements de colère.
On eût dit d'un lion blessé.
Mais un de ses hommes, qui haïssait mortellement Abdon, s'approcha.
— Maître, dit-il, entends la voix de la vérité : c'est bon pour l'oreille des chefs.
— Parle! dit Élaï Lascri calmé subitement.
— Maître, ton amitié aveugle pour ce petit djouad (noble) te rendait injuste.
« Tu m'as fait donner à cause de lui cent coups de bâton.
« Si tu n'avais pas été comme celui qui a un bandeau sur les yeux, tu aurais vu que l'enfant te méprisait et se moquait de toi.
— Dis-tu vrai?
— Kébir, tous mes compagnons le savent : ce petit djouad rougissait de toi, de ton amitié, de ta protection, de tes services.
« Il était vaniteux.
« Il disait souvent que la place d'un grand poète comme lui était à la cour des sultans, et il te regardait sournoisement.
— Qui veut suivre sa piste? demanda Élaï Lascri avec emportement.
« Je donne une récompense généreuse à qui saura le retrouver.
— Je demande à être des chercheurs, dit le bandit qui avait parlé.
« Comme récompense, je veux lui administrer moi-même, de ma main, quatre-vingt-dix-neuf coups de bâton sur les reins, et un sur la tête... le dernier.
— Accordé! dit Élaï.

Cependant plusieurs bandits, réputés habiles démêleurs de traces, se proposèrent aussi, et Élaï en désigna trois des meilleurs.
Ils partirent.
K'baïl, celui qui avait reçu du bâton à cause d'Abdon, ne partit point, lui.
Il attendait.
— Tu renonces donc à ton projet? demanda Élaï Lascri.
— Non! dit K'baïl.
— Pourquoi ne te mets-tu pas en route?
— Parce que, sachant où Abdon doit aller, je n'ai pas besoin de me presser.
« Il est fin.
« Ses pistes seront détruites par lui. »
En effet, les hommes lancés sur les voies du jeune homme revinrent sans lui.
Il semblait qu'il eût passé partout, quoiqu'on ne le trouvât nulle part.
Un des chercheurs donna une lettre à Élaï Lascri, lettre trouvée piquée dans un olivier.
Elle était insultante pour le chef.
Elle commençait ainsi :
« Louange à Dieu qui a fait les noirs pour servir les blancs. »
Elle contenait entre autres passages ceux qui suivent :
« ... Tu crois sans doute m'avoir comblé; mais une seule de mes chansons vaut tout l'or que j'ai de toi; on ne saurait jamais assez payer le poète, qui est comme la voix d'Allah sur terre.
« Celui qui donne à qui sait chanter est toujours en reste avec lui.
« ... J'ai souffert en donnant mes chants à un brigand, à un nègre, à celui qui aurait dû être mon esclave, puisque je suis djouad (noble).
« Fait pour la cour des sultans, j'ai dû vivre humilié près d'un noir grossier...

« Tu m'as sauvé la vie, et tu crois que je t'en dois montrer de la reconnaissance.
« Sache que le motif qui t'a guidé me dispense de toute gratitude. Tu tenais à moi par égoïsme, à cause de mes chants et de ma conversation qui charmaient tes ennuis, et qui ouvraient ton esprit à la poésie.
« Abdon, pauvre garçon, sans inspiration, ne t'aurait inspiré aucun dévouement.
« Nature inférieure, reconnaissant ma supériorité, tu t'es dévoué, pour conserver en moi un bien précieux; voilà la vérité.
« ... Ai-je souffert, près de toi de ta grossièreté, c⟨elle⟩ de celle de tes brutes!... etc, etc. »
On le voit, cet Abdon était un charmant jeune homme.
Élaï Lascri, qui était un aussi grand poète que maître Abdon, mais dans un autre genre, jeta cette lettre avec mépris.
— Le cœur de ce malheureux, dit-il, est un petit cœur de fauvette.
Cette lettre, montrant ce que valait ce garçon, vengeait Élaï Lascri moralement.
Mais il tenait à faire physiquement souffrir, ce vaniteux Abdon.
Il pressa K'baïl de partir.
L'autre s'y refusa.
— Laisse-moi faire! dit-il.
« Je tiens plus que toi à ma vengeance. »

Des mois se passèrent.
Un jour, on vit K'baïl faire ses préparatifs; il prit congé de la bande.
Trente jours plus tard, il revenait.
— Maître, dit-il, j'ai bien prévu ce qui devait arriver.
« Abdon, sous un nom d'emprunt, est auprès d⟨u⟩ sultan du Maroc.
« Il est son poète favori.
— C'est bien! dit Élaï Lascri.
« Nous retrouverons au centuple ce que nous a volé ce jeune homme.
« Quant à lui, tu le feras périr sous le bâton, K'baï⟨l⟩ l'Avisé (en arabe, le bien voyant). »
Et Élaï Lascri prépara un grand coup.

L'empereur du Maroc résidait à Tanger.
Comme tous les despotes d'Orient, il se faisait gard⟨er⟩ contre les révoltes.
Une troupe de noirs aveuglément dévoués veilla⟨it⟩ jour et nuit sur sa personne.
Un empereur marocain a tout à craindre de tous.
Sur aucune partie de ses États, il ne règne sans con⟨⟩ teste.
Les Berbères de l'Atlas ne reconnaissent que nom⟨i⟩ nalement son autorité.
Tous les trois ans, au moment de payer l'impôt, i⟨ls⟩ se soulèvent.
Il faut se battre pour encaisser.
Chaque ville est plus ou moins attachée à quelq⟨ue⟩ prétendant.
Toute tribu cherche à se rendre indépendante.
L'empereur vit dans les casbahs (citadelles) des vill⟨es⟩ où il réside.
Tantôt c'est à Tanger, tantôt c'est à Fez, souve⟨nt⟩ c'est à Maroc.
Et il traîne toujours derrière lui sa maison mil⟨i⟩ taire : quatre mille nègres, avec du canon, bien commandés, bien payés, bien disciplinés.
Avec ce noyau de forces, il finit toujours par imp⟨o⟩ ser sa volonté.
Il est quelquefois réduit à subir un siége dans u⟨ne⟩ casbah, n'ayant de fidèles que ses quatre mille gard⟨es⟩

Sidna, dit-il, je suis un homme de liberté et de mains libres. (Page 20.)

Alors il intrigue contre les révoltés.

Il promet l'héritage d'un chef à un autre, pourvu que ce dernier tue l'autre; il sème la division, il fomente la discorde.

En fin de compte, il rétablit toujours son autorité pour un temps.

Cette vie de luttes perpétuelles, de défiances incessantes, finit toujours par assombrir le caractère d'un souverain.

Féroce par tempérament, un empereur du Maroc ne peut que le devenir plus encore par la surexcitation du salut sans cesse compromis.

Dans aucune cour, l'on ne voit tant d'exécutions sommaires.

L'empereur condamne sans procès, sans appel, d'un mot, d'un geste.

Tous les matins, aux lances de fer des portes de la casbah, on voit suspendues des têtes sanglantes, qui annoncent que le maître a prononcé des sentences de mort.

Terrifier est le système de gouvernement des Orientaux.

On conçoit qu'un tel souverain aime les distractions et les fêtes intérieures, celles qui ont un caractère intime, et qui se passent au harem.

Un poëte, un vrai poëte comme Abdon, devait être le bienvenu.

Il le fut.

Le jeune homme était habile, nous l'avons vu, et hardi en même temps.

Maître Abdon fit un poëme de cent vers — un centon arabe en l'honneur de Nasserr'in, le chef des eunuques, dont il célébra les hautes fonctions.

Mais, dans cette pièce, il trouva le moyen de flatter par des allusions délicates la mère du sultan et le sultan lui-même.

Le chef des eunuques, auquel Abdon fit remettre son poëme, fut enchanté.

Rien de vaniteux comme ces hommes qui ne sont plus hommes.

L'eunuque montra partout les vers, prôna le poëte, fit remarquer à la sultane-mère ce qu'Abdon avait dit de charmant pour elle, et il montra au sultan les délicieuses stances que le poëte consacrait à célébrer en lui le plus vaillant et le plus beau des princes.

Tant et si bien que l'empereur voulut voir ce poëte.

Il le vit, l'entendit chanter et l'attacha sur-le-champ à sa personne.

Mais la sultane-mère, femme de quarante ans, ce qui équivaut à soixante au Maroc, vit aussi Abdon, l'entendit et l'aima.

Le drôle exploita la générosité de l'empereur et la passion de la sultane-mère.

Il était en passe d'entasser une fortune considérable, quand un bien mince incident se passa, qui eut pour Abdon des conséquences graves.

Un nègre s'engagea dans la garde noire.

Ce nègre se présenta comme ayant servi dans les janissaires d'Hussein-bey.

Il montra des lettres de recommandation de ses anciens officiers.
On l'admit d'emblée.
En bon nègre qu'il était, il fit son service régulièrement, exécuta rigoureusement les consignes et se montra zélé pour le sultan.
Il gagna la confiance des chefs, l'amitié des camarades et un grade, à la suite d'un acte qui le fit remarquer du sultan.

Un de ces fous, espèce d'ascète illuminé comme il s'en trouve en Orient, descendait parfois de la montagne et venait se planter sur la place qui s'étend devant la porte de la casbah.
Là il interpellait l'empereur et lui reprochait de vivre luxueusement, de ne pas entreprendre la guerre contre les Français, et il annonçait des révoltes et des châtiments prochains.
Or, un matin que ce prophète en guenilles était venu comme de coutume, le nègre nouvellement recruté sortit de la casbah et vint, au milieu d'un grand concours de peuple, se poser hardiment devant l'illuminé.
— Toi qui te dis prophète, s'écria-t-il, tu dois savoir l'avenir !
« Si tu ne le sais pas, tu es faux prophète.
« Si tu es faux prophète, tu mérites la mort.
« Je te défie de nous dire ce qui va arriver à ton âne avant que retentisse l'heure qui va sonner à la mosquée. »
Le fou, pour la première fois de sa vie d'ascète, fut déconcerté.
Le nègre avait, paraît-il, dans les yeux, une terrible puissance.
La foule cria :
— Qu'il dise ce qui arrivera à son âne ! Qu'il le dise de suite !

formidable qui défile, l'empereur imposant et sombre; puis, dans la plaine, les fuites des lièvres, les poursuites des oiseaux de proie, les courses effrénées, un bruit, une animation extraordinaires, tout contribue à rendre la scène pittoresque et attrayante au plus haut point.

L'on était en pleine chasse.
Tout à coup on vit un rideau de flammes se lever et faire flamber les herbes sèches.
On sait combien les incendies sont effrayants dans les régions brûlées par le soleil.
Le feu, en peu d'instants, s'étendit sur un espace immense.
Le retour à la ville fut barré à l'empereur par ce rempart mouvant.
Il fallut fuir devant le fléau.
La journée étant avancée déjà, la nuit tomba bientôt.
Le feu allait s'étendant toujours.
La garde noire s'était concentrée auprès de l'empereur.
Il fallut, à tout prix, gagner une rivière et la mettre entre soi et le feu.
On se porta donc dans la direction du cours d'eau et l'on bivouaqua de l'autre côté.
Les incendies sont si fréquents en Algérie et au Maroc, que l'empereur ne crut pas à la malveillance.
Mais il s'aperçut pourtant que son poète Abdon avait disparu.

Cependant la ville s'inquiétait.
Tout à coup on vit rentrer un détachement de la garde noire.
L'officier était le nègre qui avait été pris pour Élaï Lascri par Abdon.
Le détachement passa, ne voulant rien répondre aux questions.

Il fut reçu à la casbah comme un renfort précieux par le peu de troupe qui y était resté; on donna un poste important à garder aux nouveaux venus.
— Nous avons été séparés de la chasse par le feu ! avaient-ils dit.
Une heure après, des cris, des détonations, un bruit terrible de combat retentit dans la casbah, et la population s'en émut.
Aussitôt des bruits alarmants circulèrent.
— L'empereur était mort! disaient des émissaires; la garde noire était détruite.
Les uns acclamaient un prétendant.
D'autres en acclamaient un autre.
Les citadins prirent les armes.
Des haines couvaient entre les partis.
Toute la nuit, la lutte fut acharnée dans la ville; elle avait été courte dans la casbah.

Au jour, l'empereur parut avec sa garde, et tout s'apaisa comme par enchantement.
Mais le sultan courut à la casbah et il trouva ses trésors pillés, ses femmes violées, ses eunuques et ses soldats égorgés.
Et, avec du sang, sur un mur blanc, étaient écrits ces mots :
« Élaï Lascri, roi des chemins, au sultan du Mogreb (Occident, le Maroc).
« Je suis le seigneur des routes, j'ai levé mon impôt sur toi, comme tu lèves le tien sur les tribus.
« L'or est au plus fort! »

Le sultan fit en vain tous ses efforts pour se venger.
Élaï Lascri lui échappait toujours...

Quelques semaines plus tard, K'baïl, sur les bords de la Tafna, infligeait à maître Abdon le supplice du bâton, dont le poète mourait en criant grâce.
Élaï Lascri riait et lui répondait par des passages de la lettre d'adieu laissée par le jeune homme.
Celui-ci fut fort regretté par la vieille sultane-mère qui lui fit faire un mausolée superbe.

X

ÉLAÏ LASCRI ET ABD-EL-KADER.

Le moment est venu où nous allons aborder l'histoire authentique et réellement curieuse des rapports qui existèrent entre Élaï Lascri et Abd-el-Kader.
Comme nous en avons prévenu le lecteur, ce prologue n'est, en quelque sorte, que l'étude biographique d'Élaï Lascri, le héros du drame qui va suivre bientôt, l'incarnation du brigandage en Algérie.
Nous voulons démontrer qu'Élaï Lascri, nature admirablement douée, intelligence supérieure, cœur susceptible d'élans généreux, fut condamné, par l'organisation même de la société musulmane arabe, à devenir le plus cruel, le plus terrible bandit.
Pour l'esclave comme lui, avant la conquête française, point de voie hors la servitude et la résignation dégradante, sinon la rébellion.
Pour l'homme libre, point de salut, sinon dans la défense acharnée, constante, de ses biens et de son indépendance toujours menacés.
Partout la férocité, l'hypocrisie, la force et l'adresse, l'audace et la sûre primant le droit.

Partout le vol, l'embûche, les moyens sanguinaires, es rapts et les exactions.

La religion, toute de formules, pareille au christianisme étroit, mal compris du moyen âge, couvre toutes les horreurs.

Point de morale.

Pourvu qu'un homme fasse l'aumône de façon à montrer aux yeux de tous qu'il est charitable, pourvu qu'il pratique les ablutions, dise son chapelet, fréquente la mosquée, il est réputé saint, et mérite le paradis du Prophète.

En dehors d'une certaine ostentation d'hospitalité, partout l'avarice.

Les meilleurs ne sont qu'avides.

De tribu à tribu, la guerre !

De douar à douar, la guerre !

De famille à famille, la guerre !

Qui n'a pas la puissance est une proie pour les forts.

A Alger règnent des janissaires, ramassis de forbans et de coupe-jarrets.

Pareils aux mamelucks, ils se recrutent partout de renégats, de bandits, de tout ce qui est brave et sans scrupule.

Le plus hardi se fait nommer chef et se maintient par le sabre.

C'est un pirate, Barberousse, qui a fondé cet empire sur de pareilles bases.

Le dey meurt.

Le plus hardi et le plus adroit lui succède et assied son pouvoir dans le sang.

Au dehors, sur les mers et les terres chrétiennes, le dey fait du brigandage.

Ses navires écument les flots et ravagent les côtes.

Des milliers d'esclaves chrétiens encombrent les chiourmes d'Alger.

Cela dure depuis Barberousse et les nations chrétiennes l'ont souffert.

Et il fut de mode, sous Louis-Philippe, de trouver mauvais que nous eussions fait cesser cet état de choses monstrueux.

Et aujourd'hui encore, il se trouve des gens dont les sympathies sont pour les Arabes.

Sans la conquête d'Alger et l'établissement de la France en Algérie, il faudrait faire escorter par une frégate blindée chaque paquebot des messageries nationales.

Et tel qui se rendrait, pour affaires, de Cette à Marseille, par vapeur, risquerait d'être enlevé par les corsaires algériens.

Cela s'est fait jusqu'en 1829.

La conquête d'Alger terminée, il fallut, de toute nécessité, s'emparer de l'Algérie.

Les deys dominaient tout le pays avec leur milice de janissaires, dont le plus grand nombre était d'origine turque.

Le dey ne prétendait ni à gouverner, ni à administrer les tribus.

Tout se réduisait pour lui à faire payer l'impôt à ses sujets.

Dans ce but, ses lieutenants, les beys, étaient établis dans les villes d'Oran, de Tlemcen, de Constantine, de Tittery, etc. ; ces places formaient des bases d'opérations militaires.

Tous les trois ans, on levait l'impôt.

Jamais il n'était payé de plein gré.

Des colonnes partaient des villes fortes, mettaient tout à feu et à sang, pillaient, tuaient, volaient, brûlaient ; les tribus battues payaient l'impôt et l'amende, et, au bout de trois ans, on recommençait.

Tel était l'état de l'Algérie quand les Français prirent Alger.

Les Arabes ne virent en nous que les successeurs des Turcs et, de plus, des infidèles.

Ils ne voulurent nous laisser ni trêve, ni repos, ni sécurité.

Et ils amenèrent forcément la conquête de tout le territoire pied à pied, morceaux par morceaux.

Et ce fut un bien pour l'humanité.

Il faut l'avouer, nous avons commis des fautes ; et notre armée imita trop souvent les procédés turcs et procéda par razzias.

Mais ce genre de guerre était inévitable, vu le mode de combattre des Arabes, qui savent se rendre insaisissables pour une troupe opérant régulièrement.

Au contact des indigènes, par la pratique des razzias, les Français, les officiers des bureaux arabes surtout, contractèrent des vices et des défauts que l'on ne saurait trop déplorer, et l'affaire Doineau vint révéler des faits scandaleux.

Mais ce ne sont que des taches dans l'œuvre générale de conquête et de pacification.

L'action des milieux est inévitable.

Les médecins, aux prises avec les épidémies, en contractent souvent les germes.

L'œuvre de la conquête est finie.

Du nord au sud, de l'est à l'ouest, tout est soumis, sinon pacifié.

Il y aura encore des révoltes, mais il n'y a plus de territoires à conquérir.

Du pied d'invasion, l'armée française est passée à celui de vigilance.

L'heure des guerres est passée, celui de la colonisation commence.

Aujourd'hui, les routes et les voies ferrées sillonnent le territoire, la justice est rendue partout, la propriété se constitue.

Car, jadis, l'Arabe vivait en métayer sur le sol appartenant au chef.

A cette heure, les voies sont sûres, et une femme peut aller d'Alger à Laghouat, parcourir deux cents lieues, avec un pot plein d'or sur la tête, elle sera respectée.

Et si, par un rare concours de circonstances, elle était insultée, il est plus que probable que la justice la vengerait.

Malgré des imperfections inévitables, malgré des défauts d'organisation, malgré des retards, quand on compare l'Algérie de 1874 à celle de 1829, on ne peut que proclamer cette vérité :

— L'humanité doit bénir la conquête faite par la France.

Et nous ajoutons ici :

— Les nègres étaient esclaves à notre arrivée ; nous les avons émancipés ;

« Les juifs étaient écrasés sous le talon des Arabes, nous les avons délivrés ;

« La grande masse arabe était réduite au rôle de fellahs, serfs attachés à la glèbe, nous avons commencé à lui donner la terre et la liberté. »

Et nous concluons ainsi :

— Si Élaï Lascri eût vécu en 1874 et non en 1829, au lieu d'être un bandit, il fût devenu un chasseur de lions, un audacieux caravanier, un homme utile et honnête.

Il y avait même en lui l'étoffe d'un grand homme, d'un héros.

Et nous allons voir, dans le drame, juifs, fellahs, bandits, se trouver tous dans la nécessité de la révolte ouverte ou cachée tant que dure la domination des Turcs et des Arabes.

Telle est la pensée philosophique du roman que nous allons commencer.

Mais elle est plus vaste et s'étend encore à d'autres conséquences immenses.

Toute nation qui vit *socialement*, sur un principe théocratique, dans laquelle, comme chez les musulmans, le Code est le livre religieux, tout peuple qui n'a pas une constitution civile sont destinés à être conquis ou à se transformer.

Avant cinquante ans, trois cent millions de musulmans seront soumis à la Russie, à la France, à l'Angleterre, à l'Italie et à l'Espagne, ou des réformes profondes les auront transformés, comme celles qui s'opèrent en Turquie et en Égypte.

Et nous démontrerons cette vérité d'une façon d'autant plus saisissante, que, dans notre œuvre, le lecteur verra les Kabyles, musulmans, il est vrai, mais de race toute différente des Arabes, les Kabyles qui ont un Code civil qu'ils appellent leurs canons (lois), qu'il verra disons-nous, un million de ces montagnards vivre sous ces lois civiles, comme les paysans suisses du moyen âge, dans l'état le plus prospère.

Tous sont libres.

Tous sont propriétaires.

Ils vivent dans des villages bâtis de pierres, couverts de tuiles, ayant le plus souvent deux étages et plus confortables que les cabanes de chaume de certains de nos hameaux des Pyrénées.

Dans leurs montagnes, on trouve chemins entretenus, fontaines publiques, moulins à grains et à huile, forges et métiers de toutes sortes.

Les hommes, malgré la permission du Coran, n'ont généralement qu'une femme.

Et tout homme qui pense et raisonne n'attribue cette prospérité qu'à ce fait.

Les Kabyles, plus religieux, certes, et plus moraux mille fois que les Arabes, doivent leurs progrès à ce qu'ils sont républicains et régis par des lois civiles.

Voilà ce que nous prouverons par le roman historique que nous allons commencer et auquel nous avons donné, pour prologue, cette biographie d'Élaï Lascri que nous terminons dans les deux chapitres qui suivent.

Cette biographie est presque pas à pas la paraphrase des chants arabes.

En certaines circonstances même, elle en est l'exacte traduction.

Nous poussons le récit des faits et gestes d'Élaï Lascri jusqu'au moment où commence à se faire sentir sur lui les effets de l'intervention française.

On verra quels étranges événements s'accomplirent alors et quelles terribles luttes le fameux brigand nous livra, luttes mêlées des plus romanesques aventures.

Mais auparavant nous allons le montrer aux prises avec Abd-el-Kader.

Comme nous l'avons dit, en Algérie, un chef de bandes n'est pas considéré comme un malfaiteur; il est entouré d'une auréole.

Plus encore qu'en Sicile et dans les Calabres, il est admiré.

On le craint, on le traque si l'on est en force, on le tue s'il est pris; mais il a le prestige du lion.

Les femmes le désirent, les hommes l'estiment et les poètes le chantent.

Donc rien d'étonnant à ce qu'Élaï Lascri eût reçu d'Abd-el-Kader, levant l'étendard de la révolte, un message d'appel.

On en a conservé le texte original à Nedromah même.

Abd-el-Kader a deux phases d'existence contradictoires :

Sa vie arabe.

Sa vie française.

Le prisonnier, résidant en France, allant ensuite s'établir en Syrie, ayant vu de près la civilisation, ayant appris à juger la France et l'Europe, ne ressemble en rien au jeune émir qui ne connaissait que le Coran, dont le génie avait toute la ruse, toute la perfidie, toute la cruauté arabes.

Ce qu'il fut en Algérie, on ne s'en douterait pas en le jugeant d'après sa chevaleresque attitude lors des massacres de Damas.

Le même homme qui exposait sa vie pour défendre les chrétiens menacés et qui en sauva des milliers à la tête d'une centaine d'hommes, ce même homme fit massacrer indignement tout un camp de prisonniers français et il commit des attentats odieux contre le droit des gens et la foi jurée.

Ambitieux à l'excès, voulant courber tous les Arabes sous le joug, il luttait à la fois contre les Français et contre les tribus qui refusaient de le reconnaître comme sultan.

Non loin de Laghouat se trouve une oasis : Aïn-Maddy.

C'était la résidence d'un marabout fameux, vieillard vénéré dans tout le Sud, et surnommé le Saint du Sahara.

Il n'admit point la suprématie d'Abd-el-Kader, et celui-ci vint mettre le siège devant l'oasis.

Le kaour (village) fut admirablement défendu, quoique Abd-el-Kader eût de l'artillerie et que les assiégés n'en eussent pas.

Le jeune émir se vit bientôt forcé de reconnaître qu'il ne prendrait jamais de vive force Aïn-Maddy.

Il résolut de s'en emparer au prix d'un odieux parjure.

Il envoya à Ben-Coumy, le marabout, des parlementaires qui annoncèrent qu'Abd-el-Kader ne demandait pas mieux que de se retirer, à la condition qu'on lui permît d'exécuter un vœu.

— J'ai juré, disait-il, de faire, avec mes réguliers et mes fidèles, la prière dans la mosquée d'Aïn-Maddy.

« Que Ben-Coumy me laisse entrer avec les miens, sans armes, et, ma prière faite, je me retirerai satisfait. »

Le vieux marabout fit faire le serment sur le Coran.

Abd-el-Kader entra avec ses soldats qui tenaient des armes cachées sous les uniformes et sous les bournous.

Une fois dans la mosquée, l'émir donna un signal et la garnison fut assaillie, égorgée; la ville fut pillée; les palmiers, sa seule richesse, furent brûlés...

Qu'on juge de la bonne foi des autres Arabes par la perfidie d'Abd-el-Kader en cette circonstance solennelle.

Le monde entier, à cette heure, avait les yeux sur lui.

Si l'homme qui, éclairé, fut admirable à Damas, se conduisait ainsi, alors qu'il s'inspirait du Coran et des mœurs arabes, ne faut-il pas en conclure que l'état social créé par Mahomet n'est fait que pour les nations barbares?

Nous avons cité ce trait parce que nous allons voir Élaï Lascri montrer du désintéressement et de la grandeur d'âme, alors qu'Abd-el-Kader fut à la fois odieux et fourbe.

Donc Élaï Lascri reçut le message d'Abd-el-Kader.

Celui-ci le traitait de grand chef de guerre, flattait l'orgueil du nègre et finissait par l'appeler à une réunion où nombre de chefs devaient se trouver.

En lisant, le soir, le message, Élaï sourit :

— Ce jeune homme, dit-il, sait caresser ; il doit savoir mordre.

« Aller à lui, c'est obéir.

« Je suis de ceux qui commandent. »
Et il allait renvoyer courtoisement le messager, quand survint un émissaire.
— Élaï Lascri, annonça celui-ci, les douars, alliés des Français, ont saisi le convoi de chameaux que tu envoyais vendre à Oran.
« Les chefs français ont jugé que le convoi était de bonne prise. »
Élaï Lascri s'indigna.
— J'ai déclaré, dit-il, aux Français, que je ne les attaquerais pas ; un de leurs toubibs (médecins) m'a rendu d'immenses services.
« Mais voilà qu'ils saisissent mes convois : je romps mon pacte. »
Et, résolu à se venger, il dit à l'envoyé de l'émir :
— Va dire à ton maître que je le rejoindrai avant peu.

Lorsque Abd-el-Kader reçut la nouvelle qu'Élaï Lascri se disposait à venir, le jeune émir fut très-joyeux.
— Je ferai de ce vaillant *coupeur de routes*, dit-il, le chef d'une compagnie.
« Il a juste cent hommes. »
Et l'émir était d'autant plus heureux de recevoir des renforts, qu'il venait d'échouer dans une tentative contre les douars groupés autour de Messerghine.

Or, le lendemain de la réception du message, à l'aube, on vit s'avancer une troupe de cent cavaliers, un nègre en tête.
C'était la bande d'Élaï !
Chaque brigand portait sur la croupe de son cheval une, deux ou trois têtes sanglantes, fraîchement coupées.
Élaï Lascri avait rasé toute la tribu des douars...
De plus il avait fort maltraité un poste de spahis qui s'était laissé surprendre, et plusieurs brigands portaient des burnous rouges enlevés à nos réguliers.
Fait curieux : Razoua, depuis membre de la Commune, aujourd'hui réfugié à Genève, faisait partie de ce poste.
Il a raconté lui-même cette alerte, qui fut très-chaude.
Abd-el-Kader, en voyant arriver Élaï Lascri vainqueur, éprouva un mouvement de dépit et de colère.
Tous ses kalifes (lieutenants), tous ses alliés, acclamaient le bandit.
Celui-ci passait superbe, indifférent, sûr de sa force.
Il y avait en lui une majesté puissante qui frappa l'émir.
Il se dit :
— J'en ferai le chef d'un bataillon.
Mais déjà son cœur saignait.
Sidi Embareck, son meilleur lieutenant, emporté par sa franchise, enthousiasmé, disait en ce moment à haute voix :
— Ce nègre est un homme.
« Nous sommes des enfants!
« Il a fait avec cent hommes ce qu'avec dix mille je n'avais pu faire. »
L'émir en pâlit.
Il se tourna vers Embareck qui se tut, mais qui sourit dans sa barbe.
Cependant Élaï Lascri se présenta.
Mais au lieu de donner des signes de soumission, il se contenta de saluer l'émir ; il ne descendit pas de cheval, ne baisa pas l'éperon du chef, ne le reconnut en rien comme supérieur.
— Sidna (monseigneur), lui dit-il cependant, le roi des chemins souhaite sur toi un jour et des jours heureux !
« Tu m'appelles, me voici.
« Tu suis une route, moi une autre ; mais nous sommes au carrefour de rencontre et nous sommes ennemis des Français. »

Se tournant vers sa bande :
— Vois ! dit-il.
« Je sais leur faire du mal, et tu veux leur nuire.
« S'il te plaît que je marche dans ton armée, je suivrai ses voies. »
Abd-el-Kader comprit qu'Élaï Lascri n'entendait nullement se mettre à son service ; mais il résolut de l'y engager à tout prix.
— S'il te plaît, lui dit-il, tu seras mon kalife !
Et, se tournant vers Embareck :
— Voilà, dit-il, mon *bras du cœur*, notre plus vaillant chef.
« Il vient, lui-même, par ses éloges, de me conseiller l'offre que je te fais. »
Embareck se mordit les lèvres.
Il crut s'être donné un rival.
Mais Élaï Lascri, avec un fier sourire :
— Sidna, dit-il, je suis un homme de liberté et de *mains libres*.
« Je ne sais pas obéir.
« Esclave affranchi par moi-même, je ne me ferai pas serviteur.
— Je suis émir ! dit Abd-el-Kader.
« Me servir, c'est servir le Prophète. »
Élaï Lascri commençait à se fatiguer de cette insistance.
Il regarda en face Abd-el-Kader, puis il lui demanda lentement :
— Moi aussi, je suis un de ceux que Dieu marque pour les destins.
« Il m'a donné la puissance des miracles et des signes extraordinaires.
« Pour savoir de nous deux qui doit servir l'autre, il faudrait tenter les épreuves.
« Devant le peuple, — et dans ton armée des hommes en témoigneront, il doit en être qui l'ont vu, — j'ai triomphé du feu, de l'air et de l'eau.
« Je suis prêt, si tu veux me céder le commandement, à faire sur le champ un prodige, deux, dix que tu ne pourras tenter recommencer après moi.
« Je me charge, moi, de te dépasser en tout...
— Nous verrons ! dit l'émir.
« Je prierai à la mosquée d'Oran, quand nous aurons pris la ville : le Prophète m'éclairera.
« Je suivrai, comme je l'ai toujours fait, ses inspirations et ses ordres.
« Je suis l'humble serviteur d'Allah. »
Élaï Lascri comprit qu'il avait affaire à un fourbe, à un ambitieux.
Il se tint en garde.
Il avoua, par la suite, à ses amis que, si Abd-el-Kader avait eu un peu d'aplomb et eût accepté, lui, Élaï Lascri, se fût trouvé fort embarrassé.
Il lui aurait été impossible de faire aucun prodige d'une façon si impromptue.
Mais il eut cette crainte d'être en face d'un homme préparé d'avance à cette scène.
Élaï Lascri, ne prolongeant pas cet entretien, salua l'émir et se retira.
Abd-el-Kader se pencha vers Embareck et lui dit à voix basse :
— Veille de tes yeux ouverts comme ceux du lion guettant sa proie.
« Que cet homme ne quitte pas le camp, qu'il s'installe au bivac.
« Dissipe ses défiances et flatte son orgueil. »
Embareck, dont on a dit qu'il avait la rondeur et la verve d'un soldat français en même temps que l'astuce d'un Juif, était l'homme qui pouvait le mieux tromper Élaï Lascri et le faire tomber dans un piège.

— Sidi, vint-il lui dire, en l'embrassant selon la mode des cavaliers arabes, je suis heureux de te rejoindre pour t'offrir la diffa.

« Abd-el-Kader est froissé.

« Il n'a pas rempli son devoir d'hôte, et c'est une faute que je répare. »

Puis plus bas :

— Ne crains rien de moi, chez moi.

« Je suis le chef de deux bataillons de réguliers qui me sont dévoués.

« J'ai à moi, non à lui, deux mille hadjoutes (cavaliers rouges) de la Mitidja.

« J'ai toute l'armée, si je le veux, car je suis aimé autant qu'il l'est peu. »

Élaï Lascri tendit sa main, à la française, au lieutenant de l'émir et lui dit :

— J'ai foi en toi.

« Si les choses sont comme tu le dis, je vais te faire remporter une grande victoire.

« Suis-moi vers la Sebka (lac salé) ; de la hauteur d'Aïn-Kial, tu verras comment on peut forcer la position des Français.

« Nous reviendrons ensuite.

« Cette nuit, sans dire un mot à l'émir, nous ferons razzia.

« Demain tu te feras proclamer sultan, si tu le veux. »

Embareck caressa-t-il le projet de supplanter Abd-el-Kader?

Voulut-il seulement donner confiance à Élaï et le livrer à Abd-el-Kader ensuite?

On ne saurait le dire.

Toujours est-il qu'à quelques mille pas du camp, un cavalier vint en toute hâte demander à Élaï Lascri, de la part de l'émir, si, par hasard « il avait le cœur serré ; » s'il quittait le bivac pour ne plus revenir?

Le cavalier ajoutait :

— Abd-el-Kader est prêt à te donner son anneau comme anaya.

(L'anaya donné à un homme le rend sacré pour qui fait le présent.)

Élaï Lascri regarda l'anneau, le mit dans la poche de sa sedria (veste) et dit d'un air insouciant :

— Je rendrai l'anneau en rentrant dans une heure au camp.

« Je veux expliquer à Embareck comment la razzia s'est opérée ce matin. »

Et il continua son chemin, lentement, sans paraître inquiet.

L'émir auquel on rapporta les paroles d'Élaï Lascri se prit à sourire :

— Il reviendra! dit-il.

« Cette nuit, il disparaîtra.

« Demain je dirai que c'était un faux prophète suscité par le Djenoux (génie du mal, le démon du Coran).

« On répandra le bruit qu'il a disparu, enlevé par Azraël, l'envoyé de Dieu. »

Une fois déjà, l'émir avait employé pareil moyen contre un compétiteur et la chose avait parfaitement réussi; le peuple y avait cru.

Si l'on veut juger de la crédulité des Arabes, nous rapporterons le fait historique de la surprise de Sidi-Bel-Abbès, alors simple redoute.

Des Arabes furent fanatisés par un marabout; lui ayant vu faire charger un fusil par un compère, celui-ci ayant tiré et une balle étant tombée comme morte aux pieds du prétendu prophète, ils crurent qu'ils seraient protégés contre les balles françaises par des amulettes qu'il leur distribua.

Il les fit ensuite monter sur des chariots enlevés à des canonniers et cette troupe d'exaltés se présenta devant la redoute en chantant des vers arabes.

Les sentinelles et la garnison crurent avoir affaire à des colons déguisés.

Les chariots passèrent.

Ces illuminés se jetèrent sur nos soldats surpris et faillirent enlever la redoute.

Enfin un des leurs tomba sous un coup de pistolet. C'en fut assez.

Ils crièrent au faux prophète, cessèrent de croire aux vertus de l'amulette et s'enfuirent criblés par la fusillade des nôtres.

Ce trait suffit pour que le lecteur juge de ce que les Arabes sont, au point de vue du fanatisme religieux et des croyances absurdes.

Abd-el-Kader pouvait donc combiner le plan que lu prêt Le Berigo, ce zouave qui fut son prisonnier et son médecin à un certain moment.

Mais pendant qu'Abd-el-Kader complotait s'emparer d'Élaï, celui-ci s'arrêtait à deux lieues du camp sur la montagne d'Aïn-Kial.

Là il dit à Embareck :

— Chef, tu es mon prisonnier.

Le kalife voulut saisir son pistolet pour casser la tête à Élaï.

L'arme était déchargée.

Élaï Lascri, très-habilement, en recevant l'embrassade d'Embareck, avait opéré ce tour adroit.

Il se mit à rire :

— Laisse tes armes! dit-il.

« On te tient en joue.

« Un geste, et tu meurs. »

Embareck était furieux!

« D'un coupeur de routes, dit-il, voilà ce que je dois attendre.

Et il tordait sa barbe.

Élaï riait toujours.

La colère d'Embareck l'amusait beaucoup, et il lui dit :

— Chef, je crois que tu me voulais trahir, car trahir Abd-el-Kader, ton émir, ce serait vraiment être trop ingrat et trop vil.

« Tu serais comme bête immonde, pareil à l'alouf-raba (cochon de forêt), si tu avais conçu semblable pensée.

« Donc c'est moi que tu devais livrer et tu es pris, ca dour (cher).

« Mais je vais te relâcher.

« Cela t'étonne?... »

Embareck en effet était fort surpris, si surpris qu'il laissait voir.

Élaï Lascri alluma un cigare à la mode française ; trouvait très-aristocratique et très-commode cette façon de fumer.

Il aspira quelques bouffées et reprit toujours très gaiement :

— Je songe au mal que se donne ton Abd-el-Kader ce jeune chacal rusé, pour combiner les moyens de me prendre cette nuit.

« Il sera furieux que je lui échappe.

« Mais ce serait trop drôle qu'un lion comme moi fut au pouvoir de ce chacal.

« Tu lui diras, Embareck, que j'aurais toujours, au dernier moment, crevé les mailles du filet dans lequel m'aurait pris.

— Est-ce que vraiment tu me rends la voie libre? fièrement Embareck.

— Oui! dit Élaï.

— Tu as tort! fit héroïquement le kalife.

Cette réponse est authentique.

Élaï en l'entendant retira son cigare de ses lèvres regarda un instant Embareck avec admiration, cessa rire et dit :

— Voilà le langage hardi d'un homme fort.

Il salua.
— Tu veux dire que, libre, tu tâcheras de me prendre, n'est-ce pas?
— Oui, dit Embareck.
— Tu ne me prendras jamais.
« Et je te laisse aller, je laisse vivre aussi ton maître, — car tu as un maître, Embareck, — parce que vous empêcherez les Français de s'emparer de l'Algérie.
« Je me moque du Prophète, d'Allah, des marabouts. »

XI
LE COMBAT DU FIGUIER.

Le lendemain de l'entrevue d'Élaï-Lascri et d'Abd-el-Kader, une colonne française quittait Messerghine et s'engageait dans la Sebka.

La Sebka est ce grand lac salé de quinze lieues de long qui s'étend de Messerghine, située à trois heures de marche d'Oran, jusqu'à la forêt d'Aïn Temoucheat.

Ce lac, à proprement dire, n'est qu'une vaste nappe de sable qui, en hiver, pendant les pluies, se couvre de quelques centimètres d'eau.

En été, il ne reste que quelques mares, le soleil ayant pompé l'humidité.

Cette étrange miniature du grand désert est une des grandes attractions du district d'Oran.

Autrefois cette vallée immense était couverte par la mer, et, en communication avec la Méditerranée, elle formait un golfe intérieur.

La communication se ferma.

Dès lors, il resta une vaste étendue sablonneuse et saline.

Lorsque le voyageur quitte Messerghine, le village le plus riant qui soit au monde, pépinière verdoyante et sillonnée par les eaux, lorsqu'il sort de ces berceaux parfumés, tout à coup s'ouvre devant lui, à perte de vue, la fausse perspective de la Sebka.

Le contraste est violent.

Derrière soi, la vie, la végétation luxuriante, le murmure des ruisseaux.

Devant soi, les sables qui semblent une mer sans fin, aux flots mouvants sous le simoun, immobiles dans les grands calmes de l'été.

On voit, comme au grand désert, des dunes qui se meuvent sous l'effort des vents, des vallons creusés derrière ces ondulations, un paysage qui change chaque année et où le guide ne se dirige jamais par les indications du sol, mais d'après celles du soleil et des étoiles.

Le mirage y est éblouissant, intense, fréquent, plein de trompeuses apparences.

Pas un brin d'herbe.

Le fenouil seul pousse çà et là ses tiges desséchées et fournit aux colonnes les feux clairs des bivacs bientôt éteints.

Mais au sein de ces solitudes surgissent çà et là quelques oasis.

Et l'œil se repose avec un charme infini sur ces champs silencieux.

La traversée n'est pas sans périls.

Les eaux creusent des abîmes souterrains et s'écoulent vers le Rio Salado par des filtrations qui produisent des caves énormes.

On croit marcher sur un sol ferme; la caravane s'engage sur une excavation qui cède tout à coup et qui l'engloutit.

Les mêmes causes produisent des sables mouvants dangereux.

Le lourd chameau, tout à coup, sent le sol fuir sous lui.

Il essaie de se dégager.

Vains efforts.

Les quatre pieds s'enfoncent lentement, la bête gémit, les conducteurs s'écartent en toute hâte, car ils disparaîtraient avec l'animal.

En vain, cent fois, a-t-on essayé de sauver un de ces chameaux.

On n'y a jamais réussi.

Les genoux, le poitrail, la croupe, tout le corps disparaît lentement.

Enfin le grand cou s'engage dans la *tourba*, puis la tête, puis on ne distingue plus que les naseaux et enfin plus rien qu'une vapeur chaude, dernier souffle de la victime.

On ne saurait s'imaginer quel effet produit cette Sebka.

Celui qui la voit pour la première fois reste saisi d'étonnement.

Quoi! Le désert ?

Le désert à ce point que l'on perd la vue des rives, comme en mer.

Si bien le désert, que les hommes isolés s'y perdent et que quelques-uns y meurent.

Le désert, où l'on aguerrit les conscrits aux marches pénibles.

Lors de la guerre de Crimée, il s'agissait d'envoyer un renfort de soldats au 2ᵉ régiment de zouaves et l'on n'avait que des conscrits.

Parmi ceux-là, il fallait choisir les plus solides et soumettre ce dépôt à une épreuve.

Beaucoup n'étaient pas depuis un mois à Oran, aucun n'avait vu la Sebka.

On fit mettre sac au dos aux compagnies et on les fit marcher autour de la Sebka, sans les mettre à portée de voir les sables.

Après une marche de plusieurs jours, on campa enfin sur l'extrémité sud du lac, en un lieu nommé Aïn Temoucheat.

Une bande de forêt cachait encore le petit désert; mais on annonça aux troupes que le lendemain elles s'engageraient dans le désert.

Les conscrits qui avaient beaucoup marché en contournant le lac, se figurèrent qu'ils étaient réellement sur la rive du Sahara.

Un vieux sergent fit le speech suivant aux jeunes gens fort impressionnés :

— Le voilà ! dit-il.

« Nous sommes sept cents hommes, c'est-à-dire que vous êtes sept cents galopins déguisés en zouaves, mais qu'il n'y a pas lieu de compter sur vous, vu que vous êtes des clampins finis, des rossards et des propres à rien.

« Tous les jours, pour une mauvaise étape de huit heures, on en voit qui se font porter sur les cacolets que c'en est la honte de l'uniforme et que la ligne nous blaguerait, si elle le savait.

« Les tringlots s'en donnent des bosses de chameaux à vous blaguer :

« Mais c'est fini de rire.

« Le grand chef des oasis, celui qu'on appelle le Serpent du désert, s'est révolté.

« Il assiège Laghouat et nous allons renforcer la garnison.

« Nous n'avons rien à craindre, même de dix mille Arbis (Arabes), tant que nous nous tiendrons serrés les uns contre les autres, prêts à former le bataillon carré contre ces sauterelles.

« Mais si l'on se débande comme une volée de perdrix, nous sommes flambés !

« On coupera nos têtes, on les fera confire dans du miel et on les enverra de tribu en tribu pour montrer que les zouaves d'aujourd'hui ne sont plus que des blancs-becs et des bons à tuer.

« Tout homme qui ne marchera pas à son rang, je n'en donnerais pas une cigarette.

« Tout homme qui resterait à cinq cents mètres en

arrière, je n'en donnerais pas une vieille chique resucée trois fois.

« Il y aura derrière nous un tas de perruquiers à cheval pour raser de près les traînards.

« Ces gaillards-là ont des rasoirs qui enlèvent la peau avec le poil. Les lames de ces b....-là ont un fil du tonnerre de D...

« On portera son eau.

« A la grande halte, le café.

« Le soir on arrivera à une oasis qui se voit de loin et qui s'appelle les *Trois-Palmiers*.

« Fixez l'œil dessus.

« C'est là que l'eau vous attend à la fin de l'étape, et la soupe aussi.

« N'oubliez pas les perruquiers. »

Le speech du vieux sergent, un animal pas commode, grincheux, mais fin comme un chacal, un des rares sous-officiers de zouaves qui fût sans instruction, ce speech, disons-nous, eut un effet prodigieux.

Le lendemain, entrée au désert.

On avait envoyé trois ou quatre cents cavaliers des goums arabes avec ordre de faire fantasia et de simuler la petite guerre contre la colonne.

Chaque cavalier avait dix cartouches à blanc à tirer et tous étaient enchantés de faire parler la poudre et de se donner du mouvement.

A la lisière des sables, escarmouche !

Les vieux instructeurs riaient dans leur barbe et disaient gravement :

— Serrez les rangs.

« C'est le grand chef.

« Nous avons sur le dos les dix mille cavaliers du Serpent du désert. »

Et l'on se tenait coude à coude.

Pendant cinq heures, on marcha ainsi ; il était neuf heures du matin quand on s'arrêta pour la grande halte ; on fit un piètre café.

A midi, soleil de plomb.

Plus de verdure derrière soi.

Les sables devant.

Tout autour de la colonne, des points noirs se mouvaient rapidement.

C'étaient les gens du goum.

Les conscrits, à l'appel du clairon, se forment et l'on marche.

Le mirage ne tarda pas comme chaque jour à produire son effet.

Après deux heures de marche, tous les bidons étaient vides.

On crevait de soif.

Chacun croyait voir de l'eau par suite des phénomènes de vision et des hallucinations qui saisissent les troupes dans les déserts.

La colonne était harassée.

— Les Trois-Palmiers ? demandaient les conscrits avec désespoir.

« Où est donc l'oasis des Trois-Palmiers ?

« Nous n'arriverons jamais. »

Tout à coup une espèce d'îlot parut émerger du fond des sables.

Trois palmiers se dessinèrent au-dessus de lui à l'horizon.

— Voilà, dirent les instructeurs.

« Du courage !

« Nous n'en avons plus pour longtemps. »

La colonne poussa un cri de joie.

Les trois palmiers, le repas, la sécurité, de l'eau, cela semblait à une lieue à peine.

On allongea le pas.

Une heure après, ces damnés palmiers paraissaient encore à la même distance.

Deux heures plus tard, toujours la même histoire : l'oasis fuyait en quelque sorte d'un pas quand la colonne en faisait un autre.

Les conscrits étaient au désespoir.

On marcha cinq heures...

On n'atteignit pas les trois palmiers.

Alors les plus faibles des conscrits, à bout de forces restèrent en arrière, malgré les Arabes qui caracolaient et une centaine à peu près refusèrent de se lever, disant qu'ils en avaient assez.

Ces hommes étaient bien rendus, car ils savaient ou du moins ils croyaient que les *arbis* du Serpent du désert allaient leur couper le cou.

On fit encore une heure de marche et une centaine d'autres abandonnèrent la colonne et se résignèrent à mourir.

Mais les bons, les solides marcheurs se crurent enfin récompensés.

Les trois palmiers semblaient fixes enfin et l'on s'en rapprochait.

Mais, ô surprise ! plus on avançait, plus ils devenaient petits.

Et enfin on eut... quoi ?...

Quatre vieux caporaux et le sergent au speech qui, groupés, simulaient l'oasis par l'effet certain et toujours le même du mirage.

La rusé sous-officier avait placé trois fenouils sur son sac et, grandis démesurément par la réfraction, ils simulaient un magnifique bouquet de palmiers.

Ceux qui atteignaient le point où le sergent goguenard attendait la colonne furent notés bons et envoyés en Crimée.

Il y avait peu de rossards dans cet excellent détachement !

L'on puisa de l'eau au puits des Trois-Puits, voisin de là, et l'on fit le café pour recevoir les traînards que les goums ramenèrent.

Nous nous sommes laissés aller à raconter cette anecdote, parce que le lecteur, l'ayant lue, connaîtra bien le théâtre du combat.

L'action s'engagea par une chaleur torride, pendant la grande halte.

Abd-el-Kader avait disposé ses masses de cavalerie dans un pli de terrain.

Il avait prescrit à ses Kalifes de ne pas attendre la halte pour charger à fond, mais de harceler les troupes dès leur entrée dans le lac.

La colonne, à peine engagée dans les sables, fut entourée de nuées d'Arabes.

Les cavaliers passaient rapides en décrivant isolément des demi-cercles.

Arrivés à portée de fusil, ils arrêtaient leurs chevaux brusquement, faisaient feu et repartaient au galop pour se mettre hors portée.

Ils recommençaient ensuite.

Nos fantassins, sac au dos, écrasés de chaleur et de fatigue, devaient riposter en marchant.

Ils s'épuisaient.

A cette époque, l'on n'avait pas encore l'expérience de cette guerre.

L'infanterie était mal armée.

Les fusils ne portaient pas à plus de 200 mètres ceux des Arabes envoyaient le projectile à cinq ou six cents pas.

Ils nous décimaient, nous ne pouvions sérieusement riposter.

On ne se figure pas ce qu'il fallut d'héroïsme à l'armée française de cette époque pour conquérir l'Algérie au prix de quelle bravoure et de quelles souffrances elle triompha.

Dans cette affaire, à mesure que la fatigue abattait

Fathma, mon yatagan a coupé bien des têtes, et cependant je pleure à tes genoux. (Page 41.)

nôtres, les cavaliers arabes montraient plus d'audace et d'acharnement.

Ils se rapprochaient de plus en plus.

Bientôt ils en vinrent à harponner nos hommes au milieu des rangs.

Développant des cordes de fer, munies de crochets en forme d'hameçons, ils les lançaient sur les groupes en passant au galop.

La corde, retenue à la selle, se tendait, et le malheureux harponné était vertigineusement entraîné, malgré tout effort de délivrance.

Le cavalier s'arrêtait à distance, attirait à lui le prisonnier étourdi et sans connaissance, lui sciait le cou et suspendait la tête à sa selle.

Les chevaux étaient teints de sang.

Nos cavaliers, dirigés par de très-braves officiers, parmi lesquels le général Cousin de Montauban, chargeaient, pour ainsi dire, à chaque pas.

Devant eux, tout fuyait.

C'était l'ordre.

Le rideau mobile des Arabes s'ouvrait, laissait passer la charge qui donnait dans le vide et qui se repliait ensuite dans la fusillade.

On perdait beaucoup de monde sans arriver à aucun résultat.

Enfin l'on atteignit le Figuier.

Mais l'on mourait de soif et l'on était sans eau.

Les Arabes disparurent.

Les nuées d'éclaireurs qui nous avaient assaillis se repliaient sur les masses.

DIX CENTIMES ILLUSTRÉS. 95°.

Il y eut un moment de répit.

Tout à coup, comme les rangs se débandaient, les masses arabes arrivèrent à fond de train ; mais en avant de toutes, un peloton de cent hommes, Élaï Lascri en tête, se jeta sur le convoi.

Ce fut un terrible choc.

Les bandits, gens de bravoure indomptable, coupèrent le convoi, traversèrent les rangs et renversèrent tout sur leur passage.

Les officiers et les soldats, qui se souvinrent de cette charge, ont toujours affirmé que jamais ils n'avaient vu les Arabes s'engager ainsi.

Assailli par un escadron de chasseurs, M. de Montauban en tête, le peloton d'Élaï Lascri livra un combat acharné à nos chasseurs d'Afrique. La mêlée durait depuis trois minutes entre les deux troupes, quand Élaï s'aperçut qu'Abd-el-Kader faisait tirer à la fois sur lui et sur les Français.

Notre position était critique, affreuse même.

Tout allait périr.

Nous étions coupés de toutes parts, cernés et entamés Abd-el-Kader jugeait que n'ayant pas besoin, pour finir la victoire, de l'aide d'Élaï Lascri, il pouvait le faire fusiller.

Trois cents fantassins s'occupaient consciencieusement de cette trahison.

Élaï Lascri fit entendre le cri de retraite et se dégagea brusquement.

Nos chasseurs, délivrés de cette rude étreinte et très-échauffés de ce succès, ne poursuivirent pas la bande.

Le Roi des Chemins. V.

Ils se retournèrent contre un millier d'irréguliers qui sabraient un gros d'infanterie et ils le prirent en flanc.

Ces braves chasseurs entrèrent dans ce pâté d'hommes et de chevaux comme un couteau dans une terrine de foie gras (comparaison de Pélissier).

L'infanterie encouragée se rua à la baïonnette et les Arabes reculèrent sur ce point.

Mais ils se retirèrent bientôt de tous côtés par suite d'un grave incident.

Élaï Lascri s'était lancé sur les fantassins d'Abd-el-Kader et les avait culbutés.

Prenant à revers d'autres groupes, il leur faisait subir des paniques.

Plusieurs de ces surprises sur tout le tour de la mêlée avaient déterminé des retraites partielles et permis à l'infanterie de se former.

Les bataillons, tirant à bout portant, firent de larges trouées.

La colonne fut sauvée.

Les Arabes étaient découragés.

Ce peuple a un tempérament de feu qui s'exalte brusquement, donne toute son énergie dans un élan, épuise la force d'impulsion et ne retrouve plus de fond pour recommencer.

Certaines tribus étaient décimées.

On avait crié : Trahison !

Les scheiks firent entendre des plaintes contre Abd-el-Kader.

Pourquoi avoir trahi Élaï Lascri ?

Et le fameux bandit, sur une hauteur, son fanion à trois queues de cheval et une tête de mort sur la pique, planait au-dessus du lac.

On redoutait ses attaques si l'on recommençait la lutte.

Les cavaliers refusèrent de la renouveler, et la colonne reprit sa marche en ordre, après un long repos, sans être trop inquiétée.

L'imminence du péril d'être exterminés tous, les grandes pertes subies, la charge à fond d'Élaï Lascri, tout contribua à laisser impérissable dans la mémoire des vieux Africains cette journée sanglante.

Mais Abd-el-Kader aussi en garda le souvenir amer. Sans sa malencontreuse idée de faire tirer sur Élaï Lascri, celui-ci aurait continué à maintenir notre meilleure cavalerie.

Dix minutes de plus et c'en était fait.

Les résultats d'une pareille victoire eussent été immenses pour l'émir.

Tout ce qui refusait de se soumettre à son autorité fût accouru sous ses drapeaux.

Il eût lancé sur nous cent mille guerriers animés d'un fanatisme exalté.

Qui sait ce qui se fût passé ?

On parlait, à cette époque, d'abandonner notre conquête !

Peut-être une série de succès, dont cette victoire eût été le point de départ, aurait-elle déterminé l'évacuation de la colonie.

XII

RÉVOLTE.

Le problème qui va se poser dans le drame émouvant qui commencera, aussitôt après que nous aurons écrit les derniers chapitres de notre prologue, est celui-ci :

Que pouvait être, sinon bandit, un homme d'énergie et d'intelligence, né esclave, avant la conquête de l'Algérie par les Français ?

Nous défions que l'on nous prouve qu'Élaï Lascri pouvait trouver une carrière à la hauteur de son génie, en dehors du brigandage.

Cet homme fut étonnant par des actes de grandeur et des cruautés monstrueuses.

Ce contraste s'explique par la biographie complète et, nous l'espérons, curieuse que nous écrivons d'après tout ce qui a été dit et écrit sur cette dernière personnification des coupeurs de routes barbaresques.

Nous sommes arrivés à la plus rude épreuve qu'il eut à subir.

Ce chef de bande aimait sa troupe.

Il en était craint et adoré.

Il apportait au partage du butin une scrupuleuse probité.

Les lois ordinaires du banditisme lui donnaient moitié de tout ce qui était pris.

Jamais, contrairement aux us et coutumes des autres chefs, il ne trichait.

Il faisait vendre pierreries, bijoux, vêtements, bœufs, etc., et il distribuait intégralement à chacun ce qui lui revenait.

Le poëte de Nédromah a dit de lui :

« Nulle main ne fut plus juste que la sienne.
« Nulle ne fut plus généreuse.
« Il avait d'autres qualités précieuses. »

Avec sa force herculéenne, sa bravoure léonine, son incomparable adresse et son coup d'œil étonnant, il était toujours parvenu à ne jamais laisser un homme des siens vivant à l'ennemi.

Trahi par son ami, par sa maîtresse, par tous, il avait foi dans les siens.

Gens grossiers, de nature inférieure, ses brigands subissaient son ascendant.

Pour eux, c'était un dieu.

Mais il arriva pour Élaï Lascri ce qui était advenu à Napoléon Ier.

Le roi des chemins fut trahi par ces lieutenants, comme l'empereur par ses maréchaux.

Avant d'entrer dans la bande, les quatre lieutenants d'Élaï Lascri n'étaient rien.

Il les fit riches.

Comme les maréchaux gorgés d'or, les Kalifes d'Élaï se lassèrent de se battre et voulurent se retirer en quelque coin et y vivre en grands seigneurs, en cachant leur passé.

Mais Élaï Lascri avait, dans la grotte inconnue servant de repaire à la bande, toute sa fortune, qui était immense.

Les Kalifes la convoitèrent.

Ces Kalifes étaient :

Ben-Bagla, le Borgne ;
Ismaël, le Fort ;
Daoud, le Subtil ;
Yousuf, le Marabout.

Yousouf devait son surnom à son habileté pour se déguiser en marabout.

C'est lui qui, avec une longue barbe qu'il savait blanchir, et des parchemins signés du grand émir de la Mecque, s'en allait par les villages sous prétexte de prêcher la guerre sainte.

Il espionnait et revenait toujours avec les plus précieuses indications pour la bande.

Le Borgne était un renégat.

Ex-janissaire du dey, il était né à Marseille, avait été capturé par des corsaires à l'âge de dix-sept ans, s'était fait mahométan et s'était engagé dans la milice d'Alger.

Licencié par la conquête, entré aux zouaves, alors corps

indigène, il avait tué un très-riche Juif et avait déserté emportant le produit de son vol.

Élaï prisait fort ce garçon.

Outre qu'il était amusant par ses saillies intarissables, il avait toutes les qualités du matelot.

Ingénieux, habile en tout, il savait faire corde de toute herbe et flèche de tout bois.

Mais c'était un gaillard insatiable.

Plusieurs fois, il avait cherché à dissimuler quelque bonne prise et Élaï lui avait fait rendre gorge.

De plus, ce garçon avait un amour effréné du jeu, des femmes et du vin.

Il avait l'audace de se risquer à Oran où il pouvait être reconnu.

Il est vrai qu'une large cicatrice qui lui coupait la figure, un œil de moins et les années l'avaient considérablement changé depuis sa désertion.

Ismaël était un taureau qu'Élaï Lascri seul aurait pu terrasser.

Brutal, grossier, stupide, il n'avait d'intelligence ou plutôt d'instinct qu'au feu.

Daoud, le Subtil, avait une tête de chacal ou de renard pour ceux de nos lecteurs qui n'auraient pas vu le premier animal au Jardin des Plantes.

Fin, délié, malin, roué, ficelle, il était l'âme du conseil et trouvait les détails d'exécution lorsque Élaï Lascri dédaignait de s'en occuper.

Tels étaient les quatre lieutenants.

Aucun d'eux n'aurait jamais osé regarder Élaï Lascri en face quand il fronçait le sourcil.

Tous quatre étaient las de vivre sur les chemins, ayant chacun plus de trois cent mille francs (monnaie de France) en valeurs diverses dans la grotte.

Les hommes qui pensent de même se devinent et finissent par s'entendre.

Un soir, sous forme de plaisanterie, le Borgne dit à maître Ismaël :

— Troun de l'air! (il transportait les jurons provençaux dans la langue arabe, ce qui produisait un effet de linguistique singulier, troun de l'air! bagasse! je faisais cette nuit un bien beau rêve, Ismaël.

« Figure-toi qu'Élaï Lascri étant mort, nous avions partagé sa part.

« Avec la nôtre, cela faisait une somme à tenter le bey de Tunis, qui n'a pas le sou.

« Je m'en allais m'établir à Smyrne, où je me donnais comme un Arabe.

« Je me montais un sérail.

« J'apprenais à une de mes favorites à préparer l'ayoli et la bouillabaisse.

« Je vivais là comme un marabout dans sa mosquée, et je ne risquais plus ma peau.

— Par Allah! dit Ismaël, voilà un rêve qu'une balle dans le dos d'Élaï rendrait une réalité.

Le Marseillais entendit Ismaël ponctuer sa phrase de telle sorte qu'il fut convaincu que le colosse souhaitait que la balle fût tirée par quelqu'un.

— Et d'un! se dit le Borgne.

Il conta son rêve au Marabout.

Celui-ci répondit :

— J'en ai fait un autre.

« J'étais devenu un vrai marabout.

« Je faisais des miracles, ce qui est facile, Élaï Lascri m'ayant appris les farces de la kabale pour jouer mon rôle devant les imbéciles.

« J'épousais les plus belles filles.

« On m'apportait les plus beaux moutons et les plus beaux fruits.

« J'étais le plus heureux des serviteurs du Prophète dont je me moque au fond autant que toi, mauvais chien de renégat qui ne crois à rien. »

Et tous deux de rire.

— Et de deux! se dit le Borgne.

Il raconta son rêve à Daoud.

Le subtil garçon écouta, rit beaucoup, et il encouragea ses trois compagnons à faire passer leurs rêves à l'état de réalités.

On fit un plan.

Daoud avait le sien.

Il était autrement que celui de ses compagnons : on va le voir.

Il s'en fut trouver Élaï Lascri et lui fit jurer de ne pas le mettre en cause, lui, Daoud.

Élaï le promit.

Alors Daoud révéla tout.

Fureur d'Élaï.

Heureusement cette colère éclata dans un lieu solitaire et les éclats se perdirent sans être entendus.

Le premier feu de fureur passé, Daoud dit à Élaï Lascri :

— Sidna, que comptes-tu faire?

— Brûler la cervelle à ces misérables.

— Mauvais moyen, sidna.

« Il ne faut pas que tes hommes sachent qu'on a conspiré contre toi.

« Le supplice n'est pas une leçon.

« Ce que certains ont osé, d'autres l'oseront encore; un complot fait naître une conspiration.

— Tu parles d'or! dit Élaï.

— Moi, je livrerais une bataille aux gens du bey d'Ousda qui, du reste, est ton ennemi.

« Pendant le combat, — tu tires si bien! — tu égarerais trois balles dans le corps de tes trois kalifes et tu en serais débarrassé.

— Voilà qui me sourit.

« Mais attaquer Ousda qui est bien défendue, ce sera difficile.

— Non, sidna.

« Les Beni-Snassens sont ennemis des Ousdiens; il y a souvent querelle entre eux.

« Le bey d'Ousda tente des razzias contre les Beni-Snassenn.

« Veux-tu que je me donne comme un traître du pays Snassenn ?

« J'offrirai au bey de lui faire faire un grand butin dans les montagnes.

« Je me présenterai comme guide.

« Le bey d'Ousda me croira.

« Je sais jouer un rôle.

« Il ne laissera qu'une petite garnison dans Ousda, et tu enlèveras une porte.

« Dans la ville, tu seras le maître.

« Pendant la bagarre, tu tueras les trois kalifes et tu feras grand butin.

« Moi, je saurai m'esquiver.

« J'aurai fait dépasser cinq ou six villages aux gens du bey.

« Je reviendrai sur mes pas semant l'alarme.

« Le bey aura beaucoup de coups de yatagans à donner pour redescendre chez lui.

« Tu seras parti, laissant Ousda en flammes. »

Élaï Lascri sourit et complimenta maître Daoud auquel il promit de le faire bacha-kalife, ce qui signifie tête ou chef des lieutenants.

Tout se passa en apparence selon le programme; mais Daoud eut une entrevue, avec le bey d'Ousda, tout autre que celle qu'il avait annoncée.

Il vint se présenter au bey, le pria de renvoyer son monde et lui dit :

— Je suis Daoud, le kalife d'Élaï!

Le bey, dit le poëte, mit la main à son yatagan et il éprouva une grande colère.

Mais Daoud se mit à rire.
— Bey, dit-il, je t'apporte la gloire et tu veux me donner la mort.
« Je ne veux plus être coupeur de routes
« Cette vie me fatigue.
« Je t'offre Élaï et sa bande contre dix mille douros que tu me paieras Élaï mort.
— J'accepte ! dit le bey.
Daoud savait bien que jamais le bey ne paierait les dix mille douros.
Il ne comptait pas les réclamer.
Il avait le trésor d'Élaï Lascri à prendre.
Il conseilla au chef de cacher beaucoup de monde dans la ville, et de ses meilleurs goums; puis de sortir avec une autre partie des guerriers.
Il lui dit qu'en s'embusquant non loin de la ville, il pourrait rapidement y revenir.
Élaï Lascri entré dans Ousda, la porte barrée par la troupe qui serait sortie, la ville défendue par un millier d'hommes, pas un brigand ne devait s'échapper.

On voit à quelles combinaisons s'était livré Daoud.
Mais si Daoud était rusé, Élaï Lascri était défiant; il se tint en garde.
Il laissa le bey d'Ousda sortir de sa ville avec une partie de sa troupe et il fit suivre cette colonne par des espions.
Ceux-ci rapportèrent que le bey, comme s'en méfiait Élaï, s'embusquait à peu de distance et semblait attendre que les bandits tombassent sur la ville pour les prendre en queue.
Élaï Lascri ordonna le retour à la grotte.
Il devança toute la bande avec sa fameuse jument...
Il arriva juste à temps.
Daoud était en train de charger du trésor deux maharis (chameaux coureurs), qu'il s'était procurés et qu'il avait tenus cachés.
Élaï Lascri surprit le kalife, le saisit, le garrotta, le baillonna et attendit.
La bande arriva.
Le chef fit rassembler les trois kalifes et leur dit d'un ton bref :
— L'homme que voici nous a tendu un piége; il a combiné un plan, que vous comprenez tous maintenant, avec le bey d'Ousda.
« Pendant que celui-ci devait nous égorger, ce misérable nous pillait.
« Mérite-t-il le supplice ? »
Le Borgne dit :
— Troun de l'air ! Bagasse ! Ce chacal est un vil coquin. Il faut imaginer un genre de supplice qui le fasse souffrir.
« Vous voler !... »
Le Marseillais était furieux du danger qu'il venait de courir.
— Qu'en penses-tu, Marabout ? demanda Élaï Lascri à l'autre kalife.
Non moins outré, le Marabout dit avec une indignation réelle :
— Je ferais brûler vif Daoud; et si je connaissais quelque supplice plus long et plus cruel, je te le conseillerais, maître.
— Et toi, le Fort ? demanda Élaï au dernier kalife qui écoutait sombre et qui répondit :
— Moi, sidna, je me condamne moi-même à crever comme un kelb (chien) sous le matraque (bâton), l'ayant mérité cent fois.
A cette déclaration, la bande s'émut et les kalifes pâlirent.
Le Marseillais fit un mouvement pour fuir; mais il fut arrêté.

Marabout se jeta aux pieds d'Élaï Lascri et demanda grâce.
Il fut garrotté.
Et le Fort reprit :
— Cette hyène de renégat nous a tentés; moi, j'ai cédé; c'est se conduire avec aussi peu de cervelle qu'une autruche, aussi peu de cœur qu'un lièvre, aussi peu de générosité qu'une panthère.
Et il se tut.
Élaï prit la parole et prononça son jugement :
— Je vous condamne à vivre l'un pour l'autre ! fit-il.
On ne comprit que plus tard ce qu'il voulait dire.
Il y avait dans la grotte différentes chambres séparées par des murs de pierres bâtis de main d'hommes.
Élaï Lascri fit enfermer Daoud, le Borgne et le Marabout dans cette chambre et il leur fit enlever leurs armes.
On crut que le maître allait méditer sur le genre de mort.
Personne n'avait cru à ce « je vous condamne à vivre...; » mais on se rendit compte ensuite de ce que signifiait de terrible ce « l'un pour l'autre. »

Élaï Lascri parut ne plus s'occuper des prisonniers.
Au bout d'un jour, on lui demanda ce qu'il fallait faire d'eux.
— Rien ! dit-il.
« Ils vivront l'un pour l'autre et l'un par l'autre. »
On commença à deviner...

Le quatrième jour arrivé, après avoir hurlé la faim, cherché à ébranler l'inébranlable mur, les prisonniers se déchirèrent.
Le Marabout et le Marseillais tuèrent Daoud et le mangèrent après avoir bu son sang.
Élaï Lascri avait ordonné de pratiquer une petite ouverture pour passer à boire aux survivants.
Ils dévorèrent Daoud...
Ce fut une série de scènes épouvantables.
La faim calmée, des lamentations suppliantes sortaient de la prison.
Le besoin revenant, on entendait de frénétiques appels.
Enfin, comme deux fauves, les misérables se jetaient sur les chairs putréfiées.
Ils vécurent ainsi quinze jours.
Le dix-septième, ils s'attaquèrent.
Le Marseillais tua le Marabout et en vécut huit jours, puis mourut d'infection intérieure.
Quand on voulut enlever son corps, il tomba par lambeaux.
Cette punition horrible produisit un effet extraordinaire sur la bande qui fut terrifiée.
Mais un homme surtout vivait dans des transes mortelles.
C'était le Fort.
Élaï Lascri ne paraissait plus s'occuper de lui.
Le malheureux pensa que son maître voulait qu'il vît le supplice de ses compagnons de complot et qu'ensuite il le punirait d'une balle.
Mais les jours passèrent.
Élaï Lascri ne s'occupait pas du dernier coupable.
Celui-ci fut pour lui comme s'il n'était point...
Peu à peu le Fort espéra, puis il comprit qu'il était pardonné, le jour où Élaï Lascri lui dit :
— Tu prendras vingt-cinq hommes et tu iras m'enlever, sur le souk (marché) de Nedromah, cet imbécile de sorcier qui prêche contre nous une levée d'hommes.
Le Fort joyeux partit, revint avec le marabout et, de ce jour, reprit son ancien commandement.
Cette brute avait eu un cri du cœur qui avait touché Élaï.
Mais le nègre dit de lui un mot profond et vrai :

— S'il avait eu de l'intelligence, il se serait tu.
« C'est le seul homme en qui j'aie foi, car ce n'est pas un homme, mais une brute. »
Ainsi finit la révolte des chefs.
Nous allons voir celle des soldats.

XIII
RÉVOLTE DE BANDITS.

Lorsque Daoud avait prédit à Élaï Lascri que les révoltes engendraient les révoltes, il avait prononcé une de ces paroles profondes qui font des diplomates arabes les premiers du monde.

Ce peuple, au milieu de tant de défauts et de vices produits par sa religion, a conservé les finesses et la haute intelligence qui ont toujours caractérisé la race.

Le châtiment des kalifes, qui avait produit une si profonde impression, finit par ne plus agir sur l'imagination des bandits.

De pareils hommes, risquant leur vie chaque jour, sont bronzés contre la mort.

Pour tant hideuse qu'elle soit, ils la bravent par habitude.

On s'accoutuma à plaisanter sur la mort effroyable des kalifes.

L'Arabe ou plutôt l'Algérien n'est pas l'homme toujours grave et compassé que l'on s'est plu à se figurer ; type faux, créé par des romanciers qui n'ont jamais connu notre colonie.

Rien, au contraire, de plus animé qu'un marché ou une migration.

Arabes, Kabyles, Maures, Juifs, Marocains, Touareggs, Chambars, tout ce monde crie, se dispute, chante, rit, plaisante sur un souk (marché).

Sous la tente, on récite des contes, on cause, on fait des cancans.

Les coupeurs de routes passent pour les plus agréables conteurs.

Ils savent mille choses.

Rien d'étonnant à ce que le proverbe dise des voleurs de grands chemins :

Gais comme des coupeurs de routes.

Un soir donc, on riait fort dans la grotte d'Élaï Lascri.

Le maître, du reste, était dehors.

Vêtu comme un prince, riche, bien armé, il avait poussé jusqu'à Ousda, réconcilié qu'il était avec le bey et les habitants.

Depuis l'aventure que l'on sait, le bey, inquiet de son guet-apens manqué, avait envoyé faire des propositions à Élaï.

— Je propose, avait-il dit, de payer un impôt, à la condition qu'Élaï jure de ne toucher à aucun des nôtres.

Élaï avait refusé l'argent.

Il s'était engagé à n'attaquer aucun Ousdien isolé ou en troupe.

Il s'abstenait, après serment fait, de courir sus à aucune caravane se dirigeant sur Ousda ou en sortant, dans un rayon de deux jours de marche autour de cette ville.

De si belles conditions, bien tenues, avaient mis Élaï au mieux avec les Ousdiens.

Mais il avait fait chose plus gracieuse encore.

La ville étant cernée par les Beni-Snassem, il avait brûlé vingt-deux villages à ces derniers qui étaient revenus en toute hâte dans leurs montagnes.

A Ousda, l'on ne jurait que par Élaï Lascri et on l'y révérait comme un dieu.

Il avait ménagé cette ville dans le dessein d'en faire son marché.

Il y vendait son butin.

De plus, il y prenait ses plaisirs.

Donc le maître était allé à une diffa (festin) offerte par le bey.

Avec lui, le Fort.

Et la bande s'amusait.

On buvait force vins.

Le kalife marseillais, en son vivant, et d'autres renégats avaient mis le vin à la mode.

Entre eux, les chefs qui avaient succédé aux morts dégustaient de l'alicante et du porto; la canaille se saturait de gros vins d'Espagne.

Et cette tourbe était fort animée.

Ici et là des lambeaux de conversation significatifs, dont Élaï se fût préoccupé s'il les eût entendus ou si on les lui eût rapportés.

— Il y a aujourd'hui onze mois, dit l'un des bandits dans un groupe, que les kalifes ont voulu jouer le tour au kébir (chef).

« Dans un mois, jour pour jour, il y aura une année que le Borgne mourait.

« En voilà un qui a fait une drôle de fin de Rhamadan (carême) !

— Renégat, mon fils, tu es Italien, et je sais pourquoi tu parles toujours des kalifes.

— Pourquoi?

— Mon cœur entend ton cœur et je lis tes pensées.

« Tu te dis que le jeu valait la partie et que, pour les trésors d'Élaï, on peut risquer sa peau, que nous risquons tous les jours pour moins que ça : les kalifes avaient du courage.

— Par Allah! ils ont eu faim, ces hommes, et je les entends hurler.

« Le Borgne criait en français. »

Un bandit imita les hurlements du Marseillais et l'on se prit à rire.

Un autre se moqua des prières du marabout pour demander du pain.

Toute la bande, enfin, kalifes compris, fit un thème à plaisanteries du supplice des coupables.

Que de chemin en peu de mois !

De ce soir-là, les bandits parlèrent souvent du complot des kalifes.

Voici ce que les plus osés disaient :

— Si les kalifes s'étaient bien entendus, Élaï Lascri périssait.

« Sans ce chien de Daoud qui a voulu tout pour lui seul, on partageait.

— Nous partagions.

« Les kalifes auraient eu moitié entre eux; nous tous, le reste.

— Imbécile!

« Ce Mozabite a une tête d'outarde.

« Pourquoi la moitié aux kalifes?

« Un homme est un homme....

« Les kalifes comme les autres.

— Il a raison.

— Ils n'auront rien de plus que nous...

— Par les djenouns! voilà le Turc qui a dit, je crois : Ils n'auront...

« Il s'imagine qu'Élaï est mort.

— Cela pourrait arriver.

— Le chef est invincible.

« Il a le talisman.

— Pas plus que toi.

« Sont-ils bêtes, tous ces Musulmans!

— Tu ne crois donc pas aux talismans, renégat?

— Je dis que vous êtes tous des idiots.

— Renégat, les talismans...

— Montre-moi une amulette.

— En voici une.

« Elle protége de la fièvre.

« Je n'ai jamais eu la fièvre.
— Moi non plus, brute des bois.
« Je n'ai pourtant pas d'amulette.
« Si je tirais une balle sur Élaï Lascri à dix pas, elle le tuerait.
— Essaie.
Tout le monde rit.
Le rire sonnait faux.
Et chacun pensait à part soi :
— Si l'on essayait...
Un Touaregg qui causait rarement dit :
— Le poison a du bon.
Tous le regardèrent.
Il reprit :
— Aucune amulette ne protège contre le poison.
— Mais il y a le contre-poison ! fit le renégat.
« Élaï doit connaître ça.
« Bon pour des sauvages de ton grand désert de mourir bêtement, faute de boire une jatte de lait ou de l'eau de savon.
« Et puis Élaï, se sentant mourir, serait terrible et on ne sait ce qu'il ferait. »
Il y eut un frémissement dans la bande.
— Tu parles donc comme si l'on devait arriver à tuer le chef, renégat ?
— Qui dit cela ?
« Que celui qui a dit une pareille chose la répète et je le tue.
« Faut-il être bête pour prendre des plaisanteries comme des vérités ! »
Et sur ce, silence.
Mais que de fois cette conversation fut reprise avec des variantes !
Les kalifes, sauf le Fort, eurent vent de ce qui se passait.
Ils faisaient leurs réserves.
— Les enfants, disait l'un, parler de la mort de notre chef est malsain.
« Taisez-vous. »
Mais ils disaient aussi :
— Le chef mort, il faudrait partager.

« On n'est pas kalifes pour rien.
« Si nous le sommes, c'est que nous valons mieux que certains autres.
« On saurait faire sa part. »
Puis ils disaient encore :
— Rien de plus difficile que de faire un complot sans les kalifes.
« Nous n'y consentirions jamais ; mais, sans nous, rien de possible. »
Tant qu'à la fin il y eut une entente générale entre les bandits.
L'exemple de Daoud, qui avait fait tout avorter sans profiter de rien, encourageait à ne trahir personne ; le secret fut tenu.
On résolut d'assassiner Élaï Lascri dans un coup de feu.
Tous jurèrent de tirer sur lui.
Au jour dit, dans la mêlée, personne n'osa.
On songea à vingt moyens violents ; mais nul ne se chargeait de l'exécution.
Élaï Lascri vivait confiant dans la terreur qu'avait dû inspirer le supplice des kalifes ; mais il se réveilla un matin, seul, dans la grotte, avec le Fort.
Le chef couchait, disait-il, avec son garde du corps volontaire, son souloughi (lévrier), enfermé dans une des chambres de la grotte.
Éveillé, autour de lui le silence.
Les bandits, n'osant ni le poignarder, ni l'assommer, ni l'attaquer, avaient imaginé de l'enfermer dans la grotte comme il avait enfermé les kalifes dans la chambre du supplice...

C'est le renégat italien qui avait trouvé cette excellente idée.
Les bandits comptaient rentrer dans la grotte après la mort d'Élaï Lascri.
Ils se partageaient alors le trésor.
Bon calcul.

Cependant, dès le deuxième jour de captivité, le Fort commençait à pousser des hurlements.
Il criait au point que sa voix perçait la terre et montait au dehors.
Les bandits riaient.
Bientôt on entendit les menaçantes apostrophes d'Élaï Lascri, et la bande fut ravie.
Qui crie souffre.
Qui souffre dépérit.
On conçut une grande quiétude au camp des bandits, et l'on jugea que bientôt viendrait l'heure du partage du trésor d'Élaï.
Mais on commença à chercher noise aux kalifes.
Pourquoi donc ceux-ci auraient-ils le quart, ce fameux quart accordé ?
Les uns disaient :
— D'autres ont pu promettre.
« Je n'ai rien promis. »
Plusieurs se plaignaient.
— Au temps d'Élaï (on le prenait déjà pour mort), ces kalifes ont été injustes.
« Ils ont été durs.
« On devrait châtier leur insolence. »
Tous convinrent de ne pas donner le quart.
Les kalifes virent bien ce qui se tramait, et ils tinrent conseil.
— Ces brutes, dit le plus fin, vont en arriver peu à peu à nous refuser le quart, puis notre part, et ils nous égorgeront ensuite.
« Faisons-les battre.
« Ils s'extermineront l'un par l'autre.
— Voilà une idée.
— Comment s'y prendre ?
— Toi, frère, tu es Arabe.
« Adresse-toi aux Arabes.
« Dis-leur :
« — Vous êtes nombreux.
« Les autres sont divisés et faibles.
« Tuons-les.
« La part sera plus grosse.
— Allah t'inspire.
« Je dirai aux Kabyles, moi Kabyle, qu'ils sont les plus vaillants ;
« Qu'en s'unissant aux Touareggs, nègres, Maures, Juifs, Mozabites et renégats, ils pourraient tuer les Arabes qui sont insolents et méditent trahison ;
« Qu'ensuite eux Kabyles extermineront ceux des autres races.
— C'est dit ainsi.
— C'est très-bien dit.
« Louange à Dieu !
— Le Prophète soit avec nous !
— Frères, agissons.
« Ce sera pour cette nuit. »
Toute la journée se passa en intrigues.
Le soir, le complot était fait des deux côtés et les deux partis s'apprêtaient.
Mais tout le monde écoutait curieusement les lamentations des prisonniers.
— Ces hommes forts ! disait-on.
« Un rien les abat.
« Trois jours de jeûne et les voilà aux abois ; ils implorent.
« Les kalifes ont mieux tenu.
— Il faut beaucoup de viande à ces poitrines de lions !

— Lions ! Qui a dit lions ?
« Nous avons été stupides.
« Élaï n'est qu'un homme. »
Et l'on se moqua du chef.
Vers la cinquième heure de la nuit, les Arabes, croyant les autres endormis se levèrent et se ruèrent sur leurs compagnons.
Ceux-ci, qui avaient fixé l'attaque à une heure plus tard, veillaient.
Ils reçurent le choc debout.
La mêlée, dans la nuit, fut enragée.
Voit-on, dans les ténèbres, une centaine de bandits aux prises, avec des millions sous les pieds, et se déchirant ?...
Ce fut un combat atroce.
Chaque homme avait fait à part lui ce calcul, effrayant d'égoïsme :
— Je suis Arabe, c'est vrai, mais si je tue par hasard, dans la mêlée, un autre Arabe, c'est un partageur de moins.
« Donc à l'aveuglette (en arabe, à l'œil fermé et au bras frappant)...
Les Kabyles et les autres avaient eu la même pensée.

Cependant, au milieu de cette lutte, trois hommes, les trois kalifes, restaient en dehors du tourbillon sanglant.
Ils riaient :
— Cela va bien ! disait l'un.
« Dix minutes encore et il ne restera que nous, et nous partagerons.
« Il n'y a pas trente hommes sans blessures, et ils s'acharnent.
— Entendez-vous ? dit un autre.
— Quoi donc ?
— Une détonation sourde.
— Où cela ?
— Vers la falaise.
« A l'entrée de la grotte.
— C'est une vague.
— C'est possible.
— ...Si c'était...
— Quoi donc ?
— ...Élaï avait sa poire à poudre !
« S'il avait fait sauter la pierre !!!
Une voix dans l'ombre :
— Il l'a fait !

. . . .

Au même moment, deux hommes se précipitaient sur les kalifes.
Ils tombèrent.
De là tous deux se lancèrent dans la mêlée, et ce qui survivait s'enfuit...
Ainsi se disperse la troupe des chacals, à l'aspect des lions.

. . . .

Le jour se leva.
Élaï Lascri et le Fort, assis au milieu des cadavres, déjeunaient d'une cuisse d'agneau chacun, réparant un long jeûne.
Élaï salua le soleil émergeant à l'horizon des flots bleus de la Méditerranée.
— Lumière, dit-il, flambe, et montre qu'Élaï Lascri connaît le cœur des hommes.
Puis à le Fort :
— Ne l'avais-je pas dit ?
« Nos yeux verront la quatrième aurore et la quatrième aurore les verra morts.
« Je comptais qu'ils s'égorgeraient, c'est pourquoi j'ai attendu.
« Et maintenant, que la voix qui me parlait souvent de générosité se taise en ma poitrine ! »

Il se leva, jeta un dernier regard sur le terrain de combat, puis il prit le chemin d'Ousda.
Un mois plus tard, la bande était reformée.

FIN DU PROLOGUE.

I

COMMENT LES PROPRIETAIRES D'ESCLAVES EN AFRIQUE USAIENT ET ABUSAIENT DU DROIT DE POSSESSION.

A l'ouest de nos possessions algériennes, sur les confins du Maroc, au pied des montagnes Traras, s'élève une petite ville charmante dont le poétique aspect ravit l'œil du voyageur qui la contemple du haut de la crête d'Aïn-Kébira (la grande fontaine).
Elle se nomme Nédromah.
C'est encore aujourd'hui la ville arabe qui a su le mieux conserver son cachet oriental.
Pareilles aux femmes mauresques, qui ont adopté une partie des modes françaises, Alger, Oran, Tlemcen même offrent une apparence mixte; plus jolies, plus coquettes, plus souriantes peut-être sont les cités et les femmes algériennes qui ont accepté ou subi ce compromis.
Mais Nédromah, qui a su échapper aux transformations de la conquête, est demeurée plus originale, plus délicatement belle, et plus fière surtout.
Quoique peu considérable, cette cité emprunte aux reflets étincelants du soleil des tropiques une splendeur qui éblouit.
En Algérie, les jeux de lumière sont si puissants, qu'ils mettent en relief les moindres détails et leur prêtent une couleur pittoresque; le plus petit village y frappe plus l'imagination qu'une de nos froides cités du Nord.
Ensevelie sous son manteau de verdure, Nédromah semble une fiancée arabe, voilée du haïque virginal que n'a pas encore entr'ouvert la main d'un amant; les orangers et les grenadiers marient leurs fruits d'or et de pourpre au-dessus de ses petites maisons blanches; aussi haut que le minaret et la mosquée, s'élancent des bouquets de palmiers dont les tiges flexibles se courbent gracieusement sous la brise; les jardins qui l'entourent sont couverts d'oliviers aux proportions gigantesques; son antique muraille elle-même est tapissée de lierre et de mousse.
Partout des arbres qui l'ombragent; partout des fleurs qui l'embaument.
Par une magnifique journée de la saison d'été, l'ulémah (prêtre) jetait du haut du minaret, aux quatre points du globe, son appel à la prière du salut (aïa el sala), annonçant aux croyants que la troisième heure après midi venait de sonner; sa voix sonore troublait seule le silence profond où était plongée la nature endormie.
Le soleil, de ses baisers de feu, brûlait la terre qui haletait sous cette caresse dévorante; tous les êtres vivants cherchaient un abri contre la chaleur; les hommes dans la ville, les animaux dans la campagne étaient assoupis; les feuilles des arbres se tordaient fanées; les fleurs inclinaient sur leurs tiges leurs têtes flétries.
Cependant un vieillard et une jeune femme, bravant cette température de fournaise incandescente, sortaient de Nédromah par l'unique porte qu'elle possède.
L'homme marchait d'un pas rapide et ferme, l'allure de sa compagne annonçait la crainte et l'hésitation.
C'était une jolie mulâtresse de quinze ans à peine, ravissante enfant, à l'aspect coquet et mutin, aux gestes vifs et gracieux.
Elle représentait l'heureux mélange des qualités des

deux peuples; l'on retrouvait en elle l'ardeur, la gaieté et les formes voluptueuses particulières au sang nègre, unies à la finesse de traits, à la rectitude de lignes qui caractérisent le type arabe.

Sa bouche avait une grâce toute particulière; trop petite pour que ses lèvres roses, un peu épaisses, pussent s'y étendre à l'aise, elle ressemblait à une cerise bien mûre : ferme et rebondie comme ce fruit, quand sa couleur éclatante convie les oiseaux aux festins du printemps, elle appelait par sa forme sensuelle les baisers de l'amour.

L'éclat de ses yeux noirs et l'émail de ses dents d'une blancheur éblouissante faisaient ressortir admirablement la teinte bistrée de la peau douce et fine de son charmant visage, qu'encadraient des cheveux ondulés dont les boucles mutines s'échappaient d'une petite calotte rouge, coiffure élégante des Algériennes.

Comme toutes les femmes arabes, elle portait une tunique assez courte, recouverte d'un long haïque.

Cette jeune fille semblait faite pour le sourire et les chansons; pourtant une expression de crainte indéfinissable attristait sa physionomie, et jetait sur sa grâce provoquante un voile de mélancolie.

Fathma, tel était le nom de la mulâtresse, descendait d'un djouad (noble) arabe.

Le djouad, comme la plupart des indigènes de grande tente (race aristocratique), avait donné à chacune de ses femmes légitimes une servante noire; un jour, par caprice, il jeta les yeux sur la mère de Fathma, qui fut pendant quelques semaines la favorite du maître.

Malheureusement celle qu'elle avait supplantée était une de ces âmes jalouses et implacables auxquelles l'amour-propre froissé inspire les plus terribles vengeances : elle empoisonna son mari !

La négresse s'enfuit, et elle fut recueillie par un cheik d'un douar voisin; puis, vendue de main en main, elle et l'enfant dont elle accoucha neuf mois après, elle tomba enfin sous la domination d'un bourgeois de Nédromah, nommé Aïdin, qui jadis avait servi d'espion au bey d'Oran. Cet homme traita cruellement la mère et l'enfant; il avait accès de jalousie insensée; et dans un de ces moments, usant du droit odieux que le Coran accorde au propriétaire d'un esclave, il avait tué la mère de Fathma.

La France n'eût-elle fait qu'abolir la servitude des noirs en Algérie, que sa conquête aurait une excuse suffisante.

La jeune fille s'aperçut que son compagnon s'engageait dans un chemin qui conduisait à une forêt voisine; elle lui demanda avec inquiétude :

— Maître, où allons-nous ?

Au lieu de répondre, Aïdin se retourna et lança à la mulâtresse un regard farouche; sa figure féline annonçait d'odieuses convoitises et une rage sourde.

D'un signe impératif, il commanda à la jeune fille de marcher en avant; elle obéit, et ils se remirent en marche.

Au bout d'une heure, le vieillard s'arrêta; il examina avec soin le lieu où il se trouvait, et sans doute le jugea convenable pour exécuter le projet qu'il méditait, car il poussa une espèce de grognement joyeux.

La jeune fille, qui avait fait halte aussi, était loin de partager la satisfaction de son maître; ils venaient d'arriver à la côte des Caroubiers.

Cette colline, aujourd'hui presque entièrement dépouillée des bosquets qui l'ombrageaient, était encore à cette époque tellement couverte de lianes, de broussailles, de plantes arborescentes et de hautes futaies, que le fer n'aurait pu y ouvrir un passage.

Un marabout célèbre avait voulu qu'on y déposât son tombeau; et, depuis lors, c'était un lieu sacré.

Sauf un chemin qui le coupait par le milieu, ce bois était impénétrable; les caroubiers y croissaient en grand nombre; ils étaient unis par des lianes si étroitement entrelacées aux buissons d'épines et aux cactus gigantesques, que les plus hardis chasseurs ne pouvaient y suivre les pistes du sanglier; très peu de personnes, du reste, se seraient aventurées sans une absolue nécessité dans ce lieu ténébreux, plein de mystérieuses retraites, de sombres grottes, de ravins sauvages.

Non-seulement les maraudeurs du Maroc, si nombreux dans ces parages, s'y abritaient pendant le jour, mais, au dire des musulmans dévots, l'esprit du vieux marabout y revenait tous les soirs et il s'y livrait à mille évocations terribles.

Il n'y a pas une race au monde plus superstitieuse que les Arabes, et tel cavalier, qui eût bravé dix voleurs marocains, tremblerait à l'idée de se trouver en face d'un spectre décharné.

Chez tous les peuples où la civilisation n'a pas encore sapé les préjugés ridicules, où le flambeau de la raison n'a pas illuminé les ténèbres de l'ignorance, on retrouve fortement enracinées ces folles croyances aux gnomes, aux esprits, aux farfadets.

Le tombeau du marabout était donc réputé pour servir de point de repère à tous les fantômes fantastiques, dont l'imagination des indigènes peuplait les arbres qui l'entouraient.

C'est au milieu de cette forêt sauvage que le vieillard avait amené sa compagne.

Celle-ci frissonnait d'épouvante; elle semblait moins redouter les sarags (voleurs) que son maître; elle le regardait avec les tremblements convulsifs de la gazelle qui sent la griffe d'un léopard levée sur elle!

Le vieillard trouva entre deux caroubiers une petite voie fréquentée par les sangliers; à la rigueur, un homme pouvait la suivre; il s'y engagea, et pénétra jusqu'au pied d'un arbre où deux personnes seraient parvenues à s'asseoir sans être par trop gênées.

La découverte de cette éclaircie mit le vieillard en bonne humeur; ses lèvres grimacèrent un mauvais sourire, démenti par son front de reptile.

Il revint vers sa compagne, qu'il avait laissée sur le chemin.

— Fathma, lui dit-il, glisse-toi derrière moi, et prends garde aux épines.

— Mais pourquoi quitter la route? demanda la mulâtresse avec une effroi visible.

— Pour nous asseoir au pied d'un arbre et y causer répondit son maître.

Un regard sardonique accompagnait ces mots.

Ce lieu semblait si commode pour commettre un crime, que les plus braves redoubleraient de prudence en y passant; Fathma, qui avait des raisons trop réelles de redouter son maître, répondit :

— Il est inutile de nous enfoncer dans le taillis pour causer; du reste, nous aurions pu nous entretenir aussi bien à la maison qu'ici.

L'Arabe parut prendre le parti de brusquer les choses

— Il est impossible, dit-il, de tenir une conversation avec toi; tu cries trop haut à la ville.

« Ici, nous sommes seuls; on ne peut t'entendre.

« Là-bas, quand je veux te parler... d'amour, tu étouffes les phrases dans mon gosier, en ébranlant les murailles de tes vociférations.

— Et tu crois venir à bout de ma résistance parce que nous sommes dans une forêt, sans qu'une oreille humaine puisse entendre mes plaintes?

« Eh ! mais, j'essayerai du moins; vois-tu, dans Nédromah, quand tu appelles à l'aide, personne ne vient c'est vrai, parce que je suis dans mon droit; tu m'appartiens, je puis de toi faire ce que je veux.

« Cependant, je finis par te laisser en paix, parce que mes voisins se moquent de moi, ou me font des repré-

Elle jeta ses deux bras autour de sa taille. (Page 46.)

ches, poussés par leurs femmes, qui prennent ton parti.

« Ici, peu soucieux de tes récriminations, je te dompterai par la force.

« Ne crois pas que tu m'échapperas, Fathma, car je ne reculerai devant aucune extrémité.

— Je le sais bien; mais je suis décidée à tout, plutôt que de subir tes odieuses caresses.

« Tu es cruel et lâche! Aussi, va, en quittant la ville, me doutais-je de ton dessein! Tu veux ma mort, tu l'auras, Aïdin! »

Le ton de désespoir avec lequel Fathma prononça ces mots opéra un subit changement dans le cœur du vieillard.

Il aimait passionnément son esclave; ses désirs insensés l'exaltaient parfois jusqu'au délire; mais d'autres fois aussi il espérait attendrir la jeune fille, et alors la passion lui inspirait les plus tendres supplications.

La pensée que la petite mulâtresse souffrait à cause de lui l'attendrit tout à coup; il s'écria avec un accent passionné:

— Écoute, ma fille, je t'en conjure; je t'aime, tu le sais.

« Ne me force pas à la brutalité.

« Ne t'ai-je pas promis fortune et repos, si tu voulais me sourire comme parfois tu souris aux cavaliers de l'agha (chef)?

« Veux-tu que je t'achète une négresse pour te servir, des bijoux, des ceintures d'or, des haïques de soie?

Fathma, veux-tu m'aimer? »

Emporté par ces désirs de vieillard, si puissants, si étranges, il essaya encore de s'emparer d'elle; mais la voyant fuir, ivre de passion, il tomba à genoux, et, les mains suppliantes, il s'écria:

— Fathma, le vieil Ibrahim a la réputation d'un guerrier redoutable; Fathma, mon yatagan a coupé bien des têtes, et cependant je pleure à tes genoux.

« N'es-tu pas touchée de voir un vieux lion comme moi léchant la terre aux pieds d'une gazelle?

« Fathma, tu m'accuses d'être méchant; qui donc est le plus cruel de nous deux?

— Aïdin, répondit-elle, tu oublies que ma mère fut tuée par toi, il y a un an à peine; tu oublies que ta main est rouge encore de son sang; tu oublies que j'ai à la venger.

« Avant que la jalousie t'eût poussé à ce meurtre infâme, je t'exécrais déjà; aujourd'hui, je suis prête à mourir plutôt que d'être à toi.

« Jamais un de tes baisers ne souillera mes joues. »

Aïdin bondit furieux, et il s'élança à la poursuite de Fathma, qui avait pris la fuite vers la ville!

Alerte et vigoureuse, peut-être serait-elle parvenue à s'échapper, si malheureusement elle n'eût pris un sentier qui se perdait dans les broussailles; elle se trouva enfermée comme dans un piège.

— Oh! misérable, lui cria Aïdin, malheur sur toi! tu vas payer cher tes insultes!

Il marcha droit à elle: elle était brisée par la course, il put facilement la saisir dans ses bras.

Fathma s'attendait à être frappée; mais le vieillard

sentit sa colère s'éteindre, quand il tint contre sa poitrine la jolie taille de la négresse.

Son œil brillait encore, non de colère, mais d'amour ; d'un amour de tigre, d'un amour sauvage, plus redoutable en ce moment pour Fathma que sa haine !

Elle courbait la tête pour éviter un coup, elle reçut un baiser. . . . .

Cette caresse odieuse l'exaspéra.

Quoiqu'elle fût née d'une négresse, un sang généreux coulait dans ses veines ; elle eût peut-être accepté les mauvais traitements ; le baiser du vieillard la révolta.

Le noble sang de son père se réveilla en elle ; elle poussa un cri désespéré, et ses deux mains crispées par l'indignation saisirent Aïdin à la gorge.

Parfois les femmes puisent dans le désespoir une force surhumaine que l'on est étonné de rencontrer dans des êtres si frêles.

C'est qu'il est un levier énergique, irrésistible : la colère !

Elle concentre sur un seul point toute la puissance de l'âme et du corps ; elle raidit les muscles, elle bande les nerfs, elle gonfle les veines, elle rend invincible.

Et la colère est d'autant plus terrible que, le sang aveuglant les yeux, on frappe à l'aventure, on saisit au hasard.

C'est pour cela qu'il ne faut jamais irriter injustement les enfants, les femmes et les peuples.

Si faibles qu'ils paraissent, quand leurs cœurs sommeillent, ne les éveillez pas en leur faisant trop cruellement sentir l'aiguillon de la douleur, car ils vous épouvanteraient !

Les plus grands crimes ont été commis par les femmes jalouses, les enfants exaspérés, les peuples en révolte.

Ils deviennent forts en devenant furieux ; et l'auteur de leur rage est responsable de leurs actes, parce qu'il doit savoir combien facilement ils perdent la raison quand on les pousse au désespoir.

Si Fathma avait eu un poignard, elle aurait tué Aïdin ; son étreinte fut si violente que le vieillard la lâcha, et que ses deux mains se portèrent de la taille de la jeune fille à son cou, afin de le dégager.

Quand elle se sentit libre, Fathma se jeta en arrière, mais elle ne put trouver d'issue ; la pauvre enfant était enfermée dans une impasse ; à peine parvint-elle à faire quelques pas, en se déchirant aux épines des buissons sous lesquels le sentier se perdait.

Un instant, Aïdin demeura suffoqué ; il ne reprit haleine qu'au bout de quelques secondes.

Il sentait que, par une lutte, il ne viendrait pas à bout de son esclave ; il était humilié de sa défaite ; son orgueil souffrait de son impuissance.

Le front fuyant des Arabes, leur nez crochu, leurs pommettes saillantes, sont les indices certains d'une tendance à la cruauté, et ces signes en étaient fortement accusés sur la figure du vieillard ; sa main tourmentait la crosse de son pistolet ; ses yeux s'injectaient de sang ; les veines de son front soulevaient sa peau ridée.

L'amour, la haine, la fierté blessée, le rendaient fou.

— Fathma, gronda-t-il sourdement, Fathma, veux-tu céder ?

— Non, répondit-elle, non ; je suis prête à mourir plutôt que de subir tes odieuses caresses.

Les Arabes portent presque toujours une espèce de bâton de voyage, sorte de massue nommée matraque ; Aïdin en avait un à la main ; il en frappa vigoureusement la jeune fille.

Celle-ci tomba à genoux.

Il s'acharna sur elle.

Le sang jaillit de ses épaules ; elle se tordait sous les coups.

Aïdin cessa un instant de meurtrir son dos.

— Consens-tu ? demanda-t-il.

Et sa voix tremblait ; son regard menaçait.

Fathma, lasse de la vie, désirait mourir.

Elle se releva, provoqua, par son orgueilleux coup d'œil, la rage de son maître, et lui cracha au visage.

En ce moment, ce n'était plus une esclave, c'était une vraie fille de djouad (noble).

Aïdin poussa un rugissement de tigre, jeta son bâton, et sa main frémissante saisit le pistolet pendu à sa ceinture ; il coucha son esclave en joue.

Celle-ci, courbée et les bras étendus instinctivement comme pour repousser la mort, avait baissé sa paupière par un mouvement machinal.

Une détonation retentit. . . . .
. . . .

II

OÙ IL EST PARLÉ D'AMOUR PAR UN ARABE FORT JOLI GARÇON, ET DE HAINE PAR UN NÈGRE FORT LAID.

Au moment même où Fathma et le vieil Aïdin quittaient Nédromah, l'une pour devenir victime, l'autre pour être bourreau... la silhouette d'un cavalier isolé se découpait sur l'azur du ciel, au sommet de la plus haute cime de ce chaînon de l'Atlas.

C'est une arête dentelée, déchiquetée à jour comme un de nos clochers gothiques ; elle s'élance au-dessus d'un cône arrondi ; à sa base jaillit du roc vif une source abondante et limpide qui lui a valu le nom d'Aïn-Kébira (la grande fontaine).

De cet endroit, on domine la colline des Caroubiers, où se dirigeait Aïdin.

Immobile sous les rayons incandescents du soleil, le cavalier contemplait avec une apparente tranquillité la plaine qui s'étendait à ses pieds.

Pour qui n'eût pas remarqué le feu de ses yeux, fixés invariablement sur un point à peine perceptible dans l'espace, il eût été facile de supposer qu'un sentiment d'admiration le clouait à sa place.

En effet, le panorama splendide qui se déroule devant le voyageur arrivé sur les hauteurs d'Aïn-Kébira est bien fait pour le frapper d'admiration.

Les regards, longtemps bornés par une succession de mamelons étagés qu'il a fallu gravir, aperçoivent soudain une plaine immense, où les sites les plus opposés se succédant sans transition, font ressortir par des contrastes saisissants les merveilleuses beautés de la nature africaine.

Cette vallée commence au pied des Traras, qui l'entourent d'un vaste hémicycle.

Elle va finir à la Méditerranée, qui la baigne de ses flots bleus.

D'un côté, l'Atlas avec ses sombres forêts de chêne et ses plateaux verdoyants ; ses flancs abrupts, parsemés de précipices horribles ; ses crêtes sauvages, hérissées de pics d'une prodigieuse élévation !

De l'autre, la mer, qui se déroule au loin, image de l'infini, et sur la surface de laquelle blanchissent quelques voiles, imperceptibles points, qui rappellent le génie de l'homme au milieu de l'œuvre grandiose de la création !

C'est un spectacle imposant, majestueux, sublime dans son ensemble, qui étonne, frappe et saisit.

Étrange, varié, pittoresque dans ses détails, qui charment, attirent et éblouissent !

Des ruisseaux nombreux, descendant en cascades bruyantes du sommet des montagnes, coulent vers la mer, encaissés dans des ravins profonds ; couverts d'une végétation luxuriante, ils s'entre-croisent comme les mailles d'un filet ; entre ces lignes de verdure bizarment entrelacées, le soleil, calcinant le sol, a formé des espaces arides, dont la stérilité désolante contribue encore à donner aux rives des cours d'eau un aspect plus délicieux de richesse et de fraîcheur.

De ces oppositions heurtées jaillissent des effets merveilleux.

Au milieu de ces déserts qui, sous les flots de la lumière torride, resplendissent comme des miroirs ardents; les îles de verdure semblent des émeraudes enchâssées dans une rivière de diamants.

Et ce n'était pas cela pourtant que regardait le cavalier si obstinément planté sur la crête d'Aïn-Kébir!

Cet homme avait les traits des peuplades dont la civilisation n'a pas encore ennobli la face.

C'était un type puissant de la race nègre.

Son front annonçait une froide cruauté; mais deux yeux étincelants de ruse et d'audace éclairaient d'un vif reflet d'intelligence cette tête qui, — en dépit du nez évasé, du front fuyant et des lèvres épaisses, signes de la race à laquelle il appartenait — ne manquait ni de beauté, ni de noblesse.

Il est des hommes qu'à première vue on juge mauvais, dangereux, terribles; il semble que Dieu, d'après les vieilles traditions, les ait marqués au front du sceau de Caïn.

Il était de ceux-là!

On pressentait en lui une existence pleine de sombres et mystérieuses aventures.

Les jets de flamme fulgurante qui jaillissaient de sa fauve prunelle avaient l'éclat sinistre de la foudre illuminant la nue.

L'intelligence, mise au service d'un homme rejeté de la société de ses semblables et réduit à la condition des fauves, c'est-à-dire à la lutte sans trêve ni merci, en fait un être d'autant plus redoutable, un malfaiteur d'autant plus à craindre que ses facultés, surexcitées par les passions, s'exaltent jusqu'au délire; entre un honnête homme, aux mœurs calmes, aux habitudes paisibles, et le bandit aux instincts féroces, il y a une différence excessive comme puissance dans un combat, quand même ils possèderaient tous deux une somme égale de facultés matérielles et intellectuelles; l'énergie du brigand est triplée par le levier de ses appétits furieux.

Telle est la cause de certains triomphes en apparence inexplicables, qui surprennent dans la vie des individus comme dans celle des peuples.

A voir la manière dont le nègre couvait de son regard un douar situé à une grande distance vers la mer, on devinait aisément qu'il y avait un ennemi; sous ses sourcils froncés jaillissaient des étincelles de menace.

Parfois il interrogeait l'horizon en tous sens, puis il murmurait avec une colère concentrée:

— Par Allah! cet Ali tarde bien à venir.

Et il retombait dans sa contemplation.

Enfin, après une longue attente, il sentit son cheval tressaillir.

C'était un magnifique étalon, plein de feu; en ce moment, excité par le voisinage d'un danger, il frémissait de tout son corps, dressait ses oreilles avec effroi et aspirait l'air de ses naseaux fumants.

Les chevaux algériens ont une sagacité étonnante qui ne le cède pas à celle des braques de nos braconniers, lesquels, comme on le sait, éventent un gendarme à une demi-lieue à la ro le.

Le coursier d'un saraq (voleur) bédouin, annonce infailliblement à son maître l'approche d'un ennemi, quel qu'il soit.

Les Arabes connaissent leurs montures, comme un chasseur en France connaît son chien; aussi le nègre parut-il inquiet.

— Qu'y a-t-il, Saïda? demanda-t-il à son cheval en le flattant de la main, absolument comme eût fait un braconnier pour son braque.

Saïda (le Tigre) écouta quelques secondes encore, pendant lesquelles le cavalier l'observa avec le plus grand soin; puis il poussa un hennissement joyeux.

— C'est la jument d'Ali, se dit le nègre; voilà donc ce maudit qui arrive.

Et en terminant ce monologue, il remit à sa ceinture un pistolet, qu'il en avait tiré dans un premier mouvement de défiance.

Au bout de deux ou trois minutes, un cavalier arriva bride abattue.

A peine avait-il dix-huit ans.

Il portait avec une grâce ravissante le costume des grands seigneurs indigènes; son teint avait cette pâleur mate qui distingue les membres de l'aristocratie arabe, et à travers ses longs cils noirs brillait un vif et doux regard; sur ses lèvres errait un mélancolique sourire; toute sa physionomie, délicate et fine, avait une expression de poétique rêverie.

La noble fierté de son front légèrement bombé, et l'élégance de ses gestes, révélaient en lui le descendant d'une grande famille; ce fut lui cependant qui, le premier, salua le nègre.

Il est vrai que, malgré l'état d'esclavage où se trouvait encore à cette époque la race noire, ce nègre portait des vêtements d'un tissu trop fin et des armes trop riches pour ne pas jouir de la plus complète indépendance.

— Le salut soit sur toi! lui dit le jeune homme en lui tendant la main avec plus de déférence que de respect, avec plus de froide politesse que d'affection sincère.

— Que ton jour soit heureux! répondit le nègre en affectant une bonhomie qui ne devait pas lui être habituelle.

« Sans doute tu as fait quelque bonne prise, car j'ai failli rôtir un mouton comme un mouton de diffa (festin) sur la braise, en attendant ton arrivée.

— Je suis en retard et j'ai tort, d'autant plus que je n'ai pas rencontré la moindre occasion de recueillir quelque butin, seule excuse un peu valable à tes yeux.

Sans se préoccuper du sourire quelque peu railleur qui accompagnait cette phrase, le nègre répondit:

— Je ne te garde pas rancune, mon cher Ali; depuis quelques jours, tu es si triste, si changé, que je ne voudrais pas encore ajouter à tes chagrins par mes reproches.

« Seulement je serais curieux de connaître le motif de tes soucis.

« Nous t'estimons tous, tu le sais; mes compagnons, inquiets de tes allures (le nègre appuya sur ces mots), me questionnent à ton sujet.

« Jadis tu aimais à faire parler la poudre; les jours de bataille étaient pour toi jours de fête.

« En te voyant si brave, je t'avais choisi pour commander après moi notre broufillard (bande de voleurs)[1].

« J'avais en toi toute confiance; quand tu veillais, je dormais; quand tu parlais, je pouvais me taire; lorsque tu te battais, mon yatagan reposait à ma ceinture.

« Car tu avais la vigilance du coq, la prudence du serpent, la sagesse d'un marabout (prêtre), et le courage d'un lion.

« Mais, depuis tantôt deux mois, tu es songeur; notre métier te déplairait-il, par hasard? »

1. Par ce seul mot, les Arabes, dans leur poétique langage, peignent les précautions dont s'entourent les bandits.

Ali restait silencieux ; son attitude trahissait un embarras mal déguisé ; le regard perçant de son interlocuteur semblait le gêner beaucoup.

Le nègre était ce fameux Élaï Lascri dont nous avons raconté les exploits dans notre prologue.

Ali remplissait près de lui les fonctions de lieutenant.

Évidemment le jeune homme excitait les soupçons du farouche Élaï Lascri qui, nous le savons, avait le droit d'être défiant ; il subissait un interrogatoire qui paraissait tourner à son désavantage.

Il fallait répondre ; le nègre attendait, la main crispée, le front assombri.

— Tu veux que je parle franchement, n'est-ce pas? fit Ali avec effort.

— Oui.

— Eh bien! tu as deviné juste, la vie que nous menons me pèse à ce point que, si je pouvais te quitter à l'instant, je le ferais avec joie.

— Et quel est le motif de cette subite détermination? demanda le nègre en scandant chaque mot.

— Ah! tu ne comprendrais pas, répondit Ali avec une nuance de dédain.

— Tu me crois donc aussi stupide que le bœuf des prairies, ou la buse des montagnes! s'écria Élaï Lascri avec colère.

« Oh! si, je comprends! Tu médites une lâcheté ; depuis quelques semaines, je l'observe ; tu as emporté ta part de butin dans une retraite sûre.

« Inutile de le nier ; j'en suis certain.

« Te trouvant assez riche, tu veux abandonner indignement ceux qui t'ont fait ce que tu es.

« Qui sait même si, au fond de ton cœur, tu ne nourris pas la pensée de me vendre à l'agha de Nédromah.

« C'est une belle proie à livrer que le terrible Élaï Lascri ; on te le payerait son poids d'or.

« Heureusement, tu connais mon yatagan, et tu as vu déjà comment il me venge des traîtres.

« Retiens bien ceci, Ali : je lis dans ton cœur comme un taleb (savant) dans un livre.

« Jusqu'ici tu n'as fait que désirer le repos ; demain tu voudras ma mort : on va vite dans le chemin de la trahison.

« A la moindre démarche suspecte, au moindre doute, je te ferai sauter la cervelle. »

Ali était devenu aussi pâle que son haïque.

Il fit peser sur Élaï Lascri un fier et dédaigneux regard, et, lentement, il lui dit :

— Tu menaces, et tu as tort. Tu oublies que tous deux nous avons regardé sa mort face à face, et que tu ne fus pas seul à bien tenir ton âme

« Te craindre! Mais qui es-tu donc pour essayer de m'intimider ainsi?

« Un homme qui a deux bras pour attaquer, comme j'en ai deux pour me défendre.

« Désormais, plus d'insultes, entends-tu?

« Oui, je suis las de courir sans cesse pour égorger toujours ; oui, le sang me répugne, et je voudrais te quitter.

« Seulement un bienfait unit ma destinée à la tienne ; les anneaux de la chaîne qui m'attache à toi sont rivés plus solidement par la reconnaissance que par la peur, sentiment inconnu à mon âme.

« Use de mon intelligence et de mes forces comme tu l'entendras ; quand j'étais tout enfant, tu m'as sauvé la vie ; je t'appartiens.

« Mais pas de reproches! pas d'humiliations! Si tu es mécontent, tue-moi ; ne m'insulte jamais! »

Élaï Lascri avait trop de perspicacité pour n'être pas convaincu par l'accent dont furent prononcées ces paroles.

Malgré sa rude nature, il se sentit ému.

— Réconcilions-nous, dit-il avec autant d'effusion que son caractère sauvage le comportait ; que jamais la défiance ne tienne nos mains à distance.

Puis il ajouta avec un fin sourire :

— Quoique rassuré sur ta fidélité, tu avoueras que je ne suis pas assez sot pour ne point comprendre le motif de ta mélancolie, si tu me le confiais.

« Et, crois-le bien, si j'insiste sur ce point, c'est seulement par curiosité et par intérêt.

— Certes, tu ne manques pas d'intelligence, répondit Ali calmé par ces paroles ; mais pour comprendre les peines du cœur, il faut en avoir un, et rien ne bat dans ta poitrine.

« Tu rirais par trop si je te confiais la cause de mon retard.

— Du tout ; je ne plaisanterai jamais sur un sujet aussi grave que celui-là, puisque bientôt il me fera perdre le meilleur de mes amis.

« Car tu penses bien qu'un jour je te rendrai libre ; tu ne peux éternellement souffrir...

« Allons, enfant, raconte vite ton histoire. »

La curiosité est peut-être le sentiment le plus capable de transformer momentanément un homme.

Quand cette corde a vibré, le paresseux devient agile, le gourmand se fait sobre, l'avare lâche son argent, la femme sait se taire.

Et, à ce propos, n'est-ce pas au vif désir d'apprendre, si développé chez elles, que nous devons les plus douces câlineries, les plus gentilles coquetteries des femmes?

Toujours est-il que, pour arracher à Ali son secret, Élaï Lascri cachait ses griffes de tigre ; il se faisait bonhomme.

— Eh bien! dit Ali non sans hésiter, si j'ai tant tardé à venir, une femme en est la cause.

— Une femme! exclama le nègre au comble de la surprise ; le motif est futile, en effet.

« C'est pour cela que tu as conçu sur notre métier des idées si bizarres?

« Quoi! devant nous chacun tremble et s'enfuit ; nous possédons de l'or à rendre un sultan jaloux ; nous livrons des combats magnifiques où toujours la victoire nous sourit, et tu parles de nous quitter! pour une femme!

— Sans doute.

« Ignores-tu qu'auprès de sa femelle le lion oublie et ses griffes et ses dents? »

Élaï Lascri était si loin de se douter du pouvoir des femmes qu'il devint songeur ; la toute-puissance de l'amour venait de se révéler à lui qui n'y avait jamais cru ; son plus vaillant compagnon se déclarait dompté par la main mignonne d'une jolie fille.

Pour le nègre, cela tenait du prodige.

— C'est donc vrai! grouda-t-il avec une colère sourde.

— Quoi? fit Ali étonné.

— On le disait, continua Élaï Lascri sans répondre directement, mais je refusais de le croire.

« Oui, l'œil d'une femme a le don d'éteindre la bravoure dans le cœur du guerrier ; son contact brise les lames les mieux trempées ; la poudre s'évente au souffle de son haleine ; d'un baiser, elle soumet les plus forts.

« Oui, la femme est mauvaise au cœur des braves, comme la rouille à l'acier des armes.

« Ce n'est pas moi qu'une jeune fille aussi frêle que le roseau des lacs dominerait.

— Chouïa, chouïa (attends, attends!), fit Ali ; plus grands que toi ont été vaincus.

— Allons donc! combien de jeunes filles n'ai-je pas enlevées!

« Je suis toujours le même, cependant.

— Tu n'avais pas pour celles-là un véritable amour, un amour semblable à celui que j'éprouve.

« Tu crois avoir aimé parce que tu as assouvi un désir brutal sur des malheureuses ravies à leurs familles ?

« Tu te trompes.

« Elles t'exécraient; elles te repoussaient de toutes leurs forces, et quand tu les avais domptées par la violence, tu possédais un corps dont l'âme était absente; autant dire un cadavre.

« Ah! si tu savais comme il est doux de posséder la douce affection d'une femme adorée!

« Tiens, suppose qu'un jour une de tes captives te regarde, et, au lieu de fuir, te rende caresse pour caresse, sourire pour sourire; songe qu'alors une créature charmante bénirait ton nom partout exécré, saluerait de ses rires joyeux ton arrivée que l'on redoute, t'entourerait de soins touchants, de prévenances délicates; pense aussi qu'elle te donnerait des gages de sa tendresse, des enfants qui feraient ton orgueil et seraient les soutiens de ta vieillesse, et dis-moi si tu poignarderais celle-là, comme tu poignardes souvent les autres; si tu ne chercherais pas quelque ville, quelque douar isolé pour y savourer doucement ton bonheur, y vivre honoré, y mourir paisible ! »

Pendant que de sa voix persuasive Ali berçait l'oreille du nègre par ces mots nouveaux pour lui, la figure de ce dernier se transformait peu à peu.

Une expression de surprise flotta d'abord indécise sur ses traits; puis un sourire se dessina sur ses lèvres, triomphant avec peine de la rudesse de sa physionomie peu faite pour exprimer les sentiments honnêtes et doux.

— Tu as peut-être raison, Ali, dit-il; mais l'heure n'est pas venue de quitter le chemin sanglant où je marche.

« Tu es d'une nature autre que la mienne.

« Le souloughi (lévrier) est fidèle, tendre et caressant; il lèche la main qui le frappe, et cependant, il attaque sans crainte l'alouf-el-rabâ (le sanglier.)

« Moi, je n'ai que de l'amertume au cœur; tigre on m'a fait, tigre je reste.

— Qui sait?

— Non, j'ai trop souffert.

« Je méprise trop profondément les hommes pour m'adoucir.

« Il faut que je t'explique le but de notre rendez-vous; il faut que je te raconte une lamentable histoire ; il faut enfin que tu sois juge entre moi et le genre humain que j'exècre.

« J'ai encore besoin de toi pour une œuvre de vengeance et de sang.

« Écoute, Ali ; tu vois ce douar? »

(Le nègre montrait le village Angade, qu'il avait si longtemps regardé avant l'arrivée du jeune homme.)

— Oui, répondit celui-ci.

— Il faut que tu y pénètres!

« Sous le prétexte que tu es soif, tu demanderas une jatte de lait.

« A celui qui te l'apportera, tu jetteras un douro (cinq francs).

« Cette générosité déliera sa langue; alors, tu le questionneras pour savoir si le cheik du douar, Sidi-Embareck, est arrivé de son pèlerinage.

« En outre tu observeras attentivement tous les environs.

« D'ici à quelques jours nous ferons une razzia; je ne veux pas qu'une seule tente reste debout.

« C'est une haine de vingt ans que j'ai à assouvir; à ton retour, je te conterai cette histoire ; elle est lugubre.

« Va, sois habile ! »

Ali sourit et s'éloigna au galop.

Depuis que le redoutable nègre avait paru à la tête des siens dans la province d'Oran, il s'était signalé par des exploits extraordinaires.

Cruel par calcul et par tempérament, il ne faisait jamais grâce; il inspirait à tous une terreur superstitieuse.

On le croyait invulnérable.

Lorsque dans la nuit il apparaissait aux yeux des Arabes, suivi de ses sombres compagnons, éclairés par les reflets des incendies qu'ils allumaient, la peur paralysait les bras des guerriers, ils se laissaient frapper sans résistance.

Ceux qui échappaient au carnage racontaient avoir vu un démon commandant à des fantômes!

Tel était le Brouillard-Sanglant.

Tel était son chef.

Pendant quelques instants, Élaï Lascri suivit Ali des yeux ; mais son attention fut bientôt détournée par des cris qui, de la forêt des Caroubiers, montaient jusqu'à lui.

Ces cris étaient poussés par Fathma, qu'Aïdin assommait lâchement de son bâton.

— Eh! eh! fit Élaï Lascri, est-ce que quelqu'un de mes saraqs (voleurs) assassinerait de ce côté?

« Pardieu il n'a qu'à se bien tenir; car un pareil maladroit, qui laisse crier une victime, ne mérite pas de faire partie du Brouillard-Sanglant!

« Par le Prophète, si c'est un des miens, je vais lui montrer comment l'on tue! »

Et le nègre lança son coursier dans la direction d'où partaient les clameurs qui vibraient jusqu'au sommet de la montagne, répercutées par l'écho.

Tout en galopant, Élaï Lascri se disait :

— C'est singulier, vraiment; quand cet Ali a parlé d'amour, il m'a ému.

« Aimer serait-il donc tout autre chose que je ne le supposais? »

Et c'est dans cette disposition d'esprit que le Roi des Chemins arriva au lieu où Aïdin torturait Fathma.

La jolie mulâtresse était touchante à voir; à genoux, baignée dans son sang, les yeux pleins de larmes, elle recevait les coups de matraque (bâton) en poussant des appels déchirants.

— Par Allah! se dit Élaï Lascri ému, voici un vieux drôle qui n'y va pas de main morte.

Et il fit quelques pas vers Aïdin.

— Consens-tu? disait celui-ci.

C'est alors que Fathma, pour en finir avec la douleur, se leva et, magnifique d'énergie, cracha au visage de son persécuteur.

Cette audace plut à Élaï Lascri ; de la pitié, il passa à l'admiration.

Aïdin exaspéré ajusta son esclave avec un pistolet; mais Élaï Lascri tirait le sien de sa ceinture en disant :

— Oh! oh! ma fille, tu es brave, toi ; à la bonne heure ! Attends, mon enfant, attends.

Et il déchargea son arme sur Aïdin, qui tomba raide mort.

Puis il s'avança vers Fathma qui, elle aussi, fit quelques pas vers lui et tomba à ses genoux.

— Femme, ne crains rien, lui dit le Roi des Chemins, ton maître ne te frappera plus.

Le son de cette voix gutturale fit tressaillir Fathma ; elle resta un instant suspendue entre la reconnaissance et la crainte vague que lui inspirait son sauveur.

Un sourire de bonté, qui brilla sur la figure du nègre, l'encouragea.

— Qui es-tu, monseigneur? lui demanda-t-elle. Que je sache ton nom pour le bénir chaque jour!

— Qu'importe mon nom? répondit Élaï Lascri.

« Regarde-moi, je suis plus laid que cet homme dont ma balle vient de faire un mort; cependant je te trouve avec bonheur sur mon chemin, parce que peut-être tu m'aimeras.

« Je sens, moi, que mon cœur s'adoucira pour toi.

« Fathma, veux-tu devenir ma femme ?
« Souviens-toi que tu es libre de refuser. »
Élaï Lascri, inquiet, attendait la réponse de la jeune fille en tenant sa main pressée dans la sienne; et quand elle lui eut répondu :
— Monseigneur, tu m'as sauvé la vie, je suis prête à te suivre partout.
Il couvrit son front de baisers.
— Fathma, disait-il, j'ignorais l'amour et la pitié. En te voyant, mon cœur a battu pour la première fois.
« Tu ne peux partager mes fatigues et mes dangers; la colombe ne suit pas l'aigle dans son vol, la fauvette s'ennuierait dans l'aire du vautour.
« Retourne à Nédromah, enfant; je t'y reverrai libre et heureuse.
— Merci, monseigneur ; quand tu viendras visiter Fathma, ce sera ta fiancée aimante et fidèle qui t'ouvrira la porte de sa demeure.
— A bientôt, alors !
« Mais, dis-moi, cet homme a quelques parents, sans doute ?
— Il a un fils.
— Qui s'appelle...
— Ben (enfant) Aïdin, maintenant que son père est mort.
— C'est bien. Regagne la ville et annonce à ton nouveau maître que son père a été tué d'un coup de feu, sans que ton œil ait pu voir le meurtrier.
« Et surtout, du silence; notre bonheur dépend de ta discrétion.
— L'affection me rendra muette, fit-elle avec un regard charmant.
Élaï Lascri la contempla quelques instants; il se sentait troublé jusqu'au fond de l'âme; il était tenté de l'emmener.
Enfin il prit un parti.
Portant ses deux doigts à ses lèvres, il poussa un sifflement aigu; Saïda, son cheval, accourut, et le nègre sauta en selle.
Une dernière fois il regarda la jeune fille, hésitant à l'embrasser encore.
Celle-ci, avec un doux sourire, murmura :
— Adieu, monseigneur !
— Adieu, Fathma ! répondit le Roi des Chemins en soupirant.
Puis il lui tendit la main.
Poussée par un subit élan de tendresse, elle jeta ses deux bras autour de sa taille, qu'elle parvint à enlacer, et elle lui tendit son front, qu'il baisa avec effusion.
Enfin, s'arrachant à cette étreinte, il éperonna son coursier, dont le galop rapide l'emporta vers la mer.
Quand elle eut perdu de vue son libérateur, la jolie mulâtresse se sentit si attristée, que ses yeux s'emplirent de larmes.
Elle s'était mise tout à coup à l'aimer.
Cependant il était bien laid.
Mais il était brave, il semblait cacher dans sa poitrine des secrets terribles, et les femmes sont toujours femmes.
Sous la tente, comme dans les palais, la bravoure les séduit, le mystère les attire, et puis... dans un cœur féminin, la reconnaissance est une porte ouverte à l'amour...
Pour la sauver, Élaï Lascri avait commis un meurtre; mais était-ce un crime ?
Certes, aux yeux de tous ceux qu'opprimait le joug de l'esclavage, il avait accompli une action généreuse, qui devait encore ajouter à sa popularité.
Car, comme nous l'avons dit déjà, Élaï Lascri, malgré son titre de bandit, et même à cause de lui, était très-

Du Maroc à Tunis, de la mer au Sahara, les pauvres, les faibles, les mendiants, gens qui n'ont rien à perdre et qui ont tout à gagner, gens qui sont aigris, qui souffrent, qui sont toujours prêts à la révolte lorsqu'ils la croient possible, les malheureux, enfin, regardaient Élaï Lascri comme un héros, comme un vengeur.
Ce guerrier sauvage, qui faisait trembler les chefs, ne sortait-il pas de la plus basse extraction ? D'esclave, ne s'était-il pas fait roi ?
Roi vagabond, c'est vrai !
Roi d'aventure !
Mais personnification vivante, et à leur point de vue glorieuse, du sentiment de rébellion que couvaient leurs cœurs ulcérés.
Les nègres, les parias, les misérables enfin, voyaient en lui la réalisation brillante des rêves de bonheur et de liberté, des espérances de haine et de représailles qu'ils concevaient plus ou moins distinctement dans le silence de leurs nuits affamées, dans l'agitation de leurs journées douloureusement laborieuses.
C'est pour cela que, comme l'Algérie de 1830, le moyen âge eut ses poétiques brigands, adorés des serfs, servis par eux, célébrés dans leurs chansons.
Partout où a subsisté une tyrannie féodale, une caste privilégiée, le bandit a été aimé du peuple, qui souriait à ses exploits, qui applaudissait à ses triomphes.
L'Espagne abrutie par le fanatisme despotique des moines, l'Italie soumise à l'étranger, la Grèce sous le yatagan des Turcs, tels sont les pays où le détrousseur de grands chemins a conservé le plus longtemps son auréole de gloire.
Mais lorsque la liberté a triomphé dans une contrée, quand les gouvernés ont cessé de voir des oppresseurs dans les gouvernants, quand la lutte entre le riche et le pauvre est devenue moins vive, parce que ce dernier a eu moins faim, oh ! alors, le bandit est tombé de son piédestal.
En France, le paysan le livre à la justice, après l'avoir traqué comme une bête fauve; en Italie, il a presque partout cessé de lui porter des vivres dans son repaire ; en Espagne, les gendarmes commencent à obtenir des renseignements, et ils n'ont plus contre eux l'opinion publique.
Depuis le jour où nous avons porté des codes à l'Algérie, à mesure que nous avons pu les imposer, les *brouillards* ont disparu peu à peu ; ajoutons que ce qui était jadis un honneur pour un indigène est devenu une honte.
Un Arabe des territoires civils se fâche sérieusement aujourd'hui de l'épithète de saraq.
Il y a trente ans, ce mot eût fait sourire son père d'un orgueil sinon légitime, du moins légitimé...
Élaï Lascri était remonté au galop vers Aïn-Kébira, songeant à l'étrange aventure qui venait de lui arriver.
Tout à coup il aperçut dans la plaine un cavalier qui fuyait à toute bride, poursuivi par une centaine de guerriers.
Il sembla au Roi des Chemins que c'était Ali.
De temps en temps le fuyard s'arrêtait, après avoir gagné l'avance sur ceux qui lui donnaient la chasse; il tirait un coup de feu, un homme tombait et il reprenait sa course.
— Din Allah (juron arabe) ! s'écria le nègre, je crois que Sidi-Embareck attaque mon ami Ali ; ses cavaliers n'ont qu'à bien se tenir !
Et Élaï Lascri lança son coursier vers la plaine.

III

LE DOUAR DE SIDI-EMBARECK S'ATTIRE LA HAINE D'ALI, APRÈS AVOIR MÉRITÉ CELLE DU ROI DES CHEMINS.

Ali, pour exécuter les ordres d'Élaï Lascri, s'était dirigé vers le douar (village) de Sidi-Embareck.

Ce douar était un des plus puissants de toute la plaine; étalait au soleil des tentes nombreuses, auprès desquelles étaient attachés en plein air, selon la coutume indigène, les chevaux des guerriers.

D'habitude, la plus grande animation règne dans une tribu; mais ce jour-là le cheik Embareck mariait sa fille à Sidi-Mustapha, l'agha de Nédromah, et il l'avait conduite à la ville escorté des plus vaillants de ses cavaliers; en sorte qu'il n'en restait guère qu'une centaine au douar.

Sous une des tentes de ce douar, deux hommes causaient.

L'un semblait revenir d'une excursion; c'était un beau jeune homme à l'œil fier, à la figure mâle; malgré le délabrement de ses vêtements, on devinait un djouad.

Pour expliquer la valeur de ce mot djouad, il est nécessaire de rappeler que les Arabes originaires de l'Asie se firent la conquête du Mogreb (États barbaresques) qu'en 700.

Ils y trouvèrent trois races bien distinctes : les Berbères ou Kabyles, habitants des montagnes, qui ne furent jamais soumis; les Maures des villes, descendants des colons grecs, phéniciens et romains; puis enfin les Nomades de la plaine, que, du temps de Salluste, on appelait Numides. Les Arabes conquérants ne purent asservir les Berbères; ils dédaignaient trop la vie sédentaire pour s'établir dans les cités, près des Maures; mais, trouvant une grande similitude entre leurs mœurs et celles des anciens Numides, ils se mêlèrent à eux, sans toutefois se confondre.

Au milieu des vaincus, ils formèrent une aristocratie puissante, qui donna des chefs aux douars; le peuple envahisseur fut, vis-à-vis de la nation soumise, dans la position des Francs par rapport aux Gaulois.

Telle est l'origine des djouads (nobles) et des familles de *Grandes tentes*.

Comme les chevaliers du moyen âge que la guerre avait ruinés, et qui ne possédaient que la cape et l'épée, il est des rejetons d'illustres familles qui, en Algérie, n'ont pour tout bien que leur yatagan et leur burnous.

Mais ces burnous usé laisse passer par tous ses trous un orgueil de race qui sent son grand seigneur.

Il en était ainsi de Meçaoud, le jeune homme dont nous avons parlé.

Son père, ruiné par une razzia, lui avait conseillé, à sa mort, d'aller présenter ses services à Sidi-Embareck, son parent.

Il occupait près de ce cheik un poste équivalent à celui d'écuyer, aux jours où la féodalité existait en Europe.

Assis sur une natte, il s'entretenait avec un autre jeune homme mieux vêtu que lui, mais d'apparence beaucoup moins belliqueuse.

Celui-là était le neveu et l'héritier futur de Sidi-Embareck.

Il se nommait El-Kouffi.

Il n'assistait pas aux noces de sa cousine, parce qu'il avait désiré obtenir sa main et s'était vu préférer l'agha de Nédromah.

En prétendant malheureux, il boudait; au fond, il n'était point tellement désespéré qu'il ne cherchât des consolations ailleurs.

Quant à Meçaoud, il s'abstenait de figurer aux fêtes, sa pauvreté ne lui permettant pas d'y paraître dignement; en ce moment, tout poudreux encore, il rendait compte à El-Kouffi d'une mission dont il s'était chargé.

— Sais-tu, cousin, lui disait-il, que je finirai par me faire couper le cou? Aujourd'hui encore, en exécutant ta commission, j'ai failli être surpris par ces chiens de Kabyles ! (Les Kabyles sont les ennemis mortels des Arabes.)

— Par Allah ! répondit El-Kouffi, tu te plains toujours.

« Je t'ai promis un burnous neuf si tu pouvais savoir au juste quel village habitait la plus jolie fille que nous avions vue au marché de Nédromah ! Si tu le sais, parle, et je te donnerai sans récrimination la récompense convenue.

— Eh bien ! cousin, ce joli minois, dont tu es amoureux, appartient à une moucaire (femme) des Traras; elle est fille du chef des Kabyles de ces montagnes !

— Le marabout Ben-Akmet?

— Tu l'as dit ! Elle a nom Mériem; mais les jeunes gens l'appellent la Rose des Traras; son père habite le village d'Aïn-Kébira.

— Cousin, je te remercie.

— Attends donc, ce n'est pas tout... Elle est mariée !...

El-Kouffi fit un bond de colère.

— Tu dis ?... s'écria-t-il.

— Je dis : Elle est mariée !...

— Et avec qui ?

— Avec un beau garçon; sur ma part du paradis, il est digne d'elle, et elle paraît l'aimer.

En disant ces mots, Meçaoud savait torturer son cousin; mais il était heureux de faire souffrir ce parent auquel la fortune avait prodigué les dons qu'elle lui avait refusés.

— Et quel est ce mari? demanda El-Kouffi avec un accent haineux.

— Voilà où tous seraient embarrassés de répondre ! riposta Meçaoud.

« Ce mari, c'est un secret vivant !

— Enfin, on sait d'où il vient, qui il est?

— Du tout ! Mériem elle-même ignore en quelle contrée il est né.

— Comment as-tu appris ces détails?

— Ils se promenaient tous deux hors du village, dans un sentier.

« J'ai surpris des fragments de conversation, d'où il résulte que cet époux bizarre cache à Mériem ce qu'il est, ce qu'il fait; qu'ensuite il reste absent pendant des semaines entières, et qu'enfin il se nomme Ali.

— Et tu n'as pas profité de l'instant où ils se trouvaient seuls tous deux pour tuer l'homme et emmener la femme?

— Cousin, tu es libre de tenter l'aventure si le cœur t'en dit; comme tu es l'amoureux, c'est à toi de voir si tu donnerais ta vie pour cette fleur des montagnes !

— Meçaoud, demande-moi ce que tu voudras, s'écria El-Kouffi; si en échange tu me livres cette femme, je te donnerai tout ce que tu exigeras.

— Eh ! cousin, on pourra s'entendre.

— C'est que, vois-tu ! j'en suis fou, reprit El-Kouffi.

En ce moment, Ali arrivait au douar, et les chiens saluaient son approche par des aboiements furieux.

— Va donc voir qui cause tout ce tapage, Meçaoud ! dit le neveu d'Embareck.

Le jeune homme sortit et reconnut Ali; un éclair de joie passa sur son visage.

Il rentra sous la tente.

— Si je te donne un moyen facile de posséder la Rose des Traras, me céderas-tu ta jument? demanda-t-il.

— Cent douros avec (cinq cents francs), répondit avec enthousiasme El-Kouffi.

— Eh bien! son mari est ici au douar.

« Il faut l'en emparer et lui laisser à choisir entre sa mort ou te livrer son épouse.

— Sur la barbe de mon père, tu auras ma jument si tu fais cet homme prisonnier.

— Va donc l'amuser par des questions, je mettrai pendant ce temps nos guerriers en mesure de le cerner; quoique ton oncle ait emmené l'élite de nos cavaliers, il en restera assez pour cela!

Le neveu d'Embareck se dirigea du côté d'Ali, pendant que Meçaoud courait de tente en tente ordonner aux cavaliers de sauter en selle.

Heureusement pour Ali, il avait bu son lait et questionné l'homme qui le lui avait présenté; en sorte qu'il se retirait, quand le neveu d'Embareck sortait de sa tente; celui-ci voyant s'éloigner le mari de Mériem, cria : Aux armes! de façon à mettre sur pied tout le douar.

Déjà la plupart des Arabes harnachaient leurs montures; ils furent bientôt prêts, et, guidés par Meçaoud, ils galopèrent pour rattraper Ali.

Le jeune homme, entendant derrière lui un grand bruit de chevaux, se retourna.

— A qui peuvent-ils en vouloir? pensait-il.

Deux ou trois coups de feu lui apprirent que c'était à lui.

Seulement, comme Meçaoud voulait le prendre vivant, il fit cesser la fusillade.

— Oh! oh! se dit Ali, il paraît que ces gens-là nourrissent quelque dessein hostile à mon sujet! Pauvres misérables! c'est avec de pareilles rosses qu'ils songent à m'attraper! Nous allons rire.

Et Ali caressa sa magnifique jument, en jetant du côté des Arabes un regard dédaigneux.

Il est vrai qu'aucun de leurs coursiers ne valait le sien.

Sans trop se presser, Ali visita son moucala (long fusil indigène), en renouvela l'amorce, puis il éperonna sa monture, qui l'emporta avec une merveilleuse vitesse.

Quand il eut gagné huit cents mètres, il l'arrêta net, en l'enlevant vigoureusement, lui fit faire une volte rapide, coucha ce joue sur ennemis, tira et repartit au galop en rechargeant son arme.

Un Arabe était tombé blessé à l'épaule.

Alors la rage de voir un des leurs blessé empêcha les guerriers d'écouter Meçaoud, qui n'était pas leur cheik.

Ils se mirent à tirailler sur le fugitif.

Celui-ci, se souciant peu des balles qui sifflaient autour de lui, ripostait tout en fuyant; il descendait un des cavaliers à chaque coup de feu avec une adresse extraordinaire.

Meçaoud était furieux.

Mais sa colère redoubla quand il vit son cheval s'abattre sous lui, une jambe cassée par le plomb d'Ali.

Les autres guerriers continuèrent à charger avec fureur; heureusement ils n'étaient pas assez bien montés pour atteindre le fuyard; à chaque instant un vide se faisait dans leurs rangs.

Bientôt une quinzaine d'entre eux furent hors de combat.

Ali semblait prendre plaisir à la lutte; il aurait pu facilement se mettre hors de portée, mais il tenait à prolonger cette chasse qu'on lui faisait.

Autant il montrait de dextérité à manier son fusil, autant ses adversaires faisaient preuve de maladresse.

Tout à coup, au moment le plus vif de la poursuite, de grands cris se firent entendre sur les derrières de la troupe; les plus avancés se retournaient.

Un nègre, le yatagan au poing, s'était précipité au milieu des Arabes, les prenant en queue.

Il brandissait un yatagan d'une grandeur démesurée, qui faisait voler têtes et bras, il poussait avec une incroyable audace son coursier au plus épais des groupes.

Il était presque impossible de l'abattre à coups de pistolet, parce qu'au milieu du désordre, les balles l'auraient manqué pour atteindre les autres combattants.

Il frappait avec furie, rugissant comme un lion, trouant les chairs, broyant les os.

Les Arabes étaient déconcentrés.

Mais, quelques minutes après, au moment où, remis du premier instant de surprise, ils cernaient le nègre, Ali vint à son tour tomber sur eux avec une fougue indicible.

Il avait lâché les rênes à sa jument, qu'il guidait des genoux; prenant son fusil à deux mains, il fendait les rangs qui s'ouvraient devant lui.

Si ces deux rudes jouteurs avaient eu affaire à des djouads (nobles), si même Meçaoud eût été là pour relever le moral des siens, peut-être Ali et Élaï Lascri auraient-ils payé cher leur audace.

Mais, comme l'avait dit Meçaoud, qui maugréait en ce moment loin du champ de bataille, le cheik Sidi-Embareck avait emmené les meilleurs guerriers.

Se trouvant sans chef, étonnés, effrayés, les Arabes entendirent tout à coup un des leurs s'écrier : — C'est le Roi des Chemins.

A ce nom redouté, ils crurent avoir sur les bras toute la bande du terrible nègre; ils tournèrent bride précipitamment, laissant une trentaine de cadavres derrière eux :

Élaï Lascri et Ali se regardèrent en riant.

— Par la barbe de mon père! s'écria le nègre, j'ai bien envie de licencier le Brouillard-Sanglant. A nous deux, nous suffirons pour mener à bien toutes les razzias possibles.

« A-t-on jamais vu pareils lâches!

« Pourquoi l'ont-ils attaqué?

— Je l'ignore, répondit Ali.

— C'est singulier; mais n'importe, je suis heureux de cette aventure, car maintenant tu me seconderas plus volontiers dans ma vengeance contre ces kelbs (chiens).

— Pour cela, oui, répondit le jeune homme.

« Quelle singulière idée ils ont eue de se jeter ainsi sur moi!

« Ils le payeront cher. »

Le jeune homme, malgré sa douceur, comprenait la vengeance; il l'eût pratiquée au besoin dans toutes ses rigueurs.

Ceci tenait à l'état où se trouvait l'Algérie avant notre conquête: chacun devant demander à son yatagan la punition d'un crime, se venger devenait l'équivalent de se faire justice.

C'était là une des conséquences forcées de l'état barbare où vivaient les indigènes avant notre arrivée; faute de lois et surtout faute de tribunaux puissants et intègres, les différends se vidaient à coups de fusil.

Ali approuvait donc du fond de l'âme la résolution de son chef.

Il était comme tous les Arabes, qui mettent leur point d'honneur à ne jamais pardonner une insulte : dans les tribus, on mépriserait l'enfant qui renierait un héritage de sang laissé par son père.

Aussi Ali jura-t-il de s'associer de tout cœur aux projets du Roi des Chemins.

— Tu m'avais promis de me raconter l'histoire de la rancune nourrie par toi contre Sidi-Embareck, dit-il.

« Narre-moi cela au milieu des cadavres qui nous entourent.

« Cela soulagera un peu ma haine.

— Tu as raison, répondit le nègre, jetant du haut de son cheval un coup d'œil sur les morts.

« Écoute:

Il resta immobile pendant quelques secondes à peine, et le coup partit. (Page 53.)

« Il y a de cela longtemps, le cheik Sidi-Embareck, de ce douar que tu vois là-bas, possédait un esclave de dix ans qui gardait ses troupeaux.

« Cet homme était si avare, que l'on disait : ladre comme Embareck.

« Son nom était passé en proverbe.

« Il laissait, lui, un djouad (noble)! l'hôte que Dieu lui envoyait implorer en vain l'hospitalité.

« Tu comprendras facilement combien les serviteurs de cet Embareck devaient être maltraités.

« A peine nourris, presque nus, sales, hargneux comme des chiens affamés, ils formaient à sa suite un cortége hideux.

« A voir le cheik avec sa figure bizarre, dure, longue et sèche, chevaucher sur une rosse efflanquée à la tête de son escorte famélique, on eût dit le spectre de la famine, suivie de tous les maux qu'elle entraîne.

« Or le vieux chef avait un esclave plus à plaindre à lui seul que tous les autres ensemble.

« Ce pauvre enfant ne recevait même pas la noire galette que les plus pauvres jettent en pâture au soulougli (lévrier).

« Il vivait, comme les chacals, de ce qu'il trouvait.

« Il rongeait des racines de palmier; il suçait les figues trop sèches laissées aux branches des figuiers.

« Pour te donner idée de ses souffrances, sache que lorsque son maître apercevait des flocons de laine laissés aux broussailles par les moutons, il le rouait de coups.

« Or cet enfant avait un cœur d'homme.

« Las de cette existence misérable, las de ces tortures de tout genre et de cet avilissement, il voulut en finir.

« Un jour qu'il avait été battu plus que d'habitude par son terrible maître, il choisit le plus beau des moutons confiés à sa garde, l'égorgea, en fit un repas...

« Puis il revint au douar.

« Il savait que la colère du cheik serait terrible; mais il l'avait voulu ainsi.

« Il désirait mourir de la main de son maître pour attirer sur lui et ses guerriers la colère des génies infernaux.

« Après un accès effrayant de folie, Embareck garrotta l'esclave, le porta à mille pas environ de la tribu et il le laissa adossé à un arbre.

« Tant que dura le crépuscule, le misérable enfant cria de toutes ses forces; aucun guerrier n'osa lui porter secours.

« Embareck effrayait à ce point les gens de son douar, que d'un seul mot il faisait courber toutes les têtes; il faut lui rendre cette justice, qu'il est un des guerriers les plus redoutables de ces contrées.

« L'esclave appela donc en vain du secours.

« Cependant la nuit s'épaississait de plus en plus, et pour ne pas attirer les fauves, le négrillon se résigna à garder le plus profond silence; inutile précaution.

« Bientôt il écouta avec terreur les bêtes féroces, qui remplissaient l'air de leurs lugubres hurlements; il vit briller dans les ténèbres les yeux étincelants des chacals qui rôdèrent en grand nombre autour de lui; puis, soudain, ces animaux disparurent, chassés par l'approche d'un ennemi.

« C'était l'hyène!

Le Roi des Chemins. VII.

« A demi mort d'épouvante, le malheureux enfant sentit le souffle infect de l'immonde animal se promener sur ses chairs frissonnantes; il éprouva à la cuisse une douleur aiguë, et il se mit à appeler du secours.

« Du douar, on l'entendit; mais personne ne vint.

« Oh! les lâches! les lâches!

« Par crainte d'un vieillard, des hommes vigoureux laissaient dévorer, vivant, un enfant dont l'hyène déchiquetait les membres. »

Arrivé à cet endroit de son récit, Élaï Lascri étendit vers le village son poing menaçant, et sa figure s'illumina d'un éclair de haine implacable.

— Qui était cet enfant? demanda Ali indigné; ton frère?

— Non, c'était moi!

— Comment parvins-tu à t'échapper?

— Le chef d'un brouillard qui rôdait dans les environs vint à mon aide, et il m'emmena avec lui.

— Ton histoire, dit Ali rêveur, ressemble beaucoup à la mienne.

« Car tu m'as recueilli à trois ans, orphelin abandonné de tous.

— C'est vrai, répondit Élaï Lascri avec une hésitation que le jeune homme ne remarqua pas.

Une idée le préoccupait beaucoup; après avoir réfléchi longtemps, il demanda :

— Pourquoi donc ne t'es-tu pas vengé plus tôt?

— Parce que le lionceau, dont les griffes ne sont pas poussées, n'est pas plus redoutable qu'un agneau.

« Pendant quatre ans, je fus le valet de mes nouveaux compagnons; je vivais avec eux fort loin dans le Sahara.

« Plus tard, après une série de terribles épreuves, de luttes redoutables, de trahisons de toute espèce, je pris le chemin de Nédromah.

« Mais j'appris alors qu'Embareck était parti pour la Mecque.

« En revenant de son pèlerinage, ce vieux fou se mit à prêcher la guerre sainte contre les Français, et cela en pleine place d'Alger.

« Il fut mis en prison.

« Le vieux scélérat, quand il fut libre, retourna à son douar que tu vois là-bas.

« Il y a un mois environ qu'il repose sous sa tente environné du respect des siens; car il est pèlerin, maintenant.

« Longtemps j'ai attendu; mais l'heure de la vengeance a sonné pour moi.

« Vois ce que la haine peut faire d'un homme!

« J'étais destiné à rester toute ma vie le serviteur d'autrui; et, à force de rancune, je suis parvenu à me rendre si redoutable, que les plus puissants aghas me craignent.

« Pour toutes ces tribus éparses dans la plaine, je suis l'ouragan qui passe irrésistible et qui renverse tout. Quand j'attaque, on ne résiste plus; devant moi, on courbe la tête comme sous le souffle de la tempête.

« Bientôt le poids de ma colère tombera sur Sidi-Embareck, et lui et les siens auront vécu! De ces tentes si nombreuses, il ne restera même pas un lambeau d'étoffe; de ce douar si riche, on ne retrouvera pas un débris; le sol en sera balayé comme si le feu du ciel l'avait dévoré! »

Et, le doigt étendu dans la direction du village des Angades, Élaï Lascri semblait y appeler la foudre.

Son œil lançait des éclairs, et son front rayonnait d'audace.

Ali se sentit électrisé.

— Bien, maître! s'écria-t-il; cette fois, tu as raison de vouloir te venger.

« Tu comptes sans doute tuer de ta propre main l'homme qui fut si cruel pour toi?

— Tuer, non, non. Je veux qu'il vive au contraire le plus longtemps possible.

— Je ne te comprends plus alors.

— Parce que tu le connais peu en tortures.

« On ne meurt qu'une fois et on ne souffre pas beaucoup d'un coup de poignard; voilà pourquoi je tiens à ne pas faire mourir Embareck. Avec mes compagnons, je brûlerai ses tentes, j'égorgerai ses troupeaux, je massacrerai ses guerriers, j'anéantirai sa tribu. Puis, quand il aura perdu fortune, parents et bonheur, je le frapperai de mon bâton et je le laisserai ensuite aller de zaouas en zaouas (monastères arabes) mendier le pain de l'hospitalité.

— Oublies-tu que Sidi-Embareck est hadji (pèlerin), que ce titre en fait l'ami des marabouts (prêtres), et que ceux-ci lui donneront une place parmi eux?

« Que ferais-tu dans le cas où il trouverait des protecteurs?

— Je les châtierais. Mais nul n'oserait se mettre entre ce vieillard et ma vengeance. Qui aurait cette audace?

— Moi, si je n'étais pas ton ami.

Le nègre fronça le sourcil, puis il dit en souriant :

— Heureusement tu es mon ami.

Et il reprit, brisant la conversation :

— Quittons-nous. Tu vas aller à Nédromah et tu m'enverras Jacob; j'ai à lui parler.

— Bien! fit Ali, je pars; au revoir, Élaï!

Ils se serrèrent la main et se séparèrent.

IV

COMMENT ALI CUEILLAIT LES GRENADES.

Huit jours environ s'étaient écoulés depuis le meurtre qui avait délivré Fathma de son esclavage, lorsque, vers l'heure de midi, Ali et le chef du Brouillard-Sanglant se rencontrèrent à l'endroit même où Aïdin avait été frappé.

Élaï Lascri semblait fort joyeux, et même, chose rare, sa figure avait une expression de bonté. Ali, au contraire, paraissait contrarié et inquiet.

— Eh bien! lui demanda le nègre, tout va-t-il bien?

— Oui, tout va bien pour toi.

— Cela veut dire que ce qui fait mon bonheur ne fait pas le tien, sans doute?

— Juges-en : aujourd'hui la tribu de mon beau-père donne une fête; j'ai promis d'y assister; ma femme m'attend, et tu restes deux longues heures sans venir au rendez-vous!

— Que veux-tu? J'ai une excuse, moi, et une excuse meilleure que celle dont tu te prévalais il y a huit jours près d'Aïn-Kébira. J'ai rencontré un certain marabout (prêtre) qui se permettait, m'a-t-on dit, des réflexions inconvenantes sur ma personne et sur celle de mes amis (toi compris, bien entendu). Il m'a semblé plaisant de tourmenter un peu ce saint homme; et, après lui avoir fait réciter vingt fois la prière du salut à mon intention, je lui ai coupé la langue et les mains.

— Toujours des cruautés inutiles!

— Comment, inutiles? Nécessaires, veux-tu dire! Car, une fois délivré, ce vénérable personnage n'aurait pas manqué de lever les bras vers le ciel pour appeler sur moi la malédiction d'Allah; soir et matin, il se serait échappé de ses lèvres sacrées des supplices au Prophète pour l'anéantissement du Brouillard-Sanglant.

« Or il n'a plus de mains, c'est saint homme; la voix est éteinte dans son gosier, et notre seigneur Mahomet restera sous la bonne impression que ses oraisons lui ont donnée sur notre compte.

— Ce que tu as fait là te portera malheur, Élaï Lascri! dit Ali d'un ton grave et pénétré.

— Bah! tu prêches toujours depuis quelque temps, et je vois bien qu'il faut t'envoyer près de ta femme pour chasser ta tristesse.

« As-tu sur toi la clef du souterrain?

— Non, elle est à Nédromah.

— C'est fâcheux; tu seras forcé de revenir cette nuit pour me la remettre ; car je ne puis entrer dans la ville sans être reconnu. En attendant, rends-toi à cette fête dont tu m'as parlé; seulement, en passant, tu te feras donner la clef, et quand la lune sera à la moitié de sa course, je serai, moi, aux pieds des murailles de Nédromah. Fais en sorte d'y arriver en même temps que notre bande.

— C'est bien, tu m'y trouveras, répondit Ali.

Et, prenant congé de son chef, il partit au galop vers la ville, tandis que celui-ci se dirigeait tranquillement du côté de la mer.

Vingt minutes après, le jeune homme quittait Nédromah pour suivre le sentier qui menait sur la crête d'Aïn-Kébira, et il pressait sa monture, afin d'atteindre plus vite le but de son voyage, mais le chemin était tracé sur le flanc escarpé d'une montagne très-élevée, et il décrivait de nombreux circuits.

Ali, furieux de ce retard, éperonnait sa jument, car, à chaque instant, l'écho des ravins retentissait du bruit des détonations et des cris enthousiastes d'une foule nombreuse.

Comme il arrive souvent dans les pays montagneux, on eût dit que, pour toucher le village qu'il était si pressé d'atteindre, il eût suffi d'étendre le bras. Malheureusement, les détours étaient si longs, si fréquents, que les heures s'écoulaient, au grand désespoir du jeune homme; et il maudissait le sort, personnifié en ce moment dans la personne d'Élaï Lascri.

— Quelle tyrannie que celle de cet homme! répétait-il à demi voix; me retenir ainsi pour me répéter des recommandations que j'ai entendues vingt fois déjà! Si son bienfait ne me forçait pas à le regarder comme un père, je m'affranchirais de ce joug pesant. Et me dire que cette nuit encore il me faudra retourner à Nédromah!

Puis un coup de fusil résonnait de nouveau, et Ali levant mélancoliquement la tête, continuait :

— Que doit penser Mériem ? Je n'arriverai jamais assez tôt; mon beau-père sera furieux.

Si le jeune homme soupirait avec tant de chagrin, c'est que la tribu des Traras, dont son beau-père faisait partie, s'était choisi un amî (chef); pour célébrer cette nomination, les guerriers avaient, selon l'usage, organisé un tir à la cible, où les plus adroits se faisaient applaudir par une nombreuse assemblée.

Ali avait promis à sa femme de gagner le prix réservé au plus habile; il craignait avec raison de ne pouvoir tenir son serment, car le temps s'enfuyait rapidement. Il aurait d'autant plus désiré s'illustrer ce jour-là, que les Traras forment la plus puissante des tribus qui occupent le massif de l'Atlas situé entre Tlemcen et Nédromah.

Comme une immense différence sépare les Kabyles des autres races qui couvrent les États barbaresques, il est nécessaire de dire en quoi elle consiste.

Les Berbères ou Kabyles sont le peuple primitif des États barbaresques; ils n'ont jamais changé de mœurs : ce qu'ils étaient jadis, ils le sont encore.

Du haut de l'Atlas, le Berbère d'alors (le Kabyle de nos jours) a assisté à toutes les révolutions sanglantes qui se sont accomplies dans les plaines du Tell; depuis la chute de Carthage, il a vu passer tour à tour les hordes ennemies; il a contemplé le sol couvert d'une mer de sang par le choc des nations qui s'égorgeaient sans pitié; il a regardé l'incendie qui rougissait l'horizon du nord au midi, de l'est à l'ouest, et achevait l'œuvre de destruction commencée par le glaive. Comme l'aigle dans son aire, il est resté indifférent à ce spectacle!

Que lui importaient à lui ces migrations sans cesse renouvelées, qui des triomphateurs de la veille faisaient les esclaves du lendemain! Il savait bien que des cimes neigeuses du Djerjera et de l'Ouarenseris il pouvait braver l'étranger! Et il fut invaincu jusqu'à l'arrivée des Français, qui mirent trente ans à le soumettre et lui livrèrent plus d'un millier de combats.

Le Kabyle est en tous points supérieur à l'Arabe, excepté peut-être sous le rapport de la poésie.

Il habite des villages solidement construits; les maisons y sont souvent de deux étages, et la toiture est composée de tuiles qui feraient rougir le chaume de nos bourgades du Midi. Sans doute l'aménagement intérieur laisse beaucoup à désirer, comme cela arrive souvent dans certaines de nos provinces, une partie de la demeure sert d'étable, et peu de meubles garnissent les compartiments réservés à la famille. Mais si le Kabyle est pauvre, il est fier et laborieux.

Il cultive avec patience un sol ingrat dont il tire, à force de travail, sa nourriture et celle de sa famille ; il fabrique ses armes dans des manufactures renommées ; il broie sous la meule de ses moulins l'olive dont il vend l'huile aux commerçants du littoral ; il sait extraire le minerai que recèlent ses montagnes, et il transforme le fer en instruments aratoires, l'or et l'argent en bijoux.

Quand il est en âge de se marier, il lui faut amasser la dot de sa femme, et il n'hésite pas à s'expatrier.

Tour à tour maçon, jardinier, forgeron, il parcourt les villes, où son adresse et sa fidélité lui procurent et l'estime et l'ouvrage.

Grâce à sa sobriété, à son énergie, il amasse vite de quoi acheter sa femme et un fusil pour la défendre; puis il retourne au village natal, où il épouse sa fiancée.

Quant aux institutions politiques, un auteur illustre, le général Daumas, a dit de la Kabylie que c'était une Suisse sauvage, et il est impossible de trouver une comparaison plus vraie. Les tribus kabyles forment une fédération républicaine, dont les fractions ne se groupent qu'au moment du danger; chaque village élit un amîn (maire), dont le pouvoir (fort restreint du reste par une sorte de conseil municipal, sorti aussi du libre suffrage) ne dure qu'une année. — Dans cet état de choses, la commune est tout, et c'est peu si, dans les occasions graves, les forces militaires de toute une tribu consentent à recevoir les ordres d'un seul chef.

A l'époque où se passaient les événements que nous racontons, les Kabyles des Traras avaient été obligés de reconnaître l'autorité de la France : après une lutte acharnée et meurtrière, notre drapeau avait flotté sur la crête d'Aïn-Kébira, et, malgré l'héroïsme de leur défense, les montagnards s'étaient vus forcés de se soumettre.

Mais tout vaincus qu'ils étaient, ils ne consentirent à traiter qu'à la condition de conserver leurs lois, leurs coutumes et leurs priviléges, menaçant de se faire tuer jusqu'au dernier si on leur imposait des chefs.

Ces conditions acceptées par les vainqueurs, ils payèrent l'impôt de guerre, et continuèrent comme par le passé à nommer leurs amîns eux-mêmes. Celui d'Aïn-Kébira venait de mourir; les habitants avaient résolu de donner à l'élection de son successeur une solennité inaccoutumée afin que leur droit reçût ainsi une éclatante constatation. Ils avaient donc annoncé à tous les villages voisins qu'une lutte d'adresse à la cible sui-

vrait le vote, et qu'ils offraient au vainqueur un [sa]-
bre acheté à Tlemcen, sur le produit d'une souscription
qui s'était élevée à cent cinquante douros (750 francs).

Le tir à la cible est en grand honneur chez les Kabyles; aussi de toutes parts, des contingents nombreux
s'étaient-ils empressés d'accourir; plus de dix mille
personnes de tout âge et de tout sexe, rangées en demi-
cercle sur un grand plateau, assistaient à cette joute
qui durait déjà depuis deux heures..

La journée était magnifique; la foule, joyeuse d'avoir
sauvé ses institutions les plus chères, saluait de ses
acclamations; les coups d'adresse des plus habiles parmi
eux elle applaudissait ceux qui s'étaient signalés entre les braves, lors de la lutte contre les Français.

Chez ces fiers républicains, tous les rangs étaient
confondus : hommes, femmes et enfants se pressaient
à l'envi pour voir les héros des derniers combats.

Ceux-ci, au contraire des Arabes, où les plus vaillants sont presque toujours les nobles et les riches,
n'avaient pour la plupart qu'un vieux burnous usé jusqu'à la corde; leurs pieds étaient nus ou enveloppés
de nattes d'alpha tressé. A se battre vaillamment, ils
n'avaient gagné ni fortune, ni puissance. En revanche,
ils sentaient que les regards de tout un peuple pe-
saient sur eux; ils pouvaient tendre à tous leurs
mains calleuses, certains de se voir pressées avec
effusion; sur toutes les lèvres enfin, des sourires affectueux se dessinaient pour eux.

Chez les Kabyles, les services rendus à la tribu sont
un titre à l'estime publique, et jamais un marchepied
pour arriver à dominer les autres.

Une seule place d'honneur avait été décernée à deux
personnes; elle était occupée par Mériem, la femme
d'Ali, et par Ben-Akmet, son père. Mais cette distinction de la part des Traras devait être regardée comme
une marque de vénération donnée à un patriarche aimé
de tous, et non comme le signe de respect accordé à
un chef redouté.

Ben-Akmet était un beau vieillard qui portait fièrement le poids de ses quatre-vingts ans. De toute la
contrée il passait pour le marabout le plus vénéré, et
grande était la foi des Kabyles dans ces saints personnages. Eux, si jaloux de leurs prérogatives, ils obéis-
sent comme des enfants dociles à la voix respectée de
leurs prêtres; ils leur gardent leurs plus beaux fruits,
ils leur réservent leurs moutons les plus gras, et ils
prélèvent pour eux une dîme volontaire sur leur récolte. Par sa vaillance dans les combats, par ses vertus
et sa mâle éloquence, Ben-Akmet s'était fait une sorte
de royauté paternelle au milieu de ces républicains.

C'est lui qui les avait réunis par ses prédications,
pour les conduire au-devant des Français; et, malgré
le succès de ces derniers, il avait déployé tant de bravoure comme soldat, tant de prudence et d'habileté
comme général, que son influence s'était agrandie au
point de fanatiser tout son peuple.

Comme ses compagnes de la tribu, Mériem, sa fille,
assistait aussi à la joute; les femmes kabyles, réputées
du reste pour leur beauté et le soin qu'elles prennent
de leur toilette, jouissent d'une liberté inconnue aux
femmes arabes. Elles ont le visage découvert, elles
prennent part aux délibérations et s'assoient à la table
de leurs maris, même en présence des étrangers.

Ce sont des épouses et non des esclaves.

Si Ben-Akmet était roi par sa noblesse d'âme, Mériem
était reine par sa beauté.

Le vieillard et la jeune fille formaient un groupe
charmant, que l'assemblée contemplait d'un œil ému.
Le marabout était assis à l'ombre de l'unique grenadier qui ombrageât le plateau en cet endroit; un bras
jeté autour de son cou, Mériem, qui n'avait pas quatorze ans, offrait son visage d'ange au-dessus de la figure patriarcale de son père; les tresses ondoyantes
de ses longs cheveux se mêlant aux boucles argentées
d'une barbe blanchie par les années, la tête douce et
expressive de cette enfant déjà nubile à côté du profil
énergique et calme d'un vieillard encore robuste; les
plis de mousseline d'une robe de femme souple et
légère flottant auprès de la sombre étoffe du burnous
d'un guerrier austère et simple; les deux contrastes
les plus opposés, enfin, offraient un ravissant tableau
que la foule admirait avec un respect profond.

Les guerriers avaient surnommé Ben-Akmet le lion
de la montagne; les jeunes gens, quand ils se parlaient
tout bas de Mériem, l'appelaient la fleur des Traras.

En ce moment, elle était si rêveuse, qu'elle ne s'occupait ni des regards qui se dirigeaient vers elle quand
la joute cessait un instant, ni des coups de feu qui
retentissaient à ses côtés. — Elle songeait à son mari,
qu'elle n'avait pas vu depuis trois jours; — trois jours...
trois siècles quand deux beaux jeunes gens sont ma-
riés depuis deux mois à peine!

De plus, Ali n'était pas connu dans la tribu; au village même, peu de personnes l'avaient vu; or il avait
juré de se faire proclamer vainqueur dans cette grande
réunion; chacun devait dire son nom avec éloge, et
les femmes sont si fières, si heureuses de voir acclamer celui qu'elles ont choisi, que Mériem était toute
attristée d'un si long retard.

Soudain, un long murmure qui agita la foule lui fit
lever la tête, de sorte qu'elle dut forcément suivre
les phases d'une lutte suprême entre deux rivaux qui,
après avoir battu tous les autres concurrents, cherchaient à se surpasser par des miracles d'adresse.

Le premier était un amin connu depuis longtemps
pour le chasseur le plus habile des Traras; il excellait
à abattre les perdrix au vol et les lièvres à la course;
sa supériorité consistait surtout dans la rapidité de son
coup d'œil, et dans la légèreté de sa main.

L'autre, grand affûteur de sangliers, de panthères et
de lions, passait ses nuits à l'embuscade, et malgré
l'obscurité il se serait cru déshonoré s'il avait touché
un animal ailleurs qu'aux yeux. Son tir était moins
brillant que celui de l'amin; il prenait son temps, ses
précautions, toutes ses aises; il ajustait avec un minutieux; mais la balle atteignait avec une merveilleuse
justesse le centre du point visé! Il se nommait Achoud.

L'amin avait appelé un de ses fils, qui tenait sous
son burnous un pigeon réservé pour cette circonstance;
le jeune homme avait lâché l'animal; et son père venait de le tuer au vol avec une balle.

Des bravos saluaient ce beau coup d'adresse, et l'auteur se croyait sûr de la victoire.

— Vois donc, Mériem, disait Ben-Akmet, l'amin vient
de lâcher un pigeon et il l'a tué d'une balle.

— C'est vrai, père, répondit Mériem; c'est un homme
dont le fusil est enchanté, il gagnera le prix.

— Peut-être! répliqua le marabout, car Achoud va
prendre sa revanche.

En effet, ce dernier, un genou en terre, épaulait gravement une arme longue et lourde, et la foule gardait
un silence profond, car il s'agissait d'enlever, sans toucher au bois, une pierre grosse comme un œuf, placée
sur piquet, et cela à cent cinquante pas de distance.
Pendant une demi-minute au moins la détonation se
fit attendre; puis un grand cri s'éleva, quand il fut
bien constaté que l'épreuve avait réussi parfaitement.

Achoud reçut les félicitations de ses amis, mais l'a-
min déclara qu'il voulait faire mieux que cela.

Il désigna le grenadier sous lequel le marabout se
tenait assis, et il ordonna à son fils d'aller cueillir un
des fruits qui se balançaient à ses branches.

— Je vais, dit-il, bien haut lancer cette grenade, et

quand elle sera à la distance où Achoud a touché sa pierre, je la percerai d'outre en outre.

— Si tu fais cela, lui répliqua son rival, je m'avoue vaincu; envoie ton fils cueillir le fruit.

— Va, dit l'amin à son enfant, et hâte-toi.

Quand chacun sut le projet de l'amin, une curiosité ardente s'empara de tous les esprits; les uns pariaient pour lui, les autres contre, et tous suivaient impatiemment du regard le messager qui courait vers lui.

— Père, disait Mériem, Ali ne vient pas, et le dernier coup de feu va partir.

— C'est peut-être un bien, mon enfant, répondit le marabout en se levant pour que le fils de l'amin pût monter sur l'arbre; je crois qu'il aurait été vaincu par nos tireurs.

Tout à coup le galop d'un cheval retentit; un instant l'attention de l'assistance fut détournée de son but, et l'on vit un cavalier accourir avec une rapidité vertigineuse. En un clin d'œil, il fut auprès de Ben-Akmet.

Il mit pied à terre avec une légèreté qui fit l'admiration des Kabyles, en général mauvais cavaliers, et baisant les genoux du vieillard, il lui dit :

— Que toutes les bénédictions du Prophète descendent sur ta tête, mon père, et que ton jour soit heureux !

— Le salut soit sur toi, Ali ! répondit le vieillard affectueusement, mais hâte-toi d'embrasser ta femme et arme ton fusil, car il est temps d'agir; je fais des vœux pour ton succès.

Ali serra Mériem sur sa poitrine, et il sentit des larmes de joie, qui des yeux de la jeune femme tombaient sur son visage.

Pendant ce temps les deux rivaux s'impatientaient un peu, car leur envoyé se tenait par déférence éloigné de l'arbre? Quelques guerriers dans la foule souriaient en voyant le gendre de Ben-Akmet, si jeune et si expansif envers son épouse; pourtant, en général, on lui trouvait une mine noble, et les femmes se disaient entre elles que la Fleur des Traras avait trouvé un époux digne d'elle.

Lorsque Ali se retourna, il vit le Kabyle qui, à vingt pas de l'arbre, attendait la fin de cette scène pour avancer, et il marcha à sa rencontre. C'était comme lui un jeune homme de dix-huit ans; il lui tendit la main, échangea avec lui une courtoisie parfaite la politesse d'usage, et le pria de lui expliquer ce qu'il désirait.

Son affabilité lui avait déjà concilié le cœur du jeune homme lorsque survinrent son père, Achoud et leurs amis, qui tous voyaient Ali d'un mauvais œil; d'abord parce qu'il était bien mis, élégant et beau cavalier. Pour chacun en particulier, il y avait un motif de le détester plus ou moins, selon le degré de jalousie qu'il inspirait; en outre, ils ne l'aimaient pas parce que c'était un étranger; et le patriotisme des Kabyles souffrait de le voir marié à la plus belle fille du pays; leur indépendance se froissait des craintes que son influence leur inspirait pour l'avenir.

Achoud, résolu de lui donner une idée de ce qu'étaient les Traras, substitua sa grosse voix rude comme le mugissement d'un taureau à celle du fils de l'amin.

En quelques mots secs, durs, presque grossiers, il fit comprendre à Ali que les guerriers de la tribu voulaient un des fruits qui pendaient à l'arbre sous lequel était assis son beau-père, afin de trouver la grenade d'une balle à cent cinquante pas.

L'hostilité de ce discours était visible. Achoud avait souligné en parlant les mots *guerriers* et *voulaient*.

Cependant Ali fit semblant de ne pas y attacher de l'importance.

— Il est inutile de déranger un vieillard pour monter sur cet arbre, dit-il, je vais te donner ce que tu demandes. Quelle grenade désires-tu?

— Celle qui pend à l'extrémité de la plus haute branche, répondit Achoud en souriant malicieusement; je crois que tu trouveras difficilement une perche assez longue pour l'atteindre, lors même qu'elle aurait vingt coudées.

— Je n'ai pas besoin de perche; je ne bougerai pas d'ici, et tu auras la grenade, fit Ali avec assurance.

— Tu es magicien alors, et je ne m'étonne plus que tu réussisses dans ce que tu entreprends.

Achoud, en parlant ainsi, regardait Mériem.

Sans relever cette aigre plaisanterie, Ali rejeta sur son épaule un pan de son riche burnous avec un geste de coquetterie élégante qui plut à toutes les femmes; et il visita les amorces de son fusil avec le soin minutieux d'un homme habitué aux armes, ce qui fit revenir de leurs préventions ceux qui avaient ri de sa jeunesse.

— Que va-t-il donc faire? se demandait-on de tous côtés.

Alors le jeune homme, désignant la grenade, annonça que sa balle allait la détacher de la branche sans endommager ni l'écorce de l'arbre, ni celle du fruit. La nouvelle circula de bouche en bouche; il y eut un instant de tumulte extraordinaire; puis, quand Ali épaula, tout bruit cessa comme par enchantement.

Le jeune homme échangea un rapide regard avec son beau-père, que l'émotion générale avait gagné, et avec Mériem, qui souriait confiante; l'un avait le doute ou l'amitié ne suffit pas à effacer, l'autre avait l'assurance que l'amour sait inspirer.

Le canon s'éleva progressivement vers la grenade, puis il resta immobile pendant quelques secondes à peine, et le coup partit...

La grenade avait disparu, et Mériem, aux pieds de laquelle elle était venue rouler, s'en empara avec une fierté bien légitime, et la présenta à son père.

Une immense acclamation salua ce coup prodigieux; le miracle d'adresse qu'Ali venait d'accomplir était si extraordinaire, que les Kabyles l'avaient cru impossible.

Achoud, nature franche et rude, ne s'était pas donné la peine de cacher ses doutes ironiques; l'amin, par déférence pour Ben-Akmet, avait dissimulé sous sa moustache un sourire incrédule, et tous les assistants étaient bien convaincus que le jeune homme s'en tirerait à sa honte; car les Arabes, en général, sont de mauvais tireurs qui brûlent leur poudre aux moineaux et préfèrent le bruit à l'effet. On ne connaissait pas dans la tribu l'origine d'Ali, mais on supposait qu'il appartenait à un douar de la plaine, et c'en était assez pour que l'on fût prévenu contre lui.

Quand l'événement eut prouvé que nul ne pouvait lui disputer le prix du tir, quand sa supériorité eut éclaté dans une épreuve que personne n'aurait osé tenter, un revirement se fit dans l'opinion.

Son beau-père avait annoncé qu'il comptait le faire adopter par les Traras, comme un des leurs, et c'était dans ce but qu'Ali avait tenu à se signaler ce jour-là.

Non-seulement on l'admira pour son habileté prodigieuse, mais, en voyant sa noble contenance, l'intelligence qui brillait dans son regard, l'élégance native de toute sa personne, la foule se sentit dominée. Un instant, chacun resta cloué à sa place par la surprise, cherchant des yeux la grenade qui avait disparu; puis l'enthousiasme éclata, ardent et spontané.

Mériem s'était emparée du fruit, et avec une joie enfantine elle le montrait à son père. Un éclair de satisfaction dérida le front du vieillard, qui oublia un instant le poids des années et la réserve que lui imposait son caractère, pour se jeter dans les bras de son gendre avec un empressement juvénile.

— Sois béni, mon fils, lui disait-il, pour le bonheur que tu me donnes au déclin de ma vie. Je puis mourir, maintenant, car tu es digne de porter mon nom, et tu l'illustreras parmi les Traras.

Les rangs de l'assemblée s'étaient rompus; on entourait Ali, on palpait le fruit, preuve de son triomphe, on touchait ses armes, on lui serrait la main.

Achoud, avec sa franchise brusque, lui dit :

— Nous savions que Ben-Akmet, notre chef vénéré, avait choisi un étranger pour gendre, et nous étions peinés, car il y a parmi nous des bras robustes, des âmes loyales et des cœurs énergiques.

« Mais, maintenant que nous te connaissons, nous sommes forcés de convenir que cette fois, comme toujours, il a été sage et inspiré par le Prophète.

« Tu seras grand parmi les plus grands guerriers des Traras, tu seras un soleil parmi les étoiles de nos montagnes. »

Et tous, vieillards et jeunes hommes, pour confirmer les paroles du farouche chasseur, s'empressaient de complimenter Ali.

Les sentiments de rivalité et de défiance avaient disparu; le patriotisme avait étouffé la jalousie dans tous les cœurs : car les Traras comptaient un défenseur de plus.

Les femmes, pressées autour de Mériem, la félicitaient aussi, puis elles conduisaient leurs petits enfants auprès d'Ali, et leur faisaient embrasser son burnous, dans la naïve croyance que cela leur donnerait du courage; au milieu de ces vaillants montagnards, l'amour de la patrie est une religion qui a aussi ses saints et ses martyrs; aux religions des héros on attribue des vertus merveilleuses, préjugé ridicule pour les esprits étroits, conviction sublime pour les grands cœurs!

Peu à peu l'enthousiasme se calma, et les contingents des villages alliés et voisins se retirèrent par groupes.

Après que chaque amin fut allé saluer Ben-Akmet, le patriarche de la tribu, la foule s'écoula le long des sentiers, en devisant sur l'exploit d'Ali.

Le soir, toute la contrée sut l'événement du jour.

Au milieu de tous ces hommages, Ali avait gardé une dignité simple, qui l'avait encore grandi davantage aux yeux des Kabyles; quand le moment de la séparation fut arrivé, il alla chercher sa jument, qu'un des serviteurs de Ben-Akmet tenait à distance, et il offrit lui-même l'étrier au vieillard touché jusqu'aux larmes de cette déférence.

Puis Ali et sa femme regagnèrent doucement le village, en suivant leur père qui se retournait souvent pour les contempler.

Derrière eux venaient les serviteurs du marabout et enfin les habitants du village; ceux-ci, par familles, longeaient lentement le sentier, les mères portant leurs petits enfants, les jeunes gens soutenant la marche chancelante de l'aïeul, et les pères protégeant les leurs, un long fusil sur l'épaule.

Ce retour au village d'une tribu kabyle offrait l'image des temps bibliques, bien mieux que la migration d'un douar arabe.

Si l'on veut retrouver la touchante simplicité des mœurs des temps primitifs, il faut aller la chercher sur les cimes de l'Atlas, où depuis vingt siècles les traditions et les coutumes des ancêtres se sont conservées avec un soin religieux.

V

COMMENT ON FAIT UNE CONNAISSANCE DANS LES RAVINS DE L'AFRIQUE.

Bientôt Ben-Akmet arriva en face de sa maison; de toutes celles du village, c'était la plus vantée, la mieux construite.

Outre les dons considérables que les croyants envoyaient de toutes parts au pieux marabout, il possédait de vastes terrains, de nombreux troupeaux, et ses richesses égalaient au moins celles de l'agha de Nédromah.

Quoique les Kabyles n'aient pas l'habitude de monter à cheval, il entretenait vingt juments, soignées par autant de cavaliers à ses gages, qui formaient un cortége brillant, quand il marchait à l'ennemi.

Au milieu de tout ce luxe, il restait simple et austère, et de lui surtout on pouvait dire : « Que sa main était toujours ouverte pour l'aumône, et son cœur fermé à l'orgueil. » Ses revenus étaient consacrés au soulagement des pauvres et il exerçait l'hospitalité la plus large et la plus généreuse.

Ses serviteurs n'étaient pas des malheureux que la misère pousse dans cette position obscure; la plupart avaient voulu s'attacher à sa personne, mus par un sentiment pareil à celui qui réunissait jadis les jeunes gens d'Athènes autour des philosophes; c'étaient des disciples, non des domestiques.

Tous les marabouts célèbres de l'Algérie ont, à l'exemple de Socrate, du Christ et de Mahomet, des apôtres nombreux qu'attire leur réputation de sagesse et de vertu.

Adoré de tous, Ben-Akmet, par un ordre, aurait envoyé à la mort tous les guerriers de sa tribu; ses paroles étaient des oracles; ses moindres désirs étaient satisfaits avec empressement.

Que l'on se figure par là si Mériem, la fille adorée de Ben-Akmet, était chérie et respectée de tous.

Cependant, à la voir passer familièrement au milieu de ses compagnes, n'ayant d'autre distinction que sa beauté, on se serait à peine douté qu'elle était plus qu'une reine.

Comment Ali l'avait-il épousée?

C'est ce que bien des mères s'étaient demandé sans trouver la réponse.

Un jour, Ali traversant la montagne avait rencontré Mériem face à face.

Montée sur une mule qu'elle menait avec assez peu d'adresse, elle se trouvait fort embarrassée.

Comme en France, comme en Espagne, comme partout, les mules sont très-entêtées en Kabylie, et celle-là refusait énergiquement d'avancer.

En vain Mériem, avec une mutine colère, frappait la maudite bête; elle avait la main trop légère pour vaincre une obstination qui résiste souvent aux coups les plus vigoureux.

Tout d'abord, Ali resta fort surpris de voir une jeune fille d'une si grande beauté se promener toute seule, à une lieue au moins de toute habitation.

En Arabe bien élevé, il ne lui adressa pas une parole; il mit pied à terre, et de la pointe de son poignard il piqua la monture récalcitrante.

Il évita surtout de gêner Mériem par un regard déplacé; selon ses idées, c'eût été manquer aux lois les plus graves de la bienséance; les Arabes sont fort méticuleux sur ce point.

Mais s'il eut pour la jeune fille tous les égards désirables, il ne traita pas la mule de cette façon. Celle-ci, sentant vigoureusement piquée, se décida à détaler; sa résolution fort louable en principe, mais fort condamnable par la manière dont elle fut exécutée.

Car elle se mit à galoper si furieusement que Mériem, désarçonnée, roula sur le chemin, tandis que sa monture prenant à travers champs disparut aux yeux d'Ali, fort mécontent de l'aventure, fort inquiet de l'état de la jeune fille et furieux surtout d'être la cause de tout ce mal.

Quand il vit Mériem se relever en riant et accourir vers lui, il s'étonna; son embarras redoubla quand il entendit lui dire, avec un petit air très-dégagé :

— La mule rouge est partie, et c'est une méchante; mais toi, tu es bon, et tu vas me conduire chez mon père, n'est-ce pas?

Force fut pour lui de regarder la charmante enfant, de l'admirer, de lui répondre et d'offrir galamment sa monture.

— Elle est bien jolie, dit Mériem en caressant celle-ci; mais j'aurais peur toute seule dessus, et puis il ne faut pas que tu te fatigues. Monte d'abord, tu me placeras devant toi ensuite, comme fait mon père quand il m'emmène dans ses promenades; nous nous en irons ainsi.

Ali ne savait que penser; il obéit cependant.

Quand il tint entre ses bras cette adorable et naïve créature, il lui fallut toute la noblesse instinctive de son âme pour ne pas se laisser dominer par l'ardente passion qui s'empara soudain de lui.

C'est qu'elle était bien belle, cette candide enfant, et pure qu'elle ne se doutait même pas du danger qu'elle courait.

Elle regarda son cavalier avec de grands yeux bleus un peu étonnés; son examen fut à l'avantage du jeune homme; elle lui sourit comme savent sourire les enfants à un visage ami.

— Pourquoi donc, demanda Ali, personne ne t'accompagne-t-il?

— Parce que l'on n'a pas vu que je quittais le village; mon père était parti pour un grand marché; je me suis ennuyée toute seule, et j'ai voulu aller à sa rencontre.

« Sur ma prière, un petit garçon de la tribu a sellé la mule rouge sur laquelle je suis montée; mais elle n'a pas voulu m'obéir et elle m'a conduite ici malgré moi.

— Ton père doit être inquiet, s'il ne t'a pas trouvée à son retour.

— Tu as raison, s'écria Mériem attristée; hâtons-nous d'arriver à Aïn-Kébira, car mon père est vieux, et il m'aime tant que, dans son chagrin, il voudrait me chercher lui-même; il passerait la nuit à cheval s'il ne me rencontrait pas.

— Rassure-toi, dit Ali ému, essuie tes pleurs; si ton père est parti, je suivrai ses traces et je le ramènerai.

— Oh! merci, répondit la jeune fille en embrassant Ali avec une enfantine effusion.

Et, tranquillisée par sa promesse, elle se mit à babiller comme une enfant insouciante.

Quant à Ali, ce baiser si spontanément donné lui fit comprendre combien cette petite vierge était ignorante de tout mal; sa résolution de respecter tant d'innocence et de gentillesse s'enracina profondément dans son âme; il lui parla comme un frère aîné parle à une toute jeune sœur, et le temps qu'ils passèrent ensemble leur parut bien court.

Quant ils furent en face d'Aïn-Kébira, Mériem poussa un cri joyeux.

— Nous sommes arrivés, dit-elle.

— Ah! fit Ali, nous allons donc nous séparer!

Ce mot produisit sur elle une impression extraordinaire; elle pâlit, le regarda avec une indéfinissable expression de regret, et de grosses larmes coulèrent sur ses joues.

— Qu'as-tu donc? demanda Ali, ému jusqu'au fond de l'âme.

— Je pensais que tu allais rester avec nous.

« Mon père te garderait près de lui, si tu le voulais, et je serais bien joyeuse.

« Tu me mènerais promener tous les jours, comme aujourd'hui; nous irions cueillir de belles fleurs dans les ravins.

« Je sais broder des ceinturons d'or et tisser des burnous de soie; j'ai une négresse qui apprêterait pour toi le couscoussou d'agneau et des galettes de froment; nous serions heureux. »

Un avenir de bonheur s'entr'ouvrait pour Ali.

Cet amour qui se révélait étrange, subit, spontané et à l'insu de la jeune fille, il le partageait déjà, et cependant il n'osait se laisser aller à ses rêves.

Il objecta :

— Ton père ne me connaît pas.

— Mon père t'aimera, puisque je t'aime, fit-elle avec assurance.

— Peut-être, fit le jeune homme.

— Mais, puisque je t'aime, moi, répéta-t-elle avec un entêtement mutin, il faudra bien qu'il fasse comme moi.

« Vois-tu, je sens bien que si tu me quittais, je mourrais d'ennui; il me semble que je t'ai connu toujours et que, dans mes songes, je t'ai déjà vu; tu m'appelais ta sœur, et tu m'embrassais.

« J'ai toujours désiré un frère comme toi; demeure avec moi et ne me fais pas de chagrin en t'éloignant. »

Et, l'œil brillant d'un éclat fébrile, la voix haletante d'une émotion dont elle ne comprenait pas la portée; Mériem serrait les mains d'Ali dans les siennes, en le suppliant de demeurer près d'elle. Celui-ci prit une résolution subite; il pressa la jeune fille contre son cœur et lui dit avec l'accent de la passion :

— Oh! oui, tu seras à moi, ma bien-aimée; car c'est Allah qui t'a placée sur ma route, et maintenant je préférerais mourir que de renoncer à te voir toujours.

— Quel bonheur! s'écria Mériem; et, saisissant dans ses deux mains la tête d'Ali, elle couvrit son front de baisers.

Ils entraient au village en ce moment.

L'œil en feu, la poitrine oppressée, le jeune homme arriva devant la maison de Ben-Akmet, au moment où celui-ci lançait ses cavaliers dans toutes les directions, à la recherche de son enfant, et où il se préparait lui-même à fouiller la montagne en tous sens.

Son inquiétude et son chagrin devaient avoir été poignants, car sa joie fut si grande, à la vue de Mériem, qu'il faillit tomber de cheval.

Il prodigua mille caresses à Ali, et quand sa fille lui eut raconté son aventure dans tous ses détails, quand il sut combien la conduite du jeune étranger avait été noble, quand enfin, lisant dans l'âme de Mériem comme en un livre ouvert, il comprit la sympathie profonde qui s'était emparée d'elle, il résolut d'étudier le caractère de l'inconnu, et de ne pas désespérer son unique enfant en éloignant celui qu'elle aimait avec tant de tendresse et d'ingénuité.

Ali captiva le cœur du marabout par son tact délicat, ses sentiments élevés, sa distinction native, et surtout par sa réserve exquise envers Mériem qui, toujours enfant, toujours ignorante, l'appelait son frère et ne rêvait pas un bonheur plus grand que de le voir vivre sous le toit paternel.

Au bout de quinze jours, après une longue explication, qui avait eu lieu entre lui et Ben-Akmet, celui-ci annonça à Mériem qu'il allait la marier avec Ali.

Ce mot de mariage fut pour elle une révélation; rougissante et confuse, elle se jeta dans les bras de son père, cachant sur son sein sa jolie tête en pleurs.

Chez les femmes, la sensibilité est si grande, que la joie se traduit par des larmes aussi bien que la douleur.

Lorsque le jour du mariage fut arrivé, elle revit son fiancé que l'usage avait séparé d'elle; le gai sourire de l'enfance avait disparu de ses lèvres, mais, en revanche, son regard, à demi voilé, brillait des doux feux que l'amour allume dans le cœur de la femme.

Depuis ce jour, ils étaient heureux, lui et elle, autant qu'on peut l'être sur la terre, où le ciel de la plus pure félicité est toujours obscurci par quelque nuage.

Pour Mériem, le nuage commençait à poindre quand son mari s'éloignait d'elle.

Pour lui, le nuage devenait menaçant et sombre quand Élaï Lascri le retenait trop longtemps dans une expédition.

Il avait caché son métier, car l'amour avait triomphé de ses scrupules.

Il s'était donné comme le fils d'un chef marocain tué dans une révolte contre le sultan; à son dire, il voyageait pour recruter des partisans et venger son père.

A l'appui de cette assertion il avait apporté, la veille du mariage, de si riches présents, sa jument pliait tellement sous des sacs de douros, que force fut à Ben-Akmet de voir là une fortune princière échappée à la razzia d'un ennemi.

C'était sa part du butin qu'Ali avait réclamée à son chef.

Cependant le jeune homme réfléchissait qu'un jour ou l'autre Ben-Akmet s'étonnerait de ne pas le voir partir pour l'accomplissement de son projet; heureusement, le jour même de son triomphe devant les Traras, il fut débarrassé de ce souci.

Son beau-père lui proposa de se faire définitivement adopter par les Kabyles, et il lui promit en ce cas qu'il serait nommé amin aux prochaines élections.

— Je suis vieux, mon cher fils, lui dit-il; il y aura bientôt un héritage d'influence et d'autorité à recueillir dans la tribu; si tu veux suivre mes conseils, au lieu de revendiquer bien loin des droits que le sultan a ravis à ton père, tu trouveras ici une place honorable à occuper. Sans doute tu ne seras pas le maître de tes concitoyens comme les cheiks de la plaine; tu seras seulement le premier parmi tes égaux.

« Mais, crois-moi, il vaut mieux guider une troupe de lions que commander à des moutons. »

Ali avait consenti avec joie, et, après avoir remercié son beau-père, il était allé demander à son épouse bien-aimée la récompense de son exploit.

Enfin, s'arrachant avec peine à ses caresses, il se souvint qu'Élaï Lascri l'attendait, et il quitta le village en jurant de revenir bientôt.

Il était nuit, ce qui fit qu'en redescendant vers la plaine, il ne s'aperçut pas, malheureusement, que deux hommes se jetaient de côté pour éviter sa rencontre; il continua sa course avec l'espoir de revenir au bout de quelques heures.

L'un des deux maraudeurs, car ils portaient le costume de voleurs de nuit, une simple tunique, était le neveu du cheik des Angades à qui Élaï Lascri avait voué sa haine; l'autre était Meçaoud.

Tous deux, montés sur des chevaux agiles, reprirent leur marche vers Aïn-Kébira lorsqu'Ali eut disparu.

Meçaoud est un type arabo trop curieux pour ne pas l'esquisser.

C'était un noble très-pauvre, qui servait Embareck à titre de cavalier de son goum (troupe armée), quelque chose comme un écuyer au bon temps des tournois.

Le vieil Embareck lui donnait un cheval à monter quand il se rendait à un marché ou à une fantasia; il prenait rang à sa suite parmi les gens de l'escorte, et malgré son grand air, sa mâle figure et sa digne pose d'un héros du Cid, Meçaoud faisait triste figure. Le maintien du guerrier ne parvenait pas à relever la piètre contenance de sa monture, laquelle était un affreux bidet maigre, efflanqué, vacillant sur les quatre bâtons qui lui servaient de jambes, et harnaché à faire sourire de pitié le mulet d'un juif.

Le beau Meçaoud souffrait de la lésinerie d'Embareck et il maudissait régulièrement, tous les soirs et tous les matins, son ladre patron.

Mais il n'y avait pas possibilité de le quitter pour en chercher un autre plus généreux; le vieux cheik était son parent.

En restant avec lui, il faisait partie d'une famille et ne pouvait être classé tout à fait parmi les serviteurs.

L'orgueil le tenait cloué à cette place, quoique son cœur y saignât des blessures de son amour-propre.

Quand il assistait à une fête où des cavaliers s'élançaient dans la mêlée brillante des fantasias; quand il entendait les coups de feu vibrer dans l'air; lorsqu'il sentait trembler le sol sous le galop des chevaux, et que la foule enthousiaste acclamait les vainqueurs, il frémissait de rage et d'envie.

A ses côtés, El-Kouffi, monté sur une jolie jument, contemplait paisiblement ces jeux guerriers auxquels il se donnait bien garde de prendre part.

Alors Meçaoud se sentait pris d'un ardent désir de posséder cette monture dont son cousin ne savait profiter, et plus il essayait de repousser ce rêve, plus le rêve le poursuivait.

Un jour enfin il fut tellement obsédé par cette idée fixe qu'il se dit : — Il faut en finir de gré ou de force par un meurtre ou par une ruse, j'aurai cette jument.

Et il s'était mis à songer à se procurer l'objet de sa convoitise.

Il se souvint que son cousin aimait Mériem.

De plus, Meçaoud connaissait la prudence d'El-Kouffi (prudence ici est le synonyme de lâcheté), et enfin il se savait très-brave.

De l'amour de l'un, de l'avarice de l'autre, de la lâcheté de l'amoureux et de sa bravoure à lui, Meçaoud conclut qu'il aurait la jument.

Une première fois, lors de la visite d'Ali au douar de Sidi-Embareck, il avait failli la gagner; mais le jeune homme s'était échappé en tuant beaucoup d'Arabes.

Depuis qu'ils avaient laissé fuir le mari de Mériem, Meçaoud et El-Kouffi ne cessaient de méditer au moyen de réparer cet échec.

Ce soir-là même, ils allaient mettre à exécution un plan d'enlèvement arrêté entre eux.

— As-tu reconnu ce passant? dit El-Kouffi. (El-Kouffi était le neveu du cheik Embareck.)

— Certes! répondit Meçaoud; c'est le gendre de Ben-Akmet.

— Si j'avais su, je lui aurais envoyé une balle.

— Pour mettre l'émoi dans la montagne, n'est-ce pas? répliqua Meçaoud.

— C'est vrai, j'ai tort; il nous faut de la prudence avant tout, car nous risquons nos têtes; mais j'aime trop la fille de Ben-Akmet pour renoncer à mon projet.

« Es-tu sûr au moins que tu pourras arriver jusqu'à elle?

— Certainement, mais non sans de grands risques, répondit Meçaoud exagérant à dessein le péril afin d'augmenter la récompense promise; la maison du marabout est bâtie sur le bord d'un rocher à pic; toute une rue du village borde ce précipice.

« Aucun chien, aucune sentinelle ne veille par là,

Il fit un bond énorme. (Page 64.)

même en temps de guerre, on suppose ce mur de roc infranchissable.

« Néanmoins, en m'accrochant aux bancs, aux saillies de la pierre, en risquant ma vie enfin, je pourrai gagner le sommet.

« Là je suis sauvé; hier j'ai scié deux barreaux d'une fenêtre qui donne le jour à la chambre de la jeune fille; je pousserai doucement le fer, qui cédera sous ma main, et une tenture légère me séparera de la fleur des Traras.

— Si elle crie?

— Je suis mort; mais lorsque l'on veut cueillir une rose il ne faut pas songer aux épines.

— Tu es trop brave pour que je craigne qu'aucun péril te fasse reculer. Continue de me renseigner, répondit El-Kouffi.

— La natte où elle repose est à gauche; je serai favorisé par la lune, qui en ce moment plongera dans la chambre.

— Alors, s'écria El-Kouffi, n'hésite pas; surtout, sois rapide comme le lion qui s'élance, léger comme la gazelle qui retombe. Que, dans la crainte de meurtrir sa gorge, tu craignes de la serrer, et elle appellera... tu iras voir si les houris célestes valent mieux que cet ange de la terre.

« Mais pour redescendre, comment feras-tu?

— J'ai une longue corde que j'attacherai au tronçon de fer du barreau scié! Allons, El-Kouffi, ta jument pour un baiser de cette femme, ce n'est pas assez.

« Tu y joindras trois cents douros! »

El-Kouffi hésita.

Meçaoud lui dit :

— Tu ne consens pas! Tente l'aventure toi-même, alors!

El-Kouffi était loin d'être brave, et cependant ce n'était pas précisément un lâche.

Il appartenait à cette nombreuse classe de poltrons vaniteux qui dévorent une insulte reçue loin de la foule et qui se battent pour un affront public.

El-Kouffi frissonnait rien qu'en songeant au danger qu'il fallait affronter pour atteindre Mériem.

Meçaoud demandait beaucoup, mais El-Kouffi ne se sentait pas assez de cœur pour braver la mort, et il aimait trop la Rose des Traras pour renoncer à elle.

Il consentit à ce que son cousin exigeait de lui.

Les deux jeunes gens étaient arrivés au bas du précipice dont Meçaoud avait parlé.

Le jeune homme tenta sa périlleuse ascension; El-Kouffi le suivit des yeux avec anxiété.

Il parvint au sommet de l'escarpement, et il disparut.

Quand Meçaoud fut arrivé auprès de la fenêtre, il enleva le barreau scié à l'avance, et il s'introduisit dans la chambre de Mériem.

Mériem, couchée sur une natte, reposait doucement.

Un rayon de lune éclairait sa gracieuse figure; elle rêvait à son époux :

— Ali murmurait-elle avec un accent passionné.

Meçaoud, en face de cette belle jeune femme, hésita à accomplir le rapt.

Mais il songea à cette jument et à cette somme que lui avait promises son cousin ; l'orgueil l'emporta sur la pitié.

Il s'approcha en rampant de Mériem, lui jeta un foulard de soie sur la tête, la bâillonna et l'enleva dans ses bras, puis il redescendit avec son fardeau auprès d'El-Kouffi.

Celui-ci, avec une joie indicible, reçut la captive des mains de son cousin.

Deux heures après, la femme d'Ali et ses deux ravisseurs arrivaient au douar des Angades.

VI

OU FATHMA EST VENDUE A UN JUIF AUSSI LAID QUE SON ANCIEN MAITRE, MAIS PLUS CRASSEUX.

Le jour même où Ali remportait le prix de tir à la cible, Fathma suivait pensive le chemin qui, du champ où son maître avait été tué, conduisait à la ville.

Elle allait lentement, levant de temps à autre ses yeux noirs vers le ciel. Elle semblait en proie à une tristesse amère.

L'homme que ronge un chagrin, fronce les sourcils et lutte contre la douleur; il a la force pour combattre.

Mais la femme, dont le corps est grêle et dont le cœur est doux, cherche, au jour du péril, son appui dans celui qu'elle aime; et quand ce soutien lui fait défaut, elle en appelle à la Providence.

C'est pour cela, sans doute, que de tout temps elle fut plus religieuse que l'homme.

Si la jolie mulâtresse jetait des regards mélancoliques vers les régions où, d'après ses croyances, résidait le Prophète, c'est qu'elle était restée sans nouvelles de son libérateur, qui pouvait bien n'avoir eu pour elle qu'un caprice bientôt oublié.

Elle avait suivi ses instructions à la lettre, et Ibrahim, le fils de son maître, l'avait en vain questionnée.

— Aïdin est tombé frappé par une balle, répondait-elle à toutes les questions; je n'ai pu apercevoir le meurtrier.

Son sort n'était pas trop à plaindre, car Ibrahim se montrait fort humain pour elle; néanmoins une douleur profonde la minait.

Après avoir toujours souffert, toujours haï, elle avait rencontré un être sur lequel elle pouvait verser les trésors de tendresse qu'une odieuse tyrannie tenait refoulés au fond de son cœur.

Elle se sentait attirée, par une ardente sympathie, vers l'homme assez hardi pour la défendre, assez bon et assez généreux pour lui demander son affection quand il pouvait l'exiger; elle oubliait l'irrégularité de ses traits pour ne se souvenir que du service rendu; pressentant dans l'inconnu quelque chose d'étrange, elle se promettait d'effacer par des baisers les rides qui sillonnaient son front.

Femme, elle avait admirablement compris la mission de la femme qui doit être un encouragement pour celui qui chancelle, une récompense pour celui qui triomphe, une consolation pour celui qui succombe.

Cependant, comme Elaï Lascri ne venait pas, elle s'était peu à peu reproché les douces illusions dont l'espérance berçait son âme; nul indice ne lui avait révélé que l'étranger pensait encore à elle.

Il devait être riche; ses paroles, son costume, tout annonçait un personnage puissant, et la pauvre enfant, tout en marchant, répétait ces vers du poète arabe :

« Il ne reviendra pas : c'est le voyageur égaré dans
« la montagne, qui rencontre une rose sauvage dont
« la tige est brisée, la redresse et l'admire; puis il
« passe en se promettant de venir l'arroser.

« Mais la montagne est bien loin! et tout près, dans son
« jardin, d'autres fleurs plus brillantes attirent son re-
« gard; il oublie la rose des champs, qui se dessèche et
« se flétrit. »

Tout en faisant ces réflexions, Fathma était arrivée à la porte de Nédromah, et elle se frayait un passage au milieu de la foule qui le soir en encombre les abords.

C'était l'heure où les cultivateurs rentrent des champs, poussant devant eux leurs bœufs ou leurs chevaux : bêtes et gens, fatigués du labeur de la journée, allaient lentement le long des rues étroites et souvent voûtées; les bergers ramenaient leurs troupeaux, et, comme dans nos villages, chacun, sur leur passage, reprenait sa chèvre ou son mouton.

Les tisserands, les forgerons, les selliers si nombreux à Nédromah, se plaçaient sur le seuil de leurs maisons, et ils échangeaient des paroles d'amitié, des compliments ou des injures, selon les rapports qu'ils entretenaient entre eux.

A travers les portes entre-bâillées, on voyait les ménagères passant et repassant avec activité dans les cours; le feu du soir flambait avec des pétillements joyeux, cuisant le couscoussou et couronnant les maisons d'un panache de fumée.

Sur les places, les femmes se croisaient, allant à la fontaine ou en venant, un vase sur l'épaule.

Derrière elles, des enfants se tenaient cramponnés à leurs voiles qui, se soulevant parfois, laissaient entrevoir tantôt une figure laide et ridée, tantôt un frais et beau visage; jamais une de ces insignifiantes physionomies, comme il y en a trop sous nos climats brumeux.

Fathma continuait à fendre péniblement la multitude dont les rues étaient encombrées, lorsqu'elle s'entendit appeler; elle se retourna et aperçut un vieux juif nommé Jacob, qui, du seuil de sa boutique, lui faisait signe de venir à lui. Croyant qu'il s'agissait de quelque emplette et voyant la nuit venir, la jeune fille cria au marchand :

— Je suis obligée de rentrer chez mon maître, et du reste je n'ai pas d'argent.

— Il faut que tu me parles, ma fille, répondit le juif; j'ai quelque chose d'heureux à t'annoncer.

Un sourire bienveillant accompagnait ces paroles, et Fathma s'approcha de Jacob, dans la boutique duquel elle entra.

— Tu hésites bien à m'aborder, petite, lui dit-il; je ne suis cependant ni un chaouch (bourreau), redoutable à chacun en général, ni un capitaine du goum (troupe armée), dangereux pour les jeunes filles en particulier.

— Une esclave n'est pas riche, et je n'ai pas d'argent à échanger contre les marchandises que je vois étalées dans ta boutique, insista Fathma.

— Qui parle de te vendre quelque chose? Il s'agit d'un achat, au contraire, fit le juif.

Et Jacob prit la main de Fathma pour la guider au milieu des vieux meubles, des vieilles armes rouillées, des ustensiles hors d'usage, des vieux débris de tous genres encombrant ce qu'il appelait sa boutique : un véritable bouge, un réceptacle à chiffons.

Là où il y a un Israélite, il y a un marchand de bric-à-brac, cela est vrai pour l'Europe comme pour l'Afrique, pour Calcutta comme pour Botany-Bay.

Un mot des Juifs :

Quelle que soit la plage où le vent de l'émigration ait poussé les débris de cette race, elle s'est conservée pure de tout mélange : le type juif est immuable; jusqu'ici, du moins, il a peu changé.

Partout, grâce à son intelligence, le Juif a su amasser des richesses; partout aussi la stupide jalousie des autres peuples et l'aveugle fanatisme des autres religions lui ont fait subir des vexations cruelles, des spoliations injustes.

Forcés d'opposer la ruse aux plus brutales violences,

les Israélites ont contracté des vices qu'ils n'avaient pas, et ils ont perdu les qualités qu'ils possédaient.

Aujourd'hui, pour se justifier, les nations qui les bannissaient du banquet de l'humanité leur reprochent des fautes qui doivent retomber sur elles-mêmes.

En rejetant de leur seuil ces pauvres exilés, elle les ont forcés à s'unir contre leurs persécuteurs, et à regarder tous les étrangers comme des ennemis nés de leur sang et de leur croyance.

De là cette haine sourde et souvent dangereuse qu'ils professent contre presque toutes les sociétés au milieu desquelles ils vivent.

Ceci tient à la situation injuste et déplorable qu'on leur a faite, et non à une méchanceté naturelle, à une basse envie, qui, au dire de beaucoup, les animerait contre les partisans des autres religions que la leur.

Non, les Israélites ne méritent pas le dédain dont on les accable, et la France a donné un grand exemple au monde lorsqu'elle a ouvert ses bras à ces victimes de la société.

En Algérie, nous avons suivi avec eux la même voie; de sorte qu'ils sont devenus dans nos mains des instruments puissants de civilisation.

Intermédiaires actifs et dévoués entre les indigènes et nous, ils nous récompensent amplement, par les services qu'ils nous rendent, de la liberté que nous leur avons apportée.

Quant au vieux Jacob, sauf pendant quelques voyages à Oran, il s'était peu ressenti des bienfaits de notre civilisation; comme tous ses coreligionnaires, il avait à subir les exactions de l'agha et le dédain des musulmans; en revanche, lorsqu'il pouvait, sans trop se compromettre, jouer quelque mauvais tour au premier ou extorquer quelques douros aux seconds, il ne s'en faisait pas faute.

Tel était l'homme qui avait introduit la mulâtresse chez lui.

Fathma était fort surprise.

— De quel achat me parles-tu donc? demanda-t-elle; je n'ai rien à vendre, moi.

— Belle enfant, disait Jacob, il m'est venu en tête de faire une acquisition magnifique; je suis certain que tu seras de mon avis, si je t'annonce que cette acquisition... c'est toi.

— Moi!... s'écria la jeune fille troublée, moi!

— Oui; et j'attends ton maître pour traiter cette affaire avec lui.

Mais il tarde un peu.

Jacob regardait Fathma avec une expression qui donna beaucoup à penser à celle-ci.

— Tu as donc besoin d'une esclave pour travailler? demanda-t-elle.

— Travailler, toi! répondit Jacob. Oh! non!

« Je ne suis pas comme ton ancien maître, cette vieille hyène avare et féroce qui voulait se faire aimer en t'accablant de mauvais traitements.

« Tu es trop belle pour que je t'impose un dur labeur; tu n'auras qu'une occupation, une seule...

— Laquelle?

— M'aimer!...

Le juif prononça ce mot d'un ton si ridiculement tendre, que Fathma en eût ri si elle n'eût pensé à son sauveur auquel elle avait promis de rester fidèle.

Et puis ce Jacob était si laid, si sale, si repoussant, que son cœur se soulevait à la pensée de lui appartenir; à le voir tourner autour d'elle, admirant ses formes charmantes, on eût dit une chenille rampant vers une fleur.

— Je ne veux pas que ce marché se fasse, s'écria Fathma, et je supplierai mon maître de me garder!

— Moi, je ferai sonner à son oreille un sac de douros; nous verrons quelle musique il préférera, de la mienne ou de la tienne.

En ce moment, Ben-Aïdin entrait.

C'était un beau jeune homme, à l'aspect calme et doux; nouvellement marié à une femme qu'il adorait, il était encore plongé dans les délices de la lune de miel qui luit en Afrique comme en France, pour les époux du lendemain...

— Le salut pour toi, Jacob! dit-il en entrant chez le juif sans insolence, bien différent en cela de tous ses compatriotes.

— Merci de ton souhait, Aïdin, répondit avec douceur le vieil Israélite; j'y suis d'autant plus sensible que d'habitude tes coreligionnaires nous maudissent.

« Et pourtant Abraham est notre père à tous; Ismaël et Jacob étaient frères.

— Laissons cela de côté, dit Ben-Aïdin d'un ton ennuyé.

« Pourquoi m'as-tu fait demander? pourquoi Fathma est-elle chez toi?

— Maître, cet homme veut m'acheter, s'écria la jeune fille en se jetant aux genoux d'Aïdin; je t'en conjure, ne me vends pas!

— Tu as eu tort de me déranger, dit le jeune Arabe au juif; je garde Fathma.

« Allons, petite, console-toi et suis-moi à la maison; ma femme a besoin de tes services pour aller au bain.

— Un instant! un instant! fit Jacob.

« Ne m'as-tu pas marchandé quatre bracelets d'argent massif, il y a trois jours?

— Oui, ma femme les voulait, mais ils étaient trop chers pour moi.

— Quand tu es rentré, continua malicieusement Jacob, tu as eu une querelle.

— Que t'importe! répondit en élevant la voix le nouveau marié.

— Ne te fâche pas; tu as un excellent cœur et je t'aime beaucoup. Je suis peiné vraiment que tu n'aies pu satisfaire les caprices de ton épouse.

« Il y a moyen de lui faire une agréable surprise. »

L'amoureux mari dressa l'oreille; Fathma tremblait.

— Je te donne les bracelets, reprit Jacob, un collier de sequins et une bague ornée d'une émeraude, en échange de Fathma.

« Tiens! regarde... »

Et le juif étala les bijoux devant le jeune Arabe.

L'œil de celui-ci s'alluma.

Mais Fathma éplorée le suppliait de ne pas l'abandonner, et il hésitait.

— Cent douros en plus, ajouta Jacob, et sois sûre qu'elle ne sera pas malheureuse; j'attendrai, sans lui faire violence, le jour où elle voudra m'aimer.

« Prends tout cela, et cours sauter au cou de ta femme.

« C'est un cadeau qui serait digne de la favorite de notre agha. »

Aïdin n'hésita plus.

— Marché fait, dit-il.

Et il s'empressa de cacher ses richesses dans sa ceinture.

Mais Jacob, défiant et à bon droit, voulut que, par un traité en bonne forme et enregistré chez le cadi (juge et notaire à la fois), la possession de Fathma lui fût authentiquement assurée.

On alla trouver ce magistrat, et malgré les protestations et le désespoir de Fathma, elle devint la légitime propriété de Jacob, qu'il l'emmena toute en larmes.

Seulement elle remarqua qui ne reprenait pas le chemin de sa boutique.

— Où allons-nous? demanda-t-elle.

— Dans un palais dont tu seras la reine, répondit son guide.
— Tu plaisantes cruellement; tu es aussi méchant que le vieil Aïdin.
— Tout à l'heure tu verras bien que je suis sérieux, et tu me béniras.
— Oh! jamais!...
— Eh bien! écoute... et Jacob fixa sur elle son regard pénétrant.
« Je suppose qu'un grand seigneur inconnu, fort riche, t'ait rencontrée... par hasard; qu'il t'ait trouvée jolie et qu'il m'ait chargé de ménager un rendez-vous entre lui et toi.
« Eh! ma fille, que dirais-tu? »

A ces mots, Fathma devint pâle à tel point que Jacob s'en aperçut, malgré la couleur bronzée de son teint.

De sa main tremblante, la jeune fille s'appuyait sur le bras du vieillard, et de l'autre elle comprimait les palpitations de son sein.

Peu à peu son émotion se calmant, elle put s'écrier :
— Oh! je t'en prie, conduis-moi vite auprès de lui...
« Qui est-il? le connais-tu? Je vais le voir, n'est-ce pas? »

Et les questions se pressaient rapides sur ses lèvres tremblantes.

En ce moment, plusieurs Arabes s'arrêtèrent pour observer cette scène.

Jacob s'en aperçut.
— Ah ça! mon enfant, tu es folle, fit-il en mettant un doigt sur ses lèvres; je ne sais rien, je ne connais rien.

« Je suppose qu'en te conduisant dans une maison, tu apprendras beaucoup de choses que tu ignores; voilà tout. »

Un clignement d'yeux imperceptible démentait les paroles du malin et prudent vieillard.

Aussi Fathma pensa-t-elle, non sans raison, qu'il entretenait avec son sauveur des relations dangereuses et secrètes.

Sans insister davantage, elle le suivit, le cœur plein d'espérance.

Quand ils furent arrivés en face d'une des maisons les plus reculées de la ville, Jacob s'arrêta, en ouvrit la porte avec une clef qu'il confia à Fathma, puis il lui présenta un rouleau de papier.
— Qu'est-ce que cela? demanda-t-elle.
— L'acte d'affranchissement, passé entre ton nouveau maître et moi, au nom d'un inconnu qui m'a prié de te le remettre; de plus, il m'a assuré que cette demeure était la tienne : sans doute ce soir ton bienfaiteur viendra lui-même t'en apprendre plus long.

Après avoir terminé cette explication, Jacob se retira, en recommandant à Fathma de s'enfermer à clef.

Il s'éloigna sûr de ne s'être pas compromis, heureux d'un beau bénéfice réalisé, et content d'avoir joué un tour à l'agha de Nédromah.

Quant à Fathma, elle se trouvait alors sous une voûte conduisant à une cour; elle ferma la porte avec soin; et, non sans une indécision prolongée, elle fit quelques pas en avant.

Le spectacle qui s'offrit à ses yeux éblouis lui arracha un cri d'admiration.

Le bâtiment où elle pénétrait, assez modeste d'apparence, avait à l'intérieur l'aspect d'un palais.

Comme dans la plupart des constructions orientales, des arcades soutenues par des colonnes de marbre entouraient une cour ou plutôt un jardin d'un aspect charmant; l'herbe s'y étalait en tapis moelleux parsemés de buissons de fleurs qui saturaient l'atmosphère de leurs senteurs exquises; les arbousiers et les citronniers, entrelaçant leurs branches, formaient des berceaux ombreux, ornés de fruits d'un rouge éclatant comme la pourpre, ou d'un jaune étincelant comme l'or.

Le long des colonnes grimpaient des ceps de vigne dont les larges feuilles ne pouvaient cacher les grappes énormes; au milieu du jardin s'élevait un jet d'eau dont les gerbes s'élançaient dans l'air pour retomber, comme une pluie de perles, dans un bassin de marbre.

La nuit commençait à descendre des montagnes voisines, et les oiseaux, sous la feuillée, gazouillaient leurs dernières chansons d'amour.

Aussi légère qu'une gazelle, Fathma parcourut en tous sens les allées du parterre, saluant de ses sourires et de ses exclamations chacune de ses découvertes; enfin, enivrée de parfums et d'harmonies, elle quitta ce paradis en miniature pour visiter l'étage supérieur; à la poésie du jardin succéda la fastueuse abondance du grenier; elle entendit les roucoulements des colombes, qui couvrirent soudain les voix triomphantes des coqs enfermés dans la basse-cour.

Elle s'engagea dans un couloir qui conduisait aux appartements du rez-de-chaussée; elle vit une salle de bain, puis au milieu de plusieurs autres chambres, décorées avec un luxe inouï, elle découvrit celle qui lui était particulièrement destinée; selon les usages musulmans, elle se trouvait située dans la partie la plus retirée de la maison.

Elle était meublée d'une façon splendide, et avec un goût parfait; dans ses rêves, jamais Fathma n'avait rien entrevu d'aussi beau : des tentures d'or et de soie descendaient le long des murs en plis majestueux; les fourrures les plus rares s'étendaient sous les pieds de la jeune femme, des divans aux bois sculptés d'arabesques semblaient y promettre un doux repos et de longues causeries.

Un coffre entr'ouvert attira l'attention de la jolie négresse, et soulevant le couvercle d'ébène, elle en retira des vêtements turcs, d'un tissu si fin, et si richement émaillés de broderies éblouissantes, qu'elle hésita longtemps à s'en parer.

Mais, rare et curieuse merveille, une glace immense était là, devant elle, qui l'encourageait à s'embellir.

D'une main timide d'abord, assurée bientôt, elle commença sa toilette.

Quand le kokeul (poudre noire) eut relevé l'éclat de ses grands yeux; quand une sedria (veste), constellée de pierreries, eut dessiné sa taille voluptueuse; quand enfin elle eut revêtu tout un costume digne d'une sultane, lorsqu'elle eut attaché à ses bras et à ses jambes des bracelets d'or massif, et que, sur toutes ces richesses, elle eut jeté un burnous dont tous les plis rassemblés tenaient dans un anneau, Fathma se regarda, et ne put s'empêcher de sourire avec bonheur à la gracieuse image que lui présentait son miroir.

Entre l'homme qui se contemple avec complaisance, et la femme qui se sent joyeuse d'être belle, il est une immense différence : le premier ne songe qu'à lui, c'est un orgueil qui blesse; la seconde pense à son amant qui l'aimera, c'est un désintéressement qui plaît; ce qui est chez l'homme une révoltante fatuité devient chez la femme une adorable coquetterie.

En se voyant belle de tous les charmes de la femme, qu'elle possédait déjà, et de toutes les grâces de l'enfant, qu'elle avait encore, Fathma se disait tout bas :
— Quand il viendra, peut-être sera-t-il content.

A ce moment un coup vigoureux frappé à la porte de la maison la fit tressaillir; elle courut ouvrir, et poussa un cri joyeux en voyant Élaï Lascri.

Elle avait bien envie de se jeter dans ses bras; mais, la timidité l'emportant sur la reconnaissance, elle ne sut que balbutier :
— Sois le bienvenu, monseigneur, ton arrivée fait

bondir mon cœur dans ma poitrine.

— Est-ce d'amour? demanda Élaï Lascri d'un air de doute.

— Si c'est aimer qu'être triste loin de toi, ne songer qu'à te plaire, se sentir joyeuse en ta présence, alors, c'est bien de l'amour que j'éprouve.

Et Fathma regardait Élaï Lascri de telle sorte, qu'il eut honte de ses soupçons.

Prenant la jeune fille dans ses bras robustes, il la porta dans la chambre qu'elle venait de quitter, en murmurant avec enthousiasme :

— Grâces soient rendues au Prophète pour t'avoir inspiré cette tendresse, car tu es belle comme les étoiles du paradis...

Ni lui ni elle ne songèrent à pousser la porte de la maison, preuve certaine d'une passion profonde, car l'amour fait oublier la prudence.

Élaï Lascri n'entendit pas non plus les pas d'un homme marchant dans la rue avec la lenteur d'un espion qui observe ou d'un paresseux qui flâne.

Quoi qu'il en soit, flâneur ou espion, le promeneur nocturne ne s'en arrêta pas moins devant la porte entre-bâillée, en poussant une exclamation de surprise...

VII

OÙ IL EST PARLÉ DES CHAOUCHS (BOURREAUX) EN GÉNÉRAL, ET D'UN CERTAIN BEN-ADDON EN PARTICULIER.

C'était un des chaouchs de l'agha de Nédromah qui regardait avec tant de surprise la porte entre-bâillée par laquelle Élaï Lascri s'était introduit chez Fathma, et, sans le douter, s'exposait ainsi à se trouver face à face avec le Roi des Chemins.

Il se nommait Ben-Addon.

Le chaouch est l'un des types les plus curieux, sinon des plus beaux, que l'on puisse rencontrer en Algérie.

C'est à la fois le valet, le gardien et le bourreau d'un chef musulman ; de ces trois professions, il réunit les vices, disons mieux, il les exagère.

Depuis notre conquête, le chaouch a beaucoup changé, en vertu de l'axiome : Tel maître, tel serviteur.

Mais avant l'arrivée des Français, comme valet, le chaouch était bassement et aveuglément dévoué à la tyrannie des beys, des kalifes, des aghas et des caïds qui, sous les Turcs, rançonnaient le pays en prétendant le gouverner. Les sentiments de la population pour ces êtres odieux était une terreur profonde mêlée d'un dégoût insurmontable ; l'antique préjugé de nos pères contre le bourreau donnerait à peine une idée de ce qu'inspirait un chaouch aux Arabes.

Or Ben-Addon possédait à un degré si éminent les qualités de sa profession qu'il avait réussi à se faire exécrer dans Nédromah entre tous ses confrères.

Une mauvaise action lui souriait comme une partie de plaisir à un viveur parisien ; toujours en quête des occasions de nuire, il surveillait avec un soin jaloux la conduite de chacun, heureux quand il pouvait causer une catastrophe, plus heureux quand il parvenait à se faire payer par une délation ou à vendre son silence. Pareil à ces chiens de ferme hargneux, sales, lâches et féroces, qui égorgent sournoisement les passants sans aboyer, il rôdait sans cesse et le jour et la nuit, la nuit surtout, pour surprendre les voleurs et les amoureux.

Avec les premiers, il partageait toujours ; avec les derniers... quelquefois.

Comme les vautours, comme les hyènes et les corbeaux, ces êtres-là ont un flair qui les guide...

Cette nuit, Ben-Addon comptait bien avoir trouvé une proie.

Seulement cette proie, c'était le Roi des Chemins... Chacal avide, mais sans courage, il allait se trouver en face d'un tigre.

Arrêté devant la porte comme un chien sur une piste, le chaouch réfléchissait. Par précaution, il avait une main au pistolet ; de l'autre, il poussait le battant de chêne, et l'oreille tendue, l'œil aux aguets, le nez au vent, il sondait l'intérieur de la cour, tressaillant au moindre bruit.

A coup sûr, il était fortement intrigué, car il se disait :

— Voilà qui me parait singulier : cette habitation est déserte depuis longtemps ; on dit qu'elle appartient à un pèlerin parti pour la Mecque, et dont on n'a pas eu de nouvelles pendant dix ans.

« Cependant quelqu'un semble y avoir pénétré. Est-ce que tout ceci cacherait un mystère ? Voyons un peu. »

Et, avec les plus grandes précautions, notre homme entra dans la maison ; aussitôt qu'il fut dans le jardin, que la lune éclairait de ses rayons, il se pencha pour examiner le sol.

— Oh ! oh ! pensa-t-il en apercevant des traces de pas sur le sable des allées, cette empreinte est celle d'une botte éperonnée, et tout à côté je vois la marque d'une babouche : je suis sur la piste d'une intrigue d'amour.

« Tâchons de connaître le secret de ces deux tourtereaux qui se cachent.

« En pareille occurrence, si l'on risque un coup de poignard, on peut aussi grossir sa bourse. »

Sur ce raisonnement plein de sens, Ben-Addon prit ses dispositions afin de voir sans être vu.

En se glissant comme un serpent le long des murs, Ben-Addon, guidé par un bruit de voix, parvint jusqu'à la porte de la salle où Fathma s'entretenait avec son amant.

De là il entendait parfaitement la conversation.

La première phrase qui parvint jusqu'à lui fut celle-ci :

— Monseigneur, disait Fathma, reste encore près de moi ; si tu t'éloignes, je crains de ne plus te revoir.

Le son de cette voix n'était pas inconnu à Ben-Addon ; autant du moins que le permettaient les usages musulmans et la surveillance d'Aïdin. Toujours il avait été repoussé, et la rage de sentir près de lui un rival préféré lui inspira une pensée audacieuse, vu la prudence ordinaire du personnage ; il tira de sa ceinture un pistolet chargé, qu'il arma, avec la ferme intention de brûler la cervelle au fortuné chevalier qui se disposait à sortir ; il aurait caché l'assassinat sous le prétexte d'une conspiration : ces gens-là ne sont jamais embarrassés pour un meurtre à justifier.

Mais la réponse de l'amant de Fathma inspira assez de terreur à Ben-Addon pour l'arrêter dans son projet énergique.

Nous disons énergique, car ce qui eût passé chez un vaillant guerrier pour un guet-apens odieux devenait, chez le lâche Ben-Addon, un acte de témérité.

— Fathma, disait Élaï Lascri, je ne puis demeurer ici plus longtemps.

« Souviens-toi seulement qu'un messager viendra te chercher ici, demain, pour te conduire à ma grotte, où nous célébrerons nos noces.

« Tiens-toi prête à le suivre.

— Je t'en supplie, monseigneur, répondit Fathma, retarde ton départ.

« Si tu savais combien ta présence me rend joyeuse, tu n'hésiterais pas.

— C'est impossible ; depuis longtemps le lion a quitté son repaire, et ses rugissements m'appellent,

car je suis le compagnon de ses nuits.
— Mais qui es-tu donc, monseigneur? demanda la jeune fille que ces paroles effrayaient.

Et comme cette question amenait sur le front du nègre un nuage de tristesse, elle se laissa glisser à ses genoux; puis, prenant ses mains dans les siennes, elle ajouta :

— Oh ! je t'en supplie, satisfais le désir de celle que tu as choisie pour femme ; calme l'inquiétude que lui causent tes sombres paroles.

— Eh bien ! fit-il avec effort, je suis Élaÿ Lascri.

Le nègre craignait à juste titre l'effet de cette révélation, car Fathma s'écria avec une profonde épouvante :

— Allah ! Allah ! c'est Élaÿ le bandit !

Et, tout épouvantée, elle s'était réfugiée sur un sofa.

Mais, à son tour, Élaÿ Lascri courut se mettre aux pieds de sa maîtresse, et de son bras entourant doucement sa taille, il lui dit :

— Non, ma bien-aimée, tu te trompes, je ne suis pas un bandit, mais un chef invincible qui fait trembler devant lui tout le Tell. Je possède, à moi seul, plus de trésors que tous les caïds de la province, et c'est en frissonnant que les plus braves prononcent mon nom.

« Oh ! non, je ne suis pas un bandit, car on m'a surnommé le Roi des Chemins, et je veux partager avec toi ma couronne, qui est parfois rude à porter ; mais j'en garderai les épines et je t'en offrirai les fleurs. »

Les femmes ont un tel sentiment de leur faiblesse, qu'elles sont toujours attirées vers les hommes forts, qui peuvent les protéger.

Et, dans la nature entière, cette loi trouve son application.

Que l'on nous passe une comparaison qui n'est pas un rapprochement : de la lionne à la gazelle, toute femelle choisit le mâle qui a triomphé de ses rivaux.

De l'aveu qu'avait fait Élaÿ Lascri, il était résulté d'abord que Fathma, effarée, s'était enfuie, cachant sa jolie tête sous les coussins d'un sopha, comme eût pu le faire une enfant mutine à la vue d'un objet effrayant; mais, quand rassurée par les douces paroles du célèbre chef, elle se décida à le regarder de nouveau, un revirement subit s'opéra dans son âme.

Elle l'aima d'autant plus qu'elle l'avait redouté ; elle se sentait fière et heureuse de voir à ses genoux ce farouche bandit que tous redoutaient.

Elle éprouvait quelques scrupules inspirés par la sanglante profession du nègre ; mais elle faisait partie de cette classe opprimée qui, au fond, approuvait le brigandage comme un moyen de se venger des oppresseurs.

Le Roi des Chemins, ému, la regardait anxieusement; elle ne put résister à la muette sollicitude de ce regard humide.

Ses lèvres vinrent se coller à son front, ses bras entourèrent son cou, et, après un long baiser, elle lui murmura ces mots, qui caressèrent son oreille en même temps que sa tiède haleine caressait sa joue :

— Je suis bien folle d'avoir eu cette peur, et bien sotte de l'avoir montrée.

Je t'ai causé un chagrin, à toi qui m'as rendue heureuse; c'est un tort que je réparerai en t'aimant beaucoup.

— Tu es bonne, ma Fathma, de me parler ainsi, s'écria Élaÿ. Oh ! je le sais... on me hait, on m'exècre.

« Mais où aurais-je appris à être humain ?

« J'ai toujours eu sous les yeux des scènes de meurtre.

« Je suis devenu cruel, et je n'inspire que la répulsion, parce que tous et toujours s'en vont disant aux échos des montagnes et des vallées : Qu'Élaÿ soit maudit ! Mais aucun ne pense à ce que ce nègre, brigand aujourd'hui, esclave jadis, a souffert dans sa jeunesse.

« Je demanderais demain une place dans un douar et un lambeau de champ à cultiver, qu'aussitôt, désarmé et impuissant, je serais tué comme un chien, assassiné sans pitié.

« Fathma, si je suis bandit, c'est qu'il faut vivre ; une odieuse cruauté de mon maître m'a jeté dans ma carrière, et forcément je dois y rester.

« Ne les crois pas quand ils te diront que je suis sans cœur ; toi seule as montré de l'affection pour moi, et pour toi seule j'aurai de la tendresse. »

Après cette amoureuse déclaration, Élaÿ Lascri suivit d'un œil inquiet l'effet de ses paroles ; un éclair de joie jaillit de sa prunelle quand la jeune fille lui répondit :

— Va, je suis fière de toi.

« Si tu prends quelque chose, c'est au péril de ta vie, et tu attaques aux puissants de la terre ; eux, au contraire, ils dépouillent sans dangers les faibles, les petits.

« Ma mère est morte sans que personne eût songé à punir le crime d'Aïdin, et tu as tué cet homme.

« Je reconnais en toi le bras de Dieu ; Élaÿ Lascri, je suis bien ta femme : seulement, je tremble en te voyant seul au milieu de Nédromah, à la merci de tes ennemis.

— Rassure-toi, il suffirait de jeter mon nom à la brise pour faire fuir les guerriers à dix lieues à la ronde, répondit Élaÿ Lascri.

En ce moment le chaouch entendit quelque bruit ; il se retira précipitamment.

Quand il revint coller son oreille à la porte, un profond silence régnait dans la salle.

Il ne put se rendre compte de ce qui s'était passé.

Le nègre, voulant rassurer complètement Fathma, l'avait conduite vers une tapisserie qu'il avait soulevée.

Telle était la cause du bruit entendu par Ben-Addon.

Sous cette tapisserie, la jeune fille aperçut un mur.

— Voilà une porte de sauvetage, lui dit le Roi des Chemins.

— Une porte, fit Fathma, mais je n'y vois que de la pierre.

— A ta place, tout le monde se figurerait que c'est là une muraille ; mais de ton doigt pousse l'anneau qui tient suspendus les plis de la tenture.

Fathma obéit avec une enfantine curiosité.

— Il cède, dit-elle.

— C'est vrai ! continua Élaÿ Lascri ; fais lui faire trois tours sur lui même, maintenant.

— Voilà ! fit-elle encore.

— Retire-le à toi.

La jolie mulâtresse exécuta cet ordre.

Aussitôt le mur s'entr'ouvrit...

Un air frais vint par bouffées s'engouffrer dans la chambre ; une large ouverture, dont l'œil ne pouvait sonder les ténèbres, était là béante...

Fathma jeta un cri de surprise et d'effroi, et vint se réfugier, tremblante, aux côtés d'Élaÿ-Lascri.

Celui-ci éprouva une délicieuse émotion à la serrer dans ses bras et à la rassurer.

— Tu n'es cependant pas poltronne, ma petite Fathma, dit-il avec un sourire. Tu as résisté avec énergie à ce vieux scélérat d'Aïdin ; d'où vient que tu as peur maintenant ?...

— Parce que, répondit-elle, dans ce grand trou noir, il fait nuit.

« Le jour, au soleil, je suis brave ; il me semble que le

Prophète me regarde et veille sur moi ; mais, dans l'ombre, son œil ne luit plus, je frissonne.

— Il faut surmonter ces craintes, mon bel oiseau du jour ; car maintenant tu es devenue la compagne d'un hibou nocturne dont le règne commence au soleil couchant.

Et comme Fathma regardait le nègre, étonnée du mot hibou, il ajouta :

— Va, le titre que je me suis donné m'appartient. « Je suis assez laid pour le mériter. Seulement, si ma figure n'est pas belle, j'ai des serres puissantes...

— Et surtout un bon cœur, reprit Fathma.

— Pour toi seule, ajouta Élaï Lascri. A part mes compagnons, tu es le seul être que j'aime sur la terre, et le seul aussi qui ne m'exècre pas.

« Aussi, me sachant beaucoup d'ennemis, ai-je pris mes précautions.

« C'est pourquoi je t'ai choisi cette maison pour retraite, à cause de ce souterrain dont l'entrée est là.

« C'est un silo, où les anciens propriétaires cachaient leurs richesses ; car les chefs de cette ville n'ont jamais hésité à voler leurs sujets. Entre eux et moi, il n'y a qu'une différence : c'est que je fais franchement la guerre à toute la terre, tandis qu'eux rançonnent ceux qu'ils devraient protéger et les font traîtreusement mourir sous le sabre des chaouchs, pour les dépouiller. Les habitants de cette maison étaient des renégats fort riches ; connaissant les sanglantes convoitises des aghas (chefs) ils avaient construit ce caveau qui aboutit à la campagne.

« A partir d'aujourd'hui, je viendrai par là. Ce soir, un de mes compagnons devait me remettre la clef du passage ; mais il était en retard. Je suis entré par la porte, ce qui ne m'arrivera plus, par prudence pour toi.

« Je te recommande, en outre, de ne jamais sortir pendant le jour pour n'éveiller l'attention de personne.

« Presque chaque soir, je te rendrai visite.

— Bien vrai ? demanda Fathma.

— Bien vrai !

« Ce n'est pas tout. Je suppose qu'un malheur arrive, que la maison soit visitée par quelque envoyé de l'agha ; tu n'as qu'à te réfugier dans le souterrain.

« Nul ne t'y trouvera une fois la porte fermée.

— Et comment en sortirai-je ?

— Chaque nuit, je l'ai dit, je viendrai ; à mon défaut, un de mes compagnons s'assurera toujours si quelque malheur ne t'est pas arrivé. Ainsi donc plus de crainte. Tu es rassurée ?

— Oui, fit-elle.

Et elle l'embrassa...

C'est à ce moment que le chaouch était revenu aux écoutes.

Mais le Roi des Chemins avait été trop sensible à la caresse de Fathma pour songer à parler...

Cependant il fallut enfin songer à se quitter...

— Déjà ! s'écria Fathma quand le nègre manifesta cette intention.

— Pour nous revoir demain, répondit-il.

« On viendra te chercher ; tu quitteras la ville de bon matin, et un de mes compagnons, qui t'attendra hors des portes, te servira de guide.

— Où vas-tu cette nuit ?

— Accomplir une œuvre qui fut le but de ma vie jusqu'au jour où je t'ai connue ; cette tâche terminée, je ne songerai plus qu'à toi.

« Je quitterai le métier de bandit, et nous irons vivre heureux et tranquilles dans une ville paisible, où mon passé ne sera pas connu.

— Oh ! merci, fit Fathma. Mais sois prudent, continua-t-elle ; tu es seul et bien exposé...

— Tu vas me reconduire jusqu'auprès du rempart, tu verras que je ne suis pas seul, dit le nègre.

Élaï Lascri et sa maîtresse quittèrent leurs chambres pour gagner les murailles ; ils n'aperçurent pas Ben-Addon qui s'était caché derrière une colonne.

Les dents du misérable claquaient d'épouvante, et quand le couple amoureux eut disparu, il révélait en frémissant :

— C'est le chef du Brouillard sanglant !

Et cependant si ce lâche eût voulu, d'un coup de pistolet il eût abattu le Roi des Chemins...

Il se serait fait une réputation merveilleuse ; il eût reçu des honneurs splendides, des récompenses magnifiques ; par-dessus tout, son maître Ben-Abdallah lui aurait accordé Fathma... Fathma, qu'il aimait ! En quelques secondes il avait entrevu tout cela... et il n'avait pas osé...

Cependant sa balle aurait troué la poitrine d'Élaï Lascri comme celle d'un autre, et, quelques instants auparavant, le misérable était déterminé à assassiner ce rival inconnu !...

Il avait suffi d'un nom pour ébranler sa résolution ; pourtant, ce nom, si terrible qu'il fût, ne changeait rien à la position.

Presque toujours il en est ainsi ; un nom est tout-puissant.

Le génie, la force, le courage sont pour quelque chose dans les triomphes des grands hommes ; mais le prestige qu'ils exercent sur leurs amis et leurs ennemis y est pour beaucoup plus encore.

D'où vient ce phénomène ? De l'imagination, cette faculté étrange, qui grossit tout, exagère tout.

Sans elle il n'y aurait pas de paniques, de fausses renommées, pas de lâchetés éclatantes et incompréhensibles.

Toujours est-il que le Roi des Chemins passa à deux pas du chaouch sans que celui-ci osât tirer son coup de pistolet.

Élaï Lascri gagna la vieille muraille de Nédromah en tenant sa maîtresse enlacée dans ses bras ; il la portait comme une mère porte son enfant.

Quand ils furent parvenus tous deux, ainsi pressés, sur le bord du rempart à demi ruiné, le nègre déposa sa compagne sur le sol, et d'un geste il lui montra la plaine qui s'étendait au loin voilée par les ténèbres.

— Voilà mon royaume, dit-il en souriant.

La jeune fille se pencha au-dessus des fossés pour écouter les bruits vagues de la nuit.

De ce côté, la campagne semblait plus tranquille que d'habitude ; on n'entendait aucun aboiement de chacal, aucun cri d'hyène ; ce calme inaccoutumé frappa Fathma qui dit à son amant :

— Presque chaque nuit, j'écoute avec frayeur hurler autour de la ville d'innombrables bêtes fauves ; d'où vient qu'elles se taisent à cette heure ?

— Quand le lion parcourt une contrée, répondit le nègre, les autres animaux se cachent ; de même, en ce moment tous les rôdeurs nocturnes dont tu parles ont fui parce qu'ils ont senti l'arrivée d'ennemis plus à craindre que le seigneur à la grosse tête (lion). Tu vas voir.

Alors Élaï Lascri se mit à pousser la plainte aiguë de l'hyène. La voix stridente d'un chacal lui répondit aussitôt.

Fathma aperçut quelques instants après une masse noire qui se mouvait vers la ville : peu à peu, elle reconnut un groupe de cent guerriers environ qui traversèrent un ruisseau coulant à quelque distance des murs de Nédromah.

A cent pas du fossé cette troupe s'arrêta, et l'un des cavaliers, sautant à bas de son coursier, se mit à grimper le long des murs crevassés avec l'adresse d'un singe. En quelques bonds il fut arrivé auprès du Roi des Chemins.

— El-Chadi, lui dit ce dernier, voici celle que tu dois amener demain jusqu'à la grotte.

Le bandit examina Fathma d'un œil curieux, puis il dit d'une voix grêle qui contrastait avec son corps maigre et allongé :

— C'est bien, je la reconnaîtrai.

Il attendit quelques instants encore, et comme son chef paraissait n'avoir plus besoin de lui, il fit un bond énorme, et vint retomber sur l'autre bout du fossé, qu'il avait franchi avec la facilité d'une gazelle.

En voyant ainsi cet homme traverser l'espace, Fathma fut effrayée; mais dès qu'il eut touché le sol, le bandit se leva prestement, se remit à bondir encore et se perdit bientôt parmi ses compagnons.

Le Roi des Chemins riait de l'étonnement de sa maîtresse.

— C'est un oiseau, fit elle en souriant à son tour.

— De vilain plumage, ajouta Élaï Lascri; mais il possède un cœur excellent, c'est le plus habile de mes compagnons.

« Il nous servira de messager.

« Allons, je pars, Fathma ; que le Prophète te donne des songes d'or !

— Qu'il étende sa main sur ta tête pour la protéger, dit-elle.

Puis ils échangèrent un dernier baiser, ce long et doux baiser des amants qui se quittent, après quoi le nègre sauta dans le fossé.

Quand il eut disparu, la jeune fille regagna sa maison, en songeant aux recommandations que son amant lui avait faites.

Fathma pensait, grâce à toutes ces mesures prudentes, ne courir aucun danger; elle rentra tranquillement chez elle et ferma sa porte. Mais quand elle fut dans sa chambre elle se trouva soudain en face de Ben-Addon qui la regardait les bras croisés sur sa poitrine.

Élaï Lascri n'était plus là pour la défendre...

— Bon ! avait pensé celui-ci en l'entendant pousser la porte, Mahomet me favorise !

Il peut sembler étrange à un vil scélérat de la trempe de Ben-Addon parler du Prophète, à propos de ses vilaines actions : mais, une remarque à faire, c'est que les coquins de l'Algérie, comme ceux de l'Espagne, voire même ceux de l'Italie, ont une dévotion outrée, et osent faire intervenir de célestes influences dans leurs petites affaires.

Rien d'étonnant à ce que là où les croyances ne sont pas éclairées par le flambeau de la raison, là où le fanatisme fait du culte une affaire de parti et le réduit à des momeries extérieures, on fait du zèle aveugle... la saine morale, la probité sincère perdent leurs droits.

Alors, comme à Rome, on achète l'absolution d'un assassinat; comme à Madrid, on dépose un couteau sanglant au pied de la Vierge; comme à Alger (autrefois), on paye une somme de... à la mosquée, et le crime est racheté.

A peine Élaï Lascri fut-il arrivé parmi ses compagnons, qu'il entendit au loin, sur la gauche, le galop d'un cheval.

C'était Ali, qui venait lui porter la clef du souterrain.

— Déjà au rendez-vous ! fit le jeune homme; par Allah! tu es bien pressé; je croyais être en avance de beaucoup.

« Pour un homme qui niait l'amour il y a quelques jours à peine, tu es trop impatient.

« Allons, prends cette clef et cours vers ta jolie maîtresse. »

Élaï Lascri cacha dans sa ceinture l'objet que lui présentait Ali, mais il ne reprit pas le moins du monde le chemin de Nédromah.

— Eh bien ! fit le jeune homme, tu la laisses attendre?

— Oh! non, je sors de chez elle; tu ne tiens plus tes promesses, tu me laisses passer des heures entières sans venir au rendez-vous.

« C'est la quatrième fois au moins que tu m'oublies... Mais je te pardonne, car tu as disposé admirablement le nid de ma colombe.

— Merci du compliment ; je l'apprécie ce qu'il vaut, tu me flattes pour éviter les reproches que tu mérites.

— Oh ! fit le Roi des Chemins, du ton d'un homme qui se sent en faute et ne veut pas l'avouer.

— Certainement, insista Ali ; des reproches, des reproches très-graves, même! Comment, tu es assez imprudent pour pénétrer dans Nédromah au risque d'être reconnu par un espion de l'agha? C'est de la folie.

— Le beau malheur si un espion allait me reconnaître ! Je le tuerais, voilà tout.

— Oui, si cet homme était assez sot pour te prévenir qu'il va te dénoncer à l'agha.

« Mais pas du tout. Ces êtres-là sont fins comme des chacals ; il rendrait compte à son chef de tes assiduités auprès de ta maîtresse, on te dresserait une embûche et tu y tomberais.

— Tant pis pour ceux qui auraient tendu le piège; ils verraient comment coupe la lame de mon yatagan.

— Oh ! certainement que, si tu étais seul, tu parviendrais à te tirer d'affaire.

« Mais, Fathma, tu l'oublies?

Cette réflexion frappa le Roi des Chemins.

— Tu as raison, dit-il. J'ai commis une faute; aussi pourquoi rester si longtemps près de la femme, quand tu sais combien j'ai hâte d'aller embrasser la mienne?

— N'était-il pas convenu que je te rejoindrais lorsque la lune serait parvenue au quart de sa course ?

— Sans doute.

— Lève donc la tête, tu verras qu'à peine elle a dépassé le sommet des montagnes.

« Il semble qu'un cavalier, en levant son fusil en l'air pourrait encore l'atteindre.

— C'est vrai, répondit Élaï Lascri assez embarrassé, sans doute les nuages qui la couvraient tout à l'heure m'ont trompé, car il m'a semblé la voir scintiller fort haut dans le ciel à travers leur voile.

« C'était une étoile.

— Avoue donc, plutôt, s'écria Ali en riant, que tu n'as consulté que ton cœur. Le temps a toujours été clair, et les nuages dont tu parles n'ont jamais existé que dans ton imagination troublée par l'amour.

« Mais que vas-tu faire cette nuit?

— Une petite razzia insignifiante, répondit le nègre Il nous faut des moutons pour le repas de noces que je donne demain.

« A propos tu ne manqueras pas de venir à cette fête, n'est-ce pas ?

— Certes, non. Tu ne m'emmènes pas avec toi pour cette razzia ?

— A quoi bon! on ne se bat pas. Quelques coups de pistolet, peut-être, voilà tout. Retourne à tes amours Ali, et que le Prophète les protége.

— Même souhait pour toi.

Et, tout heureux d'avoir sa liberté pour cette nuit Ali partit au galop en disant :

— Élaï Lascri est encore plus amoureux de sa maîtresse que moi de Mériem.

Et il souriait à cette pensée.

Le Roi des Chemins pensait de son côté :

— J'ai bien fait de le renvoyer, il m'aurait gêné dans mes projets d'extermination.

Il en résulta une mêlée épouvantable s r i lort a c.ette (P... 1t.

« Allons encore combattre, et puis je tâcherai de vivre tranquille.
Il se mit à la tête des siens et leur cria :
— En avant! nous massacrons ce soir le douar de Sidi-Embareck, il y aura de l'or à écraser vos coursiers.
Un murmure joyeux répondit à cet ordre, et les bandits piquèrent leurs coursiers, qui disparurent du côté de la mer; tandis qu'Ali, forcé de mettre sa jument au pas pour gravir la montagne, jetait à la brise le doux nom de Mériem, le Roi des Chemins répétait tout bas celui de Fathma.
De ces deux femmes si passionnément aimées, l'une était menacée d'un chaouch, l'autre venait d'arriver au douar de son ravisseur.
Nédromah est séparée du ravin au bord duquel se dressait ce douar par une de ces plaines incultes dont nous avons déjà fait la description.
Ce vaste terrain désolé et stérile ne produit que de rares palmiers nains, et quelques touffes d'alpha, dont la désespérante uniformité rend plus monotone encore l'aspect de ce site.
Pendant le jour, la chaleur y est si intense, qu'un silence de mort y jette l'âme du voyageur dans une profonde mélancolie.
La vie y semble suspendue, et il paraît impossible qu'un être vivant puisse respirer dans cette fournaise.
Les mornes solitudes des tropiques sont aussi attristantes que les déserts glacés de la Sibérie : le soleil puissant de l'équateur dessèche la sève vitale, comme le froid la condense sous le pôle.
Mais quand la nuit, secouant son voile au-dessus de l'Algérie, en laisse échapper des souffles de brise, le désert s'anime de voix effrayantes et se peuple de fantômes étranges : de chaque touffe d'alpha, du sein des palmiers, de dessous les pierres, des trous creusés dans le sable, sort tout un monde d'insectes, de reptiles, de petits quadrupèdes.

Les vipères noires au venin mortel, les lézards d'une longueur démesurée, les scorpions et les mille-pattes gigantesques, les araignées chasseuses et velues, les crapauds informes et hideux, les belettes, les fouines et les rats, toute une population innombrable enfin se réveille, s'agite, grouille, siffle, combat, se fuit et se poursuit, emplissant l'air de bruissements mystérieux et indéfinissables.

Les bêtes fauves, quittant leurs retraites, vont aussi, errant à travers les ténèbres qu'elles illuminent de leurs yeux phosphorescents, et qu'elles font résonner de leurs hurlements féroces.

Au-dessus de cette scène planent les chauves-souris, et les hiboux qui sillonnent l'air de leur vol lourd et sinistre, en poussant des hurlements lamentables.

Puis, trait de feu qui passe, on entrevoit les ailes diaprées d'un scarabée dessinant dans l'obscurité des dessins bizarres comme les signes cabalistiques d'une conjuration.

L'assemblée de tous les sons menaçants ou plaintifs que l'on entend forme une harmonie puissante et sauvage que certains poètes ont osé appeler l'hymne de la nature à la louange de Dieu, et qui serait bien plutôt le discordant concert dont les monstres affamés de la création en révolte feraient vibrer les échos de l'enfer.

Ce soir-là, un lion, en quête d'une proie, rugissait par intervalles, et sa voix vibrait, retentissante comme l'éclat du tonnerre, profonde comme le roulement lointain d'une cataracte, impétueuse et rauque comme le sifflement de la tempête.

Quand ce cri royal passait sur la plaine, tous les autres cessaient, et tout ce qui avait vie tremblait d'effroi.

Seuls, Élaï Lascri et les siens continuaient leur route, emportés par leurs coursiers avec la rapidité d'une fantastique apparition; sous les sabots de leurs chevaux le sol résonnait lugubrement, et il en jaillissait des milliers d'étincelles qui éclairaient leur course de fantômes.

Au loin apparaissaient les feux mourants du douar des Angades, dont les tentes se détachaient en noir sur l'horizon!

C'est là que le Brouillard sanglant allait porter la mort...

Élaï arrêta ses compagnons à quelque distance du douar; d'après le plan de vengeance expliqué à Ali par le Roi des Chemins, le cheik angade devait être réduit à la plus profonde misère et survivre seul à sa famille, à sa tribu, à ses richesses.

Le terrible nègre avait combiné le massacre de façon ce qu'il fût complet; il s'était juré que pas une tête d'homme, d'enfant ou de bétail n'échapperait...

Il tenait ses promesses...

Aujourd'hui encore, après vingt années, parmi bus, d'un homme qui accomplit ses menaces, on dit: « Fidèle à sa vengeance comme Élaï Lascri... »

Cependant, pour anéantir le troupeau, il y avait à vaincre une grande difficulté.

Au premier coup de feu, les animaux épouvantés pouvaient prendre la fuite; il s'agissait de les en empêcher.

Un seul homme pouvait accomplir cette mission: le frêle personnage qui devait servir de guide à Fathma le lendemain: il se nommait El-Chadi.

C'était un être chétif, quoique très-grand, qui avait un buste tout à fait disproportionné avec ses jambes maigres et longues comme les échasses d'un pasteur basque.

Son corps avait peine à porter ses bras immenses, décharnés et terminés par des mains sèches, osseuses et velues.

Quant à la figure qui surmontait ce torse difforme, elle s'harmoniait avec lui; le nez s'y confondait avec la lèvre supérieure pour former un museau de oustiti grimaçant.

En outre, son œil gris avait toute la malice des quadrumanes dont sont remplies les gorges de la Chiffa.

C'est à cette ressemblance qu'il devait son nom d'El-Chadi (le singe).

Ne pouvant, comme ses camarades, briller par la force du corps et le courage bouillant des batailles, il avait réussi à se faire néanmoins parmi eux une grande réputation.

Il servait de chouaf (espion) au Brouillard sanglant; dans la mêlée, il se tenait à l'écart; sa main ne savait pas manier un yatagan, mais s'il évitait les coups auxquels il aurait mal répondu, il n'en bravait pas moins audacieusement le péril en rôdant sans cesse sur les marchés et dans les tribus.

Ce n'était pas tout; lui seul, il commettait des vols qui rapportaient plus que les coups de main exécutés par la bande entière; marchant toujours nu-pieds, il savait user avec une habileté merveilleuse des doigts de ses extrémités inférieures pour dévaliser les marchands.

Voyait-il étalées dans un bazar quelques parures de prix, il les marchandait avec l'assurance d'un homme qui a de l'or dans sa bourse; et pendant que l'honnête trafiquant surveillait les mains de son client, celui-ci, manœuvrant ses pieds avec dextérité, passait à un affidé les plus beaux bijoux.

Ce compère filait bien vite; El-Chadi concluait un marché insignifiant, puis il faisait mine de partir. Le vendeur découvrait le vol, accusait El-Chadi, le faisait fouiller par les chaouchs du cadi (juge) et comme on ne trouvait rien, il fallait bien le relâcher, après lui avoir fait des excuses.

Tel était l'homme qui a laissé la réputation du plus habile filou de l'Algérie.

Élaï Lascri l'appela.

— Me voici, répondit-il.

Le Roi des Chemins se retourna; El-Chadi se tenait en croupe derrière lui, et telle était la légèreté de ce singe humain, que le cavalier ne s'était aperçu de rien...

— Sais-tu, Roi des Chemins, dit El-Chadi, que tout redoutable que tu sois, il vaut mieux que tu m'aies pour ami que pour ennemi? Depuis une heure je te tiens compagnie, et ton dos est à la portée de mon pistolet; c'est une leçon pour toi, qui railles parfois ma faiblesse.

Élaï Lascri savait que le chouaf (espion) lui était dévoué; mais son orgueil humilié se révolta de l'observation d'El-Chadi.

— Misérable avorton s'écria-t-il, si ma main pesait sur toi, elle t'écraserait...

Et il chercha à saisir le chouaf.

Mais d'un bond celui-ci s'esquiva en riant.

— Certainement, dit-il en riant une fois à terre, le lion est plus fort que la mouche, et de sa griffe le tuerait... s'il l'attrapait! Mais le moucheron ne se laisse pas prendre.

— Silence, méchant singe, et écoute.

— J'écoute, mais ne rugis pas comme un tigre en fureur, j'entendrai mieux.

Le Roi des Chemins comprit la justesse de cette observation, il baissa de ton.

— Il faudrait, dit-il, que tu puisses m'assurer qu'aucun des animaux qui font la richesse des Angades dont nous allons brûler le douar ne s'échappera.

« Tout doit périr, bœufs, moutons et poules. Peux-tu me promettre que tu réussiras?

— Pour les moutons et les bœufs, c'est facile; pour les poules, c'est inutile.

— Pourquoi cela?

— Les chacals et les renards les mangeront quand les Angades seront morts.

— C'est vrai; mais comment vas-tu t'y prendre afin que le troupeau ne se disperse pas au bruit de l'attaque?

« Une fois prises de peur, toutes les bêtes se sauveraient et tu ne parviendrais plus à les rattraper.

— J'entrerai dans le douar avant que le feu commence, et je cernerai les bestiaux; tu me donneras des hommes pour cette opération.

— C'est bien, prends-les! Mais quand saurai-je que le moment d'attaquer est arrivé?

— Je détacherai un de mes compagnons.

— Allons va! qu'Allah te protége!

El-Chadi regarda le Roi des Chemins en riant.

— Que signifie ce rire? demanda ce dernier.

— Il signifie que, pour un homme intelligent, tu viens de dire une grande bêtise. Un chef de bande comme toi ne doit croire qu'à un dieu : son yatagan... (Le chouaf, on le voit, était très-philosophe).

Sur cette réflexion, il se mit à prendre ses mesures pour pénétrer dans le village angade.

Au premier abord, il semblait impossible qu'il pût y parvenir.

Chaque village arabe est entouré par une ceinture d'épines entassées à profusion ; ce mur hérissé de dards envenimés est autrement redoutable qu'un rempart de pierre : on peut escalader celui-ci, on ne peut pas franchir celui-là. Quelques brèches, il est vrai, sont pratiquées dans cette fortification peu coûteuse, et cependant inabordable ; mais une meute innombrable de chiens féroces veille toute la nuit sur les points accessibles ; et, sentinelles vigilantes, ils ne cessent pas d'aboyer avec fureur ; lorsqu'une hyène ou un maraudeur vient à passer à la portée de leur flair, ils redoublent de rage pour prouver à cet ennemi qu'ils ont éventé sa présence.

Quant aux habitants, ils dorment le fusil couché en travers sous leur tête, et il semble qu'on ne peut arriver jusqu'à eux sans être dévoré par les chiens, déchiré par les épines ou tué à coups de sabre.

Et pourtant des assassinats se commettent presque chaque nuit en plein douar, sans que les auteurs de ces crimes payent leur audace de leur tête.

C'est que, de toute la terre, les Arabes sont les voleurs les plus adroits, les filous les plus rusés, sans en excepter les célèbres Peaux-Rouges dont Cooper a raconté les exploits.

Grande était la difficulté d'aborder la tribu ; mais El-Chadi était un roué matois. Il fit mettre pied à terre à huit ou dix de ses compagnons qui confièrent leurs chevaux à d'autres bandits ; puis il leur ordonna de se déshabiller complètement.

Les vêtements roulés en paquets furent placés sur les selles des coursiers qu'ils abandonnaient et ils suivirent leur chef.

Celui-ci les conduisit vers un petit ravin, où il se mit à couper des branches, dont il forma des buissons artificiels très-légers ; il va sans dire que les brigands avaient conservé leurs armes ; à chacun d'eux El-Chadi confia un des buissons factices.

Alors, il leur expliqua son plan.

Deux hommes devaient aborder le douar au-dessus du vent ; pour reconnaître la direction de la brise, il mouilla son doigt qu'il étendit en l'air.

Au bout de quelques secondes, il trouva par ce moyen le chemin que les deux brigands devaient prendre.

— Vous allez, leur dit-il, avancer lentement vers la tribu en poussant devant vous vos branches d'arbres. A trois cents pas des tentes, vous vous arrêterez. Les chiens sentant les émanations de vos corps, s'assembleront tous du côté où vous serez. Pour les y maintenir, il suffit de remuer de temps une pierre, ou casser quelque paille sèche. Pendant ce temps, nous pourrons hardiment nous glisser dans le village, par le côté opposé au vôtre, parce qu'aucun chien ne sera plus en cet endroit.

L'idée d'El-Chadi était trop belle pour ne pas recevoir une approbation unanime.

Les bandits se mirent en devoir de l'exécuter. Vingt minutes s'étaient à peine écoulées que la meute, grimpée sur la tente d'El-Kouffi, hurlait contre les deux hommes qui détournaient son attention.

Quant à El-Chadi, il rampait vers la tribu avec ses compagnons qui poussaient avec circonspection leurs broussailles protectrices ; un Angade se fût éveillé en ce moment, qu'il n'aurait pas pris garde à la fureur de Kelbs. Il eût pensé que l'hyène rôdait dans le voisinage, voilà tout. Mais, quand même, poussé par la défiance, il se serait mis à inspecter les environs de la tribu, son œil aurait vu quelques branches d'arbres parmi d'autres, et n'aurait pas soupçonné la vérité.

Avant la conquête de la France, chaque nuit présentait quelque scène aussi émouvante que celle dont nous traçons le tableau, et cependant la situation était terrible pour la plupart des acteurs de notre drame.

Mériem était aux mains d'Embareck ; Fathma se trouvait au pouvoir de Ben-Addon, le chaouch ; le douar des Angades dormait sous l'œil d'Élaï Lascri, comme une gazelle peut dormir sous le regard d'un tigre ; El-Chadi bravait les plus grands dangers, et les Kabyles d'Aïn-Kébira s'armaient à la voix d'Ali pour venger Mériem.

Et pour rendre à jamais impossible le retour de ces nuits sanglantes, il a suffi... qu'un tricorne de gendarme apparût à l'horizon...

Ceci n'est ni un paradoxe, ni une plaisanterie : le gendarme est l'emblème de la civilisation, et, quoi qu'on en dise, c'est une grande et noble figure.

Celui de nos vaudevillistes qui a le plus ridiculisé ce respectable militaire le trouverait tout à coup sublime, si, menacé du poignard d'un brigand, il le voyait soudain paraître.

Bien certainement le gendarme, en ce moment, lui semblerait aussi beau que l'archange qui terrasse Satan à la fontaine Saint-Michel, et cela malgré... les bottes et le chapeau.

L'Algérie n'aurait-elle reçu de nous que le gendarme, notre conquête se trouverait amplement justifiée...

VIII

OÙ LA PEUR GROSSIT LES OBJETS.

Pendant qu'un danger de mort menaçait les Angades, ils dormaient d'un sommeil profond malgré le vacarme causé par l'aboiement des chiens.

De même que les meuniers s'habituent au tic-tac du moulin, les Arabes s'accoutument aux hurlements de leurs féroces sentinelles.

Déjà les soulouglis (lévriers) trop près du douar, avaient fait entendre leurs voix furieuses sans qu'aucun symptôme d'inquiétude se manifestât dans le douar.

Une seule lumière brillait sous une tente, attestant que, soit l'amour, soit la souffrance, tenait quelque famille ou quelque couple éveillé.

Cette tente était celle d'El-Kouffi.

Le ravisseur de Mériem venait d'arriver, et il se tenait à genoux auprès de la jeune femme qui, toujours évanouie, reposait sur une natte.

Meçaoud, debout, regardait d'un œil à la fois narquois et ému le groupe qu'il voyait devant lui : pour El-Kouffi, il éprouvait le mépris le plus profond ; pour Mériem, pâle et belle victime, il ressentait une vive pitié.

De la pitié aux remords il n'y a qu'un pas ; cependant Meçaoud ne se repentait point d'avoir jeté aux mains d'un lâche la Rose des Traras.

La joie de posséder la jument promise étouffait ses regrets.

Désormais, plus de sourires moqueurs à essuyer dans les fêtes, plus de remarques proférées à demi-voix, plus de souffrances d'amour-propre... il allait briller à son tour ; il possédait un coursier, il n'était pas pauvre.

Pour un Arabe un cheval c'est la fortune, et pour un noble ruiné comme Meçaoud, c'était la réhabilitation.

Cependant si Mériem eût été en état de le supplier, peut-être se serait-il attendri : mais elle était sans connaissance.

— Cousin, dit Meçaoud, tu as la femme ; quand me donneras-tu la jument ?

— Tu es bien pressé ! répondit El-Kouffi en relevant la tête.

— Sans doute, fit Meçaoud avec une certaine aigreur ; donnant, donnant, ce sont là les termes du marché.

— Prends la clef du cadenas [1], cousin ; elle est sous le coffre que tu vois à droite. Mais, en vérité, je perds au change tu m'as livré une morte, et je te donne une bête pleine de vigueur.

— Par Allah! s'écria Meçaoud, si tu parles sérieusement, cousin, il est encore temps de rompre le marché. Je vais reporter cette belle évanouie à son père, et le vieux Ben-Akmet saura me récompenser sans lésinerie.

— Allons, je plaisante, tu le vois bien. Prends la clef et laisse-moi avec ma colombe.

Meçaoud ne se fit pas répéter cette invitation ; il souleva le coffre, trouva la clef qu'il cherchait, et partit en souhaitant à El-Kouffi un bonsoir ironique.

Il se dirigea vers le troupeau, distingua l'endroit où se trouvait la jument de son cousin, désormais la sienne, et, avec une joie d'enfant, il se mit à la caresser, à la flatter ; puis enfin il s'en alla, plus heureux qu'un sultan qui ne connaît pas encore les ennuis du trône, plus fier qu'un général qui a remporté sa première victoire. Seulement, en passant devant la tente du cheik Embareck, il lui vint une idée bizarre.

Il tenait à troubler la première nuit d'amour de son cousin ; c'était une petite vengeance de certaines tracasseries dont il avait eu à se plaindre. En conséquence, il s'amusa à décharger un pistolet en l'air, ce qui mit le douar en rumeur. Embareck s'élança hors de sa tente et demanda à Meçaoud ce qui se passait ; d'autres têtes ne tardèrent pas à se montrer en dehors des tentes.

Meçaoud jurait comme un possédé sans répondre. Embareck le saisit par le bras et lui dit avec impatience :

— M'expliqueras-tu enfin pourquoi tu as tiré ce coup de feu?

— Parce que, depuis mon retour ici, une chauve-souris s'obstine à voltiger autour de ma tête, et comme c'est un très-mauvais signe, j'ai brûlé de la poudre pour l'éloigner.

Cette excuse n'admettait pas de réplique ; il n'existe point au monde un peuple plus superstitieux que les Arabes.

Chacun comprit la gravité du motif qu'exposait Meçaoud ; les têtes des curieux disparurent, mais le cheik continua d'interroger le jeune homme :

— Tu parles de retour, dit-il, tu es donc parti ?

Cette déclaration adoucit le vieil avare, mais comme l'espérait Meçaoud, il résolut de voir son neveu, afin de s'assurer par lui-même des faits qu'il apprenait. Il alla immédiatement trouver El-Kouffi ; celui-ci était parvenu à ranimer Mériem.

La jeune femme, éperdue, repoussait ses caresses et répondait par des sanglots à ses paroles d'amour. Quand elle vit le cheik pénétrer dans la tente, elle crut trouver en lui un protecteur et vint se jeter à ses pieds.

La pauvre enfant pensait que la conduite du vieillard ne démentirait pas l'aspect vénérable que sa barbe blanche lui donnait.

— Mon père, lui dit-elle, en tendant ses mains vers lui, je t'en conjure, sauve-moi! Je suis la fille du marabout Ben-Akmet, dont le nom est béni dans toute la contrée ; cet homme m'a enlevée à la tendresse de mon père, il veut faire de moi sa femme, et j'ai un époux que j'aime. Je t'en supplie, ordonne-lui de me respecter, et fais-moi reconduire à mon douar : Dieu te récompensera.

Les pleurs inondaient la figure d'ange de Mériem ; les sanglots du désespoir entrecoupaient sa voix, et son œil, dardé sur le vieillard, son œil noir où brillait à travers les larmes une lueur d'espérance, sollicitait une protection qu'un lâche, un amoureux en délire, ou un avare pouvait seul refuser.

— Sans doute ; nous venons d'expédition.
— Vous? combien étiez-vous donc?
— Deux, pas davantage.
— Et qui était avec toi?
— El-Kouffi.
— Ah!

Sur cette exclamation du cheik, Meçaoud fit mine de se retirer.

— Un instant, dit Embareck ; tu sembles peu disposé à me faire connaître le but de votre expédition.
— Ce n'est pas à moi à le raconter notre exploit.
— Il y a eu un exploit?
— Certainement ; une femme enlevée.
— Par le Prophète, je veux avoir une explication avec Kouffi, et je vais la lui demander de ce pas. Ah! il amène une épouse sous sa tente sans me consulter. Je ne suis donc plus rien ici?... Depuis quand se marie-t-on sans le consentement de son oncle, lorsqu'on est orphelin ?
— Rassure-toi ; personne ne réclamera la dot de cette jeune fille ; du moins, si les parents en exigeaient une, nous leur compterions la monnaie avec du plomb. C'est la fille de Ben-Akmet que ton neveu a ravie. Les Kabyles sont nos ennemis, et avec les ennemis, on règle les comptes à coups de fusil.

Le vieux cheik repoussa durement Mériem, si durement, que la pauvre petite alla tomber à la renverse à quelques pas de là. Embareck était fort jaloux de son autorité qu'il faisait respecter avec une énergie sauvage ; certes, il eût rudement châtié la désobéissance de son neveu, si celui-ci eût voulu acheter une épouse contre son gré. Mais du moment où il en enlevait une sans autres frais qu'une dépense de poudre éventuelle, il se sentait disposé non-seulement à pardonner ce qu'il considérait comme une action d'éclat, mais encore à donner des louanges à l'auteur de ce rapt audacieux.

El-Kouffi se sentait pris d'une violente colère contre son oncle ; mais, poltron devant lui comme une hyène devant un lion, il n'osa même pas relever Mériem ; il pensait que le cheik allait lui reprocher d'avoir agi sans le prévenir, et déjà il courbait la tête sous l'orage.

Mais, loin de se fâcher, Embareck dit à son neveu :

— El-Kouffi, mon cher, je suis venu pour te féliciter de ton action. Que cette folle sache qu'au lieu de blâmer son nouveau mari, mon devoir est de le complimenter. Un jeune homme qui va chercher une compagne le glaive à la main, parmi les ennemis de sa tribu, mérite des éloges. Tu as vaillamment agi, El-Kouffi ; seulement, tu aurais dû me prévenir. Quant à toi, jeune femme, sache que la tente d'un El-Kouffi vaut bien le toit de chaume d'un Kabyle. Tu dois t'estimer heureuse du choix de mon neveu, qui est un homme de grande tente. Si tes parents ne sont pas satisfaits et exigent de nous des douros, ils trouveront trois cents cavaliers prêts à vider la querelle par la voie des armes. Tu seras de la bataille, n'est-ce pas, El-Kouffi?

— Certes! répondit le jeune homme.
— C'est bien ; à demain!

Puis se retournant vers Mériem :

— Toi, lui dit-il, sois sage, soumise et douce, comme le sont nos femmes ; c'est le seul moyen de ne point oublier que tu es née dans les montagnes des Traras.

Certain que pas un mouton d'El-Kouffi, pas un de ses douros, pas une de ses génisses, n'irait grossir le troupeau ou la bourse d'un étranger, le vieux cheik s'en alla se recoucher en se frottant les mains avec ie. Sa cupidité était satisfaite : peu lui importait le reste.

Il laissait cependant Mériem en proie au plus affreux désespoir, et El-Kouffi assez embarrassé de l'état où se trouvait sa victime. La jeune femme semblait folle de douleur; ses yeux hagards, son visage décomposé, ses gestes égarés effrayaient son ravisseur; il essaya de se rapprocher d'elle, en lui bégayant quelques banales consolations que l'air étrange de Mériem arrêtait sur ses lèvres.

Quand elle sentit la main d'El-Kouffi saisir la sienne, la jeune femme poussa un cri terrible et se débattit avec une énergie telle, qu'El-Kouffi prit un moyen extrême pour vaincre cette résistance obstinée. Il se débarrassa de son burnous, et sous les plis de ce vêtement épais il enveloppa la jeune femme. Toute lutte devenait impossible.

C'en était fait du bonheur d'Ali et de l'honneur de Mériem, quand tout à coup le sommet de la tente céda sous un poids énorme, et laissa tomber sur le sol une lourde masse. La lumière s'éteignit, des cris terribles se firent entendre, et El-Kouffi, troublé, sentit sous sa main le poil fauve d'un animal qui venait de faire irruption dans son domicile.

Il arrive souvent que le lion envahit la nuit les douars; aussi, redoutant la griffe et la dent du roi des animaux, le ravisseur de Mériem se mit-il à fuir avec la prestesse d'un lièvre qui a un chien courant à ses trousses.

Quand il fut hors de la tente, il répéta, du ton de l'effroi le plus vif :

— Sbah! sbah! (le lion! le lion!)

El-Kouffi venait de pousser un cri qui produisit sur les Arabes l'effet le plus terrible.

Sbah (le lion) est l'ennemi qu'ils craignent le plus. Presque tous, pourtant, se soucient assez peu d'une balle et d'un coup de sabre; ils aiment même la guerre avec passion; mais le roi des animaux exerce une fascination étrange sur leurs imaginations ardentes; il a tout le prestige que certains monstres ont possédé jadis dans nos campagnes.

Nous citerons, par exemple, la bête du Gévaudan, qui fait trembler encore le plus hardi paysan du Morvan.

Reculer devant le lion n'est pas plus honteux, pour un Algérien, que pâlir quand il se croit menacé par un esprit. C'est chez lui une crainte superstitieuse; cela touche aux choses surnaturelles.

De plus (et ceci s'adresse aux Européens, gens qui peuvent calculer mathématiquement la force du lion, et, par conséquent, ne pas se laisser aller aux exagérations du merveilleux), de plus, disons-nous, en dehors de griffes et de dents très-respectables, le lion a un regard terrifiant, magnétique, qui fait passer un frisson involontaire dans la moelle des os. C'est là son signe le plus certain de royauté.

Et celui qui a senti pénétrer, comme des aiguillons dans sa chair, les rayons électriques de cette fauve et royale prunelle, celui-là avouera que l'homme est bien petit devant le lion.

L'homme a pourtant l'audace de s'intituler avec pompe : le roi de la création!

Après tout, il est seul à le dire et n'a jamais demandé aux autres animaux ce qu'ils en pensaient.

Cependant à l'appel du jeune homme toute la tribu fut sur pied; on entoura El-Kouffi, on le pressa de questions inquiètes, proférées d'une voix tremblante; on regardait avec anxiété la tente où se trouvait la farouche autorité.

Embareck, qui venait de laisser son neveu en tête-à-tête avec une jolie fille, accourut aussi et le retrouva à une distance très-respectueuse de sa tente.

— Il est là, disait El-Kouffi, je l'ai vu, je l'ai senti.

Et il désigna sa demeure.

A cette nouvelle, un sentiment d'effroi s'empara de la tribu, un désordre inexprimable se mit parmi les Angades. Pour augmenter le trouble, les femmes, moins promptes que les maris à réparer le désordre nocturne des vêtements, sortirent à leur tour en grand émoi, et, au seul mot de sbah, se mirent à pousser des cris perçants. D'abord on supposait le lion dans le voisinage et rôdant autour du douar; mais El-Kouffi venait d'annoncer qu'il était au cœur même de la place; cela suffisait pour troubler les têtes les plus solides.

Mais si El-Kouffi ne brillait pas par le courage, son oncle, en revanche, était un rude et farouche soldat; sur un geste du vieux cheik, la tribu tremblait. Sa voix mâle domina bientôt le tumulte, et aussitôt le silence se rétablit.

— Taisez-vous donc, corneilles insupportables! avait-il grondé d'abord en s'adressant aux femmes.

Et son bâton, retombant lourdement sur les épaules des plus bavardes, dispersa les groupes féminins.

— Eh bien! et vous autres, dit-il ensuite, que faites-vous? Par Allah! les Angades auraient-ils peur? Allons, suivez-moi; le gros voleur (les Arabes appellent souvent le lion ainsi) est là; tant mieux! nous le tuerons et nous en ferons manger le cœur à nos enfants.

Les Angades se remirent de leur trouble et suivirent leur vieux cheik. Celui-ci, à vingt pas de la tente d'El-Kouffi, les plaça sur une ligne; puis il leur ordonna de tirer tous quand ils verraient l'étoffe de la tente se soulever pour livrer passage au lion.

Alors le vieillard s'avança hardiment de cinq pas, et, selon l'usage indigène, prodigua au lion les plus insultantes épithètes, afin de l'attirer hors de son abri. Le lion ne sortait pas; on entendait bien un bruit sourd, qui attestait la présence de l'ennemi, mais on ne pouvait préciser sa position.

— Il dévore Mériem, pensait El-Kouffi; hélas! j'ai donné une jument pour ne pas la posséder...

Et il poussait des soupirs profonds; il va sans dire que, grâce à la nuit, il se tenait à l'extrémité de la ligne de bataille, en vrai poltron. Embareck, cependant, ayant épuisé sans succès le riche vocabulaire des injures appropriées à la circonstance, résolut d'avoir recours au grand moyen qui, en pareil cas, réussit toujours.

— Ah! gros voleur, dit-il, tu vas nous montrer ton ignoble museau; attention, vous autres!

Les Angades se tinrent prêts; le cheik ramassa une pierre.

— Tiens, misérable coquin! fit-il en la lançant au lion par-dessus la tente effondrée.

Un hurlement de douleur retentit; l'étoffe ondula sous la pression d'un corps, et deux cents balles convergeant vers le même point trouvèrent la tente au même endroit; un instant agitée, celle-ci ne remua plus : on crut le lion abattu, et les femmes manifestèrent une joie immodérée, tandis que les hommes se félicitaient tout bas d'en être quittes à si bon marché avec un ennemi aussi redoutable.

Tous cependant restaient en place; car il n'était pas parfaitement démontré que le lion n'avait plus souffle de vie. Par expérience, les Arabes savent combien la vie est tenace chez cet animal, que trente blessures ne réussissent pas toujours à abattre. Les anciens des douars racontent qu'ils ont vu des lions bondir encore avec la poitrine déchirée par trois décharges de mousqueterie, l'épaule brisée par les projectiles, et les flancs labourés de coups de poignard.

Et l'on sait que ceux qui racontent cela ne mentent pas.

C'était chose si merveilleuse qu'un lion fût mort sans avoir éventré quelqu'un, qu'on doutait de son trépas.

Meçaoud, en vaillant djouad (noble), se tenait au premier rang, et au contraire d'El-Kouffi, qui ne songeait qu'à un plaisir perdu, il éprouvait, lui, un remords sincère, maintenant qu'il pensait au sort funeste de Mériem.

— Pauvre petite femme, se disait-il, elle a été dévorée! Je l'enlevais à un mari pour la donner à un autre; le mal n'était pas grand. Les maris... qu'importe! Mais voilà qu'au lieu des caresses d'un époux, elle sent la griffe d'une bête fauve. Je ne me pardonnerai jamais cela.

Et tout en faisant ces réflexions, le jeune homme regarda autour de lui.

Les Angades, toujours en ligne, ne bougeaient pas; ce que voyant le cheik, il leur dit :

— Quoi! vous n'osez pas vous livrer à la joie et venir avec moi dépecer le cadavre de notre ennemi! Alors j'irai seul.

— Non pas, mon père, répondit affectueusement Meçaoud, qui pardonnait bien des défauts à son parent à cause de sa bravoure; non pas! Il ne convient point à un vieillard d'aller tirer au seigneur à la grosse tête un poil de sa moustache, pour voir s'il est bien mort. C'est l'affaire d'un jeune homme alerte.

Et Meçaoud, se tournant vers ses compagnons, leur annonça qu'il voulait vérifier lui-même l'état du lion.

Cette déclaration soulagea le cœur des guerriers. Ils pensèrent unanimement que la conduite de Meçaoud était sublime; ce qu'en pensaient leurs femmes, c'est qu'un bien joli garçon allait peut-être mourir... On suivait d'un œil ému les pas prudents du jeune homme, et quand il souleva les bords de la tente, le cœur de plus d'une jolie musulmane battit d'une crainte que l'amour inspirait.

C'est qu'il était ce qu'en France nous appelons un dandy. Le beau djouad était adoré, envié, chéri de tous les plus jolis minois du douar. On, ou plutôt elles se le disputaient, le dévoraient des yeux dans les fêtes, le protégeaient contre les rancunes des envieux, et chaque femme, pour s'attirer un de ses compliments, mériter un de ses sourires, se sentait capable de braver ostensiblement la colère de son époux.

Et il méritait bien tout cela...

N'en donnait-il pas la preuve en allant braver seul le lion que pas un n'osait affronter?

Il avançait avec prudence, l'œil fixé sur la tente, le doigt sur la détente de son fusil, le corps penché en avant. Toutes les poitrines étaient comprimées par l'émotion; les regards de celles qu'il aimait se voilaient de larmes; pauvre Meçaoud! quelle explosion de sanglots s'il venait à succomber !

Il touche la tente, les craintes redoublent ; il y pénètre, l'anxiété devient poignante.

Au bout d'une minute, longue comme une journée, on fut convaincu qu'il n'était pas dévoré; on respirait enfin, quand soudain on l'entendit rire, mais rire d'une scandaleuse façon.

Que pouvait-il avoir trouvé?...

On se précipita en foule dans la demeure d'El-Kouffi, et l'on aperçut... deux chiens morts et toute la meute de la tribu blottie contre le sol!... Les malheureuses bêtes ne trouvaient pas de coins assez sombres pour se cacher, tant elles étaient effarées.

A ce spectacle, toute la tribu partagea l'hilarité de Meçaoud; on comprit ce qui était arrivé, à savoir que la tente s'était effondrée sous le poids des chiens du douar. En effet, agacés par certaines manœuvres d'El-Chadi le saracq (voleur), manœuvres que nous avons racontées tout à l'heure, afin de voir de plus loin et de hurler de plus haut, ils avaient grimpé sur le sommet de la tente d'El-Kouffi, qui était en face des voleurs.

C'est là une des habitudes des cerbères arabes; elle n'est pas sans inconvénients pour les voyageurs européens qui reçoivent l'hospitalité dans un douar, mais les indigènes y sont accoutumés.

A force de monter, de descendre, de bondir et de rebondir, les chiens, enragés contre les bandits qu'ils sentaient, fatiguèrent l'étoffe, usée déjà par la pluie et le soleil. Pour comble de malheur, un lévrier, appartenant à El-Kouffi, méchant comme son maître et arrogant comme lui, se prit de querelle avec un roquet de bas étage. Aussitôt la meute se divisa en deux camps; les soulouglis (lévriers) prirent fait et cause pour leur noble camarade; les kelbs (roquets), opprimés depuis trop longtemps par la race aristocratique des soulouglis, se mirent en tête de secouer le joug.

Le vent était à la guerre ce soir-là...

Il en résulta une mêlée épouvantable, sur le toit d'étoffe où El-Kouffi violentait Mériem sans s'inquiéter du sabbat infernal de la meute. Des deux côtés on se battait avec un acharnement héroïque, quand une catastrophe inattendue abîma les combattants et les ensevelit tous à la fois sous les débris du champ de bataille qui s'écroulait.

El-Kouffi eut à subir les reproches de son oncle, les lazzis des mauvais plaisants et les railleries de ses amis; mais ce qui lui alla surtout au cœur, ce fut le compliment de condoléance que lui adressa Meçaoud au sujet de Mériem.

Comme la Fleur des Traras avait disparu, le jeune homme lui dit :

— Cousin, tu as voulu cueillir une rose ; tu t'es piqué aux épines de la tige pour l'arracher à son buisson, et quand tu croyais en parer ta poitrine, les feuilles sont tombées éparses sur le sol. Cousin, je te plains!

Sur ce, Meçaoud s'en alla laissant crier les femmes, que l'on ne dérange jamais impunément dans leur sommeil...

Enfin les Angades rentrèrent sous leurs abris de toile, et ceux qui avaient commencé un rêve d'amour tâchèrent de le continuer ; tous ne réussirent pas. Une demi-heure après, le silence n'était plus troublé que par les chiens, qui recommençaient de plus belle à hurler, sans que les indigènes s'inquiétassent de leurs cris, qui sont les mêmes pour une mouche que pour un lion.

Pendant ce temps, Élaï Lascri attendait le moment d'agir...

Quand El-Chadi et ses bandits entendirent toute la scène que nous venons de décrire, l'adroit filou se demanda pourquoi les Angades faisaient tant de bruit.

Le cri : sbah! sbah! lui en apprit le motif.

Comme les Arabes du douar, il crut à une invasion du lion ; un des deux hommes chargés d'attirer les chiens sur la face opposée du village accourut le prévenir que ce n'était pas un lion, mais simplement les chiens, qui avaient effondré la tente.

Les bandits s'amusèrent beaucoup de l'erreur des Angades, et ils allèrent prévenir le Brouillard-Sanglant de ce qui s'était passé.

Ils revinrent ensuite recommencer leurs manœuvres, lorsque le calme fut revenu parmi les Angades.

El-Chadi et ses compagnons, aussi rapidement que possible, s'introduisirent dans le douar, et de là parmi les bestiaux, tous réunis dans une enceinte de broussailles. Ils parvinrent à leur but en employant les moyens que nous avons précédemment décrits. Une fois placé côte à côte avec les bœufs et les moutons, El-Chadi se sentait en sûreté, lui et ses sept camarades; tous les animaux ont une corde sensible ; comme nos biches d'Europe, les moutons d'Alger ont de la gouandise ; en Afrique, les voleurs flattent le palais des ruminants en leur présentant du sel ; les gens de cette profession sont toujours munis d'un sac rempli de cette denrée, et El-Chadi n'avait certes pas négligé cette utile provision.

Il fit passer son sac à ses amis, qui apprivoisèrent aussi les animaux que leur voisinage effrayait.

Les filous se couchèrent ensuite au milieu d'un cercle de moutons, dont les corps devaient les protéger contre les balles qui n'allaient pas tarder à pleuvoir, et l'un des voleurs se mit à ramper pour porter au Roi des Chemins la nouvelle qu'El-Chadi avait pénétré.

Élaï Lascri, à l'arrivée de ce message, fit ranger, d'un geste impérieux, tout son monde autour de lui ; puis, quand il vit ses bandits attentifs et penchés sur leur selle pour écouter ses ordres, il leur dit en montrant le douar :

— Les hommes qui dorment sous ces tentes ont juré hier devant leur cheik de nous massacrer tous ; ils se sont alliés pour cela à l'agha de Nédromah ; j'ai pensé qu'il serait bon de leur fermer si bien les yeux cette nuit, que demain ils ne puissent voir l'aube du jour.

Les Angades ne songeaient en aucune façon à lutter contre le Brouillard-Sanglant ; mais par ce mensonge Élaï Lascri voulait exaspérer ses bandits.

Un murmure d'imprécations proférées à demi-voix lui prouva qu'il avait réussi.

Il continua :

— Nous allons accomplir une des plus sanglantes razzias dont on ait jamais parlé ; le soleil, en se levant demain, éclairera un tableau si effrayant, que les tribus perdront pour toujours l'envie de nous donner la chasse. Seulement, dans la mêlée, prenez bien garde de frapper le cheik, qui a conçu la pensée de nous faire tomber dans un piège. A celui-là, je veux moi-même infliger un châtiment...

— Mais, demanda Yousouf, l'un des bandits, comment reconnaîtra-t-on ce cheik ?

— Voici mon plan, répondit Élaï Lascri. Toi, Yousouf, tu vas prendre les vingt cavaliers les mieux montés, et tu simuleras une attaque contre le douar. Quand les Angades sortiront du cercle des tentes pour le repousser, tu battras en retraite en combattant très-vivement. De cette façon, tu parviendras à les attirer fort loin d'ici ; tu les retiendras à tes trousses le plus longtemps possible, puis tu les laisseras revenir en les suivant de loin. Le reste me regarde.

— Bien ! fit Yousouf.

Et avec vingt hommes, il s'élança vers le douar, contre lequel il engagea un feu violent. Cette fois, les Angades entendant la fusillade et le sifflement des projectiles comprirent qu'un péril sérieux les menaçait ; les guerriers prirent les armes, débarrassèrent les chevaux de leurs entraves et sautèrent en selle. Sidi-Embareck les conduisit au combat.

Yousouf, exécutant très-bien les ordres d'Élaï Lascri, déploya tant d'activité, que les Angades crurent avoir de nombreux adversaires à combattre ; par des allées et venues fort bien conduites, par des mouvements offensifs suivis de retraites précipitées, les bandits parvinrent à attirer les cavaliers fort loin du douar.

Pendant ce temps, le gros de la troupe d'Élaï Lascri se tenait en embuscade.

Au douar, les gens de bas étage, qui ne possédaient pas de chevaux, menaient grand bruit avec les femmes et les enfants ; ces gens-là peuvent se comparer aux serfs du moyen âge : serviteurs infimes, pâtres ou fermiers, c'étaient des personnages qui ne brillaient pas par le courage. Fort mal armés, du reste, ils étaient incapables de défendre les tentes. Cependant, comme ils avaient vu fuir l'ennemi, ils se croyaient en sûreté, et ils comptaient bien voir revenir les guerriers avec les dépouilles des vaincus.

Soudain un galop rapide se fit entendre ; ils crurent que Sidi-Embareck revenait avec les siens, et tout joyeux ils vinrent à sa rencontre. Mais les cavaliers qui accouraient mirent le sabre à la main, et le sang coula à larges flots avant que les Angades eussent reconnu leur erreur. Bientôt, cependant, un mot lugubre circula parmi la foule épouvantée : le Brouillard-Sanglant !

— Le Brouillard-Sanglant ! répétaient de tous côtés des voix tremblantes.

Et chacun fuyait sans chercher à lutter contre les brigands ; ceux-ci hachaient sans pitié tout ce qui se trouvait à portée de leur yatagan.

Les Arabes essayèrent de s'échapper en montant sur les chameaux ; mais le douar était si bien cerné, que pas un de ces malheureux n'échappa ; sans cesse des cavaliers rejetaient la foule au centre, où Élaï Lascri, avec une rage indicible, se ruait sur ceux qu'il voyait debout, et les abattait à ses pieds. Les bras rouges de sang, il frappait avec une ivresse féroce, sans relâche, sans fatigue.

Il fut si bien secondé, qu'il acheva en peu de temps son œuvre horrible de destruction ; de tous ceux qu'il venait de surprendre, pas un seul ne survécut à ce massacre acharné, inouï.

De son côté, El-Chadi avait consciencieusement accompli sa mission ; de telle façon que les bœufs et les moutons jonchaient le sol de leurs masses inertes. Aussi, quand le Roi des Chemins, ne trouvant plus rien à tuer, promena ses regards autour de lui, vit-il de tous côtés des monceaux de cadavres que dépouillaient déjà ses farouches compagnons !

Après avoir apaisé leur soif de sang, ils s'empressaient d'assouvir leurs désirs de pillage : pour les tigres, la curée vient toujours après le combat, tandis que le lion ne dévore pas l'homme qu'il a terrassé.

Les brigands allaient de tentes en tentes, de cadavres en cadavres, s'emparant de tout ce qu'ils convoitaient et achevant avec leurs poignards ceux qui respiraient encore ; avec une sauvage brutalité, ils coupaient les jambes des femmes, afin de prendre leurs bracelets ; pour enlever leurs anneaux d'or, ils arrachaient les oreilles auxquelles ils pendaient. Souvent, dans les sacs dont ils étaient munis, les bijoux tombaient pêle-mêle avec les membres mutilés qu'ils ornaient.

Quand le pillage fut terminé, Élaï Lascri rallia sa troupe pour aller à la rencontre du cheik, dont un bruit lointain annonçait le retour. Il marcha droit à sa rencontre. Quand les Angades furent à portée de la voix, le Roi des Chemins fit faire une halte à ses hommes.

— Je vais, leur dit-il, aborder seul le goum de Sidi-Embareck ; vous vous rangerez de côté, afin de le laisser passer ; mais, à mon commandement, tenez-vous prêts à faire feu.

Les bandits ne comprenaient pas l'idée de leur chef ; néanmoins ils ne hasardèrent aucune observation, tant ils avaient foi dans son adresse.

Élaï Lascri, qui distinguait très-bien, grâce à quelques rayons de lune, le cheik Embareck, lui cria :

— Arrêtez, là-bas ! Qui êtes-vous ?

— Arrête toi-même, dit une voix, et apprends-nous ce que tu veux.

— Je me nomme Addar, répondit Élaï Lascri, et j'amène du secours aux Angades, mes alliés ; si vous êtes des ennemis, malheur à vous ! mon goum va vous charger.

Addar était le chef d'une tribu voisine ; quoique un peu éloignée du douar angade, elle pouvait réellement avoir entendu des coups de feu et avoir pris les armes.

Aussi Embareck cria-t-il :
— Ne tire pas, Addar, je suis Embareck.
— Si tu dis vrai, viens seul vers moi, comme je vais vers toi, répliqua Élaï Lascri.

Sidi-Embareck lança son cheval au galop; le Roi des Chemins l'imita, et tous deux s'abordèrent à deux ou trois cents pas de leurs goums respectifs.

Le vieux cheik tendit sa main à celui qu'il prenait pour un ami; mais le nègre lui lança à la tête une corde terminée par un nœud coulant. Étranglé par le lazzo qui l'enlaçait, le vieillard ne poussa pas un cri, mais il essaya de se dégager; Élaï Lascri, par un mouvement habile, tourna autour de lui comme pour se placer à sa gauche, et la corde entoura les bras du cheik, qui essaya de sauter à bas de son cheval; alors le Roi des Chemins l'étreignit dans ses bras comme pour échanger un de ces embrassements dont les Arabes sont si prodigues, et il acheva de le garrotter tout à fait.

Serré comme il l'était, Sidi-Embareck perdit la respiration et, bientôt après, la connaissance; d'une main vigoureuse, son ennemi le maintint en selle.

Pendant ce temps, les deux chevaux marchaient côte à côte. Les Angades, qui de loin observaient cette scène, ne concevaient aucun soupçon et continuaient d'avancer. Le Brouillard-Sanglant s'était rangé sur leur droite, afin de les laisser passer; de temps en temps, Élaï Lascri se retournait pour juger du moment propice.

Quand le goum de Sidi-Embareck fut à portée de pistolet de ses bandits, il cria d'une voix stridente :
— Chargez !

Alors une détonation violente retentit, un rideau de flamme se déroula devant le Brouillard-Sanglant qui apparut menaçant et terrible. Cette première décharge fut si meurtrière, elle déconcerta tellement les Angades, qu'ils donnèrent le temps aux bandits de tirer un second coup de pistolet; une confusion inexplicable, augmentée encore par l'obscurité, se mit dans le goum. Des chevaux effrayés se cabraient désarçonnant les cavaliers; d'autres, buttant contre des cadavres, s'abattaient lourdement sur le sol. Le râle des blessés, les hennissements des coursiers, se mêlaient aux jurons des braves qui voulaient combattre, aux clameurs des lâches qui cherchaient à fuir.

Ce fut en ce moment que les bandits s'élancèrent.

En vain Meçaoud et quelques vaillants essayèrent-ils de leur tenir tête; le goum fut mis en déroute et se dispersa comme un peu la panthère. Mais Yousouf attendait les fuyards en travers du chemin; lorsqu'il vit cette masse confuse arriver sur lui, il se jeta avec ses vingt hommes au milieu de la bagarre.

Les nouveaux combattants faisaient rage; rien n'excite un guerrier comme les escarmouches; aussi les Angades, refoulés par ce choc violent, cernés, démoralisés, éperdus, demandèrent-ils grâce, en jetant leurs armes; leurs prières furent inutiles. Élaï Lascri avait défendu de faire quartier; il fut si bien obéi, que bientôt, de ce douar puissant, il ne resta plus que quelques cavaliers.

Encore ne durent-ils leur salut qu'à leur énergie et à la vitesse de leurs chevaux.

Parmi eux se trouvaient Meçaoud et son cousin El-Kouffi à qui la peur avait fait faire des efforts surhumains pour sauver sa vie.

De son côté, Élaï Lascri avait enlevé Sidi-Embareck de sa selle, et il s'était laissé glisser sur le sol avec lui; il lui appuya un peu la gorge pour qu'il n'étouffât pas, et il le tint terrassé pendant toute la lutte. Ses hommes, après leur triomphe, le trouvèrent un genou sur la poitrine du cheik, et l'œil avidement fixé sur lui.

La soif de vengeance d'Élaï était telle, qu'il regardait son ancien maître comme le voyageur altéré regarde l'eau qu'on lui présente.

Après tant d'années d'attente, il tenait enfin sa victime... et il la contemplait avec tant d'ivresse que les bandits crurent un instant qu'il était devenu fou.

Yousouf posa sa main sur l'épaule de son chef; celui-ci leva la tête; il ressemblait à l'homme qui sort d'un rêve.

— Maître, dit Yousouf, nous avons détruit les Angades ; que faut-il faire maintenant?
— Dépouiller ce misérable et l'attacher à un arbre, répondit-il en montrant le cheik.

Cet ordre fut accompli avec précipitation; la prunelle fauve d'Élaï Lascri étincelait dans l'ombre et faisait frissonner ses bandits eux-mêmes.

Le cheik, avec cette résignation stoïque, si admirable chez les musulmans, se laissa faire sans proférer une parole; il pensait que les vainqueurs allaient lui infliger le dernier supplice, et il attendait la mort avec un calme superbe. Élaï Lascri s'avança lentement, et fit peser sur lui un de ces regards magnétiques auxquels une passion exaltée jusqu'au délire peut seule donner leur puissance étrange. Embareck baissa la tête; il lui sembla qu'un serpent le fascinait avant de l'enlacer de ses anneaux.

— Me reconnais-tu? demanda Élaï Lascri d'une voix à la fois émue et menaçante.
— Oui, tu es le Roi des Chemins.
— C'est ainsi que l'on me nomme aujourd'hui ; mais jadis je portais un titre moins noble.
— Je ne t'ai jamais vu.
— Cherche bien !
— Je ne trouve pas.
— Eh bien ! je suis le nègre que tu as exposé aux hyènes. Te souviens-tu maintenant?

Sidi-Embareck frissonna.

— Que ferais-tu à ma place? demanda Élaï Lascri.
— Je tuerais mon ancien maître ! répondit avec énergie le vieux cheik.
— Eh bien ! moi je lui donne la vie. Oh ! ne souris pas, vieux chien. Je ne mens pas comme toi, qui renies ta parole pour un douro (cinq francs). Tu vivras ! mais tu vivras déshonoré... Tu ne comprends pas ? Tu vas comprendre. Ici, vous autres ! cria Élaï Lascri à ses hommes, et qu'on arrache à ce vieux singe sa barbe qui le gêne.

Une vingtaine de bandits entourèrent le cheik et se disputaient à qui lui enlèverait le plus de poils. Grossiers, sans âme, féroces par instinct, les compagnons du nègre trouvaient dans cette torture une occasion de s'amuser.

Le vieux cheik rugit de rage.

— Vous devez me respecter ! Tuez-moi, si vous voulez, mais ne me déshonorez pas.

— Ah ! vieux chacal, tu te décides donc à aboyer tu commences à comprendre ma vengeance! dit Élaï Lascri. Eh bien ! allez, enfants, dépouillez son crâne comme son visage. Tu es djouad (noble), n'est-ce pas tu es fier, arrogant, et tu vas ressembler à un lépreux ! Qu'on me donne un bâton ! ajouta le nègre. — Puis il continua : — Tu as eu des ces aves que tu battais; sois donc frappé à ton tour comme un chien.

Et il le roua de coups.

Ce traitement ignominieux révoltait le cheik, qui se tordait pour briser ses liens. Il serait resté impassible devant la mort, mais la honte de son supplice lui inspirait une fureur impuissante. Bientôt il n'eut plus force de remuer, et son bourreau cessa de le frapper dans la crainte de le tuer; alors le nègre le fit transporter au milieu du douar, toujours garrotté; les bandi-

Le malheureux n'acheva pas, une détonation retentit. (Page 80.)

amoncelèrent en face de lui les tentes et tous les débris susceptibles de prendre feu ; sur ce bûcher, ils entassèrent les cadavres par centaines, et ils y mirent le feu.

La flamme éclaira au loin la plaine, et à quelque distance du brasier, Sidi-Embareck fut obligé de contempler ce spectacle lamentable. Il respirait une odeur infecte de chair brûlée, il fixait un œil hagard sur ce brillant foyer, et il songeait que les derniers vestiges de ses richesses s'en allaient en fumée ; il sentit de l'humidité sous son corps, et approchant sa main du sol, il la retira rouge du sang de ses proches. Alors ce vieux guerrier au cœur de pierre sentit son cœur s'amollir dans sa poitrine ; il se mit à sangloter en maudissant son crime.

Un rire sardonique lui fit lever les yeux : le Roi des Chemins était devant lui, témoin de sa faiblesse...

La main du nègre s'entr'ouvrit, laissant tomber un douro, et de ses lèvres descendirent ces paroles amères :

— Sèche tes pleurs, vieux fou, voici ta première aumône.

Puis il s'éloigna, ricanant toujours.

Le Brouillard-Sanglant remonta en selle et toute la bande partit au galop ; mais à une lieue du douar on vit fuir le long d'un chemin une forme blanche qui semblait glisser sur le sol avec une légèreté inouïe.

Les brigands superstitieux eurent peur ; ils pensèrent voir un fantôme, mais El-Chadi, incrédule comme tous les philosophes, se mit à la poursuite du prétendu revenant, qui se trouvait être une fort jolie femme.

C'était Mériem!

Elle aussi avait supposé que le lion était entré par le toit dans la tente d'El-Kouffi, et elle s'était enfuie.

El-Chadi la questionna, mais n'obtint que des réponses incohérentes, tant était grand le trouble de la jeune femme ; il la conduisit à Elaï Laseri.

Il cherchait à la rassurer tout en marchant, et Mériem se remettait peu à peu des émotions violentes qu'elle avait ressenties.

Elle se rendit compte de ce qui lui était arrivé jusqu'au moment de sa fuite, mais elle se demanda avec inquiétude quel pouvait être l'homme étrange qui la conduisait et si c'était un Angade ou un Kabyle, un ami ou un ennemi.

El-Chadi, avec ses grandes jambes et son costume par trop primitif, lui semblait être un être si mystérieux, qu'elle n'osait lui parler.

Bientôt elle aperçut au fond d'un ravin une sombre masse de cavaliers, dont l'aspect la fit frissonner ; un homme se détacha de ce groupe en courant au galop de son coursier.

C'était le Roi des Chemins.

— Eh bien! demanda-t-il avec colère, qu'est-il donc arrivé ?

— Voici une jeune fille qui pourra te l'apprendre, maître, répondit El-Chadi.

— Qui es-tu, femme ? D'où vient-elle ? fit le nègre étonné ; une Angade qui a fui?

Mériem se souvint qu'elle avait en vain imploré la pitié du vieux cheik ; elle pensa que ses prières seraient repoussées par cet inconnu. Elle se mit à pleurer tout en protestant qu'elle était Kabyle et non

Angade. Contre toute attente, le nègre sauta à terre, jeta la bride de son coursier à El-Chadi, et prenant doucement une des mains de la jeune femme, lui dit :

— Écoute, mon enfant, ma voix est rude, elle t'a effrayée ; mais rassure-toi, je ne veux te faire aucun mal. Tu portes le costume des femmes kabyles et tu as sans doute quelque raison de fuir ce douar maudit que je viens d'exterminer. Explique-moi donc pourquoi, toi, fille des Traras, tu te trouves à cette heure dans la plaine ?

— Oh ! tu es bon, mon seigneur ! s'écria Mériem avec effusion ; tu vas me rendre à mon mari, à mon père, n'est-ce pas ?

Et elle couvrit de baisers la main du Roi des Chemins.

— Tu as donc été enlevée ?
— Oui, mon seigneur.
— Quand cela ?
— Cette nuit même.
— Et comment t'es-tu tirée des mains des ravisseurs ?
— Le lion a sauté dans la tente où je me trouvais.
— Je comprends tout, alors, fit Élaï en riant au souvenir de la scène des chiens. Mais dis-moi, ma fille, continua-t-il, comment t'appelles-tu ?
— Mériem.
— Et ton mari ?
— Ali.
— Par Allah ! s'écria le nègre, le lion est venu à propos. Tu échappes à un grand danger, et...

Le nègre allait en dire davantage, mais il se retint, quoiqu'il fût en proie à une agitation visible. Il envoya El-Chadi demander deux hommes, qui vinrent aussitôt.

— Je vous confie cette jeune femme, leur dit-il ; sur votre tête, vous en répondez. Traitez-la comme si c'était une sultane ; mieux, comme si c'était ma femme. Vous la conduirez au village d'Aïn-Kébira, et vous la remettrez aux mains de son mari. Ce mari se nomme Ali.

Les bandits firent un geste de surprise.

— Vous direz à cet homme que je ne connais pas, — il insista sur ce point... continua Élaï Lascri, qu'il ne se dérange pas pour se venger, parce qu'à cette heure j'ai moi-même châtié ceux dont il a à se plaindre. Allez ! sa femme lui racontera ce que vous ne pourrez lui dire.

Alors Élaï Lascri fit avancer un cheval sur lequel il plaça Mériem, et il lui dit adieu.

La jeune femme baisait avec transport les mains de son sauveur.

Élaï Lascri songeait à Fathma et se disait : Je lui raconterai cela, et demain elle sera heureuse.

Mériem voulait savoir le nom du nègre, mais il lui répondit en souriant qu'il fallait le demander à son mari. Ils échangèrent un dernier adieu, puis Mériem et ses deux guides partirent au galop.

L'un des bandits la précédait de quatre ou cinq fois la longueur de son coursier ; l'autre, à quelque distance, se tenait prêt à rejoindre son compagnon, en cas d'alerte. Tous deux tenaient leur fusil en travers de leur selle ; leurs pistolets, dégagés des fontes, étaient passés tout armés dans leur ceinture et leur yatagan pendait à leur poignet. Mériem croyait rêver ; mais son rêve se dorait d'un espoir qui berçait aussi doucement son imagination que le mouvement régulier de son cheval berçait son corps.

Tout à coup, après avoir dépassé Nédromah, on aperçut, le long des flancs de la montagne, des lumières qui semblaient descendre vers la plaine. La jeune femme poussa un cri de joie ; elle comprit qu'elle était sauvée.

En effet, Ali, que son chef avait renvoyé à Aïn-Ké-bira, n'avait pas trouvé Mériem dans sa petite chambre ; les barreaux de la fenêtre, sciés presque au ras du mur, une corde qui se balançait dans le vide, et le désordre des meubles, lui firent comprendre la vérité. Il éveilla son beau-père, lui apprit avec des larmes de rage ce qui s'était passé, puis il courut au fond du précipice sur le bord duquel le village était bâti. Les Kabyles d'Aïn-Kébira vinrent bientôt l'y rejoindre ; Achoud et Ben-Akmet marchaient à leur tête.

Sur tous les visages, éclairés par les torches, brillait un désir de vengeance ; une activité fiévreuse animait la foule des guerriers. Ali avait déjà relevé les traces des fugitifs ; il indiqua la piste, que l'on suivit aussi vite que possible.

Mériem était la bien-aimée de la tribu ; la rage grondait dans toutes les poitrines, les imprécations retentissaient à chaque pas. Trois hommes seulement restaient silencieux, parce que tous trois éprouvaient la plus violente des émotions : celle d'un cœur aimant placé entre l'espérance de retrouver un grand bonheur sérieusement compromis et la crainte de perdre une personne passionnément adorée.

De ces trois hommes, l'un était le père de Mériem, qui chérissait son unique enfant avec cette tendresse si vive des vieillards dont la tombe est entr'ouverte et qu'un berceau seul retient à la vie ; l'autre était Ali, follement épris de cette jolie fleur que l'amour avait fait éclore sur son chemin ; il ressentait toutes les fureurs de la jalousie en délire.

Le troisième enfin était Achoud...

Achoud, qui jamais n'avait osé s'avouer que tout son sang eût payé un baiser de la Rose des Traras ; Achoud, que pas un regard, pas un sourire n'avait récompensé d'une passion qu'il se cachait à lui-même ; Achoud, qui souffrait d'autant plus, que son amour était profond comme celui d'un père, respectueux comme celui d'un frère, ardent comme celui d'un amant.

Au détour d'un sentier, ils aperçurent ensemble la robe blanche de Mériem, et le même cri s'échappa de leurs poitrines.

Seulement, tandis que Ben-Akmet et son gendre s'élançaient avec joie vers la jeune femme, Achoud vaincu par l'émotion, tombait sur la poussière du chemin.

Les Kabyles saluèrent le retour de Mériem par une décharge de leurs fusils, qui fit vibrer les échos de l'Atlas, et ils s'empressèrent autour d'elle pour connaître le nom du ravisseur.

Alors parurent deux cavaliers vêtus d'un burnous noir ; l'un d'eux étendit son bras dans la direction du douar des Angades : un incendie immense illuminait l'horizon.

— Hommes des montagnes, dit-il, retournez à vos demeures ; les vautours qui ont ravi la colombe n'ont pas d'ailes assez puissantes pour échapper au feu dont leur aire est embrasée !...

Puis tous deux s'éloignèrent à toute bride.

Les Kabyles, stupéfaits, ne savaient que penser de paroles étranges qu'ils venaient d'entendre.

Mériem raconta en quelques mots ce qui s'était passé Ali comprit alors qu'elle s'était trouvée en présence du Roi des Chemins.

— Frères, dit-il, en s'adressant aux Traras, n'allons pas plus loin. La justice d'Allah s'est appesantie sur le douar des Angades ; nul d'entre ces chiens ne pourra se soustraire à la main qui les frappe.

— Mais enfin, demanda Ben-Akmet, qui donc a allumé cet incendie ?

— Père, répondit le jeune homme, cette nuit, en passant dans la plaine, le hasard m'a fait rencontrer un homme suivi de cent autres. Je me suis caché dans un

broussaille, et j'ai entendu une voix qui disait : — Compagnons, j'ai juré qu'avant l'aurore la tribu des Angades serait anéantie. Et cent voix lui répondirent : — Maître, ta volonté sera faite. L'homme était Élaï Laseri, et les cent autres étaient le Brouillard-Sanglant.
— Pourquoi le Roi des Chemins a-t-il protégé Mériem? fit Ben-Akmet étonné de la générosité du bandit.
— Parce que, sans le connaître, je lui ai sauvé la vie, un jour que son cheval effrayé l'emportait vers un précipice. D'une balle, j'ai tué le coursier et arraché le cavalier à une mort certaine.
— Vous êtes quittes, maintenant! dit Ben-Akmet. Il nous faut regagner nos maisons, car le nègre ne fait rien à demi. Allons! en route, mes enfants, ajouta le vieillard.

Dans son égoïsme paternel, le marabout prit sa fille dans ses bras, et la posant devant lui sur sa selle, il savoura le bonheur des pères en déposant sur le front pâle de la jeune femme ses plus doux baisers.

Ali souriait, se promettant de savourer un peu plus tard le bonheur des amants...

Le lendemain, quand l'aurore dora le sommet de l'Atlas, Ali quitta Aïn-Kébira; son visage rayonnait de bonheur, et quand il repassa à l'endroit où il avait retrouvé sa femme, il aperçut Achoud, qui, accroupi sur la terre, les coudes sur les genoux, la tête dans les mains, avait passé la nuit, immobile, sans dormir, sans songer, sans penser, sans pleurer. Le pauvre chasseur était dans l'état étrange d'un homme qui aime sans espoir et qui en a pris son parti; situation bizarre, où tout plaisir est une souffrance amère, toute réflexion une fatigue, tout désir une amertume; où les rêves sont impossibles, tant la tête est lourde; où le repos est difficile, tant la douleur est tenace; où la souffrance seule est une volupté, parce qu'elle vient de l'objet aimé.

Pauvre Achoud! Ali, en passant, lui envoya un affectueux bonjour, et le chasseur se crut obligé d'y répondre gracieusement.

Il est vrai qu'il s'y prit à la façon d'un bouledogue qui joue avec un épagneul.

— A quoi pouvait penser Achoud? se demanda Ali. A quelque embuscade sans doute, qu'il veut dresser ce soir contre une panthère ou un lion.

Mériem était sauvée, mais Fathma ne l'était pas.

IX

COMMENT BEN-ADDON GAGNAIT LE CŒUR DES BELLES.

Pendant que se déroulaient les péripéties de la razzia que nous avons décrite, Fathma restait seule en face de Ben-Addon : le misérable, nous l'avons dit, s'était glissé dans sa chambre au moment où elle reconduisait son amant.

Grandes furent l'épouvante et la surprise de la jeune femme en l'apercevant; elle savait le chaouch capable de tout : Ben-Addon, la voyant trembler de tous ses membres, lui dit :

— Eh! ma fille, serais-tu donc devenue muette? tu ne songes pas à me demander ce qui m'amène. Est-ce la peur qui te lie la langue?

— Non, c'est le dédain, répondit Fathma.

— N'affecte donc pas une bravoure que dément ta pâleur! Tu frissonnes! tu as tort, pourtant. Je ne te veux aucun mal. Tu vois devant toi un amoureux, pas autre chose. Si tu es gentille, ma colombe, je joindrai quelques jolis bijoux à ceux que déjà tu possèdes.

— Garde tes présents, dit Fathma résolûment; ni promesses ni menaces ne me décideront à écouter tes propositions. Quand Aïdin vivait, tu fus souvent la cause des persécutions que sa jalousie me faisait subir: maintenant tu continues à me poursuivre par des déclarations qui me sont odieuses; hors d'ici, Ben-Addon, et rappelle-toi que tu n'obtiendras jamais mon amour.

— Quelle superbe assurance! s'écria le chaouch en riant d'une façon sinistre. On l'a dit et on a eu raison : les femmes sont des pies babillant à la légère. Je ne quitterai pas cette chambre sans avoir obtenu des preuves de ta tendresse.

— Tu parles ainsi, parce que tu me supposes sans protecteur; mais tu seras moins audacieux quand tu sauras que demain j'épouse un homme dont le bras est assez fort pour te punir, si tu ne te retires à l'instant.

Fathma attendait de cette révélation un grand effet; elle espérait intimider Ben-Addon.

Mais celui-ci lui dit avec ironie :

— J'avais raison de te comparer à une pie : par tes paroles inconsidérées, tu me fais concevoir un dangereux soupçon. Est-ce que par hasard ce bienheureux mari, dont tu me menaces, serait le visiteur de tout à l'heure?

— Quel visiteur? murmura Fathma sans parvenir à surmonter son trouble.

— Mais celui qui sait si bien contrefaire l'hyène, celui qui t'attend dans son repaire; celui que l'on appelle le Roi des Chemins!

— Allah! Allah! s'écria Fathma en tombant à genoux, il sait tout.

— Oui, tout. Je tiens entre mes mains ta vie ou ta mort; un baiser peut m'attendrir, une résistance ridicule te perdrait. Choisis!

Et Ben-Addon attendit.

Fathma n'hésita pas dans cette horrible alternative; seulement elle essaya par un dernier effort d'effrayer le chaouch.

— Malheur à toi si tu me touches! de près comme de loin, la vengeance d'Élaï Laseri saura te poursuivre. Il est temps encore de te faire pardonner; ma bouche sera muette; mais si tu insistes...

— Assez! s'écria Ben-Addon; tu viens de prononcer ton arrêt; les morts ne parlent pas, tu iras garder mon secret au fond d'une tombe. Je te hais autant que je t'aime; à cette nuit l'amour, à demain la haine!

Et le chaouch, malgré ses larmes, malgré ses cris, la saisit dans ses bras.

— Va, lui disait-il, tu peux pleurer : ta voix serait-elle plus douce que la plainte d'une gazelle blessée, je ne m'attendrirais pas. Une fleur n'est jamais si belle que quand elle est humide de rosée.

Et l'œil du chaouch brillait à la fois du feu des désirs et de celui de la vengeance.

Quand, à l'aube du jour, il quitta la maison, de ces deux passions, l'une était satisfaite par d'infâmes violences; pour assouvir l'autre, il ne lui restait plus qu'à dénoncer sa victime à l'agha... Il résolut de se hâter, car, en longeant le rempart, il aperçut les reflets d'un incendie qui rougissait l'horizon, et il se prit à trembler, non de remords, — des créatures aussi lâchement cruelles n'en ont pas, — mais de peur.

— C'est Élaï Laseri, pensait-il, qui vient de faire une razzia, il ne savait ce que j'ai osé cette nuit dans sa maison, pendant qu'il égorgeait là-bas, peut-être demain ne trouverait-il pas la forêt de Zeb-dou assez vaste pour me servir de bûcher... Allons, le plus sûr est de tuer Fathma.

Déjà le misérable retournait sur ses pas, quand une idée subite l'arrêta...

— Décidément, se dit-il, il vaut mieux faire condamner cette négresse maudite par l'agha ; au moins Élaï Lascri saura à qui s'en prendre. Tandis que si je poignarde sa fiancée, il fera faire tant de recherches par ses espions, qu'il finira par me connaître. Le fils d'Aïdin accusera Fathma, mon maître condamnera, un de mes camarades exécutera son jugement, et si Elaï Lascri s'attaque à mon seigneur, il recevra une leçon. D'un autre côté, si par hasard le Roi des Chemins triomphait, je fuirais loin d'ici, et, en cas de lutte, je prendrais mes précautions à l'avance.

Tel était le prestige d'Élaï Lascri, qu'un serviteur de Ben-Abdallah, agha puissant, presque roi, admettait la possibilité de voir son maître vaincu par le chef du Brouillard-Sanglant !

Sur cette décison, le chaouch alla frapper à la porte d'Ibrahim, le fils d'Aïdin, dont Fathma avait été l'esclave.

Celui-ci, après avoir laissé longtemps le chaouch ébranler l'entrée de sa maison à coups de bâton, finit enfin par lui ouvrir d'un air furieux, et il reçut le visiteur trop matinal avec une mauvaise humeur qu'il ne se donna pas la peine de dissimuler. Deux esclaves étaient à côté du jeune homme ; le chaouch lui fit signe de les renvoyer. Ibrahim les congédia ; puis il demanda brusquement :

— Que veux-tu ? Est-ce que l'on réveille ainsi les honnêtes gens ?

— Voyez un peu ce que c'est que les jeunes gens ; on voit bien que tu es marié nouvellement, répondit insolemment Ben-Addon.

— Que m'importe mon mariage ? Dis-moi ce qui t'amène, ou je lâche mes chiens sur toi.

— D'abord je vais m'asseoir, fit le chaouch en pénétrant dans la cour.

Puis, quand il eut choisi pour siège un banc de pierre, il continua avec un sourire sarcastique :

— Tu prétends, Ibrahim, que tes affaires m'importent peu ; eh bien ! c'est une erreur. Je connaissais ton pauvre père, je l'aimais beaucoup même ; or je trouve que tu t'occupes trop d'amour et pas assez de vengeance. Les charmes de ta nouvelle épouse ont sur toi tant d'empire, que tu oublies la mare de sang dont le champ paternel est encore taché. Entre nous, tu achètes trop de bijoux au juif Jacob ; de sorte que tu n'as plus assez de douros pour faire forger un yatagan.

Ibrahim était un jeune homme aussi doux que son père était féroce.

Ne sachant à qui attribuer l'assassinat qu'il devait punir, ne se sentant point au fond du cœur une soif ardente de sang, il avait oublié qu'au point de vue arabe le devoir d'un fils est de châtier celui qui lui a ravi l'auteur de ses jours. Ben-Addon connaissait l'homme qu'il voulait transformer en instrument propre à servir sa haine. En adressant ces reproches à Ibrahim, son but était de stimuler ce caractère un peu mou, et il le faisait avec d'autant moins de crainte qu'il n'avait rien à redouter de ce naturel, sinon pusillanime, du moins faible et sans audace.

Il ne se déconcerta donc pas quand le jeune homme s'écria :

— Tu es bien téméraire de venir m'insulter chez moi ; prends garde à tes paroles !

— Tiens, tiens, tiens ! fit Ben-Addon en graduant le ton ironique de ces trois mots par des nuances que la langue française ne saurait rendre ; tiens, tiens, tiens ! voici Ibrahim qui se fâche ! quel prodige ! Pourquoi faut-il prendre garde, mon agneau ?

— Parce que, si tu m'offensais, encore, je te ferais sentir le poids de ma colère.

Ben-Addon partit d'un éclat de rire très-sincère.

— Voilà ce que pèse ta colère, mon pauvre Ibrahim, dit-il quand son hilarité se fut calmée.

Et ramassant dans la cour un fétu de paille, qu'il trouva malgré l'obscurité, il souffla dessus.

— Comment ! continua-t-il, tu penses m'intimider, quand chacun se moque de toi comme d'un enfant timide ! De par la ville, on va répétant des propos tels, que le dernier des juifs te cracherait au visage, si tu le menaçais. Juge un peu de la peur que tu m'inspires, à moi qui ai des pistolets dans ma ceinture et un yatagan sous la main. Je parie un chameau contre un âne que tu n'as jamais déchargé un fusil. Du reste, il ne faut pas m'en vouloir ; je viens te rendre un grand service en t'apprenant combien l'on te méprise. Peut-être mes conseils réveilleront-ils ton courage endormi.

Jusqu'à un certain point, le chaouch avait raison ; Ibrahim le sentit. Voulant se disculper de cette accusation portée contre sa bravoure, il s'écria avec une chaleur qui fit plaisir à Ben-Addon :

— J'ai questionné tous ceux qui pouvaient me nommer l'assassin de mon père ; aucun n'a su me renseigner. On a tort de suspecter mon courage. Je suis un agriculteur paisible, c'est vrai, mais si je parviens jamais à connaître le meurtrier d'Aïdin, il périra par ma main, quel qu'il soit.

Le chaouch, ne trouvant pas son homme monté au diapason où il le voulait, lui plongea dans le cœur, comme un poignard, cette phrase terrible :

— Tous les serments du monde ne valent pas une action. Il y a des médisants qui assurent que ton père te malmenait fort et que tu aspirais à un héritage considérable et à ta liberté.

Cette insinuation perfide obtint tout l'effet que le chaouch en espérait.

— Oh ! les misérables ! gronda le jeune homme avec fureur ; oser exprimer sur mon compte un aussi horrible doute !... Tu as raison, Ben-Addon, il faut qu'à tout prix je découvre l'auteur de ce meurtre.

Ben-Addon avait enfin touché la corde qu'il fallait faire vibrer pour tendre les ressorts de cette âme sans énergie. Il résolut d'exploiter habilement l'élan qu'il venait de lui imprimer. Se redressant tout à coup, il posa brutalement au jeune homme cette question :

— Combien donneras-tu à celui qui te révélera le secret que tu cherches ?

— Cent douros ! répondit celui-ci ; tu le vois, je ne suis pas avare. Que l'on prononce son nom devant moi, on verra si je suis lâche !

— Alors, donne l'argent ; je vais parler !
— Quoi ! tu sais ?
— Oui !...

Et la main avide de Ben-Addon se tendait.

— Un instant ; le secret !
— Jure que tu me le payeras, fit le misérable avec la défiance d'un coquin.
— Va donc ! je suis honnête homme.
— Eh bien ! rasseyons-nous, je vais te raconter ce que j'ai vu et entendu.

Ils s'assirent tous deux.

— Le Roi des Chemins aimait Fathma dit le chaouch ; il a tué son maître, il l'a ensuite acheté cette esclave, et il l'a installée dans une maison de cette ville.

— La preuve, je veux la preuve ! s'écria Ibrahim qui n'en pouvait croire ses oreilles.

— Mais tu es donc sourd et aveugle ! A qui fut vendue ton esclave ?

— A un étranger qui m'a envoyé Jacob pour intermédiaire.

— Encore un, pensa tout bas le chaouch, auquel je ferai payer mon silence ; décidément cette affaire est un puits d'or.

Puis, tout haut, il ajouta :

— Quel peut-être cet inconnu, sinon le Roi des Chemins ? Sans cela, à quoi bon tant de mystères ? Fathma, riche comme une sultane, couverte d'or et de perles, ne peut devoir sa fortune qu'au chef du Brouillard-Sanglant. Me crois-tu, voyons, quand j'affirme les avoir vus de mes yeux, entendus de mes oreilles? Bien sot tu es de n'avoir pas compris cela plus tôt.

— C'est bien; je suis convaincu. Mène-moi d'abord auprès de Fathma, que je la punisse la première.

— Bon, se dit intérieurement le chaouch, la résolution de cet imbécile supprime le procès; point n'est besoin du cadi. Dans une heure, toute la ville saura qu'il a poignardé Fathma.

Mais, dans le cœur de Ben-Addon, les mauvaises passions étaient tellement nombreuses, qu'elles se combattaient l'une par l'autre. Sa cupidité en éveil lui fit songer que l'agha, son maître, pourrait bien donner une forte récompense à qui lui livrerait le moyen de s'emparer d'Élaï Lascri. Or, tout en laissant Ibrahim accuser à haute voix la mulâtresse, il pouvait, lui, faire observer en confidence à son chef que, par la jeune femme, il serait facile de tendre un piège à Élaï Lascri. Du même coup, il raconterait que l'on devait à son zèle intelligent la révélation de ce secret; et il comptait tirer un grand parti de la reconnaissance de l'agha.

Avec une rapidité qui faisait honneur à son imagination, il changea immédiatement ses plans.

— La mort de Fathma, dit-il, ne te suffit pas; il te faut aussi la tête de son amant. As-tu réfléchi que tu es bien peu fait au métier des armes, pour te mesurer avec un guerrier comme Élaï Lascri.

— C'est vrai, fit Ibrahim qui, dans son exaltation, avait oublié le sanglant renom du Roi des Chemins. Jamais je ne réussirai dans mon entreprise.

Et il poussa un profond soupir de découragement.

— Voilà un soupir qui te coûtera gros, se dit le chaouch.

Puis :

— Oh! que si, tu réussiras, reprit-il; mais à te faire brûler à petit feu... Viens donc un peu sur le rempart, tu jugeras ton adversaire par ses œuvres.

Le jeune homme suivit avec une certaine inquiétude son interlocuteur et il contempla avec effroi l'immense incendie qui dévorait le douar angade.

— Eh bien! qu'en penses-tu? demanda le chaouch.

Et voyant qu'Ibrahim atterré ne soufflait mot, il lui glissa à l'oreille :

— Et si je faisais périr ce dangereux ennemi?

— Fais cela, Ben-Addon, et j'ajoute quatre cents douros aux premiers. C'est la meilleure part de mon héritage, mais qu'importe, si je suis vengé et si l'on ne rit plus de moi!

L'œil de Ben-Addon étincela dans l'ombre à cette promesse; il prit le bras du jeune homme avec une familiarité dont celui-ci ne s'offensa pas.

Il écoutait avec avidité.

— Quand un chacal est trop faible pour lutter contre une panthère, il doit intéresser un lion dans sa querelle, dit le chaouch. Imite le chacal, dénonce Fathma à l'agha qui exècre le chef du Brouillard-Sanglant. Mon maître fera mourir cette femme. De là une guerre à outrance entre ces deux puissants personnages. Sans doute Élaï Lascri succombera, et tu suivras tranquillement toutes les péripéties de la querelle sans exposer tes jours.

— Oh! merci, mille fois merci, mon bon Ben-Addon! s'écria le jeune homme en embrassant le chaouch avec transport. Tu aimais réellement mon pauvre père.

— J'aurais donné mon sang pour lui, riposta le chaouch qui trouva à propos une larme hypocrite.

— Attends-moi là, je veux te récompenser de suite. Et Ibrahim courut à sa maison.

— Est-il niais, celui-là!

Telle fut la réflexion de Ben Addon.

Quand Ibrahim fut revenu avec son argent, l'adroit coquin se répéta à lui-même : — Cette affaire est un puits d'or; mais, toujours ambitieux, il ajouta : — Elle deviendra peut-être une mine de diamants. Quant au pauvre tisserand, il admirait avec la naïveté d'un honnête homme le génie inventif de celui qu'il appelait son sauveur; du fond du cœur, il se promettait de le réhabiliter aux yeux de ses concitoyens. Ben-Addon, en palpant ses douros, devinait les intentions d'Ibrahim et il savourait à l'avance les joies de la popularité. Fort contents l'un de l'autre, ils se dirigèrent vers le palais de l'agha; comme les portes en étaient encore fermées, ils entrèrent dans un café maure, où ils trouvèrent à cette heure matinale une nombreuse société. De même que nos ouvriers ont l'habitude de boire le matin un verre d'eau-de-vie, les Arabes avalent du café, afin de combattre l'humidité de l'air. Ben-Addon ne pouvait pas trouver un lieu plus commode pour se poser en sauveur de ses compatriotes.

Le café maure, pour les cancans, équivaut à la boutique d'un de nos figaros de province; c'est là que se débitent les nouvelles et les médisances; assis sur des nattes, au milieu d'une salle à peu près nue, où, pour un soldi (un sou), on boit une tasse d'un délicieux café, les Arabes savourent gravement leur sipsi (pipe). Ces personnages immobiles, en apparence fort calmes, sont les êtres les plus bavards de la création.

On se fait généralement une idée très-fausse du caractère des Algériens; il a deux faces; on n'en connaît qu'une. Paresseux jusqu'à la fainéantise, actifs jusqu'à opérer des merveilles de rapidité; indifférents à rendre un Anglais jaloux, pétulants à étonner un Français; rêveurs et bavards, gais et mélancoliques : tels sont les indigènes de race arabe. Ces contrastes tiennent au climat et au caractère.

D'un naturel ardent, inquiet, remuant, les Arabes se livrent par intervalles à des accès de passion qui dépassent tout ce qu'on peut imaginer en Europe. Mais comme toute dépense extraordinaire de forces est suivie d'une réaction d'autant plus longue que la crise a été extrême, il en résulte qu'ils tombent dans une apathie profonde. Or la chaleur excessive de leur ciel, qui, en échauffant leur sang, a contribué à les exalter tant qu'ils sont restés dans l'état de surexcitation, ajoute encore à l'énervement qui suit de près leur fièvre de colère, d'amour, ou de... bavardage.

L'aube venait de poindre au sommet des Traras; les habitués du café, assis en cercle, n'avaient pas encore secoué le sommeil; Ben-Addon, entre deux tasses, entama la conversation; puis, trop prudent pour se compromettre tout à fait, il céda la parole à Ibrahim. Au récit du jeune homme, il y eut à la fois une explosion de rage, de menaces et d'admiration; de rage contre le Roi des Chemins, de menaces contre Fathma, d'admiration pour le chaouch.

— Oui, répétait Ibrahim, Ben-Addon est l'œil de sidna Mohammed-Ben-Abdallah; Ben-Addon veille quand vous dormez; Ben-Addon est un brave, que les griffes d'un lion n'effrayent pas. Vous verrez Élaï Lascri traîné sur la place publique de Nédromah, et décapité par lui... vous...

Le chaouch trouvait déjà que la popularité a des inconvénients; les éloges l'accablaient de peur et de joie, quand tout à coup retentit un grand bruit. Ce bruit, qui avait suspendu sur les lèvres d'Ibrahim l'éloge de son ami Ben-Addon, était causé par une vingtaine de cavaliers qui arrivaient sanglants, meurtris et pâles comme des hommes qui ont vu la mort sous son plus sinistre aspect. A leur tête était un vieillard que soutenaient deux guerriers.

— C'est sans doute le cheik du douar que le Roi des

Chemins a attaqué, dit Ben-Addon.

Puis, après avoir examiné le vieux chef plus attentivement, il reconnut Sidi-Embareck.

Aussitôt il s'élança vers les portes du palais :

— Ouvrez! cria-t-il, c'est le beau-père du sidna (seigneur) Mohammed qui arrive.

Aussitôt les portes roulèrent sur leurs gonds, et des serviteurs nombreux s'empressèrent autour de Sidi-Embareck et de ses compagnons : la foule, avide de nouvelles, suivit les nouveaux venus.

Ben-Abdallah, prévenu aussitôt de l'arrivée de son beau-père, se précipita à sa rencontre, et, avec l'exquise politesse des grands seigneurs arabes, il le combla de caresses et de salamalecs (formules de bienvenue). Le cheik, triste et sombre, l'écoutait sans répondre; quand il fut parvenu au fond de la cour, il descendit de cheval, et prenant la main de son gendre, il fit signe à la foule de s'écarter.

L'agha, surpris, remarqua alors le désordre et l'abattement de l'escorte.

— Par Allah! s'écria-t-il, qu'est-il donc arrivé?

— Hier, répondit Sidi-Embareck, ma fille, qui est ta femme, avait des frères, des sœurs, une mère, une famille; hier, cent tentes étaient rangées autour de la mienne; je possédais des troupeaux nombreux qui couvraient les prairies de la plaine, des guerriers nombreux et redoutables, des richesses immenses; hier, Ben-Abdallah, j'étais un chef, un chef puissant et vénéré. Aujourd'hui, celui que tu appelles ton père est un mendiant à qui il ne reste plus qu'un pan de burnous pour se couvrir; un ruisseau de sang a coulé sur ma tribu, et dans ses flots se sont noyés mes enfants, mes serviteurs, mes femmes et mes trésors; de ma race, il ne survit maintenant que ces quelques cavaliers dont la terreur a tourné les têtes, et moi, vieillard débile, dont l'âge et le chagrin ont usé les forces : pour relever la donar des Angades, reconquérir sa fortune, venger son honneur, il y a quelques fous qui fuient le danger, et un vieux chef impuissant...

Un sanglot étouffa la voix de Sidi-Embareck.

La foule, muette, contemplait à distance, avec un respect religieux, la douleur de ce djouad (noble) blanchi par les années, qui, un pied dans la tombe, avait vu mourir avant lui tous les siens.

— Oh! gronda l'agha, pâle de colère et d'indignation, quelle tribu a donc osé triompher de la tienne? Parle, père, parle vite! une heure je l'aurai détruite!

— Mon fils, un seul au monde a pu nous vaincre; tout autre que lui serait à cette heure puni de son audace. Mais lui, vois-tu, c'est un démon qui fascine les guerriers et les désarme d'un regard ; les hommes les plus fermes ne peuvent pas tenir leur âme en sa présence; ce sont des brebis en face du lion.

— Mais son nom! son nom!

— Élaï Lascri !

A cette révélation, Ben-Abdallah sentit une colère formidable s'élever dans sa poitrine. Dans sa fureur il oublia sa dignité, et exclama avec des gestes indescriptibles :

— Ce brigand maudit est donc la foudre qui aveugle, le simoun qui brûle, la peste qui tue! Comment! les Augades peuvent mettre trois cents cavaliers sous les armes; ils ont pour protecteur un agha, qui commande à tout un peuple, et ils se laissent piller comme des juifs sans courage par des larrons de nuit! Quelle honte sur mon nom! Par la barbe de mon père! je veux exterminer ces hiboux et couper de ma main la tête du vautour qui les guide.

Ces mots, prononcés avec une véhémence indicible, les lèvres écumantes, l'œil en feu, étaient autant d'insultes; des larmes de rage jaillirent des yeux du vieillard offensé; mais Abdallah reprit avec douceur :

— Allons, père, calme-toi; je te vénère et je t'aime. Mes reproches s'adressent aux gazelles qui se sont sauvées, et non au vieux lion qui s'est battu. Je vais mettre des chouafs sur la trace d'Élaï Lascri, et je t'apporterai sa tête.

— Tu le jures, n'est-ce pas? dit solennellement le cheik.

— Oui, fit l'agha en étendant la main.

— Eh bien! apprends toute ma honte. J'ai été roué de coups, et cependant mon cœur est plus ulcéré que mon corps. Je n'ai même pas pu combattre; je suis tombé ignominieusement entre les mains des bandits comme un lion pris au piège. Ils m'ont craché au visage, couché dans le sang des miens, avili, déshonoré; sans Meçaoud et mon neveu, qui me sont venus en aide, après le départ des brigands, je serais mort de douleur là-bas. Le Roi des Chemins veut me laisser vivre pauvre, stigmatisé, flétri; je vais tromper sa vengeance. Il faut bien montrer à cette génération abâtardie comment on savait mourir jadis. Adieu, Ben-Abdallah !

Et, prenant un pistolet, le vieux cheik se fit sauter la cervelle.

X

OU JACOB TRAHIT LE ROI DES CHEMINS, COMME JUDAS, SON ANCÊTRE, TRAHIT JÉSUS.

Le suicide est chose rare parmi les Arabes : aussi l'action de Sidi-Embareck produisit-elle une impression profonde sur les assistants, qui furent pénétrés d'horreur.

Ben-Abdallah, ému jusqu'au fond de l'âme, fit enlever le corps de son beau-père en recommandant de cacher cette mort à sa femme. Puis se tournant vers la foule :

— Je promets, dit-il, mille douros à qui m'apportera des renseignements certains sur Élaï Lascri.

A cette nouvelle, Ben-Abdallah sentit toute crainte s'évanouir dans son cœur; il s'élança vers son maître et lui dit :

— Dans dix minutes, je t'amène, si tu le veux, maîtresse, qu'il a visitée cette nuit.

— Eh bien! va donc, et, si tu dis vrai, je double la récompense.

Ben-Addon partit, suivi d'une multitude furieuse et exaltée.

Les masses sont les mêmes partout : ardentes au bien comme au mal, faciles à entraîner, difficiles à retenir, toujours prêtes à se porter à des excès. Lorsqu'on leur signale un criminel à punir, toutes les haines, se multipliant l'une par l'autre, exaltent avec une prodigieuse rapidité la fureur de chacun, et sans réflexion, sans examen, les multitudes déchaînées châtient avec férocité ceux qu'elles croient coupables. Qu'il s'agisse, au contraire, d'acclamer quelqu'un, l'enthousiasme grossit démesurément la valeur du grand homme improvisé ; en un clin d'œil, le délire ne connaît plus de bornes, et l'on ne trouve pas de piédestal assez haut pour hisser la statue de ce demi-dieu du jour, que le lendemain on jette dans la boue. C'est pour cela qu'à Rome la roche Tarpéienne était si près du Capitole ; c'est pour cela encore que des bras d'un peuple en délire les héros de 93 passaient sous la hache du bourreau.

La populace suivit Ben-Addon, en poussant des clameurs féroces contre Fathma, disposée à l'immoler sans savoir quel crime elle avait commis.

Après le départ de Ben-Addon, Fathma avait attendu pendant deux longues heures l'effet de ses menaces; pour qui voit venir la mort avec la plénitude de ses facultés, chaque minute d'agonie est un siècle; aussi la pauvre enfant souffrait-elle horriblement. En proie à la honte et à la douleur que lui avait infligées le chaouch dans cette nuit sinistre, il lui semblait se réveiller d'un songe effrayant, pour retomber dans un autre plus terrible encore.

Toutes les infortunes l'accablaient au moment où l'aurore d'une espérance magnifique empourprait l'horizon de son avenir de ses reflets splendides. L'ange du bonheur, sur son aile radieuse, l'avait emportée d'un enfer de souffrances à un paradis de voluptés dont les portes s'entr'ouvraient déjà devant elle; et voilà qu'il lui fallait mourir, après avoir effleuré à peine, du pan de sa tunique, cette terre promise de la liberté et de l'amour.

Aux angoisses de son prochain supplice se mêlait l'amer regret des félicités attendues; aucune chance de salut ne lui restait, car le chaouch, sachant qu'Élaï Lascri attendait sa maîtresse, devait faire tout son possible pour hâter son exécution.

En effet, un murmure qui, grossissant peu à peu, se rapprochait de la maison, lui apprit que le moment suprême était arrivé; elle vit la populace furieuse, ameutée par Ben-Addon, se précipiter dans sa chambre, et un instant elle put croire qu'elle allait être massacrée de suite, tant la foule semblait exaspérée.

Une grêle de pierres pleuvait sur son corps, et vingt bâtons levés au-dessus de sa tête la menaçaient d'un coup mortel.

Au milieu de ce torrent humain déchaîné contre elle, la malheureuse femme pliait, triste et résignée, pareille au roseau que courbe le flot d'une inondation : elle attendait qu'une pierre plus lourde que les autres l'écrasât tout à fait, ou qu'un bâton s'abattît, terminant une vie fatalement vouée au martyre. Le peuple était acharné contre elle.

Au dire de Ben-Addon, la jeune mulâtresse servait d'espion au Roi des Chemins. Ben-Addon, cependant, passait pour un être méprisable ; n'importe ! Tous voulaient tuer celle que, de bonne foi, ils considéraient comme une infâme traîtresse; personne ne songeait à délier la jeune fille, afin qu'elle pût se justifier; chacun, au contraire, voulait l'approcher pour la frapper et l'insulter. Ce qu'il y avait de plus révoltant dans la conduite des habitants de Nédromah, c'est que c'était la lâcheté qui leur inspirait cette rage frénétique contre Fathma. En la torturant, ils torturaient le chef du Brouillard-Sanglant; et ils se sentaient forts, derrière les remparts de leur ville, eux qui, dans la plaine, eussent pris la fuite au seul aspect d'Élaï Lascri.

Fathma était cependant bien touchante dans sa jeunesse et sa beauté; si touchante, qu'Ibrahim ne put se décider à la frapper; le jeune homme, le poignard à la main, s'était élancé l'un des premiers; mais les doux regards de la jeune femme l'avaient désarmé.

Honteux de ce qu'il croyait être une faiblesse, Ibrahim se retira.

Ben-Addon entrait en ce moment dans la chambre.

Comme son maître voulait obtenir sur Élaï Lascri des renseignements qu'il avait promis de payer fort cher, le chaouch tenait à conserver les jours de Fathma; il fendit la foule avec effort, et se plaçant devant la jeune femme, il cria d'une voix stridente :

— Arrière! arrière, tous! Mon maître veut parler à cette femme, et vous avez l'audace de vous opposer à sa volonté! Sortez, ou malheur à vous !

Ces paroles firent sur les assistants une grande impression; ils reculaient peu à peu, effrayés de la menace du chaouch, lorsque le juif Jacob, à la grande surprise de Fathma, dit d'un ton dolent et désespéré :

— Le Roi des Chemins nous a dépouillés de nos richesses, et c'est une grande injustice de nous priver du plaisir de la vengeance.

Cette hardiesse du juif donna de l'énergie à ses voisins.

— Oui, cria un tisserand, Jacob a raison. Élaï Lascri m'a ruiné, en m'enlevant un convoi de soieries que j'expédiais à Ousda. Je veux l'en punir dans cette drôlesse. Fais place, Ben-Addon!

— Moi, hurlait un orfèvre, j'ai eu mes bijoux ravis par lui dans un marché qu'il a attaqué en plein jour!

— Il m'a pris mes moutons! vociférait un berger.

— Et à moi, grondait un forgeron, il a enlevé cinq cents fusils.

Et les cris, les reproches, recommencèrent de plus belle, se terminant par une clameur générale : — A mort, la mulâtresse !

Ce qui surtout désolait Fathma, c'est que Jacob et un homme qui paraissait son ami se montraient plus agressifs que les autres. Le juif prétendait avoir perdu toute sa fortune par le fait d'Élaï Lascri; quant à son voisin, il résumait les griefs de tous dans sa longue et maigre personnalité. A toutes les accusations lancées contre le Brouillard-Sanglant, il répondait d'une voix aiguë :

— A moi aussi, les bandits ont ravi pareille chose.

Heureusement Ben-Addon, qui tenait à gagner la récompense promise, ne se laissa pas intimider; il tira ses pistolets de sa ceinture, et jura qu'il tuerait quiconque avancerait.

Il se fit un grand silence, dont Jacob profita pour murmurer :

— Puisque l'on ne peut pas obtenir du sang, je m'en vais chercher de l'or; il doit y avoir un trésor caché ici.

Et il fit mine de s'éloigner; se doutant que le juif entretenait des relations avec le Brouillard-Sanglant, Ben-Addon le retint par le bras :

— Comment as-tu appris qu'il y a des richesses dans cette maison? demanda-t-il tout bas.

Jacob répondit très-haut :

— Un nègre est venu un jour m'échanger des douros contre des lingots; or Élaï Lascri est nègre; cette demeure lui appartient, et je pense que j'ai eu affaire à lui. Sans doute il a déposé mes lingots dans quelque trou. Lâche-moi donc, Ben-Addon, que je cherche la cachette.

On recueillit avec avidité les paroles du juif, et à peine eut-il achevé que la foule se dispersa rapidement dans les appartements, fouillant avec avidité les endroits les plus secrets de la maison. Ben-Addon et Jacob se trouvèrent seuls en présence. Le chaouch, qui en savait plus long que les autres, dit à Jacob :

— Tu sers de receleur à Élaï Lascri, j'en suis certain. Ne nie pas ! C'est toi qu'il a chargé de racheter Fathma; si je t'accuse, tu es perdu. Tu as su te débarrasser de ceux qui étaient ici afin de pouvoir t'emparer d'un trésor que sans doute tu connais; si tu veux me révéler ton secret, je garderai le silence sur ce que tu as fait.

— Je connais ta fourberie, répondit Jacob; tu me livrerais quand même.

— Imbécile! si je te trahis, ne pourras-tu pas révéler à l'agha que je me suis emparé de richesses immenses qui lui reviennent de plein droit?

— Entendons-nous bien, objecta Jacob qui n'avait pas perdu son sang-froid; je veux partager par moitié.

— J'y consens...

— Viens, alors; notre fortune est assurée, une immense fortune!

Le chaouch, oubliant Fathma, suivit le juif.

En comparaison de ce qu'il espérait, la récompense promise par l'agha était bien mesquine; mais à peine Jacob eut-il entraîné le chaouch à la suite que Fathma vit bondir son compagnon; cet homme s'empressa de couper ses liens, lui jeta un burnous sur les épaules, l'entraîna vers la porte et l'aida à se placer sur un coursier qui se trouvait là : lui-même en enfourcha un second, et ils partirent au galop.

El-Chadi, car c'était lui, chargé de ramener la maîtresse de son chef, ne l'ayant pas trouvée au rendez-vous, avait instruit Jacob de ce retard ; tous les deux, en grande hâte, s'étaient dirigés vers la demeure de Fathma, au moment où la foule l'envahissait. Avec un sang-froid admirable et une grande habileté, ils avaient combiné leur plan de délivrance. Il sortait du cerveau d'un juif et de celui d'un filou.

Tous ces événements, qui se précipitaient avec une si effrayante rapidité, avaient troublé le cerveau de Fathma ; elle allait, l'œil hagard, le visage effaré, sans comprendre qu'elle était délivrée. En traversant les rues de Nédromah, son cheval renversa un homme qui se releva en criant contre elle.

Elle n'y prenait pas garde, quand El-Chadi lui dit :
— Din Allah (juron arabe)! tu viens de jeter à terre Ibrahim, et cet imbécile nous a reconnus. Hâtons-nous ou nous sommes perdus!

Excités par El-Chadi, les deux chevaux redoublèrent de vitesse.

Une fois hors de la ville, Fathma fut rappelée à la réalité par le mouvement de sa poitrine oppressée ; la mémoire lui revint, et elle questionna son compagnon :
— Qui es-tu? lui demanda-t-elle.
— Un ami d'Élaï Lascri ; c'est moi qu'hier au soir tu as vu sur la muraille. J'ai tâché de te sauver ; nous voilà un nuage de poussière derrière nous, et je crains bien de n'avoir pas réussi.

Fathma se retourna avec inquiétude et vit, en effet, une troupe de cavaliers qui lui donnaient la chasse ; c'étaient les cavaliers angades que Ben-Abdallah conduisait lui-même à la poursuite des fugitifs.

Ibrahim, comme l'avait dit El-Chadi, ayant reconnu Fathma, s'était élancé vers le palais de l'agha pour l'avertir de son évasion ; ce jeune homme, un instant ému par la touchante résignation de la jeune fille, s'était éloigné, honteux de ne pas se sentir la force de venger son père. Il aurait volontiers livré la maîtresse au cadi (juge) ; mais la tuer lui-même lui répugnait.

Cependant il se repentit vite de ce bon mouvement ; il lui sembla entendre la voix de son père lui reprochant sa faiblesse, et, comme il arrive à tous ceux qui reviennent sur une résolution prise, il se fit en lui une réaction violente ; il retourna sur ses pas, résolu à poignarder Fathma ; c'est alors qu'il la rencontra.

Il bondit vers le palais en criant : — Alerte! alerte le Roi des Chemins enlève sa maîtresse.

Ibrahim se trompait ; il prenait El-Chadi pour Élaï Lascri, le renard pour le tigre.

L'effet de son appel n'en fut pas moins magique.
— Qu'y a-t-il? demanda Mohammed-Ben-Abdallah en accourant vers lui.
— Je viens de voir Élaï le maudit se sauver avec Fathma, répondit Ibrahim. Hâte-toi, mon seigneur, tu peux les rejoindre.

L'agha n'en entendit pas davantage ; il fit seller son cheval au plus vite, prit ses armes, ordonna de le suivre aux Angades, dont les chevaux étaient tout prêts ; puis il piqua des deux, interrogeant, sur son chemin, ceux des habitants qu'il trouva à portée de sa voix.

Bientôt il fut sur la trace des fugitifs, qu'il aperçut à une demi-lieue devant lui.

Au bout de quelque temps, les chevaux des Angades, épuisés par le combat de la veille, ne purent soutenir cette allure ; l'agha leur fit signe de ralentir un peu leur galop, et, enfonçant ses éperons dans le ventre du cheval, il devança son escorte et gagna une énorme avance sur ceux qu'il voulait atteindre. L'agha croyait réellement avoir à lutter contre Élaï Lascri, et il fallait beaucoup d'audace pour oser l'affronter seul ; si c'eût été le chef du Brouillard-Sanglant, Ben-Abdallah sans doute payé son audace de sa vie ; mais le pauvre El-Chadi n'avait pas assez de force pour se mesurer avec un cavalier, quel qu'il fût.

Bientôt Ben-Abdallah ne fut plus qu'à une portée de pistolet des fugitifs ; quand Fathma se vit retombée aux mains de ses persécuteurs, elle s'évanouit ; si la selle arabe, où l'on se trouve assis comme dans un fauteuil, ne l'eût retenue, elle aurait roulé sur le sol.

L'agha, sans se préoccuper de ce détail, fit feu sur El-Chadi, dont le coursier reçut la balle destinée à son maître. L'animal s'abattit et le cavalier sauta à terre avec la légèreté d'un oiseau ; l'agha allait tirer sur lui un second coup de pistolet, quand il reconnut qu'il n'avait pas affaire à un nègre ; de plus, son adversaire, dans la plus humble posture, lui demandait grâce de la vie.

Néanmoins il le tint en joue jusqu'à l'arrivée de son escorte, à laquelle, quand elle parut, il ordonna de garrotter le prisonnier et de lui amener la femme, qui avait repris ses sens.

Un des cavaliers prit par la bride le cheval de Fathma qui tremblante, plus désespérée que jamais, attendit qu'on l'interrogeât.

— Femme, réponds, demanda rudement l'agha, n'es-tu pas Fathma, la maîtresse d'Élaï le Maudit?
— Oui, monseigneur, répondit-elle.
— Et cet homme?
La jeune femme garda le silence.
— Pourquoi te tais-tu? demanda l'agha.
— Tu m'as questionnée sur moi, j'ai répondu la vérité tu veux savoir qui est celui dont je suis accompagnée je dois lui laisser le soin de parler, s'il le veut, ou de cacher son nom, si cela lui convient.

L'agha jeta à la jeune femme un de ces regards étonnés qui, dans un ennemi, prouvent, sinon la pitié ou l'affection, du moins l'estime ; Ben-Abdallah était surpris de la fermeté de Fathma ; il fit signe d'amener près de lui El-Chadi, qui paraissait en proie à une indicible frayeur.

— Ton nom! demanda l'agha.
— Je suis El-Chadi, sidna (terme honorifique au plus haut degré) : je sers d'espion à Élaï Lascri, et si tu veux me faire grâce de la vie, je te donnerai le moyen de le prendre vivant.
— Connais-tu son repaire?
— Oui, sans doute.
— La vie et cinq mille douros si tu m'y conduis de suite, s'écria l'agha, dont le regard brilla de joie et d'espérance.
— Un instant, sidna ; la vie, c'est beaucoup ; mais cinq mille douros, c'est cinq mille fois plus, puisque l'on expose souvent ses jours pour un douro ; or je tiens beaucoup à la vie, énormément aux douros ; pardonne si je suis défiant, mais j'ai souvent reçu du Roi des Chemins des coups de matraque (bâton), au lieu de la récompense promise.
— Parle, chien! quand je promets, je donne.
— Sidna, insista El-Chadi branlant la tête d'un air de doute, je te jure, si je n'ai pas de toi un serment solennel, je ne parlerai pas.
— Eh bien! je jure par le Prophète.
— Par son nombril, insista El-Chadi. (C'est la formule la plus sacrée.)
— Par son nombril! répéta l'agha impatient.
— Alors, écoute bien...
(El-Chadi, en commençant cette phrase, jeta un regard vers Fathma, dans l'intention d'échanger avec elle un regard d'intelligence.)
— Alors, écoute bien, reprit-il, le repaire du bandit est situé...

Le malheureux n'acheva pas ; une détonation retentit

et il s'affaissa sur lui-même.

Tous les regards se tournèrent vers l'endroit d'où le coup était parti, et l'on vit Fathma, un pistolet encore fumant à la main; incapable de répandre une goutte de sang pour se défendre elle-même, la vaillante enfant avait puisé dans son amour le courage de tuer le traître qui allait livrer son maître; le voyant sur le point de révéler le secret de son repaire, elle avait cherché des yeux une arme pour arrêter par la mort cette révélation fatale, et, dans les foutes mêmes de sa selle, elle avait trouvé deux pistolets chargés.

— Pourquoi tuer cet homme? cria Ben-Abdallah pâle de colère.

— Parce qu'il allait lâchement trahir un homme que j'aime.

L'agha était trop furieux pour être touché par cette fière réponse.

— Ah! chienne maudite, tu crois donc, dit-il, que je ne saurai pas par toi où est l'immonde refuge de ce lâche Élaï!

— Oui, sidna, je le crois.

— Pied à terre, et vite, mes enfants, prenez-moi vos baguettes de fusil et flagellez cette impertinente esclave jusqu'à ce qu'elle se soumette. Allons, vengez-vous!

Sauf Meçaoud, qui regardait la jeune femme avec admiration, les Angades descendirent de cheval et se mirent en devoir d'exécuter les ordres de leur agha. Fathma fut dépouillée de ses vêtements, et avec une sauvage férocité, les Angades la flagellèrent comme avait été flagellé leur cheik.

La jeune femme se tordait sans pousser une plainte;

Ils le placèrent sur une mule. (Page 85.)

le sang jaillit, la douleur devint intolérable; Meçaoud, révolté de ce spectacle odieux, résolut d'y mettre fin. Il avait envie d'enlever la jeune femme, de tuer l'agha et de fuir avec elle; mais comme il armait son fusil, Fathma, craignant d'être vaincue par la souffrance, se précipita sur un poignard passé dans la ceinture d'un des Angades, et elle se le plongea deux fois dans le sein.

Meçaoud descendit de cheval et courut à elle; la pauvre petite était à terre, dans une mare de sang, et ses bourreaux frappaient encore. Meçaoud saisit l'un d'eux par le bras, et lui asséna sur la tête deux ou trois coups de la crosse de son pistolet.

L'homme perdit connaissance: c'était El-Kouffi!...

— Arrière! lâches! misérables chaouchs! gronda Meçaoud. N'avez-vous pas honte de vous acharner ainsi sur une femme?

— Les bandits n'ont pas eu de pitié, pourquoi en aurions-nous? répondit un Angade.

— Parce que vous ne devez pas être, comme eux, des vautours sans entrailles, des hyènes sans noblesse!.. Allons, relevez cette jeune femme, et emportez-la à Nédrouah.

Puis Meçaoud, le front haut, le regard assuré, se posa fièrement en face de l'agha:

— Ben-Abdallah, tu ne t'es pas conduit en djouad (noble); je suis pauvre, mais pour cent mille douros je ne voudrais pas avoir une tâche comme celle-là à mon nom.

Meçaoud était d'aussi noble tente que l'agha; il disait vrai, et ce vrai, il le disait bien.

Ben-Abdallah étouffa sa colère, ne répondit rien et donna le signal du retour.

— Que faut-il faire des prisonniers?
— La femme à Nédromah, fit l'agha, l'homme en pâture aux hyènes.
— Tu lui as promis la vie et cinq mille douros, dit Meçaoud, il faut voir s'il a rendu le dernier soupir; il respire encore, tu lui devras tous les soins possibles afin de le rétablir, et son argent après sa guérison. Voyez s'il vit, vous autres, ajouta Meçaoud.

Les Angades tâtèrent El-Chadi pour la forme; les membres roidis du pauvre homme les convainquirent de son trépas.

— C'est fâcheux qu'il soit mort, fit observer Meçaoud: lui seul nous aurait renseignés sur le Brouillard-Sanglant.
— Et cette femme donc? dit l'agha.
— Elle ne parlera jamais.
— C'est ce que nous verrons, lorsqu'elle sera guérie.
— Il serait prudent pour moi de ne pas rentrer à Nédromah, pensa Meçaoud; l'agha m'y ferait un mauvais parti.

Et Meçaoud avait raison en faisant cette sage réflexion.

Cependant il n'avait pas commis d'autre faute que de protéger une pauvre victime que l'on violentait; mais malheureusement cette action d'un cœur généreux contrariait le caprice d'un homme tout-puissant, dont un signe faisait tomber les têtes; c'est là une des tristes conséquences des États gouvernés autocratiquement. Si bon que soit un prince absolu, il est toujours un despote, quand il n'est pas tyran.

Meçaoud, intelligent garçon, comprit fort bien sa position; il résolut de se tenir prêt à parer aux éventualités qui pourraient survenir.

Sur l'ordre de Ben-Abdallah, les cavaliers remontèrent à cheval, et ils regagnèrent Nédromah, emportant Fathma; Meçaoud les laissa gagner un peu d'avance sur lui.

El-Kouffi, remis de l'étourdissement causé par les coups de crosse de Meçaoud, se tenait à côté de l'agha, et lui parlait vivement; il est à croire que ce n'était pas en faveur de son cousin; l'agha se retournait de temps à autre et jetait de sombres regards sur Meçaoud, qui se tenait à distance; sans doute il risquait fort d'être rudement châtié; mais l'agha et El-Kouffi tournèrent la tête, et ils virent Meçaoud au haut de la montagne des caroubiers.

Le jeune homme poussa le cri de combat, déchargea son fusil et disparut.

C'était une déclaration de guerre…

XI

OÙ IL EST PROUVÉ QUE LE PROVERBE : « A BON CHAT, BON RAT, » EST CONNU EN AFRIQUE.

Ben-Addon suivit Jacob dans les fossés des fortifications, avec le soin jaloux d'un vieux mari qui surveille une jolie femme. Ce n'est pas qu'il eût pour lui la moindre affection, loin de là; Ben-Addon s'aimait d'abord, et après lui, il ne jugeait personne digne de son amitié; mais Jacob connaissait la cachette où se trouvaient enfouis les trésors d'Élaï Lascri, et de ce pas, ils allaient les déterrer tous deux. Il avait bien peur que son associé ne le trompât, et il faisait bonne garde.

Ébloui par des espérances magnifiques, il oubliait et la jolie mulâtresse, et les promesses de l'agha, et jusqu'à sa poltronnerie habituelle; car il supposait que la fortune ensevelie par le bandit devait être splendide. Il marchait confiant derrière le juif, qui, poussé sans doute, lui aussi, par la cupidité, précipitait ses pas de façon à faire envie à un jeune homme.

— Toi, vieux singe, pensait Ben-Addon, tu n'irais pas aussi vite, si tu pouvais deviner le sort qui t'attend. Ah! tu crois que je vais t'abandonner la moitié du trésor! non pas, je te laisserai en gage à sa place, et Élaï Lascri se payera sur ton squelette, s'il le veut.

Puis il calculait, tout frémissant d'espoir, le nombre de lingots qu'il pourrait emporter, les pierreries que devaient contenir les coffres, et il se frottait les mains, ce qui est un signe de joie partout, aussi bien en Afrique qu'en Europe. La crainte reprenait parfois empire sur son âme vile et basse, mais il se rassurait avec le raisonnement suivant : « Personne ne se doute de rien; je vais, pliant sous le poids de mes richesses, m'emparer du meilleur cheval de l'agha; je coupe le jarret aux autres, et je passe au Maroc, et là je suis en sûreté contre la rancune de mon maître et contre la vengeance du Roi des Chemins. »

Et, dans ses rêves dorés, il lui semblait déjà entendre les pièces d'or tinter joyeusement, agitées par le galop de son cheval.

— Arrivons-nous? demanda-t-il; le chemin me semble bien long.
— Patience! répondit le juif; nous touchons au but. Mais il faut nous arrêter ici.
— Et pourquoi cela? fit le chaouch impatient.
— Parce que je veux prendre mes précautions contre toi. Tu es armé et tu passes pour être peu loyal; o pourrait fort bien advenir que, tenté par la part de gain que je réclame, tu voulusses me brûler la cervelle.
— Ce serait un moyen tout comme un autre de me constituer un bel héritage, sans lien de parenté; mais rassure-toi, mes intentions sont honnêtes.
— Les paroles ne prouvent rien; je ne fais pas un pas de plus, si tu ne cèdes pas à ma prière.
— Que veux-tu?
— Tes pistolets, ton poignard et ton sabre.
— Par Allah! c'est un peu fort, ce que tu exiges là j'irais me livrer pieds et poings liés à un homme assez rusé pour me supposer des idées aussi abominables que celles-là!… Non, non, Jacob; si tu es capable de te défier d'un guet-apens pareil, tu es capable aussi de l'exécuter.
— Tu refuses de faire ce que je demande?
— Oui.
— Alors je ne te montrerai pas la cachette.

Et le juif s'assit à terre, mit sa tête dans ses mains et attendit avec une impassibilité parfaite.

— Ah! tu crois que je n'ai pas le moyen de te faire retrouver tes jambes!… Attends, vieux brigand! s'écr Ben-Addon.

Et il arma un pistolet dont il le menaça.

— Tire, dit Jacob avec une froide assurance qui intimida le chaouch; tu perdras une magnifique occasion de t'enrichir, voilà tout.

Ben-Addon réfléchit quelques instants; il tenait sentiellement à conserver ses armes; mais, d'un au côté, Jacob s'obstinait dans sa prudente exigence, et temps s'écoulait; le chaouch trouva un moyen term il proposa de jeter ses pistolets et le reste de son ar nal offensif et défensif, afin de rassurer son allié, q accepta. La convention fut scrupuleusement exécuté et le juif passa un examen minutieux sur la person de Ben-Addon, pour voir s'il ne conservait rien so ses vêtements; puis, à l'aide d'une pierre, il cassa lame du sabre et celles des poignards, et il brisa crosses du fusil et des pistolets.

— Va, vieux chacal! pensait le chaouch, j'ai enc mes deux mains pour t'étrangler tout à l'heure.

Sans doute Jacob ne songea pas à ces armes na relles, car il lui fit signe de le suivre de nouveau. bout de cinq minutes, il s'arrêta court, et il s'orie quelques instants. En face de lui était la muraille à demi ruinée de la ville, et les pierres disparaissaient sous un rideau épais de mousse et de lierre.

— Eh bien! voyons, y sommes-nous? demanda le aaouch.

— C'est là, répondit Jacob en désignant un point du mur; aide-m' oi à soulever ces feuilles qui nous cachent l'entrée, car je suis débile et vieux.

Ben-Addon écarta quelques branches, et il poussa un cri en voyant, dans une pierre énorme, une excavation profonde mais étroite, qui était sans doute le trou d'une serrure singulière.

— La clef, la clef! demanda-t-il avec un accent fébrile.

— Fais place! dit Jacob.

Et il tira de sa poche une énorme clef, qu'il introduisit dans la serrure; les ressorts jouèrent en rendant un bruit sec; un pan de mur s'ouvrit, laissant apercevoir une galerie souterraine, dont l'air frais et humide vint frapper Ben-Addon au visage.

— Oh! fit-il, le Roi des Chemins est un habile homme : ce lierre aux larges feuilles qui tapisse cette porte la dissimule admirablement; seulement je m'étonne que tu n'aies pas songé à te l'approprier plus tôt ces richesses, ajouta-t-il avec méfiance.

— J'ignorais leur existence. Hier seulement, Élaï Lascri m'a confié cette clef; il m'avait caché l'existence de son trésor; en cas de danger, je devais faire sortir sa maîtresse par le souterrain; je me suis douté que sa richesse était là, et cette nuit j'ai cherché si bien, que j'ai fini par trouver.

— J'ignorais leur existence. Hier seulement, Élaï Lascri, je vais m'emparer de ses trésors; la chose est curieuse... Moi, un chaouch, me jouer ainsi du Roi des Chemins !

— Et moi! un juif! j'allais faire mieux, mais le temps m'a manqué. Dans deux heures, le bandit saura tout et viendra ici au plus vite; or il faut soulever une énorme pierre pour s'emparer du trésor, et mon fils n'est pas là pour m'aider. J'ai pensé que, plutôt de tout perdre en attendant son retour, qui peut être long, il valait mieux partager avec toi.

— Tu as donc déjà visité la cachette?

— Sans doute ; hier, mon fils m'a prêté le secours de ses bras robustes, et sous un bloc énorme nous avons trouvé un trou profond où l'on descend jusqu'aux genoux dans les pièces d'or; j'ai envoyé mon enfant à Tlemcen pour préparer notre fuite; mais puisqu'il faut agir sans lui, hâtons-nous.

— On n'y voit rien.

— Avance toujours, je vais allumer une torche un peu plus loin.

En effet, après quelques pas, Jacob battit le briquet, et un flambeau de résine, qu'il avait pris dans un lieu connu de lui, jeta une clarté douteuse sur le caveau, lequel était une espèce de silo qui jadis avait servi aux habitants à cacher leurs richesses; car, sous le despotique régime des Turcs, chacun tremblait pour sa personne et pour ses biens, et chaque maison possédait son silo.

Élaï Lascri, voulant pénétrer à son gré dans Nédromah, et sachant que ce souterrain, par excès de prudence de la part des anciens possesseurs, se trouvait en communication avec la campagne, n'avait pas hésité à en devenir l'acquéreur; il pensait à bon droit qu'un jour ou l'autre il aurait besoin de ce passage. Dans cette affaire, Jacob lui avait servi de prête-nom; et jusqu'au jour de l'installation de Fathma, cette demeure était restée déserte.

Ben-Addon regardait avec attention les plus petits recoins de ce lieu sombre; impressionné malgré lui, il pensait que l'endroit choisi par Élaï Lascri pour enfouir le fruit de ses rapines ressemblait beaucoup à un tombeau. En effet, la lumière que tenait le juif ne parvenait pas à dissiper les ténèbres, tant l'air était humide et lourd; la flamme rougeâtre de la torche formait des ombres étranges, lorsque ses rayons étaient interceptés par les piliers, et elle faisait étinceler de mille reflets bizarres les parcelles de salpêtre que l'eau, tombant goutte à goutte, avait déposées comme une brillante draperie moirée d'argent le long de murailles. Il semblait même que le juif s'était transformé; Ben-Addon lui trouvait un air sardonique et farouche qui lui inspirait une vague inquiétude; toute son assurance était tombée.

Le remords accompagne souvent la peur; aussi le chaouch, à cet instant d'angoisse qui s'était soudain emparé de lui, sentit ce que pèse un crime sur la conscience d'un homme. Le souvenir de ses forfaits passa rapide devant ses yeux, et il revit comme dans une vision fantastique son passé souillé de sang et de bave impure; il tremblait, il frémissait; à chaque instant, il s'attendait à voir le spectre de Fathma se dresser devant lui, et, au-dessus d'elle, le glaive du Roi des Chemins; pour opérer cette transformation, il avait suffi que le misérable se trouvât seul et désarmé, loin de toute protection, en face d'un homme qui lui semblait redoutable, quand jusqu'alors il l'avait cru timide, au milieu d'un souterrain nu et ténébreux, lorsqu'il s'attendait à déterrer un trésor en plein air.

Il était là, indécis, hébété, regardant Jacob d'un œil hagard, quand celui-ci lui dit :

— Eh! mais, qu'as-tu donc? es-tu devenu fou?

— Non, répondit le chaouch se remettant un peu de son trouble; j'attendais que tu m'indiquasses ce qu'il y avait à faire.

— Rien de plus simple, mon brave chaouch, fit Jacob plus ironique, plus provoquant que jamais, quand on tient dans un piège une bête aussi immonde que toi, on s'empresse d'aller chercher ses amis pour la tuer en commun.

En terminant ces mots, le juif, d'une main vigoureuse, frappa Ben-Addon au visage avec le flambeau, lui appliquant sur la chair le bout qui était allumé.

Celui-ci, poussant un cri terrible, fit un bond en arrière en fermant les yeux, et quand il les ouvrit, la lumière était éteinte et Jacob avait disparu..

Ben-Addon était resté seul dans le caveau.

La main vigoureuse du vieux juif lui avait appliqué la torche brûlante sur le visage, et le chaouch, fou de douleur et aveuglé par la résine bouillante, se mit à pousser des cris sauvages et à bondir comme un lion qu'un taon poursuit de ses piqûres; dans une de ces gambades qu'El-Chadi lui-même eût regardées d'un œil envieux, le chaouch se heurta le front à l'angle d'un pilier; cette nouvelle blessure lui fit l'effet du coup de massue qui assomme un bœuf. Il tomba lourdement sur le sol humide du caveau.

Une demi-heure après, il reprit connaissance et il se traîna, comme il put, vers l'issue par où il était entré; quand il y fut parvenu, il acquit la triste certitude qu'il était prisonnier, et pourtant le juif n'avait pas fui par là. En vain il sonda le terrain, les murs, les piliers; au milieu de l'obscurité, il ne sut rien trouver. Il attendit, avec une terreur profonde, que le Roi des Chemins vînt lui-même venger Fathma.

Ben-Addon savait très-bien ce dont le chef du Brouillard-Sanglant était capable, et il se demandait s'il ne valait pas mieux prévenir ses cruautés en se fracassant la tête sur les murs que de tomber entre les mains du nègre. Mais la couardise formait, avec l'avidité, le fond de son caractère; il était de ceux qui ne savent pas se procurer un trépas relativement doux et prompt, quand un supplice effrayant les menace; à l'aspect de la mort, ces poltrons perdent la tête et de deux maux ne savent choisir le moindre.

Ben-Addon se fit accroire à lui-même qu'il serait toujours temps de se tuer quand les bandits entreraient, et il écouta avec angoisse, pour surprendre le bruit de leurs pas. Le chaouch ne possédait pas, comme les mahométans honnêtes, cette fataliste croyance qui les fait se soumettre aux lois du destin en espérant le paradis du Prophète. L'orgueil même qui fanatise certains grands criminels, marchant à l'échafaud d'un pas assuré, n'exerçait aucun empire sur cette âme basse, à laquelle l'appât du gain seulement inspirait de l'énergie.

Aussi, quand le chaouch entendit grincer au-dessus de sa tête les gonds d'une trappe qui s'ouvrait, quand il vit descendre deux hommes le long d'un escalier que jusqu'alors il n'avait pas encore aperçu, n'eut-il pas le courage de se suicider.

C'étaient Jacob et son fils qui venaient s'emparer de lui et le conduire à Élaï Lascri.

L'instinct de la conservation inspira cependant une ruse habile au chaouch : il se dissimula, le mieux qu'il put, derrière un pilier, et quand ses ennemis eurent quitté la dernière marche, il s'élança pour fuir. Déjà il se trouvait au sommet de l'escalier, il criait au secours, il se croyait sauvé, quand une main de fer le saisit à la gorge et étouffa sa voix. Jacob et son fils remontèrent tranquillement, aidèrent leur troisième acolyte à garrotter le chaouch ; puis ils le placèrent sur une mule, après l'avoir roulé dans une natte comme un paquet de marchandises. Jacob prit la mule par la bride, et les deux autres suivirent par derrière.

A peine furent-ils hors de la ville, que le juif s'arrêta et dit :

— Où est ton cheval, Yousouf ?

— Dans ce ravin, à gauche, répondit celui-ci, — car c'était le bandit qui servait de second lieutenant à Élaï Lascri.

— Va le chercher, il est temps, fit Jacob.

Quelques instants après, Yousouf était en selle et plaçait l'infortuné chaouch en travers de son coursier.

— Tu raconteras comment tout s'est passé à ton chef, et si Fathma n'est pas sauvée, qu'il sache que ce n'est pas ma faute ! lui dit Jacob.

— Sois tranquille, et qu'Abraham te protége !...

Et Yousouf piqua des deux.

Jacob, comme on le pense bien, s'était échappé par l'escalier que Ben-Addon ne connaissait pas ; il était allé chercher son fils, qui n'était pas parti le moins du monde pour Tlemcen, et en même temps il avait trouvé Yousouf, qu'Élaï Lascri, inquiet, venait d'envoyer aux informations.

Dans cette circonstance, grâce à son adresse, le vieux juif s'assurait l'impunité d'abord (car le chaouch aurait parlé de la reconnaissance du Roi des Chemins (ce n'était pas peu de chose) ; enfin il se donnait la satisfaction de se venger, ce qui est un plaisir, même pour un juif... quand il n'en coûte pas un douro.

La vengeance fut terrible...

Yousouf, en retournant au repaire d'Élaï, fut fort étonné de voir, au détour d'un sentier, deux hommes qui semblaient, eux aussi, se diriger vers la mer.

— Seraient-ce des chouafs (espions) ? se demandait Yousouf.

Et aussitôt il attacha son coursier à un arbre, mit pied à terre et se hâta de faire un circuit, afin de dépasser les inconnus ; une fois arrivé à quelques centaines de pas en avant d'eux, il crut reconnaître El-Chadi. Yousouf ne fut pas le moins du monde surpris en retrouvant vivant le saracq (voleur), dont on lui avait annoncé déjà la mort. El-Chadi en était à sa cinquième résurrection ! Mais ce qui l'étonna, c'est qu'El-Chadi causait amicalement avec un cavalier que mille raisons faisaient supposer être un ennemi du Brouillard-Sanglant.

— Qu'Allah me prive de ma part de paradis, si je ne vois pas de mes yeux Meçaoud, le cousin d'El-Kouffi ! se dit Yousouf. Voilà une occasion de lui allonger un coup de yatagan en échange de celui qu'il m'a porté.

Dans la nuit précédente, il avait en effet reçu une blessure, assez légère il est vrai, de la main du djouad (noble).

Voulant d'abord prévenir El-Chadi de sa présence, Yousouf poussa le hurlement de la hyène ; mais il imita ce cri en le modulant si singulièrement, qu'il semblait venir de fort loin. El-Chadi dressa l'oreille.

Les hyènes ne sortent guère que la nuit ; aussi Meçaoud dit-il :

— As-tu entendu ?

— Oui.

— C'est assez étrange, n'est-ce pas ?

— Sans doute.

— Je suppose que c'est un signal de quelqu'un de la bande.

— Bien, très-bien ! fit El-Chadi ; tu as une sagacité admirable. Tu seras un de nos meilleurs compagnons.

— Attends, continua Meçaoud, je vais répondre.

Et formant à son tour un entonnoir du creux de ses deux mains, il aboya à la façon des chacals, reproduisant l'effet lointain du premier cri. El-Chadi semblait ravi. Yousouf ne savait que penser ; il restait dans sa cachette ; mais comme les deux cavaliers approchaient de plus en plus, il sortit de son buisson.

— Le bonjour pour toi ! lui cria El-Chadi ; tu te trouves là fort à propos pour conduire ce nouveau camarade au kébir (plus grand, c'est-à-dire chef).

— Reste à savoir comment El-Sbah (le lion, nom que les bandits donnaient à Élaï Lascri) l'accueillera.

— Tu lui montreras ta joue, où tu lui diras que c'est Meçaoud qui y a mis son cachet ; à propos, voilà la première fois qu'un homme te marque ; et c'est une bonne lame que celle par laquelle ta peau a été entamée ; El-Sbah ne demandera pas d'autre preuve de courage et d'adresse à notre nouveau camarade. Maintenant, Meçaoud, donne une accolade fraternelle à Yousouf, et sois sûr qu'il ne te garde pas rancune.

En effet, Yousouf embrassa selon la mode arabe, sans arrière-pensée, celui qui cherchait à le tuer la veille.

Puis il demanda à El-Chadi comment s'était passée son affaire.

— Oh ! c'est simple, fit le saracq ; soit dit sans offenser Meçaoud, les Angades ne sont pas des chacals pour la ruse. La petite, croyant que j'allais trahir le kébir, m'a lâché un coup de pistolet ; je lui faisais signe du coin de l'œil que je mentais ; mais elle ne me comprenait pas. Quand j'ai vu le pistolet entre ses mains, je me suis laissé tomber ; la balle ne m'a pas atteint, et j'ai fait le mort. On s'occupait beaucoup plus de la petite que de moi ; de sorte que j'ai pu facilement me trouer la poitrine avec la pointe de mon poignard ; quand les Angades revinrent, mon baïque était plein de sang ; ils me tâtèrent et me trouvèrent roide comme un piquet d'entraves. Je crois même que l'un d'eux assura que j'étais froid. On me laissa, et me voilà ! Quant à Meçaoud, c'est une autre histoire ; il a voulu défendre Fathma ; l'agha lui en tient rancune, et de la haine d'un agha à la mort il y a juste la longueur du yatagan d'un chaouch ; en homme sage, Meçaoud pensa à mettre une distance plus considérable entre lui et le trépas. Il fuyait quand je l'ai rencontré. Tu connais mon éloquence, Yousouf ? demanda El-Chadi en s'interrompant tout à coup.

— Oui, fit Yousouf surpris de la question.

— Eh! mon fils, j'allais improviser un discours splendide, un discours comme jamais marabout n'en a fait pour convertir ce garçon-là à notre cause. Au premier mot, que dis-je! au premier geste, il m'arrête court. Et devines-tu ce qu'il me demande?
— Non.
— Où est le repaire d'Élaï Lascri.. J'ai étouffé un soupir de regret sur mon discours devenu inutile, et nous nous sommes mis en marche. Mais te voilà, et je vous quitte.
— Pourquoi faire?
— Pour avoir des nouvelles d'un certain chaouch.
— Ben-Addon?
— Tiens, tu le connais!
— Certainement, il est à cent pas d'ici.
— Montre-le-moi vite, s'écria El-Chadi; le scélérat! il est donc pris?
— Comme un rat dans une souricière.
— Qui a fait le coup?
— Jacob.
Et Yousouf raconta de quelle façon le juif avait su faire Ben-Addon prisonnier.
— Il a une tête à épouvanter une négresse, ce vieux fils d'Israël, fit El-Chadi joyeux; mais la première fois que je le verrai, je lui sauterai au cou. Je l'avais chargé d'éloigner le chaouch, il a eu l'adresse de le prendre; tant mieux!
— Oh! oui, tant mieux! dit aussi Meçaoud; un misérable de cette espèce doit être cruellement châtié.
— Sois tranquille, il le sera.
Et les trois cavaliers allèrent retrouver Ben-Addon, toujours garrotté et bâillonné; El-Chadi le plaça sur son cheval, alluma une pipe et s'amusa à faire tomber la cendre brûlante sur la peau du prisonnier. Et pourtant El-Chadi n'était pas cruel par nature... mais il exécrait cordialement Ben-Addon.
— Le Roi des Chemins sait-il que sa maîtresse est captive? demanda Meçaoud.
— Oui, j'ai envoyé pour le prévenir un de nos hommes, qui m'accompagnait.
— Il doit être exaspéré?
— Tant pis pour l'agha!
— Mais la jeune femme, que deviendra-t-elle?
— La petite, fit El-Chadi en secouant sa pipe sur Ben-Addon, la petite fera tourner la tête à son geôlier. Une fois sa rage passée, l'agha va l'adorer. Ça nous donnera du temps.
Et en terminant cette phrase, El-Chadi pinça fortement Ben-Addon qui cherchait à remuer.
Une heure après, ils entraient tous quatre dans le repaire du Brouillard-Sanglant. . . . .

Pendant la nuit qui suivit cette journée, lorsque le mueddin chantait pour la quatrième fois du haut de la mosquée son mélancolique appel à la prière, un homme, enveloppé d'un long burnous, se glissait à travers les arbres de la forêt des caroubiers. Les pâles rayons de la lune ne pouvaient éclairer sa marche à travers les épais fourrés de ce bois touffu, et ses yeux faisaient de vains efforts pour percer l'obscurité; fatigué sans doute de chercher en vain, il se cacha dans une touffe de caroubiers, et il se mit à pousser un cri de ralliement particulier au Brouillard-Sanglant. De trois points différents, des voix lui répondirent, et quelques instants après, trois hommes entourèrent le fourré où il se tenait accroupi. Ces personnages, le fusil en main, l'œil au guet, prêts à fuir ou à combattre, attendaient avec une certaine inquiétude que celui dont ils avaient entendu l'appel se montrât.
Enfin il sortit de sa cachette d'un air craintif.
— Allons, poltron, dit l'un des trois hommes, tu es bien long à montrer ton museau de civette!
— La prudence est la mère nourrice de la vie; Allah donne l'existence, les bonnes précautions la conservent.
— Tu as tort d'appeler Jacob poltron, dit une voix grêle; il a fait preuve d'une grande résolution ce matin. Chacun a sa bravoure, Yousouf.
— Merci, El-Chadi, fit Jacob; mais, dis-moi, le kébir est-il là?
— Me voilà, juif!
Élaï Lascri, qui se tenait à l'écart, s'avança vers Jacob.
— Si El-Sbah (le lion) se trouve près de moi, les panthères peuvent venir, fit ce dernier, je suis rassuré.
— Et tu as raison, car, sache-le bien, juif, dit le Roi des Chemins, pour toi, si tu tombais par trahison aux mains de l'agha, je ferais ce que demain je ferai pour Fathma, ma maîtresse. Donc, ne tremble jamais quand il s'agit de mon service. On peut mourir pour moi, mais on est sûr d'être vengé.
En disant cela, le Roi des Chemins ne mentait certes pas; il était capable de se faire tuer pour sauver un des siens; cependant la certitude d'être vengé après son trépas souriait fort peu à Jacob. Il faisait très-sombre; dans les ténèbres, on ne pouvait lire sur son visage, mais El-Chadi comprit très-bien ce qui se passait dans son cœur.
— Tu lui parles de vengeance, dit-il, et il vendrait le droit de poignarder un ennemi pour un douro. Le douro, c'est le dieu des juifs; leurs ancêtres ont adoré un veau d'or. Annonce à Jacob que tu lui donnes deux cents pièces d'or pour ce qu'il a fait; promets-en autant pour ce qu'il fera, et compte sur lui. Entre le son d'une pièce de monnaie et le râle d'un mourant, le fils d'Israël entend le premier, l'enfant d'Ismaël écoute le second.
Maintenant, Jacob, raconte ce que tu sais; le kébir a soif de détails.
— J'ai vu Fathma, dit Jacob; elle n'est pas dangereusement blessée; elle a la fièvre, elle est abattue, mais ce ne sera rien.
— Comment as-tu pénétré jusqu'à elle?
— Un rabbin d'Espagne est venu visiter notre pays; il connaît la médecine, et il m'a laissé des remèdes avec la manière de m'en servir; entre autres choses, il m'a cédé au poids de l'or un remède qui guérit la fièvre. L'effet de cette liqueur est merveilleux; l'agha m'a fait demander, et il m'a consulté sur la blessure de ta femme. Sous ce rapport, tu peux être tranquille, je réponds d'elle; elle guérira. Quant à ce que fera l'agha, il ne la maltraitera point, car il en est amoureux
Élaï Lascri poussa un blasphème terrible.
— Calme-toi, fit Jacob, je suis là. D'ici à huit jours, il ne pourra songer à autre chose qu'à rappeler la malade à la santé. Je lui ai donné à entendre qu'elle n'avait plus que le souffle.
Le Roi des Chemins respira.
— Écoutez-moi bien tous les trois, dit-il. Je veux sauver Fathma et la venger. Je sais que demain il y aura une grande fantasia, où toutes les tribus accourront; après la fête, les cheiks doivent s'entendre avec Ben-Abdallah pour nous traquer; il faut, par un coup d'audace, terrifier toute la contrée; il y va de notre tête à tous, d'abord; de plus, si Fathma est délivrée, je vous récompenserai magnifiquement. Juif, à toi de l'or tant que tu en pourras porter. Ali sera libre, et il emportera ma part du butin que nous recueillerons; Yousouf succédera à Ali dans son commandement et dans ses privilèges. Quant à toi, El-Chadi...
Élaï Lascri s'arrêta; il ne connaissait au pauvre garçon aucune ambition, El-Chadi n'aimait pas l'or, par philosophie; les femmes, par tempérament; les honneurs, par paresse. Dans ce singe arabe, il y avait quelque chose de la sagesse, de la malice et de la bonté de l'Ésope grec.

— Va, dit-il à son maître, je te suivrai partout où tu iras. Tu es fort, tu me protégeras. J'aurai du bonheur à amuser tes enfants quand Fathma t'en donnera.
— Merci! dit Élaï Lascri ému; ton cœur est un diamant.
— Tu as mis dix ans à t'apercevoir que je t'étais dévoué, et, pour te faire croire à l'amitié d'un homme, il a fallu l'amour d'une femme.

Ali, Yousouf et Jacob se regardèrent surpris; cette parole profonde les avait saisis.

— Décidément, murmura Ali entre ses dents, je ne suis pas seul à penser que l'amour est tout-puissant.
— Il y a un sentiment plus fort, répliqua El-Chadi.
— Lequel?
— C'est la haine.
— Et pourquoi?
— Parce qu'elle exalte les facultés du cerveau sans le troubler par des désirs qui rendent imprudent. Un amoureux est impatient; l'homme vindicatif sait attendre; ensuite on ne saurait aimer toujours; on peut haïr sans cesse. Le miel qui remplit la coupe de la volupté se vide rapidement sous l'avide aspiration des lèvres, tandis que l'outre gonflée pas le fiel de la vengeance ne le laisse échappe que goutte à goutte.
— Assez de mots inutiles! s'écria Élaï Lascri d'un air sombre.
— Inutiles seraient mes mots, s'il n'en sortait une conséquence.
— Quelle est-elle? hâte-toi.
— Cette conséquence est précisément de ne pas se hâter; amoureux comme tu le parais, tu vas commettre quelque folie. Déjà, grâce à un oubli, tu as laissé ouverte la porte par où un traître est entré; tu pourrais bien, ce soir, fermer celle par laquelle Fathma sortirait.
— Mais je n'ai encore arrêté aucun plan.
— A tes yeux qui brillent, à ta main qui se crispe, à ton corps qui frissonne, je suis certain que tu médites quelque violence maladroite.

Le Roi des Chemins sentit la justesse de cette observation; il passa sa main sur son front brûlant, médita quelques instants, puis, se redressant soudain, il dit:

— Tu as raison; mais je veux redevenir le Roi des Chemins; ce n'est plus un amoureux qui parle, El-Chadi, c'est un chef. Regarde plutôt.

Et calme, solennel, Élaï Lascri exposa nettement la situation; sa voix était lente et ferme; l'esprit avait triomphé du cœur!

— Que proposes-tu, Ali? demanda-t-il quand il eut terminé son explication.
— Attaquer l'agha pendant la fête, et le tuer.
— Mauvaise idée! fit El-Chadi. Avec ta manie d'aborder de front tes ennemis, tu feras seulement tuer quelque jour sans avoir réussi; tu imites les allures du lion qui brave en face les chasseurs; il en égorge vingt, et il périt sous la balle du dernier. C'est une glorieuse sottise!
— A toi, Yousouf, dit Élaï Lascri.
— Se mêler à la fantasia, comme des Arabes de la plaine; la quitter au plus beau moment, pénétrer dans la ville et enlever Fathma.
— Elle sera gardée par les chaouchs de l'agha, observa encore El-Chadi; ils se défendront derrière les murs du palais. Au bruit de la lutte, on accourra; nous serons cernés, pris et massacrés.
— Juif, quel est ton projet?
— Gagner à prix d'or un des chaouchs, et faire évader Fathma sous un déguisement.
— Ceci est mieux; mais on ne peut jamais entièrement compter sur un traître.

Et, après ces remarques successives, El-Chadi, croyant avoir beaucoup fait, regarda son maître.

— Tu n'as pas développé ton plan, fit ce dernier.
— Dans le cas où ce que tu tenterais demain échouerait, j'essayerais d'un moyen extrême.
— Lequel?
— Un enterrement.
— De qui?
— De Fathma.
— Tu es mâaboul (insensé)!
— Non pas. Je suis déjà mort plusieurs fois, et j'ai toujours ressuscité. Le juif endormirait ta femme avec l'opium; il réclamerait le droit de l'ensevelir lui-même; à sa place, il substituerait une morte et cacherait Fathma, après l'avoir réveillée par quelque remède. Puis elle fuirait sous un déguisement. Mais, pour accomplir tout cela, il faut absolument que je sois transformé, moi aussi, en savant rabbin; de plus, il est nécessaire d'avoir le cadavre d'une jeune fille.
— Chose facile à se procurer, dit Élaï Lascri.
— N'importe! je crois qu'avant d'userde cette corde de salut, il vaut mieux essayer les autres.
— Soit! fit Élaï Lascri; mais retournons tous au repaire; la nuit porte conseil; vos idées ont du bon, je les combinerai et j'en formerai un plan qui réussira. Je méditerai pendant que vous dormirez. Trois heures avant l'aurore, vous partirez chacun de votre côté, munis de mes instructions.
— A la bonne heure! dit El-Chadi, tu es sage; mais songes-y bien, la violence est comme la poudre. Trop de poudre, et un fusil éclate; trop de violence, et une entreprise échoue; dans les deux cas, on risque sa vie.
— Maintenant, où est Ben-Addon? demanda Élaï Lascri. Yousouf, amène-moi cette hyène immonde.

Yousouf s'éloigna et revint bientôt, tenant sur ses épaules un homme garrotté.

Il le jeta à terre sans précaution; il eût été difficile de reconnaître le chaouch, tant la peur défigurait son visage.

— Délie-le! commanda le nègre.
— Il va crier!
— Est-ce que l'oiseau use de sa voix quand le serpent le fascine? Délie, délie, Yousouf!

Élaï Lascri avait raison; le chaouch, débarrassé de ses liens, n'osa pas faire un mouvement.

— Je vous ai consultés sur la conduite à suivre pour sauver Fathma; je vais encore vous demander d'inventer un supplice digne de son meurtrier. J'ai une torture toute préparée, mais peut-être m'indiquerez-vous mieux.

Le juif interpellé opta pour faire mourir le prisonnier de faim et de soif. Ali conseilla de le faire manger par les mouches. Le jeune homme était cruel, parce qu'il pensait à Mériem, qu'il avait failli perdre.

El-Chadi, lui, soutint que le mieux était de placer Ben-Addon sur une planche hérissée de verres brisés et de remuer le lit pour l'empêcher de dormir.

— Est-ce que l'on meurt de cela?
— J'ai vu périr ainsi mes deux frères, et c'est épouvantable.
— Moins encore que ma torture, fit Élaï Lascri.

Et il ordonna d'aller chercher une outre qui se trouvait attachée à sa selle; quand il l'eut, il fit tirer les poignards de ses deux compagnons et leur enjoignit de l'imiter. Ils creusèrent des trous profonds dans le corps du chaouch qui, ayant proféré des cris douloureux, fut de nouveau attaché et bâillonné; puis le nègre battit le briquet, alluma une torche dont il était muni, et cicatrisa les plaies en les brûlant. Dans les cavités qu'elles formaient, il versa l'huile que contenait la gourde; et, du cordon en poil de chameau qui ceignait sa tête, il prépara des mèches qu'il fit flamber avec la torche. Il contempla pendant quelques minutes le spectacle horrible que présentait cette lampe vivante.

Quand il eut satisfait sa soif de vengeance, il trancha

la tête du chaouch et donna le signal du départ.
— Était-ce bien trouvé? demanda-t-il.
— Trop bien, dit une voix
C'était celle d'Ali !

XII

OU L'ON ASSISTE A UNE FANTASIA.

Le lendemain, dès que le soleil étincela sur la cime de l'Atlas, les environs de Nédromah présentèrent un aspect étrangement pittoresque.

De tous les sentiers qui déroulent leurs circuits sur le flanc des montagnes, de tous les chemins qui serpentent à travers les ravins de la plaine, du nord au midi, de l'est à l'ouest, de près comme de loin, d'en haut et d'en bas, de partout, accouraient des caravanes joyeuses, des groupes animés, de longues files de piétons, des pelotons de cavaliers, une foule immense enfin, qui débouchait sur le vaste plateau où Nédromah s'élève.

La fantasia, mot magique, qui peint si admirablement les jeux guerriers et passionnés que l'Orient seul a pu créer, et dont nos tournois ne furent qu'une pâle copie; la fantasia réunissait toutes les tribus, même les plus ennemies, en une seule assemblée, laquelle n'avait qu'une idée, un but, une voix, un désir : voir et admirer le splendide spectacle promis par l'agha Mohammed-Ben-Abdallah.

Cette multitude formait un grand cercle, à cinq portées de fusil au moins des remparts, et cependant on y entendait la rumeur puissante qui, s'élevant au-dessus du champ de course, passait en grondant dans l'air; mais personne n'était là pour recueillir ce bruit sourd et terrible qui se dégage des grandes foules; bruit pareil au tonnerre annonçant au marin que l'orage s'amoncelle à l'horizon; foules semblables aux vagues brisant le navire, après en avoir amoureusement caressé la carène. Les citadins, désertant leur foyer, couraient aussi au lieu de réunion, avides de jouir des émotions que promettait cette fête.

Pour le moment, chacun faisait trêve à ses haines; les rancunes s'oubliaient, les colères s'assoupissaient; pourtant toutes les races si diverses et si hostiles l'une à l'autre qui peuplent le nord de l'Afrique se rencontraient face à face. Mais le plaisir, ce mobile si puissant, le plaisir espéré, attendu, demandé avec impatiente frénésie, tenait suspendues les vengeances et les menaces; après la fête, les rixes pouvaient éclater à l'aise; mais avant, ne fallait-il pas contempler la fantasia?

Et les nations rivales s'observaient sans échanger de provocations.

Trente mille personnes étaient là, se coudoyant, se poussant et se heurtant; pas une dispute ne résulta de cette cohue.

Chaque tribu formait un groupe à part, qui se distinguait de son voisin; les Kabyles se reconnaissaient à leur chichia de laine blanche et à leur figure moins anguleuse que celle des autres peuplades; les Arabes se distinguaient facilement à leurs traits allongés et à leur burnous en poil de chameau; puis venaient les Mores, vêtus à la mode turque; les juifs, à la calotte dorée; les Marocains, au fez rouge. C'était, enfin, une masse énorme de peuplades diverses, dont les costumes variés et pittoresques offraient des contrastes saisissants.

L'ordre régnait parmi tout ce monde, parce que chaque village se groupait autour de son cheik. Celui-ci, comme nos seigneurs du moyen âge, était à la tête de son goum (troupe armée), vêtu avec ce luxe oriental dont les tableaux d'Horace Vernet peuvent donner une idée : auprès de chacun des djouads (nobles) se tenaient deux ou trois serviteurs portant sur le poing les faucons du maître.

C'est là encore un des traits qui rapprochent l'Algérie de notre France féodale; ce privilège d'élever des faucons est réservé seulement aux chefs, qui sont extrêmement jaloux de cette prérogative.

Dans des palanquins, les femmes riches, cachées sous des rideaux de soie, pouvaient voir sans être vues; autour d'elles, les cavaliers formaient un cercle protecteur.

Puis venaient les prolétaires, la plèbe de la tribu, ceux qui ne possédaient ni chameau, ni cavale, ni ânesse; ce jour-là, ils oubliaient leurs misères : ils allaient voir la fantasia.

En ce moment, tous les yeux se tournaient vers l'agha, le pressant de donner le signal attendu. Monté sur un superbe coursier, Ben-Abdallah faisait face à la ville; il portait un costume splendide, et son escorte resplendissait d'or et d'argent; il possédait des richesses fabuleuses; ses troupeaux couvraient les pâturages; les cavales et les mules encombraient ses écuries; sur les douars de la plaine, il prélevait un tribut considérable, et les Kabyles eux-mêmes, pour vendre leurs marchandises dans ses marchés, versaient un impôt entre ses mains.

Enfin, voyant les signes d'impatience de la foule, l'agha promena sur elle un fier regard qui fit baisser bien des têtes; puis, se tournant vers son goum, il lui donna le signal.

Trois cents guerriers environ s'élancèrent, et ils inaugurèrent cette journée de plaisir par une fantasia brillante. Les Arabes excellent dans les jeux guerriers; leur imagination de feu sait improviser des épisodes émouvants qui captivent l'attention des spectateurs.

Les guerriers se séparèrent en deux troupes et simulèrent un combat, qui commença par une fusillade si vive et si nourrie, qu'un rideau de fumée enveloppa bientôt les combattants. Alors retentit le cri de guerre arabe, clameur rauque comme l'aboiement du chacal, puissante comme le rugissement du lion; c'est en poussant ce hurlement sauvage que les deux partis se chargèrent avec impétuosité. Ils étaient magnifiques à voir, passant rapides au milieu des nuages de poussière soulevés par leur course folle, le yatagan au poing et le burnous flottant au gré du vent. Le choc fut d'un effet superbe!... L'éclair des détonations illuminait la scène, et les sabres, en se rencontrant, lançaient des étincelles. Imitant admirablement les phases diverses d'une lutte, les cavaliers se penchaient sur la selle, comme si un coup mortel les eût atteints, et leurs chevaux les emportaient loin de la mêlée; d'autres se prenaient corps à corps, cherchant à se désarçonner et à se frapper de leur poignard.

Dans les fantasias, un grand triomphe pour un guerrier, c'est d'enlever dans ses bras un adversaire et de fuir avec lui. Deux fois déjà le fils de l'agha avait exécuté cette manœuvre hardie, et son père était radieux de son succès; quoique le sang ne coulât pas, la bataille n'en était pas moins acharnée; ce qui ajoutait encore à l'illusion, c'est que les coursiers, échauffés par l'odeur de la poudre et le cliquetis des armes, se cabraient avec fureur et prenaient part au combat avec ardeur et l'instinct admirable des chevaux arabes; la crinière hérissée et les naseaux sanglants, ils se déchiraient par des morsures cruelles. Il fallait à leurs maîtres une adresse incroyable pour maîtriser leur rage.

C'était un magique spectacle que la foule contemplait muette d'admiration. Pas un seul habitant n'était resté dans Nédromah, excepté cependant les chaouchs (valets) de l'agha.

Dans les rues désertes de la ville, marchaient péniblement un vieux nègre. Il semblait courbé par l'âge et la misère, et il paraissait si fatigué que, quand il fut en face de la demeure de l'agha, il s'assit sur les marches du portique. Comme tous les bâtiments qui servent de résidence aux chefs musulmans des cités, l'habitation de Ben-Abdallah tenait de la forteresse et du palais. On pouvait à la fois s'y défendre contre une émeute et protéger la foule; c'était une citadelle au petit pied, d'où il était facile de braver les ennemis du dehors et ceux du dedans. Étendus nonchalamment sur des nattes, les chaouchs veillaient à l'entrée. Quand ils virent le nègre se reposer sur l'escalier de marbre, ils firent un geste de dégoût et de mépris; l'un d'eux même se leva pour le repousser du pied :

— Va, lui dit-il, va porter ailleurs tes guenilles et ton affreux visage. Crois-tu que nous te laisserons souiller par la présence l'entrée de ce palais?

— Je suis venu de la montagne pour apporter à votre maître des remèdes dont une femme qu'il aime a le plus grand besoin, répondit le nègre. Un messager a visité hier ma solitude pour me prévenir, et j'ai promis d'être ici aujourd'hui avec des herbes bienfaisantes; mais puisque vous me chassez, je pars!

— Vous ne voyez donc pas que c'est le vénérable Sidi-el-Hadj-Ben-Kemour? s'écria tout à coup un des chaouchs.

Ce nom appartenait à un marabout de race nègre, célèbre par les guérisons qu'il obtenait, grâce à ses prières et à sa science médicale; personne n'avait entendu dire, parmi les serviteurs de l'agha, que celui-ci eût fait mander Ben-Kemour; mais puisqu'il venait, il avait dû être averti. Tous s'empressèrent à l'envi; on le conduisit dans l'intérieur du palais, et en l'absence du maître, les chaouchs s'excusèrent de ne pouvoir lui offrir la diffa (dîner de bienvenue).

— Mes enfants, leur dit-il, je ne veux qu'une chose, guérir la malade. Quant à vous, la figure tournée vers la ville sainte, priez, afin que le Prophète m'éclaire; lorsque vous aurez récité trente fois l'oraison du salut, la personne à laquelle s'intéresse votre maître ne souffrira plus.

Les chaouchs, pour obéir à ce vénérable marabout, se mirent à genoux. Ils étaient dans la cour du palais, et afin de faire face à la Mecque ils furent obligés de tourner le dos à la porte d'entrée; mais, se préoccupant peu de ce détail, ils entonnèrent à haute voix le Credo : Mohammet-Resoun-Allah!

En ce moment le vieux nègre Ben-Kemour se faisait conduire vers Fathma par le chaouch qui l'avait reconnu, et lui disait :

— Tu as vu Jacob, et il t'a tout dit?
— Oui, maître.
— Eh bien! vite, où est Fathma?
— Dans la chambre qui te fait face.
— Cela suffit! va ouvrir la porte du palais à mes gens, qui se tiennent cachés dans la rue voisine, et fais le signal convenu.
— J'obéis, maître.

Et le chaouch, se glissant vers le seuil du palais, donna le signal.

Ses compagnons, tout à leurs oraisons, n'y prirent garde; ceux qui ont entendu la prière juive dans une synagogue peuvent se figurer le bruit dont la cour retentissait. Une cinquantaine de bandits s'élancèrent dans le bâtiment, et les chaouchs de Mohammet-Ben-Abdallah passèrent de vie à trépas sans pouvoir opposer la moindre résistance.

Élaï Lascri, pendant ce temps, cherchait la chambre de Fathma.

Il trouva la jeune fille pâle, inquiète, à demi couchée sur un sofa; un cri de joie délirante s'échappa de son sein quand elle aperçut son amant.

Celui-ci, l'entourant de ses deux bras, lui donna un brûlant baiser; puis, découvrant sa poitrine, il vit ses blessures; une larme humecta ses yeux.

— Ne pleure pas, dit Fathma, je ne souffre presque plus; quoique je ne puisse marcher d'un pas bien ferme, je ne me sens pas trop malade. Te voilà près de moi, je suis guérie.

Élaï Lascri répondit à cette douce parole par une étreinte passionnée.

Mais l'heure n'était pas propice aux amoureuses caresses; Élaï Lascri avait payé trop cher son imprudence pour en commettre une nouvelle.

— Tu es sauvée, dit-il, à la condition que nous ne perdrons pas une minute; je vais te confier à une escorte qui te conduira dans un village kabyle, où j'ai des amis. Jacob t'a sans doute avertie?

— Oui, répondit-elle en pleurant; je dois encore me séparer de toi!...

— Pour quelques heures seulement; allons, viens!

Et la prenant dans ses bras, il la porta dans la cour, où les chaouchs gisaient baignés dans leur sang. Telle est la force de l'amour, que Fathma ne s'occupa même pas des cadavres; seulement elle répétait :

— Sauvée! sauvée! quand j'allais te perdre; oh! merci, mon seigneur, d'avoir exposé tes jours pour une pauvre fille comme moi.

— Enfant, lui dit Élaï Lascri, n'as-tu pas montré un admirable courage? Fathma, ma bien-aimée, je voyais en toi une maîtresse adorée; aujourd'hui, tu es une reine que j'admire. Ta vaillance m'a rendu fier de toi, tu es la digne compagne du Roi des Chemins.

Et il la mit en selle avec des précautions maternelles.

— Embrasse-moi encore, ajouta-t-il quand elle fut bien assise; sois brave comme hier, et tout ira bien.

— Je tâcherai, fit-elle en souriant à travers ses larmes de reconnaissance et d'inquiétude.

— Je te promets de te visiter demain. Voilà dix de mes plus vaillants cavaliers qui vont t'accompagner... Allons, à bientôt!

Et ils échangèrent un dernier baiser, après lequel elle prit, guidée par son escorte, le chemin de la montagne.

Yousouf, avec le reste du Brouillard-Sanglant, gardait l'unique porte de Nédromah. Quand Fathma passa, les bandits la saluèrent respectueusement. Parmi eux, elle entrevit El-Chadi, auquel elle fit signe d'approcher.

Heureux d'être reconnu, celui-ci accourut en bondissant, et il entendit ces mots :

— Pardonne-moi si j'ai cherché à te tuer, El-Chadi, je croyais que tu trahissais ton maître.

— Pour te prouver combien j'admire ta conduite, laisse-moi te donner un bijou comme les sultanes en désirent souvent et n'en possèdent pas toujours, lui dit le saraçq.

— Qu'est-ce donc?

— Le collier de perles destiné au vainqueur des courses. Je l'ai dérobé à Mohammed-Ben-Abdallah.

Les bandits qui l'entouraient poussèrent une exclamation de surprise et d'enthousiasme.

— Comment as-tu fait? demandèrent-ils.

— Je me suis glissé dans la ville avant qu'il fût parti; comme il montait à cheval, je lui ai offert deux tourterelles, qu'il a acceptées avec plaisir, parce que c'est un signe de bonheur; puis j'ai tenu l'étrier, pendant qu'il enfourchait son coursier. Cela m'a suffi pour accomplir mon coup; ils sont si vains, ces grands seigneurs, qu'ils ne se méfient pas. Du reste, j'étais déguisé en mendiant, il ne pouvait me reconnaître.

Elle baisait le sol de son portrait. (Page 91.)

— Le collier ! le collier ! exclamèrent les bandits.
— Tenez, et voyez !

El-Chadi tira de sa ceinture la parure la plus riche qu'aucun bandit eût encore admirée, et il la donna à Fathma. Si la prudence n'avait pas modéré les transports de ses camarades, on eût entendu leurs cris de triomphe jusqu'au champ de course. Fathma, émue, laissa tomber un de ces regards de tendresse comme en ont les mères pour leurs enfants disgraciés par la nature. Ce remercîment muet fut plus sensible au saracq que la bruyante ovation du Brouillard-Sanglant.

— Je ne puis rien te donner en échange de ton présent aujourd'hui, dit Fathma ; plus tard, je tâcherai de m'acquitter.

— Je serais heureux, répondit El-Chadi, si tu m'offrais l'anneau que tu portes au doigt.

La jeune femme hésitait.

— Oh ! sois tranquille, fit El-Chadi avec un triste sourire, une bague est un gage d'amour pour un autre, mais pas pour moi. Élaï Lascri ne sera pas jaloux.

Fathma lui tendit l'anneau, qu'il prit en frémissant involontairement.

Puis la jeune femme s'éloigna rapidement avec son escorte ; lorsque El-Chadi fut perdu parmi ses compagnons, il pressa avec bonheur contre ses lèvres l'anneau d'or qui avait touché la main de la jolie mulâtresse.

L'aimait-il ?

Il l'aimait de cet amour sans désir qu'un pauvre être difforme éprouve pour tout ce qui est beau, grand et noble ; il l'aimait comme on aime le soleil et les fleurs ;

il eût repoussé, comme une monstruosité, l'idée de la posséder comme femme.

Il avait raison, Élaï Lascri ne pouvait être jaloux !...

Quand Fathma fut partie, le Roi des Chemins ordonna à ses brigands, qui surveillaient les issues du palais, de fouiller tout, de s'emparer des femmes et de les placer, bien garrottées, au milieu de la rue. Ensuite il donna l'ordre du pillage ; en un clin d'œil, quarante hommes qu'il avait sous la main (le reste était à la porte de la ville) eurent rassemblé dans la cour les objets précieux que contenait la demeure de l'agha Ben-Abdallah. Puis ils regardèrent leur chef pour attendre ses ordres.

— Il y a des mules et des chevaux dans les écuries, n'est-ce pas ? dit-il.

— Peu de chevaux et beaucoup de mules.

— Ça ne fait rien : chargez ces animaux du butin !

L'ordre fut exécuté, et les bandits attendirent encore.

— Vingt hommes vont prendre la direction de ce convoi, commanda le nègre ; ils se dissimuleront autant qu'ils le pourront, en longeant les fossés de la ville, puis il gagneront la grotte au plus vite... Nous ferons en sorte, ici, qu'ils ne soient pas poursuivis. Quant à ceux qui restent, ils vont barricader la rue en face du palais, puis ils viendront me rejoindre à la porte de la ville ; seulement, qu'ils n'oublient pas de laisser un passage pour deux chevaux au moins dans le centre de la barricade et que ce trou puisse être fermé facilement par quelque grosse poutre.

Cela dit, le Roi des Chemins s'en alla trouver Yousouf, dont les bandits, toujours à cheval, se tenaient derrière la porte de la ville.

Le Roi des Chemins. XII.

— Allons, pied à terre! cria Élaï Lascri : on doit apercevoir la fantasia du haut des murs, montons-y.

Et donnant l'exemple, il grimpa sur le rempart, s'installa tranquillement, les jambes pendantes, au-dessus du fossé, alluma sa pipe et fuma comme s'il eût été dans son repaire. Quelque habitués que fussent les bandits aux témérités de leur chef, ils firent entendre quelques légères exclamations de surprise. Le Roi des Chemins se retourna, et le seul froncement de ses sourcils fit taire ceux qui commençaient à murmurer.

— Il faut que vous soyez stupides comme des outardes, ou lâches comme des hyènes, pour ne pas profiter du spectacle que nous avons devant les yeux. Est-ce bien vous, mes vieux compagnons, qui n'avez plus confiance en moi? Je vous ai fait pénétrer sans brûler une amorce dans le palais de l'agha, que vingt hommes auraient pu défendre contre mille; un convoi chargé d'un butin énorme se dirige vers notre grotte ; jamais expédition conduite par moi n'a manqué, et vous semblez étonnés, parce que je veux m'amuser un peu à une fête? Ne comprenez-vous pas qu'il faut à nos amis le temps d'arriver au bord de la mer?

— Oui, mais la retraite! exclamèrent quelques hommes.

— Dis donc, El-Chadi, ils s'inquiètent de la retraite! fit Élaï Lascri avec un dédaigneux sourire.

El-Chadi exécuta une joyeuse gambade et s'écria :

— La retraite sera facile et amusante; je n'ai peur que d'une chose, c'est de trop rire pour me tenir à cheval.

Yousouf, qui était dans le secret, s'associa à la gaieté d'El-Chadi; si bien que les bandits, un peu décontenancés par les railleries de leurs chefs, prirent le parti de s'asseoir pour regarder les courses. Ils se placèrent de façon à voir sans être vus.

En ce moment, Ali, le bras droit d'Élaï Lascri, se dirigeait vers le groupe formé par les Traras. Ceux-ci le saluèrent comme un ami impatiemment désiré; la veille il avait fait prévenir son beau-père qu'il assisterait aux courses et qu'il en disputerait le prix.

Les bandits ne surent que penser de cet accueil; ils commençaient à comprendre cependant que leur chef pourrait bien se tirer d'affaire.

Quant à Ali, Ben-Akmet, son beau-père, l'embrassa tendrement, et il le conduisit auprès d'un palanquin dont les rideaux s'entrouvrirent, laissant paraître une femme d'une beauté ravissante. C'était Mériem. Elle secoua sa blonde chevelure, dont, en se penchant, elle avait fait tomber sur son front les boucles ondoyantes, et elle fixa sur Ali un regard passionné, attendant qu'il l'interrogeât; la femme musulmane attend toujours que son mari lui adresse la parole.

— Mériem, ma bien-aimée, dit-il d'une voix douce et harmonieuse, j'ai prié ton père de t'amener ici, parce que je veux gagner pour toi le prix de cette course.

— Je te suis reconnaissante, mon seigneur, répondit-elle, et je me parerai de la gloire plus encore que des perles du collier. Mais tu as bien tardé à venir, depuis trois jours que tu n'as pas paru parmi nous?

— Tu sais combien je t'aime! Si d'impérieux motifs ne m'avaient pas retenu loin de toi, je serais venu chaque soir admirer celle que l'on a surnommée la Fleur des Traras. Ne me reproche donc pas mon absence, car je souffre assez quand je suis séparé de toi.

— Pardonne-moi d'avoir voulu pénétrer ton secret, Ali; mais, depuis notre union, je meurs d'inquiétude chaque fois que tu nous quittes. Quand donc auras-tu ton foyer parmi nous? Je respecte ta volonté, continua la jeune femme d'une voix triste; mais songe, Ali, que, si l'on m'a surnommée la Fleur des Traras, tu es mon soleil à moi. Lorsque je ne vois pas luire ton regard, mon cœur est sombre; prends garde, la rose se fane loin des rayons du jour.

— Ma bien-aimée, répondit Ali profondément ému,

encore quelques jours de patience, et nous serons unis comme la vigne et l'olivier de nos jardins.

— Fasse le Prophète que ce soit bientôt! s'écria-t-elle joyeuse de cette assurance; mais permets, seigneur, que je laisse tomber ces voiles, car tous les regards contemplent celle qui n'aime que toi.

Mériem laissa retomber les rideaux du palanquin, et Ali sentit une main assez lourde qui se posait sur son genou; c'était celle d'Achoud.

Le pauvre chasseur, plus sombre, plus triste que jamais, causait rarement avec Ali; sans le haïr, il ne l'aimait pas; il le fuyait, parce que sa présence lui rappelait son bonheur perdu, sa passion sans espoir, sa vie désormais sans but. Mais cette fois, l'orgueil national l'emportait sur tout autre sentiment; les Kabyles avaient toujours su garder leur indépendance contre les prétentions du chef arabe de Nédromah; ils vivaient sur le pied de paix avec les tribus de la plaine ; le besoin d'échanger sur les marchés les productions de leur sol et de leur industrie forçait les deux peuples à observer les traités. Cependant ils se détestaient et se jalousaient si bien que les Traras attachaient un prix énorme au triomphe d'Ali. Achoud, le plus vaillant guerrier de son village et qui adorait ses montagnes, aurait donné sa vie pour voir les cavaliers arabes humiliés, et Ali venait de lui promettre une victoire.

— Frère, lui dit-il, les Traras sont descendus en grand nombre des cimes de l'Atlas, pour contempler un de leurs fils disputant aux esclaves de l'agha le prix d'une course. Si tu succombes, comme il nous faut un triomphe aujourd'hui, une bataille acharnée s'engagera; tous mes compagnons sont décidés à prendre une revanche en cas de défaite.

— Cela est vrai! dirent les amins qui entouraient Ali et parlaient au nom de plusieurs milliers de Kabyles dont les regards ardents, fixés sur leur champion, lui apprenaient que la décision était connue de tous.

— Si tu es vainqueur, continua Achoud, nous bénirons ton nom, et nos ancêtres qui dorment là-haut tressailliront de joie dans leur tombe. Frère, il est temps encore de renoncer à cette lutte; car il faut triompher, vaincre ou mourir.

— Dans une heure, la Rose des Traras se parera du collier de perles, répondit Ali avec assurance.

— Dépêche-toi, alors! s'écria Achoud joyeux; voilà le fils de l'agha qui se dispose à le disputer le prix.

Parmi les chefs qui venaient prendre part à la lutte le fils de Ben-Abdallah se faisait remarquer par sa bonne mine et l'éclat de ses deux triomphes dans sa dernière fantasia. Tous ses rivaux étaient nobles; tous étaient célèbres par des victoires signalées, remportées dans des circonstances solennelles. L'un d'eux même Sidi-el-Aïda, avait obtenu le grand prix de Mostaganem.

Chacun prit le rang que le sort lui assigna; Ali était si sûr de lui-même et de sa monture, qu'il dédaigna de courir les chances d'un hasard favorable; ce fut seulement quand tous les cavaliers furent placés que le jeune homme s'avança dans l'arène.

Tous les yeux se levèrent sur lui!

Il laissa tomber son haïque blanc, et la foule accueillit par un murmure flatteur le plus beau cavalier qui eût jamais paru dans une fête.

Ali portait un costume turc d'une richesse inouïe. Sa sédria (veste bleue), si gracieuse que nos femmes l'ont adoptée, était tissue d'or et de soie; ses épaules élégantes se dessinaient admirablement, grâce à la coupe de ce vêtement coquet, sous lequel la taille révèle ses contours sans être étranglée; celle d'Ali, moelleusement maintenue par un cachemire roulé en ceinture autour des reins, eût fait envie à une jeune fille ur ses bottes marocaines, son souroual descendait en lis majestueux, dont les ondulations suivaient harmonieusement les mouvements du coursier. A son turban blanc, poétique coiffure que rien ne saurait égaler, brillait un magnifique diamant; au flanc de sa monture pendait un yatagan dont la poignée était ciselée avec art, et en travers sur ses épaules il avait jeté un long fusil aux garnitures d'argent.

Les Arabes, si connaisseurs en beaux chevaux, trouvaient sa noire jument digne du cavalier qui la montait. Elle était tachée au front par une étoile, et une couronne de poils blancs ornait ses jambes nerveuses et fines au-dessus des sabots; à des signes infaillibles, les spectateurs la reconnaissaient de la race la plus pure. Ali la dirigeait avec une aisance et une grâce parfaites. En passant devant l'agha, il le salua, non comme un inférieur offrant à son chef une preuve de respect, mais comme un égal échangeant avec son hôte une marque de courtoisie. Ben-Abdallah, quoique ne connaissant pas ce jeune homme, dont le luxe égalait au moins le sien, répondit à son salut avec une déférence courtoise, ne doutant pas que ce ne fût un personnage d'une haute distinction.

Quand Ali eut pris la dernière place, l'agha donna le signal du départ.

Les coursiers s'élancèrent; ils devaient faire deux fois le tour de l'arène. D'abord ils se maintinrent à la même hauteur, puis, peu à peu, le fils de l'agha prit la tête de la course et la conserva pendant toute la durée du premier tour. Les spectateurs, penchés en avant, retenaient leur souffle pour mieux voir, quand un étrange incident vint leur arracher un cri de surprise. Ali avait arrêté subitement sa belle jument en face des Traras, et il avait déchargé son fusil en l'honneur de Mériem. La main de la jeune femme était sortie du palanquin et avait agité un foulard de soie.

Désormais, il semblait impossible qu'Ali pût regagner le terrain perdu, et le fils de l'agha, qui avait une avance considérable sur tous, parut devoir remporter le prix.

Les Kabyles, furieux, brandissaient leurs yatagans, et les bandits, du haut des murailles, poussaient l'imprudence jusqu'à se lever tout droits pour savoir ce qui pouvait retarder le jeune homme; car, à cette distance, ils ne distinguaient pas parfaitement.

— Allons, le feu au palais! s'écria tout à coup Élaï Lasori; sur mon âme, Ali est fou, et il se fait battre. Vite, dix hommes pour allumer l'incendie!

Les dix hommes s'élancèrent!

En ce moment la jument d'Ali se relevant, bondit sous l'éperon et dévora l'espace avec une vélocité vertigineuse; à chaque élan de son galop furieux et échevelé, elle rasait le sol de son poitrail. Elle emporta son cavalier, qui passa comme un trait devant tous ses rivaux, et qui arriva le premier au but, aux acclamations frénétiques de la multitude...

Il y eut une explosion formidable d'enthousiasme!

Intérieurement froissé de la défaite de son fils, l'agha n'en vint pas moins féliciter le vainqueur, et il lui remit le bracelet. Quant au collier, il le chercha en vain! El-Chadi s'en était emparé. Alors, pour ne pas avoir mauvaise grâce, l'agha s'excusa de ne pas trouver le prix promis, et il pria le jeune homme d'accepter en échange un superbe brillant monté sur une bague. Ce diamant valait au moins les perles.

Ali remercia gracieusement, et, à son tour, il tira de son doigt un anneau fort simple en apparence, et il dit :

— Permets-moi de te donner un souvenir en échange de ton présent; ce bijou te sera cher, quand tu sauras qu'il a touché le tombeau du Prophète.

L'agha sourit, car il songeait que le présent était d'une mince valeur; il semblait en effet n'être autre chose qu'un anneau de verre fort commun. Voulant humilier un peu celui qui venait de ravir un triomphe à son fils, il tendit son cadeau aux chefs qui s'empressaient près du vainqueur, et leur dit :

— Vous ne serez pas fâchés, je pense, de baiser un objet sacré.

Il cherchait à ridiculiser Ali, en montrant ce pauvre objet qu'il avait l'audace d'offrir à lui, prince riche et glorieux; mais Ben-Akmet, qui se trouvait, lui aussi, parmi les chefs, prit la prétendue bague de verre et la laissa tomber comme par mégarde. Aussitôt il se précipita à terre, la ramassa vivement, et remontant en selle, la rendit à l'agha en lui disant :

— Garde bien ce diamant, Abdallah, il est d'un prix inestimable.

— Quoi! s'écria l'agha, cette bague a été taillée dans un diamant?

— Oui, répondit simplement Ali.

Une seconde fois, l'agha l'examina, se convainquit, et faisant peser sur Ali son regard, lui dit avec solennité :

— Si tu es fils de sultan, pourquoi nous l'avoir caché, monseigneur? tu nous exposais à ne pas te témoigner tout le respect que nous te devons.

— Je suis le gendre de Ben-Akmet, répondit assez sévèrement Ali, et c'est là un titre qui me suffit pour obtenir toute la considération de ceux qui vénèrent les serviteurs du Prophète. Du reste, l'hôte de Mohammet-Ben-Abdallah est toujours dignement traité, j'en suis sûr.

L'agha s'inclina en se mordant les lèvres. Il était impossible de recevoir une leçon plus impertinente et plus polie.

Alors, tous les chefs s'empressèrent autour du jeune homme qui venait de faire une réponse si fière et si habile, et ils lui adressèrent les plus vifs, sinon les plus sincères compliments.

XIII

OÙ LE ROI DES CHEMINS EST ASSIÉGÉ DANS NÉDROMAH.

Tous les chefs arabes se sentaient heureux de voir le fils de l'agha humilié; de plus, ils préféraient que ce fût un étranger, un inconnu, qui eût gagné le prix de la course, qu'un de leurs amis. La gloire, voisine de notre médiocrité, fait d'autant plus ressortir notre impuissance; elle nous fatigue, elle nous écrase. C'est pour cela que les génies ne sont placés sur un piédestal qu'après leur mort; c'est aussi pour cela que : *Nul n'est prophète dans son pays*, amère parole du plus doux des hommes. Cependant les bruits les plus contradictoires circulaient dans la foule, au sujet du vainqueur; au dire des uns, il descendait en ligne directe de la fille du Prophète; pour d'autres, c'était le fils du Sultan; les uns le voulaient Touarregg (habitant du désert); beaucoup le prétendaient parent du dey de Maroc. Mais voilà qu'au milieu des bravos, des conjectures et du bruit, le cri : Au feu! au feu! retentit tout à coup.

Une colonne de fumée montait au-dessus du palais de l'agha, et de longs jets de flamme, qui s'élançaient du sommet de la terrasse, ne permirent plus de douter qu'un incendie ne dévorât la ville.

Ben-Abdallah s'élança vers sa demeure en feu, et derrière lui tous les habitants; ceux mêmes qui étaient étrangers à Nédromah se dirigèrent vers la ville, attirés par la curiosité.

Quant à Ali, profitant du désordre, il courut au palanquin de sa femme; Mériem, à son approche, se pencha vers lui; il la saisit avec amour, lui passa au bras les bracelets, au doigt le brillant, donnés par Mohammet-Ben-Abdallah, et la plaça en travers sur sa monture.

— Comme tu étais beau, mon Ali! lui dit la Rose des Traras; il me semblait voir le Prophète volant vers le ciel sur sa jument ailée.

Et l'enlaçant de ses deux bras mignons, elle frissonnait sous ses baisers.

Ali, pressé d'échapper aux regards de la foule, lança sa monture au galop; le sourire du vieux marabout accompagna ses deux enfants.

Pendant la route, Ali pressait sa femme sur sa poitrine, en murmurant à son oreille :

— Tu es belle comme les houris célestes, tu es le paradis sur terre!

C'est dans une étreinte passionnée, les yeux sur les yeux, et les lèvres amoureusement pressées, qu'ils arrivèrent au village d'Aïn-Kébira. Ils entrèrent dans leur case, et derrière eux retomba la lourde porte de chêne, qui ne s'ouvrit que le lendemain, quand, au lever de l'aurore, retentit le chant de la fauvette.

Pendant ce temps, Nédromah était en feu. L'incendie avait éclaté vers deux heures de l'après-midi. La brise de mer, qui s'était levée, passait sur la ville, courbant les flammes au-dessus des maisons et menaçant Nédromah d'un embrasement général. Les habitants accouraient pour sauver leurs propriétés, et un désordre inouï s'était mis dans la foule. Une cité en feu présente un spectacle majestueux et terrible; les âmes les plus fermes sont toujours impressionnées par la sombre poésie de ce tableau. Mais lorsque l'intérêt se joint à la terreur, l'émotion monte à son paroxysme, et c'est ce qui arrivait pour les sujets de Mohammed-Ben-Abdallah. Ils se pressaient à sa suite, pour lutter au plus vite contre le fléau; l'air retentissait d'imprécations; les femmes poussaient leurs inutiles gémissements, et les enfants jetaient leurs cris aigus au milieu du tumulte.

Les Traras, que le malheur des citadins ne touchait pas le moins du monde; les Arabes de la plaine, qui payaient un impôt à l'agha, et, par conséquent, le détestaient; tous ceux qui avaient assisté aux courses enfin, s'avançaient derrière les habitants d'un pas un peu plus tranquille; ces étrangers étaient poussés par la curiosité d'abord, puis par une joie envieuse, qu'ils ne dissimulaient point, et même, dans certains regards, brillait la cupidité; un observateur habile, El-Chadi, par exemple, aurait vu poindre l'espoir d'un pillage général à la faveur du désordre.

L'on se ruait en foule vers la porte de Nédromah; mais soudain l'agha et sa puissante escorte de cavaliers qui était en tête s'arrêtèrent; derrière eux, la masse du peuple se vit forcée de faire halte, et comme les derniers rangs poussaient les premiers, il y eut une oscillation pareille à celle du remous qui suit le choc d'une vague contre une falaise.

Toutes les têtes se levèrent pour connaître la cause de ce temps d'arrêt; et soudain Elaï Lascri apparut sur le rempart, au sommet duquel sa silhouette se détacha imposante et sombre.

Il leva lentement sa main vers la multitude; une détonation retentit; chaque créneau s'illumina d'un éclair, et la fumée de la poudre monta, enveloppant le Roi des Chemins d'une auréole à demi transparente que des décharges successives empourprèrent bientôt par les reflets du salpêtre enflammé.

Les fusils arabes envoient des projectiles à des distances énormes; les cavaliers de l'agha, qui se trouvaient les plus avancés, essuyèrent des pertes considérables. Cette attaque imprévue leur fit tourner bride,
malgré les efforts de Mohammed-Ben-Abdallah; ils subissaient l'ascendant de ce bandit étrange, dont l'aspect, comme celui du lion, terrifiait les plus braves.

— C'est lui! c'est lui! répétaient-ils avec égarement. Lui! c'est-à-dire l'ennemi dangereux par excellence, le fléau qu'on ne peut combattre!

Le goum opéra une retraite rapide, sans s'inquiéter des piétons que foulaient les sabots des chevaux.

A l'extrémité de la foule, on n'avait rien vu qu'un incendie; on ignorait ce qui se passait; des coups de feu avaient vibré dans l'air, mais on croyait à un nouvel épisode de la fantasia, à quelque surprise couronnant la fête, et on se précipita pour jouir du coup d'œil; on chercha à pousser en avant.

Par la double pression qui résulta de ce mouvement, le centre fut comprimé avec une irrésistible force; si bien que, pour ne pas y étouffer, il fallut tirer les couteaux et éventrer ses voisins. Les raisons qui suspendaient les colères n'existaient plus; l'exaltation produite par le combat simulé durait encore; en pareille circonstance, la moindre dispute prend des proportions colossales.

Ce fut ce qui arriva.

Les Kabyles, refoulés par les Arabes de Nédroman, répondirent aux coups de couteau par des coups de yatagan; une lutte furieuse s'engagea. Les goums de la plaine avaient autant de haine contre les Kabyles que contre les Mores de Nédromah; ils restèrent quelques temps impassibles; mais l'impatience les gagna bientôt. L'occasion était si belle!

Ils chargèrent tout à coup avec impétuosité les deux partis à la fois, taillant et hachant à l'aventure. La mêlée devint effrayante; pour échapper à la mort, les plus lâches avaient du cœur. En peu d'instants, tous les partis se trouvèrent confondus dans un désordre épouvantable. Les cavaliers faisaient bondir leurs coursiers au milieu des piétons; ceux-ci cherchaient à couper les jarrets des chevaux, qui s'abattaient avec fracas; les fusils servaient de massues, broyant les crânes; les poignards se brisaient sur les os; le sang coulait de mille blessures, et des vociférations effrénées sortaient des poitrines que trouait l'acier des armes. Les blessés tombaient dans une boue rougeâtre : sur leurs corps mutilés, les combattants piétinaient, puis ils glissaient à leur tour sur le sol détrempé.

Pour ajouter à l'horreur de cet atroce massacre, l'incendie prit une extension formidable par la chute d'une terrasse; ses rauques sifflements se mêlèrent aux mugissements de bêtes fauves que poussaient les hommes en s'égorgeant, et comme les bras des guerriers enlaçaient les corps dans des étreintes furieuses, de ses ailes dévorantes le feu enveloppa le palais tout entier...

Sur cette multitude folle de rage, ivre, échevelée, qui se tordait à ses pieds dans un sanglant délire, Elaï Lascri faisait pleuvoir une grêle de balles qui tombaient sans relâche au plus épais des groupes.

— Voyez ces chiens, disait-il au Brouillard-Sanglant; ils voulaient faire une curée de nos corps, et ils se dévorent entre eux.

« Trois balles par fusil, maintenant; visez plus haut. »

Puis il ajoutait :

— C'est beau à voir comme un orage. Oh! la belle fête! la belle fête! Ils tombent comme les épis sous la faucille! Fathma sera bien vengée!

Il leva la tête vers les montagnes, et il aperçut un groupe de cavaliers, qu'il reconnut pour être l'escorte de la jeune femme. Rassuré désormais sur son sort, il fit un signe à El-Chadi, qui s'éloigna sur-le-champ.

Cependant, l'aveugle fureur qui animait les gens de la montagne et de la plaine diminua d'intensité. Chaque parti, disséminé par les entraînements de ce combat désespéré, éprouva le besoin de se compter et de serrer es rangs; une trêve volontaire eut lieu, pendant laquelle Arabes et Kabyles comprirent enfin qu'Élaï le maudit se tenait enfermé dans Nédromah, et de là les bravait, lui, avec cent hommes... c'est-à-dire presque seul! eux, avec des forces imposantes de cavalerie et d'infanterie... une véritable armée!

Mais que faire?

Tenter un assaut? on n'avait pas d'échelles; briser la porte? on manquait de haches; répondre aux balles par les balles? celles des bandits semaient la mort, celles des Arabes s'aplatissaient sur des murailles! Et l'incendie grondait toujours, et ses sifflements aigus semblaient railler la multitude impuissante!

Les chefs s'assemblèrent pendant que les peuples l'observaient en silence : des monceaux de cadavres couvraient la plaine, mais il ne s'agissait ni de récriminations superflues, ni d'explications inutiles; il fallait prendre le Roi des Chemins mort ou vif. On discuta sur les moyens à adopter pour s'emparer du Brouillard-Sanglant ou l'anéantir; mais on ne trouvait que plans impossibles à réaliser, lorsque Ben-Akmet proposa d'aller déposer auprès de la porte des branches d'olivier, d'y mettre le feu et de s'ouvrir ainsi un passage.

L'agha et les autres chefs approuvèrent cette idée; ordre fut donné au goum (troupe armée) de couper des branches d'olivier, et d'aller au grand galop des coursiers les entasser à l'entrée de la ville. Les cavaliers eurent bientôt arraché et lié en paquets des rameaux extrêmement inflammables; alors Mohammet-Ben-Abdallah se mit bravement à leur tête, et il s'élança, entraînant son goum derrière lui. Le feu des bandits avait cessé; Élaï Lasceri était descendu du sommet des remparts; les guerriers crurent que le Brouillard-Sanglant était en fuite. A cent pas de la porte, pas un coup de fusil n'avait encore retenti; l'agha demeura convaincu que les bandits, effrayés, cherchaient à s'échapper en sautant dans les fossés des fortifications, à l'autre extrémité de la ville. Il commanda à son fils de faire le tour de Nédromah avec deux cents cavaliers, afin que personne ne pût trouver son salut dans cette tentative désespérée.

Mais au moment où ce détachement allait s'éloigner, une fusillade terrible éclata et se continua avec une intensité telle, que l'on dut croire qu'un contingent nombreux d'ennemis inconnus s'était joint au Brouillard-Sanglant. L'agha lui-même, voyant tomber tout son monde, ordonna de s'éloigner à toute bride; ses guerriers n'avaient pas attendu ce commandement.

Les Kabyles, en voyant le retour précipité du goum, poussèrent un cri insultant; les tribus de la plaine, sans oser manifester leur joie de l'échec essuyé par les Nédromiens, n'en étaient pas moins disposées à prendre parti pour les Kabyles, plutôt que pour l'agha. Ben-Abdallah, furieux, laissa ses guerriers hors de la portée des fusils des bandits, et il courut droit à Ben-Akmet.

Les cheiks vinrent trouver le vieux marabout de la montagne; en abordant ce groupe de chefs, Mohammet-Ben-Abdallah essuya un affront sanglant; sur presque toutes les bouches se dessinaient des sourires railleurs.

Il sentit combien sa position était critique : d'un côté, l'incendie dévorait son palais et sa ville; de l'autre, les populations soumises à son joug semblaient prêtes à se révolter.

Il lui fallut dévorer sa colère.

— Ton plan n'a pas réussi, Ben-Akmet, dit-il, les brigands ne sont pas seuls. Il y a au moins mille combattants dans Nédromah.

— Si ton goum n'avait pas eu peur, répondit fièrement le marabout, il serait déjà dans la ville. Le Brouillard-Sanglant a trouvé dans les maisons et dans ton palais des fusils en grande quantité; ces armes, chargées à l'avance et disposées le long des murailles, ont permis aux bandits de tirer sans relâche; mais ils ne sont pas nombreux. J'ai compté les créneaux occupés, il n'y en avait pas soixante, et c'est pitié de voir une poignée de scélérats nous tenir ainsi en échec.

L'agha se mordait les lèvres avec rage; mais il ne savait que répondre. Cependant la circonstance était pressante.

Il jeta vers la ville un regard désespéré et il murmura :
— Que faire?
— Rien! répondit le marabout, car je vais lancer mes Kabyles contre le Brouillard-Sanglant! Ben-Abdallah, retourne vers les tiens et regarde-nous à l'œuvre!

Le vieux marabout assembla les amins (maires) des villages, puis il fit signe aux Traras de se grouper autour de lui.

C'était un spectacle imposant de voir ce peuple écoutant religieusement la voix de son patriarche; l'œil étincelant d'orgueil patriotique, le geste inspiré, Ben-Akmet s'écria :

— Fils des Traras, le Prophète vous a choisis pour montrer à ces esclaves ce que valent des hommes libres. Un bandit les brave dans leur cité, les flammes dévorent leurs maisons, et ils n'osent pas s'ouvrir un chemin pour arriver à celui qu'ils peuvent rendre captif aujourd'hui et qui les rançonnait hier! Leurs femmes sont témoins de leur lâcheté; elles rougissent de leurs maris; leurs enfants ont sous les yeux l'exemple de leur poltronnerie, ils ont honte de leurs pères! A vous, guerriers, de me suivre et d'éteindre le feu des bandits sous le vôtre! à vous, femmes, d'incendier cet obstacle de bois qui arrête des milliers d'Arabes! Il faut prouver à ces paresseux des vallées que nous sommes les aigles de l'Atlas!

A ce discours énergique, une clameur enthousiaste répondit; électrisés par leur chef, les Traras, disséminés en tirailleurs, s'élancèrent vers la ville; habiles à la guerre d'embuscade, profitant du moindre abri, tireurs adroits, ayant à protéger leurs femmes, ils firent merveilles. Ils surent viser avec tant de sûreté, que les balles criblèrent les créneaux, gênant les brigands, en tuant quelques-uns et ralentissant leur feu. Peu à peu ils gênèrent tellement la défense, qu'ils purent se rapprocher, s'installer jusque dans les fossés, et de là, en toute sûreté, envoyer par ricochet des projectiles dans les embrasures. Le Brouillard-Sanglant cessa de combattre.

En ce moment, les femmes préparaient un bûcher immense, malgré les balles qui sifflaient à leurs oreilles. Achoud qui, un des premiers, s'était jeté dans les fossés, en sortit; il versa de la poudre sur le bois, et il y mit le feu avec l'amorce d'un pistolet. L'olivier s'enflamma rapidement; la porte de chêne incendiée tomba bientôt : le passage était libre. La bataille était gagnée!

Alors la foule voulut se précipiter pour éteindre l'incendie; l'agha se hâtait aussi pour faire main basse sur le Brouillard-Sanglant; mais Ben-Akmet et ses Kabyles l'arrêtèrent :
— Qui t'a fait cette route? demanda le marabout.
— Toi, répondit Ben-Abdallah.
— J'ai donc le droit de la tenir fermée.
— Que veux-tu dire?
— Nous n'entrons sur les marchés qu'avec une clef d'or; nous te payons impôt pour vendre nos denrées. Eh bien! tu useras du même moyen avec nous. Je te livre cette porte moyennant vingt-cinq mille douros.
— C'est une trahison! gronda l'agha en lançant sur son goum un regard que surprit Ben-Akmet.
— Prends garde, dit celui-ci; si tu en appelles aux armes, je me jette dans ta ville et tu n'y rentreras jamais!

— Soit ! je te donnerai ce que tu exiges.

— Ce n'est pas assez. Nous, hommes vaillants, nous réclamons ici, le fusil en main, le droit de circuler librement dans tous les marchés ; il n'appartient pas aux gazelles de rançonner les lions ; si tu ne jures pas par le Prophète d'accomplir ces conditions, tu ne passeras pas.

L'agha sentait s'amonceler dans sa poitrine une formidable colère ; mais son goum, vaincu déjà, ne semblait pas disposé à faire son devoir. Il fallut jurer. Il le fit, à la condition que les Kabyles se retireraient immédiatement ; alors Ben-Akmet le laissa entrer, en lui disant :

— Songe au Roi des Chemins !

— Oh ! il payera pour tous, celui-là ! dit l'agha.

Les Kabyles s'éloignèrent, après avoir ramassé leurs morts et leurs blessés. Tout joyeux de leur victoire, ils firent à leur vieux marabout une ovation délirante ; il y avait bien parmi les rires quelques soupirs et quelques larmes ; mais la gloire se paye toujours avec du sang et des pleurs.

Débarrassé des Traras, l'agha plaça un poste pour défendre aux étrangers l'entrée de sa ville, et il se mit en quête des brigands. A la hauteur de son palais, il trouva une barricade qu'il lui fallut démolir et qui prit quelque temps.

Tout à coup une grande explosion retentit ; on se hâta, on se pressa, et l'obstacle enlevé, on aperçut une large brèche faite aux remparts ; puis, au loin, les bandits qui fuyaient !... Sur leurs burnous noirs se détachaient les blanches tuniques des femmes de Ben-Abdallah.

Toute la nuit, celui-ci resta sombre et éloigné, assis sur une pierre calcinée, au milieu des ruines encore fumantes de son palais ; il entendait, de là, les hurlements des hyènes et des chacals qui dévoraient les cadavres dont la plaine était couverte.

XVI

OÙ LA ROSE DES TRARAS MONTRE SA JALOUSIE ET SES ALARMES.

Il avait été convenu que Fathma, le lendemain de sa délivrance, recevrait la visite d'Elaï Lascri.

La jeune femme, grâce aux soins d'Ali, avait reçu l'hospitalité dans une case appartenant à une vieille négresse, sur la discrétion de laquelle il pouvait compter.

Cette négresse, nourrice de Mériem, l'avait bercée tout enfant sur ses genoux ; elle comprenait d'instinct l'ardent amour d'Ali pour celle qu'elle chérissait comme sa fille : aussi lui était-elle entièrement dévouée.

— Nanouss, lui avait dit Ali, je compte sur ta discrétion et ton amitié pour me rendre un grand service. J'ai une sœur, mariée à un cheik marocain dont le douar est à deux journées d'ici ; les Beni-Snassen (Kabyles marocains) ont fait une razzia contre mon beau-frère, et ma sœur a été blessée en cherchant à fuir ; son mari est mort ; il faut qu'elle trouve un asile, à l'insu de Mériem et de tout le douar. En voici le motif : ma sœur a été élevée dans la religion chrétienne par sa mère, une captive que mon père avait achetée aux pirates du Riff (côte du Maroc). Quoique j'aie une autre mère qu'elle, je l'aime beaucoup, et je serais désolé si on la persécutait ; ton maître est mahométan zélé pour son culte, Mériem jeune et étourdie ; il faut donc se taire sur la présence d'une infidèle ici. Tu la nourriras, tu en auras bien soin, et aussitôt que je le pourrai, nous lui trouverons un asile.

Et la bonne négresse avait consenti avec empressement.

Nanouss possédait près de la maison d'Ali une petite case bâtie récemment, à son grand chagrin. Les amoureux n'aiment pas les témoins : les femmes, par la pudeur charmante qui les rend si gracieuses et si touchantes ; les hommes, parce qu'ils sont trop orgueilleux pour montrer leurs faiblesses. (Les niais, ils rougissent donc on les surprend aux pieds d'une maîtresse, et c'est la place où ils se plaisent le mieux !) Nanouss eût gêné quelque peu, et même beaucoup, le couple nouvellement uni ; de sorte qu'on lui avait construit une habitation à portée de la petite voix de Mériem, qui pouvait toujours réclamer les services de sa nourrice.

Quand Ali partait, Mériem retournait habiter sa chambre de jeune fille chez son père.

Fathma, un peu souffrante, plus inquiète encore, s'était donc vu recevoir à son arrivée par la vieille Nanouss ; instruite du rôle qu'elle devait jouer, la jeune mulâtresse répondait avec assez d'adresse aux questions de la négresse qui s'étonnait un peu de son teint légèrement bistré. Mais Nanouss, très-ignorante et très-naïve, se figura que c'était la couleur particulière aux chrétiens, et même elle se souvint à propos qu'une cantinière française, entrevue pendant la guerre avait précisément la figure aussi bronzée.

Ni les prévenances, ni les attentions respectueuses ne firent faute à Fathma ; se voyant si bien traitée, la belle enfant commença à se rassurer beaucoup, elle passa une nuit presque tranquille, et le lendemain, quand elle vit entrer un beau jeune homme qui lui assura que le soir même Elaï Lascri viendrait la distraire, elle se sentit heureuse et consolée.

Lorsque l'on attend une personne aimée, le meilleur moyen d'abréger les heures est de s'occuper d'elle. Fathma questionna donc Ali sur le Roi des Chemins ; mais celui-ci, craignant d'être surpris par Mériem, se contenta de faire un très-court récit des événements de la veille, puis il se retira en promettant de revenir à la tombée de la nuit ; quand il ouvrit la porte de sa maison, il trouva Mériem parée et souriante, qui lui sauta au cou avec la pétulance d'un enfant.

— Tu me restes aujourd'hui, n'est-ce pas ? oh ! je le veux !

Et dans la crainte que la réponse ne fût mauvaise, elle l'arrêta par deux baisers sur les lèvres d'Ali.

— Puisque tu le veux, je serai ton prisonnier, fit Ali en riant, quand il eut la facilité de répondre et de rire.

— Méchant ! dit Mériem avec une moue charmante ; cette chambre, où je suis si heureuse quand je t'y vois, te semble donc un silo ?

— Tu sais bien que non ! répondit Ali en homme qui a trop bien prouvé son amour pour qu'on puisse en douter.

— N'importe ! pour te punir, tu vas me conduire promener à travers la montagne, et...

— Et tu monteras avec moi sur ma jument, comme le jour où je t'ai rencontrée.

— Du tout, monseigneur ; en ce temps-là, j'étais une petite sotte qui ne se doutait pas du pouvoir de vos yeux noirs et de vos manières câlines. Je prendrai la mule.

— Monture ombrageuse, qui te fera rouler sur l'herbe au premier caprice ; puis, comme j'aurais honte d'être à cheval et toi à terre, je descendrai, et alors... nous...

Nanouss, aux écoutes, entendit le bruit d'un joyeux éclat de rire.

La vieille nourrice faillit être surprise par les deux jeunes gens, qui couraient aux écuries. Elle les regarda partir tous les deux avec un regard d'affection maternelle : longtemps elle les contempla : elle, sautillante et étourdie ; lui, souriant aux taquineries dont la mutine enfant le tourmentait avec une grâce provoquante : leurs voix fraîches et sonores s'étaient perdues déjà au milieu des refrains dont les alouettes faisaient retentir les lauriers-roses, que la nourrice écoutait encore !

En ce moment le soleil venait de percer le voile dont le couvraient les brumes matinales, et il dorait de ses rayons radieux les cimes de l'Atlas !...

Le soir, après une tiède journée, quand le soleil empourpra les flots de la Méditerranée de ses feux mourants, la négresse vint à la rencontre de ses enfants. Ali et Mériem revenaient à pied : lui, la soutenant de son bras enlacé sous sa taille; elle, se laissant mollement bercer par une marche dont elle n'avait pas conscience. Elle était toute à ses souvenirs, à sa tendresse; la malice pétillante de son regard s'était éteinte dans une douce langueur, et aux soupirs de la bise qui commençait à agiter faiblement les feuilles des citronniers, se mêlaient les aspirations étouffées de sa poitrine, agitée par une délicieuse sensation.

Elle s'arrêta pour désigner avec un geste plein d'abandon le village qui venait de se découvrir à eux, poétiquement embelli par les splendides reflets du soleil couchant, et elle murmura :

— C'était là !...

Là, en effet, pour la première fois, son cœur avait battu; là, son amour s'était révélé subit, puissant, irrésistible; là, enfin, avait sonné pour elle la première heure d'une vie nouvelle, d'une félicité sans bornes. Et son ami, son amant, lui aussi, disait avec un accent passionné :

— Mériem, te souviens-tu? C'était là !

Depuis ce jour, Ali avait été si admirablement dévoué, si passionnément épris, si jaloux de la rendre heureuse, qu'un sentiment d'ardente reconnaissance s'empara de l'âme de la jeune femme. Elle joignit ses deux petites mains, qu'elle tendit vers lui dans un élan d'adoration exaltée; tremblante, éperdue, succombant sous le poids d'une émotion surhumaine, les yeux noyés dans une extase d'amour, elle se jeta dans ses bras, en lui disant avec une ineffable et délirante ivresse :

— Ali, Ali, je t'aime !

Puis son corps frémit, se tordant sous un frisson de fièvre, la voix expira sur ses lèvres blêmies, et elle tomba évanouie sur la poitrine du jeune homme. Celui-ci inquiet, effrayé, la porta sur le bord d'un ruisseau qui murmurait sous l'herbe, et il parvint à la rappeler à la vie.

Quand ses yeux se rouvrirent, elle se mit à pleurer; aux questions désolées d'Ali, elle répondit :

— Ce sont les larmes de joie, laisse-les couler, car le bonheur m'étouffait.

— Bien vrai demanda-t-il; bien vrai?

— Oh ! oui.

Et puis, par un de ces revirements subits si étranges, si inexplicables pour qui ne connaît pas le cœur des femmes, elle ajouta :

— Et pourtant, j'ai peur que tu ne m'abandonnes un jour; cette pensée me tue.

— Enfant, je n'aime, n'ai aimé et n'aimerai jamais que toi.

— Dis-tu vrai? d'autres femmes n'avaient jamais attiré ton regard avant moi? d'autres mains que celles-ci n'avaient jamais pressé les tiennes ?

— Non.

— Tu es si beau! fit-elle d'un air de doute.

— Sur mon âme, je le jure!

Le visage de Mériem rayonna de plaisir à cette déclaration.

— Voilà pour le passé; mais l'avenir !...

— Oh! Mériem, comment peux-tu douter!

— Je doute, parce que je suis jalouse, jalouse à en devenir méchante, ajouta-t-elle honteuse de cet aveu; hier, pendant la fête, toutes les femmes te regardaient avec envie; hier, toutes leurs têtes étaient tournées vers toi, et tous ces regards me perçaient le cœur; hier, j'ai entendu près de moi mes amies d'enfance qui proclamaient ta beauté, et les frères, les pères, les maris même, personne ne trouvait cela mauvais, excepté moi que torturaient tes succès. Elles étaient toutes fascinées, c'est pourquoi j'ai peur de te perdre.

Ali se releva, cette fois, tendit la main vers la Mecque et fit ce serment solennel :

— Par le Prophète, par Allah, qui m'entend ! je n'aurai d'autre femme que toi, je ne vivrai que pour toi, pour toi seule au monde; si tu mourrais, je mourrais aussi.

— Et moi, dit Mériem, je te donne sans réserve tout ce qu'un cœur de femme peut contenir d'affection et de dévouement. Ali, mon seigneur et mon maître, je veux t'adorer, à moi seule, autant qu'elles pourraient t'aimer toutes ensemble...

Un long baiser scella ce pacte de fidélité...

La vieille négresse avait tout entendu, sans oser se montrer; elle s'éloigna bien vite, pour recevoir les jeunes gens à l'entrée de leur maison.

Une heure après, Ali se trouvait assis sur une natte à côté de Fathma, qu'il entretenait des exploits du Roi des Chemins; la jolie mulâtresse écoutait avec une attention que les femmes apportent seulement à la voix qui parle de l'objet aimé. La certitude de revoir bientôt Élaï Lasceri, son admiration pour les merveilleux coups de main racontés par Ali, donnaient à sa figure une expression d'intérêt très-vif pour le beau narrateur; de plus, de temps à autre, elle observait la porte comme une amante qui craint une surprise. Cependant elle ne songeait qu'à l'arrivée impatiemment attendue d'Élaï Lasceri.

— Il est longtemps sans venir! dit-elle en interrompant le récit d'Ali. Hélas! peut-être nos malheurs ne sont point finis !

— Il te faut chasser ces sombres idées, répondit Ali; le hibou des nocturnes alarmes ne viendra plus attrister ton cœur; je ne dois plus désormais entendre que le doux chant de la colombe, qui salue l'aurore des journées d'amour.

— Puisse ton souhait s'accomplir, et...

Fathma n'acheva pas; un cri étouffé lui fit lever la tête ainsi qu'à son compagnon.

Ils aperçurent tous deux une femme pâle comme une de ces mortes que l'on expose dans nos églises avant l'inhumation : la lumière de la lampe qui éclairait la case jetait sur ses traits la clarté blafarde des cierges funéraires, et sa longue tunique semblait un linceul.

C'était Mériem! mais Mériem effrayante à contempler; elle semblait sortir d'un tombeau, drapée dans un suaire; par un mouvement convulsif, ses lèvres s'entr'ouvrirent, laissant tomber ce seul mot : *parjure!*

Fathma restait muette de surprise et d'effroi; Ali, atterré, ne trouvait ni un mot à dire, ni un geste à faire.

La main de Mériem montait à ses lèvres, elle les touchait déjà.

La raison d'Ali était si troublée, qu'il ne songeait pas à arrêter cette main, qui cependant contenait une petite fiole remplie d'opium.

La Rose des Traras allait mourir, quand une voix sonore retentit derrière elle, lui disant :

— Femme, tu te trompes; ton Ali n'est qu'à toi, cette jeune fille est mon épouse.

Et le Roi des Chemins, car c'était lui, marcha vers Fathma, sur le front de laquelle il déposa un baiser.

Alors, de la prunelle de Mériem jaillit un éclair dont son visage resplendit; elle bondit vers Ali comme une lionne qui retrouve le lionceau qu'on lui avait ravi, et, folle de joie, elle le couvrit de ses baisers, le dévora de ses caresses, l'étouffa de ses embrassements; puis, quand ses transports furent calmés, elle s'enfuit toute confuse, comme une gazelle effarée qu'un chasseur a surprise.

— Je suis venu fort à propos, il paraît? dit Élaï Lascri avec un sourire bienveillant.

— En vérité, pareille jalousie me fait mal, répondit Ali d'un air triste.

— Ali! murmura au dehors une voix de femme.

— Va donc à qui t'appelle, fit le Roi des Chemins en poussant doucement le jeune homme vers la porte. Celui-ci sortit, et Élaï Lascri resta seul auprès de Fatima...

— Elle l'aime bien! dit-il avec un soupir.

— Elle n'aime pas plus que moi! lui fut-il répondu avec un charmant sourire.

Quant à Mériem, dès qu'elle fut dans la maison de son mari, elle se jeta à ses genoux pour implorer le pardon de ses doutes et de son indiscrétion. La pauvre petite, timide maintenant comme une enfant prise en faute, n'osait lever la tête; Ali, le sourcil froncé, la laissait dans sa posture de suppliante; elle s'enhardit jusqu'à saisir sa main et lui dire :

— Mon bien-aimé, pardonne!

Celui-ci, brusquement, comme un homme qui fait un violent effort, la releva, l'assit sur ses genoux, et lui dit :

— Je t'ai caché mon passé, mais tu vas tout savoir. Je veux te révéler un secret qui a causé ce malentendu; si tu le peux, tu me retireras ton affection, après cette confidence.

— Et moi, répondit-elle, avant de rien écouter, je veux obtenir ma grâce, car j'ai commis une grande faute.

— Le suppliant, c'est moi.

— Alors, tu ne m'en veux pas, bien vrai?

— Non, chérie; mais permets-moi de t'expliquer...

— A quoi bon! Garde tes mystères, mon Ali; cette terrible épreuve m'a guérie de ma jalousie et de ma curiosité. Une femme doit s'abandonner aux bras d'un homme comme toi avec la confiance d'un enfant pour sa mère.

Puis elle ajouta :

— Surtout, oublie ce qui s'est passé dans cette case.

— Je veux m'en souvenir toujours, au contraire, afin d'éviter toute occasion de te faire souffrir.

— Tiens, tu es trop bon! lui dit-elle en l'embrassant avec effusion.

Et ce fut sa dernière parole, mais non son dernier baiser!...

Le lendemain matin, Ali et le Roi des Chemins étaient réunis tous deux au sommet des Traras, précisément au point où ils s'étaient abordés dès le début de cette histoire. Ils causaient depuis quelques minutes sur l'éternel sujet de la conversation des amoureux : la femme aimée. Tout à coup le voile de vapeurs qui couvrait la plaine se déchira sous les premiers rayons du soleil, et Nédromah apparut resplendissante de lumière. Ce spectacle changea brusquement l'allure de la causerie.

Élaï Lascri demanda à Ali, d'un air profondément sérieux :

— As-tu dans ton village un homme sur lequel je pourrais me fier entièrement?

Ali réfléchit pendant quelque temps; puis il dit :

— Moyennant mille douros, j'ai ton affaire. C'est un pâtre, beau garçon, brave, adroit, mais pauvre et amoureux. Ce jeune homme aime à la folie une cousine de Mériem; le père de cette jeune fille exige une dot de cinq cents douros. Le malheureux est depuis plusieurs mois plongé dans un désespoir profond; il est aimé par la jeune fille; il se donnerait corps et âme à qui lui fournirait ce dont il a besoin pour posséder l'objet de sa passion.

— Eh bien! tu lui offriras deux mille douros; seulement, après ce qu'il aura fait, il ne pourra pas retourner à son douar; il lui faudra donc se marier dès demain; reste à savoir si, après avoir été payé, il fera sa besogne.

— C'est un Kabyle! dit fièrement Ali.

— Par Allah! tu deviens susceptible à propos de tes nouveaux compatriotes, s'écria en riant le Roi des Chemins. N'importe! je le verrai et je l'interrogerai moi-même ce soir; prépare-le à cette entrevue. Si je le juge capable de fidélité et d'adresse, je lui confierai mon plan! De ton côté, souviens-toi que Ben-Akmet, ton beau-père, sera compromis dans cette affaire; mais si tu suis bien à la lettre mes recommandations, il se tirera du péril sain et sauf.

Ali fronçait déjà le sourcil, et il allait sans doute se refuser énergiquement à mêler Ben-Akmet dans une aventure où le Brouillard-Sanglant devait jouer un rôle.

— Ne juge donc pas à l'avance, dit Élaï Lascri, qui comprit les répugnances du jeune homme. Tu ne sais pas ce que je veux, et déjà tu me blâmes. Je te jure que ni la vie ni l'honneur du père de Mériem ne seront menacés; bien mieux, en te prévenant, je le sauve d'une mort certaine.

— Mais enfin, quel est donc le but que tu cherches à atteindre?

— Regarde! (Et le Roi des Chemins montrait Nédromah.) Dans quelques jours, je serai l'agha de cette ville, dit-il.

— Et pourquoi cette ambition nouvelle?

— Mohammed-Ben-Abdallah a mis ma tête à prix; malgré la terrible leçon qu'il a reçue, il veut me faire une guerre acharnée. Il a lancé tous ses chouafs (espions) en campagne; il cherche à recueillir tous les renseignements possibles sur le Brouillard-Sanglant, et dans quelques jours il rassemblera une nuée de cavaliers, avec lesquels il fouillera la province jusqu'à ce qu'il me trouve. Quitter ce pays, c'est m'avouer vaincu, perdre mon prestige, accepter une honte. Tu le vois, à tout prix, il me faut devenir le chef de cette ville où l'on suppose ma perte. Une fois maître de Nédromah, je consoliderai mon autorité en faisant de mes compagnons le noyau d'un goum redoutable; j'imposerai un tribut à tous les douars de la plaine; si, un jour, ils s'insurgent, je les ferai rentrer dans le devoir.

— Tu appelles la soumission à tes ordres un devoir?

— Sans doute; pourquoi la femme obéit-elle à l'homme? parce qu'elle est la plus faible. Pourquoi l'enfant est-il soumis à son père? parce que l'enfant est chétif, débile. Pourquoi l'esclave subit-il sous le joug? parce qu'il a été vaincu. Pourquoi l'homme enfin, prosterné devant Dieu, l'adore-t-il humblement, même quand ce Dieu le frappe? c'est que l'homme n'est rien dans la main d'Allah, qui le pulvériserait d'un regard. Eh bien! de même qu'aujourd'hui à Ben-Abdallah, agha de Nédromah, ses sujets doivent le respect, ils me devront la soumission demain, parce que j'aurai asservi leur seigneur.

— Mais, avec ce raisonnement, on peut justifier toutes les tyrannies et tous les crimes.

— Et je les justifie aussi! s'écria Élaï Lascri, emporté par la fougue de ses idées. Le règne de la force est écrit en lettres rouges au livre de la nature, par la main de Dieu lui-même; comme il a donné à l'aigle des serres pour saisir sa proie, des dents au lion pour dévorer la sienne, il m'a donné à moi l'énergie et l'audace pour dompter les hommes.

Le cœur d'Ali se révoltait contre les raisonnements sauvages du nègre; il fut heureux de trouver une objection.

— Les chacals égorgent une poule, mais ne se dévo-

En un instant, plus de trois cents cadavres jonchèrent le sol. (Page 102.)

rent pas entre eux, dit-il ; un homme qui en tue un autre est un fratricide.

— Allons donc! répliqua le nègre avec un rire sinistre ; n'ai-je pas vu les chacals se déchirer à belles dents pour une femelle! Depuis le plus petit insecte jusqu'au lion, ces luttes sont communes à tous les animaux de même espèce. Du reste, si les marabouts n'ont pas menti, qu'importe la forme de la chair? puisque toutes les créatures sortent, au dire du Coran, de la même boue, et ont été pétries de la même main, elles sont sœurs. Tiens, Ali, il me semble moins cruel d'envoyer une balle à un ennemi hideux qu'on exècre qu'à une jolie gazelle qui ne vous a rien fait. Qu'en penses-tu ?

— Je ne sais que répondre; tu es plus éloquent ce matin qu'El-Chadi, le beau parleur, mais j'ai là une voix qui me crie : « Ceci est bien ou ceci est mal. » J'écoute cette voix. Si Ben-Akmet, mon beau-père, t'entendait, il te prouverait par le Coran que tu as tort; moi, je n'aurai pas recours au livre saint pour te réduire au silence; je n'ai qu'un seul mot à prononcer.

— Oh! oh! fit le Roi des Chemins en riant, ce mot est donc bien terrible?

— Non. Il résonnera à ton oreille aussi doux que le chant de l'alouette.

— J'écoute.

— Eh bien! c'est Fathma.

Le Roi des Chemins, à cette invocation, parut embarrassé.

— N'avais-je pas raison? reprit Ali. Cette femme, vois-tu, sera ton bon génie; si tu condamnes un malheureux elle te demandera sa grâce à genoux; tu ne sauras pas résister. Si tu commets une injustice, elle te suppliera d'accorder réparation, et tu te laisseras fléchir. Tu te sens convaincu, tu gardes le silence, Elaï Lascri, tu seras bon chef; l'amour a triomphé.

Ali, d'instinct, sans autre guide que son cœur, venait de trouver cette grande loi, qui est le principe de tout bien :

L'amour!

L'amour, sans lequel Élaï Lascri aurait eu raison ; l'amour, sans lequel les rapports des hommes ne seraient basés que sur une crainte servile d'une part, une oppression inique de l'autre.

Que la sympathie des créatures l'une pour l'autre disparaisse, et le chaos renaît sur cette terre!

Ali n'avait envisagé cette question profonde et multiple de l'amour que sous une seule face ; mais cela lui avait suffi pour répondre victorieusement au Roi des Chemins.

Ali continua :

— Tu chercherais en vain, maintenant, à fermer tes yeux à la vérité ; tu distingues le bien du mal. Tu renonceras à tes ambitieuses idées, tu aimeras le calme ; il était convenu que tu gagnerais une ville du Maroc pour y passer le reste de tes jours en citadin paisible. C'est là que le vrai bonheur t'attend.

Le Roi des Chemins, pensif, avait écouté avec une attention profonde les paroles d'Ali.

Un violent combat se livrait en lui.

— Écoute, Ali, dit-il, s'il était en mon pouvoir de suivre ton conseil, je le ferais ; mais tu vas avouer toi-même que j'aurais tort en agissant ainsi. Il m'est impossible

possible d'habiter une cité sans avoir la puissance de me défendre contre l'agha, le bey ou le sultan qui en sera le maître. Que cet homme soit un vieillard avare, d'un geste il m'enverra mourir sous le sabre d'un chaouch, afin de s'emparer de mes richesses; que ce soit un jeune homme amoureux, et pour m'enlever Fathma il me jettera aux serpents de quelque silo in mondo. Végéter ainsi, trembler sans cesse, se courber humble et flatteur pour éviter le courroux du despote, c'est là une existence que peut supporter Jacob à Nédromah, mais que le Roi des Chemins n'acceptera jamais.

— Ce que tu dis est vrai, répondit Ali; il faut en ce monde être le chef ou l'esclave.

Il y eut entre les deux cavaliers une pause assez prolongée.

Ils réfléchissaient tous deux à cette étrange nécessité qui poussait fatalement dans la voie du mal un homme résolu à revenir au bien; déjà Meçaoud, le djouad (noble), s'était vu forcé de devenir bandit : il était impossible au bandit de se faire honnête homme.

Triste terre que celle où il fallait être mangeur ou mangé, voleur ou volé, bourreau ou victime!

Et telle était l'Algérie avant l'arrivée des Français.

Nous insistons sur ce point, parce que nous avons écrit la première partie de cette histoire dans le but de faire connaître les véritables mœurs des États barbaresques, certain que nous étions de justifier, par ce tableau, vrai dans ses plus horribles détails, la conquête de la France qui exécute cette noble mission civilisatrice, entravée malheureusement par un mauvais système de colonisation.

Ali rompit enfin le silence.

— Fais-toi Kabyle, dit-il, tu seras libre.

— Libre! répéta le nègre indécis.

— Certes, oui, libre comme l'oiseau dans l'air. Qu'as-tu encore à objecter?

— Rien. Seulement, tant que l'agha de Nédromah ne sera pas mort, je n'aurai pas été vengé.

Ali jeta un long regard sur le Roi des Chemins, puis il haussa les épaules.

— Au coup d'œil que tu m'as lancé, à ton mouvement de désapprobation, je vois que tu n'approuves pas ma résolution, dit Élaï Lascri. Dois-je donc laisser la vie à mon ennemi? La dette de la haine n'est-elle plus sacrée?

— Le Prophète, répliqua le jeune homme, a ordonné de rendre œil pour œil, dent pour dent. Or, tu as délivré ta femme et livré les favorites de ton ennemi à nos compagnons, qui les ont déshonorées et vendues comme esclaves. Déjà tu dépassais le but en agissant ainsi; de plus, tu as incendié un palais, versé des flots de sang, causé un désastre immense. Mais Allah semble avoir pardonné ces excès. Aujourd'hui, insatiable comme une panthère altérée de meurtres, tu médites un plan ambitieux qui coûtera la vie à bien des hommes; tu conserves une haine qui devrait être éteinte. A ta place, je m'en tiendrais là! Une nuit tu as voulu anéantir toute une tribu pour punir un seul crime; et cette nuit-là, un grand malheur est venu t'atteindre. C'est un avertissement qu'Allah t'a donné. Tiens! s'écria Ali avec un accent inspiré qui frappa le Roi des Chemins, il me semble lire dans le livre de l'avenir. Crois-le, si tu ne cherches pas à vivre désormais paisible, dans un asile tranquille, tu seras brisé par quelque catastrophe!

Élaï Lascri demeura quelques instants rêveur; la voix d'Ali avait une inflexion si vraie, qu'il se sentait ému.

Mais il surmonta l'hésitation qui s'était emparée de son âme, et il s'écria avec une sombre énergie :

— Non, pas de pardon, pas de pitié, pas de faiblesse! Je l'avais bien dit jadis à cette même place : la femme est mauvaise au cœur des braves, comme la rouille à l'acier des armes. Pour amollir mon courage, tu m'as parlé de Fathma; si je t'écoutais, le Roi des Chemins serait bientôt l'objet des risées de la province. J'ai déjà honte de moi-même.

Puis, s'exaltant encore, il continua avec force :

— Ben-Abdallah mourra, Nédromah me saluera pour chef, je soumettrai Tlemcen, je serai tout-puissant; je veux devenir le sultan du Tell. Nous verrons alors si Fathma ne préférera pas ma couronne de diamants au fez misérable d'un montagnard des Traras.

Ali comprit que désormais toute parole serait inutile pour combattre la décision d'Élaï Lascri; mais il voulut séparer sa destinée de la sienne.

— Tu as juré, dit-il, que tu me rendrais la liberté.

— Oui, dit le nègre.

— Eh bien! désormais, il n'y aura plus rien de commun entre nous. L'heure présente est solennelle; pèse chacune de mes paroles. Je suis un chemin, toi un autre; mais dans le voyage de la vie, nos deux voies peuvent se croiser. Il est bon d'établir à l'avance la conduite que nous comptons tenir. Nous déchirerons-nous comme deux chiens se disputant le même os, ou passerons-nous fièrement, en nous saluant de l'œil, avec la courtoisie de deux lions qui se rencontrent en dehors de leurs domaines de chasse?

Et Ali attendit.

En vain son compagnon essaya-t-il de retenir le jeune homme parmi les membres du Brouillard-Sanglant; il fut inflexible.

— Eh bien! dit enfin Élaï Lascri, si nous ne sommes pas amis, ne soyons pas ennemis. Ne levons jamais nos yatagans l'un contre l'autre; je te demanderai cependant avant notre séparation un dernier service. Tu m'as parlé d'un Kabyle qui pourrait me servir; je désire que tu me mettes en relation avec lui. En échange, je te donnerai les moyens de sauver Ben-Akmet d'un massacre où périront presque tous les chefs de la contrée.

— Soit! dit Ali, mais je te préviens à l'avance que je répudie toute solidarité dans cette expédition, où je jouerai un rôle malgré moi.

— C'est convenu : à ce soir, aux Rochers des Deux-Frères, répondit Élaï Lascri; amène le pâtre.

— Il y sera et moi aussi.

— Dieu te garde, Ali!

— Dieu te sauve, Élaï Lascri!

Et ils se séparèrent.

Deux jours après, vers la quatrième heure de la matinée, un pâtre kabyle, nommé Lagda el-Asiz, abordai l'agha de Nédromah au moment où celui-ci se rendait à la mosquée. Mohammed-Ben-Abdallah, depuis le malheur qui l'avait frappé, était devenu méconnaissable. Il avait perdu à la fois ses femmes, son palais et sa gloire; il était en proie à une sombre mélancolie; fidèle à ses serments, il avait payé aux Kabyles la somme promise, il les exécrait.

A la vue du pâtre, il détourna la tête en grondant quelques menaces contre sa tribu; mais le montagnard ne s'intimida pas.

— L'agha de Nédromah, dit-il, détourne sa face de moi, parce que je suis un Trara, et il a tort, car ce Trara lui apporte dans les plis de son burnous un souffle d'espérance recueilli au sommet de l'Atlas.

— Que dis-tu? demanda l'agha en tressaillant.

— Je dis que, pour Mohammed-Ben-Abdallah, l'heure de la vengeance est proche; je dis qu'il tient dans sa main le Brouillard-Sanglant. Libre à lui de tenir cette main ouverte ou fermée.

— Parle, parle vite! qui es-tu? que sais-tu?

— Je suis un berger du village d'Aïn-Kébira; je faisais pâturer mes chèvres sur un plateau de l'Atlas quand un cavalier survint et me demanda une jatte de lait que je lui donnai avec empressement. C homme aperçut dans mon troupeau un agneau qui parut lui convenir; il me dit de le lui apporter. Pensant qu'il voulait me l'acheter, je l'élevai à la hauteur de sa selle et lui en réclamai le prix; mais lui, éperonnant son cheval, s'enfuit en riant, avec mon agneau. J'appartiens à la tribu des Traras; mon amin se nomme Ben-Akmet. C'est un chef énergique qui punit l'injustice et protége ses sujets; je me mis à suivre les traces du voleur, afin de savoir à quel douar il appartenait pour le dire à Ben-Akmet et obtenir une vengeance. Longtemps je marchai sur la piste de cet homme, et enfin je parvins dans un lieu solitaire que tu connais peut être, et que l'on appelle le Vallon-sans-Eau. C'est un plateau situé au sommet de l'Atlas et entouré de montagnes inaccessibles. Pour y entrer, comme pour en sortir, il n'y a d'autre passage qu'un défilé étroit, que quelques hommes peuvent facilement défendre contre les efforts d'une troupe nombreuse. Aucune fontaine n'arrose cette vallée; et, à ma grande surprise, j'y aperçus une centaine de cavaliers qui y étaient campés. A leurs burnous noirs, je reconnus le Brouillard-Sanglant. Sans doute le Roi des Chemins a choisi cette retraite pour y braver tes efforts; il sait que tu dois le traquer bientôt, et il a choisi ce lieu pour en faire sa casbah (citadelle). Je suppose que, dans les rochers, les bandits ont pratiqué quelque sentier par où ils pourraient fuir en cas d'une défaite peu probable.

— Pourquoi peu probable? demanda l'agha avec colère.

— Parce que cinquante hommes peuvent défendre facilement le défilé contre le goum les plus redoutable. Tu penses bien que je ne suis pas assez habile pour comprendre les ruses d'un homme aussi fin qu'Élaï Lascri. C'est Ben-Akmet, notre grand marabout, qui m'a expliqué cela. Il m'a envoyé vers toi pour t'avertir de ce qui se passait; il t'offre, en outre, le secours de son bras et de son escorte de cavaliers. Elle n'est pas nombreuse, car, nous autres, Kabyles, nous sommes fantassins. Ben-Akmet a ajouté qu'il fallait se hâter, rassembler en secret et au plus vite des cavaliers bien montés, marcher toute cette nuit et surprendre demain matin les brigands. Le marabout croit qu'ils n'ont pas encore eu le temps de se fortifier complètement.

— C'est bien, répondit l'agha; je remplirai ton burnous de douros, si tu dis vrai; je te ferai pendre la tête en bas, jusqu'à ce que le sang t'étouffe, si tu mens. Que l'on surveille cet homme, et que des courriers partent pour prévenir les vingt tribus les plus voisines que j'attends leurs chefs et leurs guerriers avant ce soir; que l'on avertisse surtout l'amin des Traras que je désire lui parler le plus tôt possible.

Les ordres de l'agha furent promptement exécutés, et des cavaliers s'éloignèrent dans toutes les directions, au grand galop de leurs chevaux; quelques heures après, Ali et Ben-Akmet, servis par Mériem, prenaient le repas du soir dans la maison du vieux marabout. Celui-ci racontait à son gendre que bientôt il allait se mettre en route pour une excursion nocturne.

— Quel est le but de ce voyage? demanda Ali.

— Une chasse à l'hyène, répondit Ben-Akmet en souriant.

— Mais, père, les hyènes ne sont pas loin d'ici. Il ne faudrait pas faire mille pas dans les environs pour en rencontrer. C'est un gibier dont je fais peu de cas.

— Celle-là est dangereuse, c'est Élaï Lascri.

— Ah! le fameux chef de brigands! fit le jeune homme d'un air surpris; si je me nommais Mohammed-Ben-Abdallah, il y a longtemps que ce misérable aurait servi à fumer mes jardins.

— L'agha est brave, il ne le redoute pas; mais Élaï Lascri est difficile à rencontrer. Les Français, qui sont puissants et adroits, puisqu'ils nous ont forcés à reconnaître leur autorité, n'ont pu en venir à bout. Je déteste cet homme surtout depuis le jour où il a troublé ton triomphe, après la fantasia donnée par l'agha. Un de mes pâtres a découvert sa trace, et je l'ai envoyé prévenir Mohammed-Ben-Abdallah, qui va convoquer les guerriers et lui faire la chasse.

Ali connaissait mieux que le vieillard tous les détails de l'entreprise; néanmoins il affecta un vif enthousiasme pour l'expédition probable dont son beau-père lui proposait de faire partie.

En entendant son mari approuver le projet du caïd, Mériem se mit à pleurer, et ses beaux yeux suppliaient Ali de détourner son père de sa résolution; insensible aux larmes qui tombaient des cils noirs de la jeune femme, Ali lui ordonna de sortir de la case. Comme elle hésitait, il lui dit d'une voix dure et les sourcils froncés:

— Mériem, la fille d'un chef et la compagne d'Ali doit savoir cacher ses pleurs et sourire au départ des guerriers. Laisse-nous seuls, et va préparer nos burnous de voyage.

C'était la première fois que son mari la regardait avec colère; c'était aussi la première fois qu'il lui parlait en maître; le cœur brisé par ses reproches, Mériem vint se jeter à ses pieds en s'écriant :

— Oh! mon seigneur, calme ton courroux et pardonne à ma tendresse; je vous aime tant tous deux que mon cœur a parlé plus haut que ma raison.

Et, la tête baissée vers le sol, la pauvre enfant n'osait plus lever les yeux, dans la crainte de rencontrer encore le regard qui l'avait effrayée. Ali la releva tendrement, et la pressant sur son cœur, il murmura à son oreille :

— Ne tremble pas ainsi, et sois moins triste; j'accompagne ton père pour le sauver.

Puis il ajouta à haute voix :

— Allons, sèche tes pleurs, et va surveiller les préparatifs de notre départ.

La jeune femme sortit consolée, et elle attendit patiemment qu'Ali pût lui expliquer quels étaient les dangers qui menaçaient son père, et comment il comptait les prévenir.

XVI

OÙ ÉLAÏ LASCRI DEVIENT AGHA.

Pendant toute la scène que nous venons de raconter, le vieux marabout avait conservé une impassibilité apparente; mais après le départ de son enfant, il pressa la main de son gendre et lui dit :

— Tu es digne de moi, mon fils. Tu viens d'épargner à ma tendresse de père une leçon que la faiblesse de ma fille méritait; mais, crois-le, Mériem a le cœur aussi fier que moi; elle saurait mourir pour nous sauver; son amour l'égarait.

— Père, répondit Ali, tu m'as cédé un trésor que je sais apprécier; la colère était sur mon front et la pitié dans mon âme quand j'ai parlé à ma femme.

En ce moment entra le courrier de l'agha.

Après avoir salué Ben-Akmet et son gendre avec une déférence qui témoignait de la haute estime qu'éprouvait son maître pour eux, il annonça au vieillard que Mohammed-Ben-Abdallah l'attendait.

— Je me tenais prêt à partir, répondit Ben-Akmet; tu diras à ton maître que je lui amène aussi mon gendre, le vainqueur des dernières courses.

— L'agha te fait demander si c'est bien toi qui as envoyé vers lui Lagdar-el-Asiz?

— Oui, et je désire que l'on traite ce pâtre avec beaucoup d'égards ; nous lui devons une découverte précieuse.

— C'est bien ; je vais rejoindre celui qui m'a envoyé et le prévenir de ton arrivée.

Le courrier repartit dans la direction de Nédromah ; Ali quitta le vieillard et se dirigea vers la maison où Mériem l'attendait.

Les yeux rouges encore des larmes qu'elle avait versées, elle accueillit son mari avec cette petite moue charmante que, dans tous les pays du monde, savent prendre les filles d'Ève envers celui qui a un tort à faire oublier.

Qu'elles habitent un sérail ou un boudoir, les femmes n'en sont pas moins toujours des démons pleins de coquetterie gracieuse et de malice ravissante ; Mériem devinant sur le visage de son mari le regret de lui avoir causé un chagrin, résolut de se faire prier pour accorder un pardon ; malgré la domination absolue que le Coran accorde aux époux musulmans, une jolie femme, même en Algérie, règne tyranniquement sur les cœurs épris de sa beauté ; un retard rend toujours un désir plus ardent ; aussi Ali, voyant sa femme lui refuser un baiser de réconciliation avec un charmant petit air mutin, se mit à ses genoux et lui dit en saisissant ses mains mignonnes :

— Méchante enfant, tu ne sais donc pas ce qu'il m'a fallu de courage pour feindre de te gronder ?

— Mais enfin, dit-elle en cachant la joie qu'elle éprouvait de voir celui qu'elle aimait tant implorer tendrement une douce caresse, pourquoi affecter un sentiment que tu n'avais pas ? pourquoi ces dures paroles qui me punissaient de trop te chérir ?

— Parce que ton père ne te reverrait jamais s'il accompagnait l'agha jusqu'au terme de son voyage. Il faut qu'en chemin je trouve un moyen de l'éloigner, et s'il avait la moindre défiance je ne réussirais pas ; il sait combien je suis épris de toi, et il est convaincu que, pour avoir surmonté ma passion au point de te gronder sévèrement, il faut que je sois bien dévoué aux intérêts de l'agha. Il ne m'accusera donc pas si un événement fortuit vient arrêter dans sa marche. Dis, maintenant que tu me devras ton père, me refuseras-tu encore ce baiser qui doit me porter bonheur ?

Mériem se pencha vers son mari, mêlant les boucles ondoyantes de sa chevelure à la sienne, et elle posa sur son front ses lèvres frémissantes en lui disant de sa douce voix :

— Tiens, voilà la récompense de ton dévouement !

Bientôt la voix de Ben-Akmet vint arracher le jeune homme aux bras de sa femme ; il s'élança en selle sur sa belle jument noire, et envoyant à Mériem un baiser d'adieu, il lui renouvela par un signe l'assurance qu'il protégerait son père. Quant au vieux chef, il embrassa tendrement sa fille et se dirigea vers Nédromah, suivi d'Ali et des cavaliers de la tribu.

Longtemps Mériem les contempla s'éloigner, puis elle rentra rêveuse, songeant aux mystères que lui cachait son mari.

Quand Ben-Akmet et sa suite arrivèrent à Nédromah, ils trouvèrent, comme l'avait prévu Ali, cinq cents cavaliers réunis aux portes de la ville et attendant que la nuit fût arrivée pour se mettre en route. A la tête de cette petite armée se tenait Mohammed-Ben-Abdallah, que Ben-Akmet alla saluer en lui présentant Ali ; l'agha parut enchanté de voir que le jeune homme eût épousé sa cause. Il remercia Ben-Akmet de son dévouement et du guide qu'il avait envoyé.

Lagdar-el-Asiz, le pâtre, se tenait derrière l'agha, et il échangea un regard d'intelligence avec Ali.

Mohammed-Ben-Abdallah donna le signal du départ, et aussitôt la petite colonne s'ébranla derrière lui. Ces cavaliers, sans être organisés comme escadrons, marchaient avec une certaine régularité, et surtout avec un calme admirable ; ils prenaient rang par tribu et conservaient dans ce voyage nocturne le silence habituel des Orientaux.

Entre un goum arabe (troupe armée) et un régiment français, il existe une immense différence. L'Arabe affronte la mort avec un admirable sang-froid ; au plus fort du danger il répète ce verset du Coran : « Ce n'est pas la balle qui tue, mais la destinée ! » il s'élance malgré le fer et les balles, certain que l'ange de la mort, qui plane au-dessus des champs de bataille, ne l'effleurera pas de son aile noire, si l'heure de son trépas n'a pas sonné. Un autre effet de cette croyance, c'est de rendre le musulman soumis aux décisions de ses chefs dont il ne discute jamais les projets ; qu'importent les sages dispositions du général, puisque c'est Allah qui donne la victoire ! Pour le croyant, un capitaine n'est pas plus ou moins habile ; non : il est plus ou moins favorisé du prophète qui lui envoie des inspirations bonnes ou mauvaises, selon qu'il veut faire triompher son parti ou lui infliger une défaite.

Le soldat français, au contraire, discute les actes de ses généraux, veut savoir où il va et pourquoi il se bat ; se passionnant pour les principes qu'il défend, il n'hésite pas à leur sacrifier sa vie ; mais il ne sait pas se battre en aveugle, il lui faut une conviction. En route, il songe à la gloire ; la décoration brille devant lui au milieu de la fumée du combat ; c'est une étoile qui l'attire comme le flambeau des nuits attire le papillon ; ce sont là les pensées de noble ambition qui font briller son regard, quand, fatigué de parler ou de chanter, il réfléchit.

L'Arabe, lui, plongé dans une méditation profonde, ne cherche pas dans une ambition légitime un motif de courage ; bercé par le pas de son cheval, il rêve aux joies du paradis. Résigné à sa position en cette vie, il n'a pas l'espoir de l'améliorer. Il vit surtout par l'imagination, et aux biens matériels qui lui manquent il supplée par les jouissances imaginaires que sait créer son esprit fantastique. L'usage du hatchich en est la preuve.

Telle est l'immense différence qui sépare les deux peuples ; tous deux, par des causes opposées, en arrivent à braver la mort avec un sublime dédain : le Français, par dévouement à un principe et par un sentiment d'honneur ; l'Arabe, par le fanatisme et l'indifférence pour la vie matérielle.

Au milieu de cette nuit obscure, les cavaliers de l'agha marchaient donc silencieux, ignorant le but de leur voyage ; ils ne songeaient pas à le demander.

Abdallah savait que Ben-Akmet détestait Élaï Lascri, et il n'avait pas le moindre doute sur la véracité du récit fait par un pâtre de son village et garanti par le vieux marabout. Ce dernier approuva fort le plan de l'agha, qui était d'arriver au point du jour à l'entrée du défilé, de se précipiter sur les bandits avant qu'ils eussent pu se reconnaître et de les tailler en pièces. Par ce moyen, on pouvait les massacrer sans qu'il leur fût possible de gagner le chemin qu'ils avaient dû se ménager dans les montagnes. L'agha avait bien songé à faire occuper les hauteurs qui dominaient le Vallon-sans-Eau ; mais il eût fallu réunir au moins trois mille fantassins, et cela eût demandé du temps et du bruit, deux choses nuisibles au succès d'une expédition.

En tête du goum (troupe armée) était le guide qui, au milieu des ténèbres, souriait de telle façon que l'on n'aurait pu dire si c'était la joie de se voir riche ou une pensée ironique qui plissait ses lèvres. Certes, si l'agha eût intercepté le coup d'œil échangé avec Ali, s'il avait vu ce sourire indécis du guide, il se fût probablement défié de lui ; mais, heureux de se croire aussi près de sa vengeance, il caressait la pensée d'un supplice à infliger à Élaï Lascri, et cette espérance soulageait son âme, oppressée par la douleur que lui causaient la perte de ses femmes et l'affront sanglant qu'il avait reçu.

Derrière lui s'avançaient ses cavaliers : la colonne suivait un chemin difficile, au milieu des défilés de l'Atlas, digue imposante de granit soulevée par la main de Dieu entre le Tell et les vagues fauves du Sahara, cet océan de sable. La route traversait des sites d'un aspect grandiose et sombre. Tantôt c'étaient des abîmes sans fond, suspendus au flanc des montagnes, gouffres béants dont l'œil épouvanté n'osait sonder la profondeur; tantôt c'étaient des pics qui se perdaient dans la nue et dont l'homme, créature chétive, ne pouvait contempler la prodigieuse élévation sans se sentir écrasé par ces énormes masses. Partout les sublimes horreurs d'une nature puissante et sauvage apparaissaient dans toute leur nudité. La main de l'homme n'avait pas encore enlevé à ces montagnes vierges leur cachet divin.

Depuis sept heures la colonne marchait, lorsque le guide se retourna pour prévenir l'agha que l'on approchait d'un défilé au bout duquel se trouvait le Vallon-sans-Eau.

Il lui conseilla de recommander à ses hommes de serrer les rangs le plus possible, afin de pouvoir déboucher tous ensemble dans la plaine où se tenait Élaï Lascri. L'agha voulut envoyer un cavalier pour s'assurer si les bandits étaient toujours là où Lagdar-el-Asiz les avait vus. Mais celui-ci fit observer que, dans le cas où Élaï aurait placé une sentinelle, la vue de cet éclaireur pourrait donner l'éveil à toute la bande et faire manquer l'expédition.

— Du reste, ajouta-t-il, nous sommes encore à une demi-heure de la gorge, qui elle-même est fort longue; eh bien! regarde à travers la brume du matin, et tu verras une colonne de fumée qui s'élève au-dessus des montagnes, preuve que les bandits ont établi un poste à l'entrée du défilé. Ils sont probablement en train de préparer le repas du matin. Voilà le jour qui se lève.

— Tu as raison, dit l'agha, et tu feras un bon chef; nous pouvons arriver jusqu'auprès de la gorge sans être découverts; une fois là, je lance ma troupe au galop, et nous tombons sur ces brigands maudits avant qu'ils aient pu se reconnaître. De cette façon, les sentinelles qu'ils ont placées deviendront inutiles.

Après avoir pris cette résolution, Mohammed-Ben-Abdallah recommanda à ses hommes de mettre pied à terre et de se préparer au combat :

— Élaï Lascri est entre nos mains, leur dit-il, ne le laissons pas s'échapper; il est campé derrière la montagne que vous voyez devant vous.

Quand ils surent qu'ils allaient avoir affaire à Élaï Lascri, les guerriers éprouvèrent comme un sentiment d'hésitation. Leur croyance fanatique dans la destinée était combattue par le prestige de terreur qui entourait le nom du bandit. En ce moment, le cri de la hyène retentit, sinistrement répété par l'écho des ravins. L'agha remarqua sur tous les visages un tressaillement involontaire. Il rassura sa troupe en s'écriant :

— Ne voyez-vous pas que le rôdeur des nuits (nom donné à la hyène par les Arabes) nous annonce la défaite de nos ennemis? Allons! préparez vos armes, et vengeons la mort de tant des nôtres qui sont tombés sous le yatagan d'Élaï Lascri.

Suivant l'ordre de leur chef, les Arabes firent jouer les batteries de leurs pistolets, renouvelèrent les amorces et réparèrent le désordre causé par la route au harnachement de leurs coursiers.

Ali ne voulut pas que son beau-père prît la peine de visiter ses armes. Il se chargea lui-même de ce soin avec une sollicitude toute filiale. Puis, avant de le laisser remonter à cheval, il lui présenta une gourde pleine d'eau, lui conseillant d'en boire une gorgée avant le combat qui se préparait, parce que cette eau, disait-il, venait d'une fontaine sacrée, où il l'avait puisée lui-même. En cas de mort, cette boisson salutaire lavait les souillures de l'âme et ouvrait le chemin du ciel. Croyant, comme tous les musulmans, aux merveilleuses propriétés des puits saints, Ben-Akmet avala quelques gouttes de cette eau, qu'il trouva d'un goût étrange; l'on se remit en route, mais au bout de cinq minutes le vieillard sentit sa tête s'alourdir; en vain il voulut se roidir contre le sommeil qui l'accablait, il finit par abandonner les rênes, et chancela sur sa selle; Ali le reçut dans ses bras en disant tout bas : — Le sommeil de l'opium dure un jour, et celui de la mort dure éternellement.

Il avait mélangé un narcotique avec le breuvage qu'il avait offert à son beau-père. Ali courut s'excuser auprès de l'agha de ne pouvoir suivre l'expédition; Ben-Abdallah, en voyant le vieux marabout pris d'une défaillance qui ressemblait à la mort, songea que bientôt il allait par ce trépas être dégagé du serment onéreux fait le jour de l'incendie.

Il ne sut qu'à demi dissimuler sa joie.

— Ton beau-père semble bien malade, dit-il; je te conseille de le faire soigner par un homme habile. C'est un grand guerrier que le marabout Ben-Akmel; c'est à lui que les Traras doivent la liberté de trafiquer en toute franchise sur mes marchés.

— Si Allah rappelait à lui le père qu'il m'a donné, répondit Ali, je jure que je défendrais son héritage avec tant d'énergie qu'il resterait intact.

Et le jeune homme, sans plus s'inquiéter de l'agha, prit toutes les mesures pour ramener à Aïn-Kébira le vieux chef endormi.

Dix minutes après le départ des Kabyles, le goum de Mohammed-Ben-Abdallah arriva en face du défilé dont le guide avait parlé. En cet endroit, la montagne, fendue de la base au sommet par un tremblement de terre, offrait un passage étroit entre des rochers à pic qu'il était impossible d'escalader. Cette gorge était si profondément creusée entre deux murailles naturelles, que les rayons du soleil n'y pénétraient jamais. Les traces du cataclysme qui l'avaient formée étaient encore visibles comme au premier jour; si la montagne était venue à se rejoindre, chaque saillie de roc aurait pu retrouver sa place dans la paroi voisine. Ce ravin était d'une aridité désolante; l'irruption du feu souterrain avait desséché le sol pour toujours en l'inondant de torrents de lave incandescente; aucune verdure ne poussait sur ce terrain volcanique, et l'on ne voyait pas un seul brin de mousse entre les interstices des pierres. Ce sombre lieu était encore attristé par un profond silence; aucun chant d'oiseau, aucun cri d'insecte n'en venait troubler la morne solitude.

Frappés par l'aspect sauvage et triste de ce site, les Arabes l'avaient surnommé le Ravin-Maudit.

A l'entrée du col était suspendue une roche énorme, qui surplombait au-dessus de la tête des voyageurs qui s'y aventuraient à de rares intervalles; on ne pouvait avancer que cinq de front dans ce couloir ténébreux, et comme l'avait ordonné leur chef, les guerriers avaient serré les rangs. Le poste de bandits, que le guide avait montré à l'agha, s'enfuit à bride abattue dès que la troupe fut en vue; ils avaient quelques minutes d'avance, et ils disparurent dans les profondeurs du col.

Les Arabes considéraient d'un œil inquiet la masse énorme qui menaçait de les écraser au passage; ils semblaient hésiter, car la roche ne tenait que par un miracle d'équilibre. Mais Mohammed-Ben-Abdallah commandait *en avant*, et il s'élança sur la trace des fuyards, entraîrant derrière lui tout son goum, qui poussa le cri de guerre. Les cinq cents guerriers s'engagèrent dans le défilé en ébranlant de leurs clameurs l'écho des montagnes.

Leur chef, l'œil en feu et les narines dilatées, galopait à leur tête, brandissant son yatagan et tenant son pistolet au poing (selon l'habitude des Arabes), il dirigeait son cheval par la simple pression des genoux. Déjà il croyait tenir sa vengeance, quand, à un détour de la gorge, il vit se dresser devant lui une énorme barricade, formée de troncs d'arbres abattus et entassés les uns sur les autres.

Cette barrière arrêta l'élan de toute la troupe; il était impossible de la franchir, et les chevaux des bandits qui s'étaient sauvés à l'approche du goum, étaient restés abandonnés par leurs cavaliers au pied de cet obstacle insurmontable.

Une corde qui se balançait le long des rochers, et que remontait une main invisible, indiqua à l'agha le chemin qu'avaient pris les maîtres de ces coursiers, errant sans cavaliers. Il ne fallait pas songer à les suivre.

Il ordonna à ses hommes d'abattre la barricade; mais pendant qu'ils s'épuisaient en efforts impuissants, on entendit comme le pétillement d'un feu qu'on allume. En un instant, la flamme monta par-dessus les arbres et transforma la barrière. Il fut bientôt impossible d'en approcher. Désormais, le passage était impossible de ce côté, du moins, avant longtemps.

Un doute terrible traversa alors l'esprit de Mohammed-Ben-Abdallah : il chercha des yeux le guide; il avait disparu.

L'agha soupçonna une trahison.

Voyant que le bûcher ne s'éteindrait pas de sitôt, il se mit en selle et ordonna à son goum de le suivre hors du col, afin d'essayer de rejoindre les bandits par un autre chemin. Il savait que le Vallon-sans-Eau était sans issue et bordé de remparts naturels; mais peut-être les brigands avaient-ils eu l'idée de tailler un sentier dans le roc.

Craignant de les laisser échapper, il se hâtait de sortir du défilé, quand soudain retentit une explosion terrible. A travers un nuage de poussière et de fumée, la roche qui dominait l'entrée du ravin chancela, soulevée par une mine, et roula avec un fracas épouvantable au fond du passage, qu'elle boucha hermétiquement.

Un cri d'horreur s'échappa de cinq cents poitrines à la fois, et un ricanement sinistre y répondit sur le sommet des crêtes.

L'agha et les siens comprirent qu'ils étaient perdus; d'un côté un rempart de feu, de l'autre un mur de pierre les tenaient enfermés.

En vain ils essayèrent de faire bondir leurs chevaux sur les débris de granit amoncelés par l'explosion; au-dessus d'eux se dressait la roche principale, contre laquelle vinrent se briser les élans furieux de leur désespoir.

Les cavaliers se regardèrent entre eux, en proie à un morne découragement, et le cri de la hyène, qui vint encore retentir lugubrement à leurs oreilles, résonna pour eux comme un chant de mort. Ils attendirent avec une angoisse inexprimable la fusillade qui allait les décimer sans doute.

Ils se trompaient; Élaï Lascri ne voulait pas user sa poudre !

Une pierre se détacha du sommet de la montagne et vint rouler en sifflant au milieu des rangs pressés, écrasant tout sur son passage ; un autre quartier de roc partit du côté opposé, puis ce fut une véritable avalanche qui, roulant le long des pentes presque à pic du défilé, vint s'abattre avec un bruit formidable sur les Arabes épouvantés.

En un instant, plus de trois cents cadavres jonchèrent le sol, et au milieu des cris d'effroi, des plaintes des mourants, des hennissements de douleur des chevaux, la pluie de rochers continuait toujours, sans que l'on pût voir les mains qui les détachaient du haut de la montagne.

L'agha et son fils, qui l'avait accompagné, étaient morts des premiers.

Les suivants, éperdus, les yeux hagards, les cheveux hérissés, cherchaient une issue, en proie à une terreur indicible; les projectiles les poursuivaient partout.

Enfin, cédant à une frayeur superstitieuse, ils tombèrent à genoux, implorant la divinité terrible dont ils croyaient avoir encouru la colère; mais les pierres roulaient toujours, et l'œuvre de destruction continuait sans relâche !

Quand le dernier homme fut tombé, quand le dernier cri de désespoir eut retenti, la noire figure d'Élaï Lascri se dressa au sommet du ravin, et autour d'elle apparurent les têtes hideuses de ses compagnons, qui se penchaient pour voir la scène affreuse que présentait le champ du carnage.

La terre était couverte de débris humains, broyés et meurtris ; c'était un amas confus de poitrines entr'ouvertes, de crânes brisés, de membres séparés du tronc.

Aux aspérités des pierres, des lambeaux de chair restaient attachés, et le sang, tiède encore, coulait à larges flots, dégageant une vapeur rougeâtre qu'aspirait Élaï Lascri avec la volupté d'un tigre.

A le voir ainsi planant, enveloppé dans son burnous sombre, au-dessus de ce tableau de meurtre, on eût dit le génie du mal, entouré de son cortège de démons.

Aux accents de la rage et du désespoir avait succédé un silence funèbre, et la flamme mourante du bûcher, qui commençait à s'éteindre, semblait être le flambeau tristement symbolique qui brûle auprès des morts!...

Les bandits, à l'aide de longues cordes, descendirent dans le ravin ; il leur restait encore une sanglante moisson à recueillir.

Comme les Indiens d'Amérique, les Arabes ont l'habitude de couper les têtes de leurs ennemis pour en garder les témoignages de leurs victoires. Cette sauvage coutume est profondément enracinée dans leurs mœurs, et aujourd'hui encore ils la renouvellent dans les combats que leur livrent nos soldats. Comme une nuée de vautours s'acharnant sur des cadavres, les brigands, du haut des crêtes, se laissèrent glisser au milieu des morts, et, saisissant les cheveux de leurs ennemis, ils leur faisaient sauter la tête d'un coup de yatagan.

Pendant qu'ils accomplissaient cette tâche barbare, le feu s'était éteint.

Ils déblayèrent le sol des charbons qui l'obstruaient et gagnèrent le Vallon-sans-Eau, chargés des dépouilles de leurs victimes.

Comme l'avait prévu, mais trop tard, l'agha Ben-Abdallah, ils avaient taillé, dans le roc, un sentier que leurs chevaux arabes pouvaient escalader, grâce à leur merveilleuse agilité; ils parvinrent, en les tenant par la bride, à leur faire gagner le sommet des rochers qui entouraient cette vallée; une fois arrivés sur les hauteurs, ils se mirent en selle, et derrière eux, ils accrochèrent les sanglants trophées qu'ils avaient recueillis sur le lieu du massacre.

D'après l'ordre d'Élaï Lascri, ils galopèrent dans la direction de Nédromah en poussant le cri de la hyène pour célébrer leur triomphe.

Ce soir-là, l'on entendit dans le Ravin-Maudit un concert de mugissements effroyables et de sons discordants. Des bandes innombrables de chacals et de hyènes attirées par les émanations sanglantes que la brise emportait au loin en passant au-dessus du défilé, s'étaient donné rendez-vous dans ce lieu pour se livrer à un horrible festin.

A leurs clameurs féroces se mêlaient les craquements des os qui se brisaient sous leur dent meurtrière, et, pendant toute la nuit, ces animaux affamés ne cessèrent de dévorer les cadavres que la main d'Élaï Lascri avait entassés à profusion au fond de la gorge sombre.

Le lendemain, de ces cinq cents hommes qui avaient péri si malheureusement, il ne restait plus que des ossements épars dont les bêtes fauves avaient sucé la moelle.

Pendant que les chacals s'appelaient par des hurlements lamentables à ce banquet de chair humaine, les habitants de Nédromah sortaient de leur ville, étonnés de voir resplendir une illumination subite sous les oliviers des jardins qui entouraient leurs murailles.

Ils accouraient joyeux, pensant que l'agha arrivait vainqueur de son expédition.

Mais bientôt leur allégresse se changea en douleur.

A la fantastique clarté d'une quantité innombrable de torches, ils aperçurent, suspendues aux branches des arbres, les têtes de tous les cavaliers qu'ils avaient vus partir la veille. C'était un spectacle effrayant, que ces cinq cents trophées hideux et tachés de sang, qui se balançaient au gré du vent, éclairés par les reflets incertains de la résine.

Au plus gros olivier, la tête de l'agha et celle de son fils ressortaient plus distinctes que toutes les autres; devant ces pâles figures se tenait Élaï Lascri, les bras croisés sur sa poitrine, et l'œil audacieusement fixé sur la foule. Un peu en arrière de la rangée d'arbres qu'éclairaient les flambeaux, on distinguait une ligne sombre de cavaliers, qui, le yatagan au poing, semblaient n'attendre qu'un ordre de leur chef pour s'élancer sur toute cette multitude sans armes.

Cette scène était d'un effet si saisissant que le peuple, en proie à une profonde épouvante, se prosterna devant ce bandit à la renommée sanglante, et, l'effroi étouffant la douleur, il attendit dans un silence profond les conditions que ce roi du mal allait imposer.

Pendant quelques instants, Élaï Lascri promena sur cette multitude hébétée par la peur un regard d'orgueil satanique, celui que l'ange des ténèbres dut jeter sur ceux qui se courberent sous son empire, au jour de la grande révolte.

Puis il entra dans Nédromah, dont il se déclara agha.

XVII

OU LA FRANCE INTERVIENT SOUS LA FORME D'UNE JOLIE FEMME.

A l'époque où se passait le drame que nous contons, Oran était déjà une florissante cité, disposée en amphithéâtre sur les bords de la Méditerranée, dont les flots bleus reflétaient ses blanches maisons et les minarets de ses mosquées.

Alors, comme aujourd'hui, la partie la plus pittoresque de la ville était le ravin profond qui la sillonne du nord au midi. Il est dominé d'un côté par les débris antiques d'une forteresse en ruine, et de l'autre par le mont Santa-Cruz, dont l'aspect sauvage fait ressortir encore la riante beauté du site qui s'étend à ses pieds.

Les pentes de ce ravin, fertilisées par de nombreux ruisseaux, sont couvertes d'une luxuriante végétation, et le murmure des eaux coulant sous l'herbe épaisse se mêle au concert des oiseaux qui peuplent les bosquets; à l'ombre des palmiers élancés et des orangers en fleurs se cachent de nombreuses villas qui, du haut du Santa-Cruz, apparaissent à peine au milieu des berceaux de verdure.

La nuit avait étendu ses voiles diaphanes sur les beautés splendides de la nature africaine; c'était une nuit des tropiques, plus transparente et plus belle qu'une journée d'hiver dans nos climats brumeux; les étoiles scintillaient dans l'azur d'un ciel sans nuages, et la brise du soir embaumait la terre du parfum des eaux.

Sur la terrasse d'une maison entourée d'arbres qui l'entretenaient dans une délicieuse fraîcheur, une jeune femme était assise, respirant les senteurs exquises qu'exhalaient les fleurs dont cette terrasse était couverte; sous les plis d'un long burnous qui l'enveloppait, on devinait les voluptueux contours d'une taille souple et cambrée; des pantoufles marocaines chaussaient à peine ses pieds mignons, qu'elle agitait avec une grâce mutine; sa figure offrait un singulier mélange de coquetterie provoquante et de dignité majestueuse.

Si ses yeux étaient remplis de flamme, si sa bouche aux lèvres roses semblait appeler les baisers, son front noble et sévère répandait sur ses traits cette imposante fierté qui force un amant au respect, jusqu'au moment où l'amour fait triompher le cœur de l'esprit, le sentiment de la pensée. Ce n'était pas une jeune fille, car son regard n'avait plus la timide langueur de la vierge qui aspire vaguement vers un bonheur encore inconnu. Elle n'était pas mariée, car, à l'expression heureuse et calme de son visage, on devinait qu'elle se livrait en toute liberté à des pensées d'amour, et que l'image importune d'un mari ne venait pas entraver l'essor de ses rêves. Une femme qui regarde le ciel, la tête appuyée sur sa main, seule dans le silence des nuits, est évidemment amoureuse. On peut même affirmer qu'elle effeuille la première fleur de sa passion; car le jour où un baiser a été échangé, la femme ne songe plus, elle se souvient... et madame de Saint-Val (c'était le nom de la jolie rêveuse) se souvenait...

Veuve depuis deux ans, elle sentait au fond de son cœur un amour naissant.

Mariée toute jeune à un homme trop positif pour comprendre son caractère enthousiaste et poétique, trop âgé pour lui inspirer de la tendresse, elle n'avait connu que les tristesses de l'hymen. Son mari, qui occupait un poste élevé dans l'intendance militaire, avait été envoyé en Algérie, où la mort l'avait frappé après une maladie longue et douloureuse.

Madame de Saint-Val avait accepté avec une admirable résignation la triste position que lui imposait une union aussi mal assortie; elle avait accompli noblement ses devoirs d'épouse et avait su comprimer au fond de son cœur les élans de son âme ardente. Une fois libre, elle s'était juré de n'épouser qu'un homme digne de l'amour profond qu'elle se sentait capable d'éprouver, et qui saurait la rendre heureuse en le partageant. Elle n'avait pas voulu quitter l'Afrique, dont le climat enchanteur et la riche nature lui plaisaient.

Son mari avait une tante qui lui avait voué une amitié profonde et dont la tendre affection lui était précieuse; elle s'était retirée avec elle dans ce ravin ombreux et la considérait comme sa mère.

Madame de Saint-Val vivait dans une retraite presque absolue, ne fréquentant que très-rarement les salons du gouverneur, avec la femme duquel elle était étroitement liée. Dans les commencements de son veuvage, de nombreux adorateurs avaient essayé de lui plaire, séduits par son esprit et sa beauté, peut-être aussi par sa richesse, car elle possédait une fortune considérable; mais elle avait accueilli si froidement leurs hommages, qu'ils s'étaient retirés découragés. Pendant près de deux ans, la jeune veuve n'avait trouvé aucun prétendant capable de toucher son cœur, et l'on se demandait si la jolie recluse (c'est ainsi qu'on la désignait, voulait terminer ses jours loin du monde, au fond de sa villa solitaire. Les célibataires d'Oran avaient fini par adopter cette opinion, que la tante de madame de Saint-Val ne partageait pas.

Elle venait d'arriver sur la terrasse et souriait en voyant que sa nièce, tout à ses rêveries, ne s'apercevait pas de sa présence.

Elle vint s'asseoir à côté d'elle, entoura de ses deux bras, avec une maternelle tendresse, la jolie taille de la jeune femme, et lui dit :

— Tu penses à lui !

Madame de Saint-Val, surprise, poussa un petit cri de frayeur, baissa les yeux et ne répondit pas. Seulement, elle poussa un soupir.

— Je comprends, fit sa tante, il ne revient pas, tu t'ennuies.

— De qui parlez-vous? demanda la jeune fille femme.

— Tu le sais bien, mon enfant : de ce beau capitaine de spahis !

— Monsieur Mérieul !

— Précisément.

— En vérité, vous vous trompez, si vous croyez que son souvenir me poursuit.

— Tu as tort, si tu le dis vrai. Songe, chère petite, qu'à cette heure il est au milieu d'une tribu arabe à peine soumise, et qu'il y brave de grands dangers : tout cela pour toi. Tu n'ignores pas que c'est pour châtier ceux qui ont incendié une concession à toi appartenant qu'il est parti avec ses spahis. Et, hier encore, le gouverneur était inquiet, n'ayant de lui aucune nouvelle.

Ces mots firent pâlir la jolie veuve.

— Mon Dieu, s'écria-t-elle, s'il allait se faire tuer ! Je serais la cause involontaire de sa mort.

— Rassure-toi ; je voulais savoir si tu l'aimais : j'en suis sûre maintenant. Il reviendra bientôt.

— Vous m'avez cruellement alarmée.

Et, en disant cela, madame de Saint-Val essuya une larme.

— Pardonne-moi, reprit sa tante émue ; avant de te donner un conseil, je tenais à connaître l'état de ton cœur. Certaine, maintenant, que tu as de la tendresse pour lui, je viens t'engager à accepter sa main.

— Il ne s'est pas encore déclaré.

— A toi, non ; mais à moi, si. Du moins, il m'a clairement donné à entendre que la crainte seule du refus l'arrêtait. Toutes les fois qu'il veut parler d'amour, tu as, paraît-il, des regards qui l'intimident. Pourquoi? Ce serait un parti digne de toi.

La jeune femme réfléchit un peu, puis elle dit :

— Écoutez, ma tante : moi aussi, j'ai peur d'un refus.

— Je ne comprends pas.

— Vous allez comprendre : mon premier mariage a été malheureux.

— Hélas ! oui, fit la tante.

— Le second pourrait l'être aussi. Afin d'éviter ce malheur, je n'accepterai la main d'un homme qu'après une longue épreuve. Je crains que M. Mérieul ne consente pas à se soumettre aux conditions que j'imposerai.

— Eh bien ! le voilà qui accourt : j'entends le galop de son cheval. Dis-lui quelles sont tes volontés, je crois qu'il obéira.

— Vous me quittez ?

— Eh ! oui. Ne faut-il pas que vous soyez seuls quelque temps !... Tu n'es plus une jeune fille ; une veuve a quelques privilèges.

— Ma tante... je tremble. Il va peut-être me faire une déclaration

— Poltronne ? s'écria la tante en riant.

Et elle l'embrassa avant de la quitter.

Le galop qu'avait entendu la tante de madame de Saint-Val se rapprochait de plus en plus, et toute frémissante, la jeune veuve se disait :

— C'est bien lui...

Le capitaine Mérieul était le neveu d'un riche banquier, qui l'avait déshérité, parce qu'il avait voulu s'engager à dix-huit ans. Il s'était frayé un chemin rapide dans la carrière des armes, où le poussait une vocation irrésistible ; à vingt-quatre ans, il était déjà capitaine et décoré. Il faisait partie des bureaux arabes, et dans ce poste périlleux, il accomplissait chaque jour des faits d'armes qui tenaient du prodige. Obligé de s'aventurer avec une faible escorte au milieu de tribus à peine soumises, il s'était signalé par des exploits merveilleux qui rappelaient les prouesses des chevaliers du Tasse et de l'Arioste, dont il avait, du reste, le caractère aventureux.

Le récit de ses faits d'armes avait excité au plus haut point l'admiration de la jolie veuve, et quand le jeune capitaine lui fut présenté, elle se montra pour lui d'une amabilité charmante qui le captiva. La première rencontre avait eu lieu dans les salons du gouverneur, aux soirées duquel madame de Saint-Val assistait de loin en loin. Depuis cette époque, elle retourna plus souvent aux fêtes qu'il donnait. Il ne fallut pas longtemps à ces deux âmes sympathiques pour s'apprécier et se comprendre. Après quelques entrevues, Mérieul fut amoureux fou de madame de Saint-Val, et celle-ci fut forcée de s'avouer qu'il réalisait bien ses plus douces espérances d'amour.

Le jeune homme avait su trouver un prétexte pour se faire ouvrir les portes de la villa qu'habitait la jeune femme. Elle avait une concession dont les limites mal tracées étaient contestées par les tribus limitrophes ; cette affaire était du ressort de Mérieul, et il avait offert à madame de Saint-Val de la terminer à son avantage en défendant ses intérêts contre les prétentions d'un caïd fort influent.

En ce moment même, il revenait d'une tournée au milieu des douars où se trouvaient situées les possessions en litige, et il avait prévenu madame de Saint-Val qu'il ne reviendrait pas sans avoir mis fin à tous les débats. La jeune femme n'apprit qu'après son départ qu'il s'exposait à de grands dangers, en allant soutenir ses droits sur un territoire très éloigné et toujours prêt à la révolte.

Tous deux savaient qu'ils s'aimaient, mais ils ne se l'étaient pas encore dit ; ce qui retenait un aveu sur les lèvres du jeune capitaine, c'est que pour tout bien il ne possédait que son épée : pour titre de noblesse, il n'avait que la réputation de vaillant soldat. Dans sa modestie, il ne songeait pas que son nom, répété avec éloge par tous les Français de la colonie, avec terreur par leurs ennemis, valait mieux qu'un titre honorifique ; il ne paraissait pas se douter que la glorieuse auréole dont la renommée ceignait son jeune front brillait d'un éclat plus vif que les trésors dont son oncle l'avait déshérité.

Madame de Saint-Val ne se trompait pas, non plus que sa tante.

C'était bien le capitaine Mérieul qui arrivait bride abattue ; cette allure qu'il imprimait à son coursier prouvait son impatience.

La jeune femme sourit de plaisir.

Le capitaine s'arrêta à la porte de la villa, un domestique l'introduisit sur la terrasse.

C'était un grand et beau cavalier, qui savait allier la grâce et l'élégance à l'attitude martiale et fière qui sied à un officier ; son front, encadré de cheveux châtains, était riche de poésie et d'intelligence ; sa bouche avait un sourire spirituel et franc, et ses yeux bleus

Soudain retentit une douce mélodie au milieu de ces éclats bruyants. (Page 109.)

d'une douceur extrême quand ils se reposaient sur une femme, lançaient de sombres éclairs lorsque la colère venait les animer de son feu. C'était le plus beau type de soldat que l'on pût voir, et un grand peintre qui voyageait en Algérie l'avait caractérisé en disant :

— C'est la statue d'un Gaulois, taillée par le ciseau d'un Grec.

Méricul s'inclina en s'approchant de la jeune femme; celle-ci, avant de répondre à ce salut, jeta un coup d'œil sur le costume du jeune homme : elle le vit couvert de poussière.

— Vous regardez mes vêtements poudreux, lui dit le capitaine en souriant; j'avoue que je n'aurais pas dû me présenter chez vous en pareil état. Mais croyez bien, madame, que si je suis venu vous déranger si tard, c'est qu'il m'était impossible de remettre au lendemain pour vous annoncer l'heureuse issue de la mission dont vous avez bien voulu me charger. En arrivant ici, le gouverneur m'a fait prévenir qu'il m'attendait dans deux heures; et, comme un capitaine de bureau arabe ne sort guère de chez lui que pour monter à cheval, j'ai profité du délai qu'il m'accordait pour venir vous rendre compte de mon voyage.

Cet empressement plut à la jolie veuve, qui invita Méricul à s'asseoir.

Comme il cherchait un siége, elle lui dit avec un délicieux sourire :

— Vous devez être fatigué, et si mon voisinage ne vous effraye pas trop, je vous offrirai la moitié du banc de gazon que j'occupe.

DIX CENTIMES ILLUSTRÉS. 104°.

Puis elle appela un domestique pour lui ordonner de servir des rafraîchissements.

Méricul s'assit, frissonnant au contact du burnous qui enveloppait cette femme qu'il aimait passionnément; ses yeux, mieux que ses lèvres, dirent à madame de Saint-Val le plaisir qu'il éprouvait.

La jeune femme fixa sur le beau capitaine un regard où brillait à son insu toute l'affection qu'elle ressentait pour lui; elle le remercia de son dévouement et du zèle qu'il avait témoigné pour elle.

— Savez-vous, continua-t-elle, que j'étais très-inquiète des dangers qui vous menaçaient ! J'ai appris que cette concession était située sur des territoires fort éloignés, et que peuplent des Arabes très-dangereux et très-fanatiques; j'ai regretté d'avoir accepté vos offres. Vraiment, monsieur, vous avez là une carrière bien périlleuse.

— Pas encore assez au gré de mes désirs, s'écria Méricul avec feu, et je souhaiterais une guerre européenne entreprise par la France pour quelque noble but.

— Vous êtes donc bien ambitieux !

— Sans doute, mais je suis plus amoureux encore.

Madame de Saint-Val comprit le sens intime de cette phrase; toutefois, affectant de ne pas en saisir la portée, elle s'écria en riant :

— Je vous assure que je trouve votre raisonnement singulier. La guerre ne pourrait que vous éloigner de la personne que vous aimez.

— C'est que celle que j'aime est si noble et si belle, que je voudrais aller gagner l'épaulette de général sur un champ de bataille, afin de me rapprocher d'elle.

Le Roi des Chemins. XIV.

En disant ces mots, le jeune homme s'était levé, et madame de Saint-Val sentait peser sur elle son regard de feu. Elle attendait un aveu plus clair, et cependant le capitaine se taisait. La jolie veuve admirait le sentiment d'exquise délicatesse qui arrêtait les paroles sur les lèvres du beau capitaine. Sa dignité de femme ne lui permettait pas de faire le premier pas, mais elle sut le provoquer avec une grâce enchanteresse.

— Vous l'aimez donc beaucoup ! murmura-t-elle à demi-voix.

— Oh ! oui, je l'aime, et pour arriver jusqu'à elle je braverais tous les dangers et je briserais tous les obstacles.

— Prenez garde : vous m'avez fait une demi-confidence, et le défaut des femmes est la curiosité ; si, au lieu de n'être que votre obligée, j'étais votre amie, j'oserais vous demander le nom de celle qui a su vous inspirer un attachement si vif.

Un regard charmant encourageait Mérieul.

En proie à une émotion indicible, il tomba aux genoux de la jeune femme, qui penchait la tête pour mieux écouter, en s'écriant :

— C'est vous !

Puis, levant sur elle ses grands yeux pleins de tendresse, il l'attira doucement vers lui en répétant tout bas :

— Louise, m'aimez-vous ?

Une larme de bonheur, qui coula sur son front, et des soupirs étouffés lui répondirent.

Alors, emporté par sa passion, il voulut presser madame de Saint-Val contre son cœur ; mais, surmontant son émotion, elle sut échapper à cette dangereuse étreinte ; elle releva Mérieul et le fit asseoir à ses côtés ; puis après avoir réfléchi quelques instants, pendant lesquels il la regardait avec ivresse, elle lui dit d'une voix attendrie :

— Je crois que vous m'aimez sincèrement, du moins quant à présent. Mais l'homme le plus loyal peut prendre un caprice pour une passion sérieuse. Je ne veux pas m'exposer au malheur de perdre un jour l'affection de mon mari. J'ai pu supporter les ennuis de l'indifférence, je succomberais aux tourments de la jalousie ; mieux vaudrait ne jamais posséder votre amour, s'il devait être éphémère. Le temps seul peut me prouver la solidité de votre affection. Dans une année, si vous n'avez pas changé de résolution, je serai heureuse de devenir votre femme.

La jeune veuve, en imposant cette condition, n'était pas bien certaine de pouvoir la tenir jusqu'au bout ; mais elle était sincère en voulant éprouver Mérieul ; le malheur de son premier mariage justifiait assez la sagesse de cette mesure. Seulement, elle se réservait intérieurement le droit d'abréger les jours de l'attente. Les femmes savent manquer avec tant de charme à leurs serments de résistance, que Mérieul, après tout, ne l'en eût adorée que davantage, le jour où sa fidélité triomphant de ses rigueurs, elle lui aurait accordé sa main.

Quand il entendit l'arrêt qui le condamnait à attendre pendant si longtemps pour devenir l'époux de madame de Saint-Val, Mérieul se jeta de nouveau à ses pieds et la conjura de ne pas persister dans sa résolution cruelle. La tristesse qui assombrissait son front, l'éloquence de ses paroles, rendaient la jeune femme heureuse, en lui prouvant la violence de sa passion.

— Voyons, lui dit-elle en prenant ses mains dans les siennes et en cherchant à adoucir l'amertume de ses refus, soyez raisonnable, et avouez avec moi que j'ai raison de redouter l'inconstance. Nous serons amis, ne sera-ce donc rien ?

Malgré ces consolations, le jeune homme ne répondait pas ; les sourcils froncés, les traits bouleversés par le désespoir, il semblait si malheureux, que déjà madame de Saint-Val sentait la pitié naître dans son âme.

Mais soudain un éclair illumina l'œil du jeune homme :

— Écoutez, Louise, lui dit-il, je respecte votre décision et je m'y soumets, mais à une condition...

— Voyons, dit-elle, heureuse de ce changement subit, quelle est cette condition ?

— Je ne puis être commandant avant une année d'ici, d'après les lois militaires ; laissez-moi espérer que le jour où j'obtiendrai ce grade, vous deviendrez ma femme. Peut-être, à force d'activité, parviendrai-je à abréger ce temps de quelques mois.

— Allons, j'accepte ; vous voyez que je suis bonne, n'est-ce pas ?

— Oh ! merci, alors.

Et d'un bond le jeune homme s'était redressé, et son visage transfiguré avait pris une expression d'audace indomptable qu'elle ne lui avait jamais vue.

— Dans deux mois, dit-il avec exaltation, ma tête se balancera à la selle d'un ennemi, ou vous serez ma femme.

— Mon Dieu ! qu'allez-vous faire ? fit-elle épouvantée.

— Je vais jouer mon existence contre une épaulette, afin d'abréger une épreuve qui me tuerait plus sûrement qu'une balle. Pour moi, la fièvre de l'attente est une maladie mortelle ; mais, comme peut-être vous ne reverrez plus votre fiancé, j'ai le droit de vous dire adieu.

Et son bras entoura sa taille, et pour la première fois ses lèvres effleurèrent les siennes, faisant passer dans ses veines un frisson d'amour.

Puis il disparut, avant qu'elle eût le temps de prononcer un mot.

Elle avait entendu sa voix, qui disait : — Louise adieu !... Elle frémit en songeant que c'était peut-être pour la dernière fois que cette voix chérie résonnait à ses oreilles.

La terrible énergie de cette âme ardente venait de se révéler à elle.

Femme, elle comprit trop tard qu'on ne met pas d'entraves aux amours qui brûlent dans des cœurs de lion !...

Dix minutes après la scène que nous venons de raconter, Mérieul entrait chez lui, il paraissait en proie à une sourde colère, et il se promenait avec agitation au milieu d'un vaste salon, où les merveilles du luxe européen se mêlaient aux splendeurs de la magnificence orientale ; à la vue du jeune homme, dont il savait apprécier le beau caractère et la bouillante énergie, le général s'arrêta, et il lui tendit la main avec cette noble cordialité dont quelques-uns de nos officiers supérieurs ont le secret.

— Vous m'avez fait demander, mon général, lui dit Mérieul, je viens recevoir vos ordres.

— Il s'agit d'un grand service à rendre au pays mon cher capitaine, répondit le général ; vous sachant de retour, j'ai voulu me concerter avec vous au sujet d'événements qui me causent une grave inquiétude.

— Est-ce que quelque marabout prêcherait encore la guerre sainte?

— Non, depuis que vous allez enlever ces fanatiques à la barbe de leurs sectaires, ils n'osent plus soulever les tribus. (Le général faisait allusion à deux chefs musulmans que Mérieul avait eu l'audace d'arrêter au milieu de trois mille Arabes, à l'aide de quarante spahis seulement.)

— Alors, mon général, continua le jeune homme, c'est la rentrée de l'impôt qui s'opère difficilement, peut-être?

— Mon Dieu! non; avec une colonne de dix mille hommes, que j'enverrais faire une promenade parmi les douars récalcitrants, l'argent abonderait dans les caisses de l'État, et nous aurions à enregistrer quelques glorieux combats de plus dans les fastes de notre histoire. Il s'agit de Nédromah; vous connaissez cette ville?

— Oui, mon général, j'ai assisté à sa reddition; elle est fort riche et fort peuplée; mais, du haut d'une montagne qui la domine, on peut la foudroyer avec du canon. Aurait-elle fait la folie de se révolter?

— Au contraire, elle vient me demander du secours.

— Et contre qui? s'écria Mérieul avec surprise; sauf les Marocains, qui sont en paix avec nous, je ne vois pas qui oserait attaquer l'agha Mohammet-Ben-Abdallah.

— Non seulement ce chef puissant et dévoué à nos intérêts a eu une lutte à soutenir, mais il est mort avec son fils. Il a été surpris dans une gorge de l'Atlas, où il a succombé, lui et cinq cents cavaliers qui l'accompagnaient. Enfermés entre un bûcher et les débris d'une roche, ils ont été écrasés sous des blocs de pierres.

— C'est Élaï Lascri qui a dressé cette embuscade; lui seul est capable d'une ruse pareille; je vois d'ici comment s'est passé ce drame; il a dû attirer l'agha dans le Ravin-Maudit.

— Vous avez deviné juste, capitaine, c'est bien Élaï Lascri qui, à la tête de cent hommes, a lutté contre l'agha le plus riche de la province, l'a vaincu, et après avoir montré sa tête à ses sujets, a exigé d'eux une contribution énorme.

— C'est magnifique! s'écria Mérieul qui, dans son admiration pour la témérité de l'homme, oubliait la flétrissure du bandit.

— C'est triste! répondit le général; car, aujourd'hui, Élaï Lascri, avec sa bande de cent hommes, nous brave et nous insulte. Il lève des impôts, il ravage la plaine, répand partout la terreur, et cela, dans une contrée soumise à notre autorité; pour arrêter les déprédations de ce nègre maudit, il faudrait faire occuper le pays par tout un corps d'armée; alors, ce serait lui donner aux yeux des indigènes un prestige dangereux. J'ai envoyé des escadrons à sa poursuite; mais quand on le croit sur un point, il révèle soudain sa présence sur un autre, en allumant un incendie, ou en pillant un douar. Lorsqu'il voit le pays garni de troupes, il se réfugie dans un repaire introuvable, et attend que nos bataillons soient partis; il faut cependant en finir avec cet insaisissable ennemi; je ne peux souffrir qu'une troupe de scélérats pareils nous raillent impunément. J'ai pensé que nul ne pourrait mieux que vous purger la colonie de ces voleurs audacieux. Vous êtes habitué à ce genre d'expédition, et vous en viendrez à bout.

« En vous emparant d'Élaï Lascri, vous aurez rendu à notre autorité un service plus grand que si vous aviez enlevé une ville d'assaut; je puis vous promettre que, le jour où vous m'amènerez ce nègre, mort ou vif, je vous ferai obtenir l'épaulette de commandant. »

Un sourire d'espérance s'épanouissait sur les lèvres du jeune capitaine, il songeait à la jolie veuve qu'il aimait.

— Eh bien! demanda le général, acceptez-vous cette mission?

— Je venais vous demander quelque chose d'impossible à faire, répondit Mérieul avec joie, et vous me donnez des ordres qui ne sont que difficiles à exécuter; je voulais à tout prix gagner l'épaulette que vous me faites espérer en échange de la tête d'un bandit, et je serais allé chercher celle de l'empereur de Maroc, au milieu de sa garde noire. Jugez maintenant de ma reconnaissance et de mon bonheur.

— Quelle tête ardente vous avez! dit le général d'un ton de reproche; je ne blâme pas votre ambition, puisqu'elle vous inspire de nobles résolutions, mais si, au lieu d'être votre général, j'étais votre père, je serais effrayé de cette soif insatiable d'avancement.

Dans la manière dont le gouverneur prononça ces paroles, Mérieul vit percer le sentiment d'amitié qu'il avait inspiré à son chef; il comprit que ce soldat loyal était froissé en pensant que son zèle était inspiré par une ambition démesurée et non par le feu sacré du patriotisme.

— Mon général, dit-il, vous m'avez mal jugé; je désire un grade, parce que, dans le fond de mon cœur, une fièvre d'amour fait bouillonner mon sang, et que je ne puis obtenir de la main de celle que j'aime qu'après avoir monté encore un échelon de la hiérarchie militaire.

— Alors, je préfère cela! fit le gouverneur avec la brusque franchise d'un soldat.

Puis il ajouta en souriant :

— Vous avez à cœur d'imiter en tous points les preux d'autrefois; vous allez combattre pour la dame de vos pensées. Si l'ardeur de mes officiers venait à se refroidir, je prierais les jolies femmes de la ville d'imiter votre belle inspiratrice. Heureusement, le courage de nos soldats n'a pas besoin d'être stimulé, et il serait inutile d'avoir recours à ce moyen; en France, la galanterie n'est pas la mère de la valeur, mais sa sœur jumelle; je me souviendrai toujours, mon cher capitaine, qu'avant d'être sous l'empire d'une passion romanesque, vous n'en étiez pas moins un des plus braves soldats de l'armée. Mais, voyons, combien allez-vous prendre d'hommes avec vous?

— Mes quarante spahis d'escorte.

— C'est trop peu; il faut au moins égaliser les chances. Les ennemis que vous allez rencontrer sont loin d'être à dédaigner.

— Je connais leurs habitudes et leur caractère; ils sont comme les bêtes fauves, plus féroces que braves. Habitués à massacrer des Arabes épouvantés et presque morts d'effroi, ils ne sauront soutenir le choc de mes compagnons, qui sont de rudes adversaires, je vous assure; avec des gaillards de leur trempe, on peut tout oser.

— C'est vrai, et un jour, en les voyant passer, la tête haute et le regard assuré, j'ai admiré leur fière tournure et leur aspect superbe. C'est un magnifique peloton que vous avez choisi pour escorte; si j'allais à la rencontre d'un prince, je voudrais les avoir pour gardes.

— Le chef et les hommes sont à votre disposition, mon général.

— Oh! quant à présent, ils sont trop utiles en campagne pour m'accompagner à la parade. Je les réserve pour le jour où je me mettrai à la tête d'une colonne expéditionnaire. Quand partez-vous?

— De suite.

— On ne peut être plus pressé.

— Dites plutôt plus amoureux, mon général.

— Alors, au revoir, capitaine, et bonne chance!
— Merci, mon général; comptez sur mon retour avant deux mois.

Mérieul prit congé du gouverneur et se dirigea vers le bureau arabe.

XVIII

OÙ L'ON FAIT CONNAISSANCE AVEC LES SPAHIS DU CAPITAINE MÉRIEUL.

Le bureau arabe où se dirigeait Mérieul était une vieille construction moresque aux longs couloirs, aux sombres voûtes; à travers ses meurtrières étroites, quelques rayons de lune, tamisés par des vitraux colorés, répandaient une lumière indécise dans une cour pavée de marbre et ornée d'un jet d'eau. Dans les pays du soleil, il semble que les musulmans jaloux craignent une lumière indiscrète; au fond de leurs demeures, ils ne laissent pénétrer le jour qu'en reflets adoucis, afin de voiler d'une ombre protectrice les secrets du harem. Jadis un chef important avait habité ce palais; mais de son ancienne splendeur, il ne conservait plus que ses dalles en mosaïque, ses majestueuses colonnades, et un certain cachet de grandeur que le temps ne peut enlever aux monuments, tant qu'il en reste une pierre debout. Les ruines de Palmyre attestent encore les prodiges d'une civilisation passée, et ses débris grandioses rappellent toujours les gigantesques travaux d'une race ensevelie sous la poussière des siècles.

Dans une des salles de ce palais, des soldats veillaient en fumant leurs pipes, là où les femmes d'un forban célèbre avaient aspiré, dans des narguilés aux spirales ondulantes, l'enivrante fumée de la plante qui berce le cerveau par des rêves sans nom; les murs qui avaient entendu le bruit étouffé des baisers et les soupirs de la volupté en délire retentissaient alors de jurons énergiques et de cris discordants. Ce sérail était devenu un corps de garde, où, peu soucieux du passé, des militaires de toutes armes jouaient à la clarté de la lampe fumeuse, posée sur un bidon rempli de vin.

C'était le lieu où les plantons des différents régiments de la garnison attendaient les ordres qui pouvaient être transmis à leurs chefs de la part du gouverneur.

Le jeu était fort animé, et le bidon qui circulait de temps en temps à la ronde était rempli par le produit des pertes.

Dans un coin de la salle, se tenait assis un vieux spahis qui regardait faire ses compagnons, sans prendre part à la partie. Il avait une figure énergique, ornée d'une barbe grisonnante et sillonnée par une cicatrice profonde. Il semblait être de fort mauvaise humeur, et son front ne se déridait que quand son œil gris tombait sur une croix d'honneur qui brillait sur sa poitrine.

Alors il souriait, en haussant ses épaules trapues avec un mouvement joyeux, puis il reprenait sa pose mélancolique.

Un zouave qui venait de quitter la partie s'approcha de lui et lui dit :

— Eh bien! La Maghrinia, qu'as-tu donc, mon vieux? Tu ressembles à une vieille guenon de la Chiffa, ce soir. Pourtant, mille tonnerres! tu devrais être content, puisque l'on t'a mis l'étoile polaire sur la poitrine.

(Les zouaves appellent la croix ainsi, parce que, pour eux, c'est l'étoile qui brille dans leur ciel militaire et les guide au pôle de l'honneur).

— Ces bijoux-là, vois-tu, répondit le spahis, ça se gagne avec du sang et ça veut être arrosé avec du vin, en dédommagement.

— Tiens, pourquoi ne bois-tu pas, alors?

— Parce que le capitaine Mérieul m'a dit en arrivant : — La Maghrinia, on me demande chez le gouverneur, peut-être faudra-t-il remonter à cheval bientôt. Va au poste des plantons et tu m'y attendras; tu sais où sont les camarades; si j'ai besoin d'eux, tu iras les chercher.

— Pourquoi toi, plutôt qu'un autre?

— J'étais tout seul auprès de lui; je venais de recevoir la croix que le gouverneur lui avait accordée pour moi. Voilà qu'au moment où je lui faisais des remerciements, il m'a intimé l'ordre de venir ici.

— Et les autres, où sont-ils?

— Ils sont dans le plus beau café de la ville; le champagne doit couler en ce moment-ci, et je parierais qu'ils chantent à faire écrouler les plafonds.

— Ils ont donc des sacs pleins de douros, tes camarades, qu'ils sont toujours en noce?

— Dam! dans l'avant-dernière tournée, nous avions déjà fait une belle razzia, mais dans celle-ci c'était encore mieux. Il y avait un caïd qui se donnait des airs de Grand Turc et ne voulait pas livrer un Arabe qui avait assassiné un colon. Le capitaine m'envoie lui dire que si, dans deux heures, il n'amenait le bédouin en question, il allait attaquer le douar. Pendant que je débitais mon chapelet au caïd, il faisait semblant de ne pas comprendre, quoique je parle l'arabe comme feu Mahomet. Tout d'un coup, voilà cinq cavaliers qui m'entourent et veulent me faire prisonnier. Moi, je couche le caïd en joue avec mon pistolet, et je le préviens que si on m'approche je fais feu. Et puis, attendu que ça m'amusait d'humilier ce mauricaud-là, qui semblait fier comme un dindon quand il fait la roue, je lui ordonne de saisir la bride de mon cheval, et de me conduire hors du douar avec des salamalecs, comme si j'étais un grand personnage. Pendant que je me rengorgeais sur mon cheval, mes gueux de caïd t'ouvrent le ventre d'un coup de yatagan, et du temps où je sautais à terre, il se sauve à toutes jambes. Les cavaliers qui suivaient de loin arrivent sur moi en tirant des coups de fusil. Je me couche derrière mon cheval abattu; j'en vise un avec mon mousqueton, il tombe, les quatre autres s'arrêtent un instant; je recharge mon mousqueton, je vise encore le plus grand pour avoir plus de chances, et il tombe comme son camarade. Il en restait trois; mais derrière ces trois-là, tous les autres Arabes du douar venaient et il ne me restait que deux coups de pistolet à tirer, car, comme ils accouraient au galop, je n'avais plus le temps de recharger. A dix pas, je lâche mes deux coups, qui cassent un bras à l'un et trouent la poitrine de l'autre. Le dernier lève son yatagan pour me sabrer, et il me croyait déjà mort; .uais je saisis mon mousqueton par le canon et je lui coupe la respiration d'un coup de crosse dans l'estomac. Il vide les arçons en tenant ses deux mains sur sa poitrine, tant le coup avait porté au bon endroit, et bonsoir les amis! Je saute en selle et je disparais aux yeux des renforts qui galopaient bride abattue. Je rejoins mon capitaine, je lui conte mon affaire, et il dit :

« — Ah! ah! les sournois, ils vont me payer cher leur trahison. » Il frise ses moustaches, fronce les sourcils et crie : En avant! Nous tombons sur les Arabes, qui ne se figuraient pas que quarante spahis oseraient venir les sabrer chez eux, à plus de cinquante lieues d'Oran. En dix minutes, ils étaient taillés en pièces et se sauvaient partout, laissant femmes, enfants, tentes et troupeaux en notre possession; alors, le capitaine rassemble tout ce monde-là et dit aux moukaires (femmes), qui tremblaient : « — Je pourrais vous passer « toutes au fil de l'épée, mais, nous autres Français, « nous ne massacrons pas les gens sans défense, nous « ne sommes pas des assassins comme vos maris. Ce- « pendant, comme il vous faut une leçon, je vais em-

« mener vos moutons et vos chameaux. D'après les lois de la guerre, j'ai le droit de vous prendre vos bijoux, « de brûler votre douar, de ne rien vous laisser, enfin. « Souvenez-vous que si je vous abandonne tout cela, « c'est à la générosité et non à la crainte que vous le « devez. » Après son discours, les femmes étaient toutes joyeuses, et nous avions grandi de deux mètres au moins à leurs yeux, tandis que leurs maris devaient leur paraître aussi petits que des Lapons. Nous avons emmené le troupeau, et l'argent de la vente nous a mis à même de nous amuser. Quand je dis nous, je me trompe, car moi je ne m'amuse pas du tout.

— Ah çà! disait le zouave, c'est un batailleur enragé, ton capitaine! Si jamais il a besoin de zouaves pour escorte, je me présente.

— Oui, mais voilà! répliqua fièrement le spahis, il ne faut que des cavaliers.

En ce moment, la voix bien connue de Mérieul se fit entendre; il appelait La Maghrinia.

— Bonsoir, vieux! dit le spahis, le capitaine est arrivé.

— Bonsoir! répondit le zouave d'un ton de dépit.

Puis il murmura entre ses dents :

— J'apprendrai à monter à cheval.

Quant au vieux La Maghrinia, il traversa fièrement le cercle de soldats qui avaient cessé de jouer pour entendre son récit et il alla trouver Mérieul.

Pendant que le vieux spahis contait son aventure, ses camarades étaient réunis dans un salon de l'*Hôtel-de-France*. C'était un magnifique établissement, qui rappelait les beaux cafés de Paris par le luxe des appartements et les raffinements du service.

On y buvait du vin de France et on y mangeait ces mets délicats qu'ont su inventer nos gourmets; à ce double titre, il était le rendez-vous des soldats de Mérieul, dignes appréciateurs de son mérite. Ils étaient rangés autour d'une table immense, chargée des débris d'un festin splendide; sous l'inspiration de la franche gaieté que le bon vin fait naître, ils riaient et chantaient joyeusement, se livrant sans réserve à l'expansion de leurs cœurs généreux. Toutes les bouches avaient des sourires de plaisir, car aux esprits moroses et aux boissons frelatées sont réservées les sombres réflexions ou les hallucinations furieuses de l'ivresse abrutissante.

Presque tous les convives étaient des engagés qui, ayant dépensé l'héritage paternel dans des folies de jeunesse, avaient préféré la mort glorieuse des batailles au suicide honteux qui termine trop souvent une vie de folles orgies et de prodigalités ruineuses.

Un long séjour dans la colonie leur avait donné le cachet particulier à ceux de nos soldats qui combattent en Algérie. Leurs yeux brillants annonçaient une imagination ardente, échauffée par un soleil de feu. Leurs joues, amaigries par les fatigues, faisaient ressortir leurs pommettes saillantes; leurs fronts étaient rasés et découverts, et les plis qui se dessinaient entre leurs épais sourcils annonçaient qu'ils s'étaient contractés souvent à la vue du danger.

Quoique une couche de bronze eût bistré leurs visages, il était facile de reconnaître sous la rude apparence du soldat les viveurs d'autrefois, à l'élégance de certains gestes et au choix de certaines expressions qui leur échappaient souvent.

Mérieul les avait choisis parmi les plus braves soldats qu'il connaissait, et c'est à l'aide de cette poignée d'hommes intrépides qu'il tentait les coups de mains les plus aventureux et les accomplissait avec un succès merveilleux.

Ces hommes avaient pour la mort un mépris sans égal! ils étaient venus la chercher sous le climat meurtrier de l'Afrique, et lorsqu'elle les menaçait, au jour de la lutte, ils la bravaient avec une insouciance héroïque.

Vingt fois, sans pâlir, ils l'avaient affrontée face à face.

Ils étaient heureux de servir d'escorte à Mérieul, parce qu'à sa suite ils oubliaient les ennuis de la vie dans les incidents de la guerre! Puis, au retour, les produits des razzias leur permettaient de faire grande figure et de passer quelques jours de repos, au milieu des plaisirs qui les avaient réunis. Ils reprenaient pou quelques jours leurs allures des temps passés, semaient l'or en grands seigneurs, aspirant à pleins poumons les voluptés dont ils avaient été longtemps sevrés. Quand leur main prodigue avait jeté au vent le dernier douro, ils reprenaient, à la voix de leur chef, leurs courses dangereuses à travers les tribus hostiles.

Si hérissée de périls que fût une entreprise, ils s'y jetaient à corps perdu, à la suite de leur intrépide capitaine.

Ce soir-là, ils célébraient la réception de deux nouveaux amis, qui venaient combler les vides que les balles avaient faits dans les rangs. Sans songer que la mort, qui la veille avait frappé leurs camarades, pouvait les atteindre le lendemain, ils fêtaient les arrivants avec une verve étourdissante et un entrain charmant.

Les saillies spirituelles se croisaient sans relâche, et les glouglous des bouteilles accompagnaient les plaisanteries et les bons mots d'une conversation piquante et animée. A chaque instant, des explosions d'hilarité accueillaient des sorties pleines de sel et d'originalité, auxquelles succédaient des refrains de guerre ou des chansons à boire, que redisaient en chœur les voix mâles de tous les convives.

Mais soudain retentit une douce mélodie, au milieu de ces éclats bruyants.

C'était une petite chanteuse des rues, qui s'était glissée dans la salle et en faisait vibrer les échos par les accents d'une voix harmonieuse.

La pauvre enfant était couverte d'une robe dont les lambeaux disaient assez sa misère; son grand œil bleu brillait d'un éclat fébrile; sa pâle figure avait la plus touchante expression, et son chant avait une ampleur et un charme saisissants : c'était une poétique ballade qui racontait les souffrances de l'orphelin.

Parmi ceux qui l'écoutaient, beaucoup avaient entendu en admirateurs passionnés la divine musique des Weber et des Rossini; aux accents suaves de cette enfant, ils se crurent transportés aux Italiens ou à l'Opéra, et suspendus aux lèvres de cette artiste ignorée, ils écoutèrent silencieux et ravis, jusqu'à ce que la dernière note eut cessé de retentir à leurs oreilles. Alors, ils témoignèrent leur enthousiasme par des applaudissements et des cris de surprise.

Quand la jeune fille tendit sa main tremblante pour recueillir une aumône, une pièce d'or y tomba, lançant un fauve reflet à l'éclat des bougies. Elle avait dû bien souffrir, car, en voyant cette offrande, elle pâlit et chancela, obligée de se retenir au bras qui s'était abaissé vers elle.

C'était un jeune homme nommé Lassalle qui avait donné cet or à la chanteuse; il la soutint et la fit asseoir dans un fauteuil.

Autour d'elle s'empressaient les spahis, effrayés de la teinte livide de son visage. Lassalle lui tendit un verre de vin, dont la bienfaisante chaleur ne fit revenir à elle. Peu à peu ses joues s'empourprèrent, et, avec le sang qui affluait à son cerveau, deux larmes montèrent de son cœur à ses yeux, où se peignit un sentiment de vive reconnaissance.

On la fit asseoir à la table encore chargée de mets, qui apaisèrent sa faim; ensuite elle raconta son histoire.

C'était un récit navrant.

Comme tant d'autres, elle était venue en Algérie avec une famille, pour fouiller le sol et y trouver du pain;

mais, sur cette terre insalubre, celui qui le premier sème sa peine et sa sueur ne recueille que la fièvre qui mine et la famine qui tue ; ce sol ne devient fécond qu'après avoir servi de tombe à une génération de travailleurs.

Ses parents étaient morts ; quant aux amis, chacun, dans le village naissant, avait assez de charges, sans nourrir une orpheline.

Elle était donc restée seule, à treize ans, perdue au milieu du flot de l'émigration.

Sa mère lui avait laissé une guitare et le souvenir des chansons dont elle avait bercé son enfance en des jours plus prospères.

A son tour, elle avait chanté, allant de village en village, se dirigeant vers la ville d'Oran.

Elle avait bien souffert le long des chemins, mais l'espérance de voir luire un jour meilleur dans la capitale de la province la soutenait un peu.

Hélas! sa voix s'était perdue au milieu de la cité, et l'on passait sans lui jeter un sou.

Depuis deux jours elle n'avait pas mangé.

Disons-le tout bas, car ils en rougiraient peut-être, ces cœurs de bronze implacables au combat, les spahis essuyaient des larmes qui glissaient furtives entre leur indignation. Au bivouac, quand pour le soldat égaré dans les sables a sonné l'heure de la famine, il partage le dernier morceau de biscuit qui lui reste avec ses frères qui n'en ont plus. Ils flétrissaient par d'énergiques paroles proférées à demi-voix, la conduite égoïste de ce village, qui avait abandonné l'orpheline aux dangereuses suggestions de la misère.

On est bien faible, quand la faim déchire la poitrine de sa griffe acérée, pour résister au puissant vertige qu'exerce sur l'imagination le gouffre du vice. Alors, la femme est près de l'inconduite, et l'homme regarde avec moins d'effroi le chemin du vol.

En ce moment, La Maghrinia entrait dans la salle.

Tous les spahis étaient occupés à considérer la jeune orpheline, et le vieux soldat aborda Lassalle, qui était maréchal des logis, sans avoir été remarqué. Comme, en l'absence du capitaine, c'était à lui que revenait le commandement, il lui communiqua les instructions qu'il avait reçues. Aussitôt Lassalle réclama le silence, et avertit ses compagnons que dans trois heures il fallait partir.

Un murmure de dépit accueillit cette nouvelle.

Mais Lassalle était un chef qui ne souffrait pas qu'on discutât un ordre de son capitaine ; du reste, dans les paroles des spahis, il y avait plus de surprise que de regrets, et pas la moindre désapprobation.

Aussi, tous se repentirent du mouvement qui leur était échappé, quand le maréchal des logis s'écria d'une voix grosse de reproches et de colère :

— Eh bien! voilà du beau maintenant! vous avez le front de murmurer contre notre capitaine ; mille tonnerres ! s'il nous entendait, il aurait bonne opinion de nous.

— Allons! voyons, ne te fâche pas, répondit un spahis ; tu sais bien que tous, autant que nous sommes, nous nous ferions hacher par petits morceaux pour lui. Seulement, tu avoueras que c'est fort ennuyeux d'aller au feu avec de l'or dans les poches ; il y a un proverbe arabe qui dit qu'une poignée d'or a alourdi la main qui le tient ; moi, je me sens plus léger et plus dispos quand ma bourse est vide.

— C'est vrai, dit un autre, l'argent porte malheur à ceux qui se battent.

— Dépensons-le, alors, répliqua Lassalle.

— Oui, mais comment ?

Pendant que le jeune homme cherchait la meilleure manière de se débarrasser de son or, son regard tomba sur la petite chanteuse, qui pleurait en apprenant que ses protecteurs allaient partir.

— Tiens! j'ai une idée, fit Lassalle en souriant de plaisir.

— Voyons l'idée ? demandèrent les convives en chœur.

— Vous allez voir. Mais d'abord, appelons l'hôtelier.

Il sonna, et le maître de l'établissement se présenta devant lui, avec une déférence qui prouvait son respect pour des clients aussi fins connaisseurs et aussi prodigues que les spahis.

— Vous avez une femme et des filles, je crois ? dit Lassalle.

— Mais, oui, monsieur, répondit-il tout étonné de cette question.

— Faites venir votre femme.

— Mais je vous ferai observer que pour le moment elle est couchée.

— En ce cas, dit le jeune homme, changeant de ton et devenant galant du moment où il s'agissait d'obtenir un service d'une dame, veuillez nous excuser auprès d'elle, si nous la dérangeons aussi tard; mais il s'agit d'une bonne action pour laquelle nous avons besoin de son concours. Vous allez conduire auprès d'elle cette jeune fille, et (Lassalle désignait l'orpheline), vous prierez votre épouse de l'habiller convenablement avec des vêtements d'une de vos filles, et de plus, vous ajouterez que je serais très-honoré si elle voulait bien accepter cette bague comme témoignage de ma reconnaissance pour ses bons offices envers cette enfant.

Lassalle tira de son doigt une bague d'un grand prix, qu'il tendit à l'hôtelier.

Ce dernier, à la vue d'un présent aussi riche, n'hésita plus à réveiller sa moitié, et sortit en emmenant l'orpheline.

Quand elle fut partie, Lassalle expliqua ses intentions à ses amis.

— Je propose, leur dit-il, de donner ce qui nous reste à cette malheureuse petite fille, qui sans cela risque fort de mourir de faim sur le pavé. Nous lui demanderons à son retour ce qu'elle désire devenir, et nous laisserons à la femme de l'hôtelier le soin de la placer honorablement, à l'aide de la somme assez rondelette que produira notre collecte.

— Bravo! répondent les convives, tu as raison.

— Mais, objecta La Maghrinia, qu'est-ce que vous racontez là ? je ne comprends rien à ce qui se passe.

Le vieux spahis, en effet, sachant apprécier la valeur d'un repas avant d'entrer en voyage, s'était empressé de rattraper le temps perdu, au lieu d'écouter ce que l'on disait.

Lassalle le mit au fait de l'événement, et comme les autres il accepta avec enthousiasme ; seulement, il manifesta le désir de terminer la soirée par un punch, où l'on porterait la santé de la fille adoptée par le peloton.

Sa demande fut approuvée, et Lassalle commanda le punch, que l'on apporta bientôt ; au même instant l'hôtelier reparaissait avec la jolie chanteuse.

Elle était ravissante, et le bonheur lui avait rendu toute la beauté de sa figure délicate et distinguée, tandis que sa nouvelle toilette faisait ressortir l'élégance et la distinction natives de sa personne.

— Décidément, murmura Lassalle, c'est une artiste.

Elle s'avança rougissante et timide devant ses bienfaiteurs, qui lui firent prendre place au milieu de la table ; alors Lassalle lui annonça la résolution qu'ils avaient prise, et l'engagea à se choisir une carrière. Sous l'empire d'une émotion profonde, elle saisit les mains du jeune homme et les couvrit de baisers, ne pouvant trouver des mots pour exprimer sa reconnaissance.

Le jeune maréchal des logis la pressa de nouveau de lire quels étaient ses goûts.

— Je ne sais que chanter, dit-elle, mais je ferai tout ce qu'on voudra.

Ce mot fut un trait de lumière pour lui.

— Nous en ferons une actrice, fit-il joyeux. Nous allons d'abord la remettre entre les mains d'une brave et digne femme que nous connaissons tous, la vieille cantinière du régiment, qui a pris sa retraite ici et lui servira de mère. Je me charge de la faire débuter au café chantant dont je connais le propriétaire, et pour lequel je lui donnerai une lettre de recommandation. De là, une fois son talent apprécié elle pourra aller aussi loin qu'elle voudra, car elle chante admirablement.

Cet arrangement plut à tout le monde.

La Maghrinia, voyant que tout allait pour le mieux se leva et proposa un toast à la santé de la jeune fille, dont il demanda le nom.

Elle répondit qu'elle s'appelait Marie.

— Alors, à vos débuts prochains et à votre avenir! dit-il.

Les verres s'entre-choquèrent avec un bruit formidable, et l'on but à la santé de Marie; puis Lassalle la conduisit chez la cantinière, qui accueillit cette enfant avec la plus grande bonté; le maréchal des logis embrassa sa protégée et sortit. Devant la porte passait Mérieul, qui allait chercher son cheval aux écuries du bureau arabe.

Le capitaine reconnut Lassalle et l'aborda en lui demandant pourquoi il n'était pas avec ses camarades, et s'il savait que l'on partait.

— Je quitte mes amis à l'instant, répondit le maréchal des logis, et je dois les rejoindre; seulement, comme nous avons adopté une jeune fille orpheline, je viens de la remettre aux mains de la vieille Madeleine, qui en aura soin.

— En vérité, c'est fort drôle fit Mérieul en souriant, voilà mes spahis transformés en saints Vincent-de-Paul.

— Ma foi! capitaine, il fallait partir, nous avions de l'argent, et cette petite était sans pain; nous avons résolu d'en faire une actrice, car elle chante à ravir. A notre place, vous en auriez eu pitié comme nous.

— Allons, c'est bien, je vous approuve, et je veux contribuer à votre œuvre.

Mérieul rentra un instant chez lui, écrivit une lettre, et avant de monter à cheval, la mit à la poste. Elle était adressée à madame de Saint-Val, et voici ce qu'elle contenait :

« Je vais combattre en songeant à vous, mais comme je puis mourir, je veux vous laisser un souvenir de moi. Mes spahis ont recueilli une pauvre orpheline que je n'ai pas vue, mais à laquelle je m'intéresse. Il paraît qu'elle peut devenir une grande artiste. Si je meurs, veuillez prendre soin d'elle; elle a été confiée à la cantinière des spahis, qui a pris sa retraite dans une maison de la rue des Juifs.

« J'ai quelques milliers de francs d'économies; je désire qu'ils soient consacrés à l'éducation de cette enfant. Songez que c'est une prière faite en face du danger: c'est ce qui me donne la hardiesse d'implorer de vous ce service.

« Si je succombe, vous aurez eu ma dernière pensée.

« Mérieul. »

Les spahis, rangés en bataille sur la place d'Oran, attendaient leur chef.

Oran dormait, bercée par le murmure des flots qui venaient caresser le rivage; on entendait au loin la voix lamentable des hyènes, qui rappelait qu'à deux pas de la civilisation se trouvait la barbarie. Les spahis écoutaient ces cris des bêtes fauves avec un orgueil légitime, car ils songeaient que c'était grâce à eux, soldats, que les colons se reposaient tranquilles après les labeurs du jour.

Mérieul arriva bientôt.

Il jeta sur son escorte un coup d'œil rapide et s'assura que tout était en bon ordre; les armes brillaient dans l'ombre; les filets garnis de fourrage et les sacs remplis d'orge étaient suspendus à la selle de chaque cheval; il y avait bien quelques têtes qui vacillaient, alourdies par le sommeil et les fumées du vin, mais le commandement : « En avant! » réveilla toute la troupe. Le peloton s'ébranla et sortit de la ville par la porte Saint-André; pendant quelque temps, il suivit une route qui conduisait à Tlemcen, puis il s'engagea dans un sentier arabe perdu à travers les broussailles.

Il fallait des chevaux arabes et des cavaliers habiles pour suivre sans accident un pareil chemin.

Les spahis suivirent ainsi leur chef pendant sept lieues, et quand il commanda la halte le jour n'avait cependant pas paru. Mais les chevaux indigènes ont une allure particulière, tenant du trot et de la marche, qui leur permet de parcourir rapidement et sans fatigue des espaces considérables; c'est ce que les chasseurs d'Afrique appellent le pas arabe; quant aux zouaves, ils ont caractérisé cette marche, en la désignant sous le nom de pas gymnastique des chevaux.

Mérieul ordonna de faire le café.

La manière dont nos soldats vivent en campagne est digne d'être rapportée; on ne sait ce qu'il faut admirer le plus, de leur sobriété, ou de leur adresse à tirer parti de tout; quelques grains de riz, accommodés avec du lard, plus souvent au sel, un morceau de biscuit et du café, voilà leur nourriture; seulement, il est juste de dire que, grâce à leur industrie, ils savent souvent se procurer du gibier et découvrir des ressources là où d'autres moins habiles mourraient de faim.

Bientôt les spahis eurent fait flamber un feu de broussailles desséchées, et ils placèrent devant le foyer des marmites de campagne, où ils firent bouillir leur café. Assis en cercle autour du feu, ils se chauffaient contre la rosée du matin; le capitaine, placé au milieu d'eux, distribuait des cigares et entamait la conversation ainsi :

— Seriez-vous contents de remplir vos calottes de douros?

— Dam! c'est selon, répondit La Maghrinia; l'argent n'est bon que pour être dépensé, et vous ne nous laissez plus le temps de le faire. Tout à l'heure nous avons été obligés de jeter notre monnaie par les fenêtres; heureusement qu'une pauvre petite fille qui en avait grand besoin l'a ramassée.

La Maghrinia était le grognard du peloton : il osait tout dire à son capitaine, qui souriait de ses boutades et les lui pardonnait toujours. Mérieul, en homme habile, tenait à connaître les moindres griefs que ses hommes auraient pu avoir contre lui; dans la vie qu'il menait avec eux, il fallait qu'il pût compter sur leur affection.

D'un autre côté, il avait besoin d'une obéissance passive; et pour concilier ces deux nécessités, il avait autorisé tacitement dans La Maghrinia une franchise d'expressions et une liberté de langage presque absolues. Quant aux autres, il était pour eux d'une familiarité digne et affable, qui lui avait valu leur dévouement, sans que jamais il n'eût compromis son autorité par un manque de sévérité ou d'énergie. Mérieul était homme à faire sauter la cervelle à celui qui aurait hésité devant l'ennemi, à châtier une insolence l'épée à la main.

— Il paraît, dit-il, que tu n'es pas content; mais sois tranquille, après cette expédition-ci, je donnerai un mois entier de repos à tout le peloton. Je vous conduis à u' mine d'or.

— Quelque chose comme Garouban ? fit La Maghrinia.
— Plus riche encore !... on y trouve les pièces de monnaie toutes frappées.
— Oh! oh! s'écria Lassalle, cette mine, alors, doit être un peu comme le jardin des Hespérides. Je parie qu'il y a des gardiens qui veillent à l'entour.
— Mon compliment pour vos connaissances mythologiques, maréchal des logis; vous avez bien deviné. Il y a un dragon à cent bras, nommé Ëlaï Lascri, qui défend ce trésor.
— Mille bombes! s'exclama La Maghrinia, il y a longtemps que nous aurions dû le pendre, ce brigand! Voyez-vous, capitaine, moi et les autres, nous lui en voulons à mort.
— Et pourquoi ?
— Parce que cet homme et les siens sont des rivaux de gloire pour nous, autant que des écumeurs de grands chemins peuvent rivaliser avec des soldats loyaux comme nous. A chaque instant, ne disait : Ëlaï Lascri a fait ceci, il a attaqué un convoi, pris une ville; que sais-je moi? C'était toujours du nouveau. Si bien que je me disais : Tôt ou tard, faut que j'en parle au capitaine. Soyez tranquille, puisque c'est à son tour d'entrer en compte avec nous, nous allons lui faire bonne mesure. Pas vrai, vous autres ?
— Pardieu! fut-il répondu à la ronde.
Mérieul sourit des dispositions de ses hommes. On prit le café, puis on remonta en selle, et le soir, le peloton avait fait vingt lieues et campait sur les bords de la Talma, non loin du douar d'Aïn-Kébira, où vont se rencontrer bientôt tous les acteurs de ce drame.

XIX
OU FATHMA VIENT AU SECOURS D'ALI.

Pendant que Mérieul et ses spahis se dirigeaient sur Nédromah, Ëlaï Lascri et Ali se trouvaient réunis dans une salle du palais de Mohammed-Ben-Abdallah, auquel le Roi des Chemins avait succédé par la violence.
— Eh bien! disait le nègre à son ancien lieutenant, es-tu content? je t'avais promis la liberté, je te l'ai donnée.
— Merci mille fois de la façon loyale dont tu as tenu tes serments! répondit le jeune homme; je suis heureux, grâce à toi, et je t'ai voué une vive reconnaissance. Un jour viendra où je tâcherai de te prouver mon dévouement.
En disant ces mots, Ali jetait autour de lui un regard curieux; il admirait la splendeur de l'appartement où il se trouvait.
— Te voilà riche comme un sultan ! s'écria-t-il en riant.
— C'est vrai, répondit le Roi des Chemins.
— Et comment a-t-on accepté ton pouvoir dans cette cité? reprit Ali.
— Sans aucune difficulté. Est-ce que les gazelles résistent aux lions ?
— Et dans la plaine ?
— Tous les cheiks sont venus faire leur soumission.
— Vraiment?
— Bien mieux, ils ont subi une augmentation d'impôts sans murmurer.
— C'est lâche !
— C'est prudent! Tu ne sais donc pas quelle est ma force aujourd'hui ? Tiens, mets-toi à cette fenêtre et regarde.
Ali se pencha sur une cour.
Alors le Roi des Chemins frappa trois fois dans ses mains.
Aussitôt une trentaine de cavaliers sortirent des écuries avec des chevaux tout bridés et sautèrent en selle.

— Allez! cria Ëlaï Lascri, et rassemblez mon goum.
Les guerriers s'élancèrent hors du palais en brûlant le pavé de la cour sous les sabots de leurs chevaux, et ils parcoururent la ville en criant : — Aux armes!
En quelques instants, des nuées d'Arabes vinrent se rassembler en face de la résidence d'Ëlaï Lascri, se formèrent avec beaucoup d'ordre en escadrons, à la tête desquels Ali reconnut des hommes du Brouillard-Sanglant.
— Qu'est-ce que cette troupe? demanda-t-il.
— Des volontaires auxquels je paye une solde sur les tributs que je lève. Ils sont au moins sept cents, prêts à marcher sur un signe et décidés à bien se battre; je les ai choisis parmi les plus mauvais sujets de la ville et des environs : il y a là des voleurs, des mendiants, des bandits, des assassins, tous gens d'énergie et aimant la guerre ; avec eux je puis faire merveille, pourvu qu'il y ait du butin à recueillir. J'ai conservé sous ma main le Brouillard-Sanglant comme troupe d'élite.
— Je ne m'étonne plus, dit Ali rêveur, si tu as fait courber la tête aux cheiks de la plaine.
Ëlaï Lascri eut un éclair d'orgueil, qui fit resplendir son visage :
— Ce n'est là que le noyau de ma future armée, reprit-il. Je veux être roi du Tell, je le serai; tu m'y aideras, et je te ferai mon iman (ministre); pour cela, il est nécessaire que tu m'aides à établir ma domination sur les montagnes des Traras, qui me coupent le chemin de Tlemcen. Je compte sur ton affection pour me faire arriver à ce résultat.
Ali jeta sur son ancien chef un regard stupéfait.
— Comment! tu veux asservir les Kabyles? demanda-t-il; tu espères que je te donnerai le secours de mon influence? que je trahirai mes compatriotes? Non, non.
Et la main crispée, l'œil étincelant, Ali répéta encore
— Non, jamais je ne commettrai une trahison aussi odieuse !
Ëlaï Lascri avait pâli sous la couche bistrée de son teint; son sang s'était retiré, affluant au cœur.
Il poussa un cri de colère et de surprise :
— Tu refuses! dit-il.
— Oui! fit énergiquement Ali.
— Prends garde!
— A quoi? Ta colère ne m'intimide pas.
Le Roi des Chemins passa sa main sur son front où perlait la sueur; il réfléchit. Sa fureur parut se calmer.
— Au fait, reprit-il, tu as raison; quittons-nous et soyons ennemis, puisque nous nous rencontrons dans les sentiers de la guerre; seulement, avant cette séparation pénible, fumons une dernière fois ensemble, mangeons au même plat, et ne nous éloignons pas sur d'aigres paroles. Nous nous combattrons sans nous haïr.
Ali consentit par un signe de tête.
Ëlaï Lascri donna des ordres, le café fut servi, on apporta les sipsis (pipes) et du fin tabac des plaines de la Mouzaïa. Le nègre s'assit, Ali prit place en face de lui sur un tapis, les serviteurs allumèrent les pipes, et ils se mirent à fumer tous deux.
— Ta Mériem est-elle toujours aimante? demanda le Roi des Chemins après un moment de silence.
— Toujours, répondit Ali sans prendre garde que deux hommes s'approchaient sournoisement de lui.
— Et tu l'aimes?
— Oh! fit le jeune homme avec un radieux sourire j'en suis fou!
Les deux hommes préparaient sans bruit un lacet en corde de chameau.
— Ce serait pour toi un cruel tourment d'être séparé de cet enfant? continua le nègre.
— J'en mourrais de désespoir!

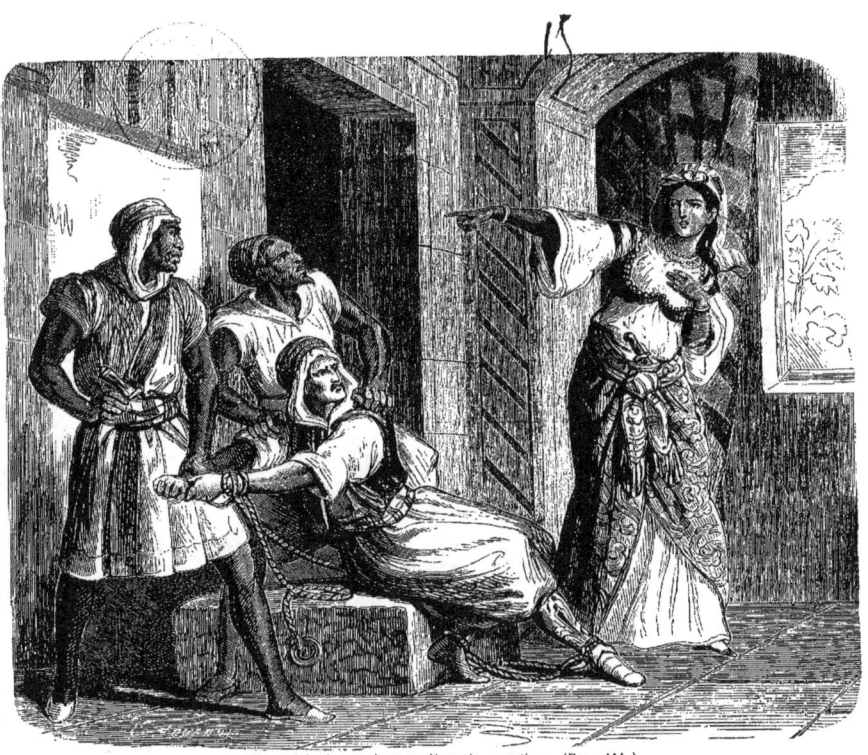

Elle enjoignit aux deux gardiens de se retirer. (Page 114.)

En ce moment, le lacet était suspendu au-dessus de la tête d'Ali.

— Nous verrons cela, fit encore le nègre. Allez!...

Le lacet retomba sur le cou d'Ali qui fut garrotté en un clin d'œil.

Élaï Lascri se mit à rire d'une façon sauvage:

— Je vais ce soir brûler Aïn-Kébira et m'emparer de ta femme et de ton beau-père. Qu'Allah t'inspire!

Et il laissa Ali bâillonné, réduit à l'impuissance, se tordre dans les convulsions du désespoir...

Arrivé près de son goum, il se mit à la tête du Brouillard-Sanglant, laissa le reste de ses guerriers à Yousouf, pour garder la ville, et il partit, emmenant Meçaoud pour lui servir de lieutenant.

— Où allons-nous?... demanda le beau djouad.

— Massacrer des Kabyles.

— En ma qualité d'Arabe, répondit Meçaoud, cette besogne me sourit. Quel village attaquons-nous?

— Aïn-Kébira.

— La Rose des Traras l'habite !

— Je veux la faire prisonnière.

Meçaoud devint songeur.

— Décidément, pensait-il, je suis fatal à cette pauvre Mériem !

Les bandits avaient quitté Nédromah à la brune; ils arrivèrent à la nuit noire aux environs d'Aïn-Kébira; le village dormait tranquillement.

Le Roi des Chemins partagea sa troupe en deux bandes et donna le commandement de la première à Meçaoud, se réservant celui de la seconde. Il recommanda à son lieutenant de tourner le village, et d'y pénétrer par le côté opposé, de façon à couper la retraite aux Kabyles. Meçaoud promit d'exécuter cet ordre.

Alors le nègre ordonna à El-Chadi, le chouaf, d'incendier une maison.

Celui-ci se glissa à travers les broussailles; avec son adresse ordinaire, il parvint jusqu'auprès du douar, sans éveiller l'attention des chiens, et il lança une torche enflammée sur un toit de chaume. L'incendie se déclara aussitôt.

L'émoi se mit dans Aïn-Kébira; les bandits choisirent ce moment pour charger, en poussant des cris effrayants; Ben-Akmet, le beau-père d'Ali, se réveilla; il sauta sur ses armes, et sortit en appelant à lui ses guerriers. Mais surpris dans leur sommeil, ils ne savaient plus où donner de la tête, et c'est à peine si une trentaine d'hommes vinrent se ranger autour du vieillard, qui courut au-devant de l'ennemi.

Il rencontra sur son chemin la troupe que conduisait Élaï Lascri lui-même, et il lui livra un combat désespéré; pendant qu'il arrêtait pour quelques instants la marche du chef, l'autre troupe envahissait le village et massacrait tous les Kabyles, à mesure qu'ils sortaient de leurs demeures. Ben-Akmet, pris entre deux feux, fit une résistance désespérée, raillant ses Kabyles et soutenant la lutte avec héroïsme. Élaï Lascri ne s'attendait pas à tant de vigueur. Meçaoud tomba mort; les Kabyles se battaient comme des lions.

Enfin Ben-Akmet, frappé au cœur, roula sous les pieds des chevaux; et le passage fut libre.

Le Roi des Chemins en profita pour s'élancer vers la demeure de Mériem...

Le Roi des Chemins. XV.

Pendant que la jeune fille courait un si grand danger, Ali restait étendu à la place où l'avait laissé son ennemi ; il mordait son bâillon avec rage, et il parvint à le couper avec ses dents ; alors il poussa des cris qui ébranlèrent les voûtes du palais. Les hommes auxquels Élaï Lascri avait confié la mission d'arrêter Ali accoururent ; comme ils avaient ordre de le surveiller, ils voulurent le réduire au silence.

Mais une femme parut : c'était Fathma. Elle fit un geste d'étonnement en apercevant Ali, et enjoignit aux deux gardiens de se retirer.

— Toi ici ! dit-elle au jeune homme, et prisonnier !
— Oui, répondit-il. Et à cette heure, ton mari brûle mon douar ; Mériem va devenir sa capture, mon vieux père sera tué.
— C'est impossible ! s'écria Fathma atterrée. Élaï Lascri ne peut commettre un crime aussi odieux.
— Écoute, Fathma, dit Ali, je t'ai accueillie chez moi, j'ai contribué à ta délivrance ; je t'en supplie, coupe mes liens, que je sauve Mériem !

Fathma était indécise.

Cependant elle demanda :
— Si je consens à te rendre la liberté, jureras-tu de ne pas tuer Éla Lascri ?
— Je le jure ! fit Ali précipitamment.
— Tu ne chercheras qu'à enlever ton épouse ?
— Oui, oui, hâte-toi, je t'en prie.

Et il y avait dans la voix d'Ali un accent de détresse tel, que Fathma prit un poignard à une panoplie et coupa le lacet dont ses mains étaient entourées. Ali, dès qu'il se sentit libre, jeta rapidement ces mots à Fathma :

— Tu viens de faire une généreuse action ; merci, merci mille fois ! Mais prends garde à la vengeance du Roi des Chemins. Fuis, car il ne pardonnera pas.
— Il m'aime, il pardonnera ! répondit avec confiance la mulâtresse.

Ali n'attendit pas la réponse. Il sauta par la fenêtre dans la cour, courut aux écuries, monta sur sa jument noire, encore toute sellée, et partit bride abattue, sans que nul songeât à le retenir. Quand l'ébahissement des gardes fut passé, il était trop tard pour rattraper le fugitif.

Ali arriva au douar au moment où Ben-Akmet succombait ; il comprit que, de ce côté, tout secours serait inutile ; il courut à la case de Mériem et l'appela. Elle sortit tout effarée. Il la prit dans ses bras, la coucha sur sa selle et enfonça ses éperons dans le ventre de sa jument, qui partit dans la direction de la Tafna, où les spahis étaient campés.

Quand le Roi des Chemins fut auprès de la demeure de Mériem, il la fit fouiller... la jeune femme n'y était plus...

Seulement, à la lueur de l'incendie allumé par El-Chadi, on apercevait Ali galopant sur la route de Tlemcen.

XX

OU LES SPAHIS ET LE BROUILLARD-SANGLANT EN VIENNENT AUX MAINS.

Pendant ce temps, les spahis de Mérieul étaient à une lieue de là environ, campés sur les bords de la Tafna, au pied d'une ruine romaine. Ils dormaient étendus sur le sol, auprès du feu du bivouac, et les chevaux, attachés à des cordes, se reposaient aussi, non loin de leurs maîtres, tandis que les armes, rangées en faisceaux, étaient gardées par une sentinelle.

Pour faire face à tout évènement, les selles étaient disposées de façon à pouvoir être placées sur les chevaux en peu de temps, et, au premier signal les spahis auraient été prêts à recevoir l'ennemi.

La nuit était silencieuse et l'on n'entendait que le murmure de l'eau, dont le courant rapide courbait les joncs sur son passage.

Outre la sentinelle, deux hommes veillaient : c'étaient La Maghrinia et Lassalle.

Le premier, la tête appuyée entre ses deux mains, lançait de temps à autre une bouffée de fumée, qu'il aspirait dans une pipe au tuyau raccourci par de fréquents accidents.

Il semblait livré à une méditation inquiète.

Le second, au contraire, fumait sa cigarette le plus gaiement du monde, en sifflant entre ses dents un joyeux refrain.

— Le capitaine ne vient pas vite, dit enfin La Maghrinia au maréchal des logis ; je ne suis pas du tout rassuré sur son compte.
— Tiens ! fit son compagnon, c'est cela qui te tient éveillé ?
— Oui, parce que j'aime le capitaine, qui est un bon chef, et quand il s'en va du camp sans m'emmener avec lui, je suis toujours inquiet. Au moins, quand je suis là, je me dis : il y aura moyen de le défendre ; c'est une manie qu'il a là, de quitter ainsi tous les soirs le bivouac pour faire une tournée tout seul aux environs.
— Moi, ce n'est pas cela qui me fait veiller, je suis tranquille sur le compte du kébir. (C'est le nom familier que donnent les soldats d'Afrique à leurs supérieurs ; ce mot arabe signifie chef.)
— Et quel est donc le motif qui t'empêche de dormir ?
— C'est que, quand je sommeille, je n'aime pas être éveillé en sursaut. Or le capitaine est parti depuis fort longtemps, et il serait rentré s'il n'avait pas découvert la piste de quelques ennemis.
— C'est là précisément ce que je crains. Ce pays-ci est dangereux ; j'y ai combattu avec Lamoricière, et je sais que, dans les montagnes qui se dressent devant nous, il y a des défilés où le bon Dieu n'envoie jamais les rayons de son soleil ; ils sont sombres, et l'on assure que ce sont les chemins de l'enfer. Les habitants sont aussi sauvages que la contrée.

Et, dans son mépris pour eux, le vieux guerrier ajouta :
— Ces singes-là, qui se croient des hommes parce qu'ils sont affublés d'un burnous, nous regardent comme des chiens enragés, qu'il est bon de tuer au coin des routes. Ils ne osent plus se soulever en masse, mais ils nous tuent en détail autant qu'ils le peuvent. J'ai peur que notre chef ne soit pris dans une embuscade.
— Alors, tant pis pour les Arabes !
— Comment, tant pis ?
— Mais oui ! On dirait que tu ne connais pas le capitaine ; c'est un lion pour le courage et un chacal pour la ruse ; quand il tombe comme un piège, il est comme un chat dans une souricière. Depuis l'aventure qui m'est arrivée avec lui, je suis rassuré sur son compte.
— De quelle aventure veux-tu parler ?
— Une fois, nous sortions de Tlemcen ; les Arabes étaient encore en insurrection, et le capitaine allait porter une dépêche à un détachement campé à une lieue de la ville. C'était un pari qu'il avait fait, attendu que cette dépêche était tout simplement une invitation adressée au chef du détachement pour venir dîner le lendemain, dans le cas où le capitaine aurait gagné la gageure. Il était convenu qu'il pouvait se faire accompagner par un spahi, et c'est moi qu'il avait choisi. Pendant la journée, il n'y avait aucun danger à suivre le chemin qui conduisait du camp à la ville, mais la nuit, c'é... un trajet fort périlleux. Cette nuit-là, Mahomet, le voluptueux prophète, avait étendu son burnous dans le ciel pour cacher ses amours avec la lune ; il faisait noir comme dans un four. Les chevaux tâtaient le terrain avec leurs sabots, attendu qu'y voir clair était chose impossible, excepté pourtant pour le capitaine, car il me dit soudain : — Suis-moi ! et il s'é-

lance hors du sentier. Moi, j'imite sa manœuvre. Au même instant, cinq coups de feu se font entendre successivement ; les Arabes ne savent pas même faire un feu de peloton. Les balles passent sans nous toucher, vu que par ce temps obscur nos ennemis tiraient dans la direction du chemin que nous venions de quitter. — En avant! me crie le capitaine. Et nous tombons sur nos Bédouins, dont trois furent sabrés, tandis que les deux autres s'enfuyaient. C'est là que j'ai ramassé le plus beau moukala (fusil arabe) que j'aie jamais vu de ma vie. Je l'ai vendu 3000 francs à un juif, qui m'a volé de la moitié au moins. Le pari fut gagné, on m'invita au dîner, et le général de Tlemcen me fit nommer maréchal des logis. Nous avions tué un chef dangereux qui, ne pouvant plus se battre au soleil, nous dressait des embuscades à la nuit.

— Diable! fit La Maghrinia, ça chauffait à cet endroit-là comme quand j'ai gagné la croix.

Et les deux spahis se remirent à fumer.

Mais ils entendirent la voix de Mérieul, qui accourait au galop et criait : — Aux armes!

— Vois-tu, mon vieux, s'écria Lassalle triomphant, j'avais raison de ne pas m'endormir !

Et il répéta le cri du capitaine. Habitués à ces alertes, les spahis furent debout en un clin d'œil, et ils furent prêts à marcher au bout de quelques minutes. A son arrivée au bivouac, Mérieul, comme on l'a vu par le dialogue de La Maghrinia et de Lassalle, était allé inspecter les environs.

Les montagnes des Traras, soumises dans une expédition récente, payaient le tribut et reconnaissaient notre autorité; mais les habitants de cette chaîne de l'Atlas conservaient encore vivaces au fond de leur cœur les souvenirs de leur indépendance, et ils nourrissaient contre nous une haine qui se manifestait par des assassinats fréquents. Les bienfaits de notre administration intelligente et paternelle ne les avaient pas encore ralliés à notre cause. A cette époque, nous étions pour eux des guerriers vainqueurs dont le joug leur pesait, tandis qu'aujourd'hui ils nous considèrent comme leurs frères aînés en civilisation, venus pour les arracher aux misères de leur vie errante et aux ténèbres de leur barbarie ; ils savent maintenant que ce n'est pas une conquête que la France a faite en Algérie, mais une adoption; ils l'aiment comme une mère et lui sont tout dévoués.

Mais, au temps où se passaient les scènes que nous décrivons, les Kabyles des bords de la Tafna n'en étaient pas encore venus à bénir notre nom; ils avaient eu à souffrir de nos vertus guerrières, et ne connaissaient pas encore nos qualités pacifiques. Mérieul pouvait donc redouter une attaque de la part des tribus voisines, et comme le douar d'Aïn-Kébira était le plus rapproché et le plus considérable des centres de population épars dans les montagnes voisines, il avait résolu d'aller le surveiller, afin de s'assurer si les habitants ne méditaient pas quelque trahison nocturne.

Il s'était dirigé vers le village du vieux Ben-Akmet, et, à quelque distance, il avait attaché son cheval au milieu d'un massif d'oliviers sauvages qui le cachaient entièrement; après avoir pris toute précaution, il s'approcha le plus possible des cases occupées par les Kabyles. Autour des habitations des indigènes, il existe des haies protectrices de figuiers de Barbarie et d'aloès, dont les pousses vigoureuses forment un rempart assuré contre la voracité des chacals et des hyènes, qui viendraient enlever les bestiaux dans la nuit, et contre les larcins des voleurs, toujours fort communs là où domine le droit du plus fort.

L'aloès oppose à toutes les attaques ses dards durs et acérés comme la pointe d'une épée, et le figuier de Barbarie arrête voleurs et bêtes féroces par la piqûre douloureuse de ses épines, qui renferment un suc vénéneux. Mérieul s'abrita derrière l'un de ces cactus gigantesques, et il attendit, avec la patience et l'immobilité de ceux qui ont l'habitude de vivre au milieu des dangers dont les solitudes algériennes sont parsemées.

La nuit tomba avec la rapidité particulière aux climats tropicaux, et le jeune capitaine vit passer peu à peu les Kabyles qui revenaient des champs, ramenant leurs troupeaux ; ils rentrèrent paisiblement dans leurs cases et ne tardèrent pas à s'endormir, tandis que les bandits d'Elaï Lascri leur préparaient un réveil terrible.

Convaincu que son peloton n'avait rien à redouter de ce côté, Mérieul regagna le lieu où il avait laissé son cheval, et il sauta en selle, se disposant à regagner le bivouac. Mais un bruit imperceptible pour tout autre qu'un voyageur aussi expérimenté que lui vint le faire tressaillir. Il descendit de cheval, colla son oreille sur le sol et écouta.

Il entendit un bruit sourd que, grâce au merveilleux développement de son ouïe, il reconnut pour être le son des sabots de plusieurs chevaux frappant les pointes de rochers dont les sentiers de la montagne étaient couverts.

— Ah! se dit-il, est-ce que je me serais trompé. Attendons encore.

Le cri de la hyène retentit alors, admirablement imité, mais une particularité apprit à Mérieul que c'était un signal humain. Les hyènes voyageant toujours à la suite des chacals, dont le flair subtil les guide vers les cadavres, chaque fois que sa voix se fait entendre, les chacals y répondent par des aboiements furieux contre un ennemi qui vient leur disputer la proie qu'ils ont éventée.

Or non-seulement des cris de chacal ne suivirent pas le hurlement de la hyène, mais au bout de quelques instants un autre cri, pareil au premier, partit d'une direction opposée. C'étaient les brigands d'Elaï Lascri qui s'approchaient.

Mérieul, fort inquiet, se demandait en vain quel était le but de cette marche vers le douar, exécutée par deux troupes différentes avec de pareilles précautions.

Il était placé admirablement pour observer cette manœuvre singulière; mais l'une des deux bandes se dirigeait directement vers lui. Il fallait ou quitter ce poste ou s'exposer au danger d'être surpris; il employa un stratagème auquel il avait dressé son cheval, en prévision de circonstances pareilles à celle-ci, la nécessité de recourir à ces sortes de ruses se renouvelant souvent en Afrique. Il enleva à son coursier sa selle et ses harnais, qu'il dissimula habilement au milieu des buissons, puis il lui laissa la liberté de s'éloigner, certain qu'il accourrait aussitôt qu'il le sifflerait. Cela fait, il monta dans un olivier, dont les branches le mirent à l'abri des regards de ceux qui pourraient passer auprès de lui.

A peine avait-il pris toutes ces précautions que les pas des chevaux devinrent très-distincts, et bientôt il aperçut une cinquantaine de cavaliers passant silencieux à portée de l'arbre où il était. A quelque distance du douar il les vit s'arrêter, échanger un dernier signal avec l'autre troupe, et s'élancer soudain contre le village.

Mérieul en savait assez ; il avait deviné que c'était la bande d'Elaï Lascri ; il appela son cheval, et l'animal admirablement dressé rejoignit son maître, qui s'éloigna rapidement du côté de la Tafna.

Quand il arriva, le peloton, éveillé par son cri d'alarme, était prêt à le suivre.

— En avant ! commanda Mérieul; nous allons surprendre Elaï Lascri !

Les spahis, sans rien dire, mirent leurs montures au galop et suivirent leur chef, faisant en chemin leurs préparatifs de combat.

Ils renouvelaient les amorces de leurs pistolets et de leurs mousquetons, s'assuraient que leurs sabres jouaient bien dans le fourreau, et disposaient leurs gibernes à portée de leur main. L'incendie du douar illuminait la montagne, et à mesure qu'ils se rapprochaient, ils entendaient le bruit de la fusillade; puis les coups de feu cessèrent subitement, et, à la clarté des flammes, ils virent un homme, poursuivi par les bandits, s'engager dans le chemin qu'ils suivaient.

— C'est quelque chef qui se sauve! dit alors le capitaine; nous allons arrêter ceux qui lui donnent la chasse.

Le peloton était encore trop éloigné du douar pour que l'incendie pût éclairer le point où il se trouvait.

Mérieul plaça vingt hommes à gauche de la route, et il recommanda de ne faire feu qu'à son commandement; puis il enjoignit aux deux trompettes de sonner la charge aussitôt après que les armes seraient déchargées, afin d'apprendre à l'ennemi qu'il avait affaire à des Français.

Les spahis, le sabre suspendu au bras droit, le corps penché en avant, se disposaient de façon à recevoir par un feu meurtrier les brigands qui s'approchaient rapidement, serrant de près Ali et sa compagne évanouie entre ses bras; lorsque les ennemis furent à deux cents pas environ, ils armèrent les batteries de leurs mousquetons; les cris sauvages des Arabes, qui galopaient en désordre, les empêchèrent d'entendre le craquement des ressorts.

Ali passa, tenant sa femme sur sa selle, et ne se doutant pas du secours qui lui arrivait.

Les Français couchèrent en joue les bandits et attendirent, dans une immobilité complète, le moment de semer la mort parmi leurs féroces adversaires, tandis que Mérieul impassible les laissait arriver à dix pas.

Alors sa voix puissante cria : Feu! Une détonation formidable retentit, et un rideau de flamme montra aux Arabes les uniformes redoutés des spahis ; une quinzaine d'entre eux avaient été frappés par les balles, et les autres, effrayés et surpris, s'étaient arrêtés soudain. Mais aussitôt les trompettes résonnèrent, et les spahis tombèrent avec fureur sur ces cavaliers farouches, dont on leur avait vanté la bravoure. Du premier choc, ils s'ouvrirent un large passage au milieu de la bande d'Élaï Lascri, renversant, dans leur élan irrésistible, tout ce qui se trouvait devant eux; puis, quand ils eurent pénétré au cœur de la troupe, ils se mirent à sabrer les bandits avec une rage contre laquelle ceux-ci ne purent tenir.

Les Français avaient une grande supériorité sur leurs adversaires ; ils maniaient leurs armes avec une adresse qu'ils devaient à la science de l'escrime ; ils paraient les coups avec une agilité merveilleuse et atteignaient toujours le membre qu'ils voulaient toucher. En quelques minutes, les Arabes furent taillés en pièces, et malgré les cris de leur chef, ils se débandèrent et s'enfuirent, suivis par les spahis, qui s'acharnaient contre eux.

Élaï Lascri, cependant, n'avait pas perdu son sang-froid, et il avait reconnu bientôt la faiblesse numérique des assaillants ; il parvint à rallier autour de lui une vingtaine d'hommes et il fondit sur Mérieul, qui n'avait plus sous la main que cinq ou six de ses soldats, les autres s'étant dispersés à la poursuite de l'ennemi.

Pendant la lutte, les Arabes avaient déchargé leurs armes, tandis que les spahis, qui, par expérience, avaient reconnu l'utilité de conserver un pistolet pour les cas critiques, se trouvaient en mesure de tirer chacun un coup de feu au moins; il y avait un trompette qui ne quittait jamais le capitaine. Celui-ci, voyant l'ennemi revenir à la charge, fit sonner le ralliement et dit à ses soldats :

— Voilà le moment de faire parler la poudre ; il faut que chacun de vous brûle la cervelle à un Arabe. Visez bien.

Cependant Élaï Lascri et les siens accouraient bride abattue, pensant avoir bon marché de cette poignée d'hommes et rétablir avantageusement le combat par la mort du capitaine français.

Mais ils avaient à lutter contre de rudes champions, qui les reçurent intrépidement; à bout portant, les spahis lâchèrent leur dernier coup de feu, et cinq bandits roulèrent à bas de leurs chevaux ; puis Mérieul s'élança à corps perdu au milieu des ennemis. Les spahis imitèrent leur chef, et malgré la disproportion de leurs forces, ils déployèrent une telle valeur que le cercle des bandits dont ils étaient entourés recula peu à peu.

Voyant ses compagnons hésiter, Élaï Lascri, pour ranimer leur courage, bondit à la rencontre de Mérieul; il les entraîna encore une fois à sa suite. La mêlée fut affreuse, et pendant quelques instants les Français, enveloppés de tous côtés, eurent à repousser une attaque désespérée. Mérieul, s'étant trouvé face à face avec le fameux chef, poussa un cri de joie, et il engagea avec lui un combat furieux ; mais au moment où il levait son sabre pour en asséner un coup sur la tête de son adversaire, celui-ci fit faire un bond à son cheval, et la lame vint se briser sur le dos de la selle.

Aussi prompt que la pensée, le vaillant jeune homme saisit un mousqueton qu'il portait comme ses hommes, en travers de ses épaules, et par un moulinet rapide il tint à distance les bandits, qui s'étaient précipités sur lui en le voyant désarmé. Aux rayons de la lune, il avait reconnu le nègre, dont on lui avait fait la peinture, et il maudissait le sort qui l'avait privé de son sabre et le forçait à rester sur la défensive.

Rappelés par la sonnerie de la trompette, les autres spahis revinrent enfin au secours de leurs camarades ; mais, vaincus par leur courage héroïque, les Arabes se sauvaient en déroute, et les Français, triomphants, galopaient sur leurs traces et cherchaient à les atteindre dans leur fuite.

Mérieul, à la tête des nouveaux arrivants, donna la chasse au nègre ; il était près de l'atteindre, quand celui-ci, qui, en se sauvant, avait pu recharger son pistolet, blessa à l'épaule le capitaine. Mérieul chancela, et pendant que ses soldats le secouraient, le bandit disparut, échappant cette fois aux mains des Français, qui entouraient leur capitaine avec inquiétude.

Soutenu par eux, le blessé descendit de cheval ; les spahis, étendant leurs burnous sur la terre, voulurent l'y faire asseoir; mais lui, surmontant la douleur, leur affirma en souriant que la balle n'avait fait qu'effleurer la peau, et il défit sa tunique afin de faire bander la plaie avec un mouchoir.

Sur ces entrefaites, on entendit encore le bruit d'une troupe de cavaliers :

— Mille tonnerres ! s'écria Lassalle furieux, les voilà encore qui reviennent ! nous allons les exterminer.

Alors toute l'escorte environna Mérieul, et les spahis, rechargeant leurs mousquetons, grondaient sourdement contre l'audace de leurs ennemis.

— Ils ont donc l'âme chevillée au corps, ces scélérats-là ! murmurait La Maghrinia ; j'ai cependant bien senti mon sabre trouer leurs poitrines.

Et tous, pleins de colère, étaient déterminés à en finir avec les brigands; leurs figures, noires de poudre, avaient pris une expression menaçante; l'œil étincelant, les sourcils froncés, ils écoutaient le galop des chevaux.

Ils étaient au comble de l'exaltation, et leur capitaine, qui, au retour du péril, avait oublié sa souffrance, était remonté à cheval, et disait :

— Il faut que pas un n'échappe ! Mettez deux balles dans les mousquetons, et ils vont payer cher leur entêtement.

Déjà les canons s'abattaient dans la direction de ceux qui s'avançaient, quand une voix cria :

— Ne tirez pas, nous sommes des amis !

C'étaient les guerriers d'Aïn-Kébira.

En effet, Ali s'était retourné au bruit de la lutte; voyant que les Français n'étaient pas nombreux, il avait regagné le douar aussi vite que possible, et déposant Mériem dans sa case, il s'était empressé de réunir les guerriers de la tribu. A sa voix, ceux-ci avaient surmonté la frayeur qui, dans le premier moment de surprise, s'était emparée d'eux, et prévenus qu'ils allaient au secours de soldats français aux prises avec les brigands, ils avaient fait toute la diligence possible.

Mais les spahis étaient maîtres du champ de bataille lorsqu'ils les rejoignirent ; les Kabyles restèrent émerveillés en les voyant en si petit nombre.

Ali, surtout, admirait leur bravoure. Il s'avança vers Mérieul et lui dit :

— Tu commandes à des lions et tu as vaincu des tigres; si tu veux venir reposer sous le toit de ceux que tu as secourus, je serai fier d'offrir l'hospitalité au plus grand chef que j'aie jamais rencontré.

— J'accepte, dit Mérieul qui parlait parfaitement l'arabe ; mais, auparavant, il faut que je fasse rechercher quatre des miens qui sont morts ou blessés.

Les Kabyles et les Français se mirent à parcourir le lieu du combat, et ils trouvèrent parmi les cadavres un des leurs qui avait perdu la vie; les trois autres n'étaient que blessés.

Les Kabyles remarquèrent que les spahis n'avaient été atteints que par des balles; ils conçurent une haute estime pour l'adresse de ces hommes, que pas un coup de sabre n'avait pu toucher. Quant aux brigands, une quarantaine d'entre eux jonchaient le sol; Mérieul voulut que leurs corps fussent conduits au douar, car il avait un projet à leur sujet. Les Kabyles les emportèrent, tandis que les Français se chargeaient de leurs compagnons blessés et du cadavre de celui qui avait été tué.

Une demi-heure après, ils entraient dans le douar d'Aïn-Kébira.

Les femmes, en l'absence de leurs maris, étaient parvenues à éteindre l'incendie ; elles avaient allumé des torches pour recevoir les Français, dont un cavalier leur avait annoncé l'arrivée ; et, quand elles les virent passer fièrement, les vêtements en désordre et couverts du sang des bandits, elles les saluèrent par leurs acclamations.

La nuit étant fort avancée, Ali engagea le capitaine à prendre quelque repos ; mais celui-ci lui dit :

— Non, car j'ai quelques ordres à donner ; et si tu y consens, j'ai besoin de ton aide pour arriver au but que je me propose.

— Que veux-tu donc faire ?

— Viens, tu vas le voir.

On était au milieu de la place du douar; le capitaine ordonna à ses spahis de mettre pied à terre ; puis il dit aux Kabyles :

— Mes hommes ont besoin de boire et de manger ; pendant qu'ils vont préparer leur repas, il faut abattre des arbres et les amener sur cette place; ensuite, on les plantera en terre pour y pendre tous les bandits. Maintenant, continua-t-il en se tournant vers Ali, si tu veux envoyer des courriers dans les tribus voisines et à Nédromah, demain, nous pourrons montrer à tous qu'Élaï Lascri n'est pas invincible.

— Tu as raison, répondit Ali.

Et il fit ce que demandait Mérieul.

Quant aux spahis, ils n'eurent pas la peine de fouiller dans leurs sachets de vivres ; les Kabyles leur servirent une diffa splendide.

Le lendemain matin, Mérieul eut avec Ali un long entretien.

Le jeune homme raconta l'histoire de sa vie au capitaine français, lui déclara qu'il était déterminé à faire une guerre acharnée au Roi des Chemins, et lui proposa de se mettre à la tête des Kabyles pour marcher contre Nédromah.

— Tout à l'heure, dit-il, les amins des douars et un grand nombre de Traras viendront ici; ils voudront châtier Élaï Lascri de son audace, et venger mon beau-père, qu'ils vénéraient presque à l'égal du prophète. Si tu le veux, je convoquerai les chefs en conseil de guerre, et nous arrêterons un plan.

Mérieul accepta.

Une heure après, Aïn-Kébira était rempli de Kabyles accourus de toutes parts. Pendant qu'ils contemplaient les cadavres des brigands suspendus aux potences, les amins tenaient une djemmaâ (assemblée) devant la case d'Ali ; il y eut un projet d'attaque combiné séance tenante, et un chouaf fut dépêché aussitôt, en secret, aux mécontents de Nédromah, afin de s'aboucher avec eux.

Après avoir pris toutes ses dispositions, Mérieul songea à sa blessure, qu'il fit panser par Lassalle. Le jeune sous-officier avait été étudiant en médecine, et quoiqu'il eût négligé les cours pour dissiper sa fortune, il n'en avait pas moins des connaissances chirurgicales qui, plus d'une fois, furent très-utiles à ses compagnons. Il déclara que la balle avait troué les chairs sans rien fracturer, et il la retira; seulement il engagea Mérieul à se faire soigner à Tlemcen. Celui-ci envoya ses trois blessés, mais il refusa d'y aller, voulant exécuter lui-même le plan arrêté.

XXI

COMMENT ÉLAÏ LASCRI PUNIT FATHMA DE SA GÉNÉROSITÉ ENVERS ALI.

Élaï Lascri rentra dans Nédromah, furieux et désespéré de sa défaite.

Il ne savait rien de l'évasion d'Ali ; il avait bien vu un cavalier fuyant en tenant une femme évanouie dans ses bras ; mais il ignorait que ce fût son ancien lieutenant ; tout en galopant à travers les rues obscures et silencieuses de la ville endormie, il répétait un nom en grondant.

C'était celui d'Ali.

Il espérait se venger sur lui de l'humiliation de son revers ; à mesure qu'il approchait de sa demeure, il éperonnait plus fiévreusement son coursier, qui dévorait l'espace ; à chaque instant la course de celui-ci devenait plus folle et plus rapide ; il arriva en face du palais, lancé d'une si vigoureuse façon, qu'il était impossible à son cavalier de l'arrêter court.

Élaï Lascri aperçut soudain en face de lui la porte de chêne contre laquelle il allait se briser : l'imminence du danger l'arracha à ses réflexions ; il enleva énergiquement sa monture, qui se cabra avec violence et vint retomber les deux pieds de devant sur les battants de la porte.

Au bruit du choc, les gardiens ouvrirent, et le Roi des Chemins, lançant de nouveau son cheval, traversa la cour comme un trait, sauta de sa selle sur les marches qui conduisaient aux appartements et arriva dans la chambre où devait être détenu Ali.

Il la trouva vide.

Il poussa un terrible juron, et il se livra à toutes les fureurs de la rage...

Les deux gardiens se présentèrent tout tremblants.

— Où est le chien que je vous ai confié ? demanda-t-il. Pourquoi l'avoir emmené d'ici ? Conduisez-moi vers lui ; hâtez-vous, ou je vous fais sauter le crâne.

En disant cela, le nègre avait de l'écume aux lèvres. Les deux serviteurs, effarés, se jetèrent à genoux en criant :

— Grâce, maître ! grâce ! c'est ta femme qui l'a fait évader !

— Évadé ! s'écria Élaï Lascri en saisissant à la gorge un des deux gardiens, évadé ! tu l'as laissé partir ? Ah ! misérable ! il faut que je te broie dans mes mains.

Et il le serrait à l'étrangler.

— Grâce ! répéta d'une voix rauque le pauvre diable ; grâce, Sidna ! c'est ton épouse qui a tout fait.

— Tu mens, chien !

— Il dit vrai, fit une voix.

Élaï Lascri se retourna.

Il aperçut Fathma.

Dans l'état d'exaspération où il se trouvait, rien ne pouvait le calmer : il lâcha l'homme qu'il étranglait, et jeta sur Fathma un regard terrible ; les muscles de son cou se tendirent, des rides sillonnèrent son visage, ses yeux s'empourprèrent d'un reflet sanglant.

Il était arrivé au paroxysme de la fureur.

— Toi aussi, hurla-t-il, tu me trahis ! Ah ! tu l'aimes, ce bel Ali ! Ah ! tu me trompes ! eh bien ! malheur à toi !

Cette supposition insensée dictée par une aveugle colère, cette accusation ridicule indigna Fathma.

— Tu es un sot, dit-elle, et...

Elle n'acheva pas.

Cette injure malheureuse mit le comble à l'exaspération du nègre, qui, d'un coup de yatagan, fendit la tête de la jeune femme ; elle tomba baignée dans son sang.

Alors une réaction violente s'opéra dans l'âme de son meurtrier ; à la vue de ce cadavre étendu devant lui, le Roi des Chemins se prit à trembler. L'ivresse qui égarait son cerveau s'était dissipée ; il contemplait d'un œil hagard la victime de sa fureur ; cette enfant qu'il adorait était morte... morte de sa main !

Rien au monde ne pouvait plus lui rendre ni son doux sourire de femme, ni ses naïves caresses de jeune fille...

Alors un sombre désespoir s'empara de ce bandit au cœur de fer ; ses jambes fléchirent, et il s'agenouilla près de sa victime ; ses yeux s'humectèrent, et ses larmes se mêlèrent au sang...

Trois heures après, il était encore là inerte, insensible aux appels des siens, murmurant des phrases incohérentes, appelant des plus doux noms Fathma, qui ne répondait plus.

XXII

LE BURNOUS NE FAIT PAS L'ARABE.

Une caravane de quarante Mozabites (habitants du désert) entrait dans Nédromah le soir même ; le chef reprit possession du caravansérail, y fit déposer ses marchandises, installer ses chameaux, puis il demanda à être conduit devant l'agha.

Il était environ sept heures du soir, la nuit commençait à venir.

Selon le désir qu'avait manifesté le chef mozabite, il fut mené devant Élaï Lascri : deux de ses compagnons le suivaient, portant des coffres ; les trois étrangers trouvèrent Élaï Lascri couché sur un sopha, triste, abattu, ennuyé.

Rien n'avait pu le distraire du souvenir de son crime.

Le chef mozabite s'inclina profondément et fit les salutations d'usage ; mais Élaï Lascri lui dit d'un ton bref :

— Que veux-tu ?

— T'apporter mes hommages et t'offrir des présents, répondit le Mozabite.

— Les hommages, j'en fais peu de cas ; les présents sont de trop mince valeur pour moi.

Et sur cette sèche réponse, Élaï Lascri se retourna dédaigneusement.

Les étrangers furent forcés de se retirer.

Quand ils furent revenus au caravansérail, le chef s'assit au milieu des siens.

La nuit était venue, étendant son ombre sur la ville ; les chacals commençaient à hurler dans la campagne, et leurs voix se répercutaient, sinistres et glapissantes, à travers les échos des rues silencieuses.

En ce moment, un homme se glissait avec de précautions infinies dans la cour du caravansérail, observant ce qui se passait.

Cet homme était El-Chadi.

Le chef mozabite écarta un peu le haïque qui couvrait son visage, afin de parler à ses compagnons.

El-Chadi ne put retenir un mouvement de surprise.

— Voilà une étrange ressemblance ! pensa-t-il ; on dirait que ce Saharien est un des spahis français par lesquels nous avons été battus. Il tâcha de se rapprocher davantage ; des mots français frappèrent son oreille.

— Bon ! se dit le chouaf (espion), ce sont eux ; je vais aller les dénoncer. Évidemment, un grand danger menace Élaï Lascri.

Et El-Chadi se dirigea vers l'unique porte du caravansérail ; mais un spahi se levait en ce moment et venait se placer en sentinelle à cette porte.

La retraite était coupée.

El-Chadi se résigna à rester dans sa cachette.

Bientôt deux Arabes de Nédromah pénétrèrent à leur tour dans le caravansérail. Ils échangèrent avec les faux Mozabites des signes de reconnaissance.

— Eh bien ! demanda Mériuel, car c'était bien lui, tout est-il prêt ?

— Oui, répondit un des nouveaux venus. Comme tu le sais, nous sommes allés demander au gouverneur d'Oran du secours contre Élaï Lascri, et nous lui avons annoncé que la plupart des habitants de la ville avaient hâte de secouer son joug. A cette heure, nous n'attendons que le signal du combat.

— Asseyez-vous, l'heure va bientôt venir.

Au moment où Mériuel achevait ces mots, un troisième personnage arriva.

C'était Ali.

— Le salut soit sur toi ! dit-il en pressant la main du capitaine français.

— Que ta nuit soit bonne ! répondit ce dernier. Les Trâras sont-ils dans la plaine ?

— Ils attendent dans les fossés de la ville le moment de monter à l'assaut ; ils sont munis d'échelles pour escalader les murailles. Moi-même j'ai passé par-dessus les remparts pour t'annoncer cette nouvelle.

— Tout est bien, fit Mériuel. Il y a au plus une trentaine d'hommes dans l'intérieur du palais d'Élaï Lascri ; je me charge de les faire massacrer par mes spahis. Que les habitants de Nédromah montent à cheval et tuent les partisans du Roi des Chemins ; à mesure qu'ils voudront se rallier ; que les Kabyles se joignent à eux pour les aider dans cette extermination. Allez ! qu'un de vous monte sur le sommet de la mosquée et y tire un coup de feu ; à ce moment, l'attaque commencera sur tous les points à la fois.

Les Arabes et Ali s'inclinèrent.

Ce dernier, avant de se retirer, demanda à Mériuel des nouvelles de sa blessure.

— Je souffre un peu ; je ne puis combattre, mais j'ai la tête assez libre, le cœur assez ferme pour guider mes spahis.

Ali se retira
El-Chadi avait tout entendu.
Il vit bientôt les spahis monter à cheval, et quitta le caravansérail derrière eux ; il s'élança et courut au palais...

Trois minutes après, un coup de fusil partait du sommet de la mosquée ; aussitôt des cris de guerre retentirent dans toutes les rues ; désignés d'avance à la haine des habitants, les partisans d'Élaï Lascri furent attaqués dans leurs maisons avec une rage inouïe.

Toute la population de la ville avait à se venger de leurs insolences et de leurs déprédations ; elle fut impitoyable.

Les Kabyles vinrent se joindre aux Nédromiens, et le massacre prit alors des proportions gigantesques.

Cette vaste conspiration avait été organisée avec un soin admirable ; chaque troupe avait un chef, et celui-ci guidait la foule vers les demeures des brigands d'Élaï Lascri.

Rien de plus sinistre que les luttes nocturnes ; rien de plus terrible que le soulèvement d'un peuple.

La multitude échevelée, furieuse, sillonnait la ville, l'illuminant du reflet des torches, l'emplissant de clameurs féroces, se ruant sur ses ennemis, frappant, hurlant, tuant avec un acharnement inouï...

Pendant ce temps, les spahis se hâtaient d'arriver au palais du Roi des Chemins.

Mérieul en fit enfoncer la porte à coups de hache ; pas une balle ne fut tirée pendant cette opération ; quand le passage fut libre, les spahis se ruèrent dans la cour ; personne ne les arrêta. Les appartements furent fouillés : on n'y trouva pas un bandit.

El-Chadi était arrivé à temps pour prévenir Élaï Lascri du complot.

Celui-ci voulait combattre ; mais le chouaf le fit pencher à une fenêtre et lui montra l'étrange aspect que déjà présentait la cité. Le Roi des Chemins comprit que toute résistance eût été de la folie, et que, s'il demeurait une minute de plus dans Nédromah, il serait fait prisonnier. Il fit monter en selle les trente cavaliers qui le gardaient cette nuit-là, et il chercha à s'échapper avec eux par la porte de Nédromah ; il trouva là une vingtaine de ses guerriers qui y formaient un poste.

Il leur ordonna d'ouvrir les deux battants.

En ce moment, un détachement de Traras s'avançait pour fermer cette sortie.

— En avant ! cria le Roi des Chemins.

Et lui et sa troupe passèrent comme un ouragan sur les Kabyles déconcertés.

Ceux-ci, voyant l'impossibilité de rattraper les brigands, accoururent se joindre aux Nédromiens, et ils les aidèrent à achever leur besogne sanglante.

Comme les Nédromiens, ils furent sans pitié : ils avaient à venger leur chef vénéré, le marabout Ben-Akmet.

Mérieul et ses spahis, convaincus que le Roi des Chemins avait dû se sauver, sortirent de Nédromah pour lui donner la chasse.

Aux rayons de la lune, ils entrevirent le Roi des Chemins et son escorte, qui se dessinaient sur le sommet du mamelon des Caroubiers ; ils se mirent à sa poursuite ; pendant deux heures au moins ils le talonnèrent vigoureusement ; déjà même ils gagnaient sur lui, quand tout à coup ils virent sa troupe s'engager dans un ravin et disparaître.

Mérieul connaissait le pays ; il comprit que le Roi des Chemins était sauvé.

En effet, ce ravin se partageait en plusieurs branches à un certain endroit ; là il fut impossible de deviner quel chemin les brigands avaient pris.

Les spahis retournèrent à la ville.

Quand ils y entrèrent, tout était fini...

Ali vint l'annoncer à Mérieul.

— Nédromah est délivrée, dit ce dernier, mais le Roi des Chemins n'est pas mort, notre tâche n'est pas finie. Retourne dans tes montagnes ; j'espère, d'ici à peu de jours, avoir la tête d'Élaï Lascri.

— Alors seulement, répondit Ali, Ben-Akmet sera vengé.

XXIII

OU LA MAGHRINIA REÇOIT UN MESSAGE.

Cette nuit même, Mérieul nomma agha, au nom du gouverneur d'Oran, un des membres de sa députation, et il alla prendre quelque repos dans sa maison, où il fit demander Lassalle et La Maghrinia.

Quand ils furent arrivés tous deux, il leur dit :

— Je souffre un peu de ma blessure, vous allez en renouveler le pansement, puis La Maghrinia partira pour Oran.

— Capitaine, dit Lassalle après avoir examiné la plaie, je vous conseille de passer quelques jours à l'hôpital de Tlemcen, ou le mal s'enveninera.

— Non, répondit Mérieul ; il faut me guérir ici.

— Mais c'est une vraie folie que vous faites là ! s'écria La Maghrinia.

— Allons, tais-toi ! dit Mérieul sévèrement. Souviens-toi que nous sommes en présence d'indigènes qui, quand ils ont un bras cassé, le coupent avec leur yatagan et cicatrisent l'amputation avec de la terre ; un capitaine de spahis doit être au moins aussi dur à la douleur que ces gens-là.

— Hum ! fit La Maghrinia entre ses dents ; il est à croire que, s'ils avaient des docteurs et des drogues, ils en useraient comme les autres.

Pendant ce temps, Lassalle arrangeait les bandages.

Quand l'opération fut terminée, Mérieul remercia le maréchal des logis, et dit à La Maghrinia :

— Tu vas, pour te punir de tes observations inutiles, aller trouver le gouverneur, et tu lui raconteras tout ce qui s'est passé ; tu ajouteras que je compte rencontrer encore une fois Élaï Lascri, et que ce sera la dernière, attendu que je prendrai mes mesures afin qu'il ne m'échappe plus.

— Mais, capitaine, demanda le spahi consterné, je pense bien que vous n'avez pas l'intention de vous battre sans moi !

— Et quand cela serait, maudit raisonneur ?...

— Dame ! écoutez, je suis bien forcé de vous obéir ; mais, si au retour on a livré bataille en mon absence, je me brûle la cervelle.

— Allons, va ! dit Mérieul, ému par l'accent désespéré du vieux spahi ; nous t'attendrons, sois tranquille.

— À la bonne heure ! merci, capitaine. Mais, dites-moi, si vous vouliez écrire quelques mots pour le général, ça ferait mieux mon affaire, attendu que si j'ai le bras dégagé, j'ai la langue assez lourde.

Mérieul dicta une lettre à Lassalle, la signa et la remit à La Maghrinia, qui partit à franc étrier sur un cheval reposé.

Arrivé à Oran, le messager porta au gouverneur la lettre de son capitaine, et le général lut avec un vif contentement l'heureuse nouvelle que Mérieul lui envoyait. Dans un *post-scriptum*, le jeune homme lui annonçait sa blessure, en le suppliant d'en garder le secret ; le général sourit, car il devina le motif de cette recommandation. Il donna vingt francs à La Maghrinia, en l'engageant à bien dîner et à aller se reposer ensuite afin de pouvoir repartir le lendemain matin pour porter la réponse.

Le vieux spahi, qui avait hâte de retourner auprès de son chef, trouva la recommandation superflue ; il avait trop peur que l'on se battît en son absence pour perdre une heure ; il fit un salut militaire au gouverneur, serra la pièce d'or dans sa longue bourse en aloès et conduisit son cheval aux écuries du bureau arabe. Il commençait à faire nuit, et le pauvre animal était harassé; après lui avoir donné tous les soins nécessaires avant de songer à lui-même, La Maghrinia pensa qu'il ferait bien d'aller demander à dîner à la vieille cantinière à qui Marie, la petite chanteuse, avait été confiée.

En entrant chez elle, après avoir salué respectueusement la bonne femme, il regarda s'il ne voyait pas la jeune fille; mais elle n'était pas là.

— Ah çà! mais, mère Madeleine, où est donc passée la petite Marie, que nous avons amenée la veille du départ?

— Elle n'est plus chez moi, répondit la cantinière.

— Comment! fit La Maghrinia en fronçant les sourcils, vous l'avez renvoyée?

La mère Madeleine, qui avait l'habitude de tutoyer tout le monde, répliqua:

— Ne roule pas ainsi les gros yeux, et ne fais pas l'injure à une femme comme moi de supposer qu'elle se soit mal conduite vis-à-vis d'une pauvre orpheline. Assieds-toi à cette table: je vais t'apporter à boire et à manger, car tu me fais l'effet d'avoir faim et soif, et, pendant ton repas, je te conterai ce qui est arrivé.

Le spahi radouci se mit à table, et, pendant que la vieille cantinière le servait, il ne put s'empêcher, quoique rassuré un peu sur le compte de sa protégée, de dire:

— C'est égal, mère Madeleine, les autres ne seront pas contents quand je leur dirai que la petite n'est plus chez vous.

— Tais-toi, grognard! et écoute, répondit la cantinière.

La Maghrinia se résigna avec peine à ne pas murmurer davantage contre la mère Madeleine qu'il respectait, comme tous les spahis du régiment, auxquels elle inspirait une sorte de vénération à cause de ses longs services et de sa belle conduite en maintes circonstances; il attaqua un morceau de veau froid, déboucha une bouteille et prêta l'oreille au récit de la vieille femme, qui commença ainsi:

— Il y a deux dames qui sont venues de la part de ton capitaine réclamer la petite fille; je l'aimais déjà autant que si elle eût été mon enfant, mais elle est bonne et gentille; mais comme c'était l'ordre de votre chef, j'ai cru devoir obéir. Du reste, je suis allée la voir chez la marquise de Saint-Val (c'est le nom de sa protectrice), et j'ai été reçue admirablement. Deux fois aussi Marie, qui est reconnaissante, est venue me visiter; elle se trouve très-heureuse. Maintenant si tu veux adresser des reproches à quelqu'un, tu peux voir que ce n'est pas moi qui les mérite.

— Ah! mère Madeleine, si le capitaine est là-dedans pour quelque chose, il n'y a plus rien à dire. Voilà un brave jeune homme, n'est-ce pas? et qui aime ses soldats! Nous nous intéressons à une orpheline, il le sait: vite un bon coup d'épaule pour nous aider à la placer. Ce n'est pas sans cause qu'il a dit à Lassalle, quand celui-ci lui a raconté l'aventure: « Ne vous inquiétez pas, je me charge de réaliser vos espérances sur elle; » car nous voulions en faire une chanteuse.

— C'est cela; la dame a dit que plus tard on l'enverrait à Paris, dans une école où les femmes apprennent à chanter comme des fauvettes, et les hommes comme des rossignols.

En ce moment, la porte s'ouvrit et livra passage à une jeune fille, vêtue d'une robe de soie et coiffée d'un charmant chapeau algérien qui donnait à sa physionomie une expression de mutine coquetterie.

C'était Marie: elle venait, dans la voiture de la marquise, rendre visite à la vieille Madeleine, qui la serra dans ses bras.

La Maghrinia, d'abord, ne la reconnut pas; mais quand elle vint lui tendre son front pour recevoir un baiser, ce ne fut pas sans un certain embarras qu'il l'embrassa; il ne revenait pas de sa surprise, et contemplait avec admiration les changements survenus dans la toilette de la petite orpheline.

XXIV

OÙ LE BROUILLARD-SANGLANT EST RECONSTITUÉ.

Après sa défaite, Élaï Lascri était parvenu à reconstituer en partie le Brouillard-Sanglant.

Presque tous ses partisans, il est vrai, avaient péri dans la terrible nuit où Nédromah s'était révoltée, mais une centaine de brigands s'étaient échappés, et il les avait ralliés.

Le courage du chef nègre n'était pas abattu; ce n'était plus l'agha de Nédromah, mais c'était encore le Roi des Chemins. Il ne se laissa pas aller au découragement, il n'abandonna aucun de ses rêves ambitieux, il se jura de punir les Nédromiens, les Traras, et surtout les Français.

A ces derniers surtout il avait voué une haine violente; se venger d'eux (et l'on sait comment il se vengeait!), tel était son vœu le plus ardent.

Il songeait parfois à ceux de ses compagnons qui avaient péri; il se disait que peut-être il irait les rejoindre dans la tombe avant que son yatagan eût tranché la tête de ses ennemis; cette pensée le rendait fou de rage.

Ali et ses Kabyles, le nouvel agha et ses sujets, Mérieul et ses spahis, devaient mourir, mourir dans les tortures les plus atroces; il fallait des hécatombes d'hommes à sa soif de représailles.

Il est vrai que parfois un fantôme passait devant le nègre, drapé dans un suaire blanc taché de rouge..... Ce fantôme, c'était l'ombre de Fathma!

Mais, au lieu de calmer cette farouche nature en l'écrasant par le souvenir d'un crime, le remords aiguillonnait encore ses désirs de meurtre. Élaï Lascri aurait voulu punir le monde entier d'un crime commis par lui seul. Dans ce bandit noir, presque roi pendant plusieurs jours, il y avait toutes les aspirations cruelles de Néron et la sauvage énergie de Domitien... Trente ans plus tôt, il eût dominé le Tell et renouvelé sur les côtes barbaresques les scènes qui se passèrent jadis sur les bords du Tibre, sous le règne de certains vampires couronnés.

Au moment où la fortune lui souriait, au moment où il allait réussir, il s'était heurté à une poignée de Français, et tout l'échafaudage de ses espérances s'était écroulé; le futur sultan redevenait un simple brigand.

Il est vrai que le brigand était encore redoutable.

Le ciel offrait un contraste étrange: à l'orient, il était déjà voilé par la nuit, tandis qu'à l'occident les reflets incertains du soleil à peine disparu l'éclairaient encore; la première étoile avait brillé précisément au-dessus du Vallon-sous-l'Eau. On eût dit un œil ouvert dans l'immensité du ciel pour contempler ce petit coin du globe.

Une scène étrange se passait dans cette retraite mystérieuse. Des groupes d'hommes, débouchant du Ravin-Maudit, arrivaient silencieux, sombres, enveloppés dans des burnous; ils tenaient, passée à leur bras, la bride de leurs chevaux, qui suivaient leurs cavaliers la tête basse, quelques-uns boitant.

Hommes et coursiers semblaient brisés.

Ils allaient tous, lentement, se ranger en cercle au milieu du vallon, et à mesure qu'ils arrivaient, ils échangeaient, sans mot dire, quelque signe de reconnaissance empreint d'un découragement profond. Pendant une heure environ, cette procession dura; puis

Un cri retentit et un corps humain roula dans la rivière. (Page 121.)

personne ne vint plus. Alors, une voix se fit entendre, lamentable et rauque, sur le sommet des montagnes.

C'était un cri de hyène, modulé par un gosier humain : aussitôt un être fantastique sembla voler de rocher en rocher.

A cette marche aérienne, à ce vol hardi, un nom sortit de toutes les poitrines :

— El-Chadi ! El-Chadi !

Et la rumeur n'était pas apaisée que le célèbre chouaf, c'était bien lui, vint tomber au milieu de ceux qui l'attendaient ; à peine fut-il au centre du cercle, qu'il se mit à compter un par un les hommes présents.

— Cent trois ! s'écria-t-il quand il eut fini ; cent trois, c'est assez !

— Mais le maître, où est le maître ? demandèrent plusieurs voix.

— Écoutez, dit El-Chadi en levant son bras maigre, long et velu comme celui d'un singe.

Un silence profond se fit.

— Vous demandez le maître, vous le verrez bientôt. Il a su qu'à la suite de la trahison dont nous avons été victimes, plusieurs de ses compagnons s'étaient enfuis et rôdaient dans la plaine ; il les a fait prévenir qu'il les attendait ce soir ici, afin de reformer le Brouillard-Sanglant ; vous êtes accourus, vous avez bien fait. Nous allons bientôt prendre une revanche éclatante ; dès demain, le sang des Français aura coulé ; un courrier est parti pour Oran, c'est un des spahis du capitaine français. Étal Lasćri veut la tête de cet ennemi, et, pour cela, il va lui dresser une embuscade à son retour. Il demande quatre d'entre vous pour exécuter ce coup de main. Qui en sera ?

Cent mains se tendirent en signe d'acceptation.

El-Chadi choisit quatre bandits.

— Allez vers la Tafna, où passe le chemin d'Oran, dit-il, vous y trouverez le chef.

Ils partirent.

— Maintenant, reprit le chouaf en s'adressant aux autres cavaliers, suivez-moi !

— Où allons-nous ? demandèrent plusieurs voix.

— Dans une grotte, répondit El-Chadi, une grotte que nul ne connaît, pas même Ali, notre ancien camarade. Nous y serons en sûreté. Bientôt nous entrerons à Nédromah.

Les brigands poussèrent une joyeuse clameur, sautèrent en selle avec un entrain qui prouvait leur confiance et disparurent au galop.

Les chevaux semblaient avoir repris des forces ; le Brouillard-Sanglant allait recommencer ses exploits.

XXV

OU LA MAGHRINIA GARDE MAL SON SECRET.

La Maghrinia était restée un peu ébahie à la vue de la petite Marie entrant chez la vieille cantinière.

Mérieul avait recommandé à son messager de ne pas parler de sa blessure, mais le spahi ne songeait plus aux ordres de son capitaine. Marie s'informa avec un empressement touchant de ce qu'étaient devenus ses bienfaiteurs, et La Maghrinia, oubliant dans un premier moment de distraction qu'il avait un secret à garder,

Dix Centimes illustrés. 106e.

Le Roi des Chemins. XVI.

répondit que Mérieul et trois spahis étaient blessés mais qu'heureusement un seul était mort.

Marie pâlit en entendant cette révélation, et deux grosses larmes vinrent rouler sur la main rude du soldat. Furieux contre lui-même, d'avoir à la fois causé un chagrin à l'orpheline et trahi la confiance de son chef, le spahi se troubla de plus en plus, et crut réparer un peu sa faute en disant que la mort de quarante Arabes avait bien vengé les pertes subies par l'escadron.

Loin d'apaiser la jeune fille, cette déclaration l'effraya davantage; l'idée d'un combat sanglant l'épouvantait.

La vieille Madeleine parvint à adoucir sa peine en prenant sur elle d'annoncer le prochain retour des spahis; La Maghrinia était sur le point d'ajouter qu'auparavant on passerait tous les bandits d'Élai Lascri par les armes; mais un regard de la cantinière l'arrêta court et lui fit comprendre qu'il n'entendait rien au rôle de consolateur.

Enfin, Marie essuya ses yeux, et annonça qu'il lui fallait retourner auprès de madame de Saint-Val, qui l'attendait au palais du gouverneur. Elle embrassa le spahi, le chargea d'assurer à ses camarades qu'elle prierait chaque soir pour que les balles ne pussent les atteindre, puis elle sauta légèrement dans la voiture, qui s'éloigna avec rapidité.

Quand elle fut partie, La Maghrinia, désespéré, brisa un verre de colère et se prodigua toutes les épithètes injurieuses qu'il put trouver. Comme son vocabulaire se composait de trois langues très-riches sous le rapport des jurons, il put donner un libre cours à son exaspération, en se traitant d'imbécile, avec de nombreuses variantes françaises, arabes et espagnoles.

Pendant que La Maghrinia se lamentait, Marie retournait au Château-Neuf, où madame de Saint-Val était allée rendre visite à son amie, la femme du gouverneur.

Madame de Saint-Val, depuis la lettre que lui avait envoyée Mérieul, était en proie à une sombre tristesse; elle se reprochait avec amertume la résolution qu'avait prise le vaillant jeune homme. Elle l'aimait plus ardemment encore, depuis qu'il lui avait prouvé la violence de sa passion pour elle par la grandeur des périls auxquels il s'exposait.

Elle avait mis un soin religieux à exécuter fidèlement les vœux qu'exprimait le capitaine au sujet de Marie; elle conservait précieusement une lettre qui, écrite en prévision d'un danger de mort, avait le caractère sacré d'un testament; quoique Mérieul n'eût jamais connu l'orpheline, elle lui avait voué une affection maternelle; sa vue lui rappelait son fiancé.

Le général avait observé une discrétion rigoureuse au sujet des événements dont La Maghrinia lui avait apporté la nouvelle. Madame de Saint-Val, assise auprès de son amie, cachait ses angoisses au fond de son cœur, mais, par mille détours, elle essayait de savoir ce qu'était devenu Mérieul. Malheureusement, la femme du gouverneur n'avait sur son compte aucun renseignement. Du reste, ne connaissant pas les inquiétudes qui rongeaient le cœur de la marquise, elle ne comprenait pas pourquoi sans cesse elle cherchait à amener la conversation sur la guerre et les expéditions.

Car madame de Saint-Val n'avait confié son secret à personne; son âme délicate avait une exquise pudeur; pour elle, l'amour était un sentiment sacré que l'on devait cacher au fond de son cœur: le dévoiler à qui que ce fût lui eût semblé une profanation.

Elle faillit cependant se trahir quand la petite Marie entra; les yeux de la jeune fille étaient encore rouges des pleurs qu'elle avait versés, et quand sa protectrice, la prenant dans ses bras, voulut savoir la cause de son chagrin, elle lui raconta ce qu'elle avait appris.

Émue et tremblante, la marquise se sentit défaillir lorsqu'elle sut que Mérieul était blessé. Heureusement la femme du gouverneur n'entendit et ne vit rien de cette scène; elle s'était levée pour recevoir une autre dame de ses amies qui entrait dans le salon. Jusqu'alors elle avait attribué à la pitié seulement la conduite de madame de Saint-Val au sujet de Marie; si elle avait vu sa pâleur et son effroi, elle aurait deviné la vérité. Profitant de l'arrivée d'une visite, la marquise se retira, et quand elle fut dans sa voiture, elle donna un libre cours à ses larmes.

Les jeunes cœurs, toujours plus vifs et plus ouverts aux généreux sentiments que ceux dont l'âge a usé les fibres sympathiques, s'attachent vite aux personnes qui leur inspirent de la reconnaissance et de l'affection; Marie, partageant le chagrin de madame de Saint-Val, passa ses deux bras au cou de sa protectrice, et lui demanda pardon de la peine qu'elle lui avait causée; mais, ni les baisers de la charmante enfant, ni l'assurance d'un retour prochain annoncé par la cantinière, ne pouvaient adoucir la douleur de la marquise. S'exagérant les souffrances de son fiancé, elle le voyait sanglant et meurtri, privé de soins et de secours au milieu d'une tribu sauvage, et à chaque instant elle se faisait répéter les paroles du spahi, commentant chaque mot et lui prêtant une signification sinistre.

Madame de Saint-Val avait une imagination ardente. Exaltée par sa tendresse, elle prit soudain une résolution qui fit étinceler ses yeux noirs à travers ses larmes, et, d'une voix fébrile, elle ordonna au cocher de la conduire devant la maison qu'habitait la vieille Madeleine.

Les femmes, arrêtées par leur timidité et leur faiblesse, manquent souvent d'énergie contre les obstacles matériels; ce qui les distingue surtout, c'est le courage moral. Mais, parfois, sous l'empire d'une passion, elles font preuve d'une audace surprenante. Madame de Saint-Val descendit chez la cantinière, et sans saluer la bonne vieille, sans remarquer l'étonnement de La Maghrinia, elle lui dit d'une voix que faisait trembler la fièvre de l'inquiétude:

— Vous êtes un des spahis d'escorte du capitaine Mérieul, n'est-ce pas?

— Mais oui, madame, répondit le soldat surpris et ne sachant que penser.

— Il est blessé, m'a-t-on dit?

Plus embarrassé que jamais, n'osant mentir, et cherchant cependant à ne pas répondre catégoriquement, le spahi hésitait.

— Oh! mon Dieu, il est peut-être mort! s'écria la marquise en voyant La Maghrinia balbutier.

Mais l'accent d'effroi avec lequel la jeune femme avait prononcé ces paroles le fit sortir de son indécision.

— Non, dit-il, je vous jure que le capitaine n'est pas tué; il n'est que blessé.

Et puis, s'enhardissant tout à coup, et voulant au moins que son indiscrétion eût un résultat favorable, La Maghrinia continua:

— Vous êtes sans doute parente du capitaine; eh bien! madame, écrivez-lui une lettre afin qu'il se fasse soigner dans un hôpital, car il s'entête à rester dans la tribu où il est, et cela peut être nuisible à sa guérison.

— Je ferai mieux: quand vous retournerez près de lui, je vous accompagnerai.

— Mais vous n'y songez pas, madame! la course est longue d'ici là-bas, et il y a des dangers à courir.

— Écoutez, mon ami, vous aimez votre chef, n'est-ce pas? vous voulez qu'il guérisse? Eh bien! consentez à me protéger jusqu'à ce que nous soyons arrivés au douar où il souffre, et ne cherchez pas à me faire changer de résolution, car ce serait inutile. Vous me le promettez, n'est-ce pas?

La Maghrinia trouvait la marquise si étrange et sa action si surprenante, qu'il était tout étourdi. Mais vieille Madeleine, que son ancien métier de cantinière avait familiarisée aux dangers, intervint et dit :

— Madame, ce que vous voulez faire est admirable, et je vous approuve ; à votre place, j'agirais de même ; demain, La Maghrinia partira, et je vais lui faire comprendre qu'il doit vous protéger et vous accepter pour compagne d'un voyage dont je ferai partie.

— Comment ! vous partirez aussi ?

— Mon Dieu ! oui, car le capitaine n'est pas le seul blessé, et les soins que vous lui donnerez, je les dois, moi, aux autres soldats qui souffriront encore longtemps, peut-être. Je suis bien vieille, mais je n'ai pas oublié mes devoirs de cantinière. Du reste, je considère l'escorte du capitaine Mérieul comme la gloire de mon ancien régiment, et j'ai pour les spahis qui en font partie une sollicitude particulière. Comptez donc sur moi et sur La Maghrinia pour demain.

La marquise remercia avec effusion la vieille Madeleine, salua le spahi et se retira avec Marie, laissant La Maghrinia stupéfait.

Quand elle fut partie, celui-ci s'écria :

— Voilà une femme qui a du courage à rendre des points à plus d'un homme ; c'est sans doute une parente du capitaine.

— Parente ou non, elle a un cœur d'or, répondit Madeleine ; il faut lui adoucir les fatigues de la route autant que possible.

— Je lui procurerai une mule qui aura le pas bien doux, et dont le cacolet sera moelleux ; mais elle aurait mieux fait de demander une escorte au général.

— Tâche plutôt de trouver un djemel (dromadaire), dit la cantinière.

Et sur cette recommandation, le spahi s'éloigna.

XXVI

OÙ MADAME DE SAINT-VAL SE REPENT DE SA TÉMÉRITÉ.

Le lendemain, après avoir été chercher la réponse du gouverneur, La Maghrinia conduisait devant la demeure de la cantinière une mule et un dromadaire chargé d'un palanquin ; il était accompagné par un Arabe dont il avait loué les services. La marquise, voilée de façon à ne pouvoir être reconnue, monta dans le pavillon portatif que les Orientaux ont inventé pour transporter leurs femmes, à l'abri du soleil, au milieu des sables de leurs déserts ; quant à la vieille Madeleine, elle se plaça sur la mule avec l'aisance d'une ancienne cantinière de cavalerie. Le spahi prit la tête de la petite caravane, et il la guida à travers les chemins, à peine tracés alors, qui conduisaient sur les bords de la Tafna.

Ils voyagèrent ainsi pendant deux jours ; la première nuit, ils s'arrêtèrent à la redoute d'Aïn-Temouchent ; la seconde, dans un caravansérail sur les rives de l'Isser. La marquise supportait avec courage les fatigues de la route ; elle songeait à Mérieul, et l'espérance de le revoir bientôt soutenait son énergie.

Du reste, Madeleine avait pour elle les soins délicats dont les femmes ont seules le secret ; la vieille cantinière avait compris que sa présence serait une garantie aux yeux des étrangers qui, dans les villages et les redoutes où l'on passait, auraient pu s'étonner de voir une femme voyager seule avec un soldat. Grâce à elle, madame de Saint-Val put éviter bien des questions indiscrètes que la cantinière sut détourner avec adresse, et ses attentions lui épargnèrent bien des souffrances physiques, toujours pénibles pour une personne élevée au milieu de l'aisance que donne la fortune.

Si La Maghrinia eût été seul, il aurait fourbu son cheval pour arriver en une journée, mais il fallut que le vieux soldat se résignât à faire le chemin à petites étapes.

Le matin du troisième jour, on n'était plus qu'à quelques heures de marche d'Aïn-Kébira ; il se félicitait intérieurement d'avoir pu faire gagner sans accident aux deux femmes le but de leur voyage. Madame de Saint-Val, sachant que l'on approchait, avait soulevé les rideaux du palanquin pour tâcher de découvrir le douar ; quant à Madeleine, elle pressait sa mule, qui à chaque instant s'amusait à arracher des touffes d'alfa le long du sentier, au lieu d'imiter la marche grave et cadencée du dromadaire.

Peu à peu, aux palmiers nains qui bordent les chemins en Algérie, succédèrent des bosquets de lauriers-roses en fleurs ; l'air se rafraîchit sensiblement, et La Maghrinia annonça que bientôt on aurait à traverser la rivière de la Tafna.

La Maghrinia était un trop vaillant soldat pour s'inquiéter des dangers qu'il pouvait courir personnellement. Mais il avait deux compagnes à défendre, et, mieux que personne, il savait que les assassinats étaient fréquents parmi ces tribus à peine soumises. Plus d'une fois, en voyant passer le long des chemins des indigènes à mine farouche, il avait pressé la poignée de son sabre, suivant d'un œil inquiet les mouvements des Arabes suspects. Aussi était-il heureux d'être au terme de son voyage.

Dans les occasions où un péril semblait menacer la caravane, Madeleine caressait la crosse de deux pistolets d'arçon avec l'intrépidité d'un troupier rompu au métier des armes. Alors, la marquise, malgré tous ses efforts, pâlissait et devenait aussi tremblante qu'une feuille agitée par la brise ; elle aussi pressait un joli petit pistolet, un véritable bijou, dont elle s'était munie, pensant qu'elle saurait s'en servir avec audace en cas de besoin. Mais elle était forcée de s'avouer qu'elle n'oserait jamais en presser la détente ; et si quelque regard menaçant s'arrêtait sur elle, sa main lâchait son arme, et elle se sentait prête à s'évanouir.

Elle rougissait de sa faiblesse, mais elle ne pouvait surmonter son trouble.

Le courage moral ne suffit pas toujours à la bataille : il faut cette effervescence du sang qui grise le cerveau, et que l'on appelle si bien l'ivresse du combat. Sauf quelques exceptions (comme Madeleine, par exemple), la nature a refusé aux femmes cette ardeur belliqueuse, parce que, mères, elles sont vouées aux saintes et douces joies de la famille, et non aux horreurs de la lutte. Il y a dans la guerre des cruautés dont certaines natures ne peuvent supporter l'idée, et tel qui saurait courageusement supporter la mort ne pourrait se décider à la donner.

Madame de Saint-Val aurait sacrifié sa vie pour son fiancé : elle avait pris sans hésiter l'héroïque résolution d'affronter les plus grands dangers pour lui prodiguer les soins les plus doux ; elle n'avait jamais eu un seul instant de regret depuis son départ, mais elle tremblait d'effroi à la moindre apparence de péril.

Quand elle apprit que la Tafna n'était plus qu'à une courte distance, la marquise respira plus à l'aise et se sentit rassurée, car elle savait que la rivière coulait au pied des montagnes où était situé le territoire des Traras.

En effet, au bout d'un quart d'heure, on entendit le murmure du courant, et l'on fut sur la rive. La Maghrinia s'engagea le premier dans le gué ; derrière lui, vint l'Arabe et le palanquin, puis enfin la cantinière.

À peine était-on au milieu du gué, que le spahi, se dressant sur ses étriers, cria aux deux femmes : — Sauvez-vous !

Après avoir poussé son cri d'alarme, La Maghrinia leva son mousqueton à la hauteur d'un buisson qui se trouvait sur l'autre rive, puis il fit feu. Un cri retentit, et un corps humain roula dans la rivière, rougissant l'eau de son sang. La marquise, épouvantée, s'était penchée hors du palanquin; en ce moment, quatre coups de fusil partirent du buisson où La Maghrinia avait visé; une balle vint casser la jambe de la monture de Madeleine, une autre frappa le spahi en pleine poitrine. L'Arabe qui conduisait le dromadaire se sauva; Madeleine sauta en bas de la mule, et, sans perdre son sang-froid, elle fit rebrousser chemin à l'animal. Mais le spahi, blessé à mort, sentait la vie l'abandonner; il rassembla toutes ses forces, et, par un suprême effort, lança son cheval en avant. Il tomba épuisé en lâchant un coup de pistolet qui, mal dirigé, manqua son but. Alors, cinq hommes se précipitèrent hors d'un bosquet de lauriers-roses où ils se tenaient cachés. C'étaient Élaï Lascri et ses compagnons qui, embusqués au bord de la rivière, attendaient leur proie.

Le nègre, indiquant les deux femmes à ses bandits, leur fit signe de s'en emparer; aussitôt ceux-ci passèrent la Tafna et coururent après le dromadaire.

Pendant ce temps, Élaï Lascri avait tiré son yatagan, et il se mettait en devoir de couper la tête du spahi. Deux détonations le surprirent au milieu de son action barbare, et il vit deux des siens tomber sur le sol; la vieille Madeleine tenait à la main ses pistolets et cherchait, avec les crosses, à se défendre contre les brigands qui avaient survécu; la marquise, malheureusement, avait perdu connaissance et ne pouvait seconder la courageuse cantinière, qui bientôt fut garrottée et réduite à l'impuissance. Alors les brigands la placèrent sur le dromadaire, à côté de madame de Saint-Val, et ils retraversèrent le gué, maugréant contre Madeleine et l'accablant de coups.

— Par la barbe du Prophète! s'écria Élaï Lascri, ces Français sont enragés. Ce soldat nous a découverts à travers des branches de lauriers-roses, où l'œil d'un lynx ne nous aurait pas devinés, et cette vieille moukaire (femme) s'est défendue comme une panthère blessée. Allez, vous autres, jeter les cadavres de nos camarades à l'eau, et que cette humide sépulture leur soit douce! Ensuite nous partirons au plus vite, car ces maudits spahis pourraient bien nous surprendre.

Pendant que les deux brigands accomplissaient ses ordres, Élaï Lascri levait les rideaux du palanquin pour examiner ses captives.

— Oh! oh! s'écria-t-il à la vue de la marquise, voilà une Française qui vaut certes bien Fathma. Le Prophète me l'envoie sans doute à la place de la femme que j'ai perdue!

Madeleine se tourmentait inutilement pour briser ses liens, et des larmes de désespoir coulaient le long de ses joues ridées.

— Tu peux remuer comme un chacal pris au piège! dit le nègre; tu ne t'échapperas pas, ni toi ni ta jolie compagne.

En disant ces mots, il souriait de la plus hideuse façon.

Bientôt les deux brigands le rejoignirent, et tous trois regagnèrent leur grotte, emmenant leurs captives et la tête de leur défenseur.

Quelques heures plus tard, des habitants d'Aïn-Kébira, qui passaient par là, ramenèrent la dépouille du spahi à Nédromah.

Mérieul, à la vue de ce cadavre mutilé, poussa un cri sourd, et ses traits prirent une expression de colère terrible. Il montra le cadavre de La Maghrinia à tous ses soldats rassemblés, et leur dit :

— Vous voyez comment ces bandits sans cœur font la guerre; il faut que ce lâche assassinat soit vengé!

Près du tronc mutilé et horrible à voir de leur camarade, les spahis jurèrent de le venger, et leurs martiales figures, péniblement contractées, annonçaient l'inébranlable résolution de punir sans pitié le meurtre du vieux soldat. Sur l'ordre de Mérieul, on fouilla le mort, et comme le capitaine s'y attendait, on trouva sur lui la réponse du gouverneur. Elle ne contenait que des éloges pour la conduite du jeune homme; mais celui-ci, se tournant vers les Kabyles et le peloton, leur dit d'un air contrarié :

— Je suis désespéré de ne pouvoir tenir tout de suite mes serments; le général me rappelle pour faire partie d'une expédition dans le Sud; il nous faut partir dans une heure. Que l'on enterre La Maghrinia, je reviendrai le plus tôt possible châtier ses meurtriers.

Les Traras et les spahis étaient désolés de ce contretemps, mais il n'en fallut pas moins monter à cheval et quitter le douar.

Seulement personne ne remarqua qu'Ali, revêtu d'un burnous rouge, suivait le peloton.

La nouvelle du départ des spahis se répandit dans toutes les tribus, et les Kabyles déplorèrent comme une calamité l'ordre qui forçait les Français à s'éloigner avant d'en avoir fini avec le nègre maudit.

Mais le prestige du terrible chef était bien diminué; les guerriers des douars faisaient des préparatifs de défense contre lui et se disposaient à imiter le glorieux exemple que nos soldats leur avaient donné.

XXVII

LA GROTTE.

Entre Oran et Nemours se dresse, au bord de la mer, une longue suite de rochers qui forme un rempart infranchissable contre l'envahissement des eaux. Ces blocs de pierre rendent tout débarquement impossible, et quand gronde l'orage, ils deviennent de dangereux récifs où se brisent les vaisseaux que pousse l'ouragan. Ces parages sont funestes à la navigation, et tous les an ils sont attristés par de nombreux naufrages.

Au jour de la tempête, les vagues furieuses viennent s'abattre sur la falaise, au flanc de laquelle la violence du choc a creusé des gouffres profonds; les flots s'engloutissent avec des mugissements si redoutables, que le lion lui-même évite de fréquenter ces bords, où rugit un monstre plus puissant que lui.

C'est une de ces grottes qu'Élaï Lascri avait choisie pour en faire son nouveau repaire.

Quand il fut arrivé avec ses compagnons sur le sommet des falaises, l'un d'eux, se penchant au-dessus des eaux, poussa le cri de la hyène, auquel répondit une voix qui semblait monter du sein des flots. Alors, mettant pied à terre, ils descendirent un à un, tenant leurs chevaux par la bride, le long d'un sentier escarpé, en apparence impraticable; Élaï Lascri porta madame de Saint-Val; la cantinière marcha seule.

Au bas du sentier se trouvait une voûte profonde, qui s'étendait sous la falaise; au milieu, un rocher élevé de vingt pieds au-dessus des vagues qui l'entouraient presque entièrement, car il n'était relié au fond de la grotte que par une saillie large de quelques mètres.

Pour arriver à ce rocher, les bandits traversèrent un espace assez considérable où ils avaient de l'eau jusqu'aux genoux; ils escaladèrent le rocher, tenant toujours leurs chevaux par la bride, et ils arrivèrent au fond de la grotte.

Une fois là, une porte, habilement cachée dans les parois de l'excavation, s'entr'ouvrit et leur livra passage pour entrer dans une seconde grotte, plus spacieuse et plus vaste que la première, et à l'abri des vagues.

Aussi loin que la vue pouvait s'étendre, on apercevait sous les voûtes des bandits accroupis et des chevaux errant à leur gré dans les profondeurs du souterrain.

Depuis longtemps le Roi des Chemins connaissait cette retraite, mais, craignant une trahison, il n'avait confié son secret à personne.

Quand il se vit abandonné par Ali et chassé de Nédromah, il songea à cette grotte, et, comme nous l'avons vu, il y convoqua ses hommes.

Ceux-ci, en le voyant arriver avec deux femmes, lui firent une brillante ovation. Mais il leur fit signe de se calmer, conduisit les prisonnières dans une salle formée par un retrait du roc et un mur grossier élevé nouvellement sur l'ordre d'El-Chadi.

Quand il fut seul avec les deux femmes, il poussa la porte de cette chambre derrière lui, et il délia la vieille Madeleine. La marquise de Saint-Val avait ouvert les yeux pendant le trajet ; mais, à la vue des bandits, elle s'était évanouie de nouveau. Madeleine était exaspérée.

— Comprends-tu l'arabe, vieille hyène? demanda brutalement le nègre.

— Oui, chien! répondit la cantinière.

Élaï-Lascri tira un pistolet de sa ceinture, le tourna contre elle et continua :

— Encore une insolence, et je te brûle la cervelle : ce qui serait déjà fait si je n'avais besoin de toi. Tu prendras soin de cette femme et tâcheras de la faire revenir à elle. Je vais t'envoyer à boire et à manger ; après son repas, tu l'habilleras à la mode arabe, avec les vêtements que je te ferai remettre ; ensuite tu annonceras à ta maîtresse qu'à partir de ce soir elle est devenue mon esclave.

Le nègre se retira, et deux bandits apportèrent des galettes arabes, du lait, et une caisse d'effets d'une richesse éblouissante.

La vieille Madeleine, à genoux aux pieds de madame de Saint-Val, lui prodiguait les soins les plus empressés, tout en pleurant sur le malheur qui l'attendait.

Enfin celle-ci ouvrit les yeux et demanda où elle se trouvait.

Madeleine n'osait lui annoncer l'affreuse vérité, mais la marquise se rappela tout à coup les circonstances qui avaient précédé son évanouissement ; elle comprit l'horreur de sa situation et fondit en larmes.

— Ainsi, dit-elle, je suis au pouvoir de ce chef de bandits, que mon fiancé a combattu, et, dans quelques instants peut-être, cet homme va venir.

Puis, voyant les cachemires et les ceintures de soie déposés près d'elle, elle s'écria :

— Il croit sans doute que je vais complaisamment revêtir ces ornements qui ont appartenu aux esclaves d'un sérail ; il pense que je vais me parer pour le recevoir, ce nègre insolent! Eh bien! non ; entre une vie déshonorée et la mort, il n'y a pas à hésiter un seul instant pour celle qui devait être la femme d'un héros comme Mériuel. J'ai un pistolet dont je n'ai pas su me servir tout à l'heure ; il va m'épargner une honte dont l'idée seule m'effraie plus que le trépas.

La jeune femme avait tiré de son sein son pistolet, chargé et amorcé ; sans la moindre hésitation, elle l'avait armé, et, les yeux fermés, elle allait s'ôter la vie, quand Madeleine l'arrêta.

— Nous sommes presque sauvées, dit-elle.

— Comment cela? demanda la marquise qui n'avait pas lâché son arme.

— Parce que nous sommes ici dans une poudrière. Je sais que les Arabes ne boivent pas de vin, et voilà pourtant des jarres ; elles doivent être remplies de poudre.

La cantinière, en effet, alla vers l'une des jarres, en souleva le couvercle, et elle poussa une exclamation joyeuse, car, en y plongeant la main, elle sentit qu'elle ne s'était pas trompée.

Madame de Saint-Val se jeta à genoux et remercia le ciel de ce secours inespéré.

Madeleine ne se possédait pas de joie.

— Nous les tenons, maintenant, les Bédouins! disait-elle ; qu'ils viennent, et nous sautons tous en l'air! Moi, je suis assez vieille pour mourir contente en voyant une cinquantaine d'Arabes me suivre dans la tombe, et vous étiez trop bien décidée tout à l'heure pour regretter la vie.

Élaï Lascri entrait en ce moment, tenant une lanterne à la main, précaution qu'il jugeait nécessaire à cause de la poudre.

— Allons! dit-il, sors d'ici, vieille sorcière, et laisse-moi avec ta maîtresse! Puisque tu n'as pas fait sa toilette, je vais la parer moi-même.

Mais la marquise avait bondi derrière la jarre, et, devant elle, Madeleine, le pistolet dirigé sur la poudre, répondit au nègre :

— Viens donc, si tu l'oses! et tu vas aller chercher des houris dans le paradis de ton Prophète. Quant à des esclaves françaises, tu n'en auras pas encore aujourd'hui, parce que nous sommes décidées à mettre le feu à la mine, si tu veux avancer.

— Vieille guenon! vociféra le nègre, tôt ou tard je te ferai écarteler.

La cantinière avait sur le cœur les insultes du bandit ; elle voulut les lui faire expier.

— Écoute, lui dit-elle, je vais te montrer la différence qu'il y a entre des femmes comme nous et un misérable comme toi! Tu m'as insultée, et tu as de plus osé porter la main sur la personne qui m'accompagne : je veux que tu nous demandes pardon à toutes deux de ton audace.

Élaï Lascri, furieux, s'écria :

— Non, jamais!

Et il fit un pas en avant.

— Encore un mouvement, et je lâche la détente! s'écria Madeleine.

Le nègre s'arrêta, rongeant de colère la laine de ses moustaches.

— Maintenant, à genoux! ordonna la terrible cantinière.

La rage d'Élaï Lascri était à son comble ; mais la gueule du pistolet touchait la poudre, le péril était imminent. Cependant il ne pouvait se résoudre à courber à ce point son orgueil devant deux femmes.

— A genoux, misérable! répéta Madeleine, ou je fais feu!

L'œil de la cantinière étincelait dans l'ombre d'une si mâle résolution qu'Élaï Lascri obéit ; mais tout son corps était agité par un tremblement convulsif, et sa main crispée labourait sa poitrine. En répétant les paroles que lui dictait la vieille femme, sa voix était étranglée par les sanglots de son orgueil froissé.

Il était entré en maître, il sortit en esclave ; honteux et confus.

— Souviens-toi, lui avait dit Madeleine, qu'à la moindre tentative de ta part, nous sautons en l'air.

Quand il fut parti, la cantinière se mit à rire de son exploit ; elle avait puisé dans la vie des camps cette gaieté insouciante du soldat français, que ne déconcertent jamais les plus grands périls.

Cependant, le premier moment d'exaltation passé, la marquise songea que tout péril n'était pas éloigné, et que, malgré tout, elle était prisonnière. Mais Madeleine la rassura, en lui faisant observer que Mériuel viendrait sans doute les délivrer bientôt.

— Dormez, dit-elle ; moi, je vais veiller jusqu'au moment où le sommeil deviendra plus fort que ma volonté ; alors vous me remplacerez.

En quittant la salle où se trouvaient les Françaises, le nègre murmura entre ses dents :
— Je trouverai bien un moyen d'en venir à bout...
Le lendemain, un espion qu'Élaï Lascri avait envoyé à la découverte vint lui rapporter que les Français s'éloignaient pour faire partie d'une colonne dirigée contre une oasis du Sahara.
— Es-tu sûr de ce que tu avances? demanda le nègre.
— J'ai vu les spahis partir avec leur chef du côté de Tlemcen, répondit l'espion.
— Eh bien ! dès ce soir nous irons châtier les Traras pour l'hospitalité qu'ils ont donnée à nos ennemis. Nous détruirons leurs douars et nous rétablirons notre réputation par un coup d'éclat. Les guerriers s'attendront sans doute à une attaque; mais maintenant que ces chiens de Français ne les soutiennent plus, nous en aurons bon marché.
Élaï Lascri ordonna à ses hommes de se tenir prêts au combat pour la tombée de la nuit, et il médita en attendant sur les moyens de venir à bout des deux prisonnières.
— Par Allah! s'écria-t-il après quelques instants de réflexion, je suis un sot.
Et il appela un des bandits.
Celui-ci accourut.
— Tu fumes de l'opium, n'est-ce pas? lui dit-il.
— Oui, maître; mais seulement quand j'ai quelques heures de repos devant moi.
— C'est bien ! je ne te blâme pas ; ici, chacun est libre de se donner les plaisirs qu'il préfère. Mais combien prends-tu de pilules pour t'endormir?
— Trente.
— Tu vas en glisser soixante dans le couscoussou qu'on doit présenter aux Françaises.
Tu me permettras de ne pas t'obéir à la lettre. L'opium est très-cher, il est inutile de le prodiguer. Avec cinq pilules, les prisonnières mourront.
Élaï Lascri bondit.
— Mais je ne veux pas les tuer ! s'écria-t-il ; je tiens seulement à les endormir.
— Oh! alors, il faut une dose bien moins forte, reprit le bandit.
— Comment peux-tu avaler huit fois plus d'opium qu'il n'en faut pour causer la mort? demanda le nègre.
— L'habitude! fit avec insouciance le brigand.
— Allons ! va, et tâche qu'elles dorment bien.
Et le Roi des Chemins se fit servir le repas du soir.
Un peu plus tard, le Brouillard-Sanglant quittait la grotte, sauf vingt hommes laissés à la garde du repaire.
— N'oublie pas l'opium! cria le nègre au bandit qui devait endormir les prisonnières.
— Non, maître! dit cet homme.

XXVIII

L'OPIUM.

A peine le Brouillard-Sanglant avait-il quitté la grotte, que le bandit qui avait reçu les recommandations du Roi des Chemins vint frapper à la porte de la salle où les prisonnières se trouvaient.
— Qui va là? demanda la cantinière.
— Je te dirais mon nom que tu n'en serais pas avancée, répondit le brigand.
— Enfin, que veux-tu ?
(Selon la coutume algérienne, la cantinière tutoyait son interlocuteur.)
— Je vous apporte à manger, riposta le brigand.
— C'est bien : entre.
Le bandit poussa la porte d'un air défiant.

La terrible cantinière, le pistolet à la main, se tenait prête à enflammer la poudre.
— Par Allah! s'écria le fumeur d'opium, pas de folie! Tu nous ferais sauter, la vieille.
— Je le sais, dit la cantinière. Tiens-toi pour prévenu, comme ton chef, qu'à la moindre démarche suspecte, c'en est fait de nous tous.
— Ce serait dommage.
La cantinière haussa les épaules.
— Je ne parle pas pour toi, reprit le bandit; tu n'es pas belle. Mais il serait déplorable que ta jolie compagne pérît.
— Tais-toi, va-t'en !
Ceci fut dit d'un ton si menaçant, que le fumeur d'opium se retira, après avoir déposé son plat de couscoussou fumant au milieu de la salle.
— Mange, vieille folle! mange, pensait-il, et tu verras !
Puis il alla s'accroupir au coin du mur.
Une fois là, il tira sa pipe, la bourra de tabac imprégné d'opium, et il allait l'allumer, quand une réflexion traversa son cerveau :
— Par le Prophète ! songea-t-il, je suis un sot; depuis de longues années je m'abrutis en me procurant, grâce à ce poison (il désignait sa pipe), des jouissances factices; il y a là, près de moi, une femme ravissante, belle comme les houris de mes rêves... A quoi bon chercher le songe, quand je puis jouir de la réalité! Maâboul (fou)! trois fois maâboul je suis! Elles vont dormir, ces Françaises! elles seront en mon pouvoir; je ne parle pas de la vieille, bien entendu. (Le fumeur d'opium fit un geste de mépris.) Mais la jeune, oh! la jeune! Mahomet ne la dédaignerait pas!
Il déposa sa pipe et continua son monologue :
— Comme elles seront plongées dans un sommeil de plomb, elles ne s'apercevront de rien. A leur réveil, si maître m'aura succédé. Personne ne songera à m'accuser.
Après avoir combiné ce plan qui menaçait d'une si terrible manière l'honneur de madame de Saint-Val, le bandit se coucha le long du mur, attendant patiemment l'effet du narcotique.
A travers les interstices des pierres mal jointes, il apercevait les deux femmes, et il suivait leurs mouvements; le Roi des Chemins leur avait prêté sa lanterne, qui jetait des clartés lugubres sur cette prison humide.
Madame de Saint-Val, affreusement pâle, souffrante, affaiblie, se soutenait à peine.
Ces émotions l'avaient brisée.
La vieille Madeleine était ferme, vigoureuse, inébranlable. Elle n'avait pas perdu confiance.
Elle prit le plat de couscoussou, où le bandit avait jeté ses pilules d'opium, et elle l'apporta auprès de la marquise.
— Nos geôliers, madame, dit-elle, nous donnent là un mets peu délicat, mais il est substantiel; ça ne flatte pas le palais, cependant ça nourrit. Tâchez d'en manger un peu.
La marquise fit un geste de dégoût.
— Pourvu qu'elle n'aille pas refuser d'avaler quelques morceaux, pensait le bandit en observation.
— Ma bonne dame, reprit Madeleine, il faut surmonter votre répugnance. A la guerre comme à la guerre! Voyez plutôt.
Et, joignant l'exemple au conseil, elle se mit à manger.
— Et d'une! se dit le bandit. Mais l'autre? Bon! la voilà qui se décide.
En effet, la marquise, encouragée par la cantinière, se décidait à toucher au plat.

— C'est bête comme tout, les Bédouins! faisait observer Madeleine; ça ne connaît qu'une manière d'accommoder les viandes. Faut leur pardonner! C'est des brutes. Pourtant voilà un couscoussou qui n'est pas trop mal assaisonné, sauf un petit goût.
— Oui, un goût étrange! fit madame de Saint-Val.
— Bah! ça sent toujours un peu le sauvage.
Tout en essayant de mâcher quelques bribes de viande, la marquise pleurait.
— V'là les larmes, maintenant! s'écria la cantinière.
— Oui, Madeleine, répondit la marquise. Mais il faut me pardonner cette faiblesse; notre position est si triste!
— Triste? Pas du tout. Nous faisons trembler une centaine de scélérats qui inspirent une peur effroyable à tout le pays, et vous n'êtes pas heureuse et fière? Jamais femme n'a exécuté un coup d'audace aussi superbe! Tenir tête au Brouillard-Sanglant, subir un siège dans son repaire et repousser l'assaut! Voilà de quoi illustrer une cantinière!
— Ah! Madeleine, si nous n'étions pas menacées d'un sort atroce, je comprendrais votre enthousiasme; mais notre victoire est bien éphémère!
— Allons donc! Dans quelque temps nous serons délivrées!
— Je n'ose l'espérer!
— Est-il possible que vous ayez aussi peu de foi dans votre fiancé! Le capitaine Mérieul a juré de prendre Élaï Lascri: il le prendra. Nous pourrons toujours bien prolonger notre résistance jusque-là. Plus de larmes ! allons. Tiens! mais qu'avez-vous?
— Je me sens la tête bien lourde
— Dormez un peu, c'est la fatigue : je veillerai.
Tout en disant cela, Madeleine prit un burnous dans les effets envoyés par le Roi des Chemins, l'étendit à terre et y fit coucher la marquise.
Celle-ci avait fermé les yeux. Elle était tout à fait endormie.
— Ça lui a pris bien vite! pensa la cantinière.
Puis elle sentit comme un brouillard qui passait devant ses yeux.
— Mais j'ai sommeil aussi, moi! fit-elle avec inquiétude. C'est drôle!
Elle passa sa main sur son front ridé, se leva et marcha un peu pour lutter contre la torpeur qui s'emparait d'elle.
Mais ses efforts restaient impuissants.
Elle frappa du pied avec colère :
— C'est trop fort! gronda-t-elle. Moi! un vieux troupier (elle oubliait son sexe), je me laisse gagner par la fatigue! Tonnerre!
Et elle se raidissait.
Ce fut en vain.
Ses genoux ployèrent, son corps fléchit; elle tomba...
— S..... jura-t-elle. Nous sommes empoisonnées!
Elle essaya de se traîner vers la jarre pleine de poudre.
Mais ses membres refusèrent d'obéir à sa volonté qui s'engourdit bientôt.
Elle poussa un dernier juron dans un soupir étouffé, son pistolet roula par terre, et son corps inerte joncha le sol.....
Le fumeur d'opium poussa un cri de triomphe et de désir; il poussa la porte, fit un bond dans la salle et courut à madame de Saint-Val.

XXIX

PRISE ET SURPRISE.

Lorsque Mérieul et ses spahis eurent quitté Nédromah, Ali, qui suivait le peloton, vint rejoindre le capitaine français.
Ce départ, en effet, n'était qu'une feinte.

— Nous allons gagner les bords de la mer, dit Ali; en suivant un sentier qui se trouve à une centaine de pas d'ici, nous arriverons vers le soir auprès de la Méditerranée. Mais une fois là, que ferons-nous?
— Tu verras, répondit laconiquement Mérieul. Guide-nous ; cette nuit peut-être, le Roi des Chemins sera notre prisonnier.
Ali se tut.
Il prit la tête de la petite colonne, et la conduisit par des chemins détournés vers les falaises; à la nuit tombante, les spahis entendirent le bruit des vagues. On arrivait.
Mérieul arrêta ses hommes; il leur fit mettre pied à terre et leur ordonna de planter les piquets et d'attacher les chevaux. Il fut obéi avec rapidité.
L'endroit où l'on se trouvait était un ravin perdu, hors de toute voie battue; Mérieul laissa trois spahis à la garde des coursiers, plus un trompette. En cas d'alerte, celui-ci devait sonner le ralliement.
Le capitaine fit prendre les armes au reste du peloton, et commanda aux spahis de l'accompagner.
Ali surpris regardait faire.
Après avoir marché cinq cents pas avec des précautions inouïes, Mérieul montra à un de ses soldats un buisson de jujubiers, qui couronnait une falaise.
— Cachez-vous là, dit-il. Observez à droite et à gauche. Si une troupe sort du fond des rochers, laissez-la passer; puis vous viendrez me prévenir.
Le soldat fit un signe d'assentiment.
Cinq ou six cents pas plus loin, Mérieul avisa un olivier, et le montra à un autre spahi; celui-ci comprit et grimpa sur l'arbre. Et Mérieul continua ainsi à placer des sentinelles. Ali lui serra le bras.
— Je comprends ton idée, dit-il.
Mérieul sourit.
Deux heures après, la plage, sur une grande étendue, était en quelque sorte sous le regard du capitaine français.
Celui-ci se doutait bien que le Roi des Chemins s'était réfugié dans une grotte des falaises ; il fallait savoir laquelle; le moyen qu'il employait était bon. En effet, vers les dix heures du soir, Mérieul, qui avec Ali, se trouvait embusqué par un effet du hasard au-dessus du repaire, entendit un bruit significatif. Il toucha du coude son compagnon.
Tous deux se tenaient accroupis au milieu d'une touffe assez épaisse de palmiers nains ; les brigands, tenant leurs chevaux en main, montaient peu à peu le sentier ; une fois sur la hauteur, ils sautaient en selle, et, à la file, ils s'éloignaient du rivage.
La touffe de palmiers n'était pas à dix pas d'eux ; le danger d'être découverts était imminent pour Mérieul et Ali. Cependant presque tous les brigands avaient défilé.
Il en restait un... le dernier...
Celui-là, au moment d'enfourcher sa monture, fut désarçonné.
Le cheval s'était cabré; débarrassé du cavalier, il s'enfuit dans la direction de Mérieul.
Le brigand se mit à courir de ce côté.
La situation était terrible!
Tout à coup il aperçut deux hommes!...
Il allait crier...
Mais Mérieul s'élança, l'étreignit à la gorge et le terrassa.
Ali, d'un coup de poignard, lui traversa le cœur.
Ce n'était pas tout...
Les brigands déjà passés avaient rattrapé le cheval, et ils criaient à leur camarade de venir. Il était mort...
Les bandits, voyant qu'il ne venait pas et ne répondait rien, parurent inquiets.
Ils avaient fait cent pas au plus, et ils revenaient là où leur ami s'était trouvé désarçonné ; heureusement la nuit était sombre.

Mérieul comprit qu'il fallait prendre une décision rapide; il saisit le burnous du mort, se le glissa sur le dos, se leva et répondit en arabe :
— Me voilà! me voilà!
— T'es-tu blessé? cria l'un des bandits croyant que c'était réellement celui qu'ils appelaient.
— Un peu, répondit Mérieul en boitant.

Et comme il approchait du groupe qui l'attendait, il se hissa péniblement sur le cheval qu'on lui présentait.
— Vite, vite, maintenant! firent les brigands, nous sommes en retard.

Et ils se mirent à galoper.

Mérieul, peu à peu, les laissa gagner du terrain; quand ils eurent disparu dans l'ombre, il tourna sur ses pas. Il retrouva Ali auprès du cadavre.
— Bien joué, lui dit le jeune homme avec admiration.

Mérieul le pria d'aller, aussi vite que possible, rallier les spahis placés en vedettes, et de les ramener tous, sauf ceux qui gardaient les chevaux; cette opération demanda un temps assez long, pendant lequel Mérieul observa les lieux et réfléchit sa position.

Il fallait pénétrer dans la grotte, tuer tous les partisans d'Élaï Lascri qui s'y trouvaient, et ensuite tendre un piége au reste du Brouillard-Sanglant.

Quand les spahis arrivèrent, Mérieul avait arrêté ses dispositions d'attaque.

Un des hommes que le Roi des Chemins avait laissés dans la grotte faisait sentinelle sur le rocher qui conduisait à la porte. Un vent violent soulevait les flots et les poussait jusqu'au pied du bloc de granit, de telle sorte que, tout autour, la mer, d'habitude peu profonde, avait monté de près d'un mètre. Une ceinture de brisants qui s'étendaient devant la première excavation, dont nous avons déjà décrit la forme, empêchait les vagues de venir déferler sur le roc où l'Arabe se tenait accroupi; et dans les plus mauvais temps on pouvait toujours traverser sans danger la nappe d'eau qui augmentait ou diminuait, selon que le vent était fort ou faible, mais qui n'était jamais violemment agitée.

La sentinelle veillait dans une immobilité complète nulle race ne possède à un plus haut degré que la nation arabe la vertu de la patience. Enveloppé dans son burnous de couleur avec le sol, le bandit ne faisait pas un mouvement, écoutant si, au milieu des sifflements de l'orage et des hurlements de la mer, il n'entendrait pas quelque bruit inattendu.

Ce n'était pas chose facile que de s'emparer de ce repaire défendu par vingt hommes qui pouvaient braver les efforts d'une troupe nombreuse, derrière les murailles épaisses où ils s'abritaient. Au premier aspect du danger, l'Arabe en faction aurait déchargé son arme sur l'ennemi et se serait retiré dans la grotte, avant qu'on fût parvenu jusqu'à lui.

Au bout d'une demi-heure, le factionnaire entendait un bruit de chevaux et des voix d'hommes; il arma lentement son arme, tout en disant :
— Serait-ce déjà le maître qui revient?

Le hurlement de la hyène retentit alors au-dessus des falaises : c'était le signal que d'habitude Élaï Lascri échangeait avec la sentinelle pour le prévenir du retour de la bande.

Le bandit répondit à ce signe de reconnaissance, et le long du sentier qui descendait à la mer il vit arriver des cavaliers qu'il prit pour ses camarades; il frappa à la porte pour qu'on l'ouvrit aux arrivants.

C'étaient Ali et les Français, qui se précipitèrent dans la caverne, entraînant la sentinelle et repoussant aussitôt la porte derrière eux. Un seul gardien était debout : c'était celui qui, à l'appel du factionnaire, était venu ouvrir; les autres dormaient autour d'un feu qui flambait au milieu du souterrain. Rien ne fut plus facile que de les massacrer; comme c'étaient des pirates de terre ferme, on leur rendait prompte et bonne justice.

Les cadavres furent placés dans un coin de la grotte; puis, comme Élaï Lascri pouvait revenir d'une minute à l'autre, Mérieul se hâta de prendre ses précautions.

Il fit d'abord préparer une mèche qu'il plaça sur le sol, après l'avoir entourée de poudre mouillée; cette pièce d'artifice devait servir à éclairer la scène à un moment donné ; un spahis reçut ordre de se tenir auprès pour y mettre le feu, quand il en recevrait le commandement. Les Français se placèrent ensuite de chaque côté de l'entrée, et l'on attendit, dans l'obscurité la plus complète, le retour des brigands. Ali s'était mis sur le rocher pour remplacer la sentinelle.

Pendant ce temps, Madeleine et madame de Saint-Val dormaient...

Le fumeur d'opium avait entendu du bruit dans le repaire, au moment où il allait commettre un acte odieux; déconcerté, il s'arrêta; il entrebâilla la porte de la salle, pour se glisser en dehors, et il aperçut la scène qui se passait.

Les spahis étaient en train de tuer ses camarades; il eut assez de sang-froid pour rentrer sans bruit auprès des prisonnières.

Mais que faire?

Certainement la grotte était au pouvoir de l'ennemi; Élaï Lascri, revenant sans défiance, serait tué avec la plus grande partie du Brouillard-Sanglant, le mieux était d'attendre et d'agir selon les événements. Seulement, comme le moindre bruit eût pu trahir sa présence, le fumeur d'opium se tint coi, renonçant à ses projets sur la comtesse.

XXX

LA SOURICIÈRE

Élaï Lascri, loin de se douter que son repaire fût au pouvoir des Français, guida sa bande vers Aïn-Kébira.

En route, il causait avec El-Chadi.
— Voilà donc ces Français maudits qui ont quitté la contrée! disait-il.
— Oui, répondit le chouaf; c'est heureux!
— En effet.
— S'ils étaient restés, nous aurions été obligés de gagner le Maroc ou le désert.
— Par Allah! je n'aurais pas cédé si vite. Parce qu'ils ont vaincu une fois...
— Deux, interrompit El-Chadi.
— Deux, soit! Je disais donc : Parce qu'ils ont vaincu deux fois, il n'est pas certain que nous n'en serions pas venus à bout. Seulement, dans les circonstances présentes, il vaut mieux que je n'aie pas ces enragés sur les bras. Je vais rétablir cette nuit ma puissance par le sac d'Aïn-Kébira; dans trois jours, je rentrerai à Nédromah. Je saurai m'y maintenir désormais. Notre prisonnière est fort jolie, elle remplacera Fathma.
— Jamais! s'écria El-Chadi.
— Pourquoi?
— Fathma t'aimait.
— La Française m'aimera.
— Non. On ne force pas les femmes à l'amour.

Élaï Lascri poussa un soupir.

A travers les ténèbres, il vit planer devant lui l'ombre de Fathma...

Tout à coup El-Chadi lui fit lever la tête par une exclamation.
— Qu'y a-t-il donc? demanda le nègre.
— Regarde.

Le Roi des Chemins promena autour de lui son regard; on apercevait les crêtes des Traras, et sur tous les points élevés brillaient des feux.

Encore un mouvement, et je lâche la détente. (Page 125.)

— Comprends-tu? fit El-Ghadi.
— Din Allah (juron), les Kabyles se défient, et ils veillent. N'importe! marchons.
— Impossible! autant de feux, autant de postes. Nous ne pourrons passer inaperçus. Au moindre signal, les contingents de toute la montagne se réuniront contre nous et nous envelopperont. Il faut renoncer à l'attaque. Je reconnais là les Français! Partout où ils passent, ils laissent des traces; c'est d'après leurs conseils que les Traras ont adopté cette tactique.

Élaï Lascri, furieux, contemplait le tableau que présentait la montagne; il fut forcé de s'avouer qu'une tentative à main armée eût été de la folie; il poussa une exclamation pleine de rage, maudit les Français, jura de s'en venger, et fit faire demi-tour à sa bande. Vers deux heures du matin, le Brouillard-Sanglant était de retour à la mer.

Ali faisait sentinelle.

Élaï Lascri, sans défiance, échangea le signal ordinaire; le jeune homme y répondit.

Le défilé commença.

Les bandits pénétraient déjà dans la grotte; malheureusement le fumeur d'opium s'élança hors de la salle où il se tenait immobile, et il s'écria en fuyant:
— Sauve qui peut! Les Français sont là.
Un coup de sabre lui trancha la tête, mais l'éveil était donné.

Tous les bandits s'enfuirent, regagnant la cime des falaises. Mérieul, voyant le piége éventé, jeta un coup d'œil rapide pour voir ce qu'était devenu Ali.

Le jeune homme avait disparu.

Il ordonna aussitôt à ses spahis de barricader la porte et d'allumer la mèche, qui flamba aussitôt; les spahis cherchèrent des yeux les matériaux qui pourraient leur servir à boucher l'entrée du souterrain; ils virent le mur qui formait la séparation de la salle où étaient les captives.

En un clin d'œil il fut abattu; malheureusement la lanterne s'éteignit; on ne vit pas les prisonnières.

Les circonstances étaient pressantes; Mérieul donna tous ses soins à la barricade, qui s'éleva rapidement.

— Maintenant, dit-il à ses spahis, nous voilà assiégés, mes enfants; ménagons notre poudre. Il y a des vivres sans doute; nous tiendrons assez longtemps pour lasser ces brigands-là.

Au même instant, deux ou trois coups de fusil retentirent. Élaï Lascri était parvenu à arrêter ses hommes au sommet des rochers, et là, il avait calmé la panique qui s'était emparée d'eux.

— Les Français sont dans notre repaire, dit-il; tant mieux! Nous allons les y anéantir. Ils comptaient nous surprendre, et ce sont eux qui sont surpris. Nous les tenons dans un piège où ils périront tous. Il y a dans le roc des fentes par lesquelles nous pouvons les fusiller à l'aise, sans qu'il leur soit possible de nous atteindre. Nous allons les descendre à coup sûr.

Et Élaï Lascri, redescendant quelques pas le long du sentier, montra à ses brigands une crevasse donnant à l'intérieur du souterrain.

Trois ou quatre hommes engagèrent par cette ouverture les canons de leurs fusils, et les déchargèrent sur les spahis; deux d'entre ces derniers furent atteints. Mérieul se demanda d'où partaient ces projectiles. On n'apercevait rien.

Cependant la fusillade recommença; un spahi fut encore blessé.

Cette fois, Lassalle vit d'où venaient les balles.

Il indiqua la crevasse à Mérieul.

Aussitôt celui-ci fit éteindre la mèche qui éclairait la grotte, et la nuit devint si profonde que les bandits cessèrent le feu, faute de pouvoir viser.

On prévint Élaï Lascri.

— Le jour ne va pas tarder à venir, dit-il, attendez.

Bientôt, en effet, le soleil émergea du sein des flots; et quelques rayons de lumière, s'infiltrant à travers la crevasse, permirent aux bandits de recommencer la fusillade.

Les spahis tombèrent un à un, décimés par les projectiles et ne pouvant riposter; ils reculaient dans les profondeurs du souterrain; alors le Roi des Chemins se mit à la tête d'une cinquantaine de brigands, et il essaya de forcer l'entrée.

Les spahis se ruèrent avec fureur sur les assaillants et les repoussèrent; mais, par la fente du roc, les bandits dirigeaient un feu plongeant sur la barricade, et il fallait se résoudre à l'abandonner ou à périr un à un. Mérieul jeta un coup d'œil au dehors.

Il lui vint une inspiration.

— Tenez-vous prêts! ordonna-t-il. Nous allons charger.

Les spahis mirent le sabre à la main.

— En avant! cria Mérieul.

Et, le premier, il bondit hors du souterrain, renversa ce qu'il trouva sur son chemin, et, suivi des siens, gagna le haut du sentier.

Les brigands, refoulés par cette vigoureuse sortie, ne se rallièrent qu'à quelques cents mètres des falaises. Les spahis profitèrent du moment de répit qu'ils leur laissèrent pour s'abriter du mieux qu'il leur fut possible au sommet du rocher; se dissimulant derrière des quartiers de roc, au milieu des broussailles, dans les palmiers nains, ils se trouvèrent dans une position plus avantageuse pour lutter. Là, au moins, ils pouvaient aux balles répondre par des balles.

Élaï Lascri résolut néanmoins de les débusquer à tout prix; il engagea contre eux une fusillade bien nourrie, qui, malgré le soin avec lequel ils étaient cachés, leur blessa quelques hommes, et puis, voyant leur feu se ralentir, il entraîna sa troupe en marchant résolûment contre les Français.

Forcés de se battre à découvert, ceux-ci montrèrent leur faiblesse numérique; leur nombre donna du courage aux brigands; ils engagèrent l'action avec un élan qui rejeta les spahis au bas de la grotte.

Malgré toute leur bravoure, ceux-ci lâchèrent le terrain pied à pied et finirent par être refoulés tout à fait dans le souterrain, où le Brouillard-Sanglant s'engagea à leur suite; se voyant perdu, Mérieul ne pensa qu'à vendre chèrement sa vie; ses soldats prirent la même résolution.

Ne s'inquiétant plus de parer les coups, ils se précipitaient à corps perdu sur les brigands, et les sabraient avec rage.

Néanmoins ils reculaient toujours.

Tout à coup Mérieul trébucha et tomba.

Les combattants, foulant le sol, allaient piétiner sur lui.

Par un mouvement instinctif, il se jeta en avant, et un genou en terre, il essaya d'écarter ceux qui approchaient, à coups de sabre; il fauchait les jambes à hauteur des genoux; tous ceux qu'il atteignait tombaient comme le blé sous la faucille.

A travers la demi-obscurité, Élaï Lascri l'aperçut; il lui tira un coup de pistolet... le jeune capitaine tomba...

Les bandits, presque entièrement maîtres du terrain, jetèrent un cri de triomphe...

Les quelques spahis qui restaient debout, épuisés, haletants, allaient succomber.

Tout à coup les notes de la trompette vibrèrent...

Un flot humain envahit la grotte, écrasant les brigands sous une marée de combattants nouveaux.

On entendit, pendant quelques minutes, des cris terribles, des râles, des soupirs.

Puis, plus rien...

Plus de cinq cents Nédromiens s'étaient précipités sur les brigands et les avaient écrasés de leur masse...

Tout était fini, bien fini!...

Le Brouillard-Sanglant n'existait plus.

Le dernier homme avait exhalé son dernier souffle, excepté Élaï Lascri, blessé gravement, et El-Chadi, sain et sauf.

L'adroit chouaf trouva le moyen de s'enfuir.

Des torches furent allumées, elles éclairèrent une scène sinistre.

Le spectacle que présentait la grotte était affreux.

Une centaine de cadavres étaient étendus dans le sang; les Nédromiens piétinaient dans une boue rougeâtre.

On chercha Élaï Lascri; on le trouva incapable de se défendre; il fut aussitôt garrotté; Ali appela Mérieul, mais celui-ci ne répondit pas.

Enfin, en soulevant les morts, on le reconnut; il avait perdu connaissance.

On le transporta hors du souterrain, et on lui jeta de l'eau de mer au visage.

Il revint à lui; mais il était si faible, qu'Ali ordonna de le transporter au plus vite à Nédromah. Mérieul demanda aux spahis si tous leurs camarades étaient retrouvés.

Lassalle répliqua que oui.

Il y en avait huit de tués et dix-sept de blessés; les Nédromiens s'assurèrent qu'aucun bandit ne respirait plus.

Bien certain de n'oublier aucun Français dans le repaire, sûr d'avoir anéanti définitivement le Brouillard-Sanglant, Ali donna le signal de la retraite.

Il ne savait pas ce qu'il laissait derrière lui...

Madame de Saint-Val et sa compagne dormaient toujours; le bruit du combat n'avait pu les tirer de leur léthargie; personne n'avait songé à pénétrer dans la salle où elles se trouvaient; la muraille qui la séparait du reste de la grotte étant abattue, ces débris n'attirèrent l'attention de personne.

Les deux femmes furent abandonnées.

Élaï Lascri se garda bien de révéler leur présence; il fut conduit à Nédromah sur un cheval, et déposé dans le palais où il avait commandé en maître. Mérieul et ses spahis furent installés dans la petite maison de Fathma.

Un spahi monta à cheval et courut à Tlemcen chercher un docteur, qui vint soigner les blessés.

Mérieul, dès qu'il put parler, dicta à Lassalle une lettre pour le gouverneur, et une seconde pour madame de Saint-Val, qu'il croyait toujours à Oran.

Lassalle partit.

XXXI

Où EL-CHADI REPARAIT

Le lendemain, vers le soir, madame de Saint-Val et la cantinière secouaient enfin leur torpeur.

Elles se crurent le jouet d'un rêve, en entendant la grotte retentir de clameurs effrayantes ; les hyènes et les chacals étaient accourus à la curée des cadavres, et en faisaient leur pâture! Leurs yeux brillaient dans l'ombre, et ils se disputaient avec rage les lambeaux de chair humaine. Madame de Saint-Val se leva épouvantée. La cantinière, plus calme, essaya de se rendre compte de ce qui arrivait. Après avoir examiné quelque temps la scène qui se passait en dehors de la salle, elle rassura la comtesse :

— Nous sommes sauvées! s'écria-t-elle, le capitaine Mérieul est venu, et il a massacré le Brouillard-Sanglant. Seulement il ne nous savait pas là, et il s'est retiré.

— Mais ces affreuses bêtes? demanda madame de Saint-Val.

— Elles dévorent les brigands qui sont morts.
— C'est atroce!

La cantinière fit un geste d'indifférence.

— Mais, reprit la comtesse, pourquoi avons-nous dormi?

— Parce que ce gueux d'Élaï Lascri nous a fait avaler de l'opium. Heureusement les spahis sont venus fort à propos.

La comtesse frémit du danger qu'elle avait couru.

— Comment allons-nous sortir? demanda-t-elle. Je n'oserai jamais m'aventurer parmi ces hyènes.

— Elles vont fuir. Attendez!

Et la cantinière entr'ouvrit la porte, prit son pistolet et tira.

Aussitôt les hyènes et les chacals, avec leur poltronnerie accoutumée, se sauvèrent au plus vite.

— Vous voyez, fit Madeleine, que ce n'est pas long à mettre en déroute. Il n'y a pas au monde d'animaux plus lâches que ceux-là. En France, on les croit très-dangereux, et les conscrits qui viennent ici ont peur d'être dévorés. C'est pourtant plus craintif qu'un renard. Maintenant, partons!

Madame de Saint-Val essaya de sortir ; mais son pied glissait dans le sang ; Madeleine lui prêta le secours de son bras.

Elles allaient gagner la porte du souterrain, quand une ombre se dressa devant elles : c'était El-Chadi!...

Le rusé chouaf, on s'en souvient, s'était esquivé ; il venait rôder dans le repaire, pour voir si quelques-uns de ses camarades ne pouvaient pas être sauvés ; il fut extrêmement surpris en reconnaissant les deux Françaises.

Une idée subite traversa son esprit.

— Bon! pensa-t-il, les spahis n'ont point découvert ces femmes ; tout n'est pas désespéré.

La vieille Madeleine, ayant déchargé son arme, était sans défense ; mais, en femme intrépide, elle demanda, sans s'intimider, à El-Chadi :

— Qui es-tu?
— Un habitant de Nédromah, répondit le chouaf.
— Tant mieux! reprit la cantinière. Tu vas nous conduire dans cette ville.
— Volontiers. Mais qui êtes-vous vous-mêmes?
— Des parentes du chef français qui a détruit Brouillard-Sanglant.
— Oh! s'écria hypocritement El-Chadi, qu'il soit béni, quoiqu'il soit infidèle! Je lui souhaite le paradis de sa religion. Mais pourquoi ne vous a-t-il pas emmenées?

La cantinière expliqua son histoire.

El-Chadi n'eut pas assez d'imprécations pour maudire le Roi des Chemins.

— Moi, dit-il, j'ai assisté au combat, et je revenais pour chercher un poignard que j'ai perdu et auquel je tiens beaucoup ; il me vient de mon père. Permets-moi de visiter la grotte.

— Va vite et dépêche-toi, dit Madeleine.

El-Chadi parut se hâter.

— Nous sommes bien heureuses d'avoir rencontré cet homme! dit la cantinière à la comtesse ; il va nous mener à Nédromah.

— J'ai eu de la chance, pensait El-Chadi ; ces deux femmes vont sauver la vie à Élaï Lascri. Mais comment les faire prisonnières? la vieille paraît robuste. Bah! j'y songerai en route.

Et sur ce, El-Chadi ramassa un poignard pour rendre son prétexte plausible, et il retourna vers les deux femmes :

— Mettons-nous en chemin, leur dit-il, car la nuit s'avance.

— Tu as l'arme que tu cherchais? demanda Madeleine.
— La voilà!...

Et ils partirent tous les trois.

Ils marchèrent dans la direction de Nédromah.

En route, El-Chadi réfléchissait à la ruse qu'il emploierait pour s'emparer des Françaises ; la cantinière lui inspirait une certaine crainte. La vigoureuse Madeleine portait presque madame de Saint-Val, qui, brisée par la fatigue et les émotions, ne pouvait se soutenir. Elle n'était pas bien certaine d'être éveillée.

Cependant, comme le nom de Mérieul avait été prononcé, comme elle espérait revoir son beau fiancé, elle essaya par un effort de volonté de ranimer ses forces chancelantes.

El-Chadi, de temps en temps, jetait sur la comtesse un regard de pitié.

— Par Allah! se disait-il, c'est une femme plus charmante encore que Fathma ; il est malheureux que je sois obligé de lui causer le désagrément d'une captivité, pour obtenir la mise en liberté d'Élaï Lascri.

Puis le chouaf ajoutait :

— Mais comment les prendre? Cette vieille est une gaillarde à se défendre avec énergie.

« Ah! je tiens mon plan ; c'est audacieux, mais il faut de l'audace dans les circonstances difficiles! »

Et El-Chadi se mit à gambader.

On connaît les gambades d'El-Chadi!

Elles étonnèrent à bon droit les deux Françaises.

Madame de Saint-Val poussa un cri d'effroi.

— Rassurez-vous, dit El-Chadi, je suis un des plus habiles danseurs de la ville ; mon état est d'amuser par des cabrioles.

— Quelque chose comme un saltimbanque! fit observer Madeleine non sans dédain. Mais pourquoi ne te tiens-tu pas tranquille?

— Parce que je suis joyeux. En vous ramenant au chef français, je vais gagner une récompense ; quelques pièces d'or me feront beaucoup de bien. Mon métier n'est pas lucratif.

— Paillassé, va! Ça ne pense qu'à l'argent, se dit Madeleine.

Néanmoins les réflexions d'El-Chadi lui ôtaient tout soupçon ; elle croyait réellement avoir affaire à un Nédromien.

Madame de Saint-Val, à qui elle traduisait sa conversation, se rassurait peu à peu.

Enfin on aperçut Nédromah à travers la nuit.

— Nous arrivons, dit El-Chadi : mais la porte de la ville est fermée. Il est tard.

— C'est ennuyeux! s'écria la cantinière. Ça va nous causer des embarras.

— En effet, les sentinelles ont ordre de tirer sur tous ceux qui se présentent ; on n'ouvre à personne.

on n'écoute même pas les demandes des voyageurs. C'est une mesure prudente par le temps qui court.

El-Chadi mentait; mais ce mensonge était nécessaire à son plan.

— Que faire? fit Madeleine.
— Il y a un moyen...
— Lequel?
— Je ne sais si je dois vous en parler.
— Va donc !
— Ce sera sous le sceau du secret, alors?
— Soit !
— Jure de ne rien révéler.
— Je le jure !
— Et ta compagne?
— Elle sera muette.
— Eh bien! ma maison donne sur les murailles de la ville; ma cave a un passage sous les fossés des fortifications. Si vous voulez, nous rentrerons par là.

Madeleine eut un geste de défiance.

El-Chadi s'en aperçut.

— Je m'expose beaucoup en vous révélant ceci, reprit-il, car vous pouvez me faire arriver bien des désagréments. Grâce à ce passage dont je vous parle, j'évite de payer les droits que les aghas imposent aux marchandises venant du dehors. Mais j'espère que ma bonté pour vous ne sera pas reconnue par de l'ingratitude.

— C'est un contrebandier, pensa Madeleine.

Elle crut à la fable d'El-Chadi, et l'expliqua à la comtesse. L'adroit filou les conduisit dans les fossés des fortifications; il gagna le souterrain de l'ancienne maison de Fathma, en ouvrit la porte, dont il avait conservé la clef, engagea ses compagnes à le suivre; après quelques difficultés, la comtesse, toujours aidée de Madeleine, s'aventura dans le passage. Aussitôt, avec sa souplesse extraordinaire, El-Chadi sauta par-dessus la tête des deux femmes, se précipita hors du silo, et en ferma la sortie.

Il était arrivé à son but.

XXXII
L'AMOUR ET LE DEVOIR.

En enfermant les deux Françaises dans le silo, El-Chadi avait eu une de ces inspirations audacieuses où l'on joue le tout pour le tout; en effet, les deux femmes se trouvaient à quelques mètres à peine de leurs amis. Ali connaissait très-bien le silo et pouvait le visiter; mais, d'un autre côté, le Brouillard-Sanglant étant détruit, il semblait peu probable que le jeune homme conçût des inquiétudes sur le passage souterrain, dont les murs épais devaient étouffer les cris d'appel des captives. En outre, les ténèbres complètes qui régnaient dans cette cave empêchaient qui que ce fût d'y marcher sans lumière.

El-Chadi, après avoir pesé toutes ces circonstances en s'éloignant, regarda autour de lui; il n'était pas bien loin de la porte de Nédromah; il s'en approcha et héla la sentinelle.

Celle-ci, après les reconnaissances d'usage, se décida à ouvrir, tout en maugréant contre le voyageur qui arrivait si tard.

El-Chadi s'était donné comme un pèlerin; il se rendit à la mosquée.

Les mosquées sont des asiles inviolables.

Le chouaf commença par faire sa prière, avec une dévotion qui édifia beaucoup l'uléma. Celui-ci s'était levé pour recevoir l'étranger.

— Mon père, dit El-Chadi après mille simagrées, je viens de la Mecque.

Le marabout s'inclina.

— C'est la troisième fois que je visite la ville sainte, reprit le chouaf.

Le marabout baisa avec vénération le pan du burnous d'El-Chadi.

— J'ai besoin d'un service, continua ce dernier.
— Parle, répondit le marabout. Tes prières seront des ordres.
— Je voudrais voir un Kabyle nommé Ali. Je sais qu'il est dans cette ville.
— Je vais l'aller chercher. Mais peut-être refusera-t-il de venir, si je ne lui dis pas ton nom?
— Il suffira de lui montrer ceci.

Et El-Chadi tira de son doigt une bague d'argent qu'il donna au marabout.

C'était l'anneau dont Fathma lui avait fait présent.

Le marabout partit.

Arrivé à la petite maison qui avait appartenu à la femme d'Élaï Lascri, le marabout fit prévenir Ali qu'il désirait lui parler.

Celui-ci s'empressa d'accourir.

Le marabout lui rendit compte de sa mission et montra l'anneau d'argent.

— C'est El-Chadi ! pensa Ali aussitôt. Quel est le but de sa visite? Demander l'aman (pardon), probablement. Allons ! c'est un bon compagnon, moins cruel que le Roi des Chemins, et un cœur excellent. Je lui ferai obtenir sa grâce auprès du capitaine français.

Et il dit au marabout :

— Je sais ce que désire celui qui t'envoie; retourne vers lui et annonce-lui qu'il peut sans crainte quitter la mosquée pour me parler; après notre entrevue, il sera libre, j'y engage ma parole.

Le marabout ne comprenait rien à ce qui se passait.

Quel rapport existait entre le pèlerin et Ali?

Il l'ignorait.

Néanmoins il rapporta fidèlement au chouaf sa conversation avec le jeune homme; aussitôt El-Chadi quitta la mosquée; en entrant dans la maison où Ali l'attendait, il fut surpris de la voir transformée en ambulance : dix-sept spahis blessés y étaient soignés par un docteur de l'hôpital de Tlemcen.

Mériel, dans un petit pavillon à droite du jardin, souffrait cruellement de ses blessures : une douleur morale bien plus terrible allait l'atteindre.

— Tu dois être fier, Ali ! fit El-Chadi quand il fut seul avec le jeune homme.
— Pourquoi? demanda celui-ci.
— Pour deux motifs : comme ancien membre du Brouillard-Sanglant d'abord, vu la bravoure qu'il a déployée, et dont les preuves sont marquées sur la poitrine des spahis; comme Kabyle ensuite, vu que ces derniers ont fini par anéantir le Brouillard-Sanglant.

Il y avait dans ce compliment une ironie à laquelle Ali répondit :

— Le Roi des Chemins n'a pas eu un compagnon plus fidèle que moi, tant que ma destinée fut enchaînée à la sienne. Une fois libre, j'ai dû me venger de ses trahisons, et surtout du meurtre de mon beau-père; tu as tort de me faire un reproche; du reste, je veux te montrer de l'indulgence : je te pardonne !

Et Ali attendait l'effet de ses paroles.

— Tu me pardonnes quoi? fit avec une nuance d'impertinence El-Chadi.
— D'avoir combattu avec le Roi des Chemins, mon ennemi.
— Je n'ai fait que mon devoir. Tu as eu à te plaindre de lui, tu as lutté contre notre chef, tu l'as vaincu; je n'ai rien à dire; mais moi, n'ayant qu'à me louer d'Élaï Lascri, je suis resté près de lui. Tu n'as donc pas de m'en vouloir.

Ali réfléchit, puis il dit en souriant :

— Tu as raison. La fidélité est une vertu; mais maintenant que tu n'as plus de maître à servir, veux-vivre près de moi?
— Plus de maître à servir! s'écria El-Chadi en riant; tu es fou! Élaï Lascri n'est pas mort!
— Non, mais il mourra.
— Ses blessures sont donc bien graves?
— Assez graves, en effet. Cependant il guérira.
— Alors, pourquoi parler de son trépas?
— Parce que les Français le jugeront et le condamneront.
— En es-tu sûr?
— Certes, oui.
— Eh bien! tu te trompes!
— Mon pauvre El-Chadi, c'est toi qui déraisonnes.
— Écoute, fit El-Chadi avec un fin sourire.
— J'écoute.
— Le Roi des Chemins est prisonnier du capitaine français, n'est-ce pas?
— Sans doute.
— Suppose que ce capitaine ait une sœur, une femme ou une mère.
— Après?
— Que cette mère, cette femme ou cette sœur tombe entre les mains d'un ami d'Élaï Lascri.
— C'est une simple supposition. Va toujours.
— Que cet ami d'Élaï Lascri vienne dire au capitaine : Si vous ne rendez pas la liberté à votre captif, cette parente ou cette épouse que vous aimez, et qui est en mon pouvoir, aura la tête coupée. Que ferait le Français?
Et El-Chadi triomphant attendait la réponse du jeune homme.
Celui-ci répondit :
— Dans un cas semblable, il est probable que le Roi des Chemins serait sauvé; mais...
— Chut! interrompit le chouaf; inutile d'achever : ce que tu crois une supposition est une réalité.
Ali eut un sourire incrédule.
— Ah! tu nies! s'écria El-Chadi, je vais te donner la preuve de ce que j'avance. Tu te rappelles, sans doute, qu'un messager des Français a été tué auprès de la Tafna.
— Oui.
— Ce messager avait deux compagnes : une espèce d'esclave et une jeune femme. Elles furent toutes deux conduites à la grotte du Brouillard-Sanglant. Élaï Lascri, voulant vaincre la résistance de la plus jeune, qu'il aimait, l'endormit avec de l'opium. Sur ces entrefaites, l'attaque a eu lieu. Plongées dans un sommeil de plomb, les Françaises n'ont rien entendu : et comme elles étaient dans un coin du repaire isolé par un mur, on ne les a pas vues. Vous êtes partis en les laissant là. Moi, je suis revenu et les ai transportées dans un asile sûr. Maintenant, Ali, avais-je tort de dire : Élaï Lascri n'est pas mort?
Ali était stupéfait, il doutait encore.
— Mène-moi au capitaine français, dit El-Chadi; je lui donnerai des détails qui le convaincront.
Ali vint trouver Mérieul.
Celui-ci le reçut avec un sourire, malgré ses souffrances.
— As-tu une mère à Oran? demanda brusquement Ali.
— Non, répondit Mérieul étonné.
— As-tu une sœur?
— Non.
— Une maîtresse?
— Non.
Ali poussa un cri de joie.
— Alors El-Chadi a menti! s'écria-t-il joyeux.
— El-Chadi! l'ancien chouaf du Brouillard-Sanglant? demanda Mérieul.

— Oui; tu le connais.
— Sans doute. C'est un drôle bien habile. Mais qu'avait-il donc prétendu?
— Que ton messager, mort à la Tafna, se trouvait suivi par une de tes parentes.
Mérieul pâlit.
— Ensuite? demanda-t-il d'une voix sourde.
— Que le Roi des Chemins l'avait prise.
— Et...
— Et qu'il l'avait enivrée d'opium. Mais qu'importe le reste, l'histoire est fausse.
— Parle... dit Mérieul d'une voix rauque.
— Alors, toujours selon El-Chadi, le Roi des Chemins espérait trouver sa captive hors d'état de résister à son retour... tu sais ce qui s'est passé. Et maintenant El-Chadi affirme que la Française est entre ses mains; il offre de l'échanger contre Élaï Lascri.
Mérieul était livide.
Il eut encore la force de dire :
— Envoie-moi El-Chadi, et laisse-nous.
Ali sortit.
Le chouaf, en entrant, aperçut Mérieul, éclairé sur son lit de douleur par une lampe.
La sueur perlait sur le front du jeune homme, sa main crispée déchirait sa poitrine, son œil étincelait; il foudroya El-Chadi d'un regard.
— As-tu des preuves de ce que tu avances? demanda-t-il au chouaf. Hâte-toi de répondre.
— En voici une.
Et le chouaf montra une épingle d'or ayant appartenu à madame de Saint-Val.
Un frisson passa par tout le corps du jeune homme; ses paupières s'abaissèrent un instant, les veines de ses tempes se gonflèrent d'une façon effrayante.
Il semblait que son cerveau allât éclater.
Il se maîtrisa pourtant.
— J'offre, pour la rançon de la Française, cinquante mille francs, dit-il.
— Non, répondit El-Chadi.
— Cent mille.
— Non.
— Deux cent mille.
— Non.
— Trois cent mille.
— Non.
Mérieul savait que la fortune de la marquise ne dépassait pas ce chiffre.
Il disposait de ses biens pour la sauver.
Étant sans fortune, il ne pouvait ajouter que quelques milliers de francs à sa rançon.
— Je l'épouserai, pensait-il, nous vivrons de ma solde.
Mais El-Chadi, pour trois cent mille francs, de la livrer!
Il tenta un dernier effort.

— Trois cent mille francs font soixante mille douros. Songes-y, dit-il.
— Peu m'importe! Je ne veux et ne demande que la liberté du Roi des Chemins.
— Pour cela, jamais!
Mérieul prit sa tête à deux mains; une lutte violente, terrible, s'engagea dans son âme.
— A ta place, je n'éprouverais aucune indécision, fit observer El-Chadi. Je consentirais à l'échange.
— Élaï Lascri n'est pas mon prisonnier, répondit Mérieul; je ne puis en disposer sans trahir mon pays. Je ne suis pas un simple particulier, je suis le capitaine Mérieul, chargé d'une mission et devant la remplir. Les spahis qui m'ont secondé sont à la France, et non à moi. Te donner l'homme qui a coûté tant de sang à mes soldats serait une infamie. Appelle Ali!

El-Chadi, fasciné par ces paroles et le regard qui les accompagnait, obéit.

Ali parut.

— Il faut, lui dit Mérieul, assembler le *medjelès* [1]; dans une heure, le Roi des Chemins doit être jugé.

— El-Chadi a-t-il dit la vérité? demanda Ali.

— Oui.

— Alors tu veux faire acquitter Élaï Lascri par un tribunal arabe, afin de mettre ta responsabilité à couvert?

— Non. Le nègre sera condamné et exécuté aussitôt.

— Pourquoi?

— Parce que la volonté s'use vite, quand le cœur est en proie à une passion. Je suis fort ce soir, demain je serais faible.

— N'oublie pas qu'El-Chadi a ma parole, qu'il est venu de lui-même et doit partir sans obstacles.

— Je le sais.

— Il exécutera ses menaces!

Mérieul ne répondit rien.

Son cœur se brisait.

Ali attendait encore.

Alors le jeune homme se releva, et dit avec une énergie pleine d'angoisse:

— Dans une demi-heure, j'attends la tête du bandit. On la montrera à son chouaf, puis on la plantera au-dessus de la porte de Nédromah. Va, mais va donc!

Ali se retira, au comble de l'admiration. Mérieul était à bout de forces; il s'évanouit...

Ali était profondément ému de la résolution de Mérieul, dont le caractère héroïque lui inspirait une admiration enthousiaste.

El-Chadi, de son côté, était à la fois consterné du refus qu'il avait essuyé et stupéfié du sacrifice inouï que le sentiment du devoir avait inspiré au capitaine de spahis.

Cette grandeur d'âme et cet esprit de dévouement absolu à la patrie étaient bien faits pour frapper d'étonnement les Arabes et des Kabyles, toujours en guerre de tribu à tribu, de village à village et souvent de famille à famille.

Aussi l'esprit d'individualité est-il tel en Algérie, que jamais les indigènes n'ont pu s'unir contre nous en une seule masse pour nous jeter à la mer.

Toujours la désunion s'est mise dans leurs rangs; toujours un bon nombre d'entre eux ont passé sous nos drapeaux.

Esprit de jalousie.

Esprit de personnalité.

L'Algérien, d'où qu'il soit, ne se figure pas que les intérêts généraux doivent primer les intérêts particuliers.

Pour lui tout se résume dans cette maxime égoïste:

« Moi d'abord.

« Ma famille ensuite.

« Mon village.

« Ma tribu. »

Au delà, rien, sinon la guerre sainte contre l'infidèle; mais ceci est une affaire de secte, de fanatisme, et non de nationalité.

En tant que patriotisme, il n'y a que celui qu'on définit ici, en France, le patriotisme de clocher.

Qu'on juge donc de la surprise des deux indigènes en face de ce capitaine refusant de livrer un chef pris par lui pour délivrer sa fiancée.

El-Chadi surtout se révoltait, et trouvait le sacrifice de Mérieul absurde afin de ne pas être obligé de le qualifier de sublime; il en discuta avec Ali.

A peine fut-il dehors avec le chef des Traras, qu'il lui dit en se frappant le front d'un geste significatif:

1. Le *medjelès* est un tribunal indigène.

— Mâboul (fou), ce Français, mâboul comme tous ses Roumis! Quelle niaiserie! Est-ce assez stupide! Par Allah! ces gens sont des guerriers, mais des sots.

— Tu te trompes! dit Ali gravement. C'est beau, ce que fait ce Français.

— Tu trouves! Eh! par ton patron, un hérétique du reste, un faux fidèle du Prophète, je jure, moi, Ali, que voilà qu'à ton tour tu deviens un mâboul aussi.

« A force de fréquenter les fous on le devient soi-même. »

Ali prit El-Chadi par le bras, le regarda dans les yeux et lui dit d'un air grave et solennel:

— Pourquoi mens-tu?

« Tu sais bien que tous ces Français sont unis entre eux comme gens de même famille, qu'ils ne sont qu'une vaste et innombrable tribu, dont tous sont frères.

« Il ne veut pas trahir: voilà le sentiment qui l'inspire.

— A-t-il pris Élaï Lascri, oui ou non? demanda El-Chadi.

— Oui, avec mon concours.

— Donc le chef est à lui.

— Non, il est à la France, puisque ce jeune homme, en se faisant soldat, a juré de servir son pays en faisant abnégation de lui-même.

Puis avec chaleur:

— C'est noble, cela, et digne d'un djouad, d'un grand cœur!

El-Chadi avait son idée fixe: délivrer Élaï Lascri.

— Aôh! fit-il; je serais peut-être de ton avis, si tu entrais un peu dans ma façon de voir, mais tu ne fais aucune concession en discutant.

Puis insinuant et habile:

— Toi, fit-il, toi, mon fils, on te dirait que la Rose des Traras...

— Tais-toi, interrompit brusquement Ali: je sais ce que tu veux dire. Non, non, je n'imiterais pas cet homme, je rendrais Élaï Lascri tout de suite.

— A la bonne heure! voilà que nous commençons de nous entendre.

— Où veux-tu en venir?

— A te faire remplir ton devoir d'ami vis-à-vis des Français.

« Est-il bien ton ami?

— Il m'aime et je l'aime comme si nous étions deux frères.

— Alors, mon fils, agis en frère.

— Que faire?

— Ton cœur ne te le dit donc pas? est-il muet?

— Je crois te comprendre.

— Tu m'approuves...

— Tu voudrais, n'est-ce pas, que je fisse évader Élaï Lascri?

— Par Allah! tu as deviné juste.

— Et tu me rendrais la Française?

— Sur-le-champ.

Ali était perplexe.

— Eh! fit El-Chadi, tu commandes ici à présent, mon fils!

— C'est vrai.

— Le Français n'est pas le maître, et la ville n'est pas à la France.

— C'est vrai.

— Il a commis abus de pouvoir, envahissement d'autorité.

— C'est encore vrai.

— Il ordonne de couper la tête du chef: mais de quel droit? Il est ton allié et non ton maître, n'est-ce pas?

— Tu as une façon d'arranger les choses... mais s'il se fâchait?

— Tu ne connais pas le cœur humain ; il aura pour une reconnaissance éternelle, quand il verra sa fiancée souriante à ses côtés.
— O sage, trois fois sage El-Chadi ! Tu es bien l'homme avisé des excellents conseils et des salutaires avis.
— Courons délivrer Élaï Lascri.
— Il est sous la garde de mes Kabyles : ce sera facile.
— Tu diras que tu l'emmènes auprès du chef français.
— Pour être interrogé ?
— C'est cela, et en route !...
— En route, il s'évade.
Ali ne s'opposa plus à l'action d'El-Chadi ; il en favorisa lui-même l'accomplissement.
Il vint, de sa personne, chercher le chef du Brouillard-Sanglant.
Ce fut une suprême et solennelle entrevue entre ces deux hommes.
A la vue de son lieutenant, Élaï Lascri se leva et dit nettement :
— A toi, salut !
« Dans les plis de ton burnous tu viens m'apporter la mort ; je ne l'accepte pas sans te laisser l'éternel remords de ton ingratitude.
— Nous t'apportons la vie et la délivrance ! dit Ali avec calme.
« Je n'y mets qu'une condition.
« Tu t'éloigneras pour jamais de la province d'Oran. »
Un éclair de joie étincela dans les yeux du Roi des Chemins.
— Ainsi, dit-il, il est un homme au monde qui, ayant reçu des bienfaits, s'en souvient.

— Il en est deux ! dit Ali.
« Il y a celui-ci, surtout. »
Le jeune homme montrait El-Chadi.
Élaï Lascri tendit les bras à son bouffon et lui donna une cordiale étreinte.
Puis il serra la main d'Ali.
— Je te dis *adieu à la française*, observa-t-il, puisque te voilà Français.
— Je suis pour ceux qui au-dessus de la force placent la justice ! dit Ali.
« Mais hâte-toi.
« Fuis. »
Et il le conduisit aux remparts, dans les fossés desquels le célèbre chef descendit à l'aide d'une ceinture.
Il était sauvé.
Et sauvées aussi étaient les deux prisonnières
Mérieul épousa madame de Saint-Val et quitta le service.
Tel fut le dénouement de ce drame.
Dans la seconde partie de notre récit, le lecteur connaîtra le sort des autres héros qui ont pu l'intéresser dans cette œuvre.

Il y a six années que ce roman extraordinaire a été publié en feuilleton. Depuis, et presque chaque jour, de nombreuses lettres sollicitent de l'auteur une suite au *Roi des Chemins*.
M. Louis Noir, cédant à de si pressantes instances, a écrit *le Trou de l'Enfer*, où le lecteur retrouvera presque tous les personnages qui l'ont tant intéressé.

LES DIX CENTIMES ILLUSTRÉS

LE
TROU DE L'ENFER
Par LOUIS NOIR

DEUXIÈME ÉPISODE
DU
ROI DES CHEMINS

A. DEGORCE-CADOT, ÉDITEUR, 9, RUE DE VERNEUIL, PARIS

ANGES ET DÉMONS

Sous ce titre général, mais en Romans absolument distincts, aux personnages et aux épisodes tout autres, l'auteur a fait l'histoire dramatisée de tous les vices qui déshonorent l'humanité aux prises avec les vertus qui en sont l'ornement et la sauvegarde. Histoire vraie de ce que nous voyons, souffrons et aimons tous les jours ; épopées populaires de la bourgeoisie et du grand monde où le crime, la terreur, l'abjection, le ridicule coudoient les plus nobles et les plus chevaleresques sentiments.

Cette œuvre colossale, tout entière en nos mains, jusqu'au dernier feuillet, est le labeur des années d'exil et le résultat du travail approfondi de

JULES BOULABERT

Cet auteur d'une si grande imagination, qui a fait la fortune et le succès des plus importants journaux populaires illustrés.

APRÈS LES

DEUX ROUTES

VIENDRA SANS INTERRUPTION

RICHE A TOUT PRIX

Et à la suite cinq autres Romans des plus émouvants sur la

LUXURE, L'ENVIE, LA COLÈRE, L'ORGUEIL, ETC.

Deux Livraisons à **10** cent. par semaine. — Une Série à **50** cent. tous les 15 jours.

EN VENTE PARTOUT

LE
TROU DE L'ENFER

I

OU L'ON JETTE UN REGARD SUR LE TROU DE L'ENFER ET OU L'ON VOIT LE GÉANT DE LA MONTAGNE.

Notre récit débute dans l'Atlas.
Un mot du cadre dans lequel vont se dérouler les scènes de notre prologue.

L'Atlas est cette ligne de montagnes, longue de six cents lieues, qui sépare le Sahara, la mer des sables, de la Méditerranée, la mer aux flots bleus.

Supprimez cette barrière de granit qui surgit dans un grand cataclysme, et ces eaux recouvriront le désert qu'elles ont arrosé jadis.

Rien de plus grand, de plus solennel, de plus majestueux que l'Atlas ; c'est un prodigieux entassement de calcaire qui va, creusé de précipices insondés, se perdre dans la nue ; la convulsion qui a soulevé cette immense arête du continent africain l'a bouleversé affreusement, de fond en comble, y faisant succéder les abîmes aux abîmes.

Aussi, dans ses lignes générales, l'Atlas est-il abrupt, sombre, menaçant d'aspect.

Mais des milliers de sources, jaillissant en cascades bruyantes, fécondent ce chaos et le couvrent d'une végétation luxuriante, dont la grâce et la splendeur contrastent, dans les détails, avec la sévère beauté de l'ensemble.

Des bases aux sommets, les forêts de chênes-lièges et de tuyas s'étendent vertes, puissantes, immenses; escaladent avec une sorte de furie les escarpements, se précipitent au fond des gorges et montrent, dans des attitudes titanesques, aux flancs à pic des contreforts, leurs arbres géants cramponnés aux blocs énormes qu'ils enlacent de leurs racines à demi déchaussées, allant de leurs cent bras puissants fouiller le sol fécond dans les anfractuosités de la terre aride.

Les cactus (raquettes et aloès demesurés) forment, d'un mont à l'autre, des chaînes sans fin ; et les vignes courant des oliviers aux figuiers, et des figuiers aux grenadiers, s'en vont de rampe en rampe en guirlandes d'or et de pourpre, enlacer le pied des pics sourcilleux qui trouent le ciel.

Çà et là, ruche humaine, apparaît perdu dans la nue avec le piton qu'il surmonte un village audacieusement suspendu sur un précipice, dont les maisons blanches, aux toits rouges, se perdent sous les ombrages des grenadiers et sous l'étreinte des lianes.

Les hommes de ces montagnes semblent reposer comme les aigles dans des aires inaccessibles.

Ces nids de la population kabyle juchés si haut dans des coins de rochers, cette flore pittoresque qui couvre ce terrain convulsé, les fauves qui sillonnent ces solitudes, font de l'Atlas une chaîne de montagnes incomparable où tout étonne, charme et séduit par l'inattendu des oppositions et leurs bizarres harmonies.

La nuit couvrait encore les plus hautes crêtes de la montagne; mais déjà l'étoile du matin scintillait au ciel, les défilés étaient remplis des miaulements des chacals saluant le jour prochain en regagnant leurs repaires ; les hyènes glapissaient à leurs tanières, et de temps à autre la grande voix du lion, fatigué de sa course nocturne, montait dans l'espace, rauque, sombre, terrible, et laissait dans l'air comme une longue traînée d'effroi.

Bientôt ce premier reflet de l'aube fit miroiter les eaux blanches d'un petit lac qui occupait le cratère d'un volcan éteint et que les montagnards avaient surnommé le *Trou du diable*.

Il était situé à trois lieues de toute habitation, et les traditions qui couraient sur lui parmi les peuples superstitieux de l'Atlas les en tenaient éloignés ; on racontait de singulières choses sur le Trou du diable.

On prétendait (et de hardis chasseurs égarés de ce côté en témoignaient), on prétendait que, au fond de ses ondes claires se reflétaient, par un miraculeux mirage, tous les objets placés dans un rayon de vingt lieues. L'on avait vu trois jeunes gens des Beni-Ameni, dans l'année précédente, partir pour le Trou du diable piqués par la curiosité; ils en étaient revenus effarés.

Ils racontaient des choses incroyables.

lage représenté au fond du lac, mais assisté à une scène bien autrement inexplicable : une bande de coupeurs de routes, bandits de profession, à la tête de laquelle était le Géant de la Montagne, avait paru sur la rive ; tous les bandits s'étaient successivement jetés dans l'eau à la suite de leurs chefs et ils avaient disparu sous les flots.

Et pendant des minutes, des heures, les jeunes gens

avaient attendu, sans les voir remonter à la surface.

Depuis, le Géant de la Montagne avait recommencé, avec les siens, ses audacieuses expéditions, et, depuis aussi, quelques Kabyles intrépides, embusqués sur les bords du lac, avaient revu le célèbre bandit et les siens s'enfoncer sous les eaux...

Douter de ces récits, c'était chose impossible; ils étaient faits par des Kabyles, et les Kabyles ne mentent jamais.

Donc, des choses extraordinaires se passaient au *Trou du Diable*.

Et, ce matin-là, deux hommes avaient voulu voir ces choses...

C'étaient certainement deux compagnons vaillants et adroits, car il fallait de l'audace pour s'y aventurer et une rare habileté pour en revenir; aussi les deux aventuriers avaient-ils pris toutes les précautions familières aux chasseurs, qui, en ces régions, ont à craindre autant de la main de l'homme que de la griffe du lion.

Ils avaient gagné dans l'obscurité le lac, et, après avoir caché leurs armes à feu sous les feuilles sèches, ils s'étaient enfoncés dans l'eau jusqu'au cou, après avoir couvert leurs têtes d'une touffe d'ajoncs.

Ils se tenaient côte à côte, immobiles, causant à voix si basse, que les grenouilles et les poissons ne s'en effaraient même pas autour d'eux; le dialogue avait lieu en langue kabyle; mais l'un des deux interlocuteurs émaillait sa phrase, de temps à autre, par quelques exclamations françaises empreintes d'un accent gascon très-prononcé.

Comment Lassalle se trouvait-il égaré en plein pays kabyle insoumis à la France, en guerre avec elle? C'est ce que nous expliquerons par la suite.

Nous dirons seulement au lecteur que, nommé sous-lieutenant à la suite de l'affaire de Nédromah, il avait été le héros d'un drame que nous raconterons et dont le dénouement l'avait jeté entre la fusillade ou la désertion... et il avait déserté.

L'autre personnage était un Ben-Ameni : il se nommait Samoûl.

— Sidi Lassalle, dit-il au Gascon en collant ses lèvres à l'oreille de son compagnon, voici le jour et tu vas revoir ce que j'ai vu.

Le Gascon sourit dédaigneusement et dit :

— Mon pauvre Samoûl, nous en serons pour nos frais; le Géant de la Montagne ne paraîtra pas; tu ne l'as jamais vu; tu as eu la berlue.

Puis il ajouta :

— Vous autres, Kabyles, vous êtes braves, mais crédules et gens d'imagination; le moindre mirage vous paraît une réalité; tu as cru apercevoir le Géant de la Montagne.

— Sidi Lassalle, fit le Kabyle, voilà trois mois que nous regardons la mort en face. Ai-je jamais pâli? Mon œil a-t-il jamais été troublé?

« Non... mais, je te le répète, mes yeux ont vu le Géant de la Montagne et les siens s'ensevelir sous l'eau, et ils l'ont vu bien vu que c'était absolument comme si ma main avait touché l'homme et sa bande. »

Lassalle parut ébranlé par cette affirmation.

— Nous verrons bien, conclut-il.

L'aube engerba les monts de ses rayons de flamme, et les profondeurs du lac reflétèrent les illuminations féeriques de l'horizon.

Les clartés vastes mais indécises de l'aurore devinrent plus blanches et prirent un éclat plus vif; elles parurent, par un effet d'optique, se concentrer surtout au-dessus d'une falaise à pic, haute de trente pieds, qui bordait le lac sur une étendue de cent mètres. Sous ces rochers, il était impossible, au dire des Kabyles, de mesurer le fond de l'eau; trente, quarante, cent cordes de chameau, attachées les unes au bout des autres et soutenant une pierre, n'avaient pas donné la mesure en hauteur du *Trou du Diable*.

Il était insondable en cet endroit.

De fait, les eaux avaient là cette transparence d'un noir métallique qui annonce les grands fonds.

Samoûl montra la falaise à son compagnon et lui glissa à l'oreille :

— C'est de là qu'ils feront le saut.

Toute l'attention de Lassalle se fixa sur ce point éblouissant de tous les feux que reflétaient le silex rose et les veines de porphyre bleu dont la masse était composée.

Soudain le soleil parut, et des rochers jaillirent des milliers d'étincelles; la lumière resplendit et dessina avec une puissance de rayonnement prodigieux les moindres objets épars sur la falaise. Impossible de percevoir plus distinctement qu'on ne le faisait là à cette heure.

Quelques instants se passèrent.

Lassalle poussa le coude de son compagnon.

— Rien! lui dit-il.

Et avec dédain :

— Tu avais rêvé, l'autre nuit.

Samoûl sourit.

— Chut! fit-il; il vient, je l'entends.

La curiosité est la plus brutale des passions : elle saisit et empoigne brusquement, vous tord, vous étouffe et ne vous lâche que satisfaite, après vous avoir lacéré de coups d'aiguillon.

Lassalle attendit donc haletant; et tout à coup parut un homme porté sur le bloc le plus élevé de la falaise par un bond subit.

Il se détacha, noir, sur le fond éblouissant du ciel.

C'était le Géant de la Montagne.

II

CE QU'ÉTAIT LE GÉANT DE LA MONTAGNE.

Il était là sur la falaise!

C'était bien lui.

Il apparaissait, noir colosse, fièrement campé sur un bloc de silex, base de cette statue vivante.

Il avait laissé tomber son burnous, et, drapé avec une crânerie superbe dans son kaïque blanc, il montrait à demi sa large épaule et sa vaste poitrine.

C'était Élaï Lascri. Lassalle le reconnut.

Battu à Nédromah, il avait rassemblé une nouvelle bande, et tenté fortune sur un plan nouveau dans une région éloignée du théâtre de sa faute. Il était venu exploiter le désert et avait conçu l'idée d'une exploitation des caravanes sur l'immense étendue du Sahara.

Il avait remarqué que les caravanes qui reviennent du Soudan, avec de la poudre d'or, des dents d'éléphants et des esclaves, sont forcées de passer par un certain nombre de défilés, au nord du désert, pour entrer dans le Tell (région cultivée).

L'Atlas, qui se trouve, comme nous l'avons dit, jeté entre le Sahara et la terre verte, ne donne accès de l'un à l'autre que par un certain nombre de gorges appelées portes (bad) par les indigènes.

Élaï Lascri avait bien étudié son terrain, et il avait reconnu qu'en se plaçant sur le bord du *Trou du Diable*, il était à portée de sept ou huit passages disséminés sur une étendue de cinquante lieues environ.

Ses espions et ses vedettes le prévenaient de l'arrivée et de la direction des caravanes, et il se portait là où elles devaient franchir la montagne.

Il ne commandait qu'à une cinquantaine d'hommes; mais tous étaient déterminés, adroits, prêts à tout et rompus à leur métier.

Avec cette poignée d'aventuriers, Élaï Lascri exécutait des faits d'armes prodigieux, et il avait si bien réussi à répandre la terreur, que rarement une caravane lui résistait.

Dans le début, il avait, pour son coup d'essai, sommé par un envoyé un convoi, défendu par deux cents hommes armés, d'avoir à lui livrer la moitié de sa poudre d'or pour obtenir libre chemin; on lui avait répondu par un refus.

Trois nuits après, la caravane était massacrée tout entière, sauf trois Juifs.

Ceux-ci avaient raconté que, dans l'ombre, à cent pas au plus du bivouac, avait surgi comme par enchantement du fond de la terre la bande du nègre abyssinien, et qu'en un instant tous les guerriers arabes avaient été exterminés dans leur sommeil, avant qu'ils eussent répondu aux appels d'alarme des vedettes.

Une trentaine de convois ayant été anéantis de la sorte, la crainte fut telle que les marchands prirent le parti de payer à première sommation.

On avait remarqué que toujours la troupe du colosse nègre sortait brusquement des sables, alors que rien n'aurait pu faire soupçonner sa présence; comme on ne pouvait s'expliquer ce fait extraordinaire, la superstition ajouta à l'effroi.

Cette singularité explique aussi ce surnom bizarre : *Géant de la Montagne*. Son véritable nom était Bidji; du moins, dans son enfance, on l'appelait ainsi.

A l'époque où commence ce drame, le fameux chef était à l'apogée de sa puissance.

Rarement on osait refuser l'impôt qu'il faisait prélever.

Il avait dans tous les kours (villages sahariens) des hommes à lui; ceux-ci se tenaient au courant de tous les itinéraires suivis, et ils allaient exposer ses prétentions aux caravanes; ils touchaient la rançon, donnaient des saufs-conduits, et faisaient tenir les sommes perçues à leur singulier patron.

Celui-ci, établi au *Trou du Diable*, y centralisait ses opérations.

Pour entretenir sa réputation, il lui arrivait souvent de faire des expéditions sanglantes sur des tribus du désert; de là ses fréquentes sorties, à la rentrée de l'une desquelles assistaient les deux chasseurs cachés sous la lac.

Les rapports d'Élaï Lascri avec les Kabyles étaient bizarres.

Jamais il ne les attaquait.

Il envoyait souvent des offrandes aux mosquées, et maintes fois il avait secouru des villages brûlés par les incendies si fréquents dans les montagnes.

Partout il épargnait et protégeait les Kabyles, s'abstenant de piller ceux qui se trouvaient dans un convoi attaqué par lui.

De leur côté, et par un accord tacite, les montagnards laissaient Élaï Lascri maître d'agir à sa guise au *Trou du Diable*, solitude que ne revendiquait aucune tribu.

Et, nous l'avons vu, une sorte de terreur sacrée planait sur ce lieu, en écartant les indiscrets dont le cœur n'était pas à l'abri de toute défaillance.

Lassalle lui-même, quoique entièrement à l'abri de toute croyance aux choses surnaturelles, Lassalle, Français, et, qui plus est, Gascon, ne pouvait se défendre d'une certaine émotion.

— Quel type superbe que ce bandit! murmura-t-il entre ses dents; il est plus grand que nature.

— Chut! fit le Kabyle; s'il t'entendait, peut-être ne sauterait-il pas.

— Oh! fit Lassalle, sauter... j'en doute... il faudra voir.

« Je connais ton géant de la montagne : c'est Élaï Lascri que nous avons battu à Nédromah avec le capitaine.

« C'est un terrible homme que ce nègre.

« Mais il n'a rien de surnaturel! je ne crois pas qu'il saute. »

A peine avait-il exprimé ce doute que Bidji disparut en arrière de la falaise.

— Ah! dit Lassalle triomphant, si c'est là ce que tu appelles se jeter à l'eau, je comprends ton illusion, Samoül.

— Mais, dit le Kabyle, je t'affirme que la première fois il n'a pas redescendu les rochers de la sorte; il a fait un plongeon.

— Tu l'as cru!...

— Encore une fois, j'ai vu. Attendons; peut-être va-t-il revenir.

— Peuh!... fit Lassalle.

Mais il en fut pour ses airs de dédain, car bientôt Élaï Lascri reparut.

Cette fois, il portait un assez volumineux sac fait de peaux de bouc.

— C'est le butin de leur nuit, dit le Kabyle à Lassalle; ses hommes n'auront pu l'amener sous la falaise; il a été le chercher et vient de l'amener là tout seul.

Presque au même moment, plusieurs bandits se montrèrent auprès du chef.

Celui-ci parut leur donner des explications, puis il s'avança au ras des rocs.

— Il va sauter le premier, dit Samoül, et on lui jettera le sac, qu'il emportera sous l'eau, dans le repaire où ils restent tous. Lui seul est capable de diriger cette lourde masse en nageant sous le flot; tiens, regarde, c'est fait!

En effet, Élaï Lascri venait de bondir dans le *Trou du Diable*. Il revint sur la surface, et ses bandits, avec effort, lui lancèrent le butin.

Celui-ci s'enfonça pesamment, et avec lui Élaï Lascri s'engouffra dans le lac...

Les brigands demeurèrent environ cinq ou six minutes immobiles sur la falaise, puis suivirent le chemin qu'avait pris le chef.

Ils s'élancèrent dans l'eau et disparurent, bientôt remplacés par un autre groupe qui laissa la place à un troisième; ainsi jusqu'à ce que le dernier homme fût dans le *Trou du Diable*.

C'était chose bizarre que de voir cette succession d'hommes accomplir ce bond et s'abîmer dans les flots...

Mais pour qui savait pertinemment que ces hommes sortaient de là, après un long séjour dans les profondeurs du lac, cette scène prenait un caractère fantastique.

Lassalle était au comble de l'étonnement; il gagna brusquement la rive, suivi de son compagnon, et, du bord, examina attentivement la surface de l'onde redevenue calme et limpide.

Rien.

Pas une apparence de nageur.

Cinq, dix, vingt minutes s'écoulèrent.

Lassalle, l'œil fixe, le visage pâli par une poignante émotion, demeurait muet, cloué au sol.

Enfin Samoül lui posa la main sur l'épaule et lui dit froidement :

— Crois-tu maintenant aux sorciers?... tu vois bien qu'il a un djenoum (démon familier), cet Élaï Lascri!

Lassalle frappa violemment la terre du pied et s'écria :

— De par tous les diables! je saisirai ce secret, et ce sera... sous peu...

— Prends garde! fit le Kabyle; il ne faut pas jouer avec ceux que protégent les génies?

Lassalle haussa les épaules.

— Mon pauvre Samoül, dit-il, il n'y a dans ce que nous venons de voir aucun miracle; je tirerai tout ceci au clair, sois-en sûr.

— Tais-toi! fit tout à coup Samoül.

Et il se cacha vivement.
Lassalle l'imita.
— Qu'y a-t-il? interrogea le Gascon.
— On vient.
En effet, dix minutes plus tard, un homme se hissa sur la falaise.
— Oh! oh! dit Lassalle, voilà un Touaregg, un espion d'Élaï Lascri : nous allons voir de curieuses choses, sans doute.
Et tous deux se dissimulèrent de leur mieux sous les palmiers-nains.

III

LE TOUAREGG.

Le nouveau personnage qui venait de se montrer sur la falaise était bien un Touaregg : on le reconnaissait facilement à son voile noir enveloppant toute la tête.
Les Touareggs sont ces tribus de pillards qui courent dans le désert et vont le sillonnant, montés sur des maharas, chameaux coureurs doués d'une surprenante vitesse et capables de franchir trente lieues en un jour.
Pour ne pas avaler le sable que soulèvent les coursiers dans leur galop effréné, ces chameliers s'enveloppent la tête d'une bande d'étoffe de couleur sombre qui ne laisse voir que les yeux; de là l'étrange aspect des Touareggs, dont Paris a vu quelques types à la dernière Exposition.
Celui qui venait d'arriver sur la rive du *Trou du Diable* se livra à une manœuvre dont furent vivement intrigués les deux aventuriers embusqués non loin de là.
Il prit une grosse pierre, et, la levant à la hauteur de la ceinture, il la laissa retomber lourdement sur le roc.
Trois fois il recommença.
— Que diable fait donc cet animal-là? se demanda Lassalle.
Et Samoül, muet, cherchait à découvrir le but du Touaregg. Ce dernier, immobile un instant, sembla attendre quelque chose.
Rien ne vint.
Les deux chasseurs (car, à n'en pas douter, Lassalle et Samoül étaient de ces hardis compagnons qui tuent les fauves pour la fourrure : tout l'indiquait, armes et équipement), les deux chasseurs, disons-nous, virent le Touaregg reprendre sa pierre et recommencer son opération.
Trois fois la falaise retentit d'un choc puissant que répercutaient les échos du lac.
Lassalle prêta grande attention au bruit et parut l'analyser.
— Oh! oh! fit-il de l'air d'un homme qui trouve une piste cherchée, je crois deviner, ou du moins je suis sur le point de comprendre.
Samoül, étonné de cette prétention, demanda d'un ton d'incrédulité :
— Est-ce que tu chercherais par hasard le secret du prodige?
— Parbleu! fit Lassalle.
— Il faut y renoncer.
— Pourquoi?
— Pour deux motifs.
— Voyons-les.
— D'abord tu fais d'inutiles efforts.
— Homme naïf!
— Les choses surnaturelles sont murées pour les hommes.
— On franchira ces murs-là. Puis il n'y a rien de surnaturel.

« Le temps des contes de fées, qui dure encore ici, est passé en Gascogne. »
Samoül prit un air grave et dit :
— Outre que tu t'épuiseras en recherches vaines, tu vas courir un danger.
— C'est probable. Élaï Lascri, s'il sait que je veux connaître ses petits moyens d'opérer, pourra me faire un mauvais parti.
— Lui!... on en viendrait peut-être à bout... Mais il a ses génies!
Lassalle haussa les épaules.
— Vois-tu, dit-il, les djenouns, les diables, les gnomes, je m'en f... comme d'une cartouche brûlée, mon pauvre Samoül!
« Du reste, je te prouverai que tout ce qui se passe devant nous doit avoir une explication naturelle que j'entrevois déjà.
— Mais la preuve qu'il y a magie, c'est que le Touaregg fait des cérémonies cabalistiques et qu'il se livre à des pratiques mystérieuses.
— En lançant sa pierre?...
— Oui.
— Es-tu simple?
« Il appelle tout simplement Élaï Lascri; la preuve, c'est que le voilà. »
En effet, le nègre émergea soudain du lac, et il sortit de l'eau profonde presque à mi-corps dans un élan vigoureux.
— Ah! fit Lassalle, il respire d'un air bien oppressé, Élaï Lascri.
Et en manière de consolation :
— Il remonte d'un grand fond; c'est bon à noter pour l'avenir!
Aussitôt il colla ses oreilles à terre pour mieux saisir les sons.
Le nègre, en se soutenant sur l'eau, interpellait le Touaregg.
— Ohé! criait-il, parle vite : je suis fatigué et j'ai sommeil.
— C'est donc pour cela, maître, fit le Touaregg, que tu n'as pas entendu mon premier appel?
— Je dormais comme un bœuf.
— Il va falloir repartir, pourtant.
— Pourquoi?
— Une caravane, qui vient de Tombouctou, et qui est au puits de Ben-Beda, a refusé l'impôt, après avoir promis de le payer à ton agent de l'oasis des Ouleds-Tanifs.
« Il n'y a pas de temps à perdre.
« Le convoi espère t'échapper : il double ses marches vers le bad (porte) du Riom.
« Il faut te dépêcher, maître!
— C'est bien! fit le nègre; trêve d'observations, Mehmet, ou, par Allah! je te fais bâtonner.
— Je n'aime pas les conseils.
« Va!... »
Et il disparut sous l'eau.
Le Touaregg parut désappointé.
Il supposa qu'Élaï Lascri renonçait à l'expédition.
Le nègre revint presque aussitôt à la surface de l'eau et demanda :
— Que porte le convoi? Le sais-tu?
— Les marchands prétendent qu'ils n'ont dans leurs coussins que de la laine et des plumes d'autruche; mais ils mentent.
— Comme toujours.
— Ils doivent cacher de la poudre d'or dans les ballots.
— Nous verrons ça.
« A ton estime, quand peuvent-ils être au bad du Saïd (défilé du Lion)?

— Sous vingt heures.
— Eh bien ! dans vingt heures, tous ces gens-là auront vécu.
— Un mot, maître ?
— Vite !
— Il y a des Kabyles parmi eux.
— J'aurai soin qu'on les épargne. Va !...
« Et surtout ne reste pas dans quelque coin à m'épier ; ta tête tomberait dans le *Trou du Diable* si tu cherchais à le regarder de trop près. »

Cette fois, Élaï Lascri plongea pour ne plus revenir.
Le Touaregg s'en alla.
Il jeta un regard de regret sur le *Trou du Diable* : il était comme fasciné.
Cinq ou six fois il se retourna pour regarder derrière lui. Afin de voir le lac plus longtemps, il fit un détour et ne redescendit point par le chemin qu'il avait pris pour venir.
Ce changement d'itinéraire devint inquiétant pour les chasseurs.
— Par le prophète, dit Samoül je crois que le Touaregg vient vers nous !
— L'imbécile ! fit Lassalle.
Il prépara son poignard.
— Je le marque comme un keld (chien), s'il semble nous voir ! ajouta le Gascon.
— Ce meurtre est-il nécessaire ?
— En voilà une question !
« N'est-ce pas un espion ? ne va-t-il pas nous dénoncer au nègre ?
— Élaï Lascri se moque qu'on l'épie ; il sait pertinemment que plus d'un Kabyle est venu guetter sa rentrée : jamais il n'a cherché à punir les curieux.
— Pourtant il a intimé l'ordre au Touaregg de ne pas demeurer près du lac.
— Le Touaregg est son serviteur ; le Touaregg peut être dangereux pour le secret, et nous autres pas. Qui dit, du reste, que ce chef n'éprouve pas cet affilié ?
— N'importe ! j'ai un flair qui me guide toujours sûrement.
« Je pressens que si cet homme savait qui nous sommes, qui je suis surtout, que s'il nous surprenait, il en aviserait Élaï Lascri et il nous en arriverait malheur.
« Donc...
— Alors tue tout seul.
« Je ne t'aide pas.
— Des scrupules !
— Le sang ne doit être versé, a écrit le marabout Sidi Brahim, que quand le cœur ne se soulève pas à l'idée du meurtre.
— Et il te répugne d'expédier ce Touaregg, qui à coup sûr est un brigand ?
— Ma main se refuse à serrer le manche de mon flissa (sabre court et droit) ; je la sens trembler.
— Bien, fit sèchement Lassalle.
— Tu frapperas ?...
— Oui, te dis-je, s'il nous découvre.
Et le Gascon se prépara à fondre sur le Touaregg, qui venait promptement dans la direction de l'embuscade où les chasseurs se tenaient.
Ceux-ci étaient blottis au milieu d'un épais buisson.
Certes, s'ils n'eussent eu à redouter que l'œil d'un Européen ou d'un Juif, ils n'eussent pas craint les regards du passant.
Le buisson était touffu.
Mais les Touareggs ont l'habitude de la défiance, l'instinct du péril. Flair, coup d'œil prompt et perçant, ouïe fine et toujours tendue aux moindres bruits, ces hommes du désert ont tout ce qui constitue le fauve.
Les chasseurs avaient toutes raisons de craindre.
Ils gardèrent une immobilité et un silence absolus.

L'espion (chouaf en arabe) venait droit vers l'embuscade.
Samoül avait préparé son flissa à tout hasard, mais semblait irrésolu.
Lassalle, lui, la prunelle en feu, se tenait rasé, plié, ramassé comme la panthère qui va bondir sur sa proie.
Le Touaregg fut bientôt à cinq pas.
Il semblait pensif, troublé ; il s'arrêta brusquement.
Lassalle supposa qu'il était découvert ; il allait se précipiter ; un doigt légèrement posé sur son bras l'arrêta ; c'était Samoül qui lui fit signe de ne pas bouger, et le Gascon se contint.
Le Touaregg se prit à parler :
— Le chef va partir, murmurait-il ; toute la bande le suivra. Je sais déjà par où ils sortent et combien ils sont.
« Je vais m'embusquer et les compter tous, un à un, au défilé. Si le compte y est, leur fameuse grotte sera vide, et alors...
Le Touaregg eut un éclat de regard qui fit resplendir ses yeux noirs. Il reprit brusquement sa marche et se dirigea vers un mamelon qui dominait le lac ; il demeura un instant sur le sommet et redescendit l'autre versant.

IV

LE PARACHUTE.

Dans sa préoccupation, il n'avait pas vu les chasseurs.
Ceux-ci s'entre-regardèrent.
— Tu vois ! fit Lassalle, j'avais bien raison ; il y a une grotte.
— Ai-je dit non ? fit Samoül.
— Avec une grotte, tout s'explique.
Samoül parut étonné.
Il voulut demander des explications.
— Chut ! fit Lassalle.
« Nous parlerons plus tard ; c'est le moment d'agir. Viens ! »
Et il se mit à ramper sur le sol, plus serpent qu'homme, glissant sous l'herbe haute avec une vitesse extrême.
Samoül suivait.
Tous deux exécutaient cette marche difficile avec tant d'adresse que rien ne la décelait ; c'eût été chose curieuse que cette scène pour qui eût été prévenu de la présence des deux aventuriers.
Ils atteignirent le haut du mamelon.
Leur premier soin fut de chercher l'endroit où se tenait le Touaregg.
Celui-ci, comme les chasseurs, était passé maître en l'art de se cacher ; il avait dissimulé ses traces avec une ruse de chacal.
— Où peut-il être ? souffla Lassalle à l'oreille de son compagnon.
Le Kabyle inspectait l'horizon.
Au bout d'un certain temps, il sourit d'un air joyeux.
— Tiens ! dit-il à voix basse ; regarde là-bas vers ce frêne !
« Ne distingues-tu rien de suspect ?
— Rien ! fit Lassalle.
— Il y a pourtant un endroit où les feuilles sèches, dont le pourtour de l'arbre est jonché, forment tas, et il n'y a pas de raison pour que cet amoncellement-là existe.
— Si le terrain formait bosse à cette place ?
— La chose est rare sous les frênes ; de plus, le tas est juste de la longueur d'un homme qui s'est couché de son long.

— C'est vrai !

— Tu aurais dû remarquer cela ; il y a assez longtemps que je t'enseigne le métier pour qu'un indice aussi grave ne t'échappe pas.

— Bon ! je profiterai de la leçon.

— Maintenant, que vas-tu faire ?

— Attendre...

« Cet homme est posté pour assister à la sortie des saracqs ; nous sommes curieux de voir la chose ; demeurons ici. »

Et ils se tinrent cois.

Samoûl commençait à ne plus trop craindre les djenouns, et Lassalle voulait à tout prix découvrir l'irritant secret qui excitait si vivement sa curiosité.

Le Touaregg ne donnait pas signe de vie de son côté.

Lassalle examinait le terrain et se demandait par où les bandits sortiraient des flancs du mamelon.

Déjà, dans sa tête, les secrets d'Élaï Lascri commençaient à s'élucider, et il se faisait une idée très-plausible de la façon dont la bande pouvait vivre sous le *Trou du Diable*.

— Vois-tu, dit-il à Samoûl, ces gens-là ont deux chemins.

« Pour entrer, ils préfèrent prendre un bain et se laisser aller jusqu'à leur repaire où, sans doute, ils se sèchent.

« Pour sortir, ils prennent la voie de terre, la trouvant plus à leur convenance.

— Pourquoi cela ? fit Samoûl.

— J'imagine qu'ils ont quelque trou au flanc de ce mamelon.

Et montrant un creux formant un point noir sur le terrain :

— Là-bas, fit-il, se trouve probablement l'issue en question.

« Elle est à mi-côte, au-dessus du niveau du lac. »

Samoûl parut comparer la hauteur de l'eau, qu'il voyait à sa gauche, à celle de l'ouverture indiquée par Lassalle.

— Il y a dix coudées de différence ! fit-il en homme sûr de son dire.

« Mais qu'est-ce que cela fait ?

— Cela m'intéresse au plus haut point, car je suis sûr maintenant qu'Élaï Lascri a, sous le *Trou du Diable*, de l'air dans quelque grotte confortable, où il est au frais et au sec.

— Explique-moi la chose.

— Samoûl, mon ami, ceci serait difficile ; car pour comprendre il faudrait être savant, et tu ne l'es pas.

— C'est vrai, avoua le Kabyle modestement ; je suis un ignorant.

Puis il ajouta avec un soupir :

— Vous autres, Français, vous êtes bien heureux de savoir tant de choses ; les pauvres Kabyles, eux, n'ont pas de talebs comme les vôtres.

— Console-toi ; il y a bien des Français qui seraient embarrassés pour se rendre compte du phénomène qui se passe devant nos yeux.

« Mais laisse-moi t'affirmer encore une fois que les djenouns ne sont pour rien dans la chose.

— Je commence à le croire ! fit Samoûl.

En ce moment Lassalle dit tout à coup à son compagnon :

— Les voilà !

Samoûl vit Élaï Lascri à l'entrée de la grotte qui semblait creusée dans les rampes du pic dont les chasseurs occupaient la crête.

— Comme j'avais raison ! fit Lassalle.

Mais Samoûl se préoccupait de la façon dont le nègre descendrait.

L'issue du souterrain donnait sur un précipice immense.

— Il lui faudra des ailes pour arriver en bas ! fit le Kabyle.

— Ou une corde ! répondit Lassalle.

Mais le nègre ne prit pas de corde, et il se passa d'ailes.

Élaï Lascri parut travailler à un appareil singulier.

Avec sa vue perçante, Samoûl distingua clairement cet objet.

— Voilà, dit-il, qu'il étale un large pan d'étoffe à burnous sur une sorte de croix chrétienne ; il lie les bords de cette étoffe aux quatre coins de cette croix.

— Tiens, fit Lassalle, il est décidément ingénieux, ce nègre.

« Il se fait un parachute. »

Et à Samoûl :

— Tu sais, dit-il, que quand nous avons un grand saut à faire, nous autres chasseurs, nous coupons une branche d'arbre flexible et la courbons en cercle.

— C'est vrai.

— Nous étendons ensuite notre burnous sur ce cercle.

— Oui.

— Et puis, prenant de chaque main un bout du cercle, nous le plaçons à plat au-dessus de nos têtes et nous sautons.

« L'air qui s'engouffre sous l'étoffe nous soutient et amortit la chute.

— Et ce nègre a, tout simplement, perfectionné notre moyen traditionnel de rendre les grands sauts moins périlleux !

— Précisément.

— Décidément cet homme-là est fin ; mais il n'est pas sorcier.

— Ah ! le voilà dans l'air !

Le nègre, retenu sous les aisselles par une corde rattachée au parachute, descendait assez rapidement, mais sans péril.

— Et dire, dit Lassalle, que l'on a crié au miracle à Paris quand le premier aéronaute a usé de ce procédé si simple !

Samoûl, qui distinguait un cheveu noir d'un cheveu blanc à dix pas, remarqua :

— Il y a une longue ficelle qui suit le parachute, dit-il.

« L'extrémité en est tenue en main par le bandit qui a succédé sur la roche à Élaï Lascri.

— C'est pour remonter l'appareil.

En effet, quand le nègre eut touché terre, il se délia, et le parachute fut hissé.

Un, deux, tous les bandits à la suite gagnèrent ainsi le fond du précipice, et quand ils furent tous réunis, ils disparurent par un défilé qui conduisait vers le Bad-el-Saïd.

— Ils avaient leurs raisons pour prendre par le lac, afin d'entrer, fit Samoûl.

« Monter par là est impossible.

« La bande s'éloigne. »

V

LES PLONGEURS.

Quand le dernier brigand fut hors de vue, le Touaregg secoua le tas de feuilles qui le couvrait, et on le vit se dresser, élevant une main sur sa tête en signe de joie.

— Oh ! oh ! fit Lassalle, il paraît qu'il les a comptés.

« Tous ont quitté la grotte ; il va nous en montrer le chemin.

Et il prit ses précautions pour être bien blotti.

Samoûl s'était fait invisible.

Le Kabyle marcha vers le lac.

Élaï Laseri flottait entre deux décisions. (Page 15.)

Le Touaregg hâta le pas d'abord et se dirigea droit vers le lac; il était décidé; il suivait l'impulsion de sa première pensée; il allait droit devant lui, crânement, le visage illuminé.

Tout à coup la réaction s'opéra et la peur reprit ses droits : il ralentit sa marche, il fit ses pas moins grands, enfin il s'arrêta.

Le souvenir d'Élaï Laseri se dressait devant lui.

« Il tremble ! dit Lassalle.
— Il n'ira pas ! fit Samoûl.
— Oh ! il ira !
« La curiosité le poussera. »

Et en effet le Touaregg repartit.

Cette fois il avait décidément pris l'inébranlable résolution d'aller jusqu'au bout.

Il avait dépassé les chasseurs.

— Suivons-le, fit Lassalle.
— Il va nous voir.
— Détrompe-toi.

« Son idée le préoccupe.

« Quand un homme est aussi empoigné que lui par un désir ardent, il devient moins inquiet, et quand il regarde, c'est plutôt par un mouvement machinal que par une véritable inspiration de prudence.

« Marchons. »

Et ils se mirent à ramper.

Le Touaregg atteignit le pied de la falaise.

Là, il y eut encore en lui comme un soupçon, et il escalada les rocs.

En ce moment, les chasseurs étaient à cent pas au plus de lui.

Ils le virent, debout, sur le bloc d'où s'élançaient les bandits. Il laissa tomber son burnous, conserva ses armes de main, promena un long regard sur la montagne, et donna comme un adieu à la vie rayonnant autour de lui.

Il sembla surtout contempler avec un long regret le soleil et tressaillit en le voyant sillonné d'une bande d'un rouge sang; selon les croyants du Sahara, c'est un présage sinistre.

Enfin il se ramassa sur lui-même et bondit..

Déjà les chasseurs s'étaient rués sur la falaise ; ils virent encore le remous de l'eau ondulant au large.

Lassalle, avec une sorte de frénésie, déchira ses vêtements, s'arma de son poignard et sauta dans le *Trou du Diable*.

Samoûl, plus calme, se débarrassa de son haïque et suivit son compagnon.

Les longues oscillations causées par ces trois chutes durèrent longtemps et voilèrent les péripéties de la scène qui allait se dérouler dans les profondeurs du lac...

Le Roi des Chemins. XIX.

... Une minute s'écoula, au bout de laquelle un homme reparut à la surface du *Trou du Diable* : c'était Samoül...

Samoül haletant, épuisé, qui respira bruyamment la fraîche brise du matin.

Kabyle et, par conséquent, éloigné des grands fleuves, Samoül nageait et surtout plongeait moins que son compagnon : il n'avait pu demeurer longtemps sous l'eau et revenait chercher la vie que le manque d'air étouffait dans ses poumons.

Quand il fut remis, il replongea : cette fois il ne resta dans l'eau que peu d'instants ; il n'eut que la force de regagner la rive.

Là il s'assit.

Il était à bout d'énergie.

Cependant un drame se passait au fond du *Trou du Diable*.

Le Touaregg ne reparaissait point, ni Lassalle.

Samoül sentait sans doute que quelque chose de grave s'accomplissait, car les situations critiques, comme celle où devait se trouver Lassalle, prennent en se prolongeant un caractère d'autant plus menaçant.

Samoül, après trois minutes de repos, jugea qu'il avait repris des forces, et il se releva décidé à recommencer ses deux tentatives avortées.

Il s'élança. A peine avait-il troué son sillon dans l'eau que la tête de Lassalle se montra à la surface bleue du lac.

Le Gascon, fort pâle, fit d'abord la planche ; il semblait, lui aussi, brisé par le manque d'air et la fatigue.

Il demeura pendant quelques instants immobile, puis il nagea...

Ses mouvements étaient lents.

Bientôt l'eau prit autour de lui une teinte rose.

Il était blessé.

La teinte rose devint plus rouge ; le sang devait couler abondamment.

Il avait cinquante brasses à faire pour atteindre terre ; mais ses efforts devinrent de moins en moins vigoureux.

La lassitude devenait de l'accablement ; la faiblesse devenait de la syncope.

Tout à coup il s'évanouit, comme il arrive fréquemment quand le sang s'écoule par une large plaie.

Alors le corps inerte flotta, bercé par l'impulsion de la dernière brassée ; puis il coula lentement vers les fonds...

VI

LE BLESSÉ.

Mais de ces fonds surgit Samoül.

Le Kabyle eut un long regard désespéré quand ni sur la rive ni sur le lac il ne vit son compagnon de chasse.

Il se résignait déjà à retourner vers la falaise, quand la tache qui empourprait le lac attira son attention ; il comprit ce qui se passait.

Trouvant un renouveau d'énergie dans le danger et le désespoir, il nagea vers la marque de sang, et il vit le corps de Lassalle qui glissait en quelque sorte de couche en couche dans les insondables abîmes du *Trou du Diable*.

Il piqua vers lui, le saisit, le remonta, et en vingt élans de nage furieuse il le fit aborder sur un bout de plage formant un tapis vert dans un recoin de la falaise.

Il étendit le corps de son ami sur l'herbe dont la verdure tendre encadra la chair mate, faisant ressortir au flanc gauche une large et béante blessure.

Le sang s'échappait en un mince filet ; le caillot, malgré les lavures de l'eau, s'était heureusement formé.

L'hémorragie commençait à s'arrêter d'elle-même.

Samoül grimpa sur les rocs, abandonnant le blessé ; il fouilla dans le tas que formaient ses vêtements, et il en rapporta son kaïque de laine et une petite fiole pleine d'eau-de-vie de figues.

Quoique musulman, comme beaucoup de Kabyles il buvait de l'eau de figues.

Il s'agenouilla près de Lassalle, lui ouvrit la bouche avec la lame de son couteau introduite entre les deux rangées de dents, et il lui versa une gorgée du cordial, qui produisit son effet.

Lassalle ouvrit les yeux.

— Ne bouge pas ! lui dit le Kabyle.

Le Gascon obéit.

Samoül reprit :

— Tâche de reprendre la lucidité de ton esprit, et sois calme.

Lassalle ferma les yeux, et quelques instants s'écoulèrent.

Samoül était anxieux.

Enfin le blessé parla.

— Pourquoi, demanda-t-il, ne faut-il pas que je me lève ?

— Tu es blessé ! fit Samoül. Le caillot se forme et tu ne saignes presque plus ; mais si tu bouges, le sang va pisser à nouveau.

— Bon ! fit Lassalle.

Il paraissait tranquille, joyeux même.

Il souriait.

— Te sens-tu gravement atteint ? interrogea Samoül un peu moins inquiet.

Ce sourire le rassurait.

— Je crois, dit Lassalle, que ce serait peu de chose si l'artère n'était pas coupée ; la lame s'est arrêtée sur une côte...

— La lame... de qui ?...

« Celle du Touaregg ?

— Non.

Samoül ne parut pas trop étonné de ce *non*.

— Ah ! fit-il, il y avait un gardien ?

— Doux, mon cher (*cadour* en arabe).

— Et... ils ont tué le Touaregg ?

— Oui.

— Il faut bander ta plaie, te remettre sur pied, et recommencer avec moi le combat.

— Inutile.

— Tu ne te sens pas la force de me montrer le chemin de la grotte...

« Car il y a une grotte, n'est-ce pas ?

— Une grotte ! fit Lassalle. Tu veux dire un palais souterrain...

— C'est comme un conte de fées !

— Il y a de l'or ?

— Des tas d'or.

« Tout le butin de la bande est amoncelé, et il y a là-dessous — il indiquait le lac — des richesses qui contenteraient un sultan.

— Avec cela, demanda Samoül, pourrait-on bien bâtir dans mon village une aussi belle mosquée que celle d'Alger ?

— Dix fois, cent fois plus belle !

« Ton rêve est donc toujours de construire un bâtiment là ?

— Ne le faut-il pas ?

« Nous sommes sans cesse humiliés par nos voisins les Beni-Akibi, qui ont une couba si jolie et si riche !

— Drôle d'ambition que celle qui s'est emparée de toi !

« Enfin, chacun met son bonheur dans une marotte. »

Puis avec un soupir :

— Ma marotte, à moi, c'est mademoiselle de Mercy.

« Et déserteur sans ressources, assassin proscrit,

officier traître au drapeau, je ne pouvais guère espérer la délivrance de cette pauvre enfant.

« Mais maintenant... tous les horizons s'ouvrent devant moi. »

Pendant cette conversation, Samoül avait déchiré son mouchoir, cueilli quelques herbes qu'il avait trouvées fort à propos sous sa main, qu'il avait découpées avec un couteau dont il avait formé une pâte, puis il avait pansé le blessé.

La chose faite, il avait dit avec une certaine impatience :
— Lève-toi.
« Peux-tu te dresser seul? »
Lassalle se mit debout.
— Ça va très-bien, fit-il.
« Le couteau n'a pas pénétré droit, m'a fouillé la chair entre le cuir et l'os de la cinquième côte : ce n'est rien.
— Vite, alors!
— A la grotte?
— Oui, et hâtons-nous.
« Ne faut-il pas expédier les deux gardiens?
— Mais c'est besogne faite! s'écria Lassalle en riant.
— Tu ne le disais pas...
— A quoi bon?
« Tu me connais assez pour savoir que je n'aurais pas voulu remonter à la surface du lac quand il y avait encore de la besogne à faire au fond.

« Mais viens.

« Il faut que tu voies de tes yeux tout cet or, et que nous prenions quelques colliers de perles d'une valeur de quatre ou cinq cent mille francs.
— Et tu penses que nous pouvons trouver des bijoux de cette valeur?
— J'en ai vu deux que j'ai évalués ça.

Samoül blémit.
— Oh! fit-il, la mosquée! je l'aurai donc, et les Beni-Akibi ne riront plus de notre pauvreté!
« Vite, vite, vite! (Fissa, fissa, fissa!) »

Il monta rapidement vers le lac.

Lassalle l'arrêta.
— Samoül, dit-il, tu es mon maître en chasse, mais laisse-moi t'avertir comme tu m'as averti souvent; laisse-moi te dire que tu te conduis en enfant et que tu éprouves une émotion dangereuse.
— C'est vrai, fit Samoül froidement.

Puis, grave, presque solennel, il dit :
— Pour me punir, je ne bâtirai la mosquée que dans un an.

Et il attendit que Lassalle lui montrât le chemin; mais malgré lui son œil s'enflammait en se fixant sur les eaux qui célaient le trésor.

En ce moment une grande ombre voila, sur le *Trou du Diable*, l'éclat du soleil...

VII

LA CUVETTE.

L'ombre qui se dessinait, vaste sur le roc étincelant, n'avait aucune cause apparente.

Samoül interrogea l'espace au-dessus du *Trou du Diable* : il n'y avait pas un nuage sur le fond bleu de l'air.
— Voilà, dit-il, comment, au dire de ceux qui l'ont observé, le lac se voile avant de réfléchir les objets à longue distance.
— Nous allons voir, observa Lassalle, s'il mérite son nom.
— On prétend qu'il faut regarder l'eau d'un certain point.

« J'ai un ami aux Beni-Mouffak, qui m'a conseillé de me placer en face de la falaise, si l'occasion se présentait d'assister à ce prodige.

« Il prétend, comme toi, que les djenouns ne sont pour rien dans la chose, et que ce sont les rocs de silex qui renvoient aux eaux les images qu'elles reflètent ensuite.
— Ce pourrait bien être vrai, dit Lassalle; gagnons l'autre rive.
— A la nage?
— Non; je suis encore un peu faible, et je vais me remettre en marchant.

« Faisons le tour.
— ... C'est que, dit Samoül, il vaudrait mieux peut-être descendre à la grotte tout de suite; les bandits pourraient revenir...
— Descendre! je le voudrais bien; mais je me défie de mes forces.
— Bois! fit Samoül.

Il tendit sa peau de bouc contenant l'eau-de-vie de figues.

Lassalle en avala une gorgée.
— C'est un fameux stimulant que cette eau-de-vie, dit-il. Voyons d'abord ce que le *Trou du Diable* semble vouloir nous montrer.

Et ils se mirent à contourner le lac, gagnant le point qui faisait face à la falaise, en ce moment éblouissante.

Le lac étincelait, rutilait.

C'était comme un vaste flamboiement.

Au milieu du lac, la tache sombre, vague d'abord, devenait de plus en plus foncée; mais, à de certains endroits seulement, entre ces points noirs il se glissait des clartés blanches.

Peu à peu il se forma des figures saisissables, et les chasseurs virent se dessiner une bande d'hommes suivant un chemin, au sommet d'une montagne que connaissait Samoül.
— La crête d'Aïcha! murmura-t-il; elle est à trois lieues d'ici.
— Et voilà Élaï Lascri avec tous les siens! dit Samoül.

Le nègre se dessinait en effet très-nettement avec sa stature géante, ses cheveux bouclés, sa tête majestueuse, son allure fière et superbe.

Lassalle admirait le phénomène avec l'intelligente curiosité d'un homme instruit qui connaît les causes de l'effet produit; Samoül ouvrait des yeux émerveillés et tressaillait par instants.

Superstitieux, il craignait.

Lassalle s'en aperçut.
— Samoül, lui dit-il, ceci te paraît extraordinaire, n'est-ce pas?
— Oui! fit le Kabyle; c'est extraordinaire!
— Eh bien! mon pauvre Samoül, la chose est pourtant des plus simples.

« C'est un mirage.

« Vous autres, quand dans le désert vous voyez surgir tout à coup devant vous des oasis et des ksours fantastiques, vous croyez que c'est un effet de l'imagination.

« Erreur, cadour (mon cher)!

« La terre, chauffée à blanc par le soleil, est tout simplement devenue un grand miroir qui reflète les images en les déformant.

« Ici la polaire n'est pas autre chose qu'une grande glace de silex. »
— Mais la crête d'Aïcha est bien loin, et elle est plus basse que ce plateau...
— Ceci n'y fait rien.

« De Calais l'on voit souvent dans l'air, au-dessus de la mer, se dessiner la ville d'Ostende.

« Phénomène encore plus bizarre. »

Samoül poussa un soupir, puis il se frappa la tête du poing.

— Et dire, s'écria-t-il, que tu sais toutes ces choses et moi rien!

« Décidément le Kabyle est un pauvre être déshérité de la nature.

— Console-toi, lui dit Lassalle en riant; au fond, la science ne sert pas à grand'chose; va, ne regrette rien.

« Il est des hommes, moi entre autres, qui voudraient ignorer ce qu'ils ont appris...

« Viens.

— Nous allons donc enfin descendre dans cette grotte, fit Samoül.

— Oui, et nous prendrons notre temps.

« Élaï Lascri est à trois lieues d'ici, comme le *Trou du Diable* nous l'a montré. »

Ils regagnèrent la falaise.

Lassalle avait retrouvé sa vigueur; il se sentait capable de guider son compagnon vers le souterrain.

Tous deux, sur la falaise, prirent leurs dispositions pour le saut; ils respirèrent fortement trois fois, donnant au sang dans les poumons une riche provision d'air, puis ils firent une dernière aspiration et disparurent dans le *Trou du Diable*.

Lassalle, qui précédait Samoül, le guida vers une ouverture, large de deux mètres, qu'emplissait l'eau au flanc de la falaise plongée dans le lac.

Samoül vit le Gascon nager vers ce trou et s'y engager.

Le Kabyle, non sans avoir besoin de faire appel à son courage, suivit son compagnon; tous deux poussèrent énergiquement leurs coupes; déjà ils commençaient à étouffer.

Ce trou était l'ouverture d'un couloir assez vaste, rempli d'eau, mais qui allait en montant.

Après une minute d'efforts dans cette galerie, Samoül se sentait défaillir, quand il s'aperçut que sa tête sortait de l'eau.

— Par ici! dit une voix.

C'était celle de Lassalle.

Et le Gascon tendit la main au montagnard, qui la saisit vivement.

— Là, dit Lassalle; c'est fait.

Puis le soutenant:

— Remets-toi, cadour (cher); tiens, voici la peau de bouc.

Samoül fit un appel à l'eau de figues et reprit son aplomb.

Il chercha à voir...

Les ténèbres étaient épaisses.

— Où sommes-nous? fit-il.

— Dans la grotte.

— On n'y distingue rien.

— Attends un peu.

Et Lassalle mit la main de son ami contre la paroi d'un roc.

— Tu vas, dit-il, longer cette espèce de muraille; je suis devant toi.

— Va, fit Samoül.

Ils marchèrent en tâtonnant.

En marchant, ils causèrent.

— Comment as-tu fait, demanda le Kabyle, pour tuer les gardiens dans cette ombre qui pèse sur les yeux comme un voile de plomb?

— Il y avait de la lumière, dit le Gascon, au moins des lueurs.

« Ils ont tiré, et à la clarté des coups de feu j'ai pu me jeter sur l'un d'eux et terminer la lutte à coups de couteau.

« En même temps, j'ai bien mis dans ma tête le plan des lieux.

— De sorte qu'en suivant ce mur...

— ... Nous arrivons à la grotte dont ce couloir est comme le vestibule.

— Et l'eau? demanda Samoül.

« Pourquoi ne monte-elle pas jusqu'ici?

— Je vais t'expliquer cela.

Mais s'interrompant:

— Garde à toi! il y a ici une saillie que je n'avais pas remarquée; prends des précautions pour ne pas te heurter.

— Bien, fit Samoül; j'y veille, continue.

— L'entrée de ce couloir, dit Lassalle, est sous l'eau, mais ce souterrain va en remontant sous la falaise, au-dessus du niveau du lac: il en résulte qu'à partir de cet endroit il est à sec.

« Il redescend, remonte, redescend encore après; mais l'eau, arrêtée par la première montée, ne pénètre que jusqu'à elle.

« Et voilà comment Élaï Lascri vivait sous terre en paraissant vivre dans un lac; un simple *niveau d'eau* d'un de nos ouvriers maçons donne l'explication du phénomène.

— Est-il bien long, ce souterrain?

— Je le crois interminable: il se sépare en plusieurs branches qui m'ont paru courir dans toutes les directions de la montagne.

« Ce sont des galeries par où la lave s'écoulait de l'ancien volcan.

— Les anciens racontent, en effet, que le *Trou du Diable* fut autrefois un cratère vomissant de la flamme et des cendres.

Tout à coup le Kabyle entendit un cri, le bruit d'une chute, puis plus rien.

Épouvanté, il s'arrêta.

— Lassalle? fit-il tout bas.

Et aussitôt il se jeta de côté et se coucha à plat ventre.

Il craignait, après cet appel, quelque coup de feu d'un bandit survivant; il supposait que son compagnon venait d'être frappé par quelque gardien dont le Gascon ne soupçonnait pas l'existence.

Mais rien ne répondit à l'appel jeté par Samoül dans l'espace sombre.

— Lassalle? répéta-t-il tout haut.

Même silence dans l'obscurité épaisse.

Samoül se traîna alors lentement sur les pieds et les mains, sondant le sol et n'avançant que sûr de son terrain.

De la sorte le montagnard arriva au bord d'une espèce de puits.

« Il aura roulé là-dedans, » pensa-t-il.

Et il appela.

La voix descendit à d'incalculables profondeurs, et elle en revint affaiblie, renvoyée par des échos lointains...

On eût dit qu'elle s'était perdue dans un précipice insondable et qu'elle revenait, rumeur affaiblie, empreinte de la vague terreur qui remplit les gouffres.

Samoül sentit la sueur perler à son front; il murmura dans un découragement profond:

— Il est perdu.

Samoül, pour juger du péril, n'avait d'autre sens que l'oreille.

Aucun rayon de lumière, aucun reflet ne venait jusque-là; il n'y avait même pas de différence de teinte dans les ombres.

C'était le noir...

Le noir absolu.

Le noir du néant.

Le Kabyle reconnut qu'il ne pouvait attendre aucun secours de son œil; il chercha quelque pierre afin de la lancer dans le puits.

Un petit fragment de roc se trouva sous sa main,

et il le prit : allongeant le bras au-dessus du puits, il ouvrit les doigts.

La pierre tomba, laissant entendre le bruissement causé par sa chute dans l'air humide.

— Un, deux... compta le Kabyle ; trois...

Et il alla jusqu'à cent avant que le bruit de la pierre, touchant le fond, revînt jusqu'à son oreille.

Samoül murmura navré :

— Impossible qu'il ne soit brisé, anéanti...

« Cent ! j'ai compté jusqu'à cent ! »

Puis, interrogeant sa conscience :

« Dois-je, se demanda-t-il, l'abandonner à son sort.

« Dois-je pourvoir à ma sûreté ? »

Il tremblait.

Reprenant un fragment de roc, il le lança encore dans le puits.

Encore une fois il écouta.

Mais, à cent, la pierre continuait à descendre ; à deux cents, aucun son ne remontait.

Samoül s'arrêta.

Il attendit.

Le gouffre devait avoir dévoré le son ; le caillou devait avoir dévié du chemin suivi par le premier ; il tombait dans un vide effrayant.

Samoül, alors, se releva lentement et résolut de se retirer.

Auparavant, il fit une invocation solennelle et la main levée :

— J'atteste Allah, dit-il, que je ne quitte ces lieux qu'après m'être assuré de l'impossibilité, pour mon frère et compagnon, de survivre à sa chute ; ce n'est ni par lâcheté ni par perfidie que j'abandonne ce qui n'est plus qu'un cadavre.

La voix du montagnard se brisait ; il avait des sanglots dans la gorge.

Il se mit alors à côtoyer, avec mille précautions, les bords du puits ; il cherchait le passage qu'avait dû suivre Lassalle pour parvenir à la grotte même où était le butin.

Il tâtonna.

A droite, le roc perpendiculaire se dressait ; à gauche, même escarpement.

La voie était entièrement barrée par le puits et Samoül se demanda comment son compagnon avait pu aller jusqu'à la grotte.

Il vérifia avec persistance l'impossibilité qui se dressait devant lui, et il se décida, non sans regret, à se retirer.

Il recula.

Avec une sagacité de sauvage, il retrouva son chemin et vint jusqu'à l'endroit où l'eau commençait à remplir le souterrain.

Là il réfléchit.

Il lui en coûtait d'abandonner l'entreprise commencée à deux.

Une idée lui vint.

— Lassalle, se dit-il, m'a parlé de plusieurs chemins bifurquant ; peut-être s'est-il trompé et en a-t-il suivi un qui n'était pas le bon.

« La preuve en est qu'il a rencontré le puits cette fois et non la première ; sans quoi il n'aurait pu aller jusqu'au point où l'or est amoncelé. »

Fort de ce raisonnement, il se remit en route avec résolution.

Samoül s'était fait cette idée que son compagnon avait dû se tromper sur la direction à prendre pour gagner la grotte ; en conséquence il résolut de chercher une autre galerie que celle qui menait au puits.

Il se souvint que Lassalle avait paru s'étonner de trouver une saillie dans les parois du roc, et Samoül se dit que cette saillie, s'il la rencontrait encore, serait un avertissement de rétrograder, un signe certain qu'il ne serait pas dans la bonne voie.

Samoül, rampant, s'avança donc

Au bout de quelque temps, il se heurta à l'obstacle qui devait être pour lui la preuve qu'il s'engageait dans un mauvais chemin.

« Je vais encore au gouffre ! se dit-il ; reculons. »

Et il revint sur ses pas.

Repartant à nouveau, il aboutit pour la troisième fois à la saillie ; impossible, dans cette ombre épaisse, de trouver l'embranchement qu'à son premier voyage Lassalle avait dû rencontrer.

— Décidément, murmura Samoül, je perds à la fois mon ami et l'occasion de faire une merveilleuse fortune.

Il était profondément découragé.

— Essayons encore, pourtant, fit-il.

Une heure s'écoula en efforts vains, et Samoül revint au bord de l'eau.

Il s'assit là.

— Elaï Lascri va revenir, murmurait-il en poussant ces ouet ! qui sont les soupirs des montagnards kabyles.

« Il me faut partir, si je ne veux pas avoir la tête coupée. »

Il s'apprêtait à plonger.

Tout à coup une plainte allongée, un appel, vint à lui.

Il eut un bond d'étonnement, et il se hâta d'atteindre le puits.

« C'est Lassalle qui me hèle, » pensait-il avec une émotion joyeuse.

Pour lui, Lassalle était la tête qui dirige le bras

Avec le Gascon, Samoül se sentait fort, complet, supérieur ; sans lui, il devenait impuissant à exécuter de grandes choses.

Retrouver Lassalle, c'était retrouver la pensée qui conçoit, la volonté qui pousse, l'intelligence qui combine.

Donc Samoül se hâta.

Il arriva au bord du gouffre.

— Lassalle ! cria-t-il.

Samoül, après cet appel, s'attendait à ce que, de très-loin, la réponse allait monter affaiblie par la grande distance.

Point.

A la grande stupéfaction du Kabyle, le Gascon lui cria très-distinctement :

— Me voilà.

Et il ne pouvait pas être beaucoup plus bas que dix mètres.

— Tu es là, fit Samoül, si près ?...

— Oui, dit Lassalle.

— Pourquoi n'as-tu pas répondu ?

— Je n'ai rien entendu.

« Je sors d'un évanouissement causé par un coup reçu à la tête.

« Dans ma chute, j'ai heurté en route un angle de rocher.

— Comment ne t'es-tu pas brisé en arrivant sur la pierre ?

— Je ne suis pas sur la pierre.

— Et sur quoi te trouves-tu ?

— Mon pauvre ami, toi, un musulman, si tu te trouvais à ma place, tu te croirais impur à tout jamais.

« Toutes les lotions possibles ne sauraient te laver ; mais moi, je suis content de ce qui m'arrive, car... ça porte bonheur.

— Je t'en prie, Lassalle, le temps passe ; réponds sans plaisanter.

— Eh bien ! il y a ici, occupant la moitié de la largeur du puits, un bloc en saillie qui forme une sorte de cuvette large de trois ou quatre mètres ; c'est là-dedans que je suis.

— Mais tu disais que tu n'étais pas tombé sur la pierre !...

— Je disais vrai.

Les brigands viennent ici jeter ou déposer leurs immondices.

— Brrou ! fit Samoûl.

Lassalle continua :

— La cuvette arrête une partie de ces... choses au passage.

— Et tu es dans... ça ?

— Jusqu'aux reins.

— Pauvre ami !

— Ne me plains pas ; sans cette bienheureuse circonstance, j'étais mort.

« Le coup a été amorti ; je suis resté presque debout, évanoui, mais adossé au bord de la cuvette.

— Et que faire ?

— Me retirer.

— Avec quoi ?

— Nous allons voir ça. Combien de temps s'est-il écoulé depuis que je suis là-dedans ?

— Une heure.

— Eh ! mais, cadour (cher), tu peux aller chercher une corde au village des Beni-Kraers, et revenir avant le retour d'Élaï Lascri.

— J'y cours.

Et Samoûl cria à son ami :

— Patience !

— Merci ! fit Lassalle.

« Mais, ajouta-t-il, ne tarde pas trop, sans quoi toutes les fleurs de la montagne ne suffiraient pas à me parfumer demain.

— Compte sur moi ! dit Samoûl.

Il partit.

Mais, cinq pas faits, il revint.

— Lassalle ?

— Quoi encore.

— Si Élaï Lascri revenait en mon absence, par hasard ?

« Que ferais-je ?

— Tu attendrais, parbleu !

— Et tu resterais là ?

— Il le faudrait bien.

— Tu risqueras beaucoup.

— Qui ne risque rien n'a rien.

— Mais passer de longues heures ainsi, c'est chose épouvantable.

— On mettra autant de flacons d'essence de roses dans mon bain que j'aurai passé de secondes dans cette cuvette. Va vite, cadour !

— A bientôt.

— Je l'espère.

Samoûl se retira.

Et s'élançant dans l'eau qui emplissait l'issue du souterrain, le Kabyle éprouva une sensation égoïste et délicieuse.

« Dans l'eau, pensait-il, dans l'eau fraîche et pure, tandis que lui est dans la... »

Malgré lui, il éprouvait une délicieuse impression dont il se défendait en vain.

VIII

COMMENT SAMOÛL S'EN TIRA.

Samoûl, en arrivant à la surface du *Trou du Diable*, respira, regarda, ne vit rien, tira sa coupe et gagna le bord.

Il se dirigea vers le point où il avait laissé ses armes et ses vêtements, et il reprit les uns et les autres, laissant sous les feuilles le fusil et le burnous de son compagnon...

A peine achevait-il de se vêtir que son ouïe l'avertit d'un danger ; il se cacha.

Une troupe approchait.

— Déjà ! pensa-t-il en frissonnant.

Il pensait bien que c'étaient Élaï Lascri et les siens qui s'avançaient.

C'était lui en effet.

Le nègre et les siens paraissaient fatigués, mais d'humeur gaie.

Le Kabyle se demandait :

« Que s'est-il passé ?

« Ils n'ont pu certainement atteindre le Bad-el-Saïd en si peu de temps.

« Pourquoi sont-ils revenus ? »

Et il remarqua qu'ils étaient munis de butin, enfermé dans des sacs.

« Je devine ! se dit-il.

« La caravane aura envoyé des cavaliers au-devant du nègre ; elle se sera épargné ainsi une lutte qu'elle redoutait. »

Samoûl avait deviné juste.

L'oreille à terre, il écouta les conversations échangées dans la troupe qui passait à sa portée.

— Ces chiens de marchands du Tell, disait un des bandits en arrivant au lac, ont bien fait de doubler la rançon demandée d'abord par nos agents.

« S'ils ne s'étaient pas imposé d'eux-mêmes cette punition, le kébir (capitaine) aurait voulu les châtier pour leurs retards, et il nous aurait fallu jouer des jambes pendant plusieurs jours.

— Et nous sommes éreintés ! fit celui auquel cette réflexion s'adressait.

« Voilà trois expéditions, coup sur coup, que nous faisons. Nos pieds en sont usés.

— Heureusement, reprit un troisième, qu'aucune caravane n'est plus signalée.

— On dit que nous allons avoir huit jours de tranquillité.

— Qui dit cela ?

— Le khalifat (lieutenant) du chef

« Il m'a annoncé que les rapports ne signalaient rien dans le Sahara.

— Alors, à nos plaines !

Samoûl avait pâli.

Huit jours !...

Mais, pendant ce temps, que ferait Lassalle et comment vivrait-il ?

Le Kabyle était mortellement inquiet.

Il vit son compagnon, dans cette ignoble cuvette, tordu par la faim, torturé par la soif, sous le coup d'une angoisse qui devait se prolonger toute une semaine.

Mais bientôt la situation se compliqua d'un danger personnel.

Le nègre, en montant vers la falaise, vit à terre une trace.

C'était un pas de Samoûl qui avait foulé la poussière.

Le Kabyle comprit que des soupçons allaient naître et gronder.

« Maladroit ! pensa-t-il, j'ai cru avoir effacé ma piste et j'ai oublié un pas dans mon sentier ; décidément je perds mon sang-froid.

« Cet or me trouble. »

Cependant le nègre, après examen attentif, s'était relevé.

Samoûl pensa qu'il devait fuir ; mais Élaï Lascri donna un coup de sifflet.

A ce signal, chaque bandit saisit son fusil, l'arma et se tint prêt à tirer ; chacun était resté où il se trouvait ; il y avait des regards et des canons de carabines braqués dans toutes les directions ; l'homme qui se fût levé d'une broussaille fût tombé sous dix balles.

Samoûl le comprit.

Immobile, il laissa couler le temps.

Le nègre cria :

— Un homme a rôdé par ici ; que tous les yeux veillent

Puis il appela :

— A moi les chouafs (espions) !

En Algérie, les bandes de coupe-jarrets ont toutes à ır service des hommes que nos soldats appellent iens de saracqs (voleurs); ils font en effet l'office de iens.

Doués d'un flair surprenant, d'une ouïe fine, d'un l qui voit à d'incroyables distances, ils sont les éclaiırs, les dépisteurs, les espions, les chiens enfin de troupe qu'ils servent.

Élaï Lasrri avait les meilleurs chouafs de l'Algérie.

Samoül savait qu'une fois sur la piste de pareils ommes trouvent toujours ce qu'ils cherchent; il se gea découvert.

Il ne pensa plus qu'à trouver un moyen de sauver sa te.

Pauvre tête!

Elle n'était guère solide sur les épaules du montanard.

Samoül prit le parti de se laisser découvrir par les 1ouafs (espions).

Il y aurait eu danger pour lui à se dresser; on aurait ré.

Lorsqu'il vit à cinq ou six pas de lui un des limiers 'Élaï Lasrri, il l'appela en lui disant :

— Chouaf, par ici !

Et comme l'espion se mettait en devoir de braquer on pistolet dans la direction d'où la voix était partie, samoül dit précipitamment au bandit :

— Ne tire pas.

« Je me rends. »

Le chouaf, défiant, l'arme au poing, s'avança pas à pas. Samoül se laissa prendre sans résistance et fut amené levant le chef.

— Pourquoi te cachais-tu? dit le nègre. Qui es-tu? Que faisais-tu là?

« Parle, ou tu es un homme mort. »

Le Kabyle redressa fièrement la tête et répondit :

— Tu es Élaï Lasrri.

« Je suis Samoül !

« Tu es chef d'une bande.

« Je suis un homme libre.

« Tu as l'air de menacer.

« Je te résisterai. »

Et comme le nègre tourmentait la crosse de son pistolet :

— Tu me tiens en ton pouvoir, fit Samoül; je suis sous ta main.

« Si tu fais un signe, mon corps deviendra un cadavre

« Malgré ce péril, qui m'étreint comme un bras de lutteur enlace un torse, je te répète que tu n'obtiendras aucune explication par la violence. »

Élaï Lasrri flottait entre deux décisions.

Violent, irascible, il sentait la colère lui monter au visage.

Généreux, intelligent, il admirait la contenance de Samoül, et il songeait qu'il se ferait une mauvaise affaire en touchant à un montagnard : tous les Kabyles prendraient parti contre la bande, et le séjour de la montagne deviendrait impossible à celle-ci.

Il y eut un moment de silence, pendant lequel les deux hommes se regardèrent en face, l'œil dans l'œil, comme disent les Arabes.

Les brigands, qui tremblaient devant leur kébir (chef), s'étonnaient que Samoül fût encore en vie; jamais ils n'avaient vu personne résister ainsi à l'homme.

Un instant ils purent croire que ce dernier allait céder à son emportement et frapper le montagnard, mais le nègre s'adoucit tout à coup.

— Tu parles de menaces faites par moi, dit Élaï Lasrri.

« En quoi mes paroles t'ont-elles paru offensantes, tueur de lièvres ?

— Tu avais de la colère dans le regard et de la brusquerie dans le ton, dit Samoül.

« Puis tu insinuais que j'avais de mauvaises intentions.

— J'en appelle à ta loyauté ! dit le nègre. A ma place, qu'aurais-tu pensé?

— J'aurais supposé que l'homme qui s'était embusqué avait tout simplement l'intention de voir se produire devant lui les prodiges dont on parle au sujet du *Trou du Diable.*

« J'aurais supposé que cet homme, à cause des djenouns et des maléfices qui atteignent les curieux, tâchait de se dissimuler de son mieux.

« J'aurais supposé enfin que rien n'est plus naturel que de couvrir son corps et son ombre, quand on s'aventure dans des lieux qui ont la réputation de ce lac, dont les timides s'écartent.

« Voilà ce que j'aurais supposé, moi, à ta place, Élaï Lasrri.

« Et je m'étonne qu'un grand sorcier comme toi, un malin, un fils de djenoum, attache tant d'importance à un petit fait.

« Qu'as-tu donc à craindre ?

« Rien.

« Que puis-je contre toi ?

« Rien.

« Laisse-moi donc en paix. »

Puis, après cette explication adroite, qui chatouillait l'amour-propre du nègre, il eut la finesse de lui donner complètement le change.

— Vois-tu, dit-il, tu ferais bien de me laisser ici, debout.

« Tu monterais sur la falaise avec les tiens et tu te jetterais dans ton lac.

« Ça me ferait plaisir. »

Le nègre sourit.

Le Kabyle reprit :

— Un jour ou l'autre, tu peux avoir besoin du tueur de lièvres.

« Si tu me montres le prodige, je te rendrai quelque service à l'occasion.

« Je voudrais bien aussi voir le Touaregg ressortir du lac. »

C'était là le coup sur lequel comptait le Kabyle.

— Que dis-tu ? s'écria Élaï Lasrri en blêmissant.

« Le Touaregg a sauté dans le lac?

— Oui.

— Tu l'as vu?

Le Kabyle toucha ses paupières.

— De ces deux yeux-là ! dit-il.

— Et il est resté sous l'eau?

— Oui.

Et se reprenant :

— Du moins, je ne l'ai pas vu ressortir à la surface.

— Ah ! le gredin ! s'écria le nègre.

Et il tendit sa main au Kabyle.

— Tout ce que tu me demandes, ami, fit-il, je te l'accorde.

Samoül simula une grande joie.

— Tu peux regarder, fit Élaï Lasrri.

— Merci ! s'écria Samoül.

Mais il demanda :

— Et le Touaregg ?

« Remontera-t-il ?

— Peut-être, mais à coup sûr il ne sera pas vivant, le misérable !

Et serrant la main de Samoül :

— Au revoir, Kabyle.

— Au revoir et merci ! fit le montagnard.

Le chef siffla ses hommes, qui le suivirent, et il monta avec eux sur la roche.

Bientôt ils disparurent.

Samoül mit son fusil sur son épaule et s'en alla monologuant :

« Pour un homme simple, sans artifice, murmurait-il, je m'en suis bien tiré ; il a été trompé et autruché au mieux.

« Décidément, Lassalle m'a rendu service en me formant aux ruses des chrétiens, aux mensonges, aux perfidies de la langue.

« J'ai eu l'air bête.

« Je suis content. »

Et tout joyeux :

— Il a cru l'histoire du Touaregg.

« S'il savait la vérité !...

« J'ai sauvé ce pauvre Lassalle qui est dans la cuvette... qui... que...

« Pauvre diable ! »

Samoül éternua.

On eût dit qu'une odeur désagréable le pinçait aux narines.

Il reprit :

— Quand les brigands vont voir les gardiens morts et le Touaregg aussi, ils croiront qu'ils ne se sont battus qu'ensemble et ils ne se douteront pas que Lassalle était du combat.

Hâtant le pas :

— Vite ! dit-il.

« Au village !

« Je vais aller consulter le marabout. »

Et il courut plutôt qu'il ne marcha.

IX

DANS LA ..... JUSQUE PAR-DESSUS LA TÊTE.

Cependant Lassalle se trouvait toujours dans la cuvette et très-ennuyé d'y être.

Cette position avait des inconvénients de toutes sortes, sans compter l'odeur.

Impossible de s'asseoir.

Lassalle l'essaya ; mais le liquide dans lequel il était jusqu'aux reins, lui arrivait aux lèvres quand il cherchait à s'accroupir.

Donc pas de changement de pose ; debout, toujours debout, voilà la fatigante attitude qu'il allait être obligé de garder.

Il pensa.

— Après tout, une ou deux heures ainsi, ce n'est pas une affaire ; Samoül reviendra bientôt avec sa corde ; il me la jettera et je remonterai.

Il prit son mal en patience.

Mais il entendit bientôt un bruit assez fort et des exclamations.

Il écouta :

Des fragments de phrases vinrent jusqu'à son oreille, et il comprit que les bandits venaient de rentrer dans la grotte.

Elaï Laseri rugissait.

Il cherchait partout.

Il trébucha sur un cadavre.

Lassalle perçut un faible rayon de lumière ; les bandits avaient allumé une torche.

— Tiens ! criait le nègre, il est mort ; les gardiens l'ont tué ; tant mieux !

Mais une voix dit :

— Nos deux camarades sont tués.

« Pauvres diables ! »

Il y eut un brouhaha.

Lassalle comprit que l'on discutait.

Enfin la voix du chef domina tout, et dit sur un ton impératif :

— Jetez les cadavres à la fosse.

Quelques-uns protestèrent.

Les bandits étaient blessés que le chef prît si peu de souci des deux corps de leurs camarades et qu'il ne leur donnât pas une sépulture musulmane.

Soudain un coup de pistolet retentit et un cri courut le long du souterrain.

Le chef venait de brûler la cervelle à un des récalcitrants.

— Ça fera un cadavre de plus, dit-il ; envoyez-moi ces quatre corps et plus d'observations, ou je vous extermine tous.

Un grand silence s'était fait.

Lassalle pensa :

— S'ils viennent avec des lumières, je suis un homme perdu.

Et il écouta.

Des pas se dirigeaient vers la fosse : c'est ainsi que les bandits appelaient l'endroit où se trouvait le pauvre Gascon.

Il vit se dessiner sur le mur des lueurs de plus en plus distinctes, et il ne put douter que les bandits ne vinssent, portant des torches.

Le danger était imminent.

Lorsqu'un homme bien doué se trouve dans une position dangereuse, lorsque le péril grandit rapidement, les facultés vont se développant aussi vite que lui.

Lassalle, dans sa vie d'aventures, dans ses chasses surtout, avait pris l'habitude de dompter la peur ; il savait se posséder tout entier et réfléchir froidement quand la mort se dressait devant lui.

Mais la réflexion était vive.

Mais la décision était rapide.

Tous les sens, surexcités, percevaient admirablement les impressions, et le cerveau combinait les moyens de salut avec une promptitude foudroyante.

Lassalle, quoiqu'il se trouvât dans une position ridicule, n'en était pas moins sur le point de mourir.

Il eût prêté à rire peut-être à qui l'eût vu ; mais, à coup sûr, le sort qui le menaçait eût fait trembler le spectateur qui se fût intéressé à lui.

Il étudia ses chances de salut.

Les bandits pouvaient ne pas le voir.

En une ou deux secondes, il calcula qu'il y avait quatre-vingt-dix chances sur cent qu'ils regardassent... et du moment où ils regarderaient, ils l'apercevraient.

Voici pourquoi Lassalle supposa que les bandits sonderaient de l'œil les profondeurs du puits.

« Ces gens-là, se dit-il, paraissent avoir répugnance à ne pas enterrer religieusement leurs camarades.

« Or je suis ici dans un endroit peu convenable, je puis même dire immonde, où ils ne voudront pas laisser tomber les corps.

« Donc ils apporteront la torche au bord du puits afin de lancer les morts assez loin pour que dans leur chute ils dépassent la cuvette, et qu'ils aillent choir dans les grands fonds de cet abîme insondable. »

Cette réflexion ne manquait pas de justesse ; elle fut faite en un instant.

L'espérance de ne pas être vu étant écartée, Lassalle chercha une solution.

Sauter dans le puits ?

C'était un trépas inévitable.

La lumière grandissait toujours et les pas résonnaient de plus en plus sonores.

Lassalle voyait distinctement.

La cuvette se dessina nettement.

Point de creux.

Point de coin pour se dérober aux lueurs de la torche ; dessous... le gouffre !

Lassalle y égara un coup d'œil ; il eut le vertige.

— Non, murmura-t-il, pas ça ; je ne ferai jamais de plein gré ce saut effroyable.

« J'aimerais mieux me rendre aux bandits et mourir sous leurs couteaux. »

Je réponds que dans neuf mois tu seras père, mon fils. (Page 21.)

Les saracqs s'approchaient; ils étaient à quelques pas du puits.

Lassalle eut une idée de salut, mais une de ces idées qui soulèvent une répugnance invincible chez un galant homme.

Pour ne pas être vu, il pouvait se plonger tout entier dans la chose au milieu de laquelle il se trouvait.

Certes il serait bien caché !

Mais quel plongeon !

Pouah !

Oh ! l'essence de roses ! l'essence de roses ! Quel culte il allait lui vouer, si jamais il sortait vivant de ce lieu maudit !

Lassalle se posa nettement cette question :

« Un homme entre une mort terrible et le déshonneur d'un plongeon comme celui auquel je suis réduit doit-il sacrifier sa vie au culte de la propreté ? »

Il hésita.

C'était une nature fière et digne que celle de ce Gascon : il avait de la vergogne et redoutait le ridicule.

Mais personne ne saurait rien.

Mais ce qui souille la peau ne souille pas l'âme, si tant est qu'on ait une âme.

Mais déjà il avait les pieds dans ces immondices qui le dégoûtaient, et il n'y a que le premier pas qui coûte.

Et Lassalle décida à part lui qu'il se résignerait à la dure nécessité que lui imposaient les événements.

Il jeta un regard de colère et d'angoisse dans la cuvette, et, se pinçant le nez, il s'apprêta à plonger.

En ce moment, le pauvre garçon songeait au lac bleu, au *Trou du Diable*, qui était au-dessus de sa tête, limpide et clair.

Cette pensée doubla son désespoir.

Mais il eut un moment de répit.

Les bandits s'arrêtèrent.

— Halte ! fit l'un.

Et ils causèrent à voix basse.

Lassalle entendit celui qui avait parlé d'abord dire aux autres :

— Or çà ! sommes-nous des hommes ?

Il parlait assez bas.

— Moi, je crois que nous sommes des lapins craintifs ! continua-t-il.

« Le chef nous fait peur. »

Il y eut un silence significatif.

Le bandit reprit :

— Mon frère vient d'être tué par ce nègre qui nous tuera tous.

« Notre vie n'est rien pour lui.

« Aidez-moi. »

Quelques murmures d'indécision répondirent à cet

Le Roi des Chemins. XX.

appel.
— Par Allah! fit le brigand, vous me paraissez bien lâches et bien bêtes!

« Un homme est un homme.

« Une balle trouera la poitrine du nègre comme celle d'un autre.

« Venez, din Allah (sacré Dieu)!

« Nous partagerons le trésor. »

Et il fit briller le butin aux yeux de ses compagnons.

— Il y a ici des millions de douros entassés qu'on ne partage pas.

« Le nègre, un beau jour, nous exterminera et aura tout à lui seul.

« Nous sommes dix ici.

« Les autres nous aideront. »

Lassalle entendait tout, quoique l'on parlât très-bas : il comprit que ce salut lui venait inopinément; il lui sembla que les bandits approuvaient leur camarade et se décidaient à le suivre.

Tout à coup un rugissement qui n'avait rien d'humain retentit.

Le cri surhumain qui venait de retentir avait été poussé par Élaï Lascri; un pareil rugissement ne pouvait sortir que de cette poitrine de colosse.

Lassalle se dit que sans doute le nègre avait surpris les bandits en train de comploter contre lui.

Presque aussitôt après la clameur de rage qui avait ébranlé la grotte, cinq ou six coups de feu se succédèrent précipitamment.

C'était le nègre qui déchargeait ses armes sur les siens.

Lassalle entendit des plaintes, des jurons, des râles, des soupirs rauques, des bruits sourds de corps qui s'abattent; la voix du nègre couvrait tout, par instants, de ses éclats.

La lutte dura pendant deux minutes.

La torche s'était éteinte, l'obscurité était devenue profonde, Lassalle était enchanté.

— Pardieu! se dit-il, c'est de la chance; voilà l'ombre protectrice revenue.

Et il soupira.

Mais une terreur lui vint.

Le nègre, après s'être acharné sur les morts, marchait vers la fosse.

Il semblait qu'il traînât des cadavres derrière lui.

— Holà! grondait-il.

Et toutes les voûtes tremblaient.

— Je veux y voir.

« Ici, tas de kelbs (chiens)!

« Qu'on m'éclaire! »

Et il parvint au bord du trou.

Lassalle songea que le plongeon devenait inévitable; heureusement pas un bandit n'obéit à l'appel du chef.

Lassalle pensait que le nègre allait se fâcher et hurler; tout au contraire, Élaï Lascri se mit à rire.

Sa colère était tombée.

— Les poltrons! disait-il.

« Ils ont une peur atroce.

« Pas un n'ose m'approcher. »

Et il ajouta :

— Tant mieux!

Lassalle jugea qu'en ce moment il levait un corps de chaque main; certains bruits simultanés le lui faisaient supposer.

Le nègre dit :

— Il est bon qu'ils aient peur de moi; ainsi, laissons-les suer d'effroi.

« Je ferai ma besogne moi-même, et, par Mahomet! elle n'en sera que mieux faite. »

Il se tut.

Lassalle entendit les craquements de muscles causés par un effort, et deux masses passèrent devant lui.

Il les vit.

Elles remuaient l'ombre, y laissant une traînée noire. C'étaient deux morts qui descendaient vers l'abîme. Un instant après, deux autres suivaient les premiers...

Ainsi jusqu'à ce qu'il n'en restât plus sous la main du nègre tâtonnant à travers les ténèbres du souterrain.

Alors il poussa un gros soupir de satisfaction et murmura :

— Me voilà débarrassé de drôles qui m'auraient joué un mauvais tour!

« Allons nous montrer aux autres, et rugissons un peu comme le lion fait quand il veut mettre l'effroi au milieu du troupeau. »

Et il s'éloigna en vociférant.

Lassalle pensa :

— Voilà un gaillard qui me paraît être des plus intelligents.

« Vrai Dieu! c'est exploiter fort bien son prestige.

« Il y a l'étoffe d'un profond politique dans ce nègre grossier. »

Et il songea qu'en ce monde les grandes réputations sont toujours fondées sur quelque base solide; Élaï Lascri lui sembla mériter son immense renommée.

Lassalle, l'oreille étendue, écouta les cris du nègre qui s'en allaient décroissant, et il respira bruyamment quand la voix se fut perdue dans les méandres lointains du couloir.

Ce soupir fut une imprudence.

Le Gascon avait à peine soufflé que dans le souterrain il se fit une série de mouvements légers et continus.

C'était comme la marche lente d'un homme qui rampe.

— Tiens, pensa Lassalle, voilà du nouveau! quelqu'un vient encore au puits.

Comme il ne vit aucune lumière, il n'eut pas peur. Toutefois il écouta attentivement, et il se tint sur ses gardes.

Il ne s'était pas trompé.

On se traînait vers le gouffre.

Bientôt il entendit une voix qui demandait avec des précautions extrêmes :

— Quelqu'un est-il tombé dans la cuvette? Il me semble qu'on a soupiré.

— Diable! pensa Lassalle; voilà qui est dangereux pour moi.

Il se garda de répondre.

Mais la voix reprit :

— Je suis Ibrahim.

« Je n'ai qu'une blessure au côté, et je pense en réchapper.

« Si un camarade est dans la cuvette, qu'il me le dise; nous nous entr'aiderons. »

Lassalle hésitait.

Il entrevoyait un allié, un secours dans celui qui lui parlait; d'autre part, cette rencontre pouvait avoir de fatales conséquences : il rusa.

— Qui a parlé? fit-il d'une voix faible; qui m'a appelé?

Il parlait admirablement l'arabe, et pouvait être pris pour un indigène.

Par bonheur, le brigand crut reconnaître Lassalle à la voix pour un de ses compagnons et lui demanda joyeusement :

— Est-ce toi, Mouffah?

Lassalle s'empressa de dire :

— Oui, c'est moi! peux-tu me tirer d'ici?

— Je vais l'essayer.

— Comment?

— Je vais te tendre ma ceinture, mon burnous déchiré en lanière, et la corde de chameau roulée autour de mon haïk.

— Grand merci, hâte-toi!

Le brigand se dépêcha, croyant rendre service à un camarade pour lequel il avait sans doute de la sympathie.

Il questionnait son prétendu compagnon tout en préparant sa corde.
— Cette cuvette est basse d'au moins douze brassées, n'est-ce pas? demandait-il.
— Oui, répondit Lassalle.
Et le cœur du Gascon bondissait.
Il songeait que si, au lieu d'être entré nu dans le lac, il avait gardé ses vêtements, ceux-ci et ceux de Samoül auraient suffi pour improviser un moyen de sauvetage.
Mais le hasard faisait que le mal allait être réparé.
Toutefois un obstacle se dressait entre le salut et Lassalle. Que ferait le brigand s'il reconnaissait son erreur?
— Bah! pensa Lassalle, je suis solide et nerveux, je l'étranglerai s'il bronche.
Et, sur cet espoir, il se rassura.
Bientôt la corde fut prête
Le brigand la lança.
— Attrape! dit-il.
Et Lassalle sentit la ceinture frôler son corps; il la saisit.
— J'y suis! dit-il.
Le brigand roidit la corde.
— Tiens bon! dit-il.
— Hisse! fit Lassalle.
Et il se sentit enlever.
Mais, par malheur, la ceinture, mal attachée à un lambeau de burnous, s'en détacha, et Lassalle, soulevé, retomba.
Catastrophe!
Le pauvre garçon, assez heureux dans sa première chute, fut cette fois englouti dans la cuvette et plongea.
Ce fut un coup qui, pour ne pas être douloureux, n'en fut pas moins affreux.
Jamais homme bien élevé et soigneux de sa personne ne fut victime d'un accident plus déplorable.
Lassalle, en se relevant, pensa, furieux, à se jeter dans l'abîme.
Dans quel état il se trouvait!
Il en avait par-dessus la tête
Pauvre garçon!
Il souffla, cracha, se frotta aux parois de la roche, et donna la cuvette avec son contenu à tous les diables.
Mais le brigand était pressé.
— Mouffahi fit-il, tâche de retrouver le bout de ma ceinture.
Lassalle avait tordu ce chiffon qu'il n'avait point lâché; il en faisait une éponge.
— Je l'ai, lui dit-il.
— Fais-en une pelote et lance-la-moi!
Lassalle crachait toujours.
— Fissa (vite, vite)! dit-il; tu cracheras plus tard.
Le Gascon dut obéir à cette invitation : les circonstances étaient trop critiques pour ne pas se presser, il lança la ceinture.
Le bandit fit le nœud pour rétablir la corde de sauvetage. Tout à coup il cessa de travailler et se pencha pour dire :
— On vient!
— Quelle déveine! fit Lassalle.
— C'est le pas du chef.
— Que vas-tu faire?
— Je suis perdu s'il me trouve!
— Eh! dit Lassalle, sauve-toi!
— Impossible, il faudrait me jeter sur son passage.
— Alors, fit Lassalle, saute!
— Et comment remonter après?
— On fera ce qu'on pourra ensuite; sauve-toi d'abord.
Lassalle, en donnant ce conseil, songeait à se garer lui-même : il importait pour son propre salut d'assurer celui du brigand.

Le pauvre diable ne se décidait pas.
— Imbécile! lui dit Lassalle, lequel vaut mieux, se casser une côte dans la cuvette ou faire le grand saut par la main du nègre?
— Gare! fit le brigand.
Il sauta, et il était temps.
Elaï Lascri n'était pas loin, et il dut entendre quelque bruit, car il s'arrêta pour écouter un instant.
— Il se doute de quelque chose! fit Ibrahim; il va s'éclairer.
En effet, le nègre battit le briquet et alluma une torche qui resplendit.
— Maîs, dit tout bas Ibrahim, il va nous voir, cadour (cher).
— Pas du tout.
« Nous plongerons. »
Lassalle dit cela délibérément.
Comme les fois précédentes, la lumière grandit peu à peu, et devint assez vive pour bien éclairer la cuvette, et on vit que celui qui portait la torche était encore loin dans la galerie.
Le bandit distingua les traits de Lassalle, et il eut un moment de stupéfaction.
Le Gascon, qui guettait sur les traits du bandit ses impressions, vit qu'il allait crier; il lui sauta à la gorge.
Ce que Lassalle redoutait, c'était un cri, une exclamation de surprise.
Il avait sujet de le redouter.
Au moment où il avait saisi le bandit à la gorge, celui-ci ouvrait la bouche; la main crispée de Lassalle étouffa la voix du brigand.
Le Gascon se demanda ce qu'il devait faire de son adversaire.
Il le tenait terrassé, immobile, impuissant; le pauvre diable roulait des yeux effarés et ne pensait pas à se défendre.
Lassalle se dit que d'un coup de poing il pouvait l'assommer et le jeter ensuite au plus profond de l'abîme.
C'était un sage parti à prendre.
Le Gascon allait agir.
Un scrupule le retint :
Le pauvre bandit ne se défendait pas, il avait l'œil suppliant!
Tuer un homme dont le regard semble vous crier grâce est un acte de cruauté auquel on se résigne difficilement. Lassalle, sans lâcher prise, se pencha à l'oreille du bandit :
— Je vais te laisser respirer, lui dit-il tout bas, mais ne crie pas.
« Je suis aussi exposé que toi, faisons pacte d'amitié et nous fuirons ensemble. »
Le bandit eut dans le regard comme un éclair de joie.
Lassalle ouvrit les doigts.
Le bandit respira, mais il se tut.
Le Gascon sourit.
— Voilà, pensa-t-il, un animal avec lequel je m'entendrai!
Le brigand semblait inquiet.
La voix grondeuse d'Elaï Lascri s'approcha.
— Il va nous voir! dit-il.
— Non! fit Lassalle, nous nous plongerons là-dedans.
— Tiens, dit le brigand, c'est vrai!
Tout cela s'était passé avec une rapidité extrême, et le nègre n'était pas à cinq pas du puits; il grommelait.

X

DE LA PERTE D'UN TALISMAN QUI CAUSA BIEN DU TRACAS A LASSALLE.

On l'entendait murmurer en rageant.
— Mon talisman est perdu!

« Un talisman si précieux !
« Din Allah ! »
Et il jurait comme un... chrétien...
Le bandit dit tout bas :
— Il cherche la fameuse amulette qui le rend invincible.
« Il l'a laissé tomber. »
Le nègre continuait :
— Je ne la vois pas.
« Malheur ! malheur ! »
Et il se désespérait.
Lassalle songeait que les hommes les plus intelligents parmi les indigènes avaient des faiblesses et des préjugés ridicules.
Le bandit était heureux.
— Quelle chance s'il ne retrouve pas le talisman ! dit-il il; cessera d'être fort.
Lassalle lui prit doucement l'oreille et lui dit :
— Imbécile !
Le bandit fut bien étonné ; mais il se garda de protester.
Le nègre se lamentait.
— Sans doute, dit-il, dans la lutte, un de ces gueux aura accroché de la main mon amulette, et sera mort en la tenant serrée dans ses doigts.
« Je l'aurai jetée dans le trou avec le cadavre ! »
Il vint au bord du puits.
Prompts comme la pensée, les deux malheureux qui se trouvaient dans la cuvette s'y plongèrent intrépidement tout entiers.
Ils y demeurèrent tant qu'ils purent.
Le nègre, comme pour acquit de conscience, regarda dans le puits.
— Rien ! fit-il.
Et avec un soupir :
— C'est fini, il est perdu !
Fort ennuyé, il s'en alla.
Lorsque Lassalle se releva, il entendit le pas d'Élaï Lascri qui s'éloignait ; le Gascon donna un coup de pied à son compagnon pour le faire se dresser.
L'autre se mit debout.
— Oh ! fit le Gascon en riant, nous sommes propres ; vrai, nous devons être jolis à voir !
L'Arabe ne riait pas, lui ; il ne savait guère trop ce que l'étrange et gouailleur compagnon qu'il avait rencontré allait faire de lui ; il attendait anxieusement des explications.
— Ami, dit-il, qui es-tu ?
— Un déserteur français, ami du tueur de lièvres, un Kabyle nommé Samoül.
— ... Que je connais, fit le bandit.
Le Gascon expliqua comment il était entré.
— Si tu veux, dit-il au brigand, nous ferons notre coup à trois !
« Notre but est d'enlever le trésor d'Élaï Lascri : tu peux nous aider et nous rendre de grands services.
« Tu as l'air d'avoir une bonne figure ; d'après ce que j'ai vu tout à l'heure, j'aurais une certaine confiance en toi.
« Ça va-t-il ?
— De tout mon cœur !
« Mais comment sortir d'ici ?
— Quand Élaï Lascri sera parti, Samoül nous viendra en aide.
— Mais la troupe en a pour huit jours à se reposer...
— Diable ! fit Lassalle.
— Et nous avons le temps de mourir de faim !
Le Gascon fut consterné.
Il entrevit les tortures qui l'attendaient et s'apprêta au supplice de la faim.

XI

QUEL GAILLARD C'ÉTAIT QUE LE MARABOUT SIDI-EL-ARBI.

Samoül, en s'éloignant du *Trou du Diable*, avait résolu d'aller trouver le marabout El-Arbi, homme fameux par sa sainteté, ses miracles, sa puissance auprès de Mahomet.
Ce que ce vénérable personnage accomplissait de prodiges en faveur de ceux qui réclamaient son intervention est chose incroyable.
Il guérissait les malades.
Il rendait fécondes les femmes stériles.
Il faisait retrouver les objets perdus.
Il nommait les voleurs.
Il donnait des recettes merveilleuses.
Il prédisait l'avenir.
La montagne tout entière retentissait des éloges décernés au marabout.
On contait que Mahomet lui avait donné la double vue, que ses amulettes sauvaient de tous les périls, que... etc., etc.
Bref, les gens dans la peine s'adressaient à ce saint homme.
La coutume était de lui faire un présent en échange d'un conseil : on donnait qui un mouton, qui une poule ; les pauvres offraient un œuf.
Ce marabout habitait le village de Samoül, et il avait montré à celui-ci beaucoup d'amitié, lui prodiguant les bons avis.
C'est qu'aussi, dans sa jeunesse, le marabout avait été chasseur et qu'il aimait fort, par confraternité de métier, le tueur de lièvres.
Pourquoi s'était-il fait ermite, ce brave chasseur ?
C'est ce qu'on ignorait.
La vocation lui était venue brusquement.
Un jour, dans un marché, il y avait eu rixe entre lui et d'autres Kabyles, qui se moquaient des Beni-Ameni parce qu'ils n'avaient point de mosquée.
On sait combien Samoül était sensible à ce reproche.
Or El-Arbi ne l'était pas moins.
Il y eut gros mots, lutte, sang répandu, et en fin de compte, après une guerre de trois jours, on fit la paix.
El-Arbi disparut alors !
On s'inquiéta de lui... en vain...
Deux ans après, il revenait de la Mecque où il était allé en pèlerin-mendiant, et d'où il revenait avec une grande réputation de sainteté.
Il ne reprit pas son métier.
Il se bâtit un gourbi de terre sur un tertre isolé, et il passa ses jours et ses nuits dans la prière et le jeûne.
Cette conduite édifiante étonna beaucoup de gens.
El-Arbi, tant qu'il avait été chasseur, avait joui d'une réputation de viveur assez bien méritée ; il passait pour aimer à outrance les femmes, le tabac, l'eau-de-vie de figues et le jeu.
Sa conduite n'en frappa que davantage les populations. Un jour, une femme se décida à venir trouver El-Arbi, que l'on commençait déjà à appeler le marabout.
Elle était stérile.
Elle espérait que le santon (saint ermite) obtiendrait de Dieu qu'elle pût enfanter. Son mari avait passé la soixantaine, ce qui expliquait la chose.
El-Arbi dit à la veuve :
— Tu as, si je ne me trompe, été demandée à la fois en mariage par ton cousin, qui est du village des Medoufana, et par ton mari actuel ?
— Oui, sidi ! dit la veuve.
— Tes parents ont préféré le vieillard riche au jeune homme pauvre ?

— Hélas oui !
— Et tu es allée demeurer chez ton mari, au village des Beni-Ameni ?
— ... Où je m'ennuie beaucoup !
« Encore, si j'avais un enfant pour me distraire un peu !
— Tu l'auras.
— Que faut-il faire ?
— M'amener ton mari
Le lendemain, au mari et à la femme, le marabout disait :
— J'ai prié et jeûné.
« Allah m'a éclairé.
— Tu peux obtenir que ma femme cesse d'être stérile ? fit le mari joyeux.
— Oui, si tu m'obéis.
— Parle, je ferai ce que tu ordonneras.
— Tu vas, pour quinze jours, envoyer ta femme chez ses parents.
— Bien ! fit le mari.
— Elle et son esclave noire iront chaque matin, avant l'aube, se prosterner à une demi-lieue du village, devant la couba (tombeau) de Sidi-Embareck, mon confrère, mort depuis dix ans.
« Elles l'imploreront.
« Il faudra répéter trois fois les versets que voici. »
Il donna une amulette sur laquelle étaient écrits des fragments du Coran.
— Bien ! fit le mari.
Le marabout continua.
— Toi, tu vas partir pour Alger.
« Tu iras t'humilier devant la grande mosquée, tu prieras et reviendras.
« Voici les versets qu'à ton tour il te faudra réciter.
— Et tu réponds...
— ... Je réponds que dans neuf mois tu seras père, mon fils.
Le couple laissa une brebis au vénérable marabout et se retira.
Trois mois plus tard, on savait que la jeune femme était enceinte !
On attribua ce résultat aux prières d'El-Arbi.
On ignorait que le cousin de la jeune femme l'avait souvent accompagnée à la couba de Sidi-Embareck.
Il y avait, tout autour de ce tombeau, des fourrés favorables aux tête-à-tête amoureux, et le silence des négresses s'achète, en Algérie, comme celui des soubrettes en France.
La jeune femme prôna le marabout et devint fanatique du pèlerinage de Sidi-Embareck !
Son mari, qui, comme tous les vieux, souhaitait une nombreuse progéniture, allait à Alger, en pèlerinage à la mosquée, cinq ou six fois par an au moins.
Il y allait avant, pendant, après chaque grossesse de sa femme.
Celle-ci eut quatorze enfants.
On conçoit que ce début fut un coup de maître pour le marabout El-Arbi.
Depuis, sa réputation ne fit que croître et embellir.
C'est à cet homme sage que Samoül allait s'adresser.
Une particularité augmentait le respect pour le marabout. Celui-ci continuait à demeurer sous son petit gourbi..
Les dons affluaient.
Pourtant il ne changeait point sa manière de vivre.
Que faisait-il de sa fortune ?
On disait qu'il la destinait tout entière à une bonne œuvre.
Laquelle ?
On l'ignorait.
Or Samoül vint trouver le marabout sans même entrer au village.

Le vieillard était seul, en ce moment, sous son gourbi, Samoül le surprit en train de boire dans une gourde.
Le chasseur avait très-soif.
Il prit la gourde, en avala une gorgée et la reposa à terre.
— Mon père, fit-il étonné, c'est de l'eau de figues, ceci ?
Le vieux marabout dit en souriant :
— Oui, mon fils !
« Quoi d'étonnant ?
— Je croyais qu'un marabout ne buvait que de l'eau claire ?
— Tu te trompes, mon enfant.
« L'eau de figues est bonne, même et surtout pour les vieux marabouts.
« Mais il est inutile de le dire.
« Je pense qu'un garçon avisé comme toi, que j'aime fort, se taira sur ce point. »
Samoül, depuis le matin, commençait à devenir incrédule ; il avait perdu foi aux djenouns et aux gnomes, et le sourire gouailleur du marabout lui donna beaucoup à penser.
Ce moine musulman était un grand et beau vieillard, vert, sec, droit, robuste ; il avait une belle et fière tête de patriarche, noble et intelligente, un peu rusée, qu'ornait une splendide barbe blanche. Pour le quart d'heure, — l'eau de figues en était un peu cause, — ses yeux pétillaient de malice, et le santon semblait très-expansif.
— Qui t'amène, Samoül ? demanda-t-il.
— Sidi-el-Hadj (seigneur pèlerin), dit Samoül, j'ai besoin d'un conseil.
— Sur quoi ?
— Sur le moyen de faire sortir du Trou du Diable Élaï Lascri.
— Tiens ! dit le marabout, tu t'occupes de ce nègre-là ?
— Oui, sidi !
Et pour se rendre le vieillard favorable il lui dit :
— Écoute, baba (père), sache que si Élaï Lascri sort du lac je pourrai faire bâtir une mosquée d'or et de pierres précieuses, une mosquée splendide, une mosquée plus belle que celle d'Alger, dans le village qui t'a vu naître et moi aussi.
« Tu en seras l'uléma (desservant). »
A cette déclaration, le vieillard se leva.
— Est-ce possible ! s'écria-t-il.
« Le plus cher de mes vœux serait donc comblé !
— Quoi ! toi aussi... tu songeais à doter ton pays d'une mosquée ?
— Oui, fit le vieillard.
« Et tu es un bon garçon, Samoül, d'avoir songé à cela ; je reconnais là un bon cœur de chasseur.
Le vieillard soupira.
— Voilà douze années, dit-il, que je me suis fait santon, menteur, hypocrite, distributeur d'amulettes et prédiseur d'avenir, renonçant aux belles chasses, à la vie libre sous le ciel.
« Voilà douze ans que je m'ennuie ici, dans ce trou, pour la mosquée.
« Ils avaient dit, nos ennemis, sur le marché où je me suis battu, ils avaient dit : « Ces Beni-Ameni, gens sans territoire, forcés de chasser ou de louer leurs bras pour vivre, n'auront jamais de mosquée. »
« Mon cœur s'en était ulcéré.
« Et je m'étais promis de faire bâtir une mosquée !
« Voilà pourquoi je suis santon.
« Mais je m'ennuie, je m'ennuie... »
Et montrant la gourde d'eau-de-vie de figues :
— Sans ceci, dit-il, je n'y aurais pas tenu.
Puis embrassant Samoül :
— Tu me délivres ! fit-il.
« Tu as découvert le secret d'Élaï Lascri, et nous allons avoir son or.

« Oh! la belle mosquée que nous bâtirons, et la belle vie que nous mènerons! »

Puis soupirant :

— Je n'avais encore que la moitié de la somme.

Samoül était stupéfait.

Le chasseur était déjà bien ébranlé dans ses croyances religieuses; pourtant cette déclaration du marabout le renversait; il regarda stupidement le vieillard qui riait.

— Samoül, dit El-Arbi, tu me fais l'effet d'une outarde, à me regarder avec de pareils yeux; tu sembles effaré!

— Il y a de quoi! fit le chasseur; tu parles de la religion avec un si drôle d'air, toi, un santon!

— Peuh! fit le marabout; la religion, je m'en moque comme d'une vieille paire de sabates (babouches).

« Je ne tiens qu'à la mosquée. »

Samoül n'en revenait pas.

— Mais, dit-il, tu n'es donc pas un saint? tu n'as donc pas l'oreille du Prophète? tu...

— ... Niais! interrompit le vieux marabout; un homme intelligent comme toi, être aussi naïf que ça! Et dire que, malgré ta simplicité, tu as su pénétrer le secret du nègre!

— Ce n'est pas moi, fit le chasseur.

« C'est le Français Lassalle. »

— Mon fils, dit-il, ce Lassalle est un fin matois qui te grugera.

— Jamais! s'écria Samoül.

« J'ai éprouvé son honneur.

« Il partagera.

« C'est juré!

— Tu me rassures.

« Conte-moi ton affaire. »

Samoül mit le vieillard au courant de ce qui s'était passé.

Le marabout écoutait, questionnait, méditait.

Quand Samoül eut fini, il lui dit :

— Va dans ta maison, reposes-y en paix.

« Je ferai sortir Elaï Lascri et sa bande sous vingt-quatre heures.

— Vrai?

— Je te le promets!

Samoül se retira tout joyeux.

— Jeûner pendant un jour, murmura-t-il, ce n'est rien pour Lassalle.

Mais il lui restait cette inquiétude :

« Ne sera-t-il pas découvert? »

Il s'en fut, toutefois, moins préoccupé.

XII

OU EL-ARBI MONTRE QU'IL ÉTAIT UN HOMME AVISÉ.

Lorsque le vieux marabout fut seul, il se promena de long en large, joyeusement, se frottant les mains et s'exclamant.

— Enfin! murmurait-il, on l'aura donc, cette mosquée! elle sera haute comme le plus haut frêne, et mon pauvre village sera vengé des dédains dont il est l'objet.

L'œil du santon flamboyait, et sa vieille barbe frétillait. Pour qui ne sait pas de quel amour le montagnard algérien aime le bourg où il est né, cette joie à propos d'une mosquée à bâtir semblera exagérée; mais ceux qui ont vu pleurer un Kabyle au seul nom de sa tribu comprendront pourquoi tous les gens des Beni-Ameni souffraient cruellement d'être assez pauvres pour ne pas élever un minaret au-dessus de leurs toits de chaume.

Un trait donnera une idée de l'intérêt que porte un Kabyle à son village. Un montagnard, fût-il absent pendant dix ans, fera toujours parvenir chaque année ses redevances à sa commune.

Au bourg d'Aïk-Erba, vingt-cinq Kabyles partirent pour Alger, et y restèrent cinq années afin de gagner de quoi faire réparer leur minaret qui tombait en ruines.

Quant à l'histoire du marabout El-Arbi, nous n'en pouvons dire qu'une chose : c'est de l'histoire.

Donc le vieux santon, jubilant, arpentait son gourbi en tous sens.

Il murmurait ses réflexions, supputant ce que pouvait contenir la grotte et la part qui reviendrait à Samoül; il voyait déjà la coupole de la mosquée rutiler toute étincelante d'or au grand soleil de l'Atlas.

Mais il finit par se calmer.

— Voyons, dit-il, pas de folie!

« La joie est une jument fougueuse qui nous emporte trop loin..

« Bridons-la! »

Il se domina par un effort de volonté.

— Il ne s'agit pas de ruminer le bonheur, fit-il, comme un bœuf rumine son foin; il faut trouver le moyen de faire sortir Elaï Lascri.

« Travaillons. »

Le vieux santon se mit à ramasser des petits cailloux de diverses couleurs, et il les disposa sur la planchette d'une espèce de bahut de chêne, seul meuble de son gourbi.

Il forma comme une sorte de jeu de dames avec les pierrettes.

Il se plaça ensuite devant le bahut, fixa les cailloux, et, debout, il attendit dans une attitude extatique.

Ceci paraîtra étrange; mais ce que le marabout attendait, c'était sur le damier la configuration des objets et des personnes qui devaient l'aider à faire sortir Elaï Lascri de sa grotte.

Une demi-heure s'était à peine écoulée que le vieillard, plongé dans une sorte d'hallucination, criait à haute voix :

— Samoül, à moi!

Mais, au lieu de Samoül, ce fut Elaï Lascri qui se présenta.

Le vieux marabout, dans un accès de délire, avait appelé Samoül avec impatience; il eût voulu avoir de suite un confident pour épancher la joie qu'il éprouvait.

Il venait de trouver la combinaison qu'il cherchait.

El-Arbi subit l'effet de cette présence inopinée : il poussa un cri d'étonnement et, sautant sur une arme, il se mit en défense.

Le nègre parut fort étonné.

— Sur, voilà une singulière réception à laquelle je ne m'attendais pas!

« Pourquoi ta main s'est-elle armée?

« Pourquoi me crains-tu?

« Je suis Elaï Lascri, le Roi des Chemins, et j'impose tribut aux voyageurs.

« Mais je respecte les marabouts et ne touche jamais aux Kabyles.

El-Arbi pensait à part lui :

— Pour un vieillard, j'ai été bien prompt à m'effrayer.

« Le brigand ne pouvait connaître ma pensée et sonder mon cœur.

« Il ignore mes desseins! »

Puis, jetant le couteau dont il s'était emparé, il dit :

— Du moment où tu viens en ami, Elaï Lascri, tout est au mieux!

« Assieds-toi sur cette natte; dis-moi ce qui t'amène. »

El-Arbi avait repris son sang-froid; il songea que cette rencontre ne pouvait que lui être utile.

Le nègre s'assit à la façon orientale et dit au marabout :
— Tu es un saint, toi !
« Tu as une grande réputation.
« On dit que tes talismans ont des vertus surprenantes. »
El-Arbi dit avec aplomb :
— Ceux qui parlent ainsi de moi ne se trompent point.
« Allah m'a donné bien des qualités merveilleuses : qu'il en soit loué ! »
Elaï Lascri s'inclina, puis il dit :
— Nul ne te vénère plus que moi, aussi ai-je recours à toi plutôt qu'à tout autre.
« J'aurais pu aller demander le service dont j'ai besoin à ton ami, le santon de Dra-el-Mizou, ou à celui de Tizi-Ouzou ; mais je t'ai préféré à tout autre.
— De quel service s'agit-il ?
— J'ai perdu mon amulette ; j'en désirerais une autre et la veux de toi.
Elaï Lascri, on s'en souvient, avait, en effet, égaré un talisman auquel il tenait fort.
Tirant une bourse de sa ceinture, il dit au marabout :
— Tiens, je ne veux pas marchander avec un saint.
« Voici cent douros. »
Il secoua la bourse.
— Voilà, dit-il, de belles et bonnes pièces qui viennent d'Espagne ; donne-moi une vraie amulette venant de la Mecque.
El-Arbi prit la bourse, puis il ôta le talisman qui pendait à son cou et dit à Elaï Lascri en le lui tendant :
— Tiens ! voilà plus que tu ne souhaitais ; c'est ma propre amulette.
Le nègre fut enchanté.
Il avait une magnifique paire de pistolets à sa ceinture : il les offrit à El-Arbi dans un élan de reconnaissance.
— Tiens ! lui dit-il, prends ceci !
« Je ne saurais trop donner en échange du cadeau que tu me fais. »
El-Arbi, très-fin, résolut de profiter de la présence du nègre pour préparer un piége qu'il voulait lui tendre.

XIII

OU EL-ARBI MONTRE QU'IL ÉTAIT UN HOMME AVISÉ (suite).

Il sut le faire avec une rare adresse.
— Elaï Lascri, dit-il, tu es généreux, et tu en seras récompensé !
« Écoute-moi.
« Un danger te menace.
— Moi ? fit le nègre.
— Oui, mon fils, un danger grave !
— Lequel ?
— Je ne sais au juste.
« Tout ce que je puis dire, c'est qu'en ce moment se meurt un émissaire à toi, qui venait te prévenir du fond du désert de l'arrivée d'une caravane ; ce malheureux râle et agonise.
— Comment le sais-tu ?
— Je le vois.
« N'ai-je pas double vue ?
— C'est vrai ! fit naïvement le nègre.
Le marabout reprit :
— Près du mourant est un Touaregg qui passait là par hasard.
« Le mourant lui confie la mission de venir à toi, pour te donner avis qu'une grande caravane est en route.
— Et viendra-t-il, ce Touaregg ?
— Oui, sûrement !
— Je le récompenserai largement.

« Merci, sidi marabout.
— Attends donc !
« Je t'ai parlé d'un danger.
— Ah ! c'est vrai !
« Qui me menace...
« Cette caravane, je crois ?
« Je ne saurais préciser, mais je suis sûr que prochainement tu courras de grands risques.
« Va, sois prudent, défie-toi ! »

XIV

OU L'ON VOIT EL-ARBI SUPERSTITIEUX, TOUT PEU CROYANT QU'IL FUT, ET OU IL EST PARLÉ DE PROCÉDÉS MAGIQUES.

Le vieux marabout congédia le nègre qui se retira, frappé de la prédiction qui venait de lui être faite.
Seul, El-Arbi murmura :
« Imbécile !
« Je te tiens maintenant ! »
Le marabout se mit sur sa porte, siffla d'une certaine façon ; un petit bossu accourut, gambadant, grimaçant, plus singe qu'homme.
C'était un pauvre diable de mendiant qui s'était mis au service du santon.
De nature faible, de corps débile, d'esprit un peu obscur, ayant plus d'instinct que d'intelligence, le malheureux bossu s'était fait l'esclave dévoué d'El-Arbi.
Il était son chien.
A six cents pas du gourbi du santon, il y avait une espèce de trou à peine couvert, une niche où il gîtait la nuit.
Il passait ses jours à errer autour du gourbi du maître, prêt au premier appel, faisant ses courses et lui préparant ses repas.
— Me voilà, sidi ; que faut-il faire pour t'être agréable ?
C'est la formule de politesse arabe.
— Cours à la maison de Samoül, dit le marabout, et ramène-le-moi.
Le bossu vola plutôt qu'il ne courut et bientôt Samoül arrivait joyeux, espérant que le marabout avait trouvé la solution du problème qu'il cherchait.
— Salut, El-Arbi ! dit-il.
« As-tu de bonnes nouvelles à me donner ?
— Oui ! fit le santon.
« Elaï Lascri sort d'ici. »
Samoül pâlit.
— Comment ! fit-il, le nègre est venu ?
— Oui, mon fils.
« Il est sorti mon ami dévoué, et enchanté du vieux El-Arbi !
« De plus, il quittera sa grotte. »
Et le marabout ricana.
Puis voyant Samoül très-étonné :
— Samoül, mon enfant, dit-il, tu ressembles décidément par trop aux outardes, qui roulent de gros yeux quand elles ont vu passer un lion.
« Tu es effaré ?
— Il y a de quoi !
« Je ne comprends rien à cette visite d'Elaï Lascri ?
— C'est bien simple, pourtant.
« N'avait-il pas perdu une amulette ?
— Si.
— Eh bien ! il est venu m'en demander une autre.
— Je commence à comprendre.
« Ne sais-tu rien sur Lassalle ?
— Rien.
« Mais si quelque chose s'était passé concernant Lassalle, le nègre m'en aurait parlé.

« Ton ami est toujours dans... l'endroit où tu l'as laissé.
— Tant mieux !
« Il n'y est pas à son aise, mais du moins là il vit et je le tirerai d'affaire.
« Tu me disais qu'Élaï Laseri sortirait de sa grotte ?
— J'en suis sûr !
« J'ai fait la conjuration des cailloux magiques. »
El-Arbi dit cette phrase sérieusement ; il avait confiance dans les cailloux magiques.

Presque tous les musulmans ont cette superstition de croire que certains cailloux de couleurs diverses, disposés d'une certaine façon, produisent une sorte de miroir merveilleux.

Quand on les regarde longtemps, avec foi, pour trouver la solution d'une question embarrassante, cette solution se dessine tout à coup.

Des spahis et des Kabyles de bonne foi nous ont affirmé avoir vu très-nettement dans le miroir magique ce qu'ils y cherchaient.

Samoül avait foi, lui aussi, dans le miroir.
— Tu as été illuminé d'une vue magique, dit-il ; vite, dis-moi ce que les djenouns t'ont inspiré !
— Voici, fit le marabout.
« Un Touaregg (tu sais que tu m'as parlé d'un toua regg venant porter un message), un Touaregg m'est apparu dans le miroir magique.
« Il te ressemblait.
« J'ai cherché ce que cela voulait dire, et je me suis rendu compte que ceci signifiait qu'il fallait se déguiser en homme du Sahara.
« Tu mettras le voile noir.
« Tu iras à la falaise, tu jetteras les trois pierres dans l'eau et le nègre viendra.
« Tu lui annonceras qu'un de ses amis d'Ouargla venait lui apporter un avis, et que tu as rencontré cet homme mourant.
« Tu lui diras que tu t'es chargé de faire sa commission, et que tu l'avertis qu'une caravane, refusant l'impôt, vient du Soudan.
— S'il ne le croit pas ?...
— Il le croira.
« Je l'y ai préparé. »
Et le vieux santon raconta tous les détails de son entrevue avec Élaï Laseri.

Renseigné, plein de confiance, Samoül s'en alla revêtir un burnous noir, un haïque noir et se voila la face ; puis il se rendit au Trou du Diable.
Il s'en fut au lac.
Là il lança les trois pierres. Élaï Laseri parut.
Samoül, quand il vit Élaï Laseri, lui cria d'une voix qu'il rendit émue à dessein :
— Sidi, ne l'irrite pas contre moi, si je viens te troubler sous les eaux que tu habites ; je crois remplir une mission utile.

Le Kabyle jouait une habile comédie, car en ayant l'air de craindre le nègre, en affectant une certaine terreur, il jouait bien le rôle d'un homme abordant avec crainte des choses mystérieuses et redoutables.

Aussi le nègre lui cria-t-il :
— Parle sans crainte.
Puis il ajouta :
— Je t'attendais.
Samoül sourit dans sa barbe ; il devina que le nègre, croyant avoir affaire à un Touaregg ignorant, cherchait à se targuer de savoir le but de sa visite pour se donner du prestige.
Le Kabyle se prêta à cette comédie.
— Comment, sidi, fit-il, tu m'attendais ! mais c'est chose impossible !
Le nègre, qui se soutenait sur l'eau comme un triton, dit avec emphase :

— Ne sais-je pas tout ?
« Le Trou du Diable me remets les faits les plus lointains. »
Samoül crut devoir prendre l'attitude d'un homme prodigieusement étonné.
— Comment ! fit-il, tu as pu voir ce qui s'est passé dans le Sahara entre un des affiliés de la bande et moi ?
— Je l'ai vu ! fit le nègre avec aplomb.
Samoül pensait :
— Ce n'est pas au Trou du Diable, menteur, que tu l'as vu ; c'est le marabout El-Arbi qui t'a conté la chose. Mais continue ; pourvu que j'entre dans la grotte, c'est tout ce que je veux ; et il reprit :
— Sidi, l'on m'avait conté des choses surprenantes sur toi ; mais ce que tu dis là me renverse ! quoi ! tu saurais...
Le nègre interrompit :
— Je sais, dit-il, que tu as reçu les confidences d'un de mes mourant.
« Je sais que tu viens m'avertir qu'une caravane s'avance... qui refuse l'impôt du passage, à moi le roi des Chemins !
« Je sais que tu es un bon et loyal homme, et je t'engage à t'éloigner de cette rive pour trois heures seulement.
« Reviens ensuite là où tu es ; tu trouveras sur la falaise ta récompense.
« Le prophète te garde ! »
Et il disparut.
Samoül s'en alla tranquillement et en riant.
Élaï Laseri avait posé devant lui, et cette pose l'amusait fort ; il rampa ensuite vers le mamelon que nous avons décrit, il s'y embusqua dans un endroit favorable pour voir l'issue de la grotte.
Bientôt un homme parut.
C'était le nègre.
L'opération de la descente commença et toute la bande suivit.
Quand ce fut fini, le Kabyle se leva et courut à un petit tertre distant d'un kilomètre du Trou du Diable.
Là il siffla.
Bientôt parut le marabout El-Arbi, muni d'une longue corde.
Il était armé jusqu'aux dents.
— Eh bien ! fit-il.
— Parti ! dit Samoül.
— Nous allons entrer.
Puis, avec une certaine inquiétude, Samoül reprit :
— J'ai compté la bande.
— Oh ! fit le vieux, il manquait des hommes ?
— Dix, si je ne me trompe :
« La première fois que j'ai vu sortir la bande, j'avais compté ces saracqs (voleurs) ; il y en avait dix de moins aujourd'hui dans la troupe.
« Ils sont dans la grotte. »
Le vieillard réfléchit.
— Dix, c'est beaucoup ! dit-il.
— Je le pensais, fit Samoül.
— Mais, reprit le vieux marabout, mettre quelqu'un dans le secret est dangereux.
— Je pense comme toi.
Ils hésitaient !
Tout à coup le santon se décida
— Allons, fit-il, du courage !
— Une fois j'ai, de ma main, expédié sept hommes, dit Samoül.
— Risquons-nous !
Et tous deux, se déshabillant, cachèrent leurs effets, puis, armés, ils descendirent vers le lac et se jetèrent dans ses profondeurs.
Le marabout suivait Samoül.
Le Kabyle dirigea le vieillard vers l'entrée du sou-

Une lutte terrible s'engagea. (Page 28.)

terrain.

Un instant après, tous deux arrivaient au couloir obstrué par l'eau; ils s'y engageaient, et prenaient pied dans la galerie là où elle commençait à être à sec.

Tous deux avaient le flissa (sabre droit) au poing, prêts à frapper.

Devant eux... personne.

Au loin... des lumières.

Des bruits de voix arrivaient jusqu'à eux, et parmi ces voix Samoül reconnut celle de Lassalle, ce qui l'étonna et l'inquiéta.

— Il est en leurs mains! fit-il.

Et il s'élança.

Le vieux santon se précipita derrière lui.

XV

COMMENT LASSALLE S'EN ÉTAIT TIRÉ.

Pour comprendre ce qui se passait dans la grotte, il nous faut raconter ce qui était advenu de Lassalle.

Lorsque Élaï Lascri quitta le souterrain, il y avait déjà de longues heures que Lassalle et son compagnon attendaient, résignés, dans la cuvette, ce qui adviendrait d'eux.

Lassalle avait cru devoir raconter à son compagnon ce qui l'avait amené dans la maudite cuvette; ce, pour lui inspirer confiance.

Le bandit avait écouté curieusement.

— Donc, fit-il, tu voulais enlever le trésor de la bande?

— Oui, dit le Gascon.

— Tu n'as pas eu peur des histoires merveilleuses que nous faisions courir sur la grotte.

Lassalle haussa les épaules.

— Tu sauras, fit-il, que, nous autres Français, nous n'avons peur de rien !

— Oh! dit le bandit, j'ai vu vos soldats; ce sont de crânes hommes!

Puis réfléchissant :

— Mais, dit-il, si nous sommes sauvés plus tard par ton ami, que feras-tu de moi?

— Voilà une question embarrassante, dit Lassalle; que ferons-nous de toi, en effet?

Et d'un air bonhomme :

— Voyons, tout bandit que tu es, tu m'as l'air d'un brave garçon.

« Tu es venu, me prenant pour un camarade dans l'embarras, me porter secours, quand tu n'avais qu'à fuir; tu as cherché à me tirer d'embarras, et c'est pourquoi tu es ici.

— C'est vrai, cela! fit le bandit naïvement.

— Or, reprit Lassalle, un homme qui, dans le danger, pense à un autre homme et l'entr'aide, doit avoir quelque chose dans le cœur; décidément, tu me vas, mon garçon!

— Et?... demanda le bandit.
— Et je t'associe à ma fortune.
— Je partagerai le trésor?
— Oui, certes.

Le saracq était très-ému.

Au fond, il craignait fort que Lassalle ne le jetât dans l'abîme pour se débarrasser de lui.

— Ah! fit-il, Fraoussen (Français), tu es un lion pour la générosité.

« Je serai ton ami.
— Accepté!

Et ils échangèrent une cordiale poignée de main.

Bientôt ils entendirent du bruit.

Le bandit écouta.

— Tiens! tiens! tiens! fit-il.
— Qu'est-ce? demanda Lassalle.
— Je crois qu'Elaï Lascri emmène sa bande avec lui.
— N... de D...! quelle chance!
« Ne te trompes-tu pas?
— Chut!
— Eh bien? interrogea Lassalle.
— Je ne me trompe pas, répondit le bandit.
— En es-tu sûr?
— Oh! je suis fait à tous les bruits du souterrain; ils partent.
— Vrai, ce n'est pas dommage.
« J'ai une faim... »

Et tous deux frémissaient de joie.

— Et moi, une soif...

Bientôt le silence se fit profond dans la grotte; la troupe était partie.

— Il ne reste que les gardiens, dit le bandit à Lassalle.

En ce moment, on entendit un pas mal cadencé qui s'approchait.

— C'est un gardien, dit Lassalle.
— Nous sommes sauvés! s'exclama le bandit.

Et il appela.

Ce fut un cri trop prompt pour que Lassalle le réprimât.

— Que fais-tu dit-il, furieux.

Le bandit riposta d'un air enchanté :

— Ce que je fais!... je te sauve!... celui qui s'avance est le boiteux; je le reconnais à sa marche.

« Ce boiteux est mon oncle.
— Mais les autres gardiens?
— Ils ne feront pas de mal.
— Qui sait?
— Je te l'affirme!
— En tout cas, il va falloir partager le trésor avec ces gens-là?
— C'est vrai!

Et le saracq, se cognant la tête de sa main, dit d'un air désolé :

— Suis-je assez bête!

Mais le boiteux, hâtant le pas, se pressait d'accourir :

— Qui est là? fit-il. Allah! Allah! qui est là? est-ce toi, neveu?

« Je crois reconnaître ta voix. »

Et le saracq, à cet appel, n'osait rien répondre; mais Lassalle lui dit :

— Réponds!

Et le bandit cria :

— Oui, mon oncle, je suis ici.

Le boiteux dit d'une voix joyeuse :

— Où es-tu donc?
— Dans la cuvette.
— Quel bonheur! fit l'oncle.

Mais Lassalle murmura :
— Il appelle ça un bonheur...

Bientôt l'oncle parut au-dessus du trou.

Le boiteux essaya, mais en vain, de percer du regard l'obscurité du trou.

Son neveu lui cria :
— Eh! l'oncle! allez vite chercher une corde! Nous pourrissons ici.
— J'y cours! fit le vieux.

Lassalle se sentait plus à l'aise.

— Comme je vais prendre un bain! se disait-il avec un sentiment de volupté qui le faisait frissonner de la tête aux pieds.

Pour lui, faim, soif, danger, tout passait après le désir de se laver.

Le boiteux revint. Il était accompagné.

Aux autres gardiens (ils étaient quatre), il avait conté ce qui arrivait; ils accouraient.

— Eh! firent-ils joyeusement, tu es là, notre pauvre Soliman?

C'était le nom du saracq (voleur)

— Tu as donc, criaient-ils, échappé à la main brutale du chef?
— Oui, mais tirez-moi d'ici avec...

Lassalle, à ce mot, jugea qu'il allait parler de lui et le poussa du coude.

— Ne leur dis rien, fit-il tout bas, avant que je sois hors de cette cuvette.
— Soit! fit le saracq.

Et il s'écria :
— La corde! vite! lancez-la!...
— Voici, dit le boiteux.

Lassalle sentit une corde le frôler et la saisit à deux mains.

— Je monte le premier, fit-il.
— Va! dit le saracq.

Et il demanda tout bas :
— Y es-tu?
— Oui.

Sur cette assurance, le bandit commanda à ses amis :
— Hissez!

Et ceux-ci tirèrent la corde.

Bientôt Lassalle fut en haut.

Il faisait sombre.

D'abord on ne le reconnut pas.

Les bandits riaient et lui disaient en s'écartant de lui :
— Tu ne sens pas la rose, Soliman; tu ferais fuir un lion, tant tu pues!

Ils se tenaient le nez.

Mais Lassalle, qui avait une idée fixe, le bain, courut vers l'eau.

On le laissa faire d'abord.

Tout à coup les saracqs entendirent dans la cuvette Soliman crier :
— A mon tour, maintenant!

Cet appel les étonna fort.
— Quoi! firent-ils, tu es encore là-dedans? vous y étiez donc deux?
— Oui, fit Soliman.

« L'autre est un Français. »

A cette révélation, les saracqs coururent tous vers Lassalle, qui se dirigeait à tâtons et ne pouvait marcher très-vite; ils l'arrêtèrent.

En l'empoignant, ils jurèrent tous les cinq cents djenouns (diables) de l'Orient : mettre la main sur un homme qui se trouvait dans l'état de Lassalle eût été chose à effaroucher le gendarme le moins bégueule.

Pendant ce temps, Soliman criait :
— Par Allah! venez donc! allez-vous m'abandonner, camarades?

Deux bandits et le boiteux coururent à Soliman; deux autres maintinrent Lassalle.

— Par le ventre du Prophète, disait le Gascon, laissez-moi prendre un bain ! je m'expliquerai après, mes camarades.

Eux ne voulaient rien entendre...

Heureusement survint Soliman, tiré à son tour de cuvette.

Il courait à l'eau, lui aussi.

— Voyons, camarades, dit-il, laissez mon compagnon débarbouiller.

— Mais, firent les saracqs, quel est cet homme? que veut-il?

« D'où vient-il ?

— On vous le dira après le bain.

— Non, de suite.

Enfin Lassalle obtint qu'on lui passât sous les aisselles la corde avec laquelle on l'avait tiré du puits, et qu'on lui permit d'aller à l'eau ainsi tenu en laisse, comme un cheval que l'on baigne sans vouloir quitter la rive.

— Je vous dirai tout après, disait-il en trépignant d'impatience ; mais de l'eau, de l'eau, de l'eau !

Et les bandits avaient cédé.

Il est des bonheurs qu'on ne saurait décrire! celui de Lassalle, le lecteur le comprendrait, si, par l'imagination, il consentait à se mettre... là où le Gascon était, à en sortir et à se baigner dans une eau pure... toujours par l'imagination.

Quand Lassalle eut piqué dix têtes, se fut frictionné, rincé, secoué, il sortit enfin et à regret, revenant à l'appel des saracqs.

Ceux-ci l'emmenèrent au fond du souterrain, dans une grande excavation.

C'est là qu'ils se tenaient.

On y voyait, grâce à des lampes pleines d'huile d'olive qui flambaient jour et nuit.

— Parle, enfin! dirent les bandits.

« Que faisais-tu dans la cuvette?

— Je me cachais.

— Pourquoi?

— Parce que je venais pour exécuter un plan que j'avais conçu et qui consistait à prendre le trésor de votre bande.

« Si vous voulez, nous allons enlever ensemble toutes ces richesses.

— Oui, fit Soliman, si vous voulez, camarades, tout cet or est à nous.

Il se fit un silence profond.

Lassalle comprit qu'il venait de jouer gros jeu en lançant sa proposition.

Les bandits se regardaient d'un air soucieux et farouche.

C'était pour eux chose grave que d'enlever le trésor.

Ils craignaient les vengeances du nègre dont ils redoutaient la force, l'adresse, la vigueur.

Ils voyaient leur chef revenir, reconnaître qu'il était trahi, chercher les coupables avec ses cent hommes, battre l'Algérie pour les retrouver et leur infliger quelque torture atroce s'il arrivait à son but.

Et vraiment il y avait chance qu'il réussit; n'avait-il pas mis ses chouafs (espions) aux trousses d'un déserteur de sa troupe qui, après deux mois, avait été pris et brûlé vif?

Aussi les bandits hésitaient-ils.

Le boiteux leur fit signe de s'écarter pour tenir conseil.

Ils le suivirent.

Lassalle songea qu'il courait un très-grand péril et il devina que les bandits, quelle que fût leur décision, lui feraient un mauvais parti.

Il les entendit causer à voix basse sans distinguer ce qu'ils disaient.

— Voilà ! disait l'un.

« Mon avis est qu'il faut enlever ce trésor! après tout, nous irons si loin, si loin, que jamais le chef ne nous atteindra.

— Moi, dit un autre, j'ai grand'peur.

— Poltron! observa Soliman; tous les jours nous risquons notre peau.

« Et pour qui ?

« Pour le chef.

« On ne meurt qu'une fois.

« Voici une belle occasion de braver la mort pour conquérir une fortune immense ; moi, je me risque et je me crois sage.

L'observation détermina les bandits à agir; mais la présence de Lassalle les gênait.

— Que faire du Français ? fit le boiteux.

— L'associer à nous, dit Soliman.

— Non, répondirent résolûment les autres.

— Pourquoi?

— Il rognera nos parts.

— Elles sont si considérables !

— N'importe.

— Puis nous haïssons les Français.

— Puis c'est un infidèle.

— Puis il voulait nous voler, en somme.

« Puis.... »

Et ils conclurent au meurtre.

Mais Soliman avait donné sa parole de s'associer à Lassalle.

Mais Soliman était honnête homme, quoique voleur, ce qui arrive parfois.

Mais Soliman était brave.

Enfin, c'était un garçon très-intelligent.

— Ah! se dit-il, ils veulent tuer mon ami pour avoir de plus grosses parts! eh bien! nous les tuerons, nous, comme des kelbs (chiens).

Et, très-fin, il dissimula.

— Écoutez! fit-il, je vais vous rendre le service de le tuer moi-même avec mon oncle, puisqu'il faut qu'il meure! Mon oncle m'aidera.

« Je vais m'approcher de lui traîtreusement et je le frapperai.

« Il faut s'y prendre ainsi, car c'est un rude homme, capable de se défendre.

— Va! firent les saracqs enchantés.

— Donnez-moi des armes !

On lui tendit des pistolets.

— Tiens! pensa-t-il, autant d'armes pour moi qu'ils n'auront plus à leur ceinture!

Et il dit à son oncle :

— Viens !

Le boiteux le suivit.

— Tu vas m'aider, dit Soliman, à sauver le Français.

— Mais...

— Il n'y a pas de mais... je le veux !

Et il vint à Lassalle.

Le Gascon se défiait.

— Cadour (cher)! lui cria Soliman tout haut pour que les bandits l'entendissent, ta cause est gagnée : tu seras des nôtres et tu auras ta part.

Mais comme l'écho sonore et prolongé répétait ces mots, pendant que les bandits se disaient en souriant entre eux : « Il le trompe; » pendant qu'ils suivaient d'un œil attentif ce qui allait se passer, Soliman disait bas et vite :

— Lassalle, je suis chargé de te tuer; mais je te sauve, au contraire.

« Tu vas faire mine de tomber en râlant sous mon coup de poignard.

— Bien ! fit Lassalle.

— Prends en main un pistolet que tu tiendras armé, et j'appellerai les autres.

— Va! fit le Gascon; j'ai saisi : quand ils approcheront, je tirerai.
— C'est ça!
Et très-haut Soliman reprit :
— Donne-moi la main à la française, camarade, pour signe d'amitié et pacte d'alliance.
— Voilà, fit Lassalle.
Les bandits ne le quittaient pas du regard; ils pensaient à part eux :
— Ce matin-là est réellement fin comme un singe ; il n'a pas volé son nom.
Il lui demanda la main pour le mettre hors d'état de se défendre, et tout à coup ils entendirent Lassalle pousser un cri; puis ils le virent tomber.
— A moi! fit Soliman.
Et ils accoururent.
A ce moment, Lassalle se releva brusquement, et, avec le boiteux et Soliman, il tira sur ses adversaires qui ripostèrent.
Une lutte terrible s'engagea.
Au moment où Lassalle, criant des encouragements à ses deux compagnons, se ruait sur les saracqs (voleurs), Samoūl et El-Arbi entraient, nous l'avons dit, dans le souterrain.
Ils entendirent les cris du Gascon, se hâtèrent de courir à lui et mirent fin au combat par trois coups de couteau qui couchèrent les bandits survivants sur le sol.
Les torches flambaient toujours.
Samoūl comprit, à l'attitude du boiteux et de son neveu, qu'ils avaient aidé Lassalle, et, les désignant, il dit :
— Ceux-ci, sans doute, sont des amis?
— Oui! dit Lassalle.
Et les présentant tous deux :
— Ils m'ont sauvé la vie très-généreusement, dit-il; il faudra qu'ils aient leur part du butin.
— Très-bien! fit Samoūl.
Et, à son tour, montrant le marabout :
— Sidi El-Arbi, fit-il, sera des nôtres aussi; c'est lui qui a trouvé le moyen ingénieux de faire sortir le nègre de la grotte.
« Il a droit au partage.
— C'est entendu! dit Lassalle.
Puis il dit au boiteux :
— Tu vas remonter vers le lac, tu te placeras sur le mamelon, et de là tu feras faction pour savoir si, par hasard, le nègre ne reviendrait pas sur ses pas, ce qui serait possible.
El-Arbi approuva cette mesure.
— Bien parlé, mon fils! dit-il.
« Voilà qui est d'un homme sage et avisé; je te fais mon compliment.
« On disait les Français si imprudents! »
Et au boiteux :
— Tu as entendu parler de Sidi El-Arbi le marabout, n'est-ce pas?
— Oui, babaïs (mon père).
— Tu as foi en moi?
— Une foi aveugle!
— Eh bien! remonte en paix vers la terre que le soleil éclaire, n'aie aucune défiance et compte sur notre probité.
« Veille bien, surtout. »
Le santon tendit la main au brigand, qui la baisa respectueusement.
— Marabout, dit-il, j'obéis.
« Je serai aux aguets comme le chien d'un juif (proverbe arabe). »
Il s'en alla.
El-Arbi dit alors à Soliman :
— Tu vas nous montrer le trésor?

— Volontiers! fit le bandit.
Mais il ajouta :
— Il faudra des jours et des jours pour enlever tant de richesses!
« Venez. »
Il emmena ses compagnons vers un point du souterrain très-sombre et très-vaste; il engagea ses amis à prendre des torches.
— Oh! dit Lassalle en avançant, je commence à m'y reconnaître.
« C'est par ici que j'ai vu les tas d'or et de pierreries. »
On avança rapidement.
Samoūl frémissait.
La joie, l'espoir faisaient trembler sa main, dans laquelle sa torche dansait.
El-Arbi, plus calme, dominait son émotion; il dit même à Samoūl :
— Iaouley (jeune homme), tiens donc ton âme avec fermeté.
Et Samoūl fit tous ses efforts pour se raffermir et se dompter. Mais, tout à coup, à un détour, les quatre torches jetèrent des lueurs rouges sur un immense amoncellement de sequins, de piastres, de bijoux, de poudre d'or et d'étoffes merveilleusement tissées, brodées de perles fines et de pierres précieuses venues du Soudan.
C'était comme une immense nappe s'étendant à perte de vue; l'argent, l'or, les émeraudes, les brillants étincelaient, rutilaient, flamboyaient, jetant à l'œil des éblouissements, à la pensée des vertiges.
Le saracq, accoutumé à ces richesses, dit avec un grand calme :
— Voilà le trésor.
Lassalle joyeux fit en riant :
— C'est une jolie tirelire.
Mais Samoūl et El-Arbi semblaient fascinés et terrassés par l'émotion.
Lassalle mit le pied dans cette nappe d'or, comme il eût fait pour entrer dans l'eau : on eût dit qu'il ne voulait pas se mouiller trop haut, et il marcha sur les sequins comme un homme marche dans une mare. Sous ses pieds, les monnaies craquaient et claquaient avec des bruits clairs et sonores; ces tintements avaient un timbre qui mit le Gascon en belle humeur.
— J'enfonce! fit-il en riant. Quel bain, et comme ça console de la cuvette!
Mais les deux Kabyles ne riaient pas, eux.
Leurs yeux avaient un éclat plus puissant que ceux des diamants épars; cette fortune les grisait, les enivrait, les rendait fous.
Ils se baissèrent, touchèrent les pièces, les bijoux, enfoncèrent leurs mains dans les monceaux de piastres; puis, peu à peu, pris d'une fièvre chaude, ils se roulèrent avec des cris fauves sur le trésor, le baisant, cherchant à l'enlacer de leurs bras, et pris soudain d'un délire qui les rendit frénétiques...
Lassalle les laissa faire.
Il avançait, mesurant l'étendue du trésor.
Tout à coup une voix cria :
— Alerte!
« Élaï Lascri revient. »

XVI

DE L'INFLUENCE FACHEUSE DES MAUVAIS PRÉSAGES.

Pourquoi Élaï Lascri revenait-il si vite sur ses pas? telle était la question que se posait Lassalle.
Ce retour avait pour cause la crainte superstitieuse dont différents présages avaient frappé le nègre.
Il croyait, nous l'avons vu, aux mauvais esprits, aux signes, aux prédictions.

Or El-Arbi avait annoncé à Élaï Lascri qu'il lui arriverait quelque chose de désagréable pendant son expédition; et le nègre avait été frappé de cet avertissement du vieux santon.

Celui-ci avait fait cette prédiction dans le but de ne pas être soupçonné.

Si, plus tard, le nègre concevait quelques doutes, il les garderait plus quand El-Arbi lui rappellerait qu'on ne tend pas de piège à un homme lorsqu'on lui signale au contraire le danger.

Mais El-Arbi avait trop insisté sur le danger à courir.

Le nègre, en se mettant en route, marcha sur une vipère.

Le reptile le piqua.

Promptement il mit de la poudre sur la plaie et la brûla; tout mal était conjuré par ce remède efficace des indigènes, mais il restait de cet incident ce que les Arabes appellent l'avertissement de Sidi-Ben-Arnabes.

Ce marabout passe pour protéger les voyageurs, et on prétend que, quand un homme s'embarque dans une mauvaise voie, Sidi-Ben-Arnabes lui envoie au début les avertissements salutaires sous forme de contre-temps et d'obstacles.

Or, voir un serpent au début d'un voyage, c'est pour l'Arabe un des plus fâcheux pronostics; en être piqué est bien plus encore, et néanmoins le nègre continua son chemin tout en maugréant :

— Ce Sidi-El-Arbi est un grand santon.

« Voilà déjà que sa prédiction se réalise et il m'arrivera malheur. »

Bientôt après le nègre rencontra une femme kabyle.

Elle était voilée.

Il est d'usage qu'une expédition rencontrant une femme la salue.

La femme doit ouvrir son haïque et agiter sa ceinture au vent.

Si elle est jeune, c'est signe de bonheur; aussi le chef de la troupe doit-il lui faire quelque joli cadeau.

Si la femme est laide, c'est, dans la bande, à qui froncera le front.

La laideur porte malheur, dit-on dans l'Afrique musulmane.

Le nègre espéra que la femme qu'il venait d'apercevoir était belle; mais point.

La troupe lui cria, selon la formule consacrée par l'usage :

— Nera (femme), agite tes voiles, qu'il s'en échappe des souffles d'espoir.

Mais la Kabylesse passa, tenant son haïque rabattu sur son visage.

— Tu es donc laide! lui demanda Élaï Lascri avec humeur.

Pour toute réponse, elle lui laissa voir une joue rongée par un ulcère. Le nègre en fut consterné et ne marcha plus qu'à regret.

Mais voilà qu'au bout d'une heure il entendit dans l'air des croassements, et il regarda le ciel.

Une énorme bande de corbeaux assaillait un grand aigle de l'Atlas.

On sait comment et pourquoi les corbeaux se mettent à attaquer les aigles.

Quand un de ceux-ci se permet d'attaquer un corbeau et de le tuer, ses camarades accourent de tous les points de l'horizon.

Ils entourent le meurtrier et lui livrent une bataille à mort.

Le plus agile des corbeaux essaie de prendre le vol au-dessus du roi de l'air, dont les autres retardent l'essor en le menaçant sous le ventre.

L'aigle, forcé de répondre à mille coups, n'a plus sa liberté d'action.

Le corbeau qui l'a surmonté se laisse tomber sur lui et le perfore d'un grand coup de bec vers la naissance du col.

Il reprend son vol et recommence.

L'aigle se soutient longtemps, mais à la fin il faiblit et tombe.

Or, juste au moment où le nègre levait la tête, une masse noire s'abattait à ses pieds.

C'était l'aigle vaincu.

Il se débattit et expira.

Élaï Lascri, tout noir qu'il fût, pâlit comme pâlissent ceux de sa race.

Sa peau prit une teinte grisâtre, semblable d'aspect à ces dépouilles de serpent qu'on trouve abandonnées au moment de la mue.

— Oh! fit-il, pas un pas de plus!

« Cette fois, c'est grave.

« Je suis un aigle, moi, et les corbeaux s'abattraient aussi sur moi. »

Il se tourna vers la troupe, expliqua ses craintes, fut approuvé, et l'on revint vers la grotte.

Le nègre, débarrassé de ses appréhensions, se promit d'aller voir Sidi-El-Arbi, de le remercier de ses conseils et de lui en demander d'autres.

Il ne se doutait pas que le santon, à cette heure, foulait ses tas d'or.

Élaï Lascri revenait donc, pour les motifs que nous venons d'exposer, et le boiteux signalait son arrivée à ses amis.

On juge de l'effarement de ceux-ci.

Lorsque le boiteux parut, cria son avis, Samoül et El-Arbi se dressèrent, l'écume aux lèvres, l'œil égaré, épileptiques sortant d'un accès.

Ils étaient altérés.

Toutes ces richesses leur échappaient.

Soliman trembla...

Le maître allait paraître...

Le boiteux était plus calme.

Lassalle restait fort tranquille.

— Holà, boiteux! fit-il, avance et réponds-moi bien nettement.

« A combien de distance Élaï Lascri se trouve-t-il d'ici?

— A une heure, fit le boiteux.

— Eh! s'écria Lassalle, voilà plus de temps qu'il ne nous en faut.

— Pour enlever l'or? demanda Samoül.

— Non; pour prendre quelques diamants et tenir conseil sur ce que nous devons faire.

— Pourquoi n'enlever que quelques pierreries? demanda Samoül.

— Parce que, si nous en emportons trop, le nègre s'apercevra du vol.

« En ce cas, il se défierait et mettrait son trésor en un lieu plus sûr. »

Puis rassemblant ses camarades autour de lui et leur parlant avec autorité :

— Mes amis, dit-il, voici un amas immense de richesses; il est à nous, à condition que nous soyons patients et fidèles au serment que je vais exiger de vous tous!

« Voici mon plan :

« Le nègre croit Soliman mort.

« Donc Soliman peut quitter la grotte avec moi, El-Arbi et Samoül.

« Nous emporterons chacun quelques belles collections de pierres.

« Il faut avoir, à tout hasard, vingt ou trente mille douros de pierreries dans ses mains en sortant de cette grotte, mais pas plus.

« Avec cela, je réponds que nous reviendrons dans trois mois exterminer la bande d'Élaï Lascri depuis le premier jusqu'au dernier homme.

« Car, pour nous emparer du trésor sans rien craindre par la suite, pour jouir de notre fortune en toute sécurité, sans avoir des poignards sans cesse menaçants tournés vers nous, il faut qu'Élaï Lascri et les siens aient vécu.

— C'est vrai! dirent les autres.
— Et si vous m'aidez, si nul ne trahit, je réponds de réussir.

« Il faut pour cela que j'aille en France; Samoül m'y accompagnera.

« Soliman demeurera avec El-Arbi, caché sous un déguisement.

« A mon retour, l'or est à nous.
— Mais, dit le boiteux, que ferai-je, moi?
— Si Élaï Lascri, répondit Lassalle, ne te trouvait pas au retour, il s'inquièterait, te ferait chercher et te trouverait.

— Oh! cela, j'en suis certain.
— Tu resteras donc muet, et jamais ta bouche ne s'ouvrira sur ce que tu sais.
— Certes, je me tairai : j'y ai grand intérêt.

Mais, montrant les morts :
— Que dirai-je pour expliquer que les gardiens, sauf moi, sont devenus des cadavres?
— Tu prétendras que trois d'entre eux ont voulu trahir et se sauver avec le butin.

« Tu ajouteras que toi et deux fidèles avez défendu le trésor, mais que seul tu survis à cette rixe. Le chef te croira et tu seras favori. »

Le boiteux sourit.
— Oh! fit-il, quelles belles imaginations passent par la tête des Français!

« C'est très-beau, ton mensonge.
« Moi, Arabe, je n'eusse pas inventé ça.
— Ainsi, demanda Lassalle, il ne te répugne pas de demeurer ici?
— Non.
— Alors tu vas jurer devant nous de ne jamais trahir ni le secret ni nos intérêts communs.

Lassalle planta sa torche dans un tas d'or; ses compagnons l'imitèrent.

Tous les cinq étendirent alors la main et firent le serment solennel de s'entr'aider, de savoir attendre et de rester fidèles, quoi qu'il arrivât.

El-Arbi, en sa qualité de santon, fit ce qu'en Algérie les Arabes appellent la conversation du serment, ce qui donne à celui-ci un caractère terrible.

Il est sans exemple qu'un pareil engagement ait jamais été violé.

Cela fait, Lassalle dit à Samoül :
— Prends une torche et éclaire-moi.

Ils se promenèrent tous deux au milieu du trésor et le Gascon y choisit ce qui lui parut pouvoir être enlevé sans être trop remarqué.

Il rapporta plein le creux de sa main de brillants, de saphirs et de rubis.

Avec la pointe de son poignard, il avait fait sauter les pierreries de leur monture.

Il les distribua entre lui Samoül El-Arbi et Soliman; puis il se retourna vers le boiteux :
— A toi, dit-il, le salem (salut en arabe); tu tiens nos destins.
— Fraoussen (Français), dit le brigand, j'ai juré et je tiendrai ma parole; au revoir!
— Dans trois mois au plus tard, avant peut-être, tu me reverras.

A une demi-lieue du lac, on apercevait, s'avançant d'un pas rapide, la troupe des saracqs...

Les quatre associés se séparèrent sur-le-champ.
Les adieux furent courts, entre des gens de cette trempe.

Des millions dormaient sous ce lac.
— A moi la France! dit Lassalle.

I

LE 3ᵉ HUSSARDS A VERDUN.

C'était un an avant les scènes que nous avons décrites. Dans Verdun, une des villes les plus tristes, les plus laides, les plus ennuyeuses qui soient au monde, dans Verdun, la ville dévote par excellence, dans Verdun il y avait du bruit.

Un régiment de cavalerie venait d'arriver : c'était le 3ᵉ hussards qui remplaçait le 2ᵉ lanciers et traversait la ville.

Grande affaire!

Les femmes, surtout les bigotes, sont toujours curieuses de se faire voir aux militaires, et elles sont enchantées d'admirer les solides gaillards qui se campent sous l'uniforme.

Donc les Verdunoises regardaient passer la troupe.
C'était un joli régiment.
Il avait du succès..

Verdun est une ville où l'on devait priser fort l'air aristocratique de MM. les officiers du 3ᵉ hussards, les allures distinguées des sous-officiers et le chic élégant des simples cavaliers.

Les femmes, hypocritement, une heure d'avance, comme par hasard, s'étaient mises à broder près des fenêtres; avoir l'air d'ouvrir ses persiennes pour voir les soldats, c'eût été chose du plus mauvais goût; on se fût compromise.

Mais les femmes coquettes savent accommoder le bonheur d'admirer quatre cents beaux gaillards à cheval avec les convenances locales; toutes les Verdunoises tiraient l'aiguille depuis quelque temps, les rideaux de leurs chambres levés, quand la musique retentit dans les rues.

Les grisettes (elles sont nombreuses et très-coquettes à Verdun) coururent franchement sur le bas des portes; les fenêtres des quartiers riches demeurèrent closes, mais, à travers les vitres, l'état-major constata que, sous les cils baissés, les femmes du monde... de Verdun laissaient fort adroitement couler des regards incendiaires.

Et, comme le dit un loustic, MM. les officiers comprirent qu'en s'y prenant en douceur il y aurait à faire.

D'autre part, les femmes échangèrent des observations qui eussent fait le plus grand plaisir aux sous-lieutenants du nouveau régiment, s'il leur eût été donné de les entendre.

A mesure que les escadrons défilaient, les groupes féminins les pointaient en quelque sorte d'une remarque plus ou moins flatteuse.

Nous disons groupes, car quand les femmes s'en vont escarmoucher de l'œil elles s'assemblent toujours, et elles ne se séparent que quand les choses deviennent sérieuses en amour.

Pour cette revue d'arrivée, les amies qui n'avaient pas vue sur le parcours du régiment étaient allées rendre visite à leurs amies plus favorisées; elles y étaient allées par mégarde... sans savoir...

Et au premier coup de trompette de l'avant-garde on avait dit avec une surprise bien jouée :
— Tiens! voilà de la troupe... c'est le régiment qu'on attendait... je croyais qu'il ne venait que demain.

Mais la toilette soignée plus que d'habitude, mais certains arrangements pour être de trois quarts, de face ou de profil à la fenêtre, selon que ça avantageait mieux, mais mille riens prouvaient qu'on mentait.

En ai-je vu des rentrées de troupes à Verdun!

Et j'étais encore bien petit que les manèges de ces dames me frappaient; ils me sont restés dans l'œil.

Dans un régiment, il est rare qu'un officier ne

ranche pas sur les autres; dans les bandes de coqs, il y en a presque toujours un qui est plus doré, plus empanaché, plus crêté que les autres.

Il fait grande impression sur les poulettes de sa garnison.

Le coq du 3ᵉ hussards était un fier coq qui portait crânement sa plume.

C'était un sous-lieutenant décoré, de mine superbe, qui venait des chasseurs d'Afrique, précédé par une brillante réputation.

Ce jeune homme avait un type méridional, le nez d'aigle aux narines frémissantes, le front haut, un peu fuyant et bombé, sillonné d'épais sourcils noirs, les yeux jaunes comme de l'or en fusion, avec un regard hardi ; la bouche souriante, railleuse, mais en somme bienveillante, était ombrée d'une moustache triomphante.

Tout cet ensemble donnait très-grand air à ce soldat gascon, fort distingué d'ailleurs.

Cette tête fit impression, car elle respirait l'entrain, la verve, la bonhomie, la ruse gaie, l'énergie joyeuse, et elle resplendissait du feu de deux prunelles qui semblaient percer tous les voiles quand elles s'arrêtaient sur une femme. Elles eurent de voluptueux frémissements de chattes, ces Verdunoises, quand ce beau garçon passa, semant ses coups d'œil ici et là, en homme sûr de son fait et habitué à vaincre.

Deux heures après, toutes savaient que le sous-lieutenant qui les avait fait rougir s'appelait Lassalle; qu'il avait trois citations à l'ordre de l'armée; qu'il avait gagné son grade et sa croix en cinq ans et qu'il irait loin.

A Verdun, les robes passent en somme avant les uniformes : *cedant arma togæ*, comme disaient les Latins ; mais, cette fois, il y avait une taille si bien cambrée dans l'uniforme d'un hussard, que celui-ci menaçait de faire mentir le proverbe.

Un détail qui ne fut remarqué de personne, c'est que, très-insouciant en regardant les Verdunoises, le sous-lieutenant Lassalle pâlit en apercevant mademoiselle Renée-Marie de Lancenales.

Si MM. les abbés avaient su cela, ils se fussent rassurés ; car la pâleur du jeune homme fut de celles qui annoncent une grande émotion, et quand on s'éprend d'une femme sérieusement on ne s'occupe que d'elle.

Mais voilà !

A l'évêché, on ignorait le fait.

Lassalle était en quelque sorte le chef de file des officiers du 3ᵉ hussards ; en toute circonstance, il donnait le ton.

Lors d'une entrée de troupes, la discipline n'est pas rigoureusement observée; les rangs vont un peu à la débandade : les chefs ne sont pas astreints à se trouver absolument à leur place de marche.

Quelques camarades de Lassalle avaient profité de cette licence pour former groupe autour de lui, échangeant des remarques rabelaisiennes sur les minois que l'on apercevait aux fenêtres.

Lorsque Lassalle leva la tête vers mademoiselle de Lancenales, les camarades du jeune sous-lieutenant remarquèrent sa pâleur.

— Eh ! Lassalle ! dit un capitaine, te voilà blanc comme la croupe de ma jument ! qu'as-tu donc à changer de couleur ainsi ?

— Rien ! dit Lassalle.

— Oh ! fit le capitaine, rien, rien... tu blagues, mon cher ami !...

Et le capitaine décocha un coup d'œil significatif vers mademoiselle de Lancenales.

Lassalle semblait être au supplice.

En ce moment, comme il arrive souvent dans les défilés, par suite d'un arrêt dans la marche, les chevaux restaient sur place, et Lassalle, impatienté, faisait piaffer le sien sous l'éperon.

— Mon petit, continua le capitaine en riant, tu parais être contrarié.

« Est-ce à cause de cette grande brune qui vient de te regarder d'un air si bizarre ? »

Mademoiselle de Lancenales avait en effet jeté un coup d'œil sur les soldats, remarqué Lassalle, et le visage de la jeune fille avait reflété en un instant des impressions diverses. Tout d'abord elle avait paru absolument indifférente, et son regard s'était promené dédaigneux sur le groupe d'officiers, puis elle avait paru surprise en distinguant Lassalle, et l'on eût dit qu'elle cherchait à rappeler, dans le lointain de sa mémoire, quelque vague souvenir.

Enfin elle avait laissé paraître une sorte d'admiration inconsciente et naïve pour la mâle beauté de Lassalle, et tout à coup elle avait baissé les yeux et s'était remise à broder.

— Lassalle, dit le camarade de celui-ci, si tu aimes les grands nez, les mentons longs et les cheveux noirs, tu pourras te payer ça ici.

Et le capitaine désignait mademoiselle de Lancenales qui avait un grand nez, un menton long et les cheveux d'un noir bleu.

Les officiers se mirent à rire de la plaisanterie, et mademoiselle de Lancenales, derrière sa fenêtre, entendit les éclats de cette hilarité.

Elle y parut absolument indifférente.

Mais Lassalle, le sourcil froncé, dit à ses camarades à très-haute voix :

— Messieurs, la jeune personne que vous voyez à cette fenêtre est mademoiselle de Lancenales, fille du général de Lancenales, commandant la division.

Ce fut comme un coup de théâtre.

Les officiers se turent et parurent très-embarrassés de leur contenance.

Lassalle remarqua que mademoiselle de Lancenales avait suivi cette scène du coin de l'œil, et il en fut enchanté.

Il se campa dignement sur son cheval et attendit que la marche recommençât.

Il riait dans ses moustaches du désarroi où il avait jeté les rieurs.

L'escadron s'ébranla de nouveau.

Quand on fut loin de la fenêtre de mademoiselle de Lancenales, Lassalle dit aux autres officiers :

— Vous plairait-il, messieurs, que chacun restât à son peloton ?

« Nous arrivons au quartier, et si le colonel ne nous voit pas à nos postes, il aura quelque coup de voix désagréable pour nous. »

L'avis était bon : on en profita; mais Lassalle fit signe à un de ses compagnons de rester près de lui : c'était au capitaine qui l'avait blagué.

Cet officier était le type du Roger Bontemps militaire : gras, réjoui, vif, bon enfant, étourdi, ayant la parole aussi grasse que sa large cuisse étalée sur selle, le capitaine Martinet était un franc soldat, un loyal camarade, tapageur quand il était gris, mais toujours prêt à rendre service, même à un pékin... surtout quand il était bien vu de sa femme.

Lassalle en avait fait son camarade.

Du reste, ils s'étaient connus en Afrique, et ils avaient été compagnons d'armes. Il était trop insouciant pour se préoccuper outre mesure d'avoir plaisanté sur le nez de mademoiselle de Lancenales, fille du général commandant la division; mais il sentait bien que Lassalle portait à cette jeune personne un vif intérêt, et il craignait d'avoir froissé son camarade.

— Ah çà! mon cher, lui dit-il, tu la connais donc, cette jolie brune?

Lassalle se mit à rire.

— Jolie! fit-il en tortillant sa moustache d'un air narquois.

« Tu as dit jolie? »

Martinet rougit.

— Avoue donc, reprit Lassalle, que tu trouves cette jeune fille très-laide!

— Mais non! protesta Martinet.

— Et son grand nez, et son grand menton long... ont-ils raccourci depuis que tu la sais fille du général?

Martinet ne soutint pas le mensonge qu'il faisait à sa conscience.

— Là, c'est vrai, dit-il, je ne la trouve pas à mon goût; mais, supposant t'avoir vexé, je revenais sur mon opinion.

Lassalle lui tendit la main.

— Touche là! dit-il; c'est d'un bon camarade, ce que tu faisais; mais comme tu as les mêmes raisons que moi de trouver belle mademoiselle de Lancenales, je te dispense de mentir à son sujet.

— Sérieusement, tu la connais et tu l'aimes donc?

— Je te dirai cela ce soir, dit Lassalle; j'entrevois le colonel là-bas : f... iche-moi le camp à ton peloton !

Martinet, qui n'était pas au mieux avec le colonel, piqua des deux et rejoignit son poste.

II

L'HOMME-MIROIR.

Prendre possession d'un quartier, ce n'est pas une mince affaire pour un régiment : il y a mille choses à organiser, surtout dans la cavalerie.

Les officiers sont sur les dents.

Lassalle et Martinet n'eurent point de répit avant le soir.

A l'heure du vermouth, ils se virent au café des officiers, qui se trouve situé à Verdun auprès du pont Sainte-Croix.

Martinet, arrivé le premier, attendait avec la mine satisfaite et curieusement alléchée de l'homme auquel on a promis des confidences.

L'ami de Lassalle avait une de ces intelligences incapables de rien créer; il eût tout appris, mais inventer était chose impossible à lui.

Ces sortes d'hommes incomplets ont une tendance toute naturelle à s'associer à des natures plus riches, plus fécondes que les leurs; c'est pour eux un besoin, une attraction, une nécessité.

J'ai trouvé pour ces gens-là un nom qui les peint très-bien, ce qui me rend très-aise et très-fier, car ces trouvailles se font rarement; je les appelle des hommes-miroirs.

Comme une glace reflète le soleil, à ce point qu'on croirait le soleil dans la glace, les hommes dont je parle reflètent les esprits supérieurs qui les échauffent de leur rayonnement.

Sans la lumière, la glace ne brille pas; de même les hommes-miroirs n'ont aucun éclat quand ils ne sont pas éclairés par une intelligence créatrice : de là leur tendance à s'adjoindre un compagnon qui peut jouer vis-à-vis d'eux le rôle du soleil sur le miroir.

Tel était Martinet.

Il réflétait Lassalle, et il en était fier.

Entre eux, l'amitié était chaleureuse, dévouée; ils faisaient bourse commune et ils vivaient absolument de la même vie.

Ils avaient les mêmes maîtresses, mais successivement. Expliquons-nous.

Lassalle séduisait une belle, l'aimait, en était aimé, la délaissait; en bon camarade, Martinet la consolait.

Jamais le gros hussard n'eût voulu enlever une conquête à son ami; mais, dès que Lassalle en abandonnait une, Martinet se l'annexait.

Martinet, bon garçon tout rond, n'avait jamais fait de calcul sur ce point; il ne s'était jamais dit à part lui :

« Ton ami a telle maîtresse aujourd'hui, tu l'auras certainement demain. »

Jamais Martinet n'avait eu pareille pensée.

Il se fût méprisé.

Les choses se passaient naturellement, sans que ni Lassalle ni le gros capitaine y songeassent : de là, point d'immoralité.

Si Martinet eût descendu un jour dans sa conscience et se fût avoué qu'il n'avait, en amour, que les reliefs de son ami, il eût été indigné contre lui-même et se fût méprisé; mais Martinet, heureusement pour son repos, ne descendait jamais dans sa conscience; en sa qualité de cavalier, il trouvait cette descente périlleuse et fatigante.

Pour le quart d'heure, le capitaine était très-intrigué : Lassalle, jusqu'alors, n'avait daigné remarquer que de très-jolies femmes, et voilà qu'il s'occupait de mademoiselle de Lancenales.

Or, au juger de Martinet, cette jeune fille n'était pas belle. Il se disait à lui-même en prenant son vermouth à petits coups :

« Je n'en démords pas...

« Grand nez, menton long, laide par conséquent, cette grande brune-là.

« Elle vous a bien un je ne sais quoi qui vous agace, un je ne sais quoi que je n'ai jamais vu aux autres femmes...

« Mais ça ne suffit pas. »

Et il creusait ce mystère.

Or, ce je ne sais quoi, dédaigné par Martinet, c'était précisément ce qui avait frappé, séduit, fasciné Lassalle.

Celui-ci parut au moment où, pour la vingtième fois, Martinet murmurait :

« Nez et menton longs... il n'y a pas.. voilà son passeport d'amour. »

Lassalle entendit et sourit.

Il frappa sur l'épaule de son ami et lui dit :

— Que t'importe, si je l'aime comme ça?...

Et il s'assit.

Puis riant de l'air embarrassé de Martinet qui regrettait d'avoir été entendu :

— Mon cher, dit-il, les traits ne sont rien quand il s'agit de certaines femmes.

— Ah bah! fit Martinet ahuri.

— Non, mon cher, rien, absolument rien, chez toute une catégorie de femmes.

— Lesquelles? demanda curieusement Martinet.

— Celles que l'on ne peut posséder.

Le gros capitaine donna un coup de poing sur la table.

— N... de D...! dit-il, c'est bien vrai, ce que tu dis là!

« Je me souviens d'un laideron, la femme d'un notaire de Château-Chinon, qui avait eu un air d'avoir deux airs avec moi au bal du général; elle m'avait tellement vexé que je m'étais juré de l'avoir.

« Quand j'ai eu profité de mon premier rendez-vous, j'ai eu des nausées et je ne suis jamais revenu.

— Je reviendrais, moi! dit Lassalle.

— Tu l'aimes donc bien sérieusement?

— Oui... et depuis vingt ans.

Martinet ouvrit de grands yeux.

Lassalle s'accouda comme quelqu'un qui va faire un récit.

C'était un sous-lieutenant décoré, de mine superbe. (Page 31.)

Lassalle était légèrement ému en commençant le récit de ses relations avec mademoiselle de Lanconales.

— Mon cher, dit-il, tu es fils de bourgeois, tu n'as jamais su ce que c'était que la pauvreté : tu as une belle chance.

— Tes parents sont donc pauvres?
— Tu dois bien t'en apercevoir !
— Moi?
— Parbleu! me vois-tu jamais recevoir un centime de ma famille?

« C'est-à-dire que si tu ne partageais pas ta bourse avec moi, je ne sais comment je me tirerais d'affaire avec ma solde. »

Martinet n'avait jamais songé qu'il était le seul bailleur de fonds de l'association formée entre lui et Lassalle.

— Ma foi! dit-il, je n'ai jamais songé à ces choses-là, moi!

« Puis c'est toi, le plus raisonnable, qui as toujours tenu notre argent.

« Donc tes parents ne sont pas riches?...
— De moi l'on ne peut dire : « ses parents! » Je suis bâtard.

« Tu l'ignorais? »

Martinet fit un geste d'indifférence absolue et dit tranquillement :

— Tu es fils... naturel? on dit que ça porte bonheur.
— Aux bâtards de princes, à ceux qui naissent des grands, oui, ça porte bonheur; j'en ai vu maint exemple.

« Mais le proverbe est menteur quand il s'agit de pauvres diables qui, comme moi, sont nés d'un malheureux et d'une malheureuse.

— Te voilà officier tout jeune...
— A quel prix?

« Là où les autres gagnent la croix, c'est à peine si j'obtenais un remerciement de mon capitaine; il m'a fallu faire des prodiges de bravoure et d'intelligence pour atteindre à l'épaulette, et, à continuer le métier dans ces conditions, je ne serai jamais capitaine; une balle m'arrêtera auparavant.

« Puis, pour un présent assez brillant, j'ai derrière moi mon enfance.

« Elle est affreuse.

« Imagine-toi que ma mère était une pauvre paysanne des environs de Bordeaux; elle aimait un jeune homme, un charpentier.

« Tu sais que, dans les campagnes du Midi, on devance presque toujours la cérémonie du mariage, qui n'est guère que la consécration du fait accompli.

« Ma mère, enceinte, allait se marier, quand l'inscription maritime enleva son futur comme charpentier.

a bord de *la Pomone*.

« On devait se marier au retour.

« Mon père ne revint jamais.

« Tu vois cette fille, sans appui, sans soutien, vivant servante de ferme très-péniblement et se voyant mère, avec sa misère en perspective pour elle et son enfant.

— Bon! fit Martinet d'un air bourru, je vois... passons!...

Le gros capitaine avait le cœur facile à s'attendrir et il n'aimait pas à le laisser voir.

Lassalle reprit :

— Je passe, selon ton désir, et j'arrive au point important de mon récit.

« J'avais sept ans.

« Ma mère avait réussi à m'élever et servait de femme de charge à la marquise de Lancenales, la mère de mademoiselle Marie. La marquise était, dans son ménage, une vraie martyre, et à souffrir elle avait appris à s'apitoyer sur les autres.

« Elle avait pris ma mère en affection.

« Moi, je vivais au château.

« J'étais.... gardeur de bétail. »

Martinet dit en riant :

— J'aurais bien voulu voir un beau garçon comme toi gardant les vaches! tu devais porter ton bâton comme un sabre et avoir des airs d'enfant de patriarche, comme les petits Arabes qui mènent paître les troupeaux en Afrique.

— Il y a du vrai dans ce que tu dis, car la marquise dit un jour à ma mère :

« — Votre petit ne peut rester paysan : il est né pour être prêtre, soldat ou savant; je regarderais comme un crime de le laisser croupir dans l'ignorance. »

« Et elle paya mes mois d'école.

« Puis, plus tard, elle m'obtint une bourse dans un collége.

— C'était une bonne femme!

— Un ange... que son mari battait et ruinait honteusement.

« Enfin, grâce à madame de Lancenales, je me trouvais à seize ans très-bon élève de seconde dans le meilleur lycée de Bordeaux; mais ma protectrice mourut...

« La pension fut supprimée du coup.

« Que faire?

« J'avais une grande ambition, je voulais être quelqu'un d'illustre; je n'avais le choix que d'une seule carrière : celle des armes.

« Mais je veux la graine d'épinards.

« Mais je veux épouser mademoiselle de Lancenales.

— Ah! ah! fit Martinet, nous y voilà !

Lassalle, songeur, se tut un instant.

Ce qui intéressait le plus Martinet dans le récit de son ami, c'était mademoiselle de Lancenales elle-même; le gros capitaine se posait souvent la même question : « Comment un aussi joli garçon que Lassalle peut-il s'être épris d'une jeune fille qui a un si grand nez et un si long menton? »

Il eut sur les lèvres un large épanouissement et dit à Lassalle :

— Allons, va, conte!

— Oh! dit le jeune homme, ce n'est plus bien long maintenant.

« Quand j'étais pâtre en guenilles, sans souliers aux pieds, je voyais passer mademoiselle de Lancenales portant chapeau et dentelles.

« J'étais sale.

« Elle était proprette.

« J'étais gueux.

« Elle était riche.

« Quand elle passait devant moi, elle me faisait l'effet d'un coup de soleil.

« Si jeune que j'aie été, je l'ai désirée de toutes mes forces.

— Pas à cinq ans, je suppose?

— A cinq ans comme aujourd'hui.

« En ce temps-là, j'aurais voulu qu'elle fût à moi, comme une de ces belles poupées qui sont les amours inconscientes des petits enfants.

« Plus tard, je me tordais les bras avec rage, quand elle passait sans me regarder.

— Elle était donc fiérotte, cette petite marquisotte?

— Elle était et elle doit être encore l'orgueil incarné.

« Jamais cette fille n'a parlé à quelqu'un au-dessous d'elle que pour un ordre.

— Une sacrée bégueule!...

— Non... elle obéit à un instinct de race, aux préjugés déplorables que l'éducation aristocratique lui a donnés.

« Au fond, elle a la bonté de sa mère; j'en ai eu maintes preuves.

— Sait-elle que tu l'aimes?

— Allons donc! fit Lassalle.

« Jamais je n'aurais osé lui dire un mot de ce que j'éprouvais.

« Quand je fus admis au collége, je revins aux vacances, à onze ans, gentil garçon avec une tunique neuve et un crâne petit air; j'avais prix, couronnes, succès.

« J'espérais que mademoiselle de Lancenales, alors âgée de dix ans, déjà demoiselle, s'occuperait un peu de ma personne.

« Ah! ouitche!

« Pas même un regard.

« Elle ne daigna pas jouer avec moi, préférant s'ennuyer seule!

— Et plus tard?

— La même chose.

« Si... pourtant... une fois.

« J'avais seize ans ; c'était six jours avant mon départ pour le régiment dans lequel je m'étais engagé ; il y avait du monde au château.

« Une charmante femme, coquette et légère, m'avait remarqué, et le soir, dans le parc, elle me prouva que j'étais de son goût.

« Le lendemain, mademoiselle de Lancenales me fit appeler.

« — Voulez-vous, demanda-t-elle, me rendre un service, et le taire après?

« — Oui, dis-je.

« — Eh bien! reprit-elle, je veux savoir si vous êtes bien réellement le fils de notre femme de charge. »

Le capitaine se mit à rire.

— Voyez-vous ça! fit-il.

« Elle espérait que tu avais une naissance illustre et cachée qui lui permettrait de t'épouser sans mésalliance.

— Est-ce bien cela?

« Je ne sais.

« Ce qui est bien sûr, c'est qu'elle avait surpris le baiser et ne se l'expliquait qu'en supposant que la comtesse de Marneuf était ma mère : la chose était presque possible, la comtesse ayant trente-trois ans.

— Que dis-tu, toi?

— Je lui répondis que j'étais absolument certain d'être le fils de ma mère.

« — Mais... fit-elle... non sans audace, il me semble que madame de Marneuf vous porte un certain intérêt? »

— La grande gaillarde! fit Martinet; et comment ripostas-tu à cette botte?...

— Je la priai de me promettre le secret, dit Lassalle; ce qu'elle fit, et alors je lui avouai que madame de Marneuf m'aimait.

— Bravo! dit Martinet; tu excitais sa jalousie : bien joué!

— Hélas non!

« Elle me jeta à la face cette phrase :
« — Je n'aurais jamais cru une femme de qualité capable de s'abaisser si bas. »
« Et elle pirouetta.
— La pécore ! fit Martinet ; et depuis ?
— Non, dit Lassalle. Mon histoire finit là.
« Allons dîner : il est temps ! »
Ils sortirent tous deux assez précipitamment, reconnaissant qu'ils étaient en retard.

Martinet l'avait dit : mademoiselle de Lancenales avait un je ne sais quoi qui faisait oublier l'exagération de certaines lignes de son visage.

Quand un homme plaît, malgré ses défauts, sans qu'on puisse trop dire pourquoi, on dit qu'il a un je ne sais quoi qui séduit.

Quand une femme est laide et qu'elle se fait généralement aimer, sans que les amoureux puissent se rendre compte de la fascination qu'elle exerce, ils l'expliquent par le je ne sais quoi.

Mademoiselle Marie de Lancenales avait, elle, un je ne sais quoi très-attrayant ; ce je ne sais quoi, nous allons entreprendre de le définir. C'est de l'audace, car rien n'est plus difficile ; il s'agit de saisir des petites nuances, des menus détails qui, très-discrets, forment en quelque sorte le dessous d'une physionomie.

Pendant que les deux officiers se faisaient leurs confidences au café, mademoiselle de Lancenales, assise dans sa chambre, au fond d'un grand fauteuil, en face d'un long christ noir, semblait abîmée dans de sombres réflexions.

Derrière elle, muette, immobile, une larme dans les cils, se tenait une jolie petite servante qui respectait la douloureuse rêverie de sa maîtresse.

En ce moment, mademoiselle de Lancenales avait une de ces poses que recherchent les peintres : c'est l'heure d'esquisser ce curieux type de femme.

III

LE JE NE SAIS QUOI DE MADEMOISELLE DE LANCENALES.

Les personnes qui possèdent le je ne sais quoi ont, en quelque sorte, deux visages :

L'un apparent, qui frappe l'œil, qui s'impose d'abord et qui trompe ;

L'autre est caché sous le premier, mais il se révèle peu à peu ; selon que l'on a plus ou moins de perspicacité, on le reconstitue plus ou moins vite ; on s'accoutume à ne plus considérer le premier que comme un masque transparent dont on ne tient plus compte, et il arrive que, d'une femme qui vous a paru de prime abord très-laide, on dit très-sérieusement : « Elle est belle et charmante. »

Ce qui fait hausser les épaules aux gens qui n'ont pas étudié les prodiges du je ne sais quoi.

Dès qu'un homme me vante la beauté d'une femme, celle-ci fût-elle hideuse, couperosée, marquée de petite vérole, je comprends qu'elle a le je ne sais quoi et j'étudie ses traits, sûr d'y démêler les charmes cachés que son admiration a su trouver.

On n'imagine pas quel plaisir on éprouve dans ces sortes de recherches ; qu'on se représente le monsieur qui trouve un diamant brut dans un caillou !

Le faux visage, le masque de mademoiselle de Lancenales, c'était un nez long, — Martinet l'avait dit, — un menton long aussi, — Martinet ne l'avait pas caché ; — cela suffisait pour constituer une tête de chèvre, et ces têtes ne sont pas précisément celles qui se rapprochent le plus du type de beauté régulière et classique que nous a légué le ciseau des Grecs.

Donc, de prime aspect, mademoiselle de Lancenales avait une figure de bique, comme les paysans le disaient.

Mais, après plus long examen, on était frappé de la splendeur de la chevelure dont la nuance bleuâtre et les reflets métalliques formaient une opposition heureuse avec la mate et régulière pâleur du teint.

Le front était noble ; il dénotait une intelligence sereine, ferme, droite, puissante.

Les joues avaient des contours gracieux et très-purs, avec un méplat creusé d'une fossette au plein.

La bouche était grande, mais correcte, et sur les lèvres minces errait un de ces grands sourires mélancoliques qui vont droit au cœur.

Parfois ces lèvres attristées avaient d'étranges frémissements et se tordaient sous des spasmes de fièvre ; tout ce qu'il y avait de passion ardente et comprimée dans ce cœur de jeune fille venait s'exprimer en ébauchant vers l'idéal qui fuyait un baiser amer et désespéré.

L'œil profond, limpide et doux de mademoiselle de Lancenales se voilait de cils soyeux qui tamisaient le regard ; c'était bien l'œil brun, timide, un peu sauvage, chargé de langueur, des chevrettes et des gazelles. Le menton, le nez ?... on y songeait bien quand on avait étudié ce regard qui exprimait la fierté et la tendresse, l'énergie et le dévouement !...

Puis elle avait, pour un artiste ou un amant, cette jeune fille au profil de chèvre, des séductions irrésistibles : c'étaient des mains extraordinaires, merveilleuses ; des pieds d'enfant ; une taille frêle, souple, d'un modelé ravissant ; une jambe nerveuse, dont la cheville à peine accusée faisait mille promesses sûres.

Sa gorge de vierge, à peine dessinée, était de celles qui se transforment sous les baisers et qui n'attendent qu'un jour d'ivresse pour briser le corset blanc de la fiancée.

Tout ce corps affaissé sur le grand fauteuil, dans l'abandon de la pose, la robe pleurant le long des épaules, des hanches et des genoux, faisait des révélations piquantes que l'on n'eût pas soupçonnées d'abord.

Oui, décidément, elle avait le je ne sais quoi, mademoiselle de Lancenales ! Depuis longtemps elle songeait, quand brusquement elle se retourna et vit pleurer la petite servante qui se tenait derrière le fauteuil :

— Ah ! fit-elle, ma petite Margot, te voilà encore tout attristée !

— Mademoiselle, dit Margot, je suis comme vous : quand vous riez, je ris ; quand vous pleurez, je pleure ; c'est bien malgré moi, je vous assure.

— Mais, petite, je ne pleure pas pour l'instant ; je ne pleure même jamais.

— Vous buvez vos larmes en dedans, mademoiselle, dit Margot.

« Je devine bien ça. »

Marie de Lancenales se leva, fixa longtemps sa femme de chambre, qui lui rendit un regard candide et tendre, puis elle lui tendit les bras en disant :

— Viens, Margot ! embrasse-moi, embrasse-moi de toutes tes forces ; ça me fera du bien !

« Tu es la seule personne qui m'aime au monde ! »

Et les deux jeunes filles s'embrassèrent, pleurant toutes deux.

IV

CONFIDENCES DE JEUNES FILLES

Margot, dans les bras de mademoiselle de Lancenales, pleurait à chaudes larmes ; mais, dans cette grande effusion, il y avait un grand soulagement et un certain bonheur. Jusqu'alors, — il y avait six mois que Margot était au service de Marie de Lancenales, — jusqu'alors, entre la servante et la maîtresse, il n'y avait pas eu échange de confidences; Margot s'était montrée douce, dévouée, charmante et prévenante. Mademoiselle de Lancenales avait été bonne, affectueuse même ; mais elle restait muette sur les tristesses sombres dont elle était souvent envahie.

Margot était une enfant de l'orphelinat de Verdun, qui, contrairement à la règle générale, avait une jolie figure et une certaine distinction.

M. de Lancenales était venu commander la subdivision et avait eu besoin d'une femme de chambre pour sa fille; il avait demandé un bon sujet aux sœurs et on lui en avait donné un.

Marguerite — car c'était le nom de l'enfant — avait été surnommée Margot à l'orphelinat, parce qu'elle était gaie, joyeuse, causeuse, sautillante; mais elle ne dansait et ne babillait plus depuis son entrée chez le général : on était sombre dans cette maison.

Au début, Margot s'y ennuyait à mourir et voulait retourner à l'orphelinat.

Mais elle trouva mademoiselle de Lancenales chaque jour plus affable, et peu à peu elle se mit à aimer sa maîtresse de tout son cœur.

Bonne fille, cette petite Margot...

Peu à peu aussi mademoiselle de Lancenales s'était prise d'amitié pour Margot, et, sauf les confidences, elle la traitait presque en égale.

Pour une fille qui avait le cœur hautain, le fait semble étrange.

Une amie... d'une bonne!

Certes, il y avait contradiction entre la fierté de mademoiselle de Lancenales, si bien dépeinte par Lassalle, et cette camaraderie accusée par cet élan du cœur que nous venons de décrire. Mais qui connaît la femme s'explique ce manque apparent de logique.

Une femme du plus grand nom et du plus grand ton croira s'encanailler en donnant sa main à un roturier; mais si elle a une jolie soubrette fine, élégante, qui lui soit attachée, elle sera familière avec elle et la traitera en amie dans l'intimité.

En un mot, le préjugé existe bien plus de femme à homme que de femme à femme.

Marie de Lancenales embrassait Margot avec une sorte de frénésie... elle y mettait la fureur d'une enfant aimante qui n'a ni donné ni reçu de baisers depuis deux années.

C'était la date de la mort de sa mère.

Et Margot, tout émue, toute fière, souriait au milieu de ses larmes.

C'est qu'aussi la pauvre petite n'avait pas été caressée souvent.

Marie se calma un peu, fit trois pas en arrière, regarda Margot bien en face et lut dans cette bonne et jolie tête le dévouement, la franchise, la tendresse; elle revint à l'enfant, la fit asseoir à côté d'elle sur une chaise, et, prenant ses deux mains dans les siennes, lui dit :

— Nous serons sœurs...

« Veux-tu ?

— Oh! oui, fit Margot rouge de plaisir et pourtant confuse.

Et, comme elle ne manquait ni de sens ni d'esprit, elle ajouta :

— Nous serons sœurs... de lait.

— Non, non! dit Marie.

« Pas de distinction.

« Nous serons comme si nous avions la même mère, ma petite chérie.

« J'ai assez souffert. »

Elle poussa un gros soupir.

— Voilà, fit-elle, de bien longs mois que je passe seule et que je tiens mes chagrins enfermés dans mon cœur qui déborde.

« Tu es venue, tu m'as comprise sans que je t'aie dit un mot ; je veux tout t'avouer!

— Et ça vous rendra le chagrin moins lourd, allez, mademoiselle.

« Je vais vous prendre la moitié de votre peine, toute petite gamine que je sois. »

Elle tendit ses joues roses.

Marie y posa ses lèvres pâles

— Ah! mignonne, dit-elle, tu as bien raison : déjà je me sens moins oppressée.

Et, presque heureuse, un sourire dans le regard, elle commença ses confidences.

C'était la première fois de sa vie que mademoiselle de Lancenales allait confier à quelqu'un les secrets de sa tristesse ; elle hésitait presque à commencer ses révélations.

Créature essentiellement discrète, elle était rebelle à l'expansion; enfin elle dit à Margot :

— As-tu remarqué, ma chère enfant, que mon père, tout gentilhomme qu'il est, semble avoir reçu une très-mauvaise éducation?

— Oh! fit Margot, vous n'accusez pas à tort le général, mademoiselle.

« Il jure comme un païen.

— Et il boit...

« C'est triste chose, pour une jeune fille, d'avoir à constater des vices chez son père; mais nous souffrons tant toutes deux des brutalités de M. de Lancenales, qu'il nous est impossible de nous dissimuler ce que nous en pensons.

— Et ce que tout le monde en sait! ajouta Margot.

Puis d'un petit air entendu :

— Encore s'il ne faisait que boire ?...

Marie rougit légèrement.

— Qu'entends-tu dire ? fit-elle.

— Mademoiselle s'en doute bien.

— Non; parle !

— Je n'ose.

— Margot, il faut être franche.

— Eh bien! mademoiselle, votre père... il... mon Dieu !... comment m'expliquer?

— Petite, j'ai dû faire mon éducation moi-même depuis deux ans... dans les livres... on y lit des passages très... risqués.

« Appelons les choses par leur nom. »

Margot leva sa jeune tête avec une effronterie naïve et dit :

— Moi aussi, j'ai lu !

Mademoiselle de Lancenales se prit à rire et s'écria :

— Ah! les pauvres filles, qu'on laisse toutes seules, ignorantes de tout! et qui rêvent! et qui apprennent tout ce qu'elles ne devraient pas savoir!

Puis énergiquement :

— Oui, j'ai lu.

« Oui, Margot, nous avons lu.

« Et c'est bien heureux, va!

« Nous savons ce que c'est que la vie, par ouï-dire au moins.

« Nous savons que les jeunes filles sont faites pour se marier, et non pas pour aller au couvent, en abandonnant leur douaire à leur père.

« Allons, Margot, parle ! »

Margot, encouragée, dit :

— Mademoiselle, le général est un vilain homme qui veut séduire toutes les femmes.

— Toutes?

« Est-ce que... ?

— Oui, mademoiselle, moi aussi.

— Oh! ceci est particulièrement odieux, et je ne le supporterai pas.

— Ne vous mettez pas en peine, mademoiselle : je me suis débarrassée de lui.
— Qu'as-tu fait ?
— La mère Adélaïde, en partant du couvent, m'a prise à part et m'a dit :
« — Mon enfant, tu es jeune et jolie : les hommes vont vouloir te conduire au mal; quand quelqu'un te tourmentera, menace ce quelqu'un, fût-ce ton maître, de le dénoncer à moi, et il aura peur, car l'administration de l'orphelinat est très-puissante quand il s'agit de protéger la moralité de ses filles. »
« Et, me souvenant de ce qui m'avait été dit, j'ai menacé le général ; il a cessé de m'obséder.
— Ce que tu dis là, Margot, m'épargne bien des explications.
« Juge de ce que ma mère, un ange, a dû souffrir par le fait de son mari, qui lui a dissipé une partie de sa fortune après avoir dissipé la sienne propre dans des plaisirs honteux.

IV
CONFIDENCES DE JEUNES FILLES (suite).

« Ma mère n'a pu sauver que douze mille livres de rente, dont six mille pour moi et six mille pour mon frère le chef d'escadron.
« La pauvre femme a toujours refusé d'abandonner cette suprême ressource à mon père, et elle est morte se croyant sûre de m'avoir assuré, sinon le bonheur, du moins une aisance relative.
— Six mille francs par an...
« Vous seriez bien heureuse avec cela.
— Mon père ne me le permet pas.
« Il me hait et adore son fils le chef d'escadron, qui est dépensier comme lui.
« Pour cet enfant, il va jusqu'à comprimer ses passions; il se restreint; il a accepté de servir un gouvernement que lui, légitimiste, exècre; de plus, à ce bambocheur qui a dépensé déjà ce que ma mère lui avait légué, le général voudrait donner mon bien.
« C'est là son souci de chaque jour.
« Pour y arriver, il y a deux moyens :
« Le premier est de me marier à quelque vieillard qui me prendrait pour mes beaux yeux, donnant acquit de mon douaire...
« Le second, c'est de me mettre au couvent.
« J'ai déjà cassé deux marchés où l'on me livrait, la première fois à M. de Béthume, un homme qui est, à quarante ans, décrépit et impotent comme s'il avait atteint l'âge de l'extrême vieillesse; la seconde fois, on voulait me donner à un M. de Chalgrin, qui a cinquante-trois ans et qui prise.
« Mon père m'organise un troisième mariage et a juré que, si je ne le faisais pas, j'entrerais chez les bénédictines de Claremont, dont ma tante est supérieure.
« Et ma tante est une femme que je redoute infiniment.
— Mademoiselle, dit Margot, est-ce que votre père a le droit de faire cela ?
— Hélas ! oui, la loi est pour lui; je serai enfermée jusqu'à vingt et un ans.
« Qui sait même si, après ma majorité, je pourrai sortir de ma prison ?
— C'est affreux ! dit Margot
Puis avec un bel élan :
— Mademoiselle, dit-elle, j'irai au couvent avec vous.
Profondément touchée, Marie de Lancenales embrassa tendrement Margot.
La proposition de Margot d'accompagner mademoiselle de Lancenales au couvent souriait fort à celle-ci ; mais, pour cette enfant, le sacrifice était grand.

Marie hésitait à l'accepter éventuellement.
— Mignonne, dit-elle, on s'ennuie bien entre quatre murailles.
— Pas avec vous, fit Margot.
— Mais songe donc !...
« Je vais avoir dix-sept ans seulement; jusqu'à ma majorité, c'est quatre années à attendre.
— Je serai toujours mieux où vous serez qu'ailleurs ; sans vous je m'ennuierais trop.
Puis avec tendresse :
— Voyons, mademoiselle, promettez-moi de m'emmener : je ne serai tranquille et heureuse que quand je serai sûre de n'être point séparée de vous.
— Pauvre petite !
« Tu es trop charmante !
« Eh bien ! j'accepte. »
Margot frappa joyeusement ses deux mains l'une contre l'autre.
— Quel bonheur ! s'écria-t-elle.
Mademoiselle de Lancenales souriait de cette joie et de ces exclamations.
Elle tendit la main à Margot qui s'était mise à sautiller, et l'attira sur ses genoux; elle l'y berça doucement avec un air tout maternel et lui dit :
— Vois-tu, au fond, tu ne seras ni si malheureuse ni si ennuyée.
« Je veux que là-bas tu sois traitée avec égard comme moi.
« Tu y seras l'égale de tous.
« Nous y jouerons ma tante.
— Je vous y aiderai, fit Margot : je sais faire de bonnes niches.
« C'est moi qui mets toujours des petits cailloux dans les bottes du général.
— Ah ! friponne ! dit Marie.
« Tu ne m'avais pas dit cela !
— J'avais peur d'être grondée.
Marie ne soupçonnait pas à l'orpheline ces côtés gamins de caractère; elle était à la fois surprise et étonnée, elle à qui jamais idée pareille ne serait venue.
Elle reprit :
— Margot, ma petite, il ne s'agit pas de faire des folies d'écolières.
« Pour jouer ma tante, j'entends la tromper sur mes intentions.
« Je laisserai entrevoir que je n'ai aucune répugnance pour prononcer mes vœux, et l'on nous choiera jusqu'à ce que je jette le masque.
— Ah ! mademoiselle, vous êtes politique ; à la bonne heure !
— Il faut bien se défendre.
Une idée tourmentait Margot.
— Dites-moi, vous, fit-elle, si la pensée que j'ai est bonne.
« Je me demande pourquoi vous refusez d'épouser un vieux ? »
A cette question, si simple et si embarrassante, Marie rougit.
Margot, moins embarrassée parce qu'elle était plus naïve, fit la réponse.
— Évidemment, dit-elle, vous ne voulez pas d'un vieux parce que l'amour c'est de s'embrasser, et que les vieux n'ont plus de dents ni d'haleine.
« Il vaut mieux embrasser un jeune homme : ça ne vous répugne pas. »
Mademoiselle de Lancenales sourit de cette ignorance de la pauvre Margot, qu'elle laissa continuer; la petite alla son train, développant son idée :
— Que vous n'épousiez pas un vieux, je le comprends et je vous approuve.
« Mais un jeune...
— Ma pauvre enfant, il me faudrait une dot, et je n'en

ai pas, pour l'instant du moins.
— Comment... une dot?
— Eh oui!
« Crois-tu qu'un jeune homme riche, bien fait de sa personne et noble va prendre une fille sans douaire, assez laide du reste?
— Laide!
« Vous!... »
Mademoiselle de Lancenales, ignorant qu'elle avait le ne sais quoi, se croyait de très-bonne foi peu douée physiquement.
— Oui, fit-elle, laide!
Et elle passa outre aux protestations de Margot qui s'entêtait.
— Tu comprends, fit-elle, que je dois me résigner à mon triste sort.
« Je serai vieille fille
« Mon rêve, vois-tu, c'est de sortir du couvent avec mes six mille livres de rente et de voyager comme les demoiselles anglaises qui n'ont pu placer leur cœur.
« Je serai une espèce de garçon.
« Car de prendre un mari qui aurait songé à ma petite fortune, ce serait humiliant; et de trouver époux pour la beauté que je n'ai pas, il n'y faut point songer. »
Margot fit la concession d'admettre que sa maîtresse n'était pas jolie, et elle dit :
— Je sais pourtant quelqu'un qui vous prendrait volontiers pour femme.
— Moi?
— Oui, c'est M. Marchangy, le petit jeune homme qui vous a écrit...
— Oh! tu sais cela?
— Mademoiselle, la lettre traînait...
— Je te pardonne de l'avoir lue; ne rougis pas : la curiosité est si naturelle!
« Quant à ce Marchangy, ne sais-tu donc pas que son père était marchand de blé?
— Si fait, mademoiselle.
— Eh bien?
— Je ne saisis pas.
— Margot, je suis noble, moi... une de Lancenales ne peut se mésallier.
Margot ouvrit de grands yeux.
Mademoiselle de Lancenales reprit avec force :
— J'aimerais mieux tout que d'épouser un roturier!
Et tout son être frémissant prouvait que c'était une invincible répulsion.
Margot n'avait pas l'ombre d'un préjugé; elle se disait qu'un homme est un homme, et que quand elle serait en âge, s'il se présentait un fiancé, pourvu qu'il fût aimable et suffisamment doué, elle l'épouserait de grand cœur.
Aussi la petite orpheline regardait-elle mademoiselle de Lancenales avec étonnement, ne comprenant rien à la colère sourde de celle-ci.
Tous les nerfs de Marie s'étaient crispés; elle était dans un état d'irritation indicible, et ce, à la seule pensée d'épouser un roturier.
— Mademoiselle, hasarda timidement Margot, quelle différence y a-t-il aujourd'hui entre un noble et un autre homme?
Cette simple question, posée doucement, d'un air ingénu, embarrassa fort Marie, qui chercha sa réponse.
— Ma chère petite, dit-elle, je ne veux pas te froisser; ne te formalise donc pas de ce que je vais te dire : je t'aime trop pour vouloir te faire de la peine.
— Je n'en doute pas, mademoiselle; dites-moi bien tout ce que vous pensez.
— Eh bien! je pense que tu n'as pas encore l'habitude du luxe, de l'élégance, de la recherche, de ce qui constitue enfin ce qui est l'apanage de l'aristocratie.

« Tu ne peux donc comprendre tout ce qu'une fille bien née souffrirait dans ses plus délicates aspirations en épousant un rustre.
— Mademoiselle, je suis comme vous : je n'aime pas les rustres.
— Tu vois, fillette, fit d'un air de triomphe mademoiselle de Lancenales, qu'à peine faite aux bonnes manières tu as déjà de la répulsion pour les gens de bas étage!
— De bas étage... sans doute, si mademoiselle entend par là les gens de rien qui s'avilissent en buvant et en traînant la misère.
« Mais un bon ouvrier honnête n'est pas un rustre pour moi.
« Est-ce que mademoiselle regarde comme un homme de bas étage M. Guy, le capitaine des pompiers, qui a été décoré, qui a dîné ici, et qui a sauvé si bravement la mère Nuche?
« J'ai vu, ce soir-là, des nobles de Verdun se conduire si mal que le sous-préfet a dit d'eux au général que jamais il n'inviterait de pareils ivrognes chez lui.
« Et M. Guy, lui, au dire de madame la comtesse de Belleville, qui en parlait à mademoiselle de Chancé, est un homme très-distingué.
« Il n'est pas gentilhomme. »
Mademoiselle de Lancenales flotta un instant entre deux sentiments contraires.
Margot avait plaidé pour ses idées avec audace et chaleur; son petit ton décidé froissait sa maîtresse, qui ne savait que répondre du reste, ce qui ne la disposait pas à la bonne humeur.
D'autre part, Marie était d'une nature loyale et exquise.
Sa colère passa vite.
— Veux-tu, Margot? dit-elle; ne discutons plus sur ce sujet.
« Ton M. Guy est une exception.
« Mais, en général, les gens qui sont issus du peuple sont fort mal élevés.
« Et puis la caque sent toujours le hareng, a dit Henri IV.
« M. Guy lui-même ne doit avoir que le vernis de la bonne éducation. »
Et comme Margot voulait insister :
— Inutile de continuer la plaidoirie, petite! dit Marie avec bonhomie et en riant.
« Pour te donner une idée de l'horreur que m'inspire le mariage avec un roturier, sache que Dieu le Père viendrait me demander ma main, s'il n'avait pas quatre quartiers de noblesse, je le refuserais sans hésiter.
— A votre idée, mademoiselle! fit Margot.
« Pour moi, si le plus petit saint du paradis me voulait, quand ce serait saint Crépin qui n'est qu'un savetier, je voudrais que la noce eût lieu le lendemain. »
Sur cette sortie, toutes deux se mirent à rire comme des folles. Margot, tout en riant, regardait dans la rue, parce que celle-ci était pleine de beaux soldats qui passaient.
Et elle ne détestait point les hussards bien campés, la petite!
Mais tout à coup parut un officier qui sembla à Margot si bien de sa personne qu'elle s'écria tout haut :
— Ah! mademoiselle, voilà un chef de hussards qui vient; je vous en prie, regardez-le.
— Pourquoi donc, Margot?
— Jamais je n'ai vu homme plus beau que celui-là!
Très-indifféremment, mademoiselle de Lancenales regarda dans la rue.
Elle y vit Lassalle.
Margot remarqua que sa maîtresse tressaillait et pâlissait.

— Ah! ah! fit-elle en riant.

Mademoiselle de Lancenales, le sourcil froncé et très-sévèrement, ordonna :

— Fermez la fenêtre, Margot!

La petite obéit d'un air contrit.

Marie se repentit aussitôt de ce coup d'autorité et dit :

— Allons, pas de bouder, mignonne! tu as eu tort de rire si haut : on pouvait t'entendre de la rue et nous remarquer.

« Mais j'aurais dû te parler plus doucement. »

Elle l'embrassa au front.

— Comme vous voilà blanche! fit Margot; connaissez-vous donc ce jeune homme?

— Je ne le pense pas, fit Marie, et pourtant j'ai un vague souvenir de ce visage!

— Votre cœur bat!

— C'est vrai, je suis très-émue, dit franchement Marie, je ne sais qu'en penser.

— C'est peut-être l'amour?... dit finement Margot.

— Folle!

— Ah! si ce hussard vous demandait, noble ou pas noble, vous l'épouseriez.

A cette insinuation, toutes les répugnances de mademoiselle de Lancenales se réveillèrent invincibles, et elle dit d'un air presque tragique :

— J'aimerais mieux m'arracher le cœur que de laisser s'y glisser un sentiment honteux!

En ce moment, le général entra.

— Ah! murmura Marie, voilà la lutte qui va commencer à propos de mon troisième prétendant.

« Nous allons voir... »

V

FILLE VENDUE.

M. de Lancenales, qui venait d'entrer, était un grand vieillard sec, droit, serré dans un pantalon collant, dans une lévite étroite, dans un col qui lui engonçait le cou.

Il était chauve au milieu du crâne, avec des mèches raides tout autour de sa tonsure naturelle; elles avaient l'air de vouloir prolonger encore au delà de la tête ce que le personnage avait de rigide dans le corps.

Des favoris coupés au ras des oreilles, des moustaches en pointes, une barbiche à la Richelieu, donnaient à la tête du général quelque chose de dur, de sec, de cassant; à la première vue, le soldat l'exécrait.

Comme sa fille, M. de Lancenales avait le menton et le nez longs; mais il avait aussi un je ne sais quoi : c'était un je ne sais quoi de sombre, de répulsif, de menaçant, qui faisait froid.

L'œil était petit, noir, perçant, faux de reflet, luisant à travers des cils en broussailles; les sourcils, rudes, épais, emmêlés, démesurément longs, retombaient sur la paupière.

Le tout eût formé un regard terrible, n'eût été quelque chose d'incertain, lâcheté en face de la force.

Un Parisien de son régiment, alors qu'il commandait le 3e dragons, l'avait défini très-heureusement d'un seul trait :

« Un vieux loup maigre habillé en colonel. »

Tout l'homme était dans ce mot.

En somme, ce vieux noble, général d'antichambre, devait son grade à la Restauration, n'avait rien fait pour la France, sinon d'envoyer le plus possible de ses enfants dans les bagnes militaires par des excès de sévérité et des abus de pouvoir indignes.

Il était entré les sourcils froncés.

— Margot, dit-il, sortez!

Et l'enfant s'en alla.

Mais, sur le bas de la porte, espiègle, elle lui tira la langue.

Marie sourit.

Du reste, ayant pris la résolution d'entrer au couvent, d'y jouer un rôle de soumission, elle se sentait et se croyait forte.

Sans cesse le général la menaçait du cloître; elle allait lui enlever ce moyen de pression en acceptant en apparence d'entrer en religion.

Donc elle attendait de pied ferme.

On sait sur quel ton l'on se parle dans les familles aristocratiques.

Marie s'était levée devant son père et s'était inclinée

Il salua.

Mais Marie dit :

— Monsieur, vous me permettrez de vous faire observer que vous ne vous êtes pas fait annoncer, et que vous avez même oublié de frapper en entrant chez moi.

Le général parut surpris de la fermeté dont ceci fut dit; toutefois, d'après le cérémonial en usage, il se sentait dans son tort.

— Agréez mes excuses, mademoiselle. Attribuez cet oubli des convenances aux graves préoccupations que me donne le sujet qui m'amène ici; vous plaît-il de causer?

— Je suis à vos ordres, monsieur.

Elle tendit un fauteuil.

— Ma chère Marie... fit le général après s'être assis et se départant de sa roideur.

— Pardon... dit Marie : mademoiselle.

— Hein! qu'est-ce à dire? fit le général.

— Je vous invite, monsieur, à quitter avec moi, dit Marie, un ton de familiarité que vous n'avez jamais pris.

« Je n'y suis pas habituée, et cette façon de parler me gênerait. »

Le général se pinça les lèvres, se contint et reprit :

— Mademoiselle, vous avez l'âge où une jeune fille...

— Pardon, interrompit encore Marie; il serait inutile de continuer ces préliminaires : pour vous, monsieur, ce serait une inutile fatigue; pour moi une souffrance.

« Je vous serai reconnaissante d'arriver de suite au nom du prétendu, que je ne connais pas encore, quoique je sache qu'il s'agit d'un mariage d'argent. »

Cette fois, le général se fâcha.

— Mademoiselle, dit-il, prenez garde! vous me lasserez...

Il fixa Marie.

Celle-ci soutint ce regard.

Le général comprit qu'il allait se heurter à une résolution absolue, et il se décida à brusquer les choses.

— Mademoiselle, dit-il, vous avez refusé tous les partis que je vous ai proposés; cette fois, je suis déterminé à vous marier quand même.

« Préparez-vous donc à épouser sous peu de jours M. le marquis de Praugy. »

A ce nom, Marie se dressa avec indignation et s'écria :

— Ah! monsieur, voilà le comble de l'infamie!

« Vous voulez me livrer à cet homme?

— N'est-il pas jeune? vous m'avez reproché de vous proposer des vieillards...

« Monsieur de Praugy a quarante ans, et il est dans toute la vigueur de l'âge.

— C'est un assassin!

« Un duelliste!

« Un débauché!

— Marie, il sera le modèle des pères de famille, j'en suis sûr.

Marie sentait qu'elle allait s'emporter jusqu'à la violence; elle se contint.

— Finissons, monsieur, cette querelle, dit-elle; je

vais entrer au couvent pour n'en plus sortir.

Elle croyait tout terminer ainsi, mais elle se trompait.

— Il est trop tard... même pour le couvent, dit froidement le général.

« Il faut vous marier; je vais faire publier les bans demain dimanche. »

Marie s'attendait à tout, sauf à voir repousser l'offre d'entrer au couvent.

Elle tomba affaissée sur son fauteuil.

Le général sourit, triomphant de cet abattement, et se croyant sûr du succès.

Mais soudain Marie se redressa.

— Monsieur, dit-elle frémissante, l'homme que vous me proposez est un coupe-jarret immonde : je sais son histoire.

— Voyons-la, fit M. de Lancenales; je suis curieux de la connaître.

— M. de Prangy, sous la Restauration, a lâchement profité de son talent extraordinaire à l'escrime pour tuer les libéraux.

— Œuvre pie!

— Oh! monsieur!

— Des ennemis du trône et de l'autel; allez-vous les soutenir?

— Admettons cette excuse.

« Il est de notoriété publique que M. de Saulnes a payé ce misérable de Prangy pour chercher querelle à M. de Bonald, qui devait partager un héritage immense avec lui, de Saulnes.

— Et M. de Prangy a tué un malheureux jeune homme qui ne savait même pas tenir une épée.

— Mais qui l'avait soufflété!

— Parce que M. de Prangy avait calomnié sa mère.

— Sans se douter de la présence du fils, mademoiselle.

— Oh! vous trouverez toujours des excuses, mais l'opinion publique a jugé.

— Elle a jugé que M. de Prangy était très-honorable, puisque la meilleure société de Verdun le reçoit dans ses salons.

— Par lâcheté!

« Encore y a-t-il des magistrats qui n'invitent jamais cet homme.

— Rigorisme outré.

Et le général ajouta :

— Tenez, mademoiselle, laissez-moi vous dire un mot.

M. de Prangy est fou de vous.

« Il est venu me trouver et m'a tenu ce langage :

« — Mon cher général, voilà bientôt deux ans que je suis épris de mademoiselle de Lancenales; je n'ai pas encore osé me présenter.

« J'ai une réputation de duelliste qui effarouche un peu.

« Eh bien! général, il y a dix-huit mois, j'ai pris la résolution de mettre de l'eau dans mon vin, de me ranger, de faire oublier le passé et de devenir un garçon modèle.

« Je crois avoir tenu parole.

« Depuis dix-huit mois, pas l'ombre de querelle! »

Marie interrompit.

— Pas de querelle, parce que tout le monde a plié devant lui.

« Sa dernière affaire avait terrifié la ville et la garnison.

— Mademoiselle, quand on veut se battre, on trouve toujours à qui parler.

« À vous l'honneur de la conversion de M. de Prangy.

— Triste honneur!

— Pourquoi donc?

« C'est une belle conquête.

« Enfin, mademoiselle, j'ai décidé, et il faudra obéir. »

A cette mise en demeure, Marie se leva très-pâle, mais très-résolue.

— Monsieur, dit-elle, vous savez, ne le niez pas, je vous l'ai entendu dire, que M. de Prangy a épousé une jeune fille qu'il adorait (à son dire) : c'était un caprice comme ces sortes d'hommes en ont trop souvent.

« Il a pris en haine sa malheureuse femme, et il l'a si indignement traitée, qu'elle en est morte, enceinte de six mois.

« En me livrant à cet homme, monsieur, vous me livrez à mon bourreau. »

L'accusation était terrible.

— Mademoiselle! s'écria le général, vous accusez follement.

« Madame de Prangy, les médecins l'ont constaté, est morte d'une péritonite.

— Causée, fit Marie, par un coup de pied donné par M. de Prangy.

— Vous-même, du reste, l'avez dit, je vous le répète.

— A cette époque, je croyais aux calomnies répandues contre M. de Prangy.

— Et depuis qu'en m'épousant il vous débarrasse de moi vous avez changé d'opinion?

— Marie, prenez garde!

Et, sur cette menace, le général, très-rouge, tourmentait une chaise.

— Laissez ce meuble, monsieur, dit Marie, vous allez le briser!...

Marie était arrivée à ce paroxysme d'indignation qui fait tout braver aux femmes : péril et convenances.

Elle avait le sang au cœur, comme le général l'avait à la tête. Tout le passé lui apparaissait, et elle oubliait que cet homme était son père pour ne se souvenir que de son long martyre et de celui de sa mère.

— Mais laissez donc ce meuble, monsieur! répétait-elle provoquante!...

Elle allait au-devant du danger.

— Tenez, vous me poussez à bout!... fit le général qui pâlit à son tour.

— Oh! je m'attends à tout.

« Vous avez un jour, imitant M. de Prangy, jeté un guéridon sur ma mère, qui est morte d'un cancer au sein. »

Et froidement terrible :

— En épousant ce monsieur, je ne me mésallie pas.

« Fille d'assassin, j'épouse un assassin! »

Le général eut un mouvement de rage tel, qu'il leva la chaise et la brandit.

Marie attendit le coup en ricanant.

Pendant quelques secondes, le général, les traits crispés, laissa l'arme qu'il s'était faite suspendue sur la tête de Marie. Celle-ci, indomptable, avait un sourire de défi aux lèvres.

M. de Lancenales n'osa frapper.

— Ah! fit-elle, vous hésitez?

Il avait abaissé la main.

— C'est étrange!

« Mauvais mari, vous auriez dû être mauvais père et vous débarrasser de l'enfant comme vous l'avez fait de la mère.

— Taisez-vous, malheureuse! dit le général en essuyant la sueur qui lui coulait du front.

Il était sous le coup d'une réaction très-vive.

Il n'avait pas frappé, il était vaincu, il était affaissé.

Marie, au contraire, était dans tout l'élan d'une légitime colère longtemps comprimée, d'une révolte que rien ne pouvait plus dompter; elle avait brisé toute retenue.

— Me taire, monsieur? dit-elle.

« Me taire, quand une fois enfin, après tant de lâchetés de ma part, tant de défaillances, j'ai le courage de parler?

Il lui traversa la poitrine de part en part. (Page 45.)

« Me taire, quand je n'aurai plus jamais peut-être l'occasion de venger ma mère ?
« Non, non, non !
— C'est bien, fit-il
« Du moment où vous me manquez de respect, je me retire. »
Prompte comme la pensée, Marie courut à la porte et la ferma à clef.
Le général fut stupéfait!
Tant d'audace le paralysa.
Mademoiselle de Lancenales revint se placer devant la fenêtre, mit dans sa poche la clef qu'elle tenait à la main, et dit toute frissonnante :
— Monsieur mon père, écoutez bien tout ce que je vais vous dire :
« Chacune de mes paroles sera un des soufflets que je ne puis vous donner.
— Misérable enfant ! fit le général.
— Oh ! dit-elle, peu m'importent vos exclamations!
« Je me sens du feu au front, du feu au cœur, des flammes aux lèvres.
« Vous entendrez tout.
« Et d'abord, sachez-le, de votre odieuse conduite envers ma mère je n'ignore rien, absolument rien, monsieur!
« C'est vous dire que j'ai le droit de vous mépriser, de vous haïr.
« C'est vous dire que je ne vous crains pas comme mon père, mais comme un monstre, et c'est un sentiment invincible.
« Ceci dit, monsieur, croyez que vos plans me sont connus.
« Moi, pauvre petite, je suis pour vous un être nul, gênant, odieux même, car je ressemble à ma mère.
« Votre fils, mon frère, a tous vos vices et toute votre affection.
« Vous voulez lui donner ma fortune et l'aider à mener la vie infâme qui fait de vous l'égal de M. de Prangy.
« Je consentais à aller au couvent.
« Cela ne suffit plus...
« Je sais pourquoi. »
Et foudroyant d'un regard effrayant le général qui baissait les yeux :
— Vous me voulez vendre, monsieur!
« Ce de Prangy, millionnaire, me payera ; voilà pourquoi le couvent ne vous suffit plus pour moi ; voilà pourquoi il vous faut le mariage avec ce scélérat.
« C'est bien cela, n'est-ce pas?
« Mais je ne subirai pas cette honte, et, barre de fer, je me raidirai contre votre volonté, dussé-je me faire briser! »

Ceci dit, elle prit la clef dans sa poche, ouvrit la porte, revint majestueuse et fière vers son père et dit :
— Vous pouvez sortir maintenant, monsieur, quand bon vous semblera.

Il se leva chancelant et s'achemina vers la porte. Là il reprit force et insolence par un revirement subit.

— Mademoiselle ma fille, dit-il, vous êtes une grande tragédienne.

« Mais toutes vos tirades n'y feront rien.

« J'ai un sûr moyen de vous marier à M. de Prangy.

« Fort heureusement je viens de le trouver : aussi je m'en vais tranquille. »

Il se retira.

Marie comprit qu'elle était perdue ; il n'y avait pas à se tromper au ton dont le général avait fait cette déclaration. Évidemment, il avait trouvé une machination d'un effet certain.

Marie se mit à pleurer de désespoir.

Tout à coup elle entendit le parquet crier et leva la tête.

Lassalle était devant elle.

Elle voulut crier.

Il lui fit signe de se taire.

Puis, s'inclinant respectueusement, il lui dit :

— Mademoiselle, je jure sur l'honneur que vous n'épouserez pas M. de Prangy.

Et, sur cette déclaration solennelle, il salua et sortit.

L'apparition de Lassalle avait produit l'effet d'un coup de théâtre.

Rien de plus inattendu.

Mademoiselle de Lancenales était au comble de la surprise et presque de la joie.

Malgré elle, tout à coup une extrême confiance l'avait envahie.

Cette voix mâle, qui lui avait donné si fièrement l'assurance d'une protection efficace, lui inspirait une foi irraisonnée, mais invincible, dans le succès.

Comment le lieutenant était-il entré dans sa chambre ? C'est ce que se demanda Marie, le premier moment passé.

Elle sonna.

Margot accourut.

La pauvre Margot avait l'attitude embarrassée d'une coupable.

— Mademoiselle, fit-elle sournoisement, n'est pas trop fâchée ?

— Contre qui ? demanda Marie.

— Contre moi, répondit Margot.

— Qu'as-tu donc fait ?

— C'est moi qui ai envoyé le hussard.

— Cet officier ?

— Oui, mademoiselle.

« J'ai eu peur !

« Quand j'ai entendu le général vous menacer, j'ai couru au salon.

« Je savais que l'officier y était, et il m'inspirait confiance.

« J'ai laissé voir que j'étais bouleversée de façon à être interrogée.

— Et il t'a questionnée ?

— Oui, mademoiselle.

« Il a une si bonne figure, ce jeune homme !

« Quand il a entendu que vous étiez sérieusement menacée, il a couru vers la chambre bien vite ; si vite, que je crois qu'il vous connaît et qu'il vous aime de tout son cœur.

— Où peut-il m'avoir vue ?

— Je ne sais pas.

« Mais toujours est-il qu'il n'a fait ni une ni deux.

« Au moment où il arrivait, il a entendu que c'était vous qui accusiez votre père et que, comme on dit, vous aviez pris le dessus.

« Il n'est pas entré.

« Quand le général est sorti, il s'est jeté avec moi dans la pièce à côté, et puis il m'a dit en serrant le poing :

« — Jamais ça ne se fera ! »

« Vous savez le reste.

— Étrange... murmurait mademoiselle de Lancenales.

« Pourquoi était-il venu à la division ?

— Je crois qu'il apportait une lettre de votre frère au général.

« Tout à l'heure le général a trouvé un pli dans le salon avec un mot.

« Il a juré de toutes ses forces.

« — Deux mille francs... grondait-il... perdus au jeu... qu'il faut payer à ce sous-lieutenant !...

« Où vais-je prendre ça ? »

— Je comprends, dit Marie : mon frère aura perdu deux mille francs avec ce jeune homme, et, comme il partait pour Verdun, l'aura prié de les réclamer à M. de Lancenales.

C'était en effet la vérité.

Cette dette avait amené à propos Lassalle près de mademoiselle de Lancenales dans une circonstance critique.

Mais Marie cherchait en vain et quand elle avait vu Lassalle ; ses souvenirs étaient trop vagues.

Après avoir bien cherché :

— Margot, fit-elle, tu es une fille de beaucoup d'esprit.

— Mademoiselle est trop bonne.

— Petite sournoise, tu te fais modeste, mais tu te sais très-fine.

« Tu vas tâcher de savoir comment s'appelle ce sous-lieutenant.

— Oui, mademoiselle.

« Je cours et je reviens. »

VI

LA PROVOCATION.

Pendant que Margot allait intriguer pour savoir qui était Lassalle, celui-ci, très-allègre, courait au café.

A son entrée, il s'aperçut qu'il s'y passait quelque chose, mais il n'y prit garde, remettant à quelque temps de savoir ce qu'on tramait.

Il appela Martinet à une table écartée.

— Diable ! fit Martinet en voyant Lassalle, comme tu rayonnes !

— Ah ! mon cher, dit le jeune homme, si tu savais ?...

— Qu'y a-t-il donc ?

— La plus heureuse chance.

« Figure-toi que le général veut forcer sa fille à épouser un certain de Prangy, un spadassin que je vais souffleter ce soir.

— Pour te battre et le tuer ?

« Bien joué, camarade !

« D'autant plus que, même sans cette affaire, il eût fallu en découdre ; les camarades veulent expulser le Prangy.

« Je suis ton second ?

— Parbleu !

« Mais on a donc parlé de ce spadassin ?

— Oui ; les habitués en ont dit pis que pendre.

« Il sera, paraît-il, très-dur à décrocher, ce Prangy.

— Oui, c'est une rude lame, mais il joue le vieux jeu.

« Dans la salle d'armes, nous serions de force égale, je pense. Je l'ai vu tirer, il y a deux ans, chez Gâtechair.

« Sur le terrain, avec mon système, j'ai soixante chances sur cent contre lui.

— C'est une belle partie, vu surtout l'enjeu, auquel tu tiens!

« Ah! le voilà, ce Prangy! »

En effet, de Prangy faisait son entrée au café des officiers.

A son aspect, il y eut un sourd murmure et chacun leva la tête : cet homme avait une réputation telle, qu'il excitait une vive curiosité.

— Tu vas voir comme je vais jeter dehors ce misérable! dit Lassalle.

Et il se dressa lentement.

Dans une petite ville de garnison, il y a toujours un certain nombre d'anciens militaires, d'employés retraités ou de rentiers chauvins qui aiment l'armée et qui fréquentent assidûment le café des officiers. Ce sont ces bourgeois qui conservent la tradition de l'établissement et qui y continuent les habitudes d'un régiment à un autre.

Ces habitués étaient sourdement très-hostiles à de Prangy. Celui-ci, insolent, bravache, prenait les pékins pour cible au café qu'il avait fait sien, en quelque sorte ; il s'y imposait à tout régiment qui arrivait, grâce à une adroite manœuvre.

Il se présentait le soir de l'entrée en ville par la garnison nouvelle ; il se faisait flanquer par un chef d'escadron et deux ou trois capitaines retraités, ses intimes.

A eux tous, ils offraient un punch de bienvenue au corps d'officiers qui acceptait tout naturellement cette politesse.

On trinquait.

De Prangy se montrait charmant, flatteur, insinuant, conciliant...

Le tour était joué.

Le lendemain, quand par la ville on médisait du spadassin, les officiers, prévenus en sa faveur, répondaient qu'il était moins noir qu'on le leur faisait.

Le premier pas était fait.

Puis de Prangy était reçu chez le général.

Bref, il était implanté au café et il y restait enraciné.

Les pauvres bourgeois en étaient bien marris, et chaque fois qu'il y avait un bouleversement dans la garnison ils tâchaient, timidement, de mettre les officiers nouveaux en garde du spadassin.

Jusqu'alors ils n'avaient pas réussi.

Ce soir-là, pourtant, ils avaient manœuvré très-habilement.

Avant l'arrivée de Prangy, ils avaient lâché des mots à double entente, suffisants pour faire dresser l'oreille à des gens d'honneur, et ils avaient même piqué l'amour-propre des hussards.

Ils avaient dit aussi des phrases de ce genre :

— Nous sommes bien heureux que le 2e de hussards arrive.

« On dit qu'il y a dans le cadre de fines lames et des hommes de cœur.

« De Prangy n'aura pas si beau jeu qu'avec les dragons! »

Et là-dessus des explications avaient été entamées; elles étaient très-avancées, malgré les réticences des pékins ; quand Lassalle entra, on lui fit signe de venir.

Mais il eut un geste de refus : il voulait confier son bonheur à Martinet.

Telles étaient les dispositions générales quand de Prangy entra.

C'était un laid monsieur.

Qu'on s'imagine un blaireau.

C'était un petit homme, d'aspect terreux et d'une peau sale, malgré tous les savons; une bouche édentée, lippue, contournée, venimeuse, avec son nez ignoble, avec son front large, mais fuyant.

Un coup de sabre, qui avait abattu l'oreille gauche, avait achevé de défigurer cet homme.

Il y avait dans ce misérable quelque chose de sinistre qui glaçait.

Lorsque Lassalle se leva, les officiers pensèrent que, Martinet lui ayant parlé de leurs dispositions, il se chargeait d'exécuter de Prangy; tous devinrent attentifs.

Le spadassin ne s'attendait pas à cet accueil hostile. Consommateurs, garçons, demoiselle de comptoir, patrons, tous étaient immobiles et muets; il y avait un froid lourd dans la salle.

Lassalle se dégagea de la table qu'il occupait, et une main sur le marbre, l'autre étendue vers de Prangy :

— Garçon, dit-il, chassez monsieur!...

C'était brutal, carré, net et crâne; il y eut un long frémissement de joie chez les vieux habitués.

Les officiers, qui connaissaient Lassalle et savaient sa force à l'escrime, sourirent tous de plaisir, comptant que le 2e hussards allait retirer grand honneur de cette affaire.

De Prangy s'attendait bien à quelque chose, mais pas à ça.

— Hein? fit-il désarçonné du premier coup ; me chasser, moi ?

« Qui dit cela?

— Moi! dit Lassalle; en mon nom et au nom du régiment, nous ne fréquentons point les assassins, les voleurs, les mouchards.

« Et vous avez été, vous êtes cela!

De Prangy se campa, les bras croisés, les reins assis, et dit :

— Je ne sortirai pas et je vous f...rai demain mon épée dans le ventre jusqu'à la garde, pour apprendre à un gamin comme vous à insulter les hommes comme moi.

Les officiers se levèrent tous ensemble.

Lassalle leur fit signe de se tenir tranquilles et répondit :

— Vous sortirez, monsieur de Prangy, je vous en réponds.

— C'est ce qu'on verra.

— A l'instant même !

Tout le monde avait quitté les tables et faisait cercle: l'émotion était à son comble

Il venait de pousser à Lassalle une idée comme il en vient aux Gascons, gens de haute fantaisie et de grande originalité.

Il se retourna vers Martinet et lui dit tout bas à l'oreille :

— Envoie chercher deux fleurets ; veille à ce que le poste qui est près d'ici ne vienne pas, quand même on l'appellerait ; trois camarades empêcheront que ce soit de sortir; deux autres défendront aux garçons de bouger.

« Fais vite!

« On va s'amuser ! »

Martinet sortit après avoir fait prendre les mesures indiquées par Lassalle.

— Eh bien ! jeune homme, demandait insolemment de Prangy, est-ce que vous êtes figé sur le parquet, par hasard ?

« Venez donc me faire sortir.

— Un instant de patience! dit Lassalle.

« Je ne touche les ordures de votre espèce qu'avec une paire de pincettes, et je viens d'en envoyer chercher ici près. »

La galerie se mit à rire.

— C'est-à-dire, fit de Prangy furieux, que vous êtes un cou...ard, que vous avez peur, que vous envoyez quérir la garde !

— Ah! fit Lassalle, voilà bien une idée de fou, monsieur de Prangy!

« Les gens comme vous ont toujours peur de la patrouille et des gendarmes.
« Mais rassurez-vous : je vous assure que la garde ne viendra pas! »
La galerie riait toujours.
Les amis de Prangy étaient très-mal à leur aise.
Ils essayèrent d'intervenir.
— Messieurs, hasarda l'un, on vous a trompés : M. de Prangy...
— ... C'est un assassin, dit un capitaine, nous en sommes sûrs!
« Inutile d'insister ! »
Et le Prangy rugit sous cette nouvelle insulte et bondit vers le capitaine.
— Je vous tuerai aussi, vous! dit-il.
— Je ne le crois pas! fit froidement le capitaine : si vous saviez combien mon ami Lassalle est fort l'épée à la main, vous n'auriez pas la folle espérance de survivre à votre rencontre avec lui.
Le grand sang-froid avec lequel la chose fut dite écrasa de Prangy; l'hilarité de tous redoublait l'outrage.
— Vous êtes de la canaille, messieurs du 2e hussards !
« Je veux vous expédier tous les uns après les autres! »
En ce moment, Lassalle s'était approché du spadassin. Il le saisit par la taille, l'enleva avec une vigueur irrésistible, et le jeta violemment aux pieds des officiers.
Comme il cherchait à se relever, d'une-main de fer le Gascon le retint à genoux et lui dit :
— Tu vas faire des excuses à tous ces honorables soldats que tu insultes, gredin !
Jamais pareille étreinte n'avait pesé sur les épaules de Prangy ; pour la première fois de sa vie, il se sentait sous l'action d'une force brutale qui le dominait.
Il se fit en lui une révolution profonde; il tombait de très-haut, il éprouvait quelque chose d'inconnu : le sentiment de la terreur !
Il se débattit.
Lassalle le prit par le col, et, le soulevant à demi, le rejeta sur ses genoux.
— Des excuses! répéta-t-il, ou tu vas subir une humiliation, misérable !
De Prangy hasarda un regard vers son adversaire : il le vit magnifique, étincelant d'audace, transfiguré ; il eut froid aux os.
Mais il ne pouvait faire d'excuses; c'était fini de lui, s'il en faisait.
— Jamais! cria-t-il.
Lassalle appela un petit vieux bourgeois cacochyme qui jubilait en toussant et qui était dans le ravissement.
— Monsieur, lui dit-il, crachez à terre, je vous prie.
Le vieux comprit ce qu'on voulait; il ne se fit pas prier.
De Prangy, voyant ce qui allait se passer, se tordit comme un ver; mais, avec une vigueur herculéenne qu'annonçaient du reste les admirables proportions de son corps, Lassalle saisit son homme d'une main à la nuque, de l'autre aux reins, et il lui mit le nez dans le crachat. Ce fut alors un rire homérique, que domina la toux joyeuse du vieux bourgeois, lequel s'en donnait pour ses dix ans de quolibets et de farces dont il avait été l'objet de la part de Prangy.
Martinet rentrait.
Il avait les fleurets.
Lassalle les prit, laissant son adversaire se relever.
Prangy, dans sa rage, oublia de s'essuyer la figure et hurla :
— Une arme! une arme! que je le tue, que j'aie sa peau!

— Monsieur, lui dit Lassalle, enlevez ce que vous avez sur le nez, et la petite partie va commencer.
De Prangy s'essuya machinalement.
— Voilà l'instrument, dit Lassalle montrant un fleuret, du bout duquel je vais vous toucher pour vous mettre dehors, regrettant beaucoup, dans mon indignation, de m'être sali déjà les mains sur votre échine galeuse.
Et il jeta l'autre fleuret sur une table.
De Prangy s'en empara furieusement.

VII

LE DUEL.

La galerie s'attendait à voir la querelle entrer dans cette phase. Elle fit place.
Les officiers étaient pleins de confiance, les bourgeois pleins de rancune.
Les premiers espéraient tout de Lassalle.
Les seconds eussent beaucoup donné pour que de Prangy mourût.
On vit le vieux cachochyme se donner beaucoup de mal pour écarter les chaises et faire de la place.
Les autres habitués civils lui aidaient avec empressement; ils rassuraient la dame de comptoir et le limonadier.
Tous disaient,
— Il faut en finir!
Depuis dix ans, ils étaient gouaillés par de Prangy; un vengeur se présentait : il fallait en finir!
Crétins de bourgeois !
A eux tous, s'ils l'avaient voulu, refusant de se battre en duel, écraser de Prangy à coups de queue de billard à chaque impertinence, ils en auraient eu fini depuis longtemps.
Ils n'osaient pas.
On osait pour eux.
C'était Lassalle.
Oh! la belle place qu'ils avaient faite, les bourgeois!
Ils avaient tout bousculé, les sièges et les tables.
Ils voulaient un beau combat et en jouir à l'aise.
Le bourgeois qui n'a pas assisté à un duel est enchanté de voir comment on s'aligne.
Il fallait les voir, les yeux animés, le sourire féroce aux lèvres, les jambes frétillantes.
Un peu pâles tous, par exemple, et le bout du nez rouge.
Cependant les préparatifs sérieux allaient leur train.
— Messieurs, avait dit Martinet aux amis de Prangy, je suis le témoin de M. Lassalle et assisté du capitaine Courceules, que j'ai l'honneur de vous présenter.
Les deux officiers retraités s'étaient inclinés.
Mais de Prangy, redevenu plus calme, observa :
— Le duel qui se prépare n'est pas régulier.
« On ne se bat pas dans un café : c'est un guet-apens!
— Alors, dit Lassalle, sortez d'ici, monsieur le bravache !
« L'affaire se résume en ceci :
« Vous nous gênez.
« Nous voulons vous chasser.
« Je ne veux plus vous toucher de la main, parce que vous êtes une immonde créature, un sale misérable.
« Pour vous renvoyer, je vous pique de la pointe d'un fleuret.
« Et c'est beaucoup d'honneur que je vous fais. »
En ce moment, entre deux crachats fêlés, le vieux cachochyme dit :
— Tiens, tiens, tiens!
« Ce de Prangy !...
« Il a peur! »

Ce fut un coup de fouet.
— Messieurs, dit de Prangy à ses témoins, reculer serait une lâcheté.
« Je me bats. »
Il était vert.
Non qu'il fût poltron.
Réellement cet homme était brave, l'épée à la main surtout.
Mais il avait été écrasé sous le poignet de Lassalle, il avait été dompté; il avait éprouvé l'angoisse de l'impuissance, et il se sentait troublé.
Il y avait en lui une émotion qui tenait plus de l'étonnement, du trouble, que de la véritable peur.
Il ôta son paletot.
Déjà Lassalle était nu jusqu'à la ceinture.
Son adversaire gardait sa chemise.
— Otez cela! fit Martinet.
Il dut le faire.
C'est l'usage.
Son torse apparut à nu avec des plaies syphilitiques.
— Heu! fit le cacochyme.
« C'est un musée Dupuytren que ce monsieur! »
Tout le monde de rire.
Mais Lassalle dit :
— Messieurs, du silence, je vous prie!
« Monsieur a besoin de calme et de sang-froid.
« Qu'il n'y ait rien à me reprocher de sa mort. »
Le jeune sous-lieutenant avait l'air absolument sûr de son fait.
Mais de Prangy reprenait un peu de son assurance :
— Mort? fit-il.
« Pas tout à fait.
« En garde! »
Et il engagea le fer brusquement, contre toutes règles, contre toute attente, poussant traîtreusement un coup droit terrible à Lassalle.
Le jeune homme fit un pas en arrière et chancela.
De Prangy venait de faire une chose infâme, inouïe.
C'était une tentative d'assassinat absolue, une infâme trahison.
Les témoins n'avaient pas croisé les épées; ils n'avaient pas donné le signal; il y avait là cette surprise déloyale, prévue par le code du duel, et qualifiée meurtre par guet-apens.
Lassalle avait reculé, et rencontrant derrière lui une chaise, non encore écartée, il avait chancelé et était tombé.
De Prangy, prompt comme l'éclair, se refendit sur lui. La stupeur avait cloué tout le monde sur place, sauf le petit vieux qui, de sa petite vieille canne, par un prodige d'héroïsme, releva l'épée de Prangy d'un coup sec.
L'arme détournée ne passa qu'à un cheveu de la poitrine du blessé. En ce moment, Martinet prenait de Prangy à bras le corps.
Le petit vieux arrachait le fleuret des mains du spadassin.
Brave petit vieux!
Pendant longtemps on parla de cela à Verdun (sur Meuse).
On montrait le papa Mansuy (on me l'a montré à moi).
La légende avait grossi le fait, et on disait qu'il s'était battu avec sa canne contre un spadassin et qu'il l'avait désarmé avec une adresse inouïe.
La vérité, je l'ai dite; elle est déjà suffisamment honorable.
Inutile d'altérer l'histoire et de tomber dans l'exagération.
Prangy se débattait sous l'étreinte de Martinet; Lassalle venait de se relever, fort pâle, mais très-calme.
On l'entoura.

Il ouvrit son gilet, pria un de ses amis de lui prêter un mouchoir, essuya le sang qui coulait de sa blessure qu'il examina avec soin en souriant :
— Ce n'est rien, dit-il.
« Le sang s'épanche à l'extérieur; une hémorragie interne n'est pas à craindre et aucun organe essentiel n'est attaqué. »
Il dit à Martinet :
— Lâche-moi cette bête fauve, mon chef, que je la tue.
Martinet s'y refusait.
— Non, dit-il.
« Je veux qu'on le livre à la justice : c'est un assassin.
— Je suis dans le cas de légitime défense, hurlait de Prangy.
« Je me f... de vous.
« Vous m'attaquez, je riposte comme je peux, à mon corps défendant.
« Vous m'avez forcé à une lutte qui n'est pas un duel. »
Et il se démenait.
Lassalle ordonna à Martinet :
— Lâche-le!
Et comme Martinet, furieux, hésitait, Lassalle lui cria :
— Mais, sacré n... de D...! lâche-le donc!
Ce que fit le capitaine.
Alors de Prangy se trouva de nouveau face à face avec son adversaire.
Il le vit tranquille, ayant pris une garde singulière.
Lassalle avait trouvé avant Jacob la fameuse tenue de terrain si redoutable mise à la mode par ce professeur.
Le corps très-refusé, le bras très-allongé, le fleuret tenu à bout de poignée, Lassalle se trouvait gagner trois pouces de lame sur son adversaire.
Celui-ci s'engagea.
Il tâta son homme.
Il trouva un poignet souple, dégageant toujours la garde, lassant les battus par de petits coupés moelleux à la main qui les donnait, secs à celle qui les recevait.
Il fit une feinte.
Lassalle para très-légèrement et présenta le fer.
De Prangy comprit que, chaque fois qu'il partirait à fond, il s'enferrerait lui-même; il se sentit dérouté par ce coup, peu pratiqué du reste aujourd'hui encore.
On était haletant dans la galerie.
Comme tout tireur, de Prangy avait des bottes qui lui étaient plus familières que d'autres.
Il en avait une surtout qui était une rentrée de seconde très-extraordinaire; il crut pouvoir la risquer.
Elle fut parée.
La sueur perla au front du spadassin.
Lassalle, crâne, railleur, la lèvre plissée par le mépris, semblait sûr de son fait.
Il avait jusqu'alors tiré sur place, sans avancer, sans reculer. Quand de Prangy commença à suer, Lassalle le pressa quelque peu, puis tout à coup fondant sur lui et le prenant à mi-mouvement de riposte, il déconcerta par trois coups brillants, le prit avant le rétablissement d'une retraite et lui traversa la poitrine de part en part.
Il laissa son fleuret engagé jusqu'à la garde, et se tournant vers le comptoir :
— Garçon, fit-il froidement, un cigare!
Puis aux officiers :
— Messieurs, à vos places, je propose un écarté.
« Oui, tiens! »
C'était très-gascon, cela!

Mais l'effet de ces crâneries est toujours prodigieux. Officiers, bourgeois, gens du dehors assemblés, la ville accourut, la garnison se précipita vers le café, acclamant Lassalle !

Ce fut un triomphe.

On l'emmena chez lui au milieu de ces acclamations.

VIII

COMMENT MADEMOISELLE DE LANCENALES APPRIT L'ÉVÉNEMENT.

Il était onze heures.

Margot n'était pas rentrée.

La camériste, depuis une heure, sous prétexte de faire une course, se promenait par la ville.

Les uniformes des soldats nouvellement arrivés l'attiraient, et, curieusement, elle regardait passer les hussards qui battaient les trottoirs en flânant et en fumant leur cigarette.

Ils s'arrêtaient aux vitrines des boutiques et restaient là à contempler les étalages avec l'indifférence de gens qui n'ont qu'à se promener.

Quoique timide et fort réservée, Margot se mêlait à la foule des habitants qui, comme toujours quand un régiment vient d'arriver dans une ville, se plaisent à suivre de l'œil les nouveaux arrivants.

Elle aimait à voir reluire au soleil le cuir verni des sabretaches qui battaient dans les jambes des hussards.

Les brandebourgs élégants des vestes, les aiguillettes fines, les poitrines bombées, les tailles serrées des hussards la charmaient, et, insoucieusement, elle ne songeait pas à rentrer au logis. Tout à coup elle aperçut l'attroupement qui s'était formé devant le café où se passait la scène que nous venons de décrire.

Elle courut à toutes jambes et s'informa dans les groupes de ce qui venait de se passer.

Elle fut bien étonnée quand elle apprit la mort de Prangy et la blessure de Lassalle et, sans perdre une minute, elle se mit à courir jusqu'à l'hôtel de Lancenales.

Elle entra tout essoufflée, et, sans prendre la peine de frapper à la porte de la chambre de mademoiselle, s'assit sur une chaise pour respirer.

Elle avait très-chaud et s'essuyait le front avec son mouchoir.

Mademoiselle de Lancenales, dans un large fauteuil à dossier élevé, travaillait à un ouvrage de tapisserie compliqué.

Quoique fort attentive à son œuvre délicate, elle avait toujours la même physionomie triste et résignée.

Pourtant, à la bien regarder, on eût pu voir dans ses yeux luire comme des éclairs de rage, et son front était légèrement plissé.

L'entrée de Margot ne l'étonna pas ; elle ne leva pas même les yeux, habituée qu'elle était aux espiègleries de sa femme de chambre.

Margot, à peine remise de sa course folle, s'écria :

— Mademoiselle, c'est fait.

— Quoi ? fit brusquement Marie de Lancenales.

Et elle eut un mouvement d'impatience motivé plutôt par la contrariété d'être arrachée à ses rêveries que par la curiosité.

— Oui, mademoiselle, il est tué.

— Tué ! qui ? M. Lassalle ?

En prononçant ce nom, son front se rembrunit.

— Non ! votre futur, M. de Prangy ! vous voilà sauvée ! c'est le général qui va être furieux, n'est-ce pas ?

— Comment ? Explique-toi !

— Eh bien ! c'est très-simple... mademoiselle : il vient d'être tué en duel... vrai !... Je l'ai vu, non, c'est-à-dire on m'a raconté... je me suis sauvée, j'avais peur de voir un homme mort.

— Voyons, Margot, je t'en supplie, ne dis pas de choses inutiles, apprends-moi comment cela est arrivé.

— En revenant de chez votre couturière, je passais devant le café des officiers ; vous savez, c'est tout près. J'entends un grand bruit, je vois tout le monde qui court, je m'approche : « — C'est bien fait ! disaient les curieux ; ce misérable ! ça devait arriver ! il est tué ! » Je prends des renseignements, et on m'apprend que M. Lassalle avait provoqué M. de Prangy et qu'on s'était battu immédiatement dans le café, devant tous les officiers ; en même temps, des battements de mains se font entendre.

— Et Lassalle ? interrogea mademoiselle de Lancenales en saisissant vivement la main de Margot ; parle vite ! ne lui est-il rien arrivé ?

— Ah ! j'oubliais, mademoiselle : on disait qu'il était blessé.

— Sotte ! il fallait me dire cela tout de suite...

— Puisqu'il n'est que blessé, mademoiselle, ce n'est rien !

— Vite, vite, Margot... va me chercher mon chapeau... dépêche-toi donc !

Et elle bouscula presque sa petite femme de chambre.

Margot courut aussitôt dans la chambre à côté.

Elle vint rapidement, chargée du chapeau et du châle de mademoiselle Marie.

Mademoiselle de Lancenales les lui arracha plutôt qu'elle ne les lui prit des mains et sortit précipitamment, nouant les brides de son chapeau.

Margot n'oublia pas, dans sa précipitation, de donner à mademoiselle de Lancenales l'adresse de Lassalle.

Elle lui expliqua même la route la plus courte à suivre pour arriver chez l'officier.

— Allons ! c'est bien ! dit Marie de Lancenales, j'en sais assez ; taisez-vous, bavarde !

Et elle descendit l'escalier en grande hâte.

IX

CHEZ LASSALLE.

Lassalle était rentré chez lui, accompagné de son fidèle Martinet, désireux de se soustraire aux ovations de la foule.

Martinet, tout en pansant une seconde fois la blessure de son ami, lui dit :

— Tu ne te sens pas de fièvre ?

— Rien, pas même ça d'émotion ! répondit Lassalle, et il fit claquer sur sa dent l'ongle de son pouce.

— Comme je me sens ému, moi, j'éprouve le besoin de siroter un verre de punch, répliqua Martinet.

Il accompagna ces mots d'un gros rire goguenard.

Quand il s'agissait de faire du thé, du punch ou du café, c'était toujours à Martinet qu'incombait cette besogne ; véritable femme de ménage, l'ami de Lassalle se plaisait aux tripotages culinaires.

Il prit un litre de rhum sur la cheminée et chercha pendant un instant un bol à punch.

Le ménage des deux amis était loin d'être complet ; il fallut se contenter d'une grande tasse en faïence dans laquelle, le matin même, Lassalle s'était fait apporter un bouillon de la pension.

La chambre de Lassalle était fort modeste.

En tout semblable aux logis meublés des villes de garnison, cette pièce ne se distinguait que par deux grandes panoplies que Lassalle traînait toujours et partout avec lui.

Ces armes étaient presque des fétiches pour le hussard ; il eût préféré peut-être laisser en route chemises et vêtements que de voyager sans ces trophées.

Ces épées cassées, ces sabres ébréchés, venaient des champs de bataille de l'Algérie. A chacun des fusils arabes se rattachait une anecdote, un fait d'armes audacieux dont Lassalle était le héros.

La panoplie plaquée entre les deux fenêtres de la chambre était la plus curieuse. Au milieu des armes qui s'étalaient en rayons sur la muraille, surmontées d'un croissant en cuivre, se dressait un long bâton auquel était attachée une queue de cheval d'un noir d'ébène.

C'était un étendard arabe que Lassalle avait pris dans la dernière campagne.

Lassalle, dont la chambre était toujours dans un grand désordre, prenait soin de ses armes tous les matins ; il n'eût pas été satisfait si, avant de sortir, il n'eût passé en revue ces chers fétiches et s'il ne les eût époussetés.

Martinet, en un instant, alluma le punch qui flamba joyeusement : il renversa le rhum enflammé avec amour et en silence, humant le parfum du breuvage.

Dans un coin de sa bouche il avait laissé s'éteindre un bout de cigarette qu'il fumait depuis un instant ; il se baissa vers la flamme pour le rallumer.

— Quel nettoyage, mon vieux ! s'écria-t-il tout d'un coup en emplissant les deux verres.

— Une canaille de moins, voilà tout !

Et ils trinquèrent fraternellement.

Les deux amis repassèrent un à un les événements que nous avons racontés. Martinet se défendait quand son ami le félicitait de sa bravoure ; Lassalle se fâchait si, par hasard, son fidèle insistait sur l'habileté avec laquelle il avait embroché de Prangy.

— Tu pensais bien que ce ne pouvait être qu'une mazette à côté de moi, n'est-ce pas ? disait Lassalle à Martinet ; tu connais mon jeu, il n'y avait pas à avoir peur.

— Hum ! hum ! mazette, pas si mazette, le scélérat !... repartait Martinet. Du reste, la galerie a bien jugé.

Et Martinet lui rapportait ce qu'un tel avait dit pendant la lutte, ce que tel autre avait fait observer, etc.

Les deux amis ne parlèrent pas une seule fois des conséquences que pareil événement pouvait entraîner quand le colonel serait averti.

Ils ne songeaient qu'à la joie du triomphe.

Le sujet s'épuisait pourtant, quand Lassalle regardant son ami d'un air malin :

— Sais-tu à qui la mort de cette crapule va faire le plus de plaisir ? Voyons... devine...

Et il resta souriant en fixant Martinet.

— Qui ? Ma foi ! je n'en sais rien.

— Allons ! cherche.

— Non ! c'est inutile : tu sais bien que je n'y vois jamais plus loin que le bout de mon nez !

Après quelques taquineries, Lassalle, avec un air de vouloir commencer quelque confidence, répliqua :

— A la demoiselle au long nez et au long menton.. tu ne t'en serais jamais douté, hein, vieux lapin ?...

— Ah ! bah ! comment ? Explique-moi...

En ce moment, on frappa à la porte.

— Entrez ! fit Lassalle.

Mademoiselle Renée-Marie de Lancenales voilée de noir entra.

Lassalle pâlit en apercevant mademoiselle de Lancenales.

Quand il avait crié : « Entrez ! » il avait cru que c'était quelque camarade du régiment qui venait prendre de ses nouvelles.

Ce fut comme une apparition.

Martinet et Lassalle se levèrent respectueusement.

Mademoiselle de Lancenales leva son voile, et, sur l'invitation de Lassalle, prit place dans un fauteuil.

Mademoiselle de Lancenales paraissait fort émue : la visite hardie qu'elle faisait à l'officier de hussards était fort compromettante.

Elle jeta un regard rapide sur les deux amis, eut presque un sourire en voyant sur la table les verres de punch et les cigarettes, sourire indulgent, en même temps qu'elle sentait en elle une grande admiration pour l'insouciance de Lassalle.

« Après un si grand danger, tant de simplicité, tant de sang-froid ! » pensait-elle.

Elle remarqua aussi la tenue réservée de Martinet qui n'avait pu laisser échapper combien cette entrée soudaine l'avait déconcerté.

Martinet, en effet, laissait percer sur son visage l'étonnement profond où il était de voir la fille du général entrer chez Lassalle avec autant d'aplomb.

« Je ne la savais pas si crâne, » pensait Martinet.

A peine mademoiselle de Lancenales fut-elle assise que Martinet, cherchant son képi, se prépara à sortir discrètement.

— Pardon, monsieur, vous êtes nécessaire ici, dit Marie voyant l'embarras du jeune officier ; vous êtes sans doute l'ami de M. Lassalle, et ce que j'ai à dire ici doit être entendu de vous.

— Mon ami Martinet, fit Lassalle en s'inclinant ; veuillez m'excuser, mademoiselle, si je ne vous l'ai pas présenté plutôt ; la promptitude avec laquelle...

Mademoiselle de Lancenales eut un geste plein de dignité et de grandeur et coupa la parole à Lassalle par ces mots :

— Voulez-vous me donner la main, monsieur, et croire à toute ma reconnaissance ?

Et elle tendit sa longue main fine et blanche à l'officier, qui la serra doucement, mais avec fermeté, comme s'il eût serré la main d'un brave compagnon d'armes.

Mademoiselle de Lancenales eut un tressaillement involontaire.

Martinet se sentait ému, des larmes lui vinrent aux yeux, il détourna la vue et fit semblant de considérer très-attentivement au-dessus de la glace un tableau ridicule qui représentait Napoléon à Sainte-Hélène.

— De la reconnaissance ? Mais, mademoiselle, vous ne m'en devez avoir aucune.

— Si ! fit Marie avec empressement : vous avez risqué vos jours pour moi, je le sais ! ne m'aviez-vous pas dit hier, en me quittant, que j'épouserais jamais le misérable que vous venez de tuer ?

— Mon devoir d'honnête homme et de soldat loyal m'inspirait la conduite que j'ai tenue avec ce scélérat, et l'égratignure que j'ai reçue ne vaut pas l'honneur que vous daignez me faire en ce moment... demandez à Martinet !

Et, ce disant, il affecta une désinvolture nonchalante en désignant son ami qui rougit insensiblement.

Martinet balbutia quelques mots peu intelligibles.

Reprenant la parole, Lassalle, tout en regardant en face mademoiselle de Lancenales, continua :

— Monsieur votre père sévira sans doute contre moi ; jamais duel n'a eu lieu dans des conditions semblables, mais j'ai fait mon devoir, et peu me soucie des fureurs d'un père irrité. Je suis trop heureux mille fois, ayant agi en honnête homme et délivré la garnison d'un tel sacripant, je suis trop heureux, mademoiselle, de vous avoir sauvée.

La voix de Lassalle était d'une grande douceur. Sa

figure pâlie légèrement, à cause du sang qui s'était échappé de sa blessure, frappa mademoiselle de Lancenales pendant qu'il parlait.

Elle ne put s'empêcher de le trouver beau et mâle : mais elle ne ressentait encore pour lui aucun amour.

Lassalle, de son côté, n'ignorant pas le caractère hautain de la fille du général, restait dans les limites d'une courtoisie et d'une politesse excessives.

— Cependant, monsieur, l'homme dont vous m'avez délivrée, spadassin de profession, eût pu vous porter, tout en succombant, un coup terrible, et je ne saurais vous cacher plus longtemps l'inquiétude mortelle où j'étais en entrant qu'il ici. Grâce à Dieu, je vous vois calme et bien portant !

Lassalle se confondit en remerciements.

L'émotion le gagnait.

Quoiqu'il connût l'orgueil de la jeune fille, il ne pouvait se défendre de soupçonner quelque amour chez elle.

Mademoiselle de Lancenales se leva.

Elle n'osait rester plus longtemps chez Lassalle. Enfin, au moment de sortir, elle ne put s'empêcher de dire d'une voix émue :

— Vous voudrez bien permettre, monsieur, que j'exerce auprès de mon père le peu d'influence qui me reste pour qu'il n'ose pas sévir contre vous en cette occasion... Je sais, plus que personne, l'odieuse tyrannie qu'il exerce sur ses officiers et ses soldats, et j'en souffre cruellement... Il sera, j'en suis certaine, d'autant plus terrible que ses plans contre moi sont déjoués, vous le savez; mais je veux être votre protectrice.

— N'ayez crainte, mademoiselle; je me crois assez fort pour dompter la colère du général et sauver ma liberté, riposta l'officier; c'est avec la plus grande gratitude que j'accepte vos bons offices, mais ma conscience satisfaite, mon honneur sauf, je serai plus fort que M. de Lancenales, tout général qu'il est, et quelque sévérité dont il veuille user pour se venger.

— Merci, monsieur, merci ! répliqua Marie; et, s'inclinant dignement, elle sortit en saluant Martinet et en serrant une dernière fois la main de Lassalle.

— Étrange femme ! fit Martinet quand la porte fut fermée; elle s'aime à en crever, parole d'honneur !

— Grand niais ! riposta Lassalle, tu n'y connais rien : c'est la majesté de l'orgueil, l'aristocratie, la féodalité tout entière que cette grande personne ; mais, le diable m'emporte ! je la trouve belle ainsi.

— Allons ! nous verrons bien. Voilà bien les malins ! ils ne veulent jamais s'avouer la vérité, pour paraître les plus forts ! Tu n'y vois pas du feu, mon vieil ami : vous vous aimez tous les deux comme des fous !

Et Martinet se mit à rire en haussant les épaules.

X

LE RETOUR.

En arrivant, mademoiselle de Lancenales trouva Margot qui l'attendait.

Elle était assise tranquillement dans la chambre à coucher et s'essayait en jouant à faire de la tapisserie.

Elle chantonnait tout en passant au hasard son aiguille à travers un morceau de canevas perdu.

En la voyant ainsi jouer comme une petite fille, mademoiselle de Lancenales l'embrassa avec effusion.

Marie jeta son châle sur le lit et se débarrassa de son chapeau. Margot, immobile, la regardait d'un air malin.

— N'est-ce pas qu'il est beau, le sous-lieutenant Lassalle, mademoiselle ? dit la camériste; quel brave officier, quel beau mari ça ferait ! Il a dû vous recevoir comme un bon ange ?

— Que dites-vous là, petite sotte ? répliqua mademoiselle de Lancenales d'un ton sévère; ne savez-vous pas que la fille de M. de Lancenales ne peut épouser un homme de rien ?

— Un homme de rien ! le sous-lieutenant Lassalle un homme de rien ! l'homme qui vous a délivrée de ce vieux chacal qui vous aurait battue peut-être ! s'écria Margot.

Mademoiselle de Lancenales laissait dire sa bonne, qu'elle gâtait comme une petite sœur.

— Moi, je l'aime comme une folle, ajouta Margot, depuis qu'il a sauvé ma bonne maîtresse !

Et elle tendit son front à Marie qui y déposa un baiser.

Puis, lui tapant sur la joue avec amitié, mademoiselle de Lancenales répliqua avec bonté :

— Voyons, petite écervelée, ne raisonnez pas ainsi; ne vous ai-je pas, l'autre jour, expliqué comment une femme de race ne pouvait sans honte donner sa main à un manant ?

— Oui, mademoiselle, mais quand ce manant vous a sauvé la vie... car il vous a sauvé la vie, celui-là, vous ne pouvez le nier... c'est différent, alors...

— Jamais je n'aimerai M. Lassalle, répliqua mademoiselle de Lancenales en regardant sa bonne d'un air grave, parceque je hais une mésalliance... Après tout, ce jeune homme est feu, tu as raison, c'est un chevalier servant adorable, mais voilà tout !

— Oui, vous voilà bien ! de l'amour d'étiquette, n'est-ce pas ? de l'amour pour rire ? fit Margot avec une petite mine indignée; ah ! ce n'est pas moi qui oserais pousser l'ingratitude aussi loin, surtout quand un homme aussi fort, aussi aimable...

Elle allait continuer librement ses récriminations naïves, quand mademoiselle de Lancenales l'arrêta d'un geste et, lui donnant son châle et son chapeau, lui dit d'un ton sec :

— Allez ranger cela !

— Vous êtes fâchée, maîtresse ? dit Margot d'un air triste en faisant une moue enfantine.

— Mais non ! laissez-moi et ne parle plus de cet officier, tu entends ? ma défense est absolue.

— Ah ! ah ! ricana l'enfant, il vous tient là tout de même !

Elle mit sa main sur son cœur en souriant avec malice et en regardant Marie de côté.

— Margot, en voilà assez, vous dis-je !

Margot se retira après avoir jeté un coup d'œil effronté à sa maîtresse.

Mademoiselle de Lancenales songea pendant quelques instants; les insinuations de Margot la troublaient profondément.

A l'idée d'aimer ce jeune homme qui n'était pas né, de s'appeler madame Lassalle, de déchoir enfin, Marie sentait tout son être se révolter. Elle se posa franchement et nettement cette question :

« Est-ce que je l'aime ? »

Puis elle écouta son cœur.

Le cœur resta de glace, et, de la meilleure foi du monde, elle n'y put découvrir que de la répulsion, sinon pour l'homme, du moins pour le mariage.

— L'épouser ! fit-elle en frémissant; pour cela, jamais !

Elle sentait, à cette pensée, des frissons courir dans ses veines. Alors, sûre d'elle-même, elle fit un retour sur lui et se dit :

— Évidemment il m'aime, ce pauvre garçon !

Elle eut une immense pitié pour Lassalle.

— Il va souffrir horriblement, dit-elle; je tâcherai de le consoler. Voyons d'abord à ce que mon père ne le

Il y répondit par le plus respectueux coup de képi. (Page 54.)

contrarie point.

Elle appela Margot.

— Ma fille, lui dit-elle, va prévenir le général que je désire lui parler.

Quelques minutes plus tard, le général entrait.

Il jeta sur sa fille un regard de fureur qu'elle soutint parfaitement.

— Veuillez vous asseoir, monsieur, lui dit-elle en lui offrant un siége.

Il le repoussa et resta debout.

— Vous triomphez, mademoiselle, lui dit-il : votre fiancé est mort!

— Pardon, monsieur, répondit-elle; M. de Prangy n'était mon fiancé que dans votre volonté, point dans la mienne.

Et elle ajouta :

— Mais, monsieur, trêve de récriminations sur le passé, voulez-vous ?

« J'ai une proposition, ou, si vous aimez mieux, un marché à vous proposer.

— Ah! ah! fit le général devenant attentif, vous consentez à entrer en religion ?

— Non, monsieur.

Elle mit dans ce *non* un accent de résolution inébranlable.

— Je sais, monsieur, fit-elle, que l'état de votre for-

tune vous force à convoiter la mienne pour la donner à mon frère, ce pauvre garçon, trop insuffisant, trop mauvais sujet et surtout trop... lâche pour être rien par lui-même.

— Vous osez insulter votre frère?

— Il s'est bien laissé bafouer sans répondre, lui!

Le général voulut protester.

— Ah! monsieur, dit-elle, croyez que je sais ce que je dis! je tiens le fait de notre cousine de Maupertuis qui en était indignée; voulez-vous voir la lettre où elle me parle de cet outrage laissé impuni?

Le général resta écrasé.

— Donc, monsieur, reprit-elle, je viens vous annoncer que je consentirais à épouser un homme de mon rang qui me prendrait sans dot.

— Vous croyez donc que vous trouverez parfaitement un autre fiancé de ce rang?

— Laissez-moi donc finir, monsieur!

« J'accepterais cet homme, fût-il vieux, laid, sot, infirme.

« Je ne demande qu'une chose, c'est qu'il ait quelque peu de mœurs et de dignité.

« Depuis que j'ai failli épouser ce misérable de Prangy, un assassin doublé d'un grec, je regarde presque comme un bonheur cette chose monstrueuse qui consiste à river une jeune fille au cadavre d'un homme qui n'a plus que les apparences de la vie.

Le Roi des Chemins. XXIV.

« Voilà, monsieur, ce que je vous propose.
« J'y mets trois conditions :
« La première, c'est qu'une fois mariée jamais je ne vous reverrai ;
« La seconde, c'est que vous me donnerez toutes les indications nécessaires pour retrouver les bijoux de famille de ma pauvre et regrettée mère, reliques d'une martyre profanées par des filles ;
« La troisième, enfin, c'est que vous n'inquièterez en rien M. Lassalle, qui, en tuant son adversaire, m'a débarrassée, par ricochet, de mon fiancé, comme voudités. »

Le général était pâle de rage.
— M. Lassalle sera jugé et condamné comme assassin, s'écria-t-il avec fureur.
« Cet officier a peut-être exécuté vos ordres en tuant de Prangy !
« C'est un scélérat !
— C'est un héros ! fit la jeune fille avec une hauteur dédaigneuse.

Et elle ajouta impitoyable :
— Je souhaiterais pour notre honneur qu'il fût né de Lancenales au lieu et place de votre fils, monsieur.

Le général, outré, fit un pas vers Marie, qui se retourna, ouvrit la fenêtre, s'accouda au rebord et dit négligemment :
— Il y a beaucoup de monde dans la rue, mon père : cette fois, je vous jure que vous feriez scandale.

Le général, exaspéré, sentit que s'il restait il ne serait plus maître de lui, et il se retira précipitamment.

Elle l'entendit sacrer le long des couloirs.

XI

POURQUOI LE GÉNÉRAL FAIT APPELER LASSALLE.

Rentré dans son cabinet après cette scène, le général de Lancenales fit appeler un planton auquel il remit une lettre pour Lassalle.

C'était un ordre de se présenter chez lui le lendemain. Le général, quand sa colère se fut calmée, réfléchit longuement à la contenance hautaine de sa fille.

Quand il lui avait dit brutalement : « Cet officier a peut-être exécuté vos ordres en exécutant de Prangy ! » le général n'avait eu qu'un vague soupçon.

La façon dont sa fille avait accueilli cette lâche et odieuse incrimination aurait dû éclairer le général. A force d'y réfléchir, il en revint pourtant à avoir de nouveaux soupçons.

Le général, le lecteur le sait déjà, était capable de tout pour satisfaire sa vengeance ou sa passion. La violence de son caractère, l'ardeur de son ambition étaient insurmontables ; il supposait sa fille semblable à lui en tous points, et rien ne le choquait en pensant qu'elle eût pu faire tuer de Prangy pour servir sa passion et surtout pour déjouer ses projets de mariage.

En outre, quoique mademoiselle de Lancenales n'eût laissé voir, dans la dispute au sujet de Lassalle, qu'une grande admiration pour l'officier, quoiqu'elle n'eût exprimé que de la reconnaissance à son égard, le général la soupçonnait d'avoir un amour caché pour Lassalle.

L'intention du général, en ordonnant à Lassalle de venir comparaître devant lui, était de le sonder et de s'assurer si les suppositions qu'il faisait étaient vraies.

Le général était loin de se douter que sa fille avait conservé le préjugé de naissance au point de mépriser un homme qui ne fût pas de race, surtout quand il était aussi brave que Lassalle.

Lassalle descendait de cheval quand le planton arriva chez lui ; se sentant vigoureux et sa blessure ne le faisant presque plus souffrir, Lassalle n'avait pu résister au désir de parader dans Verdun, fanfaronnade bien excusable quand on se sent jeune et beau, estimé et admiré de toute la ville.

Il avait voulu exploiter la réputation que son affaire lui avait faite en si peu de temps.
— Allons faire un tour à cheval, avait-il dit à son ami.
— Y penses-tu ? avait riposté Martinet ; et ta blessure ?
— Bah ! ces bonnes gens de province seront enchantés de me voir caracoler avec un bras en écharpe, et, crois-moi, il faut profiter des situations.
— Alors partons ; je t'accompagne.

Et, une demi-heure après, Martinet et Lassalle étaient en selle. Cette promenade théâtrale avait produit dans la ville le plus grand effet.

Naturellement, Lassalle, pour gagner la campagne, avait choisi les rues les plus fréquentées, il avait même poussé l'audace jusqu'à passer sous les fenêtres de mademoiselle de Lancenales. Au moment où Lassalle et Martinet allaient au petit pas devant l'hôtel de Lancenales, Marie se disputait avec le général.

Lassalle avait conçu une certaine mauvaise humeur en voyant les rideaux baissés.

Martinet, souriant, heureux du succès de son ami, saluait, avec une espèce de déférence satisfaite, les officiers qui se découvraient sur leur passage.

Les jeunes filles, discrètement, se mettaient aux fenêtres pour voir passer le héros du moment ; c'était une sorte de tournée triomphale.

Les deux cavaliers ne restèrent pas longtemps hors de la ville. Lassalle avait produit son effet, et du reste il n'éprouvait aucun plaisir à chevaucher ainsi : sa blessure, quoique insignifiante, le gênait.

— Rentrons ! avait-il dit à Martinet peu de temps après qu'ils eurent dépassé les remparts.

Au retour, il y avait plus de curieux encore. On les avait vus partir, on les attendait au retour.
— Cabotin ! ne put s'empêcher de dire Martinet.
— Cabotin ! soit, riposta Lassalle, mais dans la vie il n'y a que cela... Eh ! ma foi ! bien sots sont les timides !...

Quand ils étaient repassés devant l'hôtel de Lancenales, les rideaux étaient aussi immobiles que l'instant d'avant, d'où une grande mauvaise humeur dont le planton reçut le contre-coup.

Martinet aidait Lassalle à descendre de cheval quand le soldat s'approcha.
— Pour M. le sous-lieutenant Lassalle.
— Donne.

Et Lassalle ouvrit fiévreusement l'ordre du général.
— Bon, on ira !

Et comme le soldat restait là immobile :
— Va-t'en donc, brutal... je n'ai pas besoin de toi.
— Bien, mon sous-lieutenant !...

Et le planton s'éloigna.
— Voilà que ça commence, dit Lassalle en tendant le papier à Martinet ; je vais le secouer demain, notre général ; il verra à qui il a affaire... Son Prangy ! eh bien ! je lui en tuerai comme cela à la douzaine, si je veux.

XII

LE CABINET DE TRAVAIL DU GÉNÉRAL.

Le cabinet de travail de M. de Lancenales était la seule pièce qui séparait ses appartements de ceux de sa fille.

Le général s'y tenait très-rarement.

Il n'avait guère à donner que quelques signatures chaque jour. C'était là qu'il recevait les plantons, et, quand l'occasion s'en présentait, les officiers dont il avait à se plaindre ou ceux auxquels un changement ou une promotion devait être annoncée.

Le cabinet de M. de Lancenales avait un aspect sévère. Les meubles étaient en vieux chêne, les murs tapissés vert foncé; aux fenêtres, de longs rideaux en velours vert foncé également, mais dont la couleur était passée.

En entrant dans cette pièce, on devinait que le général était pauvre. L'ameublement du lieu avait passé de père en fils depuis cent ans; il avait été magnifique autrefois, mais les fauteuils avaient des formes antiques démodées à l'époque où se passe notre histoire.

Quelque délabré que fût l'aspect du cabinet de M. de Lancenales, il y régnait cependant une certaine grandeur imposante. Il semblait qu'on entrât dans quelque vieux château abandonné pendant longtemps.

Deux portraits de famille datant du siècle de Louis XIV étaient fixés au mur.

C'étaient des ancêtres du général qui avaient serv sous les ordres de Condé.

Ils étaient fixés juste au-dessus du bureau.

En face des deux portraits, une vaste panoplie occupait presque tout le panneau. Les armes étaient toutes fort vieilles et rouillées; au centre se détachait un casque huguenot brisé par la moitié.

Sur le bureau, le général avait établi à dessein un *Traité d'artillerie* dont un des volumes était toujours ouvert.

Margot avait même fait remarquer à sa maîtresse en riant que ce fameux volume était ouvert à la page 123 depuis son arrivée à l'hôtel Lancenales, et les deux jeunes filles en avaient beaucoup ri.

M. de Lancenales avait convoqué Lassalle pour dix heures précises.

A dix heures moins un quart, il entra dans son cabinet, s'assit dans son fauteuil et se mit à regarder attentivement le *Traité* dont nous venons de parler, mais sans toutefois lire un seul mot; c'était une contenance qu'il se donnait. Il songeait profondément à celui qui allait entrer.

— M. le sous-lieutenant Lassalle!

— Qu'il attende!... je sonnerai quand je pourrai le recevoir.

Et M. de Lancenales, domptant son impatience, resta un grand quart d'heure avant de donner un coup de sonnette pour prévenir son valet de chambre.

Pendant ce temps, Lassalle se promenait de long en large dans l'antichambre.

Margot, prévenue par les domestiques, qui avaient vu entrer Lassalle, vint à passer comme par hasard et fit au jeune homme un petit salut amical auquel celui-ci répondit parfaitement.

Il était absorbé dans ses réflexions.

Au coup de sonnette, le valet de chambre introduisit Lassalle.

Le sous-lieutenant, en Gascon qu'il était, avait eu grand soin de soigner sa toilette et de surveiller son attitude.

Il était en grande tenue et fit son entrée comme un acteur. Il s'inclina légèrement et esquissa, en s'approchant, un salut plutôt dédaigneux que poli.

M. de Lancenales continuant, lui aussi, sa comédie, resta une minute comme absorbé par son travail; puis, détournant brusquement la tête, il daigna jeter un regard hautain et sévère sur Lassalle.

Lassalle n'était pas homme à se déconcerter.

Ces deux hommes se regardèrent un instant les yeux dans les yeux sans dire un mot.

Enfin le général indiqua au sous-lieutenant un fauteuil qui se trouvait en face du bureau.

Lassalle s'assit, croisa les jambes avec un laisser-aller presque inconvenant, et, d'un ton railleur, entama la conversation.

— Je suis à vos ordres, monsieur; quel est le motif de cette conversation?

— Appelez-moi général, monsieur, répliqua d'un ton de colère M. de Lancenales. Vous devez respect à mes épaulettes.

— Oh! pour cela, c'est une question à vider entre nous, monsieur.

Et il appuya sur le dernier mot.

Le général de Lancenales frémit en voyant la résistance de Lassalle.

Peu s'en fallut qu'il ne se levât pour châtier le lieutenant, mais il se fit violence. Il voulait interroger et savoir si réellement Lassalle était aimé de sa fille.

Pour cela, il fallait qu'il usât de prudence et d'habileté.

— Monsieur, dit-il à Lassalle, vous avez la main malheureuse.

— En effet, fit négligemment l'officier en regardant au plafond d'un air impertinent. M. de Prangy vous tenait-il par quelque lien, par hasard? En ce cas, je serais heureux d'avoir pu vous déplaire en le tuant.

— Vous me haïssez donc bien, sous-lieutenant?

— Vous haïr, non; je vous méprise!

Le général de Lancenales fit un bond de son fauteuil, comme s'il eût été poussé par un ressort.

XII

LE CABINET DE TRAVAIL DU GÉNÉRAL (*suite*).

Lassalle se leva brusquement en même temps.

— Je ne vous frapperai pas, monsieur, dit Lassalle avec calme tout en prenant un air narquois; nous pouvons nous rasseoir.

— Misérable! grommela le général.

Et il retomba dans son fauteuil.

— Misérable, parce que je ne suis pas assez sot pour répondre, simple sous-lieutenant, aux provocations d'un général? misérable, parce que je ne veux pas affronter le conseil de guerre? Vous avez raison, monsieur, car ce conseil m'acquitterait si je vous soufffletais; vous êtes méprisé par vos inférieurs, par vos soldats, méprisé par vous-même... dites le contraire!

Lassalle était pâle de colère et il continua :

— Vous qui avez lâchement abandonné un champ de bataille, vous qui ignorez tout dans la guerre, qui n'êtes utile qu'à faire massacrer vos soldats, vous qui n'avez traîné vos bottes que dans les antichambres et dans les salons des Tuileries, vous voulez qu'on vous vénère? non : on vous méprise et l'on vous hait, et vous vous étonnez?

— Ah! c'en est assez, monsieur le sous-lieutenant; je vais vous faire chasser par mes valets si vous continuez! s'écria M. de Lancenales.

— Par vos valets!... vous ne me connaissez donc pas? Sur un signe de moi, ils reculeront; vous ne savez pas quelle est la puissance du sous-lieutenant Lassalle?

M. de Lancenales fit mine de se calmer et d'un ton sévère répliqua :

— Pareilles insultes ne resteront pas impunies, monsieur, soyez-en certain.

— Allons, trêve à tout cela! vous m'avez fait venir ici : pourquoi? expliquez-vous.

— Mademoiselle de Lancenales est dans les larmes, M. de Prangy était son fiancé; vous l'ignoriez peut-être : elle demande vengeance.

Lassalle ne put s'empêcher de sourire en regardant

le général audacieusement.

— Mademoiselle de Lancenales ne pleure pas et ne crie pas vengeance.

Ce démenti produisit sur le général un effet de surprise plutôt que de colère.

— Comment pouvez-vous savoir...

— On ne ment pas ainsi ! répéta notre héros; votre fille haïssait de Prangy, ce misérable spadassin, et elle doit être bien heureuse. Écoutez : je vais être franc.

Alors Lassalle raconta son entrevue rapide de la veille avec Marie; comment il avait, de l'antichambre, entendu la dispute qu'elle avait eue avec lui à ce sujet; et il termina par ces mots :

— Après tout, si je la veux, votre fille, je l'épouserai. Mais je n'en veux pas; les pauvres comme moi n'épousent pas les filles des riches comme vous, ils leur feraient beaucoup trop d'honneur.

Tant de hauteur dans la réponse de l'officier, tant de violence et de dédain étonnèrent vivement le général.

Il resta un moment sans parler; puis reprenant un ton orgueilleux et soupçonneux :

— Alors, monsieur, vous vous êtes permis d'aimer ma fille, et vous avez peut-être forcé la porte de l'hôtel pour venir lui déclarer votre passion?

A ces mots, Lassalle, regardant fixement le général, prit un air de pitié et lui dit en lui tendant un papier qu'il venait de prendre dans sa poche :

— Tenez, lisez: vous verrez pourquoi j'étais venu hier.

Le général plia le papier et lut avidement.

M. de Lancenales eut un tressaillement involontaire, quand il eut fini de lire le papier remis par Lassalle.

— Trente mille francs ! s'écria-t-il ; c'est impossible.

— Impossible? répliqua l'officier; voudriez-vous insinuer que...

— Pardon ! l'indignation seule m'a fait pousser cette exclamation.

Le général restait stupéfait.

La pièce que Lassalle venait de lui remettre était ainsi conçue :

« Je reconnais devoir au sous-lieutenant Lassalle la somme de trente mille francs perdus à l'écarté, et prie M. le général de Lancenales, mon père, de la lui acquitter contre la présente reconnaissance.

« Signé : Lucien de Lancenales. »

Pour expliquer la façon cavalière dont était rédigée cette sorte de lettre de change privée, il est nécessaire d'esquisser rapidement pour les lecteurs le portrait du fils de M. de Lancenales.

Autant le général se montrait revêche, cruel même à l'égard de sa fille, parce qu'elle ressemblait en tous points à feu la générale, autant il était indulgent envers son fils, aujourd'hui capitaine dans un autre régiment de hussards.

Le fils du général avait été élevé doucement par son père, qui s'était flatté d'en faire plus tard un général comme lui.

Lucien, assez joli garçon, fêté dans tous les bals de la cour, n'était qu'un officier de parade.

On lui avait évité toutes les garnisons détestables; le régiment lui-même y avait gagné. Par hasard, il s'était rencontré avec Lassalle à Alger.

Les officiers sont très-joueurs, et ceux du régiment auquel appartenait Lucien, tous fils de famille, plus riches par conséquent, se montraient plus hasardeux.

Lucien avait hérité de son père tout l'orgueil, toute la jactance et tous les vices.

Comme lui, il était lâche.

Lassalle, le jour où il s'était mis à la table d'écarté avec Lucien, avait quelques louis en poche et n'avait pas tardé à les risquer avec hardiesse et insouciance.

Les premières parties avaient été malheureuses pour lui.

Il avait demandé à se retirer après plusieurs échecs, songeant à sa bourse qu'il n'osait vider tout entière.

Lucien avait exigé presque, par ses railleries, qu'il continuât la partie.

La veine revenue, Lassalle eut beau faire, il se mit à gagner sans relâche.

Honteux d'être ainsi favorisé par le hasard, il avait, à plusieurs reprises, demandé à quitter la table.

Lucien avait insisté, en l'accusant avec force plaisanteries de vouloir faire charlemagne.

Et c'est ainsi que Lassalle se trouvait en possession d'une créance de 30,000 francs.

Le général, on le sait, n'était pas riche.

C'était la fortune de Prangy qui lui avait fait choisir un pareil gendre.

Cette somme de 30,000 francs, il lui était impossible de la trouver à l'instant.

Ne pas faire honneur à une dette de jeu, même fût-elle contractée par son fils, c'était perdre son honorabilité militaire.

Aussi M. de Lancenales s'empressa-t-il à tout hasard de dire à Lassalle :

— C'est bien, monsieur; je vais faire toucher cette somme chez mon banquier, et elle vous sera remise le plus promptement possible.

Lassalle eut un sourire de doute et de mépris à la fois. Puis, malignement, il tira un second papier de sa poche et le tendit au général.

Celui-ci, avant d'y jeter les yeux, ne put s'empêcher de s'écrier avec une inquiétude que sa voix ne put arriver à dissimuler :

— Encore une autre créance ?

— Non, rassurez-vous, monsieur, répliqua Lassalle en haussant les épaules; c'est une attestation en due forme signée par les témoins oculaires de notre partie d'écarté, faisant foi que c'est bien votre fils lui-même qui, par ses tracasseries, m'a forcé à continuer jusqu'à pareille somme.

Le général déplia l'attestation.

Elle était signée :

« Pélissier, capitaine; de Lornel, lieutenant; Casanova, sous-lieutenant, etc. »

— C'est bien, monsieur, fit froidement le général de Lancenales en reconduisant Lassalle jusqu'à la porte; à bientôt.

Lassalle sortit sans saluer.

XIII

LE PÈRE ET LE FILS.

Le général de Lancenales, bravé chez lui par un simple sous-lieutenant, devait concevoir contre ce dernier une haine terrible. Comme tout homme dépourvu de valeur personnelle, le général s'accrochait avec une sorte de fureur aux dignités, aux supériorités de position qui lui prêtaient le relief d'emprunt sans lequel il n'eût obtenu aucun prestige.

Il était d'une sévérité extrême, uniquement pour constater son pouvoir, faire acte de force, courber des fronts qui fussent restés fiers devant lui, n'eût été le grade.

Comme le monde est rempli de pantins dorés, à cœur de laquais; comme les esprits énergiques, les âmes hautes sont clair-semés, rarement M. de Lancenales avait éprouvé des résistances à ses vouloirs.

Audacieusement provoqué par un simple sous-lieutenant, il éprouvait une rage sourde, contenue par impuissance. Que faire?

Lassalle avait barre sur lui par ce billet de trente mille francs. En vain le général cherchait-il un moyen de solder la lettre de change tirée sur lui par son fils ; en vain combinait-il toutes ses ressources.

M. de Lancenales avait un crédit très-restreint : il avait tant abusé de ses amis et de ses obligés, en raison de ses passions coûteuses, qu'il ne pouvait songer à un emprunt.

Il était resté dans son cabinet, écrasé par le sentiment de l'impossibilité où il se trouvait de se venger.

C'était l'heure du courrier du soir.

Un planton gratta à la porte, et, comme d'habitude, entra sans que le général lui eût répondu.

D'ordinaire, M. de Lancenales, très-peu rêveur, point travailleur, ne se mettait dans son fauteuil que pour s'y abandonner aux somnolences des cerveaux creux qui ne savent pas réfléchir.

Les plantons avaient coutume, dans le roulement du service, de pénétrer chez le général pour les petites corvées et de déposer plis, lettres, rapports peu pressés, sans le tirer de son sommeil ; mais, cette fois M. de Lancenales était très-éveillé.

Rien de dur comme un militaire inepte qui tyrannise ses inférieurs.

Le planton était un pauvre diable d'Alsacien dévoué niaisement à son chef : il avait cette nature du caniche qui se laisse battre et lèche.

M. de Lancenales plongea un regard noir dans les yeux du malheureux soldat qui plia sous l'orage et devint fort pâle.

— Brute ! animal ! idiot ! dit le général, tu ne sauras jamais servir !

Et prenant une feuille timbrée au cachet de la division :

— Huit jours de prison de ville ! dit-il tout en écrivant la punition.

Il tendit le libellé.

— Va porter cela toi-même au portier-consigne, imbécile.

Le planton était humble, résigné, mais dévoré, comme tous les soldats, de la manie de s'excuser.

— Mon général...

— Tu répliques ?

— Non, mon général.

— Tu me donnes un démenti ?

— Non, mon général.

— Encore ?... Huit jours de plus, ça t'apprendra à entrer sans autorisation.

— Mon général, je croyais que vous dormiez.

— Comment, tonnerre de D!... tu te permets de croire que je dors ; tu me prends donc pour un gâteux ? « Est-ce que tu m'as déjà vu dormir ? »

Le soldat avait cette candeur alsacienne qui ne permet pas de nier l'évidence ; il n'osa mentir et se tut.

— Parleras-tu ?

— Mon général, je ne sais pas.

— Tu sais, gredin... mais tu ne veux pas te donner tort ; tu auras huit jours encore.

Et il lui ordonna :

— Va-t'en !

Le pauvre planton restait debout, tendant naïvement le libellé.

— Hein ! fit le général, qu'est-ce que c'est ? qu'est-ce que ça signifie ?

— Mon général, vous n'avez mis que huit jours sur la feuille.

Le malheureux avait la bonne foi de faire observer à son chef qu'il oubliait de noter les deux augmentations de peine.

Au lieu de se laisser désarmer, le général, impitoyable, écrivit ces quinze jours de plus.

En rendant le libellé, il dit grossièrement au planton :

— File, et rondement, ou je te cravache !

Et si M. de Lancenales ne passait pas sa mauvaise humeur sur les épaules du soldat en les étrillant d'importance, c'est qu'il était impossible, même à un loup enragé, de sauter sur cet inoffensif mouton.

Resté seul, le général un peu soulagé dépouilla son courrier.

A première vue, une lettre d'Algérie attira son attention. Elle venait de son fils.

Le général eut un sourire de plaisir et rompit le cachet.

Le jeune homme lui annonçait qu'il était promu au commandement du 3ᵉ régiment de chasseurs en France. Le régiment était en marche pour l'Algérie : le nouveau colonel devait l'y attendre.

Comme les étapes étaient nombreuses et que près d'un mois devait s'écouler avant l'arrivée des chasseurs à Alger, le jeune homme en profitait pour venir en France passer quelques jours.

Il annonçait son arrivée à son père :

« Quelques heures après la réception de ma lettre, disait-il, je tomberai chez vous ; je prends la poste pour aller plus vite, car j'ai hâte de vous voir. »

Pas un mot de sa sœur.

Il y avait une convention tacite entre ces deux êtres de ne jamais parler de mademoiselle de Lancenales, également antipathique à l'un et à l'autre.

Le général, qui adorait son fils aveuglément, sonna son ordonnance et donna des ordres pour qu'on fît au colonel une réception digne d'un enfant prodigue.

Un nuage, toutefois, assombrit la joie de ce retour.

M. de Lancenales songea que le colonel allait comme toujours lui demander de l'argent sous prétexte de faire figure. De l'argent !...

Où en trouver ? si ce Gascon maudit, pensa le marquis, ne m'avait pas tué mon futur gendre, je saurais où frapper à cette heure.

Sa haine pour Lassalle s'augmenta encore de cet embarras nouveau ; cependant la nouvelle de l'arrivée du colonel se répandit dans la maison.

Margot courut en prévenir sa maîtresse.

Celle-ci était agitée, fiévreuse, impatiente sans cause, sans motif immédiat. Après les émotions précédentes, après sa résolution prise, après l'explication définitive échangée avec son père, elle aurait dû éprouver un certain calme, une résignation voisine de l'indifférence.

— Qu'avez-vous donc, mademoiselle ? lui demanda Margot ; je vous vois pâle et crispée, vous semblez avoir envie de pleurer.

— Je n'ai rien, dit la jeune fille brusquement.

Puis, revenant sur ce mensonge tout féminin, elle embrassa Margot en soupirant.

— J'ai un immense chagrin, une oppression douloureuse qui me tue ! dit-elle.

— Cependant, mademoiselle, ce monstre d'homme est tué.

— Sans doute, c'est une délivrance, et je devrais être joyeuse.

— Vous ne l'êtes pas, au contraire : je sais pourquoi, dit Margot d'un air fûté.

Mademoiselle de Lancenales regarda la fillette avec étonnement.

— Toi ! fit-elle, tu devinerais le motif d'un inexplicable malaise ?

— Et, qui mieux est, je puis vous guérir.

— Eh ! vite, alors, Margot !

— Mademoiselle, c'est bien simple. Dites-vous tout bonnement : « J'aime M. Lassalle ! »

Marie, qui attendait naïvement toute autre chose, se fâcha.

— Margot ! Margot ! dit-elle, nous en viendrons à nous brouiller et à nous séparer. Tu...

Mais la petite coupa court à ces reproches d'un seul mot.
— Mademoiselle, votre frère arrive ce soir, dit-elle.
— Ah! fit amèrement Marie, mon oppression venait d'un vague pressentiment de ce malheur.
— Vous attendez donc quelque mal de votre frère, mademoiselle?
— Hélas! oui, jamais Lucien n'est rentré du collège ou du régiment sans qu'il en résultât pour ma mère et moi quelque chose de pénible.
« C'est au lendemain d'un de ses retours que ma mère est morte. »
Et elle congédia Margot pour s'asseoir sombre et désolée à la fenêtre.
Lassalle parut tout à coup dans la rue.

XIV

D'UN COUP DE SOLEIL REÇU A LA TOMBÉE DE LA NUIT.

Lorsque mademoiselle de Lancenales aperçut Lassalle venant de l'autre bout de la rue, à cheval et allant au pas, son premier mouvement fut de se retirer.

Elle trouvait inconvenant que ce jeune homme passât sous ses fenêtres et elle voulut le lui faire comprendre.

Mais une force secrète, invincible, la retint à sa place en même temps que l'orgueil, le sentiment de sa dignité aristocratique, tout l'amoncellement des préjugés de race, d'éducation, de rang, qui forme la seconde nature, se révoltaient dans l'âme de la jeune fille, la chassait de cette fenêtre; en même temps aussi le cœur, plus puissant que la tête, protestait, résistait et triomphait.

Marie sentit, à la vue du jeune homme, une sorte de rayonnement intérieur l'envahir, la dominer, la troubler.

La rue, déjà sombre de l'obscurité du soir, s'illumina pour elle de clartés subites, de reflets chauds et étincelants. Dans elle, Lassalle semblait s'avancer au milieu d'une auréole.

L'amour est un prisme qui colore tout et change surtout l'aspect de l'amant; pas une femme ne voit tel qu'il est l'homme dont elle est éprise.

Lassalle, admirablement monté sur une jument arabe, cavalier merveilleux, élégamment drapé dans sa pelisse, la mine superbe et l'air souriant, s'avançait lentement.

Malgré elle, Marie se prit à suivre les lignes et les contours fins et délicats, dans leur vigueur, des épaules, de la taille, de la poitrine, qui étaient dignes d'une statue grecque sur laquelle on eût jeté la chabraque d'un hussard.

Elle ne pouvait dominer l'impression que ce chef-d'œuvre vivant, palpitant, faisait naître en elle, nature artistique, enthousiaste du beau, fascinée par tout ce qui était distinction.

Puis elle avait au cœur d'étranges battements, délicieux et douloureux, qu'elle ne put comprimer, qui firent courir dans tout son être des frissons de plaisir dont sa candeur virginale s'alarma.

Bientôt ses tempes gonflées palpitèrent aussi, son sein se souleva gonflé d'une joie intime et intense; elle eût voulu fuir, se cacher, mais ses forces trahissaient sa faible énergie.

La femme, en elle, venait de se révéler et de tuer la marquise.

A mesure que Lassalle approchait, l'émotion devenait plus vive et changeait de caractère; de pourpre, Marie devint pâle, elle perdit toute contenance, tout sentiment du devoir tel qu'elle l'entendait jusqu'alors, elle entendit une voix impitoyable qui lui criait :
— Tu l'aimes!
Et cette voix, qui l'eût effrayée un instant auparavant, lui sembla douce et charmante.

Cependant Lassalle ne paraissait point s'occuper de mademoiselle de Lancenales.

Il ne leva point la tête, peut-être pour ne pas avoir à saluer; elle comprit cette délicatesse.

Dans les circonstances où ils se trouvaient tous deux, Lassalle devait être plein de retenue et de discrétion.

Mais les femmes, les jeunes filles surtout, sont peu logiques : un manque de tact les offense, et elles souhaitent pourtant qu'on foule aux pieds les convenances pour leur prouver qu'on les aime.

Marie en vint à désirer que Lassalle la saluât et lui sourît; elle se dépita parce qu'il s'entêtait à ne point la regarder. Tout à coup, très-brusquement, très-habilement, Lassalle fit cabrer sa jument qui se dressa presque droite; le plus fin cavalier n'aurait pu dire si c'était un jeu d'équitation voulu ou un écart brusque de la monture.

Mademoiselle de Lancenales effrayée poussa un léger cri; Lassalle, ramenant sa jument au pas et la calmant d'une caresse, leva les yeux vers mademoiselle de Lancenales, l'enveloppa d'un regard qui tomba sur elle et l'entoura tout entière, lui donnant un long frémissement de bonheur.

Elle ressentit quelque chose de la sensation de bien-être que cause le châle épais et tiède dont on s'enveloppe, au sortir d'un bal, quand le froid vous a saisie.

Il ne salua pas, ne fit aucun geste, aucun signe.

Le regard, plein, ardent, loyal et clair, parlait seul d'amour.

Elle ne put s'empêcher de mettre toute son âme dans un sourire.

Il parut surpris, et il eut cet air de l'homme qui doute de quelque chose

Elle lui fit un léger salut.

Il y répondit par le plus respectueux coup de képi qu'un hussard eût jamais donné; mais il ne semblait pas bien sûr de son fait.

Marie se dépitait.

Avec cette effrayante rapidité de transformation qui se produit chez les femmes, elle était passée du dédain, de l'horreur même de la passion, à un amour fou, impétueux, exalté.

Elle tremblait déjà que Lassalle ne l'aimât pas autant qu'elle l'eût voulu.

Elle s'inquiétait de son peu de perspicacité et de sa réserve, et pour opérer ce changement il avait suffi d'un moment; l'amour procède souvent par coups de soleil qui foudroient en quelque sorte les femmes.

Mademoiselle de Lancenales comprit en ce moment les droits souverains de la beauté; toute sa morgue tomba devant la grâce et la perfection de formes, devant la radieuse figure de ce soldat.

Elle se dit que les plus grandes dames devaient faire des folies pour lui, et certains propos de Margot lui revinrent à la mémoire. La soubrette avait dit :
— Il paraît que M. Lassalle a eu les plus belles dames pour maîtresses!

Marie de Lancenales se croyait de bonne foi très-laide.

— Pourquoi m'aimerait-il? pensa-t-elle tout à coup au désespoir.

Il venait de rester insensible (elle le crut du moins) à une œillade qu'elle n'eût pas voulu risquer pour un doigt dix minutes auparavant.

Aussi, après ce grand sacrifice, resté sans récompense, fut-elle saisie d'un immense chagrin qui lui mit les larmes aux yeux. Elle se retira, fermant sa fenêtre.

Et elle pleura à chaudes larmes.

Elle ne chercha pas une minute à se tromper elle-même.

Elle s'avoua l'aimer jusqu'au délire.
Margot survint.
Elle vit sa maîtresse en pleurs et devant une glace, se regardant avec désolation.
La petite s'arrêta déconcertée.
Mademoiselle de Lancenales entendit du bruit, se retourna comme une biche effarouchée, reconnut Margot et se jeta dans ses bras.
— Mon Dieu! fit la fillette effrayée, qu'y a-t-il donc, mademoiselle?
— Ah! Margot! quel malheur, et comme je suis née pour souffrir!
— Qu'est-il arrivé, mademoiselle?

— Margot, il ne m'aime pas.
— Qui donc, mademoiselle?
— Lui.
— M. Lassalle?
— Quel autre aimerais-je?
Marie eut l'air d'être indignée qu'on pût la supposer capable de tendresse pour un autre que pour le beau hussard.
— Dame! dit Margot, il n'y a pas une heure que vous me grondiez parce que...
— Je ne savais pas ce que je disais. J'étais niaise, j'étais folle...
— Et maintenant?
— Je l'adore de tout mon cœur, Margot; je veux l'épouser, je veux qu'il m'aime.
— Il ne demandera pas mieux.
— Hélas non!
— Qu'en savez-vous?
— Il n'a pas daigné me répondre tout à l'heure, quand je lui ai souri.
— Vous avez donc souri?
— Oui, Margot.
— Ah! mademoiselle, c'est bien mal!
Et la fillette se mit à rire.
— Ne te moque pas de moi, dit mademoiselle de Lancenales d'un air piteux.
— Mademoiselle, dit Margot, je me venge de vos méchancetés.
Puis très-naïvement :
— Comment ça vous est-il venu, cette grande passion, mademoiselle?
— Tout d'un coup. Il passait dans la rue, et je l'ai vu si beau qu'il m'a semblé que c'était la première fois que nous nous rencontrions. Mon cœur a bondi dans ma poitrine et... j'ai compris que c'était fini que je l'aimais pour toujours!
— Et vous pleurez, ce qui vous enlaidit; tâchez plutôt d'être belle.
— C'est bien difficile, Margot.

Elle se montra dans la glace.
— Avec ce long visage! dit-elle.
— Mais vous avez de beaux yeux.
— Et un nez disgracieux!
— Il est très-bien fait et vous va bien.
— Un menton de galoche!
— Vous avez une bouche gentille.
Et Margot, d'autorité, essuya les larmes de sa maîtresse, l'embrassa, la força à se lever et la ramena vers la fenêtre en lui disant :
— Nous allons voir!
— Et quoi donc, Margot?
— Ce qu'il fera quand il sortira.
— Il est donc ici?
— Sans doute.
Elle montra la jument qui était tenue par un planton à la porte. Mademoiselle de Lancenales pâlit et trembla un peu.
— Que peut-il être venu faire? demanda-t-elle.

— Je ne sais.
Et avec un éclat de rire :
— Vous demander en mariage, peut-être?
— Ma fille, il n'oserait!
Margot était trop bonne personne pour laisser sa maîtresse dans l'embarras.
— Attendez! dit-elle, je reviens.
Et elle courut aux aguets et aux écoutes.
Elle revint bientôt.
— Mademoiselle, fit-elle, attention !
— Qu'y a-t-il?
— Le voilà qui va sortir.
— Il est bien peu convenable de demeurer ici, Margot, comme deux curieuses.
— Tant pis, mademoiselle! il faut bien savoir!...
En ce moment parut Lassalle.

XV
D'UNE LETTRE ET DES ÉMOTIONS QU'ELLE CAUSA A MADEMOISELLE DE LANCENALES.

Lassalle remonta en selle.
Mademoiselle de Lancenales put admirer de nouveau la grâce et la souplesse du jeune homme; mais celui-ci, à peine en selle, partit au galop sans lever les yeux.
Ce fut pour Marie une cause de dépit et de chagrin profond.
Margot, voyant les pleurs gonfler de nouveau la poitrine de sa maîtresse, lui dit :
— Ne vous désolez pas.
Elle semblait avoir pris une grande résolution, et elle questionna Marie avec autorité.
— Il faut, lui dit-elle, prendre une décision, mademoiselle. Définitivement, l'aimez-vous?
— De tout mon cœur, Margot.
— L'épouseriez-vous?
— Avec bonheur!
— Songez-y : vous ne vous appelleriez plus que madame Lassalle tout court !
Marie fit une légère moue, mais la passion prima l'orgueil.
— Tant pis! fit-elle.
Margot battit des mains.
— Bravo! s'écria-t-elle.
Elle sauta au cou de sa maîtresse.
— Mademoiselle, dit-elle, nous allons faire un pacte, si vous voulez bien?
— Lequel, Margot?
— Si vous aimez M. Lassalle, M. Martinet ne m'est pas indifférent.
— Ah! ah! fit Marie en riant.
Mais redevenant sévère :
— Margot, que dis-tu là?
— La vérité, mademoiselle.
— Pauvre enfant!
— Pourquoi me plaignez-vous?
— Mais ton amour est sans issue.
— Je vois, au contraire, une issue, moi.
— Tu m'effraies, Margot.
Mademoiselle de Lancenales venait de ressentir un coup trop vif pour ne pas redouter les plus grands écarts de passion chez les autres, à en juger par elle-même.
— Tu songerais à faillir, malheureuse enfant? dit-elle avec effroi.
Margot se mit à rire du ton tragique de sa maîtresse.
— Ah! fit-elle, comme vous avez dit cela, mademoiselle !
Puis voyant sa maîtresse déconcertée :
— Je songe, dit-elle, tout simplement à me marier avec le capitaine.
— Toi?
— Moi!
Son aplomb effarouchait Marie.

— Mais... il est officier...
— Eh bien?

Cette effronterie dépassait, pour mademoiselle de Lancenales, toute limite.

— Voyons, dit-elle, je ne voudrais pas te faire de peine, Margot...

— Mais, observa celle-ci interrompant, vous voulez me rappeler que je suis une petite servante, une pauvre orpheline!...

Et, sûre de son assertion, elle déclara :

— Ça ne fait rien du tout !

Elle prit la main de Marie, la mena devant la glace, et s'y mirant :

— Je suis très-jolie, savez-vous?

Elle se faisait dans le miroir les mines les plus drôles.

Elle continua :

— Je suis aussi jolie en femme que M. Lassalle est beau en homme.

Mademoiselle de Lancenales rougit.

— Les hommes ont moins de préjugés que nous autres sur les mariages par amour.

Marie joignit les mains.

La science de cette petite, en matière de cœur, l'épouvantait.

Margot continua :

— Il y a moins de distance entre moi et le capitaine qu'entre vous et le sous-lieutenant Lassalle ; pourtant vous allez franchir l'abîme qui vous sépare!

— Tu as dit : l'abîme?

— Oui, mademoiselle : ça s'appelle comme cela dans les romans.

Toute cette conversation était étourdissante pour Marie.

Avec une audace d'affirmation puisée dans une conviction absolue, Margot formula cet aphorisme éternel du cœur :

— Quand on aime, rien ne vous coûte.

Et elle conclut :

— Il suffit de me faire aimer de M. Martinet.

— Mais, Margot...

— Il m'aimera.

— Mais, Margot...

— Il m'aime déjà.

— Margot! Margot!

— A preuve!

Triomphante, elle tira une petite lettre de son sein.

— Voilà! fit-elle.

Ma... poussa un soupir et manifesta une certaine indign... on par gestes.

Margot, imperturbable, dit:

— J'ai ma déclaration !

Puis, riant, sautillant, courant après sa maîtresse qui se sauvait, elle lui mit sa déclaration sur le cœur en l'y glissant de force.

— Ça brûle, dit-elle, c'est un peu rouge, mais comme cela fait du bien !

Mademoiselle de Lancenales eût bien voulu se fâcher, mais elle songeait aux transports que lui eût causés une lettre de Lassalle.

Elle prit la lettre et la tendit à Margot qui la repoussa.

— Mais lisez donc la lettre! fit-elle.

Marie lut et pâlit.

La lettre lui était adressée.

— Ma chère maîtresse, lui dit Margot, vous me pardonnez la supercherie, n'est-ce pas ?

Marie hésitait, fort troublée.

— Supposant, dit la petite, que vous vous fâcheriez peut-être si je vous remettais de but en blanc cette lettre que j'ai acceptée pour vous, je me suis arrangée de façon à savoir si vous ne désireriez pas une déclaration de votre amoureux.

Puis triomphante:

— Vous ne pouvez plus me gronder, puisque vous avez soupiré d'envie en croyant que cette lettre m'était destinée.

— Margot, je vous blâme sévèrement, au contraire; vous êtes une petite...

— Une petite quoi, mademoiselle?

— Une petite intrigante.

— C'est vrai, vous avez raison, mademoiselle.

— Et vous devriez être honteuse de jouer près de moi un rôle de soubrette de comédie.

— Vous m'accablez, et vous avez raison.

Elle tendait la main.

— Que voulez-vous?

— La lettre.

Puis cruellement :

— Ne faut-il pas la renvoyer à M. Lassalle sans la lire?

Mademoiselle de Lancenales, à son insu, avait un vague désir de sauver sa dignité vis-à-vis d'elle-même en grondant Margot, et de satisfaire sa curiosité et son espoir ardent en lisant la lettre.

La manœuvre de la fillette rendait cette petite combinaison impossible.

— Voilà cette malheureuse, cette fâcheuse, cette déplorable lettre, dit mademoiselle de Lancenales.

Margot, tranquille et calme, malgré ce déluge d'adjectifs, prit la lettre et sortit. Mademoiselle de Lancenales, au supplice, mais se dominant, se mit à rêver.

Margot tardait à rentrer.

— Allumez les bougies, ordonna-t-elle.

Margot obéit en silence.

Mademoiselle de Lancenales surprit sur les lèvres de la fillette un sourire.

— Encore quelque espièglerie! pensa-t-elle.

Elle attendit que Margot démasquât ses batteries, mais celle-ci ne broncha pas.

Tournant, rôdant, arrangeant, dérangeant dans la chambre, elle eut l'air de remettre tout en ordre, changeant les meubles de place.

— Là! là! fit Marie ; vous m'assourdissez!

« Est-ce donc l'heure de ranger?

— Non, mademoiselle.

— Pourquoi tant de bruit, alors?

— Un prétexte à rester.

— Et pourquoi rester?

— Parce que je suis bonne.

Alors gentille, caressante, irrésistible, elle vint, d'un bond, s'asseoir sur les genoux de sa maîtresse, la dévora de baisers, l'accabla de caresses, si bien que mademoiselle de Lancenales ne put garder sa dignité et dit en soupirant :

— Ah! Margot, c'est un grand sacrifice que celui de la lettre.

— N'est-ce pas, mademoiselle?

— C'est fait, n'en parlons plus; mais, dis-moi, tu m'as étonnée en me parlant d'une expression de roman tout à l'heure.

« Tu lis donc de mauvais livres?

— Pas si mauvais !

— Il est défendu par la religion d'avoir ces sortes d'ouvrages.

— Mademoiselle, je ne suis pas une sainte et je pèche souvent.

— Enfin tu lis?

— Tous les soirs.

— Et où trouves-tu ces livres?

— Dans le cabinet du général. Les aides de camp s'ennuient quand ils sont de service, et ils apportent des romans pour se distraire.

« Ils en laissent traîner. Je les chippe et ne les remets

Margot, sauve-toi. (Page 63.)

dans le cabinet qu'après les avoir dévorés. »
Avec admiration :
— Il y en a de bien beaux!
— C'est là que tu as appris tout ce que tu sais sur l'amour?
— Oui, mademoiselle.
— Tu es bien pervertie!
— Au contraire : je sais maintenant comment il faut s'y prendre afin d'être aimée pour le bon motif; je sais comment on arrive à se bien marier.
— Et comment, Margot?
— En restant sage! dit la fillette d'un air convaincu. Toutes les filles qui se sont laissé séduire sont abandonnées, et il leur arrive les plus grands malheurs.
— Les romans ont du bon.
— Ils apprennent aussi à désobéir à sa maîtresse et ils n'ont pas tort.
— Margot!...
— La preuve, c'est que j'ai conservé la lettre, que la voilà, que vous êtes bien heureuse et que vous allez la lire, et que vous m'embrasserez, car le grand sacrifice — comme vous disiez — vous a trop coûté pour ne pas le regretter.
Mademoiselle de Lancenales, frémissante et pourpre, prit la lettre et la décacheta fébrilement.

XVI

CE QUE CONTENAIT LA LETTRE DE LASSALLE.

Mademoiselle de Lancenales s'attendait à trouver dans la lettre de Lassalle une de ces déclarations brûlantes comme les jeunes filles les adorent.
Au lieu de cela, elle vit :
1° Un petit billet;
2° Un papier d'affaires.
Le petit billet était ainsi conçu :

« M. Lassalle, jugeant qu'il est convenable pour lui de quitter son régiment afin de se soustraire à l'autorité du général de Lancenales, va écrire au ministre pour obtenir de passer au corps algérien.

« Avant de s'éloigner, prévoyant les persécutions dont mademoiselle de Lancenales sera l'objet de la part de son père, M. Lassalle envoie à cette jeune personne, pour laquelle il éprouve la plus sincère et la plus respectueuse sympathie, un talisman d'une puissance certaine.

« C'est la reconnaissance d'une dette, doublée d'un effet de commerce, le tout au nom du colonel de Lancenales.

« Le billet est signé à l'endos.

« Il suffira que mademoiselle de Lancenales trouve quelqu'un d'honnête et de courageux qui se charge de présenter cet effet au général et de lui faire comprendre que, s'il est trop dur pour sa fille, on exigera le montant de la reconnaissance.

« Jamais M. de Lancenales n'aura les trente mille francs nécessaires.

« Donc on sera toujours maître de lui et on paralysera ses projets.

« Il faudra écrire au-dessus de la signature de M. Lassalle le nom de la personne qui se chargera de protéger mademoiselle de Lancenales.

« M. Lassalle se permet d'assurer à mademoiselle de Lancenales qu'il emporte d'elle le plus gracieux souvenir et qu'il n'oubliera jamais le bonheur d'avoir pu rendre quelque service à une personne si digne d'intérêt... »

Marie lut, relut, épela la lettre, torturant le sens, cherchant mille choses qui n'y étaient point, n'y trouvant pas ce qu'elle contenait réellement.

Margot, elle, y voyait plus clair.

— Mademoiselle, fit la fillette, voilà une bien bonne lettre !

— C'est d'un grand cœur! fit Marie. Mais qu'elle est glaciale !

— Vous trouvez?

— Ce jeune homme ne m'aime pas.

— Il vous adore.

— Où vois-tu cela?

— L'envoi du billet.

« Ça prouve de l'amitié.

« Il sacrifie trente mille francs.

— C'est beaucoup; mais mon père ne pourrait pas payer.

— M. Lassalle en tirerait toujours pied ou aile. Puis, mademoiselle, croyez qu'une simple petite tendresse n'inspirerait pas ces procédés-là à un jeune homme; il a dû réfléchir, être préoccupé de vous pour trouver cette combinaison-là.

— Margot, un galant homme peut se dévouer pour une jeune fille par pitié.

— Mademoiselle, dit Margot avec le rare bon sens d'une fille du peuple, entre homme et femme, la pitié, la reconnaissance, l'amitié, le dévouement, l'affection, la protection, tout cela veut dire : amour!

Et continuant ses audacieux aphorismes :

— Entre un jeune homme et une jeune femme, il n'y a que trois sentiments: l'amour, la haine, l'indifférence.

— Tu dois avoir raison.

— Aussi croyez qu'il est fou de vous.

— Mais quelle froideur !

— Il est fier.

— Puisque je l'aime, puisque je consens à l'épouser, puisque je mourrai de désespoir s'il me dédaigne!

— Sait-il tout cela?

— Il devrait le deviner.

— Comme c'est facile!

— Je lui ai souri.

— La belle avance!

— Vas-tu me conseiller de me compromettre ?

— Vous pouvez répondre.

— A sa lettre?

— Certainement.

— J'ai peur, Margot.

— Mademoiselle, vous êtes allée chez lui, et voilà que vous hésitez à écrire ?

— Ah! Margot, je ne l'aimais pas, et je me jugeais forte et pure en allant le remercier alors que je le croyais gravement blessé.

Puis rougissant :

— Maintenant... je tremble.

— D'aller trop loin et trop vite! fit Margot; mais n'ayez pas si peur, je serai là. Je vous protégerai contre vous-même, mademoiselle.

— Bonne Margot !

— Et vous m'aiderez aussi à résister?

— A qui?

— Mais à M. Martinet !

— Ce n'était donc pas une plaisanterie! Il me semblait que tu avais imaginé cette fable à cause de la lettre de M. Lassalle !

— Mademoiselle, il y avait deux billets doux : un pour vous, un pour moi.

— Montre le tien ! fit mademoiselle de Lancenales anxieuse et avide de comparaison.

— Voilà ! dit Margot.

Elle tendit le billet.

« Mademoiselle, disait Martinet, vous êtes la plus mignonne créature qui existe en ce monde, et je déposerais volontiers à vos pieds mon cœur et ma sabretache. Si vous m'accordiez un rendez-vous, je serais le plus heureux des hommes, et je vous offre de partager ma vie. »

— C'est tout? fit mademoiselle de Lancenales.

— La lettre est délicate.

— Par exemple ! c'est d'une insolence! Où trouves-tu l'ombre d'une nuance de délicatesse dans ce mot impertinent?

— D'abord il m'élève au-dessus de ma condition, il m'appelle : *mademoiselle*.

Et d'un air entendu :

— C'est beaucoup, cela, au point de vue de l'avenir et de mon projet.

Elle reprit :

— Si M. Martinet ne me croyait pas au-dessus de ma position, il m'aurait appelée : *petite* ! il ne m'aurait pas proposé de vivre près de lui, de devenir une dame de la main droite, une femme que l'on montre, dont on est fier et pour laquelle on fait des sacrifices... Pour moi il n'irait plus au café, renoncerait au punch, au jeu...

— ... Que de choses tu fais sortir d'une lettre, ma chère Margot !

— Mademoiselle, un capitaine qui n'a que sa solde sait bien qu'en vivant avec sa femme il faudra sacrifier les parties de plaisir.

— Ah! les romans ! les romans ! s'écria mademoiselle de Lancenales ; que j'ai eu tort de n'en pas lire!

— Vous avez eu tort et raison ; ne regrettez rien, je lisais pour vous, mademoiselle. Qui sait ce qui serait arrivé, avec votre caractère exalté, si vous aviez dévoré deux cents volumes comme moi?

« Vous vous seriez peut-être perdue, car vous auriez tout poussé à l'extrême. »

La sagesse de cette enfant effrayait Marie, non moins que sa dissimulation. Mais Margot était si candide malgré sa précoce expérience, si pure encore, que mademoiselle de Lancenales ne lui en voulut pas d'avoir si longtemps caché ce qu'elle savait.

Margot venait de préparer ce qu'il fallait pour écrire. Elle se mit au guéridon.

— Tu réponds donc? demanda Marie.

— Certainement : il faut toujours répondre.

— Tu vas être digne et fière, au moins?

Margot sourit et écrivit:

XVI

CE QUE CONTENAIT LA LETTRE DE LASSALLE (*suite*).

Mademoiselle de Lancenales lut par-dessus l'épaule de la petite :

« Monsieur,

« Je suis une pauvre petite orpheline bien sage, dévouée à sa maîtresse, et qui a très-peur de vous depuis qu'elle vous a vu.

« Vous feriez beaucoup de peine à mademoiselle de Lancenales en me trompant, et moi je serais honteuse d'avoir failli que je me jetterais dans la Meuse!

« Comme je ne puis pas vous épouser et que les petites servantes comme moi ne deviennent pas femmes de beaux officiers comme vous, je sens bien que je ne dois pas vous écouter.

« Vous avez une bonne figure de soldat honnête, monsieur Martinet ; je me fie à vous, et c'est à vous que je demande protection contre vous-même.

« Ce ne serait pas généreux pour un brave officier de battre un petit garçon pas fort, et vous vous feriez mépriser en abusant de votre force.

« Il ne faut pas non plus abuser de vos avantages contre une petite fille bien aimante qui, elle, serait heureuse d'épouser un beau capitaine comme vous si elle était duchesse.

« Ne me faites donc pas la cour, monsieur Martinet, et je vous serai reconnaissante.

« Songez que dans le monde il y aura une fillette qui ne pensera qu'à vous et à votre générosité, et qui n'oubliera jamais votre bon procédé.

« Ça vous portera bonheur. »

Mademoiselle de Lancenales s'écria :

— Mais c'est un triomphe d'hypocrisie, Margot! tu ne penses pas cela!

— Moi ! fit Margot, je pense cela et beaucoup d'autres choses! je suis comme toutes les femmes, je pense ce que j'écris au moment où je l'écris.

Et mettant la main sur son cœur, elle dit très-sincèrement :

— Je suis très-émue, je vous assure, et si M. Martinet, ne voulant pas m'épouser, renonce loyalement à me tourmenter, croyez que je l'estimerai beaucoup.

Puis riant avec assurance :

— Mais il m'épousera. Il est bel homme et fier de l'être ; je lui parle de sa belle prestance deux ou trois fois dans ma lettre, ça le flattera; un homme flatté est un homme pris au lacet.

Poussant ensuite doucement sa maîtresse dans sa chaise qu'elle quitta :

— Mademoiselle, écrivez, dit-elle.

— Encore une fois, est-ce donc nécessaire, je te le demande, ma petite liseuse de romans?

— Mademoiselle, ce garçon vous a devinée fière, et il craint fort que vous ne repoussiez avec hauteur l'amour qu'il vous exprimerait autrement que par des procédés discrets... Encouragez-le.

Mademoiselle de Lancenales avait tout à coup pris une grande confiance dans Margot.

— Peux-tu m'affirmer qu'il m'aime? Je vais jouer ma vie, réfléchis.

— J'en jurerais, dit-elle ; mais convenons d'une chose, mademoiselle...

— Laquelle ?

— La lettre me sera confiée et ne sera remise que quand je serai *sûre*, absolument *sûre*, après avoir entendu de mes oreilles et vu de mes yeux, qu'il est passionnément épris.

— Bien, Margot.

Et mademoiselle de Lancenales écrivit ceci sur une grande page blanche :

« Monsieur, je vous aime!

MARIE DE LANCENALES.

La phrase se détacha en grands caractères noirs sur le papier blanc.

— Mon Dieu ! fit Margot, comme vous allez tout de suite au *je vous aime*!

— Ma fille, c'est ainsi qu'une femme de ma sorte doit être : je ne saurais ruser; si je fais une démarche humiliante, si je me trompe, s'il me dédaigne, je meurs. Tu comprends qu'il serait petit de ruser dans de pareilles dispositions.

Et mademoiselle de Lancenales remit la lettre à Margot.

XVII

CE QUE LASSALLE ÉTAIT VENU FAIRE CHEZ LE GÉNÉRAL.

Lassalle avait été envoyé par son colonel chez M. de Lancenales; voici pourquoi.

Le sous-lieutenant savait combien la lutte est dangereuse d'inférieur à supérieur dans l'armée, où l'arbitraire prime tous les règlements.

En conséquence, il avait imaginé d'intéresser son colonel à son sort.

Cet officier était un homme de tête et de sens; il avait la longue pratique du métier et jouissait d'une excellente réputation.

C'était un Lorrain, bonhomme et madré comme le sont les paysans de son pays.

Avec sa grosse tête carrée, ses traits ouverts, son sourire jovial, il avait l'œil malin et la lèvre plissée finement à chaque coin de la bouche; c'était un singulier mélange de franchise et de dissimulation, de brusquerie ronde, affable, charmante, et de rouerie fort habile. Au demeurant, un excellent homme que les bonnes gens aimaient beaucoup. Vieux troupier d'Afrique, bon pour son régiment, il aimait ses hussards et le commandait paternellement. Lorsqu'il vit Lassalle entrer chez lui, il devina qu'il s'agissait de son duel.

— Vous voilà, mauvaise tête, dit-il en riant; encore une affaire !

— Grave, celle-là, mon colonel, fit Lassalle en saluant militairement.

— Je crois bien, que c'est grave, puisqu'il y a mort de l'adversaire !

— Elle aura des suites.

— Hein ! fit le colonel.

Au fond, il s'était renseigné et savait quel détestable personnage Lassalle avait tué; aussi était-il fier qu'un officier de son régiment eût châtié un drôle devant lequel tout le monde tremblait ; dans ses idées, c'était un honneur; tout bon militaire pensait comme lui dans la garnison; aussi répéta-t-il étonné :

— Des suites, ce duel? quelles suites? on enterre ce monsieur!... Après?

— Après, mon colonel, le général voudra me faire passer en conseil de guerre.

— Sous quelle inculpation ?

— Il m'accuse d'assassinat.

— Il est fou, votre général !

— Il n'est que fourbe et méchant.

— Il est vrai, entre nous, que M. de Lancenales est ce qu'on peut appeler un mauvais coucheur, mais je le verrai et j'apaiserai l'affaire.

— Impossible, mon colonel!

— Allons donc !

— Si je vous disais que ce Prangy était son futur gendre?

— Diable ! diable !

— Que le général tenait beaucoup à lui faire épouser sa fille... sans dot?

— Vous m'en direz tant !...

— Qu'enfin il m'a fait venir et m'a promis toutes sortes de désagréments ?...
— Vous m'inquiétez, sous-lieutenant.
Le colonel était très-disposé par son caractère à fronder M. de Lancenales.
D'abord il détestait ce général d'antichambre ; puis il aimait Lassalle ; de plus, une lutte au plus fin avec un supérieur ne lui déplaisait point, et de là il épousait la cause du sous-lieutenant. Il calcula les chances de succès.
— Il est bien en cour, le général... comme tous les généraux de carton! fit-il.
— J'avais donc raison de dire que le cas était grave.
— Baste! nous allons arranger cela.
La vieille tête rusée du vétéran s'anima ; il venait de trouver un moyen.
— Faisons de cela, dit-il, une affaire de régiment, une question d'esprit de corps.
— Mon colonel, voilà une idée excellente, et dont je vous suis bien reconnaissant.
— Le fils du général, devenu mon collègue, arrive ce soir ; il m'en avertit.
— Un ennemi à moi, ce colonel.
— N'importe! il s'agit de fêter dans sa personne le régiment auquel il appartient, de fraterniser à distance en la personne du colonel.
Lassalle vit venir son chef.
— Nous lui offrirons un punch ? fit-il.
— C'est cela.
— Mais comment mon affaire se rattache-t-elle à ce punch ?
— Vous verrez !
Et, tout joyeux de la ruse qu'il méditait, le colonel se frotta les mains en disant :
— Le général et son fils vont, sans se douter de rien, se compromettre au point de ne pouvoir vous nuire à propos de cette affaire.
On voyait que le brave officier d'Afrique avait une haine mal dissimulée contre ces deux officiers d'antichambre qui avaient volé leur avancement.
— Lassalle, mon cher garçon, dit-il, sautez en selle et allez chez M. de Lancenales.
Le Gascon fit un haut-le-corps.
— Moi ? fit-il.
— Vous-même. Vous lui direz de ma part que nous attendons son fils au punch d'honneur que nous avons préparé ; surtout n'allez pas dire *pour lui*, faites-y bien attention.
— Je saisis, mon colonel.
Lassalle entrevoyait vaguement le plan de son colonel.
— Vous ajouterez que si le général vous faisait le plaisir de paraître, nous lui en serions excessivement reconnaissants. Tâchez qu'il vienne.
— Bien ! fit Lassalle ; votre commission sera faite, mon colonel.
— Vous avez été insolent avec lui, n'est-ce pas, Lassalle ?
— Heu! heu!...
— Avouez-le.
— Oui, mon colonel.
— C'est une bêtise ; cette fois, tâchez d'être très-humble, et jouons-le.
— Humble ?
Ce mot fit un singulier effet sur le fier jeune homme.
— Vous êtes un enfant ! dit le colonel.
« Voilà qu'un peu de soumission vous effarouche !... Soyez donc adroit et réussissez, mon cher ! »
Sur ce, Lassalle s'en fut trouver le général de Lancenales.
Quand on l'annonça, le marquis fit une grimace significative.

— Encore ! dit-il.
Il pensait aux trente mille francs.
Comme il n'était pas maître de la situation, il se résigna, non sans une colère péniblement maîtrisée, à recevoir le sous-lieutenant.
Celui-ci, en homme d'esprit qu'il était, avait médité un speech en route.
— Mon général, dit-il, je suis envoyé vers vous par mon colonel.
— Affaire de service, monsieur ?
— Non, mon général.
— Qu'est-ce, alors ?
— Le colonel est un peu notre père à tous, notre conseiller ; en sortant de chez vous, sentant que j'avais eu tort de vous irriter par une attitude hautaine, réfléchissant que j'avais en somme causé un grand chagrin dans votre famille, que M. de Prangy était votre futur gendre, je me suis rendu chez mon colonel auquel j'ai exposé toute l'affaire.
Le général était fort étonné.
Tant de soumission après tant d'impertinence, alors que Lassalle avait barre sur lui par ce billet ; le ton, la politesse du jeune homme, la façon dont il exprimait ses regrets, ce revirement complet renversait les idées de M. de Lancenales.
— Après tout, se dit-il, ce jeune homme n'était pas de connivence avec ma fille ; il a tué de Prangy étourdiment... c'est un malheur !
Le billet de trente mille francs était pour quelque chose dans cet oubli des injures auquel le général se sentait disposé : il comptait amener Lassalle à composer en le voyant si bien disposé.
Le jeune homme reprit :
— Mon colonel m'a beaucoup grondé, et il m'a engagé à venir franchement à vous.
Puis, pour éviter des excuses formelles, le Gascon passa sans transition à l'invitation.
— Le colonel, dit-il, a su que le comte de Lancenales devait arriver ce soir ; votre fils l'en a prévenu, car ils sont bons amis.
— J'ignorais cela ! dit le général.
— Voulant fêter son camarade et faire fraterniser les hussards avec le régiment que commande le comte, notre colonel me charge de vous présenter une invitation pour lui à un punch pour ce soir même ; il n'ose vous demander l'honneur de votre présence, mais il serait enchanté et reconnaissant si vous consentiez à accompagner votre fils.
Le général avait toujours les trente mille francs en tête.
— J'aurai peu de chance, pensa-t-il, si le comte ne profite pas de cette petite partie, où les têtes seront échauffées, pour faire retirer, par son collègue, le billet des mains de ce garçon, qui n'est pas si mauvais diable qu'on pourrait le supposer.
Et il donna son acquiescement.
— Annoncez au colonel, dit-il, que j'accepte en mon nom pour le comte et pour moi.
— Mon général, votre heure, je vous prie ?
— Dix heures.
— Vous me permettrez de me retirer, n'est-ce pas, mon général ? il y a des préparatifs à faire.
— Allez, sous-lieutenant !
Le général eût bien voulu toucher deux mots du billet, préparer le terrain ; mais Lassalle brusquait les choses avec adresse.
Il s'en fut rendre compte de son succès à son colonel, qui lui dit :
— Lassalle, ce soir, vous verrez la tête qu'un vieux chacal comme moi fait faire à deux renards comme ceux-là.

Et avec bonne humeur :
— Nous les roulerons, mon cher garçon.

Le brave colonel ne se doutait pas des graves conséquences qu'entraîneraient pour Lassalle les suites de cette lutte.

XVIII

OU MARTINET REÇOIT DEUX LETTRES ET UN BAISER.

Margot, en recevant la lettre de mademoiselle de Lancenales, lui demanda :
— Vous me prêterez votre manteau, n'est-ce pas, mademoiselle ?
— Pourquoi donc, Margot ?
— Pour aller porter les deux lettres.
— Tu te risques à cela ?
— Il le faut bien.
— Margot, un commissionnaire serait beaucoup moins compromettant.
— Mais je ne verrais point M. Martinet, et ce n'est pas mon compte.

Marie était terrifiée de l'audace de cette petite fille.
— Songe donc que c'est mal, que tu agis bien légèrement.
— Suis-je une demoiselle, moi ?
— Tu es mon amie.
— Votre servante !

Et coupant court à cette querelle :
— Mademoiselle, je me dévoue en somme pour votre honneur. Il faut que je questionne M. Martinet sur son ami Lassalle : je ne remets votre lettre que certaine que vous êtes aimée.
— Ma pauvre enfant, je tremble.
— Sur qui ? sur vous ou sur moi ?
— Sur ta vertu.

Margot se prit à rire.
— Mademoiselle, ma vertu, c'est mon bien, ma dot, la seule chance que j'aie d'être épousée et de devenir madame quelqu'un. Aussi je vous jure que, tout hussard qu'il est, M. Martinet restera sage, gentil et doux comme un agneau.

Avec un geste tout mignon dans sa crânerie :
— M. Martinet, dit-elle, pleurera, rira, parlera, se taira, à ma volonté !

Marie ne dit plus rien et lui jeta un manteau sur les épaules.

La fillette sortit.

De sa fenêtre, sa maîtresse la regarda trotliner dans la rue.

Margot s'en fut droit au logis de Martinet, qu'elle trouva dans la rue, prêt à partir pour le café afin d'y *effacer* une absinthe à l'algérienne.

Le gros hussard, à la vue de Margot, retroussa sa moustache et rebroussa chemin sans mot dire, pensant bien que la jeune fille venait pour lui et le suivrait chez lui.

Margot grimpa l'escalier derrière Martinet qui se retourna deux fois avec des sourires vainqueurs, prenant déjà du regard possession de sa conquête. S'il avait vu Margot lui tirer la langue et lui faire des grimaces, il eût compris que l'on ne se rend pas si facilement maître des fillettes espiègles quand elles se sont mises le mariage en tête.

Martinet ouvrit sa porte, s'effaça galamment pour laisser passer Margot, voulut prendre un baiser qu'elle esquiva en croyant la saisir à la taille, il la sentit glisser comme une anguille dans ses mains qui se refermèrent dans le vide.

— Nous allons bien voir ! pensa le capitaine.

Il ne se doutait pas, le fat, de ce qu'il allait voir.

Il vit Margot rouge comme une cerise, indignée, jouant une petite colère très-crâne et lui disant d'une voix tremblante :
— Monsieur, c'est peu délicat de se conduire comme vous faites !

Martinet comprit qu'il n'avait point bataille gagnée.
— Monsieur, dit Margot, vous allez me jurer de me respecter, ou je ne reste pas ici une minute de plus ; c'est à la condition d'être aussi en sûreté ici que je le serais chez votre ami, M. Lassalle, que je consentirai à m'expliquer devant vous.

Cette austérité ne déplut pas à Martinet, au contraire ; habitué aux conquêtes faciles, aux femmes de chambre qui se jettent à la tête des gens, aux boutiquières qui se livrent sans défense, aux demoiselles légères qu'un souper tente, le capitaine n'avait jamais su au juste ce que c'était qu'une vertu sérieuse.

Il était comme un général qui n'a eu que des succès faciles, de ceux qui ne comptent pas ; il allait enfin engager une lutte qui pouvait lui faire honneur ; Margot lui parut une petite citadelle hérissée d'escarpes et de contrescarpes.
— Mademoiselle, dit-il, je vous promets de vous traiter avec tous les égards possibles ; veuillez me pardonner un moment d'entraînement.

Il lui offrit une chaise.

Margot s'assit avec un petit mouvement gentil, tendit la main à Martinet d'un air de camaraderie et lui dit en l'empêchant de baiser le bout de ses doigts comme il l'eût voulu :
— Je savais bien, moi, que vous étiez un honnête homme et un brave cœur ; mais j'ai eu confiance, et me voilà !

Elle glissa très-finement l'insinuation pour laquelle elle avait mijoté sa phrase.
— Mademoiselle, continua la friponne, ne voulait pas me laisser partir ; mais je savais bien qu'un vrai soldat était trop loyal pour abuser de la faiblesse d'une petite, toute petite fillette comme moi.

Martinet entendait sans entendre.

Il était tout joyeux et avait l'oreille distraite ; jamais il ne se serait douté que Margot, vue de si près, tonait si bien les promesses que faisait de loin son gracieux et ravissant visage.

Il avait vu et eu des maîtresses singeant la grande dame et la vraie femme ; il avait apprécié combien une bourgeoise perd dans l'intimité.

Margot, tout au contraire, gagnait énormément à être contemplée dans le tête-à-tête.

Quelle différence avec les femmes de chambre qui avaient honoré Martinet de leurs attentions !

Elles pouvaient faire illusion dans la rue, avec un châle chippé à leur maîtresse ; mais la voix, les manières, les mains rouges, les pieds plats, tout décelait la domestique dans le détail.

Margot faisait au capitaine l'effet d'une petite reine. Il était subjugué.
— Votre maîtresse, ma chère enfant, dit-il, sait donc que vous êtes ici ?
— Sans doute, elle m'envoie.
— Que me veut-elle ? fit Martinet.

Il pensa de suite à son ami.
— S'agit-il de Lassalle ?
— Oui, dit Margot.

Martinet parut très-intrigué.
— Capitaine, continua-t-elle, voici ce qui se passe.
« Écoutez-moi attentivement.
— Ma chère enfant, je vous écouterais cent ans si vous me permettiez de vous regarder pendant cent ans.

Elle ne releva pas le compliment.
— Votre ami, dit-elle, veut partir, quitter son régiment, passer en Afrique. Il paraît que le général le per-

sécute à cause du duel.
— C'est vrai.
— Et M. Lassalle n'ose pas rester sous ses ordres, c'est pourquoi il change de corps ; mais, en partant, il laisse à mademoiselle de Lancenales un moyen de se protéger contre le général, qui est très-dur pour elle.
— Le billet ?
— C'est cela. Eh bien ! mademoiselle de Lancenales s'étonne qu'avec ce papier M. Lassalle ne se sente pas assez fort pour demeurer à Verdun.

Martinet, qui savait combien Lassalle s'était épris de mademoiselle de Lancenales et combien il espérait peu d'être aimé, pensa utile de sonder le terrain.

— Mademoiselle, dit-il, je crois que mon ami a d'autres raisons pour quitter la ville que la peur de M. de Lancenales.
— Ah ! fit Margot.

Et son œil intelligent encouragea Martinet.
— Mon ami est très-fier ! dit le capitaine ; il adore une jeune fille qui ne peut être à lui, et il va s'en aller en Afrique pour s'y faire tuer.
— Comment, monsieur Martinet, un si beau jeune homme ?... Et cette demoiselle le refuse ?...
— Pas précisément, mon ami ne lui ayant jamais dit un mot de déclaration.
— Comment sait-il alors qu'on ne veut pas de lui ?
— Parce que cette demoiselle est très-riche, très-collet-monté, très... bégueule.
— Fi ! le vilain mot !
— Excusez-le. Je suis en colère contre cette jeune personne.
— Elle est d'ici ?
— Oui, mademoiselle.

Margot eut l'air de chercher.
— Je vous dirais bien son nom si vous me juriez à votre tour d'être discrète.
— Je le promets.
— C'est votre maîtresse.

Margot rougit de plaisir.

Elle se leva et demanda avec émotion :
— Bien vrai, monsieur Martinet, votre ami aime mademoiselle de Lancenales ?
— Sur l'honneur, il en est fou !

Margot tira de sa poche la lettre qu'elle apportait et la tendit à Martinet.
— Tenez ! dit-elle, voilà qui va le rendre heureux, votre ami.
— C'est donc...
— C'est tout ce qu'il peut souhaiter de mieux, capitaine.

Martinet était enchanté, mais il fit un retour sur lui-même.
— Le voilà rassuré, lui, dit-il, il sait à quoi s'en tenir. Ne me direz-vous rien, à moi ?

Margot devint soucieuse et se rassit, lui faisant signe de l'imiter.
— Monsieur Martinet, dit-elle, vous m'avez écrit, je vous ai répondu ; je vais vous laisser cette lettre aussi ; elle ne ressemble pas à celle de mademoiselle.
— Ah ! fit-il sincèrement attristé.

Il y avait beaucoup de gravité dans l'accent de Margot ; il crut qu'elle aimait ailleurs.
— Je vous prie de croire ce que je vous dis dans cette lettre, et de céder à mes prières.

Puis, ayant l'œil voilé, la voix tremblante, elle lui dit tout bas :
— Je suis bien malheureuse, mais je suis bien courageuse.

Elle se leva, laissant la lettre aux mains de Martinet très-ému et ne sachant ce qu'il allait apprendre.

Il l'accompagna très-respectueusement vers la porte.

Là, cédant à son élan, elle lui dit :
— Monsieur Martinet, nous ne nous reparlerons plus si vous êtes l'homme généreux que je crois. Tenez, embrassez-moi, puis... oubliez !

Le gros hussard troublé, ne devinant rien, croyant à de gros chagrins, très-intéressé au sort de cette enfant, l'aimant déjà furieusement, se laissait endoctriner au mieux : il était pris et bien pris.

Il sentit les deux jolis bras de Margot l'étreindre au col, ses petites lèvres sonner une fanfare de baisers sur ses joues brunes ; puis, ébahi, il la laissa fuir.

Il resta la lettre en main, murmurant :
— Pauvre petite ! que peut-elle avoir ? elle semble pourtant m'aimer un peu.

Ah ! Martinet, que vous étiez bien ce jour-là l'homme bête que nous sommes tous quand une femme nous enjôle !

XIX

LA LETTRE DE MARGOT.

Martinet était une de ces natures cordiales, rondes, honnêtes, faciles à émouvoir, qui peuvent se définir par une association de mots peu grammaticale, mais très-française : il appartenait à la catégorie des gobeurs intelligents.

Ces gens-là sont les meilleurs du monde.

On ne saurait les mépriser

Si l'on n'avait affaire qu'à leur tête, on serait souvent dupé. Ils vous floueraient très-bien et ne se laisseraient pas flouer, n'était leur excellent cœur.

On les pince par le sentiment.

Martinet, en rencontrant la petite Margot, qu'il avait devinée devoir appartenir à Marie, s'était senti attiré, lui, gros garçon, par cette fine et délicate créature ; il avait reçu le coup au cœur qui caractérise les grandes passions.

Mais comme il n'avait jamais aimé à fond, pour employer une expression de cavalerie ; comme il n'avait eu que les caprices des amours des sens, il ignorait la portée de l'étrange émotion qui l'avait saisi à la vue de Margot rencontrée, suivie par lui.

Quoique troublé, inquiet de sensations jusque-là inconnues, le hussard s'était dit comme les fois précédentes :
— Corbleu ! la jolie enfant !

Et de là à une poursuite immédiate il n'y avait que le demi-tour après la rencontre, puis la contre-marche.

Martinet avait opéré les deux manœuvres en militaire consommé.

Quand il avait reconnu le domicile de la petite, il s'était lestement renseigné auprès d'un des plantons.

Un cigare offert par un officier à un soldat fait de celui-ci le serviteur zélé du premier.

Martinet sut tout ce qu'il voulait savoir sur Margot.

1° Elle était sage, de l'aveu général de toute la garnison.

Martinet, du reste, pressentit, à la virginale expression des traits, que jamais grossier baiser ne les avait ternis.

2° Martinet avait eu les nom et prénoms de Margot.

3° Des détails sur sa situation dans la maison du général.

Le capitaine ne fit, en style de troupier, ni une ni deusse. Voir une belle fille, la désirer, lui déclarer sa flamme, la conquérir, le tout eu un clin d'œil : telle est la tradition des hussards, léguée par ceux de Louis XIV à leurs camarades de tous les règnes.

Martinet n'était pas un gaillard à faire mentir la légende : il entra dans un café et rédigea la lettre que nous savons ; il la fit remettre par le planton.

Nous avons vu le résultat de la demande de rendez-vous.

Mais, en face de Margot, Martinet s'était senti bien faible, et il n'avait pas eu la moindre audace; et le pauvre garçon se sentait le cœur très-gros.

Il alla, tout étourdi, s'asseoir sur son lit.

La passion l'étouffait.

Peu fait à ces oppressions, Martinet déboutonna son uniforme, souffla, se mit à l'aise et monologua.

Le monologue est une grande ressource pour les amoureux et pour tous les hommes qui voient trouble.

Le gros hussard avait le cerveau très-obscurci par les soupirs qui lui gonflaient le cœur et lui mettaient presque les larmes aux yeux; il était très-attendri, très-ému; il se parla à lui-même pour trouver la formule des pensées vagues, des sentiments très-lourds, mais mal déterminés, qui luttaient en lui.

— Sacrebleu! dit-il, voilà une aventure que je n'attendais pas et qui tourne drôlement.

Il avait en mains la lettre de la fillette et il la déploya machinalement en murmurant non sans dépit :

— Soit! envolée, la mâtine! disparue! cherche, Martinet!

Ceci était la révolte du hussard contre l'homme.

— Te voilà refait par un enfant, mon vieux !

Il regarda la lettre avec une certaine colère, tout en murmurant :

— Elle doit se moquer de moi, dans la rue, cette gamine!

Un mot de la lettre le frappa.

Orpheline !

Ce mot le ramena à un autre ordre de sensations.

L'homme, qui protestait déjà contre les colères du hussard, reçut de ce mot un grand renfort.

— Pauvre petit diable! fit-il ni père ni mère! personne! et toute seule au monde! et... gentille à croquer !

Puis avec un frisson de gros chien qui se secoue voluptueusement :

— Cré tonnerre! comme elle aimera son... (il hésita; il allait dire : amant; il finit par se décider) mari!

Il se souvenait du baiser.

— Le mari (il répéta le mot) d'une orpheline, c'est tout pour elle; c'est son père et sa mère, c'est une espèce de bon Dieu !

Un peu pâle parce que la passion vraie le mordait au sein :

— Comme elle m'a embrassé!

Il eût fallu voir ce pauvre gros bon garçon terrassé par un amour puissant, ne se défendant pas et s'avouant naïvement sa défaite.

Il relut la lettre.

Deux grosses larmes perlèrent sur ses cils et roulèrent sur ses joues brunes; l'isolement de l'enfant, sa grâce naïve, les délicatesses candides de cette lettre si habile, pensée par une âme d'ange, écrite par un esprit de démon, cette femme adorable qui palpitait dans ces phrases caressantes, tous les attraits invincibles enfin de cet être charmant agirent irrésistiblement sur Martinet.

Il dit avec mépris ;

— Quand je pense que je voulais... ma parole ! je me dégoûte !

Il embrassa la lettre plutôt qu'il ne la baisa; on eût dit qu'en la portant à ses lèvres ses deux mains se refermaient en même temps sur la taille d'une Margot invisible, aérienne, voltigeant devant lui.

— Va, ma fille, dit-il avec résolution, je ne t'ennuierai pas ; tu as raison de compter sur Martinet.

Et avec conviction :

— Martinet, vois-tu, ma mie, c'est un cœur d'or qui ne fera jamais une bassesse... même à une dame!

Le mot était gros de philosophie.

Il y a tant de gens de bien qui se croient les plus grosses vilenies permises quand il s'agit de tromper une femme !

Il se leva.

— Par exemple! s'écria-t-il avec une sorte de fureur jalouse, si quelqu'un y touche, je le tue net! je la protégerai, cette mignonnette-là !

Il réfléchit un peu.

— Cré nom ! murmura-t-il, ça va être dur tout de même de ne plus chercher à la voir, à lui parler, à...

Et naturellement la pensée lui vint :

— Au fait, pourquoi ne l'épouserais-je pas?

L'officier, le porte-épaulettes, le glorieux, le vaniteux, le hussard roué s'éveilla en Martinet et lui cria d'un mauvais coin de l'âme, du coin bas, du coin honteux, du coin aux préjugés :

— Une bonne! il ne faudrait plus que ça !

« Les camarades en riraient ! »

Mais Martinet répondit à cette voix d'un air indigné :

— Ne dirait-on pas, monsieur Martinet, que vous êtes de la côte de Charlemagne ? Si les camarades rient, on les sabrera.

C'était chose bien avancée à cette heure que le mariage de Margot : à ce point que Martinet cherchait déjà si quelque obstacle n'allait pas se dresser entre lui et son honneur.

— Il y a la question de la dot exigée par la loi ! fit-il.

Il songea et finit par dire avec une grimace d'homme qui avale une médecine :

— Je verrai ma tante.

Cette tante devait être formidablement désagréable, car Martinet eut un haut-le-cœur significatif.

Après quoi, bravement, gaiement, en homme qui a pris son parti, il s'assit devant sa table, murmurant :

— Demandons-lui solennellement sa main, à cette petite duchesse déguisée en bonne.

Mais voilà qu'au moment où il ruminait ces pensées, il sentit venant sur sa main quelque chose de doux, de tiède, d'exquis, qui se promenait le long de ses doigts.

Il regarda.

C'était Margot... à ses genoux.

Elle s'était arrêtée, soubrette pour la dernière fois; elle était revenue à pas de loup et elle avait tout entendu derrière la porte mal fermée par Martinet.

Elle était arrivée furtivement, s'était respectueusement prosternée devant ce grand cœur qu'elle avait entendu parler si sincèrement, et elle se donnait à jamais à ce brave garçon, honteuse des petites rouerics qu'elle avait employées pour dompter ce lion caniche, si loyal, si faible et si fort.

— Monsieur Martinet, dit-elle en larmes, je vous rendrai cela en bonheur. Merci!

Il rugit de joie, la saisit dans ses bras, la tordit dans un élan de passion frénétique; puis, généreux jusqu'au bout, il l'emporta d'un bond sur le palier, l'y déposa pantelante et lui cria d'une voix étranglée :

— Margot, sauve-toi !

Elle s'enfuit.

Lui rentra, essuyant son front en sueur, et poussa un ouf! formidable.

— Madame Martinet, dit-il, pourra se vanter de l'avoir échappée belle avant son mariage !

« J'ai cru que je m'arrachais le cœur. »

Tout l'homme était dans ce cri.

Brave garçon, n'est-ce pas ?

XX

OÙ L'ON VOIT UN HUSSARD S'ÉVANOUIR.

Martinet vit entrer Lassalle.

— Ah! fit-il rayonnant, le voilà !

— Oui, dit le Gascon, le général est tombé dans la nasse.

— Il vient au punch?
— Avec enthousiasme.
— Tiens, tiens, tiens!
— Il espère me reprendre la fameuse reconnaissance qui le tient en échec.
— Tu la rendras?
— C'est mademoiselle de Lancenales qui l'a.
— Que va-t-il donc se passer à ce punch?
— Je ne le sais pas au juste; mais je vois que notre colonel, qui est un rusé mâtin, va jouer un tour au marquis.
— Bon!

Puis Martinet, jouissant d'avance de la surprise de son ami, lui dit :
— A propos, nous nous marions!
— Hein! fit Lassalle.
— Nous pourrons peut-être faire ces deux noces le même jour!...
— Que dis-tu là?
— Que j'épouse Margot.
— Ah! bah! pour quinze jours?
— Non... dans quinze jours.
— Martinet, tu plaisantes?

Le gros hussard tira la lettre de son spencer et la tendit à Lassalle.
— Lis! dit-il.

Lassalle parcourut dédaigneusement d'abord le billet, puis il devint attentif, puis il parut devenir grave et réfléchir.
— C'est un trésor ou une mine, cette petite! dit-il.
— Un trésor! mon ami, un trésor!

Et, avec une verve d'amoureux, il conta à Lassalle le trait de la fin.
— Oh! oh! dit celui-ci.

Et il reprit la lettre, la relut, se souvint du profil de la fillette et dit :
— Je penche pour la qualification de trésor; épouse, Martinet!
— Merci du consentement!
— Ne disais-tu pas que je me mariais aussi, mon cher?
— Tiens, c'est vrai, égoïste que je suis!

Et il reprit :
— Mon cher, l'amour de Margot pour moi a sans doute entraîné sa maîtresse, qui t'aime, mon joli garçon!
— Allons donc! fit Lassalle.
— Pourquoi en doutes-tu?
— Jamais une fille de cette race fière et ombrageuse, jamais Marie, que je connais trop bien pour espérer, ne voudra même s'abaisser à songer un seul instant à la possibilité d'un mariage.
— Margot...
— Margot a pu te dire tout ce qu'elle a voulu; moi, je sais à quoi m'en tenir et je n'ai pas le moindre espoir.
— Mais elle t'écrit.
— Ah! fit froidement Lassalle.
— Voici la lettre.
— Une lettre glaciale et polie de remerciements pour l'arme que je lui ai donnée contre son père; une lettre de grande dame à un inférieur qui l'a obligée.
— Mon cher, dites que cette fille est venue ici te voir : c'est un bon procédé, et je te trouve dur pour elle.
— Elle est venue, et c'était une grande douleur pour moi de la recevoir.
— Parce que?...
— N'était-ce pas me dire que je n'étais pas à craindre pour elle? Eût-elle fait cette démarche si j'avais été un amant, un mari possible?...
— Enfin... lis.
— Vois-tu, dit Lassalle en rompant le cachet, si jamais mon rêve se réalisait, si jamais elle m'aimait, ce serait un si grand bonheur, un si surprenant prodige, que j'en éprouverais une commotion qui me tuerait de surprise et de joie.

Tout à coup Lassalle lut la simple phrase :
« Je vous aime! »

Tout doucement il reposa la lettre, pâlit, s'affaissa, s'évanouit.

Et Martinet fut bien embarrassé!

Il avait vu des femmes jalouses s'évanouir pour... la forme. Mais un homme, un soldat, un hussard doublé d'un Gascon, un gaillard imperturbable, solidement trempé, qui a tout bravé, et qui tombe foudroyé par un mot! voilà qui rendait Martinet tout tremblant; car c'est chose terrible, effrayante, que de constater l'effet de la passion sur les organisations riches.

Enfin, à force d'eau fraîche à la figure, de rhum glissé entre les lèvres desserrées à l'aide d'une lame de couteau, après bien des jurons, après bien des tapes bruyantes dans la main, Martinet vit Lassalle reprendre ses sens et lui sauta au cou.

XXI
LE PUNCH.

A dix heures, le punch.

Tous les officiers de hussards étaient assemblés; Lassalle et Martinet rayonnaient.

Le général et son fils survinrent; on fit les présentations.

Le comte de Lancenales reconnut Lassalle et vint à lui, souriant et affable; il lui tendit cordialement la main.

Lassalle était trop fin garçon pour être dupe de cette apparente bonne camaraderie; il se tint sur la défensive.

Le colonel présidait.

Au début, ce fut un punch semblable à tous les punchs de réception.

Santé des souverains!
Santé des invités!
Santé de ces derniers aux hôtes!

Lorsque les têtes furent un peu montées, le vieux colonel lança ce qu'il appelait un brûlot.

Il se leva.

On comprit que l'heure d'étouffer l'affaire du duel était venue.

— Mon général, dit le vétéran, permettez-moi de porter un dernier toast qui sera non une santé, mais un souhait de mort, nous en sommes sûrs, et auquel vous vous associerez sans doute.

« Je bois à la mort de tous les spadassins présents, passés, futurs, qui s'abritent lâchement derrière leur science de l'épée, terrifient une ville et y exercent leur odieux despotisme!

« Le toast, mon général, est de *fondation* dans notre régiment, on le porte à toutes les réunions pour encourager les braves gens de notre corps d'officiers à s'attaquer sans merci aux spadassins de profession, afin d'en purger les villes où ils passent. »

Et le colonel leva son verre en disant :
— Mort aux spadassins!

Les voix des officiers répétèrent bruyamment :
— Mort aux assassins!

M. de Lancenales sentit le coup qu'on lui portait.

Impossible de parer.

Lui et son fils durent consacrer la justification de Lassalle en s'associant à cette manifestation énergique.

Ils firent contre fortune bon cœur, d'autant plus que tous deux ils voyaient toujours une reconnaissance de trente mille francs à reconquérir à la fin de cette soirée, s'ils étaient habiles.

En conséquence, ils s'exécutèrent... gracieusement, comme le font ces natures hypocrites quand elles subissent une nécessité.

Monsieur, prenez-y garde; vous allez m'obliger à vous frapper. (Page 69.)

Le général chercha des yeux Lassalle; celui-ci avait disparu.
— Où est donc le héros de la soirée, le sous-lieutenant Lassalle? demanda le général au colonel.
Martinet semblait se douter de la question adressée à son chef; il vint derrière la chaise de celui-ci et lui dit assez haut pour que le marquis l'entendit :
— Cher colonel, Lassalle s'est senti souffrant; son bandage s'était dérangé et sa blessure le gênait beaucoup; il s'en est allé la faire panser et il reviendra dans une demi-heure au plus tard.
— Bien ! fit le colonel.
Et la soirée continua, folle et gaie.
Le général et son fils saisirent un moment pour s'isoler.
— Il va revenir, dit le marquis; tâche d'être adroit près de lui.
— Soyez tranquille, fit le comte.
— Moi je vais tâter le colonel, continua le marquis, et le mettre dans nos intérêts.
— Réussissons à tout prix, dit le colonel les dents serrées de telle façon que les paroles glissaient comme des sifflements; après le succès, je le tiens, et j'ai le moyen de l'envoyer sous les fusils d'un peloton d'exécution.
— Vraiment? fit le marquis.

— Infailliblement! dit le comte.
Ils se serrèrent les mains sur cette entente.
Pendant ce temps, Lassalle complotait aussi de son côté.
Il se passait de drôles de choses chez M. de Lancenales.

XXII

L'ENTREVUE.

Lassalle avait imaginé de voir Marie pendant que le général et son fils laissaient en quelque sorte la maison libre.
Le sous-lieutenant était trop fin Gascon pour ne pas saisir une bonne occasion et n'en pas profiter habilement.
Il emprunta le manteau d'un simple hussard, prit un bonnet de police de simple soldat, et se présenta, avec une lettre à la main, au planton-chef.
— Je suis chargé, dit-il, d'apporter cette lettre à la fille du général par le général lui-même, qui est avec nos officiers en train de boire un punch.
— Bien! fit le planton-chef.
Et il indiqua un corridor à suivre.
— Tu trouveras, mon camarade, dit-il au faux commissionnaire, une cuisine au bout de ce couloir : c'est ce qu'ils appellent l'office; tu demanderas mademoiselle

Margot, et tu remettras ta lettre à cette personne-là.

En manière de parenthèse :

— Si tu veux recevoir une fameuse paire de soufflets, tu n'as qu'à chercher à voler un baiser à cette enfant-là.

— Farouche, alors ?

— Une panthère !

Le Gascon se faufila dans le couloir; mais, au lieu d'aller à l'office, il monta droit chez mademoiselle de Lancenales.

Il frappa bravement à la porte de la chambre; Marie elle-même vint ouvrir.

Une jeune fille qui vit au milieu de soldats que son père commande n'a pas peur d'un militaire, fût-ce un hussard.

Aussi Marie, voyant ce militaire une lettre à la main, lui prit en lui disant doucement :

— Mon ami, une autre fois, ne montez pas vous-même.

Mais Lassalle lui dit tout bas :

— Mademoiselle, c'est moi.

Elle reconnut sa voix.

Aussitôt ses mains tremblèrent et elle éprouva une agitation extraordinaire.

Elle était trop grande dame pour avoir des effarouchements bourgeois; mais elle était assez femme pour être très-émue; elle se maîtrisa, livra passage à Lassalle, et lui dit avec une dignité de reine :

— Entrez, monsieur. Je mets mon honneur sous votre sauvegarde !

Cette rencontre de deux amoureux eut le début d'une visite entre un gentleman qui vient parler d'affaires à une dame. Margot eût bien ri si elle eût vu ces deux êtres qui s'adoraient se traiter avec une indifférence polie.

— Monsieur, dit mademoiselle de Lancenales, je vous attendais, mais pas si tôt. Je croyais que cette réception d'officiers vous retiendrait.

— Mademoiselle, dit Lassalle, j'ai trouvé, au contraire, que l'heure était des plus favorables, et j'ai cru devoir en profiter.

Puis rougissant légèrement :

— Croyez, mademoiselle, que ce n'est pas ainsi que j'eusse voulu me présenter; mais il importait de nous entendre.

— En effet, monsieur.

Il y eut un moment de silence embarrassant pour tous deux. Lassalle était on ne peut plus intimidé; Marie en fut fort heureuse, et elle sourit de son embarras.

— Monsieur, lui dit-elle, vous avez la délicatesse de reculer devant une explication et de sembler gêné devant moi; je vous remercie vivement de ce respect, qui est d'un galant homme; mais il faut pourtant que je sache quelles sont vos intentions.

— Mademoiselle, dit Lassalle, je vous aime sans espoir depuis bien longtemps.

— Je l'ai su, dit-elle ; je me souviens d'autrefois.

Il rougit cette fois extraordinairement et poussa un soupir de dépit.

— Interprétez-vous mal ma parole? fit Marie; vous ai-je offensé ?

— Mademoiselle, dit brusquement Lassalle se jetant tête baissée dans la résolution de tout dire et de dire vite, nous sommes dans une position des plus singulières.

Et avec un accent de sincérité profonde qui la toucha :

— C'est peut-être, dit-il, un grand malheur pour vous de consentir à m'aimer. S'il y a pitié de votre part, je viens vous rendre votre parole.

— Pitié? fit-elle.

— Pitié et reconnaissance.

Puis avec explosion :

— A aucun prix, dit-il, je ne voudrais qu'il en fût ainsi.

— Monsieur! fit-elle.

— Oh! laissez-moi parler franchement.

« Avez-vous songé à l'avenir? vous êtes-vous bien souvenue que vous êtes marquise et que ma mère était une pauvre servante?

« Avez-vous réfléchi à ce nom roturier que vous allez porter?

« Enfin, mademoiselle, ne craignez-vous pas de vous repentir quelque jour d'un moment de générosité, car je ne doute pas que vous n'ayez cédé à un élan de compassion pour le pauvre garçon qui vous adore silencieusement depuis son enfance.

— Ne vous ai-je pas écrit que je vous aimais? fit Marie simplement.

Il aurait dû tomber à ses genoux sur ce mot charmant de naïveté et de noblesse, mais il n'osa.

— Ah! fit-il, que je suis malheureux, grand Dieu! que je souffre et que je souffrirai longtemps... toujours!

— En vérité, monsieur, vous m'étonnez grandement, dit Marie souriant; j'apprends un peu, je devine beaucoup que M. Lassalle est ce petit garçon qui passait de longues heures, dans son adolescence, à me regarder de ses grands yeux noirs : je suis touchée de cette longue affection, je passe par-dessus des préjugés que je foule aux pieds et qui ne renaîtront plus en moi; je lui offre ma main, une démarche que je devais faire, attendu qu'il n'eût pas osé faire le premier pas par délicatesse. Enfin je reçois mon fiancé chez moi, une imprudence que notre situation autorise, et M. Lassalle me dit d'une voix lamentable :

« — Je suis bien malheureux! »

« Qu'avez-vous donc, monsieur?

— J'ai, dit énergiquement Lassalle, que je ne sais si j'oserai jamais vous regarder comme ma femme, un être à moi!

« J'ai que depuis dix ans je porte dans mon cœur une image de madone entourée de vénération, d'humbles hommages; jamais un espoir de possession n'a terni la pureté de ce culte.

« Et voilà que tout à coup cette vierge, cette sainte se fait femme !

« Voilà que je puis l'aimer.

« Est-il étrange que je sois tremblant, craintif, troublé, n'osant croire à ce rêve? »

Puis avec amertume :

— Je vous semble bien ridicule, n'est-ce pas? mais c'est plus fort que moi. A l'idée de baiser seulement du bout des lèvres le bas de votre robe, j'éprouve la terreur des dévots qui s'approchent de l'idole pour la toucher.

Marie était d'une bonté parfaite; elle avait une grandeur d'âme exquise; elle comprit cette peur, cet effroi de Lassalle devant les perspectives qui s'ouvraient à lui; elle lui sut un gré infini de ce respect.

Toute son âme se fondit en joie d'être aimée à ce point. Elle ne songea point un seul instant à dissimuler jusqu'à quel point elle était enchantée, ravie.

— Ainsi, fit-elle, c'est une petite demoiselle à profil de chèvre et non la marquise de Lancenales que vous a séduit, mon ami! Oh! ne vous répandez pas en protestations inutiles, je crois votre franc regard.

« Eh bien! mon beau hussard, dit-elle avec une crânerie de très-grande dame, il n'y a plus de demoiselle de Lancenales, il y a une petite Marie qui veut que son fiancé l'embrasse.

« Prends cent baisers, prends-en mille, fais-en provision pour jusqu'au jour de ma majorité, et d'ici là tu seras forcé de m'attendre sans me voir. Mais je te jure bien, mon ange, qu'au jour de ma liberté je n'attendrai pas une heure pour être à toi. »

Et ses lèvres se suspendirent aux siennes jusqu'au moment où Margot effarée parut en disant :

— Voilà le général!

XXIII
TEL PÈRE, TEL FILS.

Margot avait sauvé les jeunes gens d'une surprise, grâce à sa curiosité.

Elle avait vu un hussard monter dans l'hôtel de la division; elle avait trouvé étrange que ce cavalier se passât d'elle comme introductrice et ne la demandât point.

En conséquence, elle avait grimpé les escaliers quatre à quatre derrière ce planton, puis elle s'était mise à marcher sur la pointe du pied pour gagner la porte de la chambre et y écouter ce que le soldat dirait.

Elle se doutait bien que ce devait être ou un messager de Lassalle ou Lassalle lui-même déguisé.

Margot était femme de chambre; elle regardait comme un droit d'être indiscrète et de saisir tous les secrets de la maison.

Mais voilà qu'en reconnaissant la voix de Lassalle, entendant les confidences des deux amoureux, il lui naître des scrupules; elle rougit d'elle-même et se dit qu'elle commettait un acte indélicat.

Elle se retira.

L'entretien dura longtemps.

Margot s'en inquiéta.

— Si le général revenait! pensait-elle.

Elle tremblait!

Aussi, s'installant sur la porte, guetta-t-elle l'arrivée du marquis. Celui-ci avait attendu longtemps Lassalle et il avait dû dépenser près de trois quarts d'heure à courir au quartier, à prendre son déguisement, à retourner à la division.

A Verdun, pas de voitures de place pour les courses rapides.

Lassalle s'était promis de n'échanger que quelques mots avec mademoiselle de Lancenales; mais les amoureux comptent sans l'entraînement.

Margot sauvait tout.

Lassalle échangea un long et dernier baiser avec mademoiselle de Lancenales.

— Mon ami, dit celle-ci, il faut que, demain, vous demandiez ma main.

Ils se quittèrent sur ce mot.

Le jeune homme rencontra le général à dix pas de son hôtel, mais M. de Lancenales était de trop méchante humeur pour s'occuper d'un simple hussard.

Il maugréait.

— Ce drôle! murmurait-il; il nous a échappé; il n'est pas revenu.

Et ricanant:

— Le comte qui croit à son retour et qui est resté ce punch!

« Comme si ce damné Gascon n'était pas la finesse incarnée!

« Il se gardera bien de reparaître de la soirée! »

Et le marquis, très-échauffé par les rasades, monta dans sa chambre, faisant du bruit et dans des dispositions peu favorables au sommeil.

Il se promena avec acharnement en ruminant ses plans et en récriminant.

Une heure se passa ainsi.

Le comte parut.

— Monsieur, dit-il, M. Lassalle n'est pas revenu; vous aviez raison.

— Le gredin!

— Aussi vais-je agir.

— Qu'allez-vous faire?

— Payer.

— Et de l'argent?

— J'en aurai.

— Où? fit le général en souriant; vous trouveriez à emprunter?

— Je l'espère. Je pars pour Paris par la malle-poste cette nuit même.

— Déjà!

— Mon père, le temps presse.

— Soit, allez!

— J'ai reçu de madame de Valogne une invitation très-pressante; elle m'adore toujours follement.

— Et vous croyez qu'elle vous tirera d'embarras?

— Ce serait la première fois qu'elle manquerait à ses devoirs de maîtresse dévouée.

Le père et le fils se prirent à rire; ils étaient aussi roués l'un que l'autre.

— Et Lassalle? fit le général.

— Je lui ménage un bon tour.

— Lequel?

— Un changement de corps.

— Vous le prendrez chez vous?

— Oui.

— Je comprends: il vous sera facile de le faire tomber dans un piège.

— Mais il me faut votre concours.

— En quoi?

— Une lettre au ministre, exposant l'affaire du duel comme ayant indigné la ville:

« Vous demanderiez que, pour étouffer le scandale, on envoyât le héros de l'aventure en Afrique; vous ne le chargeriez pas trop; vous sembleriez même l'excuser, mais vous insisteriez sur la nécessité de satisfaire les bourgeois qui seront censés avoir pris parti pour M. de Prangy.

— C'est très-bien!

— En outre, je prierai madame de Valogne, qui est au mieux avec le ministre de la guerre, de recommander Lassalle; elle se dira sa protectrice, sa parente, et prétendra qu'il demande son changement et la prie de l'appuyer, la situation n'étant plus tenable pour lui à Verdun.

« Enfin moi-même je réclamerai cet officier comme m'étant précieux.

— L'affaire se fera.

— Et dans trois mois... fusillé!

Le comte, qui n'avait pas démonté son porte-manteau, le fit porter au bureau de la poste, embrassa son père et le quitta... sans avoir vu sa sœur.

Elle n'existait même pas pour lui.

Bonne nature!

XXIV
OU LASSALLE ÉMET DE SINGULIÈRES PRÉTENTIONS.

Le lendemain matin, après le rapport, Lassalle demanda au colonel un entretien particulier que celui-ci lui accorda sur-le-champ.

— Eh! lieutenant, fit le colonel, nous avons réussi notre petite conspiration, l'affaire est dans le sac; vous ne serez pas inquiété!

— Je l'espère, mon colonel, dit Lassalle, et vous remercie vivement; mais ma reconnaissance sera plus grande encore, si vous voulez bien me rendre un dernier service auprès du général.

— De quoi s'agit-il?

— De lui demander pour moi la main de mademoiselle de Lancenales.

Le colonel tressaillit.

— Oh! oh! fit-il. La plaisanterie serait forte, mon camarade!

— Ce n'est pas une plaisanterie: c'est une chose fort sérieuse.

— Vraiment?

— Mon colonel, je serais incapable de parler légèrement d'une affaire aussi grave : je vous assure que le mariage est en train.
— Pas du consentement du père?
— Non, mais de celui de la jeune fille.
— Lassalle, en êtes-vous certain?
Le Gascon se mit à rire.
— Vous semblez bien sûr de votre fait? dit le colonel étonné.
— Sûr comme un amoureux auquel on a dit : « Demandez ma main. »
— Elle vous a dit cela?
— Oui, mon colonel.
— Qui l'eût cru?
Et sur un geste de Lassalle :
— Mon cher enfant, ne vous froissez pas de mes étonnements : cette jeune personne passait pour si prude, si collet-monté...
— Bref, elle ne voulait donner sa main qu'à un égal! dit Lassalle.
— On le disait.
— L'amour a triomphé de l'orgueil, mon colonel; l'amour est un grand vainqueur.
Et le jeune homme ajouta :
— De plus, j'ai débarrassé d'un bien détestable mari qu'elle avait en perspective.
Le colonel était heureux et fier du succès de son sous-lieutenant.
— Lassalle, fit-il, voilà une grande victoire pour le régiment : décidément on ne résiste pas aux hussards!
— Ainsi, mon colonel, vous acceptez la mission que j'ai l'honneur de vous proposer?
— De grand cœur.
— Mille fois merci, mon colonel.
Le Gascon tenait son homme; il n'avait plus rien à ménager.
Le rôle que le colonel devait remplir n'était pas sans difficulté. En lui signalant les ennuis et les obstacles tout d'abord, Lassalle se fût peut-être fait refuser; mais il savait que le colonel, une fois lancé, ne reculait plus.
Il n'hésita donc pas à lui indiquer les périls de la situation.
— Mon général, dit-il, va sans doute vous recevoir avec mauvaise humeur.
— En effet, il ne sait rien...
— Et il ne m'aime guère.
— Diable! diable!
— S'il allait vous rudoyer?
Le vétéran se cabra.
— Me rudoyer, moi un commandeur de la Légion d'honneur, lui qui n'a que la croix d'officier?
— Il a tant d'insolence!
— Mais il me sait capable de prendre ma retraite, à laquelle j'ai droit, et de revenir lui passer mon sabre au travers du corps une fois que la discipline ne me retiendra plus!
Lassalle chauffa le colonel à blanc.
— Ne vous y fiez pas! dit-il.
— Mais, mille tonnerres! vous m'échauffez les oreilles!
Et le bouillant vieillard demanda :
— La Maghrinia!
C'était son ordonnance.
— Ma tenue n° 3, et vite!
— Mon colonel, pas de précipitation; il n'est, du reste, que dix heures.
— Après?
— Les convenances exigent...
— Je m'f... lanque pas mal des convenances, moi! A cheval et en avant!
Le brave homme allait demander une fille en mariage comme on va au feu.
Lassalle avait réussi.

— Mon colonel, dit-il, n'oubliez pas que mademoiselle de Lancenales m'a engagé *elle-même* à demander sa main.
— Très-bien; ça me suffit. Au revoir!

XXV
LA DEMANDE EN MARIAGE.

Un quart d'heure plus tard, le colonel se présentait chez le général.
Celui-ci était d'humeur fort gaie : la perspective d'être débarrassé et vengé de Lassalle le mettait en joie dès le matin; il salua le colonel d'un gai bonjour et lui dit en riant :
— Ah! mon cher camarade, venez donc, que je vous gronde un peu. Vous m'avez joué un tour de votre façon, hein?
— Moi, général? fit le colonel.
— Eh! oui; je vous pardonne, du reste; mais vous m'aviez pris au piége de la bonne façon. Allez donc refuser un toast porté par tout un corps d'officiers !
— Mon général...
— Laissons cela : je vous rendrai la pareille un de ces matins, et tout sera pour le mieux.
« Voulez-vous me dire ce qui vous amène? »
Le colonel prit un air grave.
— Monsieur le marquis, dit-il, ce n'est pas au général, c'est au père de famille que je m'adresse en ce moment.
M. de Lancenales tressaillit.
Le colonel continua :
— Je viens vous demander la main de mademoiselle de Lancenales.
— Pour vous? fit le général d'un air un peu narquois.
— Non pas, je suis un vieux dur-à-cuire qui ne convient guère à une jeune fille; tandis que le prétendant au nom duquel je parle est le plus beau garçon de mon régiment.
— Titré, sans doute?
Rien ne saurait rendre l'expression hautaine dont le marquis laissa tomber ce mot.
— Mon général, pas titré... mais il vaut n'importe quel gentilhomme.
Le colonel avait légèrement rougi, et il lança son affirmation avec la rigidité d'un coup droit.
— Monsieur, fit le marquis, j'aurai l'honneur de vous faire observer qu'il est d'usage dans les familles de noblesse qu'une jeune fille ne déroge pas, et il est très-peu d'exemples que cette loi n'ait pas été observée; je tiens à ne pas la violer.
— Monsieur, dit le colonel qui était pourpre, comme je vois chaque jour des jeunes gens fort nobles, mais fort pauvres, épouser des filles de négociants plus ou moins enrichis par la fraude, j'ai cru que la loi dont vous me parlez était tombée en désuétude.
— Vous n'avez pas réfléchi, sans doute, que si des comtes épousent des bergères, les enfants ne seront pas moins gentilshommes; tandis que, si les bergers épousaient des reines, les enfants ne seraient que des bergers.
— Il y a des pâtres qui sont devenus papes et des soldats qui se sont faits empereurs.
— Croyez que sous la pourpre et la tiare ils sont restés croquants.
— Le mot est dur, monsieur.
— Vous vous intéressez donc à Sixte-Quint et à Napoléon? car ce sont les parvenus les plus célèbres dont l'histoire fasse mention.
— Je m'intéresse... à moi, monsieur!
— Êtes-vous en cause?
— Oui, certes.

— Tenez, colonel, restons-en là ; vous avez commis u erreur, je ne dis pas une faute, en venant un peu légèrement me demander la main de ma fille pour M. Lassalle. J'ai relevé poliment ce qu'il y avait d'insolite dans cette demande et dans la façon dont elle était faite...
— Monsieur, interrompit le colonel, je suis venu parler à l'homme, non au général ; je vous préviens que je n'accepte pas votre mercuriale.
— Alors, monsieur, le marquis de Lancenales vous déclare qu'il ne reçoit pas de visites avant deux heures de l'après-midi !

Et ricanant :

— Vous n'avez pas l'habitude des usages du monde, monsieur. On n'envahit pas l'hôtel de quelqu'un de la sorte ; ça ne se fait pas.

— Et si je vous envoie, passé deux heures, deux amis pour vous demander une autre leçon, sur un autre terrain, trouvera-t-on M. le marquis chez lui ou le général de Lancenales ?

— On y rencontrera les deux, monsieur : le général répondra que la loi et la discipline ne lui permettent de se battre qu'avec ses égaux ; quant au marquis, il ne tire l'épée que contre les gentilshommes.

— ... Quand il la tire !

Et sur ce mot sanglant le colonel se préparait à sortir.

Marie parut à l'entrée du salon.

— Colonel, dit-elle, vous êtes venu demander ma main, n'est-ce pas ?

— Oui, mademoiselle ! dit le vétéran assez étonné de cette aventure.

— Eh bien ! dit la jeune fille, j'accepte ce mariage !

— Mademoiselle !... dit le général.

— Monsieur !... fit-elle avec une hauteur écrasante.

— Vous oubliez que je suis votre père.

— La loi me fera libre dans trois ou quatre ans !

— D'ici là, vous attendrez au couvent.

— Soit, monsieur !

— Et je vous jure que ce scandale sera douloureusement châtié.

— J'attends tout de vos fureurs : ma mère en est morte !

— Épouser un homme de rien !...

— Vous alliez bien me jeter dans les bras d'un assassin !

— Mademoiselle, vous paierez cher vos insolences ! Du reste, ce mariage sera votre châtiment.

Puis avec un sentiment vrai de réprobation :

— Une Lancenales ! une fille dont la lignée remonte aux croisades s'appeler madame Lassalle !

— Monsieur, quand un nom noble a été déshonoré trois fois, il est plus bas que celui d'un brave et honnête officier.

— Déshonoré, avez-vous dit ?

— Oui, monsieur ; votre père a été chassé de son emploi d'intendant-général pour vol ; le roi n'a pas voulu ébruiter l'affaire, mais chacun sait que le marquis de Lancenales avait soustrait quelque cent mille francs à l'État.

« Vous, monsieur, vous avez des épaulettes de général et une épée vierge : on vous dit le plus lâche et le plus cruel des hommes...

« Enfin votre fils reçoit de l'argent de ses maîtresses et refuse de se battre après avoir été souffleté en plein salon.

« Aussi, monsieur, n'ai-je rien de commun avec vous et les vôtres.

« Je tiens à ensevelir dans l'oubli ce nom dont vous semblez si fier ! »

Le marquis, pâle de fureur, bondit sur une panoplie et en arracha une épée ; il se précipita sur Marie, qui la bravait avec une audace indomptable et l'attendait les bras croisés. Mais tout à coup le colonel fit un pas entre la fille et le père, et de sa canne il écarta la lame que, dans son emportement, le marquis lui portait aux yeux.

— Monsieur, lui dit-il, prenez-y garde ; vous allez m'obliger à vous frapper, et vos épaules de gentilhomme ne sont pourtant pas faites pour être rouées de coups de canne.

Le marquis jeta son arme.

Le colonel, sans dire un mot de plus, indiqua d'un geste à Marie qu'elle devait sortir, puis il quitta le salon sans saluer le général.

Celui-ci resta seul, écrasé sous les accusations de sa fille.

XXVI

AU COUVENT.

L'autorité d'un père, de par la loi, est presque absolue jusqu'à la majorité des enfants ; M. de Lancenales ordonna que Marie fût conduite le jour même au couvent et elle dut se résigner.

Sur ce point, la lutte était impossible.

Aussi Marie et Margot se laissèrent-elles emmener à Benoît-de-Vau, où se trouvait une maison d'Ursulines dont la sœur du général était la supérieure.

Margot n'avait pas voulu abandonner sa maîtresse.

Le soir, Lassalle et Martinet recevaient chacun une lettre. Martinet lut avec un ravissement béat celle de Margot, qui savait quelles cordes on devait toucher pour faire vibrer le cœur du hussard.

Lassalle ne reçut qu'un mot : sa fiancée était laconique.

« Je t'aime.

« Je t'aimerai toujours follement, et je rougis de t'adorer aussi éperdument.

« Je te supplie d'attendre ; pas de folie ! ne perds pas ton avenir.

« MARIE. »

Les deux amis passèrent la nuit, en face d'un punch, à étudier la situation et à se demander ce qu'ils feraient le lendemain. Le colonel, qui avait réfléchi de son côté, dit à Lassalle :

— Retournez-vous dans tous les sens, faites ce que vous voudrez : vous vous heurterez toujours contre l'inflexible volonté du général.

— Je crains que vous ne disiez vrai, dit Lassalle ; je suis réduit à deux alternatives.

— Tiens ! je vous voyais qu'une ligne de conduite, moi ; vous êtes heureux d'en avoir trouvé deux !

— Ma première idée est d'attendre la majorité de Marie.

— Bon ! et l'autre ?

— De l'enlever.

— On a raison de dire que la première idée est toujours la bonne.

— Cependant...

— Une fois la jeune fille arrachée à son couvent, où irez-vous ?

— A l'étranger.

— Déserter, alors ?

— Je donnerai ma démission.

— Et de quoi vivrez-vous ?

— De privations.

— Mon ami, on ne vit pas de privations, on en meurt. Croyez-moi, votre femme serait affreusement malheureuse dans la misère.

— Vous avez raison.

— Tenez, Lassalle, vous avez trois ans, quatre même devant les mains ; filez en Afrique ; j'appuierai votre demande de permutation ; vous aurez là-bas des occasions de vous battre tous les jours.

— Elles ne manquent pas.
— Vous serez capitaine dans six mois.
— Je ferai mon possible pour cela.
— Puis, avec volonté, vous arriverez à étudier ce qu'il y a de défectueux dans l'organisation de la cavalerie, et vous présenterez un mémoire au ministre à ce sujet.
— Il y a beaucoup de réformes à opérer.
— Signalez-les : on verra que vous n'êtes pas seulement un sabreur; puis faites-vous un peu hacher dans une affaire sous les yeux d'un des princes qui sont là-bas, et vous serez nommé chef d'escadron.
— Merci de vos bons conseils, colonel.
— Vous épouserez alors, dans de bonnes conditions de fortune, votre fiancée; un chef d'escadron, en Afrique, pour peu qu'il se fourre dans les bureaux arabes, peut mettre sa maison sur un certain pied.
— Ah! colonel, je n'oublierai jamais ce que je vous dois.
— Bon! bon! vous me revaudrez cela.
Et lui montrant la table :
— Écrivez votre demande de permutation que je vais appuyer vigoureusement.
Lassalle ne se doutait pas qu'il allait au-devant du piège tendu par ses ennemis.
La demande fut envoyée.
Quinze jours après, la réponse arrivait; Lassalle passait au 4ᵉ chasseurs d'Afrique, mais dans le régiment du comte de Lancenales.

XXVII

PRIS AU PIÈGE.

Lorsque Lassalle reçut sa nomination, il resta atterré et se sentit menacé d'un danger terrible, car il est presque impossible à un officier dont son colonel a conjuré la perte d'échapper aux embûches qui lui sont tendues.

Sur les conseils de son colonel, Lassalle résolut de courir à Paris, de voir le ministre et d'obtenir de passer au premier chasseurs d'Afrique et non au quatrième.

Il confia à Martinet le soin de faire parvenir une lettre d'adieu à mademoiselle de Lancenales et il prit la poste.

Déjà le général, instruit de ce départ, avait averti son fils. Celui-ci eut le temps de prévenir le pauvre sous-lieutenant dans toutes ses démarches; il fit agir sa maîtresse.

Celle-ci avait sur le ministre de la guerre cette influence que savent prendre les femmes sur les vieillards. Depuis six ans, le maréchal Soult s'était épris de la comtesse et dépensait pour elle des sommes folles, dont une bonne part était dissipée par le comte de Lancenales, qui avait précédé le maréchal dans les bonnes grâces de la jeune femme.

Qu'il fût en Afrique ou en France, loin ou près, il était toujours l'amant adoré, le préféré; elle lui sacrifiait tout.

Un soir, elle dit au ministre :
— Vous vous souvenez sans doute, cher ami, d'un certain sous-lieutenant dont je vous ai parlé favorablement il y a quelques jours?
— Ma foi, non! fit le maréchal qui avait eu beaucoup de mal à faire passer une loi à la Chambre des députés.
— Voyons, souvenez-vous! il s'agit d'un jeune homme nommé Lassalle...
— Précisément, je lui ai accordé sa permutation.
— Je vous en remercie; mais il va solliciter de nouveau.
— Encore?
— Il n'est jamais content : c'est un esprit inquiet.
— Au diable! alors!
— Il voudrait aller au 1ᵉʳ chasseurs et non au 4ᵉ; mais, je vous en prie, n'admettez pas ce caprice de mon protégé.

— Il ira où sa feuille de route lui enjoint d'aller; c'est entendu!
— D'autant plus qu'il a besoin d'une verte leçon...
— Ah!
— Comme je lui représentais qu'il devait être bien heureux de ce que vous avez fait pour lui et que je ne devais pas abuser de votre obligeance, il est devenu impertinent.
— C'est un diable, alors?
— Une mauvaise tête.
— Qu'a-t-il dit?
— Il m'a donné à comprendre que tout Paris me savait aimée de vous, et il a cherché à m'intimider par une menace de scandale.
— Oh! oh!
Le maréchal fronça le sourcil, prit son carnet et y inscrivit le nom de Lassalle avec une note des plus fâcheuses.
— Maréchal, fit la jeune femme, ne le punissez pas trop.
— C'est bon! c'est bon! parlons d'autre chose, s'il vous plaît!
— Pas avant d'avoir obtenu promesse que vous lui refuserez votre porte.
— Je la lui ouvrirai toute grande, au contraire, pour lui laver la tête.
— Voilà ce que je craignais... vous n'en ferez rien, mon ami!
— Pourquoi?
— Parce que les scènes sont choses indignes d'un ministre, parce qu'au fond il y a pour vous et pour moi une position fausse dont ce garçon profiterait, ce qui entraînerait peut-être les conséquences les plus fâcheuses.
— Ma bonne amie...
— Maréchal, en somme, je vous aime, je suis à vous... et on le sait...
— Eh bien! après?
— Tant qu'il n'y a pas eu d'esclandre, ma position est tolérée; du jour où un incident, quel qu'il fût, mettrait notre liaison en évidence, le monde se donnerait le droit de nous juger.
— On enverra promener le monde.
— Impossible! déjà quelques portes du faubourg Saint-Germain me sont presque fermées.
— Par des bégueules...
— Qui sont duchesses... il faut prendre garde de froisser ces grandes dames, de leur donner le sujet d'une plus rigoureuse sévérité. Elles m'acceptent encore dans quelques soirées d'apparat, elles me banniront de l'intimité; au moindre fait qui justifierait leur attitude, elles ne m'enverraient plus d'invitation.
— Allons, soit! j'interdirai ma porte à ce garçon... Mais il me le paiera!
Et le maréchal, grommelant, sortit pour donner des ordres au sujet de Lassalle.
Jamais celui-ci ne put arriver auprès du ministre.
Il lui fallut bon gré, mal gré, le dernier délai passé, prendre le chemin de Marseille, où il s'embarqua pour Oran.
Le comte de Lancenales l'attendait avec une certaine impatience.
Un chat ne guette pas une souris avec plus d'impatience.

XXVIII

LE COLONEL DE LANCENALES.

Le sous-lieutenant Lassalle se trouvait donc en présence du colonel de Lancenales; ils allaient être chaque jour en contact : l'un avec la toute-puissance du grade, l'autre n'ayant que les ressources de son esprit pour utter contre son supérieur. La discipline, dans l'armée française, est aveugle ; les chefs ont tout pouvoir ; les soldats n'ont recours, contre les décisions et les punitions arbitraires, qu'à l'autorité d'un officier supérieur à celui qui les a punis ; on en appelle du caporal au sergent, de celui-ci au sous-lieutenant, ainsi jusqu'au haut de la hiérarchie.

Sauf pour le cas de conseil de guerre, point de tribunal. Un seul homme, toujours !

C'est un système déplorable, qui laisse les hommes à la merci des grades et qui aboutit aux plus tristes conséquences.

L'indiscipline de notre armée vient de sa fausse discipline. Abandonnées aux caprices des caporaux, presque toutes les punitions sont infligées par ceux-ci ; les soldats contractent la haine du galon, le dégoût du service, l'esprit de lutte ; ils font tout au monde pour tricher le règlement sans être pris en faute ; ils sont frondeurs.

Les têtes ardentes s'exaltent, entreprennent des luttes personnelles et vouent des rancunes mortelles à des chefs qu'ils assassinent ou qu'ils frappent.

Dans le premier cas, le chef meurt sans gloire, sans utilité pour le pays ; dans le second cas, le soldat est fusillé.

C'est toujours un homme de moins pour la patrie.

Autre danger :

Quand l'officier est bon enfant, l'autorité s'en va à vau-l'eau, les soldats deviennent maraudeurs et fricoteurs.

Point de milieu !

Et tout cela vient uniquement de ce que le chef, comme le subordonné, sont enfermés dans les limites d'un règlement immuable, strict, absolu, d'une sévérité rigide, prévoyant tous les cas, édictant la peine, enserrant toute l'armée dans une loi de fer, égale pour tous, rendant impossible l'indulgence d'une part et les persécutions de l'autre, supprimant enfin tout arbitraire.

Toute punition, quelle qu'elle fût, serait prononcée par un conseil de discipline, elle perdrait alors le caractère humiliant qu'elle prend quand elle est édictée par un seul homme : ce serait une sentence.

Dès lors, plus de navrants abus de pouvoir, plus de révoltes de conscience.

En écrivant les scènes qui vont suivre, nous avons voulu faire comprendre les dangers de la réglementation actuelle. Partisan d'une discipline excessivement sévère, nous voulons qu'elle soit entourée de garanties et que l'homme ne soit pas livré aux fantaisies du chef.

Nous ne racontons ici que des faits connus de tous en Algérie.

Le jour même où Lassalle débarqua, il se présenta au rapport à son colonel, qui le reçut avec politesse.

Il l'invita à passer chez lui dans l'après-midi.

Lassalle se présenta, assez inquiet d'un sourire railleur du vicomte.

Deux chefs d'escadron et un capitaine se trouvaient dans le cabinet du colonel, amenés là comme par hasard.

— Monsieur, dit le colonel, je vous ai prié de passer ici pour affaire d'argent ; vous avez un jour gagné trente mille francs : c'est beaucoup en une seule fois...

— Vous m'avez obligé à des revanches successives, et je me suis vu forcé à continuer la partie pour ne pas être accusé de faire charlemagne...

— Oh ! ne discutons pas, fit le comte avec hauteur ; mon opinion et celle de ces messieurs (il désigna les officiers) sont faites sur ce sujet.

Lassalle comprit qu'on lui tendait un piège : il se garda d'y tomber.

— Vous m'offensez inutilement, mon colonel ; j'ai des attestations honorables qui me dégagent ; du reste, on sait que je tiens fort peu à l'argent...

— Vraiment ?

— Et la preuve, c'est que j'abandonne ces trente mille francs aux pauvres !...

Le colonel attendait cette déclaration pour donner un coup douloureux à la patience de ce pauvre garçon.

— Bravo ! fit-il. On ne saurait mieux employer l'argent d'une créance déplorable...

Lassalle pâlit.

Les officiers présents, mal disposés pour lui, ricanaient. Toutefois il eut la force de se contenir et il dit :

— Créance déplorable, soit ! mais ce n'est pas par ma faute !

Puis, sentant des flammes lui monter aux yeux, il se retourna vers les témoins de cette scène qui pouvait si rapidement devenir un drame, puisqu'il suffisait d'une voie de fait pour perdre l'un des acteurs.

— Messieurs, dit-il, vous voyez que je reste dans les bornes du respect et de la modération, que je fais toutes concessions ?

— Et vous avez raison, dit un chef d'escadron ; mais vous n'avez pas toujours été ainsi : vous avez très-insolemment réclamé ces trente mille francs au père de M. de Lancenales.

— Mon commandant, il s'agissait de protéger une jeune fille, fit-il.

Le colonel glissa brusquement l'insinuation suivante, qui devait, selon lui, surprendre Lassalle et lui faire perdre son sang-froid.

— Allons donc ! vous vouliez obtenir de force la main de mademoiselle de Lancenales... une prétention outrecuidante et ridicule !

Lassalle frissonna, mais se domina.

Il tira de son spencer un portefeuille et en sortit quelques lettres.

Le colonel reconnut l'écriture de Marie.

— Voulez-vous, demanda le jeune homme, puisque vous me faites mon procès, que je mette quelques pièces de conviction sous les yeux de ces messieurs, qui seront les jurés ?

Le colonel comprit qu'il ne pouvait pas triompher ce jour-là.

— Trêve d'explications, monsieur ! dit-il ; donnez-moi quittance : les trente mille francs seront versés entre les mains du général, qui les fera distribuer aux pauvres d'Oran.

Il y avait chez le colonel quelque pensée de flibusterie.

Il fut battu même sur ce point.

— Le général, dit Lassalle, devant recevoir lui-même la somme, donnera le reçu ; je le contre-signerai très-volontiers.

Et il tourna les talons, après avoir salué militairement. M. de Lancenales comprit que la victoire ne serait pas facile ; il était furieux ; mais il se promit une prompte revanche.

XXIX

TEL MAÎTRE, TEL VALET.

Il régla quelques détails de service avec ses officiers et les congédia ; resté seul, il combina ses plans : il avait le génie de l'intrigue, la rouerie d'un homme à bonnes fortunes.

Il trouva une idée infernale.

Il sonna son ordonnance.

Tel maître, tel valet.

Ce proverbe est surtout vrai à l'armée, où le contact est incessant entre l'officier et l'ordonnance ; ils sont tous deux sur un pied d'intimité qui n'existe point entre valet de chambre et maître ; la vie des camps, le port du même uniforme, le besoin de causer, d'avoir un confident, la rondeur militaire, tout contribue à faire de l'ordonnance quelque chose comme l'ombre de son officier. M. de Lancenales avait pour le service un vieux mauvais drôle, habile, adroit, discret, capable des coups les plus risqués. C'était une pratique des bataillons d'Afrique qui savait tous les tours pendables qu'un soldat peut jouer.

Souvent le jeune homme avait mis ce gredin à l'épreuve. Tous deux se comprenaient à demi-mot.

— Zabdou, dit M. de Lancenales donnant au soldat son surnom de bivouac, tu vas me rendre service, mon vieux ?

— Mon colonel, tout ce que vous voudrez.

— Il s'agit de me venger, je te parle franc, d'un certain sous-lieutenant que je hais fort.

— Ah! ah! le Gascon ?...

— Lassalle. Est-ce là celui que tu supposes ?

— Oui, mon colonel.

— Tu ne te trompes pas.

— J'en suis bien aise.

— Pourquoi ?

— Je le hais!

— Que t'a-t-il fait ?

— Une fois, il m'a cravaché.

— Tu étais donc en faute ?

— Je... caressais une Mauresque.

— Elle regimbait ?

— Oui, mon colonel.

— Et le sous-lieutenant t'a caressé les côtes à son tour ?

— Il m'a roué de coups!...

L'œil du scélérat étincelait.

— Une si belle fille! quel malheur qu'il se soit trouvé du côté du ravin où nous nous étions rencontrés avec cette enfant-là !

— Elle se promenait donc toute seule ?

— Oh! je l'avais un peu comme qui dirait enlevée de chez elle.

— Zabdou, tu es un bandit !

— Mon colonel, tout le monde n'est pas joli garçon comme vous.

— Bref, tu hais ce sous-lieutenant ?

— À fond.

— Eh bien! tâche qu'il prenne une ordonnance de ta main... sans qu'il s'en doute, bien entendu.

— De quel escadron est-il ?

— Du deuxième.

— Bon! il n'y a que des aristos finis là-dedans, et les chasseurs qui veulent servir les officiers y sont très-rares : il n'aura pas le choix !

— Et tu sais quelqu'un qui se présentera et nous sera dévoué ?

— Un ami à moi.

— Sûr ?

— Muet comme une tanche et pas maladroit, je vous assure. Il vous suffira de lui promettre les galons de brigadier pour en faire ce que vous voudrez. Être brigadier, c'est son rêve; mais, comme c'est un pochard, il n'a pas d'espoir.

— Pourquoi diable tient-il tant à une paire de galons de laine ?

— Pour tuer en duel un brigadier qui lui a fait faire du clou (prison) : il ne peut se battre sans être son égal !

— Bon! on le nommera brigadier quand nous aurons réussi notre petite affaire.

Et le colonel cent sous à son ordonnance qui s'en alla ravi en murmurant :

— Canaille, le petit comte! mais bon garçon et pas fier!

Une heure après, Lassalle, sans se douter de rien, acceptait pour ordonnance un homme acharné à le perdre.

L'horizon était bien noir pour le pauvre garçon. Il était fort triste.

Que faire ?

Il rendit visite au général commandant la province, espérant le bien disposer en sa faveur; il eut avec lui une désolante entrevue.

— Mon général, lui dit Lassalle, je me sens très-menacé et je viens franchement à vous réclamer votre appui!

Mais il reçut un accueil glacial.

Le général était un homme sec, froid, prétentieux; il avait un entêtement de mule dans ses opinions et n'en revenait jamais.

Le général, prévenu contre Lassalle, ne lui offrit pas de chaise et le reçut comme un paria.

— Sous-lieutenant, lui dit-il, j'ai sur votre compte les notes les plus déplorables.

Et compulsant un carnet :

— Vous êtes joueur! dit-il.

— Mon général...

— La preuve, c'est que vous avez gagné trente mille francs à M. de Lancenales.

— Il joue aussi, par conséquent !

— Il perd et vous gagnez toujours...

— Voulez-vous dire que je corrige le hasard, mon général ?

— Monsieur, je ne dis que ce que je dis; mais j'affirme qu'autant de bonheur que vous en avez on ne devrait lier aucune partie.

— Vous me navrez, mon général ; je n'ai pas joué une seule fois depuis l'affaire de M. de Lancenales, avant laquelle j'ai eu des alternatives de perte et de gain comme tout le monde.

Le général secoua la tête d'un air incrédule : sa conviction était faite.

Il reprit :

— De plus, vous êtes un spadassin!

— Mon général, on vous a trompé.

— Vous avez tué un malheureux gentilhomme parce qu'il était votre rival ?...

— M. de Prangy était une des meilleures lames de France et très-connu pour un duelliste extrêmement dangereux.

— Pas autant que vous qui l'avez expédié; il est vrai que l'affaire s'est très-singulièrement passée et que vous l'avez surpris...

— Mon général, c'est tout le contraire.

— Je sais ce que je sais.

— Je proteste de toutes mes forces et j'en appelle à tout mon ancien régiment.

— Auriez-vous la prétention de m'imposer des opinions, par hasard ?

— Mon général, vous êtes si dur pour moi que je dois me disculper.

— Tant pis pour vous si je suis obligé, par votre démarche, à vous dire de dures vérités !

— Je me sais perdu !

— Ce sera votre faute, et vous êtes bien puni de votre ambition.

— Je n'ai que le légitime désir d'arriver, mon général.

— Vous employez de singuliers moyens.

— Mon épée et mon zèle.

— Baste! rien que cela ?... Et les femmes ?

— Moi !

— N'avez-vous pas cherché à séduire la fille de M. de Lancenales, pour vous faire de ce mariage un marchepied qui vous eût porté haut et loin ?

— Quelle calomnie!

— Prenez-garde, sous-lieutenant !

— C'est que je suis indigné, à la fin...

— Allez-vous me menacer, comme vous avez fait quand

Personne ne croira ce que dit un officier qui est la honte de tout le régiment! (Page 76.)

une dame vous refusait certaine recommandation auprès du maréchal ministre de la guerre?
— Moi!... menacer une femme... jamais!
Le général toisa le pauvre garçon et s'en fut à un casier dans les tiroirs duquel il prit une lettre qu'il lut en partie à Lassalle :

« J'expédie au 4ᵉ chasseurs, disait cette lettre, le sous-lieutenant Lassalle, un très-dangereux mauvais sujet; il a tué en duel un gentilhomme qui lui disputait la main de mademoiselle de Lancenales; il a gagné trente mille francs en une nuit de jeu, ce qui fait fortement soupçonner sa probité; il a de plus menacé une femme très-bien née de révéler certains secrets, si elle refusait de l'appuyer auprès de moi; en conséquence, je vous prie de surveiller très-attentivement les faits et gestes de cet officier, que l'on enverra en demi-solde à la première fredaine, s'il n'y a pas lieu à le faire passer en conseil de guerre. »

Le général enfonça chaque accusation comme un coup de poignard dans le cœur du jeune homme, qui se sentait écrasé.
— La lettre, dit le général, est du maréchal ministre de la guerre.
Puis il demanda ironiquement :
— Parlerez-vous encore de calomnies?

— Plus que jamais, général. On a trompé le ministre; je suis victime d'une intrigue dans laquelle je dois inévitablement succomber.
— Eh! monsieur, tenez-vous convenablement, ne jouez plus, ne menacez plus les femmes, ne séduisez plus les héritières, et l'on vous laissera vos épaulettes!
Puis d'un mot sans réplique possible :
— Allez! dit-il.
Lassalle se retira la mort dans l'âme : il ne pouvait lutter. Rentrant chez lui, son ordonnance lui dit d'un air hypocrite :
— Mon sous-lieutenant, il y a revue demain; méfiez-vous du colonel.
— Tiens... tu sais déjà qu'il me hait! fit Lassalle étonné!
— Ce n'est pas malin à deviner.
Le jeune homme ne poussa pas plus loin la conversation, mais l'avis de son ordonnance lui fit plaisir : il crut qu'il avait un serviteur dévoué.
Cet homme méditait de le perdre.

Le Roi des Chemins. XXVII.

XXX

LE COMPLOT.

Le lendemain matin, il y avait en effet revue du colonel.

C'était, pour la ville, une occasion de fête.

Le régiment devait défiler au pas, au trot, puis au galop, après avoir exécuté des manœuvres brillantes ; un public nombreux devait se porter au champ de course.

En effet, la foule couvrit les abords du terrain ; des places étaient réservées, sous un bouquet d'arbres, à quelques familles privilégiées de fonctionnaires et d'officiers ; il y avait là de jolies filles et des femmes charmantes ; c'était surtout pour elles que l'on défilait ; les chasseurs d'Afrique songeaient tous à faire bonne figure devant cet aréopage féminin.

M. de Lancenales avait préparé pour Lassalle une humiliation profonde ; il avait combiné un plan avec son ordonnance.

Avant le départ, le colonel s'assura si tout était prêt.

— Eh bien ! demanda-t-il à Zabdou, ton camarade Pottier a-t-il pris toutes ses petites dispositions pour réussir ?

— Oui, mon colonel.

— La tunique se fendra ?

— Du haut en bas ; elle a été décousue et recousue ensuite avec un fil aussi faible que celui des toiles d'araignée.

— Bon !

— Pottier a eu l'idée d'arranger dans la doublure un grand morceau de toile qui passera probablement par la fente.

— Délicieuse invention !

— Si le vent s'engouffre bien là-dedans, ce sera à crever de rire.

— Et la sangle ?

— Elle est suffisamment entamée pour se briser après un temps de galop ; mais nous ne sommes pas certains de cet effet-là ; si ça se produit, tant mieux ! Pourtant il y a des chances...

— C'est que, vois-tu, s'il roulait dans la poussière, ce serait parfait ! et le shako ?

— Sa jugulaire est à peine retenue par un bouton mal attaché.

— Tout va bien.

— Mon colonel ?...

« Puis-je annoncer à Pottier qu'il sera nommé brigadier ?

— Si Lassalle m'insulte quand je le lancerai, ton ami aura ses galons.

— Vous pensez donc qu'il se fâchera ?

— Oh ! je lui dirai de ces choses qui font bondir un homme !

— Et s'il vous frappait ?

— Ce serait une condamnation à mort, mais je n'espère pas tant.

— Qui sait ?

Et Zabdou demanda :

— Laissez-moi courir voir mon camarade, il est peut-être encore temps de jeter un peu d'huile sur le feu.

— Va !

Le misérable, en un temps de galop, se rendit auprès de Pottier.

— Si tu veux tes galons, lui dit-il, chauffe le sous-lieutenant à blanc.

— Qu'est-ce qu'il faut lui dire pour ça ? demanda Pottier qui eût tout fait pour tenir sa nomination.

— Tâche de lui crever le cœur en lui parlant du mépris qu'on a pour lui dans le régiment ; dis-lui que l'on croit tout ce que le colonel a raconté sur son compte.

— Bon ! fit Pottier.

Et il monta dans la chambre de Lassalle, qui mettait la dernière main à sa toilette et n'avait plus que sa tunique à passer.

L'ordonnance la lui tendit avec précaution, pour cause.

— Dites donc, mon sous-lieutenant, fit-il, savez-vous que le colonel me paraît être fameusement canaille avec vous ?

— Tu ne te trompes pas, fit Lassalle.

— Il fait courir des bruits... des bruits... c'est dégoûtant !

— Ah ! on parle de moi ?

— Oui, les chasseurs disent beaucoup de mal de vous ; ça vient de chez le colonel, qui ne cesse pas de vous attaquer.

— Il faut subir cela comme la pluie !

— Ça n'empêche pas que ça fait tout de même un drôle d'effet ; moi, qui ne suis que votre ordonnance, je me suis battu hier avec un chasseur à cause de ses propos sur votre compte.

Tous ces coups d'épingle portaient.

— En fin de compte, de quoi m'accusait-il, ce chasseur ?

— Il disait que vous aviez triché au jeu et volé trente mille francs.

Lassalle avait la rage au ventre.

Et Pottier, impitoyable, continua :

— J'ai soutenu que c'était faux ; tous ceux qui étaient là m'ont donné tort, et on m'en a conté bien d'autres allez !...

Il présentait le sabre, et, pendant que Lassalle bouclait le ceinturon :

— Ils disaient aussi que vous vous faisiez entretenir par les femmes...

La main de Lassalle frémissait et son œil étincelait de fureur.

— Moi, j'ai sauté sur un des chasseurs ; mais j'ai été battu parce que les autres me huaient, et ça m'a ôté courage.

Lassalle ne put en entendre davantage ; le sang bourdonnait à ses oreilles.

— Tais-toi ! dit-il.

Puis il descendit, mit le pied à l'étrier et se mit en selle.

Il avait une mortelle pâleur au front.

Quand il fut éloigné, Pottier se dit :

— Bon ! s'il ne cherche pas à crever la panse du colonel, c'est qu'il n'aura pas de sang dans les veines !

Et il ajouta :

— Ma foi ! si je n'avais pas absolument besoin d'être brigadier, je ne me mêlerais pas de cette sale affaire-là ! Mais il faut que je tue cette canaille de Bréjoux, qui m'a fait mettre au silo injustement.

Une rancune servait l'autre.

XXXI

UN RAYON DE SOLEIL.

Lassalle était un fier garçon ; mais il avait de l'esprit et de la prudence ; souvent le sang lui montait à la tête ; s'il n'eût écouté que ses colères, M. de Lancenales eût été souffleté depuis longtemps.

Par bonheur, le jeune homme songeait à son avenir, à Marie ; il avait su se dompter.

Mais, cette fois, c'en était trop : le vase débordait.

Lassalle médita sur ce qu'il avait à faire ; il venait de retrouver un ami au 4ᵉ chasseurs, et cet ami était de bon conseil, comme tout homme de bon sens et de longue expérience.

Un hasard heureux avait fait que le capitaine Bertin se trouva être celui de Lassalle et en même temps son camarade. Homme posé, réfléchi, ayant longtemps attendu l'épaulette, il était fort capable de tirer le jeune homme d'embarras, en lui prêchant la patience et en lui donnant des avis précieux.

Lassalle prit avec lui la tête de l'escadron, et ils causèrent à voix basse en se rendant à la revue.

— Mon cher, dit Lassalle, je suis à bout de force, je ne puis plus me contenir.

— Que t'est-il donc encore arrivé, mon pauvre ami?

— Je t'ai conté tout ce que le général m'avait reproché.

— Oui, mais si c'est un vieil entêté, si le maréchal lui souffle une mauvaise opinion sur ton compte, au fond il est juste.

— Lui!

— Crois bien qu'il reviendra de lui-même sur son jugement.

— Pas de sitôt.

— L'opinion du régiment réagira sur la sienne forcément.

— Elle est gentille, l'opinion du 4ᵉ chasseurs à mon endroit!...

— Un peu flottante encore!...

— Très-accusée et très-nette.

— Tu te trompes.

— Mon ordonnance m'en a conté de belles; on me méprise...

Le capitaine réfléchit.

— Le nom de ton ordonnance? fit-il.

— Pottier.

Le capitaine frisait sa moustache et fronçait le sourcil.

— Ce Pottier, dit-il, m'est très-suspect: tu as agi légèrement en le prenant.

— Tu t'en défies?

— Comme du loup blanc.

— Je le renverrai.

— Le plus tôt possible!...

« Avec un coup de botte au derrière...

— Pas de bêtises! il irait porter plainte au colonel.

— Toujours se comprimer!...

— Il le faut.

— Soit; mais le corps des officiers me bat froid et me tient en suspicion.

— Erreur!

— Je le sens bien.

— Mon bon, il y a cinq ou six de nos camarades qui pensent comme le colonel, approuvent toujours le colonel, tiendraient l'étrier du colonel s'ils n'avaient crainte des autres. C'est un petit clan de mauvais soldats, d'ambitieux qui veulent arriver par la flatterie, la bassesse, les vilenies.

— Les misérables!

— Il y en a dans tous les régiments, dans toutes les professions.

— Et les autres?

— Le plus grand nombre n'a pas d'idées bien assises sur ton compte; mais comme j'ai une demi-douzaine d'amis, tu penses qu'eux et moi nous travaillons beaucoup en ta faveur.

— Merci de tout cœur!

— Un de ces soirs, tu viendras toi-même dans une réunion assemblée à l'improviste plaider ta cause.

— Ce sera un tribunal d'honneur?

— Tout intime.

— Mon cher, voilà un projet qui me met du baume dans le cœur.

— Tâche de ne plus broyer du noir et aie confiance.

Depuis une demi-minute, le maréchal des logis de remplacement avait poussé son cheval plus que de raison et se trouvait très-rapproché derrière les officiers. Le capitaine l'aperçut.

Quoique ce fût un brave jeune homme plein de loyauté, le capitaine, de très-méchante humeur, lui dit brusquement :

— Perlet, mon ami, vous aurez huit jours de salle de police!

— Mon capitaine, j'ai eu tort; mais j'ai entendu vous parliez au sous-lieutenant ; ça m'intéressait beaucoup.

— Et vous écoutiez?...

— Pour m'encourager à donner un bon avertissement à M. Lassalle.

— Parlez.

— Je suis certain, pour avoir saisi un bout de conversation entre Pottier et Zabdou, qu'il se trame quelque chose contre le sous-lieutenant, et que ce sera pour aujourd'hui même.

— Quand je disais! fit le capitaine.

Et au maréchal des logis :

— Merci, Perlet! Je lève la punition.

Lassalle redevint sombre.

— Mon cher, dit-il au capitaine, si ce gredin me joue un mauvais tour, gare à lui!

— Que feras-tu?

— Je le tue.

— Tu es fou!...

Un commandement de rompre par pelotons interrompit l'entretien.

XXXII

OU LES PLANS DU COLONEL DE LANCENALES RÉUSSISSENT TROP BIEN.

Un quart d'heure plus tard, le colonel passait devant les rangs de son régiment aligné pour la revue; il semblait très-mal disposé, très-dur pour tout le monde.

Il rudoya quelques soldats avant d'arriver à Lassalle.

— Vos hommes, dit-il au capitaine Bertin, sont dégoûtants.

Le capitaine sourit.

— Qu'avez-vous à dire? fit le colonel.

Bertin se garda bien de donner prise sur lui; il so savait exécré en raison de son amitié pour Lassalle.

— Mais, colonel, dit-il, j'ai à dire que je ferai de mon mieux pour qu'à sa prochaine revue mon monde soit aussi propre que possible; car le mot dégoûtant est très-pénible à entendre pour un vieil officier comme moi, qui ai trois citations à l'ordre de l'armée.

Le colonel n'en avait pas une; il se mordit les lèvres. Arrivé à Lassalle, il le toisa et lui dit d'un air de pitié:

— Monsieur, soyez officier de fortune tant que vous voudrez, mais, sacrebleu! ayez de l'aspect, de la tenue, du chic, du brio; si vous n'avez pas de goût pour la cavalerie, si vous n'êtes pas capable de faire un peu de fantasia, servez dans l'infanterie avec les capotes grises.

— Mon colonel, dit Lassalle, quand on est un soldat sérieux, solide, brave et intelligent comme moi, on n'a pas besoin de chic, de brio, de fantasia, de blagues, de fanfreluches indignes d'un homme de cœur qui ne veut pas gagner ses épaulettes dans les salons, mais les conquérir à coups de sabre sur la peau des Arabes, quitte à avoir comme moi sept blessures, toutes reçues par devant!

— Silence, sous-lieutenant!

— Vous m'interrogez, je réponds.

— Encore?...

De Lancenales toisa le jeune homme, mais celui-ci ne baissa pas les yeux.

Il eut un tel regard que le colonel comprit que, dans un pareil moment, il risquait sa vie ; il n'insista pas.

Il est vrai qu'il se promettait une revanche avant peu. Il finit la revue au trot, et, craignant de ne pas avoir sa vengeance pleine, il voulut l'avoir dès le début des manœuvres.

En conséquence, il se plaça devant le cercle des places réservées, et il disposa son régiment de façon à ce que le peloton de Lassalle se lançât en fourrageurs en avant des escadrons, pour simuler une charge de partisans fouillant une plaine.

Lassalle mena son monde consciencieusement; il avait reçu pour instructions d'éparpiller ses cavaliers, puis, à un coup de trompette, de les masser pour se lancer au galop contre une troupe simulée qu'on serait censé avoir découverte sur la gauche.

De cette façon il passait de profil devant le public de jolies femmes, à la risée desquelles le colonel voulait le livrer.

Tout alla bien d'abord.

La tunique ne craquait point et le colonel commençait à désespérer; mais il eut l'idée d'ordonner:

— A droite et à gauche, sabrez!

Lassalle se mit à en découdre, coupant l'air de son sabre. Tout à coup son uniforme s'entr'ouvrit, une espèce de lange blanc se déroula par la fente et flotta au vent... le sous-lieutenant continua à pourfendre des ennemis imaginaires.

Le public se mit à rire.

Les chasseurs s'aperçurent de ce qui se passait, et l'un d'eux prévint son sous-lieutenant, qui arrêta brusquement son cheval; la secousse fit rompre la sangle, la selle tourna, Lassalle s'étala sur le sable et son shako roula au loin.

On poussa des huées.

La foule est ainsi.

Très-enthousiaste, très-admiratrice, mais heureuse de se venger de ses admirations, de ses enthousiasmes, elle était ravie qu'un officier de ces brillants chasseurs prêtât au ridicule.

Lassalle était à peine debout, furieux, tout étourdi qu'il fût, que le colonel envoyait l'ordre de masser le régiment; le peloton dut se replier sur les escadrons, laissant son officier seul, en butte aux cris des gens de toutes sortes, Maltais, Maures, Espagnols, Arabes, nègres et Français, qui s'en donnaient à cœur joie de la déconvenue du jeune homme... il n'avait point rattrapé son cheval.

Tout à coup un officier et deux chasseurs vinrent à son aide: c'était le capitaine Bertin, indigné, qui soupçonnait la trahison.

Un chasseur donna son cheval au sous-lieutenant; un autre voulut lui passer sa tunique, quitte à regagner le quartier en chemise; le jeune homme refusa, jeta le vêtement déchiré et piqua des deux droit vers le colonel. Il ne s'aperçut point qu'il s'était blessé.

Le cercle était formé.

Les officiers étaient furieux, croyant à la maladresse de Lassalle.

Celui-ci vit toutes les dames échangeant des chuchotements malicieux; mais il apparut si beau, si pâle, si digne, si magnifique écuyer; sa simple chemise entr'ouverte laissant voir sa superbe poitrine pleine de sang, son front rayonnant d'audace, que les femmes passèrent des risées aux murmures approbateurs.

Le colonel s'en aperçut et fut singulièrement dépité.

Lassalle entra crânement au milieu du cercle d'officiers. Il se fit un profond silence, tant son attitude en imposa.

— Messieurs! dit-il d'une voix vibrante, depuis que je suis parmi vous, je suis outrageusement calomnié par un misérable qui n'a dû son avancement qu'à la faveur; vous savez tous que c'est un lâche qui a toujours obtenu des congés à la veille des expéditions!...

C'était une vérité connue.

Lassalle continua:

— Cet homme me hait, il m'a tendu un piége odieux: mon ordonnance a été gagnée, et l'on a coupé la sangle de ma selle pour me jeter à bas.

Il y eut un murmure contre le colonel.

— De plus on a décousu ma tunique pour qu'elle se fendit, et, comme il fallait aider à cela, le colonel a commandé de sabrer!

La conviction se faisait dans l'âme de tous les officiers.

— Je viens d'être livré, sans égard pour notre uniforme, pour la croix que je porte, pour les épaulettes, aux huées du public, et je vous fais juges de cette infamie!

Le colonel sentit qu'il fallait intervenir à tout prix; malgré un tremblement convulsif, il poussa son cheval vers Lassalle.

— Vous mentez! cria-t-il; vous êtes un escroc, un assassin, un voleur de dots, et personne ne croira ce que dit un officier qui est la honte de tout le régiment!

A peine le colonel avait-il lancé cette apostrophe que Lassalle lui coupait la figure d'un coup de sabre, lui faisait vider les arçons, sautait en selle à sa place, abandonnant sa monture, piquait des deux et fuyait au milieu de la stupeur générale.

XXXIII
LA FUITE.

Le cheval du colonel était naturellement le meilleur du régiment; Lassalle, capable du plus beau sang-froid au milieu de la plus grande colère, savait cela, et il avait calculé sa vengeance et son salut.

Pas un officier n'avait bougé.

Une grande clameur s'éleva quand on vit le colonel tomber et le sang jaillir à flots par le milieu du nez séparé en deux, par les joues balafrées, par la bouche entamée et meurtrie dans la chute.

Jamais joli garçon n'avait été arrangé de si piteuse façon.

Le comte eut un cri:

— Rattrapez-le!

Ensuite il s'évanouit.

— Femmelette, va! fit le capitaine Bertin.

Personne, parmi les officiers, ne donna d'ordre de poursuite. Deux cavaliers pourtant se détachèrent de leur propre mouvement.

Lassalle avait culbuté une dizaine de personnes dans la foule, qui lui avait livré passage; il filait à toutes brides sur Meserghin, par la route qui existait déjà à cette époque.

Il eut gagné en un instant beaucoup d'avance; mais on le vit ralentir sa course quand il s'aperçut qu'on lui donnait la chasse.

Les deux cavaliers qui se lançaient contre lui étaient Pottier et Zabdou: tous deux voulaient plaire au colonel et pensaient gagner bonne récompense en capturant le coupable; ils éventraient leurs chevaux. Tout à coup Lassalle, qui perdait en avance, se retourna contre Zabdou qui le talonnait; il le chargea et lui passa son sabre dans le ventre, puis il tomba sur Pottier et, d'un coup de sabre que n'eût pas renié le meilleur Arabe, il lui décolla la tête de dessus les épaules.

Les deux chevaux des chasseurs s'étaient arrêtés et, comme il arrive souvent en pareil cas, ils ne bougeaient plus.

Lassalle saisit la bride du meilleur des deux et repartit vers Meserghin.

Toute cette scène s'était passée en quelques minutes.

Un peloton de chasseurs s'ébranla enfin pour rattraper le sous-lieutenant.

Il était trop tard!

Le jeune homme se perdit dans les solitudes qui bordaient le grand chemin, et les chasseurs revinrent dépités.

L'aventure fit grand bruit.

Zabdou mourut sur le coup; inutile de dire que Pottier, décapité, ne survécut pas.

Le colonel de Lancenales fut porté chez lui; il était affreux et, au dire des chirurgiens, il devait rester hideux.

Le général commandant la division s'exaspéra, mais en vain!

On fouilla la province inutilement en tous sens; Lassalle fut introuvable.

Quant aux chasseurs, ils disaient entre eux en parlant du sous-lieutenant :

— Fameux gaillard, tout de même!

Les dames rêvaient de ce beau garçon.

Lui, forcé à la désertion, se réfugia d'abord chez les Kabyles des Traras; puis il gagna le Djurjura, dans la province d'Alger, où, en compagnie de Samoûl, le tueur de lièvres, il se fit chasseur de profession.

Il commençait à désespérer de revoir jamais Marie, quand la découverte du trésor d'Elaï Lascri vint lui donner le levier qui lui manquait : l'argent!

Sa première pensée fut de venir en France et d'enlever sa fiancée.

Tâche difficile !

Il se passait d'étranges choses au couvent des ursulines de Benoît-de-Vau.

QUATRIÈME PARTIE

I

LA MÈRE VÉRONIQUE.

Sur une colline, au milieu des bois, s'élevait le cloître où mademoiselle de Lancenales avait passé quelques années de sa jeunesse et où elle allait rentrer pour longtemps encore, l'heure de sa majorité étant éloignée.

La voiture qui amena la jeune fille et Margot avait à parcourir une campagne charmante, gaie, riante, verdoyante, abritant des nichées d'oiseaux qui gazouillaient dans les arbres; les futaies étaient pleines de bruit; le gibier détalait dans les taillis aux coups de fouet du paysan conduisant le char-à-bancs; des myriades d'insectes jetaient dans l'air les notes bruyantes de leurs chants; tout était joie, plaisir, vie ardente sous le ciel.

Mais au bout de la route dont les grands arbres ensoleillés formaient des berceaux d'ombre pleins de reflets dorés, le cloître apparaissait sombre, austère, sourcilleux, découpant sur l'horizon une silhouette menaçante; il semblait une tache noire, sinistre au milieu de la scène en fête.

C'est là, dans cette tombe immense, que les deux jeunes filles allaient être enfermées, murées au monde extérieur.

Ce cloître, Marie le connaissait pour y avoir souffert et pleuré.

C'était la prison du corps et celle de l'âme; c'était l'écrasement de sa pensée, l'atrophie de son cœur, la paralysie de tout élan; c'était l'ennui lourd, la pierre pesante posée sur la poitrine; c'était l'angoisse, la torture; c'était la nuit; c'était la mort.

Elle allait entrer là vivante, avec la santé, les aspirations fiévreuses de la jeunesse débordante; elle allait s'ensevelir sous un linceul de plomb.

Elle voyait les spectres blancs, corps sans chaleur, têtes vides, cœurs étiolés, dont cette solitude morne était peuplée; elle frissonnait comme menacée du contact des cadavres dans le sépulcre.

Elle se sentait menacée de persécutions, de tourments, de supplices incessants.

Elle se retourna, et, en voyant la campagne qui semblait se dérober derrière la voiture lancée au grand trot, il lui semblait que la vie la fuyait par tous ses pores.

Alors elle regarda Margot qui frémissait, et elles se mirent toutes deux à pleurer en se donnant un long baiser.

Pendant que les larmes de ces deux enfants tombaient désolées, M. de Lancenales les avait précédées au couvent.

Il était en conférence avec la supérieure, la mère Véronique, sa sœur, qui devait à son nom de diriger la communauté.

La mère Véronique avait reçu son frère avec toute la joie, toute l'amitié dont un cœur sec est capable. Ce frère, général, chef de la famille, orgueil du nom, représentait ce qui avait survécu en elle des passions mondaines; cette femme ne tenait plus à la société que par les préjugés de caste et de race.

Le général, profondément égoïste, n'éprouvait en face de sa sœur que de l'ennui; elle, au contraire, avait des rayonnements dans les yeux quand elle le regardait; elle ne le regardait pas, du reste, elle l'admirait.

Elle lui était dévouée d'instinct, lui montrait en tout une soumission aveugle, épousait toutes ses idées; elle en avait fait un fétiche.

Aussi avait-elle éprouvé pour la marquise la répulsion des sœurs pour la femme qui leur enlève l'amitié d'un frère; elle avait cru de très-bonne foi aux calomnies du général contre cette pauvre martyre; elle avait voué à la mère de Marie une haine violente, féroce, une haine de vieille fille et de religieuse.

Et comme le général disait de sa fille qu'elle était le portrait de sa mère, la supérieure avait cette enfant en aversion.

Autant elle adorait le comte, autant elle exécrait mademoiselle de Lancenales.

La supérieure était une de ces créatures fatales qu'il est dangereux de rencontrer sur sa route.

Qu'on s'imagine sous le voile une grande vieille demoiselle, anguleuse, sèche, rigide, pincée, droite dans sa robe, n'ayant jamais eu ni seins, ni hanches, aussi peu femme que possible; avec cela des joues creuses, un front jauni, des yeux ardents que le jour gênait, un nez crochu, des lèvres minces et rentrées sur la bouche veuve de ses dents, des cheveux d'un roux indéfinissable, des mains longues, noueuses, ayant des nodosités comme des serres d'oiseau de proie, des os faisant saillie partout, pointus et crevant, comme des pointes de fer, les manches au coude, la jupe au genou, le bas à la cheville, la chemise aux attaches du poignet; le cou avait la pomme d'Adam comme celui d'un homme, et les muscles en étaient tordus en coude.

Les sourcils étaient épais, fauves et semés de très-grands poils noirs çà et là; le regard luisait là-dessous étrangement.

Cette femme était faite de lave et de bile; elle avait dû horriblement souffrir du célibat forcé.

On eût dit d'une chouette qui eût beaucoup désiré, mais en vain, de fréquenter des aigles.

Une pareille créature sous la bure d'une religieuse produisait un effet bizarre.

Le général se prenait parfois à trouver sa sœur hideuse.

Un jour, il avait dit à de Prangy cette phrase significative :

— Un homme aux mains de la mère Véronique me ferait l'effet d'une mouche entre les pattes d'une araignée.

Le marquis était venu demander à sa sœur le service de le débarrasser de Marie.

— Ma chère Léontine (il lui donnait son prénom mondain), lui disait-il, il faut en finir avec cette malheureuse enfant; si elle ne prononce pas ses vœux, si elle ne prend pas le voile, si les grilles d'un couvent ne lui ferment pas à tout jamais le monde, nous serons déshonorés; il y a déjà eu du scandale.

— Soyez tranquille, dit-elle; je vous promets, mon pauvre ami, d'agir par la ruse et par la rigueur, et d'obtenir le résultat désiré.

— Une fois engagée, une fois sœur, nous serons tranquilles.

— Il y aura des difficultés à vaincre, au début surtout; cette malheureuse a l'infernale volonté de sa mère; mais nous avons des moyens d'en venir à bout.

— Elle est très-altière, très-violente, très-audacieuse.

— Je le sais. Dès son enfance, elle nous donnait déjà du mal; mais il y a peu de filles qui résistent à certains traitements; nous avons rendu très-souples des jeunes personnes dont on désespérait; quelques-unes de nos sœurs qui refusaient de prendre le voile, comme il convient aux filles nobles quand il s'agit d'avantager un aîné, sont l'édification de la maison après en avoir été la honte.

— Tu espères, alors?

— Je puis vous affirmer que dans quelques mois votre fille sera tout à fait transformée.

Et, entraînée par le désir de convaincre son frère, elle lui exposa la méthode des cloîtres :

— Tout d'abord, dit-elle, nous nous attaquons aux résistances physiques, au côté charnel, matériel; ces enfants nous arrivent avec un sang trop riche; elles sont comme des démons, comme des lionnes en cage; on les affaiblit peu à peu très-savamment.

— Vous les faites jeûner?

— Oh! non! fit la mère Véronique; elles regimberaient, et on ne veut point les effaroucher; on les nourrit, au contraire, très-abondamment.

— Je ne comprends plus.

— J'ai dit abondamment et non succulemment, comme le fait observer le révérend père Michel, auteur du traité où j'ai puisé mon expérience. Nous supprimons les viandes, les mets fortifiants; nous prodiguons les pâtes, les confitures, les chatteries, dont les jeunes filles sont friandes; les légumes font la base de l'ordinaire. Elles n'en souffrent pas et engraissent, mais elles changent de tempérament et deviennent molles, apathiques, tranquilles.

— Tiens, tiens, tiens! fit le général; mais c'est très-ingénieux!...

— Ah! mon frère! le révérend bénédictin Michel était un grand médecin du corps et de l'âme; il a rendu bien des services en écrivant son fameux traité. Que de supérieures seraient dans l'embarras sans lui!

— Je le tiens en très-haute estime; c'est un trait de génie que de s'attaquer au corps avant de s'attaquer à l'âme.

— Oh! nous ne négligeons pas l'âme! nous avons soin d'écarter des jeunes filles toutes les causes de tentation; elles ne lisent que des livres habilement choisis et propres à leur inspirer l'amour de Dieu. Par exemple, pour cette malheureuse petite Marie qui est exaltée et qui a une volonté de fer, nous lui mettrons entre les mains des histoires de saintes qui ont montré une persévérance, une ténacité héroïque dans la pratique des macérations; elle s'éprendra facilement de ces caractères.

— C'est, ma foi! très-fort, ce que tu me dis là! En effet, Marie est du bois dont on fait les héroïnes, les martyres!

— On lui donnera un confesseur qui développera chez elle cette tendance, et qui lui montrera dans l'avenir une admirable voie où elle pourrait entrer... où elle en trera.

— Laquelle?

— Les missions.

— Mais il y a donc des sœurs qui catéchisent les sauvages?

— Pas précisément. Nos sœurs grises cependant vont en Chine, en Amérique, en Océanie, fonder des établissements; elles sont parfois appelées à mourir pour leur foi. Si Marie avait cette foi, ce serait un bien grand bonheur!

— C'est loin... la Chine! fit le général par un reste de pudeur paternelle.

— Qu'importe, si ce voyage nous rapproche du ciel?

— En somme, un couvent est un couvent partout.

— Et puis, voyez quel bonheur si nous donnions une sainte à l'Église!

— Ça poserait la famille.

— On vient encore d'exécuter à Saïgon, en Cochinchine, dix prêtres et cinq sœurs; les martyrs vont droit au ciel et sont canonisées par le seul fait de leur mort.

— Mais... fit le général, vous voyez déjà Marie sur le bûcher!...

— Un trépas sublime! fit la mère Véronique avec une onction féroce.

— Ma chère Léontine, dit le général, je me contenterais de la voir bien tranquille ici; ton zèle religieux t'entraîne trop loin.

— Comme vous êtes mondain, mon frère!

— Après tout, c'est ma fille, c'est ta nièce : je ne puis souhaiter sa mort!

— Pour le bien de la religion, vous ne devez pas hésiter.

— Allons donc!

— Abraham a obéi quand Dieu lui ordonna de sacrifier son fils. Ah! si la chère enfant devenait une de ces admirables femmes qui refusent de renier Dieu au milieu des supplices, je l'admirerais de tout mon cœur et je porterais ses reliques toute ma vie sur ma poitrine; mais, hélas! il ne faut pas trop espérer... Cependant je prierai Dieu de donner cette gloire à notre nom.

— En vérité, c'est trop d'enthousiasme; calme-toi et revenons à des visées moins hautes. Tu t'engages à réussir?

— Je ne doute pas des suites.

— Très-bien! Au revoir, alors; car je ne veux pas me rencontrer avec elle, et je tiens à éviter ses reproches.

Le général se retira.

Sur la porte de la cellule, il dit en riant à la supérieure :

— Surtout prodigue les confitures, si c'est efficace... la petite a du sang paternel dans les veines; elle adore son hussard!

Il s'en alla sifflottant un air de chasse.

II

LA FINE MOUCHE.

Le général, pour ne pas se croiser avec sa fille, monta à cheval et prit par une route autre que celle par où venait mademoiselle de Lancenales.

Celle-ci n'avait pas longtemps pleuré; elle avait dans Margot une compagne rieuse, incapable de consacrer plus d'une minute à un chagrin; Margot consola sa maîtresse.

Le bruit des roues empêchait le cocher d'entendre, placé au siège de tête qu'il était.

— Allons, mademoiselle, dit Margot, ne nous désolons pas ainsi... le temps passera plus vite que vous ne le pensez.

— Margot, ma pauvre amie, il y a des moments où je désespère.

— De qui?
— De tout.
— Pas de moi, toujours?
— De toi comme des autres.
— C'est bien mal.
— Tu t'ennuieras!
— Avec vous... jamais!
— Tu me quitteras!
— Je jure que non.

Et elle donna un sonore baiser, franc, loyal, à mademoiselle de Lancenales qui sentit la confiance renaître dans son cœur.

— Mais lui?... fit-elle.
— M. Lassalle?
— Oui.
— Croyez-vous que ce garçon qui vous a aimée pendant dix ans, depuis l'enfance, sans espoir, va vous être infidèle?
— Il est si loin!
— Il ne s'en souviendra que mieux.
— Il est si beau garçon!...
— Ceci est la plus grande vérité qu'on puisse dire. Oui, il est très-beau, plus beau que M. Martinet, quoique j'aime mieux ce gros garçon-là que votre Adonis.
— Tu conviens qu'il est désolant d'être fiancée à un homme que les femmes vous disputent!
— S'il n'était pas épris de vous, je concevrais des craintes! je n'en ai aucune parce qu'il est fou de sa marquise.
— Ah! Margot, n'importe! j'ai bien grand'peur.
— Mademoiselle, M. Martinet m'a conté que son ami était tellement occupé de vous qu'il en devenait fatigant. J'ai vu des choses bien touchantes, allez! Le pauvre garçon ne quitte plus un de vos gants qu'il porte sur sa poitrine et qu'il s'est mis à embrasser un jour devant tout son peloton, tant il était distrait de tout par votre pensée.
— Tu ne m'avais jamais dit cela; ça me rassure un peu...
— Il a fait des choses plus singulières encore: il dessine très-bien, et de mémoire il a exécuté votre portrait.
— Vraiment?
— Je l'ai vu.
— Où donc?
— Chez M. Martinet.
— Tu as donc été bien souvent chez lui?
— Mademoiselle, je voulais lui donner le plus possible de regrets...
— Comment! de regrets!...
— Oui; j'étais gentille avec lui, câline... je lui permettais de m'embrasser, honnêtement, bien entendu ; je le berçais comme un grand enfant qu'il est de caresses et de baisers. De cette façon-là, je gravais l'amour dans son cœur.
— Qu'en ai-je pu en faire autant?... Encore si l'on pouvait écrire!...
— On le pourra.
— Au couvent?
— On peut écrire partout.
— Margot, la règle est sévère dans la communauté de ma tante.
— On l'éludera.
— Par quels moyens?
— Mon Dieu! que les grandes dames sont bêtes! fit plaisamment Margot.
— Bon! tu m'offenses!
— C'est qu'aussi l'on n'a pas idée de votre naïveté, mademoiselle!
— Mais comment t'y prendras-tu?

— D'abord il y a un jardinier, dans ce couvent, n'est-ce pas?
— Oui, mais très-vieux, très-dévoué à ma tante et incapable de se laisser séduire.
— De quelle couleur est son nez?
— Pourquoi cette question?
— Elle est très-importante.
— Tu veux rire?
— Je suis sérieuse.
— Son nez est... voyons... il est rouge.
— Très-rouge?

Marie en riant :
— Nous le comparions à une betterave.
— Nous sommes sauvées!
— Parce que le jardinier a un nez en forme de betterave?
— Oui ; ça dénote qu'il se grise.
— Tiens... c'est vrai!
— Et nous lui donnerons du vin, de l'eau-de-vie, ce qu'il aimera.
— Où aurons-nous cela?
— A la cave.
— Et y aller?
— Et mon adresse!...

Puis montrant ses deux mains :
— Ces petits doigts-là, voyez-vous, mademoiselle, sont capables de dénouer les cordons les mieux serrés, d'enlever le trousseau de la sœur économe, de subtiliser la clef de la cave et de la remettre plus tard en place.
— Bon! Margot, nous aurons des lettres! je suis enchantée, et je pourrai écrire tout ce que je rêve à ce pauvre ami.
— Et moi j'entretiendrai M. Martinet dans ses bonnes intentions.

Elles se mirent à rire.

Mais le couvent, masqué un instant par les arbres, se dressa tout à coup; elles revinrent à des impressions plus tristes.

— Brrrou! fit Margot. Entrer là-dedans, quel chagrin!
— Et quelle vie! fit Marie.
— Je crois qu'on y est plus mal qu'aux Orphelines, où les sœurs étaient bonnes pour nous.
— On est tyrannisé!...
— Votre tante est donc bien méchante?
— Une tigresse...

On arrivait.

La voiture s'arrêta devant la porte, qui s'ouvrit bientôt.

La tourière parut.

C'était un monstre femelle.

Jamais cerbère hideux ne garda mieux une porte que cette femme.

La sœur Stéphanie, un joli nom mal porté, était une sorte de maritorne de campagne, grande, grasse, énorme, un ventre de silène sur deux poteaux quant à la marche, mais les épaules très-mal faites, très-haut attachées, ce qui donnait une espèce de bosse à la tourière.

Le cou, très-musculeux, portait une tête idiote, petite, stupide. L'œil rond sanguinolait toujours, éraillé au coin des paupières, injecté, papillotant, devenant tout à coup fixe avec une expression d'égarement.

La bouche était lippue, crispée par un tic convulsif; le nez, camard, était de ceux qu'on ne supporte pas à table en face de soi.

Cette fille bestiale, ne sachant rien du monde, n'avait pas une idée dans son étroit cerveau ; mais elle avait des appétits de brute et elle aimait à boire et à manger, parce que sa laideur lui interdisait une autre passion qui la torturait : jamais un garçon n'avait voulu d'elle!...

Elle venait travailler au jardin des sœurs avec son

oncle ; la supérieure, lui trouvant les qualités de l'emploi, en avait fait une tourière. Stéphanie, mal nourrie chez elle, forcée à un rude labeur, n'ayant pas d'espoir de mariage, souhaitait ardemment être de la communauté ; elle voyait le bonheur matériel là où d'autres voyaient de désolantes perspectives ; la supérieure lui avait confié la porte de cet enfer où de pauvres anges étaient enfermés ; le dragon des Hespérides n'était pas plus redoutable que sœur Stéphanie.

Elle exerçait une surveillance redoutable.

Toutes les petites filles que les sœurs élevaient, toutes les demoiselles de leur pensionnat avaient de la tourière une peur extrême.

C'était le croquemitaine du couvent.

Elle fouettait les petites filles, conduisait les grandes au cachot, et, quand l'une d'elles faisait résistance, elle l'emportait comme une plume.

Marie avait particulièrement cette fille en exécration : elle avait été fustigée par elle plus que de raison.

La tourière, comme un chien hargneux qui épouse les querelles du maître, nourrissait une haine toute particulière contre Marie qui un jour avait bravement mordu au doigt ce bourreau féminin ; jamais dogue ne conserva d'une morsure une haine pareille à celle que nourrissait sœur Stéphanie.

Elle jeta un regard courroucé à mademoiselle de Lancenales, regard que celle-ci ne daigna pas remarquer ; elle passa sans mot dire devant la tourière qui murmurait tout bas des menaces semblables à des grognements.

Margot savait par Marie ce qu'était la tourière ; loin d'imiter mademoiselle de Lancenales, elle sourit à sœur Stéphanie et lui fit une très-belle révérence.

Comme toutes les idiotes, comme tous les êtres laids, sœur Stéphanie était sensible aux égards ; elle avait soif de considération, de politesse et d'affection.

Les méchancetés, les colères des disgraciés viennent plus du sentiment de leur infériorité que d'un fond mauvais ; quand quelqu'un les traite amicalement, ils vouent à ce quelqu'un une vive reconnaissance.

Margot, voyant un sourire niais, mais bienveillant, s'épanouir sur cette face repoussante, eut le courage de tendre son front à de pareilles lèvres.

Sœur Stéphanie, enchantée, baisa les deux joues de la petite.

— Vous avez l'air bien gentil, vous ! dit-elle agréablement ; ce n'est pas comme mademoiselle de Lancenales, qui n'a pas l'air de me reconnaître ; je l'ai fouettée assez souvent, cependant. Êtes-vous sa parente ou son amie ?

— Je suis sa femme de chambre seulement, dit Margot avec un soupir hypocrite.

— Est-ce que vous voulez entrer en religion, ma petite ?

— Peut-être bien !

— Vous auriez raison. On est heureux ici, allez ! vous seriez tourière avec moi... nous nous amuserions beaucoup !

Puis tout bas :

— Vous semblez bien aimable, petite ; il faut venir me voir : j'ai de bonnes choses, nous partagerons ensemble.

C'était la première fois de sa vie que sœur Stéphanie songeait qu'un pot de confitures ou une pomme de rainette, une friandise mangée à deux, pouvait être plus agréable que dévorée seule.

— Je viendrai, fit Margot.

Et elle rejoignit Marie.

Sœur Stéphanie la suivit des yeux avec un air plein de tendresse.

Marie, qui connaissait la maison, traversait la cour ; elle attendit Margot.

Quand celle-ci fut à portée, elle lui dit d'un air mécontent :

— Tu es donc folle ?

— Pourquoi, mademoiselle ?

— Aller causer à cette méchante fille !...

— Elle est tourière.

— Raison de plus pour la haïr : c'est elle qui nous tient enfermées !

— J'ai toujours lu dans les romans qu'il fallait se mettre bien avec les geôliers ; on en obtient ainsi quelque chose.

— Mais l'embrasser !

— Quand je me mets à être hypocrite, je le suis tout à fait.

— Et tu espères l'amadouer !

— Elle m'a déjà proposé des chatteries, elle m'aimera.

— Oh ! si elle t'a offert de ses pots de confitures, ne fût-ce qu'une cuillerée, c'est que tu lui plais.. car elle est affreusement gourmande.

— Ainsi vous ne me blâmez plus ?

— Je te trouve fourbe, mais je te pardonne à cause du motif.

Elles entrèrent sous les voûtes du cloître et se turent.

Le silence s'imposait de lui-même sous ces arceaux immenses, humides et sombres, qui s'étendaient triste et solennels autour des quatre faces du bâtiment ; on respirait une odeur malsaine de moisissure, d'encens, de cire brûlée ; le cœur se serrait dans cette atmosphère factice dont le froid vous pénétrait jusqu'aux os ; tout était muet !

Les saints blancs dans leurs niches pleines d'ombre, les sœurs qui passaient plutôt qu'elles ne marchaient le long des murs, produisaient une impression glaciale ; l'âme était envahie par un sentiment d'effroi ; elle se débattait contre cet ensevelissement du corps, prélude de l'assoupissement de l'intelligence.

Marie sentit que la lutte allait commencer ; elle était en plein terrain de combat ; elle marchait à l'ennemi.

L'ennemi, c'était cette supérieure, armée, par la tolérance de la loi, d'un pouvoir formidable, capable de toutes les audaces, ayant bravé déjà l'autorité séculière et ayant gardé, malgré la volonté des parents, une pauvre héritière fascinée, qui à dix-sept ans se déclarait préférer l'amour de Jésus à l'amour d'un mari.

Marie entra bravement dans la cellule de la mère Véronique.

La vieille supérieure était assise sur un fauteuil de bois noir taillé en forme de trône ; elle était entourée de quatre sœurs qui lui formaient une sorte de cour.

Marie sourit.

Le temps n'était plus où ces solennités puériles lui imposaient ; Margot admira l'air dégagé dont elle dit à la supérieure :

— Madame, il faut vraiment connaître le couvent pour vous trouver ; pas un ordre à mon sujet, une seule sœur pour me conduire : l'abandon, le dédain le plus complets ! Pour être supérieure et parente, on n'en est pas moins obligée à la politesse. Enfin me voici ; mon père a dû vous prévenir de mon arrivée.

Cette attaque déconcerta la supérieure, qui n'avait pas vu Marie depuis longtemps, et qui la retrouvait femme, après l'avoir laissée partir enfant.

— Mademoiselle, dit-elle avec aigreur, quand la brebis égarée revient au bercail, il me semble qu'il suffit de lui ouvrir les portes : elle connaît le chemin de la crèche !

— Brebis égarée ! fit Marie ; je ne me suis égarée que dans ma famille.

— Et un peu ailleurs, mademoiselle...

— Ah ! vous voulez parler de mes fiançailles avec M. Lassalle ?

« C'est chose faite, et je ne sache pas qu'à défaut d'un

Marie se leva d'un bond; tout son corps se roidit. (Page 88.)

bon père qui songe à l'établir convenablement, une jeune personne doive oublier qu'elle est née pour se marier.

— C'est dans ces sentiments que vous osez reparaître ici?

— On m'envoie de force chez vous, ma chère tante... sans cela...

— Malheureuse enfant!

— Oh! oui, bien malheureuse de voir sa mère morte si mal remplacée!

— Vous osez...

— J'oserai tout!

Rien ne saurait rendre l'air de défi avec lequel cette parole fut lancée; les sœurs présentes en furent frappées de stupeur, et la supérieure pâlit de tant d'audace.

— Prenez garde, mademoiselle! dit-elle; je vous punirai...

— Je suis un peu trop grande pour être battue! fit Marie avec dédain.

— Il y a des cachots ici!

— A moins que vous n'ayez l'intention de me faire mourir de faim dans un *in-pace*, je vous assure que vous ne gagnerez rien à me persécuter, ma tante.

— Et moi qui croyais voir venir une pécheresse repentante?

— Ai-je donc péché?

— Aimer un jeune homme contre la volonté de sa famille..

— Vous appelez mon père une famille? un homme qui me vendait à un scélérat nommé de Prangy que tout Verdun connaissait pour un assasssin et un grec?...

— Misérable enfant!

— Ah! vous avez beau faire et beau dire, je vous résisterai. Oui, mon père est un homme méprisable; oui, il trafiquait de moi!

Une sœur intervint.

— Ma fille, dit-elle, serait-ce vrai, ce que vous venez de dire, qu'il y aurait plus de dignité à le cacher qu'à le proclamer si haut.

— Madame, fit Marie, je me tairai sur ce point. Mais mon père a tué ma mère d'un coup mortel : ce fait est avéré.

Il y eut un moment de silence : la sœur qui était intervenue, en qui n'était pas mort tout sentiment humain, se voila la figure de ses deux mains; les autres demeuraient épouvantées.

Margot se tenait cachée derrière sa maîtresse.

La supérieure l'aperçut.

Elle voulut faire une diversion : Marie venait de remporter une pleine victoire; il fallait masquer une défaite.

— Et cette petite, demanda la supérieure, partage-t-elle vos sentiments ?

Marie s'écarta pour laisser s'avancer Margot, qui risqua la révérence par laquelle elle avait séduit la tourière.

Margot, les yeux baissés, l'air craintif, les joues roses, le maintien modeste, charmante et jolie, fit grande impression ; toutes les sœurs la regardèrent avec sympathie.

— Madame, dit Margot en faisant trembler sa voix comme si elle avait eu très-peur, je suis la femme de chambre de mademoiselle ; je la sers avec dévouement comme c'est mon devoir, et je l'aime beaucoup parce qu'elle est bonne pour moi ; mais je suis obéissante avec tous mes supérieurs... vous n'aurez pas à vous plaindre de moi.

Marie vit bien que Margot continuait son jeu.

Les sœurs étaient enchantées.

La supérieure fut ravie.

— Bien, mon enfant, dit-elle.

Puis avec un regard haineux pour Marie :

— L'ordre du général est que sa fille prenne le voile de novice ; est-ce que vous consentiriez à essayer de notre sainte existence, à revêtir notre costume, à faire votre noviciat ?

— Oui, madame.

— Appelez-moi ma mère, chère enfant ; vous me comblez de joie ; c'est un grand bonheur pour moi de vous trouver si docile.

Et aux sœurs :

— Voilà une enfant qui est jolie comme un cœur ; bien élevée, convenable sous tous les rapports : c'est une orpheline, une servante !

Montrant Marie :

— En voici une autre qui est laide, insolente, qui a déjà causé du scandale, qui est prétentieuse et jacassière : c'est une marquise ! En vérité, je croirais volontiers qu'il y a là-dessous quelque erreur, que celle-là est la marquise (elle montrait Margot), et que celle-ci est la servante (elle montrait Marie).

Mademoiselle de Lancenales haussa les épaules avec un dédain superbe et dit :

— Quant à vous, ma chère tante, vous êtes la duègne.

La sœur qui était intervenue se mit à rire, tant le mot venait à propos ; les trois autres sœurs ne purent comprimer leur hilarité. Margot seule fut maîtresse d'elle-même.

Toute furieuse qu'elle fût, la supérieure remarqua ce détail.

Ce jour, la mère Véronique sentit qu'elle n'était pas en état de vaincre et que son prestige était atteint.

— Marguerite, dit-elle à Margot, dès aujourd'hui vous cesserez d'être la servante de ma nièce ; vous êtes son égale devant Dieu, auquel vous vous préparez toutes deux à consacrer vos jours... le général entend que sa fille soit novice dès aujourd'hui !

— Et moi, fit Marie les yeux étincelants, je ne l'entends pas ainsi !

— Vous obéirez ! dit avec une colère sourde la supérieure.

— Jamais !

— Remarquez qu'il ne s'agit pas de prononcer des vœux, que j'ai toute autorité sur vous quant aux questions de costume et de genre de vie, que j'exige que vous preniez le voile de novice...

— Et si je m'y refuse ?

— On vous l'imposera.

— Nous verrons bien.

La supérieure eut un sourire de menace.

— Marguerite, dit-elle, vous consentez, n'est-ce pas ?

— Oui, ma mère.

— Venez m'embrasser, ma fille... vous serez bien heureuse avec nous.

Margot se laissa embrasser : elle avait tous les courages. La supérieure lui donna une boîte de dragées en disant à une sœur :

— Mère Augustine, conduisez cette petite à sa cellule.

Puis à Marie :

— Vous, malheureuse, faites ce que vous voudrez !

Marie se retira.

Margot et la sœur la suivirent.

Une fois dehors, Marie se retourna et plongea un long regard dans les yeux de la sœur Augustine, qui mit en souriant un doigt sur ses lèvres ; c'était celle qui était intervenue.

Marie lui demanda tout bas :

— Vous n'êtes pas changée ?

— Non, dit-elle.

— Vous exécrez le couvent ?

— Oui.

— Et vous le regrettez toujours, lui ?

— Toujours... mais vous savez donc...

— Je savais que vous étiez une victime résignée.

— Et qui prend bien son sort...

— Si vous voulez, je vous sauverai.

L'œil de sœur Augustine étincelait.

— Chut ! fit-elle.

La tourière passait ; on se tut.

Marie remarqua que la tourière avait eu un bon signe de tête pour Margot.

— Elle t'adore ! fit mademoiselle de Lancenales.

— Ça me coûte cher : je l'ai embrassée.

— Tu embrasses donc tout le monde ? Ma tante t'a donné deux baisers. Comment fais-tu pour supporter cela ?

— Je ferme les yeux, et je m'imagine que c'est M. Martinet qui m'embrasse.

Sur cette saillie, les trois femmes se mirent à rire.

III

SŒUR AUGUSTINE.

Lorsque les deux jeunes filles furent dans la cellule, la sœur Augustine en ferma la porte avec soin.

— Nous voici seules, mesdemoiselles, dit-elle ; causons pendant que Margot s'habillera ; nous pouvons nous rendre mutuellement de grands services.

— Et faire alliance, dit Margot.

— Vous avez donc deviné que j'aimais quelqu'un ? demanda sœur Augustine à Marie.

— Ce n'était pas difficile.

— Et vous saviez mon secret ?

— En gros.

— Qui donc a pu vous renseigner ?

— Vous-même.

— Je ne vous ai jamais dit un mot sur ce sujet.

— Vous avez tant soupiré et vous aviez l'air si triste que j'ai supposé qu'il y avait de l'amour là-dessous.

— Hélas ! oui, je suis une pauvre folle ! Mais vous êtes bien jeune pour être si perspicace, ma chère enfant.

— Les plus petites filles se doutent déjà de certaines choses.

— Voici mon histoire.

Margot, tout oreilles, cessa de délacer son corset.

— Dites bien tout, fit-elle.

— Ce serait long ; voici le principal.

« Je suis, comme Marie, sacrifiée à un frère aîné.

— C'est donc notre lot, à nous autres ? fit mademoiselle de Lancenales.

— Malheureusement, oui.

« Mon père avait conçu le plan de me faire entrer en religion ; moi, je m'étais éprise d'un artiste, un peintre qui est devenu célèbre : il m'aimait aussi, et il fut convenu que j'attendrais ma majorité pour l'épouser.

« Au couvent, l'on essaya de me faire changer d'avis ;

inutile de vous dire que je résistai avec un entêtement qui désespéra la mère Véronique. Rien n'y fit.

« Une idée infernale vint à mon frère, le plus intéressé à faire manquer mon mariage.

« Ce garçon, très au courant des choses de Paris, se dit qu'un dépit d'amour me jetterait dans la dévotion : il avait trop bien calculé.

« Il trouva le moyen de faire insérer dans un journal à cancans, comme il s'en publie à Paris, la nouvelle du mariage de mon fiancé avec une jeune veuve fort riche et fort jolie : rien n'était plus faux.

« On me mit le journal sous les yeux ; je fus désespérée.

— Et vous avez prononcé des vœux ?
— Aussitôt ma majorité accomplie.
— Et vous n'avez pas cherché à fuir quand vous avez su la vérité ?
— Il était trop tard ; depuis cinq ans j'étais la sœur Augustine.
— Qu'importe !
— Ma pauvre enfant, ma vie est perdue ; que ferais-je dans le monde ?
— Vous l'aimeriez.
— Je suis vieillie ; puis il ne m'aime plus, lui. Je serais bien malheureuse de le revoir, aujourd'hui.
— Vieillie ! fit Marie.
— Mais vous êtes très-belle ! s'écria Margot protestant.
— Je me trouve bien laide en me comparant à ce que j'étais ; du reste, vous pensez bien qu'un artiste comme lui n'a pas attendu si longtemps pour avoir d'autres amours ; on n'a pas manqué de m'instruire de mon entrée en religion.
— Est-il marié ?
— On m'affirme que non.
— Rien n'est perdu.
— Tenez, Marie, ne me faites pas entrer ces espoirs au cœur !
— Au contraire, j'insiste ; nous fuirons toutes trois.
— Mais pourquoi êtes-vous venue ici, si votre intention est de vous échapper ? Il valait mieux ne pas venir.
— Je n'étais pas libre d'agir à ma guise.
« On me surveillait de très-près ; on m'a en quelque sorte enlevée au dépourvu.
— Et, sérieusement, vous espérez réussir dans votre projet d'évasion ?
— Oui, certainement !
— Déjà nous avons la clef de la maison ; j'en dispose, fit Margot.
— Vous m'étonnez !
— N'avez-vous pas vu la sœur tourière me sourire ?
— Oui ; cela m'a paru très-extraordinaire de la part de ce monstre.
— J'ai mes petits moyens.
— Mais dehors... que faire ?
— Nous irons à Paris, dit mademoiselle de Lancenales.
— Un gouffre.
— Précisément !
— Où nous serons comme perdues !
— C'est ce qu'il faut ; on ne nous retrouvera pas.
— Et vivre ?
— Je me placerai comme demoiselle de magasin ; je serai femme de chambre, couturière, bonne d'enfant.
— C'est bien pénible.
— Moins pénible que de rester ici.
— Mais il faut un peu d'argent ?
Margot sourit.
— Nous en aurons, dit-elle. Je n'hésiterai pas à accepter de M. Martinet ce qu'il nous faut pour attendre nos places et pour le voyage.
Marie se révolta à cette idée.

— Oh ! Margot, fit-elle, ceci ne serait pas délicat !
— Ce sera un à-compte sur ma dot, fit Margot.
— Ne plaisantez pas, dit sévèrement mademoiselle de Lancenales ; nous devons avoir une conduite absolument irréprochable.
— Mais... de l'argent... fit Margot, vous n'en avez pas ?
Marie tira de son sein un petit écrin qu'elle tenait suspendu par un cordonnet de velours noir et l'ouvrit ; elle montra une bague ornée d'un brillant.
— Voici, dit-elle, le seul bijou que j'aie conservé de ma mère ; il vaut deux mille francs ; je vendrai le diamant et je conserverai seulement la monture.
— Qui se chargera de cette négociation ? demanda sœur Augustine.
— M. Martinet, si on le permet ! dit Margot un peu froissée.
Marie l'embrassa.
— Ne m'en veux point, dit-elle ; tu es étourdie et tu as parlé d'accepter les secours de ton futur mari en tout bien tout honneur : tu ne sais pas assez certaines choses, voilà tout.
— Mais peut-on lui demander le service de vendre la bague ?
— Certainement.
— Tant mieux !
— Pourquoi ?
— Le pauvre garçon sera si content de se rendre utile !
— Alors il aura de quoi être satisfait, car il faudra qu'il prenne une permission et qu'il nous protège pendant notre voyage et les premiers jours d'installation.
— Il va nager dans la joie.
Puis frappant ses deux mains l'une contre l'autre :
— Je vais lui écrire, dit-elle ; plutôt nous finirons, mieux ça vaudra.
— Que lui diras-tu ?
— Donnez-moi une plume, de l'encre, du papier, et vous verrez.
Sœur Augustine s'en fut chercher ce qu'il fallait.
Pendant son absence, Marie fit la leçon à Margot, lui expliquant avec quelle prudence, quelle dignité, il fallait qu'elles se conduisissent toutes trois.
— Mais, fit Margot, M. Martinet nous accompagnant, cela me paraît être un loup avec trois brebis.
— Ça dépend des libertés que l'on donnerait au loup. Et puis il est absolument nécessaire qu'il nous suive : trois jeunes filles seules éveilleraient trop l'attention.
— Que sera-t-il censé être ?
— Le mari de sœur Augustine.
— Pourquoi pas le mien ?
— D'abord tu es trop jeune pour être mariée ; puis tu l'aimes... je trouve que la position serait dangereuse.
— Que serons-nous pour lui ?
— Moi, sa cousine.
— Et moi ?
— Sa sœur.
— Oh ! très-bien !
— Pourquoi ?
— Parce qu'il pourra m'embrasser ; on embrasse sa sœur.
— Voilà ce que je veux éviter. Tu seras seulement sa belle-sœur.
Margot pensa :
— Il m'embrassera tout de même !
Sœur Augustine rentra.
— Voici ! fit-elle.
Margot se mit à l'œuvre, et, en dix minutes, écrivit la lettre suivante :

« Monsieur Martinet,

« Nous sommes bien tristes et décidément trop malheureuses ; nous voulons nous sauver de ce maudit couvent ; la chose est possible.

« J'ai trouvé un moyen de mettre dans nos intérêts la sœur tourière, qui est bien la plus laide et la plus méchante créature que l'on puisse voir. Ne pouvant être aimé d'un beau garçon, ce monstre s'est fait sœur pour tourmenter les pauvres petites jeunes filles comme nous ; elle est heureusement très-gourmande.

« Voilà son faible, et ce sera mon fort.

« Vous voudrez bien nous envoyer par la poste des dragées de Verdun à l'adresse de la sœur tourière elle-même ; elle sera prévenue et recevra les boîtes, que nous croquerons ensemble.

« Plus tard je vous dirai quel plan nous avons conçu ; mais demandez de suite un congé pour être prêt.

« Vous recevrez bientôt un beau brillant que vous vendrez et dont vous me remettrez le prix quand il sera temps.

« Vous voyez, monsieur Martinet, que j'ai grande confiance en vous ; j'ai foi dans la loyauté de vos intentions ; vous êtes un bon cœur et un honnête homme.

« Aussi je vous aime bien follement et bien tendrement.

« Vous pouvez m'écrire une petite lettre trois jours après l'envoi des dragées ; songez à ne pas effaroucher, comme vous l'avez fait dans votre dernier billet, une petite ignorante à laquelle les grandes phrases de tendresse font peur : vous m'avez toute troublée.

« Je vous embrasse sur les joues et vous m'embrassez au front que je vous tends à travers les trois lieues qui nous séparent.

« Votre petite fiancée,

« MARGUERITE.

« P.-S. J'attends un nom de vous, n'ayant pour l'instant qu'un prénom. »

Margot lut sa lettre. Elle fut approuvée, mais Marie observa :

— Tu pourrais bien lui dire quelques mots de moi ?

— C'est vrai.

Elle écrivit :

« Marie me charge de vous demander des nouvelles de qui vous savez. »

Et elle cacheta la lettre.

— Comment vas-tu l'envoyer ? demanda Marie.

— Ceci me regarde, fit Margot ; je demande carte blanche.

— Soit ! fit Marie.

Et, comme Margot était habillée, toutes trois quittèrent la cellule.

IV

LAIDE, MÉCHANTE ET GOURMANDE.

Margot s'était engagée à faire parvenir la lettre ; elle avait son plan.

La journée se passa en promenades dans le couvent, en exercices de piété, en récréations partagées entre les sœurs et les nombreuses petites filles qu'elles élevaient.

Benoît-de-Vau est le couvent d'éducation le mieux achalandé du Verdunois.

Marie ne fut plus tourmentée ; on ne lui parla plus de changer de vêtements.

Plusieurs fois dans la journée, Margot s'en fut voir la tourière ; celle-ci, détestée, n'avait jamais été à pareille fête ; elle était enchantée, ravie ; ces natures de brute deviennent admirablement souples quand elles se mettent à aimer ; la tourière se sentit au cœur des tendresses maternelles pour Margot.

Le soir, après le dîner, il y avait rendez-vous à la loge ; il s'agissait d'une très-grosse affaire ; Margot et la tourière devaient attaquer un pot de confitures.

C'était de cette façon que la sœur tourière célébrait le pacte d'amitié conclu avec Margot.

Les hommes, en pareil cas, vident une bouteille de vin ; au couvent, on vide un pot de mirabelles.

C'est un peu enfantin, comme tout ce qui se fait au cloître. Margot trouva la tourière impatiente sur sa porte ; cette fille était l'incarnation de la sensualité gourmande.

Avec ses lèvres lippues, son jeu de mâchoires énormes, elle semblait prédestinée à ce vice ; elle eût tout sacrifié à son ventre : c'était son dieu, l'objet de son culte ; on n'imagine pas à quel point, chez une femme de cette trempe, une passion de cette sorte peut se développer.

Elle aimait par-dessus tout les sucreries.

L'ordinaire du couvent était abondant comme quantité, mais se composait d'une nourriture peu animalisée ; il en résultait, pour cet estomac chaud et vaste, une faim éternelle et une tendance à remplacer la viande par le sucre.

Ce que cette fille mangeait de confitures était inouï ; elle engloutissait dans une soirée un de ces grands pots de prunes que font si bien les paysans lorrains.

D'où lui venaient ces friandises ?

D'un trafic avec les paysannes.

Le désir de bâfrer (un mot du pays) avait rendu cette quasi-idiote ingénieuse ; elle s'était ingéniée à faire commerce de reliques pour les filles qui voulaient se marier, pour les femmes stériles, pour les bestiaux malades, etc.

Elle vendait des scapulaires doués, disait-elle, d'une merveilleuse puissance, parce qu'ils avaient touché la fameuse châsse de saint Benoît, célèbre par ses miracles.

Les gens du pays avaient grande confiance dans le saint du couvent.

On racontait, entre autres choses, qu'il faisait des miracles étonnants dans les ménages où l'on n'avait pas d'enfants et où l'on en désirait ; c'était à ce point que, depuis l'établissement du couvent d'hommes, peu éloigné, comme toujours, de celui des femmes, les familles de paysans, qui, d'ordinaire, n'avaient que deux ou trois enfants, avaient été si singulièrement influencées par le voisinage de ce saint prolifique que l'on voyait sept, huit, dix rejetons sous le même toit.

C'est à ce point qu'aux alentours les villages voisins disaient en proverbe :

« Un tel a des enfants autant que s'il était de Benoît-de-Vau. »

La tourière vendait force scapulaires et recevait en échange des cadeaux en nature.

Elle vivait au milieu de l'abondance et nageait dans la joie et dans les confitures.

Margot, accueillie avec un éclat de gaieté, fut embrassée par la grosse fille avec ce bonheur qu'ont les êtres laids à caresser des êtres beaux, — plaisir dont ils sont sevrés ; — enlevée comme une plume, Margot fut placée près de la table et assise en face d'un magnifique pot de confitures venu de Bar-le-Duc et donné par la châtelaine d'un château voisin, vieille folle de quarante-six ans mariée à un godelureau de vingt-deux ans et affolée du désir d'avoir un héritier.

C'était un présent de haut prix que madame de X... avait fait là à la tourière ; les confitures étaient de ces fines groseilles blanches épépinées qui sont célèbres dans le monde entier.

La tourière le fit admirer à Margot qui ne détestait point les bonnes choses, et toutes deux se mirent religieusement en devoir de tartiner la gelée de groseilles sur les biscuits.

La conversation entre les deux amies roula sur les sucreries. Margot était trop fine pour ne pas exploiter la mine qui s'ouvrait devant elle.

— Imaginez-vous, dit-elle à la tourière, que ce que vous mangez là n'est rien du tout, comparé aux dragées de Verdun.
— J'en ai goûté, dit la tourière.
— Peuh! fit Margot.
— Mais si! crois-tu la tourière?
— D'où venaient-elles?
— De Verdun.
— Oui, mais de chez qui?
— On ne me l'a pas dit. C'est une demoiselle qui voulait un scapulaire pour se faire aimer d'un officier de dragons qui m'a envoyé trois grands cornets de dragées.
— Y avait-il des fondants?
— Qu'est-ce que les fondants?
— Des espèces de tout petits pâtés en sucre qui contiennent au milieu une liqueur délicieuse : ça fond comme du beurre.
— Non, il n'y avait pas de ça.
— Et des crottes de chocolat à la crème?
— Il n'y en avait pas.
— Et des...

La sœur tourière ouvrait des yeux effarés de convoitise, et sa bouche s'ouvrait à engloutir une boutique de confiseur. Margot lui détailla avec un raffinement inouï toutes les inventions qu'elle put imaginer, et elle finit par lui dire :

— Voyez-vous, il n'y a de vraies dragées que celles qu'on vend chez Chrétien!
— J'en aurai! fit la tourière.
— Comment?
— J'en ferai acheter par une paysanne.
— Une boîte coûte un napoléon!
— C'est beaucoup; je ne suis pas riche; mais... une fois... les fondants, c'est bien bon!
— Nous pourrions en avoir tant que vous voudriez, si j'étais sûre...
— De quoi?
— De vous.
— Ma petite demoiselle Margot, je ferai tout ce qui vous plaira.
— J'ai peur de vous proposer...
— Dites donc toujours.
— Vous n'oserez pas...
— Je vous assure que si.
— Eh bien! il s'agit d'envoyer à mon frère, qui est hussard à Verdun, une lettre où je lui demanderai des dragées.
— Il en enverrait?
— Je crois bien, il m'aime tant!
— On vous disait orpheline?...

La tourière fit cette observation sans grande défiance. Margot mit un doigt sur ses lèvres.
— Chut! fit-elle.
— Qu'y a-t-il donc? demanda la tourière regardant vers la porte.
— Je vous fais signe de parler plus bas.
— Pourquoi?
— Je vais vous confier un secret.

La tourière prêta l'oreille.
— Un secret de famille, fit Margot. Je ne suis pas orpheline; mon père m'est inconnu, mais ma mère m'a révélé le secret de ma naissance depuis deux années déjà; elle m'a fait savoir que j'avais un frère officier dans les hussards.
— Le régiment qui est à Verdun?
— Précisément.
— C'est beau, les hussards!

A cette exclamation, Margot jeta un regard profond sur la tourière, qui baissa les yeux, un peu intimidée par ce coup d'œil scrutateur.

— Comme vous avez dit cela! fit Margot; vous auriez peut-être aimé un hussard?

La tourière était fort embarrassée.
— Je n'ai jamais aimé personne, dit-elle; même, jusqu'à ce que je vous aie vue, j'ai détesté tout le monde parce qu'on me repoussait.

Margot comprit la soif de tendresse qui dévorait ce pauvre être.
— Mais si un homme vous avait voulu épouser, vous seriez-vous mise sœur?
— Jamais! fit la tourière.

Et avec une explosion qu'on n'eût pas attendue de cette nature grossière :
— Comme elles sont heureuses, celles qui sont mariées!
Avoir un homme, des moutards, des bêtes à soigner, à caresser, qui sont à vous, qui vous connaissent! oh! que j'aurais été contente si j'avais eu tout ça!

Elle se mit à pleurer.

Margot trouva ridicule qu'une fille si méchante s'attendrît.

— Laissez donc! dit-elle; hommes, enfants et bêtes, tout ça est méchant; l'homme vous bat, l'enfant vous désobéit et vous vole, et votre taureau vous encorne un beau jour!

— Ça ne fait rien. C'est bon d'être battue par son mari, désobéie par ses enfants, encornée par son taureau; j'aimerais mieux être rouée de coups tous les jours et être la femme de quelqu'un que l'épouse d'un Jésus en plâtre qui ne répond rien quand on lui parle.

C'était si naïf que Margot en rit, au scandale de la tourière.

— Vous verrez, dit celle-ci, quand vous aurez deux ou trois ans de couvent, comme vous serez triste et ennuyée!

— Baste! nous mangerons des dragées.

La tourière, à ce mot, revint à des idées riantes.

— A propos, et la lettre? fit-elle.
— Pour mon frère?
— Oui.
— Je l'écrirai tout à l'heure et vous la rapporterai.
— Et il enverra des fondants?
— Oui.
— Et des pralines glacées?
— De tout.
— De chez Chrétien?
— On ne se fournit que là quand on est à son aise.
— Dieu! que ce sera bon!
— La boîte sera à votre adresse.
— Je la recevrai.
— Il y aura une lettre pour moi.
— Je la recevrai aussi.
— Vous concevez bien qu'il ne faut pas que la supérieure sache que je corresponds avec mon frère; n'en soufflez pas un mot.
— Il n'y a pas de danger.
— Je reviens.

Margot fit mine d'aller écrire sa lettre, rapporta celle que nous connaissons, la remit à la tourière et s'en fut annoncer à ses deux amies la bonne nouvelle.

Elle fut bien accueillie.

V

CONCILIABULE.

La soirée se passa assez tristement pour Marie; on lui avait assigné une cellule fort éloignée de celles de Margot et de la sœur Augustine.

Elle était la très-essoufflée.

Heureusement Margot vint la voir avant qu'elle ne s'endormît.

Les deux jeunes filles échangèrent un bon baiser et des paroles d'espoir; puis elles se séparèrent : et bientôt, fatiguée du voyage, Marie s'endormit dans la solitude du couvent, qui respirait un calme lourd et profond.

Cependant on tenait conseil dans la chambre du chapitre.

La supérieure avait réuni les deux plus méchantes sœurs de la communauté et la tourière, qui était là, non comme tête, mais comme bras pour exécuter les décisions qui seraient prises.

Car il y avait une décision à prendre.

Il s'agissait de Marie.

La supérieure n'était pas femme à tolérer que mademoiselle de Lancenales lui résistât en face ; il fallait, à tout prix, vaincre son obstination à refuser de porter la robe monacale.

Donc la mère Véronique avait assemblé son conseil intime. Sœur Augustine était soupçonnée d'avoir l'âme trop haute et le cœur trop bon pour savoir donner un avis en ces sortes de choses ; on la laissait donc dormir en paix.

— Mes sœurs, dit la mère Véronique, il se passe ici un fait déplorable, scandaleux, qu'il faut faire cesser.

« Il s'agit de ma nièce.

— Qui ne veut pas endosser le voile des novices? fit une sœur.

— Et qui vous brave? dit l'autre.

— Comment pourrait-on la contraindre? interrogea la supérieure.

— Moi, dit une sœur, je la ferais mettre au cachot.

— Et moi, je la ferais fouetter! dit l'autre.

Bonnes âmes, ces filles!

Mais que voulez-vous? on ne tue pas impunément en soi tout sentiment naturel ; une femme qui se cloître, qui épie toute expansion du cœur pour l'étouffer, ne saurait être tendre ; si l'on veut trouver un spécimen parfait de la femme dure, sans entrailles, qui n'a rien de la mère, ni de la fille, ni de la sœur, ni de l'épouse, c'est au cloître qu'il faut le chercher.

La mère Véronique n'approuva ni l'une ni l'autre idée.

— Le cachot! fit-elle ; elle s'y laisserait mourir sans céder.

— Elle a, en effet, une tête de fer, observa la sœur qui avait ouvert l'avis de ce moyen de correction.

— Le fouet?... fit la supérieure ; elle est bien grande pour cela!

— C'est vrai, dit le conseil tout d'une voix, tourière comprise.

— Si on l'enfermait chez elle en lui défendant de sortir autrement que vêtue comme vous l'exigez?

— Elle resterait dans sa cellule sans bouger, sans se plaindre.

— Moi, dit la tourière, je ne ferais pas tant d'affaires!

La supérieure regarda cette masse de chair avec surprise, étonnée qu'elle était que cela pût avoir même un embryon d'idée.

La tourière se sentit encouragée par le silence que gardait la supérieure, et elle reprit d'un air fin :

— J'ôterai, si l'on veut, mes souliers, sur le coup de minuit.

— Pourquoi faire? demanda la mère Véronique étonnée de ce début.

— Pour arriver sans bruit à la cellule de mademoiselle Marie, répondit la tourière.

— Qu'y ferez-vous?

— J'enlèverai sa robe et ses autres effets.

— Je vois votre plan, fit la supérieure ; il est bon.

— Je laisserai un costume de novice sur une chaise, et je m'en irai tranquillement dans ma chambre.

— Voilà qui me plaît : point de menaces, point de violences.

Et, stupéfaite :

— Voyez-vous, fit-elle, notre tourière qui est plus fine que nous!

Les autres sœurs n'en revenaient pas ; elles jalousaient presque cette grosse idiote, qu'elles accablèrent pourtant de caresses et de chatteries très en usage au couvent, où l'on est prodigue de douceurs dans la conversation.

— Voilà qui est convenu, dit à la tourière la supérieure. Nous nous en rapportons à vous ; tâchez de réussir.

— Ce sera facile, fit la tourière ; je n'ai pas encore fait monter la malle chez mademoiselle Marie par mon oncle.

— Dites par le jardinier : il n'y a plus d'oncle pour vous ; puis il ne convient pas qu'une sœur, même tourière, accuse sa parenté avec un domestique.

— Par le jardinier, répéta doucement la sœur en rougissant.

— Bien! n'oubliez pas cette recommandation, surtout devant les visiteurs qui nous viennent quelquefois : il importe de maintenir la réputation qu'a dans le monde notre couvent, de n'abriter que des filles de grandes maisons.

La tourière protesta qu'elle ne s'oublierait plus à l'avenir.

— Ma mère, dit-elle, je ne parlerai plus de mon oncle, soyez tranquille.

Puis elle reprit :

— Quant à la porte, elle n'est pas fermée à clef puisqu'au couvent l'on ne permet ni clefs, ni verrous.

— Elle se sera peut-être barricadée? observa une sœur.

— Ce serait possible, dit la supérieure ; beaucoup de jeunes filles ont peur seules ; j'ai remarqué que quelques-unes traînaient, dans les premiers temps, leur table devant leur porte.

La tourière leva le bras d'un geste digne d'un athlète :

— Alors, dit-elle, je renverserais la barricade et j'enlèverais rapidement la toilette ; puis je jetterais sur le lit la robe de novice, et je me retirerais sans m'expliquer, parce que si je suis plus forte de bras que mademoiselle Marie, elle a la langue mieux pendue que moi.

— Voilà qui est entendu, dit la supérieure.

Et elle leva le conseil.

A quelques heures de là, comme minuit sonnait, la tourière tentait son coup.

La porte de Marie n'était point barricadée ; ce fut un jeu pour la sœur d'entrer sur la pointe du pied et d'opérer la substitution demandée.

Le tour était joué.

VI

JEUNE OU OBÉISSANCE.

Le lendemain, un peu avant le coup de la cloche du réveil, la supérieure et la tourière vinrent épier Marie.

Cachées toutes deux dans le couloir voisin de la cellule, elles attendaient impatiemment que l'on sonnât l'aube.

— Nous allons voir ce qu'elle fera, dit tout bas la supérieure.

— Elle sera furieuse, fit la tourière ; elle vous maudira!

En ce moment, les appels de matines se firent entendre.

Marie fit quelque bruit ; les deux sœurs furent tout oreilles ; elles entendirent simplement ces mots :

— Ah! c'est ainsi! je me recouche ; nous verrons qui se lassera d'elle ou de moi.

La supérieure s'attendait à une scène de violence ; ce calme l'irrita ; elle entra dans la cellule et fut suivie de la tourière.

— Matines sonnent! dit-elle ; n'avez-vous pas entendu, mademoiselle?

— Pardon, madame.

— Levez-vous alors!

— Je ne quitterai pas ce lit que vous ne m'ayez rendu ma robe.
— Vous ne l'aurez pas.
« Vous resterez ici tant qu'il vous plaira, mademoiselle.
— Oh! vous ne lasserez pas ma patience, madame!
— C'est ce que nous verrons. A midi, la faim vous chassera dehors.
— Ni à midi, ni ce soir, ni demain, ni jamais!
— On dit cela!...
— Moi, je le ferai.
Et se levant :
— Voyez-vous, ma tante, je vous engage à tenir ferme, parce que si vous cédez aujourd'hui vous céderez toujours. Tout dépend de la première victoire; pour mon compte, je me sens forcée de la remporter, et je me laisserai mourir plutôt que de vous obéir.
La supérieure sentit que c'était là une ferme résolution.
— Elle le fera comme elle le dit! fit-elle ; mais il est impossible qu'elle lutte longtemps contre un appétit de dix-sept ans. J'attendrai pendant trente-six heures ; ce doit être suffisant et ce n'est pas dangereux.
Sur ce, elle se retira.
Toute la communauté se rendit à matines et Margot y constata l'absence de Marie.
Au sortir de la chapelle, la supérieure qui, toute rusée qu'elle fût, croyait à la sincérité de Margot, manda celle-ci près d'elle et lui dit :
— Mon enfant, vous avez quelque influence sur ma nièce...
Margot protesta.
— Ma mère, dit-elle, vous vous trompez; mademoiselle Marie est très-entière dans ses volontés, et je ne suis pas assez son amie pour agir sur elle : je n'étais que sa servante.
— Je suis sûre qu'elle vous écoutera, ma chère petite. Je vous prie d'aller la voir ; vous lui donnerez de bons conseils.
— Sans doute elle est indisposée, puisqu'elle ne s'est pas levée?
— Elle se porte bien, au contraire; mais elle reste au lit par entêtement.
Et la supérieure mit Margot au fait de ce qui s'était passé ; la fine mouche sut dissimuler un sourire sous une petite toux habile.
La supérieure lui demanda :
— Vous allez vous rendre près de Marie, n'est-ce pas, mon enfant?
— Oui, ma mère, dit Margot.
— Et vous lui ferez de sages exhortations?
— Je vous le promets.
— Allez, ma fille ; Dieu vous aide!
Margot s'en fut près de Marie, qu'elle trouva paisiblement endormie ; elle la réveilla en l'embrassant.
— Eh! jolie paresseuse, dit-elle, vous ne sortez pas de ce lit?
— Non, Margot.
— Il paraît que vous voulez mourir de faim ?
— Mon Dieu, oui !
— Ce n'est pas sérieux...
— Je vous assure que si.
— Mademoiselle, vous plaisantez : il vaut mille fois mieux endosser cette robe et vivre que de se faire mettre un linceul sur le corps.
— Margot, je crois qu'il faut à tout prix mâter ma tante ; si je me montre faible sur un seul point, je ne serai jamais tranquille.
— Mais elle est déterminée à vous laisser avoir très-faim!
— Je souffrirai, voilà tout.
— C'est une torture affreuse !
— Je le sais.
— Et vous persisterez?
— Jusqu'au bout.
Margot connaissait sa maîtresse; elle sentit qu'elle se trouvait en présence d'une décision bien arrêtée.
— Ma foi! dit-elle, c'est de la folie; mais je tâcherai de vous aider.
— Comment?
— En apportant des confitures.
— N'en fais rien.
— Parce que?...
— Parce que je connais ma tante. Le cas s'est présenté à peu près semblable : une jeune fille refusait de demander pardon à genoux à une sœur qu'elle avait traitée de bourreau, après en avoir reçu des soufflets et des coups de règle. On la mit au système du jeûne et on ne lui donna à manger que quand le médecin du couvent eut déclaré qu'il y avait péril pour la vie si l'on prolongeait ce supplice.
Et Marie ajouta :
— Je t'assure que ce médecin, qui est un misérable, ne se laisse pas tromper; il ne se prononce que quand il sent votre pouls successivement affaibli.
— C'est un misérable !
— Un scélérat. Mais il tient à la clientèle cléricale, qu'il perdrait s'il n'était pas tout dévoué aux prêtres.
Margot était toute triste.
— J'ai bien envie de pleurer, dit-elle ; tout cela m'épouvante.
— Sois donc brave comme moi. Tu vas me voir en lutte avec la soif et la faim ; je te jure que je serai une brave fille ! Au revoir !
— Vous me renvoyez?
— Oui. Va dire à la supérieure que je ne veux entendre à rien.
Sur ce, Margot s'en fut rendre compte de l'entretien à la mère Véronique qui s'ancra dans l'idée de poursuivre l'épreuve. Ainsi la faim et la soif allaient devenir les dignes auxiliaires de la foi.
Toujours les mêmes moyens, avec cette maudite clique cléricale!
La supérieure, bien déterminée à soutenir cette lutte entre sa volonté et celle de Marie, prit ses mesures pour réussir ; comme il y avait des précédents, son chemin était tout tracé.
Elle fit d'abord défendre à qui que ce fût d'entrer dans la cellule de mademoiselle de Lancenales, et, pour assurer le succès de sa consigne, elle plaça deux sœurs, ses fidèles, en surveillance dans la chambre voisine. Après cette précaution, elle se tint pour assurée que pas un morceau de pain n'entrerait en contrebande chez Marie.
Cela fait, elle écrivit au docteur Pierron, de Verdun, le mot suivant :

« Mon cher docteur,

« Ma nièce, mademoiselle de Lancenales, est résolue à se laisser mourir de faim plutôt que d'obéir aux lois de la maison; j'ai décidé de tenter l'épreuve.
« Plusieurs fois déjà, en pareille circonstance, vous nous avez prêté le concours de votre science ; je compte sur vous pour me dicter ce qu'il faudra faire, jusqu'où je devrai aller.
« La dernière fois, nous avions affaire à un sujet très-faible qui a tenu pendant trente-six heures ; ma nièce ne pliera pas avant deux jours ; je vous attends après-demain ; je crois que c'est alors seulement que le danger commencera.

« Agréez, cher docteur, l'assurance de ma très-haute considération, etc, etc. »

Cette lettre fut portée à Verdun par un exprès.

Après avoir tout réglé, il ne restait plus qu'à attendre. Margot était bien inquiète.

Deux ou trois fois, dans le cours de la journée, la pauvre petite s'en fut dans la cellule où se trouvaient les deux argus veillant sur la porte de Marie; mais elle eut beau les câliner, les supplier pour se départir de leur rigueur envers elle : ce fut temps perdu.

Elle se résigna.

Dans la chambre de mademoiselle de Lancenales, pas de bruit.

Le soir, la supérieure se fit faire un rapport.

L'une des sœurs vint lui rendre compte de la journée :

— Ma mère, lui dit-elle, nous avons affaire à forte partie.

La supérieure eut un geste d'impatience :

— Je ne le sais que trop, fit-elle.

— Mademoiselle Marie est restée couchée et n'a pas remué.

— Elle se lèvera demain.

— Peut-être pas...

— Pourquoi?

— Elle semble avoir pour tactique de nous épouvanter en ne bougeant pas, ce qui peut la faire supposer morte.

— On ne s'y laissera pas prendre!

— Mais cela nous fait un peu peur; ainsi, tout à l'heure, j'ai fait mine de supposer qu'elle m'appelait...

— Vous avez eu tort.

— Ma mère, c'était pour savoir si elle était en vie.

— Qu'a-t-elle fait, alors?

— Elle est restée muette, immobile, ce qui m'a effrayée.

La mère Véronique se rendit à la cellule où elle trouva Marie étendue sans mouvement. Sur-le-champ, elle envoya chercher un médicastre des environs qui ordonna un peu de nourriture.

VII. — EN DANGER DE MORT.

Si jamais femme fut embarrassée, à coup sûr ce fut la mère Véronique après le départ du médecin.

Elle sentait bien qu'il n'y avait, dans le fait de Marie, aucune comédie : la jeune fille était réellement sous le coup d'une complète prostration.

Il fallait donc céder.

Céder!

A cette idée, tout ce qu'il y avait d'orgueil stupide, d'entêtement hautain, de haine sourde dans ce cœur de dévote, tout ce qui était mauvais en elle se révolta; elle ne pouvait se résoudre à subir cette humiliation.

Mais, au bruit de ce qui se passait, Margot, sœur Augustine, presque toutes les sœurs de la communauté étaient accourues; Margot sanglotait, sœur Augustine était très-émue; çà et là quelques autres, non encore tout à fait mortes aux sentiments humains, se montraient affectées.

La supérieure fronça le sourcil, renvoya tout le monde et ordonna :

— Donnez un potage à ce petit monstre, et que ce scandale finisse !

Alors elle se retira.

Les deux sœurs, commises par elle à la garde de Marie, s'empressèrent d'exécuter les ordres donnés.

La mère Véronique avait recommandé qu'on la prévint quand un mieux se ferait sentir chez la malade.

Au bout de cinq minutes, une sœur vint tout effrayée annoncer qu'elle ne pouvait rien faire avaler à Marie, celle-ci semblant n'avoir de force que pour serrer violemment les dents.

— Avez-vous essayé de lui ouvrir la bouche de force? demanda la supérieure.

— Oui, ma mère.

— Et vous n'avez pas réussi?

— Non. On dirait qu'elle a les mâchoires serrées comme dans un étau.

— Il fallait y mettre un peu d'énergie.

— J'ai fait des efforts très-vifs, je vous assure!

— C'est donc une crise nerveuse que cette petite éprouve?

— Je le crains.

La supérieure comprit que l'affaire tournait mal.

— Vite, dit-elle, que le jardinier attelle et qu'il aille à Verdun chercher notre docteur!

Puis, ceci dit, elle vint elle-même à la cellule de Marie.

Le visage de celle-ci était bouleversé; les yeux grands ouverts, mais fixes et ternes, le front sillonné de rides convulsives, les mains tordues, annonçaient que Marie venait de subir une attaque de nerfs très-violente.

— Ma mère, dit la sœur qui la gardait, je suis épouvantée : tout à l'heure, j'ai cru qu'elle allait se tuer!

— Elle s'est donc réveillée?

— Non, mais elle s'est débattue comme dans un rêve, avec fureur, et si sa tête avait porté contre le mur, dans les soubresauts qu'elle faisait, certainement elle se serait fendu le crâne.

— Le docteur sera ici dans trois heures, dit la mère Véronique.

Puis, prenant le bol plein de potage, elle dit :

— Tentons quelque chose.

— Nous avons essayé en vain!

— Avez-vous introduit entre ses dents un manche de cuillère?

— Non.

— Faites-le.

Une sœur prit une cuillère et chercha à en introduire l'extrémité haute dans la bouche de Marie; elle réussit et fit une posée; mais tout à coup, pâle, effrayante, livide, après un râle sourd d'agonie, Marie se leva d'un bond; tout son corps se raidit, tout son être frémit convulsivement; pas un muscle, pas un pore, pas un atome de cette chair qui ne protestât contre la violence qui lui était faite.

Un instant mademoiselle de Lancenales demeura ainsi, au grand effroi des trois femmes qui la torturaient, puis elle tomba comme une masse inerte.

La supérieure, très-jaune, sentait une sueur froide perler à son front; elle comprit que sa nièce était en danger de mort imminente.

— Voici une mauvaise affaire! dit-elle, et le docteur n'est pas là...

Elle regarda Marie.

— Comme la voilà défaite et amaigrie! dit-elle.

Une peur terrible lui traversa l'esprit : elle la crut morte, et peu s'en fallait, en somme, que ce ne fût vrai.

Un miroir tendu sur les lèvres redonna quelque espoir : la glace se couvrit d'un peu de moiteur.

— C'est inouï, dit-elle, combien cette petite est nerveuse!

Toutefois, la voyant calme, elle espéra que le danger s'éloignait.

— D'ici à l'arrivée du docteur, fit-elle, elle ne peut mourir de faim; ce n'est pas un très-long jeûne. La crise de nerfs est apaisée; nous n'avons plus qu'à attendre.

Elle se préparait à sortir.

Tout à coup Marie poussa un cri prolongé et se débattit avec violence; en peu d'instants elle fut dans un état affreux !

Les trois sœurs étaient consternées.

La supérieure essaya de maintenir la jeune fille et de l'empêcher de se heurter au mur; elle fut repoussée avec une vigueur surhumaine, et cette tentative d'intervention ne fit qu'exaspérer l'irritation inconsciente

Vous jurez, misérable! s'écria la supérieure outrée. (Page 96.)

de la malade.
Pauvre Marie!
Sa tête, portant sur un angle du lit, fut ouverte, et le sang teignit ses longs cheveux; son visage meurtri se couvrit de traces bleuâtres; ses mains, sa poitrine, déchirées par les angles, se couvraient de gouttelettes rosées.
Tout le monde perdit la tête.
Les deux sœurs s'enfuirent.
La supérieure se lamenta.
Si elle faisait un effort pour apaiser la crise, ou pour éviter un heurt, les secousses qui faisaient bondir Marie comme par saccades redoublaient d'intensité : il n'y avait rien à faire.
Heureusement le docteur parut.
Il fut reçu comme le Messie.
— J'arrive plus tôt que vous ne me le demandiez, dit-il; bien m'en a pris; voilà une jeune fille bien malade : je me doutais, du reste, que je la trouverais dans cet état.
— Vite, docteur, fit la supérieure, un remède énergique !
Il tira de sa trousse un petit flacon qu'il déboucha et fit respirer à mademoiselle de Lancenales.
Presque instantanément elle retomba dans un engourdissement complet.

DIX CENTIMES ILLUSTRÉS. 119e.

La supérieure poussa un soupir de satisfaction.
— Oh! docteur, fit-elle, quelle bonne idée vous avez eue!
— D'autant meilleure que demain eût été bien tard!
— Je viens de vous dépêcher quelqu'un.
— J'ai rencontré votre messager à deux cents mètres d'ici; je lui ai dit qu'il était inutile d'aller plus loin.
— Quelle ordonnance allez-vous prescrire?
— Peu de chose maintenant.
Il vit le bol de potage.
— Voici mon affaire, dit-il.
Et à la supérieure :
— Vous pouvez maintenant la soulever à demi et l'asseoir sur son séant; puis vous lui ouvrirez la bouche.
— Docteur, ceci m'a bien mal réussi tantôt.
— Tantôt je n'avais pas calmé ses nerfs; maintenant c'est différent.
Les deux sœurs étaient revenues.
Elles aidèrent la supérieure à placer convenablement Marie, qui n'opposa plus de résistance; ses lèvres légèrement raidies encore s'entr'ouvrirent presque docilement; on lui fit avaler le potage.
Après quoi, par ordre du docteur, on la laissa reposer.
Le docteur laissa une potion dont il s'était muni; il ordonna qu'on la fit boire par petites cuillerées à la

Le Roi des Chemins. XXIX.

malade, de dix minutes en dix minutes.

Puis il entraîna la supérieure à l'écart :

— Madame la supérieure, dit-il à la mère Véronique, vous avez commis une imprudence.

— Je le sens bien !

— Cette petite était en danger de mort; la chose aurait été divulguée.

— Quel scandale !

— Par bonheur, en lisant votre lettre, je me suis souvenu que madame de Lancenales, la femme du général, était très-sujette à des accès qui ressemblaient presque à la catalepsie; puis je me suis rappelé qu'au couvent mademoiselle Marie, étant très-jeune, avait eu plusieurs crises de nerfs très-prolongées. Prévoyant dès lors des complications dangereuses, je suis accouru.

— Et je vous en remercie de tout mon cœur, mon bon docteur !

— Je vais vous quitter.

— Déjà! vous me laissez bien inquiète !

— Moi, je pars très-tranquille : je vous laisse ce flacon dont vous avez vu l'effet presque instantané.

— Qu'en ferai-je ?

— Ce que vous m'avez vu faire. Vous le ferez respirer à la malade si elle s'agite, puis vous éviterez de la contrarier en rien.

— Mais, docteur, c'est terrible; il va falloir céder...

— Hélas! oui.

— J'en suis désespérée!

— Baste! attendez tout du temps; je vous donnerai par la suite quelques bons conseils et quelques bonnes ordonnances, qui agiront sur le physique et réagiront sur le moral de cette jeune fille, fort entêtée à ce que je vois.

Sur ce, le docteur prit le chemin de la cour.

La supérieure l'accompagnait avec toutes les déférences imaginables.

Le docteur monta dans sa voiture et partit après le dernier salut.

En chemin il se dit :

— Je fais là un vilain métier ! mais patience ! Que j'aie épousé mademoiselle Trélin et que j'aie palpé la dot, on verra comme je changerai mon fusil d'épaule et comme j'exploiterai tous les secrets que je sais!

VIII

TRAITÉ DE PAIX.

La nuit se passa presque paisiblement : la potion laissée par le docteur était très-énergique.

Le lendemain matin, Marie s'éveilla fatiguée, fiévreuse encore, mais ayant très-faim.

Dès son premier regard autour d'elle, elle aperçut sœur Augustine qui la gardait, à la place des deux premières surveillantes devenues inutiles.

— Comment! fit Marie. Vous ici! on a permis que vous veniez me voir?

La sœur sourit.

— Ma chère enfant, dit-elle, réjouissez-vous : victoire complète!

— Quoi! déjà !

— Vous ne vous souvenez donc de rien ?

— Non, ma foi !

— Vous venez d'être très-malade.

— Je me sens brisée!

— Vous avez eu des crises nerveuses.

— Comme ma pauvre mère...

— Et vous avez tellement épouvanté la supérieure, qu'elle a cédé sans espoir de revanche.

— Oh! croyez qu'elle tâchera de se rattraper une seconde fois.

— J'en doute !

— Vous ne la connaissez pas !

— Hélas! je n'ai que trop éprouvé sa ténacité; mais, cette fois, vous avez si bien risqué mourir, au dire du médecin, que mère Véronique se souviendra de la leçon... elle était atterrée !

— Puis-je manger ? demanda Marie.

— Oui, mais peu à la fois.

Et sœur Augustine présenta à la malade une tasse de lait chaud et un peu de pain.

— Voilà, dit-elle, qui va vous faire patienter pendant une heure.

Marie prit ce léger repas avec délices; elle l'avait bien gagné.

Survint Margot.

Vingt fois, pendant la nuit, elle était venue savoir des nouvelles de Marie, puis elle s'était assoupie sur une chaise. Le soleil matinal l'éveilla.

Elle poussa un cri de joie en voyant Marie presque bien portante, et elle lui sauta au cou.

— Ma chère petite maîtresse, dit-elle, quand je songe que vous avez failli ne pas rouvrir vos beaux yeux !...

— Qu'eût dit Lassalle en apprenant ma mort? fit Marie.

— Il est probable que ce soir nous aurons de ses nouvelles.

— Quoi ! tu espères une réponse si prompte à ta lettre?

— M. Martinet m'aime assez pour m'écrire courrier par courrier.

— Et tu comptes que la tourière te remettra la lettre?

— Elle me l'a formellement promis hier, et les dragées exercent sur elle une fascination irrésistible.

— Ainsi, tu crois que nous réussirons à nous évader?

— J'en doute moins que jamais; l'événement de cette nuit va nous donner un peu plus de liberté que nous n'en avons eu.

— A propos, dit Marie, va chercher la supérieure.

— Vous voulez lui parler?

— Ne faut-il pas poser les conditions auxquelles je consens à vivre?

— C'est vrai !

Margot courut chercher la mère Véronique.

— Ne soyez pas trop dure! recommanda sœur Augustine à Marie.

Celle-ci sourit.

— Je serai une barre de fer! dit-elle; c'est le plus sûr moyen de dompter ces sortes de gens.

Et faisant un douloureux retour sur le passé :

— Si ma mère avait été plus énergique qu'elle ne le fut, si elle avait vaillamment défendu ses droits, mon père ne l'aurait pas torturée.

Et elle ajouta :

— Vous allez voir ma tante très-souple avec moi.

La supérieure entra.

Elle s'était composé un maintien mi-partie sévère, mi-partie bienveillant.

— Eh bien! petite folle, dit-elle d'un ton mielleux, nous voici toutes remises d'une chaude alerte!

Marie lui dit d'un ton froid :

— Il paraît qu'en effet, madame, je me suis trouvée à deux doigts de ma perte par votre faute !

La supérieure réprima un mouvement de colère :

— Mon enfant, soyez juste : vous êtes seule coupable.

— Ne faisons pas d'hypocrisie, ma tante, dit Marie; nous nous connaissons assez toutes deux pour jouer franc jeu.

Au ton de sa nièce, la mère Véronique comprit qu'elle ne gagnerait rien à feindre; d'autre part, les témoins la gênaient.

— Laissez-nous, mes sœurs, dit-elle à Margot et à sœur Augustine.

Mais Marie les retint.

— Demeurez! fit-elle.

— Ce n'est point convenable! observa la supérieure.

— Madame, je veux avoir des témoins du marché que nous allons conclure.

— Soit!

Et, faisant contre mauvaise fortune bon cœur, elle fit signe aux deux témoins de cette scène de rester.

— Ma tante, dit Marie, par une trame odieuse on veut me forcer à entrer au couvent, afin que je laisse à mon frère la fortune que ma mère m'a léguée.

Et avec une fermeté qui eût fait bondir la supérieure en tout autre temps :

— Jamais, dit-elle, dussé-je me faire briser, je ne céderai!

Puis elle ajouta :

— Et toutes les mesures sont prises pour que ma mort fasse un grand scandale. Vous pouvez être sûre que jamais on n'aura fait tant de bruit autour de la tombe d'une jeune fille.

— Mais, malheureuse enfant, vous nous croyez donc capables d'attenter à vos jours? Nous ne voulons que sauver votre âme de la damnation.

— Vous voulez mes biens, voilà tout! dit Marie.

Puis elle reprit :

— Quant à croire un attentat sur ma vie possible, je vous réponds très-sincèrement que, pour moi, vous avez déjà commis plusieurs meurtres.

— Quelle infamie!

— Ne prenez pas de si grands airs! plus d'une jeune fille est devenue poitrinaire ici, à la suite de vos détestables pratiques; on nourrit fort mal les élèves et les sœurs, sous prétexte de combattre les tempéraments vigoureux.

— Comme vous calomniez les meilleures intentions! fit la supérieure en se pinçant les lèvres jusqu'au sang.

— Bref, je vous le répète, dit Marie, mes précautions sont prises.

Et elle plongea un tel regard dans les yeux de sa tante, que celle-ci se sentit dominée et comprit en effet que Marie devait avoir une certaine force à son service pour la protéger.

La jeune fille reprit :

— Vous avez perdu la partie; je vais dicter la paix.

Et avec hauteur :

— Article 1er. Je m'habillerai comme bon me semblera.

Elle demanda :

— Acceptez-vous?

— Il le faut bien! fit la tante, puisque je tiens à votre santé plus que vous-même; mon affection m'oblige à plier sous votre volonté d'enfant.

Marie se contenta de hausser les épaules.

Elle reprit :

— Article 2. Je ne serai soumise à d'autres exercices religieux que ceux que l'on fait faire aux élèves, et l'on ne m'imposera pas ceux auxquels les sœurs sont soumises... Est-ce accordé?

« Article 3. Margot reprendra ses robes et son service près de moi.

Ici la supérieure s'écria :

— Comment! vous voulez peser sur la volonté de cette enfant?

— Je veux la débarrasser de ce voile qui n'est pas fait pour elle.

— Mais...

— Je ne céderai pas sur ce point.

— Et si Margot refusait?

Margot intervint.

— En grâce, madame la supérieure, dit-elle, n'irritez pas mademoiselle : elle est encore si faible!

— Soit, je cède. N'avez-vous plus rien à demander? Faut-il qu'on démolisse le couvent pour vous faire place?

— C'est ce qu'on pourrait faire de mieux, dit Marie.

Puis elle ajouta :

— Et maintenant, madame, je puis vous affirmer que, si vous êtes loyale et si vous remplissez les conditions du marché, je ne vous donnerai que des sujets de satisfaction; je ne ferai pas l'ombre d'opposition à quoi que ce soit en dehors des points stipulés.

— A la bonne heure, Marie! vous revenez à de meilleurs sentiments.

La hautaine jeune fille sentit que sa tante faisait jésuitiquement un pas vers une réconciliation désirée; mais elle repoussa avec dédain cette tentative.

— Madame, dit-elle, soyez convenable : je serai très-douce; persécutez-moi, et je deviendrai une fille de bronze contre laquelle vous vous briserez.

Puis, d'un geste de reine, elle congédia sa tante.

Déjà Margot était dans le couloir ; elle y attendait la supérieure.

— Ma mère, lui dit-elle, rien n'est perdu; je vous la ramènerai.

Cette parole, mensonge audacieux et charmant, enthousiasma la mère Véronique, qui embrassa Margot à l'étouffer.

— Oh! toi! fit-elle, tu es un ange!

Et elle l'emmena pour lui prodiguer des dragées que Margot s'en fut fidèlement partager avec la tourière, ravie de l'aubaine.

Margot conta cette scène dans la journée à Marie.

— Peux-tu mentir ainsi? fit celle-ci.

— Mon Dieu! dit Margot, la langue m'a tourné; je pensais : « Je vous l'emmènerai... du couvent; » j'ai dit : « Je vous la ramènerai; » il n'y a pas grande différence.

Un ange, Margot? allons donc!

Un démon, oui!

Ah! Martinet, Martinet! c'est bien hardi à vous d'épouser ce lutin!

IX

LES FONDANTS

Les jeunes filles attendaient impatiemment l'heure de l'arrivée du facteur ; pour ce moment, Margot se rendit dans la cellule ou plutôt dans la loge de la sœur tourière.

Elle la trouva très-affairée, très-impatiente.

Les dragées arriveraient-elles ce jour-là ou n'arriveraient-elles pas?

Grave question.

— Je vous assure, disait Margot, que nous avons des chances pour que le facteur apporte aujourd'hui même cette bienheureuse boîte. M. Martinet m'aime assez pour se dépêcher.

La tourière prit bon espoir et se passa la langue sur les lèvres avec délices!

Ce qui la préoccupait le plus, c'étaient les fondants.

Elle n'en avait jamais vu, jamais goûté; mais le mot était si alléchant, il semblait peindre une chose si exquise, que cette gourmande tressaillait d'aise à l'entendre prononcer.

Elle se le répétait à elle-même dix fois par heure.

Il vint, ce facteur attendu.

Margot connaissait l'écriture de Martinet; elle plongea un regard avide dans le paquet de lettres qui fut remis à la tourière.

Elle en reconnut une qui venait évidemment de son fiancé.

Peu s'en fallut que, comme une chatte qui voit passer

a portée de sa griffe une souris et allonge la patte pour la saisir, peu s'en fallut, disons-nous, que Margot n'allongeât la main audacieusement pour s'emparer de la bienheureuse lettre.

Quant aux dragées, Martinet en avait fait parvenir quatre boîtes, de celles qui sont préparées exprès pour être expédiées par la poste.

Lorsque le facteur fut parti, chacune se précipita sur l'objet de sa convoitise : Margot sur le billet, la tourière sur les dragées. Il y avait des bonbons de toutes sortes, mais du premier coup la tourière devina les fondants.

Elle tomba en extase devant eux.

Cette grosse fille eut des scrupules de pudeur devant ces admirables créations de la maison Chrétien ; elle se demanda comment une chose si délicate pourrait s'assimiler à son palais grossier.

— Oh ! que c'est beau ! murmurait-elle ; on n'ose pas y croire.

Margot, qui lisait, lui cria :

— Mangez-en donc !

Pour se la représenter dans l'attitude qu'elle avait, il faut s'imaginer une grosse et très-laide paysanne faisant ses pâques et se préparant à recevoir l'hostie : même façon de baisser les yeux, de contourner la bouche, de joindre les mains.

La tourière éprouva une extase certainement aussi complète que celle de sainte Thérèse.

Mais il n'est pas d'extases desquelles on ne sorte.

La sœur tourière, quand le dernier globule de sucre fut fondu, ne put s'empêcher de s'écrier :

— Jamais ! non, jamais je n'aurais cru qu'il y avait d'aussi bonnes choses sur la terre ; on dirait des dragées du paradis préparées par la sainte Vierge !

Il est évident que cette femme sensuelle avait rêvé un paradis tout matériel et qu'elle se le représentait sous la forme d'une boutique de confiserie, avec le bon Dieu au comptoir, les anges et les saints comme commis, la Vierge comme caissière, et les saintes comme demoiselles de magasin.

Si elle avait vu la maison de Siraudin, elle aurait juré que son rêve était réalisé.

Margot lisait toujours.

— Mais prenez-en donc, sœur tourière ! dit-elle.

— Et vous ? fit la tourière.

— Oh ! je n'y tiens pas.

Ce fut comme un blasphème.

La tourière jeta un regard d'étonnement stupide sur cette petite jeune fille qui déclarait ne pas tenir à une chose si délicieuse ; elle se dit toutefois que, du moment où Margot méprisait les fondants, il n'y avait plus à ménager les boîtes ; elle engouffra un, deux, trois bonbons en soufflant de joie et en poussant du nez les exclamations particulières aux goulâfres qui s'empiffrent.

Puis elle fut comme saisie du délire de la gourmandise. Toutes ces liqueurs si fraîches, tous ces parfums, toutes ces saveurs exquises développèrent en elle comme une rage de friandise et de jouissance ; elle se mit des six et sept dragées dans la *bouche* (un mot que nous profanons et qu'il faudrait remplacer par un autre) ; elle n'attendit pas que les fondants fussent fondus ; elle broya tout avec une féroce volupté sous ses mâchoires d'hippopotame.

Enfin, en un clin d'œil, elle vida trois boîtes.

Elle était comme grisée.

L'œil brillait, le teint s'émerillonnait, la tête prenait une expression hardie de convoitise en voie de se satisfaire.

— Margot ! fit-elle.

— Mais mangez donc tout ! dit celle-ci.

— Prenez garde ! il n'y en a plus qu'une seule boîte.

— Je vous la donne.

— Vrai ?

« Et vous n'aurez pas de regret ?

— Aucun.

La sœur poussa un cri de triomphe.

Elle regarda la boîte singulièrement, comme un ivrogne regarde la dernière bouteille, et lui dit :

— A nous deux !

Dans sa grossière brutalité, cette grosse fille avait des raffinements, non des raffinements de délicatesse, mais, au contraire, des raffinements d'intensité de jouissance.

Elle prit la boîte avec des regards avides et amoureux, la versa dans le creux de sa main avec un certain art, puis, après un dernier coup d'œil plein de tendresse, elle engloutit le tout d'un seul coup.

Ainsi l'ivrogne vide la fiole d'un trait.

Margot, tout en lisant, entendit un bruit de dents qui heurtaient du sucre, des reniflements de plaisir, des plaintes arrachées par l'excès de la volupté ; puis tout se termina par un long soupir de fatigue.

L'excès fatigue en tout.

La tourière s'assit comme lassée et murmura :

— Dieu ! mon Dieu, Seigneur ! peut-on inventer de pareilles dragées ! je vendrais mon âme pour en avoir !

Margot avait fini sa lettre.

Elle dit à la tourière :

— N'oubliez donc pas de porter le courrier à la supérieure.

Puis elle ajouta :

— Dans peu de temps, M. Martinet nous renverra encore quatre boîtes.

— Il le dit dans sa lettre ? demanda la tourière l'éclair aux yeux.

— Oui, fit Margot.

— Voilà un amour d'homme !

— Eh bien ! ma sœur, dit Margot, fi donc ! voilà vous allez aimer les hommes, maintenant ! c'est vilain !

La tourière était en ce moment dans cet état particulier d'abandon qui suit les grands bonheurs.

On dit tout, alors !

— Hélas ! petite fille, que ne suis-je jolie comme vous !

— Pourquoi donc ? fit Margot.

— Pour avoir un amoureux. C'est si dur de ne pas savoir ce que c'est que d'être aimée !

La conversation devenait des plus intéressantes pour Margot.

— Et quand vous seriez belle, qu'est-ce que cela ferait ? puisque vous êtes sœur, ça ne vous avancerait à rien.

— Allons donc !

— Mais vous ne pouvez quitter ce couvent, vous marier !

La tourière eut un mouvement superbe.

— Ah ! ouiche ! fit-elle, le couvent ! les vœux, je m'en moquerais pas mal !

Et avec exaltation :

— Qu'un homme vienne me dire qu'il m'aime, et on verra !

— On verra quoi ?

— Comme je me sauverais avec lui.

Margot sourit.

— Au revoir ! dit-elle.

— A ce soir ! fit la tourière. Nous aurons des confitures.

Mais elle ajouta :

— Ça me paraît bien fadasse, les confitures, maintenant.

Margot disparut en riant de l'exclamation de la tourière.

X

OU IL EST BEAUCOUP QUESTION DE HUSSARDS

En quittant sœur Stéphanie, Margot courut trouver Marie.

Sœur Augustine n'avait point quitté la malade et se trouvait là.

Margot tira de sa poche la lettre de M. Martinet.
— Voilà! fit-elle.

Et elle montrait, triomphante, les quatre pages pleines.
— Il a écrit, fit-elle.
— Ah! dit-elle, tu es tendrement aimée, Margot.

Sœur Augustine poussa un soupir désolé.
— As-tu des nouvelles de M. Lassalle? demanda Marie.
— Il se porte fort bien et vient de partir pour l'Algérie. M. Martinet a été chargé par lui de vous faire savoir qu'il vous aime plus que jamais.
— Lis-nous la lettre.
— Pas toute entière, fit Margot.
— On te dit donc des choses que nous ne pouvons savoir?
— Certainement.
— Et tu le permets?
— J'en suis enchantée.
— Margot, tu es bien imprudente! il t'arrivera malheur.
— Je vous sauverai toutes.
— Voyez-vous cet orgueil?
— J'ai le sentiment de ma valeur.

Margot trouvait que Marie était un peu rigide, et, ce matin-là, le vent était à la révolte.
— Enfin, dit Marie, lis-nous toujours ce que tu pourras.

Margot commença.

« Mon ange... » lut-elle.

(Et elle passa vingt phrases d'amour pour arriver aux affaires.)

« J'envoie, disait Martinet, des dragées pour corrompre ce cerbère femelle, cette tourière terrible qui garde l'entrée de l'enfer où vous êtes.

« Je viens de vendre le brillant dans de bonnes conditions, en ce sens surtout que mademoiselle Marie pourra le retirer un jour des mains du prêteur, qui est un excellent homme.

« Je prendrai ma permission demain, et je l'obtiendrai facilement.

« Le général ne se doute pas que j'aime mon adorable Margot; je puis agir en toute liberté.

« Je vais donc venir m'établir dans un petit pays près de Saint-Benoit-de-Vau, chez un vieux colonel en retraite qui est un de mes meilleurs amis.

« La chasse sera le prétexte.

« De là, je serai tout à fait à portée du couvent.

« Ah! Margot, si près de vous!... »

— Eh! eh! fit Margot, les déclarations reviennent, ici.

Elle repassa une trentaine de lignes et reprit :

« J'amènerai mon ordonnance.

« J'ai une idée. »

Ici Margot s'arrêta.
— Mesdemoiselles, dit-elle, je vous déclare que l'idée que va émettre M. Martinet est excellente; elle vous fera bondir, mais je maintiens qu'elle est parfaite.
— De quoi s'agit-il donc? demanda mademoiselle de Lancenales.
— Je lis; vous allez voir.

Et elle lut :

« J'ai dans la tête le plan d'enlever la tourière. »

— Quelle folie! fit sœur Augustine.

Et Marie s'exclamant :
— C'est insensé! fit-elle.

Margot défendant Martinet :
— Pas si bête que ça!

Elle continua la lettre :

« Mon ordonnance, qui est Alsacien et qui est un brave à tous crins, se chargera de se faire adorer de la tourière; si laide qu'elle soit, il lui fera la cour.

« Cet excellent garçon m'est dévoué et ne reculera devant rien.

« Croyez qu'un beau hussard, roux de poils, Alsacien de naissance, bien découplé et la coqueluche des bonnes de Verdun, réussira près de votre tourière.

« Nous partirons du couvent le soir même.

« La tourière et le hussard fileront à l'est.

« Nous, nous irons à l'ouest.

« Pour dépister les recherches, le hussard fera en sorte qu'on le repince avec la sœur tourière.

« Elle et lui diront que vous avez fui en Allemagne.

« Les poursuites s'égareront de ce côté.

« Quant au hussard, muni d'une permission en règle, il ne craint absolument rien.

« La tourière aura le choix de rentrer à son couvent, si bon lui semble, ou de vivre dans le monde...

« Domestique dans le civil ou portière au cloître, à son idée, car mon hussard n'est pas homme à la garder bien longtemps. »

Marie protesta.
— Tout cela est ignoble, dit-elle; M. Martinet manque de dignité.

Margot rougit de colère.
— Mademoiselle, dit-elle, tout cela est très-bien; au diable la dignité, les grands airs et les bêtises!
— Margot! fit mademoiselle de Lancenales avec sévérité.

Mais Margot s'emporta.
— Mademoiselle, dit-elle, vous méprisez trop un brave garçon; vous êtes trop fière, trop collet-monté, trop féroce sur les convenances, trop marquise enfin
— Vous êtes dure pour moi, Margot, fit mademoiselle de Lancenales.
— Et vous le méritez. On arrange un plan de fuite, et parce qu'il y a dans le plan un gros hussard qui séduit une grosse tourière, vous vous révoltez!
— Qu'est-ce que cela vous fait, en somme?
— C'est une tromperie peu délicate.
— Elle est délicate, peut-être, la sœur Stéphanie!
— Non, mais...
— Une fille qui vous a fouettée!
— Cependant...
— La terreur du couvent!
— Margot...
— Je veux vous venger et venger toutes celles qu'elle a fait souffrir.
— Eh! Margot! fit mademoiselle de Lancenales impatientée, agis à ta guise; je m'en lave les mains!
— A la bonne heure!
— Seulement je ne veux pas tremper dans cette machination.
— Qui vous le demande?

Sœur Augustine interrogea prudemment Margot.
— Mignonne, dit-elle, prenez garde à cette affaire.
— Vous y voyez un danger?
— Le hussard m'effarouche.
— Vous aussi?
— Pas pour le même motif que Marie.
— Et pour lequel?
— La tourière n'aime pas les militaires autant que les dragées.
— Erreur! fit Margot.

Et avec des mines qui imitaient la tourière, autant que son gracieux visage le permettait, elle se mit à crier en se pâmant :
— Oh! un hussard! Que ce doit être joli, un hussard! C'est moi qui quitterais le couvent pour un hussard!
Puis, sa simagrée terminée, aux rires des deux spectatrices, elle demanda :
— Croyez-vous qu'une femme qui a dit ça ne se laissera pas enlever? Elle sera légère au bras de l'ordonnance de M. Martinet comme une plume au souffle de l'ouragan.
— Du style, Margot! Tous mes compliments! fit Marie.
— Vous n'avez pas fini la lettre, observa sœur Augustine.
— Le reste... c'est de l'amour; ça offenserait mademoiselle Marie Pimbêche.
— Allons! dit mademoiselle de Lancenales, viens m'embrasser, méchante.
Elles firent la paix toutes deux.
Margot se mit à écrire.
Marie et sœur Augustine causaient toutes deux. Elles faisaient des rêves d'avenir, de liberté, de bonheur.
Quand Margot eut terminé, elle lut sa lettre :

« Cher monsieur Martinet,

« Nous avons reçu dragées et lettre; nous vous remercions.
« Marie a repoussé bien loin l'idée du hussard; mais moi je l'accepte sans hésiter, et je vous prie d'amener ce garçon.
« Nous serons quatre.
« La tourière, une charmante sœur nommée Augustine, et nous deux.
« Venez le plus tôt possible. »

Ici Margot dit :
— Le reste ne regarde que lui et moi.
— Ah! fit Marie, tu réponds à ses phrases enflammées!
— Mademoiselle, vous jugez témérairement. Voici ce que je lui dis :
« Je vous supplie, monsieur Martinet, de ne pas me dire dans vos lettres des choses qui me rendent folle; toutes ces protestations me font tourner la tête, et je suis au désespoir quand je songe que l'homme qui me dira tout cela, étant marié, ne sera à moi que dans bien longtemps.
« J'ai beaucoup pleuré... »
Ici Marie interrompit Margot.
— Tiens, ma fille, lui dit-elle, restons-en là! Tu m'exaspères avec tes mensonges; je suis toute en colère!
— J'ai menti?
— As-tu pleuré?
— Non.
— Pourquoi le dis-tu?
— Pour attendrir M. Martinet.
— Mais puisqu'il t'adore, toutes ces machinations sont inutiles.
— Ça m'amuse.
Marie, avec sa loyauté, ne comprenait rien à toutes ces roueries; elle haussa les épaules, mais sœur Augustine riait de bon cœur. Margot pirouetta et s'en alla porter la lettre à la tourière.
— Drôle d'enfant! fit Marie.
Et à son tour elle partagea l'hilarité de sœur Augustine en pensant à la figure que ferait le gros hussard en lisant la lettre de Margot.

XI

OU LE LECTEUR VERRA QUE LES ROMANS SERVENT A QUELQUE CHOSE

Trois jours s'écoulèrent sans événements remarquables.
Le troisième jour, le facteur remit une lettre annonçant à Margot l'arrivée de Martinet.
Cette lettre fut lue en conseil par les trois jeunes filles.
Margot, selon son habitude, glissa sur les passages passionnés.
Voici ce que disait le capitaine :

« Je suis arrivé avec mon brosseur, et installé dans le hameau de la Grange-Brûlée, à un kilomètre du couvent.
« Pour me mettre à mon aise, le colonel m'a logé dans un petit pavillon isolé, ce qui est très-heureux et me permettra d'agir à ma guise.
« Du reste, bon militaire, franc cœur, ennemi des jésuites.
« Le colonel me prêterait volontiers son concours.
« Je le tâterai plus tard à ce sujet.
« Il s'agit, puisque les tourières peuvent sortir et font les affaires du couvent, il s'agit d'envoyer la sœur Stéphanie chercher chez moi une boîte de dragées; elle m'apporterait une lettre de vous en même temps, mon cher ange!
« Je la lui ferai remettre par mon ordonnance. »

Margot surprit, tout en lisant, une grimace significative sur le visage de Marie.
— Ah! fit-elle, mademoiselle Scrupule n'a pas encore pris son parti?
Mademoiselle de Lancenales éprouvait en effet une vive répugnance pour cette intrigue.
Margot, cette fois, au lieu de s'emporter, vint s'asseoir sur les genoux de sa maîtresse et lui soutira son consentement avec une adresse de chatte qui fait patte de velours.
— Écoutez, mademoiselle, fit-elle en câlinant Marie, je ne demande pas mieux que de renoncer à mon idée, mais laissez-moi vous dire que c'est renoncer à une bonne vengeance.
« Voilà une méchante fille qui a fait bien du mal et qui en fera beaucoup pour encore ici.
« Croyez qu'on retrouverait difficilement une brute capable de fouetter des petites filles jusqu'au sang sur un signe de votre sauvage de tante.
— Ceci est vrai, observa sœur Augustine qui exécrait la tourière et qui était d'humeur assez enjouée pour ne pas détester de faire subir une humiliation bien réussie et bien drôle à son ennemie.
Margot jeta un regard reconnaissant à la sœur et reprit :
— De plus, votre tante tient beaucoup à la tourière.
— Il est certain, dit sœur Augustine, que ce serait pour elle une perte des plus regrettables.
— Puis, dit Margot, ça causera un très-grand scandale.
— Malheureuse! c'est ce que je veux éviter, dit Marie.
— Pardon! le scandale sera pour le couvent, non pour nous.
— Comment cela?
— La tourière a prononcé des vœux, elle est consacrée au Seigneur : c'est un crime à elle de fuir; pour nous, ce n'est qu'une faute légère.
« Votre escapade passera inaperçue à côté de l'équi-

pée de la tourière, très-connue des paysans.
« Ils feront grand bruit de cette affaire.
— D'autant plus que la sœur Stéphanie est du pays, dit sœur Augustine gagnée à l'idée de Margot et la soutenant de toutes ses forces.
Puis Margot ajouta :
— Fuyant avec nous, la sœur ne nous trahira pas. Qui sait ce qui arriverait si elle n'était pas des nôtres ?
« En quittant le couvent à dix heures du soir, nous aurons toute la nuit pour gagner du chemin.
— En dix heures, nous aurons fait au moins trente lieues, dit sœur Augustine ; nous serons au tiers de notre route.
— Allons ! fit Marie, vous le voulez... je me résigne.
Margot battit des mains.
— A la bonne heure ! dit-elle.
Puis elle reprit sa lecture :
— Nous étions restées au moment où M. Martinet me dit que son ordonnance remettra la boîte à la tourière. Je continue :
« Mon soldat risquera une politesse et il fera mine d'embrasser la tourière ; il verra si elle se défend : en tout cas, il est probable que sœur Stéphanie rendra compte de cette escarmouche, et vous verrez l'impression produite.
« Si elle est bonne, une nouvelle visite suffira pour que la tourière soit à nous corps et âme.
« Alors nous aviserons. »
Et Margot termina par un etc., etc., ce qui signifiait : Le reste est plein de baisers pour moi et ça ne vous regarde pas, mes chères demoiselles.
— Que vas-tu faire ? demanda Marie.
— Envoyer Stéphanie.
— De suite ?
— Le plus tôt est le meilleur.
— Et tu penses qu'elle va se risquer comme cela ?
— A l'idée qu'elle verra de près un vrai hussard, lui parler, elle va devenir comme folle.
— Prends garde !
— Je suis sûre de la chose ; on se connaît en femmes.
— De l'expérience... à ton âge ?
— J'ai lu tant de romans !
Elle partit en dansant.
Elle ne se tenait pas de joie et sautait comme un cabri dans les couloirs.

XII

OU LA TOURIÈRE S'EN VA-T'EN GUERRE.

Margot, après ce que la tourière lui avait dit, n'était pas fille à prendre mille détours.
— Sœur Stéphanie, dit-elle en entrant, allez-vous dehors aujourd'hui ?
— Oui ; j'ai des commissions à faire pour le couvent.
— C'est bien heureux.
— Pourquoi ?
— Parce que M. Martinet est arrivé à la Grange-Brulée avec une boîte de dragées pour nous.
— Nous allons donc encore croquer des fondants ?
— Oui, et des fameux !
La tourière se passa la langue sur les lèvres.
— Vous ne me demandez pas ce que M. Martinet vient faire ici ? fit Margot.
— Je suppose qu'il a quelque chose à y faire.
La tourière était trop bête pour rien soupçonner.
— Il vient chasser avec le vieux colonel en retraite.
— M. de Perthuis ?
— Oui.
— Je le connais, il a été très-méchant pour moi.
— Vraiment ?

— Il m'a chassée de chez lui en m'appelant béguine.
— Qu'alliez-vous y faire ?
— J'apportais pour une de ses domestiques qui voulait se marier une relique de saint Benoît.
— Et il vous a mise à la porte ?
— Très-brutalement.
— Cette fois, vous serez bien reçue. Du reste, M. Martinet demeure dans le pavillon isolé qui est du côté de la forêt.
— Bon ! fit-elle insoucieuse.
La tourière eût été chercher en enfer la boîte de dragées.
Margot lâcha le grand mot.
— Peut-être, dit-elle, mon cousin n'y sera-t-il pas ?
— Que faudra-t-il faire ?
— Son ordonnance le remplacera.
— Qu'est-ce que c'est qu'une ordonnance ?
— Un soldat.
— Un hussard ?
« De ceux qui ont des vestes sur l'épaule et des gibernes sur les mollets ?
— Les vestes dont vous parlez s'appellent des dolmans.
— C'est bien beau !
— Et les gibernes sont des sabretaches.
— C'est tout à fait joli. A Verdun, j'ai vu cela une fois.
— L'ordonnance vous donnera la boîte.
Mais l'idée des fondants était effacée par celle du hussard.
— Mademoiselle, fit Stéphanie, on les prétend hardis, ces soldats.
Elle était toute rouge.
— Ils sont d'une audace sans bornes.
— Vous croyez qu'il oserait...
— Il osera tout... sœur Stéphanie... Vous vous défendrez.
La tourière devint écarlate.
— Voyez-vous, dit Margot, moi, je suis plus frêle que vous, je leur faisais peur ; vous le gifflerez comme moi.
— Comment ! mademoiselle, vous osiez vous défendre ?
— Certainement. Croyez-moi, un bon soufflet à la première tentative.
— Je n'oserai jamais ; j'aurais peur d'abîmer un si bel homme.
— Qui vous a dit qu'il était beau ?
— Un soldat, c'est toujours bien fait et agréable à voir.
Déjà elle grillait d'une impatience fébrile.
— Ma petite Margot, dit-elle, je vais voir la supérieure et je pars.
— Bien ! fit Margot.
Et elle courut conter l'aventure à ses amies qui en rirent ; elles assistèrent au départ de la tourière, qui avait fait un brin de toilette : elle allongeait le pas comme un grenadier.
— Oh ! oh ! dit Margot, comme elle va au feu grand train ! J'ai bien peur qu'au lieu de l'escarmouche dont parle Martinet il n'y ait une bataille terrible.
Et pouffant de rire :
— Le hussard sera pris d'assaut, j'en réponds.
Marie rougit, gronda, puis éclata de rire.
Le moyen de résister à l'idée de cette fille énorme s'en allant en guerre contre la cavalerie légère.

XIII

UN NOUVEAU PYGMALION ET UNE NOUVELLE GALATHÉE

Trois heures après, il y avait grande anxiété au couvent, où l'on attendait le retour de sœur Stéphanie qui tardait à reparaître. La supérieure elle-même était venue plusieurs fois s'informer de sœur Stéphanie, qui n'avait que pour une demi-heure de course et qui n'arrivait pas.

Margot et sœur Augustine, à la grille, épiaient son retour. Enfin, après bien des espérances trompées, le grand corps de sœur Stéphanie se dessina à l'horizon.

C'était chose merveilleuse que les coups de jarrets qu'elle donnait; la poussière s'élevait autour d'elle, lui formant comme une auréole transparente au milieu de laquelle elle apparaissait pareille à une déesse de l'amour retour de Lesbos

De loin, pas de laideurs.

Margot poussa du coude la sœur Augustine et lui dit :
— Voyez donc!

Et sœur Augustine se mit à rire : la tourière, reconnaissant Margot à distance, lui faisait de grands signes avec son panier et elle découpait dans l'air des gestes bizarres.

— Il paraît, dit Margot, qu'il y a eu une grande bataille.

— La cavalerie légère s'est bien montrée, fit sœur Augustine.

— Quelle joie!
— Quelle victoire a dû remporter notre pauvre Stéphanie.

Et les deux folles étouffaient leur hilarité sous un mouchoir.

Sœur Stéphanie, dès qu'elle fut assez proche, fit des mines à Margot et lui montra ses dents dans de larges sourires; toute l'expression de cette tête féroce et bestiale était changée ; l'œil était devenu limpide, le front s'éclairait des franches et vives lumières du regard, le bonheur épanouissait tous les traits grossiers de cette face.

Sœur Stéphanie semblait transformée, et Margot dit :
— Mais c'est tout simplement une transfiguration!
— Un miracle de l'amour! fit sœur Augustine.

Et elle s'éloigna.

Comme Stéphanie ne la savait pas dans le secret, elle n'aurait pas parlé devant elle.

Le premier mouvement de la tourière, en rentrant, fut de prendre Margot par la taille, de la soulever à sa hauteur et de l'embrasser.

Toutes deux rentrèrent dans la loge et la tourière y déposa les paquets.
— Ouf! fit-elle.

Mais Margot ne lui donna pas le temps de respirer.
— Vite! dit-elle.

Elle cacha la boîte de fondants sous la couverture du lit.

Il était temps.
— Que fais-tu?
— Mais, imprudente, la supérieure est exaspérée.
— Pourquoi?
— Parce que vous êtes restée près de quatre heures dehors.
— Et après?

Cet après était gros de menaces et d'orage
— La voilà! fit Margot.

En effet, la supérieure accourait pour la quatrième fois; elle était outrée.
— Enfin! fit-elle.

Et elle regarda sœur Stéphanie d'un air terrible; mais sœur Stéphanie n'était plus du tout la même; elle se sentait de taille à résister au monde entier; elle se moquait de la mère Véronique comme d'un fétu de paille dans l'œil de l'aumônier.
— Qu'est-ce que vous avez donc, madame la supérieure, à me regarder comme ça de votre mauvais œil? demanda-t-elle sans s'intimider.

— Ce que j'ai, malheureuse! s'écria la mère Véronique; mais vous êtes absente depuis plusieurs heures!
— Il faisait beau temps et je me suis promenée
— Vous osez l'avouer?
— Pourquoi pas?
— Grand Dieu! elle me brave!

Puis d'un geste tragique :
— Sœur Stéphanie, je vais vous faire remplacer à votre loge.

La tourière ricana.
— Vous ne sortirez plus.
— Nous verrons bien!
— Ce soir, vous mangerez du pain sec à genoux, devant toute la communauté, et cela pendant huit jours.
— Vous croyez cela?
— Vous vous refuserez à cette punition?
— Parbleu!

La tourière avait dit *parbleu!* cela sentait le hussard.
— Vous jurez, misérable! s'écria la supérieure outrée.
— Qu'est-ce que j'ai dit?
— Un mot de soldat que je ne répéterai pas.
« Au cachot!
— Moi!
— Oui, vous.
— J'y mets les autres; mais qui m'y mettra?

Elle se croisa les bras, et, du haut de sa taille d'éléphant, regarda la mère Véronique qui n'était qu'une girafe.

Celle-ci se sentit de maigre poids pour ce colosse ; elle changea de ton.

— Sœur Stéphanie, dit-elle, songez que vous attristez le cœur de Dieu et que vous faites pleurer la Vierge
— Ça m'est bien égal!

La supérieure fut atterrée.
— Elle blasphème! murmura-t-elle.

Et elle voulut lui prendre les mains pour la sermonner.
— Vous m'ennuyez, dit sœur Stéphanie; vous ne valez pas quatre sous, d'abord ; vous êtes la plus méchante femme du monde, et vous m'avez fait faire des mauvaises choses tout plein que je ne referai plus.
— Que dit-elle, sainte Vierge?
— Je dis que vous m'avez fait fouetter des petites filles et enfermer des grandes personnes dans les *in-pace*; même qu'il y en a une qui y est morte de peur.

La supérieure voulut mettre un doigt sur les lèvres de la tourière pour étouffer ce secret terrible; Stéphanie la repoussa.
— Vous m'avez fait remonter le corps et nous l'avons arrangée pour qu'elle eût l'air d'être trépassée dans son lit.
— Te tairas-tu? gronda la supérieure qui perdait toute patience.
— Non, dit résolument Stéphanie.

Puis elle ajouta :
— Du reste, vous m'ennuyez ici; allez-vous-en... et tout de suite.

Joignant le geste à la parole, elle empoigna la supérieure par le bras et la jeta dehors sans effort.

Margot ne se possédait pas de joie, tout en montrant une mine effarée des plus hypocrites.

Elle se faufila dans la cour derrière la supérieure.
— Ma mère, vint-elle lui dire, pas de bruit, pas d'esclandre!

Mère Véronique avait tiré son mouchoir et essuyait des larme de rage; la voix douce de Margot la calma.
— Remarquez, dit la petite, que personne n'a été témoin du scandale et que c'est bien heureux.
— Mais voilà mon autorité méconnue; il faut que je chasse cette brebis égarée ou que je plie devant elle.
— Ma mère, je vous promets que dans dix minutes elle viendra vous demander pardon à deux genoux.

Morbleu! si on vous prend pour une fille, ça m'étonnera fort. (Page 104.)

— Vraiment?
— Elle vous suppliera de la mettre en pénitence.
— Ma fille, si tu fais cela, tu me sauveras d'un grand embarras.
— Madame, allez dans votre cellule; je vais vous y amener la coupable.
— Comment feras-tu?
— Je la persuaderai.
— Margot, tu es une sainte petite fille à laquelle Dieu prodigue ses grâces.
« Merci, mon ange! »
Et mère Véronique s'en fut avec quelque espoir de dompter la bête fauve déchaînée contre elle.

XIV

PLAN D'ÉVASION

Margot avait une idée.
Elle courut chez sœur Augustine et lui dit:
— Je vous en supplie, préparez vite ce qu'il nous faut pour fuir.
— Quoi! déjà?
— Oui.
— Mais, mon enfant, fit la sœur avec grand trouble, je ne m'attendais pas à partir sitôt.

— Ne perdez pas de temps.
— Je préférerais attendre. Je suis troublée, éperdue.
— Oh! dit Margot, pas de faiblesse, pas de niaiseries; on ne trouve pas deux fois les bonnes occasions.
— Qu'est-il donc arrivé?
— Il est arrivé que la tourière est en révolte ouverte et que je vais en profiter pour faire un coup d'audace.
— Tu m'effrayes, mon enfant.
— Ah! je vous préviens, sœur Augustine, que c'est moi qui commande et qu'il faut m'obéir; il a été convenu que j'étais chargée de toute cette affaire.
— Je suis toute effarée et j'hésite, ma pauvre Margot!
— Eh bien! restez, méchante; préférez ce couvent et la mère Véronique à vos deux amies et à votre amoureux, à la liberté.
— Allons... je pars.
Puis elle pensa à Marie.
— Et notre amie? demanda-t-elle.
— Marie? fit Margot.
— Oui.
— Eh bien! je l'enlèverai sans la consulter, **au dernier moment**.
Sœur Augustine se mit à rire.
— Oh! fit-elle, démon que vous êtes, vous **connaissez votre monde**!
— Je compte sur vous.

Le Roi des Chemins. XXX.

— Oui; mais que va-t-il se passer?
— Oh! je ne vous le dirai pas; je veux jouir de vos surprises.
« Mais donnez-moi donc de quoi écrire. »
Elle écrivit une lettre qu'elle cacheta.
— Voilà une bonne farce! fit-elle.
Et elle vint trouver le jardinier qui, au soleil couchant, arrosait ses laitues.

— Père Vincent, lui dit-elle, vite, vite, vous allez partir!
— Où donc?
— A Verdun.
— Qu'y a-t-il?
— Il y a que mère Véronique veut que cette lettre soit remise cette nuit à Verdun pour partir à sa destination.
Elle montra une lettre insignifiante sur laquelle elle avait mis la première adresse venue.
— Vous voyez, dit-elle, que notre supérieure écrit à Paris.
— Oui.
— C'est très-pressé, très-grave. Si vous arrivez à Verdun à temps, les courriers du matin emporteront la lettre.
— Oh! j'arriverai!
— Mère Véronique vous autorise à ne rentrer que demain soir et à dormir la grasse matinée.
— Bon! dit le jardinier.
— Vous pourrez dépenser cent sous; elle vous les remboursera en rentrant. Venez!
— Tout de suite, comme ça?
— Oui.
— J'ôte mon tablier.
— Hâtez-vous!
Il mit tablier bas.
Et elle ne le quitta pas.
— Venez, venez! dit-elle.
— Sans rien dire à la supérieure?
— Elle vous gronderait si vous veniez lui parler, puisqu'elle m'a recommandé de ne pas vous laisser perdre une seule seconde.
— Mais, bon Dieu! Verdun n'est pas si loin!
— Oh! père Vincent, que vous êtes insupportable avec vos observations!
Elle le mit dehors, aidée de la tourière, à laquelle elle fit un signe.
Vincent s'en alla joyeux; il apercevait à l'horizon Verdun, ville de garnison, et à chaque fois qu'il allait en ville, il se consolait de ne voir que des nonnes en rendant visite aux joyeux bastringues de la rue Saint-Victor.
— Et d'un! fit Margot.
Puis elle entra dans la loge avec la tourière.
— Stéphanie, dit-elle, que s'est-il passé là-bas?
La tourière répondit l'œil émerillonné :
— Là-bas, il y a un homme, un soldat, un hussard qui m'aime; il me l'a juré sur son sabre!
— Et...?
Margot resta sur cette interrogation.
— Et, fit la tourière, je vais quitter le couvent.
— Avec moi.
— Avec...? fit la tourière.
— Je dis... avec moi.
— Oh! tant mieux!
Et la tourière frappa ses deux mains l'une contre l'autre.
— Et aussi avec la sœur Augustine qui veut fuir.
— Tout le monde s'en va donc?
— Certainement.
Ici se présentait la difficulté.
— Marie me suit! dit Margot.
La tourière fit la moue.

— Une bégueule! dit-elle.
— Mais non, elle est bien gentille!
Et Margot lâcha son grand argument de réserve.
— Vous saurez, dit-elle, que M. Martinet, le chef de votre hussard, n'est pas du tout mon parent!
La tourière ouvrit les yeux : ces complications l'ahurissaient.
— Il est l'amoureux de Marie!
— Vraiment? fit Stéphanie.
— Oui, et il est venu à Grange-Brûlée pour enlever ma maîtresse. Vous comprenez bien que vous n'aurez jamais le hussard si vous n'emmenez pas Marie!
A l'idée de perdre son soldat, la tourière frémit.
— On emmènera la pie-grièche! fit-elle.

— Maintenant, dit Margot, il faut nous débarrasser de la supérieure et de quatre sœurs qui sont très-méchantes, et qui s'opposeraient à notre fuite.
— S'en débarrasser... en les assommant... ça me va!
Et la tourière brandit ses deux poings formidables.
Margot rit de ces belliqueuses dispositions.
— Vous frapperiez mère Véronique? fit Margot; ce serait un crime!
— Ça m'est bien égal.
Et avec un éclair sauvage :
— Je tuerais comme une mouche tous ceux et celles qui m'empêcheraient de rejoindre mon hussard!
— Il ne s'agit pas de battre les sœurs, mais de les enfermer.
Et prenant un air câlin :
— Sœur Stéphanie, il ne s'agit pas d'être forte, mais fine.
— Dites, mignonne, ce qu'il faut faire, je le ferai.
Et bravement, naïvement :
— Moi, je suis bête, je ne sais que taper dur et fort.
Margot développa son plan :
— Vous allez trouver la supérieure avec moi, dit-elle.
— Et puis?
— Vous lui ferez toutes les excuses possibles d'un air humble.
— J'aimerais mieux rouer de coups ce vieux tyran-là.
— Ne faites pas de bêtises, tout serait perdu.
— Ensuite, à quoi ça servira-t-il de s'excuser?
— Vous demanderez vous-même à être conduite dans l'*in-pace*.
— Par exemple!
— Sœur Stéphanie, croyez-moi : si vous voulez fuir ce soir même, obéissez-moi aveuglément.
— Comment, si je me fais enfermer, pourrai-je m'évader?
— Eh! pauvre folle, au lieu de vous laisser mettre dans le cachot, vous y enfermez la supérieure!
L'œil de la tourière étincela de joie.
— Oh! fit-elle, à la bonne heure! voilà une fameuse idée!
Et elle dansa de joie.
Margot demanda :
— Est-ce que l'on entend facilement crier celles qu'on met dans ces cachots?
— On n'entend rien! dit la tourière.
— Tant mieux.
Puis réfléchissant
— Il faudra, dit-elle, laisser de la nourriture pour les prisonnières, car qui sait combien durera leur captivité?
— On peut revenir mettre du pain et de l'eau sur un tour qui sert à passer les objets du dehors de l'*in-pace*.
— C'est entendu. Je me chargerai de cela, moi.
— Mais... vous avez dit des prisonnières.
— Sans doute : il y a sœur Christine, sœur Eulalie, sœur Alacoque, sœur Thérèse, à mettre en *in-pace*.
— Comment ferez-vous?

— Vous irez les trouver à tour de rôle en les prévenant que la supérieure vient de vous ordonner de mettre Marie au cachot, et qu'il faut qu'une sœur se tienne près de l'*in-pace* pour entendre la prisonnière et la surveiller, dans la crainte qu'elle n'ait des crises de nerfs comme elle en a eu déjà.

Et les deux conjurées se rendirent chez sœur Véronique.

— Voilà un bon plan, fit la tourière; une fois près de la porte, crac! j'ouvre et je coffre la sœur!

« Allons chez la supérieure. »

XV

JUSTICE DISTRIBUTIVE.

Les mesures prises par Margot étaient d'une audace extrême; mais l'audace est souvent une prudence.

Il est incroyable qu'une jeune fille ait conçu ce plan et l'ait exécuté avec cette sûreté inouïe de coup d'œil.

Les paysans des environs du couvent, quand ils racontent cette aventure, prétendent que les jeunes gens qui enlevèrent les novices et les sœurs leur prêtèrent main-forte pour enfermer la supérieure, tant il paraît impossible que la ruse d'une enfant ait suffi à opérer cette séquestration; mais l'enquête judiciaire établit la non-participation de Martinet et de son ordonnance aux faits de violence commis envers la mère Véronique et quatre autres sœurs.

Margot, armée de son perfide sourire et de son air hypocritement candide, conduisit la tourière chez la supérieure, en ayant soin de la styler en route pour qu'elle ne fît point manquer sa combinaison.

— Sœur Stéphanie, lui dit-elle, soyez fine, surtout! on a toujours prétendu au couvent que vous étiez une grosse bête; montrez que vous êtes capable de jouer un bon tour à la supérieure, qui vous considère comme une sotte.

La tourière prit un air capable et dit en se rengorgeant :

— Soyez tranquille, je me charge de l'amener dans l'*in-pace*, et elle n'y verra que du feu.

L'esprit de rouerie dont Margot était animée semblait avoir pénétré la tourière, qui se composa une contenance. Elle prit son mouchoir, se frotta les yeux pour les rendre rouges, souffla des soupirs de phoque, et fit si bien que Margot lui dit :

— Stéphanie, c'est cela; mais n'affectez pas trop de désespoir; tenez-vous-en à l'expression d'un repentir sincère et profond accompagné de quelques larmes.

— C'est que, fit la tourière, je n'ai pas envie de pleurer.

— Ah! dit Margot, vous n'êtes pas une vraie femme : sans cela vous auriez toujours des pleurs à votre service. Pensez à quelque chose de désolant; tenez, figurez-vous que votre hussard ne vous enlèvera pas.

— Oh! pas cela! fit la tourière l'œil étincelant; si je m'imaginais une chose pareille, j'étranglerais la supérieure dans un moment de colère !

— Oh! oh! fit Margot, pas de folies comme celle-là, surtout!

Elles entrèrent chez mère Véronique.

Celle-ci accueillit Margot d'un sourire reconnaissant, et elle eut pour la tourière un regard farouche et méprisant.

— Venez-vous nous demander pardon de votre faute, malheureuse? fit-elle. Dieu, par l'intermédiaire de cette chère enfant (elle montrait Margot), vous a-t-il fait la grâce de vous éclairer sur l'énormité de votre rébellion ?

— Ma mère, dit Margot, sœur Stéphanie vient vous demander d'elle-même un châtiment sévère; elle désire que vous la conduisiez au cachot et que vous la mettiez au pain et à l'eau pour autant de temps que vous le jugerez convenable.

— Est-ce vrai, cela? demanda la supérieure. Votre repentir est-il sincère?

La tourière beugla deux sanglots et se mit aux genoux de la supérieure, lui demandant pardon de l'offense faite et une punition exemplaire.

La supérieure fit une de ces remontrances semées de citations des Écritures, dont les prêtres et les sœurs ont seuls le secret; elle parla de Dieu, de la Vierge, de l'Enfant Jésus, dont le cœur avait dû être contristé par la révolte de la tourière, et finalement elle prit les clefs de l'*in-pace* et ordonna :

— Venez, malheureuse! Puissiez-vous, dans le silence et l'obscurité, expier votre criminelle conduite!

La supérieure prit les devants; la tourière suivit, braillant ses regrets, et Margot ferma la marche.

On s'enfonça dans les couloirs, on descendit dans les caves et l'on arriva dans une espèce de crypte où se trouvait creusé l'un des *in-pace* du couvent.

Jamais Margot n'avait imaginé prison plus noire, plus humide, plus menaçante d'aspect.

Elle frissonna.

Elle, si gaie, si étourdie, si brave, se sentit au cœur un froid mortel et fut près de défaillir.

Elle se soutint aux murs.

La supérieure ouvrit l'*in-pace*; Margot, aux rayons de la bougie, aperçut l'intérieur de l'in-pace. Son effroi redoubla; elle vit une espèce de tombe sur laquelle était posé un cercueil; ce cercueil était le lit dans lequel la prisonnière devait se coucher; un linceul servait de drap; la couverture était semée de larmes de laine blanche.

Une tête de mort était posée au pied du cercueil.

Un christ appendu au mur nu était le seul ornement sur lequel l'œil pût se reposer.

Point de siége.

Rien que la tombe ouverte.

— Voilà, dit la supérieure, le lieu sacré où vous passerez huit jours dans la retraite et la méditation.

« Entrez, sœur Stéphanie, et que la bénédiction de Dieu vous accompagne! »

La tourière fit mine de passer; puis tout à coup elle empoigna violemment la supérieure et la jeta dans l'*in-pace* avec une irrésistible force de poignet, puis elle referma la porte.

La mère Véronique poussa des cris terribles.

Margot se sauva.

Quant à la tourière, elle battit majestueusement en retraite en songeant qu'elle venait de se signaler par un trait superbe.

Le sens du juste et de l'injuste commençait à lui venir.

— Tu en as assez fait, coquine! dit-elle à la supérieure. A ton tour à pleurer toutes les larmes de ton corps.

Hors des caves, elle trouva Margot très-pâle, très-effarée.

— Ah! ah! poltronne, fit-elle, tu as peur, toi!

Margot tremblait.

— Va! lui dit la tourière, je terminerai seule l'affaire des autres sœurs.

— Elles vont entendre crier la supérieure! dit Margot.

— Que non pas! il y a des *in-pace* aux quatre coins des caves du couvent, et elles sont vastes.

— Prenez garde à vous, sœur Stéphanie, et n'emmenez les sœurs qu'une à une.

— Petite, dit la tourière, si je voulais, je les mettrais tranquillement deux à deux au cachot; mais je serai prudente puisque tu le veux, ma mignonne.

Margot laissa la sœur tourière à sa besogne singulière et elle s'en fut trouver Marie.

Celle-ci, Margot s'y attendait, hésitait beaucoup à fuir.

Sœur Augustine, très-agitée, était loin d'être bien déterminée; cependant les paquets étaient faits et elle avait mis une robe mondaine.

— Mademoiselle, dit Margot, la farce est jouée la nuit vient; descendons à la loge de la tourière.

— Que s'est-il passé? demanda Marie.

— Votre tante est sous clef dans l'*in-pace*.

— C'est grave, Margot, ce que tu as fait là.

— C'est plus drôle encore que grave! Partons.

— Mais...

— Oh! fit Margot, moi, je me sauve, seule ou suivie; faites ce que vous voudrez, vous autres!

Elle prit quelques hardes et elle descendit dans la cour sans bruit; le promenoir était désert: tout le couvent était aux dortoirs.

Bientôt Margot fut rejointe par ses deux amies.

Marie était livide, sœur Augustine était très-rouge.

— La tourière tarde bien! fit Margot; mais je vous assure que, quoi qu'il arrive, je me sauve!

Et elle montra la porte, qu'elle avait ouverte.

— La forêt n'est pas loin, je m'y enfoncerais tout de suite et l'on perdrait ma trace, fit-elle; car si la supérieure était délivrée, ce serait terrible.

En ce moment, sœur Stéphanie apparut calme et sereine dans sa haute stature; elle s'avança avec la sécurité que donne le sentiment de la force.

— C'est fait! dit-elle. Allons-nous-en, maintenant.

Margot admira ce colosse.

— Vous n'avez pas eu peur, sœur Stéphanie? demanda-t-elle.

— De ces mauviettes?... fit-elle.

Elle brandit son bras.

Les jeunes filles poussèrent un cri... la main de la tourière était ensanglantée; celle-ci n'en acheva pas moins son geste et dit :

— Sachez bien que je ne craindrais pas vingt femmes et que je battrais trois hommes; ainsi ayez confiance, et suivez-moi sans crainte. Vous voilà défigurées... ça me fait de la peine; reprenez vos têtes de tous les jours et soyons joyeuses.

Elle entra dans sa loge, endossa un vêtement de paysanne et prit la tête de cette petite troupe de fugitives qu'elle guidait.

Les trois jeunes filles, effarouchées par l'acte qu'elles commettaient, suivirent en silence et le cœur serré la tourière qui les mena grand train de son pas de géante.

XVI

EN FORÊT

Peu à peu, en respirant l'air libre de la forêt, les jeunes filles reprirent un peu d'assurance. Margot n'était pas un oiseau à taire longtemps son bec.

— Mesdemoiselles, dans une heure, dit-elle, nous serons en voiture sur la route de Paris.

Cette phrase sonna comme une fanfare dans le cœur des jeunes filles; l'espoir épanouit leur front.

— Et vous, Margot, dit sœur Augustine, plus heureuse que nous, dans dix minutes vous allez embrasser votre fiancé.

— Pauvre Martinet! fit Margot, comme il sera surpris!

Marie soupira.

— Vous êtes heureuses toutes deux, dit-elle : toi, Margot, ton amoureux est ici près; vous, Augustine, le vôtre est à Paris, vous le verrez bientôt; moi, le mien est en Algérie et je ne sais quand je pourrai le revoir.

— Hélas! dit Augustine, les artistes sont hommes d'imagination et de caprice : Lazare ne m'aime peut-être plus!

— Je gagerais le contraire, dit Margot, et j'ai mes raisons pour cela.

— Lesquelles, ma chère petite?

— J'ai beaucoup lu. J'ai toujours vu dans les romans les artistes se conduire très-bien avec les femmes qu'ils aimaient; ils sont fidèles; de temps en temps, on les gronde : ils se repentent et vous reviennent plus épris que jamais.

Marie regarda Margot avec étonnement.

— Qu'avez-vous, mademoiselle? demanda-t-elle.

— Rien! fit Marie.

— Oh! j'ai bien deviné à votre regard que vous aviez quelque chose : vous ne croyez pas ce que je dis, probablement.

— Mon Dieu! dit Marie, puisque tu me forces à m'expliquer, je vais te dire ce que je pense, ce que je crains, ce qui m'inquiète.

Et regardant la forêt :

— J'ai peur, fit-elle, de parler haut dans ce bois; il me semble que les arbres m'entendent.

— Vous parliez au couvent, où les murs ont des oreilles; les bois en ont aussi, mais ce sont des oreilles de lièvres, de lapins et de chevreuils. Allez, mademoiselle, parlez tout à l'aise.

« Grondez-moi. Aussi bien, je m'attends à être remerciée par une mauvaise querelle.

— Comme tu es fine! dit Marie; comme tu vas au-devant du danger! Eh bien! oui, je veux te gronder.

— Là! quand je disais!...

— Tout d'abord, dit Marie, je m'épouvante en songeant à ton aplomb; il nous a sauvées, je le confesse, au couvent; dans le monde, il nous perdrait.

— C'est là qu'il en faut le plus.

— Margot, ce qu'il faut avant tout et surtout, c'est de la décence.

— Oh! mademoiselle, vous savez bien que je suis la modestie et la retenue mêmes, quand il le faut.

— Il le faut toujours, reprit mademoiselle de Lancenales; songe que nous allons être seules, abandonnées à nous-mêmes, exposées à tous les dangers, à toutes les calomnies; la moindre inconséquence peut nous perdre de réputation.

— Croyez-vous que c'est pour avoir ri un peu entre nous de la figure que doit faire la supérieure que nous serons ternies?

Et riant aux éclats :

— Je m'imagine mère Véronique en ce moment : elle doit ressembler à une chouette en cage; je suis sûre qu'elle est très-drôle à voir, et pour un rien je retournerais là-bas, histoire de lui tirer la langue pour la mettre en rage.

Sœur Augustine se mit à rire, et aussi Marie.

— Voyez-vous le couvent, demain matin? fit Margot. Plus de supérieure, presque plus de sœurs!

— Et la tourière envolée! dit sœur Augustine.

— Les gendarmes vont venir! s'écria Margot. Ce sera bien drôle!

— Voilà beaucoup de scandale, dit Marie gravement. Margot, Augustine, nous avons tout le temps de rire ainsi.

— Ah! vous n'êtes pas gaie, mademoiselle; avec vous, on est toujours à l'enterrement, fit Margot.

— Ma chère enfant, je prévois tant de périls, que je voudrais une bonne fois me faire écouter par toi.

— Allons, je suis tout oreilles.

— D'abord, dit Marie, as-tu bien pensé à la situation où nous allons être pendant ce voyage? M. Martinet est à la fois une protection et un danger; si tu n'es pas d'une prudence extrême, tu risques beaucoup.

— Moi!

— A moins que ce ne soit moi qui ne l'aime pas!

— Et que pourrait-il advenir?
— Malheureuse petite folle, ne comprends-tu pas qu'à moins de t'observer de très-près, d'éloigner toute occasion, tu t'exposes à une faiblesse? Tu es si légère, si étourdie, si fantaisiste!

Margot regarda Marie et lui dit d'un ton très-sérieux :
— Mademoiselle, je ne suis point mélancolique, moi, et je n'ai pas l'ombre de passion au cœur; je ne soupire pas, comme vous, du matin au soir; je suis aussi bien fille que femme, et je ne me sens pas troublée en présence de M. Martinet.

Puis, avec une cruauté insigne, elle lança ce coup d'épingle à mademoiselle de Lancenales :
— Je ne suis pas, comme vous, éprise au point de songer sans cesse à mon futur mari, et, pour l'avoir perdu, je ne mourrais pas.

— Mais tu ne l'aimes donc pas? s'écria Marie, presque indignée du dédain avec lequel Margot traitait l'amour.

— Je l'aime sans en être coiffée; je l'aime comme je vous aime, comme un camarade avec lequel il me sera agréable de passer ma vie.

— Mais alors pourquoi l'épouses-tu, n'y tenant pas plus que cela?

— Je l'épouse pour le faire enrager et le dominer.

Ayant dit cette parole profonde, Margot fit un signe. Elle montrait la ferme.

— Nous voici arrivées, dit la tourière, mais on ne nous attend pas. Si Margot allait prévenir le capitaine?

Margot ne se le fit pas dire deux fois.

Comme une biche, elle courut au pavillon que Martinet occupait, et elle frappa à la porte.

L'ordonnance parut.

Le brave Alsacien, à la vue de Margot, s'écria :
— Godfordum! c'èdre matemoiselle.

Et, sachant le délire de joie où il allait jeter Martinet, il courut à sa chambre où il écrivait précisément une longue lettre à la jeune fille, et il lui dit :
— Capitaine! la foilà!

Martinet se leva d'un bond, courut à Margot qui apparut sur la porte, la saisit à l'étouffer, et l'embrassa avec tant de tendresse que Margot, quoi qu'elle en eût dit à Marie, en fut profondément émue.

Le pauvre Martinet était sous le coup d'une de ces grandes passions qui font faire à un homme toutes les folies, tous les sacrifices : il pleurait de joie.

— Mon ami, dit Margot, calmez-vous; je ne suis pas seule, je ne veux pas qu'on vous voie pleurer.

— Hein! fit Martinet, j'ai pleuré? Sacrebleu! je dois être ridicule; Margot, vous devez me trouver bête comme une oie!

— La preuve que non, dit-elle, c'est que je vais vous donner sur vos bonnes grosses joues un baiser, car je ne compte pas celui que vous venez de me voler.

Et elle lui dit :
— Voyons, mettez-vous gentiment devant moi et promettez-moi de ne pas m'étouffer comme tout à l'heure.

Martinet, docile, prit la position du soldat sans armes.
— Bien! dit Margot. Maintenant, attention au commandement!

Martinet, malgré lui, avait des frétillements dans les mains; les doigts lui démangeaient d'enlacer la jolie taille de Margot.

— Les mains dans le rang! dit celle-ci d'une voix de brigadier instructeur.

Martinet se mit à rire.

— Comme vous savez commander! dit-il.

— Silence! ou huit jours de salle de police, avec privation de caresses! fit-elle.

Puis elle ordonna :

— Baissez... tête!

Le gros capitaine obéit comme un enfant, et il sentit le museau rose de Margot qui lui donnait sur la joue le plus délicat, le plus gracieux baiser.

Il en ferma voluptueusement les yeux.

Tout à coup il voulut la saisir; elle était déjà à l'autre bout de la chambre, et elle disparaissait, s'en allant à la recherche de ses amies.

XVII
L'ORDONNANCE DU CAPITAINE MARTINET

Martinet, étourdi par la brusque apparition de Margot, par son baiser, par sa fuite, resta un instant bouche béante, l'air stupide, planté sur ses jambes, oscillant légèrement comme un homme menacé d'un coup de sang dont les yeux se troublent et dont l'intelligence se perd.

Il allait sortir quand Margot reparut suivie de Marie et d'Augustine; la tourière s'était attardée avec l'ordonnance. Marie vint tendre la main à Martinet et lui dit :
— Monsieur, nous venons nous mettre sous la sauvegarde de votre loyauté.

Et montrant Margot :
— Je vous confie surtout l'honneur de cette enfant.

Martinet, frappé de l'air tout royal dont mademoiselle de Lancenales lui parlait, crut devoir prendre une pose solennelle, et, dans l'attitude des Horaces jurant de pourfendre les Curiaces, il allait prendre quelque engagement grave, quand Margot dit en haussant les épaules :
— A quoi bon? je trouve cela offensant pour nous; toutes les promesses d'amoureux ne valent pas une résolution de jeune fille bien prise.

Et regardant Martinet :
— Cette résolution, elle est inébranlable chez moi.

Puis ne voulant pas qu'on perdît du temps :
— Monsieur Martinet, dit-elle, pour un militaire, vous êtes peu actif. Déjà vous devriez avoir ordonné à votre ordonnance d'atteler la voiture que votre ami a mise à votre disposition.

— Schmitz! s'écria Martinet.

L'ordonnance parut.
— Attèle lestement!

L'Alsacien, dressé à l'obéissance passive, descendit dans la cour de la ferme; il demeura sourd aux appels de la tourière qui l'attendait en bas de l'escalier du pavillon, et qui ne le vit point revenir, attendu qu'il avait pris un couloir de communication avec le bâtiment principal. Sœur Stéphanie se précipita vers la chambre du capitaine, et là, menaçante, d'un air de lionne cherchant ses petits :
— Où est Schmitz? fit-elle.

Margot lui cria :
— Dans la cour; il attèle les chevaux; allez lui donner un coup de main.

La tourière se jeta dans la direction indiquée, et Schmitz, en effet, reçut un fameux coup de main.

Il poussa plus d'un Godfordum admiratif; la tourière, ex-paysanne, s'y prenait très-bien, et le hussard commença à l'avoir en très-haute estime.

Cependant on organisait en haut un plan de voyage.
— Mesdemoiselles, dit Martinet, selon nos conventions, nous allons à Paris; mais je vous propose de nous y rendre par des détours; nous passerons, si vous le voulez, par le Nord, au lieu d'aller directement par Châlons et Orléans.

— Est-ce plus prudent? demanda Marie.

— Je crois que oui.

— Alors, passons par le Nord.
— Vous savez que nous allons envoyer Schmitz et la tourière vers la frontière belge; ils se feront arrêter.
— Exprès?
— Oui.
— Pourquoi donc?
— Pour être interrogés; ils affirmeront que vous les avez quittés pour gagner Marseille et de là Oran.
— Tiens! fit Margot, voilà qui est bien imaginé! et on le croira, attendu que M. Lassalle est en Afrique.
— Mais, observa Marie, que feront les autorités de votre ordonnance?
— Rien. Schmitz est en règle; il a un congé en bonne forme.
— Et la tourière?
— Sous le gouvernement actuel, on ne reconnaît pas les vœux religieux; la tourière déclarera qu'elle ne veut plus rentrer au couvent, et tout sera dit.
— Cette malheureuse est perdue!
Martinet réfléchit.
— Le rêve de mon soldat, dit-il, est d'être cantinier; il épousera la tourière, et elle sera vivandière.
— Bravo! fit Margot.
En ce moment, Schmitz reparut.
Martinet le prit à part.
— Mon garçon, dit-il, tu veux être cantinier, n'est-ce pas?
— Foui, gabidaine! dit Schmitz avec la joie d'un homme dont on caresse les espérances.
— Lorsque tu auras fait tout ce que je t'ai recommandé, lorsque tu seras libre, tu retourneras au régiment avec la tourière que tu présenteras au colonel.
L'ordonnance ouvrit de grands yeux.
Martinet reprit :
— Le colonel sera prévenu; il arrangera ton affaire avec l'évêque, qui sera enchanté de réparer tout le scandale par un bon mariage qu'il bénira peut-être lui-même. Au lieu d'être puni, tu seras probablement nommé brigadier.
Schmitz ne se possédait pas de joie.
— Tout est-il prêt? demanda le capitaine.
— Je charge votre falise et vous n'aurez qu'à monder, dit l'ordonnance.
— Mesdemoiselles, en route! dit Martinet
On descendit, et cinq minutes plus tard la voiture filait au grand trot sur la route.

XVIII

OU MARGOT FAIT DE L'OPPOSITION A SON FUTUR ÉPOUX.

En chemin, Martinet déposa dans un village la tourière et son hussard; il leur donna les dernières instructions.
Ensuite il se dirigea sur Bar-le-Duc, qui est à une distance de sept heures de voiture environ, et qui lui présentait quelques avantages pour une transformation qu'il méditait.
— Mesdemoiselles, dit-il après s'être débarrassé de la tourière et du hussard, voici mon idée.
Les jeunes filles prêtèrent toute leur attention.
— Je vais à Bar-le-Duc, continua-t-il; c'est une ville ouverte.
— Vous aviez parlé d'aller par le Nord, fit Margot.
Cette petite commençait déjà l'opposition que toute femme se croit obligée de faire dans un ménage; elle n'attendait pas pour cela d'être mariée.
— D'abord, dit Martinet, je n'abandonne pas mon idée de gagner par le Nord, mademoiselle
— Cependant! fit Margot.
— Permettez, interrompit le capitaine; nous fuyons sur Bar-le-Duc,

« On aura sur nous des renseignements.
— Mais alors...
— Et c'est ce que je désire; demain matin même, vous vous montrerez dans la ville, pour qu'on sache bien que vous y étiez.
— Vous devenez fou!
Marie s'interposa.
— Laisse donc parler M. Martinet! dit Marie impatientée.
Et elle ajouta :
— Il a plus d'intelligence et d'expérience que toi.
— Lui! fit Margot.
Elle était scandalisée.
— En douterais-tu?
— Mais pourquoi voudriez-vous que M. Martinet fût plus intelligent que moi, mademoiselle? fit Margot.
Elle avait un air pincé qui fit rire les fugitifs.
— Parce que, dit Marie, c'est un homme, et qu'en général les hommes sont bien plus entendus que nous dans les affaires, ma petite orgueilleuse.
Margot eut un petit mouvement d'épaules.
Comme elle surprit un sourire de Martinet, elle s'écria :
— Si jamais, monsieur Martinet, je vous soupçonnais d'avoir la prétention d'être plus fort que moi n'importe en quoi, et si je vous croyais l'intention de me dominer, je ne vous épouserais jamais!
— Grand Dieu! fit Martinet, j'aimerais mieux être comme une oie et me faire votre esclave que de perdre l'espoir d'obtenir votre main, chère Margot.
— A la bonne heure! fit celle-ci regardant ses amies d'un air triomphant.
Puis elle dit majestueusement :
— Continuez, capitaine!
Marie s'indignait de ces prétentions et de ce despotisme, mais ce n'était pas l'heure de protester.
— Donc, reprit Martinet, vous vous montrerez à Bar-le-Duc.
— En plein jour?
— Le matin.
— Et après?
— Veuillez remarquer que Bar-le-Duc est une ville ouverte.
— Qu'est-ce que cela veut dire?
— Il n'y a pas de portes.
— Bon!
— Nous pouvons en sortir sans être remarqués.
— Nous sommes trop jolies pour cela; dit Margot en riant.
Cette saillie mit le comble à l'indignation de Marie.
— Margot, dit-elle, si vous continuez à être de la sorte immodeste, je retourne au couvent,
— Laissez-la donc! dit le capitaine qui était enchanté.
Et il reprit :
— J'ai un ami à Bar-le-Duc.
— Vous en avez donc partout? demanda Margot.
— Quand on est officier, on a des camarades qui prennent leur retraite et se disséminent par toute la France; un de mes commandants d'escadron d'Afrique, un homme excellent, s'est retiré à Bar-le-Duc.
« Je le prierai de me rendre un petit service
— Lequel?
— Celui d'acheter à quelque revendeur une défroque de prêtre.
— Croyez-vous qu'il en trouvera?
— J'en suis sûr.
— J'en doute, moi.
— Mademoiselle, j'ai beaucoup voyagé, et je n'ai jamais vu un juif, marchand de bric-à-brac, manquer de quoi que ce fût; nous aurons la soutane.
— Et ce sera pour vous?
— Oui, mademoiselle.

— Je passerai pour un révérend père jésuite, précepteur de trois jeunes gens que je promène.
— Justement, c'est le temps des vacances, dit Margot.
— Je dirai que je vous fais faire une tournée par ordre de vos parents; on me croira.
— Mais, dit Marie, ce sera étrange qu'un prêtre conduise ainsi trois jeunes filles.
— Sotte! fit Margot. N'avez-vous pas compris que nous serons déguisées en jeunes hommes?
— Margot, je vous défends de me traiter ainsi. Vous m'avez appelée sotte; c'est une familiarité que je ne vous permets point, dit sévèrement mademoiselle de Lancenales.
Ce dur rappel à sa condition mit les larmes aux yeux de la jeune fille qui cacha sa tête dans ses mains.
Mademoiselle de Lancenales sentit qu'elle venait de commettre une indélicatesse envers cette enfant charmante.
Elle lui prit doucement la tête et l'embrassa au front.
— Chère mignonne, lui dit-elle, pardonne-moi, je t'en conjure; je t'ai fait de la peine, et je te prie d'oublier ce mouvement de ridicule orgueil.
Margot reprit son bon sourire et ses regards joyeux.
— Chère petite, dit mademoiselle de Lancenales, cette fois nous allons avoir à gagner notre vie toutes trois, et nous sommes sur le pied de la plus parfaite égalité; donc tu vas me faire une promesse?
— Tout ce que vous voudrez, mademoiselle, dit Margot.
— Je te demande de me tutoyer, et si tu hésitais je l'exigerais.
Margot voulut protester.
— Chut! fit Marie.
Et d'un air charmant:
— Je le veux!
Martinet, qui avait été froissé, eut un mouvement pathétique.
— Ah! mademoiselle, dit-il, que Lassalle a donc raison de vous adorer: vous êtes un cœur d'or!
— Avec un peu d'alliage, dit Marie, mais on n'est pas parfait!
Et elle engagea le capitaine à continuer l'explication de son plan.
— Vous ne doutez pas, n'est-ce pas, dit celui-ci, que nous ne trouvions des vêtements pour vous?
— Sans doute, dit Marie; mais il me répugne de me déguiser ainsi: je sens que j'aurai l'air gauche.
— Margot sera éveillée pour deux, mademoiselle.
Et il ajouta:
— Il n'est pas mauvais, du reste, que ces jeunes gens élevés par un prêtre aient l'air un peu prude.
— Et les cheveux de ces demoiselles? dit sœur Augustine.
— Diable! fit Martinet, voilà qui sera gênant!
La sœur Augustine dit en souriant et en montrant son front:
— Ma chevelure ne me gênera pas, je suis presque tondue.
— Moi, je sacrifie ma perruque! dit Margot résolument.
Martinet poussa un soupir.
— Quel dommage! fit-il.
— Vous verrez que je serai aussi gentille avec des cheveux courts, quand je serai en garçon.
Puis s'adressant à Marie:
— Vous... non... toi... tu dois tenir énormément à tes boucles; nous les friserons, voilà tout!
— Allons, fit joyeusement Martinet, tout est au mieux!

fouetta vigoureusement son cheval qui détala.
— Une fois déguisés, dit-il, et vous ne vous déguiserez que loin des regards indiscrets, je défie toutes les recherches.
— Mais, dit Margot, aurez-vous réellement l'air d'un prêtre?
— Je me souviendrai du séminaire et de l'air cafard que j'étais forcé d'y prendre, dit le capitaine.
— Quoi! vous, séminariste?...
— Jusqu'à dix-neuf ans, encore!
— Qui l'eût dit?... fit Margot.
Le capitaine se mit, sur cette exclamation, à raconter sa jeunesse, et l'on arriva, d'histoires de sacristies en histoires de classes et de niches aux maîtres d'études, jusqu'à Bar-le-Duc.

XVIII

LES CHEVEUX DE MARGOT.

Il faisait à peine jour, quand le vigoureux cheval qui conduisait les quatre fugitifs les amena à l'entrée de Bar-le-Duc.
Martinet, au lieu de descendre à l'hôtel, conduisit les jeunes filles droit chez son ami, heureusement prévenu, quelques jours auparavant, que l'on aurait besoin de lui pour un service du genre de celui qu'on savait pouvoir obtenir de lui.
Le chef d'escadron retraité se nommait Langlet; un duel avec un tireur fameux l'avait rendu très-populaire à Bar-le-Duc.
Ce spadassin était descendu dans un hôtel en revenant de Russie où il était allé enseigner l'escrime.
Insolent, provocateur, il se montra grossier avec une jolie femme qui, forcée de rejoindre son mari, voyageait à petites journées par la diligence, et avait choisi Bar-le-Duc pour y prendre quelques heures de repos.
Le commandant Langlet apprit qu'un monsieur, se disant baron de Prénil, avait osé manquer de respect à une dame, et que personne ne s'était trouvé là pour relever cette injure. Il était allé tranquillement, bien son âge, rosser de main de maître le prétendu baron; quand celui-ci avait décliné son vrai nom, le commandant n'avait pas reculé devant une rencontre, bien que la réputation de son adversaire fût sinistre, et, au sabre, il lui avait donné une leçon dont l'autre ne pouvait manquer de se souvenir, puisqu'il lui avait coupé le nez et une moitié de joue.
Le brave père Langlet était au demeurant le meilleur homme du monde, doux, serviable et gai.
Il était déjà levé quand Martinet vint frapper à sa porte.
— Oh! oh! dit-il, déjà arrivé! je vous attendais, mais pas si tôt.
Puis il fit ouvrir à deux battants la grande porte, et la voiture entra avec sa cargaison de jolies femmes.
— Là, mesdemoiselles, dit-il, ne vous effarouchez pas de ma robe de chambre rouge et de ma calotte; j'ai utilisé mon fez de spahi et mon burnous rouge.
Il tendit la main à Marie:
— Appuyez-vous là-dessus, mignonne, et n'ayez pas peur.
Et il dit à chacune un mot aimable qui les mit à l'aise.
Il les emmena dans sa salle à manger, où son ancien brosseur, en un tour de main, dressa une collation de saucisson, de jambon de Lorraine, de confitures de prunes, de fruits et de cet excellent vin gris du pays, qui est bien connu le long de la Moselle.
— Mes enfants, dit-il, vous voilà, c'est très-bien; je vous rendrai tous les services imaginables; mais j'ai deux mots à vous dire auparavant.

Le bonhomme avait l'air sérieux.

— Vous vous êtes sauvées du couvent où l'on vous détenait de force... c'est risqué, et, en bonne morale, on pourrait vous gronder fort, si les couvents... n'étaient pas des couvents... si de jolis oiseaux mis dans de si laides cages n'avaient pas le droit de se sauver.

« Donc je vous pardonne votre escapade, mais à une condition. »

Il regarda Martinet :

— J'ai d'abord la parole d'honneur de Martinet, qui est la crème de la loyauté française, qu'il n'a pas d'autre intention que d'épouser ce lutin charmant que je vois me guignant de l'œil et prêt à me faire des grimaces pour se venger de mon bout de discours ennuyeux.

Margot rougit et l'incarnat de ses joues le disputa au carmin des pommes d'api qui étaient placées devant elle.

Le vieux commandant lui prit la main, y mit un baiser et lui dit :

— Vous concevez, petite, que si un homme de mon âge se mêle à votre folie, c'est pour y apporter un peu de raison et de sagesse.

— Et je suis prête à vous obéir, dit Margot, de tout cœur !

— Bravo ! je pensais bien que cette petite tête, pour être légère, n'en devait pas moins avoir un grain de sens.

« Eh bien ! je vous demanderai, mesdemoiselles, d'être très-sages, très-mesurées, très-prudentes surtout.

« La seule excuse que vous puissiez donner à votre équipée, c'est que l'on n'ait pas ça à vous reprocher, lorsque, au jour des sommations respectueuses, on finira, de gré ou de force, par vous donner vos amoureux pour maris.

« Vous m'avez compris ?

— Moi, dit Marie, je préférerais mourir à faillir.

— Moi, dit Margot, je vous jure, mon commandant, que je serai plus farouche que les gazelles que vous chassiez en Algérie.

Augustine allait parler.

— Vous, mademoiselle, dit le commandant, vous êtes en âge où l'on est libre de ses actions ; cependant...

— Monsieur, dit Augustine, je n'ai qu'un amour ; si celui que j'aime ne peut m'épouser, je rentrerai dans un couvent moins désagréable que celui de Benoît-de-Vau, mais je n'en sortirai plus.

— Très-bien ! dit le commandant ; et puisque j'ai affaire à de braves petites filles, tant pis, je me risque !

Il demanda à Martinet :

— Avez-vous un plan ?

Le capitaine expliqua le sien.

— Ah ! parbleu ! dit le commandant, la farce me sourit : mon ami Martinet en curé sera drôle à voir !

Et il appela son ordonnance.

— Tu vas, lui dit-il, te rendre chez l'abbé Lagrenée.

Il dit aux jeunes filles :

— Lagrenée est un ami, un intime, un vieil aumônier de régiment retiré ici ; il va me donner une de ses soutanes, et je vous assure qu'elle ira fort bien à Martinet, car Lagrenée, avant d'être prêtre, était un gros et fort soldat comme le beau capitaine que voici.

Puis il dit à l'ordonnance :

— Tu feras envelopper la soutane, le chapeau, le rabat, tout ce qui est nécessaire pour s'habiller en prêtre, et tu m'apporteras tout cela lestement ici.

L'ordonnance était intelligent ; il demanda au commandant :

— Si M. Lagrenée me questionne, que faudra-t-il répondre ?

— Tu diras qu'il s'agit de sauver un officier de mes amis, de le soustraire à une poursuite... Va !

L'ordonnance parti, le commandant dit en riant :

— Ce n'est pas un mensonge que je fais là ; il s'agit bien réellement d'un officier. Si Lagrenée le gaillard accompagné d'une sœur et de deux novices, du diable s'il donnerait son uniforme noir ! Il sera dans une belle colère, lorsque je lui dirai la vérité plus tard.

Puis, avec l'activité des vieux soldats, il dit à Martinet :

— J'ai deux neveux ; les drôles sont pour le quart d'heure à Paris, en train de fricotter ; je leur ai payé le voyage, promis depuis longtemps, s'ils se faisaient recevoir bacheliers à Strasbourg.

« Ils ont leur diplôme ; j'ai lâché mes écus, qui dansent pour le moment.

« Inutile de vous dire que ces polissons ont voulu s'habiller à neuf et m'ont laissé leurs vieilles défroques ici ; nous allons voir dans la garde-robe si, par hasard, nous ne trouverions rien qui convint à ces jeunes filles pour se vêtir en garçons. »

Margot, à l'idée de cette recherche, eut un frisson de plaisir.

Pourquoi ?

Les femmes, si charmantes en femmes, presque toujours si gauches en hommes, ont toujours cette manie d'adorer se vêtir du pantalon et du paletot du sexe laid.

Amour du changement !

Caprice de têtes légères !

Désir inné de porter la culotte, signe de la domination !

Le vieux commandant conduisit les jeunes filles dans un grand cabinet où ce brave soldat, régulier et méthodique, avait exigé que ses neveux accrochassent leurs effets avec ordre.

— Allez, mesdemoiselles, dit-il ; mettez tout cela au pillage.

Et il se retira.

Bientôt on entendit dans le cabinet de fous rires, de joyeux ébats, des petits cris stridents.

Margot lutinait Marie et Augustine qui s'unirent pour lui administrer la correction qu'elle méritait, si bien qu'au milieu de circonstances aussi graves qu'une fuite pareille, elles trouvèrent moyen de rester une grande heure à s'habiller.

Et comme Martinet s'impatientait, le commandant lui dit :

— Laissez donc, vous ne connaissez pas les femmes. Ce sont de vrais enfants ; à soixante ans, elles en ont encore quinze ; jamais je n'en ai vu une seule qui prît parti de ses rides ou qui fût sérieuse dans les moments les plus graves.

« Et, croyez-le, c'est tant mieux qu'il en soit ainsi.

« Foin des femmes qui seraient des hommes par la tournure de leur esprit ! Votre lutin vous donnera bien du mal, et vous verrez que ce mal sera un bien auquel vous vous habituerez, au point de souffrir beaucoup si vous venez à en être privé !

« Ah ! les voici ! »

Les jeunes filles se présentèrent ; Margot entra la première.

— Voilà ! fit-elle.

Elle n'était point embarrassée, au contraire.

Le paletot lui donnait un aplomb, une aisance qui lui allaient à ravir et qui faisaient illusion sur son sexe ; on eût dit un adolescent de treize ans, hardi, effronté, un vrai gars de l'ancienne école.

Elle regardait en face, et ses yeux malicieux faisaient baisser ceux de Martinet, qui se sentait presque intimidé.

— Morbleu ! fit le commandant, si on vous prend pour une fille, ça m'étonnera fort : jamais je n'ai vu d'enfant de troupe plus déluré.

Je suis venue avec mon père. (Page 108.)

Martinet soupira.
— Qu'avez-vous? lui dit Margot.
— Je regrette vos cheveux, dit le capitaine, ils étaient si beaux !
— Ma foi ! dit Margot en riant, ma perruque est là-haut ; je vous assure que beaucoup de dames l'achèteraient cher pour s'en faire un faux chignon.

Le commandant continua son inspection : il trouva Marie un peu guindée ; mais son teint, son œil noir, le froncement de front qui lui était familier, lui donnaient un air assez mâle.

— Allez ! fit le commandant ; vous n'exciterez pas de soupçons quand je vous aurai donné quelques conseils : mais mademoiselle est désespérante !

Il montrait Augustine.

Celle-ci, en effet, était à la torture.

En ce moment, Martinet, qui était sorti un instant revint, et Margot remarqua que sa poche était gonflée ; elle le questionna à ce sujet.

Martinet parut très-embarrassé de répondre et détourna la conversation en s'occupant d'Augustine ; il lui apprit à se tenir, à marcher ; lui et le commandant se donnèrent beaucoup de mal.

Ils avaient réussi à obtenir de bons résultats quand, tout à coup, Margot se mit à pousser de grands éclats de rire.

DIX CENTIMES ILLUSTRÉS. 121e.

Elle venait de retirer de la poche de Martinet une espèce de paquet qui excitait fort sa curiosité.

Elle avait enlevé la chose avec une adresse féline.

Et c'étaient... les cheveux blonds, longs de plus d'un mètre, épais et dorés, qu'elle avait coupés et abandonnés un instant auparavant dans le cabinet.

Martinet parut tout confus de l'enfantillage avec lequel il était allé chercher ces boucles soyeuses pour les conserver précieusement.

Margot, impitoyable, le railla :
— Comme vous êtes sentimental, capitaine ! dit-elle ; qu'auriez-vous donc fait de tant de cheveux ?

Et elle brandissait les longues tresses qui miroitaient au soleil.

Martinet, en voyant cette enfant se moquer de lui et jouer avec ce qu'il regardait comme un souvenir cher à garder, devint triste, et il alla s'accouder à la fenêtre.

Margot sentit qu'elle avait blessé cet excellent ami.

Elle se tut.

Marie, la voyant confuse, fut enchantée de sa déconvenue, et de temps à autre elle lui montrait du regard le capitaine immobile et accoudé à la fenêtre d'où il ne bougeait pas.

Elle lui dit enfin à voix basse :
— Tiens, Margot, regarde le commandant et Augustine : ils se taisent et trouvent que tu viens d'être inu-

Le Roi des Chemins. XXXI.

tillement cruelle pour ce pauvre garçon.

« Tu gâches ton bonheur, ma fille. »

Margot s'irrita de cette observation.

— Monsieur Martinet, dit-elle, je désirerais vous dire un mot.

Le hussard se retourna ; il avait l'air profondément humilié.

— Voudriez-vous, fit Margot, m'accompagner un instant dans le jardin ? j'ai à vous parler.

— Volontiers, dit Martinet.

Elle sortit accompagnée par lui.

— Ah ! ah ! fit le commandant, voilà Martinet bien heureux : il va se réconcilier, et ça lui vaudra un bon baiser.

Marie échangea un sourire triste avec Augustine. Elles songeaient qu'elles n'avaient pas ce bonheur, de posséder près d'elles leurs fiancés pour les quereller et leur pardonner leurs torts ; car les femmes ont cela de particulier que, quand elles vous blessent, elles exigent des excuses, et il semble que ce soit vous qui soyez coupable.

XIX
LES CHEVEUX DE MARGOT (suite).

Donc Margot, qui était sortie la première, attendit Martinet sur l'escalier ; le hussard lui tint rigueur.

— Que me voulez-vous, mademoiselle ? demanda-t-il.

Le gros garçon était très-sensible aux choses du cœur.

— Monsieur, lui dit-elle, je tenais à vous dire que je trouve très-bien que mon fiancé m'aime personnellement.

— Pourtant... mademoiselle...

Margot interrompit Martinet.

— Je suis même très-touchée que vous ayez songé à recueillir mes cheveux et que vous attachiez du prix à ce qui vient de moi : ça flatte mon amour-propre.

— Mais alors, mademoiselle...

— Seulement je suis très-sensible au ridicule.

— Diable ! pensa Martinet, est-ce que j'aurais tort ?

— Et je n'aime pas qu'on se fasse moquer de soi par mademoiselle de Lancenales qui, n'ayant pas son fiancé près d'elle, est enchantée de se moquer de celui des autres.

— J'ai donc été...

— Ridicule, acheva Margot devant l'hésitation du capitaine. Dans les choses de sentiment, il faut une délicatesse extrême et une pudeur poussée à l'excès ; vous conviendrez qu'il était malencontreux de bourrer votre poche de mes cheveux, de les placer près de votre blague à tabac, de votre mouchoir de poche : c'était grossier et humiliant pour moi.

A mesure qu'elle parlait, Margot trouvait des griefs.

— Aussi, monsieur, pour sortir d'embarras devant les railleries de ces demoiselles, j'ai dû sembler me ranger à leur avis et vous tourmenter au sujet de ces cheveux.

Le capitaine était tout penaud.

— Prenez une boucle de ces cheveux, monsieur Martinet, placez-la dans un joli médaillon, sur votre poitrine ; personne n'y trouvera un mot à redire.

« Mais ne portez pas une perruque dans vos poches.

— Vous avez raison, dit-il ; je brûlerai le reste, car je ne voudrais pas qu'on marchât sur de pareils trésors ou qu'ils fussent laissés traînant par les rues.

— Soit ! dit Margot.

Elle tendit la main à Martinet.

— Je ne vous en veux plus ! fit-elle ; vous serez moins étourdi à l'avenir.

Puis, avec une audace d'expression renversante :

— Voyez-vous, monsieur Martinet, fit-elle, il faut être sérieux dans la vie ; vous êtes un peu léger, un peu hurluberlu, comme on dit en ce pays ; c'est un tort, et ça peut amener des conséquences très-fâcheuses pour l'avenir.

« Faites comme moi.

« Soyez prudent et veillez sur chacune de vos actions.

« Car on me voit gaie, en apparence très-étourdie, et, au fond, je réfléchis beaucoup avant d'agir. »

Ainsi c'était Martinet qui était léger, inconsidéré

Et Margot le sermonnait !

Et le plus curieux de l'affaire, c'est que le gros capitaine était persuadé qu'il méritait la mercuriale.

Margot le voyant au point où elle voulait, c'est-à-dire convaincu qu'il avait commis une faute, lui tendit son front en disant :

— Et maintenant, cher ami, embrassez-moi et oublions cette petite querelle.

Martinet enchanté se permit deux baisers sur les joues, au lieu de se contenter du front.

Il n'eût pas donné cette querelle pour le grade de commandant.

— Venez maintenant, dit Martinet rayonnant de plaisir.

Le capitaine alla se remettre à la fenêtre, mais dans d'autres dispositions que précédemment.

Margot s'installa près de Marie.

— Je viens, lui dit-elle, de le gronder.

Et, elle raconta ce qui s'était passé ; si bien que Marie, n'en pouvant croire ses oreilles, s'en fut à Martinet.

— Ainsi, capitaine, lui dit-elle, vous avez fait des excuses à Margot ?

— La chère enfant ! fit le capitaine, elle vous a raconté cela ? Eh ! oui, je lui avais causé du chagrin par ma maladresse. Fourrer un paquet de cheveux dans sa poche : on n'a pas idée de ça.

« Enfin, elle a été gracieuse au possible, et ne m'en veut plus !

Marie n'en revenait pas.

— Monsieur, dit-elle, vous êtes le roi des amoureux, et je vous fais mon compliment.

Tout à coup elle poussa une exclamation de surprise.

— Le général ! fit-elle.

Et, dans la rue, elle montra M. de Lancenales.

C'était lui en effet.

Il arrivait de Verdun à cheval, suivi de ses ordonnances et de quelques cavaliers du régiment de Martinet.

Les soldats étaient en uniforme, les officiers en bourgeois.

— Mon Dieu ! dit Marie, je suis perdue ! voilà mon père !

Martinet montra un très-beau sang-froid ; comme Marie s'évanouissait, il la porta tranquillement sur un fauteuil.

Le commandant courut à la fenêtre pour vérifier le fait.

C'était bien M. de Lancenales qui passait sous ses fenêtres ; le général connaissait le commandant, il le salua.

Tout à coup, après quelques pas en avant, le général se ravisa ; il fit valser son cheval et revint vers la maison du vieil officier auquel il cria :

— Commandant, est-il trop matin pour être reçu chez vous ?

— Je suis à vous, général ! fit le brave chef d'escadron très-inquiet.

Martinet, au moment où son ami descendait, l'arrêta un instant.

— Nous allons, dit-il, nous cacher dans la salle du fond qui donne sur les jardins ; si le général poursuit sa fille, nous nous sauvons dans la campagne par la fenêtre.

« Une fois dehors, ces demoiselles, déguisées, ne seront pas reconnues.

— Bien! dit le commandant; mais voilà une fâcheuse affaire.

Et il courut ouvrir à M. de Lancenales.

XX

CHAUDE ALERTE.

Le commandant était un vieux brave; il l'avait maintes fois prouvé.

Mais, cette fois, il s'agissait d'un fait qui n'était pas de ceux pour lesquels il montrait du courage.

En descendant dans la cour, il songea à la fausseté de sa position, à tout ce qu'auraient de légitime, devant l'opinion mal informée, les réclamations de ce père de famille.

Bref, le commandant perdit la tête; il s'imaginait sa position bien plus compromise que de raison.

Il se figura le général abusant de ses droits de père irrité et lui faisant les plus sanglants reproches; aussi résolut-il d'aller au-devant de sa colère.

Il était fort pâle en abordant M. de Lancenales.

— Mon général, lui dit-il, avant toute explication, je vous prie d'agréer mes excuses et de croire qu'il n'y a rien de ma faute dans ce qui s'est passé.

— Parbleu! fit le général; il ne manquerait plus que cela!

Le commandant se troubla. Le général frisait sa moustache d'un air goguenard; puis il demanda :

— Le préfet vous a donc fourré dans l'affaire?...

— Mon général, ce n'est pas le préfet; c'est de moi-même que...

— Tiens, tiens, tiens! Est-ce que par hasard ce ménage vous tiendrait au cœur, mon cher commandant?

— Il me raille, pensa le bonhomme.

« Mon général, c'est la jeunesse, ce sont les grâces, les charmes de ces enfants qui m'ont entraîné. »

Les aides de camp de M. de Lancenales se mirent à rire.

Le général fit une mine bizarre et dit au commandant :

— Vous plaisantez agréablement; mais vous pourriez me blesser si je n'avais pas le caractère bien fait, mon cher camarade. Voulez-vous causer franc?

— Volontiers.

— Eh bien! avouez la vérité : vous vous étiez mis sur les rangs!

— Sur les rangs? fit le commandant stupéfait.

— Eh oui! pourquoi pas? De là votre mauvaise humeur.

Et souriant :

— Laissez-moi vous dire que j'ai vingt-cinq ans de moins que vous : c'est quelque chose, et la vicomtesse a pu me préférer uniquement à cause de la différence d'âge.

« Allons, ne m'en veuillez pas! »

Le commandant fut frappé d'une idée subite.

— Alors, fit-il, vous venez ici pour épouser madame de Pernée?

C'était une riche veuve des environs de Bar-le-Duc; elle était fort riche et désirait se remarier avec un personnage qui pût lui conserver son rang et faire valoir par son titre la riche fortune dont elle disposait.

— Oui, dit le général; je ne vous cacherai pas que je viens ici, sous prétexte d'une chasse au loup, en réalité pour être présenté à madame de Pernée.

« Serai-je agréé? je ne sais; il paraît à votre air que vous lui conservez quelque rancune de vous avoir repoussé.

— Moi! fit le commandant, jamais je ne lui ai fait la cour; si je vous ai parlé de la jeunesse des amoureux, c'est qu'il s'agit d'un autre mariage. J'avoue que j'étais fort étonné que vous en eussiez connaissance : je n'en ai dit mot à personne.

Le général se mit à rire.

— Et moi, fit-il, qui, ne sachant à quoi attribuer une plaisanterie de mauvais goût, flairais en vous un rival!

Il tendit la main au commandant :

— Je suis ravi, lui dit-il, que tout ceci ne soit qu'un malentendu; je viens vous déranger de si bonne heure pour ne pas tomber chez le préfet à sept heures du matin; nous avons couché à deux lieues d'ici : la pluie qui nous a surpris hier soir nous a forcés à nous arrêter.

« Nous avons été dévorés par les puces dans l'immonde auberge du village; ce matin nous sommes partis à l'aube, crevant de faim, car le souper était maigre hier.

« J'ai pensé que vous voudriez bien me donner quelques bouteilles de votre excellent vin que nous avons apprécié lors de ma dernière tournée d'inspection, et que vous aviez quelques-uns de ces excellents fromages de Void qui sont une base exquise aux collations de chasse.

« Voilà, mon cher commandant, ce que nous attendons de vous.

« Car tomber comme des bombes chez le préfet et la préfète, ce serait chose du plus mauvais goût.

« J'aime mieux déranger un vieux camarade sans façon comme vous. »

Le commandant avait repris toutes ses couleurs; il rayonnait.

— Mon général, dit-il, je suis à vous; veuillez faire mettre vos chevaux à l'écurie par vos ordonnances; je vais tout faire préparer pour que vous puissiez attendre le déjeuner du préfet.

Et le brave homme courut trouver les fugitifs.

— Là! fit-il; remettons-nous d'une si chaude alerte!

— Il ne sait rien? demanda Marie.

— Absolument rien, il vient ici pour collationner.

Martinet, qui était entêté et tenait à son plan, dit :

— Alors je ne change rien à mon petit programme.

Il demanda au commandant :

— Faites-moi l'amitié de griser un peu le général.

— Ce sera facile.

— Hélas! oui, murmura Marie.

Martinet reprit :

— Retenez-le au moins pendant deux petites heures.

— Soyez tranquille.

— Je me charge du reste.

— Que ferez-vous?

— Nous allons partir.

— Pendant qu'il sera dans la maison?

— C'est le meilleur moyen de ne pas le rencontrer en ville.

Puis il dit aux jeunes filles :

— Mesdemoiselles, on va vous apporter vos vêtements.

— Mais, dit le commandant, ces demoiselles peuvent parfaitement monter dans le cabinet, elles ne risqueront pas de rencontrer mes hôtes : l'escalier qui y conduit d'ici n'a pas de communications avec la salle à manger où je reçois ces messieurs.

— Bon! fit Martinet.

« Envoyez-moi l'ordonnance. »

Puis aux jeunes filles :

— Mesdemoiselles, remerciez le commandant.

Les jeunes filles vinrent tendre leur front au vieux soldat, au cou duquel fut suspendue une grappe de jolies personnes. Il les embrassa en leur disant :

— Soyez sages, heureuses, bonnes mères de famille; ça vaudra mieux que d'être des sœurs parfaitement inutiles à la société.

« Surtout soyez sages ! »

Et il s'en alla tout ému.

Martinet dit alors aux jeunes filles dont il était redevenu l'oracle :

— Vite, mesdemoiselles, habillez-vous en femmes.

— Et pourquoi donc? demanda Margot très-étonnée.

— Ne vous faut-il pas, dit Martinet, dépister les recherches? Nous allons traverser la ville en voiture; pour eux, vous serez étrangères.

— Je suis connue ici ! dit Marie.

— Tant mieux!

— Je ne saisis pas pourquoi !

— Votre père saura votre présence, entrera en fureur; on vous cherchera, vous, vos amies et moi qu'on ne connaît pas; nous allons gagner du chemin, nous déguiser en pleine campagne et nous en aller tranquillement à Paris par la plaine du Nord.

— Et le cheval?

— Et la voiture?

— Nous abandonnerons le tout avec une lettre que je vais écrire.

— Quel roman ! fit Margot.

Les jeunes filles semblaient déterminées à garder leurs habits d'hommes ; mais Martinet s'y opposa, et il ordonna d'un ton tel qu'il fallut obéir.

Margot elle-même plia sous son observation.

C'est que le danger était proche, imminent, et que les femmes qui font si bien leur tête, pour employer l'expression consacrée, quand il n'y a pas péril en la demeure, deviennent très-soumises lorsque les voleurs sont dans la maison.

Donc les jeunes filles allèrent s'habiller.

Margot était désolée : avec ses cheveux coupés, elle était laide en femme; mais il fallait qu'elle se résignât.

L'ordonnance apporta la soutane; Martinet, qui avait fini sa lettre, lui enjoignit d'atteler et d'avancer la voiture derrière la maison, près de la fenêtre de la chambre qu'il occupait.

Ainsi fut fait.

Les jeunes filles redescendirent munies de leurs paquets.

Elles faisaient triste figure.

Martinet les fit sortir, les emballa dans la voiture et fouetta le cheval, qui partit rondement.

A cent pas de là, Martinet modéra l'allure de la bête et la mit au pas pour qu'on pût bien voir Marie, qu'il avait placée sur le siége, près de lui.

XXI

EN ROUTE POUR PARIS.

Les jeunes filles auraient bien voulu forcer leur conducteur à marcher plus vite; mais Martinet ne semblait pas d'humeur à obéir, et Margot vit bien qu'à de certains moments il serait difficile à dominer.

Elle hasarda son plus beau sourire pour lui dire :

— Allez donc un peu plus vite, cher monsieur Martinet.

Lui, sans répondre, donna un coup sec à la bride, et bien que le cheval s'arrêta brusquement.

Il le laissa au repos pendant plus d'une minute.

Margot voulut parler.

Martinet la regarda d'une façon à lui en ôter l'envie.

Enfin il fit repartir le cheval d'un coup de fouet.

On parcourut la ville avec une mortelle lenteur. Partout les bourgeois se mettaient sur les portes, et ils regardaient curieusement ces trois jolies filles conduites par ce beau garçon.

Martinet dévisageait les gens.

— Ah çà! fit-il, vous êtes connue, et pas un ne vous salue, mademoiselle Marie?

— C'est assez étonnant, dit celle-ci.

— Il faut pourtant qu'un de ces boutiquiers vous dise bonjour.

— Ah ! fit Marie, voilà une marchande de modes à laquelle ma mère autrefois a commandé plus d'un chapeau.

— Bon ! fit Martinet.

Et il se mit à fendre l'air de son fouet avec fureur.

— Que faites-vous? demanda Margot.

— J'attire l'attention de la modiste, dit Martinet avec un grand sérieux.

— Vous avez l'air d'un fou.

— Cela m'est bien égal !

La modiste, en apercevant Marie, poussa un cri de surprise.

Martinet arrêta la voiture.

C'était inviter la marchande de chapeaux à parler à Marie.

— Bonjour, mademoiselle, vint-elle dire à sa cliente d'autrefois.

— Bonjour, madame, dit mademoiselle de Lancenales; vous vous portez bien?

— Parfaitement. Comment êtes-vous donc ici, mademoiselle?

— Je suis venue avec mon père.

— Ah ! le général est à Bar?...

Et la conversation continua sur ce ton banal.

Après deux ou trois minutes qui parurent des siècles aux jeunes filles, Martinet dit d'un air impatient :

— On vous attend.

Et il brusqua les adieux.

Au grand soulagement de Marie, la voiture, cette fois, partit grand train.

— Vous m'en voulez, mademoiselle? dit-il à Margot.

— Oui, fit celle-ci.

— Vous avez tort : il faut faire bien ce que l'on fait. « Étant convenu que l'on doit se faire reconnaître dans la ville, il était juste que je dominasse vos impatiences et que je fisse parler mademoiselle Marie avec quelque personne de connaissance.

— N'importe! fit Margot. Vous, vous avez poussé les choses à l'excès.

— Oh! fit Martinet, grondez-moi à votre aise, mademoiselle, la chose est faite : et c'est tout ce que je voulais dans votre intérêt; quant à supporter votre colère, j'ai bon dos; vous avez des retours de gentillesse trop charmants pour que je n'aime pas vos colères.

Margot, vaincue par cette bonhomie, tendit la main à Martinet qui y mit un baiser sans gêne, car on sortait de la ville et personne ne pouvait voir cette marque de tendresse, qui eût offusqué les bourgeois de Bar-le-Duc.

On continua à suivre une route qui conduisait à un pont sur l'Arnain, situé à une distance de deux lieues; on y fut arrivé en trois quarts d'heure.

Martinet engagea les jeunes filles à descendre, à emporter leurs paquets et à s'habiller en hommes dans un bouquet de bois situé non loin de là.

— Monsieur, dit Margot, c'est souverainement indécent, ce que vous nous proposez là : s'il y avait quelqu'un dans ce bois?...

— Prenez mon manteau et entourez-en celle de vous qui s'habillera; moi, je vais fouiller les fourrés.

Marie était désespérée d'être obligée d'en passer par cette extrémité.

Mais Martinet lui fit entendre raison ; elle se décida, enfin, mais après que le capitaine eut battu le petit bouquet de bois en tous sens et se fut assuré qu'il n'y avait là personne d'indiscret.

Toutes tremblantes, les jeunes filles choisirent l'endroit le plus sombre; elles se hâtèrent et la transformation, cette fois, fut bientôt faite.

Une heure après, la voiture était laissée sur la route. Un quart d'heure plus tard, une chaise de poste emportait les fugitifs.

Margot reprit toute sa gaieté; ses compagnes, égayées par elle, perdirent toute inquiétude et toute tristesse.

Le voyage se passa sans incident; les fugitifs arrivèrent à Paris sans encombre.

XXII

OU L'ON VERRA LES SUITES DE CETTE AFFAIRE.

En huit jours, Martinet, par d'habiles démarches et de bons conseils, plaça Margot et Marie convenablement.

Elles entrèrent dans une maison de gros de la rue Saint-Martin.

Logées et nourries, ayant une somme d'argent considérable, elles envisagèrent l'avenir sous de riantes couleurs.

Augustine avait retrouvé son fiancé libre et toujours épris.

Majeure, elle était certaine de se marier bientôt.

Tout était au mieux à Paris.

A Verdun, c'était autre chose.

Le général avait manqué son mariage : il n'avait pas plu.

De plus, averti de la présence de sa fille, très-étonné, il avait envoyé un exprès à Benoît-de-Vau.

Quand il sut la vérité, il fit les plus actives démarches.

Ce fut en vain.

On suivit les fausses pistes si habilement préparées par Martinet.

Peindre la rage de M. de Lancenales est impossible. Les registres de punitions de la garnison peuvent seuls donner une idée de ses fureurs.

En deux mois, il infligea tant d'arrêts, de prison, de salle de police, que le ministre, assailli de réclamations, pria le général de se montrer moins sévère.

Au couvent, la mère Véronique fut délivrée dans la journée.

Elle sortit de l'*in-pace* pour se mettre au lit.

Elle eut la jaunisse.

En somme, le scandale fut grand et le couvent fut déserté par beaucoup de pensionnaires.

On juge de l'accumulation de haines que Marie assumait sur sa tête; découverte, elle était perdue; aussi se cachait-elle bien.

La plus heureuse fut la tourière.

Le hussard, revenu, fut mis en prison, fut reconnu innocent.

Quant à Martinet, niant énergiquement tout ce dont on l'accusait, il en fut quitte pour un mois d'arrêt et une année en Afrique dans un bataillon d'infanterie légère, dit de punition.

Martinet fut enchanté!

Tout d'abord il conservait son cheval : il avait le droit à être monté, ayant reçu de nombreuses blessures.

De plus, les zéphyrs (on a donné ce nom à ces soldats) étaient des hommes intrépides que l'on envoyait souvent au feu, et Martinet vit qu'il aurait de nombreuses occasions de se distinguer.

Avant de partir pour l'Algérie, il voulut rendre sa visite d'adieu à Margot et à mademoiselle de Lancenales.

En conséquence, il passa par Paris pour se rendre à Alger.

Là, il apprit la désertion de Lassalle, dans des constances douloureuses.

XXIII

RETOUR AU COUVENT.

Mademoiselle de Lancenales était heureuse et fière dans sa situation nouvelle, depuis quinze jours environ; elle avait la résignation de l'attente, ayant la consolation de l'espoir.

Elle était un peu anxieuse au sujet de Lassalle.

Elle avait écrit lettres sur lettres sans qu'il répondit.

Enfin, un jour, une lettre qu'elle avait fait charger, pour qu'elle arrivât plus sûrement, revint avec cette suscription :

Rayé des cadres
(passé à l'ennemi).

Marie n'en pouvait croire ses yeux; elle consulta son patron.

Celui-ci était un homme rompu aux affaires, sachant assez bien les choses de l'armée, dont il était fournisseur pour la passementerie et pour les boutons.

— Monsieur, lui demanda Marie tremblante d'émotion, quand on vous retourne d'un régiment d'Afrique une lettre envoyée par vous et qu'elle contient cette annotation : *Rayé des cadres; passé à l'ennemi*, qu'est-ce que cela veut dire?

— Mon enfant, dit le commerçant, cela signifie que le destinataire a déserté et qu'il ne fait plus partie du régiment.

Marie reçut ce coup stoïquement; elle eut assez d'orgueil pour ne pas se laisser défaillir.

Son patron, toutefois, remarqua qu'elle était fort pâle, et il comprit qu'il avait commis une maladresse.

Il fit un signe à sa femme.

Celle-ci emmena Marie dans son appartement, et la jeune fille fondit en larmes; son patron vint bientôt, dans le but de réparer la bévue commise, si c'était possible.

Mais que dire?

Il ne put revenir sur ses explications, et le malheur de Marie se confirma pleinement; elle apprit tout ce qui s'était passé.

— Mademoiselle, lui dit son patron, je vous supplie de ne pas vous alarmer à tort : les erreurs sont fréquentes, un vaguemestre se trompe...

— Oh! fit Marie, pour une lettre chargée, les employés prennent des précautions.

Et elle montra la suscription.

— Vous le voyez, fit-elle; c'est clair, et le doute est impossible.

Son patron lut l'adresse :

— Lassalle! fit-il, ah!...

Il s'arrêta.

Il était trop tard.

— Vous savez tout! dit Marie. Je vois que M. Lassalle a déserté après quelque grand scandale...

— Mon Dieu! dit le patron, à mon sens, ce jeune homme est excusable. Ne croyez pas votre malheur plus grand qu'il n'est.

« Le jeune officier auquel vous vous intéressez a été presque mis dans la nécessité d'agir comme il l'a fait. »

Et sonnant le garçon de bureau, il lui dit :

— Voyez donc dans la collection de mon journal à me procurer le numéro du 10 de ce mois.

Puis il dit à Marie :

— Vous allez lire vous-même ce que disent les gazettes; vous verrez que l'on ne donne pas tous les torts à votre... parent.
— M. Lassalle est mon fiancé, dit Marie avec simplicité.
On apporta le journal.
Mademoiselle de Lancenales lut la nouvelle suivante :

« Un fait déplorable vient d'attrister notre colonie algérienne.
« Un jeune officier du plus grand avenir, le sous-lieutenant Lassalle, chevalier de la Légion d'honneur, cité onze fois à l'ordre de l'armée, vient de déserter, après avoir tué deux chasseurs d'Afrique de son régiment.
« Quoi qu'il arrive, le sous-lieutenant Lassalle, qui avait devant lui les plus belles perspectives, est perdu pour le pays. On ne se tire point du mauvais cas où il s'est mis; on ne pourrait l'acquitter s'il était repris.
« Il va donc traîner parmi les tribus kabyles la plus misérable existence. »

Lorsque Marie eut terminé cette lecture, elle se leva résolue, pâle, indignée.
— Monsieur, dit-elle à son patron, je vous remercie de vos bons procédés et je vous serai toute ma vie reconnaissante, ainsi qu'à madame, pour les égards dont vous avez usé envers moi.
— Quoi! vous nous quittez? demanda le négociant tout surpris.
— Oui, monsieur.
— Mais où allez-vous, mon enfant?
— Au couvent.
Et elle ajouta :
— En entrant ici, je vous ai trompés ; ne m'en veuillez pas; je suis la fille de M. le marquis de Lancenales, général commandant la subdivision de Verdun.
« Je sors du couvent, j'y retourne. »
Et rien ne put la faire changer d'avis, pas même Margot qui survint.
— Tu es folle! lui dit celle-ci.
— Non! fit-elle. Ma vie est perdue. M. Lassalle m'a trompé!
Elle montra l'article.
— Il avait une intrigue là-bas! fit-elle.
— Ce n'est peut-être pas vrai!
— Oh! le récit de ce journal a l'air, au contraire, empreint d'un cachet de vérité qui ne permet aucun doute. Du reste, cela devait arriver ainsi. M. Lassalle était trop beau garçon pour un laideron comme moi; il m'aurait tuée par la jalousie que j'aurais ressentie auprès de lui.
Elle ne se doutait pas que, par une cause peu facile à comprendre, le bruit public ayant parlé d'une jeune personne mêlée à toute cette affaire, le correspondant du journal avait cru qu'il s'agissait non de la sœur du colonel, mais d'une femme disputée par lui à son sous-lieutenant.
Du reste, elle voyait Lassalle à tout jamais perdu.
En somme, la résolution qu'elle prenait n'avait rien d'invraisemblable, si ce n'est la précipitation avec laquelle mademoiselle de Lancenales l'exécuta.
Elle demanda une voiture et se fit conduire au couvent de la rue des Saints-Pères, démoli depuis, alors renommé pour l'austérité de la vie qu'on y menait.
Margot ne proposa même pas à Marie de l'accompagner; elle regardait cet acte comme un suicide et n'aurait voulu s'y associer à aucun prix!
Elle laissa mademoiselle de Lancenales aller seule s'ensevelir de nouveau au cloître.

Q

LE JUIF.

Quelques mois s'étaient passés depuis les événements que nous venons de raconter lorsque Lassalle arriva à Alger, avec mademoiselle de Lancenales qu'il avait — on saura plus tard comment — enlevée du couvent où elle s'était pour la seconde fois réfugiée et Samoûl l'Arabe.
Le premier soin de Lassalle, en arrivant à Alger, fut de se déguiser : il prit un costume juif, robe longue en soie noire, turban noir, bas de soie blancs; chaussure arabe.
Il acheta pour Marie un costume élégant de femme israélite, sous lequel elle fut charmante.
Quant à Samoûl, il redevint Kabyle, non sans plaisir, car son rôle de catéchumène ne lui allait guère.
Cette transformation opérée, Lassalle quitta Alger pour aller s'établir à Blidah ; il avait donné là rendez-vous, à jour fixe, à son ami Martinet, avant son départ pour la France.
Du gros capitaine, pas de nouvelles.
Lassalle, par prudence, l'avait engagé à ne pas lui écrire.
Trois jours avant le rendez-vous, Lassalle se mit en route pour Blidah ; au lieu de prendre la diligence qui était établie déjà à cette époque, il acheta un mulet pour Marie, deux chevaux pour lui et Samoûl; ils formèrent ainsi une petite caravane et ils se dirigèrent vers Blidah, partageant la distance en trois petites étapes.
Marie, dans le ravissement des premières heures de la passion satisfaite, trouvait un charme infini dans ce voyage. L'Algérie lui apparaissait sous ses aspects multiples, tantôt civilisée, tantôt sauvage, toujours originale, et lui offrant une succession de sites, d'émotions, d'accidents, de types, de mœurs imprévues.
Le troisième jour, au moment d'arriver à Blidah, les voyageurs rejoignirent une troupe d'hommes en armes qui étaient, eux aussi, sur le point d'entrer en ville.
Presque tous ces hommes étaient vêtus d'une façon très-fantaisiste; ils portaient un costume mi-partie européen, mi-partie arabe; ils avaient ou le vaste sourmal (culotte) indigène, ou le pantalon vaste et plissé des chasseurs d'Afrique; la plupart portaient le cabo de laine blanche, sorte de paletot à capuchon; tous avaient la ceinture de cachemire aux flancs.
La nuit étant proche, ils avaient accroché derrière leur dos d'immenses chapeaux de paille, inutiles contre les rayons affaiblis du soleil couchant; ils avaient mis qui des calottes rouges, qui des képis de soldats, quelques-uns des casquettes de fourrure.
Les chaussures étaient toutes fabriquées de peau garnies de poils.
Tout ce monde était armé jusqu'aux dents.
Marie remarqua l'air martial et décidé de ces hommes dont la plupart étaient des Européens, reconnaissables malgré la couche de bronze qui recouvrait leurs visages amaigris par de longues fatigues.
Cette troupe venait de faire une expédition longue et pénible; bêtes et gens n'avaient plus que la peau sur les os.
Il semblait, du reste, que chacun ramenât dans les plis de ses vêtements une poussière rougeâtre; le sable du Sahara avait marqué jusqu'aux rides des visages de son empreinte indélébile ; les sillons des yeux, du front et les commissures des lèvres formaient des lignes cuivrées sur un fond brun.
A ce signe, un indigène eût affirmé sûrement que cette troupe revenait du Sud, des profondeurs du Soudan.

Marie fut très-frappée de l'aspect de cette bande.
— Mon ami, demanda-t-elle à Lassalle, que sont ceux-là ?
— Des chercheurs d'autruches, dit le jeune homme.
Et montrait la petite troupe :
— Tu les vois là, douze ou quinze au plus, n'est-ce pas, chère Marie ? En vérité, c'est peu de chose que quinze hommes.
Eh bien, les plus puissantes tribus du désert n'ont pu s'attaquer à une de ces troupes.
— Pourquoi ? demanda Marie étonnée.
— Parce que chacun de ces chasseurs est un intrépide compagnon qu'aucun péril ne ferait reculer, parce que chacun d'eux est doué d'une merveilleuse science de la vie d'aventures et de guerres.
« Imagine-toi que ces hommes, avec leurs carabines, placent une balle dans le creux d'un chapeau à mille pas avec une précision géométrique ; à cinquante pas, ils coupent un fil blanc auquel on a suspendu une pierre.
« Ces gens font des marches de vingt lieues.
« Enfin ils se vengent avec une cruauté si terrible qu'on les redoute. »
Marie regarda avec attention et curiosité ces chasseurs du Sahara quand elle passa au milieu d'eux. Tout à coup elle poussa un léger cri de surprise.
Dans un grand chasseur, maigre, efflanqué, au visage ardent et creux, elle avait cru reconnaître Martinet.
Mais comment admettre que ce gros hussard fût devenu svelte à ce point, et que cette figure réjouie se fût transformée en une face parcheminée dont la peau était collée sur la boîte osseuse ?
— Qu'as-tu donc ? demanda Lassalle à Marie qui se retournait encore pour voir l'homme en question.
— Il m'avait semblé... dit mademoiselle de Laucenales, que je reconnaissais, au milieu de ces gens, M. Martinet, mais je me trompais assurément.
Lassalle retourna sur ses pas en voyant se découper sur le fond du ciel une tête qui dominait les autres et qui lui rappelait la silhouette de son ami.
Plus il approchait, moins la ressemblance s'accusait, mais Lassalle entendit une voix qui disait :
— Je sais une petite femme qui ne s'attend à rien et qui va être joliment surprise ce soir par l'arrivée de Martinet dit Poigne-de-Fer.
Il n'y avait pas à en douter, c'était Martinet qui se trouvait parmi les chasseurs d'autruches, et Martinet avait parmi eux un surnom : il s'appelait Poigne-de-Fer.
Lassalle, très-bien déguisé, ne jugea pas à propos de se faire reconnaître devant tous ces étrangers ; cependant, comme il était devant Martinet, il fallait bien dire quelque chose à celui-ci, car le chasseur d'autruches lui dit d'un ton brutal :
— Dis donc, iaoudi, pourquoi donc te places-tu devant moi et me barres-tu la route ?
« Voilà la deuxième fois que tu nous déranges, et c'est beaucoup d'audace pour un simple juif. Tout à l'heure, en passant, il a fallu t'ouvrir passage ; sans la jolie juiveresse qui t'accompagne, on aurait fortement caressé les côtes de la bête avec les crosses de nos fusils ; mais le beau sexe a droit à des égards. Parle ! que veux-tu ?
Lassalle, qui oubliait parfois son rôle de juif et qui avait passé en effet au milieu de la troupe un peu brusquement, comprit qu'il devait être très-humble.
— Si saïd (chasseur), dit-il en arabe, je suis un pauvre marchand, désireux de faire des affaires ; vous avez des dépouilles d'autruches sur vos chameaux ; je vous demande la permission de les acheter de préférence.
— On verra, fit Martinet.
— Veux-tu, si saïd, me permettre de te donner mon adresse ?
— A ton aise. Mais je te préviens que nous ne nous laissons pas filbuster ; notre intention est d'aller jusqu'à Alger même, à moins de trouver des prix avantageux.
— Demain, viens me trouver, et tu seras content, dit Lassalle.
Puis, lui tendant une feuille déchirée à son carnet, il lui dit :
— Voici mon adresse.
Martinet prit la feuille et la mit dans sa poche d'un air indifférent.
— Lis donc ! fit Lassalle
— Plus tard.
— Tu as tort.
— Eh ! tu m'ennuies ; on n'y voit déjà presque plus.
Puis, d'un ton de commandement :
— Allons, file !
Et il eut un geste auquel il eût été difficile de désobéir.
Quand Lassalle se fut éloigné, Martinet se mit à rire.
— En voilà un juif qui tient à faire des affaires ! fit-il. Il faudra lui demander deux cents francs par dépouille.
— C'est beaucoup, fit l'un des chasseurs.
— Baste ! la marchandise est rare ; on peut imposer ses prix.
— Où est son adresse ?
Il fouilla dans ses poches, et plaçant le, feuillet qu'il retrouva, devant les derniers rayons que le soleil disparu envoyait par-dessus les monts, il lut :
« Je suis Lassalle. Viens ce soir. Marie m'accompagne. »
— Eh bien ! lui demandèrent ses amis, où trouverons-nous le juif ?
— Ah ! mes enfants, dit Martinet, ce juif est fin à nous rouler tous, et il s'est moqué de moi ; il me dit qu'il ira bien jusqu'à soixante-dix francs par dépouille, et que, si je puis lui faire avoir à ce prix, j'aurai une forte remise. A cause de ma taille, il m'a cru votre chef.
— Nul ne fera marché avec ce gredin, dit un chasseur.
— C'est entendu, fit-il.
Et l'on se mit en marche ; Martinet grillait d'impatience ; il hâta le pas.

II

LA VILLE DES FLEURS.

Toute préoccupée qu'elle fût à l'idée de revoir Margot et Martinet, Marie fut frappée d'admiration par l'aspect que présentait Blidah, la ville des fleurs.
Qu'on s'imagine, au pied de l'Atlas, ceinte par leur épaisse forêt d'orangers, de citronniers, d'aloès et de grenadiers, une cité arabe, perçant de ses minarets élégants le feuillage vert et ombrageant ses terrasses sous des cactus géants,
La Chiffa, descendant en cascade d'une gorge voisine, vient baigner les merveilles de l'enceinte, et ses eaux claires, rapides, joyeuses, murmurent sous des bosquets embaumés une gaie chanson, faite des baisers de l'eau aux rives enchanteresses.
Sous les rameaux, des nuées d'oiseaux préparent leurs amours et les bosquets sont pleins des bruits d'ailes des couples volant aux nids.
La ville est coquette, à demi voilée, remplie de mystères sous les colonnades des cafés maures ; du fond des maisons voilées sous le pampre des vignes s'élèvent des mélopées harmonieuse accompagnées du son des harpes indigènes ; tout est fêtes, danses, plaisirs.
Et le charme est d'autant plus intense, d'autant plus saisissant, que l'Atlas géant enserre et domine Blidah de rocs géants, blocs immenses de granit, entassés les uns sur les autres à une prodigieuse hauteur et découpant sur l'horizon bleu leurs noires et sourcilleuses silhouettes.

Aux plaintes de la Chiffa, qui mugit le long des pentes escarpées, se mêlent les cris lugubres des fauves errant dans les solitudes des ravins, et chaque nuit la brise de terre, effleurant les cimes, descend sur la ville en y apportant l'écho affaibli du rugissement des lions.

Les enchantements de la civilisation mauresque empruntent un excitant très-vif à cette proximité de la vie sauvage qui commence au delà des portes.

Marie, rêveuse, traversa les rues, et arrivée dans l'hôtel choisi par Lassalle, de la fenêtre étroite de sa chambre meublée à l'orientale, elle laissa son regard errer tour à tour sur les toits parfumés de fleurs et sur les crêtes qui trouaient la nue.

Une demi-heure à peine s'était écoulée que Margot, entrant bruyamment, se jetait dans les bras de son amie. Derrière elle Martinet et Lassalle entraient, suivis de Samoül. Un domestique indigène servit le dîner et se retira.

Ce fut une heure charmante que celle de cette rencontre entre les deux jeunes femmes et les deux amis.

Lassalle raconta le premier comment il avait arraché Marie au couvent ; puis, à son tour, il questionna Martinet.

— Tu vas, lui dit-il nous expliquer comment je te revois chasseur d'autruches et comment il se fait que tu t'appelles Poigne-de-Fer, un surnom qui sent d'une lieue, du reste, la vie d'aventures qu'on mène au Sahara.

— Mon cher, dit Martinet, tu m'avais conseillé de m'habituer le plus tôt et le mieux possible à l'existence que nous devrions mener lorsque tu serais de retour.

— Mais je ne t'avais pas engagé pour cela à donner ta démission.

— Oh ! ma démission, elle était quelque peu forcée.

« Jugez-en.

« A peine arrivé dans ma garnison, je me trouve habiter la même ville que le colonel comte de Lancenales.

— Mon frère ! fit Marie.

— Oui, mademoiselle.

Et il reprit :

— Le susdit colonel, quoique cela ne le regardât point, se mit à surveiller mes habitudes, mes opinions, mes faits et gestes.

« Il me savait ton ami.

— Oh ! je prévois ce qui se passa.

— N'est-ce pas ? C'était chose facile à deviner que, si je restais capitaine, un jour ou l'autre ce monsieur me jouerait un mauvais tour.

« Déjà il m'avait infligé les arrêts pour ne pas l'avoir salué. Je ne l'avais point vu.

« Je fis en ce temps connaissance d'un chasseur d'autruches qui me dit tant de jolies choses et des plus tentantes sur la vie du désert et les gains qu'on y réalisait, que je n'hésitai pas à donner ma démission.

— Et tu partis pour le Sahara.

— Pas de suite. Ma démission acceptée, je me rendis au café où je savais devoir trouver le colonel de Lancenales, et je lui reprochai toute sa vie de lâchetés et de platitudes devant un nombreux public d'officiers supérieurs.

« On m'applaudit presque ; il dut se battre ; c'était un duel impossible à éviter, et l'on s'aligna le surlendemain. »

Se tournant vers Marie :

— Ma chère enfant, si vous n'êtes pas débarrassée de votre misérable frère, ce n'est certes pas de ma faute, je vous le jure !

— Tu as fait tout ce que tu as pu, nous le croyons, fit Lassalle en riant.

— Oh ! j'y ai mis tous mes efforts ; mais il sait tirer admirablement, en ce sens qu'il couvre sa poitrine avec une adresse extrême. Je ne pus l'atteindre qu'au bras et ne lui fis qu'une égratignure.

— Hélas ! fit Lassalle.

Marie murmura :

— N'est-ce pas une chose affreuse que je ne trouve pas un cri dans ma poitrine contre celui qui voulait me tuer mon frère ?

Samoül, silencieux jusque-là, trouva une de ces phrases arabes qui sont toujours imagées et pittoresques.

— Tu es, dit-il, une gazelle sœur d'un loup-cervier ; tu ne saurais avoir pour ton frère que de la crainte et de la haine.

— Très-bien, Samoül ! fit Lassalle.

— Bravo, Kabyle ! dit Martinet.

Et il reprit :

— Donc, ce duel terminé, je partis pour chasser l'autruche.

— Comment as-tu gagné ton surnom ?

— En étranglant un jour deux Touaregs, un de chaque main ; j'avais été surpris, sans armes, par ces deux gaillards-là, en quête d'un homme à dépouiller ; je m'en débarrassai comme je viens de vous dire.

— Et te voilà chasseur fini.

— Je crois que peu de mes compagnons savent mieux le métier que moi.

— C'est pour le mieux.

Martinet appela le garçon, fit servir le café, on alluma les chibouks.

Baissant alors la voix, il dit :

— Causons du trésor.

A ce mot de trésor, l'œil de Samoül s'alluma ; Marie et Margot penchèrent leurs têtes curieuses ; Martinet montra son front illuminé d'espoir ; depuis qu'il aimait Margot, il voulait la fortune.

— Mon cher, dit Lassalle à Martinet, je vais t'expliquer comment nous avons découvert l'immense fortune qui dort sous le *Trou du Diable* ; je te dirai ensuite quel plan j'ai conçu pour l'enlever, car il est gardé comme le jardin des Hespérides par un monstre presque fabuleux et redoutable.

— Qui s'appelle ?

— Élaï Lascri.

— Quoi ! ce nègre géant, la terreur des caravanes !

— Oui.

— Si j'avais su...

— Qu'aurais-tu fait ?

— Je l'eu tenu en mon pouvoir.

— En le tuant, tu aurais commis une bonne action et une bonne affaire.

— Et je lui ai donné la vie bêtement.

— C'est un malheur.

Et Lassalle reprit :

— Du reste, Élaï Lascri mort, il reste sa bande.

— Des brigands déterminés.

— Puis il y a des difficultés pour l'enlèvement du trésor : il est placé sous ce lac appelé le *Trou du Diable*.

Marie écoutait attristée.

— Qu'as-tu donc ? demanda Lassalle.

— J'ai, dit-elle, que je suis désolée que l'ambitieuse pensée de vous emparer de cet or te soit venue au cœur.

— Pourquoi ?

— Parce que tu vas exposer ta vie, et il te serait facile de trouver d'autres moyens d'arriver à l'aisance.

— Mais, chère, tu oublies que toute carrière m'est fermée en France ; tu oublies que ma vie sera précaire, menacée sans cesse même à l'étranger, où l'on peut demander mon extradition et l'obtenir.

— C'est vrai, dit-elle.

— Il me faut, avec beaucoup d'or, gagner quelque coin perdu du monde, l'Inde ou l'Amérique, et y ensevelir mon bonheur dans quelque palais lointain où l'on ne viendra jamais troubler notre quiétude.

Et il ajouta :

Margot, entrant bruyamment, se jetait dans les bras de son amie. (Page 112.)

— Crois bien que si je cherche à conquérir le trésor d'Élaï Lascri, c'est pour conserver cet autre trésor qui est toi, et que j'estime supérieur à tout.

Marie tendit sa main silencieusement à Lassalle : le jeune homme y mit un baiser et reprit ses explications.

Lassalle donnait à voix basse ses explications; toutes les têtes étaient penchées vers lui, tous les regards fixaient ses yeux.

Samoül lui-même, qui connaissait le trésor pour s'être enfoncé dans l'eau jusqu'aux chevilles, Samoül prêtait une oreille attentive au récit de Lassalle.

— Ce que je vais vous dire, fit celui-ci en souriant, vous paraîtra peu vraisemblable; mais vous croirez Samoül et moi, qui avons passé plusieurs jours dans le repaire des bandits d'Élaï Lascri.

« Imaginez-vous qu'il existe au sommet de l'Atlas, dans la haute chaîne du Djurjura, un cratère de volcan éteint qui forme un entonnoir assez vaste ; des sources, les pluies, la fonte des neiges qui descendent en été des hauteurs de Krenely, ont transformé ce cratère en un lac limpide et d'un bleu métallique, que les indigènes ont appelé le *Trou du Diable*.

« Ce lac descend à des profondeurs inouïes que personne n'a sondées.

« Déjà cette circonstance, qu'aucune corde, si longue qu'elle soit, ne peut atteindre le fond du lac, malgré les énormes pierres que l'on met au bout des câbles, déjà, dis-je, les mystères de cette eau sans fond impressionnent vivement les montagnards kabyles.

« Gens de superstitions, en voyant les dessins bizarres que forment les brumes du matin au-dessus du *Trou du Diable*, ils se laissent frapper au point de croire à des apparitions fantastiques; mille légendes courent dans la montagne sur ces petits lacs.

« L'une de ces légendes raconte qu'un marabout nègre, une sorte de géant, avait établi sa résidence aux bords du *Trou du Diable*, et qu'il s'y baignait fréquemment, bravant les prétendus djenouns (génies) qui étaient censés l'habiter.

« Selon la légende, un jour un djenoun, pour lui prouver sa puissance, lui montra une galerie souterraine, créée par lui, ayant accès sur le lac, à dix pieds au-dessous de son niveau, et cependant ne prenant point l'eau et restant parfaitement sèche.

« Cette galerie était d'une merveilleuse architecture, au dire de la légende. »

Ici Lassalle s'arrêta et dit en regardant son ami Samoül :

— Cette retraite fantastique, impossible, nous l'avons vue.

Le Roi des Chemins. XXXII.

— Vous plaisantez! fit Margot.
— Pas du tout, fit Lassalle; il m'y est même arrivé une aventure désagréable que je n'oublierai jamais.

Samoûl, se souvenant de la triste figure de Lassalle en sortant des sentines du souterrain, se mit à rire aux éclats.

— Vous nous conterez votre aventure? fit Marie curieusement.

— Chère amie... plus tard.

(Lassalle recula si longtemps ses explications sur ce qui lui était advenu, que Marie ne sut la chose que deux années plus tard, par une indiscrétion de Martinet.)

Le jeune homme reprit :

— Je vais vous expliquer comment il peut se faire qu'une galerie placée au-dessous du niveau du lac puisse donner accès à une immense série d'excavations parfaitement à sec.

« Il y a, dans l'intérieur de la montagne, une certaine quantité de conduits souterrains qui amenaient autrefois la lave au cratère; ces conduits correspondent à des abîmes intérieurs dévorés par le feu jadis, aujourd'hui vidés ou remplis d'eau.

« L'un de ces conduits a son orifice placé, comme je l'ai dit, à dix pieds dans l'eau; mais il monte brusquement au lieu de descendre, et il forme une courbe sous un rocher qui domine le lac; cette courbe dépasse de cinq ou six pieds la surface de l'eau, qui n'envahit la galerie que jusqu'au niveau du lac, en vertu des lois physiques qui régissent les liquides.

« Comme vous le voyez, l'explication est des plus simples.

— Comme ce doit être singulier! fit Margot, de voir cette merveille.

Marie demanda :

— Est-ce que plus tard nous ne descendrons jamais dans ce lac?

— Peut-être, dit Lassalle.

Margot demanda :

— Et le trésor?

— Il est dans une des excavations auxquelles le souterrain conduit.

Martinet, qui n'avait reçu que des demi-confidences, demanda :

— Comment avez-vous découvert et l'or et le souterrain?

— Voici, fit Lassalle :

« Les Kabyles parlaient beaucoup, pendant mon séjour à Inuk-el-Arban, avec Samoûl, de l'étrange façon dont Élaï Lascri et sa bande disparaissaient dans le *Trou du Diable* au retour de chaque expédition.

« On les avait vus se précipiter dans le lac et y rester enseveli...

« Cependant, plusieurs jours après, on entendait reparler d'eux.

« J'affirmais que ce prétendu miracle n'existait pas, ou qu'il avait une explication naturelle; je voulus vérifier les faits, et Samoûl m'accompagna au *Trou du Diable*.

« Nous vîmes toute la bande d'Élaï Lascri se jeter dans ces eaux bleues et y demeurer.

« Plus tard, nous sûmes que le fameux nègre était en expédition.

« Cherchez et vous trouverez, voilà le conseil le plus judicieux que le Christ ait donné au monde; j'ai cherché et j'ai trouvé; nous avons exploré le lac en plongeant, pénétré dans la galerie, parcouru les excavations, marché sur le trésor, dont nous avons ravi une bien faible partie; enfin nous savons qu'au flanc d'un immense bloc de rocs à pic se trouve une sortie dont Élaï Lascri se servait pour lui et les siens.

« Si bien qu'on le voyait s'enfoncer dans les eaux et jamais en sortir.

« Nous avons eu dans la galerie un combat à soutenir contre des affidés d'Élaï Lascri qui étaient en train de le trahir; nous les avons massacrés eux et quelques fidèles qui gardaient le trésor.

« Quand le nègre est revenu, il a dû croire que ses hommes étaient morts en se battant entre eux.

— Mais, fit Martinet, pourquoi le nègre n'entre-t-il pas par l'issue de sortie? Ce serait plus commode que par le lac.

— D'abord, dit Lassalle, Élaï Lascri frappe beaucoup les imaginations en prenant la voie de l'eau pour pénétrer chez lui; tu connais les indigènes, ils sont très-superstitieux.

Montrant Samoûl :

— Tiens, vois Samoûl, c'est un brave; il tremblait à l'idée d'entrer dans le lac.

— C'est vrai! fit le tueur de lièvres.

Lassalle continua :

— En outre, l'issue est inaccessible; le nègre juge inutile de la rendre praticable en taillant le roc.

— Comment descend-il, alors?

— A la mode indigène.

— A l'aide du burnous; je saisis.

— Précisément.

— Nous ne comprenons pas, nous, dit Marie.

— Je vais vous expliquer cela, fit Lassalle : il y a dans les montagnes kabyles un grand nombre de rocs qui terminent brusquement un chemin, lequel reprend au delà.

« Les montagnards savent franchir ces passages dangereux par un saut sans danger; ils déploient leur burnous, placent en croix leur fusil et leur long sabre droit ou leur grand bâton; ils couvrent cette croix de leur burnous, puis ils attachent le tout avec la corde en poil de chameau qui leur entoure d'ordinaire la tête.

« Ils ont fabriqué de la sorte une espèce de parachute.

« Ils s'y suspendent, et leur saut est suffisamment ralenti pour n'être point périlleux le moins du monde.

— J'ai pratiqué ce système, dit Martinet; ça m'a réussi.

— Élaï Lascri a perfectionné le moyen, dit Lassalle.

— Comment a-t-il pu être mis sur la voie de ce souterrain? demanda Martinet; le gaillard a dû entendre parler de la légende du marabout que tu citais.

— Je crois, dit Lassalle, que ce marabout était son arrière-grand-père; le secret du *Trou du Diable* s'est transmis dans la famille, d'aîné en aîné, selon la coutume indigène.

— Et, Marie, vous espérez, mon ami, vous emparer de ce souterrain?

— J'ai la presque certitude de réussir.

— La troupe d'Élaï Lascri est-elle nombreuse?

— Cela varie; tantôt cinquante, tantôt vingt-cinq hommes.

— Rarement plus, rarement moins, dit le tueur de lièvres.

Puis avec un air dédaigneux :

— Du reste, plus ou moins, peu importe; on en tuerait mille comme cent, comme dix, comme un seul.

Il caressait amoureusement son poignard en disant cela.

Marie regardait le Kabyle avec une certaine crainte; elle le trouvait féroce et n'avait pas encore réussi à s'accoutumer à lui; cependant Samoûl lui était très-dévoué.

— Oh! fit-elle, je ne doute pas de vos sentiments, sanguinaires, monsieur Samoûl; je vous crois capable de massacrer une armée, si vous le pouviez; mais le tout est de savoir, non si vous hésiteriez à faire périr la bande de ce nègre, mais comment vous pourrez le faire.

— C'est assez facile, dit Samoël; nous avons arrê[té] le plan avec Lassalle; il ne peut manquer de réussi[r] pleinement.

« Les bandits descendent dans le lac un à un.

« Nous sommes dans la galerie, à l'endroit où ell[e] devient sèche; au moment où un brigand se présente je lui plonge mon flissa dans le corps. »

Et montrant Martinet :

— Poigne-de-Fer, que voilà, entraînera les cadavres.

— Bon! fit Martinet, me voilà fossoyeur, croque-mort; joli métier! mais le trésor est au bout.

Samoûl reprit :

— Quant à Lassalle, il se tiendra prêt à m'aider.

Marie hochait la tête; évidemment, le plan ne lui souriait pas; du reste, toute cette affaire lui répugnait.

— Ma chère enfant, lui dit Lassalle, permets-moi de te faire observer que ces hommes arrivent un à un tout mouillés, les pistolets absolument hors de service.

— Oh! fit Marie interrompant, je ne me permets pas de discuter votre plan; je ne sais rien de ces choses; ce qui me préoccupe, ce sont ces meurtres qu'il faut commettre.

« Que de sang dans cette affaire !

— Comment! s'écria Lassalle, tu as de la pitié pour une troupe de scélérats, de pirates des sables, d'écumeurs du désert!

« En vérité, c'est affligeant !

« Mais sache bien qu'en tuant Élaï Lascri, qui fait trembler toutes les caravanes et qui épouvante les plu[s] braves, nous aurons accompli un de ces exploits qui fondent à jamais dans les États musulmans la réputation d'un homme : ici l'on vit comme en Europe a[u] moyen âge; mêmes mœurs, mêmes brigandages, mêmes aventuriers, mêmes chevaliers, à peu de chose près.

« Ah! chère Marie, quand tu verras les tribus nous bénir, quand tu entendras le concert d'acclamations qui saluera notre arrivée dans les villes et dans les douars, quand tu verras quelle popularité immense nous aurons conquise, tu comprendras que nous ayons entrepris la conquête du trésor d'Élaï Lascri en toute sécurité de conscience.»

Marie se laissa convaincre d'autant plus que Margot dit :

— Mon Dieu, Marie, je ne te comprends pas, ce nè[gre] est si peu intéressant...

Et Marie se résigna.

Au fond, elle eût préféré vivre modestement et n[e] pas sentir la vie de Lassalle exposée à de si grave[s] dangers.

— Mon cher ami, lui dit-elle, tu dois me pardonne[r] ma terreur; mais je vivrais heureuse de bien peu si tu voulais renoncer à cette périlleuse tentative!

— Vivre de peu, dans les États barbaresques que j[e] suis obligé d'habiter depuis ma désertion, c'est vivr[e] sous le joug des puissants et être sans cesse, avec un[e] femme comme toi, en danger de mort.

« Je dépendrais de tout et de tous.

« Il vaut mieux braver la mort une fois et conquéri[r] l'indépendance. »

Marie réfléchit :

— Soit! dit-elle avec résolution; mais jure-moi que cette affaire finie, nous chercherons un nid et ne cou[r]rons plus d'aventures.

— Je m'y engage et je scelle ma promesse d'un bai[ser], fit Lassalle.

Margot avait quelque chose à demander; elle hésitait.

— Voyons... fit-elle timidement, je voudrais vou[s] faire une proposition.

— Nous écoutons! dit Martinet; mais je vous préviens, Margot, que vous avez l'air embarrassé de quelqu'un qui va dire une énormité, ce qui, du reste, ne m'étonne pas.

— Monsieur, dit Margot, si vous êtes revenu du désert pour être insolent, vous pouviez y rester; je ne dirai rien.

— Parlez donc, Margot! dit Lassalle; ce n'est pas parce que Martinet a oublié sa galanterie dans les sables qu'il faut nous punir de ses grossièretés.

— Eh bien! dit Margot, on s'ennuie mortellement à Blidah.

— Une ville charmante, dit Martinet.

— C'est vrai.

— Où vous avez tous les plaisirs.

— C'est vrai.

— Où tout conspire pour écarter l'ennui.

— Mon Dieu, oui, dit Margot; mais n'importe, je ne m'y plais pas.

— Veux-tu habiter Alger?

— Non; je voudrais...

— Je le sais, moi, dit Martinet, ce que tu voudrais, mon enfant.

« Tu voudrais... Martinet... parbleu ! le joyeux Martinet, le beau Martinet, Martinet le folâtre, Martinet l'homme indispensable au bonheur de Margot. »

Et le hussard tordait avec fatuité sa grosse moustache.

Margot baissait la tête.

— Voyez-vous, reprit Martinet, Margot m'a déjà fortement chapitré pour me prouver clair comme le jour qu'elle devait me suivre au Sahara pour chasser.

— J'en suis revenue, dit Margot.

— Pas sûr !

Lassalle était stupéfait.

— Comment, dit-il, vous, une fillette, vous avez de ces idées !

« Que ferait-on de vous dans une bande de chasseurs?

— Je ferais la cuisine.

— Jolie occupation !

« Et pendant qu'on se battrait ou que l'on chasserait?

— Je me battrais et je chasserais, dit résolûment Margot.

Puis avec dépit :

— Croyez-vous que ce n'est pas insupportable, parce que l'on est femme, d'être exclue de toute entreprise un peu hardie? je n'ai pas peur, moi; je ferais le coup de fusil.

— Margot, tu dis des choses folles, fit Marie; sois donc raisonnable!

— Si j'avais toujours été raisonnable, dit Margot, tu serais encore à Benoît-de-Vau, dans les griffes de ta tante.

— Enfin, fit Martinet, c'est entendu, Margot, on ne vous emmène pas; vous feriez une jolie tête, sur ma foi, si vous tombiez au pouvoir d'Élaï Lascri; vous en verriez de cruelles.

Et comme Margot essayait encore de plaider sa cause, Martinet, câlin, l'embrassa en disant :

— Trésor pour trésor, je préfère à celui du *Trou du Diable*; je ne veux pas exposer le plus précieux pour gagner l'autre. Tu resteras.

Margot se rendit, mais non sans arrière pensée.

— Comment! demanda Lassalle, Margot est-elle installée ici?

— Très-bien, en petite dame espagnole très à l'aise, qui a épousé un chasseur d'autruches; elle a une négresse pour la servir, une jolie maison, un jardin.

— Je ne vois rien à changer dans tout cela, dit Lassalle. Marie, toujours vêtue en juive, passera pour être la femme d'un riche marchand israélite (moi) qui sera censé être allé à Laghouat pour acheter des dépouilles d'autruches; Margot dira qu'étant très-amis, ce marchand et moi, j'ai pensé bien faire en laissant ma femme près de la sienne.

Puis, à Marie :

— Le costume juif a ceci de bon qu'il te change absolument.

— Au point, dit Margot, que je ne l'ai pas reconnue.

— Moi, dit Martinet, je ne la reconnais pas encore.

— Combien de temps comptez-vous mettre à votre expédition? demanda Margot.

— Deux ou trois mois, fit Lassalle.

— Et vous partez?

— Dans huit ou dix jours.

Margot poussa un gros soupir.

— C'est bien peu de temps consacré à vos femmes! fit-elle.

— Oui, mais après on ne se quittera plus, dit Martinet.

— Un conseil, dit Lassalle :

« Plus un mot de nos projets; nous savons tous à quoi nous en tenir; n'en parlons plus.

« Je propose une promenade, ce soir, sur les bords de la Chiffa. »

Chacune des deux femmes accepta avec empressement, se suspendit au bras de son mari, et les deux couples s'égarèrent sous les orangers en fleur.

Samoül avait jugé à propos de s'esquiver adroitement, et il était allé admirer des almées dansant dans les cafés.

III

LE MARCHAND DE POUDRE D'OR.

Le soir même de l'arrivée de Lassalle, la maison située en face de son hôtel, maison déserte pendant de longs mois, s'emplissait de bruit et de monde.

Cette maison appartenait, disait-on, à un très-riche particulier, un nègre du Soudan, très-grand trafiquant de poudre d'or et de pierres précieuses.

Cet homme venait en effet suivi de domestiques nombreux; il avait toutes les apparences d'un personnage disposant de nombreux capitaux; il arrivait monté sur un mahari (chameau coureur) du plus grand prix, et il possédait en outre deux pur-sang arabes estimés chacun à quarante mille francs.

C'était un noir, il est vrai; mais en Algérie on n'a pas de préjugé contre les nègres, qui sont souvent chefs de tribus.

Ce marchand, qui maniait l'argent avec une liberté de roi, était fort apprécié dans la ville de Blidah.

Les pauvres en recevaient de très-abondantes aumônes; les talbas (lettrés) lui vendaient fort cher les amulettes; il faisait des dons aux mosquées.

Mais les quelques marchandes de tabac, modistes et autres demoiselles de cette sorte, qui représentaient à Blidah le demi-monde européen, étaient dans le ravissement lorsque l'on annonçait l'arrivée de Si-Lalou, le généreux vendeur de poudre d'or.

On peut comparer ce qui se passait alors à Blidah, parmi la gent lorette, à ce qui se passerait à Paris dans le clan des hautes cocodettes lorsque le khédive viendrait débarquer au *Grand-Hôtel*.

Même émoi!

Si-Lalou se conduisait si bien!

Mais s'il appréciait les Européennes, il ne méprisait pas les almées, tant s'en faut.

Sa maison, mise, dès qu'il l'habitait, sur un très-grand pied, était toujours en fêtes et en festins; on y buvait, dansait, chantait le jour et la nuit.

Si-Lalou était hospitalier.

Il invitait à ses soupers les gens distingués de Blidah; les officiers indigènes de turcos y allaient en corps; beaucoup d'officiers européens se faisaient un plaisir d'y paraître et ils n'étaient point des derniers à apprécier le luxe princier et tout oriental de l'hôtel.

On nous a affirmé qu'un substitut du procureur du roi avait pris un tel plaisir à voir danser les almées, en sablant du champagne, qu'il s'était oublié pendant trois fois vingt-quatre heures chez Si-Lalou, lequel, du reste, aussi peu musulman que possible, traitait ses convives à l'européenne, au point de vue culinaire.

Si-Lalou était âgé.

Il avait une belle barbe blanche, bouclée à la façon des rois d'Assyrie, ce qui, joint à la majesté de sa figure et à sa haute taille, lui donnait un air royal.

Droit sur ses hanches, doué d'une force musculaire inouïe, Si-Lalou était d'une vigueur que lui enviaient les plus jeunes; jamais on n'avait vu une aussi verte vieillesse.

Puis on pressentait que, sous le marchand, il y avait un autre personnage. Si-Lalou était poëte; il improvisait des vers fort beaux, au dire des connaisseurs. Si-Lalou était un guerrier redoutable; il avait accompli, disait-on, de grands exploits au désert, et un jour il avait tué un lion près de Blidah.

Enfin, il y avait en lui un mystère; on ne savait pas d'où lui venaient ses marchandises.

Il était sur ce point d'une discrétion bizarre.

Ce nègre faisait, pendant les huit jours qu'il passait à Blidah, des affaires extrêmement importantes; il vendait pour plus de cent mille francs de poudre d'or, et souvent il avait à se défaire de pierreries dont un seul lot s'évaluait à deux ou trois cent mille francs; sans compter les soieries et les dépouilles d'autruches mâles et femelles.

Les joailliers d'Alger, les banquiers de la rue aux Juifs venaient exprès pour traiter avec Si-Lalou.

C'était, du reste, un homme très-coulant et très-rond en affaires; il fixait un prix raisonnable, puis il n'en démordait plus.

Tel était le voisin de Marie le soir de son arrivée à l'hôtel qu'elle devait quitter le lendemain pour aller habiter avec Margot.

Il se trouva que quand Lassalle se présenta devant l'hôtel, Si-Lalou s'apprêtait à monter à cheval.

Le nègre vit Marie.

Mademoiselle de Lancenales était admirablement belle sous la coiffure israélite, belle de cette beauté qui plaît aux Orientaux. Si-Lalou fut frappé.

Il manqua l'étrier.

Son pied était lourdement retombé à terre, et le majestueux vieillard avait dû se retenir à la crinière de son cheval, qui, secoué par une main puissante, se mit à ruer et à piaffer; mais Si-Lalou, vexé peut-être d'une maladresse commise devant une jolie femme, saisit vigoureusement les crins de son coursier, l'enfourcha virilement, se mit en selle avec grâce et, domptant ses fureurs, le maintint blanc d'écume sur place.

Se tournant alors vers Marie, qui admirait, au point de vue uniquement pittoresque, bien entendu, la grâce majestueuse du vieux cavalier, Si-Lalou sourit.

Mademoiselle de Lancenales, rassurée contre toute arrière-pensée par les cheveux blancs du nègre, crut devoir lui rendre son sourire, et Si-Lalou partit emportant l'espérance.

Car c'était un cœur inflammable, prompt à la passion.

IV

HA DÉCLARATION

Enchanté de son succès, il lança son buveur d'air,

qui l'emporta avec une rapidité vertigineuse ; à peine les deux écuyers purent-ils suivre leur maître.

Hors de la ville, Si-Lalou ralentit son allure, et ses serviteurs le rejoignirent ; il les reçut d'un air rayonnant.

— Ah ! fit-il, mes enfants ! quelle jolie juive nous avons vue !

Et s'adressant plus particulièrement à un certain Ibrahim qui lui servait de kadja (secrétaire), il lui dit :

— J'espère, Ibrahim, que tu vas me rédiger une lettre amoureuse, poétique et tendre pour cette céleste houri.

— Jamais juive n'aura reçu une déclaration pareille ! dit Ibrahim.

— O mon fils ! fit le vieillard, ne nous vantons pas, je te prie. Il est certain roi Salomon qui savait tourner une poésie d'amour de façon à désespérer les poëtes futurs, témoin le *Cantique des cantiques*.

— Qui ne s'adressait pas à une juive, dit Ibrahim.

— Mais qui prouve qu'à ses autres épouses le grand roi devait savoir écrire et dire des choses fort galantes. Si-Lalou, on le voit, n'était pas le premier venu en fait de belles-lettres ; il ne manquait ni de goût ni de distinction.

— Ibrahim, mon fils, dit-il, nous avons quelques jours à passer ici.

— Douze au plus.

— C'est peu pour satisfaire un amour aussi passionné que le mien ; on verra à faire profit des heures que l'impérieuse nécessité rend si courtes.

— Ah ! maître, il faut bénir la vie que tu mènes de te faire des amours rapides.

— Pourquoi donc, Ibrahim ?

— Parce que le poëte Ben-Sadou l'a dit :

Heureux qui ne connaît que les lunes de miel.
La femme au bout d'un mois est un sac de fiel.

— Ibrahim, tu calomnies le sexe auquel nous avons dû Fatma, la fille du prophète, qui était une remarquable intelligence.

« Le poëte Ben-Sadou me paraît du reste un peu brutal en ses expressions, et j'aime mieux les vers de l'Ouled-Djeddin :

Je suis né d'une femme,
Je vis pour une femme,
Et je mourrai pour une femme.

Lekhadja sourit.

— Maître, dit-il, ton Ouled-Djeddin était un vieux farceur, borgne, laid, sale, déguenillé et, par-dessus le marché, ivrogne. Dans sa jeunesse, il avait fait de très-beaux vers qu'il chantait plus tard en demandant l'aumône, les femmes, louangées par lui, ne laissaient pas que de remplir sa main ouverte.

« Le drôle profitait de ces largesses pour boire des liqueurs défendues, et ce doux poëte rossait sa femme à outrance.

— Tu me fais prendre Ouled-Djeddin en horreur, dit en riant Si-Lalou.

Puis il ajouta :

— Écoute, Ibrahim, laissons les poëtes tranquilles dans leur gloire, qui cache leurs faiblesses ; ne pensons plus au passé et songeons au présent, je t'en prie.

— Le présent, c'est la juive.

— Oui, mon fils.

— Eh bien, maître, demain la lettre sera remise, et tu auras réponse.

— Favorable, surtout !

— Je n'en réponds pas.

Si-Lalou fronça le sourcil, et sa tête prit une singulière expression.

— Ibrahim, dit-il en scandant les mots, j'ai dit favorable !

— Maître, je ne puis rien sur le cœur d'une femme, moi.

— Et l'or, imbécile ?

— Et la fidélité, maître ?

— Bêtise ! sottise ! folie !

Le jeune homme secoua la tête.

— As-tu vu le mari ? demanda-t-il.

— Non, dit le nègre

— Il est admirable.

— Un juif !

— Qu'importe ! Le roi Salomon, que tu citais, n'était-il pas juif ?

Et le jeune secrétaire reprit :

— J'ai vu ce que tu n'as pas vu, les regards échangés entre cette jeune femme et son mari, quand elle s'est laissée aller dans ses bras pour descendre du mulet.

« Oh ! vois-tu, maître, elle et lui sont affolés l'un de l'autre ; tout l'or du Soudan n'y fera rien, j'en suis sûr.

— S'il en était ainsi, dit le nègre avec une violence sourde, on enlèverait cette femme.

— On y sera obligé.

— Soit !

Et il devint rêveur et sombre.

Ibrahim, de retour à Blidah, s'occupa ou parut s'occuper des ordres du maître ; il manda près de lui son frère, un jeune garçon très-éveillé qu'il dressait à remplir plus tard, comme lui-même, le rôle de kadja (secrétaire) auprès de quelque personnage.

On n'imagine pas combien les mœurs de l'Algérie actuelle ressemblent à celles du moyen âge.

Ainsi l'organisation de la maison d'un chef indigène ressemble presque en tous points à celle de la maison d'un seigneur français du XIIIe siècle.

L'Arabe riche a ses écuyers, gens de cheval, guerriers qui souvent sont djouads (nobles), et qui le servent en cas de guerre, qui sont ses hommes-liges et qui cependant ne lui rendent aucun service humiliant de domesticité.

A côté d'eux et au-dessous se trouvent les esclaves attachés à la tente, comme les serfs d'autrefois attachés au château ; puis il est toute une classe de vassaux qui, libres de leur corps, n'en vivent pas moins soumis au chef, parce qu'ils sont obligés d'accepter sa tutelle en lui demandant des terres à cultiver.

Dans les détails, la ressemblance des deux époques, si éloignées l'une de l'autre, est encore plus saisissante.

On retrouve en Algérie, auprès des personnages importants, le troubadour qui chante des lais d'amour et des ballades ; puis aussi le clerc, le lettré, le kadja qui écrit ce que le maître signe de son sceau, comme jadis le baron chrétien.

Il fallait que Si-Lalou fût au fond un homme de haute valeur en dehors de sa fortune, car il avait une maison admirablement montée, et parmi ses suivants se trouvaient plusieurs djouads qui n'auraient pas consenti à se mettre sous ses ordres si, tout nègre qu'il fût, il n'eût pas eu une lignée d'ancêtres respectables et une personnalité très-brillante.

Ibrahim, le kadja, était du reste le fils d'un favori du bey d'Oran, et, à coup sûr, il ne s'était attaché à Si-Lalou qu'après s'être assuré que la condition était digne de sa famille, très-connue pour fournir des talbas (lettrés) aux maisons princières de l'Algérie.

Ibrahim était un jeune et beau garçon d'une intelligence souple, déliée, subtile ; il avait une tête de chacal, fine, rusée, mais jolie et gracieuse ; on s'y laissait tromper ; on l'aurait cru charmant.

Mais quand ce garçon caressant, câlin, vif, alerte, vous regardait d'une certaine façon, son œil noir prenait une expression d'énergie sournoise et farouche ; son masque se ridait en un rictus désagréable, et l'on se sentait en présence d'un maître fourbe des plus dangereux.

Evidemment, il y avait du mystère dans le fait de maître Si-Lalou; quand les siens parlaient de lui, tantôt c'était avec un sourire narquois pour les gens de Blidah, que Si-Lalou trompait évidemment sur sa personnalité, tantôt c'était avec terreur.

Tout le monde tremblait devant lui.

Un seul osait lui résister; c'était son kadja.

Il est vrai qu'Ibrahim s'y prenait avec une adresse extrême.

Il prodiguait à Si-Lalou les protestations d'amitié, le traitait comme un protecteur, comme un père; il s'en était fait aimer comme un fils et se conduisait en enfant gâté et mutin. Dans l'instant, il était en train de mener à sa guise, non à celle du maître, l'intrigue dont il était chargé.

— Mon petit Mahmoud, dit-il à son frère, tu vas écrire.
— A qui? demanda l'enfant.

Et il regarda son frère de ses grands yeux bleus.

Il était d'un autre lit qu'Ibrahim; c'était le fils d'une esclave chrétienne donnée à son père par le bey d'Oran; il avait les yeux bleus et les cheveux blonds.

Encore enfant, déjà homme, il offrait, avec le profil régulier et majestueux de la race mauresque, des détails de traits piquants qui formaient contraste en ensemble; le front était haut et noble, le nez arqué, le menton ovale; mais l'œil pétillait de malice et la lèvre rose semblait faite pour être écrasée sous des baisers de femme.

— A qui écrivons-nous? demanda l'enfant.
— A une femme, dit Ibrahim.

Les yeux de Mahmoud étincelèrent.

— Est-ce pour le maître?
— Oui.
— Et quelle est la femme?
— Tu es trop curieux.
— On ne peut pas savoir, alors?
— Non.

Ibrahim semblait distrait.

— Tu dictes? demanda Mahmoud.
— Non.

Mahmoud se mit à rire.

— Qu'as-tu? fit Ibrahim.
— Je ris, parce que tu veux que j'écrive à une femme, que je ne connais pas, des choses charmantes, sur des charmes que je n'ai pu ni apprécier ni deviner.

Puis d'un air câlin:

— Voyons, frère, tu as quelque chose; conte-moi cela.

Ibrahim fit un geste de mauvaise humeur.

— J'ai... j'ai... fit-il, que Si-Lalou est insupportable.
— Ah! ah! toujours!
— Oui, toujours!

Et Ibrahim donna un coup de poing vigoureux sur le mur.

— Quel homme! fit-il. Il a en main la puissance de tout faire, il a l'audace de tout oser, il ne craint rien, et il s'amuse à faire de l'amour mauresque avec les femmes qu'il devrait enlever sans cérémonie.

(Amour mauresque correspond exactement à notre mot amour platonique.)

— Si ça l'amuse! hasarda Mahmoud.
— Et si, par ses niaiseries, il met en garde le mari de cette femme!
— Il se débarrassera du mari.
— Qui sait?
— Si-Lalou est bien riche.
— Nous sommes en territoire français, et le désert est loin.
— Baste!
— Je te dis, moi, que Si-Lalou va perdre l'occasion de se rendre maître de cette juive qu'il convoite.
— Et après? que t'importe?
— Plus que tu ne crois...
— Aôh! j'avais deviné.

Et Mahmoud frappa ses deux mains l'une contre l'autre. Ibrahim fronça le sourcil.

— Eh! mon frère chacal, dit Mahmoud, ne crispe pas ton museau comme cela; tu es laid, et je te prendrais en grippe.

Ibrahim, par expérience, savait quel désagréable aspect il prenait quand il laissait voir ses colères; il sourit et demanda à Mahmoud d'un air tranquille:

— Allons! parle! que sais-tu? Tu m'as donc espionné?
— Qu'est-il besoin d'espionner pour entendre tes soupirs et voir tes œillades?

Et montrant l'hôtel en face:

— Tu aimes l'amie de la juive!

Ibrahim reçut comme un choc.

— Est-ce vrai? dit Mahmoud.

Le kadja baissa la tête.

— Et, continua l'enfant, tu pensais que Si-Lalou te permettrait de l'enlever en même temps que sa juive voilà!
— Qui te croirait si perspicace, avec tes airs de candeur?

Mahmoud triomphait.

— Par Allah! dit-il, il ne faut pas être grand diplomate pour relier quatre pensées ensemble; ce qui m'a éclairé, c'est ce que tu as dit sur la juive.

« Si tu n'avais pas eu d'arrière-pensée à propos de la petite blonde, que t'aurait importé une imprudence du maître?

— Tu raisonnes comme un vieillard de cent ans et ton expérience m'effraie.

— Alors, laisse-moi te donner un bon conseil.
— Va, je t'écoute.
— Tu ne veux pas éveiller les craintes de la juive par une lettre?
— Non.
— Je vais écrire la déclaration d'amour et la porter.
— Mais alors...
— Je ne la remettrai pas.
— Que feras-tu?
— Je dirai une grosse insolence au maître de l'hôtel; il me fera jeter dehors; je crierai comme un âne.
— Pourquoi tout cela?
— Tu viendras ici et tu mèneras grand tapage, et finalement tout s'arrangera.
— Je ne comprends pas.
— Tu reviendras ici et tu diras à Si-Lalou que la juive, après avoir lu sa lettre, m'a fait rosser de belle sorte; le bruit qu'aura causé mon esclandre confirmera tes dires.
— Aôh! tu es un admirable garçon et je t'aime comme mes yeux.
— Donne-moi deux douros, alors.
— Pourquoi faire?
— Es-tu naïf! Que faisais-tu de deux douros à mon âge? Tu allais au café maure voir danser les almées, n'est-ce pas? Après avoir été rossé, j'irai me consoler aux bons endroits.

Ibrahim donna les douros.

— Voilà, fit-il, et amuse-toi.
— Merci, frère.

Et il se mit à faire un pli à la façon orientale.

— Tu n'écris rien sur la lettre? dit Ibrahim étonné.
— Par Allah! tu es naïf. A quoi bon se donner le mal d'écrire un billet qui ne sera lu par personne?
— C'est vrai! fit Ibrahim.
— Il suffit qu'on me voie passer, la missive à la main.
— Tu seras un roué garçon, va!

Et Ibrahim, tout fier de son élève, se mit à la fenêtre pour le voir passer.

Tout à coup il pâlit.

Si-Lalou, sur la porte, arrêtait Mahmoud et le questionnait.

— Pourvu qu'il n'ait pas idée de faire briser le cachet, afin de lire la lettre avant qu'elle ne parte, se dit Ibrahim.

Et il s'aperçut avec terreur qui Si-Lalou faisait rentrer Mahmoud et rentrait avec lui.

Ce qu'Ibrahim redoutait, il y avait peu de chances qu'il l'évitât.

Si-Lalou avait vu passer Mahmoud, lequel lui avait fait en passant un très-gentil salamalec, et l'enfant lui avait montré la lettre avec un clin d'œil très-significatif.

Si-Lalou, on le sait, se piquait de littérature; mais il ne composait que des chants guerriers, en harmonie avec sa puissante et énergique nature; il laissait volontiers à Ibrahim le soin d'écrire les lettres amoureuses, qui demandent de la mièvrerie.

Toutefois il était très-capable de les apprécier.

— Où vas-tu? demanda-t-il à Mahmoud.

— Porter sa lettre à la juive, dit assez bas le jeune homme.

— Ah! ah! fit Si-Lalou, Ibrahim ne perd pas de temps.

— N'es-tu pas pressé?

— Par le Prophète! j'ai soif de cette femme comme le désert a soif de la rosée. Mais est-elle bien rédigée, au moins, cette lettre, cadour (cher) Mahmoud?

— C'est un bijou.

L'enfant voulut passer.

D'ordinaire, le maître ne lisait point ses messages aux dames; c'étaient là, pour lui, des détails insignifiants; pourvu que le rendez-vous fût accepté, il ne s'inquiétait point du reste.

Il y a, chez les riches Orientaux, un grand souci de quiétude; ils aiment le repos et s'en rapportent à leurs serviteurs pour tout ce qui est fastidieux et pénible dans le service; jamais Si-Lalou n'avait eu l'idée saugrenue de demander à son kadja de lui donner connaissance d'une déclaration d'amour.

Cette fois, le maître attachait une telle importance à réussir, qu'il voulut connaître la teneur de la lettre.

— C'est une juive, observa-t-il, il ne faut pas lui parler comme à une Arabe; j'ai oublié d'en faire l'observation à Ibrahim.

Puis il passa devant en disant à Mahmoud :

— Viens!

Et il fallut obéir.

Ibrahim, calme en apparence, très-inquiet en réalité, parut tout à coup.

— Ah! dit Si-Lalou, te voilà, tant mieux; nous allons lire la lettre.

Le jeune homme regarda son frère avec angoisse.

Mahmoud lui fit un petit signe d'intelligence.

On pénétra dans le buen retiro du maître.

La sueur perlait au front de ce pauvre Ibrahim, qui remarquait avec étonnement l'assurance de son frère.

Si-Lalou s'assit sur un coussin et dit à l'enfant :

— Lis!

Et Mahmoud, s'approchant d'une fenêtre, brisa le cachet, jeta l'enveloppe qu'il allait être nécessaire de remplacer, et se mit, au grand ébahissement du kadja, à débiter d'un ton emphatique :

« Louange à Dieu, qui a créé les fleurs et les femmes.

« Louange à Dieu, qui a donné pour père à Jacob et à Ismaël Abraham, la souche de la race juive, et qui devraient s'unir au lieu de se haïr réciproquement. »

Si-Lalou interrompit.

— C'est très-bien, dit-il; voilà une très-grande finesse; cela combat les préjugés et les rancunes que la religion mettait entre cette jeune fille et moi.

Ibrahim s'inclina. Mahmoud reprit :

« Jeune vierge de Sion, tu étais digne d'épouser un Salomon; ta bouche est riante comme une oasis du Sahara et ton haleine est une brise parfumée... »

Et Mahmoud continua d'improviser audacieusement une déclaration à l'orientale que le maître trouva charmante.

— Là! fit-il. C'est parfait.

Ibrahim commençait à se rassurer; mais Si-Lalou avait observé un passage dans lequel Mahmoud comparait la juive à une jument noire, et il demanda :

— Ne pourrait-on intercaler un mot dans cette phrase? Je voudrais, comme dans le chant des Ouleds-Mansours, mettre « à une ardente jument noire; » cela ferait, je crois, très-bien.

— Hum! hum! fit Ibrahim. Déjà l'on reproche aux Arabes d'abuser de la comparaison d'une femme avec une jument; l'épithète *ardente* ne fait qu'ajouter à cette figure, déjà très-risquée en elle-même.

— Et quels bélîtres, demanda le nègre, trouvent mauvaise notre façon d'écrire?

— Les Français.

— Je me soucie peu de ce que pensent, en fait d'amour et de littérature, ces hommes du Nord, qui sont glacés.

Puis un peu dépité :

— Passe la lettre, Mahmoud.

Ibrahim pâlit affreusement, car le digne Si-Lalou avait beaucoup d'amour-propre, et il allait évidemment se fâcher en voyant comment on le trompait.

Ibrahim se souvint que son maître, à Blidah même, avait tué de sa main un serviteur insolent qu'il croyait à l'abri parce qu'il était dans une ville française; personne n'avait soufflé dans la maison; on avait enterré le mort et tout avait été dit.

Le pauvre kadja avait la mine piteuse d'un chacal pris au piège.

Une exclamation de Mahmoud lui fit lever la tête, qu'il tenait baissée; l'enfant regardait par la fenêtre. Si-Lalou, contrarié, s'écriait :

— Ah! le maladroit!

Déjà Mahmoud quittait la chambre pour courir dans la rue.

— Une si belle lettre! fit Si-Lalou; la laisser envoler ainsi!

Ibrahim comprit tout et respira, soulagé d'un grand poids.

— Maître, dit-il, je descends; nous rattraperons la lettre et la recopierons, en ajoutant le mot que tu demandes.

Déjà Si-Lalou avait changé d'opinion sur l'épithète.

— Après tout, fit-il, je me souviens que la reine de Saba s'est un peu moquée du *Cantique des cantiques*, parce qu'il contenait des métaphores outrées; la légende rappelle que, dans son entrevue, elle dit à Salomon que si une femme avait un nez semblable à une tour, cela pourrait paraître extraordinaire.

Et il ajouta en riant :

— Les Français ne sont pas maladroits auprès des femmes et se connaissent en galanterie; j'ai eu tort de mépriser leur opinion; je supprime le mot *ardente* et même la comparaison tout entière; fais recopier la lettre sans cette phrase et envoie-la.

— Bien, maître!

Dire qu'Ibrahim jura, en sortant, qu'on ne l'y reprendrait plus nous paraît parfaitement inutile, et quoi qu'il en eût, Mahmoud reçut une paire de soufflets solides. L'enfant regarda son frère sans pleurer, mais en face.

— Ibrahim, lui dit-il, tu es grossier comme un alouf (porc).

— Tais-toi, dit le kadja.

— Non. Je dois te parler. Tu m'as corrigé souvent; je le méritais, je n'ai rien dit; mais aujourd'hui tu me frappes pour une faute que tu as partagée, car tu avais ri de mon idée; par mon sang-froid j'avais réparé mon imprudence.

Puis gravement :

— Tu m'as battu parce que tu as eu peur du yatagan de Si-Lalou; tu es un lâche, Ibrahim.

Le kadja leva une main furieuse sur la jolie tête de l'enfant.

— Garde à toi! dit celui-ci; si ta main retombe, je dis tout au maître.

C'était un garçon plein d'énergie que ce Mahmoud.

Ibrahim n'osa le braver. L'enfant se mit à écrire la lettre, la cacheta et sortit. En chemin, il murmura :

— Ce n'est pas un frère que j'ai là; c'est un méchant drôle qui a pris tout ce qu'il y avait de mauvais dans le cœur de sa mère, qu'on m'a dit avoir été une femme très-méchante; il n'a rien de notre père, qui était un homme très-bon. Voilà déjà plusieurs griefs que j'ai contre lui, et je sens la haine m'envahir.

A partir de ce moment, Ibrahim eut à compter avec l'hostilité de Mahmoud.

L'enfant, toutefois, comme il s'agissait du service du maître, accomplit sa commission ; mais, au lieu de jouer la comédie convenue, il voulut remettre la lettre à la personne à laquelle elle était destinée.

Il entra dans l'hôtel comme un furet, se promena un peu partout, saisit le moment où il aperçut Marie seule dans sa chambre, entra mettant un doigt sur ses lèvres, et il lui remit la lettre.

Marie ne vit dans ce joli messager qu'un enfant.

— Mon ami, lui dit-elle en français, vous vous trompez sans doute.

— Non, je vous assure, dit Mahmoud en français aussi, ceci est pour vous.

Marie, voyant une écriture arabe sur l'adresse, dit :

— Je ne lis pas l'arabe.

Mahmoud s'étonna.

— Le comprenez-vous, au moins? demanda-t-il assez surpris.

— Non. Mon petit ami, je suis une juive française.

— Alors, fit-il, vous ne comprendriez rien à cette lettre.

Puis il demanda :

— Voulez-vous que je la traduise?

— Mais, dit Marie, que contient-elle?

Mahmoud regarda un instant la jeune femme, hésita, puis il prit son parti.

— Mon maître, dit-il, met à vos pieds sa fortune, qui est immense; vous lui demanderez ce que vous voudrez; il paiera chacun de vos baisers par une perle.

Marie rougit.

— Mon enfant, dit-elle, vous répondrez à votre maître que j'aime passionnément mon mari, que, pour tout au monde, je ne saurais en aimer un autre, et que toute tentative est inutile.

Mahmoud s'inclina.

— Je savais bien, moi, dit-il, que vous répondriez cela, et je suis bien content d'avoir deviné juste ; vous avez une trop fière figure pour tenir à l'argent.

Il plia un genou à la façon arabe, prit la main de Marie très-émue, y déposa un baiser, puis sortit.

Mademoiselle de Lancenales ne lui avait point demandé de la part de qui il venait; elle jugeait cela inutile.

Elle était de ces femmes qui regardent de pareilles tentatives comme non avenues, et qui les ensevelissent dans un oubli profond.

Lassalle ne sut rien de cela et Marie n'en parla même pas à Margot, qui était trop indiscrète.

Puis, à quoi bon s'entretenir de cet incident insignifiant ?

V

LE LION ET LE MOUCHERON.

Lorsque Mahmoud revint, Ibrahim l'attendait avec une vive impatience; il lui tardait de savoir comment les choses s'étaient passées.

— Cadour, demanda-t-il d'un ton patelin, je n'ai pas entendu de bruit; est-ce que le maître hôtelier n'a pas voulu se fâcher?

Mahmoud eut un dédaigneux sourire.

— Le maître hôtelier, dit-il, n'avait pas à se mettre en colère.

— Cependant...

— Oui, je devais, pour servir tes intérêts, jouer certaine comédie.

— Et tu ne l'as pas fait?

— Non. Ne viens-tu pas de me battre parce que notre lettre blanche a failli nous faire poignarder tous deux par Si-Lalou?

Ibrahim baissait la tête.

Mahmoud reprit :

— Avec un frère comme toi, il faut se défier; si jamais Si-Lalou avait su quelque chose, tu aurais tout rejeté sur moi, pauvre petit djenoun (dans ce sens, djenoun signifie bon génie) qui me dévoue pour toi.

— C'est bon, fit Ibrahim; je sais à quoi m'en tenir sur ton compte.

— Et moi sur le tien.

Les deux frères eurent l'un pour l'autre un regard haineux.

Cette antipathie devait amener des conséquences graves sur la marche du drame que nous avons entrepris de raconter.

Ibrahim cessa toute récrimination et il n'eut qu'un mot :

— Ne me demande jamais un boudjou (un sou), frère.

Et Mahmoud fièrement :

— Jamais!

Puis, tirant de sa ceinture un joli mahomet (porte-monnaie arabe), il y prit les deux douros données le matin même et les jeta sur le parquet avec un profond dédain.

— Voilà! fit-il.

Et il s'en allait.

— Où vas-tu? demanda Ibrahim sur un ton rogue.

— Près de Si-Lalou.

— Quoi faire?

— Lui rendre compte de ma mission.

— Inutile; dis-moi le détail de ce que tu as fait, je le lui rapporterai; il m'a chargé de te commander la chose et de lui rendre compte.

Mahmoud haussa les épaules et sortit sans répondre.

Ibrahim pensa :

— J'ai eu tort de froisser cet enfant; il me jouera quelque méchant tour.

Et il suivit son frère.

Celui-ci entra chez Si-Lalou, qui attendait aussi, non sans un peu d'émotion, le résultat de la lettre.

— Maître, dit Mahmoud, me voici de retour et porteur d'une nouvelle qui fera rider ton front.

— La juive n'a rien voulu entendre à mes propositions? fit Si-Lalou pâlissant à la façon nègre, c'est-à-dire que la peau de sa face léonine prit des teintes bleuâtres très-singulières à voir.

— Maître, dit Mahmoud, ce qu'il y a d'heureux, c'est que le refus ne s'adresse point directement à toi, mais à tous.

— Qu'entends-tu par là?

— Que ton amour-propre est sauf, ce qui est toujours un bonheur et un espoir.

Les Arabes, avec des précautions infinies, placèrent les jeunes femmes dans les coffres. (Page 129.)

— Explique-toi donc, petit !
— J'ai présenté la lettre, maître ; je la lui ai traduite en français.
— Elle ne parle donc pas l'arabe ?
— Elle est Parisienne.
— Si j'avais su ! s'écria Si-Lalou. Une Européenne !... Ma lettre orientale lui aura paru ridicule et outrée.
— Nullement, maître.

Mahmoud, avec une adresse extrême dont Ibrahim s'alarmait, cherchait à calmer l'irritation que le refus de Marie devait causer à Si-Lalou.

— Kébir (chef, textuellement : grand), dit-il, quand j'ai eu terminé ma traduction, la jeune femme a souri.

« — Mon ami, fit-elle, j'adore mon mari ; j'ai fait un mariage d'amour ; pour le sceptre du monde je ne manquerais pas à la fidélité que je dois à celui que j'aime. »

Si-Lalou fronçait le sourcil et contenait difficilement sa fureur ; ce vieillard semblait en ce moment un homme dans toute sa virilité ; un volcan grondait dans cette vaste poitrine.

Lui résister !

Mais nul n'y avait osé songer !

On le voyait bien au froncement léonin de ses sourcils.

Si, en arabe, équivaut à monsieur, Sidi à monseigneur. Le nègre se faisait appeler Si par tout le monde et devant le monde ; chez lui, les siens l'appelaient Sidi avec un respect non joué et non équivoque.

— Sidi, insinua Mahmoud, c'est peut-être pour le mieux.

— Aôh ! qu'as-tu dit, méchant moucheron qui bourdonnes à mon oreille et m'importunes de tes observations ?

Ibrahim eut un éclair de joie sur sa face de chacal ; le maître se fâchait, Mahmoud se perdait ; mais le jeune homme ne se démonta pas pour si peu.

— Que Sidi-Lalou m'écoute, dit-il, il verra que quelquefois le moucheron sait bourdonner un bon conseil au lion.

Le nègre se radoucit.

— Parle, fit-il.

— Ne vaut-il pas mieux, demanda le jeune homme, qu'au lieu de se vendre en courtisane au vieillard qu'elle croit un riche marchand, cette femme, enlevée par toi, soit amenée là où tu es maître des chemins, seigneur souverain de l'espace, roi et tout-puissant ?

« Ne vaut-il pas mieux, qu'en présence de la gloire qui t'environne là-bas, au sein de cet empire que ton génie s'est créé, elle s'éprenne de toi, jeune, beau, brave, homme de bras et d'épée, de pensée et de tête ?

« Que, lion, tu arraches cette gazelle à son nid, que tu la transportes dans ton repaire, que tu lui imposes les caresses, tu as chance qu'elle admirera ta force et te donnera son cœur.

« Mais la corrompre par des présents, c'est l'avilir et la rendre indigne de la grande passion qu'elle t'a inspirée. »

Si-Lalou se leva.

— Enfant, dit-il, c'est parler d'or et tu ressembles à David charmant Saül; je suivrai ton avis, qui est d'un sage.

Ibrahim intervint.

Ce succès l'irritait.

— S-Lalou, fit-il, oublie une chose.

— Et laquelle, Ibrahim?

— C'est que cette jeune femme doit être en défiance.

— Pourquoi?

— On te sait très-riche, on te craint ici, maître.

— C'est vrai. Elle peut redouter un enlèvement; cependant on me prend pour un simple marchand du Soudan.

— L'amour est craintif, la jalousie est défiante : la femme aura peur et le mari prendra ses précautions.

— Par Allah! dit Si-Lalou, j'ai eu tort d'envoyer cette lettre.

— Sidi, déclara Mahmoud, j'ai paré à ce danger...

— Comment?

— Je n'ai pas dit de la part de qui je venais, et cette juive est depuis trop peu de temps ici pour me savoir à toi.

— Aôh! s'écria joyeusement le nègre, tu es un précieux garçon et je t'aime comme un fils, Mahmoud.

Il tira sa bourse pleine d'or.

— Voilà pour toi, dit-il ; va voir les almées des cafés maures, les spectacles des Français; amuse-toi bien et compte sur moi comme sur un ami, petit moucheron qui bourdonnes si bien.

Et d'un geste amical :

— Va! dit-il.

Mahmoud s'en fut, faisant tinter l'or dans la bourse et jetant un coup d'œil triomphant à Ibrahim pâle de dépit. Si-Lalou disait à son kadja :

— A nous deux, maintenant! il faut combiner cet enlèvement.

VI

SI-LALOU.

Lorsque Si-Lalou fut seul avec Ibrahim, le véritable caractère de ce personnage assez singulier apparut; qui l'eût vu, l'œil rouge, la prunelle enflammée, les narines dilatées et frémissantes, le front ridé par un pli terrible, les lèvres relevées et montrant ses dents aiguës, qui l'eût vu dans l'explosion de sa furie contenue trop longtemps au milieu de cette ville civilisée, eût reconnu en lui un de ces aventuriers audacieux et sans frein qui écument le Sahara, ne craignant rien au monde, « sinon que la terre fuie sous leurs pas, » selon l'expression de l'un d'eux interrogé par le général Margueritte.

Ibrahim, humble, tremblant, se tenait courbé en deux, dévoré par le magnétisme de ces yeux du maître, flamboyants comme ceux d'un lion furieux; il avait l'attitude d'un homme qui sait que sa vie dépend du caprice d'un sultan.

Et Si-Lalou était plus que son chef, plus que son roi; car chef, sultan ont toujours quelque opposition à craindre, quelque chose à ménager.

Si-Lalou n'avait qu'une loi, son caprice.

Il voulait... tout était dit.

— Ibrahim, dit-il d'une voix sourde, il faut que cette femme soit conduite au lac, que je l'y trouve en arrivant.

Et écrasant son kadja d'un regard insoutenable :

— Tu m'as compris... sous peine de mort; souviens-toi de ton prédécesseur!

Ibrahim s'inclina.

Mais, tout intimidé qu'il fût, il ne perdait pas de vue ses intérêts; il demanda, sans toutefois lever la tête :

— Sidi, veux-tu me permettre de faire une prière?

— Va!...

Et Si-Lalou, en disant ce va brutal, n'avait rien d'encourageant.

Ah! ce n'était plus le grand seigneur arabe bien élevé, lettré, poli, qui dissertait sur le *Cantique des cantiques*. Ibrahim sentit le courage lui manquer; il hésita.

Si-Lalou pouvait se fâcher, car il allait lui demander la permission d'enlever aussi une femme, cette Margot sémillante dont il était passionnément épris; mais comment risquer cette prière à ce maître farouche?

N'allait-il pas trouver qu'Ibrahim, ayant déjà à exécuter un rapt pour autrui, aurait trop de besogne s'il se chargeait de deux?

Mais le kadja trouva un biais.

— Sidi, fit-il, je sais trop que tu aimes à être obéi pour n'avoir pas déjà dressé mon plan à l'avance.

— Très-bien! fit le nègre.

Et ses lèvres ébauchèrent un sourire, ce qui encouragea Ibrahim.

— Est-il bon, ce plan, au moins? demanda Si-Lalou.

— Il est encore imparfait, mais je suis sûr que je réussirai.

Puis timidement :

— Cependant il faut que tu m'accordes une permission.

— Ah! cette prière que tu voulais me faire? mais formule-la.

— Il faudrait, Sidi, que je pusse enlever deux femmes.

— Et pourquoi donc?

— Parce que cette juive ne quitte pas d'un instant son hôtesse.

— Et c'est l'hôtesse que tu veux emmener avec Meriem (Marie)?

— Oui, Sidi.

Si-Lalou réfléchit.

— Mais, cadour, fit-il au bout d'un instant, pourquoi se charger de deux femmes? C'est absolument inutile.

— L'hôtesse ne se sépare jamais de sa nouvelle amie, maître.

— Tue cette femme.

Que répliquer?

Ibrahim sentait l'espoir lui échapper, quand une lumineuse idée lui vint.

— Sidi, fit-il, crois-tu que cette jeune Française ne serait pas enchantée d'avoir une compagne pendant tes absences?

— C'est vrai! fit Si-Lalou.

Et insoucieusement :

— Soit! emmène.

Mais Ibrahim voulait encore quelque chose, et il demanda :

— Puis-je compter que demain, dans la nuit, tu auras à souper le chasseur d'autruches, qui est l'ami du mari de la juive, et ce juif lui-même? Cela faciliterait les choses.

— Rien de plus simple; je me demande seulement s'ils accepteront.

— Je me charge de négocier la chose ; je ne demande que l'invitation.

— C'est accordé.

Puis en riant :

— Ibrahim, mon fils, je ne te refuse rien, tu le sais?

— Non, sidi.

— Le coffre aux douros est ouvert pour toi; puises-y.

— Oui, sidi.
— Rappelle-toi que dans le cas d'un insuccès, quand je te ferais enlever la tête de dessus les épaules, tu n'aurais rien à dire.
— Maître, tu te charges de décapiter un homme si vite et si bien, qu'il n'a guère le temps de protester.
C'était à la fois une épigramme et un compliment. Si-Lalou le remarqua.
— Ah! Ibrahim, fit-il, tu enveloppes habilement tes malices; on les prendrait volontiers pour des caresses; mais, va! je suis bon maître et débonnaire; dis ce que tu veux, pense ce que bon te semblera, mais, par la barbe du Prophète! fais tout ce que je commande, ou gare à toi!
Et il le congédia.

VII
LE MENUISIER FRANÇAIS.

Les Arabes ignorent l'usage des voitures; leurs moyens de transport sont le mulet, le chameau ou l'âne, ce qui comporte l'emploi du coffre et du coussin.
On attache aux flancs de l'animal des caisses ou des paniers que d'un pied sûr il transporte à travers les chemins les plus difficiles et les plus escarpés.
Si-Lalou, venant du Sahara, ou étant censé en venir, amenait ses marchandises dans de magnifiques, longues et solides boîtes de cèdre qui, elles-mêmes avaient une grande valeur.
On disait souvent à Blidah :
— On ne demande pas ce que contiennent les coffres de Si-Lalou; mais qu'il nous donne seulement les coffres et nous nous en contenterons.
En quittant son maître, Ibrahim s'en fut à une espèce de magasin où se trouvaient déposées ces caisses; il en prit deux des plus vastes.
— Vous allez, ordonna-t-il à quatre serviteurs, me suivre avec cela.
Et il sortit, se dirigeant à travers les rues vers la boutique d'un menuisier français, un ancien zéphyr établi depuis quelque temps et qui, avec l'adresse des soldats de son bataillon, savait faire un peu de tout; il était aussi bien tapissier qu'ébéniste, que menuisier, que charpentier, et on lui eût demandé d'arranger une montre qu'il y eût peut-être réussi, mais à coup sûr il aurait essayé.
Ibrahim, accoutumé à la paresse ordinaire des ouvriers arabes, à leur inertie et à leur indifférence, ne se doutait pas de la pénétration d'esprit qu'il allait rencontrer chez maître Lalouette, l'ex-zéphyr.
Celui-ci était en train de confectionner une admirable petite niche pour le chacal apprivoisé de madame la commandante de place, quand Ibrahim entra.
Lalouette ayant sablé, dès l'aube, deux verres de vin blanc de Milianah, se trouvait dans ce bienheureux état de gaieté que donne la demi-ivresse matinale; il voyait tout en rose, même les Arabes les plus bronzés.
C'était un bon vivant que maître Lalouette, un vrai type de soldat d'Afrique devenu colon ; toujours riant, chantant, buvant et ne travaillant que par soubresauts, mais ajoutant alors beaucoup de besogne; il avait du reste un chic esbrouffant pour attirer le client et le renvoyer content.
Dès qu'il aperçut Ibrahim avec ses deux coffres, il flaira une bonne affaire et il déconcerta le kadja par son accueil.
— Salem! Si-Ibrahim, lui cria-t-il; ouacho outa (comment vas-tu)? Je te souhaite un jour heureux, ainsi qu'à ton maître, le généreux Si-Lalou.
— Tu me connais donc? demanda Ibrahim suffoqué, car il voulait mettre du mystère en toute cette affaire, qui demandait de la prudence.
— Si je te connais! mais je ne connais que toi, et tes chansons, et tes lettres, et ton talent, et ton savoir-faire, Si-Ibrahim!
Le kadja resta stupéfait.
Les Arabes n'ont pas idée de l'ingéniosité et des inquiétudes d'esprit qui poussent les Français à se mêler de tout ce qui ne les regarde pas; il ne pouvait s'imaginer que ce menuisier se fût occupé du kadja d'un marchand, quel que fût ce marchand, du reste.
— Comment se fait-il que tu me connaisses ainsi? demanda-t-il.
— Parce que je t'ai vu dans la suite de Si-Lalou, parce que j'ai demandé :
« — Quel est donc ce joli garçon qui est auprès du fameux Lalou? »
Ibrahim se laissa flatter, tant Lalouette mit de bonhomie à lui débiter cela; au fond, le menuisier ne voulait qu'une chose : fasciner son homme et faire affaire.
Lalouette reprit :
— On m'a répondu que tu étais un chanteur, un poëte, un musicien, ce que nous appelons un artiste, le Benjamin de Si-Lalou, son messager d'amour aux dames.
Lalouette hasarda un coup de maître et il ajouta :
— J'ai été curieux de savoir comment vous autres auteurs arabes vous faisiez les vers, et je me suis fait dire ton chant de la caravane.
Les yeux d'Ibrahim étincelèrent de joie; son amour-propre était agréablement chatouillé, il était ravi.
— Ah! fit-il, tu as entendu dire que j'avais fait ce chant?
— Oui; c'est un des serviteurs même de Si-Lalou qui me l'a récité avec accompagnement de derbouka (instrument de musique).
La vérité est qu'un soir Lalouette, très-intrigué par tout ce qu'on racontait sur Si-Lalou, avait voulu en avoir le cœur net; il avait rencontré un des serviteurs du négociant, l'avait invité à une de ces petites griseries d'anisette jaune que les indigènes se permettent assez facilement, et il avait dû subir un tas de racontars sur Si-Lalou, Ibrahim, les talents de celui-ci; il avait même dû écouter le chant de la caravane...
Et quand l'heure des dernières confidences était venue... psitt!... l'Arabe resta muet comme une carpe.

Mais Lalouette, que le chant de la caravane avait fortement ennuyé, se trouvait bien heureux à cette heure de l'avoir entendu.
Et Ibrahim, qui se rengorgeait, lui semblait facile à enfoncer, en style commercial.
Le jeune kadja, qui maniait si bien l'éloge, fut pris au jeu où il excellait.
Du reste, rien n'égale la fierté, la vanité, le *je m'en fais accroire* d'un poëtaillon oriental : le plus mince improvisateur se croit une renommée universelle.
Donc Ibrahim avala la pilule dorée par l'ex-zéphyr, qui s'aperçut du succès de son procédé.
— Il y mord! pensa-t-il; à moi la commande!
Et il interrogea Ibrahim.
— Si-Kadja, demanda-t-il, qu'est-ce donc que ces boîtes?
— De l'ouvrage pour toi, et tu seras bien payé dit le jeune homme.
— Il s'agit?...
— ... De transformer ces deux coffres en deux niches.
— Des niches à chiens?
— Oui.
— Tiens! justement j'en fais une pour le chacal de la commandante.

Et il montra sa besogne en train de se confectionner.
— Peuh! fit Ibrahim. Il nous faut autrement et mieux.
Puis d'un air d'importance :
— Sais-tu ce que c'est qu'un souloughi ?... Oui, n'est-ce pas?
— C'est un lévrier.
— Tu as ouï dire qu'un de ces couples, quand il est de race pure, avec sa généalogie authentique, valait fort cher?
— On m'a parlé de deux ou trois mille francs au moins.
— Ça n'a pas de prix!
Et Ibrahim, avec un air de bonne foi merveilleux, reprit :
— Si-Lalou a su que, dans une tribu voisine de Blidah, se trouvait une paire de ces chiens, qui n'avait pas sa pareille dans le monde entier. Nous autres, gens du Sahara, nous sommes chasseurs.
« Si-Lalou, lorsqu'on lui dit que ces souloughis forçaient l'antilope, voulut le voir, en fut enchanté et les paya au poids de l'or littéralement.
— Oh! oh! fit le zéphir.
Et il écarquilla les yeux d'un air crédule, voire même un peu jobard.
— Il faut, tu le comprends, emporter ces chiens au désert.
— Bon! de là les niches.
— Si-Lalou craint de ces pareilles bêtes, intelligentes et fines, ne retrouvent leur chemin, et il veut les dépister.
— Dans ce but, il les enferme; c'est compris, Sidi.
— Tu vas donc percer des trous nombreux dans ces coffres.
— Pour l'air?
— Précisément! Puis tu les capitonneras de soie et de coton.
— Pour que les chiens soient bien à leur aise? Sois tranquille.
— Ne raccourcis rien de la longueur des boîtes, surtout.
— Pas de danger!
— Il me faut cela demain soir.
— Tu l'auras.
— J'y compte absolument.
Ibrahim était enchanté.
Mais il restait un point délicat : la question d'argent.
— Combien vas-tu me payer un travail aussi important? demanda délibérément le zéphir, qui prit l'air assuré du chasseur maître de sa proie.
Ibrahim remarqua ce changement de ton et de manières.
— Ouais! pensa-t-il. Notre homme veut-il m'exploiter?
Mais, songeant au trésor du maître, il se dit :
— Qu'importe!
Et il répondit :
— Ce que tu voudras.
— Pour ma peine et pour l'achat de la soie, dit le zéphir, j'évalue la chose à cinq cents francs.
Ibrahim trouvait le chiffre ridiculement exagéré.
— C'est cher! fit-il, mais le maître est riche; j'accepte.
Le menuisier savait ce qu'il voulait savoir; on ne donne pas ainsi cinq cents francs d'un travail qui en vaut cinquante sans avoir pour cela des raisons.
Aussi dit-il avec aplomb :
— Quant à ma discrétion...
Il suspendit sa phrase...
Ibrahim, étonné, s'écria :
— Quoi! encore?...
— Certainement; jusqu'ici je n'ai parlé que de mon travail.
— Y a-t-il autre chose à payer ?
— Mon silence!
Le kadja regarda cet homme qui, tout à l'heure, avait l'air si jovial, si simple, si bon enfant, et qui maintenant lui sembla extraordinairement rusé.
— Ah ça! fit-il, penses-tu que nous avons volé les chiens?
— A d'autres! Il faut conter ces blagues à Dache, le perruquier des zouaves. Moi, je ne pince pas là-dedans.
Et il toisa Ibrahim.
— Que crois-tu donc? fit celui-ci.
— Toi et ton patron, vous enlevez deux femmes; voilà! fit le zéphir.
Ibrahim pâlit.
Sûr de son fait, dès ce moment, le vieux soldat, qui avait deviné seulement qu'il s'agissait d'un rapt, eut l'air de tout connaître et il dit avec un aplomb splendide :
— Assez causé! ne te défends pas, je sais tout; affaire connue, vue, toisée, jugée; nier, ce serait bête.
Et il demanda :
— Veux-tu les noms, prénoms, qualités, signalements, signes particuliers de ces dames? je vais tout te dire.
Ibrahim trembla; cet homme pouvait tout faire manquer.
— Chut! fit-il...
Et il le questionna bas.
— Comment as-tu pu savoir ce secret? Le sais-tu seul?
— Je sais cela parce que je sais généralement tout, dit impudemment le zéphir; quant à partager mes petites découvertes avec d'autres, jamais de la vie ni des jours. Il faudrait aussi partager l'argent qu'elles me rapportent.
— Ainsi nul ne sait rien?
— Je te le jure!
— Et tu te tairas ?
— Si l'on me ferme les lèvres avec une chaîne d'or bien solide.
— Évalue ton silence.
En un clin d'œil, le zéphir calcula ce qu'un marchand comme Si-Lalou, extraordinairement riche, pouvait donner en pareil cas.
Il demanda mille francs.
Ibrahim fut généreux... avec les dons du maître.
— Envoie de suite toucher mille francs chez le maître, dit-il. Si l'enlèvement réussit, tu en toucheras mille autres.
— Alors, assura le zéphir, on peut compter deux fois sur moi.
— Tu es content?
— Je suis aux anges ou aux petits oignons, comme tu voudras; mon contentement est superlatif; tu es le roi des poètes et ton maître le roi des marchands!
— Et toi, dit en riant Ibrahim, tu es le roi des filous.
Le zéphir rit orgueilleusement.
— Au revoir! dit Ibrahim. Et surtout sois fidèle.
— Je le jure sur ma croix! fit le vieux soldat dont la boutonnière était vierge de tout ruban.
Et pendant qu'Ibrahim s'en allait, le zéphir lui fit le signe familier aux gamins de Paris vis-à-vis de leurs dupes, et l'appuya du mot : Enfoncé!
— Encore un bon tour! fit-il, et qui comptera dans ma pharamineuse existence. Je n'ai jamais eu un si bon fourbi.
Et, sur ce, il alla boire un verre de vin blanc.
Son secret se glissait sur ses lèvres; mais, songeant au prix dont son silence serait payé, il sut se taire.

VIII

LE PLAN D'IBRAHIM.

Le soir même, Si-Lalou, en se promenant dans Blidah, remarqua, non sans une certaine surprise, que beaucoup de dames lui souriaient comme à une vieille connaissance; il est d'usage, à Blidah, d'aller respirer e frais sous les orangers. Les jardins de Blidah sont quelque chose comme nos Champs-Élysées embaumés par de puissants parfums; chaque soir, l'aristocratie féminine y processionne en toilette. Nous employons, à dessein, le mot processionne, car il peint bien l'air digne avec lequel le monde des fonctionnaires arpente les allées livrées au public.

Si-Lalou ne manquait jamais d'assister à ce défilé et il était rare qu'il ne fût pas salué avec déférence; mais ce soir-là il y avait certainement exagération.

Une charmante femme, la reine de la fashion blidéenne, répondit à son salut par une petite mine si flatteuse que Si-Lalou fut convaincu qu'il avait une recrudescence de succès.

Il interrogea Ibrahim, qui caracolait à ses côtés avec élégance.

— Aôh! cadour, fit-il, ne te parait-il pas qu'il se passe quelque chose d'assez extraordinaire aujourd'hui; les femmes semblent toutes raffoler de moi.

— N'y a-t-il pas de quoi? tu leur offres une fête splendide.

— Moi?
— Toi-même.
— Je ne sais pas le premier mot de ce que tu avances là.

Ibrahim sourit.

— J'ai pensé, fit-il, que quelques dames honnêtes — les prudes de la ville — avaient quelque raison de t'en vouloir.

— Autre histoire; il y a des dames qui me haïssent?
— Il y avait...
— Et tu as changé leurs dispositions, Ibrahim?
— Tu t'en aperçois.
— Explique cette énigme.
— Maître, j'ai appris, non sans être très-froissé pour toi, que la tribu des femmes mariées et fidèles de Blidah t'accusait de forfaits très-graves.

— Ibrahim, mon fils, j'adore les femmes, toutes les femmes, même celles qui sont trop vertueuses pour se laisser séduire, il est vrai que je n'en ai pas rencontré beaucoup de ces dernières. Comment peut-il se faire que j'aie commis des crime de lèse-galanterie?

— Sidi, tu es accusé de débaucher les maris, en les invitant à des soupers où ils trouvent des almées.

— Ah! je comprends.
— Aussi ai-je pensé que, ces dames ayant raison, il fallait, avant ton départ, qui aura lieu demain matin, leur donner satisfaction...

— Et comment t'y prends-tu?
— En les invitant à une grande fête nocturne pour demain.

— Aôh! Ibrahim, tu es fertile en bonnes idées.
— Tu vois que mon projet a été accueilli avec enthousiasme : j'avais quelques obstacles à vaincre.

— Je m'en doute bien.
— D'abord les préjugés : tu passes pour un Lovelace: ta maison n'est pas précisément un lieu de sainteté; bref, les convenances, comme disent les Français, ne permettaient peut-être pas d'accepter cette invitation. Mais j'avais joint un programme aux lettres que j'avais envoyées.

— Et ce programme a décidé tout le monde, d'après ce que je vois.

— Comment y résister? Il y aura souper à la française, collation vers quatre heures du matin à l'orientale; il y a danse d'almées, il y a bal, il y a feu d'artifice, il y a enfin tout ce qui peut tenter une femme.

« A moi même trouvé un irrésistible attrait. je sais qu'à Oran, dans les concerts, les Français font ce qu'ils appellent des tombolas, espèces de loteries où chaque personne est munie d'un numéro ; on tire tous les numéros à la fin de la fête : les premiers sortants gagnent des lots.

— Et tu feras une tombola?
— Elle sera splendide.
— Que leur donnes-tu?
— Trois lots pour les dames.

« Une perle de la grosseur d'une noisette, un brillant de quatre carats et un rubis corindon de six carats.

— Tu fais bien les choses, dit Si-Lalou en riant.
— Est-ce trop dépenser?
— Deviens-tu fou? que m'importent ces quelques pierres!

— D'autant plus que l'espoir de gagner attirera la juive.

— Et tu l'enlèves en plein bal?
— Oui, Sidi.
— C'est dangereux.
— Je réponds de tout.
— Et il faut que je parte après-demain, le coup une fois fait?

— Je pense que ce sera prudent.
— On dira que je suis le coupable.
— Que t'importe!
— Au fait, c'est vrai. Il n'y aura pas de preuves contre moi.

— Et dans un an cette affaire sera oubliée.
— Puis, à cette époque, la juive m'aimera et elle déclarera que je ne l'ai pas enlevée, mais qu'elle m'a suivi.
— Tu consentiras à suivre l'itinéraire que je t'indiquerai.

— Il faut bien faire ce que tu veux.
— Sidi, sois certain que ta complaisance ne se sera pas déployée en vain; nous aurons le bonheur de réussir.

— Allah t'entende!

Et tout à coup :

— Ah! la voici :

Marie, en voiture découverte, passait avec Margot. Si-Lalou salua.

Marie répondit sans sourire ; mais Margot fit une moue gracieuse.

Margot avait son invitation. Margot trouvait Si-Lalou charmant.

Quant à Marie... peu lui importait.

IX

CE QUE FEMME VEUT...

Les femmes ont un côté enfant qui reparait chez les plus sages, les plus vertueuses, et qui éclate au moment où l'on s'y attend le moins ; elles ont la légèreté et les caprices de l'enfance, ses vouloirs impétueux, ses contradictions, ses étourderies et surtout son ardeur excessive au jeu, au plaisir.

A l'idée d'une fête, d'un bal, d'un spectacle, la femme s'anime, son imagination se monte, elle se voit déjà au milieu du bruit qu'elle adore, du tourbillon des valses qui l'enivre ; si quelqu'un s'oppose à ce qu'elle se jette dans les entrainements qui la fascinent, elle n'entendra pas raison, et un ordre formel la rendra boudeuse et maussade.

En somme, la société nous donne des femmes qui ne sont que de grands enfants; la loi en fait des êtres raisonnables, responsables, nos égaux enfin; le monde met notre honneur entre ces mains qui le brisent avec la même insouciance que des mains enfantines cassent un jouet. En droit, le mariage est indissoluble ; en fait, rien n'est plus difficile à refaire que l'éducation d'une femme, presque toujours manquée; avec l'incroyable égoïsme des hommes qui pensent toujours à profiter du malheur du mari, la femme est pardonnée d'avance, choyée, flattée, adulée par tous ceux qui ont quelque espoir de la séduire. Bref, le mari français est certainement un homme bien à plaindre, qui a toujours tort à tous les points de vue, qu'on ridiculise quand il est berné par un petit être à tête de linotte que l'on prétend plein de sentiment parce qu'il éprouve des sensations très-vives et qui, au fond, devrait être modifié par une éducation rationnelle, physique, morale et intellectuelle, ou enfermé dans le gynécée.

On parle sans cesse de la dégénérescence de la France. Qu'on y regarde de près et l'on s'apercevra que cette décadence est due, en grande partie, à la non-éducation ou à la fausse éducation des femmes.

Mais pourquoi cette sortie ?
Pourquoi ?

Parce que Margot, la gentille Margot, la sympathique Margot fut cause de tous les malheurs des héros de ce drame. Parce que Martinet ne sut pas être un mari énergique, disant : Non, une fois pour toutes et le disant bien.

Parce que cette petite fille voulut aller au bal du nègre et que ni Martinet, ni Lassalle, ni Marie, ne se sentaient disposés à accepter cette invitation.

Parce que Margot insista, pleura, rit, minauda, bouda, gronda, pria, supplia, et fit si bien qu'elle emporta tous les consentements les uns après les autres.

Cette Margot !

Elle eût mis dans sa tête qu'il fallait passer dans le feu pour avoir un chapeau d'une certaine forme, elle aurait convaincu ce grand dadais de Martinet de la nécessité de se brûler pieds et mains pour avoir le toquet en question.

Et cela, sans un grain de méchanceté, ni même d'égoïsme dans le sens odieux de ce mot.

Que voulez-vous ?

Marie avait toujours fait la volonté de Margot.

Le général de Lancenales lui-même avait souvent subi l'ascendant du minois charmant de cette petite. Lassalle se faisait un devoir d'être galant pour elle.

Et Martinet !

Il avait des airs d'homme indépendant, de grand vainqueur ; mais, dans le tête-à-tête, il fallait voir ça ; toujours à deux genoux ; ah ! le grand lâche !

Aussi ce fut lui... mais n'anticipons pas.

Donc, après deux ou trois scènes, après avoir rougi ses yeux, après bien des manéges, Margot obtint qu'on irait à la grande soirée de Si-Lalou.

Et aussitôt, de ses doigts de fée, elle improvisa une prestigieuse toilette ; elle déclara à Martinet qu'il avait à se tenir à sa disposition pour les courses.

Et l'on vit Martinet aller ici, là, ailleurs, partout ; il courut chez la couturière, la modiste, la lingère, le cordonnier.

Enfin Lassalle le vit, suant encore à grosses gouttes après une course hâtive ; il le vit, comme Hercule aux pieds d'Omphale, tenant dans ses deux grosses mains un écheveau de soie que Margot dévidait.

Allez au bal, Margot, allez !
Le loup vous y attend.

X

L'OPIUM.

La fête était splendide.

Si-Lalou avait réuni ce soir-là en un parc immense d'orangers et de citronniers tous les jardins qui touchaient aux siens ; des orchestres indigènes et européens, mandés d'Alger à grands frais, avaient été disséminés dans les bosquets, de distance en distance ; de vastes tapis étendus sur les pelouses marquaient les places de danse ; tout autour, des canapés dressés dans les massifs attendaient les couples fatigués.

Des fruits d'or suspendus aux arbres s'y mêlaient à d'autres rafraîchissements exquis artificiellement attachés aux branches, et donnaient aux savantes préparations de la confiserie arabe l'apparence d'une production naturelle.

Les places destinées à la danse se détachaient, éclairées à giorno, et l'on y valsait au son d'une musique invisible ; mais autour de ces oasis lumineuses, l'ombre s'étendait mystérieuse et discrète, propice aux rêveries et aux amours qui se cachent.

Çà et là nègres et négresses, Maures et Mauresques, Catalans et Catalanes offraient le spectacle varié de bamboulas originales, de danses du châle pittoresques et de boléros ardents.

Les almées décentes exécutaient les ballets orientaux avec des poses dont la grâce voilait les passes voluptueuses, et les femmes européennes purent comparer leurs charmes à ceux des houris.

Une troupe d'Assaouias accomplissait des acrobaties prodigieuses, stupéfiant les spectateurs par l'impassibilité de certains tours, et trois charmeurs de serpents faisaient décrire à leurs reptiles des cercles magiques. Ce n'était pas chose à dédaigner que cette scène où plus de cent vipères, couleuvres, pythons et boïrs, dressés sur leurs queues, frétillaient en rond, mêlant leurs sifflements stridents aux notes aiguës de la flûte arabe.

Des cafés maures et français avaient été improvisés sous des tentes ; on y servait des sorbets et des glaces que jamais l'Italie elle-même n'a su imiter.

Au centre du parc, deux cirques, l'un français, l'autre arabe, se disputaient l'attention des spectateurs, et il se faisait d'admirables passes équestres.

Enfin un théâtre, dressé en un jour, occupé par l'excellente et nombreuse troupe d'Alger, interprétait, pendant toute la soirée, le drame, la comédie et l'opéra.

Ce qui donnait à cette fête son cachet particulier, c'est qu'elle ressemblait à une de ces féeries des *Mille et une Nuits*, où tout surgit comme par enchantement ; l'esprit concevait une idée de plaisir, le cœur esquissait un désir, on croyait à quelque ruse, à quelque oubli, l'on faisait dix pas et l'on trouvait la pensée et le désir satisfaits avec un goût, une profusion, une prévoyance surprenants.

La liberté était complète, et la gêne ne pesait sur personne.

Quelques groupes réunis pour une promenade autour du parc arrivaient-ils à l'un de ces tapis démesurés sur lesquels les pieds des danseuses s'enfonçaient moelleusement, à peine avait-on foulé la moquette, que quelque orchestre préludait.

La contredanse terminée, on n'avait qu'à étendre le bras pour cueillir aux arbres et les offrir aux dames des sirops glacés, enfermés dans des coquilles d'œufs imitant les fruits ; on trouvait l'extrémité de ces coquilles avec une épingle et l'on dégustait quelque crème d'ananas, quelque limonade au jus de palmier dont les Orientaux conservent le secret avec un soin jaloux.

Si-Lalou, gravement, majestueusement, se promenait dans le parc, parmi les invités ; il avait un entourage que lui eût envié un prince. Ses écuyers, tous gens de haute mine, couverts de soie et de cachemires, étaient à profusion les pierreries ; leurs armes étaient d'une richesse éblouissante ; chacun d'eux était suivi d'un esclave adolescent portant la pipe et l'éventail.

Tout ce monde était grand seigneur jusqu'au bout des ongles et, comme toute noblesse s'affirme, plus d'une bourgeoise de Blidah comparason mari, vulgaire avocat ou boutiquier modeste, à ces gentilshommes du désert ; et nous ne voudrions pas jurer que la comparaison fût au désavantage de ceux-ci.

Quant à Si-Lalou, magnifique dans sa robe de laine blanche, sa tête éthiopienne se détachait vigoureuse et superbe sur son corps de géant; il dominait les siens dans sa simplicité patriarcale de toute l'imposante autorité que donne la supériorité.

On sentait que cet homme avait quelque puissance secrète devant laquelle tout pliait.

Négociant, lui!

Personne, cette nuit-là, n'eût voulu voir en lui autre chose qu'un de ces rois inconnus qui gouvernent despotiquement, par delà le Sahara, de vastes empires noirs.

La fête se prolongea variée, étourdissante, prodigue en surprises, coupée à point par un souper dont Lucullus aurait envié la recherche; on y but les grands vins de France, et l'on y mangea des mets que la Rome antique payait d'un prix fabuleux.

Après le souper, les invités trouvèrent réunis cent musiciens prêts à sonner le signal d'un bal immense; les têtes étaient montées à un certain diapason; la foule des invités était arrivée à cette heure où la cohue plaît.

Ibrahim, avec un tact extrême, avait deviné cette transformation. Chacun avait oublié quelque peu de sa retenue; la fantaisie prit sa volée; ce fut charmant, mais très-mêlé.

Un capitaine de cavalerie risqua, dit-on, un cancan qui fût devenu général, si un bon avis du colonel de ce cerveau brûlé n'eût calmé l'ardeur qui s'emparait de messieurs les militaires.

Tout resta dans les termes de la bienséance, du moins en temps qu'aspect général; quant à ce qui se passa dans les allées sombres, c'est ce qui ne regarde que les intéressés.

Lorsque, à trois heures du matin, une pluie d'étoiles illuminant tout le parc annonça le feu d'artifice, on n'entendit plus qu'un cri de terreur venant des citronniers et l'on vit plus d'une forme blanche s'esquiver, fuyant quelque joli garçon.

Le feu d'artifice fut ce que les Arabes savent le faire : c'était fantastiquement beau; on s'en souvient à Blidah.

Lorsque le bouquet eut rutilé dans l'espace, les serviteurs de Si-Lalou annoncèrent que la collation attendait les convives.

On rentra dans la maison.

Dans toutes les salles, des tables chargées de mets arabes étaient dressées; on s'assit au hasard.

Il se trouva que Martinet et Margot étaient dans une salle, Lassalle et Marie dans une autre, tous quatre très-fatigués.

Margot et Martinet, très-gais, trouvaient cette nuit amusante; Marie et Lassalle étaient moins enthousiastes.

— Allons-nous demeurer pour la tombola? demandait Marie à Lassalle.

— Si nous savions où prendre Martinet, nous partirions de suite.

« Je suis las de tout ce bruit, » répondit Lassalle.

Et presque au même instant, Margot disait à l'oreille de Martinet :

— Si j'allais gagner la perle!

— Quelle chance! dit Martinet.

— On dit que la perle est plus belle que le brillant.

— Je ne sais pas; mais, perle ou diamant, ou rubis, je te souhaite un lot.

Toute la différence des deux couples s'accusait dans cette conversation.

En ce moment, trois esclaves firent circuler trois écrins de table en table, de salle en salle; ils contenaient les bijoux de la loterie. On juge du brouhaha, des murmures admiratifs, des soupirs de convoitise causés par cette exhibition.

Pendant que les invités admiraient les preuves de la magnificence de Si-Lalou, celui-ci avait fait mander Ibrahim.

Le kadja se présenta.

— Eh bien? fit le maître.

Et son œil noir étincelait.

— Sidi, répondit Ibrahim, tes équipages sont prêts depuis une heure.

— Bien! mais Meriem (Marie)?

— Elle sera enlevée.

— L'aube luit dans une heure.

— Dans une heure, tout sera terminé.

— Prends garde, Ibrahim!

— Je sais que je joue ma tête.

— Tu réponds de tout?

— Sur ma vie.

Et avec assurance :

— Sidi, monte à cheval aux premières lueurs de l'aurore, suis l'itinéraire que je t'ai recommandé et tiens le succès pour certain.

— C'est bien, dit Si-Lalou.

La certitude entrait dans son âme; jamais Ibrahim n'aurait osé lui manquer de parole; le kadja savait comment le nègre punissait.

A peine avait-il quitté son maître qu'Ibrahim fit appeler un esclave noir.

Celui-ci se présenta.

— Douabou, lui demanda le kadja, as-tu exécuté mes ordres?

— Oui, Si-Kadja.

— Elles ont pris les glaces?

— Oui, Si-Kadja.

— Et les hommes?

— Ils ont absorbé l'opium dans le punch.

— Très-bien.

— Faut-il faire avancer les voitures?

— Dormiraient-ils déjà?

— Leurs têtes s'alourdissent.

— C'est un peu tôt.

Puis il ajouta :

— Surveille-les; tu dois te connaître au sommeil d'opium, toi!

Le nègre sourit.

— J'en fume, dit-il.

— Eh bien! dit Ibrahim, quand l'assoupissement sera presque complet, préviens-moi; je sais ce qu'il faudra faire.

— Tu m'as dit, n'est-ce pas, qu'ils étaient chacun dans une pièce séparée?

— Oui.

— Tant mieux! Va.

Ibrahim avait médité son coup avec une adresse infernale. Que les circonstances, le hasard, l'imprévu, vinssent déranger ses plans, peu importait; il avait ressource à tout.

Ainsi ce génie fertile avait prévu que les deux couples pouvaient être ou séparés ou réunis au moment de la collation.

Il avait une solution prête pour l'un ou l'autre cas.

Il avait même prévu le cas où Marie quitterait la fête avant qu'elle fût entièrement terminée.

Mais tout marchait à souhait.

Le nègre, au bout d'un instant, revint et dit au kadja :

— Hâte-toi; ils dorment presque et luttent péniblement contre le sommeil.

Ibrahim sourit.

Il vint à Lassalle, et, s'inclinant poliment, tout Arabe qu'il fût, devant celui qu'il prenait pour un juif, il lui dit :
— Sidi, ton ami tombe de sommeil et t'attend en bas pour partir.
— Ah! tant mieux! fit Lassalle.
Et à Marie :
— Ma chère enfant, Martinet nous fait prier de partir avec lui.
— J'en suis enchantée; j'allais tomber de sommeil, mon ami.

Ils se levèrent avec peine.
Ibrahim fit un signe et des serviteurs vinrent offrir leurs services.
Un instant après, Marie et Lassalle se rencontraient avec Margot et Martinet devant une voiture à quatre places et dont le cocher attendait comme un homme qui a reçu une consigne.
C'était un Maltais.
— Enfin, dit Marie en bâillant, vous voilà ; j'allais proposer à Lassalle de partir sans vous, car je n'en puis plus.
— Ni moi! fit Margot.
— Ni moi! fit Martinet.
— Je suis rompu, déclara Lassalle.
Ibrahim était allé, sans doute, répéter à Martinet, de la part de Lassalle, l'invitation de départ faite à Lassalle au nom de Martinet.
Les deux couples s'installèrent dans la voiture et s'affaissèrent sur les coussins plutôt qu'ils ne s'assirent.
L'opium, dont l'action avait été combattue par la marche, fit sentir ses effets d'une façon foudroyante; à peine Lassalle put-il crier son adresse.
Le cocher sourit.
Il mit ses chevaux au petit trot.
Après cinq minutes, il s'assura que les quatre personnes dormaient profondément; il se mit à les promener par la ville, puis, à l'aube, les portes étant ouvertes, il fila un trot rapide vers la campagne.

A deux cents mètres de la ville, Ibrahim attendait à cheval.
— Est-ce fait? demanda-t-il.
— Oui, fit le cocher.
Ibrahim jeta un coup d'œil dans l'intérieur de la voiture.
— Oh! oh! fit-il, quel sommeil!
Et il reprit :
— Galope !
La voiture fila comme un trait; derrière elle, Ibrahim lança son cheval à fond de train; on brûla la voie.
L'enlèvement était consommé.
La voiture se dirigeait vers les gorges de la Chiffa.
Après avoir atteint le pied de l'Atlas, le cocher quitta le chemin battu et s'engagea dans les broussailles; il contournait les buissons, évitait les trop grands heurts; il parvint, sans verser, à s'écarter beaucoup de la route.
Ibrahim, apercevant un petit bois de chênes-liéges, poussa un léger sifflement auquel il fut répondu par un autre.
Du bois sortirent une douzaine de cavaliers et deux chameliers, tous montés; Ibrahim leur fit un signe; ils rentrèrent dans les chênes vers lesquels la voiture se dirigea. A la lisière du bois, le cocher arrêta son attelage.
Ibrahim semblait très-satisfait de la tournure que prenaient les choses.
— Halte! dit-il.
Et il ajouta :

— Tu as mené tes chevaux grand train; tu auras un batchis (pourboire).
— Je crois, fit le cocher, que je ne l'aurai pas volé.
Ibrahim lui tendit une bourse.
— Il y a dedans, dit-il, trois fois le prix convenu.
Le cocher eut l'éclat de joie qu'une pareille aubaine devait faire naître dans une âme italienne et expansive. Après avoir prudemment vérifié les dires d'Ibrahim, il lui dit :
— *Corpo di Bacco !* tu es un généreux sidi ; je suis à toi corps et âme, que faut-il faire?
— Rien! dit Ibrahim.
Et il héla ses cavaliers.
— Hepst! fit-il, ici quatre hommes à pied fissa (vite) !
Quatre Arabes mirent pied à terre et accoururent
— Enlevez les hommes qui sont là-dedans, ordonna Ibrahim, et déposez-les au plus épais du bois, sur de la mousse.
Les Arabes, empressés et silencieux, obéirent sur-le-champ.
Pendant qu'ils descendaient de voiture Martinet et Lassalle, Ibrahim s'aperçut que Margot, profondément endormie et n'étant plus soutenue par l'épaule de son mari, avait glissé contre la portière.
Le kadja poussa un cri de rage et menaça de son pistolet l'Arabe qu'il supposait être l'auteur de cette maladresse; mais il vit le cocher relever la jeune femme.
A l'idée qu'un autre que lui voyait son visage à découvert, Ibrahim, en véritable musulman, sentit s'éveiller en lui une jalousie furieuse; il laissa l'Arabe pour bondir vers la voiture.
— Descends! dit-il d'une voix rauque au cocher.
Et il replaça lui-même Margot sur les coussins, après avoir couvert de baisers, avec une délirante caresse, les mains de la jeune femme; puis il descendit, non sans avoir jeté un pan de sa mante sur son visage.
Les quatre Arabes étaient revenus.
— Prenez le cocher, leur dit-il, attachez-le à un arbre.
Le Maltais, à cet ordre, pâlit affreusement et fit mine de fuir.
— Tu es plus bête qu'une outarde, lui dit Ibrahim avec mépris.
« Je te couvre d'or, je te témoigne ma satisfaction, et tu as peur!
— Mais pourquoi vouloir me garrotter? demanda le Maltais.
— Imbécile! que diras-tu quand on te trouvera avec ta voiture?
— Que vous m'avez attaqué.
— L'on te demandera pourquoi, libre, voyant que ce n'était pas à toi que l'on en voulait, tu n'as pas replacé les deux hommes dans la voiture et filé vers la ville.
— C'est vrai! fit le Maltais.
— Or, il faut que nous gagnions de l'avance sur la poursuite.
— Je comprends.
— En te garrottant, nous t'épargnons d'être suspecté de connivence.
Le Maltais, convaincu, tendit ses bras et dit tranquillement.
— Allez-y.
On le ficela à un arbre avec des cordes en poils de chameau et on le bâillonna avec un foulard.
Ibrahim vint à lui et lui dit alors :
— Souviens-toi que si tu es fidèle, si tu répètes mot pour mot à qui te questionnera ce que je t'ai enjoint de dire, tu recevras fidèlement, dans un mois, les cent douros qui te seront dus.
Puis tirant son poignard et en faisant sentir la pointe au Maltais, qui roulait des yeux épouvantés

Lalouette le mit sur son séant et le reconnut avec surprise. (Page 131.)

— Si tu nous trahis, tu auras six travers de doigt de cette lame dans le cœur, et je doute que tu en reviennes.

Le Maltais suait à grosses gouttes. Si le bâillon l'eût permis, il eût protesté de sa fidélité avec les plus solennels serments.

Ibrahim appela les chameliers, qui amenèrent deux mahara.

Le mahari (au pluriel mahara) est un dromadaire coureur; il est, en quelque sorte, le lévrier des chameaux.

Entre lui et le djemel (chameau porteur), il y a la différence d'un cheval de trait et d'un cheval de sang estimé aux courses.

Le mahari fait quarante lieues par jour facilement.

C'est dans les coffres préparés pour elles et portés par ces montures rapides que les jeunes femmes devaient être conduites à la grotte.

Ibrahim fit décharger les coffres et les ouvrit.

Ils étaient fort bien disposés, et le zéphyr pouvait se vanter à bon droit d'être un excellent tapissier; il avait aménagé fort bien les caisses et ménagé au mieux les jours destinés à renouveler l'air nécessaire à la respiration.

Les Arabes, avec des précautions infinies, placèrent les jeunes femmes, toujours endormies, dans les coffres; on referma ceux-ci et l'on en chargea les mahara, qui avaient plié le genou.

Chaque chamelier sauta sur sa bête et attendit l'ordre d'Ibrahim.

Celui-ci attendit toute l'escorte et cria d'un air joyeux :

— En route !

La petite caravane s'ébranla dans la direction de l'ouest.

Ibrahim souriait en faisant trotter son cheval.

— Nous allons bien voir, murmurait-il, si les chercheurs de pistes les plus habiles sauront trouver notre voie.

Et il regardait les traces laissées par les chameaux, qui, ferrés à rebours, semblaient aller vers le petit bois au lieu d'en revenir.

— Un novice, fit-il, se contenterait de cette ruse, mais moi...

Et il éperonna son cheval en criant :

— Aou ! plus vite !

Deux heures plus tard, l'on avait fait environ huit lieues. L'on arrivait à un plateau assez haut dans l'Atlas; ce plateau était aride comme un roc.

Là se trouvaient deux autres mahara et une troupe d'escorte. Ibrahim en salua le chef et lui demanda en souriant :

— Tu as vu le maître?
— Oui, dit le chef.
— Tu as ses ordres?
— Il m'a prescrit de t'obéir.
— Voici ce qu'il faut faire : tu vas sur-le-champ, avec tes mahara et tes cavaliers, filer sur l'Ouarei-Saris, vers l'ouest.
— Bien.
— Il s'agit d'égarer les chercheurs de pistes derrière nous.
— Je le sais.
— Crois bien que ceux-ci te rejoindront, car il y aura des chasseurs d'autruches parmi eux, et ces gens sont alertes.
— Je les connais, fit le chef avec une grimace significative.
— L'un d'eux est le mari d'une des femmes que nous enlevons.
— Il sera furieux.
— Quand il t'aura rejoint, tu lui diras que tu as rencontré ici une troupe qui t'a proposé de te vendre deux mahara, que tu trouvais un bon marché, que tu n'as pas voulu le manquer, et que tu n'es coupable en rien.
— Heuch! fit le chef, je risque ma tête, Ibrahim.
— Non, car tu les apaiseras en leur donnant des renseignements. Tu leur diras que nous avons emmené deux femmes dans des palanquins et que nous avons pris la direction de l'est. Tu t'offriras à répondre à toutes les questions que l'on te fera. Du reste, il semblera bien invraisemblable que ce soit toi qui ait contribué à l'enlèvement des femmes ; tu peux prouver que tu étais à quarante lieues de Blidah à l'heure où il avait lieu.
— C'est vrai, fit le chef. Et puis il faut bien risquer quelque chose pour gagner l'argent du seigneur Lalou.
Il emmena sa bande, qui détala.
Ibrahim laissa souffler ses chevaux et fit manger son monde; puis on se remit en selle. Le kadja dirigea sa troupe vers un ruisseau dans lequel il entra, à l'endroit où les chevaux de l'autre troupe avaient été boire.
Il le remonta pendant plus de deux heures.
On fit ainsi près de trois lieues.
Le plateau et ses environs étaient un des endroits les plus déserts de l'Atlas; il n'y poussait presque rien qui pût nourrir bêtes ou gens. Nul ne vit passer Ibrahim.
Il sortit du ruisseau, sûr d'avoir caché sa trace, et il dit aux siens :
— Maintenant, nous sommes sauvés! Prenons-en à notre aise.
La caravane chemina à petits pas.
Ibrahim sifflotait entre ses dents l'air de sa chanson favorite.
Pauvre Ibrahim!
Il ne se doutait pas de ce qui l'attendait.

XI

OÙ LALOUETTE EMPLIT SES POCHES ET FAIT UNE BONNE ACTION.

Pendant que l'enlevait Marie et Margot, Martinet et Lassalle dormaient profondément dans le bois de chênes-lièges.
Le cocher maltais s'ennuyait fort, attaché qu'il était.
Appeler! c'était impossible.
Les gens d'Ibrahim savaient mettre un bâillon.
Donc force était d'attendre le réveil des dormeurs.
Ceux-ci faisaient retentir le bois de leurs sonores ronflements; ce fut pour le cocher une planche d'espérance; il se dit que quelque bûcheron viendrait peut-être et entendrait la forte basse de Martinet, qui primait de beaucoup son ami.
Vers onze heures du matin, le Maltais entendit derrière lui, dans les taillis, des bruits de voix.
Quant à voir, c'était impossible.
Le pauvre homme ne pouvait arriver à se retourner
La conversation était animée.
Un individu disait :
— Foi de Lalouette, profitez de la circonstance; j'ai des fonds, c'est par un heureux hasard.
Et le zéphyr — c'était lui — se mit à rire bruyamment.
— Drôle d'histoire que celle des coffrets; mais, motus! j'en saurai bientôt le fin mot, puisqu'il y aura enlèvement.
— Que marmottez-vous donc, Lalouette? demanda l'autre personnage.
— Père Grévin, dit le zéphyr, vous saurez ça quelque jour; sachez seulement que j'ai fait une bonne affaire, et que je vous achète au pied la récolte de vos chênes-lièges, si vous, qui avez grand besoin d'argent pour le quart d'heure, vous êtes assez intelligent pour saisir une bonne occasion.
— Bonne occasion! fit le père Grévin. Tu me floues de moitié, au moins, parce que tu sais mes embarras.
— Voilà l'avantage d'être Lalouette, et de fourrer son nez partout; on peut enfoncer le vieux Grévin, grino grwéninatus, le plus filou des filous, le top beau des malins.
Et tout à coup :
— Tiens! une voiture.
Et Grévin :
— Oh! oh! un homme garrotté.
— Ah! c'est ce chien de cocher maltais qui m'a volé mes poules et auquel j'ai cassé son fouet sur les épaules.
— Filons! fit Grévin.
— Pourquoi?
— Il y a eu quelque crime.
— Il faut voir ça.
— Du tout! Il vous en cuit toujours de vous fourrer dans ces affaires.
— Grévin, vous n'êtes qu'un poltron et un sot; votre réputation est surfaite : il faut toujours se mêler des affaires des autres, et surtout des crimes : c'est sur les assassinats qu'on gratte le plus.
— Et la justice?
— On se met de son côté... quand c'est nécessaire ou que le cœur vous y pousse; alors, à défaut d'argent, ou recueille la considération, c'est toujours
Et Lalouette, avec l'insouciance ordinaire des zéphyrs, s'approcha du Maltais pendant que Grévin criait :
— Faut-il être imprudent?
— Pourquoi... imprudent?
— Et si les gens qui ont fait le coup tombaient sur nous!
— Triple niais! s'ils étaient là, ce serait déjà fait.
Et Lalouette coupait avec son couteau les liens du Maltais.
Celui-ci arracha son bâillon.
— Bonjour, propre à rien! dit tranquillement Lalouette.
Le Maltais avait grand'peur du zéphyr, c'était visible.
— Bonjour, monsieur Lalouette, dit-il avec humilité.
— Te voilà donc encore dans un guet-apens, garçon? questionna le zéphyr.
— Oh! fit l'autre, je n'ai pas de chance; ils me tombé dessus.
— Qui donc?
— Des voleurs!
— Qui n'ont pas enlevé tes chevaux!

— Ils n'en voulaient qu'à mes bourgeois, probablement.
— Et ils t'avaient payé pour que tu amènes les bourgeois sans leurs yatagans; tu es toujours le même, non camarade.
— Peut-on dire, Dio mi! M'accuser! Monsieur Lalouette, y pensez-vous!

Le zéphyr prit délicatement le cocher par le bras et, allongeant sa main vers le gousset rebondi de son interlocuteur, il lui dit d'un air souriant :
— Tu permets?

Avant que l'autre eût songé à protester, Lalouette retira la bourse donnée par Ibrahim et lui dit :
— Tiens! tiens! tiens! joli boursicaut, pour un Maltais!
Et raillant :
— C'est la recette?

Le Maltais fit un effort pour reprendre son pécule.
— Minute! dit Lalouette. Ceci sera déposé au greffe.
— Comment! vous gardez cet argent! s'écria le Maltais en voyant Lalouette fourrer gravement la bourse dans sa poche.
— Mon cher, dit le zéphyr, c'est une pièce de conviction.

Puis entendant les ronflements de maître Martinet :
— Qu'est-ceci? fit-il.
— Mes bourgeois, dit le cocher.
— Ils s'étranglent?
— Non; ils ronflent.
— Ils sont ivres, alors?
— Je ne sais pas.
— Comme tout cela est louche! Parle donc : qu'ont fait les Arabes?
— Ils ont enlevé les deux femmes et ils ont laissé les deux maris que je conduisais; ils m'ont attaché et sont partis.
— Bon! pensa Lalouette, mon affaire! C'est très-bien.

Et gravement :
— Je savais cela. C'est Ibrahim, le kadja de Si-Lalou, qui a fait le coup : il a mis les deux femmes dans deux coffres; il t'a recommandé de te taire. Connu! connu!

Le Maltais était atterré.
— Écoute, dit Lalouette, nous allons réveiller les maris.
— Nous aurions déjà dû le faire, observa le père Grévin.

Lalouette jeta à son camarade un regard de mépris.
— Père Grévin, dit-il, vous feriez mieux de vous taire que de dire des sottises; vous allez voir qu'il était bon de ne pas réveiller sur-le-champ ces ronfleurs.

Puis au Maltais :
— Tu vas choisir.
« Quand les maris, dépouillés de leurs femmes, seront sur leurs pattes, je puis leur dire que tu es en grande partie l'auteur de leur mésaventure, et que tu as prêté la main aux Arabes à prendre... la bourse. »

Le Maltais fit une vilaine mine.
— Vous n'agirez pas ainsi, monsieur Lalouette, dit-il; vous m'épargnerez.

Le zéphyr continua :
— Dans le cas dont il s'agit, il faudra déposer la bourse aux mains de la justice, qui prend toujours et ne rend jamais.

Le père Grévin commençait à voir clair dans cette affaire.
— Ne vaudrait-il pas mieux, fit-il, partager la somme entre nous et ne rien dire contre le pauvre diable?
— Heu! fit Lalouette; ma conscience... Combien contient la bourse?
— Deux cents sequins d'or! fit le Maltais avec un soupir de regret, et je les abandonne, si vous vous taisez.
— Mon Dieu! à bien prendre, on aurait trouvé un autre cocher que toi, et tu n'as été qu'un instrument.

Il étendit conséquemment les mains sur la tête du Maltais, en façon de confesseur qui absout le pénitent, et lui dit :
— Je te pardonne, *in nomine Patris, et Filii, et Spiritûs sancti*. Je ne veux pas être plus dur que la sainte Église notre mère, qui nous remet nos fautes quand on finance convenablement.

Et en manière de recommandation :
— Motus! laisse-moi faire.

Il emmena le cocher et le père Grévin vers les ronfleurs.

En chemin, Grévin tira Lalouette par le pan de son paletot; mais Lalouette faisait la sourde oreille, quoiqu'il entendît parfaitement son camarade lui dire tout bas :
— Part à deux, n'est-ce pas?

Enfin, lassé, il se tourna majestueusement vers Grévin.
— Papa, dit-il, votre manque de confiance me répugne; si vous m'embêtez plus longtemps, je vous déshérite de ce qui vous revient dans cette petite affaire.

Grévin se le tint pour dit :
Lalouette découvrit Martinet le premier et le secoua :
— Holà! fit-il, debout!
Mais Martinet ne bougea pas.
Lalouette le mit sur son séant et le reconnut avec surprise.
— Comment! fit-il, c'est M. Martinet, l'ancien officier de hussards qui s'est fait chasseur et qui a une si jolie femme! Cré nom de nom!... C'est bête comme tout que ça soit arrivé à lui, et ça me chiffonne!

Et secouant rudement le dormeur :
— Monsieur Martinet, éveillez-vous! mille tonnerres! On a enlevé votre petite Margot... Est-ce bête de se pocharder comme ça!

Mais Lalouette ne resta pas longtemps dans l'erreur; il devina ce qui s'était passé et dit avec découragement :
— Ils les ont endormis avec de l'opium! Ce pauvre Martinet va perdre plus de deux heures à revenir à lui... Pendant ce temps-là les autres prennent de l'avance.

Le Maltais s'approcha et dit tout bas au zéphyr :
— Vous n'êtes donc pas pour Ibrahim dans cette affaire?
— Du moment où il s'agit d'un brave garçon comme M. Martinet, au diable tous les Ibrahim du monde! dit Lalouette. S'attaquer à un ancien officier, ça me vexe, moi! Et je voudrais bien le réveiller pour courir après ces drôles-là!
— Mais Ibrahim vous tuera.
— Allons donc!
— Vous n'avez pas peur de Si-Lalou?
— Je n'ai peur de rien.

Et il dit à Grévin :
— Prenez ce géant de Martinet à vous deux et portez-le dans la voiture; moi, je vais charger le juif sur mes épaules.

Les deux dormeurs furent installés sur les coussins, et Grévin avec Lalouette s'assirent à côté d'eux.
— Monsieur Lalouette, que faut-il faire? demanda le cocher.
— Vite à Blidah!
— Et que dirai-je?
— Que les Arabes t'ont arrêté, qu'ils ont pris les femmes, laissé les hommes et t'ont mis dans l'impossibilité de résister.
— Vous ne me démentirez pas?

— Tu m'insultes par ce soupçon; je suis la probité même; j'ai la bourse et je serai muet comme une carpe.

Le cocher monta sur son siége et fouetta son attelage.

Pendant qu'on roulait vers Blidah, le père Grévin abordait la délicate question du partage de l'argent.

— Lalouette, fit-il, il me semble que nous pouvons parler de la bourse, maintenant que nous sommes seuls.

— Auriez-vous, par hasard, père Grévin, des prétentions à me dépouiller du produit de mon industrie? demanda Lalouette.

— Mais il me semble qu'étant avec vous je dois partager la trouvaille, si vous êtes un bon camarade.

— Permettez! il y a trouvaille et trouvaille, mon vieux. Vous pourriez qualifier celle-ci d'invention ingénieuse de mon intelligence; la bourse n'était pas sur la route, mais dans la poche de ce cocher, qui est un fieffé filou.

— Je vous vois venir, dit Grévin avec aigreur; vous voulez tout garder.

— Eh! mais, cela me sourirait assez!

— Je dirai tout.

— Dites tout, Grévin, ça me va. Moi aussi, je dirai tout.

— Que savez-vous sur mon compte?

— Tenez, fit Lalouette, je ne voulais pas vous exploiter, mais vous l'aurez voulu, et il ne faudra pas vous plaindre. Non-seulement j'aurai la bourse à moi seul, mais encore les chênes-liéges!

Grévin ricana.

— Riez; vous ne rirez plus quand le procureur du roi viendra vous demander compte de vos petits tripotages avec ces deux commis d'intendance, qui font passer le riz et le lard de l'État dans votre magasin.

Et comme Grévin faisait une tête d'une aune, Lalouette reprit en riant:

— Allons! je suis bon enfant! je me tairai, quoique je sache ça et bien d'autres choses encore; car je sais tout, sur tout le monde, et je ne sais pas pourquoi je n'en abuse pas.

— Quel désintéressement! fit Grévin.

— Comment! quand je pourrais vous dépouiller entièrement, vous trouvez que je n'y mets pas de la discrétion, en me contentant de défendre ma bourse et de vous punir de votre rapacité en exigeant la récolte de bois de chênes! Tenez, Grévin, vous êtes un ingrat.

On arrivait à Blidah.

XII

LE RÉVEIL

Lalouette, en arrivant dans la ville, ordonna de conduire les deux amis à la maison de Martinet.

— Si nous allions chez un pharmacien de suite? avait observé le père Grévin, qui n'y voyait pas plus loin que le bout de son nez, quoique très-flibustier en affaires.

— Grévin, dit Lalouette, vous vous fourvoyez dans cette affaire.

— Parce que?...

— Ne devinez-vous pas que cet honnête M. Martinet ne tiendra peut-être pas à ébruiter sa petite affaire?

— Il faudra cependant que la justice sache la chose.

— En quoi est-ce nécessaire? Est-ce la justice qui ira chercher les femmes enlevées au fond du Soudan.

« Les procureurs du roi ont beau avoir le bras long, ils n'arriveraient pas à pincer un coupable à Tombouctou.

— C'est vrai.

— Vous voyez donc bien, ô Grévin, que le mieux est de ne pas faire de scandale et de laisser M. Martinet agir à sa guise; à lui de décider.

On était devant la maison de Martinet: Lalouette frappa, une petite négresse vint ouvrir, et le zéphyr lui dit:

— Écoute, moricaude de mon cœur, je te ramène tes maîtres ivres-morts; prépare-nous du café très-fort au plus vite; il faut les dégriser rondement.

— Et maîtresse, demanda la petite servante, où est-elle?

— Elle est au bal.

— Comment! la fête dure encore?

— Oui, dit Lalouette gravement.

La petite courut à sa cafetière.

Lalouette, comme s'il connaissait la maison, guida le cocher et Grévin, auxquels il fit transporter les deux dormeurs sur des canapés dans une chambre.

La besogne faite, il leur dit:

— Allez-vous-en, maintenant.

Le cocher ne demandait pas mieux, mais Grévin prévoyait une aubaine.

— Je ne suis pas pressé, dit-il; je voudrais savoir la fin.

Lalouette prit le bonhomme par les deux épaules et le poussa dehors:

— La fin!... fit-il, je vous la conterai, maître Grévin.

Et il demeura seul avec les deux hommes endormis.

En attendant le café, il monologua.

— Voyons, se dit-il, bonne journée! Mes poches sont pleines, je puis bien faire une bonne action, surtout en faveur d'un ex-officier de l'armée qui était bon vivant. Je leur dirai tout, et je tâcherai de leur être utile.

Sur cette bonne résolution, le café arriva, porté par la petite négresse.

— Noirillonne, dit Lalouette, je vais ouvrir les mâchoires de tes patrons, tu leur couleras le café dans le bec.

— Comme c'est drôle! dit l'enfant.

— C'est bien plus drôle que tu ne le penses, ma fille!

Et Lalouette se mit à opérer: il introduisit un manche de cuiller entre les dents de Martinet et fit une pesée; la négrillonne versa le café, qui fut absorbé peu à peu.

— A l'autre! fit Lalouette.

Et il agit de même pour Lassalle.

Au bout de dix minutes, les deux dormeurs s'agitaient.

— Quel réveil! dit Lalouette.

La torpeur de l'opium était longue à se dissiper. Malgré la dose de café qu'ils avaient avalée, Lassalle et Martinet furent lents à reprendre possession d'eux-mêmes; le chasseur d'autruches fut le premier qui se mit sur son séant et se frotta les yeux.

— Ainsi, fit-il, il paraît que j'étais absolument ivre.

Et voyant Lalouette:

— Qui êtes-vous donc, vous? demanda-t-il. Pourquoi êtes-vous chez moi?

— Mon capitaine; répondit le zéphyr donnant à Martinet le titre de son ancien grade, je suis ici pour vous prier de reprendre votre jugeotte au plus vite.

— Hein! Pourquoi? qu'est-ce que cela veut dire, mon camarade?

— Cela signifie, capitaine, qu'il n'y a pas à rire.

— Je ne ris pas, je suis absolument abruti.

— Vous êtes fort, je vais vous envoyer une bombe dans les jambes; ça vous réveillera d'un seul coup.

Martinet bâillait.

Lalouette lui dit brutalement:

— Si-Lalou a enlevé votre femme et il l'emmène au Soudan.

Martinet reçut le choc et en fut tout étourdi.

— Margot enlevée!

Il se dressa sur ses jambes, fit quelques pas, chancela et se rassit dans son fauteuil, où il resta stupidement affaissé, puis il se redressa sur ses jambes et le regard clair:

— Tu as dit, camarade, demanda-t-il, que ma femme était enlevée?

— Oui, capitaine.
— Par Si-Lalou?
— Lui-même.

Martinet passa sa main sur son front et murmura
— Le gredin ! il m'a endormi avec de l'opium !

En ce moment, Lassalle, qui s'était levé à son tour pendant ce dialogue, vint à Lalouette et lui saisit le bras.

— Que disiez-vous? demanda-t-il au zéphyr, d'une voix altérée.
— Je disais que la femme du capitaine et la vôtre sont en route pour le fin fond du Soudan.

Lassalle eut un rugissement de rage.

— Toujours, fit-il, la fatalité est sur cette pauvre enfant !

Martinet s'arrachait les cheveux avec fureur.

— Bigre ! pensait Lalouette, voilà deux petites femmes qui étaient adorées de leurs maris; ça chauffera.

Lassalle revint le premier au calme nécessaire pour agir.

— Mon ami, dit-il à Lalouette, contez ce que vous savez.

Et à Martinet :
— Mon cher, soyons hommes et soyons forts, il faut les sauver.
— J'écoute, dit Martinet.

Et tous deux, avec un sang-froid remarquable, prêtèrent la plus grande attention au récit du zéphyr.

Martinet, par sa vie de chasseur, et Lassalle, par son caractère et son passé, avaient conquis une force d'âme précieuse.

Lalouette s'étonnait que Lassalle, un juif, selon lui, tutoyât un Européen et fût intime avec lui.

Tout en narrant, il se mit à observer, pour pénétrer le secret qu'il soupçonnait.

— Imaginez-vous, dit-il, qu'il y a quelques jours, Ibrahim, le kadja de Si-Lalou, est venu me commander deux coffres.

Et Lalouette fit la description des coffres, minutieusement, n'oubliant rien de son entrevue avec Ibrahim.

— Comment ! s'écria Martinet, tu as fourni les moyens d'enlever nos femmes !
— Mon capitaine, j'avais bien deviné qu'il s'agissait d'un rapt; j'ignorais absolument que votre épouse devait être victime, sans ça je vous aurais prévenu.

Lassalle, qui écoutait avec une attention extrême le récit du zéphyr, était convaincu de ses bonnes intentions.

— Laisse donc parler M. Lalouette, dit-il; il n'est venu que dans notre intérêt; les récriminations ne servent à rien.

Martinet savait Lassalle plus perspicace que lui, il se tut. Lalouette raconta comment il avait trouvé le cocher.

— Celui-là, dit-il, est une brute secondaire sans importance aucune, qui ne peut renseigner que sur un seul point, le trajet de Blidah au bois de chênes-lièges.
— Vous avez raison, fit Lassalle; cet homme a été payé pour que sa voiture servit, et voilà tout son rôle.
— Quant à l'argent, dit Lalouette avec hypocrisie, le drôle en est bien capable; mais demandez donc à un cocher maltais de ne pas emmener qui l'on voudra, moyennant un bon pourboire?
— En somme, dit Lassalle, la situation se résume ainsi : Ibrahim, par ordre de Si-Lalou, a enlevé nos femmes.

« En ce moment, les ravisseurs sont en route pour le désert ou pour tout autre point; ils cherchent à nous dépister.

— Il faut appeler Samouïl auprès de nous et partir à la poursuite de Si-Lalou, dit Martinet.

Et il ajouta :
— Voilà qui tombe bien. J'ai ramené du désert un mahari, sachant que l'on vend très-bien ces animaux sur le littoral où ils sont très-rares; trois de mes camarades ont fait la même spéculation.
— Alors, fit Lalouette, cela fait faire quatre mahara pour nous.
— Comment, pour nous?
— Mais, dit Lalouette, maintenant que je me suis amusé à vous dire la vérité, quand je devais me taire, croyez-vous que je vais rester dans ma boutique pour y attendre un coup de couteau promis?

Et avec un geste intraduisible
— Plus souvent! sans compter que vous êtes un lapin fameux, capitaine ; vos camarades vous appellent Poigne-de-Fer, ce n'est pas pour des prunes, je suppose. J'ai toujours eu idée de faire un tour au désert, pour voir ce que c'est et y avoir des aventures.
— Mais c'est de la folie ! Un homme établi quitter sa maison !
— Baste! une tête brûlée! un zéphyr! est-ce que ça tient en place longtemps ? Est-ce que ça ne quitte pas tout pour une fantaisie?
— Mais nous risquons notre peau !
— Avec vous, ça m'est égal, capitaine.

Cependant Lalouette voyait Martinet très-peu décidé et Lassalle muet.

— En avant les aveux ! dit-il. Ce qui me tente dans votre affaire, c'est la sacoche de Si-Lalou, qui doit être de taille. Vous pouvez m'accepter, allez; j'ai bon pied, bon œil, un jarret de fer, du courage, de la bonne humeur et de l'intelligence.

« Voilà cinq ans que je suis menuisier, charpentier, tapissier, ébéniste, et même maçon; j'ai travaillé un peu à tout, excepté à une chose qui est ma vocation.
— Voyons cette vocation, fit Lassalle.
— Coureur d'aventures. Voyez-vous, ça me dévore; c'est comme j'ai un hanneton que j'ai dans la tête.

Martinet regarda Lassalle, qui fit un signe de tête imperceptible.

— Oh! fit Lalouette, après avoir intercepté ce signe, je vois bien ce que signifie votre signe muet, monsieur le juif qui n'êtes pas juif du tout, et qui vous cachez sous un déguisement.

Lassalle ne broncha pas.

Lalouette reprit :
— Vous pensez que je suis peut-être envoyé par Si-alou pour vous trahir, vous égarer dans vos recherches. Eh bien! regardez-moi en face, vous qui êtes malin !

Il s'adressait à Martinet.
— Si vous savez lire dans la physionomie des gens, vous verrez que la mienne signifie : malice, finesse, adresse, mais aussi franchise et bonne humeur; je suis loyal. Je voudrais être des vôtres, parce que j'ai un peu honte d'avoir fourni les boîtes pour les dames, parce que je crois que l'on mettra la main sur quelque magot d'importance, et surtout parce que la vie que je mène à Blidah m'embête considérablement.

Puis à Lassalle :
— Voyons, vous qui êtes aussi Français que moi et qui êtes le chef, car je vois bien que le capitaine vous obéit, voulez-vous de Lalouette ? il vous portera bonheur.

Lassalle, après avoir fait peser un long regard sur le zéphyr, lui tendit la main en souriant et lui dit :
— Je t'accepte. Mais es-tu prêt à partir de suite?
— A l'instant.
— Et ta boutique?
— Le temps de serrer mes outils pour retrouver un gagne-pain, si nous ratons le saint-frusquin du nègre.
— C'est bien, nous t'attendons dans vingt minutes à la sortie de la ville. As-tu de bonnes armes, au moins ?
— Soyez tranquille. J'ai une carabine qui porte à sept cents mètres, et j'abats ma gazelle à cette respectable distance.

— A bientôt !
Lalouette, enchanté, sortit en fredonnant.
Dehors, il rencontra le père Grévin, qui attendait.
— Eh bien ? fit celui-ci.
— Eh bien ! dit Lalouette, je crois que ma fortune est faite.
— Et moi ?
— Que voulez-vous qu'on fasse d'une vieille ganache comme vous, maître Grévin ? Ni poitrine, ni courage, ni tête, ni cœur ; une momie, quoi ! On ne peut pas vous mettre dans une affaire, pas plus qu'on ne met les mouches sur la viande.
— Ainsi, vous me volez les parts ! s'écria Grévin qui s'imaginait que Martinet avait donné quelque bonne récompense à Lalouette pour ses services.
— Grévin ! fit le zéphyr, je suis pressé. Je vous rappelle que je puis vous faire filer sur un pénitencier en quatre temps et deux mouvements, si vous m'ennuyez. Je vous ordonne de faire un demi-tour, de rentrer chez vous et d'y clore votre bec, faute de quoi, gare à vous !
Et, sûr d'être obéi, le zéphyr s'en alla sans inquiétude, mais il laissa derrière lui une rancune féroce dans le cœur du vieil usurier, qui murmura entre ses dents :
— Si je savais où trouver Si-Lalou !

XIII

LE SERMENT DE SAMOÜL

Lorsque Lalouette fut parti, Martinet regarda Lassalle d'un air désolé, et lui dit avec découragement :
— Tout va mal !
Il poussa un soupir de bœuf essoufflé à la charrue.
— Voilà, reprit-il, que tout se tourne contre nous.
Lassalle, résolu, froid, intrépide, posa sa main sur l'épaule de son compagnon, et lui dit en souriant :
— Du courage, cher ! Si tu avais été dans ma position, que serais-tu devenu ?
— Mais on ne peut être plus bas que nous le sommes !
— Allons donc !
— Non-seulement nos femmes sont enlevées, mais tu es menacé.
— Par qui ?
— Par ce Lalouette. J'espère que tu te défies de lui ?
— Ni trop, ni trop peu.
— Songe qu'il a ton secret.
— Lequel ?
— Il sait qui tu es.
— Non pas. Il est pénétrant ; il a deviné que je n'étais pas juif... quant à pouvoir pénétrer mon passé, il n'y arrivera que si je le veux. Crois qu'avec son caractère, cet homme m'eût dit mon nom s'il l'eût connu.
— Possible ! fit Martinet ; mais, en somme, il s'impose à nous.
— Eh ! fit Lassalle, s'il n'est pas dévoué, on s'en débarrassera !
— Mais s'il nous mène à un guet-apens dès le début ?
— Je vais le surveiller.
Puis, avec l'autorité de son caractère et de son expérience, Lassalle reprit :
— Ce Lalouette, mon cher, a une de ces têtes de zéphyrs que tu devrais cependant bien connaître : ces soldats sont des noceurs, des fricoteurs, des fripouilles.
— Et tu le prends tel ?
— Oui, car avec tous ses défauts, le zéphyr a un cœur d'or, une loyauté inébranlable pour certaines choses, un cœur ardent qui le jette chevaleresquement dans le péril pour en tirer des gens qu'il aime, et il vous aime à première vue, pour ainsi dire sans motif, par sympathie subite.
« Épris d'aventures, comme Lalouette te l'a dit, il se lance dans une affaire parce qu'elle a un côté brillant et pittoresque, et il ne trahit jamais.
« Je crois que Lalouette a une grande amitié pour toi, parce que tu as une nature ronde qui lui convient, parce que tu as été capitaine, parce qu'il te regarde comme un officier un peu bohême qu'on a dû renvoyer, comme il a été relégué, lui, dans les zéphyrs.
« Vais-je refuser le concours précieux d'un tel homme ? Non.
« Vais-je l'accepter aveuglément ? Non.
« Je le surveillerai.
« En tout cas, je réponds de tout à ce sujet.
« Passons rapidement aux autres points noirs que tu vois.
— Eh ! dit Martinet avec explosion, je vois Margot perdue, déshonorée, alors même que je la retrouverais !
Lassalle regarda Martinet d'un air presque méprisant.
— Tu as dit déshonorée ! fit-il. En quoi donc fais-tu consister l'honneur d'une femme ? Git-il dans son corps ?
« Non.
« L'on épouse une veuve.
« L'honneur est dans la fidélité que garde le cœur, dans les protestations de l'âme contre l'outrage.
« Crois-tu que cette pauvre Margot ne va pas souffrir cruellement des brutalités de ce nègre, et penses-tu que tout son être indigné ne se révoltera pas ! »
Martinet baissa la tête, ne dit plus un mot et fit ses préparatifs.
Lassalle lui dit :
— Veille à mon équipement.
Martinet demanda :
— Où vas-tu ?
— A la recherche de Samoül, qui doit être fort paisiblement attablé dans quelque café maure du voisinage.
Et, de fait, Lassalle trouva le Kabyle en train de faire son kef (sa sieste) sur les coussins d'un caouïdji.
Mis au courant, Samoül s'était pris pour les deux jeunes femmes d'une fraternelle affection : Samoül était dévoué corps et âme à Lassalle ; Samoül se leva et se planta droit, pâle et solennel, au milieu du café.
— Croyants, mes frères, dit-il aux assistants, l'ami le plus cher à mon cœur vient de recevoir un outrage ; je jure le serment du deuil jusqu'à ce que l'offense soit punie !
Et il sortit, suivant Lassalle sans mot dire.
Vingt minutes plus tard, tous trois, montés sur des mahara et en trainant un en laisse, sortaient de Blidah.

XIV

LES PISTES.

Entre les ravisseurs de Marie et les chasseurs, une lutte de ruses allait s'engager, curieuse à étudier, palpitante et semblable à la poursuite d'un gibier redoutable par des traqueurs forcés à la circonspection.
Qui l'emporterait ?
Les Arabes ont l'instinct des fauves pour embrouiller leur piste, la dérober aux regards, la rendre indéchiffrable.
Les hommes comme Samoül, comme Lassalle et Martinet, accoutumés à la vie du désert, ont un art merveilleux pour lire les hiéroglyphes que la marche tortueuse d'un ennemi laisse sur le sable des chemins.
Ibrahim avait pour lui l'avance et contre lui l'embarras de la proie précieuse que sa caravane emportait.
Nous avons vu avec quelle adresse il avait procédé.
Ce qui devait surtout égarer les chasseurs, c'était la fausse trace laissée par la fausse caravane.
En ceci, Ibrahim avait eu du génie et une prévoyance extraordinaire.
Les chasseurs, munis de leurs petits bagages, s'étaient mis en route.

Qu'il parte à pied ou à cheval, un aventurier de cette sorte emporte tout ce qu'il faut pour vivre la vie du désert pendant de longs jours.

L'accoutrement varie peu.

Qu'on s'imagine un large pantalon de toile blanche ou une culotte à la turque, avec souliers souples et guêtres montantes en cuir jaune d'un solidité à toute épreuve. Pendant les grandes chaleurs, le sol est si chaud que les semelles se dessécheraient sur le sable brûlant, se crevasseraient et brûleraient la plante des pieds.

Pour obvier à cet inconvénient, les chasseurs enveloppent la chaussure de peaux de bêtes fraîchement tuées, et cette enveloppe dure ce qu'elle dure : le gibier ne manque pas pour la renouveler souvent.

Le pantalon est retenu autour des reins par un cachemire plus ou moins fin, mais toujours long et formant une vingtaine de tours de taille; dans les nuits d'hiver, développé, il forme un manteau très-mince et cependant très-chaud pour le sommeil.

Quelques aventuriers portent la blouse de toile à l'européenne; le plus grand nombre a adopté le paletot de flanelle à capuchon soutaché de soie blanche.

Une calotte rouge, très-épaisse, couvre le crâne en tout temps.

En Europe, on prend, pour l'été, des coiffures très-légères.

Dans les pays chauds, le soleil est si redoutable pour la nuque, que l'arrière du crâne est toujours protégé, soit par un turban, soit par un kaïque.

Dans les terres les plus chaudes, par-dessus sa calotte, le chasseur place un immense chapeau de paille ; immense à ce point que, placé sur le faisceau d'armes, il ombrage son propriétaire pendant la sieste.

Ce chapeau, quand il est inutile, se rejette sur le dos; un cordonnet le retient.

Presque tout chasseur porte, en fait d'armes, deux fusils.

L'un, très-long, à un coup, ne tire que la balle.

C'est toujours une arme de précision à petit calibre, destinée à abattre la gazelle, l'antilope, l'autruche, ou l'homme, à quatre, cinq, six cents mètres de distance.

L'adresse des chasseurs du Sahara est incroyable, à ce point que l'on est forcé de s'appuyer sur l'autorité du général Margueritte pour oser avancer qu'ils coupent un fil retenant une pierre suspendue à un arbre à cent pas de distance.

Il faut que ce fil soit de la soie blanche, laquelle brille au soleil et se distingue de très-loin.

Outre cette carabine, terrible en leurs mains, les chasseurs ont un fusil double, destiné au menu gibier.

Très-souvent ils ne visent point, et leur habitude est telle, qu'ils lâchent leur plomb à un lièvre sans épauler.

A la ceinture, ils ont deux pistolets doubles, parfois deux revolvers ; mais cette dernière arme est encore peu connue.

A côté des pistolets pendent le grand et le petit couteau.

Tout chasseur emporte ses provisions de poudre et de plomb pour un mois au moins, le tout dans une peau de chacal formant une très-élégante cartouchière : la tête de l'animal vient se reposer sur sa queue, très-large, et produit un effet pittoresque.

Enfin le chasseur possède une très-légère hachette, un ustensile de cuisine, souvent en argent massif pour la propreté, et une peau de bouc contenant l'eau de trois journées.

Une tente de coton très-légère est roulée en porte-manteau.

Le bissac aux provisions est de cuir solide, toujours garni d'un petit sac de crottes de gazelles, embaumant le musc, afin de prévenir la corruption des vivres.

Ce bissac contient du café, du sucre en très-petite quantité, du biscuit ou de la galette arabe très-dure, du sel et du piment.

Le gibier donne la graisse et la viande, les oasis fournissent les fruits.

Autant que possible, le chasseur ne touche pas à ce qu'il emporte dans son bissac ; il regarde cela comme une réserve.

Ces aventuriers sont d'une sobriété incroyable, quand il le faut.

Le général Margueritte raconte que l'on en a vu rester huit jours en route avec trois litres d'eau, quatre biscuits et une poignée de grains de café.

Mais aussi, quel dédommagement à ces jeûnes dans les jours d'abondance !

Trois de ces chasseurs dînèrent un soir d'une gazelle dont il ne resta que les os !

Lalouette n'était pas tellement novice dans le métier de chasseur qu'il ne sût ce qu'il fallait emporter ; il se présenta au rendez-vous vêtu comme il devait l'être, fourni de tout et sur pied de guerre.

Selon leur habitude, les chasseurs n'avaient rien précipité au départ, car ils ont pour principe de ne rien hâter au début, prétendant qu'on perd toujours du temps en voulant trop en gagner.

Mais une fois la chasse commencée, elle se fit avec une rapidité extrême.

— En route ! dit laconiquement Samoül, qui se trouvait naturellement le chef de la troupe, en raison de sa longue expérience.

Et il fit signe à Lalouette.

Celui-ci comprit qu'il fallait conduire les chasseurs aux chênes-lièges.

Arrivé là, Samoül, sans descendre de son mahara, démêla les traces laissées par les Arabes et dit en souriant :

— Les fers ont été retournés pour les chevaux, mais c'est puéril.

Et il ordonna :

— En avant !

Pendant un certain temps, il tint la tête, l'œil au sol.

En raison de l'incroyable vélocité du mahara, il est pénible au regard de fixer longtemps le sol ; on finit par voir tournoyer les objets.

Au bout de dix minutes, Samoül dit à Lassalle qui le suivait :

— A toi !

Et Lassalle tint la tête à son tour ; puis ce fut celui de Martinet.

Lalouette, lui, faisait son apprentissage, essayant de distinguer la piste; mais il n'y parvint que difficilement.

Il n'est personne qui n'ait remarqué, en chemin de fer, que, quand on va bon train, le sol semble rayé de lignes formées par les cailloux et les aspérités de la voie que l'œil isole avec peine.

Sur le mahara, le même effet se produit pour qui regarde le chemin.

Lalouette, peu à peu, observa que ces lignes zébrant la terre étaient interrompues régulièrement par des taches noires.

Il comprit que ces taches étaient des empreintes de chevaux et de chameaux; il commença à se rendre compte de la façon dont ses compagnons démêlaient les traces de l'ennemi.

Mais, comme il était le dernier, il s'aperçut qu'il y avait des taches très-nettes et d'autres plus vagues de contours.

Il se dit que les plus visibles étaient celles que faisaient à l'instant même les pieds des mahara de ses compagnons, et que les autres étaient celles de la précédente caravane.

— Eh mais ! se dit-il, je me tromp; car s'il y avait deux pistes je serais capable déjà de les distinguer l'une de l'autre, malgré la course insensée que nous faisons.

A un certain moment, Martinet, qui était en tête, cria :

— Halte !

Et, aussitôt après, il dit :

— Une fourche.

Cela signifiait que la piste se bifurquait en cet endroit.

Ibrahim avait eu l'idée de détacher trois de ses hommes pour produire une trace folle et troubler les poursuivants.

Samoül riait.

Un coup d'œil lui suffit.

— Voici la vraie piste, dit-il.

Et l'on repartit sur son indication.

Lalouette se creusa la tête pour savoir ce qui avait pu donner un indice au Kabyle, lequel paraissait sûr de son fait.

Rien ne l'éclaira.

Il poussa son mahari et demanda à Samoül, qu'il rejoignit :

— Comment as-tu distingué la fausse piste de la vraie ?

Le tueur de lièvres sourit.

— La vraie piste continue à l'allure acquise et du même galop, dit-il ; la fausse, au contraire, est inégale, comme il arrive quand on rompt la direction suivie.

— Je suis bête de ne pas avoir trouvé cela! pensa Lalouette.

On arriva vers le plateau.

Le lecteur se souvient sans doute que là les grandes difficultés commençaient : là un piège avait été tendu.

A ce plateau, une troupe était en attente, quand Ibrahim arriva.

Cette troupe, exactement semblable à la sienne, était partie dans la direction de l'ouest, tandis que lui, avec les deux femmes, avait filé vers l'est par le lit du ruisseau, ne laissant aucune traînée.

Les chasseurs avaient poussé vigoureusement leurs mahara.

En arrivant au plateau, Samoül sauta à terre en disant :

— Moins chargés qu'eux et moins embarrassés, n'ayant que des mahara, tandis qu'ils ont des chevaux, nous venons de gagner près de sept milles de longueur de cordes d'entraves sur l'ennemi.

Et, avec le calme ordinaire des indigènes, il dit gravement :

— Ceci est bien.

Lalouette demanda :

— Comment peux-tu voir que tu as cette avance, Samoül ?

— Parce que, nous autres, à l'inspection d'une piste, nous pouvons dire, à quelques minutes près, depuis quand le gibier a passé.

« Au début, les Arabes avaient quatre heures et demie d'avance sur nous, ils n'ont plus que deux heures et quart maintenant.

« Vois comme les empreintes sont neuves. »

Lalouette remarqua, en effet, la différence, plus sensible, du reste, qu'on ne se l'imaginerait au premier abord. Tout en parlant, Samoül agissait.

On laissa souffler les mahara, et chaque chasseur investigua le plateau avec un soin minutieux.

Lalouette ne quitta pas Samoül.

Il entendit le Kabyle pousser de temps à autre des exclamations ; il le vit froncer le sourcil, se coucher sur le sol, flairer même les empreintes.

Lalouette se dit que les choses se compliquaient singulièrement.

D'autre part, Martinet et Lassalle paraissaient embarrassés.

Enfin, Samoül revint au foyer qu'avait allumé Ibrahim, et il en inspecta les cendres avec une attention scrupuleuse.

Les autres chasseurs revinrent.

On tint conseil.

— Il y a du louche dans toutes les pistes que j'ai vues, dit Martinet.

— Évidemment, fit Lassalle, Ibrahim nous a tendu un piège.

Samoül sourit.

— Il y a deux troupes ! dit-il.

Lassalle fut frappé d'un trait de lumière et s'écria :

— C'est vrai ! je n'en doute plus.

— Mais, observa Martinet, qui vous fait croire cela ?

— Une troupe, semblable à celle qui devait enlever vos femmes, est venue du sud ; tenez cela pour bien certain.

— Voilà qui est ingénieux, dit Martinet ; mais où as-tu vu la trace ?

Samoül tira de sa ceinture une petite feuille et il la montra à ses amis.

— Cette feuille, dit-il, vient d'une espèce de lentisque qui ne pousse que sur les plus hauts sommets de cette montagne.

— C'est vrai ! fit Lassalle.

— Sans doute, Ibrahim, qui a dû combiner son plan d'avance, a pu organiser une caravane pareille à la sienne, et la faire venir ici d'une tribu placée au delà de l'Atlas.

— La feuille que voici est la preuve que cette deuxième troupe a passé là-haut.

— Elle s'est, dit Samoül, détachée d'un de ces balais qui effacent les pistes. Il y a beaucoup de ces petites feuilles sur le parcours de la troupe, dont il est inutile, du reste, de suivre la trace.

Les balais dont parlait Samoül sont de grands fagots de branches disposées d'une certaine façon ; on les attache à la queue du dernier chameau d'une troupe, et ces branches effacent les empreintes.

Un peu de vent qui souffle, et l'on ne trouve plus d'indices.

Sur les recommandations d'Ibrahim, la caravane qui devait donner le change était venue en employant ce procédé.

Ce point éclairci, Samoül en démontra l'évidence en étudiant le foyer ; il fit comprendre à ses amis que le feu avait été allumé dès la veille.

— Voici deux cendres, dit-il, celle du dessus et celle du dessous.

Il offrit de chacune une pincée à ses camarades.

— Goûtez, dit-il.

— L'une est plus piquante que l'autre, dit Lalouette.

— C'est la nouvelle, celle qui vient d'être brûlée depuis quelques heures.

— En effet, fit Lassalle, l'autre a passé la nuit sous la rosée : elle a perdu de son sel.

— Donc, en réalité, fit Martinet, une caravane attendait l'autre.

— Mais, demanda Lalouette, quelle est la bonne piste ?

— La fausse caravane est partie de ce côté, dit Samoül.

Il indiquait l'ouest.

— Qui le prouve ? fit Lalouette.

— La première ne contenait pas de cheval boiteux ; la seconde en a un qui est une bête de race, très-rapide encore, mais dont une vieille blessure cicatrisée rend le trot inégal.

— Ceci, je l'avais remarqué, dit Lassalle ; je suis de ton avis.

Tout à coup une mine éclate et me soulève avec mon mahari. (Page 140.)

Samoül sourit.
— Voilà donc, dit-il, deux points importants éclaircis.
— Mais un instant! dit Lalouette : un cheval boiteux aurait pu être adjoint à la caravane d'Ibrahim.
— Possible, dit Lassalle; mais les chameaux ne portent rien sur leur dos, si ce n'est leur chamelier.
— Oh! oh! fit Lalouette. On peut donc deviner cela?
— A la profondeur de l'empreinte.
— Alors je suis fixé. Ibrahim avait sur deux de ses mahara double charge, un chamelier et l'une de ces dames.
Samoül éleva un doigt.
— Assez causé sur ce point, fit-il; nous sommes sûrs de nous; il faut adjoint le chemin de la vraie troupe.
— De celle-là, pas de piste.
— Cependant il faut qu'elle soit partie, et ce n'est pas par la voie des airs.
— Venez! dit Samoül.
Il se leva.
— Tu as mon idée, fit Lassalle.
— Le ruisseau?
— Oui.
— C'est cela, s'écria Lalouette; ils ont suivi le lit du ruisseau.
— Ne précipitons pas notre jugement, dit Samoül en examinant la chose.

Il releva son burnous et descendit dans l'eau.
Les amis suivirent par les bords.
— Oh! fit tout à coup le tueur de lièvres, joyeux.
— Qu'est-ce? lui demanda-t-on.
— La piste la plus nouvelle, au fond de l'eau, entre, mais elle ne ressort pas; puis on voit clairement que les bêtes n'allaient point boire; elles étaient chargées.
Il continua son chemin.
— Oh! fit-il encore. Voilà une branche de laurier-rose cassée par le passage d'un des coffres.
Puis plus loin :
— Un chameau a arraché cette touffe en longeant la rive.
Enfin, signe irrécusable, Samoül montra un crottin dans les ajoncs.
— En selle! dit-il. Nous les tenons pour un bout de temps.
Les chasseurs se mirent en route, deux sur chaque rive; ils n'avaient qu'à trouver le point de sortie.
Ils allaient vite, plus vite qu'Ibrahim, car celui-ci, dans le ruisseau, ne pouvait que marcher au pas; ils arrivèrent ainsi à un certain endroit où ils lurent clairement sur le sol qu'une partie au moins de la troupe avait quitté là le fond du ruisseau.
Mais, d'autre part, on ne trouvait dans la piste aucune trace du pied des mahara porteurs des coffres.
En examinant tout attentivement, Samoül déclara

que le gros de la bande avait continué à tiler par le lit du cours d'eau ; mais les jeunes femmes étaient-elles avec cette partie de la caravane ?

On avait beaucoup gagné cette fois sur Ibrahim, mais la moindre erreur pouvait faire perdre tous les avantages qu'on avait obtenus.

— Voici un cas très-embarrassant, dit Lassalle ; nous ne sommes plus en territoire français, et je ne m'étonnerais pas que ces bandits eussent osé faire sortir nos femmes des coffres, où, à la fin, elles risquaient d'étouffer.

Rien de plus propre à rendre les chasseurs perplexes que cette pensée.

En effet, Ibrahim avait montré trop de finesse, trop de rouerie, pour ne pas avoir songé à tous les pièges possibles.

Samoül, le limier de la troupe, mit pied à terre sur-le-champ.

— Attendez! fit-il.

Et il étudia les pistes.

Cet homme, en ce moment, semblait incarner le génie de la recherche.

— Aôh! fit-il, je suis fixé ; voici la véritable piste.

Lalouette demanda comme toujours :

— Pourquoi?

Lalouette était questionneur.

Samoül montra les traces.

— Voici, dit-il, une place où un cheval s'est cabré violemment.

Il indiquait un endroit piétiné.

Il continua :

— A mesurer la distance qui sépare le point où le cheval a bondi, résisté, avec celle où nous trouvons le pas d'un autre cheval tournant sur lui-même, nous trouvons juste la longueur d'une longe indigène.

— Et tu conclus?

— Qu'il y avait d'abord un cheval sur lequel était attachée une femme.

— La preuve?

— Cette petite fleur que madame Marie avait dans les cheveux.

Il montra un myosotis.

La fleur était tombée sur le sable, et les Arabes n'y avaient pas pris garde.

— De plus, fit Samoül, on voit clairement que ce cheval était tenu en laisse, et qu'un cavalier qui le conduisait a fait volter sa propre monture pour suivre les impétueuses saccades que donnait l'animal porteur de madame Marie.

Et à Lalouette :

— Pour toi, dit-il, j'ajoute que le cheval non monté par un cavalier et qui se cabre laisse des empreintes désordonnées comme celles-ci ; tandis que la révolte d'un cheval bien monté a toujours quelque chose de plus régulier et de moins nerveux.

Martinet était inquiet.

— Et Margot? fit-il.

— Madame Margot, dit le Kabyle, était montée sur un autre cheval.

Et après plus long examen :

— Sur une jument, fit Samoül.

— Mais comment sais-tu cela?

— Je sais encore autre chose.

— Quoi donc?

— C'est qu'elle n'était pas attachée comme madame Marie.

— Par exemple! fit Martinet.

— Elle dirigeait elle-même sa monture.

— En es-tu sûr?

— Tiens, vois.

Il indiquait les empreintes.

— Autant celles de la bête qui porte madame Marie sont lourdes à la descente sur le devant, légères à la montée, autant celles de la monture de madame Margot sont régulièrement enfoncées des quatre pieds, quelles que soient les inégalités de terrain.

— Ceci est clair! fit Lassalle. Marie, liée, ne se déplace point, et dans les descentes sa charge pèse plus en avant ; tandis que Margot, par le jeu de son corps, rétablit l'équilibre.

— Mais pourquoi Marie attachée et Margot pas?

— Parce que Margot a appris à manier un cheval depuis qu'elle est en Algérie ; tandis que Marie est incapable de se tenir sur une bête lancée au galop.

— Nom d'un sapeur! dit Lalouette, que cette chasse est intéressante!

— Tu trouves? fit tristement Lassalle.

— Ces énigmes à déchiffrer m'intéressent au plus haut point.

— Le désert est un livre ouvert où chacun peut lire, fit Samoül.

Et il se remit en selle.

— En route! dit-il.

Les chasseurs le suivirent.

— A combien de distance sommes-nous des Arabes? demanda Lalouette.

— Six lieues.

— Nous les tenons.

— On ne tient que ce que l'on a dans la main.

Cette sentence de Samoül était d'un sage.

On s'engagea dans une espèce de défilé, large à peine de cinquante mètres.

Tout à coup les mahara s'arrêtèrent.

— C'est prodigieux! s'écria Lalouette. Qui donc a crié halte à ces animaux?

Et il admirait le singulier caprice de sa monture, qu'il frappait sans succès.

— En voilà un drôle de coco! fit-il ; est-ce qu'il a le vertige?

Et aux chasseurs :

— Qu'en dites-vous?

Les autres étaient, comme lui, fort empêchés par ce qui se passait.

Martinet, impatient, sauta à terre, et, en sautant, il se fit quelque peu mal au pied ; sa botte avait porté sur quelque chose de dur et de pointu.

— Eh! fit-il, qu'est cela?

Se baissant, il ramassa une balle taillée à cinq pointes, de façon à présenter une de ces pointes en l'air, n'importe comment elle fût placée.

— C'est singulier! fit Martinet.

Il chercha dans l'herbe.

— En voici d'autres, dit-il.

Samoül ne connaissait pas cette ruse.

— Pourquoi ces balles?

— Parbleu! fit Lalouette, ce sont elles qui arrêtent nos montures.

Et il visita les pieds de la sienne.

En effet, une de ces balles s'était logée dans le cuir du mahari.

— Bon! fit-il.

Et les chasseurs débarrassèrent leurs chameaux de ces engins qui, une fois logés dans le sabot d'un cheval ou dans les chairs du pied d'un dromadaire, les forcent à ne plus bouger d'un pas.

Mais comment avancer?

A chaque instant, les mahara allaient s'enfoncer dans la peau des balles pareilles.

Déjà Samoül avisait.

L'industrieux Kabyle tressait de l'alpha en nattes épaisses.

— Imitez-moi, dit-il.

On obéit.

Bientôt, des nattes, il fit des espèces de semelles très-épaisses, et il les attacha sous les pieds des chameaux avec de bonnes cordes.

— En avant! reprit-il.

La course commença.

Les chasseurs se défiaient; il leur semblait qu'un danger planait sur eux; cependant l'on sortit du défilé sans accident.

Samoûl dit alors :

— Nous n'avons plus besoin de laisser aux mahara leurs nattes d'alpha.

— Parce que?... fit Lalouette.

— Les balles d'Ibrahim n'étant pas inépuisables, il a dû n'en semer que dans le défilé.

On débotta les mahara.

Ceux-ci, gênés auparavant, reprirent leur rapide allure et détalèrent.

— Dans deux heures, dit Samoûl, nous pouvons rejoindre ces gredins.

— Hurrah! fit Lalouette.

Mais Samoûl reprit :

— On n'est jamais si loin d'atteindre ses adversaires que quand on s'en rapproche.

Lalouette protesta.

— En voilà une forte! fit-il.

— Rien de plus vrai! dit Martinet. C'est au moment de saisir sa proie que l'obstacle se dresse et qu'elle vous échappe tout à coup.

On était en plaine.

Le chemin que l'on suivait ne présentait rien de suspect; c'était une sorte de route tracée dans le sable par les caravanes.

Tout à coup l'un des mahara donna des deux pieds de devant dans un trou; il culbuta net et avec lui son chamelier.

C'était Lalouette.

— Mille tonnerres! dit-il en se relevant, je suis moulu de cette chute.

Et il regarda sa monture.

Le chameau était hors de service; il avait une jambe cassée.

Les chasseurs s'arrêtèrent net.

Samoûl dit à Lalouette, qui regardait piteusement le trou auteur de tout ce mal :

— Avais-je raison?

— En effet.

— Le chemin doit être plein de ces pièges. Cet Ibrahim avait laissé derrière lui des hommes chargés de verser le sable, de le recouvrir de branches et de retracer un piste complète pour que nous ne soupçonnions rien.

— Qu'allez-vous faire?

— Continuer.

— Vous tomberez.

— Nous prendrons à côté de la route.

— Et moi?

— Te voilà démonté.

— Parbleu! oui, et de la bonne façon.

— Gagne la tribu la plus proche, présente-toi comme chasseur, tu seras bien reçu.

— Je voudrais vous suivre.

— Tâche de trouver un mahari, achète-le et reprends la piste, camarade.

— Hum! la piste...

Lalouette avait l'air de dire qu'il doutait d'être assez fort à ce métier.

A ce moment, il s'aperçut que ses amis ouvraient le corps du mahari après l'avoir égorgé.

— Que faites-vous donc? demanda-t-il.

— Tu le vois bien.

Et sur ce mot, Samoûl, qui avait recueilli le sang de l'animal, le mêla à l'eau qu'il trouva dans son estomac et fit boire le tout aux autres montures, qui en furent très-rafraîchies.

— Au revoir! firent les chasseurs, cette opération une fois terminée.

— On me plante là! fit tristement Lalouette; et il se lamenta.

Enfin il mit sur son dos ce que le mahari avait de plus précieux comme charge et harnachement, et il se dirigea vers l'ouest.

Il lui semblait voir des tentes dans le lointain de ce côté-là.

XV

MÉSAVENTURES.

Lalouette n'avait pas encore fait six cents pas dans la direction de la tribu dont il apercevait les tentes, qu'il entendit vibrer derrière lui le cri d'appel des chasseurs.

— Oh! fit-il, du nouveau !

Il se retourna.

Un homme apparaissait dans le lointain, se découpant en noir sur l'horizon bleu; il parut à Lalouette que ce devait être Martinet, en raison de sa haute taille.

— Il lui sera sans doute arrivé quelque accident, pensa-t-il.

Et il lui répondit.

Le cri du chacal, signal ordinaire des aventuriers du Soudan, revint encore une fois vers Lalouette, qui le renvoya de nouveau; l'homme se mit à marcher rapidement.

Peu à peu, Lalouette reconnut qu'il ne s'était pas trompé.

— C'est bien Martinet, se dit-il, mais dans quel état!

A mesure que le chasseur approchait, Lalouette s'apercevait d'abord qu'il était sans chapeau, puis que son paletot était en lambeaux, enfin que son pantalon n'existait plus qu'à l'état de prétention.

De plus près, Lalouette reconnut que le pauvre Martinet était ensanglanté, presque méconnaissable.

Il courut à lui.

— Qu'as-tu donc? lui demanda-t-il (car, comme il arrive entre les chasseurs d'autruches, le tutoiement était venu avec la familiarité).

Martinet étendit le poing avec rage vers le point de l'horizon où il supposait qu'Ibrahim devait se trouver, et il dit :

— J'ai... que si jamais cet Ibrahim me tombe sous la main, je le brûlerai à petit feu avec un plaisir infini!

Et il se mit à jurer comme un homme qui, éprouvant le besoin de se soulager, possède, en sa qualité d'ex-officier de cavalerie et de chasseur, une jolie collection d'imprécations.

Quand Lalouette vit la rage du chasseur un peu calmée, il lui demanda curieusement

— Que t'est-il donc arrivé?

Martinet poussa un soupir.

— J'étais en avant, dit-il, je suivais la piste de l'œil; j'avais par conséquent les yeux fixés sur le sol.

« Nous passons tout à coup entre deux grands caroubiers. »

Et tirant de sa poche une espèce de cordonnet très-fin, il le montra :

— Regarde-moi ça! fit-il.

Lalouette toucha ce cordonnet, et dit en homme qui s'y connaît ;

— C'est de la soie.

— Solide comme tu ne l'imagines pas, reprit Martinet. Ibrahim avait tendu cet imperceptible lacet à hauteur de chamelier, entre les deux arbres; j'ai donné dedans.

— Et tu as été démonté?

— Net! fit Martinet. J'ai été jeté à une distance de

quatre mètres sur un buisson de jujubiers énorme qui m'a mis en lambeaux.

— Il est de fait qu'avec ses milliers de crochets et d'épines, un buisson de jujubiers est un lit des plus désagréables.

— J'étais couché, perdu en plein au milieu de ce lit, mon cher.

— Pour en sortir, tu y as laissé tes culottes et un pan de ton paletot.

— Heureux d'en être quitte pour si peu; mais chouïa (patience)!

— Gare à Ibrahim!

— Je veux le pendre avec ce cordonnet au-dessus d'un brasier.

— Bon ! j'en suis.

— Mais il s'échappera.

— Tu crois?

— Il est si fin!

— Oh! fit Lalouette, là-dessus, pas un doute; nous réussirons.

— C'est bien difficile.

— Nous réussirons, te dis-je ; ce n'est qu'une affaire de temps.

Martinet s'exclama :

— On dirait, fit-il, que tu as des siècles à ton service.

— J'ai des années.

— Et, pendant des années, que deviendront nos femmes?

— Elles souffriront en espérant.

— Vous verrez, dit Martinet, que je retrouverai Margot vieille et laide.

— Tu n'aimes Margot que pour sa beauté et sa jeunesse?

— Enfin, c'est dur... d'attendre.

Lalouette haussa les épaules.

— Ah! fit Lalouette tout à coup, voici l'ami Samoül.

Et le cri du chacal retentit.

On y répondit.

C'était en effet Samoül, Samoül démonté, qui accourait.

Les chasseurs vinrent au-devant de lui.

Ils étaient curieux de savoir comment ce fin limier avait été arrêté dans sa poursuite...

Le Kabyle apparut couvert de sang, et des lambeaux de chair adhéraient après son épais burnous.

Lalouette crut à un combat.

— Holà! fit-il, tu as donc été attaqué, mon cher Samoül?

Le Kabyle sourit.

— J'ai essuyé un feu très-vif, dit-il, mais je ne me suis mesuré qu'avec une poudre qu'aucune main ennemie n'enflammait.

— Qu'est-ce que cela signifie?

— Je passais...

« Tout à coup, une mine éclate et me soulève avec mon mahari; je retombe au milieu d'une pluie de pierres; je me dégage et je me tâte, je n'avais rien.

— Et le mahari?

— Pilé.

— Pauvre bête!

Samoül eut un geste indifférent; peu lui importait le chameau.

Les indigènes, qui ont fort peu de pitié pour les hommes, n'en ont pas du tout pour les bêtes, malgré le Coran.

Le Kabyle était, du reste, impassible, et son attitude contrastait avec celle de Lalouette et de Martinet.

Lalouette, très-agité, accablait de questions le tueur de lièvres.

— Cette mine, fit-il, comment a-t-elle éclaté?

— Camarade, dit Samoül, tu parles trop et ne réfléchis pas assez.

— Hein !... fit Lalouette, je parle trop; qu'est-ce que cela fait?

— Beaucoup. Parler est au moins inutile en campagne.

— Il est bien naturel, cependant, que je m'instruise.

— Fais travailler ton cerveau et apprends en songeant.

Puis complaisamment :

— Pour cette fois, je consens encore à te dire que cet Ibrahim, dont le djenoun (diable) ait l'âme, avait creusé une mine, peut-être probablement même plusieurs.

— Comment est-elle partie?

— Sur mon passage.

— Mais par quel moyen?

— Il y a cent moyens. Les gens de Si-Lalou savent employer les capsules : une poignée de capsules sous une rangée de pierres et sur une traînée de poudre dont mon mahari aura pressé l'une, voilà déjà une explication.

Puis avec un sourire :

— Tu peux en imaginer vingt autres; je ne m'en donne pas la peine.

— En effet, fit Martinet; l'important, c'est que la mine a éclaté.

Lalouette murmura :

— Ces hommes sont enragés!

Martinet s'écria :

— Quels jouteurs! Avons-nous peu de chance de tomber sur de pareils adversaires!

Lalouette ne disait mot.

— Par la tête du Prophète! s'écria Samoül, vous me faites l'effet de deux femmelettes, mes camarades.

Et s'adressant à Lalouette :

— Toi, soldat, toi, zéphyr, toi, un intrépide, tu es découragé!

Et à Martinet :

— Toi, un officier, toi, un chasseur, toi, un poignet d'acier, tu désespères au début d'une pareille lutte!

Puis avec conviction :

— Vous en verrez bien d'autres!

Et il se mit philosophiquement à rouler une cigarette.

Samoül, voyant ses amis atterrés, se fâcha sérieusement.

— Allez-vous-en, leur dit-il brusquement, vous n'êtes bons à rien.

— Mais... s'écria Martinet.

— Il n'y a pas de mais... ou prend le temps comme il est, les choses comme elles sont, et l'on va son train.

— Mais... Margot?

— De deux choses l'une : ou tu l'aimes, ou tu ne l'aimes pas au-dessus de tout.

— Je me suicide si je la perds!

— Imbécile!

— C'est ainsi.

— Vis si elle meurt, mais vis pour la venger.

— L'incertitude de son sort me tue ; j'aimerais mieux la savoir morte.

— Alors, biffe d'un trait tout espoir et agis comme si tu avais la conviction que, violentée par Si-Lalou, elle s'est poignardée.

Lalouette n'était pas homme à tergiverser longtemps.

— Pardieu ! Samoül a raison, dit-il; nous sommes des poules mouillées. Je songe que je vous ai suivis pour avoir des aventures ; il m'en vient, et je réclamerais ! C'est stupide.

« Plus nous tomberons, plus nous sauterons, plus nous courrons de dangers, plus ce sera drôle, amusant, agréable. »

Samoül lui tendit la main.

— Bien ! fit-il.

Martinet fit un effort.

— Soit! dit-il. Je vais m'habituer à l'idée de la perte de Margot, mais je veux la peau de cet Ibrahim.

— Tu l'auras, dit Samoül avec une conviction profonde.

Samoûl était en train de préparer ses chaussures, son bagage, ses vivres.

Il dit à Lalouette :
— Allume le feu.
— Hein ! fit Lalouette.

Il ne voyait pas un buisson à un kilomètre à la ronde.
— Je dis : Allume le feu, répéta Samoûl tranquillement.

Lalouette se dirigea vers un bouquet de tuyas très-éloigné.

Ce n'était pas le compte du Kabyle, qui demanda au zéphir :

— Où vas-tu ?
— Chercher du bois.
— A quoi bon ?
— Mais... le feu...

Le Kabyle se mit à rire.

Il montra sur le chemin des crottins de chameau desséchés.

— Voilà le bois du désert, dit-il; brûle-moi cela, camarade.
— Au fait ! dit Lalouette.

Et il ramassa rapidement du crottin, pendant que Samoûl construisait un fourneau en creusant le sol avec sa hachette.

Lassalle et Martinet, après avoir inspecté le terrain, aperçurent une dépression garnie d'herbe très-verte.

Ils coururent de ce côté.
— Où vont-ils ? demanda Lalouette.
— A l'eau ! fit Samoûl.
— Il y a un ruisseau ?
— Non, une mare. Dans cette saison, le soleil n'a pas encore pompé l'eau des creux où elle s'amasse.

Bientôt les chasseurs revinrent; ils rapportaient de l'eau.

Quel breuvage !

Il empoisonnait.

— Pouah ! fit Lalouette. Je ne bois pas de cela, moi !
— Parce que ?...
— Ça pue.

Déjà Lassalle avait planté en terre quatre baguettes de fusil en carré, puis à chaque baguette il avait attaché le coin d'une espèce de mouchoir de toile.

Lalouette, intrigué, demanda :
— Qu'est ceci ?

Et Martinet lui dit :
— Le filtre.

On plaça dans le mouchoir une couche de sable fin.
— Tiens ! fit Lalouette, c'est assez ingénieux, ceci !

Sous le filtre, on disposa une marmite et l'on versa avec précaution l'eau sur le sable, qui la but.

Peu à peu, il la rendit pure et presque sans odeur.

Lassalle prit alors un énorme charbon dans ses bagages et le mit au feu pour qu'il rougît complètement.
— Oh ! dit Lalouette, du renfort pour faire bouillir la marmite.

On haussa les épaules.
— Ce charbon, dit Lassalle, est une chose très-précieuse.
— Qui sert ?...
— A désinfecter l'eau.

Et, tout rouge, il le plaça dans la marmite, le faisant plonger.

Trois fois il recommença cette opération très-simple.
— Cela désinfecte ! faisait Lalouette ; c'est assez drôle.
— Le charbon, dit Lassalle, prend trois mille fois son volume de gaz, et ce sont les gaz qui rendent l'eau nauséabonde. Goûte à celle-ci.
— Tu as raison, fit Lalouette après une dégustation défiante.

On mit la marmite au feu.

Pendant qu'elle chauffait, Lassalle fit, comme Martinet, des préparatifs à l'occasion desquels Lalouette demanda :
— Que faites-vous ?
— Nous nous organisons pour la marche.

Ils jetaient tout ce qui ne leur était pas indispensable.
— Où allons-nous ? demanda Lalouette.
— Nous suivons la piste.
— A pied ?
— Parbleu !
— Pourquoi n'allons-nous pas acheter des mahara ?
— Nous serions bientôt hors d'état de continuer la poursuite. A pied, nous aurions flairé, éventé, évité tous les pièges de cet Ibrahim; à dos de dromadaire, nous donnons en plein dedans.

Et Martinet compléta la pensée de Lassalle ainsi :
— Il est de règle qu'avec un ennemi qui tend des embuscades on doit renoncer à le suivre autrement que sur ses jambes.

Lalouette murmura :
— Il va nous gagner. Nous perdrons les pistes qui s'offriront.

Lassalle regarda Martinet d'un air railleur pour Lalouette.
— Mon cher, dit-il au zéphyr, à combien évalues-tu les journées de marche de nos adversaires, étant donné qu'ils fournissent une certaine quantité d'étapes ?
— Mettons trente lieues par jour.
— C'est cela à peu près.
— Combien crois-tu donc que nous allons faire de lieues en vingt-quatre heures ?
— Mettons douze.
— Nous en ferons de vingt-cinq à vingt-sept environ.
— Impossible.
— Tu le verras.
— Les meilleurs soldats font douze lieues, et sont harassés.
— Ils marchent mal.
— Oh ! fit le zéphyr scandalisé.
— Ils vont d'une traite, sans se reposer plus de cinq minutes par heure; on s'éreinte à ce métier-là, camarade.
— Et nous ?
— Nous faisons deux lieues à l'heure, et nous nous reposons une heure.

« Cela donne, pour dix-huit heures, vingt-deux lieues; il nous reste six heures.

« Sur ces six heures, nous prenons le matin deux heures pour le repas et un repos plus long ; autant le soir.

« Reste encore deux heures de marche en chassant pour vivre, soit trois lieues, à cause des arrêts pour tirer le gibier.

« Donc vingt-cinq lieues.
— Diable ! fit Lalouette.
— Cela te paraît formidable ?
— Sans doute.
— Quand tu en auras tâté, tu préféreras une journée de chasseur à une journée de soldat.

« Tu n'imagines pas combien une heure de repos vous rend dispos.
— Et dormir ?
— On dort en détail.
— Est-ce bon ?
— Excellent. C'est plus réparateur que de dormir sa nuit.

En ce moment, le café était préparé; Samoûl le versa dans les gobelets d'argent et chacun cassa un biscuit, le fit tremper et le mangea.
— Aujourd'hui, dit Samoûl, maigre chère, mais demain, abondance.

Et il se leva en ordonnant :

— En route!

Les chasseurs partirent d'un pas lent, mais très-allongé.

— Si c'est là, dit Lalouette, l'allure de deux lieues à l'heure, je veux bien être pendu en arrivant.

— Chouïa (attends)! fit Samoül.

Et peu à peu les chasseurs transformèrent ce pas, en le raccourcissant et en le répétant plus souvent.

Bientôt cette marche prit le caractère d'une course.

Lalouette se dit que l'on allait à un pas gymnastique très-accentué; il pensa qu'il était impossible de soutenir longtemps cette allure très-fatigante.

Lassalle le vit s'essouffler et passa derrière lui.

Il lui conseilla :

— Porte le corps en avant.

Lalouette obéit.

— Plus encore.

— Je tomberais.

— C'est presque cela qu'il faut; sois toujours sur le point de tomber, mais ne tombe pas, mon cher.

— Et pourquoi cela?

— Parce que, dans cette position, ton corps ne pèse plus sur tes jambes, qu'il entraîne en avant sans fatigue.

— En effet, dit Lalouette.

Il ressentait déjà les résultats des conseils de son ami.

— Tu as dû remarquer, dit Lassalle, que quand tu manques de tomber, tu fais d'ordinaire forcément cinq ou six pas en avant pour rattraper ton équilibre.

— C'est, ma foi! vrai.

Et Lalouette, enchanté, se sentait disposé à courir ainsi toute la journée sans s'arrêter, et son corps ne lui pesait plus rien.

Lassalle lui conseilla encore :

— Respire du nez!

— Pourquoi pas de la bouche?

— Tu prends trop d'air à la fois, et cela prédispose aux points de côté.

— Bon! j'y suis.

— Ne relève pas le pied; c'est une fatigue tout à fait inutile.

— Très-bien; je comprends ça.

— Dandine-toi sur tes hanches de façon à en suivre le mouvement.

Lalouette, ravi, comprit qu'il fournirait très-bien les étapes voulues, grâce à ces conseils de ses amis.

— Sais-tu ce que je pense? dit-il à Lassalle.

— Non, fit celui-ci.

— Je commence à croire que le pas gymnastique des soldats est ce qu'il y a de plus ridicule au monde.

— Je suis de ton avis.

— On éreinte les troupes.

— Comment veux-tu qu'il en soit autrement? Pas un homme pratique parmi ceux qui font les théories et les règlements. Mais silence! on se lasse à parler.

Et la course continua.

Au bout d'une heure et demie, elle se ralentit peu à peu et revint au pas allongé.

A mesure que la pause tirait à sa fin, Lalouette sentait la fatigue l'envahir; le sommeil lui tombait sur les yeux; il était harassé.

On appelle pause le temps qui s'écoule entre la reprise d'une marche ou d'un exercice et sa suspension.

La pose, au contraire, est le temps qui est consacré au repos entre deux reprises; on confond souvent l'une et l'autre.

La nuit commençait à venir.

Samoül s'arrêta dans un endroit où il y avait beaucoup de fenouil.

— Vite le feu! dit-il.

Martinet et Lassalle entassèrent des fenouils et les firent flamber.

— Va-t-on faire encore du café? demanda Lalouette.

— Non.

— Pourquoi ce feu?

— Pour te délasser.

— Tiens! cette idée!…

— Elle est excellente.

Les chasseurs étendirent leurs ceintures, placèrent leurs musettes pour en faire leur oreiller, et s'arrangèrent de façon à avoir les pieds tournés du côté du feu.

Ils étaient déchaussés.

Lalouette trouvait la chose assez singulière et se demandait quelle nécessité il y avait à se chauffer.

— Eh! lui dit Lassalle, imite-nous donc, Lalouette.

— A quoi bon?

— L'expérience a prouvé que le feu, même en plein été, délassait beaucoup, et la science explique ce phénomène.

— Des bêtises! fit Lalouette.

— Triple brute! vas-tu, toi, un ignorant, en savoir plus que Lassalle, qui est fort savant! s'écria Martinet.

Lalouette baissa la tête.

— J'écoute! fit-il.

— Eh bien! sache, dit Lassalle, que ce qui nous fatigue surtout, c'est que le mouvement développe notre chaleur et l'use en quelque sorte.

— Je ne nie pas cela.

— Donc, en se chauffant, on restitue au corps le calorique perdu.

— Tiens! c'est peut-être vrai.

— Mais, double niais, fit Martinet, ce n'est pas peut-être, c'est absolument vrai; la preuve en est qu'en plein été, après avoir bien couru, tu éprouves un froid si tu t'arrêtes, quelque épongée que soit ta sueur.

Samoül, pendant qu'on parlait, prenait en silence une précaution que ne remarqua pas Lalouette et qui l'étonna au réveil.

On dormit trois quarts d'heure.

Lalouette était en pleins ronflements, en plein rêve, quand la voix du Kabyle cria avec insistance aux dormeurs :

— Debout! debout!

La nuit était tout à fait venue; Lalouette se leva grelottant.

— Tu vois, dit Lassalle, comme te voilà transi, mon cher.

— Je suis gelé.

— Et pourtant il ne fait pas très-froid ce soir. Chauffe-toi!

On fit une belle flambée.

Lalouette se ranima et s'informa d'une chose qui le surprenait.

— Comment Samoül fait-il pour se réveiller? questionna-t-il.

Lassalle lui montra un fenouil.

— Voilà le réveille-matin! dit-il.

— Ça?

— Oui, et plus sûr qu'un coucou.

— Comment cela peut-il être?

— On coupe une longueur de fenouil proportionnée à la sécheresse de cette plante, à sa qualité et au temps pendant lequel on veut dormir; on allume le bout et on éteint la flamme; le feu consume alors l'intérieur moelleux du fenouil avec une lenteur régulière.

— Bon! mais… le réveil?

— On place le fenouil par extrémité non allumée entre le pouce et l'index du pied gauche…

— Et arrivé au bout, le feu vous brûle la peau.

— Doucement.

— Si l'on s'éveille de suite? mais si l'on a la tête lourde!

— On est légèrement grillé.
— Eh bien ! dit Lalouette, j'aimerais mieux emporter un réveil.
— Dans deux ou trois jours d'ici, mon cher, tu seras tellement éreinté, que le carillon de Notre-Dame ne t'éveillerait pas.
— Mais se brûler...
— La belle affaire !
Lalouette la trouvait roide.
Au moment de repartir, il vit chacun prendre trois fenouils.
— Fais comme nous, lui dit-on.
Il obéit.
Lassalle l'invita à boire dans sa propre gourde une légère goutte de rhum, et l'on repartit en bon ordre.
En tête Samoûl.
Le Kabyle portait à la main un fenouil dont le bout brûlait sans flamme, en fumant légèrement.
Lalouette vit de temps à autre le tueur de lièvres agiter son fenouil, en ranimer le feu et en éclairer le sol ; il examinait ainsi la piste.
Quand le fenouil fut usé, il en ralluma un autre.
Lalouette pensa :
— Décidément, ces gens-là sont, ma foi ! très-ingénieux.
On fit cette pause, puis une pause, puis une autre pause.
La nuit s'écoula.
Lalouette sentait son ventre se creuser énormément.
Enfin, un peu avant le soleil levé, Lalouette entendit Samoûl dire tout à coup à ses camarades :
— En chasse !
Aussitôt l'on quitta le chemin battu et l'on forma une ligne de quatre chasseurs tenant cent mètres
Lalouette vit ses amis frapper sur les buissons avec des bâtons coupés dans les bouquets de lentisques il les imita.
Une bande de perdreaux s'envola lourdement devant lui ; il tira et en abattit deux, ce qui le combla de joie.
Il continua.
Il avait oublié toute fatigue et frappait avec enthousiasme sur les broussailles pour faire lever le gibier.
Tout à coup il entendit un sourd grognement, puis une forte bête tomba sur lui et le terrassa.
Lalouette poussa un grand cri et se crut mort.
Un coup de feu retentit et une voix cria au zéphyr :
— Il est mort !
Il se releva.
Lassalle venait à lui.
— Quelle pirouette tu as faite ! lui dit le jeune homme.
— Comment ne m'a-t-il pas tué ?
Lalouette, troublé, croyait avoir eu affaire à un lion.
— Tuer ! une bête de deux ans !
— Ce n'était qu'un lionceau !
Lassalle et Martinet, qui étaient accourus, se mirent à rire aux éclats.
— Tiens, regarde, dit Martinet.
Il lui montra Samoûl rapportant un beau marcassin.
— Ce n'était que ça ! fit Lalouette dépité ; si j'avais su...
— Mon cher, pour notre déjeuner, mieux vaut ça qu'un lion.
Puis d'un air grave :
— N'importe ! avant de frapper sur un buisson, défie-toi. Il pourrait bien se faire qu'un jour il sortît un lion ou une panthère, et alors... bonsoir Lalouette !
Lalouette remarqua que ses amis avaient tué des perdrix, des cailles, des lièvres, des alouettes et des petits oiseaux.

— Bonne chasse ! fit-il.
— A l'eau ! lui dit Samoûl.
Lalouette regarda autour de lui et ne vit pas de source.
— Viens, dit Lassalle.
Et il emmena son ami à cent pas de là, vers le chemin. Jamais Lalouette n'eût pensé qu'on le menait à un puits, car justement à cet endroit le sol était aride et sablonneux, rien n'y poussait.
— Vois-tu, lui dit Lassalle, ceci est une espèce de lunette ; partout autour, le sol est argileux et la pluie glisse ou demeure à la surface sans pénétrer ; le soleil la pompe au lendemain de sa chute.
Ici, l'eau s'infiltre dans ce sable, puis elle rencontre à trois pieds de profondeur une couche imperméable.
Elle séjourne là.
Le jeune homme se mit à creuser le sable avec sa hachette ; au fur et à mesure, il plaçait des branchages apportés par lui, pour maintenir les parois de ce puits improvisé ; il allait très-vite en besogne.
En cinq minutes, il atteignit l'eau.
— Laisse-la venir, dit-il à Lalouette, ça ne sera pas long.
En effet, quelques minutes après, les gourdes purent être remplies.
Le zéphyr voulut boire.
— Ne fais pas cette bêtise, lui dit son compagnon.
— J'ai soif d'eau fraîche !
— Si tu bois, tu ne pourras plus te rassasier.
— Mais...
— Il n'y a pas d'observation à faire. Tu attendras le café ; une tasse de café te désaltérera complètement ; dix litres d'eau te donneront la diarrhée sans te soulager.
On revint vers le campement.
Déjà le feu flambait, et Lalouette remarqua que le foyer était disposé assez bizarrement : il était creusé profondément ; les branches d'arbre arrachées aux brûle-capotes du voisinage brûlaient de façon à remplir le trou de gros charbons qui s'y consumaient ensuite lentement au milieu des cendres.
Samoûl dépouillait les animaux.
Martinet rôdait dans les environs.
— Fais le café ! dit Lassalle ; moi, je vais en maraude.
Le camp présentait en ce moment le spectacle d'une activité extrême ; Samoûl faisait voler les plumes du gibier autour de lui avec une dextérité inouïe.
Le feu flambait.
Le café mijotait.
Martinet apparaissait à distance avec Lassalle, fourrageant dans la plaine et poussant des cris d'avertissement.
— Bon ! disait Samoûl, ils ont trouvé des pastèques.
Et à un autre cri :
— Ah ! tant mieux, ils ont des asperges sauvages.
Puis, à mesure que les avertissements arrivaient, il dit :
— Aôh ! voilà le mieux, ils ont trouvé des arbouses.
(L'arbouse est un fruit qui tient de la fraise et de la framboise.)
Et il continua ;
— C'est bombance ! Nous mangerons des citrons nains.
Lalouette se pourléchait les doigts à cette énumération.
— Décidément, ils ont une veine étonnante : nous avons des grenades.
Puis il commanda :
— Disperse les branches, je vais mettre le rôti au four.
Lalouette enleva les rameaux qui brûlaient.
Le four resta découvert.

— Cueille des palmes et couvres-en les cendres, dit Samoül.

Lalouette arracha des feuilles de palmier nain, il en fit un lit sur le fond de cendres et de charbons dont le trou du foyer était empli au quart.

Le Kabyle avait éventré le marcassin, et il avait garni la cavité de râbles de lièvres, de perdrix, de cailles et de petits oiseaux.

Il lia le tout avec des cordelettes d'alfa improvisées.

Cela fait, et l'assaisonnement (sel), poivre, piment) dûment prodigué, il plaça le tout sur les palmes; ensuite il dit à Lalouette:

— Rétablis le feu.

Ainsi fut fait.

Cependant le café était prêt.

Café même exquis.

Le café se prépare ainsi :

Les grains sont à peine torréfiés, ils sont d'un jaune ambré.

Au lieu de les moudre, on les pile avec la crosse d'un fusil dans une petite marmite; on les réduit en une fine poussière.

On répand cette poudre sur l'eau froide et l'on fait chauffer lentement; il ne faut pas d'ébullition.

Quand la marmite est sur le point de bouillir, on brouille tout, et, pour précipiter le marc, on jette de l'eau froide sur le tout, on laisse déposer et l'on sert.

Mais... Comment dire cela?

Déjà je prévois les réclamations des cuisinières.

Enfin il faut tout dire et être vrai avant tout.

Mais... avant de sucrer, on jette une crotte de gazelle desséchée dans le café; il prend un très-léger parfum de musc qui est, ma foi ! délicieux.

Que le lecteur en pense ce qu'il voudra ; j'ai trouvé la chose délicieuse.

Lorsque Martinet et Lassalle revinrent, ils trouvèrent le café versé.

Lalouette vit sur les palmes fraîches et vertes s'amonceler les arbouses, les citrons, les figues, les grenades mûres.

— Nous sommes tombés, dirent les chasseurs, sur un jardin autrefois cultivé, et abandonné depuis par les Arabes.

Lalouette demanda :

— Arrive-t-il souvent que l'on trouve de ces jardins?

— Oui, gourmand, dit Lassalle. Les tribus sont très-nomades; il y a souvent des changements de territoire.

« De là cet abandon de terres cultivées. »

Déjà Martinet avait replacé la marmite sur le feu, et il l'arrangeait pour faire cuire les asperges.

Lalouette aperçut des artichauts.

— Parbleu ! dit-il, c'est un festin de Balthazar !

L'artichaut croît naturellement en Algérie.

On prit le café.

— Dormons, dit Samoül; au réveil le repas sera prêt, Et l'on s'arrangea pour se reposer une heure.

Lalouette rêva qu'il faisait un repas de Gamache.

Aux appels de Lassalle, qui, à son tour, avait le fenouil allumé entre les doigts de pied, il se dit tristement que le festin de ses amis n'existait pas, et qu'il avait rêvé et les marcassins, et les perdreaux, et les mauviettes.

Point.

La réalité se révéla à lui sous les formes les plus appétissantes, sous les odeurs les plus délectables.

Samoül tira le marcassin, on le plaça sur une belle nappe de feuilles de figuier parfumé.

— A table ! dit-il.

Jamais Lalouette n'avait eu si grand appétit.

Les chasseurs attaquèrent le râble de l'animal, arrosant sa chair de jus de citron avec modération.

Après le râble, on retira le lièvre, dont on ne prit que les morceaux les plus délicats; puis les ailes de perdreaux y passèrent et aussi les mauviettes.

Vint le tour des asperges et des artichauts noyés dans le sang rose de la venaison.

Au dessert, Lalouette déclara que depuis qu'il était au monde il n'avait si bien mangé.

Les chasseurs allumèrent une pipe, burent un peu de rhum, fumèrent en paix pendant dix minutes et repartirent.

La journée fut rude.

Vers midi, Lalouette déclara que Si-Lalou avait des relais.

La chose était grave.

— Cet homme-là, dit le Kabyle, a tout pour lui.

Il montrait la piste.

— Nous sommes gagnés.

— Penses-tu, demanda Martinet, qu'il finira par avoir tant d'avance, que nous perdrons sa trace?

— Il y a pour nous un espoir.

— Lequel?

— C'est qu'il craindra de fatiguer vos femmes.

— Et il se reposera?

— Probablement.

Une heure s'écoula.

Samoül semblait très-occupé depuis quelque temps.

— Qu'as-tu ? lui demanda Lassalle, très-inquiet lui-même.

— Je ne vois pas que Si-Lalou fasse faire de haltes ! dit-il.

— Il va briser ces deux pauvres femmes ! dit Lassalle.

— Et il gagnera sur nous ; car, pour le rejoindre, je comptais sur la nécessité de donner quelque repos aux prisonnières.

— Ah ! fit Samoül. Enfin !

On arrivait à un endroit où évidemment il y avait eu stationnement; c'était près d'une source vive; Samoül constata qu'un repas avait été préparé.

Bientôt l'espérance se changea en tristesse.

— Aôh ! avait fait le Kabyle; des palanquins !

Et il montra sur le sol certaines traces particulières.

— Ibrahim, dit-il, prévoyant la fatigue de ces dames, a fait tenir prêts des palanquins où elles peuvent dormir.

— On ne s'arrêtera plus ! fit Martinet avec un soupir.

— Oh ! pas une seconde, dit Samoül; il y a probablement des repas tout préparés aux relais, et rien n'obligera Ibrahim à interrompre sa course rapide.

Les chasseurs, toutefois, se remirent en route.

— Tant que nous aurons une piste, avait dit Samoül nous la suivrons; quand nous ne l'aurons plus, nous prendrons des mesures pour savoir où Si-Lalou aura passé.

Et il murmura :

— Maudits palanquins !

Grâce aux palanquins, en effet, les jeunes femmes pouvaient être transportées d'un bout du désert à l'autre sans temps d'arrêt.

Le palanquin est une espèce de tente dressée au-dessus d'un plancher léger adapté sur une selle de chameau.

Garni de tapis, il permet de dormir et de prendre telle position que l'on veut, sauf se tenir debout.

Le palanquin est garni de tous les petits meubles de toilette indispensables aux femmes en voyage.

Elles peuvent, sous l'impénétrable rideau qui les enveloppe, prendre d'elles-mêmes tous les soins hygiéniques.

A coup sûr, le palanquin est un admirable moyen de transport, et nous le trouvons infiniment préférable au meilleur compartiment de première classe.

Un palanquin monté sur ressorts serait un lit moelleux. Avec des mahara faisant cinquante lieues par jour, nous nous demandons si nous ne préférerions pas ce mode de transport aux chemins de fer, étant donné que nous fussions assez riches pour nourrir des chameaux.

Toujours est-il que les palanquins venaient de jeter

Il lui passa une sueur froide dans le dos quand il entendit la détonation. (Page 146.)

une grande préoccupation dans l'esprit de Samoül; cependant, vers le soir, il reprit sa sérénité.

Comme on allait arriver à l'heure de la chasse pour le dîner, il dit à Lassalle avec confiance :

— Mon cher, Si-Lalou ne va pas au Soudan.
— Tu crois? demanda Lassalle.
— Il prend trop vers l'est.
— J'ai cru le remarquer.
— Et tu conclus?
— Qu'il a quelque retraite, quelque village ou ville de la Kabylie dans laquelle il passera la lune de miel avec ses prisonnières; ceci, du reste, s'accorde avec le désir bien naturel qu'il doit éprouver de satisfaire sa passion.

— On lui en donnera, des lunes de miel ! dit Martinet d'un air sombre.

Lassalle, avec sa lucidité ordinaire, se rendit clairement compte que Si-Lalou n'allait pas en effet au Sahara.

Dès lors, la course devait être moins longue et la piste ne pouvait se perdre; ce fut une cause de gaieté.

— En chasse ! dit Samoül.

Lalouette eut un cri de joie; malgré sa mésaventure du sanglier, il adorait la chasse, et se livra avec ardeur à la poursuite du gibier, très-nombreux du reste.

On était en forêt.

Les forêts, en Algérie, sont rarement aussi touffues qu'en France.

Les chasseurs formaient, comme d'habitude, une ligne qu'ils maintenaient aussi droite que possible; c'est un bon moyen pour rabattre le gibier et s'aider réciproquement.

Lalouette, comme il n'y avait plus de soleil, en raison de l'ombre des arbres, Lalouette, qui aimait ses aises, avait rabattu son chapeau de palmier en arrière.

Lassalle s'en aperçut.

— Mets ton chapeau ! lui cria-t-il, et méfie-toi des lynx.

Lalouette obéit.

Toutefois il ignorait les précautions à prendre quant aux lynx.

Cet animal, double à peine d'un chat comme taille, n'en est pas moins excessivement redoutable.

Il a une tête énorme et des mâchoires puissantes.

Juché au sommet des arbres, il guette sa proie.

Vient-elle à passer, quelle qu'elle soit, il saute dessus, tombe sur le dos de l'animal, s'y cramponne de ses griffes et le mord de ses dents terribles.

Il la dévore.

Peu à peu, l'animal ainsi surpris a les muscles du cou, puis la colonne vertébrale attaqués, déchiquetés, broyés.

Le Roi des Chemins. XXXVI.

La mort arrive.

Le lynx alors égorge sa victime et se gorge de sang. Il attaque ainsi le bœuf, l'antilope, le cheval et l'homme lui-même ; on affirme que le lion n'échappe pas à ses brutales agressions.

Toutefois nous en doutons.

Le lion a une odeur sui generis qui épouvante tous les autres animaux, et nous ne pensons pas que le lynx se hasarde à si forte partie.

Quant à l'homme, nous avons des raisons particulières pour savoir qu'il ne se gêne guère avec lui, car nous avons vu dans le bois de Bou-Ismaïl un sergent de zouaves recevoir sur la nuque un lynx dont on ne le débarrassa pas sans grande peine.

Lalouette, qui n'avait pas eu occasion d'avoir affaire à des lynx, ignorait les dangers qu'il courait.

Si Lassalle lui avait crié : Gare ! c'est que sans doute il connaissait de réputation la forêt qu'on traversait.

Les chasseurs allaient prudemment, interrogeant les arbres.

Lalouette ne pensait qu'à abattre du gibier.

Tout à coup une masse lui tomba sur la tête.

C'était un lynx.

Il poussa un cri.

Le lynx gronda.

Le pauvre zéphyr sentit les ongles aigus de l'animal percer ses vêtements et s'enfoncer dans ses chairs.

De la gueule, le lynx s'escrimait aussi, mais sur le chapeau de palmier qui offrait de la résistance.

La bête fauve éprouvait de la difficulté à mordre dans ces palmes tressées, épaisses et piquantes.

Lalouette, étourdi, fut ainsi pendant deux ou trois secondes.

Tout à coup une voix cria :

— Ne bouge pas ! je tire !

C'était celle de Samoül.

Le zéphyr comprit que le Kabyle allait renouveler l'exploit de Guillaume Tell ; mais la pomme était remplacée par un lynx et la flèche par une balle.

D'instinct, Lalouette ne broncha pas, se sentant perdu s'il remuait ; mais il lui passa une sueur froide dans le dos quand il entendit la détonation.

Au même instant, le lynx se démenait furieusement, lâchait prise et tombait agonisant sur le sol.

Lalouette, effaré, regardait et la bête et Samoül.

Le Kabyle empoigna adroitement l'animal par la queue et le fit tournoyer autour de sa tête.

Alors le Kabyle se montra à Lassalle, en disant froidement :

— Bel animal, n'est-ce pas ? Nous en ferons une magnifique cartouchière.

Mais Lalouette, sauvé, voulait se jeter dans les bras de Samoül.

Celui-ci, le voyant se jeter à son cou, se dégagea étonné.

— Qu'as-tu ? fit-il.

— Oh ! mon ami, s'écria Lalouette, que de reconnaissance je te dois !

— Tu es fou.

— Tu m'as sauvé la vie.

— Eh bien ! après ?

Lassalle riait avec Martinet de l'enthousiasme de l'un et de l'indifférence de l'autre ; Samoül était sincèrement surpris.

— Ah ça ! dit Lalouette, c'est donc une chose toute simple que de délivrer un camarade d'un lynx ?

— Toute simple, tu l'as vu ! dit le tueur de lièvres.

— N'importe, je te dois...

— Pareil service à l'occasion, dit Samoül ; j'y compte bien.

Et il se remit en chasse.

Lalouette se tourna vers Lassalle et Martinet et s'écria :

— En voilà un qui n'oblige pas les autres par calcul !

— Erreur, dit Lassalle. Si Samoül te soupçonnait capable de ne pas te dévouer à lui en toute occasion, jusqu'à la mort, il te casserait la tête sur-le-champ.

— Il n'a pourtant pas l'air de tenir à ma reconnaissance.

— Parce que, entre amis, la reconnaissance n'existe point ; on s'est juré aide et assistance ; on se rend tous les services imaginables, et l'on ne se croit l'obligé de personne quand, dans une association comme la nôtre, on a plus reçu que donné. Nous calculons qu'il doit en être ainsi, et nous calculons aussi les qualités de ceux que nous nous associons, afin de ne pas être dupes.

Lalouette ne cessait pas de se palper et de s'extasier sur cette aventure.

— En route ! dit Martinet. Chassons. Tu t'étonnes de choses bien naturelles et qui arriveront très-fréquemment.

Lalouette se remit à chasser.

— Quels hommes ! quelle existence ! murmurait-il de temps à autre.

Il voyait souvent Martinet et les autres se baisser, fouiller le sol, brandir leur hache, casser quelque chose, puis placer de petits objets dans leur musette aux vivres.

Il entrevit cela vaguement, très-préoccupé de sa propre affaire.

Il abattait force oiseaux.

On sortit de la forêt et l'on arriva près d'une belle source.

Lalouette, qui avait adopté la spécialité d'allumeur, fit un beau foyer et le feu flamba bientôt gaiement.

On avait deux lapins et beaucoup de mauviettes.

— Nous allons, dit Samoül, faire aujourd'hui des chapelets.

Et il fit planter devant le foyer un triangle de fourches, auquel il suspendit les mauviettes enfilées dans des baguettes et formant de belles branchettes ; ces branchettes, à l'aide de ficelles, furent suspendues aux fourches ; de même pour les lapins.

Les fourches étaient très-flexibles ; la brise du soir les faisait plier sous le poids qu'elles supportaient.

Ces petits ébranlements faisaient tourner le rôti.

Lalouette admira ces ingénieuses combinaisons.

Déjà les voix de Lassalle et de Martinet en maraude annonçaient un beau dessert.

Ils rapportaient des caroubes, des jujubes, des noisettes, des petits pois sauvages et des baies délicieuses.

Comme d'habitude, on abandonna le dîner à lui-même.

— Si un lynx venait ! fit Lalouette.

— Sois tranquille, dit Samoül ; le feu écarte les fauves.

L'on s'endormit.

Mais Lalouette avait faim, et il n'eut pas besoin du fenouil, qu'à son tour il avait au pied, pour s'éveiller.

Et pendant que ses compagnons secouaient leur torpeur, il jeta un amoureux regard sur les rôtis.

Samoül, avec sa dextérité ordinaire, servit les plats.

Mais Martinet, pendant que l'on dressait les mauviettes sur les palmes, s'occupait à autre chose.

Lalouette, tout aux opérations culinaires du Kabyle, fut cependant surpris d'entendre le bruit d'une omelette que l'on bat, et il se retourna.

Dans un gamelon d'argent, Martinet mêlait en effet des blancs et des jaunes d'œufs dont le volume très-petit fit supposer à Lalouette qu'ils provenaient d'oiseaux gros comme des pigeons.

— Là ! fit-il rayonnant. Une omelette ! Bonne affaire !

On n'imagine pas combien l'omelette ragaillardit cœur d'un gourmand, à la campagne; c'est le plat des bons appétits; c'est le mets cher aux bons estomacs.

— Ne savais-tu pas, demanda Martinet, que nous avions des œufs?

— Je ne vous ai pas vu grimper sur les arbres, dit Lalouette.

— Depuis quand les tortues nichent-elles sur les chênes?

— Les tortues?

— Eh! oui!

— Ce sont donc des œufs de tortue que tu as là?

— Certainement.

Lalouette se souvint alors que ses amis s'étaient souvent baissés, avaient cassé quelque chose à coups de hachette et rangé de menus objets dans leur sac.

L'affaire du lynx lui avait fait oublier cette particularité.

— Jamais, dit-il, je n'aurai mangé d'un pareil plat.

Et préoccupé, comme tout homme friand de nouveautés en cuisine, il s'informa d'avance du goût des œufs de tortue.

— Exquis! dit Martinet.

Et Lassalle surenchérissant :

— C'est moins fin, mais plus onctueux que l'œuf d'autruche.

— Encore un mets que j'ignore, dit Lalouette avec un soupir.

— Tu en goûteras.

— Le désert est donc un vrai pays de cocagne?

— Ça dépend des jours.

— Ma foi! fit Lalouette, je suis d'un tempérament à jeûner volontiers deux jours par semaine, pour vivre amplement pendant les cinq autres jours.

Lassalle s'occupait gravement à découper des herbes sauvages dans l'omelette, qui fut mise au feu.

Lalouette recommanda :

— Ne la rate pas.

Il mangea le rôti avec distraction, et quand on servit l'omelette, il y fit honneur, augurant de son aspect.

— Exquis! ravissant! superfin! dit-il; je suis au troisième ciel de la gourmandise; jamais je n'ai dégusté rien de pareil.

Mais on lui ménageait une autre surprise non moins agréable.

Il croyait qu'on lui servirait du café; on lui versa du thé, non du thé chinois, mais un infusion d'une plante qui tient de la menthe poivrée, du tilleul et du thé.

— Oh! fit-il, un nectar!

— Et un élixir! dit Martinet : cela redonne une vigueur inouïe.

Lalouette sentit bientôt les effets de ce breuvage.

— Les jambes me démangent, dit-il; en route, camarades!

On partit.

La nuit se passa sans incident remarquable, et au jour l'on arriva en pleine Kabylie; l'on campa comme d'habitude. Seulement, comme l'on se trouvait sur un plateau aride, l'on ne tua qu'un vieux corbeau. Maigre chère!

— Mauvaise chance! dit Lalouette.

— Attends! lui dit-on.

Et il vit ses amis examiner des trous étroits avec attention, munis d'une baguette très-flexible : l'un la fourrait dans un trou; au bout d'un instant, par un autre orifice sortait un mulot.

L'autre chasseur le tuait d'un coup de bâton.

Martinet était avec Lassalle pour cette chasse.

Samoül était secondé par maître Lalouette.

Celui-ci était maussade.

— Qu'as-tu donc? lui demanda le tueur de lièvres.

— Rien! une bêtise. Je croyais bien déjeuner!

— Mais tu vas manger du mulot, cadour (cher).

— Du rat!

— Niais! lui cria Lassalle, ce mulot est succulent : il est nourri de jujubes et de graines délicieuses.

— Mais le corbeau?

— La chair sera jetée; tu te gaudiras en avalant le potage que nous allons fabriquer avec sa carcasse.

On prépara le déjeuner.

Avant de dormir, pendant qu'il cuisait, Lalouette se dit :

— C'est bizarre! les camarades me paraissent joyeux.

Au réveil, la joie s'accentua.

Comme on mordait aux mulots après le potage, Lassalle dit en clignant des yeux et en regardant la montagne :

— Il m'est venu une idée.

— A moi aussi, fit Martinet.

Samoül sourit.

— J'ai la certitude, moi, fit-il. C'est bien lui, mes fils.

Lalouette n'y comprenait rien.

— Lui! fit-il.

On le regarda avec surprise; on crut qu'il révoquait les dires de Samoül en doute, et Samoül était infaillible.

— Certainement, lui! s'écria Martinet, et j'ai repris tout espoir.

Lalouette écarquillait les yeux.

— Expliquez-vous, dit-il; de qui donc parlez-vous?

— D'Elaï Lascri.

— Ce nègre fameux?

— Précisément.

— Ce pirate du désert?

— Oui.

— Eh bien?

— C'est Si-Lalou.

— Tiens! tiens! tiens! fit Lalouette. Je commence à comprendre.

— Ce bandit, reprit Lassalle, nous a dupés tous.

— Vous le connaissez?

— Nous l'avons vu.

— Et vous ne l'avez pas reconnu?

— Il s'était admirablement déguisé en vieillard; rien ne change un nègre comme d'avoir la barbe et les cheveux blancs.

— Ainsi, ce n'est pas un marchand?

— Pas le moins du monde.

— Et ces étoffes? et ces pierreries? et ce qu'il vendait à Blidah?

— Cela provient de ses rapines sur les caravanes.

— Il pille donc?

— Parbleu!

— En un mot, c'est un brigand!

— C'est un roi, un roi des chemins, un roi de l'espace, un roi des sables!

« Il a une bande de quelque cent hommes, plus ou moins, à l'aide de laquelle il rançonne tout le Sahara.

« Il est établi sur une haute montagne que tu vois d'ici, du moins tu en aperçois la base et les contreforts; c'est là qu'est son repaire, c'est là qu'est son trésor.

— Mais c'est une montagne kabyle?

— Sans doute.

— Les Kabyles ne sont pas des brigands; ils aiment la liberté, l'ordre.

— Sans doute.

— Comment supportent-ils cet homme?

— Il est protégé doublement.

« D'abord il s'est installé sur une crête où rien ne

pousse, qu'aucune tribu ne revendique, qui n'appartient à personne.

« Il ne touche jamais à un Kabyle ; au contraire, il s'est fait aimer des tribus et des chefs : il prodigue les secours et les présents. Puis il est entouré d'un prestige superstitieux et efficace.

— N'est-il pas marabout?

— A peu près. Son grand-père l'était et on le vénérait fort.

« Lui, profitant d'un secret connu dans sa famille, exploita la terreur qui entoure le fameux lac du *Trou-du-Diable*.

— J'en ai entendu parler. On raconte des fables sur ce lac.

— Des fables ! Qu'entends-tu dire? Parles-tu de sa merveilleuse propriété comme réflecteur des nuages du désert?

— Est-ce que vraiment ce qu'on dit serait la vérité?

— Oui ; de nos yeux, nous avons vu le miracle se produire.

Lalouette ne pouvait révoquer en doute les assertions du chasseur.

— Ainsi, dit-il, ce qui se passe à vingt, trente lieues de lui, est annoncé par le *Trou-du-Diable*?

— Demande à Samoûl.

Le Kabyle montra son œil.

— J'ai eu le prodige dans ma prunelle ! dit-il en souriant.

— C'est étrange.

— Cela s'explique bien simplement, dit Lassalle ; la science est assez avancée en météorologie pour donner la clef de ce prétendu miracle qui se renouvelle fréquemment. Tu sais que le mirage se produit au désert d'une façon permanente?

— Oui.

— Ce que tu ignores peut-être, c'est que, dans le ciel, d'une façon tantôt très-nette, tantôt plus vague, le mirage terrestre est reproduit d'une façon plus ou moins exacte.

« C'est ainsi que l'on a découvert le moyen d'annoncer à l'avance l'arrivée de navires placés au-dessous de l'horizon. Il y avait à l'île de France un homme qui passait pour sorcier pour avoir annoncé souvent l'approche d'une flotte quand elle était à cinquante lieues marines des côtes.

— Ce que c'est que d'être savant ! dit Lalouette avec un soupir ; moi, je suis bête comme une oie et j'ignore tout cela.

— Bref, dit Lassalle, le *Trou-du-Diable*, encaissé dans des rives de granit rose, reflète, grâce à sa situation sur un certain point des crêtes, toutes les images du mirage qui se produisent dans le ciel ; il corrige les courbes que la réfraction a fait subir aux lignes et aux reliefs, il donne l'image vraie, nette, vive, limpide, vivante en quelque sorte.

« Élaï Lascri, ou, comme on l'appelle, Si-Lalou, a donc là un merveilleux observatoire où il lit les secrets du Sahara.

« Vient-il une caravane?

« Il le sait.

« Il est placé de façon à dominer tous les défilés de l'Atlas, que l'on nomme des portes, car sans ces gorges on n'entrerait pas au désert ; la chaîne de montagnes serait une digue à peu près infranchissable.

« Il ne laisse passer par ces portes que ceux qui paient une redevance.

— C'est ingénieux.

— Il prélève là-dessus une part pour les mosquées des villages kabyles voisins, dont les marabouts le protégent tout en le craignant.

— Le reste est pour lui?

— Et pour les siens, mais il exige que la fortune de chacun soit déposée pour une moitié dans son repaire ; de cette façon, il tient pour certaine la fidélité de ses associés, dont aucun ne le trahit.

— Et ce repaire?

— Il est situé sous l'eau.

— Tu veux rire?

— Point : imagine-toi que nous y sommes descendus avec Samoûl.

« Le *Trou* est formé par les pluies, dont les eaux descendent par ses rives ; ce ne serait autre chose que le cratère d'un ancien volcan.

« Le feu, la lave sortaient par différents canaux souterrains. L'un de ces canaux a son orifice sous l'eau, mais il va sous les rocs, remontant au-dessus du niveau du lac, qui ne l'envahit que jusqu'à un certain point. Par conséquent, après avoir dépassé de trois ou quatre mètres la hauteur des eaux, le conduit redescend et aboutit à une succession d'excavations immenses et non inondées.

— On dirait un conte.

— C'est la réalité.

« Tu conçois qu'il n'est pas difficile à Élaï Lascri de descendre avec ses hommes jusqu'au conduit en plongeant, de le remonter en nageant, d'arriver au terrain sec et ensuite de gagner les grottes.

— Et la sortie?

— Elle a lieu par une issue donnant sur des falaises surplombantes.

— Il pourrait sortir par le lac?

— Sans doute. Mais il a des raisons pour préférer l'autre issue.

— Et nous irons dans ces grottes?

— Oui, certes.

— Et nous verrons le trésor?

— Nous l'emporterons.

— Et la bande?

— On la détruira.

Lassalle dit cela simplement.

Lalouette était sous le coup d'une indicible émotion.

— Vous ne vous pressez pas de manger, dit-il ; remettons-nous en route.

Il avait hâte.

Chaque pas devait le rapprocher du trésor ; il eût dévoré l'espace.

— Sois calme! dit Lassalle ; ici, nous allons faire une longue halte.

— Pourquoi?

— Il s'agit de ne pas nous compromettre. Élaï Lascri ne doit pas se douter de notre présence.

— C'est vrai.

— Nous allons avoir à nous cacher, et Samoûl seul ira en reconnaissance.

Lalouette pensait au trésor.

— Est-il gros? fit-il avec un soubresaut, après une rêverie.

— Le trésor?

« Immense.

— C'est de l'or?

— Beaucoup d'or.

— Il nous faudra des chameaux pour enlever cela ; cela sera difficile.

— Parbleu ! oui ; nous jouons notre tête.

— Oh ! j'ai risqué la mienne pour un sou par jour, étant soldat.

— Cette fois, vainqueur, tu auras plus d'un million, mon cher.

— Un million !

Lalouette eût joué mille fois sa vie pour le quart de la somme.

— Mon Dieu ! murmurait-il, je me demande si je ne dors pas.

— Tu veilles, mais tu vas dormir, car il faut nous reposer.

Et les chasseurs, après avoir fait disparaître les traces de leur présence, s'enfoncèrent sous les broussailles et s'y accommodèrent pour dormir.

XVI
L'IDÉE DE SAMOÜL.

Cinq heures plus tard, Samoül les éveillait et l'on tenait conseil.

Que faire?

Samoül savait que le point de départ de toute combinaison reposait sur une reconnaissance, de lui vers la grotte.

Cette reconnaissance, comment l'opérer sans imprudence?

Le hardi chasseur avait déjà trouvé sa combinaison.

— Pensez-vous, demanda-t-il à ses camarades, que Si-Lalou et les siens sachent que je suis de vos amis?

— Tu n'as pas été souvent avec nous! dit Martinet.

— Tu étais toujours au café maure, observa Lassalle.

— C'est que j'avais trouvé une jolie almée de mon pays.

— Pour ma part, dit Lalouette, moi qui savais tout ce qui se passait dans Blidah, j'ignorais que Samoül fût des vôtres.

— Alors, dit Lassalle en riant, si Lalouette ne savait rien de toi, Si-Lalou ignorait tout pour sûr.

— Sûr! fit Samoül. Mon idée est excellente, alors.

— Quelle idée? ‹

— J'arrive à mon village.

— Qui est situé?... demanda Lalouette.

— A six lieues de *Trou-du-Diable*.

— Voilà qui est heureux.

— Après les fêtes du retour (quelques heures de bombance que j'abrégerai), je ferai mine de me mettre en chasse et j'irai au *Trou-du-Diable*.

— Si l'on te pince?

C'était Lalouette qui posait cette question.

— Que fera le nègre?

— Ne suis-je pas dans mon droit de chasseur en chassant? ne suis-je pas un kabyle qui peut parcourir ses montagnes?

— Et, dit Lassalle, Si-Lalou y regardera à deux fois avant de toucher à un montagnard; qui offense l'un offense la tribu.

— Mais, dit Lalouette, le nègre pourrait faire escoffier notre ami en secret?

— Peuh! c'est possible, mais c'est très-dangereux; on se méfierait de la chose, car l'on est très-soupçonneux chez nous... Non, croyez-le, Si-Lalou hésitera.

Mais d'un air fier :

— Du reste, il n'est pas dit que le tueur de lièvres se laissera surprendre.

Et Samoül, jetant son fusil sur son épaule, dit à ses amis :

— Au revoir!

— Où nous retrouveras-tu?

— A la grotte du Chien.

— Mon cher, dit Lassalle, indique-moi à nouveau cette grotte; il y a longtemps que je ne suis venu ici, et je n'ai visité ce repaire qu'une fois.

Samoül indiqua un point de la plaine.

— Tu vois, dit-il, cette ligne noire?

— Oui.

— C'est Oued-Balaon.

— Une petite rivière?

— Où vous trouverez des canards sauvages.

— Tant mieux! fit le gourmand Lalouette.

Samoül reprit :

— Vous allez vous y rendre tout droit, puis vous remonterez le lit pendant une demi-heure, en marchant dans l'eau, bien entendu.

— On se mouille trop souvent les pieds et trop rarement le palais, dit Lalouette.

Samoül, qui n'avait pas l'esprit tourné à la plaisanterie, regarda de travers Lalouette.

XVII
UNE FAMEUSE VENETTE.

Qu'on s'imagine une masse noire posée devant soi, avec des dents blanches mises à découvert par un rictus menaçant, des ongles roses et transparents aiguisés et étincelants comme des stylets; qu'on se représente des yeux fulgurants, lançant la flamme et faisant passer dans le corps les mille pointes d'acier dont on croit se sentir transpercé, tant le magnétisme de ce regard est puissant.

Il existe, en Algérie, une maladie très-connue, analysée par nos médecins :

La fièvre du lion.

L'homme qui rencontre ce roi des solitudes et qui ne sent pas son âme fermée à la peur se sent envahi par une épouvante telle, qu'il est pris d'un tremblement nerveux dont il ne guérit presque jamais.

Seulement l'on ne meurt guère de la fièvre du lion ordinaire. On meurt souvent de celle du grand lion fauve et presque toujours de celle du lion noir; c'est un dicton arabe.

A l'empreinte des pattes laissée sur le sable, Lalouette aurait pu reconnaître qu'il allait avoir affaire à un lion noir !

Mais non.

Il allait à la mort comme au bal, en sifflotant, le malheureux !

Le lion noir, comme tous ceux de son espèce, était un saïd voyageur.

Saïd veut dire chasseur.

Ces lions-là sont des vagabonds qui aiment le changement; et le général Daumas a très-bien décrit leurs mœurs.

Ils vont du Maroc en Algérie, de l'Algérie en Tunisie, de là à Tripoli; souvent ils s'aventurent jusqu'en Égypte en traversant un désert; le plus souvent ils reviennent vers l'Occident pour retourner encore en Orient; vrais rois nomades, ils sont partout souverains redoutés.

Malheur aux populations dont ils traversent le territoire !

En quinze jours, le plus long séjour qu'ils fassent, ils détruisent le troupeau d'un douar, ayant ceci de particulier qu'ils ne vont pas voler tantôt une tribu, tantôt l'autre, autour de l'antre de passage qu'ils ont choisi.

Point! ils s'acharnent contre le même troupeau avec entêtement.

Depuis douze jours, le lion noir était là commodément installé.

On compta douze squelettes de grosses bêtes dévorées par lui.

Quel mangeur !

Un bœuf par nuit !

A vrai dire, il ne fait que prélever la dîme des bons morceaux, laissant la carcasse aux hyènes et aux chacals; mais ce n'en est pas moins un repas à rendre un ogre rêveur.

Le lion, venant boire au ruisseau, en passant avait vu la grotte, y était entré, l'avait jugée saine, commode, agréable, fraîche sans être humide, et, s'y trouvant bien, avait décidé de faire là un petit séjour qui, vu le site, promettait d'être enchanteur tant qu'il y aurait de quoi vivre dans les environs.

Nous prêtons là au lion un raisonnement humain.

C'est que ces animaux-là, s'ils n'ont pas une âme,

ont quelque chose qui y ressemble beaucoup, et ils font intérieurement des calculs souvent très-subtils.

Quand on songe que le général Daumas, Jules Gérard et d'autres auteurs qui connaissent admirablement le lion, entre autres le général Margueritte, lui prêtent la faculté de deviner qu'une bande va voler un troupeau !

Comme il n'aime pas à bondir par-dessus les épines dont les parcs sont entourés, le lion qui rencontre une de ces bandes la nuit, ne fait contre elle aucune démonstration hostile, réclame royalement un bœuf sur la part du butin, et s'en va avec cet impôt...

Lire Daumas, Gérard et autres...

Bref, Lalouette s'en allait à la grotte en arrachant ici et là aux arbres des menues broussailles, des branches sèches.

Il voulait allumer un bon feu, cet homme, et voir clair dans cette grotte qu'allaient illuminer pour lui les yeux flamboyants d'un lion.

Le zéphyr remarqua bien ici un os, là un crâne, mais ces débris étaient enfouis dans l'herbe, dans les joncs, dans la poussière, puis les chacals avaient disséqué merveilleusement tous ces squelettes, auxquels le soleil avait déjà donné ce dépoli qui fait croire à la vétusté.

— Ces torrents, fit Lalouette, ça roule toutes sortes de choses quand ça déborde ; ils déposent dans les coudes de leur lit jusqu'à des monceaux d'os et de squelettes.

Puis il se mit à rire.

— Au bout de vingt ans, des savants trouveront peut-être ces carcasses-là couvertes de terre, et ils diront que ça date de sept mille ans ; j'ai lu des bêtises, comme ça dans le journal et ils se disputent entre eux pour un siècle.

Il arrivait près de la grotte

— Tiens, se dit-il, l'entrée est assez large ! ça s'annonce bien, mais on est mal caché dans ce trou-là ; cette ouverture se voit très-bien et les pâtres kabyles ont dû la remarquer.

Il ne se doutait pas que le lion avait démasqué cette issue en y passant.

Lalouette entra.

Rien de suspect.

Il avait eu un petit mouvement de défiance, parce qu'il faisait sombre et que la grotte était très-profonde, mais ce ne fut qu'un éclair, malheureusement.

Le zéphyr se trouvait dans une espèce de terrain très-irrégulier, profond de près de vingt mètres, large environ de dix ; il était formé de rochers arcboutés, entassés pêle-mêle, et il s'était formé çà et là des espèces de terriers sur les flancs de la grotte. Lalouette les remarqua et se dit :

— Il pourrait bien se faire qu'il y eût des chacals dans la grotte et qu'ils se fussent terrés dans ces trous-là.

Il pensait aux chacals, le lion était à quinze pas de lui.

Comment ne s'était-il pas levé, n'avait-il pas bondi ? c'est ce que fait parfaitement comprendre ce merveilleux chapitre de Gérard racontant combien le lion est lourd dans la journée, lorsqu'il se repose de ses longues marches de nuit, ayant le ventre plein, la digestion pénible à ce point qu'il souffle et gémit souvent comme le glouton dont le dîner ne passe pas.

Le pauvre Lalouette revint encore à son idée de chacals.

— Ça pue le sauvage ici, murmura-t-il ; il y a des chacals terrés pour sûr.

En ce moment, le lion, qui s'était éveillé de quelque cauchemar pesant, ouvrit les yeux et, à demi assoupi, contempla Lalouette, lequel le prenait pour un rocher.

Mais quand le lion eut poussé un soufflement de menace et d'étonnement, Lalouette reconnut son erreur et demeura stupide d'effroi subit en se sentant sous le regard du lion.

Celui-ci se leva péniblement, bâilla et gronda sourdement.

Puis tout à coup, du coin gauche qu'il occupait, il bondit vers la sortie de la grotte, fermant toute retraite à Lalouette.

C'est la tactique du chat et de tout animal félin.

Le zéphyr reprit tout à coup possession de lui-même ; il se sentait perdu, quand une idée fort heureuse lui vint tout à coup ; il avisa, prompt comme l'éclair, un des trous qu'il avait entrevus et il se jeta dedans, la tête la première, avec une prestesse de rat fuyant la dent d'un chat.

Le lion qui s'était arrêté, selon les instincts de sa race, pour jouer avec sa proie et savourer sa peur, le lion s'élança, mais il était trop tard ; Lalouette s'était enfilé autant qu'il avait pu, et vite, et vite !

Par bonheur pour lui, le terrier, un peu étroit déjà pour lui, l'était bien plus encore pour le lion, et il était profond.

Lalouette reconnut que c'était une sorte de passage filant entre trois roches.

Le lion essaya d'allonger sa patte, mais il n'atteignit rien.

Alors Lalouette crut que la grotte allait tomber sous les furieux rugissements qui l'ébranlaient.

C'était terrible.

Le pauvre zéphyr était loin d'être rassuré, car il entendait derrière lui le lion gratter avec fureur et essayer de se frayer un passage ; avec sa griffe puissante, il faisait voler le sable au loin.

Le zéphyr, pour s'éloigner de plus en plus, fit des efforts inouïs, et il vint à être serré comme dans un étau ; il se sentit si pressé qu'il chercha même à reculer ; il étouffait, mais impossible de retourner d'un pouce en arrière ; ses vêtements se repliaient en bourrelets et le retenaient scellé aux pierres.

Triste, triste position !

Lalouette fit d'amères réflexions.

Il pensait à ses camarades ; mais il se dit que peut-être le lion les dévorerait et que lui mourrait étouffé là.

Or, comme un homme qui se noie et qui est dans l'angoisse de l'asphyxie, Lalouette eût préféré n'importe quoi à être suffoqué ainsi ; la mort par l'étouffement est épouvantable ; tout l'être se révolte contre ce genre de souffrance où l'on souffre par le sang, par les poumons, par le cœur, par la tête des affres inexprimables. Pour s'en donner une vague idée, le lecteur n'a qu'à se pincer le nez et à tenir les lèvres closes pendant deux minutes ; il verra, si ce supplice se prolongeait, s'il ne préférerait pas un coup de poignard à cette privation d'air.

Lalouette, à mesure que l'asphyxie l'envahissait, perdait de plus en plus la notion des choses ; peu à peu il finit par s'évanouir presque complètement ; il avait si bien obstrué le terrier que l'air extérieur, arrêté par son propre corps, n'arrivait plus à sa bouche.

Bientôt le zéphyr cessa de se débattre, et il n'eut plus conscience de l'existence.

XVIII

OU LALOUETTE REVIENT DE LOIN.

Pendant que Lalouette était en train de périr si misérablement, ses deux camarades faisaient bonne chasse.

Ils étaient à six cents mètres environ de la grotte, soulevant le derrière aux lièvres par de bons coups de fusil et leur faisant faire ces pirouettes qui font tant rire les chasseurs.

— Il faut faire bonne provision, disait Lassalle ; peut-être serons-nous, à un certain moment, obligés de nous tenir cachés pendant un bon bout de temps.

Mais, comme il ajustait un perdreau, il entendit le lion.

Les deux chasseurs, qui se trouvaient à dix pas l'un de l'autre, s'arrêtèrent brusquement et écoutèrent.

Le rauquement du lion vint de nouveau jusqu'à eux ; ce n'était pas encore son cri royal et terrible ; il ne faisait encore que gronder et menacer en sourdine.

— C'est lui ! fit Martinet.

Et tous deux déjà avaient remis sur leur épaule leur fusil de chasse, après y avoir glissé, à tout hasard, une balle par-dessus le plomb.

Ils avaient pris leur carabine à un coup.

Cette arme est chargée d'une balle conique à pointe de fer.

On sait que la balle ronde ordinaire, à moins de frapper à de certains endroits, s'amortit sur la peau du lion ; non que celle-ci soit dure ; elle est au contraire molle et spongieuse ; le poil forme matelas et la balle perd sa force.

Mais le projectile conique à pointe d'acier brise le crâne ou perfore la peau, même sous la crinière la plus fournie.

Les chasseurs prirent donc leur carabine, celle qu'ils n'employaient que contre le gibier bon à tirer de très-loin et ils se mirent en défense, montant dans la direction du lion.

— Il me semble, dit Lassalle, que je l'ai entendu vers la grotte.

— Dedans ! fit Martinet.

— Crois-tu ?

— J'en suis sûr.

Le rugissement éclata en ce moment comme un coup de tonnerre prolongé et le sol trembla sous ces grands coups de foudre.

Martinet, sans trouble, dit :

— Tu vois, par la qualité du son, qu'il est répercuté et sort de son repaire.

— Oui, dit Lassalle.

— Le lion, dérangé par Lalouette, va le dévorer d'une bouchée.

— Pauvre homme !

Les deux chasseurs hâtèrent le pas, mais sans se départir des règles de la prudence ; ils marchaient sans bruit, courbés en deux, l'arme au poing, l'œil aux aguets, vif et défiant.

A un second rugissement Lassalle dit :

— C'est un lion noir.

— Pauvre Lalouette ! fit à son tour Martinet qui ne doutait pas de la mort du zéphyr.

Mais, tout dévoués qu'ils fussent, les chasseurs n'étaient pas gens à s'attendrir outre mesure et à faire de longues oraisons funèbres ; ils arrivèrent lestement à la grotte.

Le lion était dans une rage folle.

— Il y a quelque chose d'extraordinaire dans la grotte ! dit Lassalle.

— En effet ! dit Martinet.

— Lalouette se défend.

— Mais le lion n'en ferait qu'une bouchée, et cependant...

— Je crois que Lalouette est perché sur quelque roc ; le lion doit chercher à l'atteindre et n'y réussit probablement pas.

— Faisons une diversion.

— Comment ?

— Jetons des pierres au saïd, il sortira contre nous.

— Je ne pense pas. C'est un lion collant ; il est plein de rage et il ne quittera son premier adversaire qu'après l'avoir écrasé sous sa dent et lacéré de ses griffes.

— Alors il faut entrer !

— D'autant plus que nous avons chance qu'il ne nous entende pas ; il fait un vacarme infernal dans cette grotte.

Martinet sourit.

Ceci peut paraître singulier, mais ces hommes étaient de bronze ; au milieu du péril, ils avaient tout leur sang-froid.

Lassalle rendit à Martinet son sourire et dit ce seul mot :

— C'est drôle !

Ils songeaient tous deux à la piteuse mine que devait faire Lalouette, car pour eux le zéphyr n'était point mort.

Tant que le lion rugissait ainsi, c'est que sa proie lui échappait. Ils se glissèrent dans le repaire.

Lassalle le premier.

Martinet, en toutes circonstances, reconnaissant la supériorité de son ami, lui cédait le pas ; c'était une convention faite.

Lassalle vit tout à coup le lion qui le regardait d'un œil oblique ; il comprit qu'il fallait tirer sur-le-champ.

Il mit un genou à terre, épaula et visa, comme le lion allait bondir ; comme il avait démasqué Martinet en s'agenouillant, celui-ci tira aussi sa balle ; les deux détonations n'en firent qu'une.

Avec des tireurs de la force des deux chasseurs, deux balles sur le plus terrible lion devaient en avoir raison, quoiqu'elles fussent tirées dans l'obscurité.

La première avait cassé la mâchoire inférieure de l'animal ; la seconde, pénétrant dans la poitrine, avait atteint l'extrémité du cœur et traversé les poumons, elle était mortelle.

Le lion se débattit et expira.

Cette agonie était majestueuse et horrible ; le souffle empesté du lion, mêlé à la vapeur âcre qui se dégageait de son corps, remplissait la grotte d'une odeur suffocante ; on y respirait à peine, et les deux chasseurs sortirent un instant pour reprendre haleine.

Mais le souvenir de Lalouette les ramena aussitôt dans le repaire.

Le lion était immobile.

Son grand cadavre couvrait tout un coin de la grotte. Dédaigneux de cet ennemi mort, les chasseurs cherchèrent Lalouette.

— Ah çà ! dit Martinet, est-ce que le lion l'aurait dévoré os et chair.

— Pas de traces ! fit Lassalle.

— Lalouette !

— Eh ! Lalouette !

— Rien.

— Pas de réponse.

— Où peut-il être ?

— Allume un fenouil.

Le briquet fut battu, et bientôt l'un des fenouils, apportés par le zéphyr lui-même pour allumer le feu, éclaira la grotte dans toutes ses parties qu'explorèrent les chasseurs.

— Voyons là-haut, disait Martinet.

Et, après avoir inspecté une roche :

— Ce n'est pas là.

Et Lassalle, qui avait fait flamber un autre fenouil, regardait dans les trous à chacal et n'y trouvait rien.

Il cherchait souvent à se fourrer lui-même dans ces trous.

— Trop petit, disait-il en sortant de l'un, il n'a pu rentrer là.

Et d'un autre.

— Celui-ci est vide.

Lalouette étouffait toujours.

Et les chasseurs de s'écrier :

— Lalouette ! ohé !

— Ohé! Lalouette!

Le zéphyr n'était plus en état de rien entendre, encore moins de répondre.

— Il est évanoui, dit Lassalle.

Et Martinet soupçonneux, regardant le lion de travers, disait :

— Évanoui! allons donc! on le verrait, on le trouverait.

Puis, comme un homme qui hasarde une énormité, il dit :

— Le lion l'a dévoré.

Lassalle protesta.

— Et les os! dit-il.

— Les os m'embarrassent! mais ces lions sont si voraces, mon cher.

— Tu es fou!

— A propos, j'étouffe, moi.

— Et moi je suis suffoqué.

— Ce lion pue comme cent rats morts.

— Sortons-le.

Ils s'attachèrent tous deux au corps de l'énorme animal et le traînèrent dehors avec des peines infinies, malgré la force athétique de Martinet et la vigueur de Lassalle.

Cette besogne faite, ils rentrèrent.

— Je vais recommencer ma visite des trous à chacal, dit Lassalle.

— Et moi, celles des roches supérieures.

— Tiens, ce terrier!

— Tu ne l'as pas visité?

— Non. Le lion le bouchait.

— Lalouette est là.

— Probable.

Lassalle prestement s'enfila dans le trou et sentit les bottes de Lalouette

Il essaya de le dégager.

Impossible!

Le zéphyr était scellé comme avec du ciment et Lassalle ressortit.

— Vite, dit-il, une corde!

— Il est donc là.

— Oui, il est étouffé.

— L'imbécile.

Lassalle fit un nœud coulant à la corde que lui tendit Martinet et il se renfila dans le terrier; il glissa le nœud autour des deux jambes de Lalouette et remonta.

Le terrier allait en descendant.

A chaque fois Lassalle perdait beaucoup de temps à sortir en rampant à reculons.

Il tendit la corde à Martinet et lui dit :

— Tire là-dessus.

Martinet fit effort.

— Oh! oh! dit-il, nous ne serons pas trop de deux, mon cher.

Et ils parvinrent avec peine à dégager le corps du pauvre zéphyr.

— Pourvu, disait Lassalle, que nous ne lui ayons pas cassé un membre.

— Espérons-le.

Et ils le conduisirent au grand air.

Lalouette ne donnait plus signe de vie; il avait la figure congestionnée, le teint cramoisi, il ne respirait pas.

Lassalle lui ouvrit la bouche et lui insuffla de l'air.

Martinet, pesant doucement sur la poitrine, faisait rendre l'aspiration qu'avait faite Lassalle, lequel recommençait.

Avec l'air tour à tour insufflé, chassé et renvoyé à nouveau, la vie revint au pauvre zéphyr, qui ouvrit enfin les yeux.

— Bon! sauvé! dit Martinet.

— L'animal a de la chance! dit Lassalle, il revient de loin.

On fit prendre un cordial au soldat; il se remit promptement.

— Où est le lion? demanda-t-il.

— Là, dit Lassalle.

Lalouette se retourna et vit, avec un vif plaisir, son ennemi à terre.

— Ah! le gaillard! fit-il. S'il m'avait tenu, j'étais mort!

— Une bouchée! fit Lassalle.

Et il demanda :

— Ta main.

— Pourquoi?

— Pour voir.

Le jeune homme tâta le pouls du zéphyr et il dit:

— Tu as toutes les chances!

— Vraiment.

— Tu n'as même pas contracté la fièvre de la peur, la fièvre du lion.

— Est-ce dangereux?

— On en meurt.

— J'ai pourtant eu une fameuse venette.

— Ton évanouissement t'a sauvé de cette maladie dont j'ai vu trépasser un turco à l'ambulance de Nemours.

— Sérieusement?

— Puisque je te le dis.

Martinet réfléchissait.

— Avec tout cela, dit-il, Samoül va faire une triste fête à Lalouette.

— C'est vrai! dit Lassalle.

— Il va vouloir le chasser.

— C'est son droit.

Lalouette inquiet demanda :

— Que dites-vous donc?

— Que tu as été poltron! dit Lassalle.

— On le serait à moins.

— Un chasseur, un aventurier ne doit jamais se troubler, mon cher.

— J'ai été surpris.

— N'importe?

— Et vous me chassez!

— Samoül est à cheval sur les traditions; il est d'usage de renvoyer qui a tremblé.

— C'est bon.

Le zéphyr se leva, fit trois pas, arma un de ses pistolets.

Martinet courut à lui.

— Que fais-tu?

— Ce que je veux.

— Cependant...

— Ça ne te regarde pas.

— On dirait que tu as l'envie de te tuer.

— Parbleu!

— Tu es fou.

— Jamais je ne supporterai l'affront d'être déshonoré en étant renvoyé à Blidah.

Lassalle, qui suivait cette scène du regard, cria à Lalouette :

— Allons, reste!

— Mais, dit Martinet, jure-nous qu'à l'avenir tu ne broncheras plus.

Lalouette étendit la main.

— Cent mille hommes et autant de lions, dit-il, ne me feraient pas trembler.

— Pas un mot à Samoül. On lui contera que tu étais en réserve quand nous avons tiré le lion, et que tu as montré du sang-froid.

Lalouette rougit.

Si tu menais Si-Lanou comme je mène Ibrahim, nous serions maîtresses ici. (Page 159.)

XIX

LE RÉVEIL.

Les chasseurs avaient saisi la piste avec une merveilleuse sagacité.

Pas une erreur.

Comme ils l'avaient parfaitement deviné, et comme nous l'avons déjà raconté, les jeunes femmes avaient été conduites, enfermées dans des coffres, jusqu'au point où une fausse manœuvre devait égarer les poursuivants sur une fausse voie.

De là Ibrahim avait suivi le ruisseau, y perdant ses traces. Enfin, à un certain point, sûr d'avoir semé derrière lui des obstacles insurmontables, Ibrahim avait fait arrêter la fuite pour délivrer ses captives, qui souffraient beaucoup.

On fit donc halte.

Ibrahim n'était pas sans quelques appréhensions sur ce qui allait se passer. — Comment allait-il être accueilli?

Il sentait bien qu'une Européenne comme madame Martinet n'allait pas se laisser traiter comme une femme arabe.

Les filles indigènes, accoutumées dès l'enfance à la subordination, à l'obéissance passive, sont peu capables d'une révolte.

Femme légitimes ou esclaves, elles se soumettent aveuglément.

Mais une Française!

Ibrahim avait lu dans le regard de Margot cent insurrections.

Jamais cette petite ne courberait la tête sous un joug.

Jusqu'alors Ibrahim n'avait eu que des passions de sens.

Celles-là, on les satisfait pleinement au pays des harems.

Que veut l'Arabe?

Un beau corps pur, docile, souple à tous les caprices.

Au marché aux esclaves, on trouve des Nubiennes, des Assyriennes, des Circassiennes, des Mauresques; bref, on a ample choix de teints, de nuances, de formes et de traits.

Mais tout cela n'est rien.

Tout cela, c'est de la chair, et ce n'est pas l'âme; c'est l'instinct brutal satisfait, et ce n'est pas l'amour.

Tant qu'un Arabe accoutumé à se contenter des plaisirs de sens n'a pas soupçonné qu'il existe quelque chose au delà, tout va bien; il prend quatre épouses légitimes, dix, vingt, trente esclaves qu'il revend, échange, reprend, revend encore.

Mais vienne le jour où il reçoit un regard de femme franque, l'admirant, lui guerrier superbe, passant fier et fort sur son coursier numide, il comprend qu'il est des amours libres, dans lesquelles la femme se donne de son plein gré, avec tous les charmes de la tendresse partagée et non subie, avec tous les attraits de la passion inspirée.

Et voilà un musulman, un demi-sauvage qui s'élève tout à coup à une hauteur de sentiment dont lui-même se fût cru incapable.

Il devient chevaleresque, délicat, raffiné, faisant sa cour avec grâce.

Il s'étonne lui-même de ne plus regarder le bâton comme le maître de l'amour, le père des baisers, la clef des cœurs.

Il ne pense plus que l'on peut frapper une femme à soi pour la plier à ses vouloirs, et il demande à genoux ce qu'il imposait le matraque au poing; transformation complète que nous avons observée souvent, et qui atteste le pouvoir qu'une femme européenne peut prendre sur un barbare.

C'est toujours l'éternelle scène de l'amour domptant les tigres.

Ibrahim était dompté.

Il fit ouvrir les coffres en tremblant.

Mais avec l'exquise fourberie de sa race et de son caractère particulier, il avait imaginé une excuse près de Margot.

Il savait son nom; Marguerite, et l'avait traduit : Makarita.

Il avait préparé un sonnet arabe dont il avait fait une traduction française assez élégante, et qui aurait eu du succès dans un salon.

Bref, il s'était préparé.

Les coffres ouverts, on s'aperçut que les jeunes femmes dormaient encore.

Mais il était temps qu'on leur donnât de l'air pur, car elles auraient passé du sommeil à la mort.

Quelques trous dans un cercueil ne suffisent pas à la respiration.

Ibrahim vit avec désolation, aux figures pâlies des jeunes femmes, qu'elles avaient été privées de mouvement et d'air pur pendant beaucoup trop longtemps; il fit placer les deux prisonnières au soleil, sur l'herbe, et demanda du café.

Le feu flambait déjà.

Au bout d'un instant, le café était prêt. Ibrahim lui-même voulut en faire prendre quelques cuillerées à Margot, laissant Marie aux mains de Mahmoud, son frère.

Bientôt les deux jeunes femmes revinrent à la vie et ouvrirent les yeux.

Ibrahim prit alors, avec un emportement jaloux, sa prisonnière dans ses bras et l'emporta sous une tente qu'on venait de dresser.

Margot, quand elle eut conscience de ce qui l'entourait, ne parut pas trop surprise.

Elle avait le souvenir tenace de la fête donnée par Si-Lalou et elle se voyait sous l'un des pavillons de ses jardins.

Ibrahim avait l'air si jeune et si efféminé, qu'il ne lui fit pas peur.

— Mon Dieu! fit-elle, qu'est-il donc arrivé? je me suis donc évanouie?

Puis, se levant avec effort :

— Je suis brisée.

Ibrahim, anxieux, ne disait mot.

— Comprenez-vous le français? lui demanda la jeune femme.

— Oui, madame, dit-il.

— Eh bien! jeune homme, courez vite chercher mon mari.

Ibrahim était stupéfait.

Son mari !

— Madame, dit-il, je ne puis, malgré mon désir de vous plaire en tout, vous amener votre mari, qui n'a pas été fait prisonnier.

Ce mot fut un trait de lumière.

— Comment! s'écria Margot avec terreur, vous avez dit prisonnier?

Et rassemblant ses idées :

— On nous a donc enlevées?...

Ibrahim baissa la tête.

Margot tomba sur un coffre et fondit en larmes.

Ibrahim prit son air câlin, se mit à ses genoux, lui saisit doucement les deux mains et lui dit d'une voix caressante :

— Rassurez-vous, je vous protégerai de mon mieux, je vous le jure.

Margot se laissa prendre à ces protestations de dévouement.

— Qui m'a enlevée? demanda-t-elle. Est-ce Si-Lalou?

— Lui-même, dit audacieusement Ibrahim; mais c'est surtout votre amie qu'il a eue en vue; il y a espoir qu'il vous respectera.

— Marie est donc ici?

— Oui.

Margot, sans s'en douter, eut un mouvement d'égoïsme tout féminin.

— Ah! fit-elle avec une intonation joyeuse, je ne serai donc pas seule !

Puis elle reprit :

Si-Lalou était donc amoureux de mon amie Mériem?

Elle donnait à Marie son nom arabe, ne sachant pas encore si le mieux serait de cacher la nationalité de mademoiselle de Lancenales.

— Mon maître, dit Ibrahim, s'est épris de la juive, et j'ai reçu l'ordre de m'emparer d'elle et de vous; nous avons donné une fête pour détourner votre défiance, et nous vous avons endormies.

« Aujourd'hui, vous êtes en territoire kabyle, loin de tout secours.

— Nous sommes perdues!

— Vous, non.

— Hélas!

— Je vous jure, Makarita, que vous m'avez inspiré un vif intérêt; je n'ai pas voulu tuer votre mari, comme l'exigeait Si-Lalou.

— Oh! c'est bien, cela.

— Je l'ai épargné.

— Où est-il?

— A Blidah, probablement.

— Il me délivrera?

— N'y comptez pas.

— Pourquoi?

— Il était endormi.

— Mais il s'éveillera.

— Après quarante ou cinquante heures du plus lourd sommeil.

Puis, pour tuer toute espérance chez la jeune femme et la tenir bien esseulée, sans probabilité de secours d'aucune sorte, en son pouvoir et à sa discrétion, il lui dit :

— Les mesures ont été prises pour dépister toute poursuite.

— Mon mari est chasseur habile.

— Nous avons mêlé les traces.

Et il détailla toutes les ruses par lui employées, les mettant sur le compte de Si-Lalou.

Après une impitoyable explication, à la suite de laquelle Margot désespéra d'être jamais délivrée, Ibrahim lui dit d'un air chevaleresque :

— Mais si votre mari ne peut rien, je peux beaucoup pour vous, moi !

— Vous? dit-elle; sauvez-moi!
— Je ferai mon possible; mais je vous préviens que j'y joue ma tête.
— Votre maître est donc cruel?
— Quand vous saurez que Si-Lalou est Élaï Lascri, le roi du désert, le bandit le plus redouté de toute l'Algérie, vous comprendrez que l'on ne le trompe pas impunément.
— Grand Dieu ! ce vieillard ?...
— Est un jeune homme d'une énergie sauvage et sanguinaire; il fait trembler les plus braves, et il est plus redouté qu'un sultan.
— Heureusement, il ne m'aime pas!
— Qui sait?
— Mais puisque c'est Marie qu'il a choisie! vous me l'avez dit.
— Il a le cœur large.
— Que faire?
— Je vais vous réclamer à lui et vous demander comme ma esclave.
— Oui, faites cela, dit Margot; je vous serai reconnaissante toute ma vie.
Puis naïvement :
— Quand vous serez maître de moi, vous me rendrez la liberté, n'est-ce pas?
— Si Élaï Lascri le permet, dit Ibrahim d'un air sombre.
— Que lui importe que vous me gardiez près de vous ou non?
— C'est que vous allez voir la grotte.
— Quelle grotte?
— Celle du Trésor.
— Il me semble que j'ai entendu parler de quelque chose de mystérieux au sujet de cette grotte qu'on di cachée sous les eaux.
— Et l'on dit vrai.
Ibrahim, avec son imagination orientale et la richesse de coloris de la langue arabe, fit de la grotte une peinture qui impressionna vivement Margot.
— Comment, dit-elle, tant de richesses! ce doit être bien beau !
— Aussi Si-Lalou compte-t-il sur le prestigieux pouvoir de l'or, des diamants et des perles pour passionner votre amie qui, du reste, est juive.
Puis essayant d'une épreuve :
— Vous-même, dit-il, serez couverte de pierreries comme une sultane.
— Qu'est-ce que la richesse sans la liberté et sans l'amour?
— Une consolation.
— Pas pour moi.
— Vous comprenez, cependant, qu'il me sera bien difficile de vous faire évader; car quiconque a vu cette grotte sait un secret terrible.
— Je me tairai.
Ibrahim sourit.
— Écoutez, Makarita, dit-il, je ne puis tout dire aujourd'hui; mais un jour je vous confierai mon plan qui vous ferait libre, heureuse et riche de tous les trésors de Si-Lalou.
Puis, comme on entrait dans la tente, il mit un doigt sur ses lèvres.

XX

LES DEUX FRÈRES.

Pendant qu'Ibrahim trompait Margot, une autre scène se passait entre Mahmoud et Marie, qui, elle aussi, s'était éveillée.

Mahmoud avait épié avec un vif intérêt les effets de ses soins, et pour que la jeune femme ne fût pas effrayée en ouvrant les yeux, il avait fait signe aux guerriers de s'écarter.
On lui avait obéi.
Ce tout jeune homme, presque enfant, exerçait un grand prestige sur toute la bande de Si-Lalou et sur le maître lui-même; il avait cette grâce qui séduit et cette vive intelligence qui charme; il avait une chaleur d'âme, une bravoure, une générosité auxquelles on ne résistait pas.
Il vit Marie ouvrir les yeux.
Celle-ci reconnut le petit messager qui lui avait apporté la déclaration de Si-Lalou; on se souvient que mademoiselle de Lancenales n'avait pas demandé le nom de son amoureux.
Elle n'en pensa pas moins tout aussitôt qu'elle était victime d'un rapt.
Elle regarda effarée tout autour d'elle, et Mahmoud lui dit :
— Hélas! oui, pauvre petite gazelle, vous voilà sous la griffe du lion.
Il lui parlait français, se souvenant qu'elle ne comprenait pas l'arabe.
— On m'a enlevée à mon mari! fit Marie avec désespoir.
— Oui, mais consolez-vous, Si-Lalou vous adore et vous fera riche.
Marie se tordit désespérément les mains, puis se jeta à genoux.
Elle eut un éclat de douleur si terriblement vraie que Mahmoud se désola aussi et vint lui dire à l'oreille :
— Tout n'est pas perdu !
Marie, entendant cette douce voix murmurer cette parole d'espoir, passa, avec la rapidité si singulière que l'on remarque chez les femmes, de la désespérance à l'espoir.
Elle regarda, avec l'attention inquiète des femmes en péril, le protecteur qui venait de se révéler et murmura :
— Il a la figure loyale, cet enfant; peut-être dit-il vrai.
— Je suis sincère, dit Mahmoud, parce que je t'aime de tout mon cœur.
Et, à un geste de Marie :
— Oh! pas comme femme, pas comme maîtresse, mais comme sœur.
Il lui prit la main avec gentillesse et lui dit d'une façon touchante :
— Imagine-toi que je suis, par ma mère, fils d'une franque; je vous comprends bien, vous autres femmes d'Europe; je te plains de tout mon cœur; puis, comme je te l'ai dit, je te considère comme une sœur...
Il lui offrit une orange.
— Prends ceci, dit-il. Ne pleure plus; donne-moi un bon regard.
Il poussa un soupir.
— C'est triste! fit-il, très-triste d'avoir un frère comme Ibrahim. J'aurais bien voulu connaître ma mère, ou qu'elle ait eu une fille pareille à toi, bonne et douce.
« Tu m'aimeras, n'est-ce pas? »
Marie lui sourit.
— Mon ami, dit-elle, j'ai déjà pour vous grande sympathie.
— Vrai?
— Je vous l'assure.
— Alors je tâcherai de te rendre service; je suis très-hardi.
Il réfléchit.
— Après tout, dit-il, ton mari n'est qu'un juif, cadanna (ma chère); tu ferais peut-être mieux d'aimer Si-Lalou.
Marie sourit.
Elle se sentait poussée à être franche avec cet enfant.

— Bon! fit Mahmoud, ne me confie rien, je devine tout.

Et avec force :

— Non-seulement tu es née Française, mais tu n'es pas israélite ; tant mieux, j'en suis bien aise ; ton mari est un Européen qui a ses raisons pour se cacher.

Puis il ajouta :

— C'est quelque criminel ; il a dû prendre un sang (tuer quelqu'un).

— Pourquoi cette supposition?

— Ah! on est jeune, mais on fait ses observations. Tu aimes cet homme comme les femmes aiment ceux qui ont commis à cause d'elles quelque forfait ; tu subis ses regards.

Marie baissa les yeux.

— Va, garde ton secret, je n'en ai que faire : on n'est pas jaloux d'une sœur ; j'aimerai ton mari puisque tu l'aimes.

Marie donna sa main à baiser à Mahmoud, qui comprit que l'alliance était faite et serait sincère de la part de la jeune femme.

— Allons voir ton amie! dit-il.

— Quelle amie?

— Makarita.

— Marguerite?

— Oui, Margot ; du moins tu l'appelles ainsi, je crois?

— On l'a donc enlevée?

— Mon frère Ibrahim l'a voulu ainsi ; il l'aime, et il a insinué à Si-Lalou qu'il te fallait une compagne de captivité.

— Pauvre Margot!

— Elle est gentille aussi.

— Vous la sauverez?

— Oui. Mais tutoie-moi donc à la mode arabe ; tu me feras plaisir.

Il prit la main de la jeune femme et l'emmena vers la tente.

Margot, en voyant Marie, courut l'embrasser ; elles pleurèrent toutes deux.

— Ibrahim, dit Mahmoud, viens!

Le kadja sortit.

— Que veux-tu? demanda-t-il une fois dehors ; tu as su quelque chose?

— Par qui?

— Par les prisonnières.

— Je saurais quoi que ce fût que je ne le dirais pas, Ibrahim.

— Pourquoi?

— Parce que je ne suis plus ton chouaf (espion) ; parce que je ne t'aime plus.

Ibrahim se pinça les lèvres.

— Enfin, pourquoi m'as-tu appelé? Tu as sans doute à me parler?

— Tu n'es qu'un grossier Bédouin, dit Mahmoud avec dédain. Ne comprends-tu pas que tu vas gêner ces deux femmes en demeurant près d'elles ? elles ont à se parler sans témoins.

Puis moqueur :

— Tu as bien du chemin à faire avant d'être galant comme un Français.

— C'est bon! dit Ibrahim, je ne te demande pas de mauvais compliments.

— Veux-tu un bon avis?

— Oui.

— Combien le paieras-tu?

— Cher, s'il est bon.

— Tiens, dit Mahmoud, je ne suis pas comme toi, égoïste et méchant. Je te donne le conseil à la condition que tu ne le reconnaîtras pas par un mauvais procédé.

— C'est donc sérieux?

— Juges-en...

« Je sais que la juive n'est pas juive, mais Française comme Makarita.

— Eh bien! après?

— Eh! eh! ceci peut, à un certain moment, avoir un grand intérêt.

— Parce que?...

— Parce que Si-Lalou, s'il sait cela, pourrait bien trouver que cette Mériem, qu'il trouve belle avec ses traits très-accusés, qu'il aime parce qu'elle a le type juif, n'a aucune raison d'avoir un nez à la mode d'Israël si elle est Française.

— Que t'importe?

— Tu vas voir. Ibrahim, tu es épais d'intelligence comme une hyène.

— Je vais te couper les oreilles.

— Nouvelle preuve d'ineptie. Je continue à t'ouvrir l'entendement. Réfléchis donc qu'entre deux Européennes, Si-Lalou te dira qu'il vaut mieux Makarita que Mériem qui passe à l'état de juive manquée.

Le front d'Ibrahim s'assombrit.

Mahmoud continua à lui enfoncer l'épine dans le cœur avec cruauté.

— Je connais le maître, dit-il ; je parierais un douro contre un boudjou que les choses se passeront comme je le prévois.

Ibrahim dit d'un air sombre :

— Nous verrons.

Et Mahmoud pensa :

— Le chacal va défendre sa femelle contre le lion lui-même.

Il reprit :

— Ne trouves-tu pas que ma conversation est intéressante?

— Peut-être bien intéressée.

— Possible. En tout cas, je joue ton jeu, et tu dois me soutenir.

— Quel est ton but?

— Je garde mon secret.

— Soit. Mais ton conseil?

— Je penserais jour et nuit au moyen d'empêcher Si-Lalou d'être l'amant de l'une ou de l'autre, et je ferais évader les femmes.

— Et ma tête?

— Et ton amour?

— C'est à en devenir fou.

— Reste sage et compte sur moi.

— Mais donne-moi confiance.

— Eh bien! sache que si tu aimes Makarita, j'aime Mériem, moi.

— Et tu espères?

— Pourquoi pas?

— S'il te vient une bonne idée, confie-la-moi, frère.

— Sois tranquille.

— Je pense que nous réussirons

— Dis donc... et le trésor?...

Ce fut une évocation magique.

Ibrahim pâlit.

— Chut! fit-il.

— Niais! dit Mahmoud.

— Mais tu es imprudent.

— Faut-il parler si bas que j'aie l'air d'un conspirateur?

Et souriant :

— Va, je suis plus fier que toi, sidi-chacal ; je te parle assez bas pour que nul n'entende, assez haut pour qu'on ne croie pas je veux cacher ce que je dis.

Et pirouettant :

— Aux chevaux! dit-il ; préparons tout pour le départ.

On se mit à l'œuvre.

Bientôt on eut sellé des juments pour les deux jeunes femmes.

XX
LES DEUX FRÈRES (suite).

Celles-ci avaient réparé le désordre de leur toilette et échangé leurs confidences.

— Ma chère, avait dit Margot, j'ai trouvé un protecteur, heureusement, et j'espère.
— Cet Ibrahim?
— Oui.
— Il te trompe!
— Que dis-tu?
— Qu'il t'aime.
— Cela ne m'étonne pas.
— Qu'il a été cause de ton enlèvement.
— Il a donc menti?
— J'en suis sûre.
— Qui l'a dit?
— Son frère.
— Je vais m'en défier, alors.
— Je crois, ma chère enfant, que notre vrai secours sera ce petit Mahmoud.
— Quel gentil petit homme!
— Et quelle loyauté!
— Mais il est bien jeune pour lutter avec un maître comme Élaï Lascri.
— Enfin, espérons.
— D'abord, dit Margot, j'ai mon idée : je tue celui qui osera m'outrager.
— Et moi, je me tue avant de subir l'outrage, dit Marie résolûment.

On les appela.

Margot dissimula en revoyant Ibrahim et elle lui sourit.

— Comment allons-nous voyager? demanda-t-elle au kadja de Si-Lalou.
— A cheval, dit-il.
— Bon pour moi; mais mon amie ne pourra pas se tenir en selle.
— On l'attachera.

Marie ne pouvait guère protester.

— Veux-tu que je sois ton écuyer? lui demanda Mahmoud.
— Oui, dit-elle.

Le jeune homme la fit placer sur la selle et lui donna quelques conseils; puis il l'attacha avec dextérité et avec délicatesse.

— Je conduirai ta jument, dit-il; aie confiance en moi, je suis bon cavalier.

On partit.

On galopa longtemps.

Mahmoud avait fini par donner confiance en sa monture à Marie, qui la guida au bout d'un certain temps, et elle causa avec son cavalier.

Margot écoutait les fadaises que lui débitait maître Ibrahim.

On fit ainsi le voyage.

Au bout d'un certain temps, l'on trouva le relais, puis un autre.

Enfin on arriva au pied de la montagne où se trouvait la grotte.

Là on fit halte pour la dernière fois.

Les courses rapides à cheval, surtout avec des cavaliers novices, ne permettent pas de conversations suivies.

Mahmoud et Marie n'avaient donc échangé que des lambeaux de phrases.

— Je tiens mon frère, avait-il dit; il fera tout ce que je voudrai.
— Mais, observait Marie, Ibrahim aime trop Margot pour la laisser fuir.
— Laissez-moi faire.

Puis, à un autre moment:
— Il faut que Si-Lalou préfère votre amie à vous, avait-il dit.
— Me sauver sans elle, c'est ce que je ne saurais accepter, observa Marie.
— Il ne s'agit pas de cela. Quand Ibrahim verra Makarita menacée, il osera entamer une lutte de ruses et de finesses avec le maître.

Et il ajouta :
— Je connais mon nègre, moi, dit-il ; je lui soufflerai dans la tête une idée qui aura des conséquences heureuses pour vous.
— Et pour Margot?
— Pour elle aussi.

Cette conversation avait eu lieu à bâtons rompus; mais elle fit beaucoup travailler l'imagination de mademoiselle de Launcnales.

Elle entrevit la fuite dans un délai assez rapproché.

Pendant la halte, Ibrahim expliqua aux jeunes femmes les phénomènes du *Trou-du-Diable* et de la grotte du volcan.

— Serons-nous obligées, demanda Marie, d'entrer dans le lac?
— Oui, dit Ibrahim.

Les jeunes femmes frissonnèrent.

— Ne craignez rien, fit Mahmoud, le plongeon sera très-court.

Une idée tourmentait Marie.

— Et Si-Lalou, fit-elle, quand allons-nous le voir?
— Le désirez-vous tant? fit Ibrahim.
— Vous devriez comprendre que c'est la peur qui me fait parler.
— Il doit nous attendre.
— A la grotte?
— Oui.
— Ainsi en arrivant nous allons le trouver! s'écria Marie.

Elle était pâle et tremblante.

Mahmoud lui glissa à l'oreille :
— Ne le redoutez pas tant ; je sais un moyen d'éviter des exigences trop promptes.

Marie rougit.

En ce moment, le pauvre petit Mahmoud lui parut un ange sauveur.

Margot, moins menacée, en apparence du moins, que Marie, avait plus de sang-froid.

Elle sentait son pouvoir sur Ibrahim, et déjà elle songeait à en abuser.

Elle était femme, de la pointe des cheveux au bout des ongles, cette petite; elle faisait déjà damner ce pauvre Ibrahim. Il était dompté.

Margot employait les coquetteries les plus perfides pour en faire son humble serviteur; ce n'était déjà plus un homme, mais la chose de cette enfant.

Elle l'avait grisé d'un regard et d'un compliment, puis, elle lui avait donné un coup de poignard en plein cœur en lui disant :

— Savez-vous que ce doit être un bel homme que Si-Lalou, avec ses cheveux naturels et une barbe noire!

Ceci avait l'air d'une réflexion très-naïve; mais Ibrahim s'en alarma; tous les tourments de la jalousie entrèrent dans son cœur.

— Hum! fit-il, beau comme un nègre peut l'être... pas beaucoup!
— Permettez! il a le visage très-régulier; c'est un noir d'Abyssinie.
— Mais quel teint!
— C'est peu de chose : mon mari était presque mulâtre en revenant du Sahara.
— Enfin ces gens de couleur sont de race inférieure à nous.
— Mon Dieu, entre un Arabe et un noir, il n'y a pas

grande différence.
— Quelle erreur!
— Du reste, Si-Lalou est brave, intelligent, et d'une force herculéenne.
— Vous admirez cette stature?
— Mon mari est un très-bel homme et sa tournure m'a plu.

Ibrahim se pinçait les lèvres.
— Alors, fit-il dépité, il faut déclarer à mon maître qu'il vous plaît; il vous accueillera bien et sera très-flatté, je vous jure.
— Que dites-vous là? fit Margot ne se récriant que juste ce qu'il fallait pour qu'Ibrahim ne se rassurât point trop.

Le jeune homme laissa tomber la conversation, mais il eut des transes douloureuses; il crut Margot capable d'aimer Si-Lalou.

Il ordonna qu'on se mît en marche; mais, avant de monter à cheval, il dit à Mahmoud :
— A tout prix, invente un moyen de nous tirer d'affaire, cadour.

Et Mahmoud de sourire.

On escalada, par des chemins détournés, les pentes de la montagne.

Marie, l'esprit plus libre depuis la promesse de Mahmoud, admirait le spectacle qu'offrait cette Kabylie, si différente du pays arabe.

Un mot sur les Kabyles.

Ce sont des peuples qui vivent dans des villages fort bien bâtis, aux toits couverts de tuiles, aux maisons ayant de bonnes portes en chêne.

On se croirait dans de beaux bourgs français bien tenus.

Partout des lavoirs, des fontaines, des canaux d'irrigation, des zsouas, sorte de monastères musulmans servant d'écoles et de caravansérails pour les voyageurs et pour les pauvres.

Le Kabyle est industrieux, actif, énergique; il fabrique des tissus, des armes, des bijoux; il tire les métaux de son sol et il a des moulins à olives pour fabriquer son huile.

Il cultive admirablement ses potagers et il vit largement. Ces montagnards aiment, au-dessus de tout, la liberté, et ils défendent leur indépendance avec une énergie héroïque; chez eux, point de chefs héréditaires; ils élisent dans chaque village un maire (amir) pour un an; ils lui donnent un conseil municipal (djemmax) pour contrôler ses actes.

Vient-il à déplaire par des actes arbitraires, on le destitue en assemblée générale par le vote de tous les guerriers réunis en plein air.

Les femmes kabyles mangent à la table de leur mari.

Rarement un montagnard a deux femmes; son épouse a des droits sacrés.

Les tribus se fédéralisent entre elles et nomment un chef suprême, mais seulement dans le cas de guerre et pour la durée de la guerre.

Rien ne saurait rendre l'aspect gracieux et pittoresque de la Kabylie.

Partout l'eau jaillit abondante et limpide, les troupeaux couvrent les plateaux, les arbres ombragent des jardins étagés, et les villages se succèdent jusqu'à de prodigieuses hauteurs, semblables, sur les crêtes, à des ruches d'abeilles.

Marie et Margot regardaient, stupéfaites, le spectacle de cette industrie, de cette culture intelligente et vivifiante, succédant aux steppes qu'elles venaient de traverser en pays arabes.

Mais bientôt elles furent absorbées par l'aspect du *Trou-du-Diable*.

Il apparaissait enfin étincelant sur la crête du mont.

Quand Mahmoud leur eut montré le creux du cratère en leur disant :
— Nous approchons!

Marie redevint inquiète.

Mais les jeunes femmes, quand elles furent sur les rives, demeurèrent frappées de la vérité des récits qu'on leur avait faits.

Le lac, en ce moment, reproduisait en miniature une immense étendue du désert; on y voyait, comme dans un panorama, des oasis, des dunes de sable, des caravanes, le tout limpide, quoique très-diminué.

La netteté de l'image suppléait à sa petitesse extrême et à sa ténuité.

— C'est merveilleux! dit Marie.

Elle entendit une voix qui lui dit :
— Tu trouves cela beau, jeune fille? c'est le lac que Dieu m'a donné.

Elle se retourna.

Si-Lalou était devant elle.

La pauvre enfant s'évanouit.

Margot jugea à propos d'en faire autant; elle espérait retarder ainsi le moment où l'on plongerait dans le lac, ce qu'elle redoutait, du reste, par-dessus tout.

Si-Lalou parut contrarié de l'effet qu'il venait de produire.
— Oh! oh! dit-il, je fais donc peur à ces jolies gazelles!

« Patience, elles s'apprivoiseront! »

Et comme il n'était pas de ceux qui perdent la tête, il ordonna :
— Vite, qu'on profite de ce qu'elles sont sans connaissance pour les emmener dans la grotte.

« Qu'on se hâte surtout de les réchauffer ensuite. »

Des nageurs se tenaient prêts.

Ibrahim ne voulut pas abandonner Margot et il plongea lui-même avec elle; un homme se chargea de Marie qu'il entraîna dans les eaux.

Pendant ce temps, Mahmoud s'approcha du nègre et lui dit en riant :
— Maître, veux-tu me jurer de ne rien dire à mon frère Ibrahim?
— Oh! oh! fit Si-Lalou, il paraît que vous n'êtes pas bien ensemble, mon fils.
— Nous sommes très-mal.
— Bon! Caïn et Abel.
— A peu près.
— Dis ce que tu veux dire, et compte que je me tairai; je comprends qu'il ne faut pas envenimer votre querelle, si elle est déjà si grave!
— Eh bien! sidna, sache un secret : ta juive n'est pas une juive.
— Vraiment!
— Elle est Française.
— Ah! ah!

Si-Lalou se caressa le menton.
— C'est drôle, fit négligemment Mahmoud; ce que je viens de te dire là ne te fait rien.
— Que veux-tu que ça me fasse?
— Moi, cela me changerait toutes mes idées; mais chacun son goût.

Et, sur ce, brusquement, Mahmoud piqua sa tête dans les flots bleus.

Il disparut.
— Drôle de petit bonhomme! murmura Élaï Lascri avec un certain dépit.

Mais il se demanda :
— Pourquoi donc pense-t-il que sa découverte devrait produire un bouleversement dans ma façon de penser, quant à cette chère Mériem?

Mahmoud l'avait dit; il connaissait à fond son nègre et savait l'agacer; Lalou frappa le sol du pied avec impatience.

— Le petit gredin a raison, dit-il; me voilà subitement démonté.

Et il se jeta brusquement dans le lac.

Un instant après, pénétrant dans la grotte, il recevait un burnous sec d'un serviteur et cherchait aussitôt Mahmoud qui fut introuvable.

— Qu'on me l'amène, dit-il.

Et il s'en alla vers un grand feu qui brûlait pour sécher les jeunes femmes.

Celles-ci avaient été déposées dans une sorte de chambre naturelle, un réduit formé dans la grotte même par la lame; on avait eu la précaution de placer un rideau devant l'entrée.

Dans la chambre, un brasier ardait.

Marie était sortie de son évanouissement; Margot, qui n'avait jamais perdu connaissance, avait administré un maître soufflet à Ibrahim qui, en arrivant au terrain sec, dans le couloir, avait osé se permettre un baiser.

Et la jeune femme lui avait dit :

— Osez recommencer, je me plains à Si-Lalou qui me protégera.

Ce « je me plains à Si-Lalou » avait rendu Ibrahim souple et humble.

Margot triomphait.

— Décidément, ma chère, dit-elle à Marie, les hommes sont très-sots; si tu menais Si-Lalou comme je mène Ibrahim, nous serions maîtresses ici.

Puis toujours folle :

— Ce serait drôle, si nous allions faire massacrer les brigands les uns par les autres et nous emparer ensuite de ce fameux trésor! Et nos maris, qui comptent le prendre, seraient bien attrapés.

D'admirables toilettes étaient disposées sur des coffres, resplendissantes d'or et de pierreries.

— C'est bien cela, dit Margot; je me crois en plein conte des *Mille et une Nuits.*

— Hélas! nous sommes comme la sultane qui les lisait chaque soir. Si nous ne trouvons pas, comme elle, toutes les nuits un expédient, nous sommes perdues.

— On trouvera! fit Margot.

Elle avait repris toute son audace.

Cependant Si-Lalou se chauffait au dehors, près du feu, attendant Mahmoud, dont les observations lui travaillaient la cervelle.

Les nègres, si intelligents qu'ils soient, ont tous un côté enfant, assez comparable, du reste, à cette naïveté qui forme le fond du caractère des vrais artistes; ils sont très-impressionnables, cèdent à la sensation immédiate et ont une avidité, une ardeur, une exaltation de curiosité qui les domine.

Dites à un nègre :

« Je sais quelque chose que tu ne sais pas et que tu serais content de savoir. »

Le nègre vous tourmentera jusqu'à ce qu'il soit satisfait.

Ainsi des enfants.

Or Mahmoud avait surexcité la curiosité de Si-Lalou, et Si-Lalou était uniquement préoccupé de savoir pourquoi il devait changer d'avis à propos de sa prisonnière, qui n'était pas une juive.

On trouva Mahmoud.

L'enfant vint, affectant d'être craintif et de trembler de tous ses membres.

— Te voilà, souris blanche, lui dit Si-Lalou d'un air paternel.

— Grâce! fit le jeune homme.

— Pourquoi grâce?

— Pour ce que j'ai dit.

— Tu ne m'as pas offensé.

— Je croyais que tu étais furieux; tu as froncé le sourcil.

— Et tu t'es épouvanté pour si peu?

— Maître, songe que tu es tout-puissant et que tu es terrible quand tu te fâches; tu ferais couper le cou à ton fils.

— Mais je le regretterais, dit Si-Lalou en riant aux éclats.

Et avec bonhomie :

— Avance!

Il le prit par l'oreille.

— Drôle! dit-il, écoute ce que je vais te dire et tiens-le pour dit.

« Je suis fatigué d'être craint par tout le monde, et je veux au moins qu'il y ait un être qui ne me redoute pas. Je te jure que jamais je ne te ferai de mal, si puissant que je sois.

— Est-ce bien sûr?

— M'as-tu jamais entendu fausser un serment?

— Jamais!

— Alors, aie foi.

Puis congédiant ses hommes :

— Tu vas donc parler sans crainte, dit-il; explique-moi ton idée.

— Sur la prisonnière?

— Eh oui!

— Ah! ah! voilà où le bât me blesse.

— Mais, par le Prophète! parle donc, ou je te fais brûler la langue avec un fer rouge.

— Déjà! fit Mahmoud.

— Déjà quoi?

— Tu me menaces!

— Ah! j'ai tort; mais tu me fais griller sur les charbons de l'impatience.

— Eh bien! dit résolûment Mahmoud, moi, je suis d'une autre pâte que toi. J'aime les blancs qui sont blancs, les noirs qui sont noirs, les chevaux qui sont chevaux, les ânes qui sont ânes, les...

— Là, assez! Tu n'en finirais pas, avec ton énumération. Où veux-tu en venir?

— A ceci, que les mulets, les bâtards, les produits de deux races me semblent monstrueux.

— Il y a du vrai là-dedans.

— J'ai pour eux la répugnance invincible d'une nature fine et délicate.

— Bon! mais quel préambule, *ihn Allah!* (sacré Dieu!)

— De plus, je trouve que, soit mélange de sangs divers ou hasard, quand un être d'une espèce ressemble à un autre être d'une autre espèce, cela est ridicule.

« Il y a des bœufs qui ont de vagues profils de rhinocéros, et des chiens français, des loulous, qui ont de faux airs de lions; cela prête à rire.

— Mais, par les sourcils de mon grand-père le marabout! tu ne concluras donc pas, chaouch (bourreau)? Tu me tortures indignement.

— Eh! maître, ta fausse juive, avec son faux nez juif, son faux menton juif, la juive manquée, enfin, qui est juive sans l'être, la chrétienne enjuivée, cette femme qui n'est ni ceci, ni cela, ni autre chose, mais un peu de tout, eh bien! maître, je la trouve laide, indigne de toi, et je préférerais... l'autre... voilà!

Et, sur ce, Mahmoud s'enfuit encore une fois.

Si-Lalou resta plongé dans une profonde méditation devant le brasier.

— L'autre! dit-il, je ne l'ai pas vue. Celle-là, il faut la voir. Ce petit être qui est la poésie même, la finesse artistique incarnée, est averti par un instinct secret, et je crois qu'il a raison.

Si-Lalou fit mander Ibrahim.

Celui-ci accourut.

— Salut, maître! dit-il.

— Salut, laouley (jeune homme).

— Es-tu content?

— Heu! heu!

— Ai-je manqué de prudence dans cet enlèvement? tout n'est-il pas convenable?
— Oh! très-bien, très-bien.
— Alors, tu es satisfait?
— De toi, oui.
— Mais pourtant... tu sembles...
— Eh bien! cadour, je suis troublé.
— Par quoi?
— Par une idée.

Ibrahim sentit qu'un coup le menaçait.
— Maître, dit-il, explique ton idée!
— Je crains de ne plus aimer cette juive.

Ibrahim fit un appel violent à sa volonté pour rester debout et calme.
— Tiens! fit-il, un caprice!
— Je crois que je préférerais la petite blonde que je n'ai fait qu'entrevoir.
— Un peu fade, cette blonde!
— Mais non. Il me semble qu'elle est vaporeuse par instants, diaphane, un ange du paradis des chrétiens; tandis que l'autre est noire comme nos houris.
— Alors, tu... l'aimes... cette petite Makarita, et tu vas la prendre au lieu de Mériem?
— Je ne suis pas encore tout à fait décidé; cependant, mon cher, je t'avoue que je crois qu'à la première entrevue je vais adorer cette Makarita.
— Tu la verras demain.
— Comment... demain?... Tout de suite!
— Mais...
— Ah çà! Ibrahim, qu'as-tu donc? Pourquoi ne la verrais-je pas tout de suite?
— Les convenances! Elles sont encore sous le coup d'une émotion profonde.
— Elles n'en seront que plus intéressantes, plus jolies, plus gracieuses.

Et toujours poétique :
— La gazelle n'est jamais plus belle que frémissante devant le lion!

Ibrahim était atterré.
— Tu es habile, mielleux, tu sais parler, lui dit Si-Lalou; va préparer Makarita à me recevoir.
« Je te donne une heure, cadour, et c'est long. »

Puis Si-Lalou s'éloigna en chantant :

Blonde est la captive chrétienne;
Ses lèvres sont fraîches et tranchent sur la pâleur des joues;
Elle est timide et douce;
Elle est la rosée de l'âme, etc., etc.

C'était une vieille chanson des pirates d'Alger; elle est encore populaire aujourd'hui.

Ibrahim demeura près du foyer, semblable à la statue de la prostration.

Une main se posa sur son bras et il se retourna lentement.

Mahmoud était là.
— Ibrahim, fit-il, je devine tout : il veut la petite Makarita.
— Oui, fit Ibrahim.

Et il poussa un soupir gros de toutes les colères que le jeune homme contenait dans sa poitrine; il crispait sa main sur son yatagan.

Mahmoud observait.
— Tu sembles caresser ton sabre, dit-il. Espères-tu donc en lui?
— En quoi espérerais-je?
— Tu t'attaquerais à Si-Lalou?
— Oui.
— Tu n'oserais.
— De par tous les *djenouns* (diables)! j'oserai, je le jure.

Il y avait dans la voix du jeune homme un accent de mâle résolution

— C'est bien, lui dit son frère, voilà que tu deviens un homme.

Puis avec son fin sourire :
— Ibrahim, il ne faut pourtant pas tuer ce pauvre Si-Lalou.
— Pourquoi?...
— Après lui, il restera la bande; après le lion, les hyènes et les chacals. Ces bandits se rueraient sur le trésor et se le disputeraient.
— C'est vrai.
— Il nous faut le trésor à nous tout seuls; n'est-ce point ton avis? Puis tu ne saurais risquer de voir la troupe en révolte récolter ta maîtresse; c'est ce qui arriverait.
— Il faut donc que je subisse l'affront que vient m'infliger Élaï Lascri?
— Eh! non.
— Oh! parle, si tu as un moyen.
— Mon cher, à ta place, je prendrais mon meilleur chalumeau (roseau qui remplace la plume), et mon bon parchemin d'Ousda; j'écrirais au chef une de ces lettres qui font bondir un homme, et je signerais cette lettre du nom de ce cheik Osman qui t'a insulté il y a trois ans.
— Oh! c'est un beau plan.
— Cette lettre annoncerait qu'Osman s'est fait le protecteur d'une caravane.
— C'est cela.
— Qu'il empêchera Si-Lalou de piller ; et que, s'il ose se présenter pour lui imposer rançon, Osman exterminera la bande d'Élaï Lascri.
— Parfait.
— Tu assaisonneras cette lettre d'injures.
— Eh! ne crains rien, je le traiterai de keld (chien), d'alouf (cochon), de...
— Oh! je m'en rapporte à toi, fit Mahmoud embêté de l'entendre défiler son chapelet (les musulmans ont, comme nous, un chapelet pour réciter les versets du Coran).

Et il se contenta de recommander :
— N'oublie pas — c'est le principal — de lui reprocher d'être un nègre; c'est ce qui le piquera au vif et le mettra le plus en rage de vengeance.
— Oh! sois tranquille.
« Je vais le tourmenter.
— Très-bien!
« Va écrire ta lettre.

Ils se séparèrent.

XXI

DANS LA GROTTE.

Cependant les jeunes femmes, comprenant qu'on leur laissait quelque répit pour faire l'indispensable toilette que de pareils événements avaient rendue nécessaire, causaient toutes deux.

Elles étaient inquiètes; mais l'étonnement les tenait comme il tient les femmes.
— C'est bizarre! disait Margot, nous voilà donc dans cette fameuse grotte.
— Je ne sais comment nous y sommes arrivées, dit Marie; j'étais plus morte que vive.
— Oh! dit Margot, j'étais parfaitement éveillée, moi, et je sais ce qui s'est passé; en vérité, c'est extrêmement curieux.
— Conte-moi cela.
— Ma chère, imagine-toi que l'on nous a fait faire un plongeon.
— Je suis gelée.
— Cette eau était glacée en effet; elle est bleue comme celle de la Méditerranée. Imagine-toi que lac occupe réellement le creux d'un cratère de volcan;

Il fit à Ibrahim l'injonction d'avaler cette eau. (Page 165.)

on voit encore la trace des coulées de lave.

— Si ce volcan allait se rallumer ! j'ai peur, moi.
— Tu me donnes la chair de poule.
— Avons-nous plongé profond ?
— Non, quoique, au dire d'Ibrahim, en de certains endroits on ne puisse sonder le lac, tant il descend loin dans les entrailles de la montagne.
— Quelle admirable merveille de la nature que celle-là !
— Nous nageons dans le pittoresque.
— Sommes-nous réellement au-dessous du niveau des eaux du lac ?
— J'en suis sûre. Imagine-toi que nous sommes descendues avec Ibrahim pendant quelques secondes ; puis il a nagé vers un gouffre qui débouchait horizontalement sur les parois à pic du lac ; j'avais les yeux ouverts malgré moi ; je voyais distinctement cet orifice, parce que l'eau qui l'emplissait était plus noire d'aspect que celle où nous nagions.
— Je suis heureuse de ne pas avoir été en pleine connaissance.
— Tu aurais pourtant vu tout cela ?
— Je serais morte de frayeur. Ma pauvre enfant, j'admire ton courage.
— Est-ce du courage ?
— Ton sang-froid, si tu veux ; on n'imaginerait pas

ce qu'il y a d'énergie dans ta petite personne.
— Oh ! mon Dieu, j'étais plus curieuse encore que poltronne.
« Je me suis rendu compte de tout.
« Nous avons pénétré dans ce trou béant.
— Ibrahim t'entraînait toujours !
— Comment aurais-je fait ?
— Ma pauvre Margot, je me serais figuré être supportée par un poisson monstrueux.
— Je me suis figuré toute espèce de chose et cependant ça n'a pas duré longtemps.
— Combien ?
— Une demi-minute à peine, car je n'ai pas souffert du manque d'air.
— Continue.
— En quelques élans, Ibrahim m'avait poussée dans cette galerie, dont l'ouverture, ainsi que je viens de te le dire, donne au-dessous du niveau du lac et qui est pleine d'eau d'abord.
— Mais alors...
— Attends. Elle va d'abord en montant et finit par se relever à une hauteur suffisante pour être à sec ; elle dépasse même de plusieurs mètres cette hauteur.
— Cela forme une barrière qui empêche l'eau d'emplir la grotte. Je comprends bien cela, maintenant ; mon mari me l'avait expliqué déjà, mais j'y avais prêté une

oreille distraite.
Margot murmura :
— Et dire que nous y voilà dans ce repaire! c'est inouï et incroyable!
— Hélas!
— Je te dirai que j'ai observé tout avec soin, en vue d'une évasion future. J'ai remarqué que les bords du lac ne sont pas très-élevés, et que, par conséquent, la galerie s'élevant de plusieurs pieds, elle ne doit pas être fort au-dessous du petit renflement des rocs sous lequel elle court.
— Mais ce sont des rocs.
— Sans doute, et très-durs puisque l'eau ne filtre point au travers.
— Comment entamer ces pierres?
— Je ne sais.
— Nos mains sont trop faibles.
— On cherchera un moyen.
— Et... nos amis?
— Ibrahim, Mahmoud?
— Oui.
— Le premier, je n'y compte pas, c'est un fourbe; l'autre nous est dévoué.
— Il nous sauvera.
— Je l'espère; mais songeons à nous tirer d'ici; aide-toi, le ciel t'aidera.
— Ah! Margot, quelle femme tu fais!
— Je t'ai bien tirée du couvent.
— Ah! le couvent, que je voudrais y être...
— Moi... je ne sais pas... Prison ici... prison là... c'est tout un.
— Mais, là-bas, nos gardiennes étaient des femmes; ici nous avons pour geôliers des bandits.
— Les hommes sont moins méchants et moins fins que les femmes. J'endormirai plus facilement la surveillance de ces brigands que celle d'une sœur tourière. Et puis... ma chère... au petit bonheur! S'il le faut, on saura gaiement se tuer, ce qui nous procurera l'immense satisfaction d'être des héroïnes comme Lucrèce.

Elle se mit bravement à rire.
— Vois-tu, fit-elle, Ibrahim fera un beau poëme sur notre mort; Mahmoud racontera partout notre trépas. On fera de notre histoire une légende qui passera de siècle en siècle.

Et à force de vaillance et de bonne humeur, elle parvint à mettre un sourire aux lèvres de son amie qui l'embrassa en disant :
— Tu as raison; mourir pour rester fidèle à Lassalle, cela ne me semblera pas trop douloureux; je m'y résignerai facilement.

Et elles s'accoutumèrent à cette idée.

XXII

LE CHEIK OSMAN.

A une autre extrémité de la grotte, Si-Lalou attendait philosophiquement que les deux heures de répit se fussent écoulées.

Mahmoud vint rôder près de lui.
— Si-Lalou, dit-il en courant, j'apprends que tu as été de mon avis.

Élaï Lascri sourit.
— Petit, dit-il tu avais raison; quoique je n'aie pas encore revu Mériem, je sens que je m'en détache à chaque minute.
— Vois-tu, cheik, je l'avais prévu; c'était impossible autrement.

Et Mahmoud battit des mains en dansant avec une joie d'enfant.

Il demanda :

— Et l'autre?
— Makarita?
— Oui, la jolie Makarita.
— Je crois que je l'aimerai.
— Dis donc, Si-Lalou, nous allons nous amuser, faire des fêtes, danser au son de la derbouka, et nous en donner à cœur bondissant (expression arabe).
— Un beau mariage! c'est un malheur que nous ne soyons pas à Blidah. Dis donc, si l'on allait célébrer ces noces à Laghouat?
— Ah! non, par exemple.
— Pourquoi?
— La ville est trop près du cheik qui t'insulte.

Lalou fronça le sourcil...
— Tu dis?... fit-il.
— Bon! encore de la colère!
— Mais n'as-tu pas parlé d'un cheik qui m'aurait insulté?
— Oui. Ai-je eu tort? ne savais-tu point cela? te le cachait-on?

Élaï Lascri crispa sa face léonine et eut un mouvement furieux.

Il empoigna Mahmoud par le kaïque, et le soulevant de terre, il lui dit d'une voix rauque :
— Parle! dis tout.

Mahmoud affecta une grande terreur.
— Maître, lâche-moi! s'écria-t-il, je n'ai aucune raison de te rien cacher.

L'enfant le voyait à ce point de rage auquel les nègres abyssiniens montent si vite et pendant lequel ils perdent toute prudence et tout raisonnement.
— Maître, dit Mahmoud, je vois que dans la crainte de te déplaire on ne t'a pas prévenu qu'il y avait au désert, loin d'ici, un homme, un Touareg qui a de nombreux cavaliers et de grands biens; tu lui as un jour enlevé quelque butin.
— Attends donc... n'est-ce pas celui qui a eu maille à partir avec Ibrahim?
— Précisément.
— Continue.
— Le cheik a déclaré qu'il te prendrait un jour, te couperait les oreilles, etc...
— Assez! hurla Si-Lalou.

Et d'une voix qui ébranla la grotte :
— Yousouf! cria-t-il.

Un hideux bandit, à barbe grise, grand, sec, terrible, féroce, qui était le khalifat (lieutenant) d'Élaï Lascri, accourut à cet appel.
— Vite, dit Élaï Lascri. La troupe en armes! qu'on descende!
— En plein jour!
— Tout de suite.
— Maître, si quelque pâtre voyait opérer cette descente, ce serait imprudent.
— Un mot de plus et tu es mort: obéis et tais-toi ou gare à la tête!

Si-Lalou accompagna cette menace d'un tel regard que le vieux serviteur courba la tête et ne sut que s'incliner devant ce terrible chef.
— Nous allons au désert! dit le nègre; on gagne aujourd'hui même la station où sont nos mahara (chameaux coureurs).
— Bien!
— Nous allons razzier les tentes de ce cheik qui m'insulte et dont vous me cachiez les insolentes bravades.
— Maître... jamais...
— Assez! je sais que vous vous rejetterez la faute les uns sur les autres.

Et d'un geste il congédia le khalifat.

Revenant à Mahmoud, il lui dit :

— Y a-t-il longtemps que tu savais ce que tu viens de me dire ?

— Maître, tout Blidah parlait depuis plus d'un mois d'un défi qu'aurait lancé le cheik et qu'il se promettait de te faire parvenir un jour ou l'autre.

— Il est inouï, gronda Si-Lalou, que nul ne m'en ait parlé.

— Eh ! maître, on a peur de toi.

En ce moment, Ibrahim accourait.

— Salem ! (salut !) dit-il ; attends-toi, maître, à recevoir un outrage.

— Encore ! gronda Si-Lalou.

— Je tenais à remonter à terre pour courir au village voisin.

— En plein jour?

— Maître, j'ai pris toutes les précautions d'usage ; il le fallait, du reste.

Et il insinua :

— Une prisonnière avait réclamé un objet de toilette indispensable, et je courais l'acheter chez les Kabyles ; la femme de Si-Lalou ne doit pas demander en vain.

— Au diable les femmes !

Mahmoud sourit.

C'était d'un bon augure, ce que venait dire là le maître.

Ibrahim reprit :

— A peine étais-je sorti que je vois un pâtre kabyle qui me fait des signes.

— Près de la grotte?

— Le malheureux tremblait ; il ne s'était aventuré à six pas du lac que pour exécuter fidèlement un marché conclu. Les Kabyles n'ont qu'une parole.

— Qu'avait-il promis ?

— De remettre à l'un de nous ce parchemin ouvert, qui est un défi à toi.

— Donne.

Si-Lalou lut.

C'était un cartel à la mode arabe, d'une insolence inouïe.

Le nègre reparut tout entier dans cet homme d'élite ; il se mit à pousser des imprécations insensées, eut une attaque d'épilepsie, se roula sur le sol et parut pendant dix minutes plutôt une bête féroce qu'un homme.

Ibrahim et Mahmoud se retirèrent le plus loin possible de l'atteinte de ce fou enragé qui consuma sa rage sur des charbons ardents.

On le vit à trois reprises différentes se jeter sur des tisons et les broyer dans ses mains...

XXIII

HISTOIRE DE TROIS EUNUQUES, DE DEUX FEMMES ET D'UN MARI.

Les hurlements dont Élaï Lascri emplissait la grotte épouvantaient Margot et Marie ; elles ne savaient qu'en penser ; elles avaient entr'ouvert leur rideau et regardé dans la direction d'où partaient les cris ; elles voyaient un homme se débattre, en proie à des convulsions, et elles crurent reconnaître Si-Lalou.

— Il est blessé ! dit Margot.

— Crois-tu ? fit Marie.

— Il va mourir.

En ce moment, Mahmoud accourait.

— Sauvées, cria-t-il.

Margot crut le nègre mort, et mort de la main de l'enfant.

Elle lui sauta au cou.

— Vous l'avez frappé ? dit-elle.

Mahmoud vit bien qu'elle se trompait.

— Makarita, fit-il, tu te trompes, je n'ai pas poignardé Si Lalou.

— Alors c'est Ibrahim qui l'a tué ?

— Non. Je dois pourtant lui rendre cette justice qu'il voulait le faire.

— Et vous l'avez empêché

— Et j'ai bien fait ; que fussiez-vous devenues en face de la bande? Le dompteur mort, les tigres redeviennent des tigres, cadoura (chère).

— Mais tu disais...

— Que vous étiez sauvées... du moins d'un malheur immédiat, et c'est vrai.

Il conta ce qui s'était passé.

— Très-bien ! dit Margot. Mon petit Mahmoud, tu es un ange.

Marie, à son tour, embrassa et remercia le jeune homme.

Ce pauvre orphelin se voyait deux sœurs charmantes et à jamais dévouées ; il était ému et joyeux ; il n'eût pas donné ses deux amies pour deux maîtresses.

— Vous m'aimez bien, je le vois, dit-il ; et vous êtes vraiment gentilles d'être un peu reconnaissantes ; je vous donnerais ma vie sans hésiter.

Puis il leur demanda une promesse.

— Quand vous aurez pris le trésor, dit-il, avec vos maris, vous me jurez, n'est-ce pas, de m'emmener avec vous vivre la vie d'Europe ? Si vous saviez comme c'est bien le sang de ma mère qui coule dans mes veines, comme je hais ces Arabes, et comme j'aime les Français !

— Mon cher enfant, dit Marie, vous serez considéré par nous comme un frère et vous ne nous quitterez que pour vous marier.

— Tiens, fit Mahmoud en riant, c'est vrai ; je me marierai un jour... avec une Française !

Il caressa un instant son idée ; mais bientôt il n'entendit plus les rugissements léonins d'Élaï Lascri ; cela lui fit l'effet du moulin cessant son tic-tac, ce qui réveille le meunier.

— Ah ! dit-il, Si-Lalou a fini de rugir ; il va demeurer comme mort pendant un quart d'heure, puis il se remettra peu à peu et nous partirons.

— Vous partez aussi ?

— Oui.

— Vous devriez rester, Mahmoud.

— Impossible.

— Pourquoi ?

— Jamais Si-Lalou n'y consentira. Il a besoin de moi comme du meilleur chouaf.

— Qu'est-ce qu'un chouaf ?

— Un espion. Je vais, déguisé en femme, en petit mendiant ou en colporteur, examiner les tribus, épier la marche des caravanes, sonder l'ennemi.

Puis avec orgueil :

— Vous ne croiriez pas que moi, si petit, je suis indispensable à un grand guerrier comme Si-Lalou ? Eh bien ! c'est vrai.

— Nous allons donc rester seules dans cette grotte ? demandèrent les jeunes femmes.

— Non ; l'on vous laissera des hommes pour veiller sur vous. Quand je dis des hommes...

Il s'arrêta court et sourit.

— Seraient-ce des femmes, par hasard ? demanda Margot étonnée.

— Ni hommes ni femmes, dit Mahmoud en riant ; des eunuques.

— Ah ! fit Margot. C'est donc ici comme dans les sérails des sultans ?

— Ces eunuques, dit Mahmoud, sont des guerriers excellents comme nous autres, et des braves entre les braves ; mais il leur est arrivé ce malheur !

Et il rit de bon cœur.

— Imaginez-vous, dit-il, qu'un jour trois jeunes Kabyles s'étaient glissés dans un douar où ils avaient reçu rendez-vous de trois femmes du même homme; c'était un meunier kabyle très-original, comme vous allez voir; il était fort laid et il savait que ses femmes, ne l'aimant point, feraient tout pour le tromper; il s'aperçut qu'elles s'entendaient dans ce but; elles s'endormaient tous les soirs avec de l'opium et donnaient à leurs galants des régals d'amour presque chaque nuit.

« Il fit semblant, un soir, de prendre l'opium qu'on lui avait préparé sous forme d'un de ces sorbets que nous autres indigènes nous aimons tant, puis il prévint des amis dévoués d'avoir à s'embusquer.

« Les amants vinrent.

« Les trois pauvres diables, surpris, garrottés, furent réduits en cet état où un homme ne saurait plus être que l'ombre d'un enfant; mais, la chose faite, le meunier déclara qu'il ne voulait pas qu'on tuât les coupables.

« Il les soigna au contraire.

« Quand ils furent guéris, il leur déclara qu'il n'avait pas eu assez d'or pour acheter des eunuques, lesquels sont d'un prix excessif; mais que s'il eût été plus riche il n'eût pas manqué de donner des gardiens sûrs à des femmes aussi peu sûres que les siennes; mais qu'ayant sous la main trois gaillards auxquels il venait d'arriver un accident pareil il les consacrerait au service de ses épouses.

« Ce qui fut dit fut fait.

« Nos trois malheureux esclaves du meunier, de par le droit de vie ou de mort que la loi lui accorde, durent faire leur service et travailler en même temps au moulin comme des bêtes de somme.

« Un matin ils s'enfuirent.

« Toute la montagne savait ce qui était arrivé, et tous les douars ligués avaient juré que la spirituelle vengeance du meunier aurait son cours.

« On chercha les eunuques, on les ramena au meunier.

— Ils devaient mal surveiller les femmes! dit Margot en riant de cette histoire.

— Erreur! ils attribuaient à leurs anciennes maîtresses leur malheur, et leur faisaient la vie très-dure, écartant toute occasion de galanterie; du reste, peu de jeunes gens auraient osé s'exposer à subir le traitement infligé aux trois amoureux de ces dames.

— Et ces hommes sont ici?

— Oui.

— Comment y sont-ils venus?

— Ils ont entendu parler de nous et se sont réfugiés dans nos rangs; on ne viendra les y chercher. Du reste, ils se battent comme des démons.

— Ils se vengent du reste de l'humanité! dit Margot en riant.

Marie, trouvant cette conversation un peu risquée, se tenait à l'écart.

— Que comptez-vous faire? demanda Margot.

« Il faut pourtant profiter de ce voyage, de cette sortie de la bande pour nous sauver.

— Je compte, avec Ibrahim, trouver un moyen de revenir et de vous enlever.

— Restera Ibrahim.

— Oh! lui... je m'en charge.

— Et serez-vous longtemps avant de revenir?

— Quatre ou cinq jours.

— Bien, dit Margot.

Puis serrant la main du jeune homme:

— Mahmoud, de tout cœur, merci.

Marie lui tendit son front et lui dit :

— A bientôt!

Il s'en alla auprès du nègre.

Les deux jeunes femmes, une fois seules, se regardèrent en riant franchement.

— Quels drôles de gardiens nous allons avoir, dit Margot, et quelle drôle d'aventure!

— Quand je disais que nous étions lancées en pleins contes des *Mille et une Nuits!* dit Marie.

— N'importe! si le sixième jour ils ne sont pas venus tous deux, je fais le coup.

— Quel coup?

— Je nous délivre.

— Tu as une idée?

— Oui, mais pas encore très-nette. Je vais revoir mes plans, et... tu verras!

Mahmoud s'était rendu auprès de Si-Lalou, et il lui avait porté une boisson calmante qu'il avait prise des mains d'un serviteur du maître.

Élaï Lascri, étendu sur des coussins apportés par hommes, gisait brisé; il était dans la période d'abattement qui suit les crises.

— Voici ton remède favori, lui dit doucement Mahmoud; bois!

Si-Lalou prit la tasse d'argent d'une main faible, et il but en tremblotant.

— Encore un accès! dit le jeune homme. Toujours les mêmes fureurs!

Puis d'un air d'intérêt :

— Un jour, d'une de ces belles colères, tu mourras et ce sera bien fait.

Élaï Lascri ne dit mot.

Mahmoud grondant toujours :

— Et si l'on profitait de ton état pour te tuer? Nos hommes sont des bandits sans autre frein que la force que tu inspires.

A cette idée qu'on pourrait le surprendre faible, hors d'état de résister, Si-Lalou se leva d'un bond et chercha autour de lui des armes.

Mahmoud avait rusé à cet effet.

— Bon! pensa-t-il, il partira plus tôt. J'abrège le temps de son affaissement.

« Tous ces hommes, on les mène, si terribles qu'ils soient, avec un peu de finesse; il suffit d'agir sur leurs passions et sur leurs vices comme sur des leviers. »

Élaï Lascri chancela un instant, retrouva son équilibre, et dit :

— Qu'on y vienne, maintenant!

Il s'était baissé et avait ramassé ses armes qu'il brandit.

Mahmoud lui glissa ces mots à l'oreille, calmant subitement ses élans :

— Marche! on pourrait te voir ainsi. Prends-y bien garde!

— Qu'importe !

— Et si un de tes hommes, un seul, soupçonnait à tes exclamations, à ton attitude, que tu as pu concevoir la crainte d'être assassiné, ne crois-tu pas que ce serait l'encourager à tramer un complot?

— C'est vrai.

— Puis, maître, il faut penser à tout; voyons, tu as deux prisonnières.

— À propos, je les laisse ici. Qui diable va me les garder?

— Moi... si... tu veux?

— Impossible! tu me ferais faute.

— Alors, tes eunuques?...

— Au fait... je n'y pensais pas!

Et Si-Lalou, qui laissait d'ordinaire vingt-cinq ou vingt-six hommes à la grotte, décida, cette fois, qu'il n'y en aurait que cinq, parmi lesquels les trois amoureux des meunières.

Il régla tout pour le départ.

Toute sa haine lui revint avec les forces.

Mahmoud, qui craignait quelque caprice, quelque retour de pensée, avait mis la flamme de la vengeance dans l'âme du nègre par d'adroites insinuations et par des mots piquants.

— Tais-toi! lui dit Élaï Lascri; tu vas me rendre encore une fois plus furieux!

Et il regardait ses mains dont la peau était carbonisée; il fut obligé de se ganter, après les avoir enduites de ces merveilleux onguents dont le secret se perpétue parmi les familles nègres d'Abyssinie.

On partit.

Ibrahim trouva le moyen de se glisser auprès de Margot et de lui dire adieu; celle-ci se montra affable pour ne pas décourager le jeune homme.

Il partit enchanté. Il ne pensait pas avoir été vu de Si-Lalou.

XXIV
OÙ ÉLAÏ LASCRI TROUVE UN MOYEN TRÈS-INGÉNIEUX DE DISTINGUER SES AMIS DE SES ENNEMIS.

Le plan inventé par Mahmoud avait ce beau côté, que Si-Lalou ne pouvait pas apprendre que la lettre du cheik était fausse; pour réussir et le châtier, il fallait, avec une rapidité extrême, foudroyer, en quelque sorte, la tribu de ce chef très-influent et très-puissant.

Si-Lalou allait donc être entraîné dans une expédition qui ne lui permettait pas de réfléchir, de s'informer; il le devait; il n'en avait, du reste, nulle envie.

On monta avec une rapidité inouïe.

Élaï Lascri avait organisé, une fois pour toutes, des relais chez les tribus qui lui étaient soumises en quelque sorte par la crainte et l'intérêt; il payait bien, punissait mieux encore, récompensait magnifiquement.

Avec ce système, on fait des Arabes tout ce qu'on veut, et Si-Lalou n'avait qu'à se présenter, après avoir dépêché un courrier qui le précédait de six heures; il trouvait, en arrivant dans les douars, la diffa (festin) prête et les mahara (chameaux coureurs) préparés.

De la sorte, il volait à travers le désert avec sa bande de saracqs (voleurs).

On lui a vu faire cent lieues en vingt-quatre heures, et une autre fois deux cent vingt et une lieues en cinquante-sept heures...

(Lire l'*Algérie*, par Castelman.)

Après le deuxième jour, un soir, au milieu du repas rapide que faisait la troupe pendant une halte, Ibrahim se plaignit d'un violent mal de tête, de coliques, de souffrances atroces enfin; il était pâle et défait.

Il avait avalé un peu de tabac.

Si-Lalou le visita lui-même.

— Tu vas mal! dit Élaï Lascri, je sais ce que c'est.

Et il eut un infernal sourire.

— Tu as avalé du tabac.

— Pourquoi l'aurais-je fait? dit Ibrahim en se tordant avec affectation.

— Tu veux retourner à la grotte.

— Quel intérêt aurais-je?

— Makarita.

Ibrahim, fort pâle déjà, pâlit encore plus et se sentit deviné. Heureusement pour lui, Élaï Lascri n'avait pas tout deviné.

— De l'eau tiède! ordonna-t-il.

Et il fit à Ibrahim l'injonction d'avaler cette eau qu'on apporta.

Un haut-le-corps du jeune homme, qui dut obéir, amena l'expectoration du tabac; c'était la preuve évidente d'une supercherie.

Le nègre se mit à rire.

— Maître Ibrahim, dit-il, ne niez rien; vous aimez la petite Makarita.

— C'est vrai! dit le jeune homme d'une voix sombre. Je l'aime.

— À la bonne heure. Tu l'as emmenée avec Mériem parce que tu voulais en faire ta femme, et non, comme tu me l'avais insinué, parce que tu jugeais bon que Mériem eût une compagne. Je t'ai vu, au départ, te glisser près d'elle.

— Eh bien! tue-moi!

Ibrahim s'attendait à mourir.

Élaï Lascri continua :

— Tu allais retourner là-bas, voler une partie du trésor après avoir tué les gardes, enlever la petite et fuir avec elle.

— C'est encore vrai!

Et le jeune homme, impassible, était en ce moment superbe à voir.

— Eh! tu me vas! fit Si-Lalou; j'admire ton grand courage.

— Finissons-en. Laisse-moi aux chaouchs (bourreaux).

Élaï Lascri sourit.

— Mon fils, dit-il, je n'ai pas souvent indulgence et pitié, tu le sais; mais je sais que l'amour rend fou et... je te pardonne.

Ibrahim regarda son maître avec défiance. Si-Lalou n'avait pas pardonné deux fois en sa vie.

Il était, d'ordinaire, implacable comme tous les Orientaux.

Il reprit :

— Non-seulement je te pardonne, mais je vais t'aider à oublier Makarita. Je te donne Mériem, qui est auss' une femme européenne.

Ibrahim affecta une vive reconnaissance.

— Ah ! maître, dit-il, tu es d'une générosité sans bornes; je te bénis.

Si-Lalou reprit avec un air sévère :

— Seulement, prends-y garde, mon fils; méfie-toi de ta passion.

— Oh! j'en suis guéri déjà.

— Tant mieux pour toi, car si tu lèves encore les yeux sur Makarita, malheur à toi!

Le pauvre Ibrahim fit ce que font les faibles devant les forts : il fut hypocrite.

Si-Lalou, qui ne se payait pas de fausse monnaie, fit mine de prendre pour vraies les promesses de reconnaissance et de fidélité de son kadja (secrétaire); mais il avait son plan, il donna le signal du départ.

Toutefois, avant qu'on ne montât en selle, il appela un homme de confiance :

— Tu vas, lui dit-il, aller à la grotte; tu y avertiras les compagnons que l'on fasse bonne garde et que l'on se méfie surtout d'Ibrahim.

Et le courrier partit.

La troupe se remit en course.

Une heure après, un peu plus, un peu moins, Si-Lalou se rapprochait d'un de ses vieux serviteurs, son khalifat (lieutenant).

Ce personnage était dévoué au chef jusqu'à la mort, mais il était quinteux, grincheux, jamais content et maugréait sans cesse.

Si-Lalou savait qu'il pouvait absolument compter sur lui en toute occasion, malgré ses fréquentes boutades et ses mauvaises humeurs.

On l'appelait *le Faucon* de son nom de guerre, parce que, grand, maigre, avec des bras démesurés, il ressemblait à un faucon fondant sur sa proie, quand il s'élançait à l'ennemi, le burnous étendu et ses deux bras formant cercle, le cou tendu, l'œil étincelant.

— Dis-moi, Faucon, fit Si-Lalou, ne m'as-tu pas parlé, il y a un mois ou deux, de quelques soupçons que tu aurais conçus sur quelques hommes?

Faucon, d'un ton rauque, dit :

— Ah! ah! on y vient! on a donc confiance en ce vieux radoteur?

— Certainement.

— On ne s'écarte plus de lui comme à Blidah!

« On recommence la vie de campagne, et, comme il

nous faut un bras sûr et fort, on revient à son fidèle khalifat; on abandonne cet Ibrahim !

— Cadour, tu dois comprendre que chaque chose a son temps ; tu n'es pas fait pour t'entretenir des chefs-d'œuvre de l'antiquité biblique avec un lettré comme moi. Tu n'es pas un raffiné, prends-en ton parti en brave que tu es.

— Enfin il faut que je me résigne à être un keld (chien), qu'on n'emploie qu'à la garde de la tente, mais qui n'entre jamais dedans.

— Au diable ! dit Si-Lalou.

Et il lui fit signe de s'éloigner

Mais le khalifat le retint :

— Allons, maître, dit-il, ne te fâche pas et dis-moi ce que tu veux.

— Je veux me débarrasser d'Ibrahim, et avec lui de tous ceux qui peuvent entrer dans un complot; cela te va-t-il, khalifat?

Comme Ibrahim était exécré par le Faucon, il tressaillit de joie.

— Aôh ! fit-il, la joie descend dans mon cœur comme une cataracte.

— Tu acceptes ?

— Cent fois plutôt qu'une.

— Voici ce que nous allons faire.

Le khalifat prêta une oreille attentive.

— Nous allons nous disputer haut, et tu me tiendras tête énergiquement.

— Pourquoi ?

— Tu vas comprendre.

— Vrai ?

— Je te donnerai un coup de plat de sabre, tu lèveras ton pistolet sur moi.

— Ah ! ah !

— Fais toujours.

— Comme tu voudras.

— Je te condamnerai à recevoir cent coups de bâton sur les fesses.

— Je ne comprends plus.

— Attends.

Le Faucon faisait piteuse mine.

— Comme il faut ne pas interrompre la course, je remettrai le supplice à plus tard ; mais j'aurai soin de t'injurier grossièrement.

Le Faucon n'était intelligent qu'à la guerre, la diplomatie n'était pas son fort ; il écoutait, faisant rouler ses yeux clairs d'oiseau de proie.

Élaï Lascri reprit :

— Tu sembleras fort courroucé, et tu t'aboucheras avec les hommes que tu supposes capables de tenter un assassinat sur ma personne.

— T'assassiner ! il faut t'assassiner ?

— Eh ! non ! imbécile ; il s'agit seulement d'avoir l'air d'en avoir envie.

— Je saisis.

— Enfin, ce n'est pas malheureux. Tu organiseras le complot; tu fourreras Ibrahim dedans.

— Très-bien.

— Tu tireras le premier coup de feu sur moi, tu me viseras dans le dos.

— Comment... je tirerai !

— Mais, brute ! ne devines-tu pas que tu ne dois pas mettre de balle dans ton pistolet ?

— A la bonne heure.

— Tu m'auras désigné les coupables secrètement et, avec mes fidèles, nous les exterminons.

— Et moi ?

— Tu tombes dessus avec nous.

La fausse conjuration fut étudiée et arrangée entre les deux chefs, et jamais coup ne fut mieux préparé.

Si-Lalou, on le voit, était un homme fort.

Il sentait que le trésor tentait quelques-uns des siens ; il voulait faire un exemple ; il savait qu'Ibrahim n'oublierait pas Makarita.

Du même coup, il se débarrasserait d'un rival et de serviteurs dangereux.

La querelle eut lieu.

La comédie eut un plein succès.

Le lendemain, le khalifat lui disait :

— C'est fait !

— Ibrahim en est? demandait Si-Lalou.

— Oui.

— Et... combien d'hommes ?

— Quatorze.

Faucon énuméra tous les noms.

— Bon, dit Si-Lalou.

Puis il réfléchit :

— Le petit Mahmoud n'est pas de ta bande avec son frère Ibrahim ?

— Non; il est jeune, semble t'aimer beaucoup, et on ne lui a rien proposé.

— Propose toujours.

Le khalifat fit signe de la tête qu'il n'y manquerait point.

Lalou reprit :

— Je vais rester en arrière avec vingt de mes dévoués ; et toi tu seras plus en arrière encore ; n'oublie pas qu'au dernier moment mes hommes auront le secret; ils ne tireront pas sur toi.

— Ce ne serait pas amusant s'ils allaient me tomber dessus.

— Sois donc sans crainte. Au moment où tu feras ton coup, je retournerai avec mon monde; on chargera les conjurés, et on les massacrera.

— Les gredins ! tu feras bien. Ils sont très-déterminés, sais-tu ?

— Voyez-vous cela !

— Ils sont du reste les plus braves d'entre nous, et je les regretterai en temps de guerre.

— Baste ! avec les lions, les cerfs deviennent lions ; tant que nous commanderons, l'on se battra bien. Va sonder le petit Mahmoud.

Mahmoud était dehors, car cette scène se passait une halte, sous une tente.

Le jeune homme jouait avec un beau slougui (lévrier) du village où l'on s'était arrêté.

Le khalifat vint à lui.

— Salut, Mahmoud ! dit-il.

— Salut, chef !

— Tu as l'air de t'amuser beaucoup avec ce chien tu n'es donc jamais las?

Mahmoud, qui voyait pour la première fois le khalifat amical avec lui, se mit aussitôt en défiance.

— Que peut me vouloir ce vieux drôle ? pensa-t-il.

Le khalifat se plaignit amèrement d'Élaï Lascri ; Mahmoud écoutait.

— Ah çà ! où veut-il en venir ? pensa l'enfant.

« Et que signifie cela ? »

Il plaignit le vieillard.

Alors celui-ci insinua qu'il se vengerait si Élaï Lascri mettait à exécution sa menace de la bastonnade, qu'il le tuerait.

Mahmoud savait de quel bois se chauffait le khalifat et il s'était étonné d'autre part que Si-Lalou, que rien n'arrêtait, n'eût pas cassé sur l'heure la tête à son lieutenant assez osé pour lui tenir tête.

— Va donc, dit-il, conter tes bêtises à d'autres ; organises une fausse conjuration.

Le khalifat fut stupéfait.

Il courut avertir Si-Lalou, qui se prit à rire de la perspicacité de Mahmoud.

Il l'appela.

Le jeune homme songeait à prévenir Ibrahim, qu'il supposait, à bon droit, être tombé dans le piège ; mais il n'en eut pas le temps.

Il dut accourir auprès de Si-Lalou.
— Cher petit, dit celui-ci, je viens d'envoyer devant deux hommes solides...
— Parce que ?...
— Parce que tu avertirais ton frère qui est pris dans mes filets.
Et Si-Lalou ajouta :
— Si tu dis un mot de trop, à mon grand regret, si ton intelligence hors ligne me séduit, tu ne seras jamais un homme, car tu mourras enfant.
— Bon ! dit philosophiquement Mahmoud.
— Comme tu te résignes !
— A aller devant, ou bien d'être derrière, qu'est-ce que cela me fait ?
— Et ton frère ?
— Comme il me tuerait et que du reste, tôt ou tard, nous aurions joué du couteau ou du pistolet, mieux vaut qu'il meure aujourd'hui.
On partait.
Mahmoud, surveillé par deux hommes sans qu'il en parût, se mit à l'avant-garde.
— Tant pis ! pensait-il. Et dire que cet imbécile d'Ibrahim ne m'a rien dit, me jugeant trop jeune pour garder un secret ! L'imbécile !
Une heure après, l'escarmouche avait lieu et tout se passait selon le programme, sauf un point.
Ibrahim, plus avisé que Mahmoud ne le supposait, avait fait, lui aussi, ses réflexions.
Tout d'abord, se sentant sous le coup d'un caprice de Si-Lalou, le jeune homme avait accepté avec joie les propositions du Faucon.
Plus tard, la prudence reprit ses droits, et il fit plusieurs observations.
La première fut l'étonnement qu'avait eu déjà Mahmoud.
Pourquoi Si-Lalou n'avait-il pas, tout d'abord, avec son emportement ordinaire, frappé le khalifat ?
La seconde venait du zèle montré par le Faucon dans cette affaire ; il ne se cachait point assez et agissait trop à découvert pour un conspirateur.
Ibrahim voulut tenter une expérience qui l'éclairerait sur la vérité.
Il suspectait surtout la volonté qu'avait montrée le Faucon de frapper le premier son chef ; pourquoi ne pas lui envoyer dix balles à la fois ?
Donc Ibrahim dit au khalifat :
— Si tu veux m'en croire, ce sera moi, non toi, qui frapperai Si-Lalou.
— Pourquoi ?
— Parce que je suis plus agile que toi et plus certain de mes coups.
— A bout portant, l'on ne manque pas son homme, mon compagnon.
— Tu es vieux. Ta main tremble un peu ; tu ne lui logeras pas le coup au bon endroit ; tandis que moi je suis un maître au pistolet.
— Baste ! laisse donc.
— Autre chose, alors ?
— Quoi ?
— Tirons ensemble.
— Cela serait suspect.
Ibrahim n'insista pas davantage ; mais à partir de ce moment il se tint sur ses gardes ; cette conversation s'échangeait une heure environ avant que l'attaque dût avoir lieu.
Ibrahim, l'œil au guet, presque sûr d'être trahi, se tenait prêt à fuir.
Puis il calcula que Si-Lalou avait un meilleur mahari que le sien.
Le jeune homme se dit :
— Il me rejoindrait !

Dès lors toutes les forces de son cerveau se concentrèrent sur cette idée.
« La fuite. »
A force de chercher, il trouva.
— Par Allah ! se dit-il, c'est bien simple ; je reste en arrière avec les conjurés ; la chose est convenue ; j'arrêterai mon mahari, et je viserai celui de Si-Lalou qui forme une grosse masse immanquable.
« Nous verrons bien si ce fin coureur, avec une balle dans le ventre, atteindra le mien qui ne vaut que celui-là dans la troupe. »
Et lorsque l'attaque se fit, Ibrahim agit comme il l'avait pensé.
Et un clin d'œil, ce drame se dénoua.
Au coup de pistolet du Faucon, les fidèles de Si-Lalou firent volte-face et se ruèrent sur les conjurés, qui furent poursuivis, atteints et sabrés.
Ils avaient perdu quelques secondes à se rendre compte de la trahison du Faucon.
Mais Ibrahim, après avoir tiré en même temps que le khalifat, avait enlevé son mahari et il s'était lancé à toute vitesse en arrière.
La fumée de la fusillade, qui éclata, couvrit un instant sa retraite ; il était loin déjà quand Si-Lalou se lança à sa poursuite.
Le Faucon suivait son chef.
Contre toute attente, le mahari du khalifat gagna celui d'Elaï Laseri.
— Par le ventre de Mahomet ! s'écria le nègre, mon chameau n'a plus de jambes.
En ce moment, la bête s'abattait.
Si-Lalou se dégagea et reconnut alors que l'animal était mort.
La balle avait déterminé à l'intérieur une hémorragie qui avait étouffé sa bête ; elle était tombée pour ne plus se relever.
Faucon courait toujours.
Un sifflement strident l'arrêta net ; il revint à Si-Lalou qui l'appelait ainsi.
— Le gredin nous échappe, dit le nègre avec dépit ; laisse-le courir...
— Mais...
— Laisse, te dis-je ; ta monture ne vaut pas la mienne.
Et Si-Lalou, rejoint par plusieurs des siens, choisit un bon mahari.
— En route ! dit-il. Continuons notre expédition ; on retrouvera cet Ibrahim.
« Il ira à la grotte. »
Faucon observa :
— J'ai prévu cela !
« Il est très fin.
— Assez pour ne pas essayer de pénétrer dans le souterrain, se doutant bien que j'ai dû prendre mes précautions contre lui.
— Et s'il livre le secret ?
— Laisse donc... un homme qui sait au gîte un pareil trésor convoite ce trésor pour lui seul et garde le silence sur la mine d'or qu'il désire.
On rejoignit le gros de la troupe qui, étonnée de cette lutte, accourait.
Si-Lalou revit Mahmoud.
— Petit, dit-il, ton frère s'est enfui après m'avoir voulu tuer.
— Tu as eu tort de le manquer, dit froidement Mahmoud.
— Sois tranquille. A la première occasion, je lui ferai son affaire.
Puis voyant l'extrême indifférence du jeune homme, indifférence non jouée, il prit confiance en lui et lui demanda d'un air affable :
— Veux-tu devenir mon kadja ?

— Volontiers! dit Mahmoud.
— Tu seras fidèle?
— Tant que tu seras mon maître.
— Alors, c'est dit.

Puis, sans mot dire aux siens, il fit signe à tous de reprendre la course.

Mais beaucoup des siens, instruits de ce qui s'était passé, songeaient qu'il était heureux pour eux de n'avoir pas été du complot.

Les cadavres de leurs compagnons étendus sur le sable étaient un exemple terrible qui les impressionna très-vivement.

XXV

LE MULATRE.

Pendant que ces événements s'accomplissaient au dehors, les jeunes femmes restaient dans la grotte sous la surveillance des eunuques.

Ceux-ci, nous avons dit pourquoi, n'étaient pas très-bien disposés pour les dames; mais on leur avait recommandé d'avoir des égards.

Ils se montrèrent polis.

Cependant l'imagination de Margot travaillait beaucoup; elle méditait son plan.

Ce qui l'arrêtait, c'est qu'elle ne savait pas plus nager que Marie.

Comment faire?

Il s'agissait de remonter sur le lac, et cela ne semblait pas possible du moment où ni l'une ni l'autre ne savait rien des principes de la natation; donc, tuer les gardes, chose d'une audace insensée, devenait tout à fait inutile.

Cependant, le deuxième jour, Margot, en savourant sa cigarette et son café, car elle fumait comme la plupart des Algériennes le tabac ambré d'Aram, Margot, disons-nous, s'écria tout à coup :

— J'ai trouvé!
— Quoi donc? demanda Marie.
— Le moyen.
— De quoi faire?
— De remonter sur l'eau.
— Sans savoir nager?
— Oui, sans savoir nager.

Marie savait que Margot cherchait ce problème depuis quelque temps.

— A quoi cela servira-t-il? demanda mademoiselle de Lancenales à son amie.
— A nous sauver.
— Mais je suppose que tu attendras Mahmoud et Ibrahim pour cette évasion.
— J'attendrai six jours.
— Ils ont promis d'être ici avant ce délai.
— J'ai comme un pressentiment qu'ils ne pourront revenir à la grotte.
— Et tu oserais?...
— Oui.

Mais elle reprit :
— Écoute et saisis mon idée!

« As-tu remarqué de quoi sont faits ces espèces de paniers dont se servent les bandits pour conserver leurs effets et leurs provisions dans cette grotte humide.
— Oui, comme les Kabyles en ont coutume, ils enlèvent aux chênes-lièges des demi-cercles d'écorce et bouchent les extrémités; cela fait un panier, mais non un moyen de remonter sur l'eau du lac.
— Tu crois cela? Eh bien! il n'y a qu'à s'attacher des morceaux de liège sous les bras, à se jeter dans l'eau et à sortir de la galerie, ce qui ne demande qu'un élan. Puis on se laisse aller ensuite, et le liège monte et vous porte au niveau de l'eau. Voilà est-ce assez clair?

— Sans doute, dit mademoiselle de Lancenales; voilà une idée qui te fait honneur; mais...
— Mais quoi? Mais, mais, mais... toujours ce maudit et avec toi, ma chère!
— Et les Arabes?
— On les tuera!
— Cinq hommes!
— Mon Dieu, oui.
— Comment t'y prendras-tu?
— Je ferai massacrer les eunuques par les deux voleurs qui sont... des hommes.
— Et tu leur diras...
— Que c'est bête de ne pas enlever un trésor et deux jolies femmes quand on le peut.

Puis elle ajouta :
— J'ai remarqué que le plus jeune, ce grand mulâtre, me regarde avec passion.
— Et tu crois que je vais me prêter à ce complot? et tu t'imagines que...
— Ma chère, nous ne risquons rien.
— Allons donc!
— Raisonnons. Que peut-il arriver?

« Primo, si nos conseils ne sont pas accueillis, les Arabes diront tout aux eunuques, qui rediront la chose à maître Si-Lalou à son retour.
— Que fera maître Lalou?
— Il rira de notre plan et ce sera tout; il ne va pas nous tuer pour ça.

Secundo, je suppose que les deux hommes acceptent et manquent leurs adversaires.

« Qu'arrive-t-il? »

« Sur trois eunuques, il y en aura bien un de tué et ils tueront les deux hommes.

« Reste donc toujours deux ennemis, un pour chacune de nous.
— Jamais je n'ai tiré un coup de pistolet, dit Marie; puis où aurions-nous des armes?
— Je m'en procurerai.
— En aurais-je que je n'oserais pas m'en servir; et toi-même tu parles en étourdie et tu n'auras pas l'audace que tu affiches.
— Es-tu sotte! comment, tu te sens capable de te suicider; tu y es décidée?
— Oui. La mort plutôt que le déshonneur.
— C'est aussi ma devise; mais je la complète ainsi, ma toute belle :
« La mort de qui veut mon déshonneur. »

Et Margot passa plusieurs heures à faire passer sa détermination dans l'âme de son amie; elle finit par y réussir.

Le quatrième jour arriva.

Rien de nouveau jusqu'au soir : rien du dehors, rien en dedans.

Les eunuques voyaient que les jeunes femmes étaient parfaitement tranquilles, qu'elles semblaient même très-résignées à leur sort; ils se départirent un peu d'une surveillance très-gênante pour eux.

Du reste, qu'avaient-ils à craindre?

Bien peu de chose.

Personne n'est plus soumis à la destinée que la femme chez les Arabes ; jugeant les Européennes par les Musulmanes, les eunuques ne pensaient guère que deux prisonnières fussent capables de nourrir le projet d'une évasion très-difficile du reste.

Il en résulta que les jeunes femmes purent aller et venir dans la grotte.

Sur les cinq hommes, deux étaient toujours de faction, un à chaque issue.

Un autre faisait la cuisine.

Les deux autres dormaient ou flânaient.

Le cinquième jour, au matin, Margot se réveilla décidée à fuir.

Au trésor maintenant ! Et elle entraîna Marie.

— Je commence les escarmouches ce matin avec l'ennemi, dit-elle en riant.
— Nous devons attendre aujourd'hui encore, dit Marie.
— C'est vrai ! aussi le coup ne se fera-t-il que demain matin.
— Alors, pourquoi commencer ce matin ?
— Pour ne pas perdre de temps, si nos libérateurs ne paraissent point.

Et Margot sortit de l'espèce d'alcôve qu'on lui avait destinée.

Deux minutes après, elle revint avec deux grands paniers de liége.

— Voici, dit-elle, de quoi fabriquer des ceintures de sauvetage.
— Comment te les es-tu procurés ?
— Les brigands ont chacun une place particulière où ils dorment ; à cette place se trouvent les paniers contenant leurs effets de rechange et les objets qui leur appartiennent en propre.

« Souvent des paniers sont vides ; j'en ai pris deux ; arrange-nous des ceintures ; il faut que l'on puisse s'attacher ces liéges sauveteurs sous les épaules.
— Et où vas-tu ?
— Causer avec mon mulâtre !

Marie souffrait cruellement.

Margot n'avait pas les susceptibilités délicates de son amie ; elle allait délibérément à la conquête de sa liberté et à la défense de son honneur ; elle se disait que quelques coquetteries avec un sauvage entachaient moins sa vertu, en somme, que les violences dont elle était menacée.

Elle savait que le mulâtre était ce jour-là de cuisine. D'autre part, deux eunuques faisaient faction et le troisième dormait.

Elle se glissa vers le feu où le repas cuisait sous la surveillance du bandit qui, assis à la turque, fumait devant les marmites.

C'était un grand et beau garçon, hardi, déluré et qui semblait très-intelligent ; tous les signes d'un tempérament ardent étaient marqués sur ses traits ; ses yeux flambaient d'un beau feu en regardant une femme, et Margot ne s'était pas trompée sur son compte.

Quand il la vit s'approcher, il se leva.

Margot fit semblant d'avoir envie de prendre du café et elle se mit à en préparer en disant au bandit quel était son désir.

XXV

LE MULÂTRE (suite).

Elle s'exprimait assez mal au point de vue de la purete de la langue arabe; mais on la comprenait et c'était suffisant.

— Laisse-moi faire, petite reine, dit le bandit galamment; tes doigts roses ne sont pas faits pour se brûler aux charbons de ce foyer.

— Je te remercie, caouiez (jeune homme), dit Margot à voix basse; au moins tu es bien élevé et doux pour les femmes, toi; ce n'est pas comme les autres.

Le mulâtre tressaillit.

— Tu te trouves donc bien malheureuse, demanda-t-il, d'être aimée du chef?

— Un nègre!

— Tu n'aimes pas les nègres?

— Non. Un beau garçon, légèrement bronzé... passe encore; mais ce noir...

Elle eut un geste de mépris.

— Il est riche.

— Oh! oui... le trésor! Que m'importe à moi. Si un hardi compagnon m'enlevait d'ici, avec ce trésor dont je ne jouis pas dans cette grotte, crois-tu que je n'aimerais pas ce libérateur et ne m'estimerais pas plus heureuse?

Elle dit cela négligemment.

Le coup porta.

— Française, dit le mulâtre, ta lèvre laisse tomber des paroles roses d'espérance comme l'aurore qui est pleine de promesses d'un beau jour.

« Penses-tu bien ce que tu dis, au moins? »

Margot baissa les yeux.

Le bandit palpitait d'espoir.

— Réponds, dit-il; tu m'as mis la coupe aux lèvres, ne la retire pas.

— Eh bien! je dis... oui.

Les yeux du jeune homme s'enflammèrent et resplendirent.

— On peut, dit-il, se débarrasser de ces maudits eunuques qui nous gênent.

— C'est vrai.

— J'ai un compagnon.

— Il t'aiderait?

— D'autant plus qu'il m'a déjà confié que ton amie, — vois si cela tombe bien! — lui a complètement tourné la tête.

— Il est âgé.

— Raison de plus. Amour de vieillard, amour tenace, dit-on.

— Et il sera ton complice?

— Oui.

— Mais il y a trois eunuques?

— Dont l'un dort toujours.

— Il s'éveillera.

— Trop tard; nous serons deux contre lui et nous en viendrons bien à bout.

— Écoute, je crains que se sentant seul, entendant des détonations, il n'exécute la consigne secrète que Si-Lalou a donnée à ces hommes.

— Quelle consigne?

— Il a dit à l'eunuque qui vous commande tous les quatre : « Rends-les moi plutôt mortes que de les laisser prendre par qui que ce soit. »

« Il a dit cela devant moi, ignorant que je sais assez d'arabe pour le comprendre.

— Alors, que veux-tu?

— Des armes pour moi et pour mon amie; nous nous défendrions.

— Très-bien!

Puis à voix basse :

— Retire-toi et fie-toi à moi pour te porter des pistolets chargés.

— Quand agiras-tu?

— Le plus tôt possible.

— Pas avant demain.

— Pourquoi?

— Je suis superstitieuse, et demain est le jour de ma naissance, un jour heureux pour moi, dans lequel j'ai pleine confiance.

— Alors... demain.

— Sois prudent.

— Regagne vite ta chambre, dit-il, l'eunuque n'a rien vu; c'est heureux.

Margot se retira laissant comme gage un sourire qui enivra le mulâtre; il la suivit longtemps du regard; puis, quand elle eut disparu, il se mit à rêver, caressant ses espérances.

Deux heures plus tard, son compagnon, qui dormait comme l'eunuque, vint à lui.

Le mulâtre lui fit signe de s'asseoir auprès de lui et ils causèrent.

— Balam, dit-il, tu es mon ami fidèle depuis bientôt six ans.

— Et je le serai jusqu'à la fin, dit le vieux bandit qui s'était attaché à son camarade pour lui avoir un jour sauvé la vie.

On sait que l'on aime presque comme son enfant celui que l'on a retiré du péril; il y a une sorte de paternité dans un acte de sauvetage; on se regarde comme ayant donné la vie à nouveau à celui qui allait la perdre.

— Pourquoi me dis-tu cela, Mohamet? demanda Balam étonné du ton grave qu'avait pris le jeune homme et de la façon dont il étouffait le bruit de ses paroles.

— Parce que, reprit le mulâtre, j'ai à te confier un secret de vie ou de mort.

— Parle.

— Jure sur ta part de paradis que tu ne me trahiras pas.

Les plus grands bandits musulmans, sauf de très-rares exceptions, sont comme les brigands napolitains, ils croient en Dieu fermement; ils ne désespèrent jamais d'aller au paradis de Mahomet.

Balam fit le serment.

Mohamet lui dit alors :

— La Française, Makarita, est venue à moi, me proposer son amour.

— Aôh! fit le vieillard avec un soupir, tu es bien heureux, mon fils.

— Tu aimes toujours Mériem?

— A en tuer le chef.

— Alors tu vas accepter ce que je te proposerai, car Mériem t'aimera.

— Moi?

— Oui, toi.

— Tu lui as parlé?

— Son amie s'est engagée pour elle.

— Que faut-il faire?

— Tuer les eunuques.

— Je m'en doutais.

— Enlever une grosse partie du trésor, notre charge de diamants, de perles et d'or.

— Et emmener les femmes?

— Oui.

— Qui nous abandonneront...

— Jamais.

— Peut-être ta Makarita te restera-t-elle; mais Mériem me fuira.

— Ami, tu seras trop riche pour qu'elle t'abandonne jamais.

Balam hésitait.

— Tu achèteras, à ton tour, des eunuques qui te la garderont.

— C'est vrai.

Et après réflexion :

— J'accepte, dit-il.

Puis il demanda :

— As-tu ton plan?

— Il est bien simple. Demain, quand deux des eu-

nuques viendront nous relever de faction, nous les tuerons d'un coup de pistolet.
— Moi à la sortie, toi à l'entrée; c'est cela. A cette longue distance, on n'entendra pas le coup tiré; il n'y a que celui qui dormira au milieu de la grotte qui sera peut-être réveillé par les détonations; y as-tu pensé?
— Oui, je crierai au secours, je ferai le blessé en accourant vers lui.
— Et après?...
— Il ne saura ce dont il s'agit; je tomberai à terre, contrefaisant le mort; il arrivera vers moi, et je le tuerai facilement.
— S'il ne se défie pas.
— S'il se défie, ce sera un combat; il faut bien risquer quelque chose.
— Mohamet, c'est dit.
Ils se serrèrent la main, signant ainsi le pacte.

XXVI

L'EMBUCHE.

Le lendemain matin, Margot, qui n'avait pas dormi de la nuit, se leva et réveilla Marie dès qu'elle entendit le bruit des pas des sentinelles.
Elle avait trouvé dans sa chambre deux pistolets à deux coups chargés.
— Ma chère, dit-elle résolûment à Marie, voici le moment d'agir.
— Je tremble...
— Il s'agit de notre salut.
— Ah! quelle aventure!
— Veux-tu m'en croire?
— Mon Dieu, je suis bien forcée de t'obéir; tu as mis tout en train.
— Fais comme les mauvais soldats, grise-toi, ma chère; voilà le remède.
— Quelle horreur!
— Bois seulement cette larme d'eau-de-vie d'anisette que j'ai demandée à un des brigands.
(Les Arabes boivent cette anisette, parce qu'elle n'est pas sortie du vin.)
Marie, toute troublée, but machinalement une gorgée dans la gourde que lui tendait son amie; elle fit la plus laide grimace du monde.
Margot exigea qu'elle bût encore; la pauvre demoiselle de Lancenales n'avait plus de volonté; elle se laissait faire sans résistance.
Mais l'alcool produisit rapidement son effet et Marie sentit des flammes dévorer sa poitrine; l'énergie lui venait au cœur.
Margot lui dit :
— Allons à l'eunuque.
— Quoi faire?
— Tu vas voir.
Elles se rapprochèrent de celui des eunuques qui dormait, et, près de lui, ne l'ayant pas éveillé, Margot et Marie attendirent en silence.
Un coup de feu retentit faiblement.
L'eunuque se réveilla en sursaut; ce bruit de poudre brûlée est de ceux qui troublent le sommeil le plus lourd d'un soldat.
Il vit les jeunes femmes.
— Défie-toi et sauve-nous, dit Margot; on tue tes deux camarades.
Et montrant le chemin qu'avait pris Mohamet elle dit à l'eunuque :
— Le mulâtre est par là; c'est lui qui a tiré.
L'eunuque ne se défiait pas des jeunes femmes; il se disait qu'elles devaient le considérer comme un allié, lui qui était inoffensif pour elles.

Il courut vers le point où se trouvait Mohamet, c'est-à-dire à la sortie de la grotte.
Pendant ce temps, Margot se dirigeait, avec Marie, vers l'autre extrémité du souterrain.
Bientôt, de ce côté, leur arriva le bruit d'un coup de feu et un cri.
Balam avait fait son coup.
Marie demanda :
— Que comptes-tu faire?
— Tuer ce Balam.
— Bon.
— Tu es prête?
— Oui.
Mademoiselle de Lancenales se sentait prise d'une magnifique ardeur belliqueuse.
Bientôt un bruit de pas se fit entendre et Margot arma son pistolet.
Marie l'imita.
— Par ici! cria Margot à Balam; viens, protége-nous, l'eunuque nous cherche.
Balam accourut.
Margot à cinq pas l'ajusta et tira; Marie en faisant autant, l'homme tomba mort, la poitrine traversée par deux balles...
En ce moment, deux coups de feu éclataient simultanément; puis un autre; puis deux encore, et enfin le silence se faisait.
Il y avait eu bataille.
Qui était vainqueur de Mohamet ou du dernier eunuque survivant?
Les jeunes femmes se mirent à courir vers le théâtre de la lutte.
Elles entendirent des gémissements et aussi des imprécations.
L'eunuque se mourait.
Mohamet perdait tout son sang et hurlait, sentant que la vie allait bientôt l'abandonner; il appela les jeunes femmes.
Margot lui répondit par une balle et Marie acheva l'eunuque.
Ce drame sanglant était terminé.
Alors Margot, qui était intrépide, dit avec une ardeur presque sauvage :
— Au trésor, maintenant!
Et elle entraîna Marie.

XXVII

OU LE LECTEUR RETROUVE UNE ANCIENNE CONNAISSANCE.

Les femmes sont beaucoup plus braves qu'on ne le croit généralement.
Timides par tempérament, poltronnes par éducation, elles oublient vite ces deux causes de défaillance quand une passion les anime.
Nous avons été frappé toujours par l'excessive vaillance des cantinières, des infirmières, de toutes les femmes qu'il nous a été donné de voir sous le feu, et nous avons cherché à analyser les causes qui les transformaient si rapidement d'êtres craintifs en héroïnes.
Au fait, qu'est-ce que le courage?
Ce n'est que le sentiment de la peur, l'instinct de la conservation inné, dompté.
L'enthousiasme, l'exaltation, le sentiment du devoir, une certaine chaleur de sang, tels sont les auxiliaires de la volonté dans la lutte contre les instincts très-vifs qui poussent tout être à fuir le danger.
Or les femmes sont plus que nous accessibles à l'enthousiasme, à l'exaltation, au sentiment du devoir.
Rien de plus naturel dès lors que la bravoure, la témérité même dont elles souvent preuve et qui a rendu plusieurs d'entre elles célèbres.

Mais, ce qui caractérise leur courage, c'est le côté nerveux, frémissant, plein d'ardeur et d'exaltation; il monte au niveau des situations les plus terribles, les dépasse et les domine.

En ce moment, les deux jeunes femmes étaient arrivées à ce point où toute peur a cessé, où le sang-froid au milieu des élans les plus vifs se manifeste d'une façon éclatante.

Ainsi Margot disait :
— Au trésor !
Et Marie, au lieu de proposer de fuir sur-le-champ, répétait :
— Oui, au trésor !

Elles avaient entrevu plusieurs fois le soir, aux rutilements des feux nombreux qu'allumaient les brigands, une excavation d'où partaient de fauves reflets d'or et des étincellements de rubis; elles prirent chacune une des torches qui éclairaient de distance en distance la grotte et les galeries fréquentées et elles se dirigèrent vers le lieu où elles supposaient qu'étaient accumulées les richesses de Si-Lalou.

Elles gisaient, en effet, ouvertes à toute main dans l'excavation.

Cet abandon apparent, qui semblait imprudent, avait sa raison d'être.

Ce trésor était commun.

Comme chef, Si-Lalou avait, lors du partage futur, droit à la moitié.

Le reste devait être réparti sur la bande dans les proportions suivantes :

On faisait vingt parts en plus que le nombre d'hommes que Si-Lalou ne dépassait jamais; sur ces vingt parts, le lieutenant (khalifat) en avait quatre.

La bande ne devait pas dépasser un certain chiffre que l'on complétait au fur et à mesure des morts; celui qui s'offrait passait par un examen sévère; on lui faisait subir les plus dures épreuves.

S'il les soutenait bien, il était accepté et devenait le successeur du mort.

Il était bien entendu que, fût-ce l'avant-dernier jour du partage, la troupe devait être au complet : ceci pour éviter toute dispute.

Le pacte avait été juré solennellement, et il avait jusqu'à la dernière conspiration été religieusement observé, sauf trois exceptions.

Si-Lalou avait voulu que les lingots d'or, la monnaie, les pierreries fussent en vue de tous; il les avait placés sous la sauvegarde de la bonne foi de chacun, et ce n'était pas là un mauvais calcul.

Chacun surveillait les autres.

Il est difficile de cacher un larcin, et la vue continuelle du trésor était du reste un stimulant précieux pour la troupe qui devait partager et se disperser quand on aurait atteint la somme énorme, mais presque déjà réalisée, de cinquante mille francs par bandit, soit dix millions pour le chef !

Ce jour-là, partage et dispersion.

Si-Lalou, du reste, avait conçu le vaste projet de proposer à chacun des siens de lever la bande aussi forte que possible, de marcher sur une ville du Sahara, de la surprendre, de la soumettre avec toutes les bandes réunies, et d'en faire le point de départ d'une conquête nouvelle.

Il pensait parvenir ainsi à se créer un royaume et à donner à chacun de ses brigands un fief, d'après le système oriental.

On conçoit que les bandits méprisaient un vol dangereux, quand ils étaient sûrs, s'ils vivaient, de toucher cinquante mille francs.

Trois de ces vols avaient été punis par un supplice terrible :

Le feu !

Les camarades des suppliciés, en les voyant se tordre sur le bûcher, avaient reçu un salutaire exemple de la justice d'Elaï Lascri; aussi ces vols avaient-ils été commis par des novices; les vieux brigands étaient inébranlables dans leur probité relative.

Ce que Si-Lalou voulait surtout éviter, en étalant le trésor aux yeux de tous, c'était d'être accusé de le dilapider ou de le dissimuler au contrôle de chacun de ses associés.

A chaque attaque, on faisait l'inventaire du butin, et chacun versait fidèlement sa part; la moindre soustraction était punie de mort.

Les listes étaient dressées par le kadja et fixées sur un registre.

Au partage général, on devait tout retrouver.

Du reste, au milieu d'un désordre apparent, il y avait un certain arrangement :

Si-Lalou emportait à Blidah et y vendait tout ce qu'il enlevait, sauf l'or, l'argent, la poudre d'or, les pierreries et certaines étoffes, certaines parures facilement évaluables.

L'or était en un tas, l'argent en un autre ; chaque nature de pierre formait un tas aussi; tout cela amoncelé dédaigneusement.

Quant aux parures, elles étaient suspendues à des clous grossiers.

Qu'on s'imagine l'étrange aspect de toutes ces richesses !

Les deux femmes poussèrent, en les voyant, des cris d'admiration; jamais leur imagination n'avait rêvé cela.

La lumière des torches arrachait à toutes ces splendeurs des éclairs qui éblouissaient le regard et bouleversaient l'esprit.

— Il me semble que je rêve ! s'écria Margot.
« C'est merveilleux. »

Et Marie, muette, touchait de ses deux mains les sequins, s'assurant de la réalité au froid contact du métal.

Elles restèrent ainsi un instant.

Mais, par un revirement subit, la prudence revint à Margot, avec le sentiment de la possession.

— Vite, dit-elle, prenons les plus beaux diamants, les plus belles perles, et fuyons.

Et, palpitantes, elles plongèrent leurs doigts frémissants dans les brillants et dans les perles, emplissant leurs poches.

Et, quand elles furent combles, elles furent chercher leurs ceintures de liège.

— Vite, vite ! disait Margot redevenue tremblante, vite ! Sauvons-nous.

Et elle entraînait Marie.

Les lièges furent attachés; chacune des femmes aidait l'autre.

— Viens ! dit Margot quand ce fut fini; prenons des burnous.

— Pourquoi ?

— Ça ne peut que nous être utile.

Elles allèrent vers les morts, prirent leurs burnous avec trouble, s'en couvrirent et se dirigèrent vers l'entrée, du côté du lac.

Elles arrivèrent à la galerie, vinrent jusqu'à l'eau, y entrèrent jusqu'à la ceinture.

— J'ai peur de mourir noyée ! dit Marie qui frémissait et reculait.

— Ah ! dit Margot, ce n'est pas l'heure de l'hésitation; en avant, ma chère !

— Mon Dieu ! je me sens défaillir.

— En grâce, pas de faiblesse !

— Cette eau m'épouvante.

— Ferme les yeux et laisse-toi conduire : la liberté est au bout de cet effort.

Marie dit :

— Allons !

Elle prit sa respiration et se laissa entraîner par Margot intrépide.

Celle-ci plongea avec un élan très-énergique, entraînant Marie.

Il n'y avait pas deux mètres d'eau à traverser pour sortir de la galerie.

Margot, après la poussée horizontale qu'elle s'était donnée ainsi qu'à son amie, se sentit bientôt remonter vers la surface du lac.

Elle voyait la lumière du ciel.

Bientôt elle émergea.

Marie s'était évanouie, mais flottait doucement sur le flot, la tête maintenue dehors; il n'y avait donc aucun danger d'asphyxie.

Margot avait une idée instinctive des efforts à faire pour gagner la plage; sans lâcher son amie, elle s'agita, tendant toujours à atteindre le rivage et elle y réussit.

Par bonheur, le soleil, réchauffant son amie, la tira de son évanouissement; Marie reprit ses sens et Margot la supplia de se lever.

Mademoiselle de Lancenales y réussit.

Alors toutes deux, quoique mouillées, alourdies par le poids de leurs effets trempés d'eau, s'éloignèrent d'un pas rapide du lac.

Elles arrivèrent en quelques minutes dans un bois d'oliviers.

D'instinct, Margot comprit qu'il y avait là une protection.

Ces arbres pouvaient cacher une fuite.

Les deux jeunes femmes firent près d'une lieue dans le bois; épuisées, elles s'arrêtèrent à la lisière; voyant un ravin, elles descendirent dedans; elles choisirent le versant qui était exposé au soleil et se séchèrent de leur mieux.

— Eh bien! dit Margot, le plus fort est fait; nous sommes presque sauvées.

Marie tomba dans les bras de son amie en pleurant.

— C'est la deuxième fois que je te dois la liberté, fit-elle.

Tout à coup le bruit du canon retentit, répercuté par les échos du ravin.

— Entends-tu? dit Marie.

— Oui; c'est le canon.

— On se bat.

— Probablement une colonne française a tenté de soumettre ce point de la Kabylie qui a toujours refusé de payer l'impôt.

— Ecoute encore!

— C'est bien le feu d'une batterie de petites pièces de montagne.

— L'assaut a lieu à droite.

— Oui.

— Nous n'avons pas de chance!

— Pourquoi?

— Ce combat...

— Ma chère, il nous est favorable; au milieu du désordre de la guerre, nous trouverons plus facilement à fuir; je suis enchantée, moi.

Et, soucieuse de voir la lutte comme de se rendre compte de la situation, Margot emmena Marie vers une petite éminence sur le plateau.

Ce plateau dominait tout un versant de la montagne et l'on apercevait, de là, une vaste plaine où se développait l'armée française.

Margot montra à son amie tout l'ensemble de la bataille; souvent elle avait assisté à des petites guerres, et une fois elle avait assisté à un combat dans le Djurjura; elle savait ce que c'était qu'une attaque et distinguait un bataillon d'un régiment.

La scène qui se déroulait devant les jeunes femmes était grandiose.

Qu'on s'imagine le soleil à peine levé depuis une heure et dominant à une prodigieuse hauteur les cîmes verdoyantes de l'Atlas! çà et là, des pics sourcilleux émergeaient de cette verdure et se dressaient blancs de neige, argentés des premiers feux du jour.

Des crêtes, la montagne descendait tourmentée et torrentueuse de plateau en plateau par des étages qui semblaient des gradins gigantesques, ayant pour bases des assises de granit.

A travers les prairies, les ruisseaux coulaient, traçant leurs méandres autour des jardins, puis se précipitaient à travers les rocs en cascades impétueuses pour se retransformer encore en filets d'eau paisibles.

L'eau jaillissait partout; le mont semblait troué de sources partant des villages avec leurs toits rouges et leur aspect riant.

En bas, la plaine sans fin, avec un horizon sans bornes et, perdue dans cette solitude, la petite armée française; elle ne comptait pas dix mille hommes, massés au pied des hauteurs, couvrant à peine un petit vallon intermédiaire entre l'Atlas et les Angades (steppes) qui se déroulaient derrière elle.

Mais de toutes les baïonnettes serrées jaillissaient des éclairs sinistres, et l'on sentait que de cette petite masse devait se dégager une grande force.

C'était comme un nuage noir, déjà déchiré par des lueurs d'orage. Les canons, en arrière de la colonne, tonnaient déjà furieusement et les obus, sifflant dans l'air, allaient retomber sur les Kabyles qui couvraient, innombrables, les flancs de l'Atlas de leurs burnous blancs et de leurs calottes rouges.

Rien de pittoresque comme le contraste des deux troupes.

En bas, l'ordre, le silence et la concentration, la discipline; en haut, la confusion, le bruit, le nombre, le tumulte.

En bas, les uniformes sombres, la régularité froide de l'instrument de mort bien réglé, l'aspect fatal des choses fortes.

En haut, les vêtements éclatants, l'exaltation folle, les fureurs vaines, les bandes désordonnées, toute l'apparence des forces asiatiques, qui se perdent parce que rien ne les règle.

Les obus venaient déjà tomber drus et meurtriers sur les groupes.

Chaque coup était salué par des clameurs de colère; à chaque détonation, on voyait les enragés montagnards chercher le point où tombait le projectile, et se précipiter vers lui sabre au poing.

Traits de courage insensés!

Les femmes criaient des encouragements aux hommes; elles emportaient leurs enfants sur leur dos et se trouvaient à portée des combattants pour les exciter; les montagnards se plaçaient au hasard, selon l'instinct de chacun, derrière les murs en pierres sèches de leurs jardins, attendant ainsi le choc des Français.

Ceux-ci se tinrent massés une heure durant, bombardant toujours. Les villages prirent feu, et des gerbes de flammes couronnées de longs panaches de fumée tracèrent des jets de pourpre dans l'air avec des tourbillonnements fulgurants.

Enfin les clairons sonnèrent, mêlant leurs fanfares stridentes au bruit des combattants; on vit alors la colonne s'étendre, se dérouler, envelopper la base de la montagne, l'étreindre et la menacer d'un prodigieux étouffement.

C'était une transformation saisissante, de celles qui font dire aux Kabyles que les Français ont le secret de tirer tout à coup dix mille guerriers d'un petit corps de rien qu'un burnous eût couvert.

Rien ne les frappe davantage.

Puis, autre prodige!

La ligne de bataille se triple.

Aux notes éclatantes des clairons, les tirailleurs se

portèrent en avant, faisant un feu violent, se couvrant de fumée, paraissant très-nombreux, très-serrés; en somme, très-distants l'un de l'autre, mais produisant un effet moral considérable, et un effet naturel désastreux.

Marchant à six cents pas, venait la ligne de bataille. Puis, en arrière, la réserve.

Et les Kabyles, dans leur ignorance et leur simplicité, disaient entre eux:

— C'est donc vrai, tout ce qu'on dit de ces maudits Français! ils se doublent, ils se triplent à volonté, font jaillir des troupes de terre...

Et l'étonnement, aidé de la peur, gagnait l'armée kabyle de proche en proche.

Jamais les troupes n'avaient paru dans la montagne; tous ces guerriers sauvages éprouvaient des émotions jusqu'alors inconnues.

Marie était saisie, elle aussi, par la nouveauté de ce spectacle.

— C'est splendide! murmura-t-elle. Comment tous ces hommes peuvent-ils se mouvoir ainsi, obéir à un seul chef, agir avec un pareil ensemble?

— Ah! dit Margot, la guerre est une belle chose, et si j'étais homme...

Si Margot eût été un homme, Margot fût devenue un général.

Cependant la lutte s'engageait très-vive; les Kabyles, tout frappés qu'ils fussent par les mouvements des Français, tenaient avec une indomptable ténacité, dirigeant sur les assaillants un feu très-vif et très-juste; mais les tirailleurs s'embusquaient contre l'ennemi, derrière tous les accidents de terrain.

L'artillerie se scinda en deux parties; l'une continua à tonner contre les grandes masses kabyles; l'autre tira sur les jardins; elle démolit les murs de ceux-ci et les tirailleurs avancèrent.

Tout un gradin de la montagne fut enlevé et les Français s'y installèrent.

Alors les femmes kabyles poussèrent des cris de guerre assourdissants et se jetèrent au milieu des combattants, leur reprochant leur lâcheté; elles les poussèrent en avant.

Les montagnards se ruèrent contre les Français à l'arme blanche; on les vit de tous côtés se porter, à leur tour, contre les jardins conquis, brandissant leurs yatagans.

Lutte effrayante!

La mitraille des canons, passant par-dessus les têtes des fantassins français, fauchait les guerriers; ils étaient abattus par la fusillade; ils n'en arrivaient pas moins sur les baïonnettes. Marie vit distinctement des Kabyles saisir les canons de fusil d'une main et de l'autre brandir leurs larges couteaux sur plusieurs points: la première ligne française fut enfoncée. Mais les clairons sonnèrent partout la charge, et les réserves vinrent donner un choc vertigineux aux bataillons qui bousculèrent, dans une course irrésistible, sous leurs colonnes compactes, les Kabyles trop disséminés et agissant sans ensemble.

D'un seul élan, calculé du reste, l'armée arriva cette fois à mi-côte.

Le théâtre de la lutte se rapprochait.

La panique s'était mise un instant parmi les montagnards; quelques-uns fuyaient; les femmes, irritées, les frappaient à coups de bâton, les retenaient par leurs burnous, et armées de braises ramassées au foyer domestique dans ce but, elles marquaient au dos, sur l'étoffe blanche, les lâches qui reculaient.

L'armée avait gagné un grand plateau; couverte de ses tirailleurs, elle se concentra, et ses canons quittant les premières positions vinrent en prendre d'autres plus rapprochées et plus favorables au lieu.

Il y eut dans la lutte un instant de répit, pendant lequel chaque parti essaya de se réorganiser; tâche facile pour les Français, difficile pour les montagnards.

Les jeunes femmes reprirent le sentiment de leur situation pendant cette courte suspension de la lutte.

Marie demanda à Margot:

— Qu'allons-nous faire?

— Demeurer ici, dit la jeune femme.

— Pourquoi?

— Pour être faites prisonnières par nos compatriotes, qui enlèveront tous les sommets.

— Nous courons de grands périls.

— Il faut s'exposer un peu. Veux-tu donc rester un jour Kabyle, ma chère?

— Mais que dirons-nous aux officiers, quand ils nous interrogeront?

— Je dirai que je suis la femme de M. Martinet, chasseur d'autruches.

— C'est vrai. Tu le peux. Tu es dans une position régulière, toi; ton mari a donné sa démission et l'on ne peut rien lui reprocher.

— Je raconterai que Si-Lalou nous a enlevées à Blidah et emmenées.

— Mais moi?

— Tu restes une juive, mariée à Si-Lévy-ben-Jacoub, marchand juif.

— Je ne sais pas la langue du pays; on verra bien que je mens.

— Tu seras muette, et je me charge de le leur faire accroire.

— Et tu penses...

— Je pense qu'il te suffira de ne point parler, ma chère amie.

Et Margot ajouta:

— Nous avons des costumes de femmes indigènes sous nos burnous; le tien est précisément celui d'une israélite; dans le mien, j'ai conservé quelques brins de toilette française; puis je parle français. Va, crois-moi, chère amie, cela réussira très-bien.

— Comme tu voudras. Mais les balles, les obus, la fureur des soldats...

— Un peu de sang-froid. Nous nous cacherons dans le fond de ce ravin.

Elle indiquait celui qui les avait cachées déjà.

Margot avait un coup d'œil et une décision remarquables qui, du reste, se manifestèrent bien souvent depuis. Sa lucidité dans les circonstances critiques est attestée par les officiers qui prirent part, depuis, au siège de Zaatcha et surent le rôle qu'y joua cette jeune femme.

Elle était du tempérament et du caractère qui font les héroïnes.

— Tu comprends bien, chère, disait-elle à Marie, que nous devons risquer quelque chose; pour moi, je bénis cette bataille bienheureuse.

« Imagine-toi que nous tombions aux mains des Kabyles; qu'arrive-t-il?

« On nous questionne, on nous harcèle pour avoir des explications, tout semble louche; on nous vole nos pierreries; on nous réduit en esclavage peut-être.

« Aux Français, au prix de quelques chances mauvaises, nous sommes assurées, une fois entre leurs mains, d'avoir au moins la vie et l'honneur saufs.

— Mais peut-être, en se sauvant, les Kabyles nous reconnaîtront-ils.

— Ils auraient trop à faire.

Pendant qu'elles causaient toutes deux ainsi, se tenant au bord du ravin, regardant dans la direction du combat, une scène assez singulière se passait à vingt pas en arrière.

Trois hommes vêtus en Kabyles, mais parlant français, causaient à voix très-basse, assez perplexes, et s'étonnant de voir les deux jeunes femmes.

— Sergent, dit un de ces individus, le premier qui les aperçut et qui marchait à pas de loup; sergent, halte! voici deux montagnards.

Les jeunes femmes avaient leurs burnous.

Celui qui venait de donner l'éveil s'était aussitôt couché à plat ventre; il avait eu plutôt un souffle qu'une voix pour avertir derrière lui.

Les deux individus qui le suivaient se jetèrent à leur tour sur le sol.

Comme ils rampaient presque, ils n'eurent pas beaucoup de peine.

Celui qu'on avait appelé sergent examina avec soin les deux jeunes femmes.

— Tiens! fit-il, point d'armes! C'est tout jeune, ça vous a une peau blanche et ça se cache; c'est bien rare pourtant chez les Kabyles.

Le troisième individu, dont la barbe grisonnait, dit à son tour :

— M'est avis, sergent, avec le respect que je dois à vos galons, que vous vous mettez le doigt dans l'œil; je reconnais là des burnous de la plaine.

En effet, ces burnous venaient des bandits, et ils étaient tissés à la façon arabe.

Le vieux continua :

— Ce sont des Arabes qui se trouvent par hasard dans les montagnes aujourd'hui. Pour lors, ils regardent la bataille en spectateurs; v'là mon idée, et elle est bonne!

— Possible. Mais il faut aller mettre la main au collet de ces mâtins-là.

— C'est l'ordre.

— S'ils crient... ouf!... un coup de baïonnette; mais puisque le capitaine veut des prisonniers pour les interroger, tâchons d'avoir ceux-là, accourons...

« Il n'y a pas grands risques; ils sont tout actionnés à ce qui se passe. »

Les trois hommes, qui étaient évidemment tous soldats français déguisés en Kabyles, s'avancèrent doucement, glissant derrière les broussailles avec une adresse de sauvage et ne se démasquant point.

La fusillade et le canon qui avait recommencé à tonner faisaient d'abord un bruit assourdissant; puis la lutte prenait un caractère grandiose.

Les Kabyles, un peu repliés, avaient commencé à rouler contre leurs adversaires d'énormes blocs de granit qui descendaient le long des escarpements, arrivaient sur le plateau et râflaient des files entières de soldats mieux que n'eussent fait des boulets.

L'armée était menacée d'être broyée sous cette pluie de pierres.

— Mon Dieu! dit Marie, c'est épouvantable! nos pauvres soldats vont être exterminés.

En ce moment, elle sentit une main qui s'appuyait sur son épaule.

Margot était saisie aussi.

Le sergent, qui savait un peu d'arabe, dit à voix basse, mais énergique :

— Pas un cri, ou l'on vous tue.

— Mon Dieu! mon Dieu! fit Marie.

Et les soldats, stupéfaits à ce cri, bien mieux, à des femmes parlant français :

— Sergent, du sexe! fit le premier soldat qui avait donné l'éveil. Des égards.

Et à Margot qu'il tenait :

— Jeunesse, je vous lâche un peu le bras, histoire de ne pas vous faire des noirs, ce qui n'est pas l'habitude du troupier français; mais, nom de D... ! ne poussez pas un cri... sinon...

Et le sergent faisait la même recommandation à Marie, qu'il entraîna.

Tous cinq gagnèrent par le ravin un plateau situé en arrière, de l'autre côté de la montagne; Margot, a sa grande surprise, vit là plus de cinq cents cavaliers : des chasseurs d'Afrique, des spahis du goum (troupe d'Arabes auxiliaires); puis un millier de fantassins qui attendaient l'arme au pied.

Cette troupe, par une marche de nuit, avait tourné les positions kabyles.

Le sergent pressait vigoureusement les jeunes femmes d'avancer.

Un officier à cheval courut à la rencontre des prisonnières.

C'était un officier des bureaux arabes, le fameux Beauprêtre, qui commençait alors à se faire la réputation dont il jouit depuis.

Il avait coutume de parcourir les tribus ennemies déguisé en colporteur, en mendiant, en marabout, souvent en juif, et il préparait ainsi les expéditions.

C'est lui qui s'était chargé d'amener la colonne qui venait d'opérer le mouvement tournant jusqu'aux crêtes, par des chemins couverts dans lesquels elle n'avait rencontré personne, tous les montagnards étant en face de l'armée française.

Beauprêtre venait de réussir son mouvement; l'heure d'agir était venue.

— Eh bien! demanda-t-il aux trois éclaireurs, vous avez arrêté ces cadours-là.

— Oui, lieutenant, dit le sous-officier; mais ce ne sont point des Arabes.

Beauprêtre regarda les jeunes femmes de son œil perçant et demanda :

— Qui êtes-vous?

— Je suis, dit Margot, la femme d'un chasseur d'autruches très-connu.

— Qui se nomme?

— Martinet.

— Ah! c'est vous qui avez été enlevée

— Oui, monsieur.

— Voilà votre amie?

— Oui.

— Vite! qu'on conduise ces dames en arrière et qu'on les mette à l'abri.

Un soldat emmena les jeunes femmes.

Beauprêtre demanda au sergent :

— D'ici à la crête, personne?

— Non, lieutenant.

— Reste là.

Beauprêtre éperonna son cheval et atteignit le sommet du ravin.

Il dominait la bataille.

— Oh! oh! fit-il, il est temps.

Et il redescendit bride abattue.

Il vint au colonel qui commandait la colonne; c'était précisément le frère de Marie, le comte de Lancenales.

Comment ce lâche était-il chargé de cette aventureuse tentative, pleine de périls et qui demandait une grande audace mêlée à une prudence extrême? C'est ce qu'explique notre déplorable système d'organisation militaire.

Comme on ne passe aucun examen pour monter d'un grade à un autre, et que d'autre part le tiers des autres officiers avance au choix, il en résulte qu'avec une protection, un poltron et un sot peut arriver à être général.

Or on sait que, grâce à sa belle prestance, M. de Lancenales était l'amant de la maîtresse en titre du maréchal ministre de la guerre.

Grâce à l'incessante et active intervention de cette femme, M. de Lancenales avait avancé quand même; il était le colonel le plus jeune et le moins méritant de toute l'armée.

Grâce à la ruse qui est le propre de toutes les natures couardes et vaniteuses en même temps, il avait habilement dissimulé ses défaillances.

Les prétextes habiles avaient pallié ses absences dans maintes occasions où il avait dû paraître : maladie, congés, missions en France, appels du ministre pour faire partie de quelque commission consultative, etc., etc.

Mais enfin, quoique le crédit du jeune homme fût grand, quoiqu'il protégeât les généraux bien plus qu'il n'était protégé par eux, quoiqu'il eût des partisans, une cour, des amis, il s'était formé contre lui une ligue redoutable.

Tout ce qui était indépendant dans l'armée souffrait de le voir si lâche, si nul, si insolent et si rapidement arrivé.

Or le régiment de hussards, commandé par l'ancien colonel de Lassalle, venait d'arriver en Algérie pour faire partie précisément de l'expédition en cours d'exécution ; c'était une espèce de punition infligée à ce brave régiment sur l'instigation du général de Lancenales, très-rancunier, très-puissant.

Les Lancenales tenaient toute l'armée en quelque sorte dans leur main.

Le père avait le roi.

Il avait apporté à Louis-Philippe le renfort de son blason, un des plus vieux du monde.

Et le roi, reconnaissant de cette adhésion qui en avait entraînés d'autres, conservait à M. de Lancenales une vive reconnaissance.

D'autre part, le fils, nous l'avons dit, tenait le ministre par une femme.

Et voilà comment les officiers supérieurs d'une armée vaillante, admirablement brave, peuvent être des poltrons et des incapables.

Dans toute l'armée où le concours, au moins l'examen, n'est pas de rigueur pour l'avancement, la faveur ruine et la discipline et les cadres.

A moins que le ministre ne soit un homme intègre et supérieur au système qui régit ses troupes.

On a vu, hélas ! à Sedan, ce que c'était que le grand état-major français.

On ne nous accusera pas de charger le tableau et d'imaginer des types faux.

Donc le 4ᵉ hussards et son brave colonel étaient arrivés en Afrique.

Le colonel de Lancenales avait dû rendre au vieux colonel des hussards un punch offert à Verdun et la fraternisation s'était faite.

Mais le colonel des hussards, celui-là même qui est encore si connu sous le nom de Père la Bourrasque, avait un vieux compte à régler avec son collègue.

Avec une feinte bonhomie, il gouailla de main de maître et il donna le signal d'une pluie d'épigrammes qui depuis ce banquet tomba drue comme grêle sur M. de Lancenales et lui fit une situation difficile.

Il comprit qu'il était perdu s'il ne se réhabilitait pas devant l'armée par quelque fait d'armes éclatant ; il se résigna à faire partie de l'expédition et sollicita le commandement de la colonne chargée d'opérer le mouvement tournant.

Il s'était lancé dans cette aventure, comme font les lâches, en aveugle, se disant qu'une fois engagé il ne pourrait plus reculer.

Les ambitieux sans courage font quelquefois de ces calculs-là.

Le général savait à quoi s'en tenir avec M. de Lancenales et sa valeur ; mais le général savait aussi quel homme était Beauprêtre ; avec lui, rien à craindre. Il l'avait donné à M. de Lancenales comme on donne un pilote à un capitaine de vaisseau pour entrer dans un port inconnu à ce capitaine.

C'est le pilote qui était tout.

Donc M. de Lancenales, fort pâle, faisant toutefois bonne contenance, vit revenir à lui Beauprêtre lancé au galop de son cheval.

— Colonel, lui dit le lieutenant, il est temps de nous lancer en avant.

— Bien ! dit M. de Lancenales.

Mais un mouvement convulsif agita ses membres et il devint vert.

— Je vois, dit Beauprêtre qui eut pitié du colonel, que je ferai bien de me mettre à la tête du goum (Arabes auxiliaires), et de me jeter sur l'ennemi pendant que les spahis le tourneront sur son flanc gauche, et que vos chasseurs l'aborderont par la droite.

« Vous, colonel, pardon si je vous conseille cela, vous feriez bien de gagner le village que vous verrez devant vous et de vous y retrancher avec l'infanterie.

— Vous connaissez trop bien le pays, lieutenant, dit le jeune comte, pour que je ne suive pas vos bons avis ; je vais prendre mes dispositions.

Beauprêtre salua et vit qu'un immense soulagement s'était fait dans le cœur du jeune soldat ; se retrancher lui allait beaucoup.

— A propos, dit Beauprêtre avant de partir vers le goum, il y a en arrière de la colonne deux jeunes femmes... vous savez ?... celles qui ont été enlevées à Blidah... je me permets de vous les recommander.

Et il piqua des deux.

— Tiens ! se dit le colonel, la femme de ce Martinet ! Il connaissait l'affaire.

Il se caressa la moustache en murmurant :

— Eh ! eh ! c'est à voir.

Puis il donna ses ordres.

Beauprêtre, qui était énergique, poussa en s'en allant un juron d'indignation.

— Triple rosse ! fit-il. Jamais je n'ai vu un pareil carcan commander un régiment.

XXVIII

LA CHARGE.

Il était brave, Beauprêtre ; habile, mais grossier et brutal... néanmoins il ne pouvait insulter un officier supérieur, aussi son cheval en pâtit-il ; l'éperon lui laboura les flancs.

Marie et Margot, à l'arrière, excitaient la curiosité des soldats.

On les prenait pour des hommes.

Les quolibets pleuvaient.

Ce que voyant Margot, elle releva un pan de son burnous pour qu'on vit qu'elle était femme et elle engagea Marie à l'imiter.

Puis elle lui dit tout bas :

— Tu as parlé, tout à l'heure ?

Marie se mordit les lèvres.

— Rien n'est perdu, reprit Margot, on n'y aura pas pris garde.

— Surveille-toi bien et ne parle plus.

Cependant les soldats étaient très-étonnés de voir deux femmes.

Margot, questionnée par son guide, l'avait mis au courant.

Celui-ci, à son tour, avait dit à plusieurs de ses camarades, rapidement, en passant, ce qu'il en était ; la nouvelle se répandit.

Le soldat conduisait les jeunes femmes à la cantinière de son régiment.

Celle-ci, avec son mulet, se tenait à deux cents pas de la colonne ; elle fut renseignée en quatre mots et fit bon accueil aux jeunes femmes qui trouvèrent en elle une bonne femme.

Les sabres rouge de sang jusqu'à la garde, s'ébréchaient à force de frapper. (Page 180.)

— Voyez-vous, mes petites biches, dit-elle, ça chaud, je vous en réponds.
— Tenez-vous bien près de moi, et ne me quittez pas d'une semelle; je connais la chose.
« On n'est pas depuis dix ans cantinière en Algérie sans savoir son métier; je n'ai pas peur de ma peau, mais je respecte celle de mon mulet, et je le mettrai à l'abri; vous resterez près de lui. »

Elle fit cent recommandations en dix minutes, et le mouvement en avant put seul lui couper la parole, — le sifflet, — comme disent les troupiers.

La cavalerie s'ébranla.
Derrière elle l'infanterie.
On gagna la crête.
En ce moment, l'armée française se trouvait engagée dans une passe périlleuse.
Marie poussa un cri douloureux.
Le spectacle qu'elle eut sous les yeux était déchirant.

Nos soldats, massés à mi-côte sur le plateau, formaient une troupe compacte; ils étaient mollement attaqués par l'ennemi.
Celui-ci changeant de tactique, au lieu de fusiller les nôtres, les écrasait sous une pluie de pierres et de roches qui semaient la mort.
Les jardins, entourés de murs de terrassements, sont très-nombreux, ils se succèdent sans interruption; ces terrassements ont pour but d'arrêter les terres que les eaux entraîneraient le long des pentes; les Kabyles donnent pour bases à ces murs de gros quartiers de rocs.

Pareils à des titans, munis de leviers énormes faits de troncs d'arbres, ils renversaient leurs murs sur l'armée, et les crêtes semblaient se détacher, s'abattre et descendre avec fureur sur l'envahisseur.

L'on entendait les sifflements rauques de cette avalanche incessamment renouvelée, qui couvrait de poussière et de débris les contre-forts de l'Atlas, brisant les arbres comme des fétus de paille, couchant sur le sol des forêts d'oliviers, semant partout les décombres et la ruine.

C'était horrible et sublime.

Ce qui semblait plus effrayant, c'était l'attitude de notre armée.
Elle restait en bloc.
— Grand Dieu! dit Marie, ils sont perdus; ils devraient s'étendre.
La cantinière entendit cette exclamation et Margot aussi.
La jeune femme se dit:
— Jamais elle ne jouera son rôle de muette; il faut y renoncer.
Quant à la cantinière, elle se mit à rire, et, frappant

sur l'épaule de Marie, lui dit :
— Vous ne voyez donc pas, petite, que nos soldats sont toujours debout.
— Pardon... mais...
— Remarquez qu'ils se trouvent placés sur un petit renflement du plateau.
— Je ne vois pas trop bien...
— Enfin ils y sont, c'est moi qui vous le dis ; je connais mon affaire.
— Oh ! je vous crois.
— Eh bien ! cette petite éminence, à peine visible, suffit pour protéger nos bataillons ; les pierres se partagent, glissant les unes à droite, les autres à gauche. En arrivant là, elles sont dévoyées.
Margot regardait attentivement.
— C'est vrai ! dit-elle.
— Oh ! voyez-vous, ce n'est plus comme au commencement de la conquête ; nous ne savions pas le truc on ignorait le fourbi.
« Depuis, les malins ont remarqué que les pierres finissaient toujours par suivre les creux le long des pentes, on se mit sur les renflements.
« Enfoncé le Kabyle ! »
Puis fièrement :
— Et dire que les Turcs se laissaient exterminer par les montagnards sans penser à ça ; ici même, il y a eu une armée détruite, rasée, pillée, nettoyée ; les pierres ont fait place nette ; pas plus de Turcs que sur le dos de ma main.
Elle montrait sa main virile et poilue.
Cependant l'infanterie avait gagné le village, et la cantinière y conduisit les jeunes femmes, qui virent les soldats envahir les maisons, ouvrir des créneaux, fermer les rues par des barricades et déployer une si prodigieuse activité, qu'en dix minutes toutes les maisons qui bordaient l'extérieur devinrent des forts.
A peine ce travail était-il fini qu'on entendit une épouvantable clameur ; les Kabyles étaient chargés par la cavalerie avec une fougue indicible ; les pelotons se ruaient sur les montagnards partout où le terrain le permettait, et les sabraient sans pitié.
Dans cette guerre, point de prisonniers ni d'un côté ni de l'autre.
L'armée n'attendait que cette intervention ; elle se déploya en un clin d'œil et gravit les pentes avec une furie vertigineuse.
Depuis longtemps, l'impatience dévorait les soldats.
Les Kabyles surpris, décontenancés, ne sachant d'où leur venaient les attaques des escadrons, prirent la fuite pour gagner les cimes ; ils arrivèrent en grand nombre en face du village occupé par les nôtres.
Marie et Margot entendirent alors une fusillade enragée qui crépitait autour des maisons, puis des cris sauvages retentirent.
Les Kabyles, pressés de toutes parts, tentaient l'assaut ; les fantassins les recevaient à la baïonnette et les rejetaient dehors.
Ce fut pendant une demi-heure un tourbillonnement effroyable, une lutte épique et grandiose ; des deux côtés, on se battait avec un acharnement féroce ; enfin le gros de l'armée qui montait balaya tout devant son élan irrésistible, et les crêtes furent couronnées par douze mille Français qui saluaient la retraite de l'ennemi par des hourras.
Il était midi.
Le soleil éclairait splendidement la montagne et faisait fête à ces braves gens qui venaient d'atteindre des cimes que jamais pied de soldat romain n'avait foulées.

XXIX

UN HÉROS.

L'armée était victorieuse.
En ce moment le colonel de Lancenales, qui était resté au centre du village, enfermé dans une maison pendant la fusillade, ce chef de colonne tournante qui n'avait rien dirigé, sortit de sa retraite et remonta à cheval.
Par malheur pour elles, il rencontra à deux pas de la porte les deux jeunes femmes qu'on lui amenait selon la recommandation de Beauprêtre.
On sait que le brillant colonel avait murmuré entre ses dents, à propos de Margot, une phrase grosse de perfides intentions.
— Bon ! dit-il, les prisonnières !
Il appela un planton.
— Caporal, lui dit-il, voilà deux petites femmes qui ont été des espions de l'ennemi et qui sont très-dangereuses ; gardez-les-moi.
Et pour appuyer cet ordre :
— Vous répondrez de ces femmes sur votre tête. Veillez-y bien, que personne ne leur parle, sinon vous et deux soldats du poste.
Puis il piqua des deux.
Il laissa atterrées Marie et Margot.
Il courut auprès du général et vint se mettre à sa disposition.
Un instant auparavant, la conversation suivante avait eu lieu entre le chef de l'expédition et le lieutenant Beauprêtre :
— Eh bien ! avait demandé à voix basse le général, comment ça s'est-il passé ?
— Très-bien ! dit Beauprêtre ; mais, entre nous, notre colonel Lancenales est un f.... lâche ; j'ai dû avoir pitié de lui.
— Diable ! diable !
— Oh ! je lui ai sauvé la mise, je l'ai envoyé défendre le village ; comme cela, il n'a pas eu à affronter les balles des Kabyles.
Le général fronça le sourcil.
Beauprêtre continua :
— Je craignais qu'il ne retint ces braves chasseurs d'Afrique ; voyez-vous, j'avais besoin d'un bon coup de collier des cavaliers réguliers, pour encourager mon goum et les spahis ; avec ce foutriquet, je n'aurais eu qu'une charge molle et ratée.
Le général savait qu'il pouvait avoir en Beauprêtre toute confiance.
— Mon cher, dit-il, je vous remercie ; vous serez capitaine, je m'y engage.
— Et le colonel ?... dit Beauprêtre.
— Hélas ! mon cher, il a commandé ce brillant mouvement tournant, a intrépidement défendu le village, il est censé un héros.
— Bon ! il sera général.
— Je ne puis que le recommander dans mon rapport et le ministre le nommera maréchal de camp.
— Très-bien. Moi, je le nommerai le général Fouinard ; ce nom lui restera.
— Beauprêtre, prenez-y garde ! vous vous attaquez à des gens très-forts.
— Possible, mon général ; mais toute cette canaille de Lancenales, père, fils, maîtresse et... ministre, ne m'empêcheront pas de faire mon chemin tout en disant la vérité sur leur compte.
« J'ai mon épée, mon courage et mon intelligence.
Beauprêtre salua le général et s'éloigna.
— Il a pourtant raison ! pensa le général. C'est une injustice criante. Mais que faire ? je veux être gouverne-

a province d'Oran, et il me faut l'appui du marquis Lancenales et de cette petite comtesse...

En ce moment, le général arrivait ; le colonel s'était placé à la tête de son état-major; il reçut le comte d un feint enthousiasme.

— Ah! colonel, lui dit-il, bravo! C'est très-bien! vous z mené de main de maître votre affaire! j'en témoignerai en tous lieux. Vous avez fait l'admiration de l'armée.

N'est-ce pas, messieurs? »

Or, comme l'état-major d'un général dit toujours , le colonel se vit félicité par toute la brillante escorte qui se trouvait là.

Et ce fieffé poltron fut sacré héros!

Il s'en alla parader au milieu des troupes et vint à son tour narguer le père la Bourrasque qui, au milieu de ses hussards, laissés au bas des pentes, venait seulement d'arriver.

— Salut, colonel, vint lui dire M. de Lancenales; comment cela s'est-il passé dans la plaine? Avez-vous beaucoup de peine à contenir l'ennemi?

— Ma foi! non, dit le vieux colonel, nous n'avons pas vu un chat.

Et, voyant comment les choses allaient tourner, il écrivit un mot au crayon et envoya un officier le porter au général.

Il amusa de Lancenales et riposta aux attaques de celui-ci.

En ce cas le Lancenales manqua d'à-propos et d'esprit.

A son tour, devant les hussards frémissants, il blagua le vieux colonel, lui décochant des malices et se pavanant dans son triomphe si facile, qu'il devait à aupré̂tre.

En ce moment, le colonel la Bourrasque, auquel nous tenons à conserver son nom, voyait un gros de Kabyles e reformer sur sa droite, à distance de deux kilomètres, et se préparer dans une bonne position à une solide résistance; ils avaient l'avantage du lieu et la facilité de la retraite.

Le père la Bourrasque montra à M. de Lancenales les montagnards qui abattaient des arbres et se retranchaient dans les jardins entourés de murs.

— Eh! eh! colonel, fit-il, vous qui avez été si crâne ce matin, vous devriez bien aller débusquer ces gaillards-là de la niche qu'ils se préparent; si nous les laissons faire, ce sera dur de les faire décaniller de là; dans une heure on y perdra du monde.

— Ceci n'est pas l'affaire de la cavalerie, dit M. de Lancenales, c'est de la besogne d'infanterie.

— Baste! Laissez donc. Les chasseurs d'Afrique ont des mousquetons comme mes hussards; quand on est comme vous un Achille, un Ajax, un pourfendeur, rien ne doit vous arrêter! on se lance en avant; on s'abrite un instant derrière le ravin que vous voyez là-bas; on fait mettre pied à terre à la moitié de ses hommes et on passe sur le ventre à l'ennemi.

— Vous vous feriez écharper.

— Allons donc!

En ce moment, l'officier revenait avec la petite feuille du carnet du colonel.

Voici ce qu'elle portait :

D'abord la demande du père la Bourrasque.

« Le général veut-il autoriser le 4ᵉ hussards, qui n'a rien fait dans cette chaude journée, à ramasser quelques partis des traînards qu'on aperçoit dans diverses directions?

« En autorisant ces charges de fourrageurs, le général éviterait de mécontenter de braves gens, désireux de ne pas rester inutiles. »

Le billet portait :

« Autorisé. »

Et il avait la signature du général.

C'était tout ce que voulait le père la Bourrasque qui vint, superbe, au colonel de Lancenales.

— Collègue, dit-il, continuez-vous à regarder comme difficile l'attaque de ces barricades?

— Je la déclare impossible, dit le jeune homme, et jamais le général n'ordonnera...

Le père la Bourrasque montra brusquement son autorisation, sans toutefois donner à M. de Lancenales le temps de la lire, et dit :

— Le général est de mon avis.

Puis il ajouta tout bas :

— Monsieur de Lancenales, vous êtes venu me provoquer devant mon régiment ; je vous provoque à mon tour. Je sais que, sous prétexte d'exemple, de discipline et autres balivernes, on empêchera toujours un duel entre nous.

— Colonel!...

— Mais oui! je suis un vieux routier et je sais plus d'un tour. Il y a longtemps que j'ai eu envie de vous trouer la peau d'un coup de sabre.

— Vous m'insultez!

— Je le crois bien, pardieu! mais comme ce duel n'aurait pas lieu, je vais vous faire crever la panse par l'ennemi; vous serez, du reste, en bonne compagnie, parce que vous serez avec moi. Si nous en réchappons, nous aurons de la chance, car je serai en tête, et si vous ne me suivez pas côte à côte, foi de soldat! je vous fais sauter le crâne.

Et il ajouta :

— Histoire de venger Lassalle!

Puis il se tourna vers ses officiers.

— Messieurs, dit-il, je reçois l'ordre d'enlever cette embuscade, là-bas. La chose est périlleuse, mais le général veut que nous partagions la gloire des chasseurs d'Afrique, dont le bouillant colonel vient de me déclarer qu'il voulait être des nôtres; il m'a dit ce mot superbe :

« — Je vous défie tous d'arriver avant moi sur le retranchement ! »

« C'est beau, messieurs; c'est grand, c'est crâne; car enfin, nous sommes quelques bons lapins du 4ᵉ hussards, et nous ne manquons pas de nerfs.

« En avant, messieurs!

— Hourra! crièrent les officiers en riant au nez de M. de Lancenales anéanti.

— Allons, blagueur! lui dit à voix basse le père la Bourrasque, fais contre fortune bon cœur; tu ne peux plus reculer maintenant, et, si tu en réchappes, tu pourras te vanter d'avoir été héroïque une fois.

Il fallait ça.

Le colonel de Lancenales se rangea machinalement à côté du père la Bourrasque, et il suivit celui-ci sans trop savoir ce qu'il faisait; les tempes lui tintaient l'agonie à l'assourdir.

Le père la Bourrasque fit une marche oblique, gagna un ravin, s'y engouffra avec son régiment, fit mettre pied à terre à deux escadrons; laissa un peloton à la garde des chevaux, puis il donna le commandement de ces escadrons à pied à un brave officier auquel il recommanda de tourner les Kabyles en suivant le ravin, et de tomber brusquement sur leurs flancs qui n'étaient pas couverts encore par des abatis d'arbres.

Quant à lui, avec le reste de son monde, il se lança sur le front de la position.

Au moment de sortir du ravin, il dit à M. de Lancenales transi de peur :

— Voilà le moment, mon cher; c'est dur, pas vrai, si jeune et mourir!

Puis, impitoyable :

— Il le faut. Ça vous apprendra à gouailler papa et à forcer Lassalle à déserter.

Le colonel avait divisé ses hussards en quatre pelotons qui devaient successivement sortir du ravin et se lancer sur l'ennemi par à-coups.

Le premier peloton devait se glisser entre une grande embuscade commencée et une petite qui se formait, laissant un intervalle.

Le deuxième devait se diriger sur la droite du retranchement, et le troisième devait se lancer sur la gauche et faire franchir aux chevaux un terrassement haut de quatre pieds, sorte de banquette irlandaise que nous avons revue plus tard et que les Kabyles montrent toujours en s'entretenant du coup hardi qui se fit là.

Enfin le quatrième peloton devait appuyer le premier dans son attaque du centre, et lui apporter le renfort d'un élan fougueux au moment décisif.

Pour le reste, le colonel se fiait à des hussards à pied, paraissant inopinément presque sur les derrières de l'ennemi.

Le père la Bourrasque, sabre au poing, se tenait en tête du premier peloton.

Les Kabyles, tout à leurs travaux, ne se doutaient pas que la cavalerie avait défilé par ce ravin, le même, du reste, qui avait déjà abrité les jeunes femmes; le colonel avait complété là-dessus.

Du reste, la position à enlever était redoutable; plus de deux mille Kabyles des plus braves étaient là, irrités, et décidés à faire un grand effort; on les voyait s'agiter comme des démons, abattre les arbres, les entasser, semer pierre et terre sur ces obstacles; le retranchement grandissait avec une rapidité extraordinaire.

— Donc il faut enlever ça! fit le père la Bourrasque toujours ironique.

Et levant son sabre :

— En avant! dit-il.

Tandis que le colonel de Lancenales, abruti par l'écrasement de la peur, ne maintenait pas son cheval, le père la Bourrasque fit mine de laisser retomber maladroitement son sabre sur la croupe de l'animal qui partit, piquant droit devant lui.

Le premier peloton déboucha.

Il était à cinq cents mètres de l'ennemi, qui poussa une clameur immense en l'apercevant; les montagnards sautèrent sur leurs armes, la fusillade, terrible, s'abattit sur les hussards.

Deux hommes et cinq ou six chevaux tombèrent coup sur coup, mais le colonel la Bourrasque criait :

— En avant, les hussards!... Vive la France! Du cœur, mes enfants, du cœur!...

Et le peloton poursuivit sa charge sous une grêle de balles. Mais déjà les autres pelotons avaient passé et avaient bondi sur l'ennemi.

Deux mille tireurs eurent le temps d'envoyer cinq décharges sur les hussards; ils nageaient dans un fleuve de plomb.

Arrivé au passage, le colonel la Bourrasque n'avait pas vingt hommes avec lui, sans compter M. de Lancenales, qui, paralysé, hébété, n'avait pas tiré son sabre et se laissait porter par sa bête.

Sans s'occuper s'il était ou non suivi, le colonel tomba sur l'ennemi, enfilant l'intervalle des deux barricades, et il sabra à outrance.

Heureusement le peloton de réserve accourait, et il se mit à tailler en pleine pâte humaine, entouré d'une mer mouvante de Kabyles, qui l'assaillait et cherchait à le noyer sous ses vagues, montant jusqu'au poitrail des chevaux.

Vers le terrassement, les hussards avaient fait franchir l'obstacle à leurs montures; ils étaient retombés pêle-mêle sur l'ennemi; là aussi i. y avait une lutte de géants; les sabres, rouges de sang jusqu'à la garde, s'ébréchaient à force de frapper.

A chaque instant, un cavalier tombait et faisait une défense désespérée à pied, jusqu'au moment où il était écrasé; alors les montagnards coupaient la tête de leur victime et la dressaient en l'air au bout de leurs canons de fusil.

Déjà on voyait plus de vingt de ces horribles trophées derrière la masse des Kabyles.

L'apparition du troisième peloton vint jeter une certaine inquiétude chez l'ennemi; mais il redoubla de colère et de rage pour en finir.

Et tout à coup, au moment où les hussards allaient être engloutis sous les flots de combattants, la trompette sonna stridente, et du haut de plusieurs rocs formant la ceinture qu'ils avaient escaladée, les hussards à pied firent une telle fusillade presque à bout portant, que les balles, frappant dans des tas d'hommes, en amoncelèrent des masses énormes.

Puis le général, prévenu du coup de tête du père la Bourrasque, avait donné ordre de canonner l'ennemi, dont les groupes les plus éloignés des hussards furent écrasés par les obus.

Ce fut le signal d'une débandade rapide.

Alors les hussards, reprenant du champ, tombèrent sur les fuyards et en firent massacre.

On compta sept cents morts ou blessés kabyles après cette chaude affaire.

Le père la Bourrasque n'avait perdu en tout que soixante-deux hommes, dont trente et un seulement étaient tués, les autres blessés.

Il avait accompli un fait qui avait stupéfié l'armée et dont le résultat fut la soumission immédiate des Kabyles, terrifiés de tant d'audace.

Comme la lutte se terminait, et que le père la Bourrasque ralliait son monde, le général arrivait sur le terrain avec du renfort.

— Oh! Dieu! colonel, fit-il, vous avez une façon à vous d'interpréter les ordres : tout est bien qui finit bien; mais à l'avenir je me méfierai.

Le père la Bourrasque, gouaillant toujours, démasqua le colonel de Lancenales qui était derrière lui, et qui n'était pas encore revenu de la secousse.

— Mon général, dit le vétéran, je vous présente le héros de la journée : M. de Lancenales a voulu nous suivre et n'a même pas daigné tirer son sabre.

Tout le monde vit bien ce qu'il en était, mais on fit semblant de s'y méprendre.

Le général serra la main du jeune homme; on ne tarit pas sur son courage.

Mais lui se promettait bien de ne pas recommencer une pareille folie.

Il s'en fut au village où l'attendaient les prisonnières. Prisonnières!

C'est ainsi qu'il voulut les considérer et les traiter... haut la main.

XXX
LA SUISSE DE L'ALGÉRIE.

Pendant que ces événements se déroulaient, pendant que Marie, sortie des mains de Si-Lalou, retombait au pouvoir de sa famille, les maris des deux jeunes femmes tentaient de les sauver, les croyant toujours enfermées dans la grotte.

Après deux jours d'attente dans la grotte au lion, les chasseurs virent enfin arriver Samoûl qui leur apportait les premiers renseignements.

Le Kabyle avait pu gagner tranquillement son village et là s'informer; il revenait rapportant des nouvelles fraîches et sûres.

— Salem! dit-il joyeusement, j'ai dans les plis de mon burnous d'excellentes nouvelles; ouvrez vos oreilles, mes frères!

Les chasseurs écoutaient, haletants.

— Les prisonnières sont arrivées saines et sauves, dit-il. Elles sont à la grotte.

— Et puis?... demanda Lassalle.

— Et puis... rien.

— Tu parlais d'excellentes nouvelles.

— Eh bien!

— Et c'est tout ce que tu nous dis?

— Je pensais que vous alliez être très-joyeux.

« Vous figuriez-vous les prisonnières délivrées?

— Samoül, tu nous as donné une émotion inutile, nous avions espéré mieux.

— Aöh! que voilà bien des Français! jamais contents, toujours impatients!

— Mais il fallait qu'elles y arrivassent, à cette grotte mon cher.

— Pas du tout! Elles pouvaient avoir été conduites ailleurs par Ibrahim.

— C'est vrai, fit Lalouette.

— Et nous pouvions nous être trompés sur la piste, ce qui m'eût profondément humilié; tandis qu'aujourd'hui nous avons cette suprême satisfaction, que je ne donnerais pour rien au monde, d'avoir suivi une piste avec piège, fausses traces, embûches, pendant cent quarante lieues, sans nous être trompés d'un pas de chameau.

Chasseur avant tout, Samoül ne voyait les choses qu'au point de vue de la chasse.

Il reprit :

— Maintenant, j'ai tout préparé pour vous recevoir à mon village.

— N'est-ce pas une imprudence? demanda Lassalle; Lalou a des espions partout.

— Nous arriverons de nuit.

— Et les chiens?

— Ils n'aboieront pas; mon père, qui veille, les tiendra sous sa main.

— Les tiens, oui; mais ceux du village?

— Ma maison est un peu éloignée de notre hameau; les bêtes voisines n'entendront rien.

Et Samoül sortant regarda le ciel.

— Dans vingt minutes, dit-il, on ne distinguera plus un âne blanc d'avec un âne noir; il sera temps de partir, en attendant, je vais vous dire ce que nous allons faire.

Et bourrant sa sipsi (pipe), il exposa son plan à ses amis.

— Une fois chez moi, dit-il, Lassalle et Martinet jouent assez bien l'Arabe pour passer pour des gens du Magris (Occident); nous les dirons Marocains, et l'on s'expliquera leur air étranger et leur accent.

« Du reste, nos compatriotes sont très-sauvages; bien que parlent une autre langue que notre dialecte.

— Et Lalouette?

— Nous le dirons Maltais.

— Et quel prétexte à sa venue?

— Il vient acheter des huiles d'olive.

— Très-bien.

— Je couperai sa barbe et ses cheveux, et ses sourcils seront teints en noir. De cette façon, il sera méconnaissable pour Ibrahim lui-même.

— Après?

— Nous monterons à tour de rôle la faction autour de la grotte.

— Mais on s'étonnera de voir sans cesse l'un de nous hors du village?

— Point du tout. N'est-il pas naturel de chasser autant en cette saison?

— Et quand nous aurons bien monté la garde autour de la grotte, que ferons-nous? demanda Lalouette, dévoré par une curiosité inquiète.

— Nous épierons le moment où Si-Lalou quittera la grotte avec les siens; il faudra bien que tôt ou tard il parte en expédition.

— Et alors...

— Nous le suivrons pour être sûrs qu'il va loin et que nous avons le temps.

— Et puis?

— Nous descendrons dans la grotte.

— Enfin!... dit Lalouette.

Il croyait y être déjà.

— Dire que nous allons toucher, palper, manipuler un peu ce trésor de mon cœur!

Il jubilait.

Martinet faisait triste mine, lui! il se disait qu'on attendrait longtemps peut-être.

Il se hasarda à dire avec une mauvaise humeur :

— F.... plan!

Mais Samoül, fort calme, lui proposa :

— Trouves-en un autre!

Puis il attendit gravement.

Lassalle dit en souriant :

— Ne t'inquiète point va ton train, Samoül; tu vas très-bien, tu n'es pas toqué du trésor comme cet animal de Lalouette; tu n'as pas ta femme prisonnière, tu as tout ton sang-froid.

Et à Martinet :

— Toi, gros niais, je te donne un bon conseil : fais comme moi.

— Que fais-tu?

— Je me résigne, parbleu!

— En route! dit Samoül.

On s'achemina vers le village.

En chemin, personne.

Le fin chasseur de lièvres connaissait les habitudes des montagnards; à cause du diner, tout le monde est rentré au coucher du soleil.

On arriva à la petite maison de Samoül, qui habitait avec son père quand il était dans son village; le vieillard attendait ses hôtes.

Rien de noble, de simple, de patriarcal comme l'hospitalité kabyle.

Debout malgré ses quatre-vingts ans, droit comme un I, superbe de dignité et de grâce affable, ce vieux montagnard, blanc comme un lis, de chevelure, de barbe, de vêtements et de visage, reçut les amis de son fils comme Abraham, quarante siècles plus tôt, recevait les envoyés des loges maçonniques de l'Inde.

— Salut à vous, mes fils, dit-il; la bénédiction du ciel descende sur vos têtes; entrez; ici est la maison de Dieu, celle du pauvre, celle du voyageur, de l'ami; tout est à vous, du faîte à la cave.

Les jeunes hommes saluèrent respectueusement, et chacun d'eux baisa le burnous du vieillard; Lalouette demeura très-impressionné.

Dix minutes plus tard, il disait à son ami Martinet, d'un air pénétré :

— Quel chic! Ça vous a un air de vieux rois, ces Bédouins-là! je ne voudrais pas blaguer devant ce vétéran-là; il m'impose, parole d'honneur!

Tout étonnait le zéphyr, du reste.

A cette époque, l'armée française n'avait pas pénétré encore en Kabylie; elle ne connaissait que les Arabes pouilleux, pillards, menteurs, voleurs, sans foi ni loi, vaniteux, esclaves de leurs cheiks, tyrans de leurs fellahs. Mais les Kabyles sont tout autres.

Le lecteur nous saura peut-être gré de leur donner à ce sujet les curieux renseignements que le général Daumas a publiés sur ces deux peuples si différents, et que l'on confond en France.

Par le mot Berbère ou Kabyle, on désigne le même peuple. Jamais explications plus curieuses et plus claires n'ont été données sur un des peuples les plus intéressants du monde.

On a dit plusieurs fois que la Kabylie était la Suisse de l'Algérie.

Si cette comparaison est juste au point de vue topographique, elle ne l'est pas moins au point de vue de la politique.

Considérée comme État, la Suisse est une réunion de fédérations diverses et indépendantes, rattachées entre elles par un intérêt commun, celui de la défense.

Chacune de ces fédérations, prise isolément, est libre de se tracer des règles spéciales et de s'administrer d'après des principes différents.

Considérée dans son ensemble, la Kabylie est une agglomération de tribus qui se gouvernent elles-mêmes, d'après les principes que la tradition et l'usage ont introduits dans les mœurs.

Mais ce qui distingue principalement l'organisation fédérale de la Suisse et celle de la Kabylie, c'est, chez la première, le caractère de la puissance.

La fédération n'étant, chez la seconde, qu'accidentelle et réduite aux proportions d'une alliance née des nécessités du moment, et qui cesse avec elles, le caractère dominant de la constitution kabyle est dans l'indépendance absolue de la tribu vis-à-vis des autres tribus; chaque tribu, en un mot, forme un État séparé.

Cependant cette indépendance de la tribu peut être aliénée momentanément par des conventions. Les tribus ainsi alliées constituent une fédération partielle et forment ce que l'on appelle un *soff*, mot qui signifie ligne ou rang.

Les causes les plus habituelles de ces alliances sont des intérêts communs, des relations habituelles de transit, de commerce, ou la nécessité de se protéger contre une tribu plus puissante.

Les serments de l'amitié jurée, la solidarité établie, c'est tantôt un fusil, tantôt une lance, un sabre qu'on échange. Son renvoi par la tribu qui l'a reçu à celle qui l'a donné indique que chacune d'elles reprend son indépendance première et se trouve déliée des obligations contractées vis-à-vis de l'autre.

Il est aisé de comprendre combien des alliances ainsi formées se rompent facilement; nées de l'intérêt, elles meurent lorsque cet intérêt cesse ou lorsqu'un autre intérêt vient à se produire.

Cependant, lorsque, par suite d'éloignement, d'anciennes dissensions, d'hostilité même, chaque soff kabyle vit, pour ainsi dire, dans son isolement, il est un terrain sur lequel on peut être assuré de les trouver réunis, c'est lorsqu'il s'agit de protéger le pays contre une invasion étrangère.

Qu'une tribu déclare la guerre à une autre, c'est là une question qui s'agite entre gens d'une même race et qui doit se vider en famille.

Mais qu'un conflit grave se présente, que le territoire soit menacé d'une invasion, les haines de tribu à tribu, de soff à soff, disparaissent; les Kabyles se souviennent qu'issus tous du sang berbère ils ont une même origine; que sous peine d'être détruits les uns après les autres ils doivent opposer une résistance commune : la Kabylie entière est sous les armes.

C'est à cette solidarité établie entre les tribus, dans le but d'assurer son indépendance, que la Kabylie est redevable d'avoir traversé, sans être entamée, la période de l'occupation des Turcs.

Ainsi, constitution des Kabyles par tribus, fédération partielle et momentanée de tribus dans un but ou dans un intérêt collectif; fédération générale de ces fédérations partielles dans un jour de danger, tel est le spectacle que présente l'organisation de la Kabylie dans son ensemble.

Descendons actuellement dans le détail de sa constitution intérieure. En premier, déjà, nous trouvons la tribu.

La tribu (arch) se divise, suivant l'importance de son territoire et celle de la population, en un certain nombre de fractions (kharouba) qui se décomposent elles-mêmes en villages (duhara).

Si l'on veut une comparaison, la duhara, c'est notre commune; la kharouba, notre arrondissement; la tribu enfin (arch) formerait le département.

Mais comme tout, même les appellations, montre bien chez les Kabyles le principe de la solidarité!

En effet, si le mot *arch* désigne une tribu, il signifie aussi nid, habitation, pour indiquer l'origine commune de la grande famille, répartie maintenant sur une vaste étendue du pays.

Kharouba, c'est le nom de la section de tribu; c'est aussi celui du fruit du caroubier, qui contient dans une casse un certain nombre de grains qui représentent les duharas.

Ces deux mots ne renferment-ils pas l'histoire de la Kabylie?

Lorsqu'on examine le caractère dominant de la race kabyle, on ne tarde pas à reconnaître que ce caractère est l'amour de l'indépendance; le besoin de ne rien avoir à démêler avec son voisin se révèle par sa constitution en tribus séparées; il se révèle par la constitution reçue de la tribu.

Le gouvernement kabyle est, en effet, le gouvernement républicain dans toute son énergie.

A tous les degrés, le pouvoir y est électif; l'élection se fait par le suffrage universel.

Chaque duhara se nomme un chef, dont la qualification indique une idée de surveillance et de police bien plus que d'autorité.

Tout Kabyle en âge de porter les armes prend part à l'élection. Tous les ans, quelquefois plus souvent, on renouvelle les émirs, dont les pouvoirs peuvent être, d'ailleurs, prorogés.

La réunion des émirs forme le conseil de la tribu (djemmâa).

Ce conseil délibère sur les intérêts communs, rend les jugements, prend les mesures générales; procède enfin, parmi ses membres, à l'élection d'un président qui porte le titre d'*amin-el-oumena* (ancien des émirs, et tient lieu de chef politique et militaire de la tribu, après que la désignation faite par les plus anciens a été sanctionnée par le suffrage de la tribu réunie à cet effet.

Ces précautions ne paraissent pas encore suffisantes pour le caractère ombrageux des Kabyles.

Une seule et même duhara pourrait fournir pendant des années consécutives le chef de la tribu, si le suffrage des émirs se portait sur le même individu.

De là, extension de la puissance du chef suprême, privilèges accordés par lui à une fraction plutôt qu'à une autre, et par conséquent plus d'égalité entre les duharas.

Pour parer à cet inconvénient, l'amin-el-oumena doit être choisi alternativement dans chaque duhara.

Les élections ont lieu après le dépiquage, c'est-à-dire vers la fin de l'été.

La moisson rentrée, les émirs fixent le lieu du rendez-vous et choisissent ordinairement la mosquée, pour mettre l'élection sous la protection de Dieu, ou le cimetière, pour que les vivants puissent s'inspirer du souvenir des morts.

Au jour déterminé, tous les Kabyles de la kharouba se rassemblent pour procéder à l'élection; les marabouts prennent la parole, désignent le candidat qui leur paraît le plus apte à remplir les fonctions d'amin, cherchent au moyen de leurs discours respectés à lui gagner le suffrage de la majorité.

Le plus souvent les Kabyles ne résistent pas aux paroles du marabout, et l'élection est sanctionnée.

Telle est dans sa simplicité l'organisation politique de la Kabylie.

A la juger par ce que nous venons de dire, on pourrait croire à une certaine extension des pouvoirs de l'amin ou de ceux de la djemmâa.

Il n'en est rien dans la pratique.

Produit éphémère d'un suffrage qui peut les renverser, l'amin ou la djemmâa elle-même se gardent bien de prendre une décision de quelque importance sans en faire partager la responsabilité à tous les intéressés. Aussi dans les circonstances graves s'empressent-ils, suivant le cas, de réunir tous les habitants de la duhara ou de la tribu et de les appeler à prononcer souverainement sur la question.

Ces réunions prennent quelquefois des proportions bien autrement considérables.

Il ne s'agit plus simplement d'une affaire intéressant une seule tribu ; il y a soff entre plusieurs, et c'est le soff entier qui se trouve convoqué. La nouvelle est proclamée dans les marchés : au jour dit et quelle que soit la distance, tous les hommes en état de porter les armes se dirigent vers le rendez-vous commun.

Ils se dirigent dans un ordre convenu et suivant la tribu dont ils font partie ; puis les émirs exposent aux divers groupes les motifs de la convocation, et invitent le peuple à se prononcer.

Chacun a la parole, quelle que soit la classe à laquelle il appartienne; chacun est écouté.

Les opinions sont recueillies, les marabouts se réunissent en comité, et leur crieur public fait connaître la décision de l'assemblée.

S'il n'existe aucune autre voix pour réclamer, l'assemblée est invitée à battre des mains en signe d'assentiment, puis tous les Kabyles déchargent leurs armes, ce que l'on nomme *el-mériez*, c'est-à-dire la décision.

Certes, il serait difficile de concevoir un gouvernement plus simple et plus primitif.

Est-ce à dire qu'il ne se glisse pas quelque fraude dans la manière dont les avis sont recueillis, que les amins ne rapportent pas au conseil, comme l'expression de l'opinion de tous, leur opinion personnelle ? Pour le croire, il faudrait ne pas connaître la faiblesse du cœur humain. Toujours est-il que nulle part, autant que les Kabyles, le peuple n'est appelé à intervenir aussi directement dans les affaires. Nulle apparence même d'administration centrale, nulle délégation de pouvoirs autre que celle qui est faite aux amins en matière de police et de perceptions d'amendes, car c'est à ces deux points que se borne à peu près l'autorité des chefs investis. Telle est la fierté du Kabyle, tel est son penchant instinctif pour l'égalité absolue, et peut-être aussi son ombrageuse défiance, qu'il a pris à tâche, pour ainsi dire, de supprimer tous les dépositaires du pouvoir social et de n'accorder à ceux qu'il a maintenus que la portion de pouvoir qu'il était impossible de lui enlever.

La principale fonction de l'amin consiste dans l'administration des deniers publics; la principale source de revenu, c'est l'impôt et l'amende.

L'Arabe fournit l'impôt, c'est le signe de sa vassalité.

Les Kabyles l'apportent à leurs mosquées et, trop fiers pour le payer aux hommes, ils le fournissent à Dieu.

Le produit des impôts, réuni à celui des amendes, est employé à défrayer les pauvres, à secourir les voyageurs, à entretenir le culte, à donner l'hospitalité, à acheter de la poudre et des armes pour les malheureux, qui sont appelés, comme les autres, à marcher à la défense de la tribu.

Et cependant le peuple n'a pas de lois écrites! ses lois sont des coutumes consacrées par les traditions ; les pères les ont reçues de leurs ancêtres ; ils les transmettent à leurs enfants.

Telle est la Kabylie, d'après le général Daumas, et nous qui l'avons visitée, nous avons admiré la merveilleuse vérité de ce qu'il écrit.

Dans le dernier épisode des faits historiques que nous racontons, sous le titre de « *La Ville Fantôme* » nous aurons occasion d'étudier de près ce magnifique pays ainsi que les mœurs des peuplades intéressantes qui les habitent ou les parcourent……

Nos lecteurs voudront bien nous y accompagner.

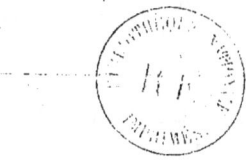

FIN DU TROU DE L'ENFER

CHEZ TOUS   30 Centimes le Numéro   LES LIBRAIRES

LA QUINZAINE
SCIENTIFIQUE
LITTÉRAIRE ET ÉCONOMIQUE

DIRECTEUR : Prof' PHILIPPS, ✪, ✠.

SECRÉTAIRES DE LA RÉDACTION :

Scientifique : M. F. LAGARRIGUE, ✪;   Littéraire : M. Jean LAROCQUE;
Économique : M. GIACOMETTI. C. ✠;   Chronique théâtrale : M. Ph. DE GORZE, ✪.

REVUE BI-MENSUELLE
Les 1ᵉʳ et 15 de chaque Mois

24 pages de texte. — Chaque Partie, 8 pages par Fascicule, pouvant être
reliée séparément.

Sommaire du Numéro premier

SCIENCES	LITTÉRATURE	ÉCONOMIE FINANCIÈRE
REVUE SCIENTIFIQUE DE L'ANNÉE 1880. — *Sciences physiques.* — *Voyages, chemins de fer et canaux.* — *Sciences naturelles, physiologie, hygiène.* — *Bibliographie.*	I. — Ce que sera la Quinzaine littéraire. — Résumé de l'année littéraire 1880. — Ouvrages qui manquent et quasi-disette d'auteurs. — Pourquoi ? *Mademoiselle Bismarck*, par Rochefort. — Victor Hugo. — *La Moabite*, par M. Deroulède. — *Les Rois en exil*, par Alphonse Daudet. — Tournoi sacro-littéraire à propos du divorce. — *Le roman d'un brave homme*, par Edmond About (à suivre). II. — *Histoire littéraire de la France.* Jean de la Fontaine.	*Chronique économique de la quinzaine.* — Fonds français. — Fonds étrangers. — Fonds grecs. — Fonds turcs. — Sociétés de crédit. — Chemins de fer. — Assurances.
Prix de l'Abonnement : PARIS : Six Mois 4 francs. — Un An 7 francs		**Prix de l'Abonnement :** PROVINCE ET L'UNION POSTALE : Six Mois 4 fr. 50 — Un An 8 francs

Les Abonnements partent du 1ᵉʳ de chaque Mois

Ils sont reçus, sans frais, chez tous les Libraires et dans les Bureaux de poste français
et de l'Union postale

*Les demandes de Librairie et d'abonnements, accompagnées de chèque ou de mandat postal, peuvent être adressées
à la Librairie Degorce-Cadot*
qui en garantit les suites

ADMINISTRATION ET RÉDACTION : 9, RUE DE VERNEUIL, PARIS.
(LIBRAIRIE DEGORCE-CADOT)

Reliure serrée

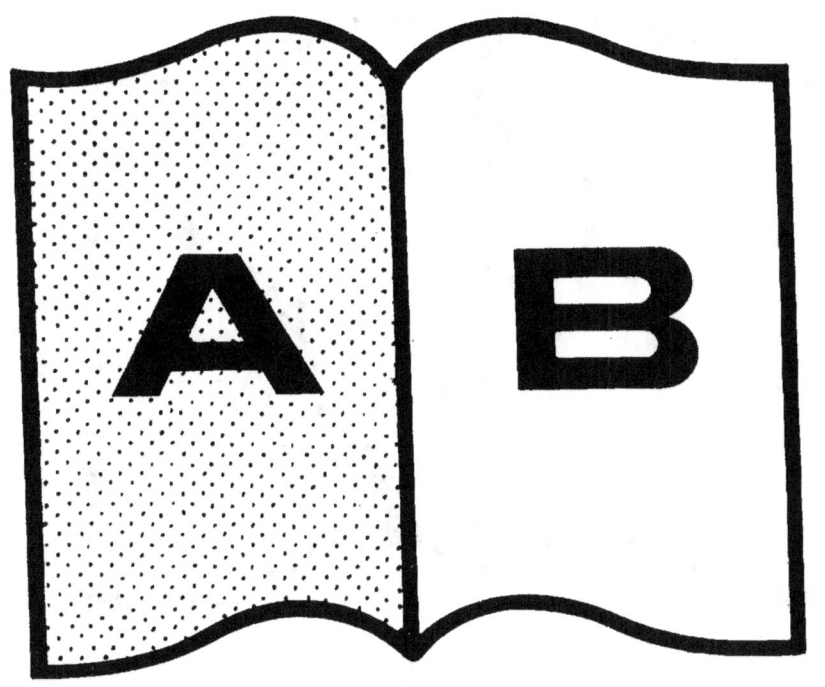

Contraste insuffisant

NF Z 43-120-14

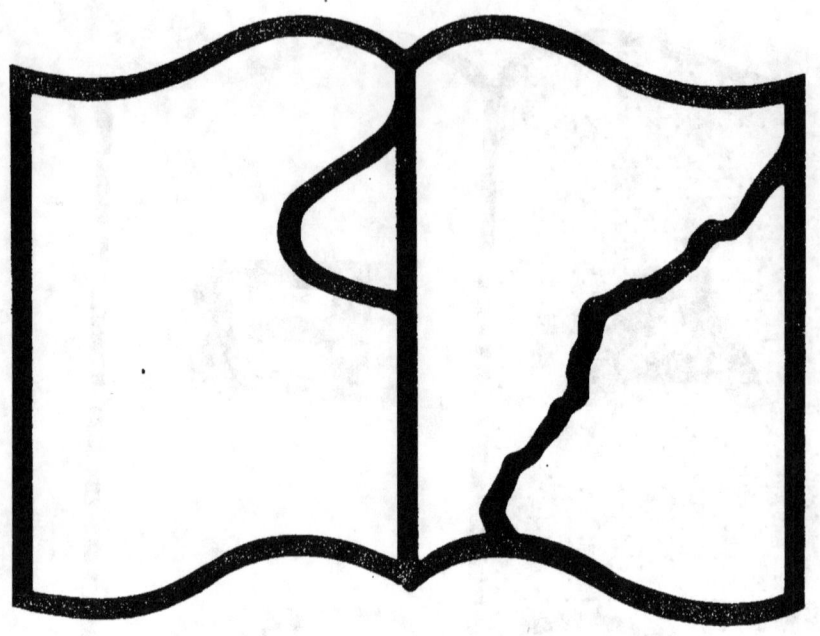

Texte détérioré — reliure défectueuse
NF Z 43-120-11

www.ingramcontent.com/pod-product-compliance
Lightning Source LLC
Chambersburg PA
CBHW060929230426
43665CB00015B/1887